Visit classzone.com and get connected

Online resources for students and parents

ClassZone resources provide instruction, practice, and learning support.

eEdition Plus ONLINE

This online version of the text features interactive grammar, activities, and video and audio clips.

Online Workbook

Interactive, leveled practice supports skill development.

WebQuests

Guided Web activities introduce students to real-world Spanish.

Flashcards

Interactive review of vocabulary and pronunciation includes audio prompts.

Self-Check Quizzes

Self-scoring quizzes help students assess their comprehension.

McDougal Littell

2 dos

McDOUGAL LITTELL

¡En español!

AUTHORS

Estella Gahala
Patricia Hamilton Carlin
Audrey L. Heining-Boynton
Ricardo Otheguy
Barbara J. Rupert

CULTURE CONSULTANT

Jorge A. Capetillo-Ponce

McDougal Littell
A HOUGHTON MIFFLIN COMPANY
Evanston, Illinois • Boston • Dallas

Cover Photography

Foreground: Photo by Martha Granger/EDGE Productions.
Background: View of Arenal Volcano from Tabacón Hot Springs, Costa Rica, Kevin Schafer (also appears on spine).

Back cover, top: Woven baskets in Oaxaca, Mexico; From left to right: El Morro Castle, San Juan, Puerto Rico, Bruce Adams/Corbis; Quito, Ecuador, Joseph F. Viesti/The Viesti Collection; Pyramid of the Sun at Teotihuacán, Mexico City, Michael T. Sedam/Corbis; View of Arenal Volcano from Tabacón Hot Springs, Costa Rica, Kevin Schafer; Aerial view of Las Ramblas, Barcelona, Spain, AGE Fotostock; Machu Picchu, Urubamba Valley, Peru, Robert Fried

Front Matter Photography

v *top right* PhotoDisc, *top left* Steve Ogilvy/Picture It Corporation, *bottom* Jon Chomitz; **vii** *top* Tom Stack & Associates, *bottom* Kactus Foto, Santiago, Chile/SuperStock; **viii** Victor Ramos/Getty Images; **ix** School Division, Houghton Mifflin Co.; **x** Robert & Linda Mitchell Photography; **xi** Robert Frerck/Odyssey Productions; **xii** E.R. Degginger/Photo Researchers, Inc.; **xiv** *center left* Suzanne Murphy-Larronde, *bottom left* Puerto Rico Industrial Development Company, *top* Ken O'Donoghue; **xvi** *bottom right* Patricia A. Eynon; **xix** *top* Michael Fogden/Animals Animals; **xxi** *top* Bonnie Kamin/PhotoEdit, Inc.; **xxvi** SuperStock; **xxx** *top left* James L. Amos/Corbis, *center right* Corbis, *bottom* Liz Hymans/Corbis; **xxxi** *top left* David Zalubowski/AP Wide World Photos, *center* Beryl Goldberg, *bottom center* R. Kord/Robertstock, *bottom right* Reuters; **xxxiii** *center right* Nebinger/Sichov/Gromik/Sipa Press

Illustration

xxxiv-xxxix Gary Antonetti/Ortelius Design.

Acknowledgments for copyrighted material are on page R82 and constitute an extension of this page.

ISBN-13: 978-0-618-25063-9
ISBN-10: 0-618-25063-8

10 11 12 13 - VJM - 10 09 08 07

Internet: www.mcdougallittell.com

2 dos

McDOUGAL LITTELL

¡En español!

CONTENIDO

FIESTA
MEXICANA

OBJECTIVES

- Exchange greetings
- Discuss likes and dislikes
- Describe people and places
- Ask for and give information
- Talk about school life
- Talk about the new school year

Espectáculos
Presentan
En colaboración con Asociación Amigos de Puerto Rico
la historia
de la música
SALSA
ayer y hoy
Vie. 23 de oct.
Actuación en vivo
Desde P.R. presentando todos sus éxitos de ayer
Pete "El Conde" Rodríguez
Desde Santo Domingo, presentando sus más recientes éxitos
Raulín Rosendo
Desde Nueva York, presentando sus éxitos más modernos
José Alberto "Canario"
Vestimenta apropiada, sin sombreros ni zapatos deportivos. La entrada se abre a las 9 PM
Boletos: $20 por adelantado $25 en la entrada hasta las 11 PM. $30 Hasta la medianoche
Se dan descuentos al mostrar este póster. Para comprar boletos por adelantado, llamar al 718-601-9856

Etapa preliminar: Día a día 1

¡SALUDOS! Greetings and Introductions 2

¿QUÉ TE GUSTA? Likes and Dislikes 4

¡A DESCRIBIR! People and Places 6

¡A PREGUNTAR! Information 12

EN LA ESCUELA School Life 16

¿QUÉ HACES? School Goals 20

EN USO Review 24

SPEAKING STRATEGY **Give and get personal information** 24

EN RESUMEN Vocabulary Review 25

Restaurant & Tapas
266

UNIDAD

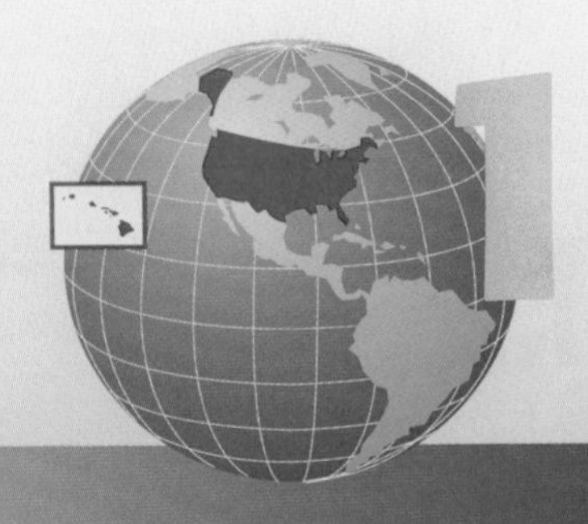

ESTADOS UNIDOS

¿QUÉ PASA?

Visit Los Angeles, Chicago, and Miami with Francisco, his family, and friends.

ETAPA 1

OBJECTIVES

- Talk about where you went and what you did
- Discuss leisure time
- Comment on airplane travel

Los Ángeles - Pasatiempos 30

EL PUEBLO DE LOS ANGELES HISTORIC MONUMENT
¡VIVA EL PUEBLO!

En contexto

VOCABULARIO De viaje 32

En vivo

DIÁLOGO En Los Ángeles… 34

LISTENING STRATEGY Identify key words 34

En acción 36

GRAMÁTICA

Repaso: Talk About the Past Using Regular Preterite Verbs 38

Repaso: Talk About the Past Using the Preterite: **-car, -gar,** and **-zar** 40

Repaso: Irregular Preterite: **ir, ser, hacer, dar, ver** 42

SPEAKING STRATEGY Encourage others 45

Refrán 45

En voces

LECTURA ¿Cuánto sabes? 46

READING STRATEGIES Read, don't translate; Use visuals and titles to predict the general idea; Scan for cognates 46

En uso

REPASO Y MÁS COMUNICACIÓN 48

SPEAKING STRATEGY Get more information 50

Community Connection: Francisco, New Jersey high school student 50

En resumen

REPASO DE VOCABULARIO 51

UNIDAD 1

OBJECTIVES

- Comment on food
- Talk about the past
- Express activity preferences
- Discuss fine art

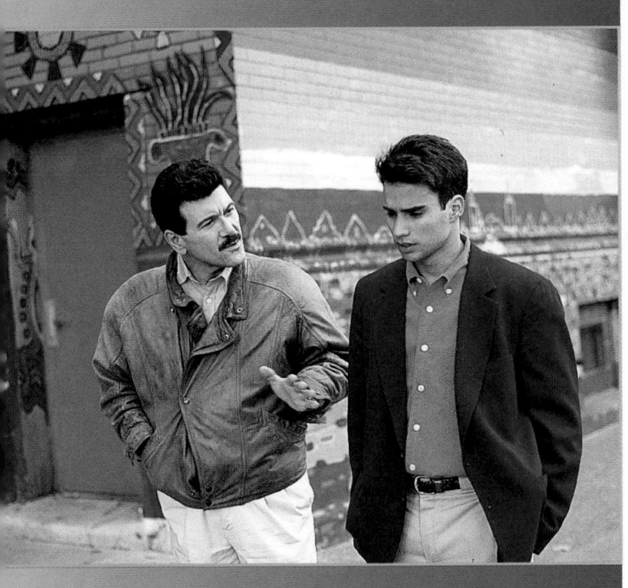

Chicago - ¿Qué prefieres? 52

En contexto

VOCABULARIO Arte y comida 54

En vivo

DIÁLOGO En Chicago… 56

LISTENING STRATEGY Identify the main idea 56

En acción 58

GRAMÁTICA

Repaso: Stem-Changing Verbs: **e→i, u→ue** 60

Talk About the Past Using Irregular Preterite Verbs 63

SPEAKING STRATEGY Use all you know 61

Refrán 67

En colores

CULTURA Y COMPARACIONES El arte latino de Chicago 68

CULTURAL STRATEGIES Learn about other cultures as well as your own; Describe the nature of murals 68

En uso

REPASO Y MÁS COMUNICACIÓN 70

SPEAKING STRATEGY Give reasons why 72

Interdisciplinary Connection: El arte 72

En resumen

REPASO DE VOCABULARIO 73

Gitana, por Arturo Gordon Vargas

UNIDAD 1

OBJECTIVES

- Discuss ways to communicate
- React to news
- Ask for and give information
- Talk about things and people you know

5B Noticias internacionales
1D Anuncios clasificados
6A Crítica
8B Noticias locales
1C Diversiones

El Universo

Robo en el museo, ladrón atrapado

¡Rescate dramático! Héroe local rescata a niño

Miami - ¿Viste las noticias? 74

En contexto

VOCABULARIO Los medios de comunicación 76

En vivo

DIÁLOGO En Miami... 78

LISTENING STRATEGY **Listen with a purpose** 78

En acción 80

GRAMÁTICA

Demonstrative Adjectives and Pronouns 84

Stem-Changing Verbs in the Preterite 86

SPEAKING STRATEGY **Present findings** 88

Refrán 89

En voces

LECTURA ¿Leíste el periódico hoy? 90

READING STRATEGIES **Skim for the general idea; Scan for specific information** 90

En colores

CULTURA Y COMPARACIONES Miami: Puerta de las Américas 92

CULTURAL STRATEGY **Identify characteristics of neighborhoods** 92

En uso

REPASO Y MÁS COMUNICACIÓN 94

SPEAKING STRATEGY **Provide additional information** 96

Interdisciplinary Connection: Las matemáticas 96

En resumen

REPASO DE VOCABULARIO 97

En tu propia voz

ESCRITURA ¿Qué hicieron? 98

WRITING STRATEGY **Bring your event to life** 98

UNIDAD

CIUDAD DE MÉXICO
MÉXICO

AYER Y HOY

Explore Mexico City with Isabel.

ETAPA 1

OBJECTIVES

- Describe childhood experiences
- Express personal reactions
- Discuss family relationships

De pequeño 104

En contexto
VOCABULARIO Cuando era niña 106

En vivo
DIÁLOGO Buenas noticias 108
LISTENING STRATEGY Listen for related details 108

En acción 110
GRAMÁTICA
Possessive Adjectives and Pronouns 112
Repaso: Reflexive Pronouns and Verbs 114
Talk About the Past Using the Imperfect 116
SPEAKING STRATEGY Tell when you were always or never (im)perfect 118
Refrán 119

En voces
LECTURA El monte de nuestro alimento 120
READING STRATEGY Analyze folkloric traditions 120

En uso
REPASO Y MÁS COMUNICACIÓN 122
SPEAKING STRATEGY Add variety to your conversation 124
Interdisciplinary Connection: Los estudios sociales 124

En resumen
REPASO DE VOCABULARIO 125

UNIDAD 2

ETAPA 2

OBJECTIVES

- Narrate in the past
- Discuss family celebrations
- Talk about activities in progress

Había una vez... 126

En contexto

VOCABULARIO Una historia de amor 128

En vivo

DIÁLOGO En la casa... 130

LISTENING STRATEGY **Listen for a series of events** 130

En acción 132

GRAMÁTICA

The Progressive Tenses 135

Talk About the Past Using the Preterite and the Imperfect 137

SPEAKING STRATEGY **Brainstorm to get ideas** 134

Refrán 141

En colores

CULTURA Y COMPARACIONES ¡Temblor! 142

CULTURAL STRATEGY **Observe and generalize** 142

En uso

REPASO Y MÁS COMUNICACIÓN 144

SPEAKING STRATEGY **Interact by expressing approval, disapproval, or astonishment** 146

Interdisciplinary Connection: El arte 146

En resumen

REPASO DE VOCABULARIO 147

UNIDAD 2

ETAPA 3

Hoy en la ciudad 148

OBJECTIVES

- Order in a restaurant
- Ask for and pay a restaurant bill
- Talk about things to do in the city

En contexto

VOCABULARIO Ay, ¡qué rico! 150

En vivo

DIÁLOGO En un restaurante... 152

LISTENING STRATEGY **Listen for useful expressions** 152

En acción 154

GRAMÁTICA

Repaso: Direct Object Pronouns 156

Repaso: Indirect Object Pronouns 158

Double Object Pronouns 161

SPEAKING STRATEGY **Personalize responses** 160

Refrán 163

En voces

LECTURA Teotihuacán: Ciudad misteriosa 164

READING STRATEGY **Identify gaps in knowledge** 164

En colores

CULTURA Y COMPARACIONES ¡Buen provecho! La comida mexicana 166

CULTURAL STRATEGY **Compare meals and mealtimes** 166

En uso

REPASO Y MÁS COMUNICACIÓN 168

SPEAKING STRATEGY **Resolve misconceptions** 170

Community Connection: Sharon, Massachusetts high school student 170

En resumen

REPASO DE VOCABULARIO 171

En tu propia voz

ESCRITURA Escribe un cuento 172

WRITING STRATEGY **Develop your story** 172

UNIDAD

3

SAN JUAN PUERTO RICO

SOL Y SOMBRA

Discover Puerto Rico while you stay fit with Francisco and his relatives.

ETAPA 1

OBJECTIVES

- Discuss ways to stay fit and healthy
- Make suggestions
- Talk about daily routine and personal care

¿Estás en forma? 178

En contexto

VOCABULARIO Para mantenerse sano 180

En vivo

DIÁLOGO En San Juan... 182

LISTENING STRATEGY Listen and sort details 182

En acción 184

GRAMÁTICA

Repaso: Pronoun Placement 186

Give Formal Commands Using **usted/ustedes** 188

Commands and Pronoun Placement 190

SPEAKING STRATEGY Use gestures to convey meaning 193

Refrán 193

En voces

LECTURA Puerto Rico: Lugar maravilloso 194

READING STRATEGY Observe organization of ideas 194

En uso

REPASO Y MÁS COMUNICACIÓN 196

SPEAKING STRATEGY React to daily routines 198

Interdisciplinary Connection: Las ciencias 198

En resumen

REPASO DE VOCABULARIO 199

UNIDAD 3

Preparaciones 200

OBJECTIVES

- Discuss beach activities
- Tell someone what to do
- Talk about chores
- Say if something has already been done

En contexto

VOCABULARIO La playa 202

En vivo

DIÁLOGO La casa de los tíos 204

LISTENING STRATEGY **Listen and categorize information** 204

En acción 206

GRAMÁTICA

Repaso: Affirmative **tú** Commands 208

Repaso: Negative **tú** Commands 210

Repaso: Adverbs Ending in **-mente** 212

SPEAKING STRATEGY **Improvise** 211

Refrán 215

En colores

CULTURA Y COMPARACIONES El Yunque: Bosque Nacional 216

CULTURAL STRATEGY **Recognize unique natural wonders** 216

En uso

REPASO Y MÁS COMUNICACIÓN 218

SPEAKING STRATEGY **Encourage or discourage certain behaviors** 220

Community Connection: Tom, Washington high school student 220

En resumen

REPASO DE VOCABULARIO 221

UNIDAD 3

ETAPA 3

OBJECTIVES

- Describe time periods
- Talk about health and illness
- Give advice

¿Cómo te sientes? 222

En contexto

VOCABULARIO El doctor 224

En vivo

DIÁLOGO El día del show 226

LISTENING STRATEGY Listen sympathetically 226

En acción 228

GRAMÁTICA

Hacer with Expressions of Time 230

The Subjunctive with Impersonal Expressions 232

SPEAKING STRATEGY Give feedback 237

Refrán 237

En voces

LECTURA El estatus político de Puerto Rico 238

READING STRATEGY Activate associated knowledge 238

En colores

CULTURA Y COMPARACIONES Una voz de la tierra 240

CULTURAL STRATEGY Discover many cultures inside one country 240

En uso

REPASO Y MÁS COMUNICACIÓN 242

SPEAKING STRATEGY Use language for problem-solving 244

Interdisciplinary Connection: La historia 244

En resumen

REPASO DE VOCABULARIO 245

En tu propia voz

ESCRITURA ¡Qué contraste! 246

WRITING STRATEGY Compare and contrast to make strong descriptions 246

UNIDAD

4

MADRID ESPAÑA

UN VIAJE

Explore Madrid and do some shopping with Isabel and Andrea.

ETAPA 1

OBJECTIVES

- Talk about travel plans
- Persuade others
- Describe rooms, furniture, and appliances

En la pensión 252

En contexto

VOCABULARIO Un viaje a España 254

En vivo

DIÁLOGO En Madrid... 256

LISTENING STRATEGY Listen and check details 256

En acción 258

GRAMÁTICA

The Subjunctive to Express Hopes and Wishes 260

Irregular Subjunctive Forms 263

SPEAKING STRATEGY Persuade 267

Refrán 267

En voces

LECTURA Felices sueños 268

READING STRATEGY Compare related details 268

En uso

REPASO Y MÁS COMUNICACIÓN 270

SPEAKING STRATEGY Make and express decisions 272

Interdisciplinary Connection: El arte 272

En resumen

REPASO DE VOCABULARIO 273

UNIDAD 4

ETAPA 2

OBJECTIVES

- Describe your city or town
- Make suggestions
- Ask for and give directions

Conoce la ciudad 274

En contexto

VOCABULARIO En el vecindario 276

En vivo

DIÁLOGO Nuevas amigas 278

LISTENING STRATEGY Listen and distinguish 278

En acción 280

GRAMÁTICA

Subjunctive Stem Changes: **-ar, -er** Verbs 282

Stem-Changing **-ir** Verbs in the Subjunctive 284

The Subjunctive and the Infinitive 286

SPEAKING STRATEGY Ask for and give directions 288

Refrán 289

En colores

CULTURA Y COMPARACIONES Vamos a bailar –Gipsy Kings 290

CULTURAL STRATEGY Identify characteristics of successful musical groups 290

En uso

REPASO Y MÁS COMUNICACIÓN 292

SPEAKING STRATEGY Work cooperatively 294

Interdisciplinary Connection: La tecnología 294

En resumen

REPASO DE VOCABULARIO 295

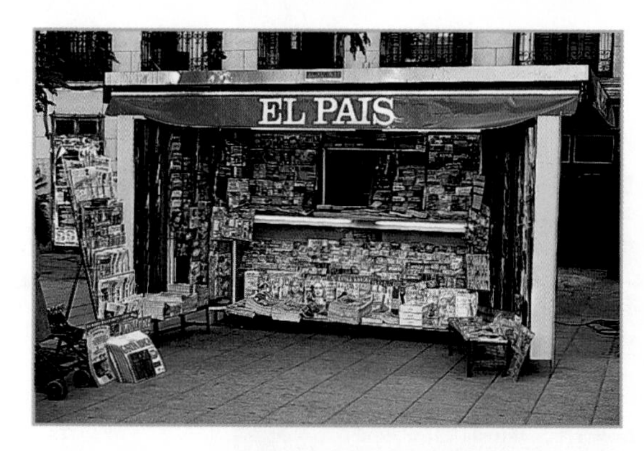

UNIDAD 4

OBJECTIVES

- Talk about shopping for clothes
- Ask for and give opinions
- Make comparisons
- Discuss ways to save and spend money

Vamos de compras 296

En contexto

VOCABULARIO De compras 298

En vivo

DIÁLOGO ¿Cómo me veo? 300

LISTENING STRATEGY Listen and infer 300

En acción 302

GRAMÁTICA

Repaso: Comparatives and Superlatives 304

The Subjunctive with Expressions of Doubt 306

The Subjunctive with Expressions of Emotion 309

SPEAKING STRATEGY Interpret the feelings or values of others 310

Refrán 311

En voces

LECTURA Nos vemos en Madrid 312

READING STRATEGY Categorize details 312

En colores

CULTURA Y COMPARACIONES ¿En qué te puedo atender? 314

CULTURAL STRATEGY Analyze and draw conclusions about shopping as a cultural activity 314

En uso

REPASO Y MÁS COMUNICACIÓN 316

SPEAKING STRATEGY Observe courtesies and exchange information 318

Community Connection: Graciela, Florida high school student 318

En resumen

REPASO DE VOCABULARIO 319

En tu propia voz

ESCRITURA ¡Bienvenidos a nuestra ciudad! 320

WRITING STRATEGY Persuade your reader 320

UNIDAD 5

SAN JOSÉ
COSTA RICA

LA NATURALEZA

Learn about the environment and see Costa Rica with Francisco and his new friends.

ETAPA 1

En el bosque tropical 326

En contexto
VOCABULARIO En el bosque tropical 328

En vivo
DIÁLOGO El Volcán Poás 330
LISTENING STRATEGY **Organize and summarize environmental information** 330

En acción 332
GRAMÁTICA
The Future Tense 334
Expressions with **por** 336
Nosotros Commands 338
SPEAKING STRATEGY **Share personal plans and feelings** 340
Refrán 341

En voces
LECTURA El Parque Nacional del Volcán Poás 342
READING STRATEGY **Confirm or deny hearsay with reliable information** 342

En uso
REPASO Y MÁS COMUNICACIÓN 344
SPEAKING STRATEGY **Anticipate future plans** 346
Interdisciplinary Connection: La geografía 346

En resumen
REPASO DE VOCABULARIO 347

OBJECTIVES

- Describe geographic characteristics
- Make future plans
- Talk about nature and the environment

UNIDAD 5

ETAPA 2

OBJECTIVES

- Discuss outdoor activities
- Describe the weather
- Make predictions
- Talk about ecology

Nuestro medio ambiente 348

En contexto

VOCABULARIO ¡A acampar! 350

En vivo

DIÁLOGO El campamento 352

LISTENING STRATEGY **Observe relationships between actions and motives** 352

En acción 354

GRAMÁTICA

The Future Tense: Irregular Forms 356

Repaso: Weather Expressions 358

Expressions with **para** 360

SPEAKING STRATEGY **Find alternate ways to communicate** 361

Refrán 363

En colores

CULTURA Y COMPARACIONES Costa Rica, ¡la pura vida! 364

CULTURAL STRATEGY **Predict appeal to ecotourists** 364

En uso

REPASO Y MÁS COMUNICACIÓN 366

SPEAKING STRATEGY **Make recommendations** 368

Community Connection: Eric, Maryland high school student 368

En resumen

REPASO DE VOCABULARIO 369

UNIDAD 5

ETAPA 3

¿Cómo será el futuro? 370

OBJECTIVES

- Comment on conservation and the environment
- Talk about how you would solve problems

En contexto

VOCABULARIO Problema serio 372

En vivo

DIÁLOGO ¡Hay que actuar! 374

LISTENING STRATEGY Propose solutions 374

En acción 376

GRAMÁTICA

Choose Between **por** and **para** 378

The Conditional Tense 380

SPEAKING STRATEGY Identify problems and your commitment to solving them 377

Refrán 385

En voces

LECTURA La cascada de la novia 386

READING STRATEGY Recognize characteristics of legends 386

En colores

CULTURA Y COMPARACIONES Cumbre ecológica centroamericana: Se reúnen jóvenes en San José 388

CULTURAL STRATEGY Prioritize 388

En uso

REPASO Y MÁS COMUNICACIÓN 390

SPEAKING STRATEGY Hypothesize about the future 392

Interdisciplinary Connection: Los estudios sociales 392

En resumen

REPASO DE VOCABULARIO 393

En tu propia voz

ESCRITURA Cuentos y más cuentos 394

WRITING STRATEGY Present a thorough and balanced review 394

UNIDAD

6

QUITO
ECUADOR

EL MUNDO DEL TRABAJO

Find out about the world of work as you travel to Ecuador with Isabel.

ETAPA 1

OBJECTIVES

- Discuss jobs and professions
- Describe people, places, and things
- Complete an application

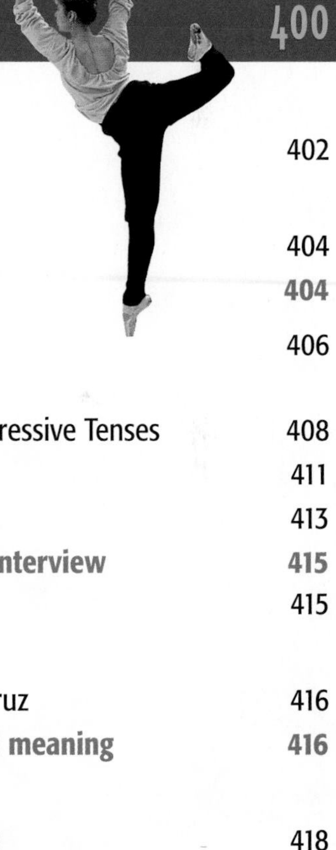

Se busca trabajo 400

En contexto

VOCABULARIO ¿Buscas empleo? 402

En vivo

DIÁLOGO Se busca periodista 404

LISTENING STRATEGY Evaluate a plan 404

En acción 406

GRAMÁTICA

Repaso: The Present and Present Progressive Tenses 408

The Impersonal **se** 411

Past Participles Used as Adjectives 413

SPEAKING STRATEGY Participate in an interview 415

Refrán 415

En voces

LECTURA Bienvenidos a la isla Santa Cruz 416

READING STRATEGY Use context to find meaning 416

En uso

REPASO Y MÁS COMUNICACIÓN 418

SPEAKING STRATEGY Check comprehension 420

Interdisciplinary Connection: La geografía 420

En resumen

REPASO DE VOCABULARIO 421

UNIDAD 6

OBJECTIVES

- Prepare for an interview
- Interview for a job
- Evaluate situations and people

La entrevista

422

En contexto

VOCABULARIO ¡A entrevistar! 424

En vivo

DIÁLOGO La entrevista 426

LISTENING STRATEGY Evaluate behavior 426

En acción 428

GRAMÁTICA

Repaso: The Preterite and the Imperfect 430

The Present Perfect 432

The Present Perfect with Irregular Verbs 435

SPEAKING STRATEGY Give advice 437

Refrán 437

En colores

CULTURA Y COMPARACIONES Ciberespacio en Quito 438

CULTURAL STRATEGY Assess use of e-mail 438

En uso

REPASO Y MÁS COMUNICACIÓN 440

SPEAKING STRATEGY Refine interview skills 442

Interdisciplinary Connection: La música 442

En resumen

REPASO DE VOCABULARIO 443

UNIDAD 6

¡A trabajar! 444

OBJECTIVES

- Talk on the telephone
- Report on past, present, and future events
- Describe duties, people, and surroundings

En contexto

VOCABULARIO ¿Qué hemos hecho? 446

En vivo

DIÁLOGO ¡Buen viaje! 448

LISTENING STRATEGY **Report what others said** **448**

En acción 450

GRAMÁTICA

Repaso: The Future Tense 452

Repaso: The Conditional Tense 454

Reported Speech 456

SPEAKING STRATEGY **Persuade or convince others** **459**

Refrán 459

En voces

LECTURA «Pasajero del planeta» 460

READING STRATEGY **Observe characteristics of poems** **460**

En colores

CULTURA Y COMPARACIONES Música de las montañas 462

CULTURAL STRATEGY **Reflect on music** **462**

En uso

REPASO Y MÁS COMUNICACIÓN 464

SPEAKING STRATEGY **Report on events** **466**

Community Connection: Judy, Arkansas high school student 466

En resumen

YA SABES 467

En tu propia voz

ESCRITURA ¡A trabajar! 468

WRITING STRATEGY **State your message using a positive tone** **468**

About the Authors

Estella Gahala holds a Ph.D. in Educational Administration and Curriculum from Northwestern University. A career teacher of Spanish and French, she has worked with a wide range of students at the secondary level. She has also served as foreign language department chair and district director of curriculum and instruction. Her workshops at national, regional, and state conferences as well as numerous published articles draw upon the current research in language learning, learning strategies, articulation of foreign language sequences, and implications of the national Standards for Foreign Language Learning upon curriculum, instruction, and assessment. She has coauthored nine basal textbooks.

Patricia Hamilton Carlin completed her M.A. in Spanish at the University of California, Davis, where she also taught as a lecturer. Previously she had earned a Master of Secondary Education with specialization in foreign languages from the University of Arkansas and had taught Spanish and French at levels K–12. Her secondary programs in Arkansas received national recognition. A coauthor of the *¡DIME! UNO* and *¡DIME! DOS* secondary textbooks, Patricia currently teaches Spanish and foreign language/ESL methodology at the University of Central Arkansas, where she coordinates the second language teacher education program. In addition, Patricia is a frequent presenter at local, regional, and national foreign language conferences.

Audrey L. Heining-Boynton received her Ph.D. in Curriculum and Instruction from Michigan State University. She is a Professor of Education and Romance Languages at The University of North Carolina at Chapel Hill, where she is a second language teacher educator and Professor of Spanish. She has also taught Spanish, French, and ESL at the K–12 level. Dr. Heining-Boynton was the president of the National Network for Early Language Learning, has been on the Executive Council of ACTFL, and involved with AATSP, Phi Delta Kappa, and state foreign language associations. She has presented both nationally and internationally, and has published over forty books, articles, and curricula.

Ricardo Otheguy received his Ph.D. in Linguistics from the City University of New York, where he is currently Professor of Linguistics at the Graduate School and University Center. He has written extensively on topics related to Spanish grammar as well as on bilingual education and the Spanish of the United States. He is coauthor of *Tu mundo: Curso para hispanohablantes,* a Spanish high school textbook for Spanish speakers, and of *Prueba de ubicación para hispanohablantes,* a high school Spanish placement test.

Barbara J. Rupert has taught Level 1 through A.P. Spanish and has implemented a FLES program in her district. She completed her M.A. at Pacific Lutheran University. Barbara is the author of CD-ROM activities for the *¡Bravo!* series and has presented at local, regional, and national foreign language conferences. She is the president of the Washington Association for Language Teaching. In 1996, Barbara received the Christa McAuliffe Award for Excellence in Education, and in 1999, she was selected Washington's "Spanish Teacher of the Year" by the Juan de Fuca Chapter of the AATSP.

Culture Consultant

Jorge A. Capetillo-Ponce is currently Assistant Professor of Sociology at University of Massachusetts, Boston, and Researcher at the Mauricio Gastón Institute for Latino Community Development and Public Policy. His graduate studies include an M.A. and a Ph.D. in Sociology from the New School for Social Research in New York City, and an M.A. in Area Studies at El Colegio de México in Mexico City. He is the editor of the book *Images of Mexico in the U.S. News Media* and has published essays on a wide range of subjects such as media, art, politics, religion, international relations, and cultural theory. Dr. Capetillo's geographical areas of expertise are Latin America, the United States, and the Middle East. During the years 2000 and 2001 he was the Executive Director of the Mexican Cultural Institute of New York. He has also worked as an advisor to politicians and public figures, as a researcher and an editor, and as a university professor and television producer in Mexico, the United States, and Central America.

Consulting Authors

Dan Battisti
Dr. Teresa Carrera-Hanley
Bill Lionetti
Patty Murguía Bohannan
Lorena Richins Layser

Senior Reviewers

O. Lynn Bolton
Dr. Jane Govoni
Elías G. Rodríguez
Ann Tollefson

Contributing Writers

Ronni L. Gordon
Christa Harris
Debra Lowry
Sylvia Madrigal Velasco
Sandra Rosenstiel
David M. Stillman
Jill K. Welch

Regional Language Reviewers

Dolores Acosta (Mexico)
Jaime M. Fatás Cabeza (Spain)
Grisel Lozano-Garcini (Puerto Rico)
Isabel Picado (Costa Rica)
Juan Pablo Rovayo (Ecuador)

Teacher Reviewers

Linda Amour
Highland High School
Bakersfield, CA

Susan Arbuckle
Mahomet-Seymour High School
Mahomet, IL

Dawne Ashton
Sequoia High School
Redwood City, CA

Sheila Bayles
Rogers High School
Rogers, AR

Warren Bender
Duluth East High School
Duluth, MN

Gail Block
Daly City, CA

Amy Brewer
Stonewall Jackson Middle School
Mechanicsville, VA

William Brill
Hollidaysburg Area Junior High School
Hollidaysburg, PA

Adrienne Chamberlain-Parris
Mariner High School
Everett, WA

Norma Coto
Bishop Moore High School
Orlando, FL

Roberto del Valle
Shorecrest High School
Shoreline, WA

Art Edwards
Canyon High School
Santa Clarita, CA

Rubén D. Elías
Roosevelt High School
Fresno, CA

José Esparza
Curie Metropolitan High School
Chicago, IL

Lorraine A. Estrada
Cabarrus County Schools
Concord, NC

Vincent Fazzolari
East Boston High School
East Boston, MA

Alberto Ferreiro
Harrisburg High School
Harrisburg, PA

Judith C. Floyd
Henry Foss High School
Tacoma, WA

Valarie L. Forster
Jefferson Davis High School
Montgomery, AL

Michael Garber
Boston Latin Academy
Boston, MA

Becky Hay de García
James Madison Memorial High School
Madison, WI

Lucy H. García
Pueblo East High School
Pueblo, CO

Marco García
Lincoln Park High School
Chicago, IL

Raquel R. González
Odessa High School
Odessa, TX

Linda Grau
Shorecrest Preparatory School
St. Petersburg, FL

Myriam Gutiérrez
John O'Bryant School
Roxbury, MA

Deborah Hagen
Ionia High School
Ionia, MI

Sandra Hammond
St. Petersburg High School
St. Petersburg, FL

Bill Heller
Perry Junior/Senior High School
Perry, NY

Joan Heller
Lake Braddock Secondary School
Burke, VA

Paula Hirsch
Windward School
Los Angeles, CA

Ann Hively
Orangevale, CA

Robert Hughes
Martha Brown Middle School
Fairport, NY

Janet King
Long Beach Polytechnic High School
Long Beach, CA

Jody Klopp
Oklahoma State Department of Education
Edmond, OK

Richard Ladd
Ipswich High School
Ipswich, MA

Carol Leach
Francis Scott Key High School
Union Bridge, MD

Maria Leinenweber
Crescenta Valley High School
La Crescenta, CA

Sandra Martín
Palisades Charter High School
Pacific Palisades, CA

Laura McCormick
East Seneca Senior High School
West Seneca, NY

Karen McDowell
Aptos, CA

Sue McKee
Tustin, CA

Rafaela McLeod
Southeast Raleigh High School
Raleigh, NC

Kathleen L. Michaels
Palm Harbor University High School
Palm Harbor, FL

Vickie A. Mike
Horseheads High School
Horseheads, NY

Robert Miller
Woodcreek High School
Roseville, CA

Barbara Mortanian
Tenaya Middle School
Fresno, CA

Patty Murray
Cretin-Derham Hall High School
St. Paul, MN

Linda Nanos
West Roxbury High School
West Roxbury, MA

Terri Nies
Mannford High School
Mannford, OK

María Emma Nunn
John Tyler High School
Tyler, TX

Leslie Ogden
Nordhoff High School
Ojai, CA

Teri Olsen
Alameda High School
Alameda, CA

Lewis Olvera
Hiram Johnson West Campus High School
Sacramento, CA

Judith Pasco
Sequim High School
Sequim, WA

Anne-Marie Quihuis
Paradise Valley High School
Phoenix, AZ

Rita Risco
Palm Harbor University High School
Palm Harbor, FL

James J. Rudy, Jr.
Glen Este High School
Cincinnati, OH

Kathleen Solórzano
Homestead High School
Mequon, WI

Margery Sotomayor
Ferndale, CA

Carol Sparks
Foothill Middle School
Walnut Creek, CA

Sarah Spiesman
Whitmer High School
Toledo, OH

M. Mercedes Stephenson
Hazelwood Central High School
Florissant, MO

Teacher Reviewers (cont.)

Carol Thorp
East Mecklenburg High School
Charlotte, NC

Elizabeth Torosian
Doherty Middle School
Andover, MA

Pamela Urdal Silva
East Lake High School
Tarpon Springs, FL

Dana Valverde
Arroyo Grande High School
Arroyo Grande, CA

Wendy Villanueva
Lakeville High School
Lakeville, MN

Helen Webb
Arkadelphia High School
Arkadelphia, AR

Jena Williams
Jonesboro High School
Jonesboro, AR

Janet Wohlers
Weston Middle School
Weston, MA

Teacher Panel

Linda Amour
Highland High School
Bakersfield, CA

Jeanne Aréchiga
Northbrook High School
Houston, TX

Dena Bachman
Lafayette Senior High School
St. Joseph, MO

Sharon Barnes
J. C. Harmon High School
Kansas City, KS

Ben Barrientos
Calvin Simmons Junior High School
Oakland, CA

Paula Biggar
Sumner Academy of Arts & Science
Kansas City, KS

Hercilia Breton
Highlands High School
San Antonio, TX

Gwen Cannell
Cajon High School
San Bernardino, CA

Edda Cárdenas
Blue Valley North High School
Leawood, KS

Joyce Chow
Crespi Junior High School
Richmond, CA

Laura Cook
Evans Junior High School
Lubbock, TX

Mike Cooperider
Truman High School
Independence, MO

Judy Dozier
Shawnee Mission South High School
Shawnee Mission, KS

Maggie Elliott
Bell Junior High School
San Diego, CA

Terri Frésquez
Del Valle High School
El Paso, TX

Dana Galloway-Grey
Ontario High School
Ontario, CA

Nieves Gerber
Chatsworth Senior High School
Chatsworth, CA

April Hansen
Livermore High School
Livermore, CA

Rose Jenkins
Clements High School
Sugarland, TX

Janet King
Long Beach Polytechnic High School
Long Beach, CA

Susanne Kissane
Shawnee Mission Northwest High School
Shawnee Mission, KS

Ann López
Pala Middle School
San Jose, CA

Beatrice Marino
Palos Verdes Peninsula High School
Rolling Hills, CA

Anna Marxson
Laguna Creek High School
Elk Grove, CA

Rudy Molina
McAllen Memorial High School
McAllen, TX

Barbara Mortanian
Tenaya Middle School
Fresno, CA

Vickie Musni
Pioneer High School
San Jose, CA

Teri Olsen
Alameda High School
Alameda, CA

Rodolfo Orihuela
C. K. McClatchy High School
Sacramento, CA

Rob Ramos
J. T. Hutchinson Junior High School
Lubbock, TX

Montserrat Rey
Hightower High School
Fort Bend, TX

Sandra Rivera
Mary Carroll High School
Corpus Christi, TX

Terrie Rynard
Olathe South High School
Olathe, KS

Beth Slinkard
Lee's Summit High School
Lee's Summit, MO

Rosa Stein
Park Hill High School
Kansas City, MO

Marianne Villalobos
Modesto High School
Modesto, CA

Shannon Zerby
North Garland High School
Garland, TX

Urban Panel

Rebecca Carr
William G. Enloe High School
Raleigh, NC

Rita Dooley
Lincoln Park High School
Chicago, IL

Norha Franco
East Side High School
Newark, NJ

Kathryn Gardner
Riverside University High School
Milwaukee, WI

Eula Glenn
Remtec Center
Detroit, MI

Frank González
Mast Academy
Miami, FL

Jeana Harper
Detroit Fine Arts High School
Detroit, MI

Guillermina Jauregui
Los Angeles Senior High School
Los Angeles, CA

Lula Lewis
Hyde Park Career Academy High School
Chicago, IL

Florence Meyers
Overbrook High School
Philadelphia, PA

Vivian Selenikas
Long Island City High School
Long Island City, NY

Sadia White
Spingarn Stay Senior High School
Washington, DC

Block Scheduling Panel

Barbara Baker
Wichita Northwest High School
Wichita, KS

Patty Banker
Lexington High School
Lexington, NC

Beverly Blackburn
Reynoldsburg Senior High School
Reynoldsburg, OH

Henry Foust
Northwood High School
Pittsboro, NC

Gloria Hawks
A. L. Brown High School
Kannapolis, NC

Lois Hillman
North Kitsap High School
Poulsbo, WA

Nick Patterson
Central High School
Davenport, IA

Sharyn Petkus
Grafton Memorial High School
Grafton, MA

Cynthia Prieto
Mount Vernon High School
Alexandria, VA

Julie Sanchez
Western High School
Fort Lauderdale, FL

Marilyn Settlemyer
Freedom High School
Morganton, NC

Student Review Board

Andrea Avila
Fannin Middle School
Amarillo, TX

Maya Beynishes
Edward R. Murrow High School
Brooklyn, NY

James Dock
Guilford High School
Rockford, IL

Richard Elkins
Nevin Platt Middle School
Boulder, CO

Kathryn Finn
Charles S. Pierce Middle School
Milton, MA

Robert Foulis
Stratford High School
Houston, TX

Lorrain García
Luther Burbank High School
Sacramento, CA

Katie Hagen
Ionia High School
Ionia, MI

Steven Hailey
Davis Drive School
Apex, NC

Eli Harel
Thomas Edison Intermediate School
Westfield, NJ

Cheryl Kim
Dr. Leo Cigarroa High School
Laredo, TX

Jennifer Kim
Kellogg Middle School
Seattle, WA

Jordan Leitner
Scripps Ranch High School
San Diego, CA

Courtney McPherson
Miramar High School
Miramar, FL

Zachary Nelson
Warsaw Community High School
Warsaw, IN

Diana Parrish
Oak Crest Junior High School
Encinitas, CA

Kimberly Robinson
Perryville Senior High School
Perryville, AR

John Roland
Mountain Pointe High School
Phoenix, AZ

Nichole Ryan
Bermudian Springs High School
York Springs, PA

Ryan Shore
West Miami Middle School
Miami, FL

Tiffany Stadler
Titusville High School
Titusville, FL

Michael Szymanski
West Seneca East High School
West Seneca, NY

Anela Talic
Soldan International Studies High School
St. Louis, MO

Gary Thompson
Fort Dorchester High School
Charleston, SC

Bethany Traynor
Glen Este High School
Cincinnati, OH

Gerard White
Paramount High School
Paramount, CA

Nichols Wilson
Waubonsie Valley High School
Aurora, IL

Amy Wyron
Robert Frost Intermediate School
Rockville, MD

Karina Zepeda
West Mecklenburg High School
Charlotte, NC

El español en Estados Unidos

A brief history

From the arrival of European explorers to the present day, Spanish-speaking peoples have been an integral part of U.S. history and culture. Here are a few important ways in which speakers of Spanish have contributed to the identity of the United States.

1565

Spanish explorer Pedro Menéndez de Avilés establishes **St. Augustine,** the oldest permanent European settlement in what is now the United States. (The British found Jamestown in 1607.) Except for a twenty-year occupation by the British, the settlement remains in Spanish hands until **Florida** becomes a territory of the United States in 1821.

1500 1600 1700 1800

1609–1610

The Spanish found the city of **Santa Fe, New Mexico,** in 1609 or 1610. It becomes a Spanish provincial capital and is thus the oldest seat of government in what is now the United States. **The Palace of the Governors,** built in the winter of 1609–1610 as part of a fortress, is the oldest government building in the United States. It's converted into a museum in 1909.

The Palace of the Governors

1797

San Xavier del Bac Mission, arguably the finest example of Spanish mission architecture in the United States, is completed. (The first church at the site was begun in 1700 by Father Eusebio Francisco Kino.) Located nine miles south of **Tucson, Arizona,** the church is a blend of Moorish, Byzantine, and Mexico Renaissance styles.

1938

The first **Charro Days** is held in **Brownsville, Texas**. The festival gets its name from the *charros,* Mexican horsemen. The annual celebration now includes parades, street dances, mariachi concerts, a Mexican-style rodeo, and an exchange of words and gifts between the mayors of Brownsville and Matamoros, Mexico.

1969

El Museo del Barrio is founded by Puerto Rican artists, educators, and community activists. The museum specializes in the arts and culture of Puerto Rico, but it also features Caribbean and Latin American art. The museum's address is 1230 Fifth Avenue at 104th Street in **New York City**.

1900 2000

1967

The **Chicago Picasso,** as it often referred to, is unveiled in the Civic Center Plaza (now the Daley Plaza) in **Chicago, Illinois.** The steel sculpture is 50 feet high and weighs 162 tons. Spanish artist Pablo Picasso refuses a fee for the work; he gives the design and the model to the people of Chicago as a gift. Once controversial, the work is now a Chicago icon.

2000

The 1st Annual **Latin GRAMMY Awards** are held in **Los Angeles, California.** This celebration of the creativity, diversity, and artistry of Latin music is the first prime-time, primarily Spanish-language telecast on network television in the United States. Winners include Santana, Luis Miguel, Marc Anthony, Celia Cruz, and Tito Puente.

Celia Cruz

How to Study Spanish

Use Strategies

Listening strategies provide a starting point to help you understand.

Speaking strategies will help you express yourself in Spanish.

Reading strategies will show you different ways to approach reading.

Writing strategies help you out with your writing skills.

Cultural strategies help you compare Spanish-speaking cultures of the world to your own culture.

STRATEGY: SPEAKING

Use all you know The models in exercises are a guide to help you get started. It is better to say more than what is shown in the model. Take risks! Recombine what you have learned in fresh new ways. That is how you become a good speaker of Spanish.

Use Study Hints

The **Apoyo para estudiar** feature provides study hints that will help you learn Spanish.

Apoyo para estudiar

Pronoun Placement

Remember that when you attach any object pronoun (direct, indirect, or reflexive) to an affirmative command of two or more syllables, you need to add a written accent to the stressed syllable of the verb. Examples: **Escríbalo. Tráigame. Siéntese. Póngase la gorra. Acuéstese.** But… **Hazlo. Ponlos.**

Build Your Confidence

Everyone learns differently, and there are different ways to achieve a goal. Find out what works for you. Grammar boxes are set up with an explanation, a visual representation, and examples from real-life contexts. Use this combination of words and graphics to help you learn Spanish. Focus on whatever helps you most.

GRAMÁTICA **Hacer with Expressions of Time**

In Spanish, if someone asks, "How long has this been going on?" or "How long has it been?" you answer with the verb **hacer:**

hace + **the period of time** + **que** + **the present tense**

Ay, Elena, **hace cuatro años que quiero** venir a tu programa.
*Oh, Elena, **I've been wanting** to come to your program **for four years.***

Ay, doctor, **hace una hora que** lo **espero.**
*Oh, doctor, **I've been waiting** for you **for an hour.***

Practice:
Actividades
5 6 7

Más práctica
cuaderno p. 85

Para hispanohablantes
cuaderno p. 83

Have Fun

Taking a foreign language does not have to be all serious work. The dialogs in this book present the Spanish language in **entertaining, real-life contexts.**

- Pair and group activities give you a chance to **interact with your classmates.**
- Vocabulary and grammar puzzles will test your knowledge, but will also be **fun to do.**

Listen to Spanish Inside and Outside of Class

Hearing Spanish will help you understand it. Pay attention to the **dialogs** and the **listening activities** in class.

Take advantage of opportunities to **hear Spanish outside of class** as well.

- Do you know someone who speaks Spanish?
- Are there any Spanish-language radio and/or television stations in your area?
- Does your video store have any Spanish-language movies?

Take Risks

The goal of studying a foreign language like Spanish is to **communicate.**

Don't be afraid to **speak.**

Everyone makes mistakes, so don't worry if you make a few. When you do make a mistake, **pause and then try again.**

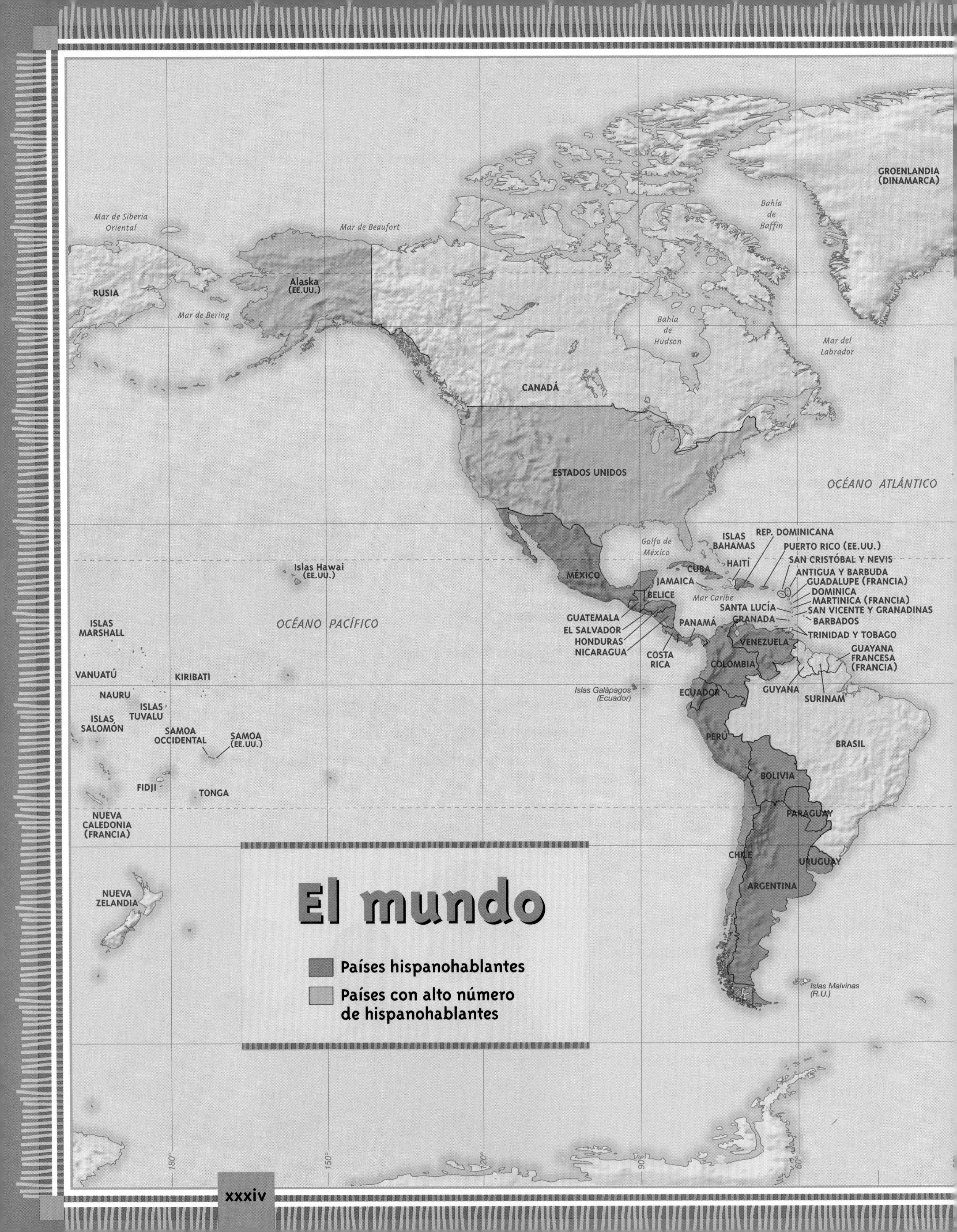
El mundo
Países hispanohablantes
Países con alto número de hispanohablantes
GROENLANDIA (DINAMARCA)
Bahía de Baffin
Mar de Siberia Oriental
Mar de Beaufort
RUSIA
Alaska (EE.UU.)
Mar de Bering
Bahía de Hudson
Mar del Labrador
CANADÁ
ESTADOS UNIDOS
OCÉANO ATLÁNTICO
Golfo de México
ISLAS BAHAMAS
REP. DOMINICANA
PUERTO RICO (EE.UU.)
SAN CRISTÓBAL Y NEVIS
ANTIGUA Y BARBUDA
GUADALUPE (FRANCIA)
DOMINICA
MARTINICA (FRANCIA)
SAN VICENTE Y GRANADINAS
BARBADOS
TRINIDAD Y TOBAGO
CUBA
HAITÍ
JAMAICA
Islas Hawai (EE.UU.)
MÉXICO
BELICE
Mar Caribe
SANTA LUCÍA
GRANADA
GUATEMALA
EL SALVADOR
HONDURAS
NICARAGUA
COSTA RICA
PANAMÁ
OCÉANO PACÍFICO
ISLAS MARSHALL
VENEZUELA
COLOMBIA
GUAYANA FRANCESA (FRANCIA)
GUYANA
SURINAM
VANUATÚ
KIRIBATI
NAURU
ISLAS TUVALU
ISLAS SALOMÓN
SAMOA OCCIDENTAL
SAMOA (EE.UU.)
Islas Galápagos (Ecuador)
ECUADOR
PERÚ
BRASIL
BOLIVIA
FIDJI
TONGA
NUEVA CALEDONIA (FRANCIA)
PARAGUAY
CHILE
URUGUAY
ARGENTINA
NUEVA ZELANDIA
Islas Malvinas (R.U.)
180°
150°
120°
90°
60°

OCÉANO ÁRTICO
Mar de Laptev
Mar de Kara
Mar de Barents
Mar de Noruega
ISLANDIA
SUECIA
FINLANDIA
NORUEGA
RUSIA
1 DINAMARCA
2 HOLANDA
3 BÉLGICA
4 LUXEMBURGO
5 SUIZA
6 REPÚBLICA CHECA
7 ESLOVAQUIA
8 HUNGRÍA
9 ESLOVENIA
10 CROACIA
11 BOSNIA Y HERZEGOVINA
12 SERBIA Y MONTENEGRO
13 ALBANIA
14 MACEDONIA
15 BULGARIA
16 MALTA
ESTONIA
LETONIA
LITUANIA
REINO UNIDO
Mar del Norte
Mar Báltico
IRLANDA
POLONIA
BIELORRUSIA
ALEMANIA
UCRANIA
MOLDAVIA
FRANCIA
AUSTRIA
RUMANIA
ANDORRA
ESPAÑA
PORTUGAL
ITALIA
Mar Negro
GEORGIA
GRECIA
TURQUÍA
ARMENIA
GIBRALTAR (R.U.)
Lago Baikal
Mar de Ojotsk
Mar de Aral
KAZAKSTÁN
MONGOLIA
UZBEKISTÁN
KIRGUISTÁN
TURKMENISTÁN
TADJIKISTÁN
Mar Caspio
AZERBAIYÁN
COREA DEL NORTE
COREA DEL SUR
Mar de Japón
JAPÓN
TÚNEZ
Mar Mediterráneo
CHIPRE
LÍBANO
SIRIA
IRAQ
IRÁN
AFGANISTÁN
CHINA
Islas Canarias (Esp.)
MARRUECOS
ISRAEL
JORDANIA
KUWAIT
QATAR
BAHREIN
E.A.U.
PAQUISTÁN
NEPAL
BHUTÁN
ARGELIA
LIBIA
EGIPTO
SAHARA OCCIDENTAL
Mar Rojo
ARABIA SAUDITA
OMÁN
INDIA
Trópico de Cáncer
MYANMAR
TAIWÁN
MAURITANIA
MALÍ
NÍGER
CHAD
SUDÁN
ERITREA
YEMEN
LAOS
GUAM (EE.UU.)
SENEGAL
BANGLADESH
TAILANDIA
VIETNAM
GAMBIA
BURKINA FASO
BENIN
NIGERIA
JIBUTI
Mar Arábigo
Golfo de Bengala
CAMBOYA
Mar de China
FILIPINAS
GUINEA
GUINEA BISSAU
COSTA DE MARFIL
TOGO
REP. CENTRO-AFRICANA
ETIOPÍA
BRUNEI
SIERRA LEONA
LIBERIA
GHANA
CAMERÚN
SOMALIA
ISLAS MALDIVAS
SRI LANKA
MALAYSIA
PALAU
MICRONESIA
GUINEA ECUATORIAL
CONGO
GABÓN
UGANDA
KENIA
REP. DEM. DEL CONGO
Ecuador
RUANDA
SINGAPUR
BURUNDI
TANZANÍA
PAPUASIA NUEVA GUINEA
CABINDA (ANGOLA)
INDONESIA
SEYCHELLES
MALAWI
ANGOLA
TIMOR ORIENTAL
ZAMBIA
COMORES
MOZAMBIQUE
OCÉANO ÍNDICO
MAURICIO
NAMIBIA
ZIMBABWE
MADAGASCAR
BOTSWANA
Trópico de Capricornio
AUSTRALIA
SUAZILANDIA
SUDÁFRICA
LESOTHO
N
0 1000 2000 kilómetros
0 1000 2000 millas
ANTÁRTIDA
0
30
60
90
120

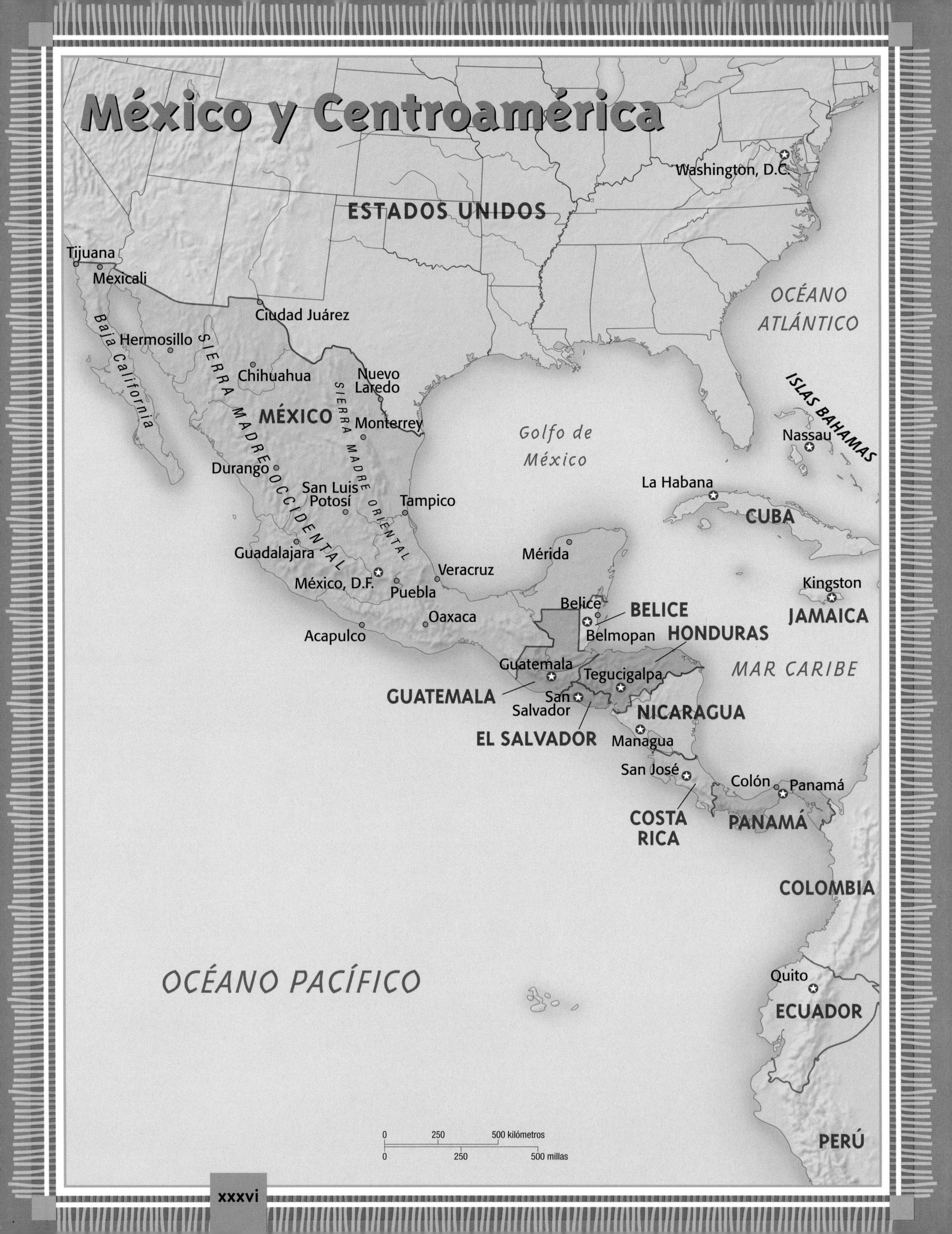
México y Centroamérica
ESTADOS UNIDOS
Washington, D.C.
Tijuana
Mexicali
Ciudad Juárez
Baja California
Hermosillo
SIERRA MADRE OCCIDENTAL
SIERRA MADRE ORIENTAL
Chihuahua
Nuevo Laredo
MÉXICO
Monterrey
Durango
San Luis Potosí
Tampico
Guadalajara
México, D.F.
Puebla
Veracruz
Oaxaca
Acapulco
Mérida
Golfo de México
OCÉANO ATLÁNTICO
ISLAS BAHAMAS
Nassau
La Habana
CUBA
Kingston
JAMAICA
MAR CARIBE
Belice
BELICE
Belmopan
HONDURAS
Guatemala
Tegucigalpa
GUATEMALA
San Salvador
EL SALVADOR
NICARAGUA
Managua
San José
COSTA RICA
Colón
Panamá
PANAMÁ
COLOMBIA
Quito
ECUADOR
PERÚ
OCÉANO PACÍFICO
0 250 500 kilómetros
0 250 500 millas

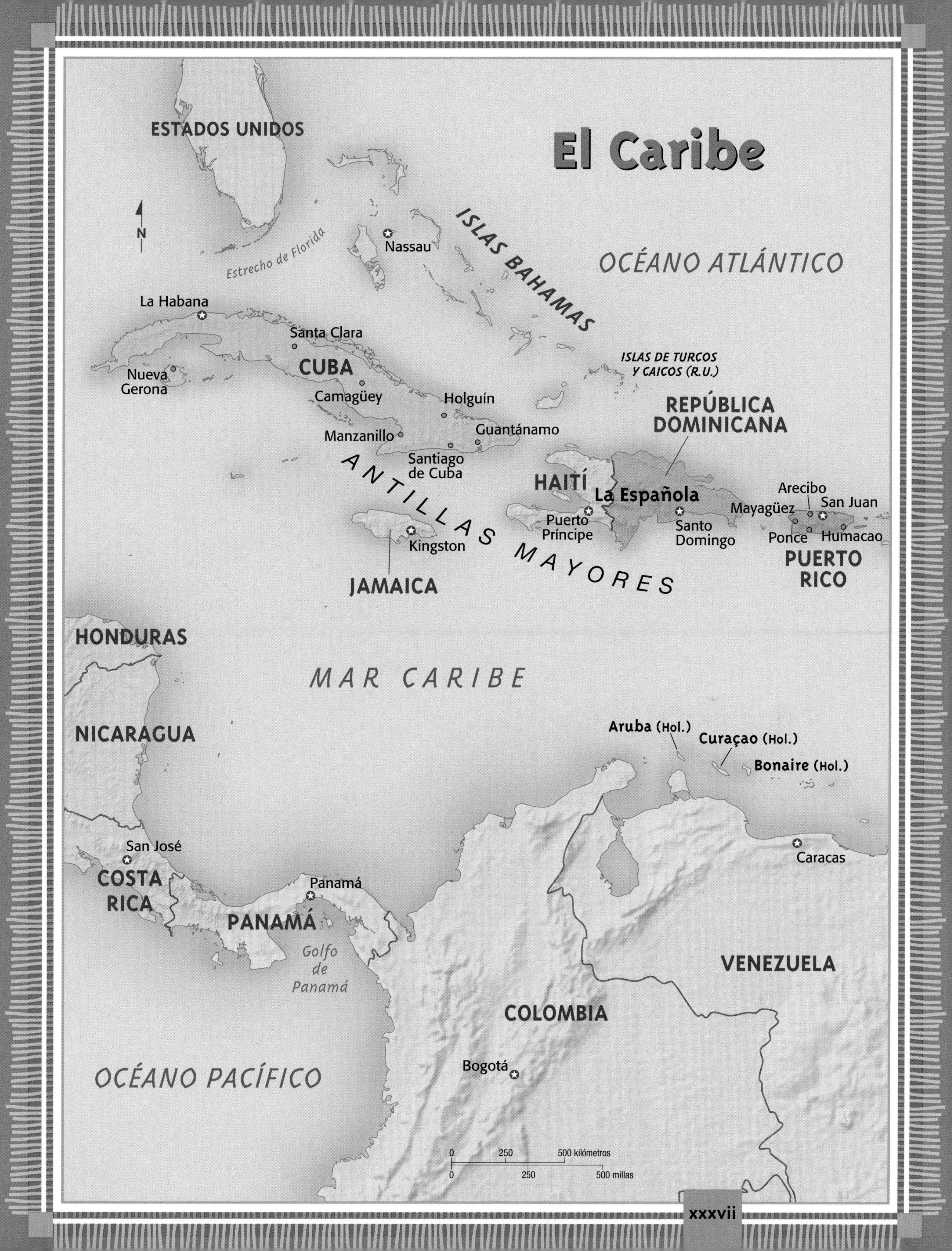
El Caribe
ESTADOS UNIDOS
N
Estrecho de Florida
Nassau
ISLAS BAHAMAS
OCÉANO ATLÁNTICO
La Habana
Santa Clara
CUBA
Nueva Gerona
Camagüey
Holguín
Manzanillo
Guantánamo
Santiago de Cuba
ISLAS DE TURCOS Y CAICOS (R.U.)
REPÚBLICA DOMINICANA
ANTILLAS MAYORES
HAITÍ
La Española
Puerto Príncipe
Santo Domingo
Arecibo
San Juan
Mayagüez
Ponce
Humacao
PUERTO RICO
Kingston
JAMAICA
HONDURAS
MAR CARIBE
NICARAGUA
Aruba (Hol.)
Curaçao (Hol.)
Bonaire (Hol.)
San José
COSTA RICA
Panamá
PANAMÁ
Golfo de Panamá
Caracas
VENEZUELA
COLOMBIA
Bogotá
OCÉANO PACÍFICO
0 250 500 kilómetros
0 250 500 millas

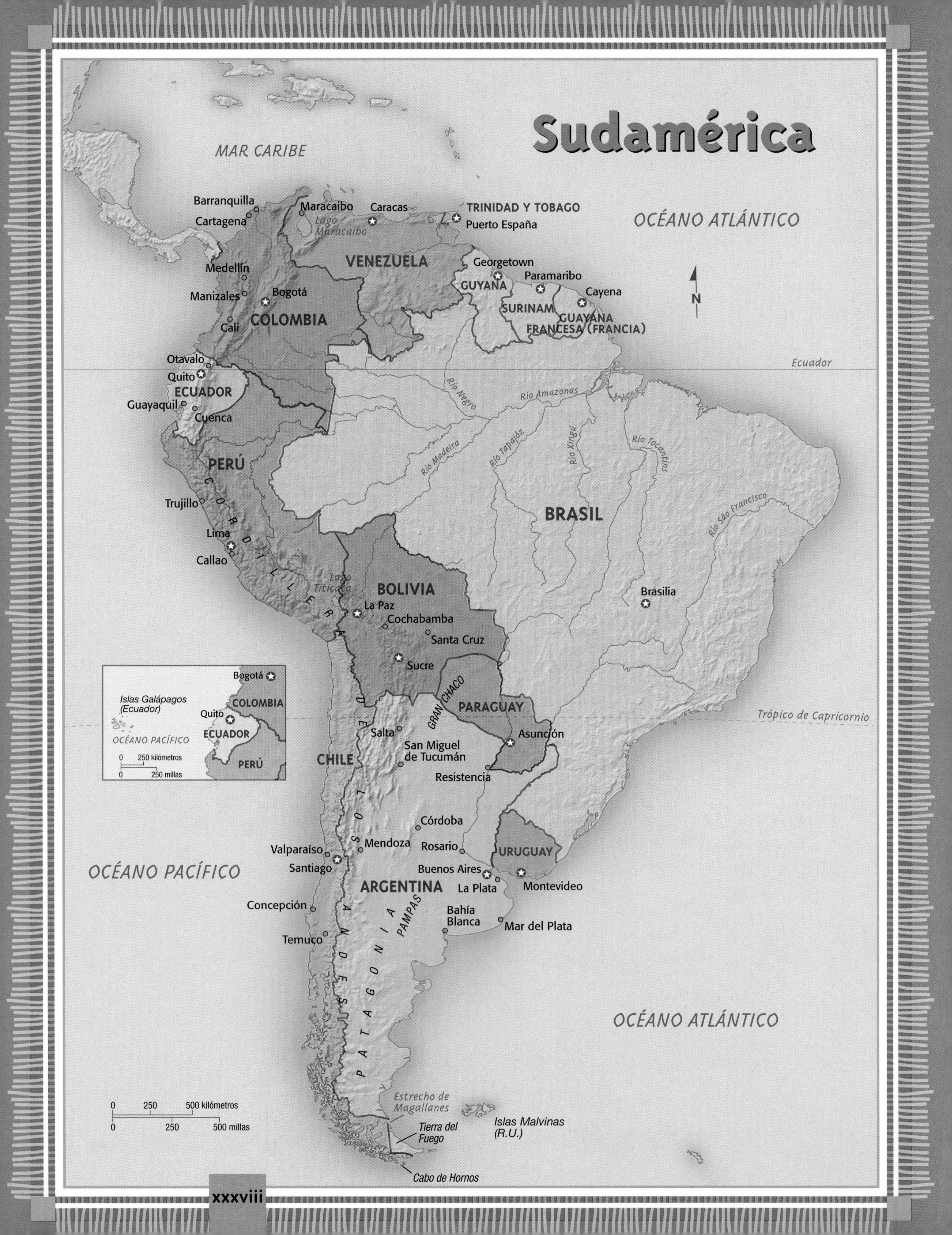

Sudamérica
MAR CARIBE
OCÉANO ATLÁNTICO
OCÉANO PACÍFICO
OCÉANO ATLÁNTICO
Barranquilla
Cartagena
Maracaibo
Lago Maracaibo
Caracas
TRINIDAD Y TOBAGO
Puerto España
VENEZUELA
Medellín
Manizales
Bogotá
Cali
COLOMBIA
Georgetown
Paramaribo
GUYANA
Cayena
SURINAM
GUAYANA FRANCESA (FRANCIA)
N
Ecuador
Otavalo
Quito
ECUADOR
Guayaquil
Cuenca
Río Negro
Río Amazonas
Río Madeira
Río Tapajóz
Río Xingú
Río Tocantins
Río São Francisco
PERÚ
Trujillo
Lima
Callao
CORDILLERA DE LOS ANDES
BRASIL
Lago Titicaca
BOLIVIA
La Paz
Cochabamba
Santa Cruz
Sucre
Brasilia
GRAN CHACO
PARAGUAY
Trópico de Capricornio
Asunción
Salta
San Miguel de Tucumán
CHILE
Resistencia
Córdoba
Mendoza
Rosario
Valparaíso
Santiago
URUGUAY
Buenos Aires
La Plata
Montevideo
ARGENTINA
PAMPAS
Concepción
Bahía Blanca
Mar del Plata
Temuco
PATAGONIA
Islas Galápagos (Ecuador)
OCÉANO PACÍFICO
Bogotá
COLOMBIA
Quito
ECUADOR
PERÚ
0 250 kilómetros
0 250 millas
0 250 500 kilómetros
0 250 500 millas
Estrecho de Magallanes
Tierra del Fuego
Islas Malvinas (R.U.)
Cabo de Hornos

España
OCÉANO ATLÁNTICO
FRANCIA
MAR CANTÁBRICO
La Coruña
Bilbao
ASTURIAS
CANTABRIA
PAÍS VASCO
GALICIA
CORDILLERA CANTÁBRICA
LOS PIRINEOS
ANDORRA
Pamplona
NAVARRA
León
Río Ebro
CATALUÑA
N
CASTILLA-LEÓN
Valladolid
Río Duero
Zaragoza
Barcelona
ESPAÑA
ARAGÓN
Salamanca
Río Tajo
SIERRA DE GUADARRAMA
MADRID
Madrid
Islas Baleares
Menorca
Palma
Mallorca
PORTUGAL
COMUNIDAD VALENCIANA
Valencia
CASTILLA-LA MANCHA
Lisboa
Río Guadiana
Ibiza
EXTREMADURA
MAR MEDITERRÁNEO
Córdoba
MURCIA
Río Guadalquivir
Sevilla
Granada
ANDALUCÍA
SIERRA NEVADA
Málaga
Gibraltar (R.U.)
Estrecho de Gibraltar
Ceuta (España)
Melilla (España)
OCÉANO ATLÁNTICO
MARRUECOS
África
CAMERÚN
Malabo
GUINEA ECUATORIAL
Golfo de Guinea
Bata
GABÓN
0 200 kilómetros
0 200 millas
Islas Canarias (España)
OCÉANO ATLÁNTICO
La Palma
Santa Cruz de Tenerife
Tenerife
Las Palmas
Gran Canaria
ÁFRICA
0 50 kilómetros
0 50 millas
0 50 100 kilómetros
0 50 100 millas

Día a día

OBJECTIVES

- Exchange greetings
- Discuss likes, dislikes
- Describe people, places
- Ask for and give information
- Talk about school life
- Talk about the new school year

¿Qué ves?

Mira la foto. ¿Qué ves?

1. ¿Cuántos jóvenes hay en la foto? ¿Qué hacen?
2. ¿Dónde están?
3. ¿Adónde van si les gusta la música salsa?

En colaboración con
Asociación Amigos de
Puerto Rico
LA RISA Espectáculos
Presentan
la historia de la música
SALSA ayer y hoy
Vie. 23 de oct.
Actuación en vivo
Desde P.R. presentando todos
sus éxitos de ayer
Pete "El Conde" Rodríguez
Desde Santo Domingo, presentando
sus más recientes éxitos
Raulín Rosendo
Desde Nueva York, presentando
sus éxitos más modernos
José Alberto "Canario"
Vestimenta apropiada, sin sombreros ni zapatos deportivos. La entrada se abre a las 9 PM
Boletos: $20 por adelantado $25 en la entrada hasta las 11 PM. $30 Hasta la medianoche
Se dan descuentos al mostrar este póster. Para comprar boletos por adelantado, llamar al 718-601-9856

¡Saludos!

VOCABULARIO Y GRAMÁTICA

Look at the pictures and read the captions to see how Spanish speakers in the United States greet one another.

¡Hola! ¿Cómo están? ¿Yo? Estoy muy bien, gracias. Aquí vamos a ver qué dicen estos chicos.

Ciudad de Nueva York

A

Sofía: Buenas tardes, Raúl y Carlos. Les presento a mi amiga, Linda.

Raúl: Mucho gusto.

Linda: Encantada.

Union City, New Jersey

B

Marcos: Hola. ¿Qué pasa? Les presento a mi prima, Luisa. Ella es de California.

Arturo: Mi nombre es Arturo Alcázar. Mucho gusto.

Luisa: El gusto es mío.

C

Estudiantes: Hola, señora Rivera. ¿Cómo está usted?

Señora Rivera: Bien. Vamos a clase, ¿no?

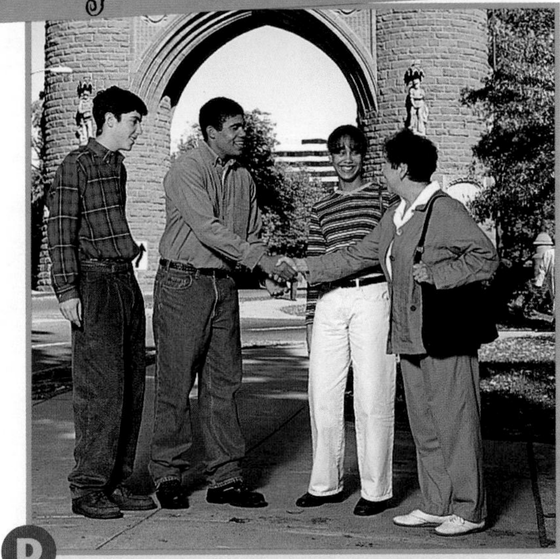

D

Miguel: ¿Qué tal, Patricia? Hola, señora. Me llamo Miguel.

Señora: Mucho gusto. Soy la abuela de Patricia. ¿Cómo están?

Miguel y Lalo: Regular. ¿Y ustedes?

1 ¿Qué pasa?

Leer/*Escribir* Escoge la respuesta correcta según la lectura. *(Hint: Choose the correct answer.)*

1. Sofía les presenta a su amiga a…
   - **a.** unos chicos
   - **b.** un restaurante
   - **c.** Linda y otra chica
2. Marcos…
   - **a.** es el hermano de Raúl
   - **b.** dice que su prima es de Texas
   - **c.** le presenta a su prima a Arturo
3. La señora Rivera va…
   - **a.** a clase
   - **b.** de compras
   - **c.** a comer
4. La abuela de Patricia…
   - **a.** se llama Lalo
   - **b.** está regular
   - **c.** habla con Miguel y Lalo

2 Te presento a… 

Hablar En grupos pequeños, hagan presentaciones informales y formales. Usen estas expresiones. *(Hint: Practice introductions.)*

Hola.	**¿Qué pasa?**
Bien.	**Mucho gusto.**
Buenos días.	**¿Cómo estás?**
Te/Le presento a…	**Regular.**
Buenas tardes.	**¿Cómo está usted?**
Mi nombre es…	**Terrible.**
¿Qué tal?	**Soy…**
Me llamo…	

VOCABULARIO Y GRAMÁTICA

Ciudad de Nueva York Look at the pictures and read about these teenagers in New York City.

A

¿Cómo son los jóvenes? ¿Qué tienen?

Carlos es alto, de pelo castaño. Tiene un suéter verde.

Linda es baja y delgada. Tiene pelo rubio y largo. Su suéter es amarillo y su falda es de muchos colores.

Raúl tiene una camisa anaranjada y jeans. Es muy guapo.

Sofía tiene pelo corto. Usa un vestido azul y una bolsa negra.

Panza, el perro, no es delgado. Es gordo. También es feo.

5 Unas descripciones

Hablar/*Escribir* Tú conoces a Linda, Raúl, Sofía, Carlos y el perro de Carlos en Nueva York. Haz oraciones para explicar cómo son, cómo están y qué tienen. Usa estas expresiones. *(Hint: You meet Linda, Raúl, Sofía, Carlos, and Carlos's dog in New York City. Describe them, using these expressions.)*

alegre	**cómico(a)**	**serio(a)**
alto(a)	**delgado(a)**	**un suéter**
amarillo(a)	**una falda**	**triste**
azul	**pelo castaño**	**verde**
bajo(a)	**pelo rubio**	**un vestido**

REPASO Use Adjectives to Describe

Remember that **adjectives** describe nouns. They match the gender and number of the nouns they describe. In Spanish, **adjectives** usually follow the noun.

Masculine adjectives often end in **-o**.	Feminine adjectives often end in **-a**.
el chico **guapo** *the good-looking boy*	la chica **guapa** *the good-looking girl*

Most adjectives that end with **-e** or a **consonant** refer to both genders.

same word

el chico **paciente**	la chica **paciente**

To make an adjective **plural**, add **-s** if it ends with a vowel, **-es** if it ends with a consonant.

los chicos **guapos**
los chicos **trabajadores**

When an adjective describes a group containing both genders, the **masculine** form of the adjective is used.

Practice:
Actividades 6 7 8

Online Workbook
CLASSZONE.COM

Más práctica *cuaderno* p. 2
Para hispanohablantes *cuaderno* p. 2

6 ¿Cómo es?

Escribir ¿Cómo es la tía de Isabel? Completa la descripción. Luego dibújala con esas características. *(**Hint:** Complete the description of Isabel's aunt. Then draw her.)*

1. Mi tía es (alto, altos, baja, bajas).
2. Tiene pelo (larga, largas, corto, cortos) y (rubia, rubias, castaño, castaños).
3. Ella es un poco (gorda, gordas, delgado, delgados).
4. Tiene ojos (grande, grandes, pequeña, pequeñas) y (azul, verdes).
5. Sus blusas favoritas son (rojo, rojos, amarilla, amarillas).
6. Le gusta llevarlas con sus pantalones (negro, negra, azul, azules).
7. Ella es muy (simpática, simpáticas, perezoso, perezosos).
8. Mi tía tiene un nombre (bonito, bonitos, cómica, cómicas). Se llama Gloria.

Estados Unidos

También se dice

Si caminas por la calle y alguien te dice «¡Oye, flaco!», no te enojes (*don't get mad*). Es una forma cariñosa que usan en los países hispanos. **Viejo(a)** es otra de estas palabras cariñosas que puedes oír.

7 ¿De qué color?

Hablar Pregúntales a tus compañeros(as) sobre la ropa que llevan hoy. Usa estos colores en tu conversación. *(**Hint:** Ask what people are wearing today.)*

modelo

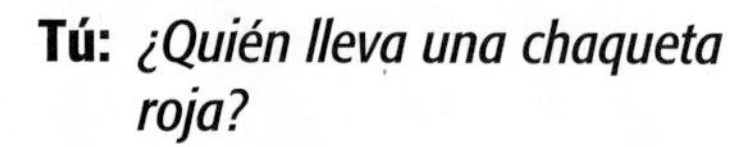

Tú: *¿Quién lleva una chaqueta roja?*

Compañero(a): *Teresa lleva una chaqueta roja.*

8 ¡Adivina!

Hablar/*Escribir* Escribe tres descripciones: una sobre un(a) estudiante de tu clase, otra sobre un(a) profesor(a) y otra sobre alguien famoso (real o imaginario). Léeles cada descripción a tus compañeros(as). Ellos van a adivinar quién es. *(Hint: Write three descriptions of people for classmates to guess.)*

alto(a)	**joven**
bajo(a)	**largo(a)**
bonito(a)	**mayor**
castaño(a)	**menor**
corto(a)	**moreno(a)**
delgado(a)	**pelirrojo(a)**
fuerte	**pequeño(a)**
gordo(a)	**rubio(a)**
guapo(a)	**viejo(a)**

Nota cultural

En Nueva York y New Jersey encontramos grupos latinos de todos los países de habla hispana, incluyendo México, España, América Central, el Caribe y América del Sur. Pero la gran mayoría vienen de tres países del Caribe: Puerto Rico, la República Dominicana y Cuba.

REPASO The Verb tener

When you want to talk about what you have, use the verb **tener.**

tengo	tenemos
tienes	tenéis
tiene	tienen

La chica **tiene** pelo rubio.
*The girl **has** blond hair.*

Tener is also used to talk about how old a person is.

El chico **tiene** quince **años.**
*The boy **is** fifteen **years old**.*

Practice:
Actividades
9 10

Más práctica
cuaderno p. 3
Para hispanohablantes
cuaderno p. 3

9 La edad

Hablar/*Escribir* ¿Cuántos años tienen las siguientes personas? Si no sabes la edad exacta, adivina. Escribe tus respuestas y luego habla con un(a) compañero(a). *(Hint: Tell the ages of these people.)*

modelo
mi tía
Mi tía tiene treinta y ocho años.

1. mi amigo *(nombre)*
2. mis amigas *(nombre)* y *(nombre)*
3. yo
4. mi hermano(a)
5. mi madre/padre
6. mi primo(a)
7. mi perro/gato/pez/pájaro/¿?
8. *(una persona famosa)*

10 ¿Se parecen?

Hablar/*Escribir* ¿Tú y tu familia se parecen? ¿Y tus amigos(as)? Describe el pelo y los ojos de tu familia y de tus amigos(as), combinando elementos de cada columna. ¡Ojo! Cuidado con las formas de los adjetivos. *(Hint: Describe your family and friends.)*

modelo

Mi amiga Lupita y yo tenemos pelo largo.

mi madre/madrastra			largo(s)
mi hermano(a) y yo	tengo		rubio(s)
yo	tienes		azul(es)
tú, (*nombre*)	tiene	pelo	corto(s)
mi amigo(a) y yo	tenemos	ojos	verde(s)
mis hermanos(as)	tenéis		castaño(s)
mi amiga, (*nombre*)	tienen		negro(s)
mi madre/padre y yo			marrón(es)

REPASO Describe People and Things: ser vs. estar

Remember that even though **ser** and **estar** both correspond to the English verb *to be,* their uses are very different.

soy	somos
eres	sois
es	son

Ser is used

- to tell who the subject is or what the subject is like.
- to describe origin, profession, and basic characteristics.

Ella **es** alta. **Es** de Nueva York.
*She **is** tall. She **is** from New York.*

estoy	estamos
estás	estáis
está	están

Estar is used

- to tell where the subject is or how the subject feels.
- to describe location and feelings that may change.

El chico **está** bien. **Está** en Nueva York.
*The boy **is** OK. He **is** in New York.*

Practice: **Actividades** 11 12 13

Más práctica *cuaderno p. 4*
Para hispanohablantes *cuaderno p. 4*

Online Workbook
CLASSZONE.COM

11 ¡Saludos desde Nueva York!

Escribir Linda está visitando Nueva York con su amiga y le escribe esta carta a su familia. Complétala con la forma correcta de **ser** o **estar.** *(Hint: Complete the postcard with the correct forms of **ser** and **estar.**)*

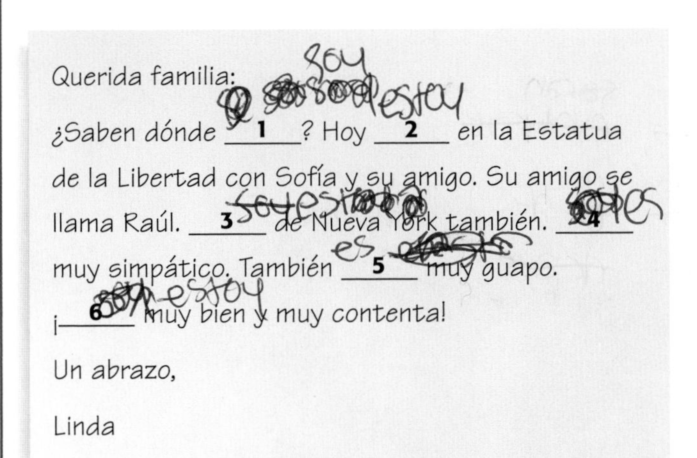
Querida familia:

¿Saben dónde __1__? Hoy __2__ en la Estatua de la Libertad con Sofía y su amigo. Su amigo se llama Raúl. __3__ de Nueva York también. __4__ muy simpático. También __5__ muy guapo.

¡__6__ muy bien y muy contenta!

Un abrazo,

Linda

Estados Unidos

Nota cultural

La población latina El censo (*census*) de 1845 menciona «508 personas de México y Sudamérica» en Nueva York. La población latina de esta ciudad ha crecido (*has grown*) mucho. Hay más de dos millones de habitantes de Nueva York de origen latino.

12 ¡A describir!

Hablar/*Escribir* Usa las expresiones entre paréntesis y la forma apropiada de **ser** o **estar** para describir a las siguientes personas. Luego, describe a una persona de tu clase. *(Hint: Describe these people using **ser** and **estar.**)*

modelo

Mary (rubia / alta / de New Hampshire)

Mary es rubia. Es alta. Es de New Hampshire.

1. Carlos (de Buenos Aires / en Nueva York / alegre)
2. Melisa (en casa / de Santo Domingo / triste)
3. Miguel (preocupado / maestro / de San Francisco)
4. Ana (de México / simpática / en Italia)
5. yo (estudiante / en clase / de...)
6. ¿?

13 Un retrato

Escuchar/*Escribir* Unos chicos le piden a Raúl que describa a Linda. Escucha su descripción. Luego, contesta las preguntas. *(Hint: Listen to the tape and answer the questions.)*

1. ¿Cuántos años tiene Linda?
2. ¿De dónde es ella?
3. ¿Dónde está ahora?
4. ¿Qué ropa tiene ella?
5. ¿Cómo es?

¡A preguntar!

VOCABULARIO Y GRAMÁTICA

Hartford, Connecticut Look at the pictures and read about Patricia's plans for a Saturday afternoon in Hartford.

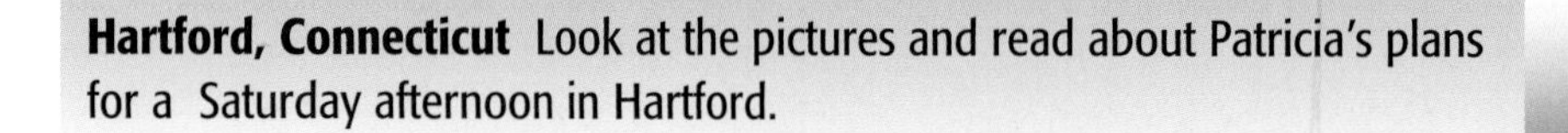

A

Patricia: Abuela, ¿qué hora es?

Abuela: Son las tres de la tarde. ¿Por qué?

Patricia: Tengo la fiesta de Miguel esta noche. ¡Ay! No tengo la dirección. Le hablo a Lalo. Él tiene su teléfono.

B

Lalo: Aló.

Patricia: Hola, Lalo. Soy Patricia. ¿Cuál es el teléfono de Miguel?

Lalo: 531-4275. Pero, ¿por qué?

Patricia: No tengo su dirección.

Lalo: ¿Por qué no vas conmigo a la fiesta?

Patricia: Muy bien. Chao.

C

Lalo: Sí. Aquí está el apartamento. Está en esta calle.

Patricia: ¡Ay, qué bien!

D

Miguel: Hola. Bienvenidos.

Patricia: ¿Qué tal?

Lalo: ¿Cómo estás, hombre?

14 En Hartford...

Leer/*Escribir* Contesta las preguntas sobre lo que Patricia, su abuela y sus amigos hacen en la ciudad. *(Hint: Answer questions about Patricia's plans.)*

1. Según la abuela, ¿qué hora es?
2. ¿Por qué quiere saber Patricia la hora?
3. ¿Cuál es el teléfono de Miguel?
4. ¿Vive Miguel en un apartamento o una casa?
5. ¿Por qué van Lalo y Patricia a la casa de Miguel?

REPASO Interrogative Words

Remember that Spanish has many words that introduce a question. These words are called **interrogatives.** Some questions are formed by putting a **conjugated verb** after the **question word.**

Each interrogative word has an accent on the appropriate vowel.

All questions are preceded by an inverted question mark and followed by a question mark.

adónde *(to) where*	¿**Adónde vas** con Ana?
cómo *how*	¿**Cómo está** el chico?
cuál(es) *which (ones)*	¿**Cuál es** el libro?
cuándo *when*	¿**Cuándo estudias**?
cuánto *how much*	¿**Cuánto cuesta**?
cuántos(as) *how many*	¿**Cuántos** años **tienes**?
dónde *where*	¿**Dónde está** el carro?
por qué *why*	¿**Por qué vas** a casa?
qué *what*	¿**Qué es**?
quién(es) *who*	¿**Quién(es) habla(n)**?

Practice:
Actividades 15 16 17

Online Workbook
CLASSZONE.COM

Más práctica *cuaderno p. 5*
Para hispanohablantes *cuaderno p. 5*

15 Una conversación

Hablar/*Escribir* Completa las preguntas y las respuestas. Luego practícalas con un(a) compañero(a). (*Hint: Complete the questions. Practice them with a classmate.*)

adónde cómo cuál(es) cuándo
dónde por qué qué cuántos(as)
de dónde quién(es)

1. ¿______ te llamas?	Me llamo…
2. ¿______ eres?	Soy de…
3. ¿______ eres?	Soy…
4. ¿______ vives?	Vivo en…
5. ¿______ es tu dirección?	Mi dirección es…
6. ¿______ años tienes?	Tengo…
7. ¿______ es tu clase favorita?	Me gusta más la clase de…
8. ¿______ te gusta esa clase?	Es mi favorita porque…
9. ¿______ es tu mejor profesor(a)?	Mi mejor profesor(a) es…
10. ¿______ es tu mejor amigo(a)?	Mi mejor amigo(a) es…

16 ¿Cuál es…?

Hablar/*Escribir* Tu maestro(a) te va a dar tres minutos para preguntarles a tus amigos(as) su número de teléfono y dirección. Escribe la información en un papel. La persona que tenga la lista más larga y correcta gana. ¡Ojo! Sólo puedes hablar español. (*Hint: Race to see how many phone numbers and addresses you can collect in three minutes. You are only allowed to give information when asked in Spanish!*)

¿Cuál es tu teléfono?

¿Cuál es tu dirección?

17 Una encuesta

Hablar/*Escribir* Escribe una lista de diez preguntas con palabras interrogativas para una encuesta. Hazles las preguntas a varios compañeros de clase y anota sus respuestas. (*Hint: Use interrogatives to write survey questions. Get classmates' answers.*)

modelo

¿Cuántas personas hay en tu familia?
¿Cuándo es tu cumpleaños?
¿Quién es tu actor favorito?

Nota cultural

De Connecticut La gente de habla hispana de Connecticut es reconocida (*recognized*) por ser políticamente fuerte, creando asociaciones latinas y eventos culturales por todo el estado.

REPASO Tell Time

To talk about what time it is, use:

¿Qué hora es?
What time is it?

Son las doce **y** ***minutes***

Use **y** + ***minutes*** for the number of minutes **after** the hour.

Son las doce. (12:00)
Son las doce **y diez.** (12:10)
Son las doce **y media.** (12:30)

Use **cuarto** for a quarter of an hour and **media** for half an hour.

Es la una **menos** ***minutes***

Use **menos** + ***minutes*** for the number of minutes **before** the hour.

Es la una. (1:00)
Es la una **menos cuarto.** (12:45)

To talk about when something will happen, use:

¿A qué hora es la clase? *What time is the class?*
A las (dos, tres). *At (two o'clock, three o'clock).*
A la una. *At one o'clock.*

Practice:
Actividades 18 19

Online Workbook
CLASSZONE.COM

Más práctica *cuaderno* p. 6
Para hispanohablantes *cuaderno* p. 6

18 ¿Qué hora es?

Leer/*Escribir* Isabel llama a casa durante el día para decirles a sus padres dónde está. Según su calendario, ¿qué hora es cada vez que llama? *(Hint: Tell what time it is.)*

5	septiembre
9:10	caminar con el perro
10:30	comprar fruta para la fiesta
11:15	gimnasio
12:00	tomar algo con Patricia
12:45	sacar un libro
1:00	buscar zapatos nuevos
1:20	ir a la tienda de videos
2:00	comer con mi familia

1. «Hola, estoy en el mercado.»
2. «Bueno, mis amigas y yo vamos a jugar al baloncesto.»
3. «Acabo de llegar al café.»
4. «Oye, estoy en la biblioteca.»
5. «Voy a alquilar un video. ¿Quieres uno también?»

19 ¿A qué hora?

Hablar/*Escribir* ¿A qué hora es cada una de estas actividades? Habla con un grupo de compañeros(as). *(Hint: Tell at what time these activities begin.)*

- tu programa favorito de televisión
- la clase de español
- el almuerzo
- la escuela
- las películas baratas en el cine
- la práctica de deportes escolares

En la escuela

VOCABULARIO Y GRAMÁTICA

Boston, Massachusetts Look at the photos and read about what these students do in Boston.

A

Antes de la escuela…

Susana: Voy a tomar la clase de arte este año. ¿Y tú?

Luis: ¿Arte? No. Voy a tomar otra clase de música para practicar con mi guitarra. Mi banda está en un concurso.

B

Luego, Luis y Susana van a la clase de español. Le preguntan a la señora Rivera si van a hablar español todo el tiempo. La señora Rivera contesta que sólo van a usar español.

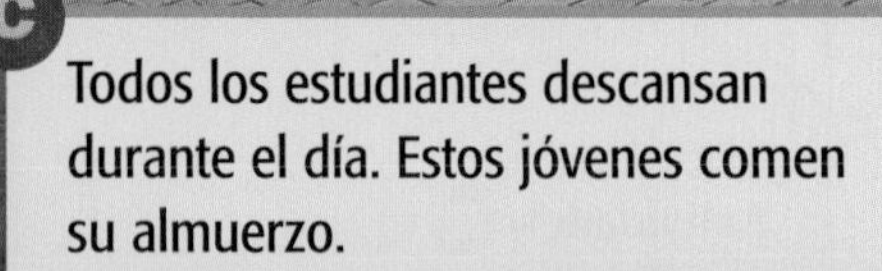

C

Todos los estudiantes descansan durante el día. Estos jóvenes comen su almuerzo.

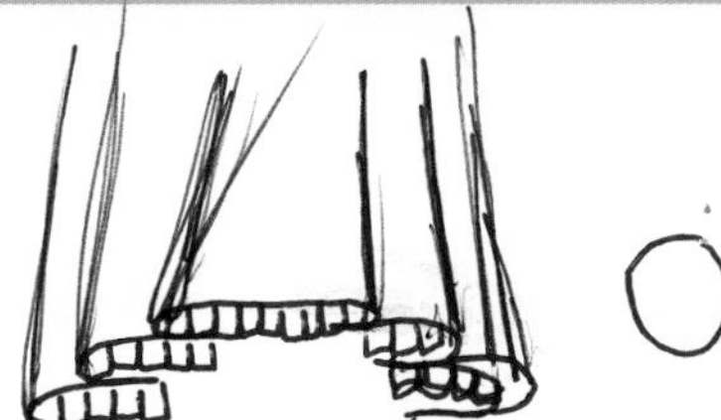

20 Durante el día

Leer/*Escribir* Contesta las preguntas sobre lo que hacen los jóvenes durante el día escolar.
(Hint: Answer questions about the school day.)

1. ¿Qué clase va a tomar Susana? ¿y Luis?
2. ¿Van a hablar español e inglés en la clase de español?
3. ¿Qué clase da la señora Rivera?
4. ¿Qué hace David después de la escuela? ¿y Susana y Luis?

D Después de la escuela, David corre con un equipo.

Entrenador Santiago: ¿Corres en tu tiempo libre, David?

David: Sí, un poco. Pero, como no vivo cerca de aquí, corro en mi barrio.

Entrenador Santiago: Está bien.

E Susana y Luis caminan a la biblioteca después de la escuela. Tienen mucha tarea y van a estudiar. ¿Tienes mucha tarea?

REPASO Regular Present Tense Verbs

To talk about things you do, you use the present tense. To form the present tense of a regular verb, drop the **-ar**, **-er**, or **-ir** and add the appropriate **ending**.

Regular Verbs

	-ar hablar	-er comer	-ir vivir
yo	hablo	como	vivo
tú	hablas	comes	vives
usted, él, ella	habla	come	vive
nosotros	hablamos	comemos	vivimos
vosotros	habláis	coméis	vivís
ustedes, ellos, ellas	hablan	comen	viven

Practice:
Actividades  

 **Online Workbook** CLASSZONE.COM

Más práctica *cuaderno p. 7*
Para hispanohablantes *cuaderno p. 7*

21 ¿Dónde?

Escribir Tú describes las actividades de varias personas en la escuela. Completa las oraciones e indica dónde tienen lugar las actividades. *(**Hint:** Complete the sentences and tell where the activity takes place.)*

la biblioteca, la cafetería, el auditorio, el gimnasio, el campo, la cancha, la clase de ¿?, el estadio, la piscina

1. Nosotros (comer) el almuerzo en _____.
2. Mis amigos (nadar) en _____.
3. Tú (leer) literatura en _____.
4. Yo (hablar) español en _____.
5. En la clase de educación física, ustedes (correr) en _____.

22 En nuestra escuela

Hablar/Escribir Completa las oraciones y explica si estas actividades pasan en tu escuela. Si la actividad no pasa en tu escuela, cambia la oración para describir una actividad que sí pasa. *(**Hint:** Complete the sentences. Change any that do not apply.)*

modelo

Los estudiantes / preparar / jugo / en la cafetería

Los estudiantes preparan jugo en la cafetería. (Los estudiantes no preparan jugo en la cafetería. Beben jugo en la cafetería.)

Nota: Gramática

Remember that using the right verb ending is important. Sometimes an incorrect ending changes a word's meaning, even with regular verbs like **preguntar**.

Pregunto a la maestra. ***I ask** the teacher.*

Pregunta a la maestra. ***He asks** the teacher.*

1. Yo / llegar / a clase a tiempo
2. Mis amigos / vender / la tarea
3. El (La) director(a) / caminar / a la escuela
4. Tú *(nombre)* / visitar / durante las clases
5. Mis amigos y yo / beber / refrescos en clase

23 Las clases

Hablar Habla sobre las clases con un grupo de compañeros(as). Describe lo que haces en cada clase, cómo es y dónde tiene lugar *(takes place)*. *(**Hint:** Talk about classes with a group.)*

modelo

Tú: *¿Qué hacen ustedes en la clase de francés?*

Compañero(a) 1: *Hablamos mucho francés y aprendemos mucho.*

Tú: *¿Cómo es?*

Compañero(a) 2: *Es interesante y divertida.*

Tú: *¿Dónde tiene lugar?*

Compañero(a) 3: *Tiene lugar en el salón número mil trescientos cuatro.*

el arte
la biología
las ciencias
la computación
la educación física
los estudios sociales
la física
la historia
la literatura
las matemáticas
la música

REPASO The Verb ir

Remember that when you talk about where someone is going, you use the verb **ir,** *to go.*

voy	vamos
vas	vais
va	van

Remember that forms of **ir** are usually followed by the preposition **a**.

Susana y Luis **van** a la biblioteca.
*Susana and Luis **go** to the library.*

Practice:
Actividades 

Online Workbook
CLASSZONE.COM

Más práctica *cuaderno p. 8*
Para hispanohablantes *cuaderno p. 8*

24 ¿Adónde van?

Hablar/Escribir ¿Adónde van estas personas en la escuela? *(Hint: Tell where these people are going.)*

modelo

Jorge necesita tomar una prueba de computadoras.
Va a la clase de computación.

1. Comemos el almuerzo.
2. Buscas información sobre Puerto Rico.
3. Practico deportes en mi próxima clase.
4. Juegan al tenis.
5. Nadamos hoy en la clase de educación física.
6. Tomo una prueba de plantas y animales.

25 ¿Qué haces allí? 

Hablar Imagínate que vas a los siguientes lugares. Habla con un(a) compañero(a) sobre adónde vas y qué vas a hacer allí. *(Hint: Tell where you are going and what you will do there.)*

la oficina **la biblioteca** **el español**
la cafetería **el gimnasio** **las ciencias**

modelo

Compañero(a): *¿Adónde vas?*
Tú: *Voy al auditorio.*
Compañero(a): *¿Qué vas a hacer allí?*
Tú: *...*

1.

2.
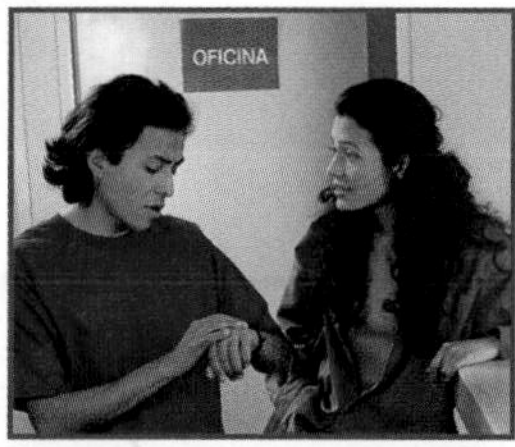

3.

4.

Estados Unidos

También se dice

Muchas palabras en inglés vienen del español u otros idiomas romanos. ¿Crees que la palabra **cafetería** tiene sus orígenes en el inglés o el español? ¿Qué tal estas palabras: **el rodeo, la plaza, el récord, la televisión**? Si no sabes, ¿dónde puedes buscar esta información?

¿Qué haces?

VOCABULARIO Y GRAMÁTICA

Boston, Massachusetts Look at the pictures and read about these students' goals for the upcoming school year.

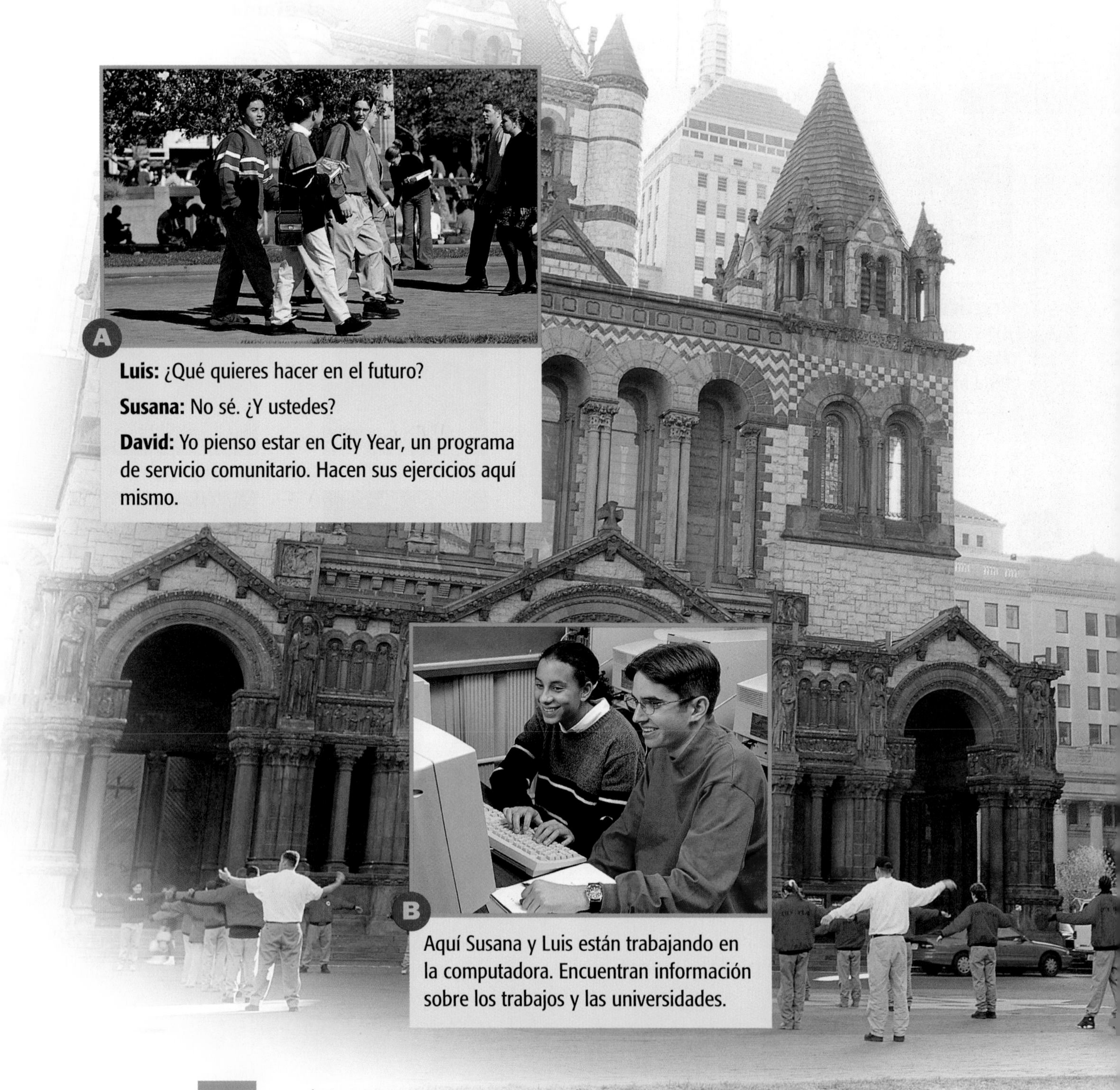

A

Luis: ¿Qué quieres hacer en el futuro?

Susana: No sé. ¿Y ustedes?

David: Yo pienso estar en City Year, un programa de servicio comunitario. Hacen sus ejercicios aquí mismo.

B

Aquí Susana y Luis están trabajando en la computadora. Encuentran información sobre los trabajos y las universidades.

Durante el año escolar, puedes comer con los amigos.

También puedes entrar en la universidad. ¡Hay muchas universidades aquí en Boston!

26 Unas preguntas personales

Hablar/*Escribir* Ya sabes lo que hacen Luis, Susana y David. Luego contesta las preguntas sobre lo que haces tú. *(Hint: Answer the questions.)*

1. ¿Qué quieres hacer este año?
2. ¿Encuentras información por computadora? ¿Qué tipo?
3. ¿Dónde almuerzas?
4. ¿Qué piensas hacer este fin de semana?
5. ¿Vuelves a la misma escuela el año que viene?
6. ¿Prefieres salir con tus amigos(as) o hacer la tarea?

REPASO Stem-Changing Verbs

As you know, Spanish has many stem-changing verbs. Review the ones that follow.

pensar *to think*
e → ie

pienso	**pens**amos
piensas	**pens**áis
piensa	**piens**an

The stem doesn't change for the **nosotros** (*we*) or **vosotros** (*you*) form.

almorzar *to eat lunch*
o → ue

almuerzo	**almorz**amos
almuerzas	**almorz**áis
almuerza	**almuerz**an

For a complete list of stem-changing verbs, refer to pp. R30–R31.

Practice:
Actividades 27 28

Online Workbook
CLASSZONE.COM

Más práctica *cuaderno p. 9*
Para hispanohablantes *cuaderno p. 9*

27 ¿Qué pasa?

Leer/*Escribir* Meche participa en un concurso en su escuela. Completa su descripción. *(Hint: Complete Meche's description of a contest at her school.)*

> Mi amiga me __1__ (contar) de un concurso en nuestra escuela para ganar dinero para nuevos uniformes. Los uniformes __2__ (costar) mucho. El concurso es un maratón de tenis y los estudiantes __3__ (poder) participar por doce horas. Nosotros __4__ (poder) ganar un premio. Pero yo no __5__ (encontrar) mi raqueta. Entonces __6__ (volver) a casa y la __7__ (encontrar) en mi cuarto. Terminamos y... ¡qué cansada estoy! Ahora voy a dormir mucho. ¿ __8__ (Dormir) tú mucho después de jugar tanto?

28 ¿Cuántas veces?

Hablar/*Escribir* ¿Cuántas veces haces las siguientes actividades? Usa expresiones como **nunca, rara vez, de vez en cuando, mucho** y **siempre** en tus respuestas. *(Hint: How often do you do these things?)*

modelo

dormir en casa de un(a) amigo(a)

De vez en cuando duermo en casa de un amigo.

Nota: Vocabulario

nunca — ***rara vez*** — ***de vez en cuando*** — ***mucho*** — ***siempre***

To say how often you do something, you can use **nunca** (*never*), **rara vez** (*rarely*), **de vez en cuando** (*sometimes*), and **mucho** (*often*) or **siempre** (*always*). In negative sentences, you can use a negative word and the word **no.**

No, no como en restaurantes **nunca.** *No, I **never** eat in restaurants.*

1. contar tu dinero
2. dormir en clase
3. almorzar con tus padres
4. perder un partido
5. pensar en el pasado
6. entender las matemáticas
7. cerrar la casa con llave
8. volver a casa después de las once

Nota cultural

City Year es un programa nacional para jóvenes que tienen de 17 a 23 años. Los participantes ofrecen un año de servicio para los habitantes de una comunidad estadounidense. En la página 20 los jóvenes de **City Year** hacen ejercicio. ¿Por qué crees que lo hacen?

29 Después de la escuela

Escuchar ¿Qué hacen los chicos después de clases? Escucha la descripción y ordena las fotos según lo que escuchaste. *(Hint: Listen to the description. Then put photos in chronological order.)*

a.

b.

c.

REPASO Irregular **yo** Verbs

Remember that some verbs are only irregular in the first person singular (yo) form. Compare the yo and **tú** forms of these verbs.

- These take the ending -go.

	caer *to fall*	**hacer** *to make, to do*	**poner** *to put*	**salir** *to go out, to leave*	**traer** *to bring*
yo	**caigo**	**hago**	**pongo**	**salgo**	**traigo**
tú	**caes**	**haces**	**pones**	**sales**	**traes**

- Other verbs that are irregular in the yo form only are **conocer, dar, saber,** and **ver.**

	conocer *to know, to meet*	**dar** *to give*	**saber** *to know*	**ver** *to see*
yo	**conozco**	**doy**	**sé**	**veo**
tú	**conoces**	**das**	**sabes**	**ves**

Practice: **Actividades** 30 31

Más práctica *cuaderno p. 10*
Para hispanohablantes *cuaderno p. 10*

30 Unas actividades

Hablar/*Escribir* ¿Haces estas cosas? Completa las oraciones para explicar si haces las siguientes actividades. *(Hint: Do you do these things?)*

modelo

hacer la tarea por la mañana

Yo no hago la tarea por la mañana.

1. traer el cuaderno a clase
2. hacer la cama todos los días
3. poner la ropa en su lugar todos los días
4. dar fiestas para tus padres
5. siempre saber las respuestas de la tarea
6. ver la televisión hasta la medianoche
7. conocer a una persona famosa
8. salir de la casa a las cinco de la mañana

31 ¿Y tú?

Hablar/Leer Lee sobre David, un estudiante de Boston. Dile a un(a) compañero(a) si las situaciones también te pasan a ti. *(Hint: Read the descriptions and tell a classmate if they are true for you.)*

modelo

Compañero(a): *David ve pájaros de su ventana por la mañana. ¿Y tú?*

Tú: *Yo también (No) veo pájaros de mi ventana por la mañana.*

Nota: Gramática

Remember that the verbs **decir** *to say, to tell* and **venir** *to come* are irregular. Like the irregular **yo** verbs, they have first person singular forms ending in **-go** (**digo**, **vengo**).

Vengo del mercado. ***I come** from the market.*

1. David hace la tarea por la mañana.
2. Él ve todas las películas que salen.
3. Él les dice sus problemas a sus amigos.
4. Sale para la escuela muy temprano.
5. David trae sus libros en una mochila.
6. Él les da papel a sus amigos en clase.
7. David sabe hablar español bien.
8. Viene a la escuela en moto.

More Practice: **Más comunicación** *p. R1*

En uso

REPASO Y MÁS COMUNICACIÓN

1 Unas preguntas

Contesta estas preguntas con un grupo de compañeros(as). Luego escribe un resumen de las respuestas. *(Hint: Answer these questions with a group of classmates.)*

1. ¿Qué traes a clase todos los días?
2. ¿Prefieres ir a la escuela o trabajar? Explica.
3. ¿Sabes hacer algo bien? ¿Puedes enseñarles la actividad a otros?
4. ¿Le das dinero a alguien o a una institución? ¿Por qué?
5. ¿Qué quieres aprender este año?
6. ¿Qué cosa nueva quieres hacer este año?

2 ¿Quién soy yo?

Completa las oraciones y presenta la información en una forma artística que simbolice lo que escribes. *(Hint: Make a poster that represents you. Present the information in a symbolic manner.)*

1. Me llamo *(nombre)*.
2. Soy *(dos descripciones físicas)*.
3. También soy *(dos descripciones de tu personalidad)*.
4. Mi familia es *(dos descripciones)*.
5. Mis amigos son *(dos descripciones)*.
6. Me gusta *(tres actividades)*.

3 Las presentaciones

STRATEGY: SPEAKING

Give and get personal information Getting acquainted involves sharing information about yourself as well as getting information about others.

For example, tell something about yourself and then ask your new classmate a related question: **—A mí me gusta estudiar después de la cena. Y tú, ¿cuándo prefieres estudiar?**

Or after asking the question, react to the answer: **—Prefiero estudiar antes de la cena cuando no estoy cansado.**
—¡Qué buena idea!

Haz una entrevista con un(a) compañero(a) de clase que no conozcas bien. Primero, escribe una lista de preguntas e incluye todos los elementos de la lista. Luego preséntale la persona a la clase y comparte cinco cosas nuevas que ya sabes. *(Hint: Interview a classmate and then introduce him or her to the class.)*

nombre	**gustos**	**clases**
origen	**dirección**	**actividades**
edad	**teléfono**	**metas** *(goals)*

En resumen

YA SABES

DISCUSS LIKES AND DISLIKES

gustar	*to like*

Activities

bailar	*to dance*
cantar	*to sing*
comer	*to eat*
escribir	*to write*
escuchar música	*to listen to music*
patinar	*to skate*

EXCHANGE GREETINGS

Buenas tardes.	*Good afternoon.*
¿Cómo estás?	*How are you?*
¿Cómo te llamas?	*What is your name?*
El gusto es mío.	*The pleasure is mine.*
Encantado(a).	*Delighted.*
Les presento a…	*I'd like to introduce you to…*
Me llamo…	*My name is…*
Se llama…	*His/Her name is…*

TALK ABOUT SCHOOL LIFE

caminar	*to walk*
contestar	*to answer*
correr	*to run*
descansar	*to rest*
estudiar	*to study*
hablar	*to talk, to speak*
ir	*to go*
tomar	*to take, to eat or drink*
vivir	*to live*

DESCRIBE PEOPLE AND PLACES

estar	*to be*
ser	*to be*
tener	*to have*

Appearance and Personality

alegre	*happy*
alto(a)	*tall*
bajo(a)	*short (height)*
castaño(a)	*brown (hair)*
cómico(a)	*funny, comical*
corto(a)	*short (length)*
delgado(a)	*thin*
guapo(a)	*good-looking*
largo(a)	*long*
moreno(a)	*dark (hair and skin)*
nervioso(a)	*nervous*
rubio(a)	*blond*
serio(a)	*serious*
tranquilo(a)	*calm*
triste	*sad*

THE NEW SCHOOL YEAR

Stem-Changing Verbs

almorzar (o→ue)	*to eat lunch*
cerrar (e→ie)	*to close*
contar (o→ue)	*to count, to (re)tell*
costar (o→ue)	*to cost*
dormir (o→ue)	*to sleep*
encontrar (o→ue)	*to find, to meet*
entender (e→ie)	*to understand*
pensar (e→ie)	*to think, to plan*
perder (e→ie)	*to lose*
poder (o→ue)	*to be able, can*
preferir (e→ie)	*to prefer*
querer (e→ie)	*to want*
volver (o→ue)	*to return, to come back*

ASK FOR/GIVE INFORMATION

adónde	*(to) where*
cómo	*how*
cuál(es)	*which (ones), what*
cuándo	*when*
cuánto	*how much*
cuántos(as)	*how many*
¿Cuántos años tiene…?	*How old is …?*
dónde	*where*
por qué	*why*
qué	*what*
quién(es)	*who*

Juego

Adriana y Paula se encuentran por la calle.

Adriana: ¿Cómo están tus hijas? ¿Cuántos años tienen?

Paula: El producto de las tres edades es 36 y la suma es el mismo que el número de tu casa.

Adriana: Sé que vivo en el 13. Pero todavía necesito más información.

Paula: Sí. Es cierto. Mi hija mayor toca el piano.

¿Cuántos años tiene cada hija?

UNIDAD 1

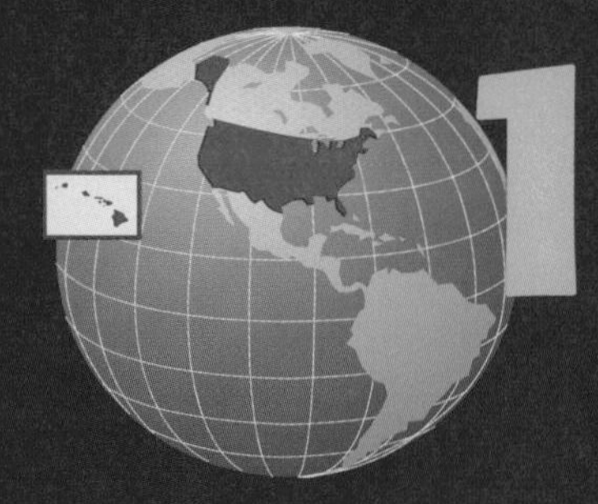

ESTADOS UNIDOS

¿QUÉ PASA?

STANDARDS

Communication

- Talking about where you went and what you did in the past
- Discussing leisure time activities
- Expressing activity preferences
- Commenting on travel, food, art
- Reacting to news
- Asking for and giving information
- Talking about things and people you know

Cultures

- Food and fine art of Hispanic communities in the U.S.
- Hispanic communities in Los Angeles, Chicago, Miami

Connections

- Art: Comparing art forms and artists
- Journalism: Comparing news in Spanish and English
- Mathematics: Creating graphs based on surveys in Spanish

Comparisons

- Travel in the U.S. and abroad
- Foods
- Media and communication

Communities

- Using Spanish to help others
- Using Spanish in the workplace

HISPANOS EN HOLLYWOOD Edward James Olmos, Jennifer López y Jimmy Smits están entre los actores latinos más famosos de Hollywood. Todos salen en esta película, *Mi familia,* que cuenta de una familia que llegó a California en 1920. ¿Qué otros actores hispanos conoces?

INTERNET Preview
CLASSZONE.COM

- More About Latinos
- Flashcards
- Webquest
- Writing Center
- Self-Check Quizzes
- Online Workbook
- eEdition Plus Online

ALMANAQUE CULTURAL

POBLACIÓN: 281,421,906

POBLACIÓN DE DESCENDENCIA HISPANA: 35,305,818

CIUDAD CON MÁS LATINOS: Nueva York

CIUDAD CON MAYOR PORCENTAJE (%) DE LATINOS: El Paso

EN ESTADOS UNIDOS
¿Qué tienen en común todas las ciudades que ves en el mapa? Son 10 ciudades con un gran número de gente de descendencia hispana. Los Ángeles, Chicago y Miami son las ciudades que vas a conocer en esta unidad. ¡Vamos!

ARTISTAS Y LA COMUNIDAD Alejandro Romero es un artista de México que celebra la comunidad latina en Chicago. ¿Qué otros artistas conoces?

TOSTONES Se puede encontrar esta comida típica de Puerto Rico y otros países del área caribeña en los restaurantes de Chicago. Tostones son plátanos verdes fritos. ¿Conoces algún plato como éste?

LA MISIÓN SAN FERNANDO REY DE ESPAÑA, fundada por el Padre Fermín Lasuén en 1797, está cerca de Los Ángeles. Puedes ver la misión en las películas y en la televisión. ¿Conoces otras misiones en California?

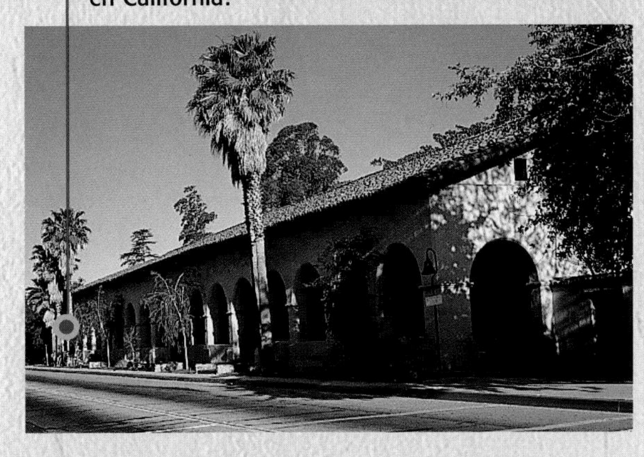

TELEVISIÓN Hay muchos canales de televisión en español. Los dos más populares son Univisión y Telemundo, que tienen oficinas en Miami y en Los Ángeles. ¿Ves la tele en español?

GLORIA ESTEFAN es una cantante famosa que vive en Florida. ¿Conoces sus canciones?

JORGE RAMOS Y MARÍA ELENA SALINAS son reporteros famosos que trabajan desde Miami.

UNIDAD 1

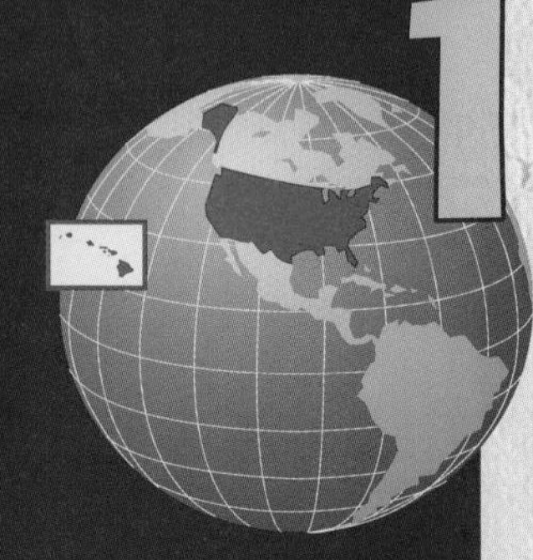

¿QUÉ PASA?

5B Noticias internacionales
1D Anuncios clasificados
6A Crítica
8B Noticias locales
1C Diversiones

El Universo

Robo en el museo, ladrón atrapado

¡Rescate dramático! Héroe local rescata a niño

Festival

- Comunicación
- Culturas
- Conexiones
- Comparaciones
- Comunidades

Comunicación

¡Comunicar en otra lengua!

Ya puedes empezar a hablar con otras personas y a escribirles en español. En esta unidad vas a describir viajes y actividades del pasado. ¿Adónde fuiste el verano pasado? ¿Qué hiciste?

Culturas

¡Aprender de otras culturas!

El arte es una forma de expresión. Vas a ver trabajos de arte y a conocer artistas hispanohablantes que se encuentran en Estados Unidos. ¿Qué puedes aprender de una cultura por medio de su arte?

Guided Web-based activities help you explore how Spanish is used in the United States.

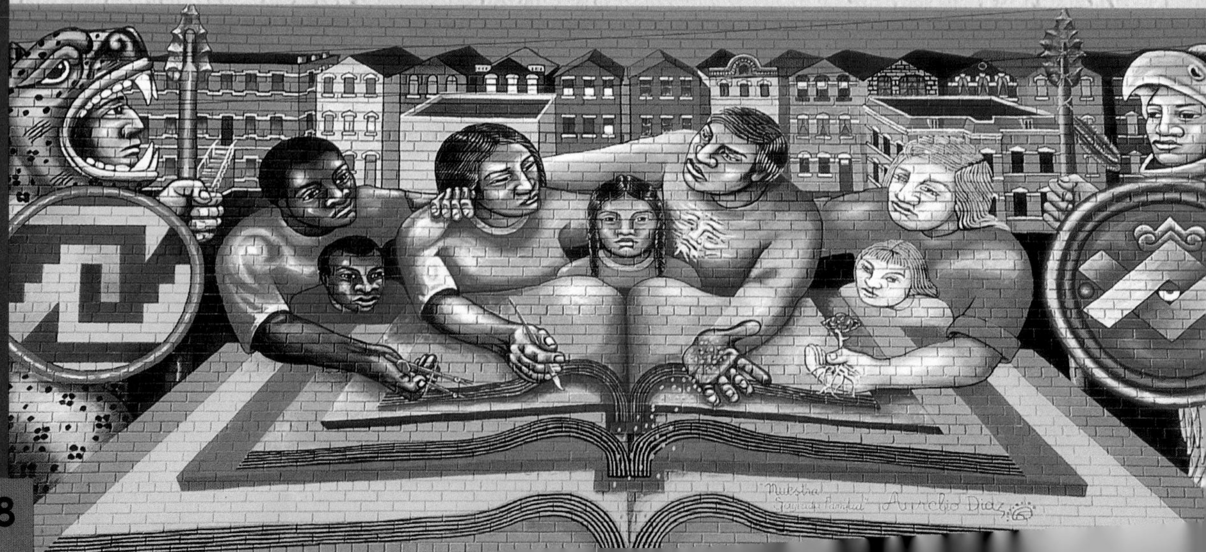

Conexiones

¡Conectar nueva información con otras materias!

Cuando estudias español tienes la oportunidad de aprender muchas cosas interesantes sobre varias materias. Vas a aprender más sobre el arte y el periodismo incluyendo aspectos del periódico y de la televisión.

Comparaciones

¡Comparar tu cultura y tu lengua con otras!

¿Te gusta comer en los restaurantes de tu ciudad que sirven comida de otras culturas? Probablemente sirven comidas que puedes preparar en casa y otras que no conoces. Vas a ver las semejanzas y las diferencias entre comidas, comunicaciones y otras cosas.

Comunidades

¡Participar en comunidades multilingües en tu ciudad y otras partes del mundo!

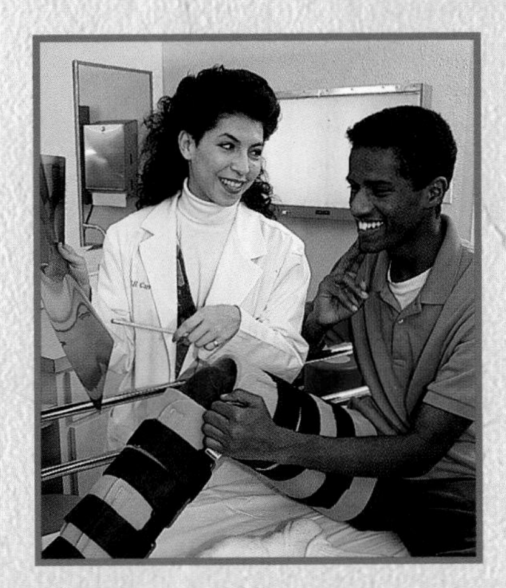

Muchos estudiantes usan el español fuera de la clase para divertirse y ayudar en su comunidad. Estudiar español es útil. Lo puedes usar en tus viajes y en tu lugar de trabajo. Vas a conocer a un joven que usa el español para ayudar a otros en su trabajo.

Fíjate 

Para conocer mejor estas categorías (Comunicación, Culturas, Conexiones, Comparaciones, Comunidades), contesta las siguientes preguntas.

1. ¿Con quiénes te gustaría hablar español?
2. ¿Conoces a un(a) artista hispanohablante? ¿Quién?
3. ¿Cuáles de estas materias estudiaste el año pasado?

la música · el arte · las matemáticas · los estudios sociales · la geografía · la salud · la historia

4. ¿Sabes más sobre el inglés después de estudiar el español? Explica.
5. ¿Dónde hay oportunidades de hablar español en tu comunidad?

UNIDAD 1

Pasatiempos

OBJECTIVES

- Talk about where you went and what you did
- Discuss leisure time
- Comment on airplane travel

¿Qué ves?

Mira la foto y contesta las preguntas.

1. ¿Dónde están las personas de la foto?
2. ¿Qué hacen?
3. ¿Qué relación crees que hay entre ellos?
4. ¿Puedes nombrar un monumento histórico de Los Ángeles?

EL PUEBLO DE LOS ÁNGELES HISTORIC MONUMENT
¡VIVA EL PUEBLO!
CIVIC CENTER
UNION STATION

Preparación para el diálogo

En contexto

VIDEO DVD AUDIO

VOCABULARIO

Francisco va a viajar. Mira las ilustraciones de sus preparaciones. Te ayudan a comprender las palabras en **azul** y a responder a las preguntas personales.

¡Hola! Como ya saben, voy de **viaje.** Soy **el pasajero.** Tengo todo listo. Tengo **la identificación, el pasaporte** y **el boleto.**

Mira mi **equipaje.** Va a ser un problema. Tengo muchísimas **maletas.** ¡Voy a tener **un exceso de equipaje**!

A En **el mostrador** de **la aerolínea,** me van a dar un pase de **abordar. La agente de viajes** me va a indicar dónde esperar. **Los letreros** me ayudan a ver adónde ir. Tengo que pasar por **seguridad.**

B Antes de entrar al aeropuerto, todas las personas que vienen de otros países tienen que pasar por **la aduana.**

C

Como yo, todos los pasajeros pasan por **un pasillo** para abordar el avión. En el avión, **la auxiliar de vuelo** ayuda a los pasajeros a encontrar sus **asientos.** ¡Yo quiero un asiento de **ventanilla** porque me gusta ver cosas por la ventana!

D

Aquí todos **los vuelos** llegan al aeropuerto. En una sala, la gente espera **la salida** de su vuelo para ir a otro destino. En otra sala, la gente espera **la llegada** de un vuelo.

Me gusta viajar. Quiero ser **piloto** algún día.

Online Workbook
CLASSZONE.COM

Preguntas personales

1. ¿Te gusta viajar o te gusta estar en tu casa?
2. ¿Adónde te gustaría ir de viaje?
3. ¿Prefieres llevar mucho o poco equipaje?
4. ¿Prefieres un asiento de ventanilla o de pasillo? ¿Por qué?
5. ¿Qué documentos necesitas? ¿Por qué?

En vivo

DIÁLOGO

Verónica Francisco Abuela Tío Javier

PARA ESCUCHAR • **STRATEGY: LISTENING**

Identify key words In these scenes, some events have already happened; others are happening now. Verb tenses **(fue, viajé)** and key expressions of time **(el verano pasado)** give valuable clues about when things take place. What events happened in the past? Can you hear other clues to past events?

En Los Ángeles...

1 ▶ **Verónica:** ¿Cómo fue que ganaste?
Francisco: Mandé mi material a la revista, y me llamaron. ¡Gané!
Verónica: Qué bien, viajar a Chicago, Puerto Rico y Costa Rica.

5 ▶ **Verónica:** Sabes, me gustaría ser auxiliar de vuelo algún día... o mejor, piloto.
Francisco: No sé... tantos pasajeros todos los días, llegadas y salidas a cada hora...

6 ▶ **Francisco:** Ya es hora. Mi vuelo sale a las cuatro. ¿A qué hora viene tu padre?
Verónica: Debe llegar pronto. Fue al banco primero, y después, a hacer unas compras.

7 ▶ **Francisco:** Tengo que presentarme en el mostrador, registrar mi equipaje y cambiar mi asiento. Tengo asiento de pasillo, y quiero asiento de ventanilla. Y tengo que pasar por seguridad.

Take-Home Tutor

2 ▶ **Abuela:** Yo viajé a Costa Rica el verano pasado. Fui con unas amigas. Fuimos al bosque tropical, acampamos en un parque y caminamos por San José. Fue un viaje inolvidable.

3 ▶ **Francisco:** ¿Qué más hiciste, abuela?
Abuela: Pues, hicimos mucho. Fuimos a la playa. Nadamos, tomamos el sol… Mi amiga Rocío esquió en el agua.
Verónica: Abuela, ¿y esquiaste tú?
Abuela: Ay, no. No me interesa.

4 ▶ **Tío Javier:** ¡Hola, Paco! Así que te vas mañana.
Francisco: Sí, tío Javier. El avión sale para Chicago a las cuatro.
Abuela: Mira, tu abuelo está quemando la carne. ¡Héctor!

8 ▶ **Francisco:** Aquí está la identificación… ¡Ay, no! ¿Qué hice con los boletos?
Verónica: ¿Dónde los dejaste?
Francisco: No sé… No sé.

9 ▶ **Verónica:** ¡Francisco! ¡Bobo! Los boletos están en tu bolsillo.
Francisco: En mi… ah. Bueno, vamos.

10 ▶ **Verónica:** ¿Qué tienes en esta maleta? ¿Rocas? Paquito, vas a tener exceso de equipaje.

En acción

PARTE A

Comprensión del diálogo

For Activities 1–2, refer to the dialog on pages 34–35.

Francisco

Verónica

Tío Javier

Abuela

1 ¿Qué pasa?

Escuchar Escoge la(s) respuesta(s) correcta(s), según el diálogo. ¡Ojo! Algunas oraciones tienen más de una respuesta correcta. *(Hint: Choose the correct answers.)*

1. Francisco gana un premio. Él va...
   a. a Chicago
   b. al parque
   c. a Costa Rica
2. El verano pasado en Costa Rica, la abuela de Francisco...
   a. fue al bosque tropical
   b. caminó por San José
   c. esquió en el agua
3. El abuelo de Francisco...
   a. se va a Costa Rica
   b. quema la carne
   c. es auxiliar de vuelo
4. La persona que quiere ser piloto es...
   a. Francisco
   b. abuela
   c. Verónica
5. En el aeropuerto, Francisco tiene que...
   a. comprar el boleto de avión
   b. registrar su equipaje
   c. pedir un asiento de ventanilla
6. Francisco deja los boletos de avión en...
   a. el equipaje
   b. el banco
   c. el bolsillo

2 ¿Quién habla?

Escuchar ¿Quién habla: Francisco, Verónica, el tío Javier o la abuela? *(Hint: Who speaks?)*

1. «Mandé mi material a la revista, y... ¡Gané!»
2. «Fue un viaje inolvidable.»
3. «Fuimos a la playa. Nadamos, tomamos el sol...»
4. «Así que te vas mañana.»
5. «Sabes, me gustaría ser auxiliar de vuelo algún día...»
6. «Mi vuelo sale a las cuatro.»
7. «Y tengo que pasar por seguridad.»
8. «¿Qué hice con los boletos?»
9. «Los boletos están en tu bolsillo.»
10. «¿Qué tienes en esta maleta?»

Estados Unidos

También se dice

Se usa **maleta** en todo el mundo hispano. En algunas regiones puedes oír

valija (Argentina) **petaca** (México)

Pero si vas a hacer un viaje corto, llevas una **mochila** (*backpack*) o un **bolso** (*duffel bag*).

PARTE B

Práctica del vocabulario

Objectives for Activities 3–4
- Comment on airplane travel

3 Un viaje en avión

Hablar Tu compañero(a) va a hacer su primer viaje en avión. Dile dónde debe hacer estas cosas. *(Hint: Tell where the following things are done.)*

modelo

Compañero(a): *¿Dónde paso por la aduana?*

Tú: *En el aeropuerto.*

la agencia de viajes

la casa

el mostrador

el aeropuerto

1. ¿Dónde hago las maletas *(pack)*?
2. ¿Dónde compro los boletos?
3. ¿Dónde miran mi pasaporte?
4. ¿Dónde registro mi equipaje?
5. ¿Dónde pido un asiento de ventanilla?
6. ¿Dónde hablo con un agente de viajes?
7. ¿Dónde miran mis documentos de identificación?
8. ¿Dónde me dan un pase de abordar?
9. ¿Dónde paso por seguridad?
10. ¿Dónde tienen información turística?

4 ¿Estás listo(a)?

Hablar/*Escribir* Mañana viajas a San José, Costa Rica. ¿Tienes todo lo necesario? *(Hint: Are you ready to go to San José?)*

modelo

Tengo la identificación.

1.

2.

3.

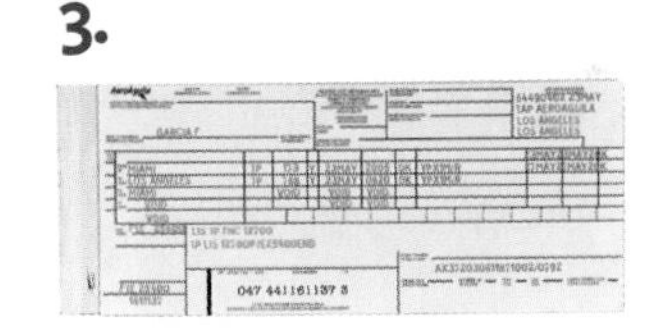

4.

5.

PARTE C

Práctica: gramática y vocabulario

Objectives for Activities 5–15

• Talk about where you went and what you did • Discuss leisure time • Comment on airplane travel

REPASO Talk About the Past Using Regular Preterite Verbs

The preterite tense tells what happened or what you did. It is used when the action described has already been completed. Regular preterite verbs, like present tense verbs, are formed by adding tense endings to the stem.

	-ar hablar	-er comer	-ir vivir
yo	hablé	comí	viví
tú	hablaste	comiste	viviste
usted, él, ella	habló	comió	vivió
nosotros(as)	hablamos	comimos	vivimos
vosotros(as)	hablasteis	comisteis	vivisteis
ustedes, ellos, ellas	hablaron	comieron	vivieron

The **nosotros** forms of **-ar** and **-ir** verbs are the same in the preterite and present tense.

Regular **-er** and **-ir** verbs take the same endings.

Look at the chart above. The nosotros forms of **-ar** and **-ir** verbs are the same in the preterite and in the present tense. But we can usually tell if someone is referring to the past or present from the context.

Abuela says:

—Yo **viajé** a Costa Rica el verano pasado. Acampamos en un parque y caminamos por San José.

*I **traveled** to Costa Rica last summer. We **camped** in a park and **walked** through San José.*

Even though Abuela uses the words acampamos and caminamos, we know that she is talking about an event that happened in the past because she used the word **viajé** in the previous sentence.

Practice: **Actividades** 5 6 7 8

Más práctica *cuaderno pp. 15–16*
Para hispanohablantes *cuaderno pp. 13–14*

El verano pasado

Hablar/*Escribir* Explica lo que pasó el verano pasado. *(Hint: Tell what they did.)*

modelo

mi hermana / caminar con el perro

Mi hermana (no) caminó con el perro.

1. yo / alquilar un video
2. mi primo / bajar un río en canoa
3. los estudiantes / cantar en el coro
4. yo / comprar un juego de ajedrez
5. mis padres / disfrutar con los amigos
6. yo / tomar un curso de natación
7. mi mejor amigo(a) / estudiar las artes marciales
8. tú / acampar en las montañas
9. mi madre / escribir un poema
10. mis amigos / esquiar en el agua

Vocabulario

El tiempo libre

acampar en las montañas
to camp in the mountains

bajar un río en canoa
to go down a river by canoe

cantar en el coro
to sing in the chorus

disfrutar con los amigos
to enjoy time with friends

estudiar las artes marciales
to study martial arts

jugar (u→ue) al ajedrez
to play chess

tomar un curso de natación
to take a swimming class

¿Qué te gusta hacer?

6 Saliendo de Los Ángeles

Escribir Antes de salir de Los Ángeles, Francisco le escribió esta tarjeta postal a su familia. Ayúdalo a completarla con el pretérito. *(Hint: Complete the postcard.)*

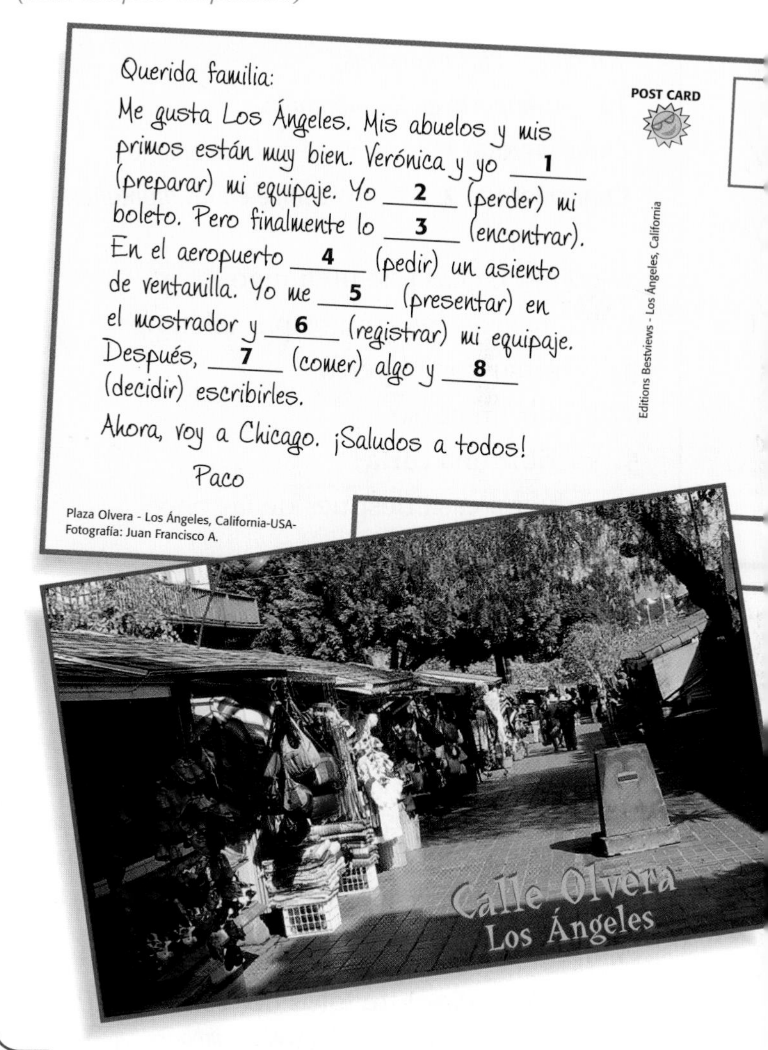

Querida familia:

Me gusta Los Ángeles. Mis abuelos y mis primos están muy bien. Verónica y yo __1__ (preparar) mi equipaje. Yo __2__ (perder) mi boleto. Pero finalmente lo __3__ (encontrar). En el aeropuerto __4__ (pedir) un asiento de ventanilla. Yo me __5__ (presentar) en el mostrador y __6__ (registrar) mi equipaje. Después, __7__ (comer) algo y __8__ (decidir) escribirles.

Ahora, voy a Chicago. ¡Saludos a todos!

Paco

POST CARD

Editions Bestviews - Los Ángeles, California

Plaza Olvera - Los Ángeles, California-USA-
Fotografía: Juan Francisco A.

Estados Unidos

Nota cultural

La calle Olvera es parte de un parque histórico que se llama El Pueblo de Los Ángeles. Muchas personas de México vivieron en El Pueblo hace más de cien años. Hoy en la calle Olvera hay muchos restaurantes mexicanos y tiendas que venden artesanías de Latinoamérica.

7 Las vacaciones

Hablar Pregúntales a tus compañeros(as) sobre sus actividades durante las vacaciones pasadas. *(Hint: Ask classmates about activities.)*

modelo

acampar en las montañas

Tú: *¿Acampaste en las montañas?*

Compañero(a) 1: *Sí, acampé en las montañas.*

Compañero(a) 2: *No, no acampé en las montañas.*

1. comer en casa de un amigo
2. hablar con tus amigos por teléfono
3. caminar con el perro
4. tomar un curso
5. escribir una carta
6. volver a casa después de las once
7. beber limonada
8. nadar en la piscina

8 Ay, ¡qué verano!

Escuchar/Hablar Mariana disfrutó mucho las vacaciones de verano. Escucha lo que dice sobre las fotos. Luego, haz un resumen de lo que hizo. *(Hint: Listen to the audiotape and look at the pictures. Then summarize what happened.)*

REPASO Talk About the Past Using the Preterite: -car, -gar, and -zar

In the preterite, verbs that end in **-car, -gar,** and **-zar** are spelled differently in the **yo** form. The spelling changes in order to keep the pronunciation the same.

Compare the **yo** form with the **tú** form of these verbs:

	Tú Form	becomes	Yo Form
sacar	¿**Sac**aste fotos del aeropuerto? *Did you take photos of the airport?*	**sac** → **saqu**	Sí, **saqu**é fotos del aeropuerto. *Yes, I took photos of the airport.*
jugar	¿Con quién **jug**aste al fútbol? *With whom did you play soccer?*	**jug** → **jugu**	**Jugu**é con mi primo. *I played with my cousin.*
almorzar	¿Dónde **almorz**aste ayer? *Where did you eat lunch yesterday?*	**almorz** → **almorc**	**Almorc**é con mi familia en Griffith Park. *I ate lunch with my family in Griffith Park.*

Practice: **Actividades** 9 10 11

Más práctica *cuaderno pp. 17–18*

Para hispanohablantes *cuaderno pp. 15–16*

Online Workbook CLASSZONE.COM

9 El viaje de Francisco

Escribir Francisco pasó el verano en Los Ángeles con su familia. Según Francisco, ¿qué hicieron? *(Hint: Tell what they did last summer.)*

modelo

Yo / buscar unas maletas

Yo busqué unas maletas.

1. Verónica y yo / almorzar temprano
2. Mi tío / pagar mi boleto de avión
3. Yo / explicarle mis planes a mi tío
4. Tú / sacar libros de la biblioteca
5. Mi primo / jugar al baloncesto
6. Yo / practicar deportes
7. Mis abuelos / comenzar a hacer ejercicio
8. Yo / llegar tarde del cine
9. Verónica / tocar la guitarra
10. Yo / empezar mi artículo para la revista

Vocabulario

Verbs with -car, -gar, -zar Spelling Changes

c → qu **explicar** *to explain*

z → c **comenzar (e→ie)** *to start*

Ya sabes

c → qu **buscar** *to look for*

practicar *to practice*

tocar *to touch, to play (a musical instrument)*

g → gu **llegar** *to arrive*

pagar *to pay*

z → c **empezar (e→ie)** *to begin*

¿Qué vas a hacer, buscar a tus amigos o practicar un deporte?

10 Unas actividades

Hablar/*Escribir* Pregúntales a cinco compañeros(as) de clase si participaron en estas actividades el verano pasado. Completa una tabla como la siguiente. *(Hint: Ask about activities and complete a chart.)*

modelo

Nombre	Actividad
1. René	tocó el piano
2.	
3.	
4.	
5.	

Tú: *¿Tocaste el piano?*

René: *Sí, toqué el piano.*

1. acampar en las montañas
2. recibir correspondencia
3. comer en un restaurante mexicano
4. buscar ropa nueva
5. practicar deportes
6. jugar al ajedrez
7. tomar un curso de artes marciales
8. almorzar en la cafetería
9. bajar un río en canoa
10. beber muchos refrescos
11. sacar fotos
12. viajar a otro estado o país

11 El fin de semana pasado 

Hablar Pregúntales a tus compañeros(as) qué hicieron durante el fin de semana.
(Hint: Ask your friends what they did.)

modelo

hablar (¿con quién?)

Tú: *¿Con quién hablaste durante el fin de semana?*

Compañero(a): *Hablé con un chico de mi clase de matemáticas.*

1. llamar por teléfono (¿a quiénes?)
2. visitar (¿a quiénes?)
3. encontrar (¿qué?)
4. jugar (¿a qué?)
5. almorzar (¿dónde?)
6. comprar (¿qué?)
7. bailar (¿dónde?)
8. buscar (¿qué?)
9. llegar a casa (¿a qué hora?)
10. practicar (¿qué?)

More Practice: **Más comunicación** *p. R2*

REPASO Irregular Preterite: ir, ser, hacer, dar, ver

¿RECUERDAS? *p. 38* You learned that the preterite is used to tell what happened or what you did. You also learned that regular preterite verbs attach specific preterite **tense endings** to the stem.

The verbs **ir, ser,** and **hacer,** which are all frequently used, are irregular in the preterite.

ir	ser	hacer
fui	**fui**	**hice**
fuiste	**fuiste**	**hiciste**
fue	**fue**	**hizo**
fuimos	**fuimos**	**hicimos**
fuisteis	**fuisteis**	**hicisteis**
fueron	**fueron**	**hicieron**

ir and **ser** have the same irregular forms

Abuela says:

—Yo **viajé** a Costa Rica el verano pasado. **Fui** con unas amigas.
***I traveled** to Costa Rica last summer. **I went** with some friends.*

The context makes it clear that **fui** means ***I went.***

The verbs **dar** and **ver** take regular **-er/-ir** past tense endings in the preterite but have no written accent marks.

dar	ver
di	**vi**
diste	**viste**
dio	**vio**
dimos	**vimos**
disteis	**visteis**
dieron	**vieron**

Practice:
Actividades

12 13 14 15

Más práctica
cuaderno pp. 19–20
Para hispanohablantes
cuaderno pp. 17–18

Online Workbook
CLASSZONE.COM

12 ¡Una fiesta!

Escribir Verónica celebró su cumpleaños el domingo. Para saber lo que pasó, completa el párrafo con la forma apropiada de **ir, ser, hacer, dar** o **ver.** *(Hint: Complete the paragraph.)*

Ayer yo <u>fui</u> (ir) a la fiesta de Verónica. Yo __1__ (ver) a todos nuestros amigos. ¡La fiesta __2__ (ser) inolvidable! Nosotros __3__ (hacer) muchas cosas interesantes: bailar, escuchar música y comer. Los padres de Verónica le regalaron una computadora. El novio de Verónica __4__ (hacer) algo muy especial al final de la fiesta: le cantó una canción original. Después, él le __5__ (dar) unas flores muy bonitas. ¡Qué romántico! ¿Por qué no __6__ (ir) tú?

13 Unos viajes 

Hablar Imagínate que tú, tu familia y tus amigos viajaron por todo el mundo. Habla con tu compañero(a) sobre el viaje. Usa el pretérito de **ir** y **hacer** y escoge una actividad. *(Hint: Tell where you went and what you did.)*

modelo

mi amigo: España → tomar un curso de español

Tú: *Mi amigo fue a España.*

Compañero(a): *¿Qué hizo allí?*

Tú: *Tomó un curso de español.*

1. mis padres: México
2. mis hermanos y yo: Puerto Rico
3. mi abuelo: Chicago
4. mi mamá: Ecuador
5. mis primos: Miami
6. yo: Nueva York

a. dar un paseo por la ciudad
b. ir a un concierto de la orquesta
c. acampar en las montañas
d. almorzar en un restaurante mexicano
e. buscar regalos para sus amigos
f. ver una película

Apoyo para estudiar

The Preterite

A good way to learn new verbs is to practice them with other students in a question-and-answer exercise. Replace the words in parentheses to create your own meaning.

¿Adónde fuiste? Fui (a la agencia de viajes).

¿Qué hiciste? Compré (un boleto de avión).

¿Qué / A quién viste? Vi (a la agente de viajes).

¿Adónde fueron ustedes? Fuimos (a Los Ángeles).

¿Qué hicieron? Visitamos (el parque).

14 Un viaje estupendo

Leer/*Escribir* Imagínate que hiciste un viaje a Los Ángeles. Pon las oraciones en orden cronológico y escribe el pretérito de cada verbo entre paréntesis. *(Hint: Order sentences and conjugate verbs in the preterite.)*

a. En Los Ángeles mis nuevos amigos y yo (hacer) y (ver) muchas cosas interesantes.
b. Antes de salir, mi madre y yo (ir) a la agencia de viajes.
c. Yo (ir) a Hollywood, (ver) unos murales y (conocer) a unos nuevos amigos.
d. Todos nosotros (ir) al aeropuerto.
e. Yo (hacer) las maletas.
f. El agente de viajes (hacer) las reservaciones.
g. Yo (llegar) a Los Ángeles por la tarde.

15 ¿Cómo pasaron el verano?

Hablar/*Escribir* Pregúntales a unos(as) compañeros(as) con qué frecuencia hicieron estas actividades en el verano. *(Hint: How frequently were these activities done?)*

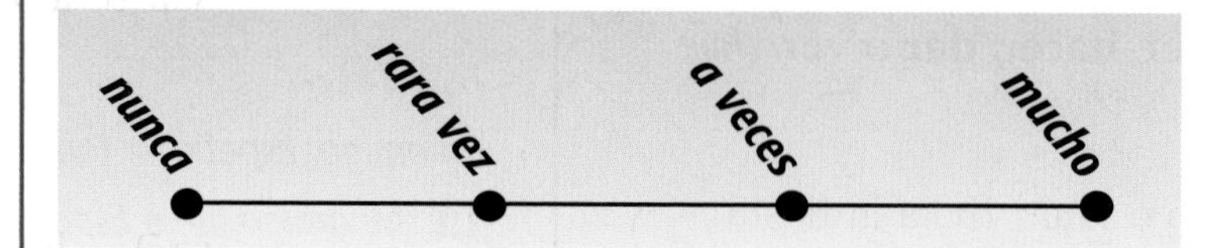

modelo

descansar

Tú: *¿Descansaste durante el verano?*

Compañero(a) 1: *Sí, descansé mucho.*

Compañero(a) 2: *No, no descansé nunca.*

1. ir de compras
2. tomar un curso
3. practicar artes marciales
4. ir a fiestas con tus amigos
5. ver conciertos
6. hacer ejercicio
7. descansar
8. trabajar
9. tomar el sol
10. nadar

Estados Unidos

Nota cultural

Los murales Se puede aprender mucho de la historia y de la cultura de Los Ángeles a través de los murales que están pintados por toda la ciudad. Este mural que se encuentra en el este de la ciudad se llama *Tree of Knowledge* porque muestra la importancia de la lectura.

PARTE D

Todo en acción

Activities 16–17 bring together all concepts presented.

16 ¡Puro juego en Los Ángeles!

Escuchar Escucha lo que hizo Francisco en Los Ángeles. Luego ordena las fotos según lo que escuchaste. *(Hint: Put photos in chronological order.)*

a.

b.

c.

d.

17 Para conocert

STRATEGY: SPEAKING

Encourage others It is easier to converse w… someone who seems interested in what you say. Try these phrases to make positive, encouraging responses to your partner's answers:

- **¡Qué interesante / difícil / chévere!**
- **¡Cómo no!**
- **¡No me digas!**

Hablar Usa estas preguntas para charlar con un(a) compañero(a). Luego preséntale las respuestas a la clase. *(Hint: Ask these questions. Then share answers.)*

1. ¿Cómo te fue el verano pasado? ¿Por qué?
2. ¿Qué actividades interesantes hiciste? ¿Con quién?
3. ¿Trabajaste? ¿Dónde?
4. ¿Fuiste al cine? ¿Qué película te gustó más?
5. ¿Adónde fuiste para pasarlo bien? ¿Con quién?

More Practice: **Más comunicación** *p. R2*

Refrán

En la tierra a que fuiste, haz lo que viste.

Este refrán quiere decir que debes hacer las cosas como la gente del lugar donde estás. Por ejemplo, en Los Ángeles casi nadie camina por la ciudad; siempre van en carro. En grupos, presenten situaciones en que una persona tiene que adaptarse y hacer algo como los demás.

En voces

AUDIO

LECTURA

PARA LEER

STRATEGIES: READING

Read; don't translate Your goal is to read Spanish; it is not to turn Spanish into English. You have learned many reading strategies to help you attain that goal. Let's review some of them.

Use visuals and titles to predict the general idea After reading, decide whether you need to revise your prediction.

Scan for cognates Glance quickly to identify words you already know because of their similarity to English.

¿CUÁNTO SABES?

A

¿Cuál queda más cerca de Los Ángeles?
- a. el mar Caribe
- b. el océano Pacífico
- c. el río Grande

B

¿Qué porcentaje de la población de Los Ángeles es de descendencia hispana?
- a. 21%
- b. 46%
- c. 63%

C

La ciudad de Los Ángeles tiene todo tipo de arte. Pero el arte que puedes encontrar en paredes de edificios y en carreteras tiene el nombre de
- a. murales.
- b. cerámica.
- c. estatuas.

D

Sepulveda, Ventura, La Cienega y Santa Monica son
- a. nombres de ciudades de España.
- b. nombres de los primeros exploradores.
- c. calles o avenidas de Los Ángeles.

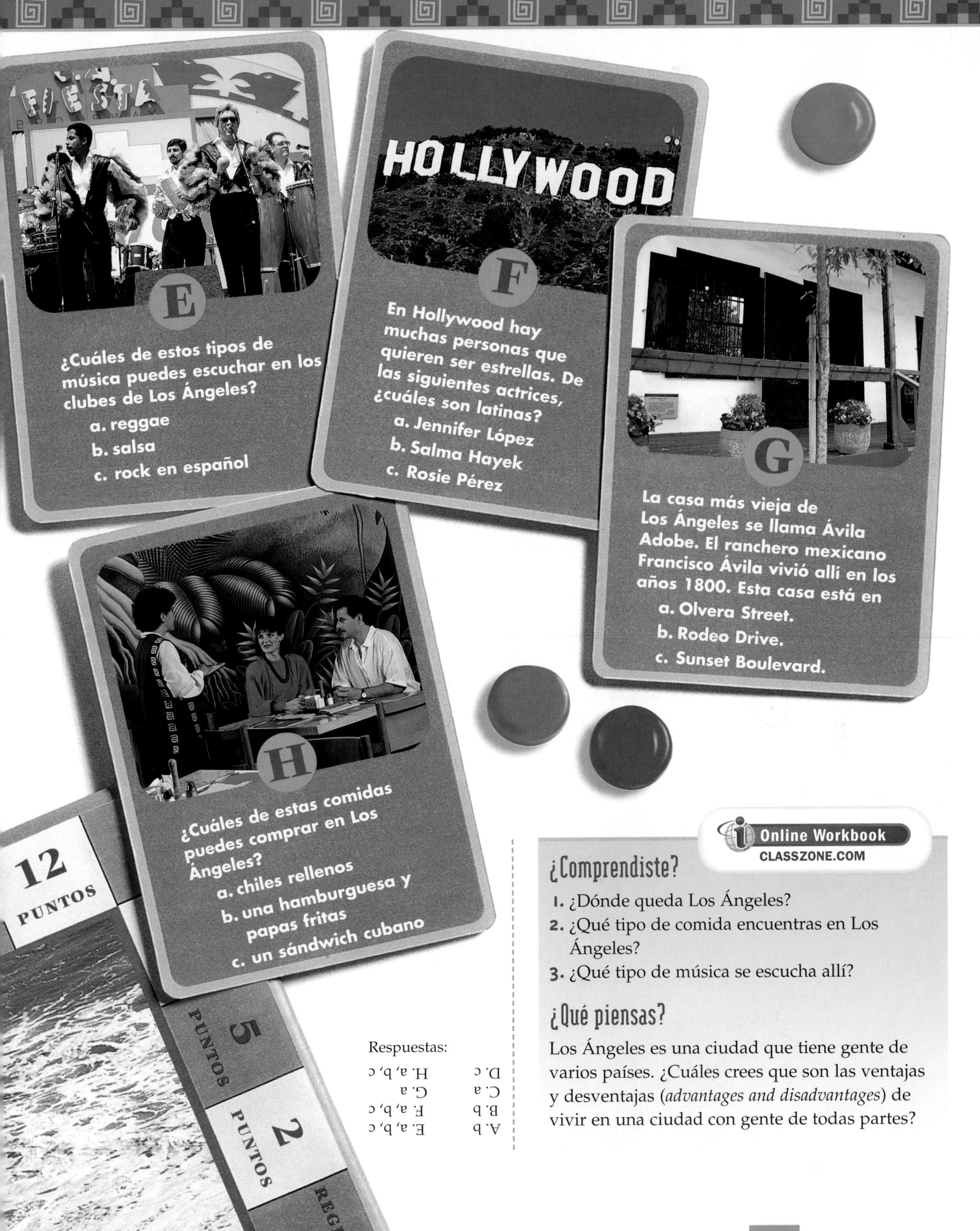

FIESTA BROADWAY
E
¿Cuáles de estos tipos de música puedes escuchar en los clubes de Los Ángeles?
a. reggae
b. salsa
c. rock en español
HOLLYWOOD
F
En Hollywood hay muchas personas que quieren ser estrellas. De las siguientes actrices, ¿cuáles son latinas?
a. Jennifer López
b. Salma Hayek
c. Rosie Pérez
G
La casa más vieja de Los Ángeles se llama Ávila Adobe. El ranchero mexicano Francisco Ávila vivió allí en los años 1800. Esta casa está en
a. Olvera Street.
b. Rodeo Drive.
c. Sunset Boulevard.
H
¿Cuáles de estas comidas puedes comprar en Los Ángeles?
a. chiles rellenos
b. una hamburguesa y papas fritas
c. un sándwich cubano
12 PUNTOS
5 PUNTOS
2 PUNTOS
REGRESA 3
Online Workbook
CLASSZONE.COM

¿Comprendiste?

1. ¿Dónde queda Los Ángeles?
2. ¿Qué tipo de comida encuentras en Los Ángeles?
3. ¿Qué tipo de música se escucha allí?

¿Qué piensas?

Los Ángeles es una ciudad que tiene gente de varios países. ¿Cuáles crees que son las ventajas y desventajas (*advantages and disadvantages*) de vivir en una ciudad con gente de todas partes?

Respuestas:

A. b
B. b
C. a
D. c
E. a, b, c
F. a, b, c
G. a
H. a, b, c

En uso

REPASO Y MÁS COMUNICACIÓN

OBJECTIVES

- Talk about where you went and what you did
- Discuss leisure time
- Comment on airplane travel

Now you can...

- talk about where you went and what you did.

To review

- regular preterite verbs, see p. 38.

1 Muchas actividades

Todos hablan del verano pasado. ¿Qué hicieron? *(Hint: Tell what they did.)*

modelo

Ana y Roberto / jugar al ajedrez

Ana y Roberto jugaron al ajedrez.

1. Manuel / disfrutar con los amigos
2. la profesora / escribir poemas
3. nosotros / tomar un curso de arte
4. yo / comer mucha pizza
5. mis hermanas / cantar en el coro
6. mis amigos y yo / aprender español
7. tú / viajar a México
8. Sarita y Homero / vender libros
9. yo / trabajar en un restaurante
10. tú / recibir muchas cartas

Now you can...

- discuss leisure time.

To review

- regular preterite verbs, see p. 38.

2 En el parque

Explica lo que hicieron estas personas en el parque el sábado pasado.
(Hint: Tell what people did.)

modelo

yo

Yo descansé.

1. mi mejor amiga y yo

2. tú

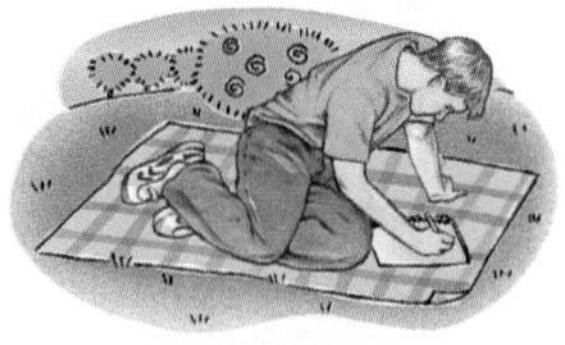

3. Jorge

4. yo

5. ustedes

6. Lilia

Now you can...

- comment on airplane travel.

To review

- regular preterite verbs, see pp. 38, 40.

3 ¡Qué viaje!

Ramón salió de viaje el viernes pasado. Para saber lo que pasó, completa el párrafo con la forma apropiada de los verbos indicados. *(Hint: Complete the paragraph.)*

El viernes pasado yo __1__ (jugar) al tenis hasta las once y __2__ (llegar) tarde al aeropuerto. Me __3__ (presentar) en el mostrador con mis cinco maletas y __4__ (empezar) a buscar mi boleto. Yo __5__ (buscar) en mi mochila y mi madre __6__ (buscar) en las maletas. Por fin, yo __7__ (sacar) mi identificación del bolsillo y __8__ (encontrar) el boleto. Entonces, __9__ (pagar) el exceso de equipaje y __10__ (correr) a abordar el avión. Esa tarde mis padres __11__ (almorzar) bistec en el restaurante del aeropuerto y yo __12__ (almorzar) un sándwich en el avión.

Now you can...

- talk about where you went and what you did.

To review

- some irregular preterite verbs, see p. 42.

4 ¿Qué hicieron?

Di lo que hicieron o no hicieron estas personas ayer. *(Hint: Tell what these people did or did not do.)*

modelo

Estela / ver a su mejor amiga (sí)

Estela vio a su mejor amiga.

1. ustedes / dar una fiesta (no)
2. Mariano / hacer unas enchiladas (sí)
3. Ernesto y yo / ver una película (sí)
4. él / ir a la escuela (no)
5. nosotros/ hacer la tarea (sí)
6. Soledad y Raúl / hacer la tarea (no)
7. yo / dar un paseo (sí)
8. tú / ir de compras (no)
9. Mónica / hacer la cena (no)
10. mi hermano(a) / ver la televisión (no)
11. el maestro / dar un examen (sí)
12. mis abuelos / ir al supermercado (sí)

5 ¿Y tú?

STRATEGY: SPEAKING

Get more information How do you keep a conversation going? One way is to ask questions that cannot be answered with **sí** or **no.** Find out more from your partner by asking an additional question that uses **qué, cómo, cuándo, quién, cuál, dónde,** or **por qué.**

Pregúntale a tu compañero(a) de clase si participó en varias actividades el verano pasado. Completa una tabla como la siguiente. *(**Hint:** Ask your partner about activities and complete a chart.)*

modelo

Tú: *¿Trabajaste?*

Compañero(a): *Sí, trabajé en un restaurante.*

Tú: *¿Qué más? ¿Estudiaste?*

Compañero(a): *No, no estudié. Fui a Florida.*

Sí	No	Más información
1. Trabajó en un restaurante.	1. No estudió.	1. Fue a Florida.
2.	2.	2.
3.	3.	3.

6 El verano

Usando la información de la Actividad 5, conversen en grupos de cuatro sobre las actividades de los compañeros. Después, completen las oraciones con las actividades más interesantes del grupo. *(**Hint:** Discuss your partners' summer activities, and complete the sentences.)*

1. Una persona trabajó en un restaurante.
2. Otra persona _____.
3. Dos personas _____.
4. Todos nosotros _____, _____ y _____.

7 *En tu propia voz*

ESCRITURA Imagínate que fuiste de viaje a otro país. Describe el viaje, contestando las preguntas. Luego escribe un párrafo. *(**Hint:** Describe an imaginary trip. Write a paragraph using your answers to the questions.)*

1. ¿Adónde fuiste?
2. ¿Qué hiciste en preparación para el viaje? ¿Hablaste con un agente de viajes?
3. ¿Qué pasó en el aeropuerto?
4. ¿Qué hiciste en el otro país?

TÚ EN LA COMUNIDAD

Francisco nació en la República Dominicana y ahora es estudiante en New Jersey. Él trabaja después de las clases y frecuentemente usa el español cuando tiene que ayudar a su jefe a conversar con clientes. También, en su trabajo de voluntario en un hospital, usó su español para ayudar a un paciente a comunicarse con los doctores. ¿Usas tu español para ayudar a los demás?

En resumen

REPASO DE VOCABULARIO

TALK ABOUT WHERE YOU WENT AND WHAT YOU DID

 **Ya sabes: Regular Preterite Verbs**

comer	*to eat*
hablar	*to speak, to talk*
vivir	*to live*

The Preterite: -car, -gar, and -zar

comenzar (e→ie)	*to start*
explicar	*to explain*

Ya sabes

almorzar (o→ue)	*to eat lunch*
buscar	*to look for*
empezar (e→ie)	*to begin*
jugar (u→ue)	*to play*
llegar	*to arrive*
pagar	*to pay*
practicar	*to practice*
sacar	*to take*
tocar	*to touch, to play (a musical instrument)*

 **Ya sabes: Irregular Preterite Verbs**

dar	*to give*
hacer	*to make, to do*
ir	*to go*
ser	*to be*
ver	*to see*

DISCUSS LEISURE TIME

acampar en las montañas	*to camp in the mountains*
bajar un río en canoa	*to go down a river by canoe*
cantar en el coro	*to sing in the chorus*
disfrutar con los amigos	*to enjoy time with friends*
estudiar las artes marciales	*to study martial arts*
jugar (u→ue) al ajedrez	*to play chess*
tomar un curso de natación	*to take a swimming class*

COMMENT ON AIRPLANE TRAVEL

abordar	*to board*
la aduana	*customs*
la aerolínea	*airline*
el (la) agente de viajes	*travel agent*
el asiento	*seat*
el (la) auxiliar de vuelo	*flight attendant*
el boleto	*ticket*
el equipaje	*luggage*
el exceso de equipaje	*excess luggage*
la identificación	*identification*
el letrero	*sign*
la llegada	*arrival*
la maleta	*suitcase*
el mostrador	*counter*
el (la) pasajero(a)	*passenger*
el pasaporte	*passport*
el pasillo	*aisle*
el piloto	*pilot*
la salida	*departure*
la seguridad	*security*
la ventanilla	*window*
el viaje	*trip*
el vuelo	*flight*

Juego

Pablo, Tania, Luis y Josefa hacen actividades diferentes. Usa las frases y la tabla para decidir a quién le gusta cantar en el coro, a quién le gusta jugar al ajedrez, a quién le gusta acampar y a quién le gusta practicar las artes marciales.

1. A Pablo no le gusta el ajedrez.
2. Luis tiene que cuidar su voz.
3. Josefa ganó un cinturón negro.
4. Una chica juega al ajedrez.

	coro	ajedrez	artes marciales	acampar
Pablo				
Tania				
Luis				
Josefa				

UNIDAD 1

EL ARTE LATINO

¿Qué prefieres?

OBJECTIVES

- Comment on food
- Talk about the past
- Express activity preferences
- Discuss fine art

¿Qué ves?

Mira la foto de la galería. ¿Qué ves?

1. Haz una lista de todo lo que ves en la foto.
2. ¿Dónde crees que están Francisco y las otras personas?
3. ¿Qué hacen allí?

DE CHICAGO

En contexto

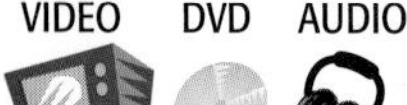

VOCABULARIO

Francisco está en Chicago. Las ilustraciones y las palabras en **azul** te ayudan a comprender lo que dice y a responder a las preguntas personales.

En Chicago hay lugares muy modernos. Hay muchas cosas que ver y hacer. Y claro, ¡hay comida sabrosa!

A En la galería de arte, puedes encontrar arte tradicional y arte que es un poco raro. **Los escultores, artistas** que hacen **esculturas**, son diferentes de **los pintores.** Los pintores hacen **retratos** y **pinturas.** ¡Qué talento!

el retrato

B

Hay muchos restaurantes en Chicago. En los restaurantes puedes hablar con algunos artistas mientras tomas un café. Los meseros son muy simpáticos y te pueden **recomendar** algo rico.

C Si **deseas** comer, aquí vas a encontrar **las especialidades de la casa:** arroz con **habichuelas coloradas, tostones** de **plátano verde** y **pollo asado.** Si tienes sed, tal vez te gustaría un **batido.** También puedes comer frutas como **melón** o **uvas.**

¡Me encanta Chicago! Lo debes visitar algún día.

Online Workbook
CLASSZONE.COM

Preguntas personales

1. A mucha gente le gustan los museos. ¿Hay un museo cerca de tu comunidad?
2. ¿Fuiste a un museo con tu escuela? ¿A cuál fuiste?
3. ¿Prefieres la escultura o la pintura? ¿Por qué?
4. A Francisco le gusta la comida de Puerto Rico. ¿A ti te gusta la comida puertorriqueña o la comida china?
5. ¿Cuál es tu comida favorita? ¿Qué postres te gustan?

Pedro

Francisco

Señora Álvarez

En Chicago...

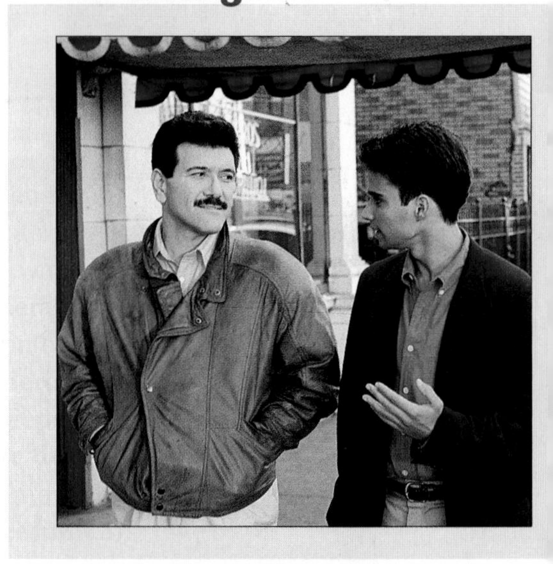

PARA ESCUCHAR • STRATEGY: LISTENING

Identify the main idea Listening for the gist of a conversation is like skimming a reading to see what it's about. Try not to let the details distract you from the main idea. Listen for nouns and verbs as they carry the meaning. What task is Francisco getting ready for?

1 ▶ **Pedro:** Bienvenido a Chicago, Francisco. Viniste directamente de Los Ángeles, ¿no?
Francisco: Sí, estuve con mi familia. Vi a mis abuelos y mis tíos, y salí con mi prima Verónica.

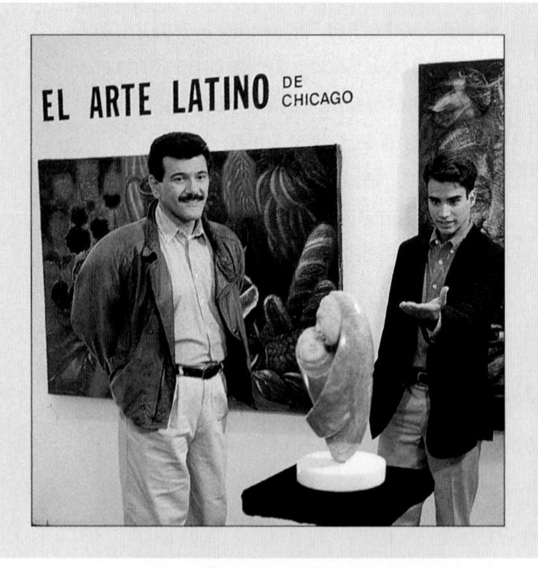

5 ▶ **Francisco:** ¡Qué buena exposición! Hay pinturas, retratos, esculturas. Mira esta escultura. ¡Qué bella!
Pedro: Sí, es excelente. Pero no conozco al escultor.

6 ▶ **Señora Álvarez:** Buenas tardes.
Pedro: Gracias por su tiempo.
Señora Álvarez: Es un placer. ¿Así que tú eres Francisco García, y vas a entrevistar a Alejandro Romero? Vamos, y les cuento algo del pintor.

7 ▶ **Pedro:** ¿Trajiste tu cuaderno? Debes tomar apuntes.
Francisco: Sí, lo traje. Aquí está.

CD-ROM Take-Home Tutor

2 ▶ **Pedro:** ¿Estás listo para tu trabajo?
Francisco: Estoy un poco nervioso. ¿Cuándo empezamos?
Pedro: Esta tarde, en la galería de arte. Ahora, vamos a comer.

3 ▶ **Pedro:** ¿Qué deseas –comida puertorriqueña o comida china? No muy lejos de aquí encuentras las dos.
Francisco: Pues, prefiero el restaurante puertorriqueño.

4 ▶ **Pedro:** Perfecto. La última vez que estuve allí, me sirvieron un postre de uvas y melón delicioso. Y la especialidad de la casa es pollo asado con tostones, arroz y habichuelas coloradas. Lo recomiendo.

8 ▶ **Señora Álvarez:** Alejandro Romero es uno de nuestros artistas más famosos. Nació en México pero ahora vive en Chicago. Esta pintura es de él. Es una de mis favoritas.

9 ▶ **Francisco:** ¿Qué debo preguntarle a Alejandro Romero? ¡No sé! ¡No sé!
Pedro: Cálmate, Francisco. Pronto estamos en mi casa. ¿Por qué no duermes una hora? Después, podemos hablar de la entrevista.

10 ▶ **Francisco:** Sí, perfecto. A ver… Le puedo preguntar cuándo vino a Chicago, o le puedo preguntar si prefiere colores brillantes o colores suaves…

En acción

PARTE A

Comprensión del diálogo

For Activities 1–2, refer to the dialog on pages 56–57.

Pedro

Señora Álvarez

Francisco

1 ¿Es cierto?

Escuchar Según el diálogo, ¿son las oraciones **ciertas** o **falsas**? *(Hint: Are these sentences true or false?)*

1. Antes de llegar a Chicago, Francisco visitó a su familia en Los Ángeles.
2. A Francisco le gusta la comida puertorriqueña.
3. A Francisco no le gusta la exposición.
4. La exposición sólo tiene retratos.
5. Francisco va a entrevistar a un artista que se llama Alejandro Romero.
6. La señora Álvarez no sabe nada sobre el artista.
7. Antes de la entrevista, Francisco está nervioso.
8. Francisco va a la casa de Pedro.

2 ¿Quién habla?

Escuchar ¿Quién habla: Pedro, Francisco o la señora Álvarez? *(Hint: Say who speaks.)*

1. «Bienvenido a Chicago.»
2. «Vi a mis abuelos y mis tíos...»
3. «¿Estás listo para tu trabajo?»
4. «Estoy un poco nervioso.»
5. «Y la especialidad de la casa es pollo asado con tostones…»
6. «¿Así que tú eres Francisco García…?»
7. «Vamos, y les cuento algo del pintor.»
8. «¿Trajiste tu cuaderno? Debes tomar apuntes.»
9. «¿Qué debo preguntarle a Alejandro Romero?»
10. «Después, podemos hablar de la entrevista.»

Estados Unidos

También se dice

En el diálogo, tal vez notaste que Pedro y la señora Álvarez usan la segunda persona, **tú.** Aparte de **tú, usted** y **ustedes,** en otros países puedes escuchar

- **vos,** una forma de la segunda persona singular que se usa en varios países de Centroamérica y Sudamérica
- **vosotros,** una forma de la segunda persona plural, que se usa en España

PARTE B

Práctica del vocabulario

Objectives for Activities 3–4

• Talk about the past • Comment on food

3 ¡A viajar!

Hablar/*Escribir* Describe el viaje en avión que Francisco hizo a Chicago, usando estas palabras y las ilustraciones. *(**Hint:** Describe Francisco's trip to Chicago.)*

abordar	la aerolínea	el asiento
el equipaje	el pasajero	la llegada
el viaje	el mostrador	la ventanilla

a.

b.

c.

d. e.

4 En la cafetería

Hablar ¿Qué piensas de la cafetería de tu escuela? Habla con un(a) compañero(a) para ver si están de acuerdo. *(**Hint:** Do you and your partner agree?)*

modelo

En la cafetería venden comida buena.

Tú: *En la cafetería venden comida buena. ¿Estás de acuerdo?*

Compañero(a): *No, no (Sí,) estoy de acuerdo.*

Nota: Vocabulario

To explain whether or not you agree with someone or something, use **estar de acuerdo**.

La comida está buena. **¿Estás de acuerdo?**

The food is good. ***Do you agree?***

Sí, **estoy de acuerdo** contigo.

Yes, ***I agree*** *with you.*

1. Traigo mi almuerzo. Es mejor que comprarlo.
2. Tienen batidos deliciosos.
3. Generalmente, la especialidad de la casa es riquísima.
4. Por la mañana, deseo comprar el desayuno caliente en la cafetería.
5. A mí me gusta el pollo asado con fruta. Es sabroso.

PARTE C

Práctica: gramática y vocabulario

Objectives for Activities 5–16

- Express activity preferences • Comment on food • Talk about the past • Discuss fine art

REPASO Stem-Changing Verbs: e → i, u → ue

¿RECUERDAS? *p. 21* You've seen several stem-changing verbs in which the stem changes or alternates between **e** and **ie**, **o** and **ue** in the present tense.

recomendar *to recommend*

recomiendo	**recomendamos**
recomiendas	**recomendáis**
recomienda	**recomiendan**

mostrar *to show*

muestro	**mostramos**
muestras	**mostráis**
muestra	**muestran**

Other Spanish verbs have stems that alternate between **e** and **i**, such as **competir** *to compete,* **pedir** *to ask for,* **repetir** *to repeat,* and **servir** *to serve.*

servir *to serve*

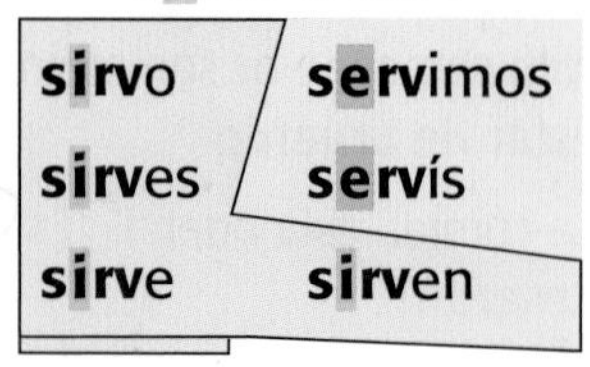

sirvo	**servimos**
sirves	**servís**
sirve	**sirven**

Pedro says:

—**Sirven** un delicioso postre de uvas y melón.

They serve a delicious grape and melon dessert.

Jugar *to play* has the stem change **u** → **ue** in the present tense.

jugar *to play*

juego	**jugamos**
juegas	**jugáis**
juega	**juegan**

Practice:
Actividades 5 6 7

Más práctica
cuaderno pp. 25–26
Para hispanohablantes
cuaderno pp. 23–24

Online Workbook
CLASSZONE.COM

5 ¡A pasarlo bien!

Escribir ¿Qué hacen Francisco, Pedro y la familia de Pedro en Chicago? ¿Qué haces tú? *(Hint: What do they do?)*

modelo

la esposa de Pedro / pedir ropa por correo

La esposa de Pedro pide ropa por correo.

1. Francisco y Pedro / jugar al tenis con unos vecinos
2. yo / pedir direcciones para ir a un restaurante
3. Francisco / pedir ayuda con su entrevista
4. mi amigo(a) y yo / competir en un concurso de arte
5. Pedro y su esposa / mostrarle unas fotos a Francisco
6. Pedro y su hija / repetir las canciones del radio
7. tú / jugar al baloncesto con unos amigos
8. la esposa de Pedro / servir una cena deliciosa
9. Pedro / recomendar el restaurante puertorriqueño
10. Francisco / repetir sus preguntas para Alejandro Romero

6 ¿Lo hacen o no?

STRATEGY: SPEAKING

Use all you know The models in exercises are a guide to help you get started. It is better to say more than what is shown in the model. Take risks! Recombine what you have learned in fresh new ways. That is how you become a good speaker of Spanish.

Hablar Di lo que hacen y no hacen tú y varias personas que conoces, combinando frases de cada columna. *(Hint: Tell what you and others do.)*

modelo

yo: dormir tarde → los sábados

Yo (no) duermo tarde los sábados.

1. tú siempre: pedir
2. ellos: repetir
3. yo: competir
4. mis amigos y yo: practicar deportes
5. mi amiga: perder
6. mi tía: servir
7. ustedes: recomendar
8. mi hermano(a): entender

a. las clases de arte
b. mis problemas
c. las llaves del carro
d. al aire libre
e. las instrucciones del maestro
f. comidas deliciosas
g. en un partido el sábado
h. ayuda con la tarea

7 Las diversiones

Hablar Pregúntales a tus amigos(as) si juegan a los siguientes deportes y con quién. *(Hint: Do your friends play these sports?)*

modelo

Tú: *¿Juegas al voleibol?*

Tu amigo(a): *Sí, (No, no) juego al voleibol.*

Tú: *¿Con quién juegas?*

Tu amigo(a): *Juego con…*

8 A cada uno, su gusto 

Hablar Pregúntales a tus compañeros(as) qué prefieren comprar en el supermercado. *(Hint: Ask classmates what they prefer to buy.)*

modelo

¿un sándwich de jamón o de atún?

Tú: *¿Prefieres un sándwich de jamón o de atún?*

Compañero(a): *Prefiero un sándwich de jamón (atún).*

1. ¿yogur con sabor a fresa o helado?
2. ¿cereal o huevos?
3. ¿atún o jamón?
4. ¿jugo o leche?
5. ¿galletas con sabor a chocolate o un sabroso pastel de crema?
6. ¿mantequilla de cacahuate o mantequilla?

9 En Chicago

Escuchar/*Escribir* Escucha la descripción de lo que hace Francisco en Chicago. Luego, contesta las preguntas. *(Hint: Listen to the description. Then answer the questions.)*

1. ¿Qué ve Francisco en el museo?
2. ¿Qué compra en las tiendas?
3. ¿Prefiere Francisco esculturas, retratos o pinturas? ¿Por qué?
4. ¿Adónde va después de ver el arte en la galería? ¿Con quién?
5. ¿Qué hacen allí?
6. ¿A Francisco qué le gusta comer?

More Practice: **Más comunicación** *p. R3*

Vocabulario

GRAMÁTICA Talk About the Past Using Irregular Preterite Verbs

¿RECUERDAS? *p. 42* In **Etapa** 1, you reviewed five irregular verbs in the preterite: **ir, ser, dar, ver,** and **hacer.**

- Like the verb **hacer**, the following verbs have **irregular stems** in the **preterite.** They take these **irregular preterite verb endings**.

–Viniste directamente de Los Ángeles, ¿no?

verb	stem	preterite endings
andar *to walk*	anduv-	-e
estar *to be*	estuv-	-iste
poder *to be able*	pud-	-o
poner *to put*	pus-	-imos
querer *to want, to love*	quis-	-isteis
saber *to know*	sup-	-ieron
tener *to have*	tuv-	
venir *to come*	vin-	

- Verbs that have **irregular stems** in the **preterite** that end in **j** have the same endings as the verbs above but drop the **i** from the **ustedes/ellos/ellas** ending.

decir *to say, to tell*	**dij**	**dijeron**
traer *to bring*	**traj**	**trajeron**

- Here are some other verbs that end in **-cir** that follow the same pattern as **decir.**

conducir *to drive*	**conduj**	**condujeron**
producir *to produce*	**produj**	**produjeron**
traducir *to translate*	**traduj**	**tradujeron**

Trajeron un cuaderno para tomar apuntes.

***They brought** a notebook to take notes.*

Practice: **Actividades**

Más práctica *cuaderno pp. 27–30*
Para hispanohablantes *cuaderno pp. 25–28*

Online Workbook
CLASSZONE.COM

10 Excusas, excusas

Escribir La señora Álvarez organizó una fiesta para sus empleados, pero no vinieron. Haz una oración dando la excusa de cada uno. (*Hint:* Explain why each person didn't come.)

modelo

Carmen: tiene un accidente

Carmen no vino porque tuvo un accidente.

1. Fernando: tiene que ayudar a su tía
2. Inés: no puede encontrar la casa
3. yo: no sé de la fiesta
4. Enrique y Luis: están en el hospital
5. Susana y yo: estamos en México

11 ¿Qué pasó?

Hablar Pregúntales a tus compañeros(as) si hicieron las siguientes cosas la semana pasada. (*Hint:* Ask classmates if they did these things.)

modelo

estar en la escuela a tiempo

Tú: *¿Estuviste en la escuela a tiempo?*

Compañero(a): *Sí, (No, no) estuve en la escuela a tiempo.*

1. andar por las calles con tus amigos
2. hacer una fiesta
3. estar en casa de tus amigos
4. traer la ropa de la lavandería
5. poner la mesa

12 Un buen día

Hablar/*Escribir* Recibiste una carta de un(a) amigo(a) y quieres contarle a tu mamá lo que te dijo. Cambia los verbos y otras palabras según se necesite. (*Hint:* Tell what your friend said.)

modelo

Tuve un día maravilloso ayer.

Tuvo un día maravilloso ayer.

Tuve un día maravilloso ayer. Fui (1) a la cancha con mi raqueta y vi (2) al campeón de tenis de mi ciudad. Luego, mi mejor amigo y yo estuvimos (3) en un museo del barrio Pilsen y conocimos (4) a una escultora magnífica. Vimos (5) muchas pinturas muy bonitas. Después, fuimos (6) a comer en un restaurante de la ciudad. ¡Qué buen día!

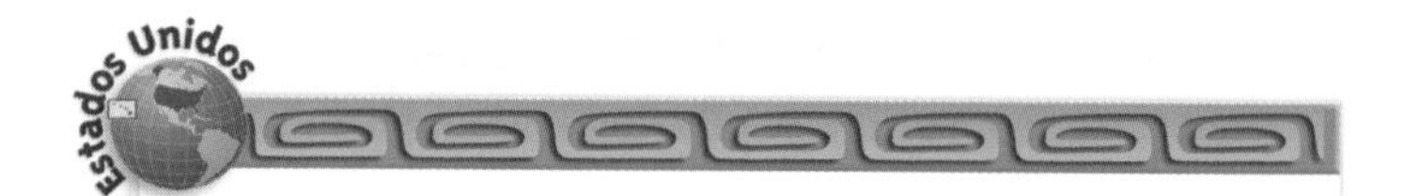

Nota cultural

El Centro Museo de Bellas Artes Mexicanas de Chicago tiene las obras de muchos artistas. También ofrece clases y programas sobre la cultura mexicana. En el otoño el museo organiza excursiones a las panaderías mexicanas del barrio Pilsen.

13 El viernes pasado

Leer/*Escribir* Lee la agenda de Pedro del viernes pasado. Luego mira la lista de cosas que hizo. ¿Cuándo crees que las hizo? *(Hint: Say when Pedro did these things.)*

viernes 29	
8:00	llegar a la oficina
9:00	
10:00	
11:00	
12:00	
1:00	almorzar en el restaurante San José
2:00	
3:00	ir al club para nadar
4:00	
5:00	la fiesta de María Elena

modelo

hacer un reporte en la computadora

Pedro probablemente hizo un reporte en la computadora después de las ocho.

1. estar en el restaurante San José
2. tomar un curso de natación
3. salir de la oficina
4. poner dinero en la mesa
5. traer un regalo a la fiesta
6. comer un pastel de chocolate
7. manejar su carro a la oficina
8. decirle «buenas noches» a su hija
9. darle un regalo a María Elena
10. venir a casa

14 ¿Cuántas veces?

Hablar/*Escribir* ¿Haces las siguientes actividades? Usa expresiones como **nunca, rara vez, de vez en cuando, casi siempre** o **siempre** en tus respuestas. *(Hint: Do you do these activities? Use expressions of frequency in your answers.)*

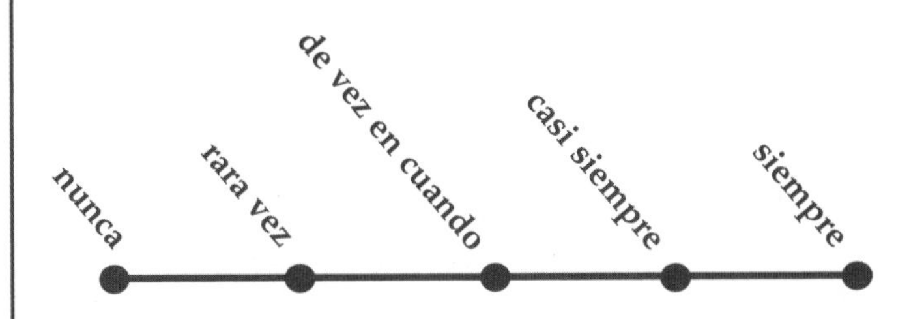

modelo

visitar a los abuelos

De vez en cuando, visito a mis abuelos.

1. tomar cursos de natación
2. devolver los libros a la biblioteca
3. ser ganador(a) de un premio
4. dormir una siesta
5. competir en un partido de fútbol
6. jugar al ajedrez
7. ir al cine
8. participar en un concurso
9. ver la televisión
10. hablar por teléfono

15 Tus opiniones

Hablar/*Escribir* Expresa lo que piensas de *Blue Chicago*, usando los elementos de las tres columnas y tus propias palabras también. *(Hint: Say what you think of the painting, using elements from all three columns.)*

modelo

La pintura es muy moderna y rara.

el (la) artista		antiguo(a)
las bellas artes	estar	enorme
la exposición	hacer	formal
la galería	pintar	lujoso(a)
la obra	ser	moderno(a)
la pintura	tener	raro(a)
el talento		tradicional

Blue Chicago, por Alejandro Nava

16 Una semana internacional

Escuchar/*Escribir* Para celebrar *La semana internacional de lenguas extranjeras*, muchos estudiantes hicieron cosas especiales. Escucha la descripción. Luego, escribe lo que hicieron las siguientes personas. *(Hint: Listen to the description. Then write down what each person did.)*

1. la señorita Martín
2. Sara
3. los estudiantes de francés
4. la clase de español
5. Rocío y Emilio
6. el director de la escuela
7. yo, la narradora
8. Y tú, ¿qué hiciste para celebrar?

Vocabulario

El arte

las bellas artes *fine arts*
la exposición *exhibit*
la galería *gallery*
la obra *work of art*
el talento *talent*

Unas descripciones

antiguo(a) *old*
enorme *enormous*
formal *formal*
lujoso(a) *luxurious*
moderno(a) *modern*
raro(a) *rare, strange*
tradicional *traditional*

Cuando piensas en arte, ¿qué prefieres?

PARTE D

Todo en acción

Activities 17–18 bring together all concepts presented.

Nota cultural

La cena En Estados Unidos, la mayoría de la gente cena alrededor de las seis de la tarde. Pero en muchos países hispanos, la gente cena más tarde –cerca de las diez de la noche. ¿La razón? Toman un descanso o **una siesta** durante el día y no terminan de trabajar hasta las siete u ocho de la noche.

17 Una obra

Hablar/*Escribir* Busca una obra de esta unidad del libro (excepto *Blue Chicago*) y descríbela. ¿Qué colores ves? *(Hint: Describe an artwork from this unit of your textbook.)*

modelo

Hay un mural en la página 44 del libro. Se llama Tree of Knowledge *porque muestra la importancia de la lectura. Hay doce personas en el mural. Una mujer con pelo verde es parte del árbol...*

18 Tu restaurante favorito

Escribir Escribe un párrafo sobre tu restaurante favorito. ¿Qué comidas y bebidas sirven? ¿Cuál es la especialidad de la casa? ¿Qué pides cuando vas a este restaurante? ¿Qué pasó la última vez que fuiste al restaurante? *(Hint: Write about your favorite restaurant.)*

modelo

En mi restaurante favorito sirven pizza. La especialidad de la casa es una pizza vegetariana con queso y muchas verduras. También hay ensaladas en el menú. Puedes beber agua, refrescos o limonada. No sirven postre. Yo siempre pido una pizza con jamón. La última vez que fui al restaurante...

More Practice: **Más comunicación** *p. R3*

Refrán

Muchas manos en un plato siempre causan arrebato.

Este refrán quiere decir que si muchas personas desean participar en una cosa al mismo tiempo, todo se puede echar a perder (*get ruined*). Con un(a) compañero(a), presenta una situación en que pase algo así.

En colores

CULTURA Y COMPARACIONES

El arte latino de Chicago

PARA CONOCERNOS

STRATEGIES: CONNECTING CULTURES

Learn about other cultures as well as your own Learning about other people who share a language, a way of life, traditions, and world contributions helps you understand your own culture.

Describe the nature of murals What is a mural? Are there murals in your town? How do people feel about them? Use a Venn diagram to chart the similarities between a mural and graffiti.

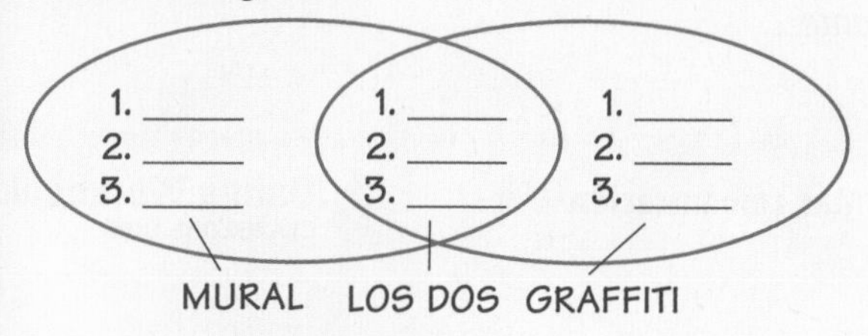

Después de su visita a Chicago y su entrevista con Alejandro Romero y su hermano Oscar, Francisco escribe un artículo para *Onda Internacional*.

Unas estudiantes de Madonna High School pintan un mural.

¡Me encantó Chicago —por su arte e historia! Tiene una gran diversidad de cultura que se ve cuando caminas por sus calles. Venden todo tipo de comida y tienen arte que representa muchas culturas distintas.

Entrevisté a dos artistas latinos, Alejandro y Oscar Romero. Son hermanos y desde niños pintaron y dibujaron juntos. Ellos llevan el estilo del arte mexicano a la comunidad.

A los dos les gusta pintar murales porque «puedes pintar un mural en tu casa, o en una pared del campo».

More About Latinos
CLASSZONE.COM

A Oscar y Alejandro les encanta trabajar con gente joven. Alejandro y unos jóvenes de Chicago pintaron un mural muy grande. Oscar ayudó a las estudiantes de Madonna High School a pintar un mural. Según él, para decidir el tema uno tiene que imaginar que está «poniendo un mensaje en una botella y lanzándola al mar».

Alejandro y Oscar enseñan a los jóvenes a expresarse por medio del arte. «Todos tienen acceso a la pintura», dice Oscar. «Nadie te detiene las manos.»

¿Comprendiste?

1. ¿Cuándo empezaron los hermanos Romero a pintar?
2. ¿Por qué les gusta pintar murales?
3. ¿Qué hicieron Alejandro y Oscar para ayudar a los jóvenes de Chicago?

¿Qué piensas?

1. Ya sabes más sobre los murales. Repasa tu diagrama de Venn. ¿Quieres añadir algo? ¿Quieres cambiar algo?
2. ¿Por qué crees que Oscar piensa que el tema de un mural es como «un mensaje en una botella»? ¿Qué tienen en común una botella en el mar y un mural?

Hazlo tú

Con unos(as) compañeros(as) escojan un tema para un mural. Luego hagan un dibujo de lo que quieren expresar. Después pinten el mural y pónganlo en una pared de la escuela.

En uso

REPASO Y MÁS COMUNICACIÓN

OBJECTIVES

- Comment on food
- Talk about the past
- Express activity preferences
- Discuss fine art

Now you can...

- comment on food.

To review

- present-tense stem-changing verbs, see p. 60.

1 Un nuevo café

Gabriel describe un nuevo café que le gusta mucho. ¿Qué dice? *(Hint: Complete the paragraph.)*

Yo __1__ (recomendar) el Café Caribeño. Ellos __2__ (servir) comida excelente. Yo casi siempre __3__ (pedir) la especialidad de la casa: el arroz con pollo. Mis padres __4__ (preferir) el jamón. Mi hermana Mariela siempre __5__ (pedir) un plato nuevo. Ella nunca __6__ (repetir). Mariela __7__ (decir) que todos los platos son muy sabrosos. ¿Y tú? ¿Dónde __8__ (preferir) comer? ¿Cuál es tu restaurante favorito?

Now you can...

- express activity preferences.

To review

- present-tense stem-changing verbs, see p. 60.

2 ¡A jugar!

Describe los pasatiempos favoritos de estas personas. *(Hint: Tell people's hobbies.)*

modelo

Sancho

Sancho juega al ajedrez.

1. Soledad

2. tú

3. Rubén y Leticia

4. yo

5. ustedes

6. mis amigos y yo

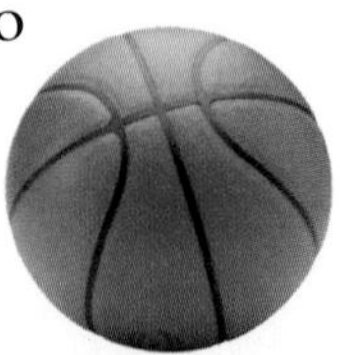

Now you can...
- discuss fine art.

To review
- art vocabulary, see pp. 54–55, 66.

3 En la galería

Tu clase va a la galería de la señora Álvarez. ¿Qué les dice? *(Hint: What does Señora Álvarez say?)*

> Bienvenidos a mi ___1___ (pintura / galería). Este mes hay una ___2___ (exposición / escultura) del arte latino de Chicago. Uno de los ___3___ (artistas / obras) es Alejandro Romero. Él tiene mucho ___4___ (retrato / talento). Romero pinta ___5___ (esculturas / retratos) y otras ___6___ (pinturas / artistas). También hay ___7___ (obras / pintoras) de otros latinos. Quiero mostrarles unas ___8___ (escultoras / esculturas). Son ___9___ (enormes / sabrosos), ¿no? La ___10___ (pintora / escultora) está aquí y puede contestar sus preguntas.

Now you can...
- talk about the past.

To review
- irregular preterite verbs, see p. 63.

4 Un día terrible

Ayer fue un día terrible para Horacio. Para saber por qué, cambia los verbos al pretérito. *(Hint: Change the underlined verbs to the preterite.)*

> La galería de arte de la ciudad pone (1) nuevas pinturas de una famosa artista hoy. Horacio quiere (2) ir a las tres de la tarde. Él va (3) caminando. Anda (4) lentamente y no está (5) cuando abre (6) la galería. Cuando llega (7), no puede (8) abrir la puerta. Horacio no dice (9) nada; sólo vuelve (10) a casa.

Now you can...
- talk about the past.

To review
- irregular preterite verbs, see p. 63.

5 ¡Una gran fiesta!

Adela hizo una fiesta el viernes pasado y todos participaron. ¿Qué hicieron? *(Hint: Tell how people participated in Adela's party.)*

1. Rigo y yo / venir muy temprano para ayudar
2. Adela / poner la mesa
3. tú / traer los platos a la mesa
4. Andrea / querer tocar la guitarra
5. nosotros / estar presentes a las seis
6. tú / hacer los sándwiches de atún

6 Preferencias

STRATEGY: SPEAKING

Give reasons why When presented with a choice, give more than just a brief answer. Be inventive when explaining your choices in this activity. Perhaps there is a certain quality, a personal liking, or a personal skill that you can use in your response. Scan the previous activities to get ideas for reasons.

Habla con tu compañero(a) sobre sus preferencias. ¿Por qué prefieren estas cosas? *(**Hint:** Find out what your partner prefers and why.)*

el pollo asado
el pollo frito
una ensalada
un sándwich
las pinturas antiguas
las pinturas modernas
el voleibol
el ajedrez
la comida china
la comida italiana

modelo

Tú: *¿Prefieres la comida china o la comida italiana?*

Compañero(a): *Prefiero la comida china porque es más sabrosa y porque me encanta el arroz.*

7 ¿Cierto o falso?

Conversando en grupos, adivinen cuáles de los otros estudiantes participaron en estas actividades la semana pasada. Escriban cinco oraciones. *(**Hint:** Discuss who in your class might have done these activities. Write five sentences with your guesses.)*

modelo

ir a un partido

José y Elena fueron a un partido.

1. comer una pizza
2. hablar español en casa
3. venir a la escuela el sábado
4. manejar un carro nuevo
5. ganar un premio
6. participar en un concurso

8 *En tu propia voz*

ESCRITURA Describe un festival internacional (real o imaginario) que tuvo lugar en tu escuela. Incluye la siguiente información. *(**Hint:** Describe a real or imaginary international festival.)*

- cuándo y dónde celebraron el festival
- quiénes participaron
- qué cosas trajeron
- qué hicieron todos

CONEXIONES

El arte ¿De dónde viene la inspiración de los artistas? Algunos dicen que viene de la naturaleza. Otros dicen que viene de personas o lugares. Hay muchos artistas estadounidenses y cada uno tiene su propio estilo. Selecciona un artista que te guste y haz una investigación sobre sus inspiraciones. Explícales a tus compañeros(as) de clase qué inspira a este artista y muéstrales ejemplos de su arte.

En resumen

REPASO DE VOCABULARIO

COMMENT ON FOOD

Types of Foods

el atún	*tuna*
el batido	*milk shake*
el cereal	*cereal*
la crema	*cream*
la fresa	*strawberry*
las galletas	*cookies*
las habichuelas coloradas	*red beans*
el helado	*ice cream*
los huevos	*eggs*
el jamón	*ham*
el jugo	*juice*
la leche	*milk*
la mantequilla	*butter*
la mantequilla de cacahuate	*peanut butter*
el melón	*melon*
el plátano verde	*plantain*
el pollo asado	*roast chicken*
los tostones	*fried plantains*
las uvas	*grapes*
el yogur	*yogurt*

Talk About Food

desear	*to desire*
la especialidad de la casa	*specialty of the house*
estar de acuerdo	*to be in agreement*
el sabor	*taste, flavor*
sabroso(a)	*tasty*

DISCUSS FINE ART

Art

el (la) artista	*artist*
las bellas artes	*fine arts*
el (la) escultor(a)	*sculptor*
la escultura	*sculpture*
la exposición	*exhibit*
la galería	*gallery*
la obra	*work of art*
el (la) pintor(a)	*painter*
la pintura	*painting*
el retrato	*portrait*
el talento	*talent*

Describing Art

antiguo(a)	*old*
enorme	*enormous*
formal	*formal*
lujoso(a)	*luxurious*
moderno(a)	*modern*
raro(a)	*rare, strange*
tradicional	*traditional*

TALK ABOUT THE PAST

Irregular Preterite Verbs

andar	*to walk*
conducir	*to drive*
producir	*to produce*
traducir	*to translate*

Ya sabes

decir	*to say, to tell*
estar	*to be*
poder (o→ue)	*to be able*
poner	*to put*
querer (e→ie)	*to want, to love*
saber	*to know*
tener	*to have*
traer	*to bring*
venir	*to come*

EXPRESS ACTIVITY PREFERENCES

Present Tense Stem-Changing Verbs

competir (e→i)	*to compete*
mostrar (o→ue)	*to show*
recomendar (e→ie)	*to recommend*
repetir (e→i)	*to repeat*

Ya sabes

jugar (u→ue)	*to play*
pedir (e→i)	*to ask for, to order*
servir (e→i)	*to serve*

Juego

El pato pintó un retrato del gato.
O, ¿el gato pintó un retrato del pato?

UNIDAD 1

¿Viste las noticias?

OBJECTIVES

- Discuss ways to communicate
- React to news
- Ask for and give information
- Talk about things and people you know

¿Qué ves?

Mira la foto del canal y contesta las preguntas.

1. ¿Cuántas personas hay en la foto? ¿Qué hacen?
2. ¿Conoces a algunas personas de la foto? ¿Quiénes son?
3. ¿Qué programa quieres ver?

PROGRAMACIÓN DE 7 A.M. A MEDIANOCHE

LO MEJOR PARA HOY

7:00 p.m. GALA **La Tocada** Emmanuel es el invitado en el programa de entrevistas y música conducido por Verónica Castro.

Emmanuel

9:00 p.m. 17 **Swellegant Elegance** Harvey Fierstein y la leyenda del jazz Diane Schuur se unen al Seattle's Men's Choir en un homenaje al compositor Cole Porter.

17 The Big Comfy Couch (cc)
51 CINE
FSA Noticias
GALA ECO Noticiero
GEMS El Rosa y el Azul
HBO MOVIE *Once Upon a Forest* ★★ G (1:15) ESP
OLETV El Cuerpo Humano
SHO The Busy World of Richard Scarry (cc)
SHO (8:25) The Busy World of Richard Scarry

8:30 AM

2 Arthur (cc)
17 Zoobilee Zoo (cc)
CINE (8:45) MOVIE *Meatballs* ★ PG (1:45)
OLETV El Cerebro: Un C...

4 The Price Is Right (cc)
6 News (cc)
7 Hawaii Five-0
10 Sally Jessy Raphael
17 HealthWeek (cc)
23 Agujetas de Color de Rosa
40 Vídeos, Vídeos
51 Las Juanas
FSA Noticias
GALA Home Shopping Network: En Español
GEMS Menú del Día
HBO MOVIE *Dominick and Eugene* ★★★ PG-13 (2:00)
OLETV Reporte Medicinal
SHO (11:20) The Busy World of Richard Scarry
SUR El Noticiero Venezuela- 2da Edición

11:30 AM

2 Reading Rainbow (cc)
13 40 Programa pagado
17 Breakthrough: Television's Journal of Science and Medicine
GEMS La Otra Familia
OLETV El Cerebro: Un Cosmo Misterioso
SHO (11:45) MOVIE *The Mugger* ★ (1:15)

Mediodía

2 America's Historic Trails With Tom Bodett
4 News (cc)
6 Another World (cc)
7 10 News (cc)
13 En una Hora
17 Jenkins' Art Workshop
40 Espejo Público
51 CINE *Carrera Contra la Muerte*
CINE (12:15) MOVIE *The Evening Star* ★★ PG-13 (2:15) ESP
FSA Programa pagado
GEMS Sabor Latino
OLETV Caminos Hacia el Arte
SUR Noticiero P.A.T. Bolivia

En contexto

VIDEO DVD AUDIO

VOCABULARIO

Mira las ilustraciones de periódico y del canal de televisión en Miami. Te ayudan a comprender las palabras en **azul** y a responder a las preguntas personales.

A ¿Por qué lees el periódico? Lees el periódico para saber lo que pasa en la ciudad y en el mundo. Muchos periódicos publican **críticas** de películas y **las noticias** en diferentes **ediciones.** Algunos tienen una edición por la mañana y otra por la tarde. **El titular** de este periódico reporta sobre **un ladrón** que **robó** pinturas y esculturas. **El robo** es una noticia importante de la primera página.

5B Noticias internacionales | 1D Anuncios clasificados | 6A Crítica | 8B Noticias locales | 1C Diversiones

Primera edición

El Universo

Primera edición

Robo en el museo, ladrón atrapado

Docenas de personas estuvieron presentes hoy cuando un grupo de policías del pueblo de Buena Vista lograron atrapar a un hombre que había intentado robar el museo municipal. Según los testigos, a las doce y media de la mañana empezó a sonar el alarma del museo. "Yo estuve en un café al lado del museo cuando comenzó a sonar", dijo una mujer que no quería ser identificada. "Pocos minutos después, los coches de la policía llegaron. No tardó mucho. Entraron al museo y salieron con el hombre."

El representante de la policía de Buena Vista dijo que el supuesto ladrón fue atrapado en el momento de intentar salir por una ventana. "Lo que pasa es que las ...

¡Rescate dramático! Héroe local rescata a niño

■ Parece que el niño quería ayudar a su gato, que había salido por la ventana momentos antes

Esta tarde, en un rescate suficientemente dramático para un episodio de televisión, un bombero del pueblo de Carson logró rescatar a un niño que había quedado atrapado en una parte de un techo de un edificio de apartamentos. Bomberos y policías trabajaron durante varias horas intentando llegar a esa parte del techo, sin éxito. Al fin, el bombero Eric Major hizo un saltó de dos metros, trayendo una cuerda, para llegar al niño.

El niño había salido por la ventana de su apartamento, que queda en el piso superior del edificio. Parece que el niño quería ayudar a su gato, que había salido por la ...

comentó, "No me di cuenta de que Carlos había seguido al gato hasta que oí sus gritos. Estaba sentado en una pequeña parte del techo, y no se podía mover ni para adelante ni para atrás. Casi me muero del susto."

Cuando las autoridades le preguntaron al niño por qué ...

B También los periódicos reportan de personas que son **héroes** o **heroínas** porque **rescatan** a otras. Si **de repente** una persona necesita ayuda, el héroe está preparado. En este **rescate,** los señores ayudan a otras personas.

C Las noticias **locales** te dicen lo que pasa en tu ciudad. Por ejemplo, te dicen los resultados de juegos locales. Las noticias **internacionales** tienen **reportajes** sobre otros países, incluyendo noticias de deportes de todo el mundo.

D **Los canales** de televisión transmiten diferentes tipos de programas. Hay programas históricos y cómicos. Hay programas de deportes y programas de noticias, como **los noticieros.** En este noticiero, **el reportero** cuenta las noticias más importantes del día. Muchos **televidentes** miran el noticiero todos los días.

E Los canales también tienen muchos **anuncios.** Los anuncios te hablan de cosas para comprar, lugares adonde ir, comida, otros programas... ¡todo lo que ves en la vida diaria!

Preguntas personales

1. ¿Cuál es tu programa de televisión favorito?
2. Nombra una noticia importante del noticiero de esta semana.
3. ¿Cuál es la noticia en la primera página del periódico de hoy?
4. Nombra dos productos que ves en los anuncios de la televisión.
5. ¿Qué anuncios te gustan más? ¿Por qué?

VIDEO DVD AUDIO

En vivo

DIÁLOGO

Francisco

Alma

Señor Campos

PARA ESCUCHAR • STRATEGY: LISTENING

Listen with a purpose Listening for a specific piece of information is like scanning a reading. Try listening for one idea: how does Alma get Francisco's attention? Do you think she is **seria** or **cómica**? Explain.

En Miami...

1► **Francisco:** ¿Aló?
Alma: Hola, Francisco. Soy yo. Estoy leyendo el periódico. ¿Lo leíste?
Francisco: No; estoy trabajando en mi artículo. ¿Por qué?

5► **Señor Campos:** Aquí preparamos los noticieros; trabajamos en estas computadoras. A veces usamos Internet en el proceso de investigar los reportajes.

6► **Señor Campos:** Nuestra programación incluye noticias internacionales y locales. Los televidentes saben lo que está pasando en el mundo.
Alma: Vi su noticiero sobre los cubanoamericanos. Fue interesante.

7► **Alma:** Ésa es la reportera que dio el reportaje anoche. Es famosa.
Señor Campos: ¿Les gustaría conocerla?
Francisco: Sí, nos encantaría. Muchísimas gracias.

2 ▶ **Alma:** Hay un titular que dice «Hubo rescate ayer. Francisco García es héroe porque rescató un gato.»

Francisco: ¡Alma!

Alma: No es verdad.

3 ▶ **Alma:** ¿Cómo va tu artículo?

Francisco: Bien. Pidieron un artículo sobre un canal de televisión en Miami. Mañana voy a ir al estudio.

Alma: ¿Puedo ir contigo?

Francisco: Sí, claro. Salimos a las tres.

4 ▶ **Francisco:** Hay varios canales de televisión en español que transmiten desde Miami. Las transmisiones llegan a toda Latinoamérica. Los países reciben los canales a través de los satélites y el cable.

8 ▶ **Alma:** Francisco, ¿escribiste tú este poema?

Francisco: ¡Alma! Dame ese cuaderno. Eso es personal.

Alma: ¿Qué cuaderno? ¿Éste? ¡Vamos! Léeme el poema.

9 ▶ **Francisco:** Bueno, ¿por qué no?
«Nos conocimos esa tarde tranquila
Yo, una puerta cerrada, la llave perdida.
Llamaste, tocaste y fue tu sonrisa
Que abrió lo cerrado y entró una amiga.»

10 ▶ **Alma:** ¡Qué bonito! ¿Y quién es la amiga?

Francisco: ¿Quién es? ¡Boba! Eres tú.

Alma: ¿Yo? Gracias, Paco. Es la primera vez que alguien me escribe un poema.

En acción

PARTE A

Comprensión del diálogo

Francisco

For Activities 1–2, refer to the dialog on pages 78–79.

1 Todo parejo

Escuchar Empareja las dos columnas de acuerdo con el diálogo. *(Hint: Match columns.)*

1. «Hay varios canales de televisión en español
2. «Los televidentes saben
3. «Francisco García es héroe
4. «Es la primera vez que
5. «¿Y quién es la amiga?»
6. «Los países reciben los canales

a. «¿Quién es? ¡Boba! Eres tú.»
b. porque rescató un gato.»
c. lo que está pasando en el mundo.»
d. alguien me escribe un poema.»
e. a través de los satélites y el cable.»
f. que transmiten desde Miami.»

2 ¿Quién lo hizo?

Escuchar ¿Quién hizo las siguientes actividades: Alma, Francisco o el señor Campos? *(Hint: Who did these things?)*

1. Llamó a Francisco por teléfono.
2. Inventó un titular de un rescate espectacular.
3. Fue con Alma al estudio donde transmiten noticieros.
4. Dijo que el estudio usa Internet para preparar reportajes.
5. Les presentó una reportera a los jóvenes.
6. Escribió un poema romántico.

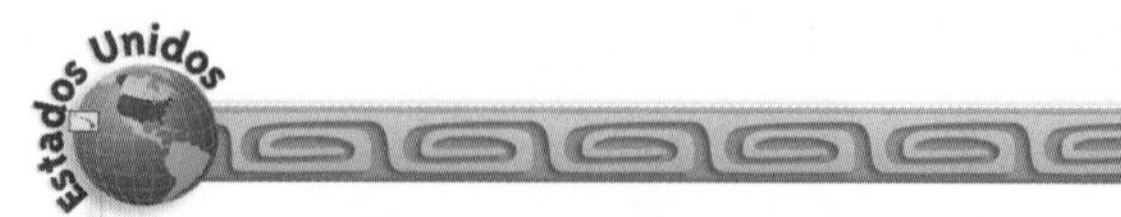

También se dice

Cuando el señor Campos habla de las telecomunicaciones, él usa la palabra **Internet.** En los países hispanos, también se usa **la red** para referirse al ciberespacio.

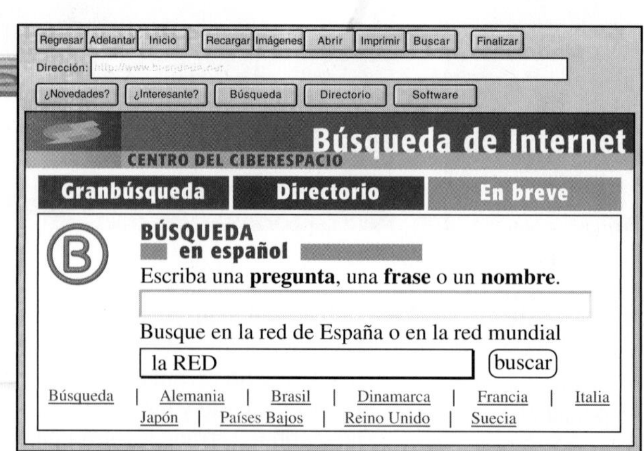

PARTE B

Práctica del vocabulario

Objectives for Activities 3–8

• Discuss ways to communicate • Ask for and give information • Talk about things and people you know

3 ¡Qué reunión!

Hablar/*Escribir* La familia de Francisco hizo una reunión de bienvenida para él. ¿Por qué salió mal? *(Hint: Why did the party turn out badly?)*

modelo

Alma / no traer los refrescos

Alma no trajo los refrescos.

1. La mamá de Francisco / no saber de la fiesta
2. La comida / estar malísima
3. Los amigos de Francisco / venir tarde
4. Alma / no poner la música
5. Los invitados / no querer bailar
6. El papá de Francisco / no poder encontrar la casa
7. Francisco / tener que escribir su artículo
8. Muchos invitados / ver la televisión
9. El hermano de Francisco / perder el regalo
10. Francisco / no decir «gracias»

Estados Unidos

Nota cultural

A la fiesta Cuando te invitan a una fiesta en Estados Unidos, es muy común ver en las invitaciones la hora que empieza y la hora que termina la fiesta. Pero, en muchos países hispanos, la misma invitación solamente te dice a qué hora empieza la diversión.

4 ¿Están bien informados?

Hablar En parejas, decidan si las siguientes personas están bien informadas. *(Hint: Are they well informed?)*

Nota: Vocabulario

When you want to talk about knowing something well, use **estar bien informado(a).**

Francisco **está bien informado** sobre Internet.

*Francisco **is well informed** about the Internet.*

modelo

los televidentes (los rescates)

Tú: *¿Están bien informados los televidentes sobre los rescates?*

Compañero(a): *Sí, (No, no) están bien informados.*

1. los reporteros (los eventos de la escuela)
2. los profesores (las noticias internacionales)
3. tu vecino(a) (la música popular)
4. el (la) crítico(a) de películas (los gustos de los jóvenes)
5. tú y tus amigos (Internet)
6. tú (las noticias locales)
7. tus amigos (la ropa popular)
8. tus padres (los eventos de la comunidad)
9. la policía (los robos)
10. los agentes de viajes (los vuelos)

5 ¿De dónde?

Hablar/*Escribir* Francisco tiene amigos de todas partes. ¿Cuál es la nacionalidad de cada uno? *(Hint: What are their nationalities?)*

modelo

Bob: Estados Unidos — *Bob es estadounidense.*

Nota: Gramática

Adjectives of nationality agree in gender and number with the noun they modify.

Juan es **peruano.** *Juan is **Peruvian**.*

María y Ana son **peruanas.** *María and Ana are **Peruvian**.*

1. Gerardo: México
2. Yanitzia: Cuba
3. Rick: China
4. Teresa: Ecuador
5. los hermanos Vázquez: Bolivia
6. José: España

6 ¿De qué país?

Hablar Tu amigo(a) no sabe las nacionalidades de sus compañeros(as) en español. Explícale de qué país son. *(Hint: Where are they from?)*

modelo

Carlos: Buenos Aires

Amigo(a): *Carlos es de Buenos Aires, ¿no?*

Tú: *Sí. Carlos es argentino.*

1. Jane: Londres
2. Rubén: Lima
3. Pablo: Barcelona
4. Mónica: Bogotá
5. Peter: Nueva York

7 ¿De dónde vino tu familia? 

Hablar/*Escribir* ¿De qué país es tu familia? ¿De qué países son las familias de tus compañeros? Habla con tus compañeros y haz una tabla con los resultados.
*(**Hint:** Talk about nationalities. Then make a chart.)*

modelo

Tú: *Mi familia es de España. Es española.*

Compañero(a): *Mi familia es de Italia. Es italiana.*

Nombre	País	Nacionalidad de familia
María	España	española
Javier	México	mexicana
Collette	Francia	francesa

Juego

Un inglés, un francés y un mexicano fueron a un restaurante internacional y pidieron pan francés, arroz mexicano y un sándwich cubano. El que vive en Francia no comió nada de Europa. Y alguien comió algo de su propio país. ¿Qué comió cada persona?

8 ¡Socorro!

Leer/*Escribir* Francisco recibió esta postal, pero su hermanito borró (*erased*) algunas palabras. Ayuda a Francisco a leerla. Usa **saber** o **conocer** en los espacios en blanco.
*(**Hint:** Complete the postcard.)*

Nota: Gramática

Saber and **conocer** both mean ***to know.*** Use **saber** with facts, information, and when telling how to do something. Use **conocer** to express being familiar or acquainted with a person, place, or thing.

¿**Saben** quién es esa reportera? *Do **you know** who that reporter is?*

Yo la **conozco.** ¿Les gustaría **conocerla**? ***I know** her. Would you like **to meet her**?*

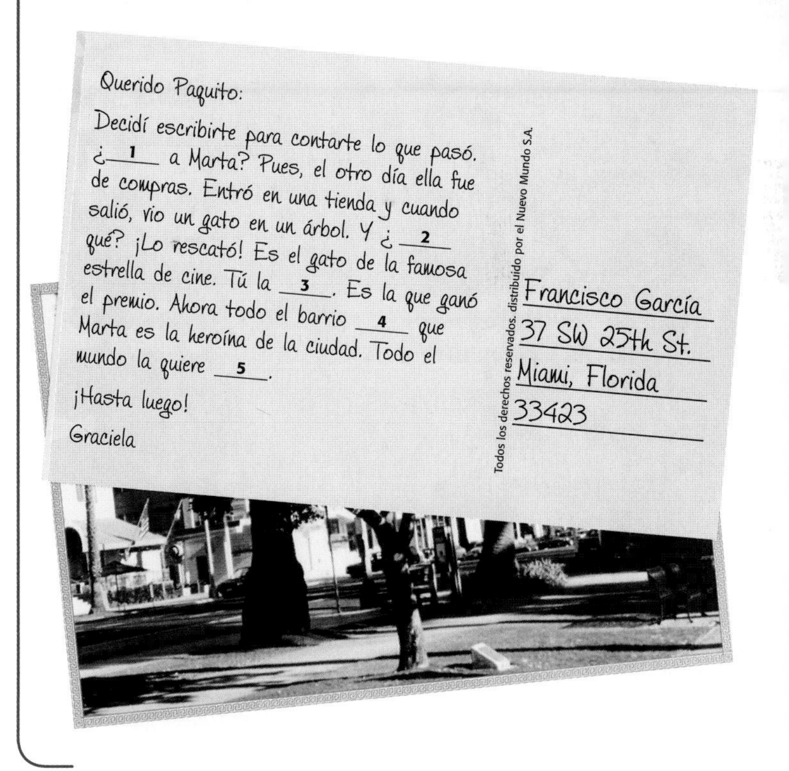

Querido Paquito:

Decidí escribirte para contarte lo que pasó. ¿ __1__ a Marta? Pues, el otro día ella fue de compras. Entró en una tienda y cuando salió, vio un gato en un árbol. Y ¿ __2__ qué? ¡Lo rescató! Es el gato de la famosa estrella de cine. Tú la __3__. Es la que ganó el premio. Ahora todo el barrio __4__ que Marta es la heroína de la ciudad. Todo el mundo la quiere __5__.

¡Hasta luego!

Graciela

Francisco García
37 SW 25th St.
Miami, Florida
33423

More Practice: **Más comunicación** *p. R4*

Práctica: gramática y vocabulario

Objectives for Activities 9–16

• Discuss ways to communicate • React to news • Ask for and give information

GRAMÁTICA Express Position Using Demonstrative Adjectives and Pronouns

As you know, there are three kinds of demonstratives in Spanish:

- one that points out someone or something **near** the speaker
- one that points out someone or something **farther away**
- one that points out someone or something **at a great distance**

Demonstrative Adjectives

	near		farther away		at a great distance	
	m.	**f.**	**m.**	**f.**	**m.**	**f.**
Singular	este	esta	ese	esa	aquel	aquella
Plural	estos	estas	esos	esas	aquellos	aquellas

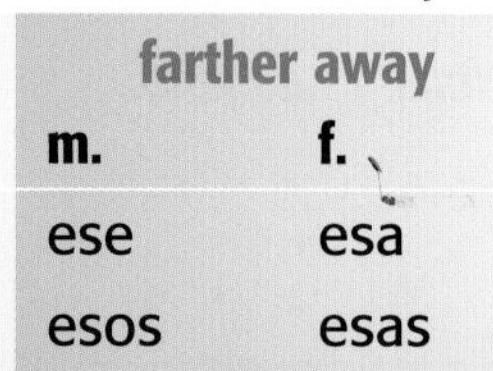

Demonstrative adjectives agree in number and gender with the **noun** they modify, and they usually go before the noun.

Francisco, ¿escribiste tú **este** poema?
*Francisco, did you write **this** poem?*

¡Dame **ese** cuaderno!
*Give me **that** notebook!*

Aquella reportera es del canal dos.
__That__ reporter is from Channel 2.

Demonstratives can also be **pronouns** that take the place of **nouns.** They have the same number and gender as the **noun** they replace and have a written accent. (When there is no ambiguity in the sentence, the accent may be omitted.)

¿Saben quién es **ese** **señor**?
*Do you know who **that** man is?*

becomes

¿**Ése**? Sí, es el reportero.
***That one?** Yes, he's the reporter.*

Aquella **reportera** es del canal dos.
__That__ reporter is from Channel 2.

becomes

Aquélla es del canal cinco.
***That one** is from Channel 5.*

Practice:

Actividades 9 10

Más práctica *cuaderno pp. 37–38*
Para hispanohablantes *cuaderno pp. 35–36*

Online Workbook
CLASSZONE.COM

9 Problemas del periódico

Escribir Cambia el artículo definido a la forma correcta del adjetivo demostrativo para hablar de los problemas del periódico. Escribe cada oración de tres maneras. *(Hint: Write sentences with demonstratives.)*

modelo

El artículo sobre los ladrones está mal escrito.

Este artículo sobre los ladrones está mal escrito.

Ese artículo sobre los ladrones está mal escrito.

Aquel artículo sobre los ladrones está mal escrito.

1. La cámara no sirve.
2. Las tiras cómicas no tienen color.
3. El escritor no investigó los detalles.
4. Los hechos del artículo no son correctos.
5. Las noticias no son muy interesantes.
6. El autor no estudió periodismo.
7. No funciona el programa en la computadora.
8. La editora duerme durante el día de trabajo.
9. Los titulares no llaman la atención.
10. El fotógrafo no sacó fotos del rescate.

10 La oficina de periodismo

Hablar/*Escribir* Tú trabajas en una oficina de periodismo. Explícales a unos amigos lo que hacen el periodista, la editora y la fotógrafa. Usa **éste(a), ése(a)** o **aquél(la)** en tus respuestas. *(Hint: Tell what each person does.)*

el periodista — la editora — la fotógrafa

modelo

investiga los hechos y las causas y escribe detalles

Éste es el periodista. Él investiga los hechos y las causas y escribe detalles.

1. habla por teléfono
2. busca errores en los artículos
3. tiene una cámara
4. tiene un periódico y una computadora
5. lee las tiras cómicas

Vocabulario

Las telecomunicaciones

el artículo *article*
el (la) autor(a) *author*
la cámara *camera*
la causa *cause*
el detalle *detail*
el (la) editor(a) *editor*
el (la) escritor(a) *writer*
el (la) fotógrafo(a) *photographer*
el hecho *fact*
el periodismo *journalism*
el (la) periodista *journalist*
el programa *program*
la tira cómica *comic strip*

Cuando piensas en las telecomunicaciones, ¿en qué piensas?

11 ¿Dónde hubo...?

Escuchar/Hablar Escucha este noticiero internacional. Usa la lista de países para ayudarte a contestar las preguntas. Luego haz un resumen de lo que escuchaste. *(Hint: Answer the questions and summarize the tape.)*

Nota: Vocabulario

To express "there was" or "there were," you may use **hubo,** the preterite of **hay.**

Hubo dos personas que ganaron.
***There were** two people who won.*

- Chile
- Cuba
- España
- Estados Unidos
- Paraguay
- Honduras
- Bolivia

1. ¿Dónde hubo un huracán?
2. ¿Dónde hubo un rescate?
3. ¿Dónde hubo un señor que tuvo millones?
4. ¿Dónde hubo un anuncio sobre el precio de los plátanos?

GRAMÁTICA Stem-Changing Verbs in the Preterite

¿RECUERDAS? *pp. 21, 60* Remember that many Spanish verbs have stem changes in the present tense. These changes take place in the **singular** and in the **ellos/ellas/ustedes** forms.

For example, the verb **pedir** *to ask for* alternates between **e** and **i** in the present tense.

pedir *to ask for*

pido	**ped**imos
pides	**ped**ís
pide	**pid**en

Stem-changing **-ir** verbs change vowels in the **preterite** too. However, the change only occurs in the **él/ella/usted** and the **ellos/ellas/ustedes** forms.

e → i

pedir *to ask for*

pedí	**ped**imos
pediste	**ped**isteis
pidió	**pid**ieron

o → u

dormir *to sleep*

dormí	**dorm**imos
dormiste	**dorm**isteis
durmió	**durm**ieron

—¿Qué **pidió** *Onda Internacional*?
*What **did** Onda Internacional **ask for**?*

—**Pidieron** un artículo sobre un canal de televisión.
***They asked for** an article about a television station.*

Vocabulario

Preterite Stem-Changing Verbs

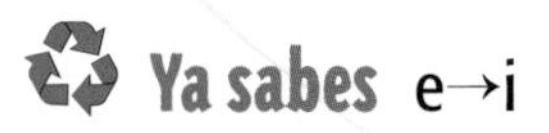

Ya sabes e→i

- **competir** *to compete*
- **preferir** *to prefer*
- **repetir** *to repeat*
- **servir** *to serve*

o→u

- **morir** *to die*

Additional stem-changing **-ir** verbs are listed on p. R31.

¿Repetiste el vocabulario nuevo?

Practice: 12 13 14 15 16

Más práctica *cuaderno pp. 39–40*
Para hispanohablantes *cuaderno pp. 37–38*

Online Workbook CLASSZONE.COM

12 ¿Qué hicieron?

Escribir ¿Qué hicieron las personas en las siguientes situaciones? Completa las oraciones con el pretérito del verbo indicado. *(Hint: Complete the sentences.)*

1. La editora les _____ (pedir) muchos más detalles a los escritores.
2. Los escritores no _____ (repetir) el titular en la segunda edición.
3. Yo _____ (preferir) el artículo sobre el héroe que rescató al niño.
4. Los amigos de la reportera _____ (competir) en un concurso de baile.
5. Los televidentes _____ (dormir) durante el noticiero.
6. Los fotógrafos _____ (pedir) unas cámaras nuevas.
7. La reportera mexicana _____ (preferir) escribir en español.
8. La periodista guatemalteca escribió un artículo sobre unas plantas que _____ (morir).
9. Mi padre _____ (dormir) durante el programa.
10. La cafetería del canal _____ (servir) mucho café antes del noticiero.

13 En clase

Hablar/*Escribir* Describe lo que hicieron o no hicieron estas personas en la clase de español ayer. *(Hint: Tell what these people did.)*

modelo

(La profesora / Yo) / (no) escribir en el pizarrón

La profesora escribió en el pizarrón. / Yo no escribí en el pizarrón.

Nota: Gramática

Verbs such as **leer** *to read,* **creer** *to believe,* and **oír** *to hear* change the **i** to **y** in the **él/ella/usted** and in the **ellos/ellas/ustedes** forms of the preterite.

Alma **leyó** el poema. *Alma **read** the poem.*

Mis hermanos **no creyeron** las noticias. *My brothers **didn't believe** the news.*

The other forms of the preterite have an accent on the **i.**

¿**Oíste** las noticias? ***Did you hear** the news?*

1. (Mi amigo(a) / Yo) / (no) oír las palabras
2. (La profesora / Los estudiantes) / (no) leer un artículo
3. (Mi hermano / Tu hermana) / (no) pedir ayuda
4. (Tú / Yo) / (no) preferir escribir poemas
5. (María y yo / Ana) / (no) servir los helados

14 ¿Es cierto?

Escuchar/*Escribir* Escucha lo que dice Víctor, un estudiante de Paraguay. Luego, contesta **cierto** o **falso** a las preguntas. Si son falsas, explica por qué. *(Hint: Answer true or false. Then correct false answers.)*

1. Vino a Miami en diciembre.
2. Víctor le pidió a su mamá norteamericana una hamburguesa con queso y papas fritas.
3. No hizo nada durante las vacaciones.
4. Víctor no está muy contento.
5. El artículo sobre Víctor va a salir en el periódico escolar.

15 ¿Qué hacen?

Hablar Margarita durmió en la casa de una amiga. Habla con un(a) compañero(a) y di qué hicieron o no hicieron otras personas. Luego, responde a tu compañero(a). *(Hint: Talk about what others did.)*

modelo

Margarita: dormir en la casa de una amiga (sí)

Tú: *¿Durmió Margarita en la casa de una amiga?*

Compañero(a): *Sí, Margarita durmió en la casa de una amiga.*

Tú: *Yo dormí en la casa de una amiga también.*

Compañero(a): *¡No me digas!*

1. Geraldo: leer un libro (sí)
2. Graciela y Alegra: escribir una carta (no)
3. ustedes: dormir en clase (sí)
4. tú: pedirle más tarea al maestro (sí)
5. la profesora: creer las noticias (no)
6. Vicente: preferir estudiar a bailar (sí)

Vocabulario

Cuando hablas...

¿De veras? *Really?*

¡No me digas! *Don't tell me!*

¿Tú crees? *Do you think so?*

¡Ya lo sé! *I already know!*

¿Con qué palabras te gusta responder?

16 Ay, ¡qué cansados!

STRATEGY: SPEAKING

Present findings When reporting information that is summarized on a chart, reading aloud may not be an effective way of reporting. You may want to report general information **(en general, por lo general).** You can compare two groups **(los adultos durmieron más/menos que los jóvenes).** You can report exceptional behavior **(lo más/menos que durmió una persona fue...).** Finally you can summarize whether people got enough sleep **(en resumen).**

Hablar/*Escribir* A veces hay personas que no duermen lo suficiente. Habla con tus compañeros(as) para ver cuántas horas ellos(as) y sus familias durmieron anoche. Luego haz una tabla con las respuestas y preséntale los resultados a la clase. *(Hint: Make a chart.)*

¿Quién?	¿Cuánto?	¿Fue suficiente?
Yo dormí	ocho horas	Fue suficiente.
Mi hermano durmió	seis horas	No fue suficiente.
Mis padres...		
Susana...		

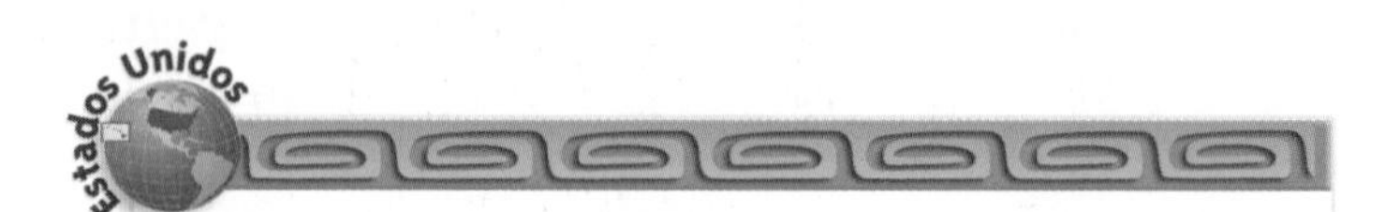

Nota cultural

Periódicos por computadora Hay una gran variedad de periódicos en español en Internet. *ABC* y *El País,* de España, *El Diario Clarín,* de Argentina, y muchos otros tienen ediciones digitales.

PARTE D Todo en acción

Activity 17 brings together all concepts presented.

17 Las noticias 

Hablar/Leer El periódico siempre tiene noticias de todo tipo. En parejas, lean estos titulares y reaccionen a cada uno. *(Hint: Read and react to headlines.)*

Presidente quiere 11 meses de escuela

Anoche en el noticiero del canal 28, el Presid

EL INFORMANTE MATUTINO

Chicos rescatan a un bebé

Rigoberto Centeno, Daniel Araiza y Melissa Rojas, tres estudiantes del Colegio Santa Rosa, escucharon un bebé que estuvo llorando. Resulta que el bebé, contra viento y m lo cierto es que si siempre sucede co

Señora con 20 gatos busca casa

¿Vives en tiene que los gatos número de al final de

More Practice: Más comunicación *p. R4*

Online Workbook CLASSZONE.COM

Refrán

Antes de hablar es bueno pensar.

Lo que quiere decir este refrán es muy claro: debes pensar en lo que vas a decir antes de decirlo, o puedes tener problemas. En parejas, hablen de situaciones en que hablaron sin pensar. ¿Es cierto lo que dice el refrán?

AUDIO

En voces

LECTURA

¿Leíste el periódico hoy?

PARA LEER • STRATEGIES: READING

Skim for the general idea Let your eyes run quickly over the text of this article. What seems to be the gist?

Scan for specific information Look quickly for the names of the newspapers mentioned. What are their names? Where are they located?

¿Qué sección del periódico te gusta más? ¿Los deportes? ¿Los editoriales? Si visitas Miami, puedes leer tu sección favorita del periódico en español. *El Nuevo Herald*, una edición del *Miami Herald*, es el periódico en español más grande de Estados Unidos.

Además de las secciones que tienen todos los periódicos, *El Nuevo Herald* ofrece secciones especiales sobre lo que pasa en diversos países latinoamericanos. También publica artículos sobre las noticias locales de interés para las personas de origen hispano que viven en Miami.

¿Qué pasa si quieres leer *El Nuevo Herald* y no estás en Miami? Con una computadora puedes leerlo sin levantarte[1] de tu silla porque *El Nuevo Herald* está en Internet todos los días.

[1] getting out

«La Voz» de los estudiantes

Volumen 4

La Voz Mundial

Miami Springs Senior High 751 Dove Avenue Miami Springs, FL 33166

Mejoras Salariales Relacionadas al Conocimiento de Idiomas

Por: Rodney Castillo
Editor

Muchas personas no conocen cuan importante es saber diferentes idiomas. Esta importancia se puede muy bien expresar en una sola oración: El tener dominio sobre los idiomas es poseer la habilidad de comunicarse en más de una lengua con cualquier persona en el mundo.

No importa que carrera el estudiante piense estudiar. El ser políglota le da ventajas sobre los otros jóvenes en todos los sentidos. Tomemos por ejemplo cualquier carrera en el campo de las ciencias como la física o la química.

de trabajo.

Tener dominio sobre múltiples idiomas nos enseña más sobre nosotros mismos y aprendemos a comprender a las personas que nos rodean. Otra ventaja es que nos enseña a tener una postura más positiva ante otras culturas. También los idiomas son importantes cuando se habla de sentimientos ya que puedes expresar lo que sientes a cualquier persona en el mundo sin importar su nacionalidad. Tambien cuando aprendemos un idioma, este nos fácilita el aprendizaje de

problemas de la vida cotidiana, el aprender a pensar analíticamente y con mayor creatividad y para obtener mayores calificaciones en exámenes como el HSCT o el SAT ya que aunque son en inglés todos los idiomas están relacionados entre sí. También es sabido que a todos los estudiantes se les exije que tomen dos clases de un mismo idioma para poder graduarse de High School.

El departamento de idiomas extranjeros de M.S.S.H. ofrece una amplia selección de lenguas tales como español,

Editoriales Pg. 2

Locales Pg. 3

Deportes Pg. 5

¿Te gustaría saber tu horóscopo, leer las noticias y practicar tu español al mismo tiempo? *La Voz Mundial*, una publicación de los estudiantes de Miami Springs Senior High School, te da esta oportunidad. El periódico es completamente en español y contiene noticias del mundo, poesía estudiantil y mucho más.

Es popular no sólo[2] entre hispanohablantes[3] sino también[4] entre los que aprenden el español y los que tienen interés en las lenguas y culturas del mundo.

---

[2] not only [3] speakers of Spanish [4] but also

Online Workbook
CLASSZONE.COM

¿Comprendiste?

1. ¿Qué es *El Nuevo Herald*?
2. ¿Una persona que no vive en Miami puede leer este periódico? ¿Cómo?
3. ¿Quién publica *La Voz Mundial*?
4. ¿En qué es diferente *La Voz Mundial* de otros periódicos escolares?

¿Qué piensas?

¿Son los periódicos, la televisión y la radio partes importantes de nuestra sociedad? ¿Por qué? Habla con tus compañeros(as) de clase y compartan sus ideas.

En colores
CULTURA Y COMPARACIONES

PARA CONOCERNOS
STRATEGY: CONNECTING CULTURES
Identify characteristics of neighborhoods Neighborhoods contribute to the unique flavor of a town. Does your town have different neighborhoods? How can you identify them? By name? By the people? Choose two neighborhoods and use a chart to compare them.

Miami
Puerta de las Américas

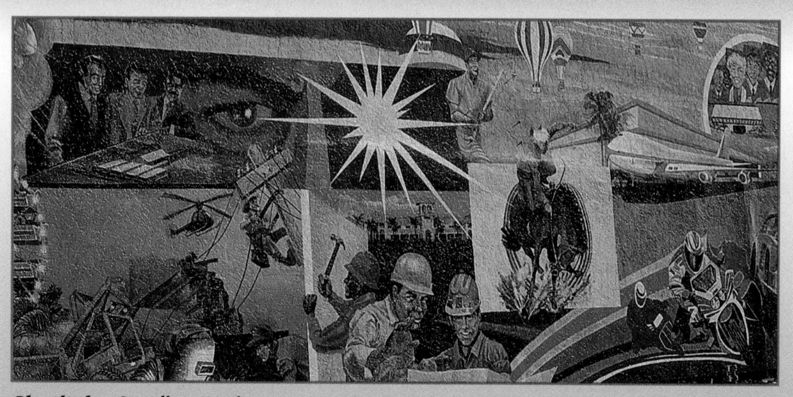
Sin título, *Carolina Zuniga*

Miami es un imán[1] para viajeros[2] de todas partes del mundo. Vienen para tomar el sol en las playas blancas, nadar en el océano azul y visitar los hoteles lujosos. Pero muchas otras personas vienen a Miami para vivir.

[1] magnet [2] travelers

Florida está cerca de la isla[3] de Cuba —solamente a 90 millas— y tiene un clima parecido[4].

En los años 60 muchos cubanos emigraron a la ciudad de Miami. Después de los cubanos vinieron personas de Colombia, Nicaragua y otros países hispanoamericanos.

Estos emigrantes convirtieron a Miami en una ciudad bilingüe y un lugar donde se unen[5] culturas diferentes. En la Pequeña Habana, el barrio cubano más grande de Miami, se puede comprar helado de guayaba y bailar la música salsa al aire libre en la Calle Ocho.

Miami también es un lugar de comercio internacional y un gran centro financiero. Muchos barcos extranjeros, sobre todo barcos de Latinoamérica, paran[6] en Miami porque esta ciudad tiene conexiones con todos los países de las Américas.

[3] island [4] similar [5] unite

[6] stop

El cantante y compositor Jon Secada nació en Cuba y vino a Miami con su familia cuando era niño. Estudió la música vocal de jazz y participó en el grupo Miami Sound Machine.

¿Comprendiste?

1. ¿Para qué vienen los turistas a Miami?
2. ¿Cómo ayudaron los hispanoamericanos a transformar la ciudad de Miami?
3. ¿Qué es la Pequeña Habana?
4. ¿En qué aspectos de la vida comercial tiene Miami una importancia internacional?

¿Qué piensas?

1. ¿Es importante saber español en Miami? ¿Por qué?
2. ¿Algunas personas de tu comunidad vinieron de otros países? ¿Qué sabes de sus culturas?

Hazlo tú

En grupos pequeños, hablen de los diferentes vecindarios de tu comunidad. ¿Qué tienen en común? Luego, compartan tus resultados.

En uso

REPASO Y MÁS COMUNICACIÓN

OBJECTIVES

- Discuss ways to communicate
- React to news
- Ask for and give information
- Talk about things and people you know

Now you can...
- talk about things and people you know.

To review
- demonstrative adjectives, see p. 84.

1 ¿De dónde son?

Di las personas que conoces y de dónde son. *(Hint: Tell the people you know.)*

Japón | Alemania | Nicaragua | Argentina | Francia | Puerto Rico | México

modelo

(aquel) señoras→ **Perú**

Conozco a aquellas señoras peruanas.

1. (este) señores
2. (ese) chica
3. (aquel) muchacho
4. (este) niñas
5. (ese) hombres
6. (aquel) señora
7. (este) niño
8. (aquel) chicos

Now you can...
- talk about things and people you know.

To review
- demonstrative pronouns, see p. 84.

2 En la tienda

Tú y un(a) amigo(a) están en una tienda. Ustedes hablan de sus preferencias. ¿Qué dicen? *(Hint: Discuss preferences.)*

modelo

un libro

Tú: *¿Prefieres este libro o éste?*

Amigo(a): *Prefiero aquél.*

1. la pluma
2. un sándwich
3. una bebida
4. una revista
5. una computadora
6. un juego
7. un sombrero
8. una videograbadora

Now you can...

- talk about things and people you know.

To review

- **saber** and **conocer,** see p. 83.

3 Un sabelotodo

¿Eres un «sabelotodo»? Para saberlo, escribe oraciones con **sé** o **conozco.** *(Hint: Complete the sentences.)*

modelo

el presidente — *Sí, (No, no) conozco al presidente.*

1. qué hora es
2. los compañeros de clase
3. hablar italiano
4. la Casa Blanca
5. nadar bien
6. un buen restaurante francés

Now you can...

- discuss ways to communicate.
- react to news.

To review

- verbs with preterite spelling changes (i → y), see p. 87.

4 ¿Crees en las noticias?

Todos leyeron el periódico esta mañana pero no creyeron nada. Explica lo que leyeron. *(Hint: Tell who read what in the newspaper.)*

modelo

María: los anuncios — *María leyó los anuncios pero no creyó nada.*

1. yo: los editoriales
2. Samuel: los anuncios clasificados
3. mis padres: las noticias locales
4. tú: las noticias internacionales
5. nosotros: los titulares
6. ustedes: todo el periódico

Now you can...

- ask for and give information.

To review

- stem-changing preterite verbs, see p. 86.

5 ¿Y tú?

¿Qué hicieron tú, tus amigos y tu familia? Habla con un(a) compañero(a) sobre lo que hicieron. *(Hint: What did you do?)*

modelo

tú: repetir la lección

Compañero(a): *¿Repetiste la lección?*

Tú: *Sí, (No, no) repetí la lección.*

1. tus amigos: pedir comida china
2. tu hermano: dormir en casa de un amigo
3. tu tío: preferir ver la televisión en el sofá
4. tu vecino(a): competir en un concurso
5. mis amigos y yo: servir una comida deliciosa

6 ¿Cuál prefieres?

STRATEGY: SPEAKING

Provide additional information Sometimes you have certain preferences because something is missing: **Prefiero ... porque no es aburrido / porque no me gusta(n) / porque no tengo / porque no puedo...** Try using these phrases in your response.

Habla con tu compañero(a) sobre las cosas que ven en la clase. ¿Qué ven? ¿Qué cosas prefieren? ¿Por qué? *(**Hint:** What does your partner prefer?)*

modelo

Tú: *¿Prefieres este libro o ése?*

Compañero(a): *Prefiero éste porque no es aburrido.*

Tú: *¿Prefieres esa falda o aquélla?*

Compañero(a): *Prefiero ésa porque no es de cuadros.*

7 Un tour

Hagan un tour imaginario de un estudio de televisión y expliquen lo que ven. Una persona va a servir de guía y las otras van a hacerle preguntas. *(**Hint:** Conduct an imaginary tour.)*

modelo

Estudiante: *¿Quién es esa señora?*

Guía: *Ella es una reportera muy famosa.*

8 En tu propia voz

ESCRITURA Combina las siguientes frases para describir las experiencias de Francisco. Usa palabras como **por eso** *(that's why)*, **y, entonces, luego, después** y **finalmente.** Puedes añadir otros detalles. *(**Hint:** Describe Francisco's experiences.)*

- ganar el concurso de una revista
- viajar a Chicago
- regresar a Miami
- visitar un estudio de televisión con su amiga Alma
- conocer a una reportera famosa
- leerle un poema a Alma

CONEXIONES

Las matemáticas Háblales a tus amigos para saber lo siguiente sobre las telecomunicaciones. Luego, haz un gráfico de las respuestas, calculando los porcentajes de la gente que tiene respuestas en común.

- ¿Cuál es tu anuncio favorito?
- ¿Qué canal ves más?
- ¿Qué noticiero ves más?
- ¿Qué tipo de programación no te gusta?

En resumen

REPASO DE VOCABULARIO

TALK ABOUT THINGS AND PEOPLE YOU KNOW

Stem-Changing Preterite Verbs

morir (o→ue, u) *to die*

Ya sabes

competir (e→i, i) *to compete*
dormir (o→ue, u) *to sleep*
pedir (e→i, i) *to ask for, to order*
preferir (e→ie, i) *to prefer*
repetir (e→i, i) *to repeat*
servir (e→i, i) *to serve*

Spelling Changes in the Preterite (i → y)

creer *to believe*
leer *to read*
oír *to hear*

Ya sabes

conocer *to know, to meet*
saber *to know*

DISCUSS WAYS TO COMMUNICATE

Newspapers

el artículo *article*
el (la) autor(a) *author*
la crítica *criticism, review*
la edición *edition*
el (la) editor(a) *editor*
el (la) escritor(a) *writer*
el (la) fotógrafo(a) *photographer*
el periodismo *journalism*
el (la) periodista *journalist*
la tira cómica *comic strip*
el titular *headline*

Television

el anuncio *commercial*
la cámara *camera*
el canal *channel, station*
el noticiero *news program*
el programa *program*
el reportaje *report*
el (la) reportero(a) *reporter*
el (la) televidente *viewer*

REACT TO NEWS

¿De veras? *Really?*
¡No me digas! *Don't tell me!*
¿Tú crees? *Do you think so?*
¡Ya lo sé! *I already know!*

ASK FOR AND GIVE INFORMATION

la causa *cause*
de repente *suddenly*
el detalle *detail*
estar bien informado(a) *to be well informed*
el hecho *fact*
el héroe *hero*
la heroína *heroine*
hubo *there was, there were*
internacional *international*
el (la) ladrón(ona) *thief*
local *local*
las noticias *news*
rescatar *to rescue*
el rescate *rescue*
robar *to steal*
el robo *robbery*

Juego

Yo no soy un editor,
ni un televidente.
Tampoco soy un escritor;
si me ves, es evidente.

Siempre te cuento las
noticias con mucho coraje[1].
¿Sabes quién soy, quizás?
¡Te doy el reportaje!

[1] courage

En tu propia voz

ESCRITURA

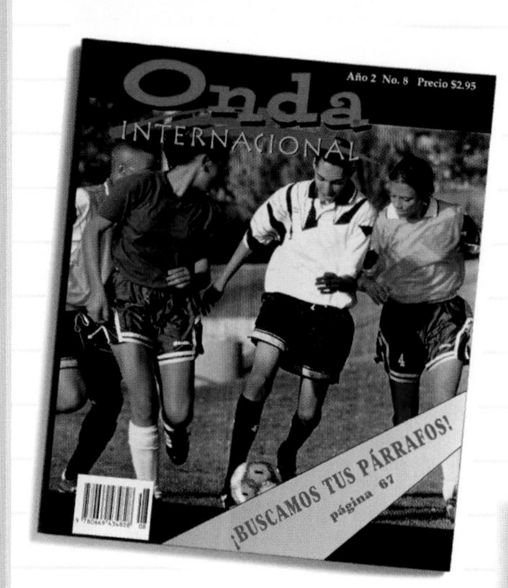

¿Qué hicieron?

Next month's *Onda Internacional* will feature Spanish students from around the world. One segment will highlight school break activities. Write a one-paragraph description of an event that took place during a recent school break to submit to the magazine.

Function: Describe an event that took place during school break
Context: Informing magazine readers
Content: Description of school break event
Text type: Descriptive paragraph

PARA ESCRIBIR • STRATEGY: WRITING

Bring your event to life Describing an event or personal experience means more than giving out a few facts. Share how you feel about what is happening—about the people, places, and objects that make the event memorable. Bring your subject to life by using sensory details in your writing.

Modelo del estudiante

Una fiesta sensacional

Dimos una fiesta muy buena durante el verano pasado. Mi hermana y yo invitamos a unos amigos. Pero llegó mucha gente, ¡como cincuenta personas! La comida quedó muy rica. Mi hermana y yo hicimos nachos y papas fritas y pedimos unas pizzas. Mucha gente trajo comida, como pasteles y sándwiches, y bebidas. Una chica hizo un pastel de vainilla con piezas de chocolate. Quedó delicioso. También bailamos. Pusimos la música muy fuerte. Después no oí nada. Sé bailar pero aprendí algunas cosas nuevas también. Dormí muchas horas después de la fiesta. Lo pasé muy bien. ¡Todos dijeron que fue una fiesta sensacional!

The writer introduces the main idea of her paragraph.

The writer adds sensory details, including **taste**, to bring the event to life.

The writer uses references to the **sounds** of the party to make readers feel as if they were there.

The writer concludes by describing her feelings about the event.

Estrategias para escribir

Antes de escribir...

Begin by freewriting about your recent school break experience. Remember that when freewriting, you write down everything you can think of, and select from it later. Be sure to include people you met, things you saw and did, details about actions and events, and why it was a meaningful experience.

After selecting an event, create an idea tree like this one to organize the sensory details of your experience.

Revisiones

Share your draft with a partner. Then ask:

- *How does the first sentence attract your attention?*
- *What else would you like to know?*
- *Did the paragraph hold your attention? What could be added to better hold your attention?*

You may want to make revisions based on your partner's answers to these questions.

PROOFREADING SYMBOLS

- ^ Add letters, words, or punctuation marks.
- ∼ Switch the position of letters or words.
- ≡ Capitalize a letter.
- Take out letters or words.
- / Make a capital letter lowercase.

La versión final

Before you create the final draft of your paragraph, use proofreading symbols to mark any errors in grammar, usage, spelling, and punctuation. As you check your work, keep the following question in mind:

- *Did I use correct preterite verb forms?*

Try this: Circle every past-tense verb and identify its subject. Have the correct preterite forms been used?

La Oportunidad de mi vida

En agosto tuvo la oportunidad de mi vida. En mi escuela, me recomendaron para un internacional equipo de «All-Stars» porqué jugo muy bien. Y jugué con el equipo por en seis estados del sur. Conocí a muchos jugadores fantásticos de latinoamérica. Todos conocen saben mucho del deporte de el fútbol y me enseñaron mucho.

UNIDAD

CIUDAD DE MÉXICO MÉXICO

AYER Y HOY

STANDARDS

Communication
- Describing childhood experiences
- Expressing personal reactions
- Discussing family relationships and celebrations
- Narrating in the past
- Talking about activities in progress
- Ordering and paying in a restaurant
- Talking about things to do in the city

Cultures
- The history of Mexico City and its surroundings
- Pre-Columbian civilizations in Mexico
- Traditional Mexican foods and eating customs
- City life in Mexico City

Connections
- Social Studies: Learning about the Aztec calendar
- Art: Murals in Mexico

Comparisons
- Children's activities in Mexico and the U.S.
- Holidays/celebrations
- Restaurants and eating customs

Communities
- Using Spanish for personal interest in restaurants
- Using Spanish in the workplace

LA PIÑATA Donde hay una piñata, hay fiesta. ¿Qué puedes encontrar en una piñata?

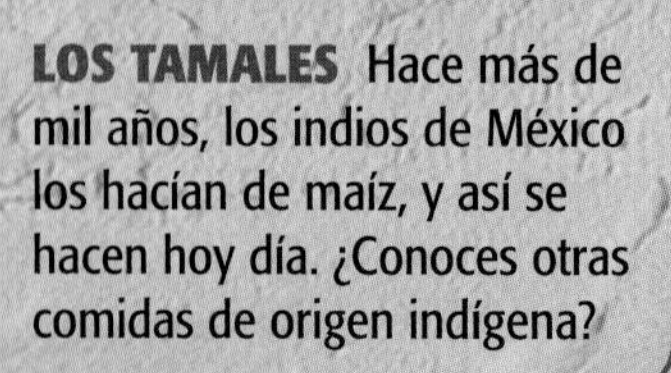

LOS TAMALES Hace más de mil años, los indios de México los hacían de maíz, y así se hacen hoy día. ¿Conoces otras comidas de origen indígena?

INTERNET Preview
CLASSZONE.COM
- More About Mexico
- Flashcards
- Webquest
- Writing Center
- Self-Check Quizzes
- Online Workbook
- eEdition Plus Online

ALMANAQUE CULTURAL

POBLACIÓN: 8.591.309
ALTURA: 2.309 metros (7.575 pies)
CLIMA: 19°C (66°F), diciembre; 26°C (79°F), mayo
MONEDA: el peso
COMIDA TÍPICA: pozole, natillas, tamales
GENTE FAMOSA DE MÉXICO: Cristian Castro (cantante), Frida Kahlo (pintora), Octavio Paz (escritor), Diego Rivera (pintor)

¿VAS A LA CIUDAD DE MÉXICO? Hay muchos jóvenes en México. ¿Sabes que el 50% de la población tiene menos de 18 años?

El Popocatépetl

EL POPOCATÉPETL es un volcán activo cerca de la Ciudad de México. Una leyenda azteca cuenta que Popocatépetl era un guerrero (*warrior*). ¿Por qué crees que los aztecas le dieron el nombre de un guerrero a un volcán?

HOY NO CIRCULA Para mantener más limpio el aire de la ciudad, el gobierno empezó un programa para reducir el número de conductores diarios. Cada conductor puede circular su carro seis días por semana, basado en el último número de su placa (*license plate*). ¿Qué hace tu ciudad para mantenerse limpia?

CRISTIAN CASTRO es un cantante popular de la Ciudad de México. Su estilo de música se llama «balada». Por su segundo álbum Castro ganó el premio Lo Nuestro de música latina. ¿Qué tipo de música prefieres?

PADRE MIGUEL HIDALGO Y COSTILLA (1753–1811) fue un líder del movimiento mexicano para ganar la independencia. ¿Por qué piensas que en el Día de la Independencia todavía es posible oír sus palabras famosas, «Mexicanos, ¡Viva México!»?

FRIDA KAHLO (1907–1954) pintó muchos autorretratos, o pinturas sobre ella misma y su vida. En esta pintura, *Frida y Diego Rivera* (1931), Kahlo aparece con su esposo, Diego Rivera, un muralista importante. ¿Qué piensas de Kahlo y Rivera al mirar la pintura?

UNIDAD

AYER Y HOY

- Comunicación
- Culturas
- Conexiones
- Comparaciones
- Comunidades

Comunicación en acción **Estos niños están jugando en un parque de México. ¿Dónde juegan los niños de tu vecindario?**

Comunicación

En esta unidad vas a tener la oportunidad de hablar y escribir en español sobre tu niñez. Imagínate ser niño(a) otra vez. ¿Eres muy diferente ahora?

Cuando tengas la oportunidad, habla español en tu comunidad. No hay que hablar perfectamente para comunicarse bien.

Comunidades

A veces hay oportunidades para usar tu español en la comunidad. Vas a aprender todo lo que necesitas para pedir comida en un restaurante. La próxima vez que tengas un(a) mesero(a) hispanohablante, ¡háblale en español!

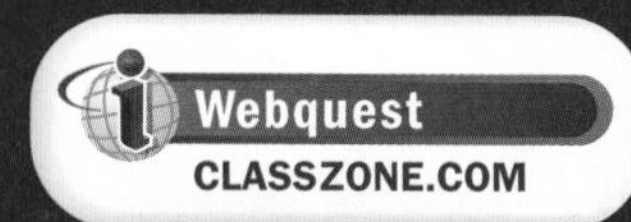

Explore communication in Mexico City through guided Web activities.

Los bailes tradicionales de México expresan las culturas de varias regiones.

Conexiones

Vas a leer y escuchar información que hace conexión con los estudios sociales. Puedes aprender mucho sobre la gente mexicana a través de sus museos, teatros, parques y celebraciones.

Culturas

Los juegos y los juguetes de niños no siempre son iguales en otras partes del mundo. La vida de los niños es una parte importante de cualquier cultura. Vas a ver cómo juegan y celebran los niños en México.

Las piñatas son tradicionales en las fiestas de cumpleaños en México. Ahora son parte de las fiestas que se celebran en Estados Unidos también.

Compara lo que ves en esta foto de una boda con una boda a la que asististe. ¿Qué tienen en común?

Comparaciones

Vas a ver semejanzas y diferencias entre tu cultura y lengua y otras. Por ejemplo, en México pasar tiempo con la familia es muy importante. Casi todos los días toda la familia se sienta a la mesa para comer juntos. ¿Es igual o diferente en tu casa?

Fíjate

Cada oración de abajo corresponde a una o más de las categorías de arriba (Comunicación, Culturas, Conexiones, Comparaciones, Comunidades). ¿A cuál crees que corresponde cada una?

1. Practiqué hablar español en mi restaurante favorito esta tarde.
2. Voy a ir al Museo Nacional de Antropología para ver arte azteca.
3. Cuando yo era niño, trepaba a muchos árboles.
4. Los domingos, mi familia come en la casa de mis abuelos con todos mis tíos y primos.
5. La marioneta es un juguete típico para los niños mexicanos.

UNIDAD 2

De pequeño

OBJECTIVES

- Describe childhood experiences
- Express personal reactions
- Discuss family relationships

¿Qué ves?

Mira la foto y contesta las preguntas.

1. ¿Cuántas personas hay en la foto?
2. ¿Qué hacen?
3. ¿Dónde crees que están?
4. Mira el folleto. ¿Qué hora es?

En contexto

VOCABULARIO

VIDEO

DVD

AUDIO

Mira las fotos y las ilustraciones de lo que hacía Isabel cuando era niña.

A A los niños les gusta jugar con **juguetes,** como **muñecas, marionetas** y **muñecos de peluche.** A muchas niñas les gusta jugar a la casita con las muñecas como **bebés.**

B Los niños **se esconden** en los árboles cuando juegan a las escondidas. También suben o **trepan a los árboles.** Muchos niños **saltan la cuerda. A veces** cuando no están contentos… **se pelean.**

CD-ROM **Take-Home Tutor**

C Pero es mejor **contar chistes** y **sonreírse** que pelearse. Por eso, los niños **se sientan** y **se ríen** al oír cuentos que dan **risa.**

D **Cuando era niña,** me gustaba **dibujar** igual que a mi **bisabuelo,** el papá de mi abuelo, **un pariente** que no conocí. Todavía me gusta dibujar. Algún día quiero **construir** edificios. ¿Qué quieres hacer tú?

el bisabuelo

Preguntas personales

1. De niño(a), ¿te gustaba jugar con muñecas, marionetas o muñecos de peluche?
2. ¿Te gustaba saltar la cuerda o trepar a los árboles?
3. ¿Cuál era tu juguete favorito?
4. ¿Qué hacen los niños?
5. ¿Qué te gusta hacer ahora?

En vivo

VIDEO DVD AUDIO

DIÁLOGO

Isabel

Ricardo

Laura

Don Miguel

PARA ESCUCHAR • STRATEGY: LISTENING

Listen for related details First get the general idea about a conversation. Then listen for details that explain that idea. Here Isabel asks Don Miguel about his childhood. After he says, **"Cuando yo era niño,"** he relates many details. He includes childhood activities that you have just learned. How many can you name? If the action words (verbs) sound different, that is because he is talking about the past.

Buenas noticias

1 ▶ **Isabel:** Me llamaron por teléfono. ¡Gané!
Ricardo: ¡Qué suerte!
Isabel: Mi primer proyecto es aquí en la Ciudad de México.
(Suena el teléfono.)

5 ▶ **Isabel:** ¿Y su familia es grande?
Don Miguel: No, pero mi nieta tiene un bebé, así que soy bisabuelo.
Ricardo: ¿Es usted de la Ciudad de México?

6 ▶ **Don Miguel:** Sí. Todos mis parientes son de aquí también.
Isabel: ¿Cómo era la Ciudad de México cuando usted era niño?
Don Miguel: Diferente, y en aquellos tiempos hacíamos cosas diferentes.

7 ▶ **Don Miguel:** Los niños tienen tantos juguetes electrónicos hoy. Cuando yo era niño, no había videojuegos. Pasábamos más tiempo afuera. A veces trepábamos a los árboles o nos escondíamos.

Take-Home Tutor

2 ▶ **Laura:** Tengo malas noticias. No voy a llegar a México hoy.
Isabel: ¡Tenemos una entrevista con don Miguel esta tarde!
Laura: Estoy segura que tú lo puedes hacer sin mí.

3 ▶ *(En el parque)*
Don Miguel: Y después de ese día, todo cambió. Antes los dos amigos se portaban mal y se peleaban mucho. Ahora se portan bien. Bueno, niños, es todo por hoy. ¡Hasta mañana!

4 ▶ **Isabel:** ¿Viene todos los días al parque con sus marionetas?
Don Miguel: No, estoy aquí cuatro días por semana. Me siento bien cuando los niños se sonríen y cuando escucho sus risas.

8 ▶ **Isabel:** Yo saltaba la cuerda cuando era niña. Y jugaba con mis muñecos de peluche.
Don Miguel: Además yo dibujaba. Y mi hermano construía edificios con bloques.

9 ▶ **Ricardo:** Yo todavía construyo casas con bloques.
Isabel: Pero los tuyos son bloques especiales, ¿no?
Ricardo: Sí, los míos son para arquitectos. Son de mi padre.

10 ▶ **Ricardo:** Don Miguel, ¿qué más hacían ustedes en aquellos días?
Don Miguel: Hablábamos mucho… y mi bisabuelo contaba chistes. Me acuerdo que me reía mucho. Bueno, hijos, pronto estamos en mi casa.

En acción

PARTE A

Comprensión del diálogo

For Activities 1–2, refer to the dialog on pages 108–109.

Isabel

Ricardo

Laura

Don Miguel

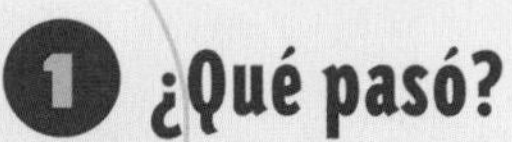

1 ¿Qué pasó?

Escuchar/*Escribir* Completa las oraciones según el diálogo. *(Hint: Complete the sentences.)*

1. _____ (Isabel / Ricardo) ganó el concurso de la revista *Onda Internacional.*
2. Su primer proyecto tiene lugar en _____ (Madrid / la Ciudad de México).
3. _____ (Ricardo / Laura) va a la entrevista con Isabel.
4. Don Miguel usa _____ (marionetas / muñecos de peluche).
5. Los parientes de don Miguel son _____ (de la Ciudad de México / de Quito).
6. Cuando don Miguel era joven, _____ (veía mucha televisión / trepaba a los árboles).
7. Cuando era niña, Isabel _____ (contaba chistes / saltaba la cuerda).
8. _____ (Ricardo / El nieto de don Miguel) todavía construye casas con bloques.

2 ¿Lo sabes?

Escuchar/*Escribir* Indica si las oraciones son **ciertas** o **falsas.** Si son falsas, explica por qué. *(Hint: True or false? If false, explain why.)*

1. Laura tiene buenas noticias.
2. Isabel tiene una entrevista con don Miguel.
3. Laura puede ayudar con la entrevista.
4. Don Miguel va al parque todos los días.
5. La nieta de don Miguel tiene un bebé.
6. No había videojuegos cuando don Miguel era niño.
7. A veces don Miguel y sus hermanos se peleaban.
8. Cuando era niña, Isabel trepaba a los árboles.
9. Ricardo jugaba con muñecos de peluche.
10. Cuando era niño, don Miguel no se reía mucho.

México

También se dice

Muchos mexicanos dicen **D.F.** o **México** en vez de **la Ciudad de México.** Estas expresiones se refieren a la ciudad capital. Se usan las letras **D.F.** para hablar del Distrito Federal del país. Desde el piso cuarenta y dos de la Torre Latinoamericana hay una vista panorámica de la ciudad entera.

PARTE B

Práctica del vocabulario

Objectives for Activities 3–4

- Describe childhood experiences

3 ¡Los conoce!

Hablar/*Escribir* Isabel conoce a gente de muchos países. ¿A quiénes conoce y de dónde son? *(**Hint**: Give the nationalities of people Isabel knows.)*

modelo

México: Margarita

Isabel conoce a una chica mexicana que se llama Margarita.

1. Guatemala: Lupita
2. El Salvador: Pablo
3. Honduras: Carlota y Marta
4. Nicaragua: Enrique
5. Costa Rica: Luz María
6. Panamá: Tomás y Andrés
7. Cuba: Carina
8. la República Dominicana: Ana Paula y Manuel
9. Francia: Michel
10. Estados Unidos: Andrew y Brian
11. Venezuela: María y Érica
12. China: Sue
13. Argentina: Norma
14. Colombia: Octavio
15. Perú: Tania y Jaime

4 De niño

Hablar/*Escribir* ¿Qué hacen los niños? Usando estas expresiones y tus propias ideas, haz varias oraciones sobre cada dibujo. *(**Hint**: Write sentences about the illustrations.)*

los muñecos de peluche

saltar la cuerda

los juguetes

trepar a los árboles

construir con bloques

las muñecas

disfrutar con los amigos

jugar al béisbol

1.

2.

3.

4.

5.

PARTE C

Práctica: gramática y vocabulario

Objectives for Activities 5–15

- Describe childhood experiences • Express personal reactions • Discuss family relationships

GRAMÁTICA Possessive Adjectives and Pronouns

As you know, **possessive adjectives** show personal relationships or possession. All **possessive adjectives**—including **mi(s), tu(s), su(s), nuestro(a/os/as),** and **vuestro(a/os/as)**—agree in gender and number with the nouns they describe.

Possessive adjectives also have a **long form.** It is more expressive. You use it, for example, when talking of a special friend.

un **amigo mío**
*a friend **of mine***

Unlike the regular (or short) form, the **long form** follows the **noun.**

Comemos con unos **amigos nuestros.**
*We are eating with some friends **of ours.***

Possessives Long Form – Singular	
mío(a)	nuestro(a)
tuyo(a)	vuestro(a)
suyo(a)	suyo(a)

Possessives Long Form – Plural	
míos(as)	nuestros(as)
tuyos(as)	vuestros(as)
suyos(as)	suyos(as)

Possessive pronouns also show personal relationships. To form a possessive pronoun,

1. Use the **long form** of the possessive adjective.
2. Add **el, la, los, las** according to the gender and number of the **noun** it replaces.

—Sus **viajes** son a diferentes lugares.
*His **trips** are to different places.*

—Y **los tuyos,** ¿adónde son?
*And **yours,** where are they to?*

Practice:
Actividades
5 6 7

Más práctica
cuaderno p. 45

Para hispanohablantes
cuaderno p. 43

Online Workbook
CLASSZONE.COM

5 ¿Qué trajiste?

Hablar/*Escribir* Todos trajeron objetos de su niñez para una presentación en la escuela. ¿Qué trajeron? Haz oraciones con **mi(s), tu(s), su(s), nuestro(a/os/as).** *(Hint: Tell what people brought.)*

modelo

Silvia trajo una cuerda.

Silvia trajo su cuerda.

1. Yo traje un video de «Plaza Sésamo».
2. Ustedes trajeron unas fotos.
3. Alex trajo unas marionetas.
4. Tú trajiste libros de chistes.
5. Tavo e Irene trajeron una marioneta.
6. María y yo trajimos muñecas.

México

Nota cultural

Las marionetas, como las de don Miguel, son juguetes muy comunes en México. Se manipulan con cuerdas.

6 Durante las vacaciones

Hablar/*Escribir* Estas personas van a visitar a varios amigos y parientes durante las vacaciones. Sigue el modelo para decir a quiénes van a visitar. *(Hint: Say whom they're visiting.)*

modelo

don Miguel (una nieta)

Don Miguel va a visitar a una nieta suya.

1. nosotros (el padrastro)
2. tú (la madrastra)
3. Ricardo (una novia)
4. el tío (un sobrino)
5. usted (una hermanastra)
6. Isabel (una compañera)
7. mi tía (unos amigos)
8. ustedes (un cuñado)
9. yo (unos compañeros)
10. los abuelos (unos nietos)

Vocabulario

Familia, amigos, amigas

la amistad *friendship, acquaintance*
el (la) compañero(a) *classmate, companion*
el (la) cuñado(a) *brother-in-law, sister-in-law*
los (las) gemelos(as) *twins*
el (la) hermanastro(a) *stepbrother, stepsister*
la madrastra *stepmother*
el (la) novio(a) *boyfriend, girlfriend; groom, bride*
el padrastro *stepfather*
el (la) sobrino(a) *nephew, niece*

¿Quién eres tú?

7 ¿Puedo...?

Hablar No tienes estas cosas. Pregúntale a tu compañero(a) si puedes usar las suyas. *(Hint: Ask for items.)*

modelo

Tú: *No tengo calculadora. ¿Puedo usar la tuya?*

Compañero(a): *Claro, (No, no) puedes usar la mía.*

1.

2.

3.

4.

5.

REPASO Reflexive Pronouns and Verbs

You've already learned that you can use **direct object pronouns (me, te, lo, la, nos, os, los, las)** with verbs. For example, in this photograph the girl is hiding a doll behind a tree. She says,

different

La escond**o.**
***I'm** hiding **it**.*

Notice that the subject (yo) and the direct object (la) are **different.**

Reflexive verbs take a special pronoun called a **reflexive pronoun.** While the usual direct object is different from the subject, a reflexive pronoun is the **same** person, place, or thing as the **subject.**

same

Me escond**o.**
***I'm** hiding (myself).*

The subject (yo) and the direct object (me) are the **same** person; you call this object **reflexive.**

Reflexive Pronouns

same	*same*
me escond**o**	**nos** escond**emos**
te escond**es**	**os** escond**éis**
se escond**e**	**se** escond**en**

A verb used reflexively tells you that *only* the subject of the verb is involved in the action. When using a reflexive verb in the infinitive form, attach the **pronoun** to the **infinitive.**

Vamos a **pelearnos** por el cuaderno.
***We** are going **to fight** over the notebook.*

Vocabulario

Reflexive Verbs

aburrirse *to get bored*
asustarse de *to be scared of*
caerse *to fall down*
cansarse *to get tired*
darse cuenta de *to realize*
despedirse (e→i, i) de *to say goodbye to*
disculparse *to apologize*
divertirse (e→ie, i) *to enjoy oneself*
enojarse con *to get angry with*
portarse bien/mal *to behave well/badly*
preocuparse por *to be worried about*
reunirse *to get together*
sentirse (e→ie, i) *to feel*

¿Cuándo te diviertes y te aburres en la escuela?

Practice: **Actividades** 8 9 10

Más práctica *cuaderno p. 46*
Para hispanohablantes *cuaderno p. 44*

Online Workbook
CLASSZONE.COM

8 Amigos y familia

Hablar/*Escribir* A Margarita le gusta hablar de su familia y de sus amigos. ¡También le gusta hablar de sí misma (*herself*)! Completa sus oraciones para saber lo que dice. *(**Hint:** What does Margarita say?)*

1. Mi familia y yo (asustarse) de las películas de terror.
2. Yo (aburrirse) con mis amigos en el centro comercial.
3. Tú (sonreírse) cuando ves a tus compañeros.
4. Mis abuelos (divertirse) cuando (reunirse) con los jóvenes.
5. Yo (disculparse) cuando (portarse) mal.
6. Mi hermano (enojarse) con su prima.
7. Mis amigos (preocuparse) por la clase de ciencias.
8. Mi hermanito (caerse) al trepar a un árbol.
9. Después de un día de compras, yo (cansarse).
10. Mi mamá (preocuparse) cuando salimos de noche.

9 En el parque

Hablar/*Escribir* Antonio y sus amigos están en el parque. ¿Qué hacen? Usa estas expresiones en tus respuestas. *(**Hint:** Tell what everyone is doing.)*

10 ¿Bien o mal? 

Escuchar/*Escribir* Escucha lo que dicen los hijos de la familia Villarreal. ¿Quién se porta mejor, Rubén o sus hermanas? En tu casa, ¿se portan bien los chicos? Explica tu respuesta.
(Hint: Who behaves better?)

More Practice: **Más comunicación** *p. R5*

Juego

¿Qué dices?

Escribe la forma correcta de cada verbo. Luego usa las letras de colores para formar tu respuesta.

1. (Paco / sonreírse)
   __ __ __ __ __ __ __ __
2. (yo / divertirse)
   __ __ __ __ __ __ __ __ __ __ __ __
3. (Raúl y Silvia /aburrirse)
   __ __ __ __ __ __ __ __ __ __
4. (tú / caerse)
   __ __ __ __ __ __ __
5. (María / enojarse)
   __ __ __ __ __ __ __ __

¿Qué es lo que haces cuando un amigo te cuenta un chiste divertido?

GRAMÁTICA Talk About the Past Using the Imperfect

¿RECUERDAS? *p. 38* You've already learned to use the preterite tense to speak about completed actions in the past. Now you'll find out about another past tense, called the **imperfect**.

You can use the **imperfect** in the following ways:

- to speak about background events in a story
- to talk about something you used to do as a matter of habit
- to speak about how old someone was
- to say what time it was

The following chart shows you how to form the **imperfect** of regular verbs.

Note that **-ar** verb endings include **-aba/-ába.**

-ar cantar	-er tener	-ir salir
cantaba	tenía	salía
cantabas	tenías	salías
cantaba	tenía	salía
cantábamos	teníamos	salíamos
cantabais	teníais	salíais
cantaban	tenían	salían

Note that **-er** and **-ir** verb endings include **-ía.**

The following examples use the **imperfect** because they describe continuing actions in the past.

Don Miguel **trabajaba** en el banco todos los días.
*Don Miguel **worked** in the bank every day.*

—Mi abuelo siempre **decía** chistes muy divertidos.
*My grandfather always **told** very funny jokes.*

Here are the only verbs that don't follow the regular pattern.

Eran las tres.
***It was** three o'clock.*

ser	ir	ver
era	iba	veía
eras	ibas	veías
era	iba	veía
éramos	íbamos	veíamos
erais	ibais	veíais
eran	iban	veían

Practice:
Actividades 11 12 13 14 15

Más práctica
cuaderno pp. 47–48
Para hispanohablantes
cuaderno pp. 45–46

 **Online Workbook**
CLASSZONE.COM

11 Todos cambiamos

Hablar/*Escribir* ¿Qué cosas hacían estas personas en el pasado que no hacen ahora? *(**Hint:** Tell what these people used to do.)*

modelo

No hablo en situaciones nuevas.

Antes, hablaba en situaciones nuevas.

1. Mi abuela no trepa a los árboles.
2. Mis hermanos y yo no nos peleamos.
3. Mi tía no juega con muñecos de peluche.
4. Ustedes no tienen una muñeca favorita.
5. Tú no ves los dibujos animados.
6. Yo no me porto mal.
7. Mi padre no va al cine los sábados.
8. Mi madre no salta la cuerda.
9. Mis amigos no construyen casas con bloques.
10. Mi hermano menor no se cae mucho.

12 Un perrito para ti

Hablar/*Escribir* Tu vecino(a) te regala su perrito porque no puede cuidarlo. Para saber más sobre el animal, pregúntale a tu vecino(a) dónde hacía el perrito ciertas cosas. Cambien de papel. *(**Hint:** Ask about a puppy.)*

modelo

comer

Tú: *¿Dónde comía?*

Vecino(a): *Comía fuera de la casa.*

Nota: Vocabulario

You can use **dentro de** *inside* and **fuera de** *outside* just as you do in English.

Yo estoy **dentro de** mi cuarto. *I am **inside** my room.*

Él dejó su carro **fuera de** la casa. *He left his car **outside** the house.*

1. tomar agua
2. jugar
3. dormir
4. tomar la siesta
5. divertirse con la pelota
6. caminar

13 En el Bosque de Chapultepec

Escuchar/Hablar Escucha lo que hizo Isabel en el bosque. Luego haz un resumen de lo que escuchaste. *(**Hint:** Tell what Isabel did.)*

Nota cultural

El Bosque de Chapultepec Mucha gente va al Bosque de Chapultepec para disfrutar del aire libre. Camina con el perro, anda en bicicleta, corre y descansa. Este parque famoso tiene lagos, un jardín botánico, restaurantes y museos, incluyendo el Museo Nacional de Antropología.

¿Qué tenías?

STRATEGY: SPEAKING

Tell when you were always or never (im)perfect What can you say about yourself with **tener** expressions?

- **Siempre tenía cuidado cuando mi padre se enojaba.**
- **Nunca tenía envidia cuando mis amigos sacaban buenas notas.**

Hablar/Leer Tu amigo(a) te cuenta todo lo que le pasaba. Reacciona a lo que te dice, usando una expresión con **tener.** *(Hint: Talk to a friend, using tener expressions.)*

modelo

Amigo(a): *Me sentía mal porque yo no ayudaba a mis padres.*

Tú: *¿Tenías vergüenza?*

Amigo(a): *Sí, yo tenía vergüenza.*

Nota: Vocabulario

In Spanish, instead of saying "to be hungry" or "to be thirsty," you say **tener hambre** and **tener sed.** Here are some other ways to use **tener:**

tener cuidado *to be careful*
tener envidia *to be envious*
tener éxito *to be successful*
tener vergüenza *to be ashamed*

1. Me portaba mal en la escuela y mi padre estaba enojado.
2. Yo tenía catorce años cuando era el campeón (*champion*) de matemáticas.
3. Tomábamos mucho jugo después de clases.
4. Mi madre le daba mucha atención al bebé.
5. Yo estaba muy contenta porque mi mejor amiga ganó el concurso.
6. No queríamos comer mucho.

Háblame de tu familia

Hablar/*Escribir* Pregúntales a tus compañeros(as) cómo eran sus parientes. Luego escribe las respuestas en otra hoja de papel. ¡Ojo con las formas de los adjetivos! *(Hint: Ask classmates about their families and write the responses.)*

modelo

abuelos

Tú: *¿Cómo eran tus abuelos cuando eran jóvenes?*

Compañero(a): *Mis abuelos eran trabajadores.*

Tú

madre/madrastra
hermano(a)
hermanastro(a)
primos(as)
novio(a)
cuñado(a)
¿?

Compañero

amable
animado(a)
divertido(a)
impaciente
sociable
¿?

Vocabulario

Las características

amable *nice*
animado(a) *lively, animated*
divertido(a) *entertaining, fun*
impaciente *impatient*
obediente *obedient*
pobre *poor*
rico(a) *rich*
sociable *sociable*
tímido(a) *shy*

¿Cómo te describes?

PARTE D

Todo en acción

Activities 16–17 bring together all concepts presented.

16 Tu niñez

Hablar/*Escribir* ¿Qué les vas a decir a tus hijos, nietos o sobrinos de tu niñez? Contesta las preguntas y comparte tus respuestas con tus compañeros(as). Si no sabes qué decir, habla sobre la niñez de un(a) amigo(a). *(Hint: Answer questions about your childhood or the childhood of a friend.)*

Nota: Gramática

When you want to say what there used to be, use **había,** the imperfect form of **haber (hay). Había** is only used in the singular form.

No había videojuegos.
***There were** no video games.*

Cuando eras niño(a)...

1. ¿Dónde vivías?
2. ¿Con quién(es) vivías?
3. ¿Qué juguetes tenías?
4. ¿A qué jugabas? ¿Con quién(es) jugabas?
5. ¿Qué había en tu cuarto?
6. ¿Te gustaba ver la televisión?

17 Había una vez en la Ciudad de México

Hablar Mira la foto de una celebración que tuvo lugar el año pasado en la Ciudad de México. Túrnense para hacer oraciones sobre lo que pasaba en esta foto. ¡Ojo! Cada persona tiene que repetir las oraciones de los demás. *(Hint: Take turns making sentences about the photo, repeating the sentences of the others in your group.)*

modelo

Tú: *La gente caminaba por las calles.*

Compañero(a) 1: *La gente caminaba por las calles y...*

More Practice: Más comunicación *p. R5*

Refrán

No sabes en qué palo te trepas.

Este refrán quiere decir que no sabes lo que va a pasar cuando haces algo. Con un(a) compañero(a), habla de una situación en la que este refrán sea apropiado. Luego presenten la situación en clase.

PARA LEER • **STRATEGY: READING**

Analyze folkloric traditions Among the oral traditions of ancient people are mythic legends about important origins in their culture. In these stories gods or semidivine heroes bring important gifts to the people through supernatural means. What aspects of **«El monte de nuestro alimento** *(nourishment)*» reflect these characteristics?

- **Personajes sobrenaturales**
- **Sucesos sobrenaturales**
- **El regalo a la gente**

What other stories like this do you know?

El monte de nuestro alimento

Una leyenda náhuatl de México

Antes de la llegada de Colón ya había poblaciones indígenas que tenían sus propias culturas, idiomas y religiones. Entre ellas estaban los aztecas, los mayas y los incas. Esta leyenda viene del náhuatl, el idioma de los aztecas.

Un día, Quetzalcóatl[1] vio una hormiga[2] en la ciudad de Teotihuacán. La hormiga tenía un grano de maíz.

—Señora hormiga, ¿dónde encontró ese maíz? —preguntó Quetzalcóatl.

—En el monte de nuestro alimento —respondió la hormiga y lo invitó a seguirla.

[1] an Aztec god [2] ant

Quetzalcóatl siguió a la hormiga hasta el monte pero el dios era demasiado grande para entrar con las hormigas. Entonces se transformó en hormiga y así entró.

Al entrar Quetzalcóatl vio muchísimo maíz. —Toma —dijo la hormiga. Y le dio suficiente para compartir con los otros dioses. Quetzalcóatl le dijo «gracias» a la hormiga y se despidieron. Llevó su maíz y se lo dio a los otros dioses. Luego ellos le dieron de comer a la humanidad.

Algún tiempo después los dioses necesitaron más maíz. Pero era muy difícil para Quetzalcóatl transformarse en hormiga y sacar los granos poco a poco. Entonces trató de llevar el monte entero pero no pudo.

Los dioses le pidieron ayuda al sabio[3] Oxomo. —Con un rayo de Nanáhuatl, el dios del sol, el monte se puede abrir —les dijo.

[3] sage, wise man

Al otro día pidieron la ayuda del dios del sol. Cuando Nanáhuatl lanzaba[4] su rayo, el monte se abrió y cayeron los granos de nuestro alimento, el maíz y el frijol. Los dioses tomaron los granos para la humanidad.

Todavía hoy en México, el maíz y los frijoles son alimentos básicos de la dieta mexicana.

[4] cast

¿Comprendiste?

1. ¿De qué grupo indígena es el cuento?
2. ¿Qué llevaba la hormiga?
3. ¿Qué hizo Quetzalcóatl con el maíz?
4. ¿Por qué pidieron ayuda los dioses?
5. ¿Qué pasó cuando Nanáhuatl lanzó su rayo?

¿Qué piensas?

¿Conoces otros cuentos parecidos a esta leyenda que expliquen algún suceso u objeto en la naturaleza? ¿Cómo crees que pasaron de una generación a otra? ¿Es importante conservarlos para generaciones futuras?

En uso

REPASO Y MÁS COMUNICACIÓN

OBJECTIVES

- Describe childhood experiences
- Express personal reactions
- Discuss family relationships

Now you can...

- discuss family relationships.

To review

- possessive adjectives and pronouns, see p. 112.

1 ¿Cómo son?

Todos se encuentran con sus parientes en la reunión familiar. ¿Cómo son las personas que ven? *(Hint: Who is at the reunion and what are the people like?)*

modelo

Rosalía: una prima (bonito)

Rosalía ve a una prima suya. Su prima es bonita.

1. ustedes: los cuñados (amable)
2. tú: la novia (sociable)
3. nosotros: unos compañeros (divertido)
4. yo: la madrastra (rico)
5. el bebé: los bisabuelos (animado)
6. Horacio y Anita: el padrastro (pobre)
7. tú: unos sobrinos (tímido)
8. las gemelas: un primo (impaciente)

Now you can...

- describe childhood experiences.

To review

- possessive adjectives and pronouns, see p. 112.

2 ¿Es tuyo?

¿De quién es cada juguete? Contesta las preguntas. *(Hint: Whose toys are these?)*

modelo

Tú: *Los bloques, ¿son de Rosa? (pequeño)*

Compañero(a): *No, no son suyos. Los suyos son más pequeños.*

1. La pelota, ¿es de Jorge? (grande)
2. La muñeca, ¿es de Dolores? (bonito)
3. Las marionetas, ¿son de ustedes? (alto)
4. El bate, ¿es tuyo? (viejo)
5. El muñeco de peluche, ¿es de Miguel? (gordo)
6. La cuerda de saltar, ¿es de ellas? (nuevo)

Now you can...
- express personal reactions.

To review
- reflexives, see p. 114.

3 Un nuevo director de la escuela

¿Cómo reaccionan estas personas cuando llega el nuevo director?
*(**Hint:** How do people react to the new principal?)*

modelo

los profesores / sonreírse / porque están contentos

Los profesores se sonríen porque están contentos.

1. Andrés / preocuparse / porque el director es amigo de su padrastro
2. mis amigos y yo / sentirse / contentos porque él es divertido
3. tú / darse cuenta / de que no lo conoces
4. Elena / aburrirse / porque no tiene interés en esas cosas
5. Ramón y Susana / asustarse / porque siempre se portan mal en las clases
6. nadie / enojarse / porque el director es amable

Now you can...
- describe childhood experiences.

To review
- the imperfect tense, see p. 116.

4 En mi época...

La señora Pérez te habla de su niñez. Para saber lo que dice, completa los párrafos con la forma apropiada de los verbos indicados. Usa el imperfecto.
*(**Hint:** Find out about her childhood.)*

Cuando yo __1__ (ser) niña, mi familia __2__ (vivir) en un apartamento pequeño en el centro de la ciudad. Mis hermanos y yo __3__ (asistir) a una escuela en otra parte de la ciudad. Nosotros __4__ (tener) que ir en autobús porque la escuela __5__ (estar) bastante lejos de nuestro apartamento.

Después de las clases, mis hermanos y yo __6__ (ir) a la casa de los abuelos para jugar un rato. Yo siempre __7__ (jugar) con unos muñecos de peluche y __8__ (salir) para saltar la cuerda. Mis hermanos __9__ (construir) cosas con bloques o __10__ (trepar) a los árboles.

¿Qué __11__ (hacer) tú cuando __12__ (ser) más joven? ¿También __13__ (ver) mucho a tus abuelos? ¿Con qué juguetes __14__ (jugar)?

5 En mi niñez

STRATEGY: SPEAKING

Add variety to your conversation To add interest to a conversation, you can

- tell how often: **siempre, mucho, a veces, de vez en cuando, poco, rara vez, nunca.**
- give reasons: **Era difícil/fácil/peligroso/divertido/sociable. Prefería… (No) me gustaba…**

Tú y tu compañero(a) hablan de su niñez. Háganse preguntas sobre lo que hacían para divertirse cuando eran niños(as). *(**Hint:** What did you do when you were small? Did your friend do the same things?)*

modelo

Tú: *¿Jugabas con muñecos de peluche?*

Compañero(a): *No, no jugaba mucho con muñecos de peluche. ¿Y tú?*

Tú: *Sí, siempre jugaba con muñecos de peluche.*

Compañero(a): *¿Contabas chistes a veces?*

Tú: *No, no contaba chistes porque era tímido(a). ¿Y tú?*

Compañero(a): *Sí, contaba muchos chistes. También jugaba a la pelota. ¿Qué hacías tú?*

6 Una reunión familiar

Imagínate que estás en una reunión familiar. Dibuja la situación si quieres. Incluye un mínimo de cinco parientes. Entonces, háblales a tus compañeros(as) de tus parientes. *(**Hint:** Draw a picture of a family reunion and tell your classmates about your relatives.)*

modelo

En la reunión hay muchos parientes míos. Esta chica es una prima mía. Ella es muy amable, pero su hermano Daniel es impaciente.

7 En tu propia voz

ESCRITURA Entrevista a un(a) pariente(a) o a un(a) amigo(a) sobre su niñez. Luego escribe un párrafo con la información de la entrevista. Escribe sobre su familia, sus actividades y su experiencia en la escuela primaria. *(**Hint:** Interview someone you know about his or her childhood, and write what the person said.)*

modelo

Mi tío era un niño muy inteligente. No le gustaba la escuela porque se aburría mucho. Después de las clases, se reunía con sus amigos en el parque. Ellos jugaban a la pelota o trepaban a los árboles. A veces…

CONEXIONES

Los estudios sociales Los aztecas hicieron su propio calendario, usando muchas ideas del calendario maya. Basaron el calendario en el Sol, la Luna y las estrellas. Su calendario tenía 365 días. Cada 52 años empezaban un calendario nuevo para hacer las correcciones. En la biblioteca o por Internet busca información sobre el calendario azteca. Luego escribe un reportaje sobre el calendario. Comparte información de tu reportaje con tus compañeros(as) de clase.

En resumen

REPASO DE VOCABULARIO

DESCRIBE CHILDHOOD EXPERIENCES

Toys and Games

el juguete	*toy*
la marioneta	*marionette*
la muñeca	*doll*
el muñeco de peluche	*stuffed animal*

Activities

caerse	*to fall down*
construir	*to construct*
contar (o→ue) chistes	*to tell jokes*
dibujar	*to draw*
esconderse	*to hide*
pelearse	*to fight*
saltar la cuerda	*to jump rope*
trepar a los árboles	*to climb trees*

Descriptions and Expressions

a veces	*sometimes*
amable	*nice*
animado(a)	*lively, animated*
cuando era niño(a)	*when I/he/she was young*
dentro de	*inside*
divertido(a)	*entertaining, fun*
fuera de	*outside*
impaciente	*impatient*
obediente	*obedient*
la risa	*laugh, laughter*
sociable	*sociable*
tímido(a)	*shy*

OTHER WORDS AND PHRASES

despedirse (e→i, i) de	*to say goodbye to*
había	*there was, there were*
reunirse	*to get together*
sentarse (e→ie)	*to sit down*
tener cuidado	*to be careful*
tener envidia	*to be envious*
tener éxito	*to be successful*
tener vergüenza	*to be ashamed*

EXPRESS PERSONAL REACTIONS

aburrirse	*to get bored*
asustarse de	*to be scared of*
cansarse	*to get tired*
darse cuenta de	*to realize*
disculparse	*to apologize*
divertirse (e→ie, i)	*to enjoy oneself*
enojarse con	*to get angry with*
portarse bien/mal	*to behave well/badly*
preocuparse por	*to be worried about*
reírse (e→i, i)	*to laugh*
sentirse (e→ie, i)	*to feel*
sonreírse (e→i, i)	*to smile*

DISCUSS FAMILY RELATIONSHIPS

la amistad	*friendship, acquaintance*
el bebé	*baby*
el (la) bisabuelo(a)	*great-grandfather/grandmother*
el (la) compañero(a)	*classmate, companion*
el (la) cuñado(a)	*brother-in-law, sister-in-law*
los (las) gemelos(as)	*twins*
el (la) hermanastro(a)	*stepbrother, stepsister*
la madrastra	*stepmother*
el (la) novio(a)	*boyfriend, girlfriend; groom, bride*
el padrastro	*stepfather*
el (la) pariente(a)	*relative*
pobre	*poor*
rico(a)	*rich*
el (la) sobrino(a)	*nephew, niece*

Oso te digo que soy,
con camisa y pantalón.
Amigo de niños también,
me quieren un montón.
¿Quién soy?

UNIDAD 2

Había una vez...

OBJECTIVES

- Narrate in the past
- Discuss family celebrations
- Talk about activities in progress

¿Qué ves?

Mira la foto y contesta las preguntas.

1. ¿Puedes identificar las personas de esta foto? ¿Quiénes son?
2. ¿Dónde están?
3. ¿Qué hacen?
4. ¿Te gusta recibir tarjetas de cumpleaños?

Feliz Cumpleaños

En contexto

VIDEO DVD AUDIO

VOCABULARIO

Mira las fotos que cuentan una historia de amor.

Una historia de amor

A En esta **historia** de **amor**, la chica (Isabel) y el chico (Ricardo) **se llevan bien.**

B Por eso **se enamoraron. Se casaron** y celebraron **una boda de maravilla** con mucha **felicidad.**

C Pasaron los años y celebraron… ¡su quinto **aniversario**!

D Hicieron una gran **fiesta** de aniversario. Mandaron **invitaciones** y vinieron muchas personas. También pusieron muchos **adornos,** como **globos** y **velas,** pero no piñatas. Sólo en los cumpleaños se **rompe la piñata,** no en una fiesta de aniversario.

E Fue **una reunión** muy divertida. Pero después de la fiesta **ocurrió** una pelea por **una mentira** que dijo alguien. Fue **una tristeza.**

F Por suerte y como es **común** después de una pelea, se dieron **un abrazo...**

G ...y se dieron **un beso.** ¡**Así fue que** terminó una verdadera historia de amor!

Online Workbook
CLASSZONE.COM

Preguntas personales

1. ¿Lees historias de amor o de risa?
2. ¿Qué historias de amor conoces?
3. ¿Fuiste a una fiesta de aniversario alguna vez?
4. ¿Qué adornos tenían?
5. ¿Qué tipos de fiestas celebras?

En vivo

Doña Regina

Isabel

Ricardo

PARA ESCUCHAR • STRATEGY: LISTENING

Listen for a series of events Enjoying a story depends on understanding what happened when. Don Miguel's story about the earthquake uses words to indicate time and sequence, and the preterite tense to tell the order of events. What expressions do you hear that help you keep track of the story's chronology?

En la casa...

1 ▶ **Don Miguel:** Isabel, Ricardo, les presento a mi esposa, Regina.
Doña Regina: Es un placer.
Isabel: Igualmente, señora.
Doña Regina: Les sirvo unas limonadas, ¿no?

5 ▶ **Don Miguel:** ¿Dónde estaba?
Isabel: Nos contaba de la noche antes de ocurrir el temblor.
Don Miguel: Ah, sí, es verdad.

6 ▶ **Don Miguel:** Así fue que estuvimos juntos hasta muy tarde, y después fuimos a la casa. El temblor ocurrió a las siete y diecinueve de la mañana. Era temprano. Regina y yo estábamos durmiendo.

7 ▶ **Don Miguel:** De repente, me desperté. ¡La tierra temblaba! Un compañero mío murió.
Isabel: Qué tristeza. Mi familia también tiene una historia. Una prima de mi madre murió.

CD-ROM Take-Home Tutor

2 ▶ **Don Miguel:** Tengo prisa porque esta noche estamos celebrando el cumpleaños de mi nieta. ¿Por qué no comenzamos la entrevista?

3 ▶ **Isabel:** Bueno, usted vivía en la Ciudad de México en el año de 1985, cuando ocurrió el temblor. ¿Me puede contar qué pasó?

Don Miguel: El día antes del temblor fue nuestro aniversario de boda. Esa noche nos reunimos con unos amigos.

4 ▶ **Doña Regina:** Nos llevábamos muy bien en esos días, y todavía nos llevamos bien. Tenemos mucho en común. Ricardo, ¿me haces el favor de ayudarme con los adornos?

Ricardo: Sí, cómo no, señora.

8 ▶ **Don Miguel:** Pero después ocurrió algo increíble, algo maravilloso. Todo el mundo respondió a la emergencia con acciones positivas. Todos ayudaban a sus vecinos.

9 ▶ **Isabel:** Voy a escribir sobre eso, sobre la solidaridad de la gente y su participación en la reconstrucción de la ciudad. Gracias, don Miguel. Creo que tengo suficiente información para empezar.

10 ▶ **Doña Regina:** ¿Nos ayudan? Estamos poniendo estos adornos. Aquí tienen los globos. Estas velas son para el pastel. Y vamos a romper una piñata.

Isabel: ¡Qué divertido! Va a ser una fiesta de maravilla.

En acción

PARTE A

Comprensión del diálogo

For Activities 1–2, refer to the dialog on pages 130–131.

Don Miguel

Doña Regina

Isabel

Ricardo

1 Todo parejo

Escuchar Empareja las dos columnas de acuerdo con el diálogo. *(Hint: Match the columns.)*

1. Don Miguel les presentó
2. Doña Regina sirvió
3. Están celebrando
4. El día antes del temblor fue
5. Don Miguel vivía en la Ciudad de México cuando
6. El temblor ocurrió

a. un cumpleaños.
b. a su esposa, Regina.
c. el aniversario de don Miguel y su esposa.
d. a las siete y diecinueve de la mañana.
e. unas limonadas.
f. ocurrió el temblor.

2 ¿Cierto o falso?

Escuchar/*Escribir* Según el diálogo, ¿son las oraciones **ciertas** o **falsas**? Si son falsas, explica por qué. *(Hint: True or false? If false, explain why.)*

1. En la casa de don Miguel celebran el aniversario de su hija.
2. Don Miguel y doña Regina se llevan bien.
3. Ricardo ayuda a doña Regina a preparar la fiesta.
4. El temblor ocurrió a las siete de la tarde.
5. Don Miguel dice que todo el mundo ayudó a sus vecinos a recuperarse del temblor.
6. Don Miguel y su esposa estaban afuera cuando la tierra temblaba.
7. Una tía de la madre de Isabel murió en el temblor.
8. Isabel va a escribir sobre una boda.
9. Isabel no tiene suficiente información para empezar su artículo.
10. En la fiesta, van a tener una piñata, unos globos y un pastel.

México

También se dice

¿Qué palabra usas para hablar de lo que pasa cuando la tierra tiembla? La palabra más común es **temblor,** pero en muchos países también se usa **terremoto** o, a veces, **sismo.**

Práctica del vocabulario

Objectives for Activities 3–6
• Narrate in the past • Discuss family celebrations

3 Una fiesta

Hablar Para la fiesta de su nieta, doña Regina no tiene todo lo necesario. Mira su lista y mira la foto. Luego habla con un(a) compañero(a) de lo que doña Regina necesita todavía.
*(**Hint:** Tell what she still needs.)*

modelo

regalos

Tú: *¿Necesita regalos?*

Compañero(a):
No, ya tiene regalos.

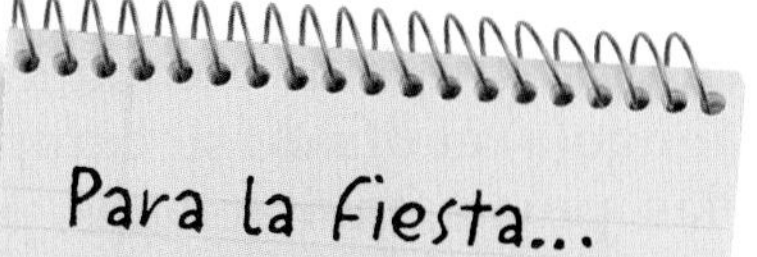

Para la fiesta...
~~regalos~~
1. helado
2. adornos
3. globos
4. invitaciones
5. una piñata
6. el pastel

4 Una reunión escolar

Hablar/*Escribir* Tú y tus compañeros(as) de la escuela se reúnen después de no verse por mucho tiempo. Contesta las preguntas que se hacen en la reunión.
*(**Hint:** Answer these questions.)*

modelo

Tú: *Oye, Demetrio, ¿todavía eres miembro del club de deportes?*

Compañero: *Antes era miembro, pero ya no.*

1. Oye, Dolores, ¿todavía sales con Salvador?
2. Oye, Juan Manuel, ¿todavía vives en la calle 18?
3. Oye, Ernesto, ¿todavía te gusta la comida mexicana?
4. Oye, Adriana, ¿todavía vas de vacaciones a Valle del Bravo?
5. Oye, Claudia, ¿todavía practicas deportes?
6. Oye, Jorge, ¿todavía vas a clases de artes marciales?
7. Oye, Daniel, ¿todavía estudias en el colegio americano?
8. Oye, Mónica, ¿todavía das clases de inglés?
9. Oye, Víctor, ¿todavía cuentas chistes?
10. Oye, Patricia, ¿todavía escribes poesía?

5 Reacciones

Hablar En grupos, hablen de cómo respondiste en las siguientes situaciones. *(Hint: Tell how you responded.)*

modelo

...sacaste una mala nota?

Compañero(a): *¿Cómo respondiste la última vez que sacaste una mala nota?*

Tú: *Me sentí mal.*

reírse
sentirse
aburrirse
esconderse
divertirse

¿Cómo respondiste la última vez que...

1. ...viste una película en el cine?
2. ...leíste las tiras cómicas?
3. ...tu equipo favorito perdió un partido?
4. ...fuiste a una fiesta?
5. ...hiciste mucha tarea?
6. ...ganaste un juego?
7. ...sacaste una buena nota?
8. ...escuchaste música?
9. ...pasaste un rato con los amigos?
10. ...alguien te dijo una mentira?

6 ¡Sorpresa!

STRATEGY: SPEAKING

Brainstorm to get ideas In your group, brainstorm to get lots of ideas about what you might do for a surprise party. See how long a list you can make. You can be serious or silly; just be in Spanish! Then take turns saying what your tasks will be.

Hablar Tú y un grupo de compañeros(as) quieren sorprender a un(a) amigo(a) el día de su cumpleaños. Usen expresiones como **velas, piñata, invitaciones, pastel** y **adornos** para explicar qué van a hacer. *(Hint: What will you do?)*

Nota: Vocabulario

To talk about a surprise, use the noun **la sorpresa** and the verb **sorprender.**

modelo

Compañero(a): *Voy a escribir las invitaciones.*

Tú: *Voy a comprar los adornos...*

México

Nota cultural

La piñata

No quiero oro
ni quiero plata,
yo lo que quiero,
es romper la piñata.

La historia de la piñata es muy antigua —¡algunos dicen que Marco Polo la trajo desde China! Luego los españoles la trajeron a México. Una cosa sí es segura: donde hay una piñata, hay fiesta. Antes, la gente hacía las piñatas cubriendo una olla de barro (*clay*). Hoy en día, las hacen de cartón. Adentro, les ponen dulces y sorpresas.

PARTE C

Práctica: gramática y vocabulario

Objectives for Activities 7–17

- Talk about activities in progress • Narrate in the past • Discuss family celebrations

GRAMÁTICA The Progressive Tenses

Remember that you form the **present progressive** by using the **present tense of estar** + **-ando**, **-iendo**/**-yendo** forms.

To make these forms, drop the ending of the infinitive and add **-ando** or **-iendo**/**-yendo**.

becomes

hablar	**hablando**
comer	**comiendo**
escribir	**escribiendo**
leer	**leyendo**

When the stem of an **-er** or **-ir** verb ends in a **vowel**, there is a spelling change in the ending.

Remember that some **-ir** stem-changing verbs have a stem vowel change.

pedir → **pidiendo**

dormir → **durmiendo**

The progressive can also be used in the past. To form the **past progressive**, use the **imperfect tense of estar** + **-ando**, **-iendo**/**-yendo** forms.

When do you use the progressive tenses? You only use them for an action that is actually going on at the time of the sentence.

Present Progressive

Isabel está **hablando** con don Miguel.

*Isabel **is talking** with Don Miguel.*

Past Progressive

Isabel estaba **escribiendo** un artículo sobre el temblor.

*Isabel **was writing** an article about the earthquake.*

Practice: **Actividades** 7 8 9 10

Más práctica *cuaderno pp. 53–54*

Para hispanohablantes *cuaderno pp. 51–52*

Online Workbook CLASSZONE.COM

7 Un reportaje del temblor

Hablar/*Escribir* Un reportero hizo un reportaje de radio durante el temblor de 1985. Completa su descripción con el presente progresivo.

*(**Hint:** Complete the report using the present progressive.)*

modelo

la policía / ayudar a la gente

La policía está ayudando a la gente.

1. yo / recibir los detalles todavía
2. los oficiales / investigar los efectos del temblor
3. la gente / buscar a sus parientes y amigos
4. otros / limpiar la devastación
5. nosotros / reportar que hubo un temblor en la capital
6. tú / escuchar las noticias de la estación 710

Apoyo para estudiar

The Progressive Tenses

These verb tenses are similar in English. Remember to use the form of **estar** that fits the subject plus the **-ando** or **-iendo/-yendo** form of the verb. If you want to use **no,** where does it go? Place it before **estar.**

8 Muchos años después

Hablar/*Escribir* Ahora, muchos años después, el mismo reportero describe aquella noche. Completa su descripción con el imperfecto progresivo. *(Hint: Complete the report using the past progressive.)*

modelo

la mayoría de las familias / dormir

La mayoría de las familias estaba durmiendo.

1. la tierra / temblar
2. para empezar, no sabíamos qué / pasar
3. nosotros / salir de las casas
4. aunque tenían miedo, muchos valientes / rescatar a gente atrapada
5. yo / escribir el reportaje para informar a todo el mundo
6. las víctimas / pedir ayuda

Vocabulario

Cuando charlas...

aunque *even though*
exclamar *to exclaim*
la mayoría *majority*
mientras *while*
para empezar *to begin with*
todo el mundo *everyone*

¿Cuáles de estas palabras usas en tus conversaciones?

9 Muchas emociones

Escuchar/*Escribir* Escucha estas seis descripciones del temblor de 1985. Decide si la persona expresa tristeza o felicidad. Luego escribe sobre un momento de tristeza o de felicidad en tu vida. *(Hint: Is each person sad or happy? What about you?)*

10 Un sábado típico

Hablar/*Escribir* Roberto tiene la misma rutina casi todos los sábados. Mira los dibujos y el reloj para decir qué está haciendo a cada hora. Exprésate usando el presente progresivo. Luego escribe lo que tú estabas haciendo a esas horas el sábado pasado. Usa el imperfecto progresivo. *(Hint: Tell what Roberto was doing. What were you doing?)*

modelo

Son las siete de la mañana. Roberto está durmiendo. El sábado pasado a las siete de la mañana, yo estaba...

1. 9:00 de la mañana

2. 10:00

3. 11:00

4. 2:00

5. 5:00

6. 9:30 de la noche

More Practice: Más comunicación *p. R6*

GRAMÁTICA Talk About the Past Using the Preterite and the Imperfect

¿RECUERDAS? *pp. 38, 116* Now you know the two verb forms used for the past tense–the **preterite** and the **imperfect.** Let's look at how each is used.

The **preterite** tells you about an action that started and ended at a definite time.

- **Ocurrió** un temblor.
  *An earthquake **took place.***
- El temblor **ocurrió** a las 7:19 de la mañana.
  *The earthquake **took place** at 7:19 in the morning.*
- Muchos edificios **se cayeron.**
  *Many buildings **fell down.***

The earthquake started and ended.

The **imperfect** tells about past actions without saying when they begin or end.

- Todo el mundo **dormía.**
  *Everybody **was sleeping.***
- La tierra **temblaba.**
  *The earth **was shaking.***
- **Había** gente por todas partes.
  ***There were** people everywhere.*

The sentences don't tell you when the action started and ended.

You use both tenses to talk about something that happened **(preterite)** while something else was going on **(imperfect).**

Nos enamoramos.
We fell in love.

Éramos jóvenes.
***We were** young.*

Nos enamoramos cuando **éramos** jóvenes.
***We fell in love** when **we were** young.*

Practice: **Actividades**

11 12 13 14 15

Más práctica *cuaderno pp. 55–56*
Para hispanohablantes *cuaderno pp. 53–54*

Online Workbook
CLASSZONE.COM

11 Durante las vacaciones

Escribir Escribe lo que pasó durante unas vacaciones en la Ciudad de México. Usa el pretérito, el imperfecto y la palabra **mientras.** *(Hint: Write what happened.)*

modelo

tú: caminar → encontrarse con unos amigos

Mientras caminabas, te encontraste con unos amigos.

1. yo: almorzar → terminar un libro
2. Emilia: ir de compras → comer un taco
3. ustedes: caminar → ver un pájaro bonito
4. nosotros: leer revistas → oír el teléfono
5. tú: comer → haber un accidente
6. las niñas: almorzar → empezar a llover
7. yo: pasear → sacar fotos
8. Samuel: esperar el metro → comprar un periódico
9. los chicos: andar en bicicleta → mandar cartas
10. Mariela: visitar el museo → buscar la Piedra del Sol

12 Las actividades

Hablar Las actividades de Isabel y sus amigos cambian de un día para otro. Explica lo que hacían antes y lo que hicieron ayer. *(Hint: Tell what they used to do and what they did yesterday.)*

modelo

Ricardo: pasar mucho tiempo en Internet

Compañero(a): *¿Qué hacía Ricardo antes?*

Tú: *Pasaba mucho tiempo en Internet.*

Compañero(a): *¿Qué hizo ayer?*

Tú: *Ayer no pasó mucho tiempo en Internet.*

1. tú: olvidar la tarea
2. Isabel y tú: visitar el Museo Nacional de Antropología
3. Juana: no decir la verdad
4. tú: contar chistes malos
5. mi prima: dormir hasta muy tarde
6. ustedes: ir a clases

Nota cultural

El Museo Nacional de Antropología en el Bosque de Chapultepec contiene miles de artefactos de las culturas indígenas de México. Uno de los objetos más conocidos del museo es la Piedra del Sol, un enorme calendario azteca.

13 Un mes ocupado

Hablar/Leer Isabel escribió cinco actividades en su calendario. Habla de dónde fue y adivina cómo se sentía allí. *(Hint: Talk about where Isabel was and how she probably felt.)*

modelo

Tú: *¿Qué hizo el lunes?*

Compañero(a): *Fue al dentista.*

Tú: *¿Cómo se sentía?*

Compañero(a): *Probablemente se sentía nerviosa.*

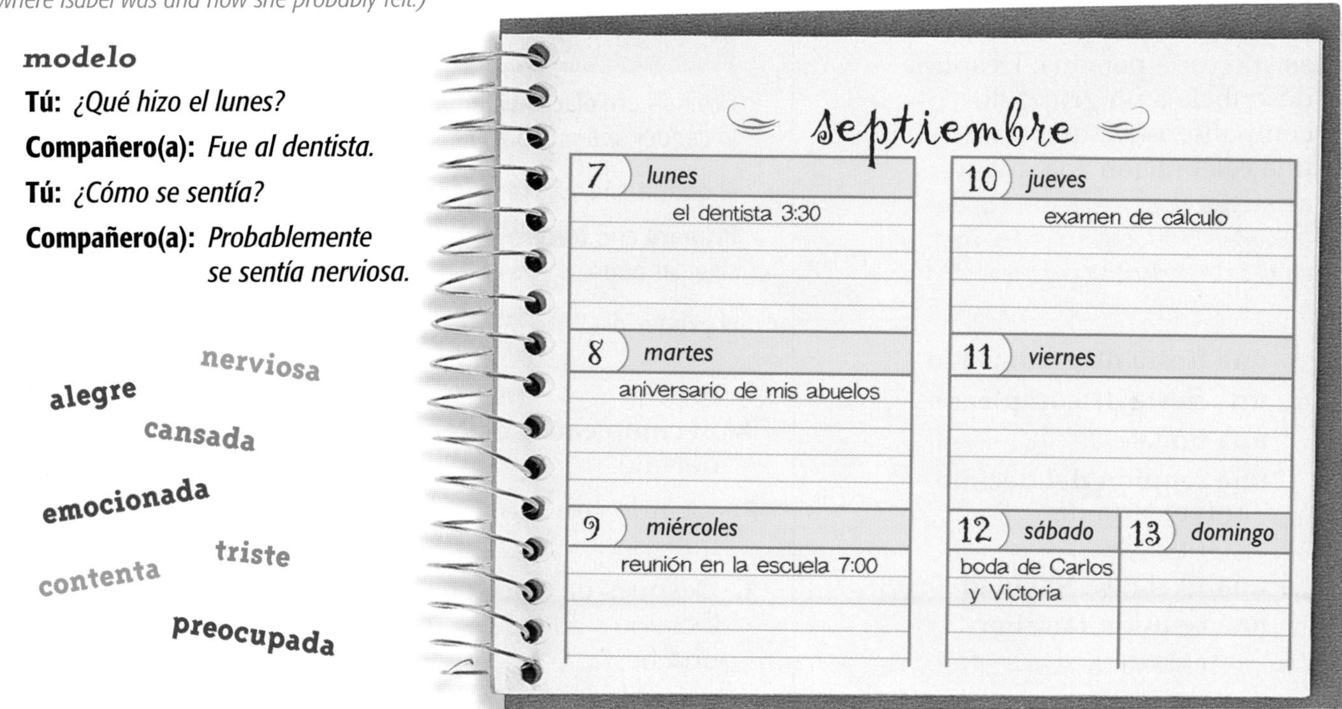

nerviosa
alegre
cansada
emocionada
triste
contenta
preocupada
septiembre
7 lunes
el dentista 3:30
8 martes
aniversario de mis abuelos
9 miércoles
reunión en la escuela 7:00
10 jueves
examen de cálculo
11 viernes
12 sábado
boda de Carlos y Victoria
13 domingo

14 Una fiesta memorable

Escribir ¿Diste una fiesta memorable alguna vez? Escribe un párrafo sobre una fiesta (real o imaginaria) en tu casa. *(Hint: Write a paragraph about a party you gave.)*

modelo

Mi amigos Ramón y Victoria llegaron a las seis para ayudarme. Pusimos los adornos y preparamos la comida. Los adornos eran muy bonitos. Los demás llegaron a las ocho. En seguida, todo el mundo empezó a bailar...

Vocabulario

Tus ideas

al contrario *on the contrary*

casi *almost*

diario(a) *daily*

en seguida *at once*

los demás *the rest of the people*

por fin *finally*

siguiente *next, following*

¿Cuáles de estas palabras usas para contar una historia?

15 Unas celebraciones

Escuchar/Hablar Tres personas fueron a varias celebraciones. Escucha sus descripciones. Luego di a qué celebración asistió cada persona. Después descríbele a un grupo de compañeros(as) tuyos(as) una celebración a la que tú asististe. *(Hint: Decide which type of celebration these people attended. Then talk about a celebration that you attended.)*

una fiesta de graduación
una fiesta de cumpleaños
una boda
una reunión del décimo aniversario de graduación
una fiesta de Navidad
una reunión familiar

Vocabulario

Números ordinales

primero(a) *first*
segundo(a) *second*
tercero(a) *third*
cuarto(a) *fourth*
quinto(a) *fifth*
sexto(a) *sixth*
séptimo(a) *seventh*
octavo(a) *eighth*
noveno(a) *ninth*
décimo(a) *tenth*

¿Cuál es tu primera clase? ¿segunda?…

16 ¡A celebrar!

Hablar/*Escribir* La familia de Ricardo tiene mucho que celebrar. Di el número ordinal para cada oración sobre las celebraciones. *(Hint: Give the correct ordinal numbers.)*

Nota: Gramática

Ordinals are placed before nouns and agree with the nouns in gender and number.

el **quinto** año la **segunda** semana

Primero and **tercero** drop the **o** before a masculine singular noun.

el **primer** día

1. El cumpleaños de Ricardo es en marzo, el _____ mes del año.
2. Ricardo escribió siete invitaciones para la fiesta; tiene que escribir la _____ ahora.
3. Después de cinco años de matrimonio, su primo Octavio y Elena celebraron su _____ aniversario con una fiesta.
4. En la boda de su hermana Tania, los novios se dieron su _____ beso como esposos.
5. Su tía Paulina tuvo su _____ bebé; ya tiene una hija de cuatro años.
6. Después de diez años, Octavio ve a sus compañeros en la _____ reunión de su clase de la escuela secundaria.
7. Hoy es el _____ cumpleaños de Vicente, el hermano menor de Ricardo; tiene nueve años.
8. Cinco amigos de Vicente intentan romper la piñata pero no pueden; el _____ la rompe.
9. Vicente ya abrió seis regalos; aquí está el _____ .
10. Es la _____ boda para la familia Rivera; la novia es la hija mayor.

Todo en acción

Activity 18 brings together all concepts presented.

17 Dibujos

Hablar Haz cuatro dibujos de algo que te pasó durante algunos de estos períodos de tiempo: el año pasado, anteayer, ayer y anoche. Luego muéstrale los dibujos a un grupo de compañeros(as) y descríbeselos usando el pretérito y el imperfecto. *(Hint: Make and describe four simple drawings.)*

modelo

Tú: *Anoche, mientras trabajaba en un restaurante de comida rápida, mis amigos me hicieron una visita y pidieron batidos.*

Vocabulario

El pasado

anoche *last night*
anteayer *day before yesterday*
el año pasado *last year*
ayer *yesterday*

¿Cuándo tuviste mucha tarea?

18 Tu mejor amigo(a)

Hablar/*Escribir* Tu amigo(a) se fue de vacaciones por una semana. Ahora le tienes que decir exactamente lo que tú hiciste durante esa semana. Haz una lista de todo lo que hiciste, siguiendo el modelo. Luego comparte los detalles de tu semana con tu amigo(a), usando las palabras útiles cuando sea necesario. *(Hint: Make a list of everything you did this week. Then share it with a friend.)*

de repente · en seguida · al contrario
así fue que · exclamar · de maravilla
para empezar · ocurrir · por fin

lunes	martes	miércoles	jueves
8:00 a.m. ir a la escuela 4:00 p.m. dar clases de natación 6:00 p.m. cenar en casa de Bobby	8:00 a.m. ir a la escuela 4:00 p.m. dar clases de natación 6:00 p.m. cenar con mis papás 7:00 p.m. ir al cine	9:00 a.m. llegar tarde a la escuela 4:00 p.m. dar clases de natación 7:00 p.m. salir a una reunión del club	8:00 a.m.

More Practice:
Más comunicación *p. R6*

Online Workbook
CLASSZONE.COM

Refrán

Colorín, colorado, este cuento se ha acabado.

Este refrán se usa al final de un cuento para decir «El cuento se termina». Haz un cuento y preséntaselo a tus compañeros(as) de clase. Al final, usa el refrán.

CULTURA Y COMPARACIONES

¡Temblor!

PARA CONOCERNOS

STRATEGY: CONNECTING CULTURES

Observe and generalize Think of a disaster that you have seen or heard about. How do you think people generally behave at such a time? Make a chart like the one below to show what you have personally observed or what you have read about the actions of people in a particular disaster.

Desastre	Buenas acciones	Malas acciones
Temblor de 1985	La gente se ayuda.	
	solidaridad	

El 19 de septiembre de 1985, a las 7:19 de la mañana el suelo tembló por un minuto y medio en la Ciudad de México. Así fue que en ese instante mientras unos se levantaban y otros dormían, los edificios de la Ciudad de México cayeron encima de sus habitantes. En el sector más afectado, el centro de la ciudad, más del cincuenta por ciento (50%) de los edificios destruidos fueron casas y apartamentos.

Al día siguiente hubo otro temblor casi tan intenso. En total, murieron más de 9.500 personas. Al principio todo el mundo

Después del temblor, el gobierno de México cambió las reglas de construcción.

En el rescate los vecinos se ayudaron entre sí.

estaba paralizado. Pero poco a poco la gente se dio cuenta de la magnitud de la destrucción y se organizaron brigadas de auxilio. El pánico y el horror del primer momento fueron reemplazados por la solidaridad de la gente que sobrevivió.

Algunos se dedicaron a recolectar ropa, comida y dinero para la gente que sufría la destrucción. Esta ayuda entre vecinos (de lejos y cerca) continuó por varias semanas.

¿Comprendiste?

1. ¿Cuándo ocurrió el temblor en la Ciudad de México?
2. ¿Qué hacían los habitantes cuando empezó el temblor?
3. ¿Cómo reaccionó la gente al temblor y a los efectos?

¿Qué piensas?

1. ¿Sentiste los efectos de un temblor alguna vez? ¿Fueron suaves o fuertes los movimientos del terreno?
2. ¿Hubo algún desastre causado por la naturaleza en tu comunidad? ¿Qué pasó? ¿Cómo reaccionó la gente?

Hazlo tú

Muchas personas necesitaban ayuda durante el temblor de 1985. En grupos pequeños, presenten una situación en que unas personas necesitan la ayuda de otras personas que no conocen. ¿Qué pasó? ¿Qué van a hacer?

En uso

REPASO Y MÁS COMUNICACIÓN

OBJECTIVES

- Narrate in the past
- Discuss family celebrations
- Talk about activities in progress

Now you can...

- talk about activities in progress.

To review

- the progressive tenses, see p. 135.

1 La fiesta de sorpresa

Todos están ayudando a Silvia a prepararle una fiesta de sorpresa a su hermanita Pepita. ¿Qué están haciendo? *(**Hint:** How is everyone preparing?)*

modelo

los vecinos: sacar

Los vecinos están sacando la basura.

1. Arturo: hacer

2. tú: poner

3. Cecilia: buscar

4. todos nosotros: comprar

5. su madre: preparar

Now you can...

- talk about activities in progress.

To review

- the progressive tenses, see p. 135.

2 ¡Un temblor!

¿Qué estaban haciendo estas personas cuando ocurrió el temblor? *(**Hint:** What were they doing?)*

modelo

la señora Guzmán / desayunar

La señora Guzmán estaba desayunando.

1. nosotros / salir de la casa
2. el señor Arenas / comer
3. yo / limpiar la casa
4. Berta y José / dormir en casa
5. la vecina / bañarse
6. Eduardo / correr por el parque

Now you can...

- discuss family celebrations.
- narrate in the past.

To review

- the preterite and the imperfect, see p. 137.

3 Una boda de maravilla

Rosa y Felipe se casaron anoche. Describe su boda usando el imperfecto y el pretérito en cada oración. *(Hint: Describe the wedding.)*

modelo

El organista tocaba música bonita cuando Rosa entró.

1. Cuando Rosa (llegar) al altar, Felipe ya (estar) esperándola.
2. Él (sonreírse) cuando ella le (dar) su anillo.
3. En el salón de recepción algunas personas (saludar) a los novios mientras los demás (comer).
4. Tú (hablar) con Rosa cuando (llegar) su bisabuelo.
5. Mientras los novios (bailar), yo (sacar) muchas fotos.
6. Todo el mundo (exclamar), «¡Felicidades!» mientras los novios (salir) para Cancún en su carro.

Now you can...

- narrate in the past.

To review

- the preterite and the imperfect, see p. 137.

4 Me enamoré de Antonia

Un abuelo le cuenta a su nieta cómo él conoció a su esposa. Completa la descripción con el pretérito o el imperfecto. *(Hint: Tell how a grandfather met his wife.)*

Cuando tu abuela y yo __1__ (ser) niños, nuestras familias __2__ (vivir) en el mismo pueblo. Tu abuela __3__ (asistir) a una escuela para niñas con mi hermana Beatriz. Yo, al contrario, __4__ (ir) a una escuela sólo para niños.

Un día __5__ (ocurrir) algo muy especial. Para empezar, Beatriz __6__ (decidir) invitar a su amiga Antonia a su fiesta de cumpleaños. Cuando Antonia __7__ (llegar), yo __8__ (estar) en la cocina ayudando a mi madre. Por fin, mamá y yo __9__ (salir) a servir la limonada. Fue entonces cuando yo __10__ (ver) a tu abuela por primera vez. Ella __11__ (ser) una muchacha alta, delgada y muy bonita. En seguida yo me __12__ (presentar) y nosotros __13__ (empezar) a hablar. Al día siguiente __14__ (ir) al teatro. Pronto nos __15__ (dar) cuenta de que __16__ (tener) mucho en común.

Así fue que tu abuela y yo nos __17__ (conocer) y nos __18__ (enamorar). ¿Qué te parece?

5 ¡Una fiesta!

Mira el dibujo y conversa con tu compañero(a) sobre las actividades de las personas. *(Hint: What are they doing?)*

modelo

Alguien le está dando un regalo al chico.

6 ¡A celebrar!

STRATEGY: SPEAKING

Interact by expressing approval, disapproval, or astonishment React to your classmates' statements. Here are some ideas:

- **¡Qué fiesta/felicidad/lástima/maravilla/sorpresa/tristeza/vergüenza!**
- **¡Qué amable/bueno/cómico/divertido/horrible/loco/malo/maravilloso/serio/raro!**
- **¡No me digas! ¡No lo creo!**

Imagínate que es el fin del año escolar. Tú y tus compañeros(as) están en una fiesta en la casa de su profesor(a) de español. ¿Qué están haciendo? *(Hint: Tell what is happening at your teacher's party.)*

modelo

Raúl está bailando sobre la mesa.

7 En tu propia voz

ESCRITURA Imagínate que le escribes a tu amigo que vive en México. Escríbele una carta sobre lo que pasó en una fiesta de tu escuela. *(Hint: Write a letter about what happened at a party.)*

CONEXIONES

El arte El muralista Diego Rivera vivió en la Ciudad de México y pintó murales por toda la ciudad. ¿Qué murales pintó y dónde están? Escríbele una carta a un consulado mexicano o una agencia de viajes, pidiéndoles un mapa de la Ciudad de México e información sobre dónde se encuentra el arte de Diego Rivera. Luego usa el mapa para localizar todos los lugares donde se encuentran los famosos murales: el Parque Alameda, el Palacio Nacional, etc.

En resumen

REPASO DE VOCABULARIO

NARRATE IN THE PAST

The Past

anoche	*last night*
anteayer	*day before yesterday*
el año pasado	*last year*
ayer	*yesterday*

Transitional Words

al contrario	*on the contrary*
así fue que	*and so it was that*
aunque	*even though*
casi	*almost*
de maravilla	*marvelous*
en seguida	*at once*
exclamar	*to exclaim*
los demás	*the rest of the people*
la mayoría	*majority*
mientras	*while*
ocurrir	*to occur*
para empezar	*to begin with*
por fin	*finally*
siguiente	*next, following*
todo el mundo	*everyone*

Ordinal Numbers

primero(a)	*first*
segundo(a)	*second*
tercero(a)	*third*
cuarto(a)	*fourth*
quinto(a)	*fifth*
sexto(a)	*sixth*
séptimo(a)	*seventh*
octavo(a)	*eighth*
noveno(a)	*ninth*
décimo(a)	*tenth*

DISCUSS FAMILY CELEBRATIONS

los adornos	*decorations*
el aniversario	*anniversary*
la boda	*wedding*
la fiesta	*party*
los globos	*balloons*
la invitación	*invitation*
la reunión	*gathering*
romper la piñata	*to break the piñata*
sorprender	*to surprise*
la sorpresa	*surprise*
las velas	*candles*

OTHER WORDS AND PHRASES

el abrazo	*hug*
el amor	*love*
el beso	*kiss*
casarse (con)	*to get married (to)*
común	*common*
diario(a)	*daily*
enamorarse (de)	*to fall in love (with)*
la felicidad	*happiness*
la historia	*story*
llevarse bien	*to get along well*
la mentira	*lie*
la tristeza	*sadness*

Juego

Si Julia cambia de lugar con José y José cambia con Javier y Jorge cambia con Julia, ¿quién es el primero?, ¿el cuarto?, ¿el tercero?, ¿el segundo?

UNIDAD 2

Hoy en la ciudad

OBJECTIVES

- Order in a restaurant
- Ask for and pay a restaurant bill
- Talk about things to do in the city

¿Qué ves?

Mira la foto y contesta las preguntas.

1. ¿Dónde están Isabel y Laura?
2. ¿Qué cosas están en la mesa?
3. ¿Qué trae el mesero?
4. ¿Te gustaría alguna de las especialidades de la casa?

En contexto

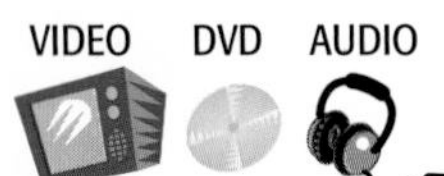

Mira las ilustraciones de Laura e Isabel en la Ciudad de México.

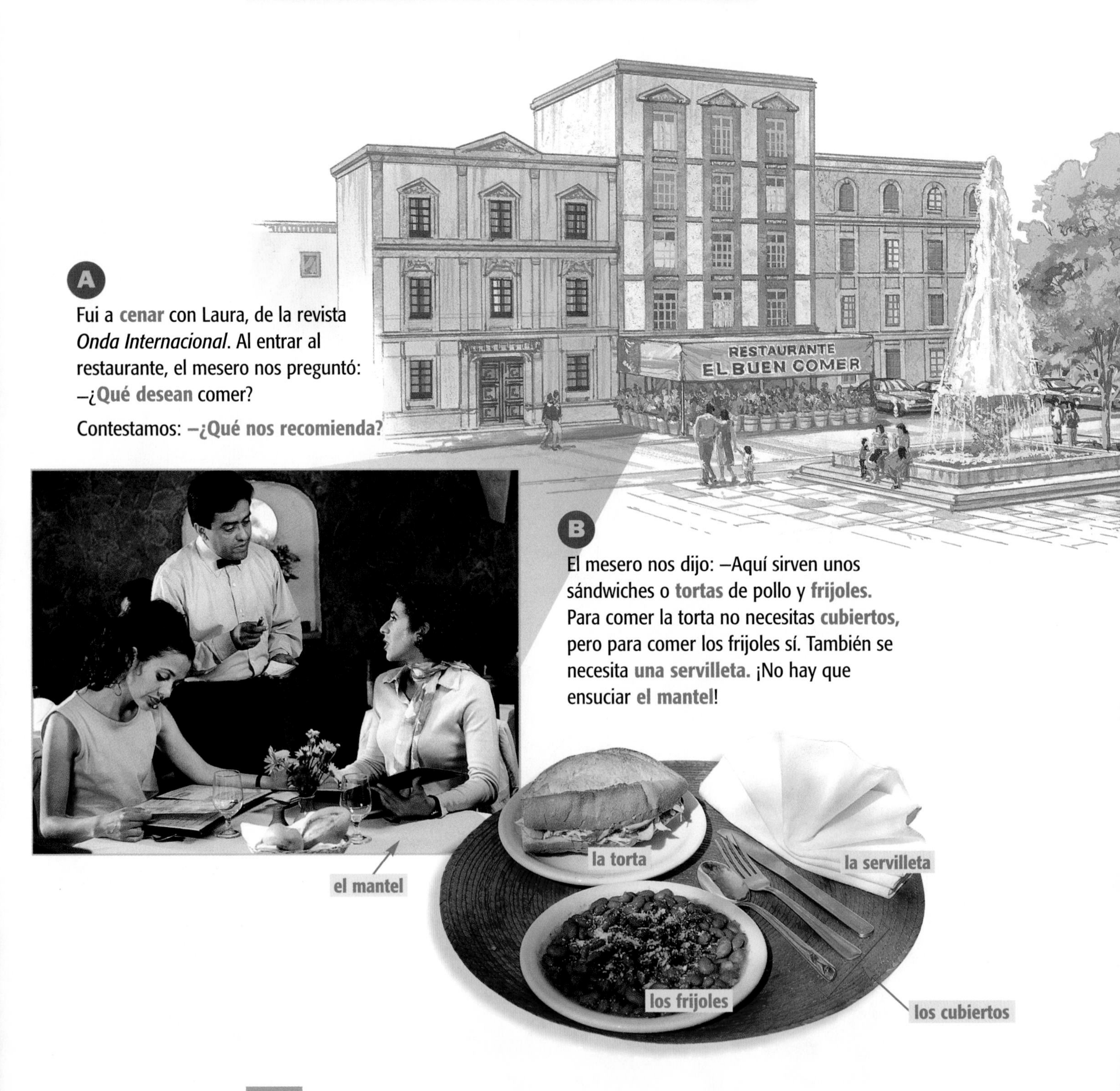

A

Fui a **cenar** con Laura, de la revista *Onda Internacional*. Al entrar al restaurante, el mesero nos preguntó: –¿**Qué desean** comer?

Contestamos: **–¿Qué nos recomienda?**

B

El mesero nos dijo: –Aquí sirven unos sándwiches o **tortas** de pollo y **frijoles.** Para comer la torta no necesitas **cubiertos,** pero para comer los frijoles sí. También se necesita **una servilleta.** ¡No hay que ensuciar **el mantel**!

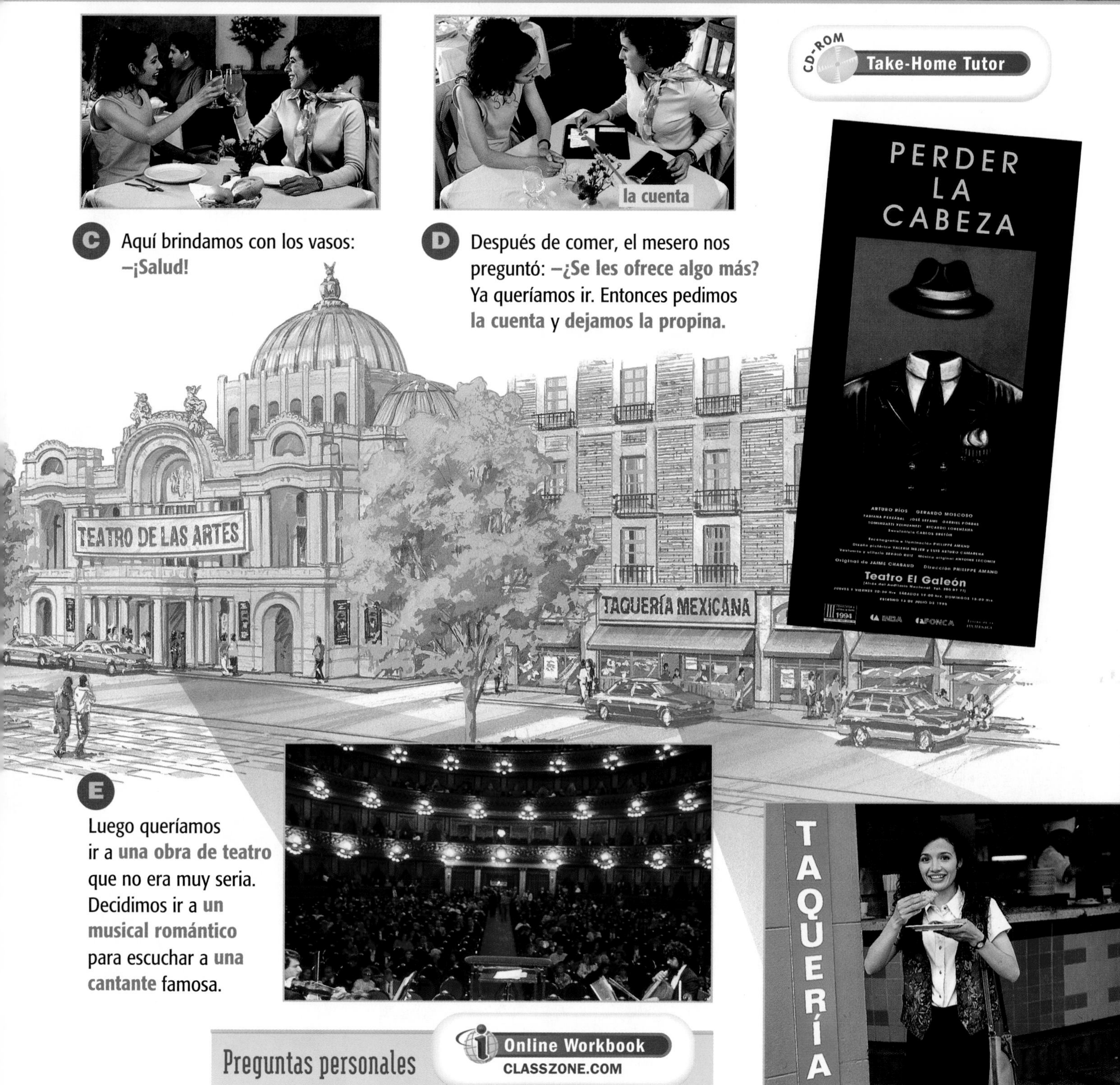

CD-ROM Take-Home Tutor

C Aquí brindamos con los vasos: **—¡Salud!**

D Después de comer, el mesero nos preguntó: **—¿Se les ofrece algo más?** Ya queríamos ir. Entonces pedimos **la cuenta** y **dejamos la propina.**

E Luego queríamos ir a **una obra de teatro** que no era muy seria. Decidimos ir a **un musical romántico** para escuchar a **una cantante** famosa.

F Pero… ¡todavía teníamos hambre! Fuimos a **una taquería** a comer **tacos…** Ay, ¡qué sabrosos!

Preguntas personales

Online Workbook CLASSZONE.COM

1. ¿Te gusta salir a comer en restaurantes?
2. Cuando sales a comer, ¿qué comida te gusta?
3. ¿Alguna vez comiste tacos? ¿Te gustan?
4. ¿Vas al cine o al teatro? ¿Te gusta?
5. ¿Qué obras de teatro conoces?
6. ¿Qué cantantes famosos conoces?

En vivo

DIÁLOGO

Laura

Isabel

Mesero

PARA ESCUCHAR • STRATEGY: LISTENING

Listen for useful expressions When traveling in another country, observe the local customs of politeness. What expressions can you borrow from Isabel and Laura when you are in a restaurant?

En un restaurante...

1 ▶ **Laura:** Me encanta la comida mexicana, pero hay algunos platillos en el menú que no conozco.
Isabel: ¿Como qué? Yo te explico.
Laura: ¿Qué son los chilaquiles?

5 ▶ **Mesero:** ¿Qué les traigo de tomar?
Laura: Un agua de sandía, por favor.
Isabel: Una botella de agua, gracias. Y señor, me faltan unos cubiertos y una servilleta.

6 ▶ **Laura:** Sentí mucho no estar contigo para la entrevista con don Miguel. ¿Cómo estuvo?
Isabel: Todo salió muy bien. Creo que vas a estar muy contenta.

7 ▶ *(después de comer)*
Mesero: ¿Se les ofrece algo más?
Isabel: No, gracias, nada más. Nos trae la cuenta, por favor.
Mesero: Sí, cómo no. Se la traigo en seguida.

2 ▶ **Isabel:** Los chilaquiles… aquí los preparan con tortillas, salsa verde, queso, pollo…
Laura: No tengo mucha hambre. Prefiero una torta o unos tacos.

3 ▶ **Isabel:** Si quieres tacos, vamos mañana a una taquería.
Mesero: ¿Qué desean comer?
Laura: Para mí, una torta de pollo con guacamole. Y también me trae frijoles. Gracias.

4 ▶ **Isabel:** ¿Qué me recomienda hoy?
Mesero: Los tamales de mole están deliciosos. Se los recomiendo.
Isabel: Muy bien, entonces, ¿me los trae, por favor?

8 ▶ **Isabel:** ¿Qué te interesa hacer?
Laura: Podemos ir a una obra de teatro.
Isabel: Hay una nueva obra musical. La cantante que tiene el papel principal es extraordinaria.

9 ▶ **Mesero:** Aquí tienen la cuenta. Muchas gracias.
Laura: Yo voy a pagarla.
Isabel: Muchísimas gracias, Laura.
Laura: De nada. Gracias a ti por hacer la entrevista ayer.

10 ▶ **Laura:** Oye, quiero dejarle una buena propina. El mesero fue muy amable. ¿Cuánto dejo?
Isabel: A ver… ¿cuánto fue?

En acción

PARTE A

Comprensión del diálogo

For Activities 1–2, refer to the dialog on pages 152–153.

Laura

Isabel

Mesero

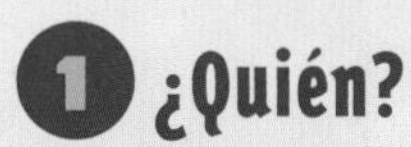

1 ¿Quién?

Escuchar ¿A quién se refiere cada oración: a Isabel, a Laura o al mesero? *(Hint: Whom are these sentences about?)*

1. Hay platos en el menú que no conoce.
2. Prefiere una torta.
3. Recomienda los tamales.
4. Quiere tomar una botella de agua.
5. Le faltan cubiertos.
6. Sintió mucho no estar en la entrevista.
7. Le gustaría ver el nuevo musical.
8. Les trae la cuenta en seguida.
9. Paga la cuenta.
10. Quiere dejar una buena propina.

2 Palabras perdidas

Escuchar/*Escribir* Usa estas palabras para completar la descripción del diálogo. *(Hint: Complete each description.)*

una taquería | hambre | la cuenta | una obra de teatro | unos cubiertos | propina

1. Laura no tiene mucha _____.
2. Mañana Isabel y Laura van a ir a _____ para comer.
3. No había ni una servilleta ni _____ en la mesa.
4. Isabel y Laura sólo querían _____.
5. Ellas pensaron ir a _____ para divertirse.
6. Laura quería dejar una buena _____ porque el mesero fue amable.

PARTE B

Práctica del vocabulario

Objectives for Activities 3–5
• Order in a restaurant • Talk about things to do in the city

3 ¡A divertirse en la ciudad!

Escribir Laura habla de su primer día en la Ciudad de México. Termina su historia con el pretérito o el imperfecto. *(Hint: Complete the story with the preterite or the imperfect.)*

El primer día que __1__ (estar) en México, __2__ (ir) al Bosque de Chapultepec. __3__ (Hacer) mucho sol. __4__ (Haber) mucha gente en el parque. Los niños __5__ (estar) trepando a los árboles. Mientras __6__ (caminar) por el parque, __7__ (ver) el Árbol de Moctezuma y el Castillo de Chapultepec. __8__ (Llegar) al Museo Nacional de Antropología y __9__ (entrar). __10__ (Andar) de salón a salón. Luego __11__ (ir) a ver unos bailarines folklóricos. ¡__12__ (Pasar) un día maravilloso!

4 ¿A qué corresponde?

Hablar/Leer ¿A qué corresponde cada oración: al restaurante o al teatro? *(Hint: Say which: the restaurant or the theater?)*

1. Leí que la cantante es extraordinaria.
2. Vamos a cenar a las nueve.
3. ¿Qué desea beber?
4. ¿Qué me recomienda para tomar?
5. ¿Se les ofrece algo más?
6. Dicen que la obra es muy romántica.
7. El musical abre mañana.
8. Cuando hay buen servicio, siempre dejo una buena propina.
9. Los cantantes tienen mucho talento.
10. La cuenta, por favor.

México

Nota cultural

El baile folklórico de México varía mucho entre las regiones del país. Hay bailarines en los centros culturales de los diferentes estados. Pero una cosa es cierta –los trajes de los bailarines siempre son elegantes y de muchos colores.

PARTE C

Práctica: gramática y vocabulario

Objectives for Activities 6–15
- Order in a restaurant
- Ask for and pay a restaurant bill
- Talk about things to do in the city

5 Adivínala

Hablar Escoge una palabra o frase de la lista. Luego ayuda a un(a) compañero(a) a adivinar tu palabra. *(Hint: Give clues to help your partner guess each word.)*

modelo

una obra de teatro

Tú: *Es algo con actores y actrices que ves en el teatro.*

Compañero(a): *Es una obra de teatro.*

una obra de teatro
una taquería
una servilleta
una torta
un(a) cantante
unos cubiertos
un musical

REPASO Direct Object Pronouns

Remember that you use **direct object pronouns** when you don't want to keep repeating the **direct object nouns.**

Comemos **tamales.** *becomes* **Los** comemos.
*We eat **tamales.*** — *We eat **them.***

Llamamos al **mesero.** *becomes* **Lo** llamamos.
*We called the **waiter.*** — *We called **him.***

Note that the direct object **mesero** is a person. That is why it takes a personal **a.**

Direct Object Pronouns

me	nos
te	os
lo/la	los/las

Direct object pronouns are usually placed before **conjugated verbs**. They may follow **infinitives** and **-ndo forms**.

Lo llamamos.
*We called **him.***

When you put the pronoun after the **infinitive** or **-ndo** form, it attaches to the verb.

Lo vamos a llamar. ↔ Vamos a **llamarlo**. (*attaches*)
*We're going to call **him.***

Lo estamos llamando. ↔ Estamos **llamándolo**. (*attaches*)
*We're calling **him.***

La mesera puso la **mesa.** *becomes* **La puso**.
*The waitress set the **table.*** — *She set **it.***

Practice:
Actividades 6 7

Más práctica
cuaderno p. 61
Para hispanohablantes
cuaderno p. 59

Online Workbook
CLASSZONE.COM

6 ¿Lo comió?

Hablar Pregúntale a un(a) compañero(a) si comió o tomó lo siguiente durante la semana pasada. *(Hint: Ask a classmate the following.)*

modelo

comer frijoles

Tú: *¿Comiste frijoles?*

Compañero(a): *Sí, (No, no) los comí.*

1. tomar un batido de chocolate
2. comer una zanahoria
3. comer arroz
4. comer unas salchichas
5. tomar jugo de manzana
6. comer pan con mantequilla
7. comer pescado
8. tomar leche
9. comer pasta
10. comer tacos

7 La sopa del día

Hablar Imagínate que preparas una sopa riquísima. Pregúntale a un(a) compañero(a) si quiere poner estos ingredientes en la sopa. *(Hint: Does your friend like these ingredients?)*

modelo

el queso

Tú: *¿Quieres poner el queso en la sopa?*

Compañero(a): *Sí, (No, no) lo quiero poner en la sopa. (Sí, [No, no] quiero ponerlo en la sopa.)*

1. las papas
2. el aceite
3. las verduras
4. la carne de res
5. el azúcar
6. la sal y la pimienta
7. las cerezas
8. los tomates
9. las cebollas
10. la pasta
11. la harina
12. el pescado

Vocabulario Unas comidas

¿Cuál es tu comida preferida?

8 ¡A comer!

Escuchar/Hablar Escucha lo que dicen Isabel y Laura de la comida de este menú. Luego contesta las preguntas. *(Hint: Listen to the audiotape. Then answer the questions.)*

1. ¿Qué va a pedir Laura?
2. ¿Qué va a pedir Isabel?
3. ¿Qué trae el mesero?
4. ¿Qué toma Isabel?
5. ¿Qué toma Laura?

Especialidades del día

Tamales de mole
56 pesos

Torta de pollo con guacamole
40 pesos

Frijoles
30 pesos

Chilaquiles
38 pesos

Agua de sandía
7 pesos

Tacos de carne
56 pesos

Flan
22 pesos

REPASO Indirect Object Pronouns

Remember that you use **indirect object pronouns** to replace or accompany **indirect object nouns.**

direct object — *indirect object noun* — *indirect object pronoun* — *direct object*

Les compró **regalos** a sus **amigos.** → **Les** compró **regalos.**
*She bought **presents** for her **friends.*** — *She bought **presents for them.***

If there's an **indirect object,** there's usually also a **direct object.**

The first and second person indirect object pronouns are the same as the direct object pronouns: **me, te, nos,** and **os.**

Indirect Object Pronouns

me	nos
te	os
le	les

Like direct object pronouns, **indirect object pronouns** are usually placed before **conjugated verbs**, and may be attached to **infinitives** and **-ndo forms**.

El mesero **dio** la **cuenta** a **Laura.** *becomes* El mesero **le dio** la **cuenta.**
*The waiter **gave Laura** the bill.* — *The waiter **gave her** the bill.*

attaches
El mesero va a **darle** la **cuenta.**
*The waiter is going **to give her** the bill.*

attaches
El mesero está **dándole** la **cuenta.**
*The waiter is **giving her** the bill.*

Practice:
Actividades
9 10 11 12

Más práctica
cuaderno p. 62
Para hispanohablantes
cuaderno p. 60

Online Workbook
CLASSZONE.COM

9 ¿A quién?

Escribir Isabel fue al centro ayer. Completa las oraciones sobre su visita usando **me, te, le, nos** o **les.** *(Hint: Complete the sentences.)*

modelo

La mesera trajo las bebidas. (a nosotras)

La mesera nos trajo las bebidas.

1. La mesera sirvió los tamales. (a nosotros)
2. La vendedora dijo el precio de la camisa. (a mí)
3. Tú diste flores. (a ella)
4. La señorita ofreció los boletos a un buen precio. (a ustedes)
5. Recomendamos el musical. (a nuestros amigos)
6. Mandé una tarjeta postal. (a ti)
7. Yo dejé una propina. (al mesero)
8. Un señor preguntó la hora. (a usted)
9. Usted dijo la hora. (al señor)
10. Los meseros mostraron las especialidades de la casa. (a nosotras)

10 En la ciudad

Leer/*Escribir* Lee las descripciones de estas situaciones en la ciudad y completa las oraciones. *(Hint: Read the descriptions and complete the sentences.)*

modelo

Vas a la galería de arte todas las semanas. (fascinar el arte)

Te fascina el arte.

Nota: Gramática

Remember that with **gustar,** the subject (the thing liked) follows the verb, and the indirect object **(me, te, le, nos, os, les)** comes before the verb.

Me gusta el pescado, pero **no me gustan** las salchichas. ***I like*** *fish, but* ***I don't like*** *hot dogs.*

Note that you use **gusta** with singular nouns like **pescado** and **gustan** with plural nouns like **salchichas.** Other verbs that follow the same rule are listed in the vocabulary box.

1. La señora Rojas admira mucho a su cantante favorito. (encantar los musicales)
2. En el restaurante, ustedes piden sopa y sólo tienen un tenedor. (faltar una cuchara)
3. Voy al teatro todos los viernes. (fascinar las obras de teatro)
4. Tomamos el autobús. (importar los precios de los taxis)
5. Catalina siempre compra un periódico. (interesar las noticias)
6. Queremos ver el nuevo musical, pero los boletos son caros. (faltar dinero)

Vocabulario

Verbs Similar to gustar

encantar *to delight*

faltar *to lack*

fascinar *to fascinate, to love (sports, food, etc.)*

importar *to be important to, to matter*

interesar *to interest*

molestar *to bother*

¿Te fascina el cine?

11 ¡Opiniones!

STRATEGY: SPEAKING

Personalize responses Perhaps you see a great many films and even some plays. You've probably also read or seen reviews of these productions. Do you usually agree with the critics? Here's a chance for you to express your own personal preferences and feelings about show business.

Hablar Habla con un(a) compañero(a) de las opiniones de las siguientes personas sobre el mundo del espectáculo. *(Hint: Talk with a classmate about opinions related to show business.)*

modelo

Tú: *¿A tus amigos les fascinan las series de ciencia ficción?*

Compañero(a): *No, no (Sí,) les fascinan.*

a ti			el actor/la actriz (<u>*nombre*</u>)
a tu mejor amigo(a)	me	encantar	las películas de aventuras
a tu madre/padre	te	fascinar	las series de ciencia ficción
a tu profesor(a) de [clase]	le	gustar	el (la) comediante (<u>*nombre*</u>)
a tus amigos(as)	nos	importar	las escenas de horror y violencia
a tu hermano(a)	os	interesar	el estreno (<u>*nombre de la película*</u>)
a ti y tus amigos(as)	les	molestar	las telenovelas
¿?			la obra de teatro *Les Misérables*

Nota cultural

Las telenovelas ¿Te gusta ver la tele? Entonces debes saber que en el mundo hispano a mucha gente le gusta ver las telenovelas. Son diferentes porque sólo duran unos meses en contraste con las de Estados Unidos, que duran décadas.

Vocabulario

El mundo del espectáculo

el actor/la actriz *actor, actress*
las aventuras *adventures*
la ciencia ficción *science fiction*
la comedia *comedy*
el (la) comediante *comedian*
la escena *scene*
el estreno *new release*
el horror *horror*
el papel *role*
la serie *series*
la telenovela *soap opera*
el tema *theme, subject*

¿Cuáles te encantan?

12 ¿Qué te interesa? 

Hablar Usa las palabras útiles para charlar con unos(as) compañeros(as) sobre lo que les interesa hacer en la ciudad.
(Hint: Talk about interests.)

modelo

Tú: *Cuando das una vuelta, ¿qué te interesa hacer?*

Compañero(a): *Me interesa ir a los museos. ¿Y a ti?*

Nota: Vocabulario

When you are in the city, you could take a stroll **(dar una vuelta).**

Podemos también **dar una vuelta** por la ciudad, ¿no?

*We can also **take a stroll** around the city, right?*

- el parque
- el cine
- el centro comercial
- los museos
- el teatro
- el restaurante

More Practice: **Más comunicación** *p. R7*

GRAMÁTICA Double Object Pronouns

¿RECUERDAS? *pp. 156, 158* You have learned about both **direct** and **indirect** object pronouns. They both go before the **conjugated verb**.

What happens if you want to have both **direct** and **indirect** object pronouns in the same sentence? The **indirect** object goes **first.**

indirect object → **Te** ← *direct object* **los compramos**.
*We bought **them for you.***

El mesero **me** (*indirect object*) **los** (*direct object*) **dio**.
*The waiter gave **them to me.***

Remember that when a **conjugated verb** appears with an **infinitive** or an **-ndo form,** you have two choices. You can put the pronouns before the **conjugated verb**, or you can attach them to the **infinitive** or **-ndo form.** Either way, the sentences mean the same thing:

Me (*indirect object*) **los** (*direct object*) **vas** a **comprar**.
You are going to buy them for me.

Vas a **comprár*me*** (*indirect object*) ***los*** (*direct object*).
You are going to buy them for me.

Me los estás comprando.
You are buying them for me.

Estás comprándomelos.
You are buying them for me.

There is a special rule for verbs with two pronouns when both are **third person:** change the **indirect** object pronoun to **se.**

Le pedí una **servilleta** al **mesero.**
*I asked the **waiter** for a **napkin.***

Se (*indirect object*) **la** (*direct object*) pedí.
*I asked **him** for **it.***

Practice:
Actividades
13 14

Más práctica
cuaderno pp. 63–64
Para hispanohablantes
cuaderno pp. 61–62

Online Workbook
CLASSZONE.COM

13 A dar una vuelta

Escribir Isabel da una vuelta por la ciudad y oye lo que dicen varias personas. Escribe lo que dicen sustituyendo los objetos directos e indirectos con pronombres. *(Hint: Use double object pronouns to condense the sentences.)*

modelo

La mesera les sirve los tacos a las señoras.

La mesera se los sirve.

1. Tú les das dinero a los pobres.
2. ¿Me vas a escribir muchas cartas?
3. Mis nietos me dan muchos abrazos a mí.
4. Siempre me dicen la verdad.
5. Le estoy explicando la información a la señora.
6. Compramos boletos para nuestros amigos.
7. Ese chavo compra una bolsa para su novia.
8. El cine vende boletos más baratos para estudiantes.
9. Voy a pedirle la cuenta al mesero.
10. Mi amigo me recomienda el pollo asado.

México

También se dice

En México se usa la palabra **chavo(a)** para referirse a **un(a) chico(a)** o **un(a) muchacho(a).** Si ves la tele en español tal vez escuchaste la palabra antes porque hay un programa famoso para niños que se llama «El chavo del ocho».

14 Muchos favores

Leer/Escribir Hoy todo el mundo te pide favores. ¿Qué te pide? *(Hint: What favors does everyone want from you? Match the columns.)*

modelo

Nosotros queremos más postre.

¿Nos lo pasas, por favor?

Nota: Vocabulario

The verb **ofrecer** *to offer* is often used with an indirect object pronoun.

Le **ofrecieron** un trabajo. *They **offered** him a job.*

1. No entiendo el tema de la obra de teatro.
2. Me gustaría comer unas enchiladas.
3. Tu hermanito necesita zapatos nuevos.
4. Tu amigo perdió los boletos para el concierto.
5. Tu mamá quiere otra taza de café.
6. No recordamos el nombre de una nueva comediante.
7. No entiendo la lección de español.
8. Tu primito quiere tus muñecos de peluche.

a. ¿Se los buscas?
b. ¿Me lo explicas?
c. ¿Me las preparas?
d. ¿Nos lo dices?
e. ¿Se la ofreces?
f. ¿Se los das?
g. ¿Se los compras?
h. ¿Me la traduces?

PARTE D Todo en acción

Activities 16–17 bring together all concepts presented.

15 Un restaurante terrible

Escribir ¿Fuiste a un restaurante terrible alguna vez? Escribe un párrafo sobre tu experiencia (real o imaginaria) en un restaurante terrible. *(Hint: Write about a terrible restaurant.)*

modelo

Fui a un restaurante terrible con mis padres el mes pasado. La mesa estaba mojada cuando nos sentamos. Nos faltaban cubiertos y servilletas. Pedimos agua, pero el mesero no llenó los vasos y los dejó vacíos...

Vocabulario

En el restaurante

- **bastante** *enough*
- **demasiado(a)** *too much*
- **llenar** *to fill*
- **lleno(a)** *full*
- **mojado(a)** *wet*
- **seco(a)** *dry*
- **vacío(a)** *empty*

¿Sirven demasiada comida en los restaurantes?

16 Las recomendaciones

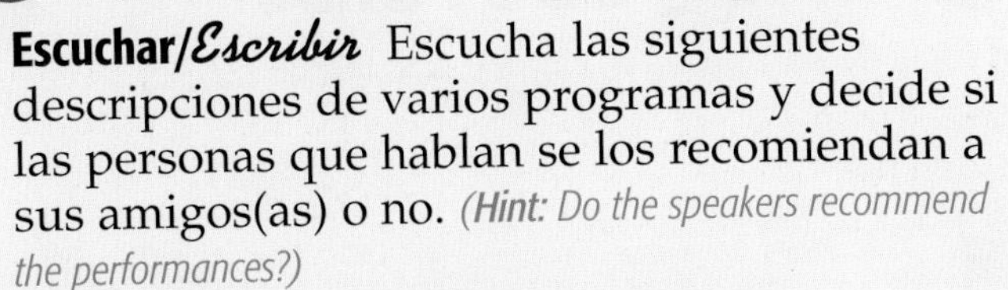

Escuchar/*Escribir* Escucha las siguientes descripciones de varios programas y decide si las personas que hablan se los recomiendan a sus amigos(as) o no. *(Hint: Do the speakers recommend the performances?)*

modelo

el tema

No se lo recomienda.

1. el estreno
2. las aventuras
3. la obra de teatro
4. los comediantes
5. el drama

17 En un restaurante elegante

Hablar Con dos compañeros(as), presenta una escena en un restaurante elegante. Sé creativo(a). *(Hint: Present a creative restaurant scene.)*

More Practice: **Más comunicación** *p. R7*

Online Workbook
CLASSZONE.COM

Refrán

Se me hace la boca agua.

Este refrán quiere decir que unas comidas son tan deliciosas que cuando las vemos nos dan hambre. Con un(a) compañero(a), hagan una lista de las comidas que les den hambre.

PARA LEER • STRATEGY: READING

Identify gaps in knowledge Careful writing is clear about what is known and what is speculation or a guess. As you read about Teotihuacán, jot down what is known and not known about this **ciudad misteriosa.** Make a chart like the one started here.

Teotihuacán	
conocido	desconocido
el plan maestro	origen

Los artefactos de Teotihuacán incluyen joyas, máscaras, ollas y estatuas.

Teotihuacán: Ciudad misteriosa

En el siglo XIV los aztecas descubrieron una ciudad gigante pero abandonada en un valle. La llamaron Teotihuacán o la Ciudad de los Dioses. Hay un misterio sobre el origen de la gente que construyó las pirámides y templos de esta ciudad. Por las esculturas y cerámicas que dejaron parece que ellos fueron una gente pacífica[1].

Parece que Teotihuacán fue diseñada por un plan maestro[2]. Tiene una avenida central, la Avenida de los Muertos. Aquí están las pirámides principales. Desde la avenida las calles secundarias salen en forma cuadriculada[3]. Alrededor de la avenida central hay ruinas de casas lujosas y en los sectores exteriores, casas más sencillas.

En un lado de la Avenida de los Muertos hay un sector grande que probablemente fue un mercado. Los arqueólogos piensan que aquí

[1] peaceful [2] master plan [3] square

Avenida de los Muertos, Teotihuacán

Si vas al Museo Nacional de Antropología, puedes ver esta máscara de jade y coral de Teotihuacán.

llegaron negociantes de otras partes de México a comprar la obsidiana[4] y la cerámica fabricada en Teotihuacán, y a vender sus propios productos.

Teotihuacán fue el centro urbano más grande e importante en el Valle Central de México durante la época precolombina. Llegó a tener una población de más de 150.000 personas alrededor del siglo III o IV[5]. Pero aproximadamente en el año 750, por razones desconocidas hasta hoy, la ciudad fue quemada o destruida[6] y, al final, abandonada.

[4] hard, black, volcanic rock
[5] third or fourth century
[6] burned or destroyed

¿Comprendiste?

1. ¿De dónde viene el nombre Teotihuacán?
2. ¿Por qué parece que Teotihuacán fue diseñada por un plan maestro?
3. ¿Qué productos estaban en venta en el mercado?
4. ¿Sabemos exactamente por qué la civilización desapareció? Explica tu respuesta.

¿Qué piensas?

1. ¿Puedes hacer unas comparaciones entre Teotihuacán y tu ciudad?
2. ¿Tienen las calles de tu ciudad un plano regular o irregular? ¿Cuáles son los edificios importantes? ¿Cómo son las casas? ¿Dónde están con relación al centro?

En colores

CULTURA Y COMPARACIONES

PARA CONOCERNOS

STRATEGY: CONNECTING CULTURES

Compare meals and mealtimes Interview three people of different ages or backgrounds to find out at what time of day they eat their main meal and the name for that meal. Make a chart like the one here and then compare your answers.

Nombre	Edad	Comida principal	Hora
Adriana	15	almuerzo	1:00 p.m.

La cochinita pibil, *puerco asado en una hoja de plátano y servido en tacos o tamales, es típico del sur de México.*

¡BUEN PROVECHO!

LA COMIDA MEXICANA

El flan *es un postre que se ve por todo el país. Los ingredientes varían un poco según la región.*

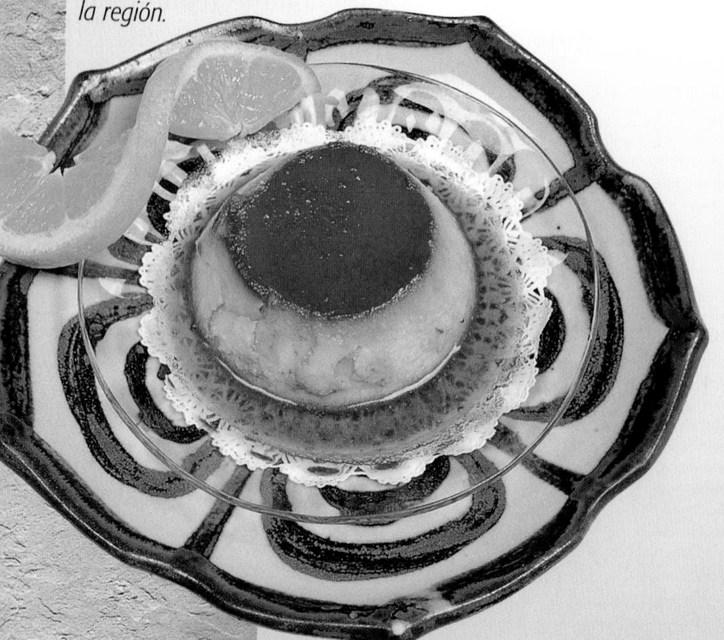

La cocina[1] mexicana es una de las más variadas del mundo. La mayor parte de platos mexicanos tienen su origen en el mundo precolombino, pero hay otros que son variantes de platos españoles. En Estados Unidos se comen algunos platos mexicanos típicos como los tacos, las enchiladas, el guacamole y la salsa picante.

La cocina mexicana es a base de maíz[2]. De la harina de maíz se hacen las tortillas, el

[1] cuisine [2] corn

Los chiles rellenos *de este tipo se venden mucho en Veracruz, una ciudad en el centro de México.*

Las flautas *A estos tacos fritos se les llaman «flautas» porque tienen la forma del instrumento musical. Los sirven por todo México.*

El mole negro *Puedes pedir mole negro, un platillo que incluye una salsa con más de 20 ingredientes, cuando visitas Oaxaca, una ciudad en el sur del país.*

equivalente mexicano del pan. Las tortillas son un elemento importante en muchas recetas. Otros alimentos importantes en México son el arroz, los frijoles, el chocolate, los chiles y los tomates.

En cuanto a[3] las costumbres de comida, lo que es tradicional en México es un desayuno y, generalmente alrededor de las dos de la tarde, un almuerzo fuerte (la comida principal del día) que se llama *la comida*. Típicamente, la cena es ligera[4], como un yogur o un sándwich.

[3] as for [4] light

More About Mexico
CLASSZONE.COM

¿Comprendiste?

1. ¿Qué orígenes tiene la comida mexicana?
2. ¿Qué platos mexicanos se comen en Estados Unidos?
3. ¿Cuál es el alimento básico en México?
4. Describe las tres comidas del día en México.

¿Qué piensas?

1. ¿Cuáles son los alimentos que se usan en más de un plato?
2. ¿Por qué crees que algunos platos mexicanos son de origen precolombino y otros de origen español?

Hazlo tú

Con unos(as) compañeros(as), busquen unas recetas mexicanas. Estúdienlas para ver cuáles pueden hacer en Estados Unidos. Escojan una, háganla y preséntensela a la clase. Sírvanles el plato a sus compañeros(as), contándoles de qué región viene y cómo se hace. ¡Buen provecho!

ETAPA 3

En uso

REPASO Y MÁS COMUNICACIÓN

OBJECTIVES

- Order in a restaurant
- Ask for and pay a restaurant bill
- Talk about things to do in the city

Now you can...

- order in a restaurant.

To review

- direct object pronouns, see p. 156.

1 ¿Me ayudas?

Estás comiendo en un restaurante con un niño pequeño. Explícale cómo comer las siguientes cosas. *(Hint: Tell a child how to eat the different foods.)*

modelo

¿Cerezas o tomate?

¿Los tacos? Puedes comerlos con tomate.

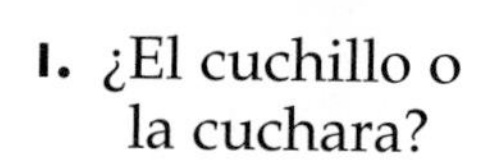

1. ¿El cuchillo o la cuchara?

2. ¿Sal o azúcar?

3. ¿La cuchara o las manos?

4. ¿Las manos o el tenedor?

5. ¿Mantequilla o mantequilla de cacahuate?

6. ¿Aceite o harina?

Now you can...

- talk about things to do in the city.

To review

- indirect object pronouns, see p. 158.
- verbs similar to **gustar,** see p. 159.

2 ¡Vamos al centro!

Todos están hablando de actividades en la ciudad. ¿Qué dicen? *(Hint: Tell people's opinions of city activities.)*

modelo

Juan y yo (interesar) visitar los museos

A Juan y a mí nos interesa visitar los museos.

1. mis padres (encantar) las galerías de arte
2. yo (gustar) los actores mexicanos
3. tú (importar) ver los estrenos
4. nosotros (molestar) pagar los precios de los boletos
5. Tomás y Berta (fascinar) las obras de teatro
6. ustedes (faltar) dinero para salir

Now you can...
- order in a restaurant.

To review
- indirect object pronouns, see p. 158.
- double object pronouns, see p. 161.

3 ¿Qué nos recomienda?

Raúl y sus amigos piden la comida en un restaurante mexicano. ¿Qué les recomiendan los meseros? ¿Cómo se lo van a servir? *(Hint: Tell what the waiters recommend and how it will be served.)*

modelo

María: la sopa (una torta)

Le recomiendan la sopa. Van a servírsela con una torta.

1. nosotros: los tacos (salsa picante)
2. yo: el pescado (cebolla)
3. Gabriel: las verduras (sal y pimienta)
4. Salvador y yo: el melón (azúcar)
5. tú: el pollo (tortillas)
6. ustedes: la carne de res (frijoles)
7. yo: las papas asadas (mantequilla)
8. Alex y Sandra: la pasta (queso)

Now you can...
- order in a restaurant.
- ask for and pay a restaurant bill.

To review
- double object pronouns, see p. 161.

4 ¿Qué desean?

Imagínate que trabajas en un restaurante como mesero(a). Contesta que sí a las preguntas de los clientes. *(Hint: You are a waiter or waitress at a restaurant. Answer yes to the customers' questions.)*

modelo

¿Me trae unos cubiertos, por favor?

Sí, se los traigo.

1. ¿Me trae el menú, por favor?
2. ¿Nos trae unas servilletas?
3. ¿Nos recomienda las enchiladas?
4. ¿Le sirve un café a mi esposa, por favor?
5. ¿Nos trae más pan, por favor?
6. ¿Les sirve más limonada a mis hijos, por favor?
7. ¿Nos muestra los postres?
8. ¿Me trae la cuenta, por favor?
9. ¿Le doy la tarjeta de crédito a usted?
10. ¿Le dejo la propina en la mesa?

5 ¿Me pasas...?

STRATEGY: SPEAKING

Resolve misconceptions Your partner may ask for something you don't have. To resolve the misunderstanding, offer what you do have: **No tengo X, pero puedo pasarte Y.**

Estás comiendo en un restaurante con tu amigo(a). Dibuja cuatro cosas, comidas o cubiertos, en papeles separados. Entonces, pídeselas a tu amigo(a). *(**Hint:** You and a partner draw restaurant items and ask each other for them.)*

modelo

Tú: *Las cerezas… ¿me las pasas, por favor?*

Amigo(a): *¡Cómo no! Te las paso en seguida.*

6 ¡Problemas!

Tú y dos compañeros(as) están en un restaurante. Una persona hace el papel del (de la) mesero(a) y las otras hacen el papel de los clientes. El (La) pobre mesero(a) tiene problemas porque un cliente lo critica todo y el otro le hace muchas preguntas. *(**Hint:** A server is trying to please two difficult customers. Act out the scene.)*

7 En tu propia voz

ESCRITURA Imagínate que estás de vacaciones con tu familia. Escríbele una tarjeta postal a un(a) amigo(a). Incluye las reacciones de varios miembros de la familia a cinco actividades que hicieron durante el viaje.
*(**Hint:** Write a postcard describing a vacation.)*

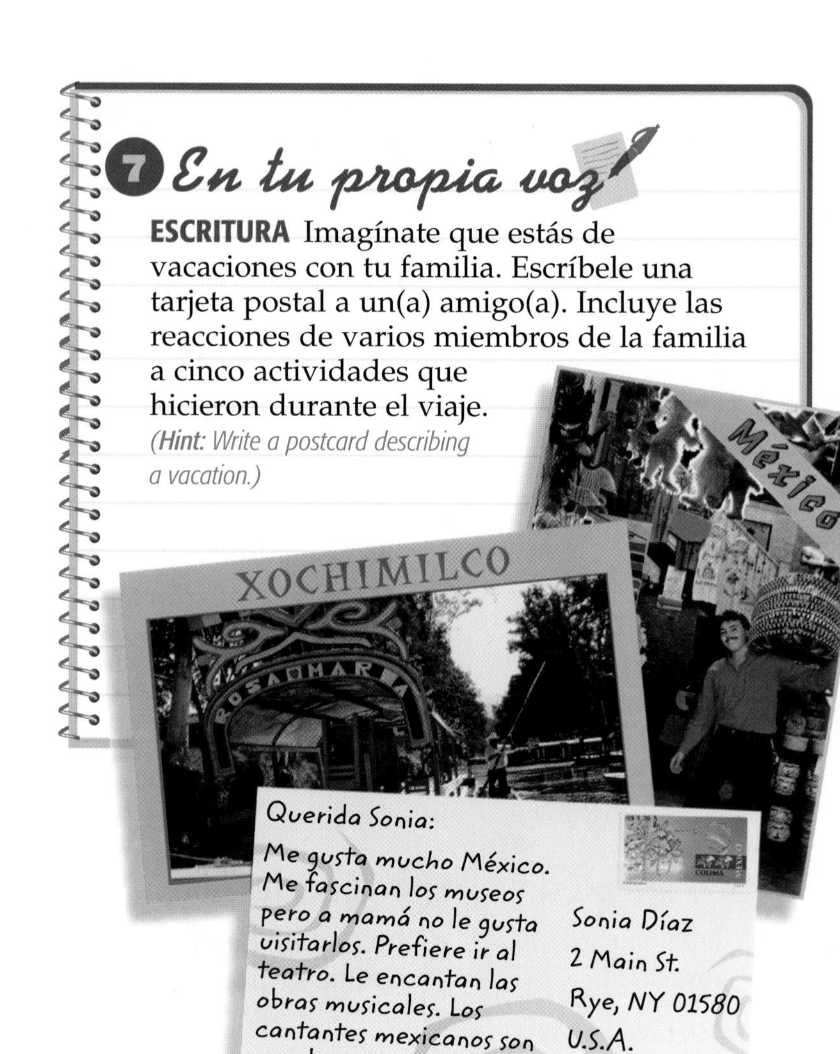

Querida Sonia:

Me gusta mucho México. Me fascinan los museos pero a mamá no le gusta visitarlos. Prefiere ir al teatro. Le encantan las obras musicales. Los cantantes mexicanos son muy buenos.

¡Saludos! —Catarina

Sonia Díaz
2 Main St.
Rye, NY 01580
U.S.A.

TÚ EN LA COMUNIDAD

Sharon es una estudiante de Massachusetts. Cuando estaba trabajando de consejera (*counselor*) en un campamento, hablaba español con algunos niños que no podían expresarse en inglés. También habla español con parientes, amigos y gente de la comunidad. ¿Con quién practicas el español?

En resumen

REPASO DE VOCABULARIO

ORDER IN A RESTAURANT

At the Restaurant

el aceite	*oil*
la carne de res	*beef*
las cebollas	*onions*
las cerezas	*cherries*
los cubiertos	*silverware*
los frijoles	*beans*
la harina	*flour*
el mantel	*tablecloth*
las manzanas	*apples*
el pan	*bread*
las papas	*potatoes*
la pasta	*pasta*
las peras	*pears*
el pescado	*fish*
la pimienta	*pepper*
la sal	*salt*
las salchichas	*hot dogs, sausages*
la servilleta	*napkin*
el taco	*taco*
la taquería	*taco restaurant*
los tomates	*tomatoes*
la torta	*sandwich*
las verduras	*vegetables*
las zanahorias	*carrots*

Common Expressions

¿Qué desea(n)?	*What would you like?*
¿Qué me (nos) recomienda?	*What do you recommend?*
¡Salud!	*Cheers!*
¿Se le(s) ofrece algo más?	*May I offer you anything more?*

ASK FOR/PAY A RESTAURANT BILL

la cuenta	*bill*
dejar la propina	*to leave the tip*

THINGS TO DO IN THE CITY

People

el actor	*actor*
la actriz	*actress*
el (la) cantante	*singer*
el (la) comediante	*comedian*

Activities and Events

las aventuras	*adventures*
la ciencia ficción	*science fiction*
la comedia	*comedy*
dar una vuelta	*to take a walk, stroll, or ride*
la escena	*scene*
el estreno	*new release*
el horror	*horror*
el musical	*musical*
la obra de teatro	*theatrical production*
romántico(a)	*romantic*
la serie	*series*
la telenovela	*soap opera*
el tema	*theme, subject*

OTHER WORDS AND PHRASES

bastante	*enough*
cenar	*to eat dinner*
demasiado(a)	*too much*
llenar	*to fill*
lleno(a)	*full*
mojado(a)	*wet*
ofrecer	*to offer*
el papel	*role*
seco(a)	*dry*
vacío(a)	*empty*

Verbs Similar to *gustar*

encantar	*to delight*
faltar	*to lack*
fascinar	*to fascinate, to love (sports, food, etc.)*
importar	*to be important to, to matter*
interesar	*to interest*
molestar	*to bother*

Juego

¿Qué soy yo?

Puedo ser feliz o triste, y tal vez romántica. Te puedo llevar a muchos lugares. Alguien me escribió y otros me presentan. Tengo personas que se ven, personas que no se ven y personas que ven. Tal vez necesitas boletos para verme. ¿Qué soy yo?

En tu propia voz

ESCRITURA

Escribe un cuento

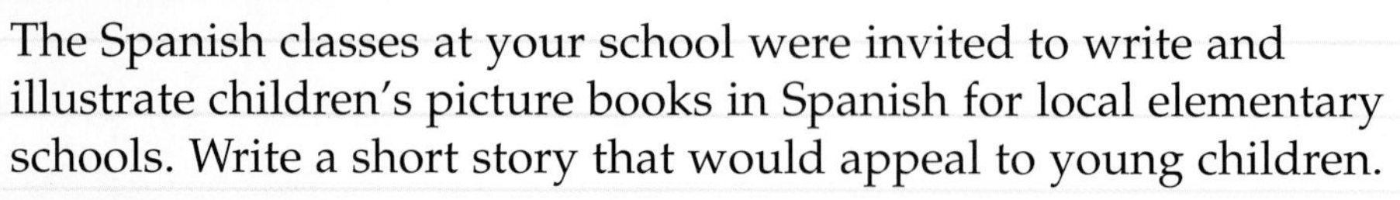

The Spanish classes at your school were invited to write and illustrate children's picture books in Spanish for local elementary schools. Write a short story that would appeal to young children.

Function: Provide books in Spanish for local children
Context: Entertaining elementary schoolchildren
Content: Story writing
Text type: Picture book

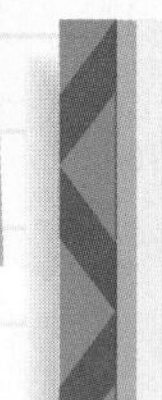

PARA ESCRIBIR • STRATEGY: WRITING

Develop your story An interesting, well-planned story will hold your reader's attention. Remember to thoroughly develop your ideas for characters and plot.

Modelo del estudiante

Había una vez una granja pequeña en México. En la granja vivía un cerdito pequeño, Quique. Quique era muy amable: obediente, sociable y animado. Le gustaba contar chistes y jugar con los otros animales.

The writer tells where the story takes place.

The writer describes the main character of the story.

El día de su cumpleaños empezó muy mal para Quique. Se levantó tarde por la mañana y no había más desayuno. –No hay problema –dijo Quique–. Voy a celebrar con mis amigos.

Entonces, salió del corral en busca de los otros animales, pero no había nadie por ninguna parte. El pobre cerdito estaba muy triste.

The story contains a series of events that make up the plot.

Quique regresó al corral, solito. De repente, todos sus amigos saltaron de los rincones del corral y gritaron: –¡Feliz cumpleaños, Quiquito!

–¡Qué sorpresa! –exclamó Quique alegremente. Luego todos los animales celebraron con una fiesta magnífica y Quique rompió la piñata.

The story has a happy ending.

Estrategias para escribir

Antes de escribir...

A good children's story contains a setting (time, place), a few characters, and a basic plot (series of events). The action of the story moves along quickly, usually toward a happy ending. Before you write, create a story map like this one to plan and organize your ideas.

Personaje central:	un pato tímido
Lugar:	un río de Nueva York
Situación:	El pato no sabía nadar. No podía ir de vacaciones con la familia.
Lo que pasa:	1. Consultó con otros. 2. Miraba a sus hermanos. 3. Practicaba cada mañana. 4. 5.
Fin:	Aprendió a nadar.

Revisiones

Share your draft with a partner.
Then ask:

- *Do the characters' words and actions make sense?*
- *Is there a real problem or situation that moves the story along?*
- *Does the story come to a natural or interesting stopping point?*

Revise your draft based on your partner's answers.

La versión final

Before you create the final draft of your story, check your writing and use proofreading symbols (p. 99) to correct any errors you find. Look over your work with the following questions in mind:

- *Did I use the preterite in the right places?*

Try this: Find each preterite form and make sure it refers to a completed action in the past. If not, change to the imperfect.

- *Did I use the imperfect correctly?*

Try this: Locate each imperfect form. Does each refer to an ongoing action or description in the past? If not, change to the preterite.

Cerca de un río de Nueva York
vivía un pato tímido con su
familia. Todos los días el pato
Danilo miraba las nubes o
corrió de un lugar a otro. Sus ía
hermanos siempre jugaron en ban
el río, pero Danilo no.
Un día los padres llamó aron
a sus hijos y les diciéron j
sus planes para ir de
vacaciones.

UNIDAD 3

SAN JUAN PUERTO RICO

SOL Y SOMBRA

STANDARDS

Communication
- Talking about fitness, health, and illness
- Making suggestions
- Talking about daily routine, personal care, and chores
- Telling someone what to do
- Saying if something has already been done
- Discussing beach activities
- Describing time periods
- Giving advice

Cultures
- The geography and political status of Puerto Rico
- Baseball in Puerto Rico
- The music and dance of Puerto Rico
- The **jíbaros** of Puerto Rico

Connections
- Science: Investigating Puerto Rico's **Bahía Fosforescente**
- History: Learning about the history of pirates

Comparisons
- Places in Puerto Rico and the continental U.S.
- Health and illness
- Sports and fitness

Communities
- Using Spanish at the doctor's office
- Using Spanish for personal enjoyment

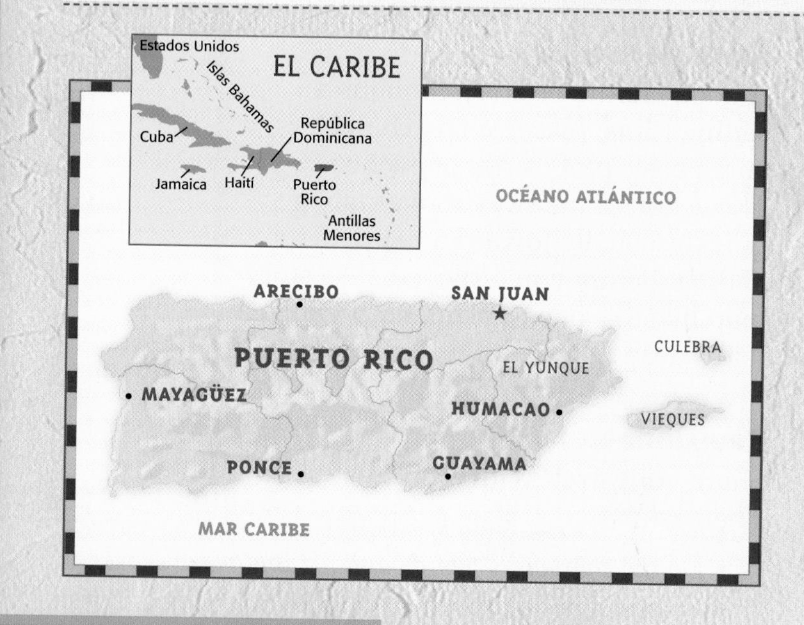

LOS PASTELES Estos deliciosos tamales se hacen de plátanos verdes o yautías (un vegetal parecido a la papa) y carne. Son una comida típica de Puerto Rico. ¿Conoces otro plato como éste?

INTERNET Preview
CLASSZONE.COM
- More About Puerto Rico
- Webquest
- Self-Check Quizzes
- Flashcards
- Writing Center
- Online Workbook
- eEdition Plus Online

ALMANAQUE CULTURAL

POBLACIÓN: 3.808.610

ALTURA: nivel del mar

CLIMA: 23°C (73°F), enero; 27°C (81°F), julio

MONEDA: el dólar

COMIDA TÍPICA: pasta de guayaba, arroz con gandules, pernil, pasteles

GENTE FAMOSA DE PUERTO RICO: Gigi Fernández (deportista), Luis Muñoz Marín (político), Francisco Oller (pintor), Luis Rafael Sánchez (escritor)

¿VAS A PUERTO RICO? Si eres estadounidense y viajas a Puerto Rico, no necesitas tu pasaporte. Puerto Rico es parte de Estados Unidos.

LA CEIBA DE PONCE es uno de los árboles más antiguos de Puerto Rico. Está en la ciudad de Ponce, llamada así por Ponce de León. Aquí ves una pintura del árbol. La pintó Francisco Oller, uno de los pintores puertorriqueños más famosos. ¿Qué otros pintores conoces?

MARC ANTHONY
Tal vez lo viste en películas como *Hackers*. Marc Anthony, cantante y actor puertorriqueño, es uno de los cantantes de salsa más importantes. ¿Qué otros actores o cantantes latinos conoces?

EL YUNQUE, un magnífico bosque tropical, es el único en Estados Unidos. Allí caen más de 200 pulgadas (*inches*) de lluvia al año. Toda esta lluvia contribuye a la vida de los animales y plantas que viven allí. ¿Qué clase de animales y plantas crees que puedes encontrar en El Yunque?

PIRATAS Realmente existían los piratas y fueron un peligro para los barcos españoles que navegaban en el Atlántico. Para defenderse contra los piratas, el gobierno español construyó un fuerte masivo en San Juan. ¿Qué otra información sabes sobre los piratas?

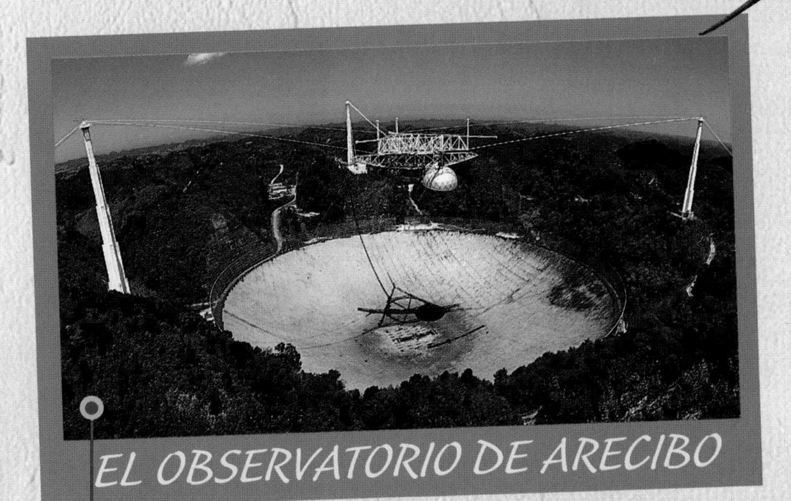

EL OBSERVATORIO DE ARECIBO

EL OBSERVATORIO DE ARECIBO Puedes encontrar el radiotelescopio más grande del mundo en Arecibo, Puerto Rico. ¿Qué se puede estudiar desde un observatorio?

UNIDAD 3

SOL Y SOMBRA

- Comunicación
- Culturas
- Conexiones
- Comparaciones
- Comunidades

Culturas

Vas a conocer Puerto Rico. Con sus playas, lugares históricos y naturaleza, hay algo especial para todos. ¿Qué te gustaría ver en Puerto Rico?

Culturas en acción **Los edificios del Viejo San Juan tienen un estilo colonial español. ¿Por qué hay una influencia española en Puerto Rico?**

Comunicación

En esta unidad vas a hablar de actividades relajantes como las de la playa y no tan relajantes como los quehaceres y el ejercicio. También, vas a aprender nuevas maneras para describir cómo te sientes.

Webquest
CLASSZONE.COM

Explore cultures in Puerto Rico through guided Web activities.

Comparaciones

Los deportes son una gran parte de la cultura en Estados Unidos y Puerto Rico. El béisbol es el deporte más popular de Puerto Rico. ¿Qué deporte es el más popular donde vives tú?

Comunidades

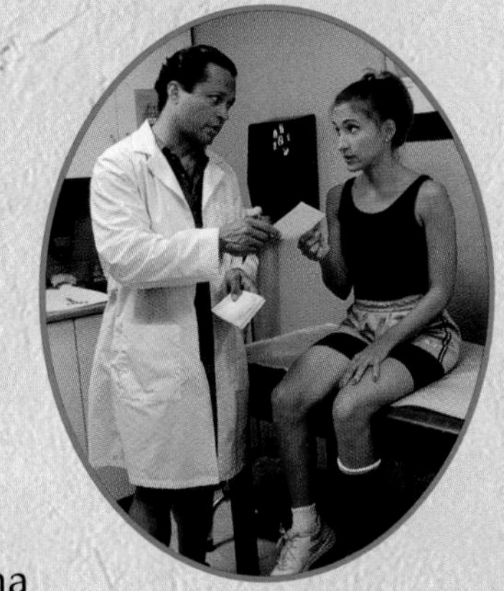

En muchas comunidades en Estados Unidos es recomendado y casi necesario que las personas con carreras en medicina hablen español. En esta unidad vas a poder hablar de enfermedades, y dar consejos. ¿Piensas ser enfermero(a) o doctor(a) algún día?

Conexiones

¿Haces ejercicio? ¿Estás en forma? La información en esta unidad hace conexión con la educación física y la salud. Vas a describir el cuerpo, la rutina diaria, la dieta y el ejercicio.

Fíjate

Haz una tabla para describir lo que ya sabes y las preguntas que todavía tienes en cada categoría de arriba. Al fin de esta unidad, lee la lista de preguntas otra vez. ¿Puedes contestarlas?

	Sé...	Quiero aprender...
Culturas	El Morro está en Puerto Rico.	¿Por qué existe El Morro?
Comunicación	Puedo decir que estoy enfermo(a).	¿Cómo doy más información sobre la salud?
Comparaciones		
Comunidades		
Conexiones		

UNIDAD 3

¿Estás en forma?

OBJECTIVES

- Discuss ways to stay fit and healthy
- Make suggestions
- Talk about daily routine and personal care

¿Qué ves?

Mira la foto del Viejo San Juan. Luego contesta las preguntas.

1. ¿Quiénes son las personas de esta foto?
2. ¿Qué hacen?
3. ¿Dónde puedes leer de actividades para hacer en San Juan?

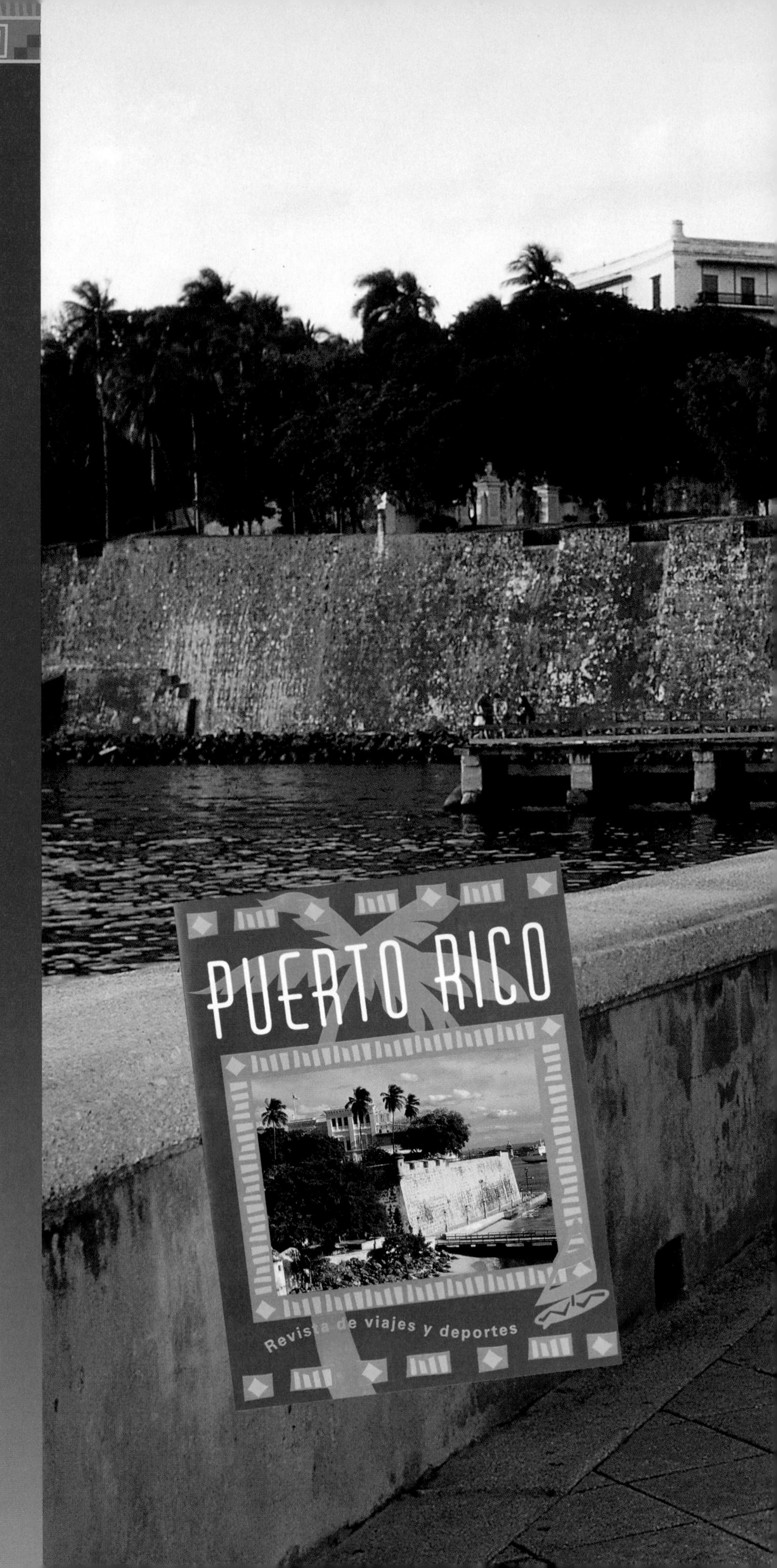

Preparación para el diálogo

VIDEO DVD AUDIO

En contexto

VOCABULARIO

Lee lo que dice Francisco sobre cómo mantenerse saludable.

¡Hola! Si quieres **mantenerte sano,** sigue mis **consejos.**

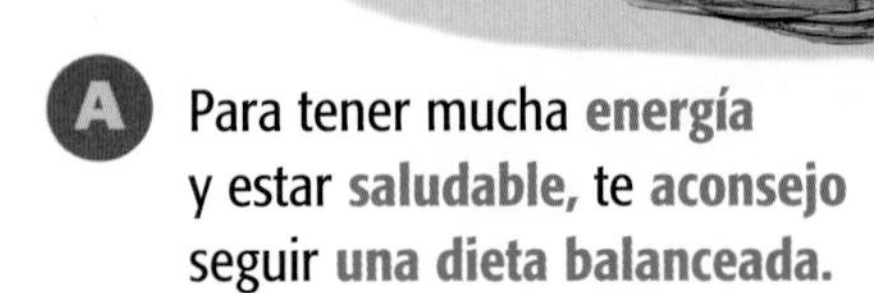

A Para tener mucha **energía** y estar **saludable,** te **aconsejo** seguir **una dieta balanceada.**

B En tu **alimentación,** come comidas o **alimentos** de **calorías nutritivas,** sin mucho azúcar.

CD-ROM Take-Home Tutor

D

A veces **me entreno** con mis amigos, pero a veces me entreno solo. Siempre **sudo** mucho.

Después de entrenarte, es importante **estirarte** para **relajarte…** como yo estoy haciendo.

Así vas a lograr tu **bienestar** y **crecer** fuerte y sano, sin tener **estrés.**

C El ejercicio también es importante. Tal vez te gusta **el atletismo.**

Preguntas personales

1. ¿Qué te gusta comer cada día? ¿Es balanceada tu dieta?
2. ¿Haces ejercicio? ¿Qué tipo?
3. ¿Prefieres entrenarte solo(a) o con tus amigos(as)? ¿Por qué?
4. ¿Cómo te sientes cuando haces ejercicio? Explica tu respuesta.

En vivo

VIDEO DVD AUDIO

DIÁLOGO

Francisco

Elena

Juana

Miguel

PARA ESCUCHAR • **STRATEGY: LISTENING**

Listen and sort details Elena's **consejos** (advice) are in three categories: **ejercicio** (exercise), **dieta** (diet), and **actitudes** (attitudes). Listen for these three categories. What words do you hear?

En San Juan...

1 ▶ **Francisco:** Elena Suárez es la estrella de un programa de televisión de ejercicio y salud. La voy a entrevistar. Vamos a correr un poco y luego hablar de la entrevista.

5 ▶ **Miguel:** Entonces veo su programa. Estábamos mirándolo el sábado pasado cuando usted habló de la dieta y el estrés. Sus consejos nos ayudaron mucho.

Elena: Muchas gracias, muy amable.

6 ▶ **Miguel:** Ahora tratamos de comer más alimentos sanos.

Juana: Sí, y estamos tratando de eliminar el estrés. Y los ejercicios ayudan mucho. Los hago todos los días.

Elena: Me alegra oírlo, señora.

7 ▶ **Miguel:** Por favor, señorita Suárez, dénos su autógrafo. Ponga, por favor, «a Miguel y Juana, de su amiga Elena Suárez».

Juana: Por favor, diga la frase con la que usted cierra su programa.

CD-ROM Take-Home Tutor

2► Francisco: Y tu programa de televisión es muy popular aquí, ¿no?

Elena: Sí, súper popular. Lo pasan en el canal siete todos los sábados.

3► Juana: Con permiso… ¿Es usted Elena Suárez? ¿La del programa de televisión?

Elena: Sí, soy yo.

Juana: ¡Ay, me encanta su programa! Venga, por favor, a conocer a mi esposo.

4► Miguel: Sabe, su programa es maravilloso. Lo veo todos los sábados. Los sábados por la mañana, me levanto temprano y me lavo la boca. Luego…

Juana: ¡Miguel! A la señorita Suárez no le interesa tu rutina.

8► Elena: «Adiós, queridos televidentes, y acuérdense –para mantenerse sanos, lleven una dieta balanceada y nutritiva, no fumen nunca, y ¡hagan ejercicio!»

9► Elena: Bueno, Francisco. Vas a venir a ver la producción de mi programa, ¿no? ¿Y estás con tu familia aquí?

Francisco: Sí, con mis tíos y mi prima.

Elena: Ellos también pueden venir. Ustedes pueden participar.

10► Francisco: ¿Qué tenemos que hacer?

Elena: Primero, nos estiramos un poco, después hacemos los ejercicios. Y hay una parte sobre la dieta y la alimentación, el bienestar y la vida saludable. Pónganse ropa ligera.

En acción

PARTE A

Comprensión del diálogo

For Activities 1–2, refer to the dialog on pages 182–183.

Francisco

Elena

Juana

Miguel

1 ¿Quién habla?

Escuchar Según el diálogo, ¿quién habla?
(Hint: Say who speaks.)

1. «Vamos a correr un poco y luego hablar de la entrevista.»
2. «¡Ay, me encanta su programa!»
3. «Los sábados por la mañana, me levanto temprano y me lavo la boca.»
4. «A la señorita Suárez no le interesa tu rutina.»
5. «Sus consejos nos ayudaron mucho.»
6. «Por favor, diga la frase con la que usted cierra su programa.»
7. «Adiós, queridos televidentes, y acuérdense…»
8. «¿Y estás con tu familia aquí?»
9. «¿Qué tenemos que hacer?»
10. «Pónganse ropa ligera.»

2 No es cierto

Escuchar/*Escribir* Todos estas oraciones son falsas. Escribe la verdad según el diálogo.
(Hint: Change these false sentences to true ones.)

1. El programa de Elena Suárez está en la televisión los jueves.
2. Inmediatamente después de levantarse, Miguel ve el programa.
3. Juana sólo hace ejercicios los sábados.
4. Según Elena, no es importante comer alimentos nutritivos.
5. En el autógrafo, Miguel quiere poner el nombre de su esposa primero.
6. Después del autógrafo, Miguel y Juana le piden unos consejos a Elena.
7. El programa de Elena es a las dos de la tarde.
8. Elena dice que la familia de Francisco no puede venir a ver el programa.

Puerto Rico

También se dice

En Puerto Rico, mucha gente usa la palabra **súper** en lugar de **muy.** Por ejemplo, Elena dice «súper popular». Pero si quieres decir que algo es muy bueno, puedes usar las palabras **chévere, fenomenal, genial, fantástico, maravilloso** o **buenísimo.**

PARTE B

Práctica del vocabulario

Objectives for Activities 3–4
- Discuss ways to stay fit and healthy

3 Consejos

Hablar/*Escribir* Tu compañero(a) necesita consejos sobre cómo mantenerse sano(a). Dale unos buenos consejos. *(Hint: Give advice.)*

modelo

dormir más de siete horas cada noche

Debes dormir más de siete horas cada noche. (No debes dormir más de siete horas cada noche.)

Nota: Gramática

The verb **deber** is used with an infinitive to say that someone should or ought to do something.

Debes tomar apuntes.
*You **should** take notes.*

1. comer alimentos nutritivos
2. sudar mucho cuando haces ejercicio
3. comer muchos dulces y comida rápida
4. estirarte antes y después de hacer ejercicio
5. vivir una vida balanceada
6. participar en el atletismo
7. entrenarte todos los días
8. pensar sobre la alimentación en tu dieta
9. usar comida para bajar el estrés
10. relajarte un poco todos los días

4 ¿Siempre o nunca?  

Hablar/*Escribir* Tu compañero(a) quiere saber con qué frecuencia haces estas cosas. ¿Qué le dices? *(Hint: How often do you do these activities?)*

modelo

darle regalos a tu hermano

Compañero(a): *¿Con qué frecuencia le das regalos a tu hermano?*

Tú: *Siempre se los doy.*

1. dejarle una buena propina al (a la) mesero(a)
2. contarle chistes a tu hermano(a) en un restaurante
3. comprar un refresco para mí
4. darles servilletas a los miembros de tu familia
5. pagarles la cuenta a tus amigos
6. recomendarle un plato a un(a) compañero(a)
7. pedirles dinero a tus padres para cenar en un restaurante
8. preparar comida para tu familia
9. servirle la cena a tu familia
10. ofrecerle una merienda a un(a) amigo(a)

PARTE C

Práctica: gramática y vocabulario

Objectives for Activities 5–16

- Discuss ways to stay fit and healthy • Make suggestions • Talk about daily routine and personal care

REPASO Pronoun Placement

Where do you put direct or indirect object pronouns? Sometimes they are placed **before** the verb, and sometimes they **attach** to the verb.

Is the verb **conjugated**? You put the pronoun **before** the verb.

Sus consejos nos **ayudaron** mucho.
*Your advice **helped us** a lot.*

Are there two verbs? You put the pronoun **before** the **conjugated** verb or **attach** it to the **infinitive/-ndo** form.

La voy a **entrevistar**.
*I am going **to interview her.***

attached

Estábamos **mirándolo** el sábado pasado.
*We were **watching it** last Saturday.*

Remember that a written accent is often needed to retain correct pronunciation.

Practice:
Actividades 5 6 7

Más práctica
cuaderno pp. 69–70

Para hispanohablantes
cuaderno pp. 67–68

Online Workbook
CLASSZONE.COM

5 No dejes para mañana...

Escribir Tu profesor(a) de educación física te pregunta qué vas a hacer hoy para estar en forma, pero siempre le dices que vas a hacerlo mañana. *(**Hint:** Say what you'll do.)*

modelo

¿Haces ejercicio hoy?
No, voy a hacerlo mañana.
(No, lo voy a hacer mañana.)

1. ¿Comes alimentos saludables?
2. ¿Te entrenas hoy?
3. ¿Comes comidas con pocas calorías?
4. ¿Saltas la cuerda hoy?
5. ¿Practicas el atletismo hoy?
6. ¿Te estiras hoy?
7. ¿Bajas el estrés?
8. ¿Te relajas un poco hoy?
9. ¿Levantas pesas?
10. ¿Bebes suficiente agua hoy?

Nota cultural

El béisbol es el deporte más popular de Puerto Rico. Cuando la temporada profesional termina en Estados Unidos, comienza la liga del invierno en Puerto Rico, que dura desde finales de octubre hasta principios de febrero.

6 Primero

Hablar Pregúntale a tu compañero(a) en qué orden estas personas van a hacer las actividades mañana. *(Hint: Tell in what order these people will do these activities tomorrow.)*

modelo

tú: lavarse los dientes / ponerse la ropa

Compañero(a): *¿Qué vas a hacer primero mañana, lavarte los dientes o ponerte la ropa?*

Tú: *Voy a lavarme los dientes primero. (Me voy a lavar los dientes primero.)*

1. nosotros: despertarse / levantarse
2. tu hermano(a): cepillarse el pelo / lavarse el pelo
3. ustedes: acostarse / quitarse la ropa
4. unos amigos: secarse / bañarse
5. tu padre: ponerse la ropa /afeitarse
6. tú: peinarse / secarse el pelo
7. tú: arreglarse / acostarse
8. tu madre: levantarse / maquillarse
9. tú: ducharse / ponerse la ropa
10. tus padres: lavarse los dientes / despertarse

Vocabulario

Las preparaciones

acostarse (o → ue) *to lie down, to go to bed*
afeitarse *to shave oneself*
arreglarse *to get ready*
bañarse *to take a bath*
cepillarse el pelo *to brush one's hair*
despertarse (e → ie) *to wake up*
ducharse *to take a shower*
lavarse *to wash oneself*
lavarse los dientes *to brush one's teeth*
levantarse *to get up*
maquillarse *to put on makeup*
peinarse *to comb one's hair*
ponerse la ropa *to get dressed*
quitarse la ropa *to take off one's clothes*
secarse *to dry oneself*

¿Qué actividad haces primero?

7 El día de deportes

Hablar Tú y tus amigos están planeando un día de deportes en el parque. Pregúntale a tu padre qué necesitan ustedes. Luego cambien de papel. *(Hint: What do you need for your sports day?)*

modelo

Hijo(a): *¿Traigo los patines?*

Padre: *No, no necesitas traerlos. (No los necesitas traer.)*

1. 

2. 
3. 
4. 
5. 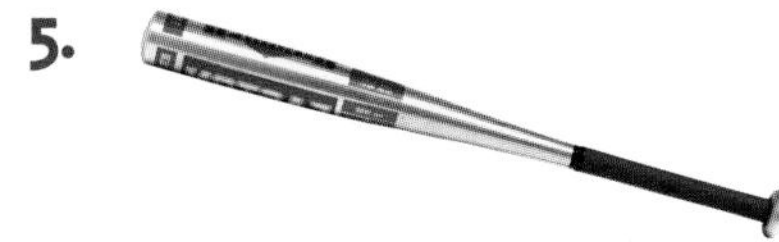
6. 

8 ¿Lógico o no?

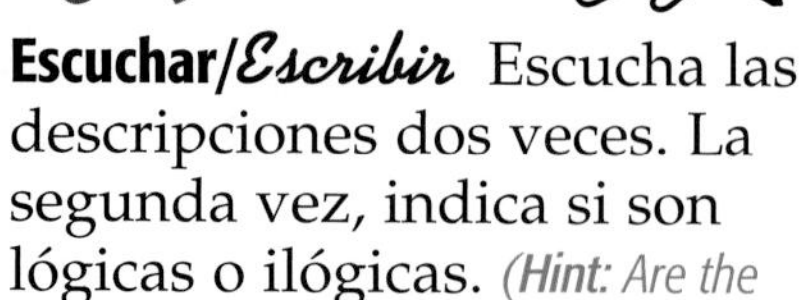

Escuchar/*Escribir* Escucha las descripciones dos veces. La segunda vez, indica si son lógicas o ilógicas. *(Hint: Are the descriptions logical?)*

1. ______
2. ______
3. ______
4. ______
5. ______
6. ______
7. ______
8. ______

More Practice: **Más comunicación** *p. R8*

Juego

Tu tío Tito te dio tu trompeta y te dijo: —La vas a tocar todos los días con tu tía Tania.

¿De quién es la trompeta?

GRAMÁTICA Give Formal Commands Using usted/ustedes

For regular **affirmative tú commands,** you know that you use the third person singular form of the verb in the present tense. But what do you use for **usted commands**?

- For **-ar** verbs, take the **yo form** of the verb and change the ending to **-e**.

  becomes: **siento** → **siente**

  No **siente** al niño delante de la televisión.
  *Don't **sit** the child in front of the television.*

- For **-er** and **-ir** verbs, take the **yo form** of the verb and change the ending to **-a**.

  becomes: **como** → **coma**

  Coma comidas nutritivas.
  ***Eat** nutritious foods.*

For **ustedes commands,** use plural endings.

becomes: **hablo** → **hablen**

Hablen español, por favor.
***Speak** Spanish, please.*

becomes: **escribo** → **escriban**

Escriban las respuestas.
***Write** the answers.*

Some common verbs have irregular **usted commands**:

	dar	estar	ir	saber	ser
usted	dé	esté	vaya	sepa	sea
ustedes	den	estén	vayan	sepan	sean

Elena dice:
—Por favor, **vayan** a hacer ejercicio hoy, no mañana.
*Please, **go** exercise today, not tomorrow.*

Verbs ending in **-car**, **-gar**, and **-zar** have a spelling change to preserve pronunciation: empezar→empiece

Practice:
Actividades 9 10 11

Más práctica *cuaderno p. 71*
Para hispanohablantes *cuaderno p. 69*

Online Workbook
CLASSZONE.COM

9 ¡Mejore su clase!

Escribir Imagínate que le aconsejas a un(a) profesor(a) cómo mejorar su clase. Escribe mandatos afirmativos o negativos. *(Hint: Write affirmative or negative commands.)*

modelo

cantar (más / menos) en clase

Cante más en clase.

(No cante más en clase.)

1. hablar (más/menos)
2. escuchar a los estudiantes
3. dar (más/menos) tarea
4. leer (más/menos) en clase
5. escribir (más/menos) en el pizarrón
6. traer comida para los estudiantes
7. tocar música en clase
8. llegar a tiempo todos los días
9. explicar todo
10. ser paciente
11. hacer (más/menos) preguntas
12. repetir las instrucciones
13. contestar todas las preguntas
14. usar la computadora (más/menos)
15. contar chistes

10 Para su bienestar

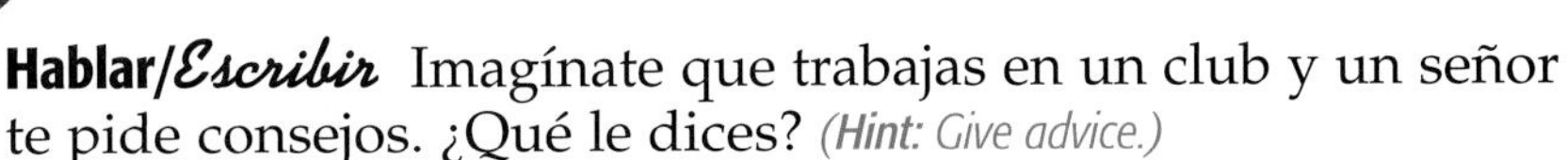

Hablar/*Escribir* Imagínate que trabajas en un club y un señor te pide consejos. ¿Qué le dices? *(Hint: Give advice.)*

modelo

¿Cuántas horas debo dormir? (ocho o nueve horas)

Señor: *¿Cuántas horas debo dormir?*

Tú: *Duerma ocho o nueve horas cada noche.*

1. ¿Hago ejercicios aeróbicos? (casi todos los días)
2. ¿Qué como? (alimentos nutritivos)
3. ¿Bebo café? (muy poco)
4. ¿Voy al club? (con frecuencia)
5. ¿Practico el atletismo? (para aliviar el estrés)
6. ¿Juego al béisbol? (después de estirarse)

11 Los diez consejos

Hablar/*Escribir* En un grupo, escriban una lista de diez consejos en orden de importancia para los adultos. Léanle la lista al resto de la clase, empezando con el último consejo. *(Hint: Write a "top ten" list of advice for adults, and read it backwards to the class.)*

modelo

1. Compren un carro nuevo.
2. Tengan paciencia.
3. Denles mucho dinero a sus hijos.

GRAMÁTICA Commands and Pronoun Placement

There are easy rules for pronoun placement in sentences with **commands.**

- In **affirmative** commands, the **pronoun follows** the **verb** and is attached to it.
- In **negative** commands, the **pronoun** goes **before** the **verb.**

	Affirmative	Negative
Usted command:	*attached* Por favor, señorita Elena, **escríbanos** aquí su autógrafo. *Please, Elena,* ***write*** *your autograph* ***for us*** *here.*	*before* No, **no nos escriba** su autógrafo con esa pluma. *No,* ***don't write*** *your autograph* ***for us*** *with that pen.*
Tú command:	**Háblame** antes del programa. ***Talk to me*** *before the show.*	**No me hables** antes del programa. ***Don't talk to me*** *before the show.*

Remember to add written **accents** to maintain stress on the correct syllable.

Practice: **Actividades** 

Más práctica *cuaderno p. 72*
Para hispanohablantes *cuaderno p. 70*

12 ¡Salud!

Hablar/*Escribir* Elena sabe mucho sobre cómo mantenerse saludable. Tomó unos apuntes de lo que piensa aconsejarle a la gente. Cambia cada apunte del infinitivo al imperativo. *(Hint: Give commands.)*

modelo

mantenerse sanos con comida nutritiva (sí)

Manténganse sanos con comida nutritiva.

1. divertirse con una rutina de ejercicio (sí)
2. levantarse muy tarde (no)
3. lavarse los dientes (sí)
4. relajarse (sí)
5. acostarse muy tarde (no)
6. ponerse ropa ligera (sí)
7. preocuparse por todo (no)
8. estirarse antes de correr (sí)
9. pelearse (no)
10. reírse mucho (sí)

13 ¿Qué deben comprar?

Leer/*Escribir* ¿Deben las siguientes personas comprar el artículo mencionado? Usa mandatos afirmativos y negativos para hacerles recomendaciones. *(Hint: Should these people buy these items?)*

modelo

Tenemos pelo sucio. (el perfume)

No lo compren.

1. En la mañana el sabor en la boca es feo. (la pasta de dientes)
2. Corro y levanto pesas. (el desodorante)
3. Tenemos las manos bastante secas. (el maquillaje)
4. Tenemos el pelo muy sucio. (el champú)
5. Queremos tener pelo más rizado. (los cepillos de dientes)
6. Necesito un regalo para una señorita elegante. (el perfume)
7. Tengo que afeitarme. (la loción)
8. Quiero secarme el pelo rápidamente. (el jabón)

Apoyo para estudiar

Pronoun Placement with Affirmative Commands

When you attach any object pronoun (direct, indirect, or reflexive) to an affirmative command of two or more syllables, add a written accent to the stressed syllable of the verb. Examples: **Escríbalo. Tráigame. Siéntese. Póngase la gorra. Acuéstese.** But… **Hazlo. Ponlos.**

Vocabulario

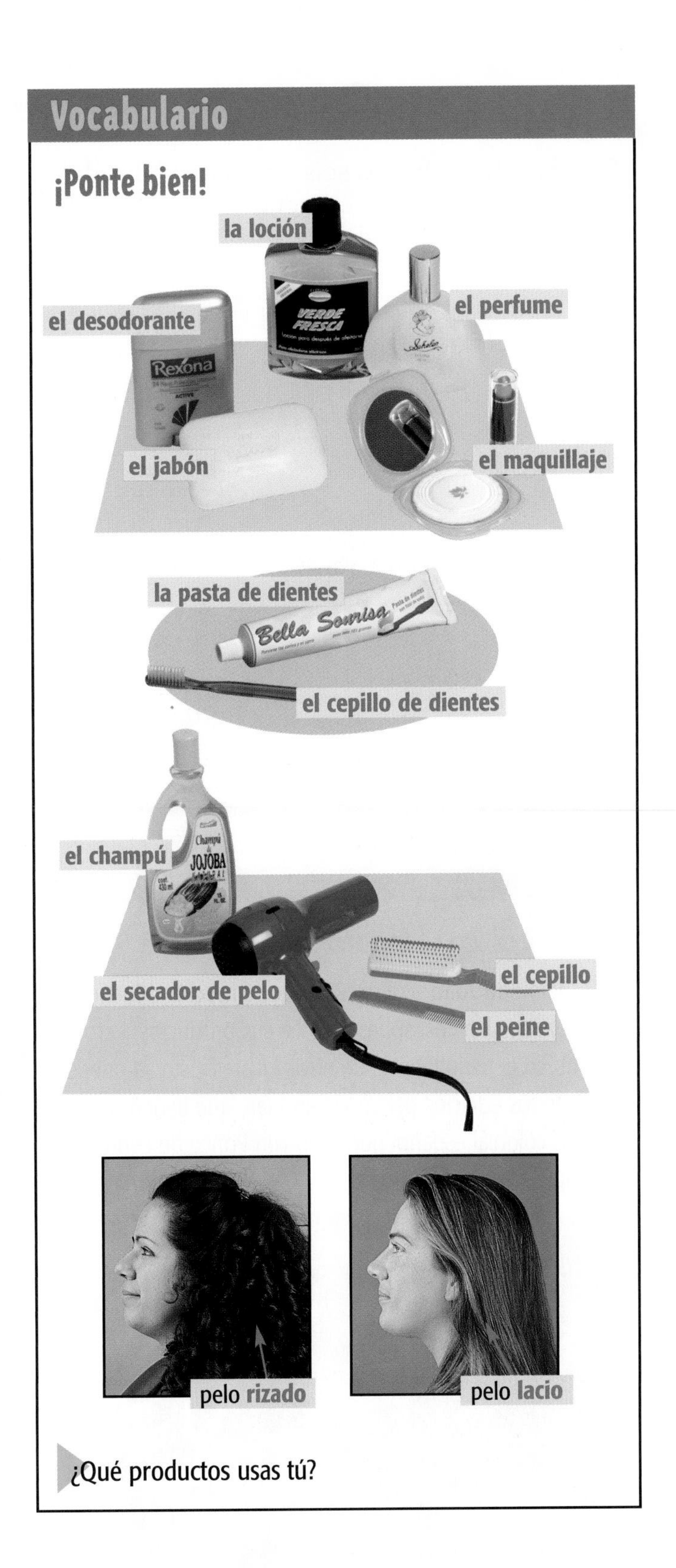

¿Qué productos usas tú?

14 ¿Qué venden?

Escuchar Escucha los seis anuncios del radio. ¿Qué producto quieren vender en cada anuncio? *(Hint: Tell what product is being advertised.)*

Nota cultural

El Viejo San Juan Puerto Rico recibe mucha influencia de Estados Unidos, sobre todo en sus productos. Pero también tiene influencia de otros lugares. Esto se puede ver en los edificios del Viejo San Juan, que tienen un estilo colonial español que llegó con Ponce de León en el siglo XVI.

15 Consejos locos

Hablar/Escribir Con otros(as) compañeros(as), usa el imperativo de los verbos reflexivos para escribir frases creativas que se puedan representar en clase. *(Hint: Give commands with reflexive verbs for classmates to act out.)*

modelo

ducharse

Dúchense con agua fría.

1. lavarse los dientes
2. maquillarse
3. lavarse el pelo
4. secarse el pelo
5. entrenarse
6. acostarse
7. levantarse
8. estirarse
9. peinarse
10. esconderse

16 ¡Háganlo!

Hablar Tú y tu compañero(a) de clase van a enseñarles a unos niños de la escuela primaria a mantenerse sanos. Decidan qué les van a enseñar usando las ideas de abajo. Luego practíquenlo con sus compañeros(as) de clase. *(Hint: Teach children to be healthy.)*

hacer ejercicio

lavarse los dientes

bailar

comer una dieta balanceada

preparar comidas nutritivas

Todo en acción

Activities 17–18 bring together all concepts presented.

17 Tu rutina

STRATEGY: SPEAKING

Use gestures to convey meaning

The more senses you use when you communicate, the more sense you make. Use physical actions, as well as words, when talking about your daily routine.

Hablar Con un grupo de compañeros(as), habla de tu rutina diaria. *(Hint: Talk about your daily routine.)*

1. ¿A qué hora te levantas? ¿A qué hora te acuestas?
2. ¿Qué haces después de levantarte?
3. ¿Qué comes y bebes por la mañana? ¿por la noche?
4. ¿Cómo te mantienes sano(a)?
5. ¿Cómo te relajas?

18 Los anuncios

Hablar/*Escribir* Con un(a) compañero(a), haz un anuncio (póster, video o presentación) para un producto de arreglo personal. Acuérdate de incluir lo siguiente. *(Hint: Create an ad for a personal care product.)*

- un mandato negativo (**usted** o **ustedes**)
- dos mandatos afirmativos (**usted** o **ustedes**)
- dos verbos reflexivos
- persuasión
- creatividad
- calidad

Champú El brillo
Cabello de lujo a bajo precio

¿Paga usted mucho por los productos para el pelo sin ver efectos positivos? No pierda más tiempo con su champú caro. ¡Haga un experimento!

Lávese el pelo todos los días con Champú El brillo. ¡Acuérdese! Si usted quiere tener cabello de lujo a bajo precio, **use Champú El brillo.**

More Practice: **Más comunicación** *p. R8*

Refrán

El ejercicio hace al maestro.

Este refrán quiere decir que si sigues intentando, un día lo vas a lograr. En grupos pequeños, inventen un juego para la clase donde los otros estudiantes tienen que intentar algo muchas veces antes de completar la actividad con éxito.

AUDIO

En voces

LECTURA

PARA LEER

STRATEGY: READING

Observe organization of ideas In a short reading, the number of paragraphs is often a clue to the number of key ideas. First, read the entire article quickly to get a general overview. Then reread each paragraph. On a copy of the chart below, give a title to each one.

Párrafo	Título
#1	
#2	
#3	
#4	
#5	
#6	

Puerto Rico: Lugar maravilloso

Puerto Rico es un lugar maravilloso para pasar las vacaciones porque tiene de todo. Tiene paisaje[1], deportes e historia. Y como es una isla pequeña puedes hacerlo todo en pocos días.

Si te gusta la naturaleza[2], no hay mejor lugar. En el interior de la isla hay varias reservas forestales y unas cuevas[3] muy importantes donde viven murciélagos[4] y donde se encuentran paredes de cristal.

Con el océano Atlántico al norte y el mar Caribe al sur, Puerto Rico tiene muchas playas. Algunas de las más famosas están cerca de San Juan en la costa atlántica, como Isla Verde, Luquillo y Condado. Para la gente que prefiere los deportes acuáticos, es posible hacer surfing o bucear[5]. Se puede explorar la isla por mar en un barco o a caballo en las playas y las montañas. Y si no te interesa ninguno de esos deportes, el béisbol también es muy popular en Puerto Rico.

---

[1] landscape [2] nature [3] caves [4] bats [5] scuba diving

Después de disfrutar las maravillas naturales de la isla, es hora de conocer San Juan. El centro de la capital, el Viejo San Juan, es un barrio de mucho ambiente[6] con casas, iglesias y edificios de la época colonial española. Hay muchas cosas que ver, como la catedral, la fortaleza San Felipe del Morro y los excelentes museos.

En el San Juan moderno está el Jardín Botánico de la Universidad de Puerto Rico. Aquí puedes ver todo tipo de flora puertorriqueña, hasta plantas exóticas y especies en peligro de extinción.

Si acaso después de ver tantas atracciones tienes hambre, puedes comer un plato típico de la isla como el asopao o el arroz con habichuelas. ¡Buen provecho!

el asopao

[6] atmosphere

¿Comprendiste?

1. ¿Por qué es Puerto Rico un buen lugar para pasar las vacaciones?
2. ¿Qué hay en el interior de la isla?
3. ¿Qué puedes hacer en la isla si te gusta el mar?
4. ¿Qué puedes ver en el Viejo San Juan?
5. ¿Qué lugar puedes visitar en el San Juan moderno?

¿Qué piensas?

1. Repasa tus apuntes sobre la organización del artículo. ¿De qué se trata cada párrafo?
2. ¿Por qué crees que el béisbol y el surfing son pasatiempos populares en Puerto Rico?
3. Tienes una semana en Puerto Rico. ¿Cómo vas a pasar tu tiempo? ¿Qué te gustaría hacer? ¿Por qué?

En uso

REPASO Y MÁS COMUNICACIÓN

OBJECTIVES

- Discuss ways to stay fit and healthy
- Make suggestions
- Talk about daily routine and personal care

Now you can...

- talk about daily routine and personal care.

To review

- pronoun placement, see p. 186.

1 ¡No lo encuentro!

Una señora está arreglándose y no puede encontrar muchas cosas. ¿Qué dice? *(Hint: Tell what she says when she can't find what she needs.)*

modelo

¿Dónde está mi cepillo? ¡No lo encuentro y tengo que usarlo!

Now you can...

- talk about daily routine and personal care.

To review

- pronoun placement, see p. 186.

2 Un momento...

Francisco está arreglándose para la entrevista. ¿Qué le dice a su prima cuando toca a la puerta del baño? *(Hint: Tell what Francisco says when his cousin knocks on the bathroom door.)*

modelo

bañarse

Un momento. Me estoy bañando. (Estoy bañándome.)

1. lavarse el pelo
2. secarse
3. afeitarse
4. peinarse
5. ponerse la ropa
6. cepillarse el pelo

Now you can...
- discuss ways to stay fit and healthy.
- make suggestions.

To review
- formal **usted/ustedes** commands, see p. 188.

3 ¡Manténganse sanos!

Elena les da consejos a sus admiradores. ¿Qué les dice?
(Hint: Tell what advice Elena gives to her fans.)

modelo

hacer ejercicio para bajar el estrés
Hagan ejercicio para bajar el estrés.

1. participar en varios deportes
2. correr para quemar calorías
3. caminar en el parque para relajarse
4. llevar una dieta balanceada
5. tomar suficiente agua
6. dormir ocho horas
7. vivir una vida saludable
8. estirarse para relajarse

Now you can...
- discuss ways to stay fit and healthy.
- make suggestions.

To review
- commands and pronoun placement, see p. 190.

4 Unas respuestas

Elena contesta las preguntas de sus admiradores. ¿Qué dice?
(Hint: Tell how Elena answers her fans' questions.)

modelo

¿Debo comer papas fritas? *No, no las coma.*
¿Debo mantenerme sano? *Sí, manténgase sano.*

1. ¿Debo comer frutas?
2. ¿Debo entrenarme todos los días?
3. ¿Debo beber mucho café?
4. ¿Debo estirarme antes de correr?
5. ¿Debo tomar muchos refrescos?
6. ¿Debo comer muchos dulces?
7. ¿Debo practicar deportes?
8. ¿Debo hacer ejercicio con frecuencia?
9. ¿Debo acostarme muy tarde?
10. ¿Debo tomar mucha agua?
11. ¿Debo relajarme después de correr?
12. ¿Debo levantar pesas?

5 Nuestras rutinas

STRATEGY: SPEAKING

React to daily routines As you compare daily routines, you will find similarities and differences. You often signal your general response before specifically telling how alike or different your schedules are.

To do this, use expressions like **yo también / ni yo tampoco / yo no / lo mismo para mí / no, al contrario / ¿de veras? / ¡no me digas!**

Haz una tabla con siete actividades y las horas correspondientes. Luego, en parejas, háganse preguntas para comparar sus rutinas. *(Hint: Make a chart and compare routines.)*

modelo

Tú: *Me despierto a las seis. ¿Y tú?*

Compañero(a): *Yo también, pero no me levanto hasta las seis y cinco. ¿A qué hora te levantas?*

Rutina diaria		
Hora	Actividad	Horario de mi compañero(a)
6:00	me despierto	6:00
6:15	me levanto	6:05
6:20	me baño	6:10

6 ¡Hagan ejercicio!

Tú eres maestro(a) de ejercicios aeróbicos. Dales consejos a tus clientes y contesta sus preguntas sobre la salud. *(Hint: Give advice.)*

modelo

Tú: *Relájense después de hacer ejercicio. Caminen en el parque.*

Compañero(a): *¿Debemos hacer ejercicio todos los días?*

Tú: *Sí, háganlo todos los días para mantenerse fuertes y sanos.*

7 En tu propia voz

ESCRITURA Imagínate que trabajas para un programa de salud y un señor te pide consejos. Hazle una lista de consejos apropiados. Incluye tres mandatos afirmativos y tres mandatos negativos. *(Hint: Give health advice.)*

modelo

1. *Haga ejercicio todos los días.*
2. *No coma…*

CONEXIONES

Las ciencias En Puerto Rico, hay un pueblo que se llama La Parguera al pie de la Bahía Fosforescente. Hay una luminosidad (*glow*) que viene del agua. ¿Qué significa **fosforescente**? ¿Por qué se ilumina el agua de esta bahía? ¿Bajo qué circunstancias puedes ver esta luminosidad? Investiga estas preguntas y comparte las respuestas con la clase.

En resumen

REPASO DE VOCABULARIO

DISCUSS WAYS TO STAY FIT AND HEALTHY

Diet and Exercise

el bienestar	*well-being*
crecer	*to grow*
la energía	*energy*
mantenerse sano(a)	*to be healthy*
relajarse	*to relax*
saludable	*healthy*

Diet

la alimentación	*nourishment*
el alimento	*food*
balanceado(a)	*balanced*
la caloría	*calorie*
la dieta	*diet*
nutritivo(a)	*nutritious*

Exercise

el atletismo	*athletics*
entrenarse	*to train*
estirarse	*to stretch*
el estrés	*stress*
sudar	*to sweat*

MAKE SUGGESTIONS

aconsejar	*to advise*
el (los) consejo(s)	*advice*
deber	*should, ought to*

TALK ABOUT DAILY ROUTINE AND PERSONAL CARE

Daily Routine

acostarse (o → ue)	*to lie down, to go to bed*
afeitarse	*to shave oneself*
arreglarse	*to get ready*
bañarse	*to take a bath*
cepillarse el pelo	*to brush one's hair*
despertarse (e → ie)	*to wake up*
ducharse	*to take a shower*
lavarse	*to wash oneself*
lavarse los dientes	*to brush one's teeth*
levantarse	*to get up*
maquillarse	*to put on makeup*
peinarse	*to comb one's hair*
ponerse la ropa	*to get dressed*
quitarse la ropa	*to take off one's clothes*
secarse	*to dry oneself*

Personal Care

el cepillo	*hairbrush*
el cepillo de dientes	*toothbrush*
el champú	*shampoo*
el desodorante	*deodorant*
el jabón	*soap*
lacio	*straight (hair)*
la loción	*after-shave lotion*
el maquillaje	*makeup*
la pasta de dientes	*toothpaste*
el peine	*comb*
el perfume	*perfume*
rizado	*curly (hair)*
el secador de pelo	*hair dryer*

Juego

Lee las pistas y di qué necesitan Marta, Antonio y Beatriz.

Marta se lavó el pelo.
Antonio debe levantarse.
Beatriz quiere ducharse.

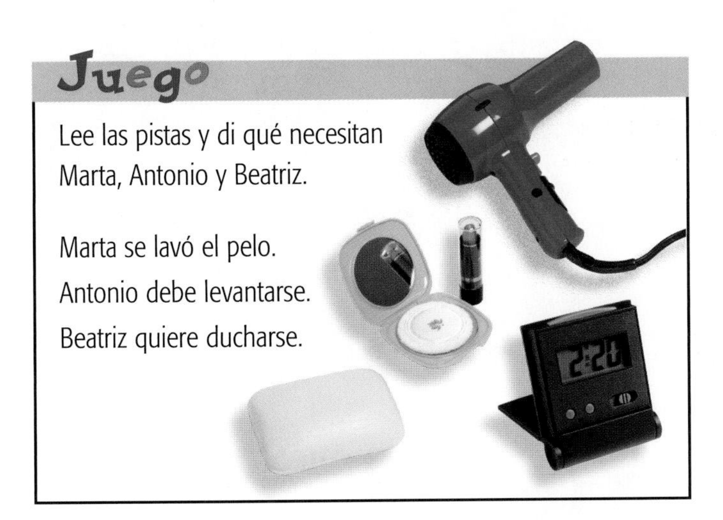

UNIDAD 3

Preparaciones

OBJECTIVES

- Discuss beach activities
- Tell someone what to do
- Talk about chores
- Say if something has already been done

¿Qué ves?

Mira la foto de la playa y contesta las preguntas.

1. ¿Conoces a algunas personas de la foto? ¿A quién(es)?
2. ¿Qué hacen estas personas?
3. ¿Por qué crees que están allí?
4. ¿Qué puedes llevar a la playa?

Preparación para el diálogo

En contexto

VIDEO DVD AUDIO

VOCABULARIO

Aquí Francisco y Susana se divierten en una de las hermosas playas de Puerto Rico.

A En este día hermoso, Susana y Francisco están en **la orilla** del **océano** Atlántico. ¡Están preparados!

Susana llevó **la sombrilla de playa** y **la loción protectora** para **proteger la piel** de **quemaduras.** Si no usan loción protectora, el sol los puede **quemar** porque es muy fuerte.

Francisco llevó **una toalla** para sentarse en **la arena.** Como la arena está muy caliente, tienen **sandalias.**

Francisco y Susana también llevaron **una neverita** con refrescos y piensan encontrar **caracoles** para tener de recuerdo.

B **El agua de coco** es deliciosa y quita la sed que da el sol. El coco crece en **la palma.** En Puerto Rico, Susana y Francisco ven muchos **palmares,** o grupos de palmas.

C También ellos ven a **un pescador** que disfruta de **las olas** en su **bote** mientras pesca.

Preguntas personales

1. ¿Te gusta ir a la playa? ¿Cuál es tu playa favorita?
2. ¿Hay una playa cerca de donde vives?
3. Cuando vas a la playa, ¿qué llevas?
4. Cuando estás en la playa, ¿prefieres nadar o buscar caracoles? ¿Por qué?

VIDEO DVD AUDIO

En vivo

DIÁLOGO

Tío Rodrigo

Susana

Francisco

PARA ESCUCHAR • STRATEGY: LISTENING

Listen and categorize information Categorizing information often helps provide a framework for examining a subject. Tía Julia is trying to get everyone to share certain responsibilities. Listen and think of two categories into which these tasks would fit. What did you come up with?

La casa de los tíos

1 ▶ **Tía Julia:** ¿Dónde están todos? Ya estamos atrasados. ¡Rodrigo!
Tío Rodrigo: ¿Sí, mi amor?
Tía Julia: No me dejes los platos sucios. Lavar los platos es tu quehacer, no el mío.

5 ▶ **Tío Rodrigo:** Aquí está la cartera. Y acabo de lavar los platos.
Tía Julia: Gracias, Rodrigo. Bien. Tenemos loción protectora, toallas, gafas de sol, sandalias.

6 ▶ **Tío Rodrigo:** ¿Qué más hago, Julia?
Tía Julia: A ver… ah, ¡sí! Pon la neverita con los sándwiches y el agua en el carro. Y la sombrilla de playa también.

7 ▶ **Tía Julia:** Tenemos todo lo que necesitamos para ir a la playa. Tenemos el almuerzo. La casa está limpia…
Tío Rodrigo: ¡Julia! Vamos, no queremos llegar tarde. ¡Date prisa!

2 ▶ **Tío Rodrigo:** Sí, ya lo sé, y me encanta lavarlos.
Tía Julia: Rodrigo, ¡lava los platos antes de salir de esta casa!
Tío Rodrigo: Sí. Claro, claro.

3 ▶ **Susana:** ¡Voy a ser una estrella!
Tía Julia: Susana, por favor, no corras por la casa. ¿Ya hiciste la cama?
Susana: No, no la hice.
Tía Julia: Vete y haz la cama inmediatamente. ¡Y limpia tu cuarto!

4 ▶ **Francisco:** Buenos días. ¿Ya estás lista?
Tía Julia: Ay, no. ¡Qué revolú hay en esta casa!
Francisco: ¿Cómo te ayudo?
Tía Julia: Por favor, pasa la aspiradora en la sala y saca la basura.

8 ▶ **Francisco:** ¡Qué precioso está el mar! Y la arena es tan suave.
Tío Rodrigo: Sí, tenemos playas bien lindas aquí. Con la arena suave, las olas y las palmas, es un paraíso tropical.

9 ▶ **Susana:** ¡Mira el caracol, papi! ¿No es bonito? Lo encontré en la orilla.
Tío Rodrigo: Sí, es muy bonito. Susana, por favor, ponte la loción protectora.

10 ▶ **Susana:** ¡Miren! ¡Allí está Elena Suárez y su equipo de televisión! Voy a ser estrella. Voy a ser estrella…

En acción

PARTE A

Comprensión del diálogo

For Activities 1–2, refer to the dialog on pages 204–205.

Tía Julia

Tío Rodrigo

Susana

Francisco

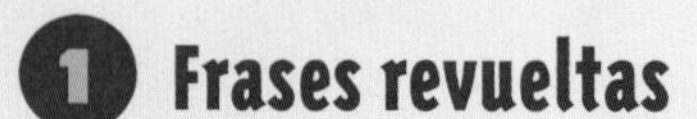

1 Frases revueltas

Escuchar Combina frases de las dos columnas para describir el diálogo.
(Hint: Match phrases to describe the dialog.)

1. Tío Rodrigo debe
2. Susana quiere
3. Susana necesita
4. Tía Julia dice que tío Rodrigo debe
5. Tía Julia dice que Francisco puede
6. Susana debe

a. lavar los platos.
b. ponerse loción protectora en la piel.
c. ser una estrella.
d. pasar la aspiradora.
e. hacer la cama.
f. poner la neverita en el carro.

2 ¿Ocurrió?

Escuchar/Leer Lee las oraciones e indica cuál no ocurrió en el diálogo.
(Hint: Which didn't occur?)

1. Tío Rodrigo no...
   a. le trae la cartera a su esposa
   b. prepara los sándwiches
   c. ayuda en casa
   d. lava los platos
2. Susana no...
   a. está contenta porque va a salir en la televisión
   b. tiene que pasar la aspiradora
   c. corre en la casa
   d. tiene que hacer la cama
3. Francisco no...
   a. le ofrece ayuda a tía Julia
   b. saca la basura
   c. pone la neverita en el carro
   d. admira la playa
4. Tía Julia no...
   a. organiza el viaje a la playa
   b. necesita lavar los platos
   c. dice que no está lista para ir a la playa
   d. prepara el almuerzo
5. Francisco y su familia no...
   a. limpian la casa
   b. hacen los quehaceres
   c. van a la playa
   d. comen una cena grande

También se dice

Tía Julia usa la frase **¡Qué revolú!** para hablar de la falta de organización de su casa. Esta frase, que es popular en Puerto Rico, viene de la palabra **revolución.** Quiere decir que un lugar está muy sucio o desordenado.

PARTE B

Práctica del vocabulario

Objectives for Activities 3–4
- Discuss beach activities

3 Por la mañana

Hablar ¿Qué hace Chela, la amiga de Francisco? Compara su rutina con la tuya. *(**Hint:** Describe her routine and compare it with yours.)*

modelo

Tú: *Chela se despierta a las seis. ¿A qué hora te despiertas?*

Compañero(a): *Me despierto a las siete. ¿Y tú?*

Tú: *Me despierto a las cinco y media.*

1.

2.

3.
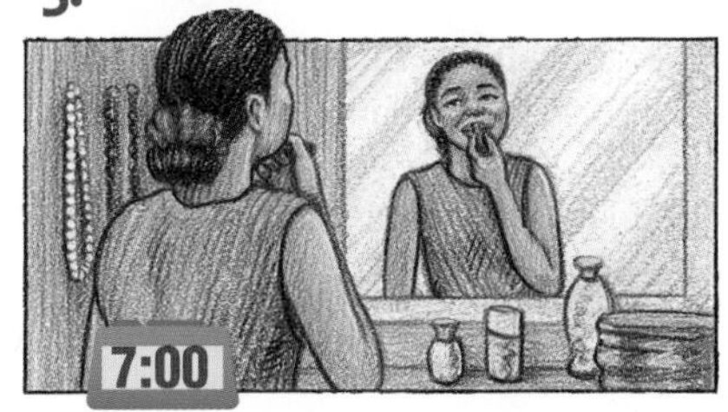

4.

5.
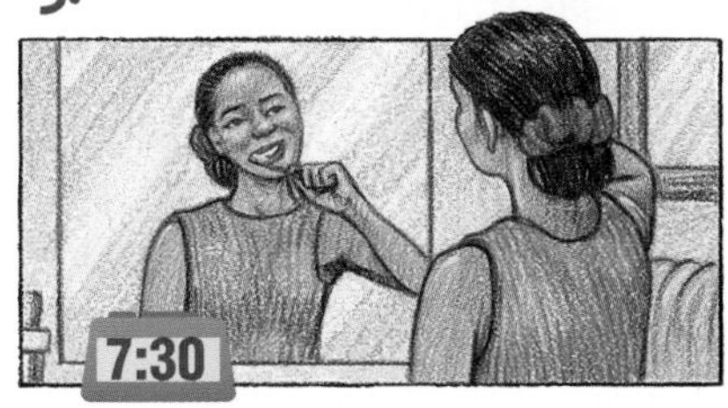

6.

4 ¿Qué prefieres?

Hablar Imagínate que tú y un(a) compañero(a) van a la playa. ¿Qué dicen? *(**Hint:** Talk about beach preferences.)*

modelo

sentarse en la sombra / sentarse al sol

Tú: *¿Prefieres sentarte en la sombra o sentarte al sol?*

Compañero(a): *Prefiero sentarme al sol.*

1. ir a una playa de rocas / ir a una playa de arena
2. nadar / tomar el sol
3. usar una sombrilla de playa para proteger la piel / usar loción protectora
4. nadar en olas grandes / nadar en olas pequeñas
5. llevar una toalla bonita / llevar una toalla grande
6. buscar caracoles / nadar
7. llevar comida en una neverita / comprar comida en un café
8. caminar a orillas del mar / andar en bote por el océano
9. beber agua de coco / beber refrescos
10. nadar / jugar al voleibol

Práctica: gramática y vocabulario

Objectives for Activities 5–15

- Tell someone what to do • Discuss beach activities • Talk about chores • Say if something has already been done

REPASO Affirmative tú Commands

¿RECUERDAS? *p. 190* You have already reviewed pronoun placement with commands. Remember, to form **affirmative tú commands,** all you do is use the third person singular **(él/ella/usted)** form of the verb in the present tense.

third person, present tense	tú command
Rodrigo **pasa** la aspiradora los sábados, pero nunca **saca** la basura. *Rodrigo **vacuums** on Saturdays, but he never **takes out** the trash.*	Por favor, **pasa** la aspiradora en la sala, y después **saca** la basura. *Please **vacuum** in the living room, and then **take out** the trash.*

Remember that **hacer, ser,** and **ir** are irregular in the **tú command** form.

hacer

Vete, hija, y **haz** la cama inmediatamente.
*Go, daughter, and **make** the bed right away.*

ser, ir

Sé bueno. **Ve** a mi cuarto y **tráeme** mis sandalias.
***Be** good. **Go** to my room and **bring me** my sandals.*

Remember that object pronouns attach to **affirmative commands.**

These five verbs have **tú command** forms that are also irregular. For each, take the present tense of the **yo** form and drop the **-go** ending.

	yo form	tú command
decir	di**go**	di
poner	pon**go**	pon
salir	sal**go**	sal
tener	ten**go**	ten
venir	ven**go**	ven

Practice: **Actividades** 5 6 7

Más práctica *cuaderno p. 77*

Para hispanohablantes *cuaderno p. 75*

Online Workbook CLASSZONE.COM

5 ¡A la playa!

Escribir Tu hermana menor va a la playa con sus amigos. Escríbele una lista de cosas que debe hacer. *(**Hint:** Write affirmative commands.)*

modelo

traer bastante agua

Trae bastante agua.

1. despedirse de papá
2. proteger la piel
3. ponerse loción protectora
4. tener cuidado
5. escuchar la radio
6. llegar a casa a las siete
7. traer un almuerzo saludable
8. salir con los amigos
9. usar las sandalias
10. terminar la tarea
11. ir a la playa más bonita
12. ser buena
13. buscar caracoles
14. jugar al voleibol
15. sacar fotos

6 La casa sucia

Hablar Después de una fiesta, tu hermano(a) te ayuda a limpiar la casa. ¿Qué le dices? *(Hint: Give the commands.)*

modelo

lavar los platos

Hermano(a): *¿Lavo los platos?*

Tú: *Sí, lávalos.*

1. barrer el piso
2. hacer la limpieza
3. pasar la aspiradora
4. limpiar el cuarto
5. cortar el césped
6. preparar la comida
7. quitar el polvo
8. sacar la basura
9. planchar la ropa
10. hacer la cama

Vocabulario

Los quehaceres

barrer el piso *to sweep the floor*
cortar el césped *to cut the grass*
hacer la limpieza *to do the cleaning*
lavar los platos *to wash the dishes*
limpiar el cuarto *to clean the room*
limpio(a) *clean*
pasar la aspiradora *to vacuum*
planchar *to iron*
los quehaceres *chores*
quitar el polvo *to dust*
sacar la basura *to take out the trash*
sucio(a) *dirty*

¿Qué haces en tu casa para ayudar?

7 Los quehaceres

Escuchar/Hablar Escucha estos seis mandatos de tu mamá y mira el dibujo. Luego dile a tu mamá si tienes todo lo que necesitas para hacer lo que ella quiere. *(Hint: Do you have the necessary items?)*

Puerto Rico

Nota cultural

Después de las clases ¿Tienes que hacer los quehaceres de la casa antes de salir con tus amigos? Como en Estados Unidos, en los países hispanos los jóvenes hacen varias actividades después de las clases. Muchos practican deportes o salen con amigos al parque o a un café. Otros regresan a la casa para ayudar con los quehaceres. ¡Y todos tienen que hacer la tarea para la escuela!

REPASO Negative **tú** Commands

¿RECUERDAS? *p. 208* You already know how to form **affirmative tú commands.** However, when you're telling someone not to do something you use another form, a **negative tú command.**

To form the **negative tú command,** you take the **yo form** of the verb in the present tense and:

- Change the ending to **-es** for **-ar** verbs.

dejar dejo ¡**No** me dejes los platos sucios!
Don't leave *me the dirty dishes!*

Remember that in **negative commands,** the pronoun is placed before the verb.

- Change the ending to **-as** for **-er** and **-ir** verbs.

creer creo Rodrigo, **no** creas que voy a olvidar los platos.
*Rodrigo, **don't think** I'm going to forget the dishes.*

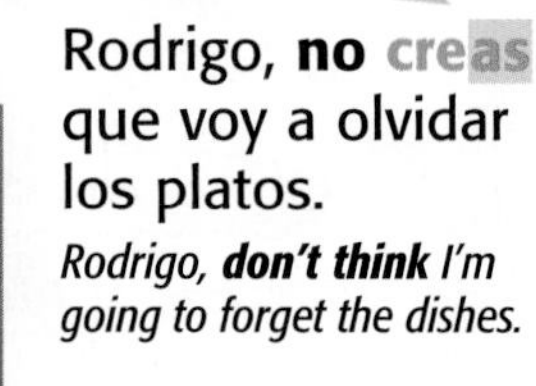

Remember that some verbs will require spelling changes to keep pronunciation consistent:
llego → llegues

These verbs have **negative tú commands** that are irregular.

	negative tú command
dar	no des
estar	no estés
ir	no vayas
saber	no sepas
ser	no seas

Practice: Actividades 8 9 10

Más práctica *cuaderno pp. 78–79*
Para hispanohablantes *cuaderno pp. 76–77*

Online Workbook
CLASSZONE.COM

8 ¡No te preocupes!

Hablar/*Escribir* La abuela de Francisco se preocupa mucho. ¿Qué le aconsejó a Francisco antes de su viaje? Usa el mandato negativo de **tú.** *(Hint: Write negative commands.)*

modelo
beber el agua
No bebas el agua.

1. nadar en el mar por la noche
2. llevar mucho equipaje
3. ser malo
4. comer mucho azúcar
5. ir con personas que no conoces
6. estar nervioso
7. acostarse tarde todas las noches
8. darles tu dinero a los demás
9. hablar con personas que no conoces
10. perder las maletas

9 Una solución

STRATEGY: SPEAKING

Improvise Develop spontaneity when speaking Spanish. Here you can practice speaking "on impulse" by giving an unexpected or illogical solution (**¿Corto el césped?**) to the problem (**Mi cuarto está sucio.**).

Hablar/Leer Con un(a) compañero(a) lee los problemas y las soluciones. Usa el mandato negativo para decir que las soluciones son ilógicas. Luego da una mejor solución. *(Hint: Read the problems, and then solve them correctly.)*

modelo

Mi cuarto está sucio. (cortar el césped)

Compañero(a): *Mi cuarto está sucio. ¿Corto el césped?*

Tú: *No, no cortes el césped. Limpia tu cuarto.*

En la casa...

1. Mi casa es un desastre. (planchar la ropa)
2. El piso no está limpio. (quitar el polvo)
3. La basura está llena. (hacer la cama)

En la playa...

4. No quiero una quemadura. (hacer un castillo de arena)
5. Quiero tomar el sol. (sentarse debajo de una palma)
6. La arena me está quemando los pies. (ponerse un traje de baño)

10 ¿Qué hago?

Hablar Tú tienes muchos problemas y hablas con el (la) consejero(a) de tu escuela. ¿Qué te dice? *(Hint: Discuss problems.)*

modelo

estar aburrido(a)

Tú: *Estoy aburrido(a).*

Consejero(a): *Lee un libro interesante.*

Tú	Consejero(a)
sacar malas notas	leer un libro interesante
no poder dormir	buscar un trabajo
estar aburrido(a)	no ver la televisión
no tener dinero	no escuchar la radio
no hacer la tarea	participar en más actividades
estar triste	no trabajar tanto
nunca ir a la escuela	poner música tranquila
no tener suficientes amigos	levantarse temprano
	ir a la escuela
	cambiar de horario

More Practice: **Más comunicación** *p. R9*

REPASO Adverbs Ending in -mente

Remember that some **adverbs** tell you how an action takes place: *quickly, slowly, reluctantly*. In English adverbs often end in **-ly.** In Spanish they often end in **-mente.**

Caminó **lentamente.**

*He walked **slowly.***

To make **adverbs** of this type, add **-mente** to the **feminine** form of the **adjective.**

From **desafortunado/ desafortunada**:

¿Estás lista para la playa?
Desafortunadamente, no.

*Are you ready for the beach? **Unfortunately,** no.*

If the adjective doesn't have masculine and feminine forms, but just a **single** form, add **-mente** to the **single** form.

From **frecuente**:

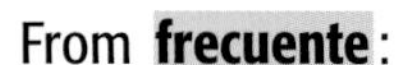

Hablo en clase **frecuentemente.**

*I **frequently** speak in class.*

And don't forget the accents! They go where they would if there were no **-mente.**

Since feliz has no accent, felizmente doesn't either.

Felizmente, los adverbios se hacen muy **fácilmente.**

Happily,** adverbs are made **easily.

But since fácil has an accent, fácilmente does too.

Vocabulario

Adverbs Ending in -mente

especialmente *especially*
inmediatamente *immediately*
normalmente *normally*
rápidamente *quickly*
recientemente *recently*
típicamente *typically*
tranquilamente *calmly*

¿Cómo haces las cosas?

Practice: **Actividades** 11 12 13

Más práctica *cuaderno p. 80*
Para hispanohablantes *cuaderno p. 78*

11 En Puerto Rico

Leer/*Escribir* Completa las observaciones de Francisco en Puerto Rico con adverbios que terminen en **-mente.** Usa un adverbio diferente para cada oración. *(Hint: Complete Francisco's observations.)*

típicamente	**frecuentemente**
normalmente	**especialmente**
tranquilamente	**lentamente**
desafortunadamente	**inmediatamente**

modelo

Mi familia _____ va a la playa los fines de semana.

Mi familia normalmente va a la playa los fines de semana.

1. En el Viejo San Juan, los edificios son _____ antiguos.
2. A mis parientes les gusta nadar en el océano Atlántico, _____ cuando hace mucho calor.
3. Tío Rodrigo _____ va a un partido de béisbol.
4. Por las tardes, muchas personas caminan _____ por la orilla del océano.
5. La economía de algunos países _____ tiene problemas.
6. Los puertorriqueños _____ hablan español e inglés.
7. Tengo que salir _____ para mi entrevista con Elena Suárez.
8. Cuando tiene mucho tiempo, tía Julia hace la limpieza _____ .

12 ¿Cómo lo haces?

Hablar Habla con un(a) compañero(a) de la manera en que haces las siguientes actividades, usando adverbios con **-mente.** *(Hint: Talk with a classmate.)*

modelo

hablar español (fácil / difícil)

Compañero(a): *¿Cómo hablas español?*

Tú: *Hablo español fácilmente.*

1. dormir (profundo / ligero)
2. correr (rápido / lento)
3. viajar (frecuente / raro)
4. esperar (paciente / impaciente)
5. aprender las matemáticas (fácil / difícil)
6. levantarse por la mañana (rápido / lento)

13 Unas actividades

Hablar/*Escribir* Describe cómo haces cinco actividades, utilizando una palabra que termine en **-mente.** Después pregúntales a cinco compañeros(as) si lo hacen así también. Luego haz una tabla con los resultados. *(Hint: Describe doing activities and poll classmates. Chart results.)*

Actividades	Yo	Pablo
esquiar	Esquío rápidamente.	
bailar	Bailo locamente.	
hablar	Hablo en clase frecuentemente.	
llevar	Llevo sandalias normalmente.	
cortar	Me corté el pelo recientemente.	

14 En la playa

Hablar Estás en la playa con tus parientes y tus amigos. Ellos acaban de hacer estas actividades. Díselo a tu compañero(a). *(Hint: Tell your classmate about the following people.)*

modelo

tú / ponerse loción protectora

Compañero(a): *¿Ya te pusiste loción protectora?*

Tú: *Sí, acabo de ponerme loción protectora. (Sí, acabo de ponérmela.)*

Nota: Gramática

When saying what you have already done, use **ya.** To say what you have just done, use **acabar de** + an infinitive.

¿Ya hiciste la cama? *Did you **already** make your bed?*

Sí, acabo de hacerla. *Yes, **I (have) just** made it.*

1. tú / abrir la sombrilla de playa
2. tu madre / buscar caracoles
3. tus compañeros(as) / hablar con un pescador
4. ustedes / proteger la piel
5. yo / contarte un chiste
6. tu amigo(a) / salir en bote
7. tus amigos(as) / beber agua de coco
8. tú / sacar un refresco de la neverita
9. ustedes / jugar al voleibol
10. tu padre / secarse con la toalla

15 ¿Ya?

Escuchar/Hablar Escucha las siguientes conversaciones e indica si la segunda persona ya hizo el favor o si va a hacerlo. *(Hint: Tell whether the second person already completed the task or is going to.)*

Va a hacerlo.

modelo

Susana

Sí, Susana acaba de hacerlo.

1. Francisco
2. Francisco
3. Susana
4. tío Rodrigo
5. tía Julia
6. Susana

Nota cultural

El manatí ¿Sirenas (*mermaids*) en Puerto Rico? Hace muchos años, los marineros vieron por primera vez el manatí y pensaron que era una mujer con cola de pez. Y así continúa el mito de la sirenita.

PARTE D

Todo en acción

Activities 16–17 bring together all concepts presented.

16 Unas sugerencias 

Hablar/*Escribir* Con un(a) compañero(a), escriban una lista de sugerencias para un(a) estudiante que va a tomar la clase de español el año que viene. Léele la lista a la clase. *(**Hint:** Write suggestions for a student who will be taking Spanish next year.)*

- Llega a clase a tiempo.
- No hables inglés en clase.
- Escucha mucha música latina.
- Trata de hablar mucho español. (No es necesario hablar perfectamente.)
- No duermas en clase.

17 Una playa de Puerto Rico

Hablar Mira la foto de una playa de Puerto Rico. Túrnense para hacer oraciones sobre lo que pasa. ¡Ojo! Cada persona tiene que repetir las oraciones de los demás. *(**Hint:** Take turns making sentences about the photo, repeating the sentences of others in your group.)*

modelo

Hay arena.

Hay arena y un palmar.

More Practice: **Más comunicación** *p. R9*

Online Workbook
CLASSZONE.COM

Refrán

No dejes para mañana lo que puedes hacer hoy.

En grupos pequeños, hagan una lista de cosas que deben hacer hoy en lugar de mañana. Luego comparen su lista con la lista de otro grupo.

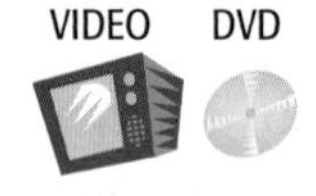

CULTURA Y COMPARACIONES

El Yunque

Bienvenidos a El Yunque, el único bosque tropical del Servicio Forestal Nacional de Estados Unidos. El parque queda a 25 millas de San Juan. Hoy vamos a conocerlo. Este maravilloso parque te va a sorprender.

¡Hay tantas cosas interesantes en El Yunque! Hay una variedad tremenda de plantas. En el parque encuentras 240 clases de árboles y varias clases de plantas y flores. Saca fotos de los magníficos cedros[1], el bambú y los helechos[2]. Trepa a un árbol. Y nota el perfume tan agradable de las flores. Es el perfume de las pequeñas orquídeas que crecen por todas partes. Escucha bien

[1] cedars [2] ferns

PARA CONOCERNOS

STRATEGY: CONNECTING CULTURES

Recognize unique natural wonders **El Yunque** is the only tropical rain forest (**bosque tropical**) that is part of the U.S. National Forest Service. From your reading and your own knowledge, define the major characteristics of a tropical rain forest.

Características de un bosque tropical
Clima:
Animales:
Plantas:

What other U.S. national parks can you name?

Esta guía te cuenta de El Yunque.

Bosque Nacional

el canto de los pájaros. El Yunque es un refugio de aves[3] donde puedes ver el casi extinto loro[4] puertorriqueño. No hagas ruido y vas a oír el coquí, la rana indígena que recibió su nombre del sonido que hace, «coquí-coquí-coquí».

Ahora vamos a caminar por un sendero[5] y subir hasta El Toro. A unos 3.530 pies de altura, El Toro es el pico más elevado del parque. ¡No te canses! Después seguimos hasta las cataratas[6]. ¡Ten cuidado! ¡No te caigas al agua!

No te preocupes si empieza a llover durante tu visita. En el parque hay muchos lugares de recreo y centros de información donde puedes buscar refugio. No te vayas de El Yunque sin ir al Centro Forestal tropical, El Portal, para ver exhibiciones y una película sobre El Yunque. Siéntate en el patio y disfruta el panorama de este paraíso tropical.

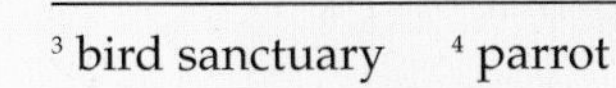

[3] bird sanctuary [4] parrot [5] path [6] waterfalls

More About Puerto Rico
CLASSZONE.COM

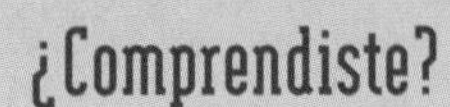

¿Comprendiste?

1. ¿Qué es El Yunque? ¿Dónde está?
2. ¿Qué árboles y plantas puedes ver en El Yunque?
3. ¿Qué animales viven en El Yunque?
4. ¿A qué lugares te llevan los senderos?
5. ¿Qué haces si empieza a llover?

¿Qué piensas?

Compara otro parque nacional en Estados Unidos con El Yunque.

Hazlo tú

Ya hiciste una excursión por El Yunque. Ahora, piensa en alguna parte de tu escuela y prepara una excursión por este lugar.

En uso
REPASO Y MÁS COMUNICACIÓN

OBJECTIVES

- Discuss beach activities
- Tell someone what to do
- Talk about chores
- Say if something has already been done

Now you can...

- talk about chores.

To review

- affirmative **tú** commands, see p. 208.

1 Responsabilidades

Francisco tiene algunas responsabilidades en la casa de sus tíos. ¿Qué le dice su tía? Usa cada verbo una vez. *(Hint: Tell what Francisco's aunt wants him to do.)*

modelo

_____ *la cena.*

Prepara la cena.

ser · hacer · tener · ir · secar · poner · preparar · barrer

1. _____ responsable.
2. _____ paciencia con tu prima.
3. _____ al supermercado para comprar leche.
4. _____ la mesa.
5. _____ la limpieza.
6. _____ el piso.
7. _____ los platos.
8. _____ el desayuno.

Now you can...

- tell someone what to do.

To review

- affirmative **tú** commands, see p. 208.
- negative **tú** commands, see p. 210.

2 ¡Mira los caracoles!

Susana quiere ir a la playa. ¿Qué le dice Francisco? *(Hint: Tell what Francisco says to Susana.)*

modelo

llevar toallas

Lleva toallas. (No lleves toallas.)

1. tomar mucho sol
2. proteger la piel
3. ponerse loción protectora
4. jugar en las olas grandes
5. ir sola
6. usar gorra
7. nadar después de comer
8. hacer castillos de arena
9. sentarse debajo de una sombrilla de playa
10. mirar al pescador

Now you can...
- discuss beach activities.

To review
- adverbs ending in **-mente,** see p. 212.

3 Una postal

Francisco les escribe una postal a sus abuelos. ¿Qué dice? *(Hint: Complete Francisco's postcard.)*

modelo

(Reciente) fui a la playa con mis tíos.
Recientemente fui a la playa con mis tíos.

PUERTO RICO
Saludos desde Puerto Rico
Queridos abuelos:
Me encanta la playa de Puerto Rico. __1__ (Normal) hace buen tiempo aquí. Por eso, voy a la playa __2__ (frecuente). __3__ (General) paso la mañana en la playa y descanso por la tarde. Aprendí a nadar __4__ (rápido) entre las olas. ¡Es muy divertido! También me gusta caminar __5__ (lento) a orillas del océano, buscando caracoles bonitos. __6__ (Desafortunado), me quemo __7__ (fácil) y tengo que usar mucha loción protectora. Nos vemos pronto. Salgo __8__ (inmediato) después de mi entrevista con Elena Suárez.
Un abrazo, Francisco

Now you can...
- say if something has already been done.

To review
- **ya** and **acabar de,** see p. 214.

4 ¿Más quehaceres?

Hay una fiesta en tu casa mañana y ayudas a tu mamá con la limpieza. Contesta sus preguntas. *(Hint: Answer your mother's questions.)*

modelo

¿Ya sacaste la basura? (sí) *Sí, acabo de sacarla.*

1. ¿Ya pasaste la aspiradora? (sí)
2. ¿Ya pusiste la mesa? (no)
3. ¿Ya quitaste el polvo? (sí)
4. ¿Ya lavaste los platos? (no)
5. ¿Ya limpiaste el baño? (no)
6. ¿Ya cortaste el césped? (sí)

5 ¡A la playa!

STRATEGY: SPEAKING

Encourage or discourage certain behaviors With your partner, brainstorm typical ways children act. Then decide in your role-play which ones you will encourage and which ones you will discourage. How can you make good choices more appealing? The model gives you some ideas.

Vas a llevar a un(a) niño(a) a la playa. ¿Qué dicen ustedes antes de salir? *(Hint: Role-play a conversation between you and a child you are taking to the beach.)*

modelo

Niño(a): *¿Llevo la toalla?*

Tú: *Sí, llévala.*

Niño(a): *¿Me pongo perfume?*

Tú: *No, no te pongas perfume. Ponte loción protectora.*

Niño(a): *¿Puedo jugar entre las olas grandes?*

Tú: *No, no juegues entre las olas grandes. Juega entre las olas pequeñas.*

6 ¡Qué desastre!

Tú y tus amigos tuvieron una fiesta anoche y dejaron la casa muy sucia. Esta noche tus padres tienen una fiesta. ¿Qué dicen todos? Cambien de papel. *(Hint: Role-play a conversation between you and your parents about cleaning the house for a party.)*

modelo

Mamá: *¡Lava los platos inmediatamente!*

Tú: *Está bien, mamá. Voy a lavarlos ahora.*

Papá: *¿Ya limpiaste el baño?*

Tú: *Sí, papá. Acabo de limpiarlo.*

7 En tu propia voz

ESCRITURA Un(a) amigo(a) tuyo(a) va a hacer un viaje a Puerto Rico. Escríbele una carta que incluya una descripción de la playa y varias recomendaciones. *(Hint: Write a letter to a friend who plans to visit Puerto Rico.)*

modelo

Querida Linda:

Puerto Rico es muy bonito, especialmente la playa. En la playa hay… Si vas a la playa, lleva…

San Juan tiene muchos edificios antiguos. Visita…

TÚ EN LA COMUNIDAD

Tom tiene diecisiete años y es estudiante en Washington. Ahora aprende español en la escuela. Algunas veces habla español en casa con sus primos y hermanitos. Por la tarde trabaja en una heladería. Cuando los clientes hispanos que no hablan inglés van a la heladería, Tom trata de ayudarlos y les habla en español. ¿Usas tu español cuando quieres ayudar a la gente hispana que no entiende bien el inglés?

En resumen

REPASO DE VOCABULARIO

TELL SOMEONE WHAT TO DO

barrer el piso	*to sweep the floor*
cortar el césped	*to cut the grass*
hacer la limpieza	*to do the cleaning*
lavar los platos	*to wash the dishes*
limpiar el cuarto	*to clean the room*
pasar la aspiradora	*to vacuum*
planchar	*to iron*
quitar el polvo	*to dust*
sacar la basura	*to take out the trash*

TALK ABOUT CHORES

limpio(a)	*clean*
los quehaceres	*chores*
sucio(a)	*dirty*

SAY IF SOMETHING HAS ALREADY BEEN DONE

acabar de	*to have just*
ya	*already*

Juego

Francisco le escribe por correo electrónico a su amigo y le gusta jugar con letras. ¿Qué escribió Francisco?

Enviar
Citar
Adjuntar
Dirección
Finalizar
Vamos a la playa y vamos a jugar al voleibol en la **anare.** Para **tenpororesg** del sol, tenemos mucha **nóloci ratotecrop.**

DISCUSS BEACH ACTIVITIES

What You See

la arena	*sand*
el bote	*boat*
el caracol	*shell*
el océano	*ocean*
las olas	*waves*
la orilla	*edge, shore*
la palma	*palm tree*
el palmar	*palm tree grove*
el (la) pescador(a)	*fisherman*

At the Beach

el agua de coco	*coconut milk*
la loción protectora	*sunscreen*
la neverita	*cooler*
la piel	*skin*
proteger	*to protect*
la quemadura	*burn*
quemar	*to burn*
las sandalias	*sandals*
la sombrilla de playa	*beach umbrella*
la toalla	*towel*

ADVERBS ENDING IN -MENTE

desafortunadamente	*unfortunately*
especialmente	*especially*
fácilmente	*easily*
frecuentemente	*frequently*
inmediatamente	*immediately*
lentamente	*slowly*
normalmente	*normally*
rápidamente	*quickly*
recientemente	*recently*
típicamente	*typically*
tranquilamente	*calmly*

UNIDAD 3

¿Cómo te sientes?

OBJECTIVES

- Describe time periods
- Talk about health and illness
- Give advice

¿Qué ves?

Mira la foto. ¿Qué ves?

1. Haz una lista de todo lo que ves.
2. ¿Dónde están estas personas?
3. ¿Qué hacen?
4. ¿Cómo se llama el programa?

EL SHOW DE ELENA SUAREZ
Película
8
Escena
PR23D4
Toma
7
Director
MIGUEL MARRÓN
Cámara
JAIME TOMÁS
Fecha
3-18

En contexto

VIDEO DVD AUDIO

VOCABULARIO

Mira las fotos y las ilustraciones para ver lo que le pasó a Francisco.

A **¡Socorro!** Francisco tiene que ir al doctor. Y, ¿sabes qué? El doctor tiene que hacerle **una radiografía** porque no sabe qué **enfermedad** tiene. Se ve en **la cara** que le **duele** alguna parte de su **cuerpo.** Tal vez comió demasiados dulces y tiene dolor de **estómago** o le duele **la cabeza.** Quizás le duele **el codo** o **la mano** porque estaba jugando al tenis. ¿Quién sabe? Le puede doler **la rodilla, la pierna, el tobillo** o **el pie** porque corre mucho.

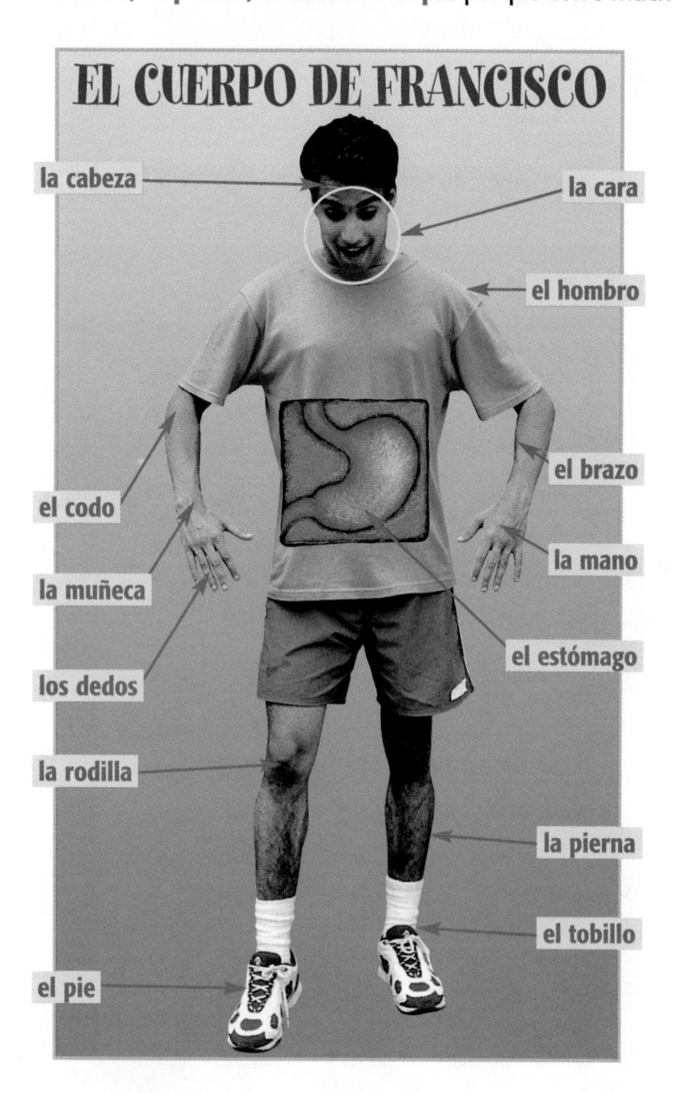

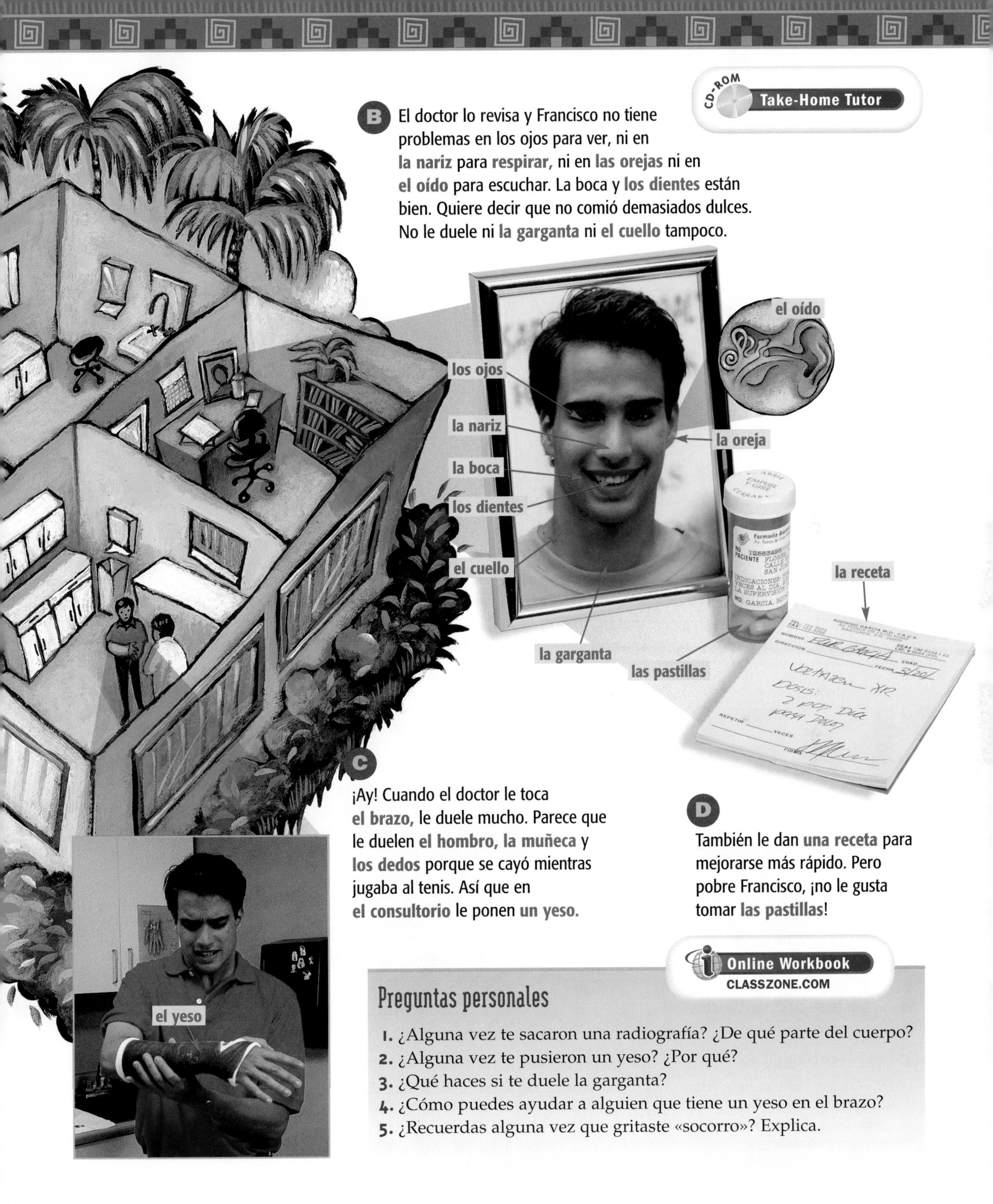

B El doctor lo revisa y Francisco no tiene problemas en los ojos para ver, ni en **la nariz** para **respirar,** ni en **las orejas** ni en **el oído** para escuchar. La boca y **los dientes** están bien. Quiere decir que no comió demasiados dulces. No le duele ni **la garganta** ni **el cuello** tampoco.

C ¡Ay! Cuando el doctor le toca **el brazo,** le duele mucho. Parece que le duelen **el hombro, la muñeca** y **los dedos** porque se cayó mientras jugaba al tenis. Así que en **el consultorio** le ponen **un yeso.**

D También le dan **una receta** para mejorarse más rápido. Pero pobre Francisco, ¡no le gusta tomar **las pastillas**!

Preguntas personales

1. ¿Alguna vez te sacaron una radiografía? ¿De qué parte del cuerpo?
2. ¿Alguna vez te pusieron un yeso? ¿Por qué?
3. ¿Qué haces si te duele la garganta?
4. ¿Cómo puedes ayudar a alguien que tiene un yeso en el brazo?
5. ¿Recuerdas alguna vez que gritaste «socorro»? Explica.

VIDEO DVD AUDIO

En vivo

DIÁLOGO

Elena

Francisco

Tía Julia

Tío Rodrigo

Susana

PARA ESCUCHAR • STRATEGY: LISTENING

Listen sympathetically Listening sympathetically is an important part of being a good listener. Because of an accident in this scene, you can hear many ways of expressing pain or concern—your own or someone else's. What expressions for pain or concern do you hear?

El día del show

1► **Elena:** ¡Bienvenidos!
Francisco: Gracias. Te presento a mi familia.
Tía Julia: Encantada.
Tío Rodrigo: Mucho gusto.
Susana: Hola.

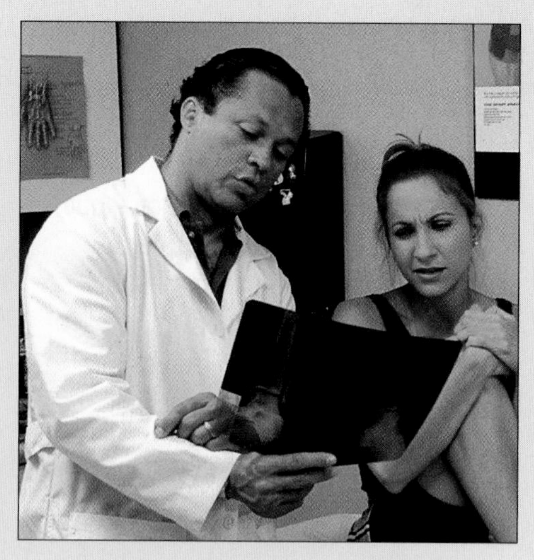

5► **Elena:** ¡Ahí! Me duele ahí.
Tío Rodrigo: Elena, es necesario que te examine el tobillo.
Elena: Ay, ¡qué pena! Hace cuatro años que grabamos este programa, y ni un accidente.

6► *(En el consultorio)*
Tío Rodrigo: Elena, tienes una fractura de tobillo. Se ve muy claro en la radiografía.
Elena: ¿Una fractura? ¿Qué voy a hacer?
Tío Rodrigo: Voy a ponerte un yeso. Es necesario que el tobillo se recupere.

7► **Tío Rodrigo:** El tobillo te va a doler mucho hoy y mañana. Esta receta es para unas pastillas. Son para el dolor. Y es importante que no camines por unos días.

CD-ROM Take-Home Tutor

2 ▸ *(Comienza el show.)*

Elena: Gracias por venir a participar. Vengan, les explico todo. Es importante que ustedes entiendan lo que van a hacer.

3 ▸ **Elena:** ¡Bienvenidos al Show de Elena Suárez! ¿Están todos listos? ¡Muy bien! Primero, vamos a estirar el cuerpo. Comenzamos con el cuello. Ahora los hombros. Las piernas. Estiren las manos hacia el pie derecho. Respiren.

4 ▸ *(Elena se cae.)*

Tío Rodrigo: Déjame ver. Soy doctor.

Elena: Ay, me duele mucho.

Tío Rodrigo: A ver. ¿Dónde? ¿Es la rodilla o el tobillo?

Elena: Es el tobillo.

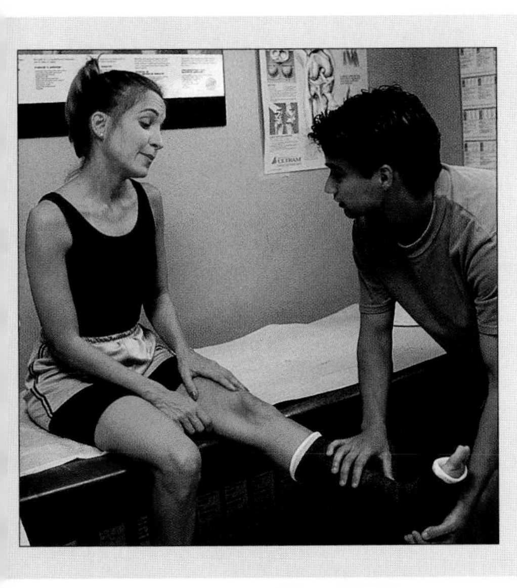

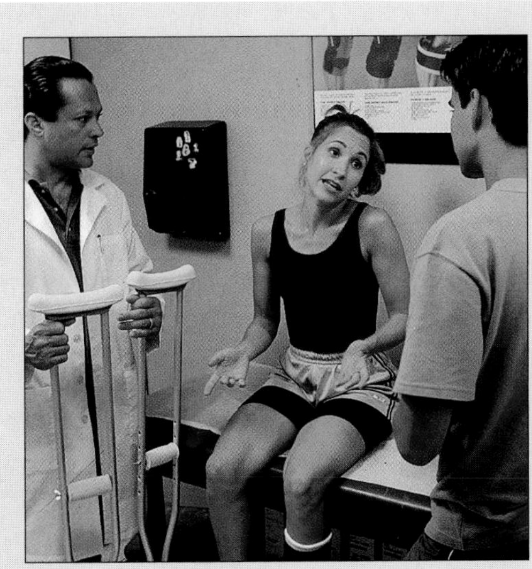

8 ▸ *(Alguien toca a la puerta.)*

Tío Rodrigo: Pasa, Francisco.

Francisco: Estamos todos en la sala de espera. Estamos muy preocupados. ¿Cómo estás?

Elena: No muy bien. Me lastimé.

9 ▸ **Elena:** Francisco, lo siento mucho. Es una pena que no puedas participar en mi programa. Pero podemos hacer la entrevista por teléfono mañana.

Francisco: Sí. Muchas gracias. Pero Susana está triste. Ella quería ser estrella.

10 ▸ **Elena:** No hay problema. Después de recuperarme voy a seguir con mi programa. Susana y toda la familia pueden participar.

Tío Rodrigo: Gracias, Elena.

Francisco: Bueno, nos hablamos mañana.

En acción

PARTE A

Comprensión del diálogo

For Activities 1–2, refer to the dialog on pages 226–227.

Elena

Francisco

Tía Julia

Tío Rodrigo

Susana

1 ¿Cómo lo sabes?

Escuchar/*Escribir* Todas estas oraciones son ciertas. Busca las líneas del diálogo que lo demuestren. *(**Hint:** Find the lines of the dialog that prove these sentences are true.)*

modelo

A Elena le gusta que la familia de Francisco vaya a participar en el programa.

«Gracias por venir a participar.»

1. Elena tiene un problema.
2. Tío Rodrigo ayuda a Elena.
3. A Elena no le ocurren muchos accidentes en su programa.
4. La radiografía confirma las malas noticias.
5. Tío Rodrigo le da algo para el dolor.
6. Elena tiene una solución para el problema de Susana.

2 ¿Quién?

Escuchar/Hablar Francisco, Elena y la familia de Francisco están charlando. Según lo que ya sabes de ellos, decide quién hace cada comentario. *(**Hint:** Who would say this?)*

1. «Fuimos al consultorio de mi tío.»
2. «¿Puedo hablar con Elena Suárez, por favor? Habla…»
3. «Voy a recetarte una medicina para el dolor.»
4. «Voy a salir en la tele.»
5. «Me duele un montón.»
6. «Ay mi'ja, no corras por la playa.»
7. «No puedo hacer el show por alrededor de un mes.»
8. «Primo, ¿ya hablaste con la estrella?»
9. «No uses el tobillo.»
10. «No me gusta este yeso.»

Puerto Rico

Nota cultural

Los huracanes Por la situación geográfica de la isla de Puerto Rico, hay muchos huracanes allí. Después del huracán Georges, llegó ayuda de muchas partes –incluyendo la Cruz Roja y la Guardia Nacional de Estados Unidos.

PARTE B

Práctica del vocabulario

Objectives for Activities 3–4

- Talk about health and illness

3 Los quehaceres en tu casa

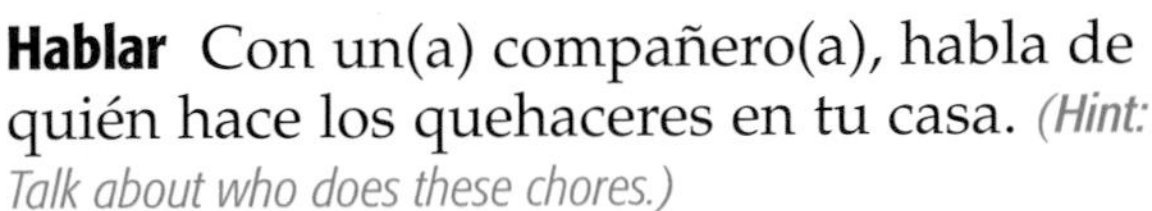

Hablar Con un(a) compañero(a), habla de quién hace los quehaceres en tu casa. *(Hint: Talk about who does these chores.)*

modelo

Compañero(a): *¿Quién plancha la ropa?*

Tú: *Yo plancho la ropa. (Toda la familia plancha la ropa.)*

1\.

2\.

3\.

4\.

5\.

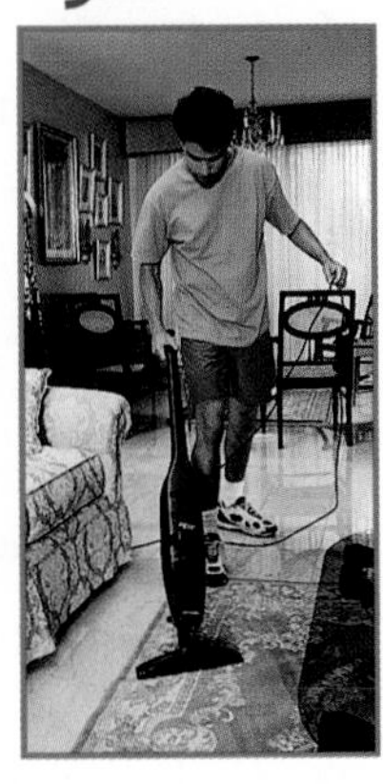

6\.

4 ¿Qué te duele?

Hablar Imagínate que algo le duele a tu compañero(a) a causa de las siguientes actividades. Descríbele lo que le duele. *(Hint: Describe what hurts.)*

modelo

Corrí diez kilómetros ayer.

Compañero(a): *Corrí diez kilómetros ayer.*

Tú: *Te duelen las piernas.*

Nota: Gramática

When you want to describe what hurts, use **doler (o → ue).** This is another verb like **gustar. Doler** is always used with the indirect object pronouns **me, te, le, nos,** and **les,** to tell who is hurting.

¿Te **duele** mucho? *Does it **hurt** (you) a lot?*

Sí, me **duele** el tobillo. *Yes, my ankle **hurts** (me).*

1. Caminé en la arena caliente sin zapatos.
2. Acabo de leer un libro largo.
3. Me caí de la bicicleta.
4. Yo escuchaba la radio muy alto.
5. Escribí en la computadora por muchas horas ayer.
6. Comí demasiado anoche.
7. No me puse loción protectora y hacía mucho sol.
8. Tuve un accidente cuando estaba jugando al fútbol.
9. Bajé un río en canoa ayer.
10. Acabo de tocar la guitarra por tres horas.

PARTE C

Práctica: gramática y vocabulario

Objectives for Activities 5–15

- Describe time periods • Talk about health and illness • Give advice

GRAMÁTICA Hacer with Expressions of Time

In Spanish, if someone asks, "How long has this been going on?" or "How long has it been?" you answer with the verb **hacer:**

hace + **the period of time** + **que** + **the present tense**

Ay, Elena, **hace** **cuatro años** **que** quiero venir a tu programa.
Oh, Elena, ***I've been wanting*** *to come to your program* ***for four years.***

Ay, doctor, **hace** **una hora** **que** lo **espero.**
Oh, doctor, ***I've been waiting*** *for you* ***for an hour.***

If you're the one doing the asking, do the same thing, but use **cuánto tiempo** in your sentence.

¿Cuánto tiempo + **hace** + **que** + **the present tense?**

¿Cuánto tiempo **hace** **que** quieres venir al programa?
How long have you been wanting *to come to the program?*

If you are talking about the **past,** use the **preterite** and **hace** to say *ago.*

hace + **the period of time** + **que** + **the preterite**

Hace **un año** **que** fui a Puerto Rico.
I went *to Puerto Rico* ***a year ago.***

To say *ago,* you can also put the verb first. When the verb comes first, you do not need **que.** Use

the preterite + **hace** + **the period of time**

La **conocí hace** **tres meses**.
I met *her* ***three months ago.***

Practice: Actividades

Más práctica *cuaderno p. 85*
Para hispanohablantes *cuaderno p. 83*

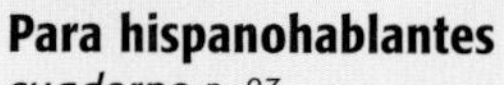

Online Workbook CLASSZONE.COM

5 ¿Cuánto tiempo hace...?

Hablar/*Escribir* ¿Cuánto tiempo hace que las siguientes personas hacen estas actividades? *(Hint: Tell how long these people have been doing these activities.)*

modelo

Susana: saber leer (dos años)

Hace dos años que Susana sabe leer.

1. Francisco: estar en Puerto Rico (dos semanas)
2. nosotros: vivir aquí (cinco meses)
3. tú: estudiar español (más de un año)
4. Elena Suárez: grabar el programa sin accidentes (cuatro años)
5. yo: estar en clase (diez minutos)
6. la familia de Francisco: mirar el programa de Elena (tres años)
7. ustedes: hablar por teléfono (cuarenta minutos)
8. yo: conocer a Javier (cuatro años)
9. tío Rodrigo: ser doctor (quince años)
10. tía Julia: relajarse (veinte minutos)

6 ¿Cuándo lo hiciste?

Hablar Habla con un(a) compañero(a) sobre cuándo hiciste las siguientes actividades. Usa **hace** y el pretérito para contestar.
*(**Hint:** Tell how long ago you did the following.)*

modelo

comer pizza

Compañero(a): *¿Cuánto tiempo hace que comiste pizza? (¿Hace cuánto tiempo que comiste pizza?)*

Tú: *Hace tres días que comí pizza. (Comí pizza hace tres días.)*

1. bailar
2. comprar un regalo
3. hacer la tarea
4. comer comida china
5. ver una buena película
6. ayudar a alguien
7. limpiar tu cuarto
8. ir a una fiesta
9. practicar un deporte
10. estar en el consultorio

7 En el consultorio

Escuchar/*Escribir* Escucha lo que dicen los pacientes y su doctora. ¿Hace cuánto tiempo que tienen el problema y qué parte(s) del cuerpo les afecta? *(**Hint:** Tell how long these people have had the problem and which body part is affected.)*

1. ______________
2. ______________
3. ______________
4. ______________

un día	el estómago
dos días	los dientes
tres días	los oídos y la cabeza
cinco días	la muñeca
una semana	la pierna

Puerto Rico

Nota cultural

La celebración de Carnaval Los viernes por la noche, la gente en San Juan disfruta de la vida nocturna. Además, San Juan se conoce por su famosa celebración de Carnaval. Como parte de esta tradición de la cultura española y africana, mucha gente se pone máscaras.

GRAMÁTICA The Subjunctive with Impersonal Expressions

¿RECUERDAS? *p. 188* You already know how to form usted commands. You form the subjunctive the same way. For -ar verbs, take the **yo** form, drop the **o,** and add endings with -e. For -er and -ir verbs, take the **yo** form, drop the **o,** and add endings with -a.

You use the indicative to make a plain statement of fact. You use the subjunctive after verbs and expressions that involve uncertainty.

Indicative:

Haces ejercicio.
***You do** exercise.*

Subjunctive:

Es necesario que hagas ejercicio.
***It is necessary that you do** exercise.*

In the second example, a person needs to exercise, but it is uncertain that the person will. **Impersonal expressions** such as **es necesario que** are often followed by the subjunctive because they create uncertainty about what will happen.

The present subjunctive of regular verbs

	-ar hablar	-er comer	-ir escribir
yo	**hable**	**coma**	**escriba**
tú	**hables**	**comas**	**escribas**
él, ella, usted	**hable**	**coma**	**escriba**
nosotros(as)	**hablemos**	**comamos**	**escribamos**
vosotros(as)	**habléis**	**comáis**	**escribáis**
ellos, ellas, ustedes	**hablen**	**coman**	**escriban**

Remember that, as with usted commands, you have to change the spelling for some verbs to keep the pronunciation the same.

llegar → **llegue**   **buscar** → **busque**   **cruzar** → **cruce**

Practice: 8 9 10 11 12 13 14

Más práctica
cuaderno pp. 86–88
Para hispanohablantes
cuaderno pp. 84–86

Online Workbook
CLASSZONE.COM

8 ¿Es necesario?

Hablar/*Escribir* Presenta tu opinión, haciendo oraciones afirmativas o negativas con **es necesario que** y el subjuntivo. *(Hint: Give your opinion.)*

modelo

yo: cocinar bien

Es necesario que (yo) cocine bien.
(No es necesario que yo cocine bien.)

1. los profesores: hacer la clase divertida
2. los hijos: ayudar en casa
3. yo: ganar mucho dinero
4. mi doctor(a): tener buena personalidad
5. los estudiantes: estudiar mucho
6. nosotros: trabajar
7. tu amigo(a) (*nombre*): asistir a la escuela regularmente
8. yo: tener muchos(as) amigos(as)
9. los padres: escuchar a sus hijos
10. los estudiantes: sacar buenas notas

9 ¿Qué le recomiendas?

Hablar/Leer Tu compañero(a) te cuenta un problema. ¿Qué le recomiendas? Usa **es necesario que** y el subjuntivo en tu respuesta. *(Hint: Give advice.)*

modelo

Compañero(a): *Me lastimé el brazo. (tomarte una radiografía / respirar profundamente)*

Tú: *Es necesario que te tomes una radiografía.*

1. Me duele la cabeza. (ponerte un yeso / tomar pastillas)
2. Tengo tos y fiebre. (estirarte para estar más cómodo(a) / tomar medicina)
3. Tengo una infección. (tomar jugo / tomar medicina)
4. ¡Socorro! Me corté el dedo y me lastimé. (ponerte presión / tomar vitaminas)
5. Estoy resfriado(a). (tomar sopa de pollo / hacer mucho ejercicio)
6. Tengo gripe y me van a dar una inyección. (gritar / no llorar)

Vocabulario

Las enfermedades

el dolor de cabeza *headache*
estar resfriado(a) *to have a cold*
la fiebre *fever*
la gripe *flu*
la infección *infection*
la tos *cough*

Para mejorarse

la aspirina *aspirin*
la inyección *injection*
la medicina *medicine*

¿Cómo te sientes?

cómodo(a) *comfortable*
cortarse *to cut oneself*
gritar *to scream*
lastimarse *to hurt oneself*
llorar *to cry*

¿Qué tienes y cómo te vas a mejorar?

10 Para mantenerse sanos

Hablar/*Escribir* En grupos pequeños, hagan un póster con diez oraciones sobre lo que tú y tus amigos(as) necesitan hacer para **no** ir al consultorio.
(Hint: List what you need to do to avoid going to the doctor's office.)

Para no ir al consultorio...
Es necesario que uses un casco.
Es necesario que hagamos ejercicio frecuentemente.
Es necesario que tomemos jugos.

More Practice: **Más comunicación** *p. R10*

11 Opiniones

Hablar/*Escribir* ¿Qué opinas? Usa una expresión impersonal y el subjuntivo para dar tus opiniones sobre lo siguiente.
(Hint: Give your opinion.)

modelo

los estudiantes / usar Internet en sus estudios

Es importante que los estudiantes usen Internet en sus estudios.

Nota: Gramática

Remember that the subjunctive is used after many **impersonal expressions** like **es necesario que.** These expressions (below) come in handy to tell people about what you think is necessary, good, or important. See the difference between the **present indicative** and the **present subjunctive:**

Indicative Ellos **viven** aquí en Puerto Rico. *They live here in Puerto Rico.*

Subjunctive **Es bueno que** ellos **vivan** aquí en Puerto Rico. *It's good that they live here in Puerto Rico.*

1. yo / preparar para los exámenes
2. tú / escuchar a la profesora
3. nosotros / comer en clase
4. ustedes / gritar en clase
5. los jóvenes / recibir dinero al sacar buenas notas
6. yo / hablar español bien
7. mi amiga / limpiar su cuarto
8. mis amigos / tener su propio teléfono

Vocabulario

Expresa tu opinión

Es bueno que… *It's good that…*
Es importante que… *It's important that…*
Es lógico que… *It's logical that…*
Es malo que… *It's bad that…*
Es mejor que… *It's better that…*
Es peligroso que… *It's dangerous that…*
Es posible que… *It's possible that…*
Es probable que… *It's probable that…*
Es raro que… *It's rare (strange) that…*
Es ridículo que… *It's ridiculous that…*
Es triste que… *It's sad that…*
Es una lástima que… *It's a pity that…*

¿Qué dices para expresar tu opinión?

12 ¿Qué te importa?

Hablar/*Escribir* ¿Qué es importante en tu vida y las vidas de tus amigos(as)? Completa las siguientes frases con unas opiniones personales.
(Hint: Complete the phrases.)

1. Es necesario que…
2. Es malo que…
3. Es una lástima que…
4. Es bueno que…
5. Es mejor que…
6. Es posible que…
7. Es ridículo que...
8. Es peligroso que...
9. Es triste que...
10. Es raro que...

13 Recomendaciones

Hablar/Leer Tienes un problema. Explícaselo a tu compañero(a). ¿Qué te recomienda? *(**Hint:** Give recommendations.)*

modelo

Mi infección está peor.

Tú: *Mi infección está peor.*

Compañero(a): *Es lógico que escuches el consejo de la enfermera.*

Tú

- Mi infección está peor.
- Tengo tos.
- Me corté el dedo. Hay mucha sangre.
- Me rompí la pierna.
- Tengo dolor de cabeza.
- Estoy resfriado(a).
- Sufrí un accidente.

Compañero(a)

- Es necesario que (comprar)  .
- Es probable que te la (tratar) con 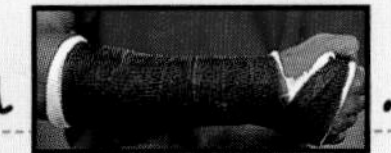 .
- Es mejor que (llamar) 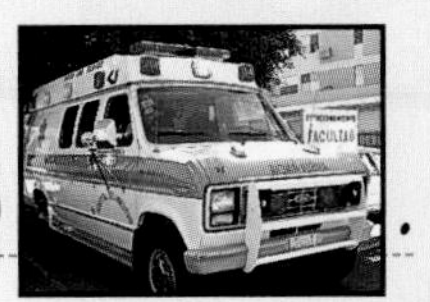 .
- No es necesario que (pasar) por  .
- Es ridículo que (recibir) 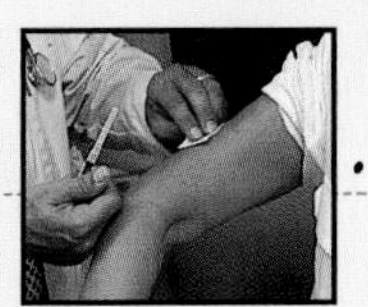 .
- Es posible que 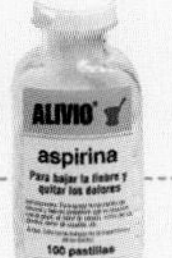 te (ayudar).
- Es lógico que (escuchar) el consejo de  .

Vocabulario

El hospital

la ambulancia *ambulance*
la consulta *consultation*
el (la) enfermero(a) *nurse*
recuperarse *to get better*
la sala de emergencia *emergency room*
la sangre *blood*
tratar *to treat*

¿Qué haces cuando vas al hospital?

14 ¿Es buen doctor?

Escuchar/*Escribir* Escucha estas cuatro conversaciones entre los doctores y sus pacientes en Puerto Rico. Usa una expresión impersonal diferente cada vez para recomendar o no recomendar al doctor. *(Hint: Recommend or don't recommend the doctor.)*

modelo

Es mejor que…

Es mejor que busques a otro doctor.

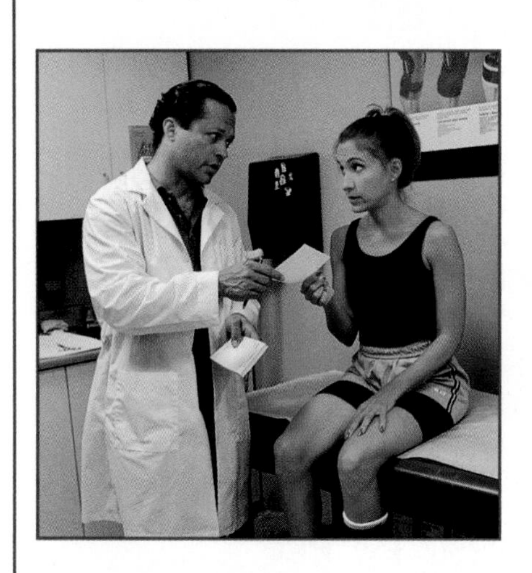

15 Una línea cronológica

Hablar/*Escribir* Haz una línea cronológica con cinco o más eventos importantes de tu vida. Túrnate con tus compañeros(as) para decir cuánto tiempo hace que ocurrieron los eventos que anotaste. *(Hint: Make a time line. Then talk to your classmates.)*

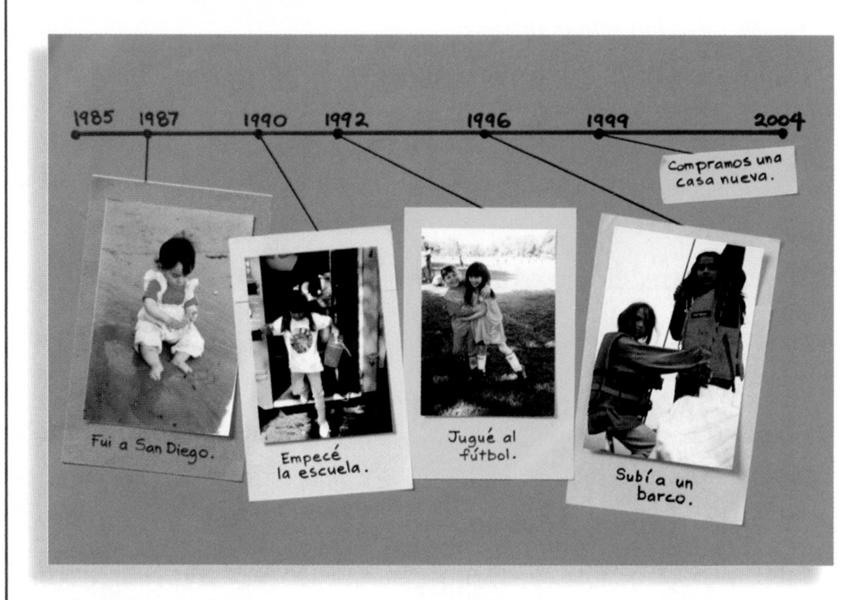
1985
1987
1990
1992
1996
1999
2004
Compramos una casa nueva.
Fui a San Diego.
Empecé la escuela.
Jugué al fútbol.
Subí a un barco.

modelo

Tú: *Hace quince años que fui a San Diego.*

Compañero(a) 1: *Hace dos años que manejé.*

Compañero(a) 2: *Hace ocho años que esquié.*

Puerto Rico

También se dice

En Puerto Rico la gente usa la palabra **montón** para decir **mucho.** Dicen, por ejemplo, «Me duele un montón», o «Tengo un montón de cosas que hacer». En otros países hispanos, puedes oír **un chorro, un toco, una barbaridad** o **un pedazo.**

Todo en acción

Activities 16–17 bring together all concepts presented.

16 ¡Vamos a Puerto Rico!

STRATEGY: SPEAKING

Give feedback Ask for and give feedback when practicing with a partner. When you hear yourself make an error, correct it. Seek information from your partner about errors you might not have noticed. Making mistakes is something we all do. What is important is learning from them.

Hablar Estás planeando un viaje a Puerto Rico. Usa las fotos para hablar con un(a) compañero(a) sobre lo que vas a hacer allí. ¿Qué te recomienda tu compañero(a)? *(Hint: Use the pictures to talk about a trip to Puerto Rico.)*

17 ¿Cómo te sientes?

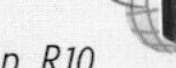

Hablar Habla con un grupo de compañeros(as) sobre cómo te sientes hoy y la última vez que te sentías mal. *(Hint: Talk about how you feel today and the last time you felt ill.)*

modelo

Tú: *Hoy me siento bien, pero la semana pasada tenía dolor de garganta…*

More Practice: Online Workbook CLASSZONE.COM

Más comunicación p. R10

Refrán

Sana, sana, colita de rana, si no sanas hoy sanarás mañana.

Muchos niños hispanohablantes escuchan este refrán cuando se lastiman o se cortan. ¿Significa algo para ti? ¿Puedes pensar en algún refrán parecido en inglés? Con un(a) compañero(a), inventa otro refrán en español que los adultos puedan decirles a los niños cuando se lastiman.

AUDIO

En voces

LECTURA

El estatus político de Puerto Rico

PARA LEER
STRATEGY: READING

Activate associated knowledge In social studies classes, you have heard political terms like **colony, territory, commonwealth, state, nation, republic.** Look up the definitions of these words. As you read this article and refer to the time line, decide which term describes Puerto Rico during each period of its history.

Sila Calderón, la primera gobernadora de Puerto Rico

1898
España cede Puerto Rico a Estados Unidos.

1917
Los puertorriqueños obtienen nacionalidad estadounidense.

1948
Luis Muñoz Marín, jefe del Partido Popular Democrático, gana la primera elección para gobernador de Puerto Rico.

1952
Puerto Rico se convierte en un Estado Libre Asociado.

1993
En un referéndum sobre el estatus político, los puertorriqueños votan por continuar la situación actual.

Gaceta de Puerto Rico

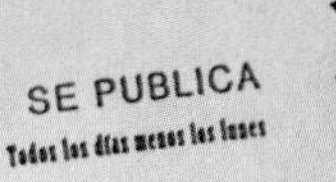

SE PUBLICA
Todos los días menos los lunes

SE SUSCRIBE

Año 1898 — JUEVES 20 DE OCTUBRE — Número 252

CAMBIO DE ESTRELLA

Luis Muñoz Marín, jefe del Partido Popular Democrático

La situación política de Puerto Rico ha tenido[1] dos etapas formativas. La primera fue el período del gobierno español, que comenzó en 1493 y duró hasta 1898, cuando hubo un conflicto entre España y Estados Unidos. Después, España tuvo que ceder Puerto Rico a Estados Unidos.

Como puedes ver en la cronología, el siglo[2] XX fue de cambios y negociaciones sobre el estatus político de Puerto Rico. Luis Muñoz Marín, el líder del Partido Popular Democrático (PPD), negoció[3] el Estado Libre Asociado en 1952. El PPD quiere una asociación con Estados Unidos, pero manteniendo el idioma y la autonomía[4] local del gobierno. Hay otros dos partidos[5]: el Partido Nuevo Progresista (PNP) y el Partido Independentista Puertorriqueño (PIP). El PNP quiere la estadidad[6] para Puerto Rico, mientras que el PIP está a favor de la independencia.

Hoy en día, aunque los puertorriqueños son estadounidenses y tienen un representante en el Congreso (el Comisionado Residente), no pueden votar en elecciones presidenciales. Por eso y otras razones, el debate sigue sobre la cuestión del estatus político de Puerto Rico. Queda por ver lo que pasa.

[1] has had [2] century [3] negotiated

[4] autonomy, freedom [5] political parties [6] statehood

Ahora...

Los partidos políticos siguen el debate sobre el estatus político de Puerto Rico.

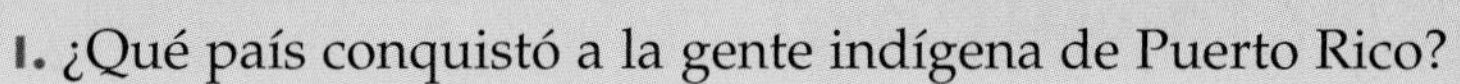

Online Workbook
CLASSZONE.COM

¿Comprendiste?

1. ¿Qué país conquistó a la gente indígena de Puerto Rico?
2. ¿Quién es Luis Muñoz Marín?
3. ¿Qué nacionalidad tienen los puertorriqueños?
4. ¿Cuál es el estatus político actual de Puerto Rico?
5. ¿Cuál fue el resultado del referéndum de 1993?

¿Qué piensas?

Imagínate que eres puertorriqueño(a) y vas a votar en el referéndum. ¿A favor de qué estatus político vas a votar? ¿Por qué?

En colores

CULTURA Y COMPARACIONES

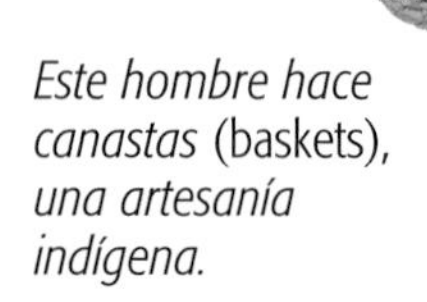

Este hombre hace canastas (baskets), *una artesanía indígena.*

PARA CONOCERNOS

STRATEGY: CONNECTING CULTURES

Discover many cultures inside one country

Expressions like *the American culture, the Hispanic culture,* or *the Puerto Rican culture* oversimplify by ignoring the diversity a culture contains. As you read «**Una voz de la tierra**» (*A voice from the land*) you will see that in one country there are many cultures different in dress, music, customs, and language. Use this chart to identify a cultural group within the U.S. that you know.

Nombre:
Lugar:
Tradiciones:

How do diverse cultural traditions enrich our national life?

Una voz de la tierra

Monumento al jíbaro puertorriqueño

AL JÍBARO PUERTORRIQUEÑO
HOMENAJE DE UN PUEBLO AGRADECIDO

Nota cultural

La cultura de los jíbaros se expresa principalmente a través de la música. Además de bailar, estos campesinos usan instrumentos españoles y africanos en su música. Hasta crearon el cuatro, un tipo de guitarra especial.

Manuel A. Alonso escribió *El Gíbaro* (1849) que honra[1] a los campesinos de Puerto Rico. Desde entonces el jíbaro, un trabajador del campo, se ha convertido[2] en uno de los símbolos folklóricos de Puerto Rico.

El jíbaro representa a los campesinos que vivieron en la Cordillera Central durante el siglo[3] XIX y principios del XX. Allí desarrollaron[4] una cultura que tiene como temas centrales el trabajo en la tierra, la naturaleza y la alegría de compartir con los demás.

Una canción muy famosa, «El jibarito», por Rafael Hernández fue escrita[5] durante una fuerte depresión en los años treinta. En esta época, muchos campesinos tuvieron que abandonar sus fincas para trabajar en ciudades. A partir de los cincuenta, muy pocas personas cultivaron la tierra.

[1] that honors [2] has become [3] century [4] developed [5] was written

Hoy, el jíbaro es un símbolo popular. Ninguna fiesta navideña está completa sin una décima[7] o un cuatro templado[8]. Si viajas a Puerto Rico y oyes una canción que empieza, «Ay, le lolai, le lo lé…», escuchas una voz de la tierra, la voz del jíbaro.

[7] ballad [8] a tuned cuatro (type of guitar)

¿Comprendiste?

1. ¿Qué es el jíbaro?
2. ¿Qué temas son los temas centrales de la cultura campesina?
3. ¿Cómo se expresó esta cultura?
4. ¿En qué época se escribió «El jibarito»? ¿De qué crees que habla? ¿Por qué?

¿Qué piensas?

¿Te parece que en Estados Unidos muchas personas abandonan el campo para trabajar en ciudades? ¿Por qué?

Hazlo tú

En grupos pequeños, piensen en símbolos folklóricos de Estados Unidos. Escojan un símbolo folklórico e investíguenlo. ¿Está relacionado con una región? ¿Expresa una cultura? ¿Cuál es su manera de expresión? Preparen un informe pequeño y compártanlo con la clase.

En uso

REPASO Y MÁS COMUNICACIÓN

OBJECTIVES

- Describe time periods
- Talk about health and illness
- Give advice

Now you can...

- describe time periods.
- talk about health and illness.

To review

- **hacer** with expressions of time, see p. 230.

1 ¡Nos duele todo!

Estás en el consultorio del tío Rodrigo. ¿Qué comentarios oyes?
(Hint: Tell what you hear in the doctor's office.)

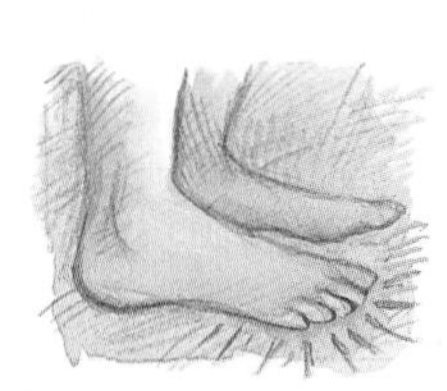

modelo

José: dos semanas

Hace dos semanas que le duele el pie.

1.

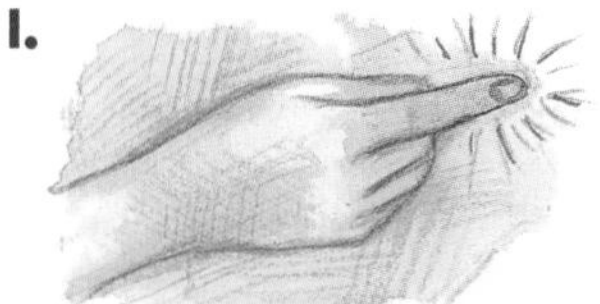

tú: cinco horas

2.

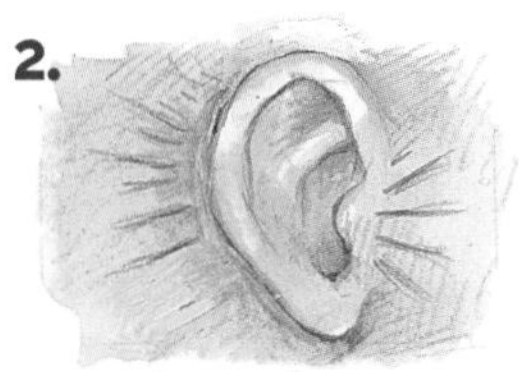

mi madre: cuatro días

3.

Clara y Pablo: quince horas

4.

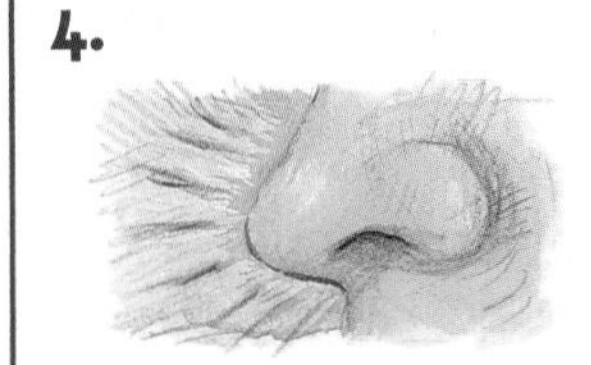

yo: una semana

5.

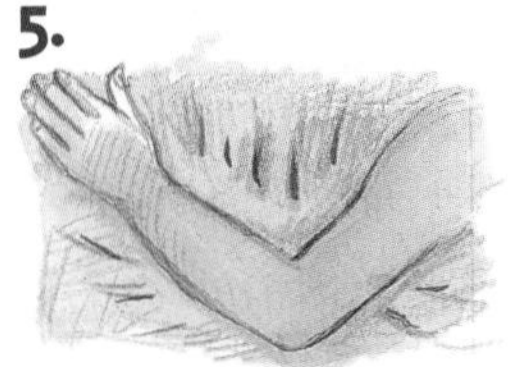

tú: veinte horas

6.

Rita: diez horas

Now you can...

- describe time periods.
- talk about health and illness.

To review

- **hacer** with expressions of time, see p. 230.

2 Hace tres días que...

Tú y tus compañeros(as) están hablando de los accidentes y de las enfermedades. ¿Cuánto tiempo hace que estas cosas pasaron?
(Hint: Tell how long ago these things happened.)

modelo

el (la) doctor(a): ponerme una inyección

Hace dos semanas que el (la) doctor(a) me puso una inyección.

1. yo: cortarme el dedo
2. la doctora: ponerme un yeso
3. mis vecinos: ir a la sala de emergencia
4. mi abuelo: recuperarse
5. la doctora: darme una receta
6. un enfermero: hacerme una radiografía
7. mis amigos y yo: lastimarnos
8. yo: tomar una medicina

Now you can...
- give advice.

To review
- the subjunctive with impersonal expressions, see pp. 232, 234.

3 Me siento mal

Tu amigo(a) tiene gripe. ¿Qué le dices? *(Hint: Give advice.)*

modelo

tomar sopa de pollo (¿triste o mejor?)
Es mejor que tomes sopa de pollo.

1. correr mucho (¿bueno o malo?)
2. tomar medicina (¿peligroso o importante?)
3. salir de la casa (¿malo o probable?)
4. hacer mucho ejercicio (¿mejor o peligroso?)
5. beber jugo (¿bueno o raro?)
6. descansar mucho (¿ridículo o lógico?)
7. visitar al doctor (¿necesario o posible?)
8. tener fiebre (¿importante o una lástima?)

Now you can...
- talk about health and illness.

To review
- the subjunctive with impersonal expressions, see pp. 232, 234.

4 ¡Es interesante!

Tú y tus compañeros(as) están hablando de la salud. ¿Qué dicen? Usa las expresiones de la lista. *(Hint: Tell what you and your friends say.)*

Es bueno que	**Es probable que**
Es malo que	**Es raro que**
Es peligroso que	**Es triste que**

modelo

los doctores: ponerles un yeso a las personas con fracturas
Es probable que los doctores les pongan un yeso a las personas con fracturas.

1. yo: tener dolor de cabeza
2. los enfermeros: escribir las recetas
3. la ambulancia: llegar tarde
4. los niños: gritar en el consultorio
5. tú: lastimarte muy poco
6. los pacientes: llorar en la sala de emergencia
7. el doctor: ver sangre todos los días
8. nosotros: esperar mucho en el consultorio

5 Me duele... 

STRATEGY: SPEAKING

Use language for problem-solving When you begin this role-play, observe the stages of effective problem-solving: (1) Patient gives information about the symptoms; (2) Doctor asks clarifying questions; patient answers; (3) Doctor proposes solution; (4) Patient asks clarifying questions; (5) Doctor advises patient on best course of action; (6) Patient seeks a second opinion by repeating the above process. You can treat this role-play seriously or humorously.

Selecciona un problema de abajo y explícaselo a tu compañero(a). Tu compañero(a) te puede dar consejos y una receta. Después busca una segunda opinión de otro(a) doctor(a). *(Hint: Role-play one of the situations on the list.)*

una fractura de tobillo

dolor de cabeza

dolor de estómago

dolor de garganta y mucha tos

fiebre y dolor en todo el cuerpo

la gripe

6 ¿Cierto o falso? 

Completa la tabla con seis actividades ciertas y falsas. Léelas para que tus compañeros(as) adivinen cuáles son ciertas y cuáles son falsas. *(Hint: Complete the chart with six activities. Read them aloud for your classmates to guess if they are true or false.)*

modelo

Actividades del presente	Actividades del pasado
1. Toco el piano.	1. Fui al consultorio del doctor.
2.	2.
3.	3.

Tú: *Hace cinco años que toco el piano.*

Estudiante 1: *Cierto.*

Estudiante 2: *Falso.*

Tú: *Cierto. Hace cinco años que toco el piano. Lo toco muy bien.*

7 En tu propia voz

ESCRITURA Imagínate que eres doctor(a). Otro(a) doctor(a) pide tu opinión sobre un caso y acabas de examinar el (la) paciente. Escríbele una carta al (a la) otro(a) doctor(a) que incluya una descripción del problema y tus recomendaciones. *(Hint: Write a letter about a patient's problem and include your recommendations.)*

CONEXIONES

La historia ¿Qué significa realmente la palabra *pirata*? ¿Qué hacían los piratas y por qué? ¿Qué hacían con estas monedas? Haz una investigación de la historia de los piratas. Luego comprueba lo que saben tus compañeros(as), haciéndoles preguntas sobre la información que encontraste.

Estos doblones son de la época de Carlos III.

En resumen

REPASO DE VOCABULARIO

DESCRIBE TIME PERIODS

¿Cuánto tiempo hace que...?	*How long has it been since...?*
hace ... que	*ago*

GIVE ADVICE

Es bueno que...	*It's good that...*
Es importante que...	*It's important that...*
Es lógico que...	*It's logical that...*
Es malo que...	*It's bad that...*
Es mejor que...	*It's better that...*
Es necesario que...	*It's necessary that...*
Es peligroso que...	*It's dangerous that...*
Es posible que...	*It's possible that...*
Es probable que...	*It's probable that...*
Es raro que...	*It's rare (strange) that...*
Es ridículo que...	*It's ridiculous that...*
Es triste que...	*It's sad that...*
Es una lástima que...	*It's a pity that...*

TALK ABOUT HEALTH AND ILLNESS

The Body

la boca	*mouth*
el brazo	*arm*
la cabeza	*head*
la cara	*face*
el codo	*elbow*
el cuello	*neck*
el cuerpo	*body*
los dedos	*fingers*
los dientes	*teeth*
el estómago	*stomach*
la garganta	*throat*
el hombro	*shoulder*
la mano	*hand*
la muñeca	*wrist*
la nariz	*nose*
el oído	*inner ear*
los ojos	*eyes*
la oreja	*ear*
el pie	*foot*
la pierna	*leg*
la rodilla	*knee*
la sangre	*blood*
el tobillo	*ankle*

Health Problems and Solutions

la ambulancia	*ambulance*
la aspirina	*aspirin*
cómodo(a)	*comfortable*
la consulta	*consultation*
el consultorio	*office (doctor's)*
cortarse	*to cut oneself*
doler (o→ue)	*to hurt*
el dolor de cabeza	*headache*
la enfermedad	*sickness*
el (la) enfermero(a)	*nurse*
estar resfriado(a)	*to have a cold*
la fiebre	*fever*
la gripe	*flu*
gritar	*to scream*
la infección	*infection*
la inyección	*injection*
lastimarse	*to hurt oneself*
llorar	*to cry*
la medicina	*medicine*
las pastillas	*pills*
la radiografía	*x-ray*
la receta	*prescription*
recuperarse	*to get better*
respirar	*to breathe*
la sala de emergencia	*emergency room*
¡Socorro!	*Help!*
la tos	*cough*
tratar	*to treat*
el yeso	*cast*

Juego

Estas tres personas están en un consultorio. A Ernesto le duele el estómago, a Javier le duelen las piernas. ¿Qué le duele a Andrea? Usa el dibujo para decir qué le duele.

UNIDAD

3

En tu propia voz

ESCRITURA

¡Qué contraste!

Your class will be corresponding with a class in Puerto Rico. Tell your new pen pal about your state by comparing and contrasting a place near you with a place in Puerto Rico.

Function: Compare Puerto Rican and local places
Context: Writing to Puerto Rican pen pal
Content: Comparison of two different places
Text type: Friendly letter

PARA ESCRIBIR • STRATEGY: WRITING

Compare and contrast to make strong descriptions A well-written description will provide your reader with a strong mental image. Compare and contrast the location you present with one that is familiar to the reader.

Modelo del estudiante

12310 E. Lester St
Fresno, CA 93720
17 de enero

Querido Mario:

The writer introduces the two subjects, Yosemite National Park and El Yunque.

Quiero contarte un poco sobre el lugar donde vivo. Me encanta ir al Parque Nacional Yosemite, no muy lejos de mi casa. Yosemite es un poco similar al Bosque Nacional El Yunque, en Puerto Rico. Pero sé que lo que ves en los dos lugares es muy diferente.

The author provides information about El Yunque.

En El Yunque, la gente puede caminar mucho y ver la naturaleza. Hay plantas y animales tropicales. El tiempo no cambia mucho durante el año. Es un lugar muy bonito.

The author gives a detailed description of Yosemite, the place that is more familiar.

En Yosemite, como en El Yunque, la gente camina y ve la naturaleza. Las plantas y animales son diferentes, porque hay cuatro estaciones allí. Hay árboles muy altos, como pinos y otros que tienen hojas que cambian de color y se caen en el otoño. En el invierno hay nieve. Si hay mucha nieve, hay más agua para correr sobre las piedras. Todo el año la gente viene a ver las rocas enormes, las cataratas, que forman el valle de Yosemite. ¡Es magnífico!

The writer refers to details to compare and contrast the two places.

Yosemite y El Yunque son básicamente similares. Los dos lugares protegen la naturaleza, y la gente que los visita puede caminar mucho y ver las plantas y lo
diferente en cada lugar, pues las plantas y los animal

Estrategias para escribir

Antes de escribir...

Remember that the purpose of this friendly letter is to provide your pen pal with information about a place in your state. Choose a place you know well that has something in common with a place in Puerto Rico that you've learned about. Then brainstorm similarities and differences, using a Venn diagram to record your ideas.

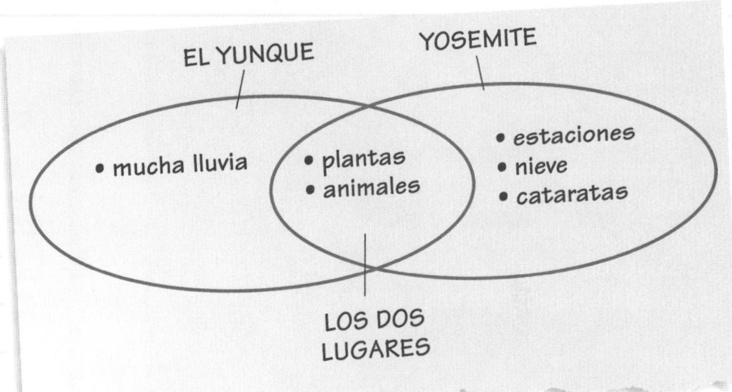

Write your first draft freely and naturally. Write as if you were face to face with your pen pal, sharing the information. Be sure to cover all the ideas listed on your Venn diagram.

Revisiones

Share your draft with a partner. Then ask:

- *Is the subject clearly stated?*
- *What details could I add?*
- *After reading the letter, would you want to visit this spot?*

Make revisions to your draft based on your partner's answers to these questions.

Me gusta mucho ir a la playa.
Pero creo que una playa de las/s
Puerto Rico sea más bonita son/s
que la playa de mi pueblo de
Nueva Inglaterra. Tienen mucho en
común pero son muy diferentes.

En el verano la playa de mi
pueblo es bonita. El agua refleja
el cielo y la arena te invita a
relajarse. Pero pronto ves que te
encima de la arena hay muchísimas
piedras...

La versión final

Before completing the final draft of your friendly letter, correct any errors using the proofreading symbols (p. 99). Keep the following question in mind:

- *Did I put pronouns in the right places?*

Try this: Are you sure that reflexive, indirect object, and direct object pronouns are placed correctly? Circle these pronouns and then review the rules for proper placement.

UNIDAD

MADRID ESPAÑA

UN VIAJE

STANDARDS

Communication
- Talking about travel plans
- Describing rooms
- Describing your city or town
- Making suggestions, comparisons
- Asking for and giving directions
- Talking about shopping for clothes
- Asking for/giving opinions; persuading
- Discussing saving/spending money

Cultures
- Lodging options and different housing situations in Spain
- Places to shop in Spain
- Spanish artists

Connections
- Art: Finding out about artists of the Spanish School
- Technology: Creating a Web page for your community

Comparisons
- Cities and towns in Spain and the U.S.
- Shopping customs

Communities
- Using Spanish in the workplace
- Using Spanish for personal interest

DON QUIJOTE es la figura central de una novela que cuenta sus aventuras grandiosas y sus fantasías. En inglés hay una palabra que tiene origen en su nombre. ¿Sabes cuál es?

CLASSZONE.COM
- More About Spain
- Flashcards
- Webquest
- Writing Center
- Self-Check Quizzes
- Online Workbook
- eEdition Plus Online

ALMANAQUE CULTURAL

POBLACIÓN: 2.938.723

ALTURA: 656 metros (2.150 pies)

CLIMA: 5°C (41°F), diciembre; 24°C (76°F), julio

MONEDA: el euro

COMIDA TÍPICA: paella, cocido madrileño, horchata, churros con chocolate

GENTE FAMOSA DE ESPAÑA: Severiano Ballesteros (golfista), Antonio Banderas (actor), Felipe II (rey), Miguel de Cervantes (escritor), Francisco de Goya (artista), Ana María Matute (escritora), Joaquín Sabina (cantante), Diego Velázquez (artista)

¿VAS A MADRID? Si un madrileño te pregunta si hablas «castellano», debes decirle que sí. Español y castellano son lo mismo.

More About Spain
CLASSZONE.COM

EL REY Y LA REINA DE ESPAÑA Además de formar parte del gobierno español, el rey Juan Carlos y la reina Sofía participan en varios aspectos de la vida de su país. ¿Cuáles piensas que son algunos de éstos?

EL GRECO (1541–1614) nació en Grecia y estudió arte en Italia, pero completó la mayoría de su obra en España. Se lo considera uno de los artistas más importantes del mundo. Este cuadro, *Vista de Toledo,* muestra la ciudad española en la que vivió por 37 años. ¿Qué te parece?

LA GUITARRA acústica tiene más de 2.000 años. Se cree que los egipcios la inventaron y que los árabes la trajeron a España. ¿Cuándo crees que se inventó la guitarra eléctrica?

PAELLA Este plato de mariscos, pollo, chorizo y arroz tiene muchas variaciones a través de España. Para cocinarla, tienes que usar una olla especial que se llama una paellera. ¿Alguna vez probaste paella? ¿Te gustó?

EL PRADO En 1818, el rey Fernando VII y la reina María Isabel de Braganza quisieron redecorar el Palacio Real y decidieron mover sus enormes pinturas al vacante Palacio del Prado. Y así empezó el famoso Museo del Prado. ¿Qué otros museos conoces?

UNIDAD

UN VIAJE

Plano de los transportes del Centro de Madrid
2

- Comunicación
- Culturas
- Conexiones
- Comparaciones
- Comunidades

Conexiones

España tiene una gran tradición artística. En esta unidad vas a ver obras de varios pintores españoles, como El Greco, Velázquez y Picasso. Vas a buscar información sobre un artista de la escuela española y explicar dos pinturas de ese artista.

Conexiones en acción **Mira esta pintura de Velázquez. Descríbela. ¿Te gusta?**

Comunicación

¡Qué divertido es viajar! Vas a usar el español para ir de un lugar a otro en una ciudad. Es importante saber dar y pedir direcciones para encontrar los lugares que uno busca en una ciudad nueva.

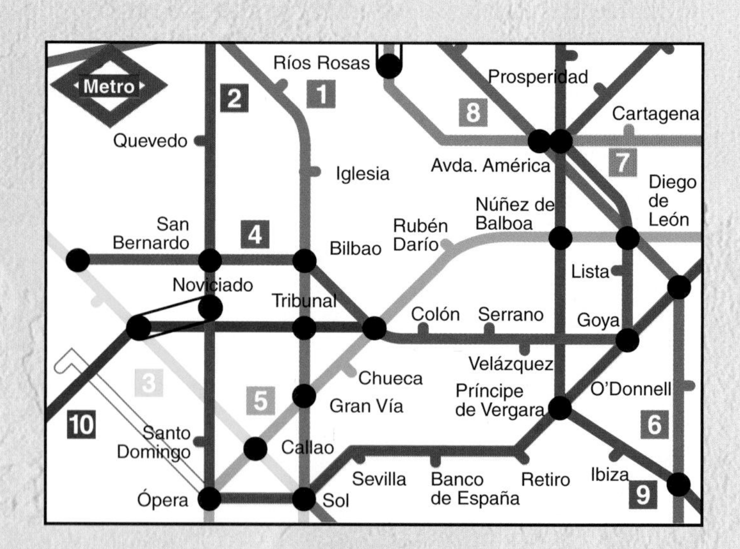

Explore connections in Spain through guided Web activities.

Comparaciones

Ir de compras no es igual en todas partes. Vas a aprender sobre algunas de las semejanzas y diferencias entre tus costumbres y las de España. Quieres los mejores precios, ¿verdad?

Puedes regatear en El Rastro, un mercado de Madrid.

Comunidades

¿Qué te interesa a ti? ¿Viajar... ir de compras... dar tu opinión... hacer nuevos amigos? Cuando hablas otra lengua, no tienes límites. Puedes usar la información que aprendas en esta unidad para ayudarte a hacer lo que quieres.

Culturas

¿Dónde vas a pasar la noche cuando viajes a España? Los turistas tienen muchas opciones. Además de los hoteles, hay hostales y pensiones. ¡O puedes dormir en un palacio u otro edificio histórico!

Fíjate

Contesta las siguientes preguntas que corresponden a las categorías anteriores.

1. ¿Qué artistas españoles conoces?
2. ¿Adónde vas de compras? ¿Qué compras allí?
3. ¿Puedes hablar, leer u oír español en tu comunidad? ¿Dónde?
4. ¿Pides direcciones en una ciudad que no conoces?
5. ¿Te gustaría pasar la noche en un palacio?

UNIDAD 4

En la pensión

OBJECTIVES

- Talk about travel plans
- Persuade others
- Describe rooms, furniture, and appliances

¿Qué ves?

Mira la foto. ¿Qué ves?

1. ¿Dónde crees que está Isabel?
2. ¿Qué tiene en las manos?
3. ¿Qué significa **pensión**?
4. ¿Dónde puedes encontrar información sobre hoteles en Madrid?

SEVILLA

VIDEO DVD AUDIO

En contexto

VOCABULARIO

Isabel va a empezar sus vacaciones en Madrid.

A Isabel toma un taxi a **la pensión** donde va a **hospedarse.** Esta pensión es popular entre **los extranjeros,** como Isabel, que vienen para hacer **turismo.** En **la recepción,** el señor busca **la reserva** de **la huéspeda** nueva. Luego, le da a Isabel **una llave.**

B **El maletero** ayuda a los huéspedes con sus maletas. La recepción está en **la planta baja,** pero Isabel y el maletero tienen que subir al tercer **piso.** Toman **el ascensor** en vez de ir por **las escaleras.** ¡Es más fácil!

CD-ROM Take-Home Tutor

C **La habitación** tiene varios **muebles**: **una cama, una mesa, una silla** y **una lámpara.** Sobre la mesa hay **un despertador**, pero Isabel no lo necesita —¡está de vacaciones!

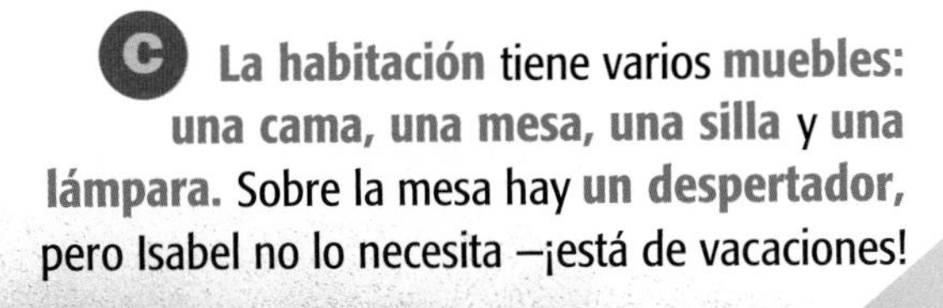

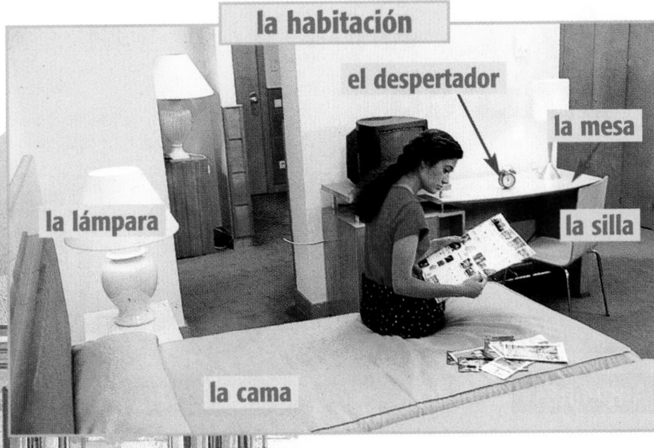

D ¡Qué bonita es la habitación!, pero ¡uf, qué calor! Falta **aire acondicionado.** Isabel abre **la ventana.** ¡Ahora está más fresco!

E Antes de salir, Isabel se mira en **el espejo** que está en **el baño** y se peina. Para los huéspedes con habitaciones sin baño, hay **servicios** en el pasillo.

Online Workbook CLASSZONE.COM

Preguntas personales

1. ¿Te gusta viajar?
2. ¿Prefieres una habitación en la planta baja o en los pisos de arriba?
3. ¿Qué te gusta tener en tu habitación?
4. ¿Qué cosas debe tener una buena pensión?
5. Si eres huésped(a) de una pensión, tienes que dejar este objeto en la recepción antes de salir. ¿Cómo se llama?

En vivo

DIÁLOGO

Isabel

Angelina

Felipe

Señor Zavala

Andrea

PARA ESCUCHAR • **STRATEGY: LISTENING**

Listen and check details When you hear a key word, listen carefully for more information. Señor Zavala recommends many places for Isabel to visit. Which of these does he mention? Can you give their names?

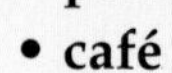

- **museo**
- **plaza**
- **joyería**
- **mercado**
- **palacio**
- **café**

En Madrid...

1► **Isabel:** Gracias por todo. Fue un placer estar en su casa.
Angelina: El placer fue nuestro.
Felipe: Te va a gustar mucho la pensión de mi tío. Bueno, ¿estás lista?

5► **Señor Zavala:** Cuando los huéspedes salen del hotel, es importante que dejen la llave en la recepción. Isabel, insisto en que nos digas adónde vas. Mi esposa y yo somos responsables de ti.

6► **Señor Zavala:** Ésta es una de nuestras mejores habitaciones. Muy bonita la habitación, ¿no? Mi esposa y yo decoramos toda la pensión. Ella buscó todos los muebles. Mira, ésta es la cama. Creo que es muy cómoda.

7► **Isabel:** Señor Zavala...
Señor Zavala: ¿Sí, Isabel? Dime.
Isabel: Perdóneme. Estoy cansada y me gustaría descansar un ratito.
Señor Zavala: Claro que sí, Isabel. Ya me voy.

CD-ROM Take-Home Tutor

2 ▶ *(En la pensión)*

Señor Zavala: Si nos hacen el favor de presentarse en recepción antes de las seis de la tarde. Muy bien. Hasta el viernes, entonces. Adiós.

3 ▶ **Señor Zavala:** Debes de ser Isabel Palacios. Soy Enrique Zavala.

Isabel: Mucho gusto, señor Zavala.

Señor Zavala: Igualmente. Te acompaño a tu habitación. Lo siento; el maletero está enfermo. ¡Así que yo soy el maletero hoy!

4 ▶ **Señor Zavala:** Vamos en el ascensor. Tu habitación está en el tercer piso. Las escaleras están por allí. Madrid es maravillosa. Es importante que vayas al Prado. Es un museo excelente.

8 ▶ **Isabel:** Aquí tiene la llave de mi habitación.

Señor Zavala: ¿Adónde vas?

Isabel: Voy a la Plaza Mayor y a la Gran Vía. Después, no sé. ¿Tiene alguna sugerencia?

9 ▶ **Señor Zavala:** Sugiero que vayas al Palacio Real. Es impresionante. Después de caminar mucho, es divertido sentarse en un café. Te recomiendo el Café Reina Sofía. Tienen pasteles deliciosos.

Isabel: Adiós. ¡Hasta luego!

10 ▶ *(En la Plaza Mayor)*

Andrea: ¿Me puedo sentar aquí?

Isabel: ¡Claro que sí! Siéntate.

Andrea: Muchas gracias. Me llamo Andrea Machado.

Isabel: Soy Isabel Palacios.

En acción

PARTE A

Comprensión del diálogo

For Activities 1–2, refer to the dialog on pages 256–257.

Isabel | Angelina | Felipe | Señor Zavala | Andrea

1 ¿Quién habla?

Escuchar ¿Quién habla: Isabel, Felipe, el señor Zavala o Andrea? *(Hint: Who speaks?)*

1. «Sugiero que vayas al Palacio Real.»
2. «Estoy cansada y me gustaría descansar un ratito.»
3. «Te va a gustar mucho la pensión de mi tío.»
4. «Voy a la Plaza Mayor y a la Gran Vía.»
5. «¿Me puedo sentar aquí?»
6. «¡Así que yo soy el maletero hoy!»
7. «Es importante que vayas al Prado.»
8. «Fue un placer estar en su casa.»
9. «Te recomiendo el Café Reina Sofía.»
10. «¿Tiene alguna sugerencia?»

España

También se dice

Aunque por todo el mundo hispano se habla el mismo idioma, los españoles tienen un acento distinto. Escucha al señor Zavala. Vas a notar que él pronuncia los sonidos de la **z**, la **ce** y la **ci** como los estadounidenses pronuncian **th**.

2 ¿Cuál corresponde?

Escuchar Completa las oraciones con las palabras apropiadas según el diálogo. *(Hint: Complete the sentences.)*

la llave | una extranjera | el maletero | el despertador | la pensión | unos pasteles | los muebles | la casa | el ascensor | la habitación

1. Primero, Isabel se quedó en _____ de Felipe.
2. Luego, ella se hospedó en _____ del señor Zavala.
3. El señor Zavala le mostró su habitación porque _____ estaba enfermo.
4. Ellos subieron en _____, no por las escaleras.
5. El señor Zavala dijo que el Café Reina Sofía tiene _____ deliciosos.
6. La esposa del señor Zavala buscó todos _____ de la pensión.
7. _____ de Isabel está en el tercer piso.
8. Isabel dejó _____ en la recepción antes de salir.

PARTE B

Práctica del vocabulario

Objectives for Activities 3–4

• Talk about travel plans • Describe rooms, furniture, and appliances

3 Dos habitaciones

Hablar/*Escribir* En parejas, vean los dibujos de estas dos habitaciones de una pensión en Madrid. Una habitación es tuya y la otra es de tu compañero(a). Compárenlas y hagan una lista de lo que tienen y de lo que no tienen en común.
(Hint: Make a list of similarities and differences.)

modelo

Habitación A	Habitación B
1. No tiene baño.	Tiene baño.
2.	
3.	

4 Es mejor que...

Hablar/*Escribir* Una agente de viajes te apunta los siguientes consejos sobre tu viaje a España. Pero sus apuntes se mezclaron. Completa las oraciones con el subjuntivo y ponlas en orden.
(Hint: Complete and order the sentences.)

modelo

Es mejor que (tomar) el ascensor a tu habitación.

Es mejor que tomes el ascensor a tu habitación.

a. Es bueno que el maletero (llevar) tu equipaje.

b. Es lógico que (llamar) a la pensión para hacer una reserva.

c. Es posible que (cenar) en un café cerca de la pensión.

d. Es mejor que (descansar) un poco antes de conocer la ciudad.

e. Al llegar, es importante que (hablar) con la recepción.

f. Es necesario que (decidir) las fechas de tu viaje.

PARTE C

Práctica: gramática y vocabulario

Objectives for Activities 5–15

- Persuade others • Talk about travel plans • Describe rooms, furniture, and appliances

GRAMÁTICA The Subjunctive to Express Hopes and Wishes

¿RECUERDAS? *p. 232* You use the subjunctive after **impersonal expressions** involving uncertainty.

You have already learned these verb endings for the subjunctive:

-ar hablar	-er aprender	-ir vivir
hable	**aprend**a	**viv**a
hables	**aprend**as	**viv**as
hable	**aprend**a	**viv**a
hablemos	**aprend**amos	**viv**amos
habléis	**aprend**áis	**viv**áis
hablen	**aprend**an	**viv**an

You also use the subjunctive to express a **hope** or a **wish**, such as when you want someone else to do something.

He knows what he wants … but he's not sure she will take the elevator.

El señor Zavala **quiere que** Isabel tome el ascensor.

*Señor Zavala **wants** Isabel **to take** the elevator.*

The indicative,* sugiere, *indicates a statement of fact…

El señor Zavala **sugiere que** Isabel visite el Prado.

*Señor Zavala **suggests that** Isabel **visit** the Prado.*

…but the subjunctive,* visite, *indicates uncertainty.

Check the box at right for a list of words and phrases that express hopes and wishes. These expressions are often followed by the word **que** and the subjunctive.

Vocabulario

Expressing Hopes and Wishes

insistir (en) *to insist*
ojalá que *I hope that, hopefully*
sugerir (e→ie, i) *to suggest*

Ya sabes

desear *to desire*
esperar *to hope*
necesitar *to need*
preferir (e→ie, i) *to prefer*
querer (e→ie) *to want*

¿Qué palabras usas si quieres darle un consejo a alguien?

Practice: **Actividades** 5 6 7 8

Más práctica *cuaderno pp. 93–94*
Para hispanohablantes *cuaderno pp. 91–92*

Online Workbook CLASSZONE.COM

5 ¡Saludos desde Madrid!

Escribir Usa el subjuntivo para completar la tarjeta postal que escribe Isabel. *(Hint: Complete the postcard.)*

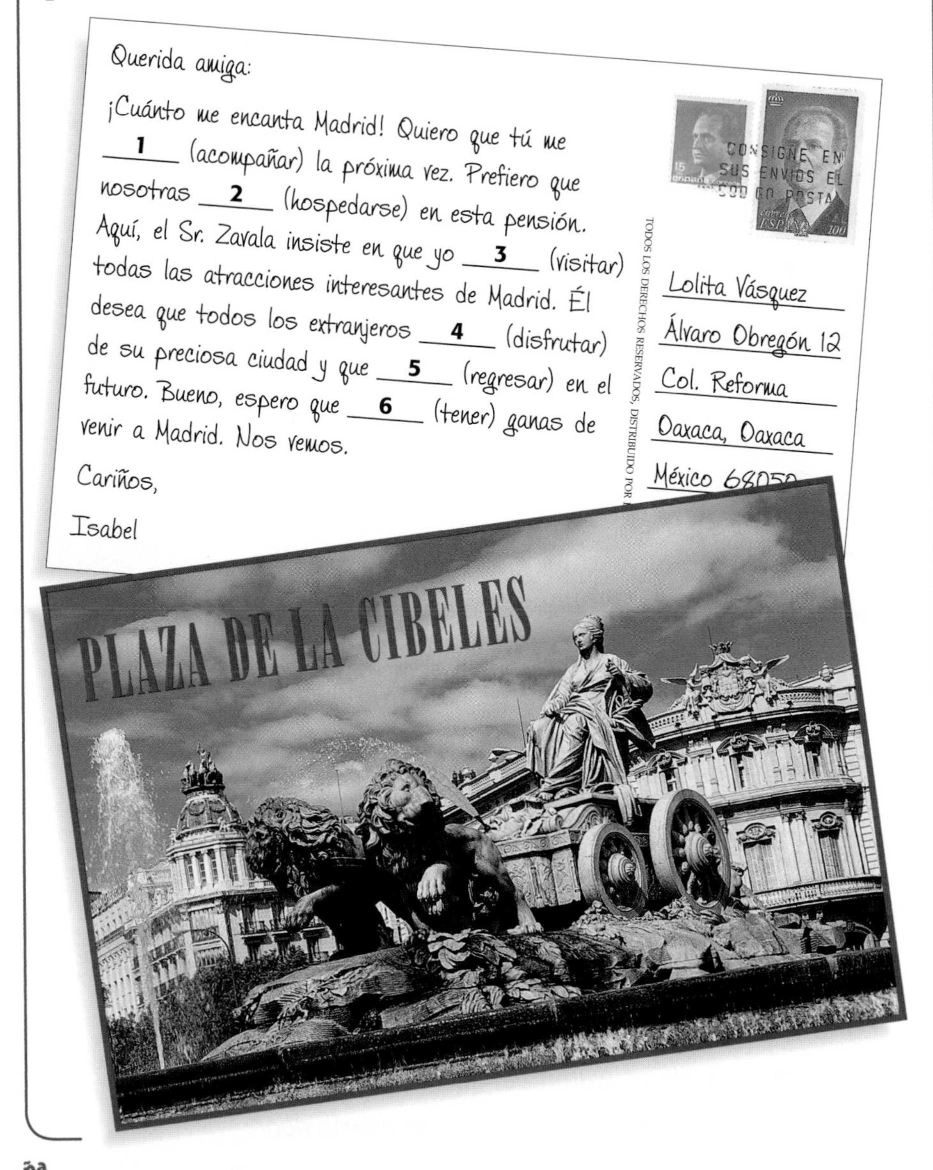

Querida amiga:

¡Cuánto me encanta Madrid! Quiero que tú me __1__ (acompañar) la próxima vez. Prefiero que nosotras __2__ (hospedarse) en esta pensión. Aquí, el Sr. Zavala insiste en que yo __3__ (visitar) todas las atracciones interesantes de Madrid. Él desea que todos los extranjeros __4__ (disfrutar) de su preciosa ciudad y que __5__ (regresar) en el futuro. Bueno, espero que __6__ (tener) ganas de venir a Madrid. Nos vemos.

Cariños,

Isabel

Lolita Vásquez
Álvaro Obregón 12
Col. Reforma
Oaxaca, Oaxaca
México 68050

6 ¡Tantos deseos!

Escribir Expresa los deseos de estas personas. *(Hint: Write sentences expressing wishes.)*

modelo

Ojalá que yo (tener) tarea hoy.

Ojalá que yo (no) tenga tarea hoy.

1. Los profesores insisten en que los estudiantes (gritar) durante la clase.
2. Ojalá que (hacer) sol hoy.
3. Mis padres sugieren que yo (limpiar) mi cuarto de vez en cuando.
4. Ojalá que mi amigo(a) y yo (visitar) Madrid en el futuro.
5. Mis padres quieren que yo (asistir) a la universidad.
6. Prefiero que mi mejor amigo(a) (hablar) español.
7. Los estudiantes necesitan que los profesores (comprender) bien la gramática.
8. Mis amigos y yo esperamos que nuestros hermanos (portarse) mal.
9. Los hijos desean que sus padres (escuchar).
10. Insisto en que mis amigos me (decir) la verdad.

España

Nota cultural

La Plaza de la Cibeles Enfrente del Banco de España se encuentra la bella Plaza de la Cibeles. En el centro de la plaza hay una fuente dedicada a Cibeles, una diosa griega. Es quizás la fuente más famosa de España. El centro financiero de Madrid, en la calle de Alcalá, comienza en esta plaza.

7 Una nueva casa

Hablar/*Escribir* Tienes una nueva casa y unos amigos te ayudan con tus cosas. Di dónde ponerlas. *(Hint: Tell where to put items.)*

modelo

ustedes:

Quiero que ustedes pongan la mesa en el comedor.

1. Javier:

2. tú:

3. Elena:

4. Miguel:

5. nosotros:

8 ¿Qué prefieres?

Hablar Imagínate que tú y un(a) compañero(a) van a hacer un viaje. Él (Ella) te pregunta sobre tus preferencias. ¿Qué le dices? *(Hint: Talk about preferences.)*

modelo

comer en un restaurante en el hotel / comer en un restaurante fuera del hotel

Compañero(a): *¿Prefieres que comamos en un restaurante en el hotel o fuera del hotel?*

Tú: *Quiero que comamos en un restaurante fuera del hotel.*

1. hospedarse en un hotel grande / hospedarse en una pensión pequeña
2. hacer reservas / no hacer reservas
3. dejar la llave en la recepción / llevar la llave con nosotros
4. tener una habitación en un piso alto / tener una habitación en la planta baja
5. el (la) maletero(a) llevar las maletas / llevar nuestras propias maletas
6. subir por las escaleras / tomar el ascensor
7. usar los servicios en el pasillo / tener un baño en la habitación
8. quedarse en la ciudad / quedarse en el campo

Vocabulario

Habitaciones y muebles

el armario *closet, wardrobe*
la bañera *bathtub*
la cocina *kitchen*
el comedor *dining room*
el garaje *garage*
el jardín *garden*
el lavabo *bathroom sink*
la pared *wall*
la puerta *door*
la sala *living room*
el sillón *armchair*
el sofá *sofa*
el suelo *floor*

¿Qué tienes en tu casa?

9 ¿Loca o normal?

Escuchar Estas personas van a redecorar varias partes de la casa. Escucha cada descripción. ¿Es loca o normal? *(**Hint:** Are the descriptions crazy or normal?)*

1. el comedor
2. el baño
3. el jardín
4. la sala
5. la habitación de Alfredo
6. la cocina
7. la habitación de Ana
8. el garaje
9. el apartamento

GRAMÁTICA Irregular Subjunctive Forms

¿RECUERDAS? *p. 232* You've learned how to form the subjunctive of regular verbs.

However, some verbs have **irregular subjunctive** forms. Use the chart to get to know them.

dar	estar	ir	saber	ser
dé	**esté**	**vaya**	**sepa**	**sea**
des	**estés**	**vayas**	**sepas**	**seas**
dé	**esté**	**vaya**	**sepa**	**sea**
demos	**estemos**	**vayamos**	**sepamos**	**seamos**
deis	**estéis**	**vayáis**	**sepáis**	**seáis**
den	**estén**	**vayan**	**sepan**	**sean**

Es importante que **sepas** que si tienes algún problema o dificultad, puedes llamarnos a cualquier hora.
*It's important that **you know** that if you have any trouble or difficulty, you can call us at any time.*

Another verb with an **irregular subjunctive** is **haber.**

Estoy muy cansada. Ojalá que **haya** tiempo para descansar.
*I'm very tired. I hope **there will be** time to rest.*

The indicative **hay** becomes **haya** in the subjunctive.

Practice: **Actividades** 

Más práctica *cuaderno pp. 95–96*
Para hispanohablantes *cuaderno pp. 93–94*

10 Consejos

Escribir Al señor Zavala le gusta darles recomendaciones a sus huéspedes. Usa una expresión de la lista y el subjuntivo para saber lo que dice. *(Hint: Express Señor Zavala's recommendations.)*

Insisto en que... **Espero que...**
Ojalá que... **Quiero que...**
Sugiero que... **Prefiero que...**

modelo

ustedes (ir) al Palacio Real

Ojalá que ustedes vayan al Palacio Real.

1. los huéspedes le (dar) la llave al recepcionista
2. tú (ir) a un restaurante español
3. usted (ser) paciente
4. ustedes (saber) el número de teléfono de la pensión
5. tú no (estar) enfermo hoy
6. vosotros (ir) a la Plaza Mayor
7. los huéspedes (ser) responsables
8. usted (dar) una vuelta por Madrid
9. tú (saber) la dirección de la pensión
10. ustedes (estar) contentos en mi pensión

Apoyo para estudiar

Irregular Subjunctive Forms

Where have you seen these forms of **dar, estar, ir, saber,** and **ser** before? They are the same as the **usted(es)** commands and the negative **tú** commands. When you write, be sure to put the accents on **dé** and **esté**. That avoids confusion with **de** (*of*) and **este** (*this*).

11 De compras en Madrid

Hablar/Leer Imagínate que estás en Madrid. Tu compañero(a) te pregunta dónde estas personas pueden comprar varias cosas. Sigue el modelo. *(Hint: Suggest where to buy the following items.)*

modelo

yo: sandalias

Compañero(a): *Busco sandalias nuevas.*

Tú: *Sugiero que vayas a la Zapatería Rojas.*

1. mis amigos: un radiocasete
2. mi hermano: artesanía
3. mi tía y yo: un collar de plata
4. nosotros: tarjetas postales
5. mi familia: un libro de historia
6. mi amigo: unos patines
7. mis padres: unas plumas
8. yo: un disco compacto
9. mi madre: botas
10. mi padre: una raqueta de tenis

12 En la cabaña

Hablar/*Escribir* Laura pasa el fin de semana en una cabaña en el campo. Algunos aparatos no funcionan. ¿Qué espera Laura que todavía funcione? *(**Hint:** Which does Laura hope still works?)*

modelo

Quiero hacer un pastel.

Ojalá que funcione el horno.

1. Quiero tomar refrescos fríos.
2. Vamos a mirar videos.
3. Mi amiga trae el helado.
4. Voy a cocinar paella.
5. No quiero tener frío.
6. No queremos pasar mucho tiempo lavando platos.

Vocabulario

En la casa

la calefacción *heat, heating*
el congelador *freezer*
la electricidad *electricity*
la estufa *stove*
funcionar *to work, to run*
el horno *oven*
el horno microondas *microwave oven*
el lavaplatos *dishwasher*
el refrigerador *refrigerator*
el televisor *television set*

¿Qué tienes en tu cocina?

13 ¿Dónde quieren hospedarse?

Escuchar/Hablar Estas personas están describiendo dónde quieren hospedarse. ¿Qué dibujo corresponde a cada descripción? Luego explícale a un(a) compañero(a) dónde te gustaría hospedarte a ti. *(**Hint:** Which picture goes with each description?)*

1. _____ 2. _____ 3. _____ 4. _____

a.

b.

c.

d.

More Practice: **Más comunicación** *p. R11*

España

Nota cultural

Alojamiento Si buscas alojamiento (*lodging*), en Madrid hay muchas opciones. Hay **hoteles** (¡los de cinco estrellas son muy cómodos!) y los **paradores** del gobierno (muchos de éstos son edificios históricos). También hay **hostales** y **pensiones**, que son más pequeños, pero también son más baratos.

14 Unas sugerencias

Hablar Conversa con un(a) compañero(a) sobre los problemas de tus amigos(as). Tu compañero(a) te da una sugerencia para cada uno(a). *(Hint: Make suggestions.)*

modelo

no poder estudiar en casa

Tú: *Mónica no puede estudiar en casa.*

Compañero(a): *Sugiero que vaya a la biblioteca.*

Insisto en que... Espero que...
Ojalá que... Quiero que...
Sugiero que... Prefiero que...

Tú	Compañero(a)
no poder estudiar en casa	ser más responsable
nunca hacer la tarea	comprar un despertador
nunca escuchar al (a la) maestro(a)	ir a la biblioteca
siempre llegar tarde	estudiar con unos(as) amigos(as) después de la escuela
nunca estudiar para los exámenes	ser más cortés
siempre dormir en clase	descansar más en casa
siempre hablar cuando debe estar estudiando	hablar con el (la) maestro(a)

15 El metro de Madrid

Hablar/Leer Imagínate que vives en Madrid. Un turista te pregunta cómo llegar a varios lugares en metro. Usa el plano para darle instrucciones. *(Hint: Give directions.)*

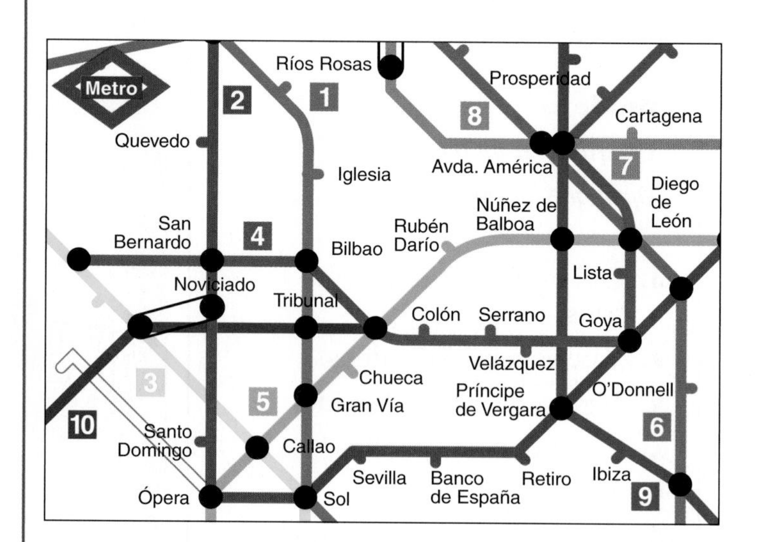

modelo

de Bilbao a Ópera

Turista: *¿Cómo llego desde Bilbao a Ópera?*

Tú: *Tome la línea 1 en Bilbao y baje en la estación Gran Vía. Allí tome la línea 5 hasta Ópera.*

1. de Retiro a Lista
2. de Sevilla a Iglesia
3. de Velázquez a Núñez de Balboa
4. de Quevedo a Chueca
5. de Prosperidad a Colón
6. de Cartagena a Ibiza
7. de Gran Vía a Serrano
8. de Ópera a Goya
9. de Noviciado a Banco de España
10. de Sol a Rubén Darío

PARTE D

Todo en acción

Activities 16–17 bring together all concepts presented.

16 ¿Al campo o a la ciudad?

STRATEGY: SPEAKING

Persuade Winning someone over to your course of action can be done by reason (**no tenemos un coche**), by emotion (**nos divertimos**), or by a reward (**pago el almuerzo**). What works best for you? Use it here.

Hablar Vas a viajar con un(a) compañero(a) este fin de semana, pero ustedes tienen un problema. Uno de ustedes quiere ir al campo, y el otro a la ciudad. Convéncelo(a) de que te acompañe. *(Hint: Convince your classmate.)*

modelo

Tú: *Quiero que pasemos el fin de semana en la ciudad. Va a haber muchas cosas divertidas que hacer.*

Compañero(a): *Pues, yo sugiero que vayamos al campo. Va a hacer sol y prefiero que estemos al aire libre.*

17 La casa perfecta

Hablar/*Escribir* Haz un dibujo simple de tu casa ideal y en otro papel haz una descripción completa de la misma casa. Luego, con un grupo de compañeros(as), muestra los dibujos del grupo y lee tu descripción. ¿Pueden tus compañeros(as) identificar tu casa? *(Hint: Draw and describe your ideal house. Can classmates pick out your picture?)*

modelo

«Mi casa ideal»

Mi casa ideal va a ser muy grande. Quiero que sea de tres pisos y que tenga cinco habitaciones. Cada habitación va a tener una cama muy grande y una lámpara bonita. Aunque me gusta mucho la ciudad, prefiero que la casa esté en el campo porque…

More Practice: **Más comunicación** *p. R11*

Refrán

Quien va a Sevilla pierde su silla.

Mira el dibujo y habla con tus compañeros(as). ¿Qué crees que significa este refrán? ¿Puedes describir una situación en la que tú perdiste algo porque te fuiste?

AUDIO

En voces

LECTURA

PARA LEER • **STRATEGY: READING**

Compare related details Brochures often tell enough to get your interest but may leave out information you need to know. Use a chart to compare the two hotels described in **«Felices sueños»** (*Sweet Dreams*). What else would you like to know in choosing one of these hotels for your stay in Madrid?

	Argüelles	Borbones
habitaciones con baño		
apartamentos		
restaurante		
jardín		

Felices sueños

Si prefieren un hotel de precio módico, el Argüelles es ideal. Sus habitaciones son cómodas y limpias, y todas tienen baño. También ofrece apartamentos con sala y cocina, equipados con calefacción, televisión, estufa, horno microondas y refrigerador.

Para los huéspedes que desean comer en un restaurante, el Café Rosa en la planta baja está abierto todos los días.

El Hotel Argüelles

El hotel está en un lugar perfecto para los extranjeros: cerca de la Gran Vía, en el Madrid moderno. Hay una estación de metro cercana y una parada de autobús en la esquina. Y la famosa Gran Vía tiene restaurantes, cines y muchísimas tiendas.

El Hotel Argüelles es sencillo[1] y práctico, y tiene todo lo que necesitan sus huéspedes para estar contentos en Madrid.

[1] simple

El Hotel Borbones

Si les gustan las vacaciones lujosas, les va a encantar el Hotel Borbones, una de las joyas históricas de Madrid. Este elegante edificio en el centro de la ciudad fue un palacio en el siglo dieciocho. Hoy, la decoración interior conserva el estilo antiguo, pero el hotel tiene también todas las comodidades modernas. Cada habitación tiene teléfono, aire acondicionado y baño con un secador de pelo.

En el segundo piso, el Restaurante Zarzuela sirve el desayuno, la comida y la cena, y atrae a muchos madrileños[2] con su auténtica cocina española.

Después de un día ocupado en hacer turismo, los huéspedes del Borbones pueden descansar en el jardín del patio y disfrutar de una tranquilidad a sólo unos pasos[3] de la calle.

[2] natives or residents of Madrid [3] steps

¿Comprendiste?

1. ¿Piensas que el Hotel Argüelles es más caro o menos caro que el Hotel Borbones? ¿Por qué?
2. ¿Puedes nombrar tres servicios (*services*) que les ofrece el Hotel Borbones a sus huéspedes?
3. ¿Por qué van los madrileños al Restaurante Zarzuela?

¿Qué piensas?

1. ¿Cuáles te gustan más, los hoteles antiguos o los hoteles modernos? ¿Los hoteles de lujo o los hoteles sencillos? ¿Por qué?
2. ¿Cuál prefieres, el Hotel Argüelles o el Hotel Borbones? ¿Por qué?

En uso

REPASO Y MÁS COMUNICACIÓN

OBJECTIVES

- Talk about travel plans
- Persuade others
- Describe rooms, furniture, and appliances

Now you can...

- talk about travel plans.

To review

- travel vocabulary, see pp. 254–255.

1 En la pensión

Tú y tu familia van a hospedarse en la pensión del señor Zavala. ¿Qué les dice? *(Hint: Tell what Señor Zavala says.)*

Bienvenidos a nuestra __1__ (pared / pensión). Veo que ustedes tienen una __2__ (reserva / llave) para una __3__ (recepción / habitación) en el tercer __4__ (piso / paseo). Vamos a su habitación en el __5__ (ascensor / armario). Hoy yo soy el __6__ (extranjero / maletero).

Aquí está su habitación y ésta es la __7__ (planta baja / llave). Espero que no haga mucho calor esta semana porque no hay __8__ (aire acondicionado / lavaplatos). Pero sí tenemos muchos __9__ (huéspedes / muebles) bonitos: una mesa, dos sillas, una __10__ (lámpara / sala)...

Now you can...

- talk about travel plans.
- persuade others.

To review

- the subjunctive to express hopes and wishes, see p. 260.

2 ¡Vamos a Madrid!

Unos estudiantes están hablando de su futuro viaje a Madrid. ¿Qué dicen? *(Hint: Tell what they say.)*

modelo

la profesora / insistir en / los estudiantes / portarse bien

La profesora insiste en que los estudiantes se porten bien.

1. yo / preferir / la pensión / tener aire acondicionado
2. nosotros / querer / la profesora / hacer las reservas
3. ojalá / la calefacción / funcionar bien
4. la profesora / preferir / el maletero / llevar las maletas
5. nadie / desear / nosotros / hospedarse en una pensión sin electricidad
6. algunos estudiantes / insistir en / las habitaciones / tener baño

Now you can...
- talk about travel plans.
- persuade others.
- describe rooms, furniture, and appliances.

To review
- irregular subjunctive forms, see p. 263.

3 Prefiero que...

Vas de viaje con tu familia. Expresa tus preferencias. *(Hint: Express preferences.)*

modelo

Hay un restaurante en la planta baja.

Prefiero que haya un restaurante en la planta baja.

1. Los otros huéspedes son simpáticos.
2. Nos dan una habitación con horno microondas.
3. El maletero sabe hablar inglés.
4. Vamos de compras ahora.
5. Hay un jardín cerca de nuestro hotel.
6. Le damos una buena propina al maletero.
7. La pensión está cerca del metro.
8. Hay servicios cerca de la recepción.

Now you can...
- persuade others.
- describe rooms, furniture, and appliances.

To review
- the subjunctive to express hopes and wishes, see p. 260.

4 ¿Dónde lo ponemos?

Estás en tu nueva casa. Explícales a los trabajadores dónde poner los muebles: en el baño, en la cocina, en el comedor, en la habitación o en la sala. *(Hint: Tell where to put items.)*

modelo

Quiero que pongan la lámpara en la habitación.

1. 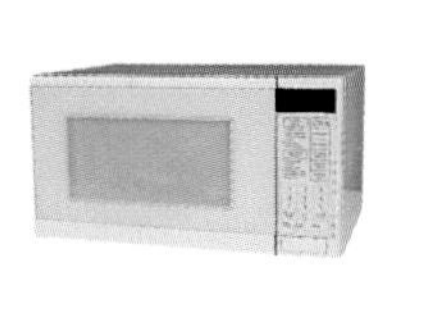
2. 
3. 
4. 
5. 
6. 
7. 
8. 

5 Preferencias

STRATEGY: SPEAKING

Make and express decisions Traveling with others requires planning (**planear**) and compromise (**llegar a un acuerdo**). Anticipate decisions: where to stay (**dónde hospedarse**), what to do (**cómo pasar el tiempo**), how to get there (**cómo viajar**). Use persuasion to resolve differences (**sugiero, recomiendo**). Finally, report the results (**estamos** o **no estamos de acuerdo que...**).

Tú y tu amigo(a) van a hacer un viaje a Madrid. Conversen sobre sus preferencias. Luego, preséntenle sus resultados a la clase. *(Hint: Express travel preferences. Then present results.)*

¿hacer reservas?
¿visitar los museos?
¿usar el metro?
¿tener una habitación con baño?
¿...?

modelo

Tú: *¿Prefieres que hagamos reservas?*

Amigo(a): *Sí, y ojalá que nos hospedemos en una pensión.*

Tú: *¿En una pensión? Prefiero que nos hospedemos en...*

6 Bienvenidos a...

Están en una pensión en Madrid. Una persona trabaja en la recepción y las otras son huéspedes(as). El (La) recepcionista les muestra la habitación a los (las) huéspedes(as) y les sugiere actividades turísticas. Cambien de papel. *(Hint: Role-play a scene.)*

modelo

Recepcionista: *Bienvenidos a la pensión Buena Vida. ¿Tienen una reserva?*

Huésped(a) 1: *Sí, para dos.*

Huésped(a) 2: *Preferimos que la habitación tenga baño.*

Recepcionista: *Tenemos cuatro habitaciones con baño...*

7 En tu propia voz

ESCRITURA Imagínate que Isabel viene a visitarte. Escríbele una carta invitándola a hospedarse en tu casa. Describe la casa y su habitación con muchos detalles. También recomiéndale algunas actividades. *(Hint: Write a note inviting Isabel to visit you. Describe your house and recommend activities.)*

El Príncipe don Baltasar Carlos, por Velázquez

CONEXIONES

El arte Eres un(a) guía en el Museo del Prado. Escoge dos pinturas de El Greco, Goya, Velázquez u otro artista de la escuela española y explícaselas a un grupo de turistas (la clase). Empieza con una descripción de la vida del artista. Busca información en Internet o en la biblioteca. Y no te olvides, ¡es posible que los turistas te hagan algunas preguntas!

En resumen

REPASO DE VOCABULARIO

DESCRIBE ROOMS, FURNITURE, AND APPLIANCES

In and Around the House

el armario	*closet, wardrobe*
la bañera	*bathtub*
el baño	*bathroom*
la cocina	*kitchen*
el comedor	*dining room*
el garaje	*garage*
la habitación	*room, bedroom*
el jardín	*garden*
el lavabo	*bathroom sink*
la pared	*wall*
el piso	*floor, story*
la puerta	*door*
la sala	*living room*
el suelo	*floor*
la ventana	*window*

Furniture

la cama	*bed*
el espejo	*mirror*
la lámpara	*lamp*
la mesa	*table*
los muebles	*furniture*
la silla	*chair*
el sillón	*armchair*
el sofá	*sofa*

Appliances

el aire acondicionado	*air conditioning*
la calefacción	*heat, heating*
el congelador	*freezer*
el despertador	*alarm clock*
la electricidad	*electricity*
la estufa	*stove*
funcionar	*to work, to run*
el horno	*oven*
el horno microondas	*microwave oven*
el lavaplatos	*dishwasher*
el refrigerador	*refrigerator*
el televisor	*television set*

TALK ABOUT TRAVEL PLANS

el ascensor	*elevator*
las escaleras	*stairs, staircase*
el (la) extranjero(a)	*foreigner*
hospedarse (en)	*to stay (at)*
el (la) huésped(a)	*guest*
la llave	*key*
el (la) maletero(a)	*porter*
la pensión	*pension, boarding house*
la planta baja	*ground floor*
la recepción	*reception, front desk*
la reserva	*reservation*
los servicios	*bathrooms*
el turismo	*tourism*

PERSUADE OTHERS

insistir (en)	*to insist*
ojalá que	*I hope that, hopefully*
sugerir (e→ie, i)	*to suggest*

Ya sabes

desear	*to desire*
esperar	*to hope*
necesitar	*to need*
preferir (e→ie, i)	*to prefer*
querer (e→ie)	*to want*

Juego

Gregorio perdió el control de la televisión. Está en la cocina. ¿Dónde lo dejó?

UNIDAD 4

Conoce la ciudad

OBJECTIVES

- Describe your city or town
- Make suggestions
- Ask for and give directions

Plano de los transportes del Centro de Madrid
2
CONSORCIO TRANSPORTES MADRID

¿Qué ves?

Mira la foto y contesta las preguntas.

1. ¿En qué parte de Madrid están Isabel y su compañera?
2. ¿Cómo se llama la chica que está con Isabel?
3. ¿A qué otras personas ves? ¿Qué hacen?
4. ¿Qué tienen en común el plano y la foto?

En contexto

VOCABULARIO

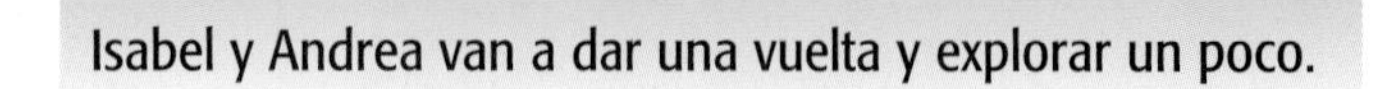

Isabel y Andrea van a dar una vuelta y explorar un poco.

A Si tienes coche, puedes llegar a este **vecindario** por **el puente.** Pero Isabel y Andrea vinieron en metro. Ellas ven a otros **peatones** caminando por **las aceras.** Es bueno que miren **los semáforos** antes de cruzar la calle —¡hay mucho tráfico aquí!

B Para este **conductor** es difícil encontrar **un estacionamiento.**

C En esta **juguetería** se pueden **obtener** regalos para niños. Cuando la tienda tiene **rebajas,** los precios son buenos. Andrea e Isabel compran unos juguetes muy baratos. ¡Qué **gangas**!

la taquilla

la heladería

la tintorería

D

Todo lo que necesitas para pasar una tarde perfecta está cerca: **la taquilla** para comprar boletos para un concierto; **la tintorería** para limpiar la ropa que vas a llevar; y **la heladería** para después del concierto. A Isabel le gusta el helado de chocolate, pero Andrea prefiere el de limón.

E

Durante su paseo, Isabel y Andrea encuentran muchos **quioscos** de revistas y periódicos. Isabel tiene hambre y **revisa** una revista para buscar la dirección de un restaurante.

F

Al encontrar **un buzón,** ¡Isabel se da cuenta de que **olvidó** las postales que iba a mandar! Tiene que **regresar.** ¡Qué lástima! Afortunadamente hay **una parada** de metro cerca.

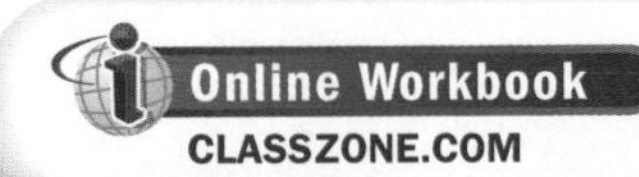

Preguntas personales

1. ¿Hay una juguetería en tu vecindario? ¿Una heladería? ¿Qué edificios hay?
2. ¿Compras más o compras menos cuando las tiendas tienen rebajas? ¿Puedes encontrar gangas cerca de tu casa?
3. Si tu abrigo está sucio, ¿lo llevas a una taquilla o una tintorería?
4. ¿Cuál es tu lugar favorito del vecindario donde vives? ¿Por qué?
5. Descríbele tu vecindario a un(a) visitante del extranjero.

VIDEO DVD AUDIO

En vivo

DIÁLOGO

Andrea Isabel

PARA ESCUCHAR • STRATEGY: LISTENING

Listen and distinguish Listen to what Andrea and Isabel say about Madrid and Mexico City. Where are the following found?

- **metro**
- **micro**
- **conductores locos**
- **buena onda**
- **buena gente**

Nuevas amigas

1► **Andrea:** ¿Qué hiciste aquí?
Isabel: Escribí un artículo sobre los museos de Madrid. Son fabulosos. Pero quiero ver más de la ciudad —las plazas, los edificios, la gente. No quiero ver ni un museo más.

5► **Andrea:** ¿Qué es un micro?
Isabel: Es como un autobús, pero los micros son más pequeños.
Andrea: Normalmente, yo también voy en metro si tengo prisa.

6► **Andrea:** ¿Cómo son los conductores de los coches en la Ciudad de México? ¿Son tan locos como aquí?
Isabel: ¡Son iguales en todas las ciudades! Los peatones tienen que tener cuidado.

7► **Andrea:** Mira, el Palacio Real. ¿Entramos? Después puedes comprar postales.
Isabel: Oye, voy a preguntar en la taquilla si venden entradas más baratas para estudiantes.

2 ▶ **Isabel:** Andrea, ¿me haces un favor? Quiero que me saques una foto.
Andrea: Claro que sí. Ponte allí. La voy a sacar desde aquí. No te muevas. Está perfecto.

3 ▶ **Isabel:** Oye, ¿cómo llego al Palacio Real? Tengo ganas de verlo.
Andrea: ¿Quieres que te acompañe?
Isabel: ¡Me encantaría!
Andrea: Además, no quiero que te pierdas.

4 ▶ **Andrea:** ¿Cómo es la Ciudad de México? ¿Es muy diferente de Madrid?
Isabel: Claro, tiene sus diferencias. México es mucho más grande. Es más difícil andar por la Ciudad de México. Yo siempre voy en metro o en micro.

8 ▶ **Andrea:** Hay un buzón por aquí. ¡Insisto en que me mandes una tarjeta postal de México! ¡No lo olvides! Oye, sugiero que demos una vuelta por la Gran Vía.

9 ▶ **Andrea:** ¡Hay rebajas! ¿Entramos?
Isabel: Sí, pero después tengo que regresar. No quiero que el señor Zavala se preocupe. Es el dueño de la pensión. Es buena onda, pero habla muchísimo.

10 ▶ **Andrea:** ¿Buena onda?
Isabel: Significa que es una persona simpática. Es una expresión común en México.
Andrea: Aquí en España decimos «buena gente». Significa la misma cosa.

En acción

PARTE A

Comprensión del diálogo

Isabel

Andrea

For Activities 1–2, refer to the dialog on pages 278–279.

1 ¿Qué pasó?

Escuchar/*Escribir* Completa las oraciones para explicar lo que pasó en el diálogo. *(Hint: Complete the sentences.)*

1. Isabel escribió un artículo sobre…
2. Isabel quiere que Andrea la acompañe al…
3. Generalmente, la manera en que Isabel va por la Ciudad de México es…
4. Un micro es como un autobús pero es más…
5. En todas las ciudades, los peatones tienen que…
6. Andrea quiere una tarjeta postal de…
7. Isabel y Andrea quieren entrar en la tienda porque hay…
8. Andrea sugiere que den una vuelta por…

2 ¿Isabel o Andrea?

Escuchar/Hablar Isabel y Andrea están hablando. Según lo que ya sabes de ellas, decide quién hace cada comentario. *(Hint: Who would say this?)*

1. «La última vez que estuve en la Plaza Mayor estaba lloviendo.»
2. «Tengo que mandarles postales a todos mis amigos en la Ciudad de México.»
3. «Cuando mandé mi artículo, no pensé que iba a ganar.»
4. «Tú eres muy buena gente.»
5. «El señor Zavala me dio una habitación muy buena.»
6. «Hay una parada de metro cerca de esta tienda.»
7. «Éste es mi café favorito.»
8. «¿Dónde hay un buzón?»

España

Nota cultural

La Plaza Mayor Hace muchos años, la Plaza Mayor era el centro municipal de Madrid. Aquí se casaron princesas y fueron coronados reyes. Ahora la plaza está llena de tiendas y cafés, y es un lugar favorito entre los extranjeros y los españoles. No puedes conducir por la Plaza Mayor; sólo se permite caminar.

PARTE B

Práctica del vocabulario

Objectives for Activities 3–4

• Describe your city and town • Make suggestions

3 Una lección

Hablar/*Escribir* Imagínate que le enseñas a un(a) amigo(a) a manejar. Dile si las siguientes cosas son necesarias o no. Usa **(No) es importante, (No) es necesario** o **(No) es lógico** en tus respuestas. *(Hint: Give advice.)*

modelo

tener un coche nuevo

No es necesario que tengas un coche nuevo.

1. ser inteligente
2. estar tranquilo(a)
3. tener prisa
4. manejar por las aceras
5. observar a los peatones
6. saber las reglas de manejar
7. mirar en el espejo
8. gritarles a los otros conductores
9. darle las llaves del coche a alguien que no conoces
10. ir rápidamente cuando ves niños en la calle

4 En tu vecindario

Hablar Mira las fotos y habla con un(a) compañero(a) de lo que hay en tu vecindario. *(Hint: Talk about your neighborhood.)*

modelo

Compañero(a): *¿Hay buzones amarillos en tu vecindario?*

Tú: *Sí, hay buzones amarillos. (No, no hay ni un buzón amarillo.)*

Nota: Vocabulario

Ni can mean *not even, neither,* or *nor,* and is usually combined with another negative word, such as **no.** Observe how it is used in these examples:

No quiero ver **ni** un museo más. *I do not want to see **(not) even** one more museum.*

No visité **ni** las plazas **ni** los edificios históricos. *I visited **neither** the plazas **nor** the historic buildings.*

1.

2.

3.

4.

5.

6.

Práctica: gramática y vocabulario

Objectives for Activities 5–15
- Make suggestions • Ask for and give directions

GRAMÁTICA Subjunctive Stem Changes: -ar, -er Verbs

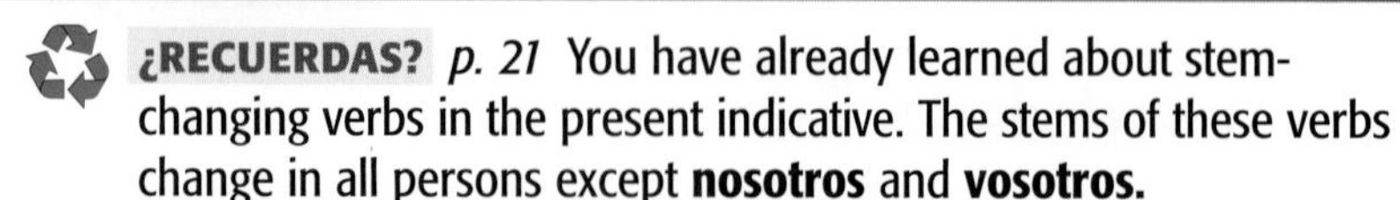

¿RECUERDAS? *p. 21* You have already learned about stem-changing verbs in the present indicative. The stems of these verbs change in all persons except **nosotros** and **vosotros.**

Note that **-ar** and **-er** stem-changing verbs undergo the same stem changes in the **subjunctive** as they do in the present indicative.

pensar *to think, to plan*
e → ie

piense	pensemos
pienses	penséis
piense	piensen

poder *to be able, can*
o → ue

pueda	podamos
puedas	podáis
pueda	puedan

stem changes from **o** *to* **ue**

Ojalá que Andrea **pueda** sacar una buena foto de Isabel.
*I hope that Andrea **can** take a good picture of Isabel.*

Practice:
Actividades
5 6

Más práctica
cuaderno p. 101
Para hispanohablantes
cuaderno p. 99

Online Workbook
CLASSZONE.COM

5 Recomendaciones

Hablar/*Escribir* ¿Qué quiere el señor Zavala que haga o no haga Isabel en Madrid?
*(**Hint:** What does Señor Zavala want Isabel to do or not do?)*

modelo
sentarse sola en el parque
(No) quiere que se siente sola en el parque.

1. cerrar la habitación con llave
2. perderse en la ciudad
3. entender cómo hablan los españoles
4. recordar la dirección de la pensión
5. acostarse tarde
6. contarles a los Zavala de sus aventuras

Juego

Escribe la forma correcta del verbo. Luego, pon en orden las letras de colores para responder a la pregunta.

1. Ojalá que nosotros no nos _ _ _ _ _ _ _ _ en Madrid. (perder)
2. Espero que los boletos no _ _ _ _ _ _ mucho. (costar)
3. Insisto en que ustedes se _ _ _ _ _ _ _ _ _ _ _ temprano. (despertar)
4. Quiero que tú _ _ _ _ _ _ a España algún día. (volver)

¿Cuál es la palabra de cuatro letras que, al quitarle una, queda (*remains*) también una?

_ _ _ _

6 De fiesta

Hablar/*Escribir* Andrea habla con sus amigos de la fiesta que va a haber este fin de semana. ¿Qué dice? *(Hint: Comment on the party this weekend.)*

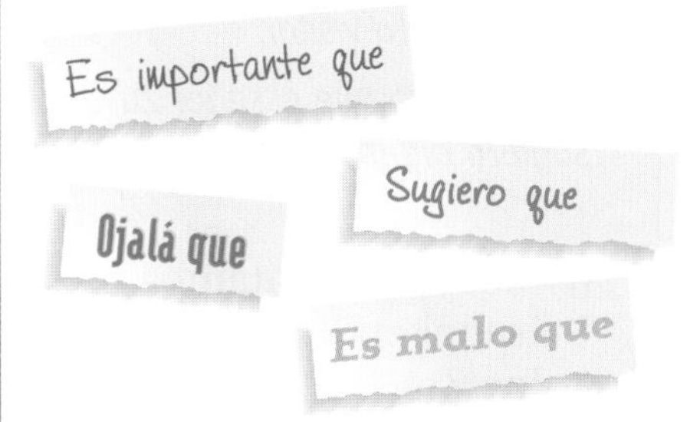

modelo

los padres: traer los refrescos

Ojalá que los padres traigan los refrescos.

1. nosotros: sentarse en el sofá
2. tú: poder bailar salsa
3. ellos: pensar llegar a tiempo
4. nosotros: perder las direcciones
5. vosotros: poder cocinar
6. yo: querer ir
7. mi hermana: contar chistes
8. mis amigos: poder llegar a tiempo
9. nosotros: volver al supermercado
10. tú: encontrar las llaves del coche
11. él: recordar la fecha de la fiesta
12. vosotros: pensar acompañarnos

7 Una calle de Madrid

Escuchar Escucha las seis descripciones e indica si corresponden o no a la foto. *(Hint: Listen to the descriptions and tell if they relate to the photo.)*

1. _____
2. _____
3. _____
4. _____
5. _____
6. _____

España

Nota cultural

El paseo En Madrid, como en las otras ciudades de España, la gente sale a dar el paseo por las tardes, caminando por las calles y parándose a hablar con amigos. Van por calles que llevan nombres de personas o sucesos importantes de la historia de España. ¿Sabes quién era Pedro Calderón de la Barca?

GRAMÁTICA Stem-Changing -ir Verbs in the Subjunctive

¿RECUERDAS? p. 282 You have learned how to form the subjunctive of stem-changing **-ar** and **-er** verbs. The stems of these verbs change in all persons except **nosotros** and **vosotros.**

Now you will learn how to form the subjunctive of stem-changing **-ir** verbs.

Verbs ending in **-ir** with a stem change in the present indicative of **e** → **i** undergo the same stem changes in the subjunctive, but in all persons.

pedir *to ask for*
e → **i**

pida	**pidamos**
pidas	**pidáis**
pida	**pidan**

Es necesario que Isabel le pida permiso al señor Zavala.
*It is necessary for Isabel **to ask** Señor Zavala for permission.*

The **e** → **ie** and **o** → **ue** stem-changing **-ir** verbs that you learned in the present indicative make the following changes in the subjunctive:

The **e** changes to **ie** or **i**.

preferir *to prefer*
e → **ie, i**

prefiera	prefiramos
prefieras	prefiráis
prefiera	prefieran

The **o** changes to **ue** or **u**.

dormir *to sleep*
o → **ue, u**

duerma	durmamos
duermas	durmáis
duerma	duerman

Ojalá que prefieras una habitación con baño.
*I hope that **you prefer** a room with a bathroom.*

Sugiero que durmamos antes de salir.
*I suggest that **we sleep** before going out.*

Practice:
Actividades
8 9

Más práctica
cuaderno p. 102
Para hispanohablantes
cuaderno p. 100

Online Workbook
CLASSZONE.COM

8 ¿Qué quieres?

Hablar/*Escribir* ¿Qué quieres que hagan las siguientes personas? *(Hint: What should they do?)*

modelo

El señor Zavala sugiere algunos lugares para visitar.

(No) quiero que el señor Zavala sugiera algunos lugares para visitar.

1. Nosotros visitamos a Isabel en la pensión de los Zavala.
2. Nosotros dormimos en una habitación con aire acondicionado.
3. Andrea pide permiso para sentarse con Isabel.
4. Isabel se siente cansada.
5. Ustedes se sonríen por la mañana.
6. Isabel regresa a México.
7. Tú repites la dirección de la pensión.
8. Andrea se divierte con sus amigas.
9. Nosotros nos reunimos con Isabel en la Plaza Mayor.
10. El mesero nos sirve la comida fría.

9 ¿Te perdiste?

Hablar/Leer Varias personas están en la Plaza de la Cibeles y te piden direcciones. ¿Qué les sugieres? *(Hint: What do you tell them?)*

modelo

Compañero(a): *Necesito ir a la Puerta de Alcalá.*

Tú: *Sugiero que siga por la calle de Alcalá hacia el este.*

1. Con permiso, ¿cómo llego al Banco de España?
2. ¿Dónde queda la calle Valenzuela?
3. Busco la Gran Vía. ¿Sabe usted dónde queda?
4. ¿Dónde está el Museo Nacional de Artes Decorativas?

10 ¡Adivínalo!

Hablar/*Escribir* Piensa en un lugar en la escuela. Describe dónde queda en dos o tres oraciones sin mencionar el nombre. Tus compañeros(as) deben adivinar lo que es. *(Hint: Describe a location for others to guess.)*

modelo

Tú: *Está lejos de la biblioteca y detrás de las canchas de tenis. Está frente a la cafetería.*

Compañeros(as): *¿Es el gimnasio?*

Tú: *Sí, (No, no) es el gimnasio.*

la oficina de los maestros

la biblioteca **el auditorio**

el estacionamiento

More Practice: **Más comunicación** *p. R12*

Vocabulario

Para llegar a...

bajar por *to go down, to descend*
el cruce *crossing*
desde allí *from there*
la distancia *distance*
el este *east*
girar *to turn*
hacia *toward*
hasta *until, as far as*
el norte *north*
el oeste *west*
parar *to stop*
seguir (e→i, i) *to follow, to continue*
subir por *to go up, to climb*
el sur *south*

Está...

abajo *down*
alrededor (de) *around*
arriba *up*
debajo de *underneath*
delante de *in front of*
encima de *on top of*
frente a *facing, opposite*
junto a *next to*
sobre *on*

¿Qué palabras usas para describir dónde está tu libro de español?

GRAMÁTICA The Subjunctive and the Infinitive

¿RECUERDAS? p. 260 When the first verb in the sentence expresses a hope or a wish, you often put the second verb in the subjunctive.

Isabel is stating a fact, that she wants Andrea to take her picture, so she uses the indicative, **quiero.**

Por favor, Andrea.
Quiero que me saques una foto.
Please, Andrea.
***I want** you **to take** a picture of me.*

She is not certain Andrea will take the picture, so she uses the subjunctive, **saques.**

Notice that the subject of the first verb is **different** from the subject of the second verb.

different

yo quiero tú saques

When the subject of the first verb is the same as that of the second, don't change the second verb to the subjunctive. Leave it an **infinitive**.

indicative ***infinitive***

Quiero **ver** más de la ciudad.
***I want to see** more of the city.*

Here there is no change of subject. So the second verb, **ver**, remains an **infinitive**.

When the subject of the second verb is some unknown group, or refers to people in general, you use an infinitive.

Es bueno caminar con zapatos cómodos.
*It's good **to walk** in comfortable shoes.*

Practice:
Actividades

Más práctica
cuaderno pp. 103–104
Para hispanohablantes
cuaderno pp. 101–102

Online Workbook
CLASSZONE.COM

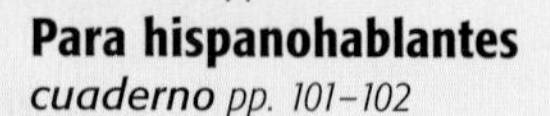

11 Un desacuerdo

Hablar/*Escribir* El señor Zavala e Isabel no están de acuerdo. Prepara la conversación. Luego, preséntasela a la clase.
(Hint: Prepare and present the dialog.)

modelo
ir al museo
Isabel: *No quiero ir al museo.*
Señor Zavala: *Quiero que vayas al museo.*

1. limpiar la habitación
2. cerrar con llave
3. bailar flamenco
4. ir al Palacio Real
5. comer en la pensión
6. escribirle una carta a la familia
7. visitar la juguetería en la esquina
8. ponerse zapatos cómodos
9. conocer a los otros huéspedes
10. llamar a sus padres inmediatamente

12 ¡No quiere hacer nada!

Escribir Andrea no quiere hacer ninguna de estas actividades y sugiere que otras personas las hagan. ¿Qué dice? *(**Hint:** Complete Andrea's thoughts.)*

modelo

pedir la cuenta en el restaurante (mamá)

No quiero pedir la cuenta en el restaurante. Quiero que mamá la pida. (Quiero que mamá pida la cuenta.)

1. conducir tu coche (tú)
2. llevar la ropa a la tintorería (mi hermano)
3. llamar al señor Zavala (usted)
4. visitar el palacio (nosotros)
5. comprar los boletos (tú)
6. seguir buscando la llave (mis hermanos)
7. revisar el mapa (Isabel)
8. obtener entradas para el museo (ustedes)
9. poner la mesa (tú)
10. lavar los platos (vosotros)

13 En mi vecindario

Escuchar/*Escribir* Andrea te dice cómo llegar a estos lugares desde su casa. Mira el mapa. ¿Son correctas sus direcciones? *(**Hint:** Are Andrea's directions correct?)*

1. el apartamento de mi mejor amiga
2. el parque
3. la parada de autobuses
4. la escuela
5. la tienda de rebajas

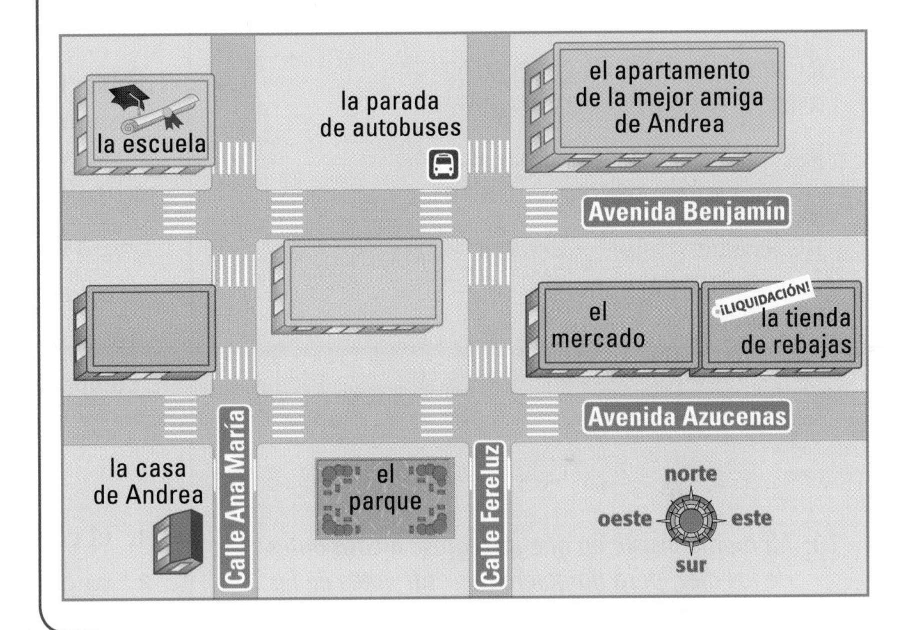

España

También se dice

Ya conoces la palabra **cuadra,** que se usa en Sudamérica y América Central. Pero en España, es más común decir **la manzana** o **el bloque.** ¿Cuántas manzanas hay entre la avenida Benjamín y la avenida Azucenas?

Quieren que yo lo haga 

Hablar/*Escribir* Escribe una lista de cuatro cosas que otras personas (tus padres, amigos, profesores…) desean que hagas. Luego dile a un grupo de compañeros(as) si quieres hacerlas. *(**Hint:** Create a list of four things that others want you to do. Then tell your classmates whether you want to do them.)*

modelo

Mi mamá insiste en que yo regrese a casa antes de las diez.

Mis padres desean que yo no salga cuando estoy enferma.

Mi hermana menor quiere que yo la acompañe a la juguetería donde vio las muñecas.

Mi profesor de cálculo espera que yo haga la tarea.

Tú: *Mi mamá insiste en que yo regrese a casa antes de las diez, pero no quiero regresar antes de las diez los sábados.*

Nota: Gramática

Sometimes words like **cuando** and **donde** are used in the middle of a sentence as bridges or connectors. When not implying a question, they do not need accents.

Fue una sorpresa enorme cuando me llamaron y me contaron quién ganó. *It was a big surprise when they called me and told me who won.*

15 Ahora, en tu comunidad  

STRATEGY: SPEAKING

Ask for and give directions Locating an unfamiliar place requires clear directions. You can use compass points (**al norte, al este**) or state position relative to a landmark (**delante de, junto a**). Be clear about the starting point (**desde allí**), and use precise verbs (**sigue, para, gira, baja, sube**).

Hablar Pídele a un(a) compañero(a) direcciones para llegar a estos lugares desde tu escuela. Luego tu compañero(a) te puede pedir direcciones. *(**Hint:** Ask for and give directions.)*

modelo

el correo

Tú: *¿Cómo llego al correo?*

Compañero(a): *Sigue dos cuadras por la calle Murillo y gira a la derecha. Desde allí, puedes ver el correo. Está junto al banco.*

1. el cine
2. tu casa
3. la discoteca
4. la heladería
5. la juguetería
6. un puente
7. tu restaurante favorito
8. la tintorería
9. un buzón
10. el banco
11. el parque
12. un quiosco

PARTE D

Todo en acción

Activities 16–17 bring together all concepts presented.

16 ¡Visita nuestro vecindario! 

Hablar/*Escribir* En grupos, preparen una presentación y un folleto para atraer a otras personas a tu pueblo o ciudad. Sean creativos e incluyan los siguientes elementos. *(**Hint:** Create a presentation and brochure about your community.)*

Incluyan:

- una descripción de la comunidad
- unas fotos de las atracciones
- un mapa e instrucciones para llegar

¡Visita University Place!
University Place es una bonita ciudad a orillas de Puget Sound, un brazo de mar espectacular. Desde allí se pueden ver las montañas Olympic, la montaña Rainier y el puente de Tacoma Narrows.
Seattle
Tacoma
University Place
Spokane
En University Place está todo lo que necesitas —tiendas, parques, escuelas, cafés ¡y muy buenas heladerías!
Ven en carro, avión, moto, barco, taxi, autobús, tren, a pie —no importa cómo, ¡pero es importante que vengas!
una heladería
una escuela
un parque
Para llegar a University Place
Desde Seattle, toma la carretera I-5 hacia el sur. En Tacoma, toma la salida a Bremerton para la carretera 16. Luego toma la salida a Jackson. Dobla a la izquierda y sigue derecho doce cuadras. Vas a ver un letrero que dice «Bienvenidos a University Place».
Seattle
Tacoma Narrows Bridge
Jackson
Tacoma
University Place
Bremerton Exit
¡Ojalá que te veamos pronto!

17 Tu programa de radio

Hablar Tú eres el (la) locutor(a) de un programa de consejos en la radio. Recibes llamadas de tus amigos(as). Uno(a) tiene problemas con su maestro(a), otro(a) con su novio(a). ¿Qué les recomiendas? En parejas, hagan una dramatización de estas situaciones. *(**Hint:** You are a radio announcer. Help solve your friends' problems.)*

More Practice:

Más comunicación *p. R12*

 **Online Workbook**
CLASSZONE.COM

Refrán

Entra por aquí y sale por allá.

¿Alguna vez creíste que alguien no te entendió o no te escuchó? En grupos, hagan una lista de ocasiones en que les pasó algo similar.

En colores

CULTURA Y COMPARACIONES

Vamos a bailar —Gipsy Kings

PARA CONOCERNOS

STRATEGY: CONNECTING CULTURES

Identify characteristics of successful musical groups

Among your favorite groups are there any that are "family"? What do you know about them? How do they compare to the Gipsy Kings?

	Grupo 1	Grupo 2
nombre		
lugar de origen		
nombres de los cantantes		
instrumentos que usan		
tipo de música		
canciones populares		

Los Gipsy Kings son un fenómeno internacional. La fama enorme de este conjunto[1] comenzó en 1987 con su primer éxito[2], «Bamboleo». La música de los Gipsy Kings es un nuevo tipo de música que tiene sus raíces[3] en el estilo flamenco tradicional de Andalucía, una región del sur de España.

Su música es difícil de clasificar. Tiene muchos nombres: rumba flamenca, rumba gitana, pop flamenco y flamenco moderno. Es una música que también demuestra influencias de salsa, jazz, música brasileña y nordafricana. Los Gipsy Kings cantan en gitano[4] y una mezcla de español y francés. Además de guitarras, usan teclados[5], percusión y contrabajo[6].

España

Nota cultural

Los gitanos y el flamenco No se sabe exactamente de dónde vienen los gitanos (*Gypsies*), pero los encontramos por todo el mundo. Se consideran los creadores del flamenco, un tipo de música y baile del sur de España. Este arte tan famoso mundialmente también tiene influencia de las canciones populares de Andalucía y de la cultura árabe que vivió en esa zona por más de setecientos años.

[1] group [2] hit [3] roots [4] Romany Gypsy dialect [5] musical keyboards [6] bass

¿Quiénes son estos músicos talentosos? Son los hermanos Reyes y sus primos, los hermanos Baliardo. Todos vienen de los barrios gitanos pobres del sur de Francia. Originalmente, sus familias eran de España. Salieron del país en el año 1936 durante la Guerra Civil española.

Las estrellas del grupo son Tonino Baliardo, compositor[7] y guitarrista principal, y el cantante Nicolas Reyes. Reyes es el hijo de José Reyes, un cantante de flamenco que cantaba con el famoso guitarrista Manitas de Plata.

¿Cómo se explica la atracción universal de los Gipsy Kings? Su música es exótica, emocionante y divertida. Y para el público estadounidense es algo nuevo. Después de sus conciertos en Nueva York, Boston y San Francisco, los Gipsy Kings recibieron grandes aplausos y críticas muy entusiastas.

Los Gipsy Kings han vendido[8] más de trece millones de álbumes en todo el mundo.

[7] composer [8] have sold

More About Spain
CLASSZONE.COM

¿Comprendiste?

1. ¿Quiénes son los Gipsy Kings? ¿Cuál es su origen?
2. ¿En qué lenguas cantan?
3. ¿Qué influencias tiene la música de los Gipsy Kings?
4. ¿Qué instrumentos tocan?
5. ¿Por qué a los estadounidenses les gustan los Gipsy Kings?

¿Qué piensas?

¿Conoces algunas canciones de los Gipsy Kings? ¿Te gustan? ¿Es importante entender todas las palabras? ¿Por qué sí o por qué no?

Hazlo tú

Investiga el flamenco tradicional. ¿Qué es el flamenco? ¿Cuál es su origen? Descríbelo en una composición breve.

En uso

REPASO Y MÁS COMUNICACIÓN

OBJECTIVES

- Describe your city or town
- Make suggestions
- Ask for and give directions

Now you can...

- describe your city or town.
- ask for and give directions.

To review

- directions vocabulary, see p. 285.

1 En el pueblo

Imagínate que tú vives en este pueblo. Completa la descripción.
*(**Hint:** Describe the town.)*

modelo

La taquilla está delante del (museo / aeropuerto).
La taquilla está delante del museo.

1. Hay un (semáforo / buzón) entre el quiosco y la taquilla.
2. La parada de autobuses está delante de la (heladería / plaza).
3. Hay un (cruce / puente) de peatones delante del semáforo.
4. El estacionamiento está (junto al / debajo del) museo.
5. Hay una (juguetería / taquilla) delante del museo.
6. Para ir al aeropuerto, hay que (parar / subir) por la calle principal.
7. El quiosco está (frente a / encima de) la heladería.
8. La tintorería está (sobre / junto a) la plaza.
9. Un conductor espera (frente al / alrededor del) semáforo.
10. Hay un (puente / cruce) cerca de la heladería.
11. La juguetería está junto a un (buzón / estacionamiento).
12. Para ir al puente desde la plaza, hay que caminar hacia el (este / oeste).

Now you can...
- make suggestions.

To review
- stem-changing verbs in the subjunctive, see pp. 282, 284.

2 Ojalá que...

Tú y tus compañeros van a viajar a España. Usa las frases útiles para completar unos comentarios sobre el viaje. *(**Hint:** Talk about a trip, combining phrases from the list with the items below.)*

No quiero que... **Es bueno que...** **Sugiero que...**
Ojalá que... **Es ridículo que...** **Es importante que...**

modelo

las tiendas: cerrar muy tarde

Ojalá que las tiendas (no) cierren muy tarde.

1. el viaje: costar mucho dinero
2. nosotros: sentarse juntos en el avión
3. tú: perder los boletos de avión
4. nosotros: seguir las recomendaciones del agente de viajes
5. los estudiantes: encontrar la información sobre los hoteles
6. tú: preferir un asiento de ventanilla
7. yo: poder visitar muchos museos
8. nosotros: dormir mal en la pensión
9. el profesor: pedir habitaciones con baño
10. nosotros: entender a los españoles
11. los restaurantes: servir comida americana
12. ustedes: divertirse mucho

Now you can...
- make suggestions.

To review
- the subjunctive and the infinitive, see p. 286.

3 ¡Hoy no trabajo!

Estás cansado(a) y no quieres ayudar con los quehaceres. ¿Qué dices? *(**Hint:** Persuade others.)*

modelo

lavar los platos (papá)

No quiero lavar los platos hoy. Prefiero que papá los lave.

1. hacer la limpieza (ustedes)
2. pasar la aspiradora (tú)
3. cortar el césped (papá)
4. quitar el polvo (ellos)
5. barrer el piso (mamá)
6. sacar la basura (tú)
7. planchar la ropa (él)
8. limpiar la bañera (ella)

¡Muchos preparativos!

STRATEGY: SPEAKING

Work cooperatively Decisions require action: **hablar, buscar, comprar, hacer, obtener.** Discuss preferences (**quiero** o **no quiero obtener..., insisto en que tú hagas...**). Decide how to be fair in assigning responsibilities (**es necesario/lógico que...**). Finally, summarize who is doing what: **nosotros(as) juntos(as), tú, yo.**

Imagínate que tú y un(a) compañero(a) están planeando un viaje. Decidan cómo van a compartir las responsabilidades y completen la tabla. *(Hint: Decide who will do what.)*

hacer las reservas

comprar los boletos

buscar información sobre los museos

encontrar un buen hotel

ir a la agencia de viajes

obtener información turística

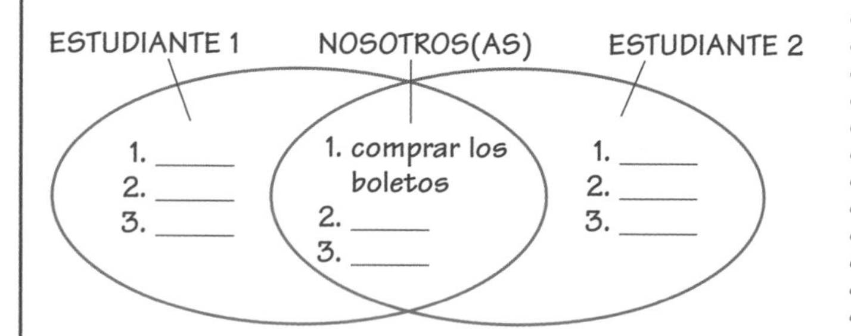

5 Turistas

Prepara un dibujo de una sección de tu ciudad o pueblo. Incluye un mínimo de cinco edificios o lugares importantes. Luego, usa el dibujo para darles un «tour» imaginario a unos turistas. Ellos te van a preguntar cómo llegar a otros lugares que no están en tu dibujo. Cambien de papel. *(Hint: Role-play a tour of a section of your city or town. Give directions.)*

modelo

Tú: *Estamos en la calle Main. Aquí vemos muchos edificios importantes. Al lado del correo hay un cine.*

Turista 1: *¿Hay otros cines en el pueblo?*

Tú: *Hay otro pero queda un poco lejos de aquí.*

Turista 2: *¿Cómo se va?*

Tú: *Suba por esta calle hasta llegar a la plaza. Gire a la derecha en la calle Oak. Luego siga derecho...*

6 En tu propia voz

ESCRITURA Imagínate que trabajas para una agencia de viajes. Prepara una descripción de tu ciudad o pueblo para darles a los turistas. *(Hint: Write a description of your city or town.)*

modelo

Ojalá que usted nos visite pronto en Middletown. Nuestra ciudad tiene muchos lugares interesantes y hoteles excelentes. Por ejemplo,...

CONEXIONES

La tecnología A la gente de tu comunidad le gustó mucho la presentación que hiciste en la Actividad 16 de la página 289. Quieren poner alguna información sobre tu pueblo en el website de la comunidad. Haz una página-web para presentarles.

En resumen

REPASO DE VOCABULARIO

ASK FOR AND GIVE DIRECTIONS

How to Get There

bajar por	*to go down, to descend*
el cruce	*crossing*
desde allí	*from there*
la distancia	*distance*
girar	*to turn*
hacia	*toward*
hasta	*until, as far as*
parar	*to stop*
seguir (e→i, i)	*to follow, to continue*
subir por	*to go up, to climb*

Directions

el este	*east*
el norte	*north*
el oeste	*west*
el sur	*south*

Specifics

abajo	*down*
alrededor (de)	*around*
arriba	*up*
debajo de	*underneath*
delante de	*in front of*
encima de	*on top of*
frente a	*facing, opposite*
junto a	*next to*
sobre	*on*

DESCRIBE YOUR CITY OR TOWN

City Streets

la acera	*sidewalk*
el buzón	*mailbox*
el (la) conductor(a)	*driver*
el estacionamiento	*parking space*
la parada	*stop, stand*
el peatón	*pedestrian*
el puente	*bridge*
el semáforo	*traffic light or signal*
el vecindario	*neighborhood*

Places of Business

la heladería	*ice-cream parlor*
la juguetería	*toy store*
el quiosco	*kiosk, newsstand*
la taquilla	*box office*
la tintorería	*dry cleaner*

MAKE SUGGESTIONS

Ya sabes

insistir (en)	*to insist*
sugerir (e→ie, i)	*to suggest*

OTHER WORDS AND PHRASES

la ganga	*bargain*
ni	*not even, neither, nor*
obtener	*to obtain, to get*
olvidar	*to forget*
la rebaja	*sale*
regresar	*to go back, to return*
revisar	*to review, to check*

Juego

Lo que busca Irene no está sobre la mesa. Tampoco está debajo del sillón. No está encima de los libros, pero sí está delante del televisor. ¿Qué busca ella?

UNIDAD 4

Vamos de compras

OBJECTIVES

- Talk about shopping for clothes
- Ask for and give opinions
- Make comparisons
- Discuss ways to save and spend money

¿Qué ves?

Mira la foto. ¿Qué ves?

1. ¿Conoces a algunas de las personas de la foto? ¿Cómo se llaman?
2. Describe lo que tiene cada chica en la mano.
3. ¿Qué es El Corte Inglés?

El Corte Inglés
TANTO QUE VER...
SO MUCH TO SEE...
El Corte Inglés
GRANDES ALMACENES
DEPARTMENT STORES
UN LUGAR PARA COMPRAR.
UN LUGAR PARA SOÑAR.
A PLACE TO SHOP. A PLACE TO DREAM.

UNIDAD 5

En el bosque tropical

OBJECTIVES

- Describe geographic characteristics
- Make future plans
- Talk about nature and the environment

¿Qué ves?

Mira la foto y contesta las preguntas.

1. ¿Qué hacen las personas en esta foto?
2. ¿Qué tipo de ropa llevan?
3. Según el mapa, ¿dónde están estas personas?

VOLCAN POAS

Preparación para el diálogo

En contexto

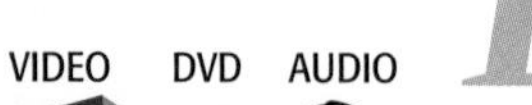

VOCABULARIO

Mira las fotos que Francisco sacó en el bosque tropical.

¡Hola! El bosque tropical es un lugar fascinante. Hay distintas plantas, animales **feroces** y animales amistosos. Acompáñame a ver qué hay…

la hoja

la mariposa

la planta silvestre

A **Las plantas silvestres** crecen entre **las piedras. Las mariposas** se esconden de otros animales entre **las hojas** de las plantas.

la piedra

B **Las tortugas** y **las serpientes** andan por el agua y por **la tierra.**

la tortuga

la serpiente

D Puedes ver **monos**, **ranas** o **venados…** animales amistosos.

C Y **los tucanes** y **los loros vuelan** por el aire.

E ¡Pero cuidado con **los leones, los jaguares…**

F …y **los lobos**! ¡No estoy seguro de que sean tan amistosos!

Preguntas personales

1. ¿Recuerdas la última vez que visitaste un bosque o un zoológico? ¿Qué animales viste?
2. ¿Qué animales son amistosos con los seres humanos?
3. ¿Qué animales son feroces?
4. ¿Qué animal te gustaría tener como mascota (*pet*)? ¿Por qué?
5. Clasifica los animales según dónde viven: en el agua, en la tierra o en el aire. ¿Cuáles viven en más de un lugar? Si quieres, haz dibujos de tus clasificaciones.

En vivo

VIDEO DVD AUDIO

DIÁLOGO

Francisco

Amalia

Cecilia

PARA ESCUCHAR • STRATEGY: LISTENING

Organize and summarize environmental information Cecilia gives information about the climate, plants, and animals of Costa Rica. Help Francisco organize this information in his notes:

1. **¿Cómo es el clima de Costa Rica?**
2. **¿Qué animales se pueden ver en el parque?**

Finally, find a statement in the dialog that summarizes Costa Rica's efforts to protect its environment.

El Volcán Poás

1► **Francisco:** Este parque es fenomenal. Mi artículo sobre la conservación será fantástico.
Amalia: Mi hija Cecilia trabaja aquí este verano como guía. Bueno, esperemos a Cecilia aquí.

5► **Francisco:** ¿A qué altura estamos?
Cecilia: Más o menos a 2.000 metros sobre el nivel del mar.
Francisco: Creo que la altura me afecta un poco.
Amalia: Pues, es natural.

6► **Cecilia:** Como decía, encontrarás diversos animales y plantas silvestres. Si tenemos suerte, verás una tortuga o una serpiente. Y hay muchas ranas y pájaros.
Francisco: ¿Hay loros o tucanes?
Cecilia: No, prefieren un clima más cálido.

7► **Francisco:** ¿Hay animales feroces?
Cecilia: Sí, hay jaguares en otras partes del parque.
Francisco: ¿Hay monos?
Cecilia: Sí, hay monos de diversos tipos.

CD-ROM Take-Home Tutor

2 ▶ **Francisco:** ¿Hay muchas diferencias de clima en Costa Rica?
Amalia: Pues sí, tenemos zonas húmedas y zonas áridas. Ah, aquí viene Cecilia.

3 ▶ **Cecilia:** Vos debés ser Francisco García.
Francisco: Sí. Es un placer, Cecilia.
Cecilia: Igualmente, Francisco.
Amalia: Cecilia estudia biología en la universidad. Bueno, Ceci, comencemos con el tour, ¿no?

4 ▶ **Cecilia:** Sí, vamos. Francisco, ¿llevás botas? Las necesitarás. Vamos a caminar por tierra mojada.
Francisco: Sí, llevo botas.
Cecilia: Bueno, vamos.

8 ▶ **Cecilia:** Este país tiene más áreas silvestres protegidas que cualquier otro país.
Francisco: No lo sabía. Es un hecho interesante. Lo apuntaré en mi cuaderno.

9 ▶ **Francisco:** ¡Es increíble! No lo puedo creer. Estoy mirando el cráter de un volcán. En Miami no hay volcanes.
Amalia: Sí, debe ser muy diferente.
Francisco: Pues, espero que me vengan a visitar.

10 ▶ **Amalia:** ¿Te gustaría ir de camping con nosotros este fin de semana?
Francisco: ¡Estupendo! Me encanta ir de camping. ¡Qué buen viaje es éste!

En acción

PARTE A

Comprensión del diálogo

For Activities 1–2, refer to the dialog on pages 330–331.

1 ¿Quién habla?

Escuchar Según el diálogo, ¿quién habla: Francisco, Amalia o Cecilia?

1. «Vamos a caminar por tierra mojada.»
2. «Si tenemos suerte, verás una tortuga.»
3. «Creo que la altura me afecta un poco.»
4. «Este país tiene más áreas silvestres protegidas que cualquier otro país.»
5. «¿Te gustaría ir de camping con nosotros este fin de semana?»
6. «¡Qué buen viaje es éste!»
7. «Este parque es fenomenal.»
8. «Mi hija trabaja aquí este verano como guía.»

2 ¿Qué sabes?

Escuchar Escoge las respuestas correctas, según el diálogo. ¡Ojo! Las oraciones tienen más de una respuesta correcta.

1. Cecilia…
   a. es la hija de Amalia.
   b. quiere ser periodista.
   c. trabaja como guía en el parque.
   d. invitó a Francisco a ir de camping.
2. Francisco…
   a. va a escribir un artículo sobre las plantas silvestres.
   b. está emocionado de ver el cráter del volcán.
   c. siente los efectos de la altitud.
   d. lleva sandalias porque hace calor.
3. Amalia…
   a. observa un jaguar en el parque.
   b. ayuda a Francisco a aprender sobre Costa Rica.
   c. va a ir a Miami.
   d. tiene una hija.
4. En Costa Rica…
   a. no hay mucha variedad de clima.
   b. conservar la tierra es muy importante.
   c. hay loros y tucanes en el parque.
   d. hay jaguares.

Costa Rica

También se dice

En el diálogo, en vez de usar la forma tradicional de **tú,** Cecilia conversa en una forma que es muy común en Costa Rica, la forma de **vos:** «Vos debés ser Francisco García.» Este dialecto tiene su origen en el lenguaje del castellano antiguo. Utiliza el pronombre **vos** y una variación del verbo. Repasa el diálogo para encontrar otros ejemplos de este dialecto.

PARTE B Práctica del vocabulario

Objectives for Activities 3–5
- Talk about nature and the environment

3 En el zoológico  

Hablar Tú vas al zoológico con tu clase. Tu compañero(a) hace muchas preguntas sobre los animales. Contéstale usando las expresiones **creo que** y **dudo que.**

modelo

la jirafa: comer hojas

Compañero(a): *¿La jirafa come hojas?*

Tú: *Sí, creo que la jirafa come hojas. (Dudo que la jirafa coma hojas.)*

1. el león: dormir mucho
2. los tucanes: volar por el aire
3. las tortugas: tener dientes
4. el lobo: oír bien
5. los monos: ser inteligentes
6. los loros: hablar
7. la rana: saltar mucho
8. los jaguares: trepar a los árboles
9. las serpientes: nadar
10. los venados: correr rápidamente

4 ¿Cómo es?

Hablar/*Escribir* Francisco y Cecilia hablan de los animales que vieron en el parque zoológico, el bosque y la selva de Costa Rica. ¿Qué dicen? Usa las palabras de la lista.

modelo

El jaguar es muy feroz.

1.

2.

3.

4.

5.

6.

Objectives for Activities 6–16
- Make future plans • Describe geographic characteristics
- Talk about nature and the environment

5 ¡Juégalo! 

Hablar Haz este juego de palabras con tus compañeros(as). Decide cuál de las palabras no pertenece al grupo y por qué.

modelo

el jaguar, el venado, la selva, el león

La selva no pertenece porque no es un animal.

1. la rana, el árbol, la hoja, la planta
2. el venado, la tortuga, el león, el lobo
3. la serpiente, la rana, el mono, la tortuga
4. el bosque, la piedra, la montaña, el desierto
5. el lobo, la mariposa, el león, el jaguar
6. el lobo, el tucán, el loro, la mariposa
7. la tortuga, la serpiente, el león, el pez
8. la rana, la hoja, la planta, el venado
9. la serpiente, el león, el lobo, el jaguar
10. el mono, el venado, el jaguar, el perro

GRAMÁTICA The Future Tense

¿RECUERDAS? You already know two ways to talk about something happening in the **future.** One way is by saying you are going to do something using

ir a + **infinitive**

Este fin de semana **vamos a acampar.**
*This weekend **we're going to** go camping.*

Another way to refer to the future is by using the **present tense** with a time word.

Llegan al campamento mañana.
***They arrive** at the camp tomorrow.*

You can also use the **future tense** to talk about something that will happen in the future. The **future tense** in Spanish is the equivalent of the English construction *will* or *shall* plus a verb.

Llegarán al campamento mañana.
***They will arrive** at the camp tomorrow.*

The **endings** for the future tense are the same for **-ar, -er,** and **-ir** verbs.

To form the **future tense** of regular verbs, you:

use the **infinitive** + future endings

future endings	
-é	-emos
-ás	-éis
-á	-án

Cecilia says:

—No quiero ser periodista. **Estudiaré** para ser bióloga.
*I don't want to be a journalist. **I will study** to be a biologist.*

Amalia says:

—Después de tu visita a Costa Rica, **conocerás** bien el país.
*After your visit to Costa Rica, **you will know** the country well.*

Practice: Actividades 6 7 8 9

Más práctica *cuaderno pp. 117–118*

Para hispanohablantes *cuaderno pp. 115–116*

Online Workbook
CLASSZONE.COM

6 Aventuras en Costa Rica

Hablar/*Escribir* Imagínate que tu clase está en Costa Rica con Francisco. Completa las oraciones explicando qué harán ustedes.

modelo

Cecilia (trabajar) en el parque nacional todo el verano.

Cecilia trabajará en el parque nacional todo el verano.

1. Yo (escribir) un artículo sobre la conservación.
2. Tú (acompañar) a Cecilia al cráter del volcán.
3. Nosotros (ir) a un campamento cerca de San José.
4. Amalia (sacar) fotos de las plantas silvestres.
5. Nosotros (ver) animales feroces en el parque zoológico.
6. Ustedes (observar) muchos monos y mariposas bonitas.
7. A todos les (gustar) ir de camping.
8. Yo (conocer) bien Costa Rica y su gente.
9. Tú (buscar) regalos para tu familia.
10. Nosotros (dar) una vuelta por San José.

7 La conservación

Leer/*Escribir* Estás de vacaciones en Costa Rica cuando ves este póster. Escribe cinco metas (*goals*) para preservar el medio ambiente y evitar los problemas del desarrollo. Usa el vocabulario nuevo en tu respuesta.

modelo

En Costa Rica, preservarán la selva en los parques nacionales.

A LO MEJOR PIENSAN QUE UN POCO DE BASURA NO CAMBIARÁ NADA...

TAL VEZ ES LO QUE PIENSAN LOS DEMÁS.

La próxima vez... PIENSEN

Llamen a su representante legislativo.
Esperamos su ayuda.

Si ustedes nos ayudan, podremos preservar nuestras playas y ciudades. Si no, destruiremos nuestra tierra, la selva y toda la naturaleza. Será muy peligroso.

Vocabulario

El medio ambiente

conservar *to conserve*
el desarrollo *development*
descubrir *to discover*
diverso(a) *diverse*
el medio ambiente *environment*
la naturaleza *nature*
peligroso(a) *dangerous*
por todas partes *everywhere*
preservar *to preserve*
salvaje *wild*
la selva *jungle*
valorar *to appreciate*

¿Qué piensas del medio ambiente?

8 Los planes

Hablar/*Escribir* Habla con un(a) compañero(a) de sus planes para el futuro. Después escribe un resumen de la conversación.

modelo

Tú: *¿Tomarás una clase durante el verano?*

Compañero(a): *Sí, tomaré una clase de manejo.*

practicar deportes
tomar una clase de manejo
trabajar en una oficina
viajar a otro país
ir a la universidad
buscar trabajo
vivir en otra ciudad o estado

More Practice: **Más comunicación** *p. R14*

9 ¿Qué harán los estudiantes?

Escuchar Estos estudiantes de la Universidad de San José conversan sobre sus planes. ¿Qué opción corresponde mejor?

1. **a.** Irán de camping.
   b. Se quedarán en un hotel.
2. **a.** Conservarán el agua.
   b. No usarán la electricidad.
3. **a.** Sacarán fotos de tucanes y loros.
   b. Estudiarán la tierra y las piedras.
4. **a.** Estudiarán los animales salvajes.
   b. Valorarán las plantas silvestres.

GRAMÁTICA Expressions with **por**

The preposition **por** has many different meanings. **Por** can be used to

- express **cause of** or **reason for** an action.

  Por eso *Onda Internacional* pidió un artículo sobre la conservación.
  That's why (for this reason) *Onda Internacional asked for an article on conservation.*

- express **means** of transportation or communication.

  Viajaremos **por tren.**
  *We will travel **by train.***

  Te mandaré una carta **por correo.**
  *I'll send you a letter you **by mail.***

- express **periods of time.**

  Estuve en Costa Rica **por un mes.**
  *I was in Costa Rica **for (during) a month.***

  Saldremos del campamento el sábado **por la mañana.**
  *We'll leave the camp Saturday **in the morning.***

- express places to **move through.**

  Caminaremos por tierra mojada.
  ***We will walk through** wet ground.*

Practice: **Actividades** 10 11 12

Más práctica *cuaderno p. 119*
Para hispanohablantes *cuaderno p. 117*

10 En Costa Rica

Escribir Fernando, un amigo de Cecilia, es muy curioso y le hace muchas preguntas a Francisco. ¿Qué le dice Francisco?

modelo

¿Por cuánto tiempo estuviste en Los Ángeles? (una semana)

Estuve en Los Ángeles por una semana.

1. ¿Cómo viajaste a Costa Rica? (avión)
2. ¿Por qué te cansaste? (la altura)
3. ¿Por dónde pasearon tú y Cecilia? (la selva)
4. ¿Por qué llevaste botas? (la tierra mojada)
5. ¿Por cuánto tiempo estarás aquí? (dos semanas)
6. ¿Cómo te comunicas con tu familia cuando estás aquí? (teléfono)
7. ¿Cuándo fuiste al parque? (la tarde)
8. ¿Por qué te duele el estómago? (comer tanto)

Costa Rica

Nota cultural

El 18 de septiembre de 1502 Cristóbal Colón llegó a lo que hoy es Puerto Limón y encontró a indígenas que usaban collares de oro y le contaron de minas de oro en el sur. Soñando con riquezas, Colón llamó a la tierra nueva «Costa Rica de Veragua». Los españoles nunca encontraron las riquezas minerales que imaginaba Colón, pero hoy Costa Rica ofrece una abundancia de naturaleza, animales y plantas que aprecia todo el mundo.

11 Una carta a su prima

Escribir Francisco le escribió una carta especial a su prima. Escribe lo que quiere decir, cambiando los dibujos a expresiones con **por.**

Querida prima:

Yo viajé aquí __1__ .
Llegué __2__ y vi la misma luna que tú ves en Miami. Con mis nuevos amigos anduve __3__ y saqué fotos de ranas y mariposas. ¡Qué divertido! Voy a estar aquí __4__ . Te mandaré otra carta __5__ en unos días.

Un abrazo,
Francisco

12 Me encanta la naturaleza

Escuchar/*Escribir* Francisco habla por teléfono con su padre de las actividades que hará en Costa Rica. Pon las fotos en orden según lo que escuchaste. Luego escribe una descripción original de cada foto.

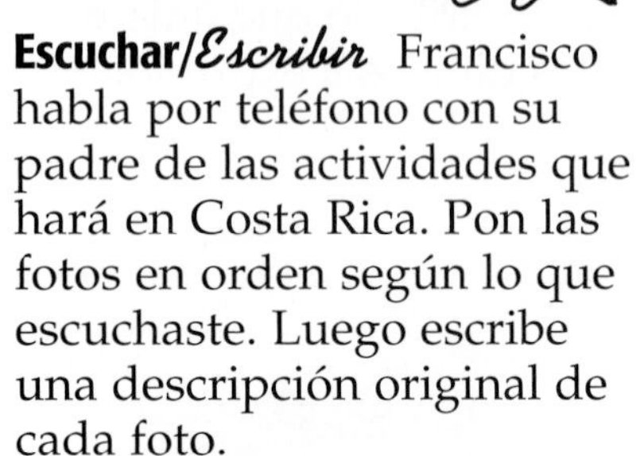

a. 

b. 

c. 

d. 

GRAMÁTICA Nosotros Commands

¿RECUERDAS? *p. 232* You have already learned to form the **subjunctive** of regular verbs. The nosotros command forms take the same endings.

When forming nosotros commands, use the same endings as you do with the **nosotros** form of the **subjunctive.**

- For -ar verbs:

  infinitive -ar ← -emos

- For -er and -ir verbs:

  infinitive -er or **-ir** ← -amos

¿Te interesa la naturaleza? **Escrib**amos un artículo sobre los tucanes de Costa Rica.

*Are you interested in nature? **Let's write** an article about the toucans of Costa Rica.*

Remember that **-car, -gar,** and **-zar** verbs require spelling changes to keep pronunciation consistent.

Comencemos con el tour. ¡Vamos!

Let's begin** the tour. **Let's go!

The nosotros command form of the verb **ir** is **vamos**.

If the verb is used reflexively, the *let's do it* command ends in -nos.

Remember to use an accent when you add -nos to the verb, so that the stress remains the same.

Also note that the -s of the verb ending is dropped.

Estamos muy cansados; **sent**émonos a descansar.

*We're very tired; **let's sit** and rest.*

Practice:
Actividades 13 14 15

Más práctica
cuaderno p. 120

Para hispanohablantes
cuaderno p. 118

Online Workbook
CLASSZONE.COM

13 Conversaciones por el sendero 

Hablar/*Escribir* Amalia y su familia hablan mientras caminan por la selva. ¿Qué dicen? Completa sus comentarios según el modelo.

modelo

Vamos a comer sobre esta piedra. (dejar la basura aquí después)

Compañero(a): *Vamos a comer sobre esta piedra.*

Tú: *No dejemos la basura aquí después. (Dejemos la basura aquí después.)*

1. El valle es fenomenal. (sacar fotos)
2. La población valora la naturaleza. (preservar la belleza natural)
3. Las plantas son frágiles. (caminar fuera del sendero)
4. El clima es cálido aquí. (descansar en la sombra)
5. Estamos cansados. (subir la colina ahora)
6. La altura nos afecta. (sentarse en esta piedra)
7. Las flores silvestres son maravillosas. (cortarlas)
8. El medio ambiente es precioso. (conservar la naturaleza)
9. Hay un puente aquí. (cruzar el río)
10. Ya no llueve. (secarse con esta toalla)

Vocabulario

La geografía

la altura *altitude, height*
la belleza *beauty*
el clima *climate*
la colina *hill*
la isla *island*
la población *population*
el sendero *path, trail*
la sombra *shade, shadow*
el valle *valley*

¿Puedes pensar en un símbolo o una acción para representar cada palabra?

14 ¡Hagámoslo!

Hablar/*Escribir* Tú y tus amigos están de vacaciones en Costa Rica y hablan de sus planes. ¿Qué dicen?

modelo

Levantarnos temprano para…

Levantémonos temprano para ver los animales nocturnos.

1. Mirar…
2. Ponernos las botas para…
3. Observar las…
4. Ir a…
5. Sacar fotos de…
6. Sentarnos en…
7. Conservar…
8. Acampar…
9. Jugar...
10. Relajarnos...

Apoyo para estudiar

Nosotros Commands

The **nosotros** commands and the subjunctive are formed the same way. For most verbs, the stem is from the **yo** form (**escrib**amos, **hag**amos). For stem-changing **-ar** and **-er** verbs, the stem is the infinitive, minus **-ar** or **-er** (**cerr**emos, **volv**amos). For stem-changing **-ir** verbs, there is a stem change from **e** to **i** (**sint**amos) or from **o** to **u** (**durm**amos).

15 ¡Vamos!

Hablar/*Escribir* Imagínate que estás en los siguientes lugares. ¿Qué (no) quieren hacer tú y tus amigos(as)? Haz dos sugerencias para cada lugar. Luego combina tu lista con las de unos(as) compañeros(as).

modelo

la clase de español

¡Demos una fiesta!

No hagamos mucha tarea.

1. el parque nacional
2. el desierto
3. una fiesta
4. las montañas
5. el centro comercial
6. la playa

Nota cultural

Los saludos En todo el mundo, hay muchas maneras de saludar. En Estados Unidos frecuentemente la gente se saluda dándose la mano. En Japón se hace una reverencia (*bow*). En Costa Rica, como en muchos otros países latinos, los hombres siempre se saludan dándose la mano. Las mujeres, por lo regular, no se dan la mano, sino que se besan en las mejillas (*cheeks*).

16 ¡Viajemos a Costa Rica!

STRATEGY: SPEAKING

Share personal plans and feelings All things are possible when planning a vacation from a brochure. Show variety in your actions (**dibujaré, treparé**) and anticipate how it will be (**será**). If you do not share the same ideas as your partner, say no. (**No iré al volcán. Será muy peligroso.**)

Hablar/Leer Estás planeando un viaje a Costa Rica. Mira este folleto turístico y dile a tu compañero(a) adónde irás y qué verás en tu viaje.

modelo

Iré al Volcán Poás y veré el cráter. Será muy interesante…

¡VENGAN A COSTA RICA!
Donde tenemos todo para todos.
Parque Nacional Corcovado
Relájense en nuestras playas.
Parque Acuático Tabacón
¿Pasarán sus días aquí?
Parque Nacional Manuel Antonio
Exploren las selvas llenas de animales y pájaros exóticos.
¡VENGAN A COSTA RICA!
La tierra mágica con todo para todos.
Cráter del Volcán Poás

PARTE D Todo en acción

Activities 17–18 bring together all concepts presented.

17 Una carta de Fernando

Leer/*Escribir* Fernando, un vecino de Amalia y Cecilia, te escribió una carta. Escríbele tú y contesta sus preguntas.

¡Hola!

¿Qué tal? Ojalá que estés muy bien. Te escribo porque estoy muy curioso. Ya sé un poco de Costa Rica, y quiero saber más de tu país y cultura. Deseo que me escribas y que contestes mis preguntas.

Primero, me interesa el medio ambiente donde vives. ¿Vives cerca de un bosque? ¿En una colina? ¿En el desierto? ¿Cómo es? ¿Hay animales diversos? ¿Cómo son las plantas? ¿Pasas mucho tiempo al aire libre? ¿Valora la gente de tu comunidad la naturaleza? ¿Hay programas para conservarla? ¿Qué haces para preservar el medio ambiente?

También me gustaría saber de los planes que tienen tú y tus amigos. ¿Dónde trabajarás tú? ¿Irán ustedes a la universidad? ¿Vivirán en la misma comunidad después de graduarse?

Bueno, espero recibir tu carta pronto. ¡Hasta entonces!

Fernando

18 ¿Qué va a pasar? 

Hablar/*Escribir* Con un grupo de compañeros(as), hagan predicciones sobre el futuro. Luego hagan una lista de las predicciones que más les gusten.

modelo

viajar a (Nueva York, Costa Rica, Madrid, ¿?)

Tú: *Viajaré a Costa Rica para visitar los volcanes.*

Compañero(a): *Viajaré al sur de Francia para ir a la playa.*

1. vivir en (Nueva York, Fargo, Barcelona, ¿?)
2. manejar (un autobús, una moto, un carro deportivo, ¿?)
3. ser (periodista, policía, artista, ¿?)
4. comprar (una computadora, una casa grande, muchos discos compactos, ¿?)
5. escribir (una novela, una crítica, una carta a mi abuelita, ¿?)
6. dar (dinero a los pobres, regalos a mis amigos, una fiesta, ¿?)

More Practice:

Más comunicación *p. R14*

Refrán

Es el mismo gato, pero revuelto.

Mira el dibujo y adivina el significado de «revuelto». A pesar de las características diferentes, ¿crees que el gato negro sea como el gato en el espejo? ¿En qué situación puedes usar este refrán? Piensa en tu día escolar o las relaciones con tus padres.

En voces

AUDIO

LECTURA

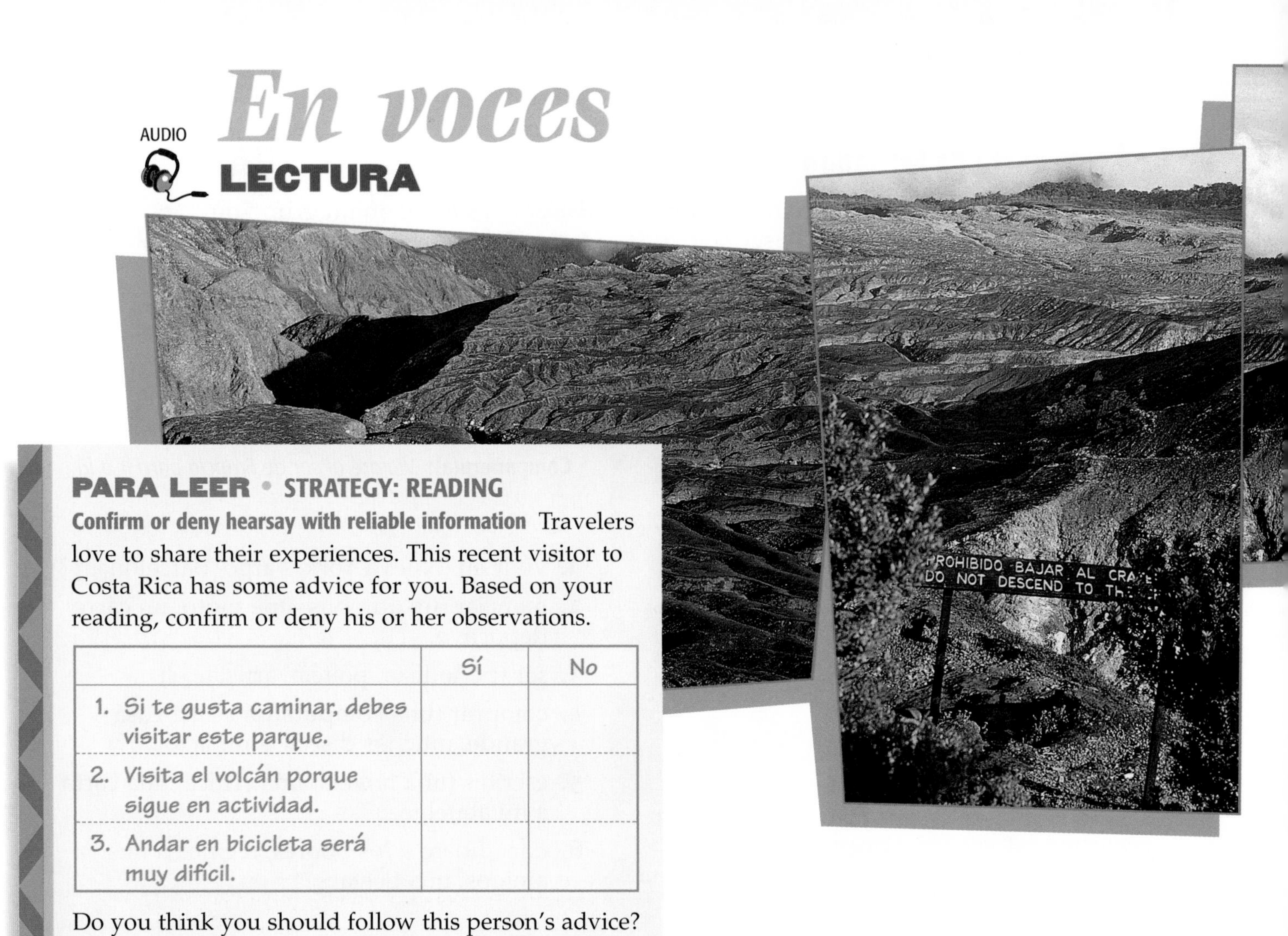

PARA LEER • STRATEGY: READING

Confirm or deny hearsay with reliable information Travelers love to share their experiences. This recent visitor to Costa Rica has some advice for you. Based on your reading, confirm or deny his or her observations.

	Sí	No
1. Si te gusta caminar, debes visitar este parque.		
2. Visita el volcán porque sigue en actividad.		
3. Andar en bicicleta será muy difícil.		

Do you think you should follow this person's advice? Why? Why not?

El Parque Nacional del Volcán Poás

Para los amantes[1] de la naturaleza, no hay mejor lugar que Costa Rica. Este país centroamericano tiene un excelente sistema de parques nacionales. Uno de estos parques es el Parque Nacional del Volcán Poás que se encuentra al noroeste de San José. El parque tiene un volcán impresionante, un bosque nuboso[2] y un lago precioso de color verde-azul. Durante el viaje de San José a la cima[3] del volcán verán los panoramas bellos del valle Central.

[1] lovers [2] dwarf cloud forest [3] peak

¿A ti te gusta caminar? En el parque hay dos senderos. Uno te lleva a un gran lago dentro de un cráter extinto y otro te lleva a través del bosque nuboso.

El Volcán Poás tiene uno de los cráteres más grandes del mundo. La mayoría de las erupciones son del «tipo

géiser» y vienen del fondo de la laguna caliente. En este tipo de erupción, una columna de agua y ceniza[4] se levanta a diferentes alturas. En la erupción más grande (en 1910), la columna llegó a una altura de 8.000 metros sobre el nivel del cráter y llegó a caer a una distancia de 35 kilómetros. Todavía hoy echa humo[5].

[4] ash   [5] emits smoke

¿Comprendiste?

1. ¿Dónde queda el Parque Nacional del Volcán Poás?
2. Además del volcán, ¿cuáles son otras atracciones en el Parque Nacional del Volcán Poás?
3. ¿Qué tiene de interés el Volcán Poás?

¿Qué piensas?

1. ¿Es el Parque Nacional del Volcán Poás un lugar donde podría ir toda la familia? ¿Por qué?
2. ¿Te gustaría ir al parque? ¿Por qué sí o no?

En uso

REPASO Y MÁS COMUNICACIÓN

OBJECTIVES

- Describe geographic characteristics
- Make future plans
- Talk about nature and the environment

Now you can...

- describe geographic characteristics.
- make future plans.
- talk about nature and the environment.

To review

- the future tense, see p. 334.

1 ¡Vamos a Costa Rica!

Imagínate que Francisco vuelve a Costa Rica con su familia. ¿Qué les dice?

modelo

ustedes: ver el cráter del Volcán Poás

Ustedes verán el cráter del Volcán Poás.

1. nosotros: descubrir diversos animales y plantas
2. ustedes: necesitar botas para caminar por la tierra mojada
3. yo: mostrarles un campamento cerca de San José
4. mi hermano: encontrar lobos en el campamento
5. la altura: afectarles un poco
6. Cecilia: hablarnos del medio ambiente

Now you can...

- make future plans.

To review

- the future tense, see p. 334.

2 Saludos de...

Francisco le escribe una carta a su amiga Alma. ¿Qué dice? Completa la carta con el futuro de los verbos.

Querida Alma:

Saludos de Costa Rica, un país bellísimo. Creo que mi artículo sobre la conservación __1__ (ser) fantástico. Yo lo __2__ (terminar) la próxima semana y __3__ (volver) a Miami el viernes. Tú me __4__ (esperar) en el aeropuerto, ¿no?

Este fin de semana Amalia, Cecilia y yo __5__ (ir) de camping. Ellas me __6__ (llevar) a un campamento cerca de San José. Allí nosotros __7__ (ver) más animales y plantas interesantes. Yo te __8__ (escribir) otra vez el lunes para contarte nuestras experiencias.

Con cariño, Francisco

Now you can...
- make future plans.

To review
- **por,** see p. 336.

3 Antes de la excursión

Cecilia habla con un grupo de turistas. Completa sus comentarios usando expresiones con **por.**

por correo   por tierra mojada

por teléfono   por la noche

por allí 

modelo

Todos caminaremos juntos _____.

Todos caminaremos juntos por allí.

1. Ustedes necesitan llevar botas porque vamos a caminar _____.
2. También le mandaremos información _____.
3. Volveremos antes de las seis. No podemos estar en el parque _____.
4. Si usted quiere saber más sobre este parque o los otros, llámenos _____.

Now you can...
- talk about nature and the environment.

To review
- **nosotros** commands, see p. 338.

4 El medio ambiente

¿Qué debemos hacer o no hacer para proteger el medio ambiente?

modelo

cerrar los parques nacionales
¡No cerremos los parques nacionales!

proteger los animales salvajes
¡Protejamos los animales salvajes!

1. valorar la belleza natural
2. preservar nuestros recursos naturales
3. cortar todos los árboles
4. ir de camping sin pensar en el medio ambiente
5. tener cuidado con la basura en los campamentos
6. dejar basura por todas partes
7. conservar las diversas plantas
8. estar informados sobre la conservación

5 Actividades

STRATEGY: SPEAKING

Anticipate future plans By looking ahead to summer vacation, you can plan for the real, the ideal, and the imaginary. Ask and answer questions that allow you and your partner to stretch your imaginations and set new goals:

- **¿(a)dónde ir / viajar / trabajar?**
- **¿qué hacer?**
- **¿cómo ganar... / ayudar... / mejorar...?**

Conversa con tu amigo(a) sobre sus planes para este verano y completa una tabla con sus respuestas. Luego, comparte los planes de tu amigo(a) con la clase.

modelo

Tú: *¿Estudiarás español?*

Amigo(a): *No, no estudiaré español.*

Tú: *Yo tampoco estudiaré español. ¿Viajarás?*

Amigo(a): *Sí, visitaré a mis primos en San Antonio. ¿Y tú? ...*

Sí	No
Viajará a San Antonio.	No estudiará español.

6 ¡Hagamos un viaje!

Imagínate que viajarás a Costa Rica con tus compañeros de clase. Escribe cinco actividades que quieres que el grupo haga allí. Tus compañeros van a responder a tus sugerencias.

modelo

Tú: *Saquemos fotos de las diversas flores.*

Estudiante 1: *¡Sí! ¡Saquemos fotos de las flores!*

Estudiante 2: *¡Qué aburrido! No saquemos fotos de las flores. Saquemos fotos de los monos.*

7 *En tu propia voz*

ESCRITURA Francisco irá de camping con Amalia, Cecilia y Fernando. ¿Qué pasará? Escribe seis predicciones. ¡Usa tu imaginación y no mires la próxima etapa!

modelo

Primero, Francisco llegará tarde a la casa de Amalia. Todos olvidarán muchas cosas importantes...

CONEXIONES

La geografía ¿Recuerdas dónde está el único bosque tropical del Servicio Forestal de Estados Unidos? Aparte de Costa Rica, ¿dónde hay otros bosques tropicales en Centroamérica y Sudamérica o en el resto del mundo? ¿Dónde hay parques nacionales? Haz un mapa del mundo e indícalos.

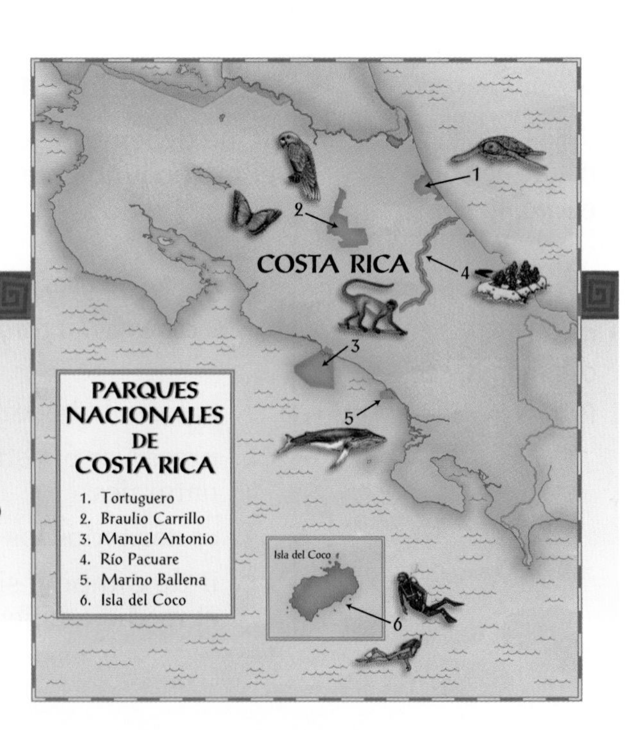

En resumen

REPASO DE VOCABULARIO

TALK ABOUT NATURE AND THE ENVIRONMENT

Plants

la hoja	*leaf*
la planta silvestre	*wild plant*

Animals and Other Living Beings

el jaguar	*jaguar*
el león	*lion*
el lobo	*wolf*
el loro	*parrot*
la mariposa	*butterfly*
el mono	*monkey*
la rana	*frog*
la serpiente	*snake*
la tortuga	*turtle*
el tucán	*toucan*
el venado	*deer*

The Environment

la colina	*hill*
el desarrollo	*development*
la isla	*island*
el medio ambiente	*environment*
la naturaleza	*nature*
la piedra	*stone*
la selva	*jungle*
el sendero	*path, trail*
la tierra	*land*
el valle	*valley*

Other Words

la belleza	*beauty*
diverso(a)	*diverse*
feroz	*ferocious*
peligroso(a)	*dangerous*
salvaje	*wild*

DESCRIBE GEOGRAPHIC CHARACTERISTICS

la altura	*altitude, height*
el clima	*climate*
la población	*population*
por todas partes	*everywhere*
la sombra	*shade, shadow*

MAKE FUTURE PLANS

conservar	*to conserve*
descubrir	*to discover*
preservar	*to preserve*
valorar	*to appreciate*
volar (o→ue)	*to fly*

Juego

Soy un animal feroz y salvaje.

Tengo manchas negras.

A causa de mi bella piel, estoy en peligro de extinción.

¿Quién soy?

UNIDAD 5

Nuestro medio ambiente

OBJECTIVES

- Discuss outdoor activities
- Describe the weather
- Make predictions
- Talk about ecology

¿Qué ves?

Mira la foto de Francisco y sus nuevos amigos. ¿Qué ves?

1. ¿Dónde están Francisco y sus amigos?
2. ¿Qué van a hacer? ¿Dónde van a comer?
3. ¿Cuál es el tema del libro?

En contexto

VOCABULARIO

Aquí Francisco va a acampar. Mira lo que trae.

A ¿Estás listo(a) para **el campamento**? Francisco y sus amigos están listos para acampar. Tienen **una tienda de campaña** y **un saco de dormir.** También traen **una manta, sábanas** y **almohadas.**

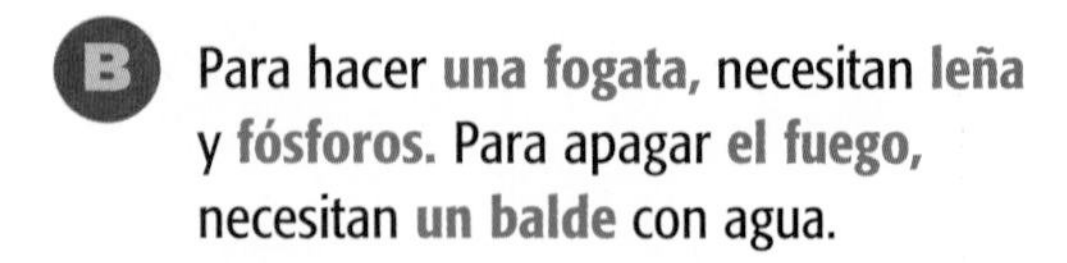

B Para hacer **una fogata,** necesitan **leña** y **fósforos.** Para apagar **el fuego,** necesitan **un balde** con agua.

C Para comer comida en lata, necesitan **un abrelatas. La navaja** y **las tijeras** son esenciales. Sin **la linterna,** no van a tener **luz.**

D ¡En el campamento se puede **escalar montañas** o hacer **montañismo**!

¡En el río se puede **remar**! ¡En el río se puede **pescar**!

Online Workbook
CLASSZONE.COM

Preguntas personales

1. ¿Vas a acampar con tu familia o con tus amigos?
2. ¿Qué cosas son esenciales si vas a acampar?
3. ¿Qué necesitas para hacer una fogata?
4. ¿Qué actividades te gusta hacer en el campamento?
5. ¿Qué llevas cuando vas a un campamento? Haz una lista de las cosas que necesitas llevar contigo.

En vivo

DIÁLOGO

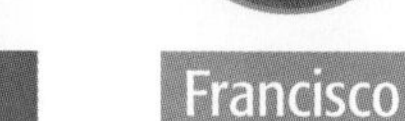

Amalia | Cecilia | Francisco | Fernando

PARA ESCUCHAR • STRATEGY: LISTENING

Observe relationships between actions and motives Each person on this trip is looking for something. Tell what each is looking for and for what purpose.

¿Quién?	¿Qué busca?	¿Para qué?
Fernando		
Francisco		
Cecilia		
Amalia		

How would you prefer to help? Why?

El campamento

1 ▶ **Amalia:** A ver, ¿dónde pondremos las tiendas de campaña?
Cecilia: ¿Las necesitamos? Me gusta dormir bajo las estrellas.
Amalia: Sí, las necesitamos. Es posible que llueva.

5 ▶ **Francisco:** ¿Así que quieres ser bióloga?
Cecilia: Sí. Estoy a favor de desarrollar la economía, pero estoy en contra de los proyectos que contaminan el medio ambiente.

6 ▶ **Fernando:** ¿Dónde está tu mamá?
Cecilia: No sé.
Francisco: Tal vez está caminando un poco por el bosque.
Cecilia: Es muy extraño. No lo entiendo. Hace frío. ¿Dónde puede estar?

7 ▶ **Cecilia:** ¡Diay! ¡Mamá! ¿Qué pasó? ¿Estás bien?
Fernando: Cuando regresamos con la leña, no estabas.
Amalia: Cálmense. Claro que estoy bien. No me pasó nada.

CD-ROM Take-Home Tutor

2 ▶ **Amalia:** Francisco, siento no tener saco de dormir para vos. Espero que no haga mucho frío esta noche.

Francisco: Estaré bien con las mantas y las sábanas, gracias.

3 ▶ **Fernando:** ¿Trajimos el abrelatas? No lo encuentro.

Amalia: Está en la mochila.

Fernando: A ver, aquí están los fósforos, la linterna, la navaja. ¡Hay muchísimas cosas!

Amalia: Habrá un uso para todo. Ya verás.

4 ▶ **Fernando:** Francisco, ¿por qué no vamos vos y yo a buscar leña?

Cecilia: Yo los puedo acompañar.

Amalia: No tarden mucho.

Cecilia: Ay, mamá, todavía habrá muchas horas de luz.

8 ▶ **Amalia:** No tenía mi saco de dormir. Así que regresé al carro. Se me cayeron las llaves en el sendero. Por suerte, las encontré, ¡pero después de una hora de buscar!

9 ▶ **Cecilia:** Mamá, debés tener más cuidado con las llaves.

Amalia: Sí, hija, gracias por el consejo. Tendré más cuidado en el futuro.

10 ▶ **Amalia:** Vamos, ¿no quieren una fogata? Yo me muero de frío. Ceci, ¿por qué no preparás la fogata? Y muchachos, ayúdenme con la comida. ¿No tienen hambre?

En acción

PARTE A Comprensión del diálogo

For Activities 1–2, refer to the dialog on pages 352–353.

Amalia | Cecilia | Francisco | Fernando

1 ¿Es cierto?

Escuchar/*Escribir* Según el diálogo, ¿son **ciertas** o **falsas** las oraciones? Si son falsas, explica por qué.

1. A Cecilia no le gusta dormir bajo las estrellas.
2. Francisco tiene un saco de dormir.
3. El abrelatas está en la mochila.
4. Francisco, Fernando y Cecilia van a buscar leña.
5. Fernando no sabe dónde está su mamá.
6. Cecilia no se preocupa mucho de que Amalia no vuelva.
7. Amalia encontró las llaves después de una hora.
8. Amalia no tendrá más cuidado en el futuro.

2 ¿En qué orden?

Escuchar Pon las oraciones en orden según el diálogo.

a. Fernando buscó el abrelatas.
b. Fernando y Cecilia se pusieron nerviosos.
c. Amalia regresó con su saco de dormir.
d. Escogieron un lugar para las tiendas de campaña.
e. Los tres regresaron al campamento.
f. Cecilia, Francisco y Fernando fueron a buscar leña.

PARTE B Práctica del vocabulario

Objectives for Activities 3–5
- Discuss outdoor activities
- Make predictions

3 Cuando vas de camping...

Hablar ¿Qué llevas cuando vas de camping? Habla con un(a) compañero(a).

modelo

Compañero(a): *¿Llevas leña cuando vas de camping?*

Tú: *(No, no llevo leña.) Sí, llevo leña.*

1. 2.

3. 4.

5. 6.

4 ¿Qué hay en el campamento?

Hablar Haz dibujos de estas cosas. Tus compañeros(as) adivinarán qué son.

la fogata
el saco de dormir
una linterna
la navaja
remar
escalar montañas
un balde de agua
la tienda de campaña
la leña
pescar

5 ¿Qué vas a hacer este verano?

Hablar Pregúntale a tu compañero(a) si hará estas actividades durante el verano. Cuando te conteste, hazle otra pregunta relacionada con la primera. Cambien de papel. ¿Qué actividades tienen ustedes en común?

modelo

viajar

Tú: *¿Viajarás durante el verano?*

Compañero(a): *Sí, viajaré un poco.*

Tú: *¿Adónde irás?*

Compañero(a): *Iré a la playa con mi familia.*

1. ir de camping
2. dormir bajo las estrellas
3. pescar en un río o un lago
4. andar en bicicleta
5. comer helado
6. dormir en un saco de dormir
7. caminar a las orillas del mar
8. escalar montañas
9. bajar un río en canoa
10. visitar a alguien que vive lejos

Costa Rica

También se dice

¡Diay!, la expresión que usa Cecilia en el diálogo, es una interjección muy popular entre los costarricenses. Puede indicar afirmación, interrogación o admiración. Una persona también puede usarla cuando quiere que otra deje de hablar. Es muy «tico» (*Costa Rican*), ¡y muy útil!

PARTE C

Práctica: gramática y vocabulario

Objectives for Activities 6–16

- Make predictions • Discuss outdoor activities • Describe the weather • Talk about ecology

GRAMÁTICA The Future Tense: Irregular Forms

¿RECUERDAS? *p. 334* You already know how to form the **future tense** with regular verbs.

infinitive +

-é	-emos
-ás	-éis
-á	-án

You use these same **future endings** with the **irregular verbs** but the **infinitive** changes.

- Some **infinitives lose** a letter.

saber → sabr-

sabré	sabremos
sabrás	sabréis
sabrá	sabrán

Other verbs that follow this pattern are:

haber → habr-
poder → podr-
querer → querr-

- Some **infinitives change** a letter.

poner → pondr-

pondré	pondremos
pondrás	pondréis
pondrá	pondrán

Other verbs that follow this pattern are:

salir → saldr-
tener → tendr-
valer → valdr-
venir → vendr-

—**Tendré** más cuidado en el futuro.
***I'll be** more careful in the future.*

Decir and **hacer** do not follow either pattern. **decir → dir-** **hacer → har-**

Practice: Actividades 6 7 8 9

Más práctica *cuaderno pp. 125–126*
Para hispanohablantes *cuaderno pp. 123–124*

6 ¡Organicémonos!

Escribir Cecilia y sus primos van de camping y están organizándose. Combina elementos de las dos columnas para explicar lo que harán.

1. Para tener un grupo más grande, Paco y José
2. Tú tienes que asistir a clases hasta las siete, entonces
3. Ustedes van de camping frecuentemente; por eso
4. Para dormir cómodo, nosotros
5. A Sofía le gusta la luz, por eso
6. Voy a traer buena comida y

a. (hacer) la cena la primera noche.
b. (poner) las tiendas de campaña.
c. (saber) qué debemos llevar.
d. (venir) con nosotros.
e. (tener) dos o tres linternas.
f. (salir) para el campamento a las siete y media.

7 ¿Qué harán?

Hablar/*Escribir* Cecilia habla de lo que ella y su familia harán en el Parque Tapantí. Completa sus descripciones según los dibujos.

modelo

yo (salir a pasear a caballo)

Saldré a pasear a caballo.

1. Paco y Guillermo (tener que escalar montañas)

2. tú (poder pescar)

3. José y yo (poner la tienda de campaña)

4. yo (hacer la fogata)

8 Predicciones

Hablar/*Escribir* ¿Cómo será tu vida en diez años? Conversa con un(a) compañero(a).

modelo

saber pilotear un avión

Tú: *En diez años, yo no sabré pilotear un avión.*

Compañero(a): *Tampoco sabré pilotear un avión en diez años pero Marcos sabrá pilotearlo.*

1. tener (¿cuántos?) hijos
2. querer comprar el carro de tus sueños
3. saber hablar tres o más lenguas
4. casarse
5. hacer viajes por todas partes

Costa Rica

Nota cultural

Los parques nacionales Hay muchos parques nacionales en Costa Rica donde se puede acampar y hacer montañismo. Uno de éstos es el Parque Nacional Braulio Carrillo. Tiene montañas, selvas, ríos y cascadas (*waterfalls*).

9 De camping 

Hablar/*Escribir* Imagínate que vas de camping el próximo fin de semana. Conversa con tus compañeros(as) sobre el viaje.

modelo

El próximo fin de semana mis amigos y yo iremos de camping. Iremos a un lugar no muy lejos de aquí donde hay un lago muy bonito. Llevaré la tienda de campaña y mi amigo Raúl llevará la comida… ¿Y cómo será tu viaje?

1. ¿Con quién(es) irás?
2. ¿Tendrás que ir muy lejos?
3. ¿Adónde irás?
4. ¿Habrá un río o un lago?
5. ¿Qué tipo de comidas harás?
6. ¿Harás una fogata?
7. ¿Tendrás una tienda de campaña?
8. ¿Qué actividades harás?
9. ¿Habrá animales salvajes?
10. ¿Podrás pescar o remar?

More Practice: **Más comunicación** *p. R15*

REPASO Weather Expressions

To talk about the weather, you usually use **hacer.**

¿Qué tiempo hace? ***What's it like out?***

En Puerto Rico **hace calor** todo el año. *In Puerto Rico **it's hot** all year.*

Hacía 25 grados centígrados el día que salí para Costa Rica. ***It was** 25 degrees Celsius the day I left for Costa Rica.*

Remember, not *all* descriptions of weather use **hacer.**

llover (o→ue) *to rain*

nevar (e→ie) *to snow*

No me gusta la selva porque **llueve** mucho. *I don't like the jungle because **it rains** a lot.*

Nunca **nieva** en Costa Rica. *It never **snows** in Costa Rica.*

Está nublado/húmedo. *It's cloudy/humid.*

Hay sol/viento. *It's sunny/windy.*

Habrá relámpagos/un aguacero. *There will be lightning/a downpour.*

If you want to describe a particular **kind** of day, you can say:

Es un día soleado.
It's a sunny day.

Es un día caluroso.
It's a hot day.

Es un día frío.
It's a cold day.

Vocabulario

El tiempo

el aguacero *downpour*
centígrado(a) *centigrade*
despejado(a) *clear, cloudless*
húmedo(a) *humid*
el huracán *hurricane*
la llovizna *drizzle*
la neblina *mist, fog*
la nube *cloud*
el pronóstico *forecast*
el rayo *thunderbolt, flash of lightning*
el relámpago *lightning*
soleado(a) *sunny*
el trueno *thunder*
violento(a) *violent*

¿Qué tiempo hará mañana?

Practice: **Actividades** 10 11 12

Más práctica *cuaderno p. 127*
Para hispanohablantes *cuaderno p. 125*

 **Online Workbook** CLASSZONE.COM

10 ¿Qué se pondrán?

Leer/*Escribir* ¿Qué se pondrán estas personas después de escuchar el pronóstico?

modelo

La llovizna pasará pronto y va a hacer sol pero hará frío. (yo)

Me pondré un sombrero y un abrigo.

1. Es un día soleado hoy. Hace 30 grados centígrados. (nosotros)
2. Hay nubes oscuras y está húmedo. Habrá relámpagos. (tú)
3. Hay mucho viento hoy, pero no es tan violento como un huracán. (ellas)
4. Ahora hay neblina pero hará sol por la tarde. (Francisco)
5. Hace mucho frío. Va a nevar. (yo)

11 ¿Qué tiempo hace?

Hablar/Leer Lee el mapa de Costa Rica y habla con un(a) compañero(a) sobre el tiempo en estos lugares.

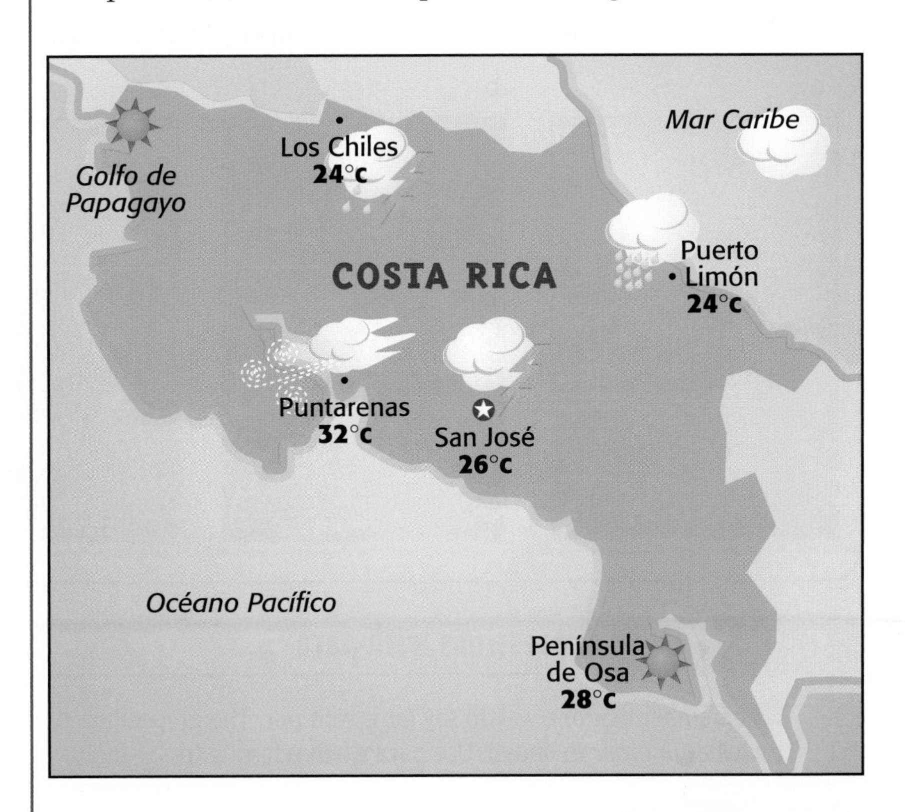

modelo

Puntarenas

Compañero(a): *¿Qué tiempo hace en Puntarenas?*

Tú: *Hace 32 grados centígrados. También hay viento y está nublado.*

1. San José
2. Puerto Limón
3. el golfo de Papagayo
4. el mar Caribe
5. Los Chiles
6. la península de Osa

12 El pronóstico del tiempo

Escuchar Escucha los pronósticos del tiempo y decide a qué foto corresponde.

a.

b.

c.

d.

GRAMÁTICA Expressions with para

Remember that one way to say *for* is with **por**. The preposition **para** can also mean *for,* as well as *in order to* and *to.* Use **para** when referring to

- **goals** to reach.

  Haré investigaciones **para encontrar maneras de preservar los animales.**
  *I will do research **to (in order to) find ways of saving animals.***

- **movement toward a place.**

  Salimos **para Costa Rica** mañana.
  *We leave **for Costa Rica** tomorrow.*

- **the recipient** of an action or object.

  Esta manta es **para Fernando.**
  *This blanket is **for Fernando.***

- **purposes** to fulfill.

  Necesitamos sacos de dormir **para ir de camping.**
  *We need sleeping bags **to (in order to) go camping.***

- **deadlines** to meet.

  Tendremos que encontrar leña **para esta noche.**
  *We will have to find firewood **for tonight.***

- **employment.**

  Francisco **trabaja para *Onda Internacional.***
  *Francisco **works for** **Onda Internacional**.*

Practice: Actividades 13 14 15

Más práctica *cuaderno p. 128*
Para hispanohablantes *cuaderno p. 126*

13 Muy curioso

Escribir Francisco le muestra unas fotos de Costa Rica a un primo menor que hace muchas preguntas. ¿Cómo contesta Francisco?

modelo

¿Para quién era?

El regalo era para Amalia.

1. ¿Para dónde iban?

2. ¿Para qué necesitabas los fósforos?

3. ¿Para quién trabajaba?

4. ¿Para cuándo tenías que escribir el artículo?

14 ¿Para qué?

STRATEGY: SPEAKING

Find alternate ways to communicate When you can't think of a word and you "talk your way around it," it's called circumlocution. Defining words gives you practice in circumlocution. Clues to meaning are uses (**para qué sirve**), the context of uses (**cuándo / dónde**), description (**pequeño**), or another word close in meaning (**una casita**). This skill helps you communicate even if you don't know the exact word.

Hablar ¿Para qué sirven estas cosas? Piensa en una de estas palabras y descríbesela a un(a) compañero(a). Él (Ella) tiene que adivinar qué palabra es. Cambien de papel.

modelo

la tienda de campaña

Tú: *Es para protegerte de los insectos y los aguaceros cuando acampas.*

Compañero(a): *Es una tienda de campaña.*

los fósforos
la leña
la selva
la conservación
el desarrollo
las tijeras
la almohada
el sendero
el campamento
la linterna
la manta
el abrelatas

15 Nuestras obligaciones

Leer/*Escribir* Lee este anuncio y responde a las siguientes preguntas.

1. ¿Qué debemos hacer para proteger la naturaleza?
2. ¿Estás en contra del desarrollo de la selva? Explica tu respuesta.
3. ¿Estás a favor de poner límites a los visitantes de los parques nacionales? Explica.
4. ¿Por qué es complicado proteger el medio ambiente?

¿Estás en contra de destruir nuestras selvas?

¿Estás a favor de mantener sano nuestro ambiente?

El sendero hacia la conservación es el ecoturismo.

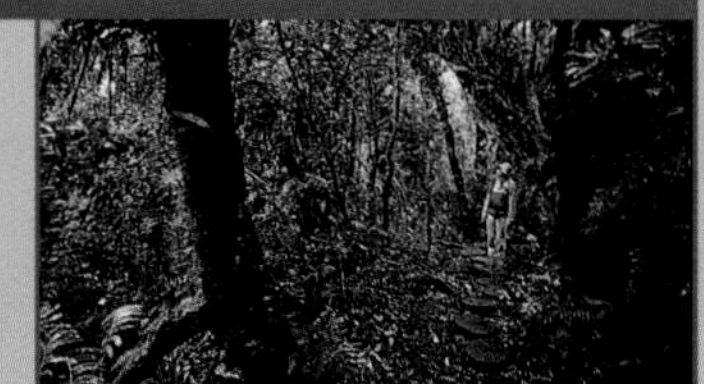

Para poder salvar nuestro medio ambiente debemos
- informarle a la gente cómo cuidar la naturaleza;
- ponerles límites a los visitantes de nuestros parques.

Para que las selvas sean un lugar sano para acampar, les enseñamos a los turistas a ser cuidadosos con el medio ambiente.

Así controlaremos la contaminación de la atmósfera, los ríos y los lagos.

¿Qué harás tú para que tengamos un mundo más sano?
¿Cuál de las fotos quieres que muestre a nuestra tierra?

¡Porque el medio ambiente te pertenece a ti también!

Vocabulario

Expresa tus opiniones

complicado(a) *complicated*
crear *to create*
estar a favor de *to be in favor of*
estar en contra de *to be against*
el permiso *permission*
permitir *to permit*
pertenecer *to belong; to pertain*

¿Qué opinas tú de los problemas de la preservación?

16 ¿Aventurera o cuidadosa?

Escuchar/*Escribir* Estela es muy aventurera y Cristina es más cuidadosa. Hablan de sus planes. ¿Quién dice cada oración: Estela o Cristina? Luego, explica si te pareces más a Estela o Cristina. ¿Por qué?

1. _____
2. _____
3. _____
4. _____
5. _____
6. _____
7. _____
8. _____

Nota cultural

Navegar los rápidos Costa Rica tiene muchos rápidos (*rapids*) donde se puede navegar. Aquí ves a algunos jóvenes en el río Sarapiquí.

PARTE D

Todo en acción

Activities 17–18 bring together all concepts presented.

17 ¿Qué harás tú?

Hablar/*Escribir* Habla con un grupo de compañeros(as) sobre sus opiniones e ideas para preservar el medio ambiente.

modelo

En el futuro, ¿qué (decir) tus hijos del medio ambiente?

Tú: *En el futuro, ¿qué dirán tus hijos del medio ambiente?*

Compañero(a) 1: *Dirán que valoran lo que hizo nuestra generación para protegerlo.*

Compañero(a) 2: *No estoy de acuerdo. En mi opinión, dirán que no hicimos lo suficiente.*

1. En 20 años, ¿(decir) tú que la generación de tus padres hizo lo suficiente para proteger el medio ambiente?
2. ¿(Haber) más o menos animales en peligro de extinción en 20 años? ¿Por qué?
3. ¿Qué (hacer) tú y tus amigos en el próximo año para conservar el medio ambiente? ¿(Reciclar) latas, papel y plástico? ¿(Usar) menos agua?
4. ¿(Andar) ustedes en bicicleta, a pie o por transportación pública? ¿Por qué?
5. ¿(Ayudar) tú a crear maneras nuevas de proteger el medio ambiente? Explica.

18 En el año 2050...

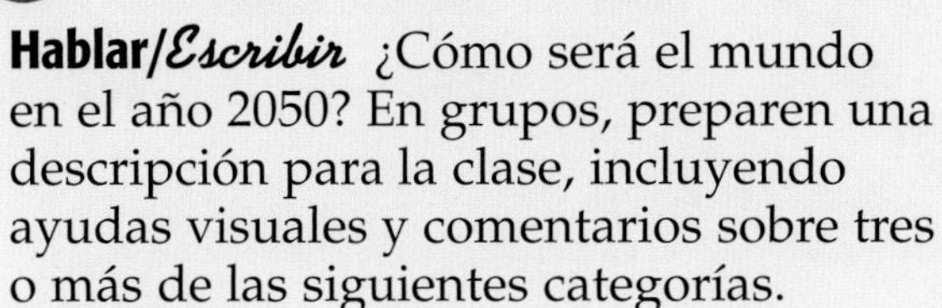

Hablar/*Escribir* ¿Cómo será el mundo en el año 2050? En grupos, preparen una descripción para la clase, incluyendo ayudas visuales y comentarios sobre tres o más de las siguientes categorías.

modelo

En el año 2050 habrá computadoras en todas las casas. Las computadoras ayudarán a la familia...

¿Cómo será(n)...?

las escuelas	las familias
la ropa	la televisión
el tiempo	las computadoras
la naturaleza	las tiendas
los pasatiempos	el cine
	¿?

More Practice: **Más comunicación** *p. R15*

Online Workbook
CLASSZONE.COM

Refrán

Llueve a cántaros.

Para comprender este refrán mira el dibujo para saber qué es un cántaro. Ahora piensa en el agua cayendo de un cántaro. ¿Cae todo de una vez o poco a poco? ¿Qué imaginas que significa el refrán? Si todavía no lo entiendes, piensa en un refrán del inglés: ¡está lloviendo gatos y perros!

En colores

VIDEO DVD

CULTURA Y COMPARACIONES

PARA CONOCERNOS

STRATEGY: CONNECTING CULTURES

Predict appeal to ecotourists Ecotourism seeks to benefit both the environment and local economy by appealing to many people. For each tourist destination below, identify the major activities and check whether they would attract adults, young people, or both.

Actividades	Adultos	Jóvenes
Teleférico del bosque lluvioso		
Selva Verde		
Río Sarapiquí		
Parque Nacional de Diversiones		
Parque Nacional Manuel Antonio		

Predict Costa Rica's desirability as an ecotourist destination for a broad range of people.

Costa Rica, ¡la pura vida!

Ir de vacaciones a Costa Rica es combinar dos viajes en uno. Para aprender algo nuevo hay sitios históricos y parques ecológicos. Puedes relajarte en la playa o ir a un parque acuático. Hay actividades de interés para todas las edades.

Si te gusta la aventura, lleva a tu familia al río Sarapiquí para navegar los rápidos. La primera parte del río tiene corrientes fuertes, pero más abajo el agua pasa despacio y entras en la selva.

La Selva Verde, una reserva privada, ofrece cuartos construidos en la selva con el mínimo efecto negativo al medio ambiente. Allí sales de tu cuarto y estás arriba en los árboles. Camina por los senderos y observa las ranas venenosas fosforescentes[1] y pájaros exóticos.

Una atracción educativa y divertida es el Teleférico[2] del bosque lluvioso. El teleférico te lleva por la parte más alta del bosque donde puedes ver de cerca las orquídeas, los tucanes y las mariposas iridiscentes[3] de este ambiente húmedo.

Cuando te canses de la naturaleza, puedes ir al lugar favorito de los jóvenes, el Parque Nacional de Diversiones. Hay juegos mecánicos[4] y salen desfiles todas las noches.

Cuando toda la familia quiera relajarse en la playa, pueden ir al Parque Nacional Manuel Antonio, que está en la costa del océano Pacífico. Además de las playas, hay senderos donde puedes caminar y ver iguanas, loros y monos. En Costa Rica siempre es posible aprender algo sobre el medio ambiente mientras te relajas.

[1] neon-colored poison dart frogs
[2] aerial tram
[3] iridescent
[4] amusement rides

More About Costa Rica
CLASSZONE.COM

¿Comprendiste?

1. ¿Qué ofrece la reserva Selva Verde?
2. ¿Qué transporte te lleva por el bosque lluvioso? ¿Qué puedes ver?
3. ¿Qué hay en el Parque Nacional de Diversiones?
4. Si tus padres quieren descansar en la playa y tú quieres explorar terrenos tropicales, ¿qué parque nacional deben visitar? ¿Por qué?

¿Qué piensas?

¿Crees que es posible que lleguen muchos turistas sin dañar *(hurting)* el medio ambiente de un lugar? Con el ecoturismo, ¿sería posible tener atracciones turísticas modernas? ¿Cuál crees que es el balance perfecto entre el ecoturismo y la protección del medio ambiente?

Hazlo tú 

Con un(a) compañero(a), haz un folleto de viaje para Costa Rica. Mencionen algunos lugares de interés y dibujen algunos de estos lugares.

En uso
REPASO Y MÁS COMUNICACIÓN

OBJECTIVES
- Discuss outdoor activities
- Describe the weather
- Make predictions
- Talk about ecology

Now you can...
- discuss outdoor activities.
- make predictions.

To review
- irregular forms of the future tense, see p. 356.

1 ¡A las montañas!

Imagínate que Cecilia te invita a acampar. Para mejorar tu comprensión de la carta, cambia los verbos al futuro.

> *Este fin de semana* __hay__ (1) *una excursión a las montañas. Mi nuevo amigo, Francisco,* __viene__ (2) *con nosotros. ¡Tú* __tienes__ (3) *que venir también!*
>
> *En las montañas* __hacemos__ (4) *muchas cosas interesantes: escalar, remar, pescar...* __Ponemos__ (5) *la tienda de campaña a orillas de un lago precioso. Francisco* __quiere__ (6) *sacar fotos de los diversos animales y plantas que* __podemos__ (7) *ver allí.*
>
> __Salimos__ (8) *el sábado temprano. Mañana* __sé__ (9) *la hora exacta y te la* __digo__ (10).
>
> *Cecilia*

Now you can...
- describe the weather.
- make predictions.

To review
- weather expressions, see p. 358.

2 ¿Va a llover?

Francisco escucha este pronóstico del tiempo en la televisión. Complétalo con las palabras de la lista.

centígrados **neblina** **truenos** **soleado** **llovizna** **aguacero** **calor** **nubes** **viento** **relámpagos**

Ayer fue un día __1__. Hacía mucho __2__ todo el día, con temperaturas entre 34 y 36 grados __3__ (35°C). Hoy hay posibilidades de __4__. Habrá mucha __5__ y bastante __6__, ¡así que tengan cuidado al salir en carro!

Mañana las __7__ estarán con nosotros otra vez.

Habrá un __8__ con __9__ y __10__ ¡BUUUUM!

Self-Check Quiz
CLASSZONE.COM

Now you can...
- talk about ecology.

To review
- **para,** see p. 360.

3 ¡Llámanos hoy!

Lee este anuncio sobre una nueva organización y contesta las preguntas usando expresiones con **para.**

El sapo dorado
La playa
► ¿Estás a favor de proteger a los animales en peligro de extinción?
► ¿Estás en contra de la contaminación de nuestro planeta?
► ¿Quieres encontrar maneras de proteger y preservar el medio ambiente?
Entonces, debes pertenecer a una nueva organización:
La sociedad juvenil para la conservación
El bosque tropical
Nuestra organización es para jóvenes de 13 a 18 años. La primera reunión será en agosto. Si te importa la naturaleza y quieres más información, llámanos al 555-8214 antes del 31 de julio.
No es complicado. ¡Llámanos hoy!

modelo

¿Para qué sirve este anuncio?

Sirve para informarnos sobre una nueva organización.

1. ¿Para quiénes es la organización?
2. ¿A qué teléfono debes llamar para recibir más información?
3. ¿Para qué fecha hay que llamar?
4. ¿Quieren crear esta organización para preservar la historia o el medio ambiente?
5. ¿Estos jóvenes trabajarán para proteger a los animales o a los niños?
6. ¿Para ti es importante proteger el medio ambiente?

4 Recomendaciones 

STRATEGY: SPEAKING

Make recommendations Recommending action is the final step in problem-solving. Here the general problem is protecting and conserving the environment. Name specific aspects of the environment needing protection and possible actions. Why are some more important than others?

Haz una lista de cinco maneras de preservar y conservar el medio ambiente. Conversa con tu compañero(a) sobre sus ideas y seleccionen las tres acciones que tendrán más resultados.

modelo

1. Preservar diversas plantas
2. Proteger...
3.
4.
5.

Tú: *Estoy a favor de preservar las diversas plantas del mundo.*

Compañero(a): *¿Por qué es importante?*

Tú: *Porque las plantas limpian el aire.*

Compañero(a): *Sí, pero es más importante...*

5 Mañana habrá...

Imagínate que tú y tus amigos trabajan para un canal de televisión. Preparen y presenten el pronóstico del tiempo con dibujos apropiados.

modelo

Tú: *Ayer hizo mucho frío, con temperaturas...*

Estudiante 1: *La temperatura va a subir hoy. Hace...*

Estudiante 2: *Mañana habrá un aguacero...*

6 En tu propia voz

ESCRITURA Imagínate que irás a acampar. Describe la experiencia ideal: cuándo, adónde y con quiénes irás, qué cosas llevarán, qué verán y harán allí, qué tiempo hará, etc.

modelo

Yo iré de camping en el otoño con tres de mis amigos(as). El lugar ideal será un campamento muy lejos...

TÚ EN LA COMUNIDAD

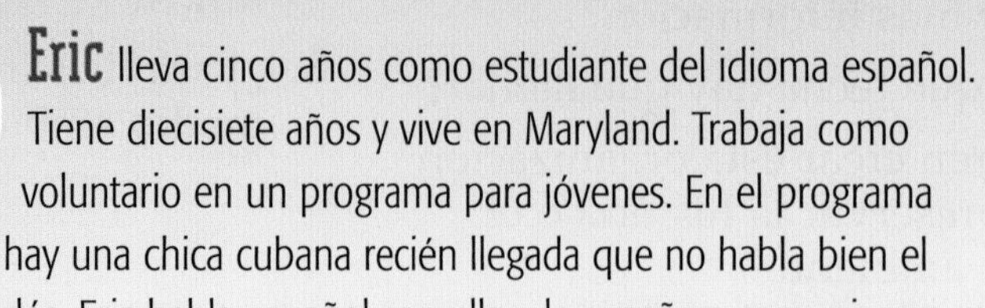

Eric lleva cinco años como estudiante del idioma español. Tiene diecisiete años y vive en Maryland. Trabaja como voluntario en un programa para jóvenes. En el programa hay una chica cubana recién llegada que no habla bien el inglés. Eric habla español con ella y le enseña a comunicarse con los otros jóvenes del grupo. ¿Usas tu español para poder comunicarte mejor con gente de otros lugares?

En resumen

REPASO DE VOCABULARIO

TALK ABOUT ECOLOGY

complicado(a)	*complicated*
crear	*to create*
estar a favor de	*to be in favor of*
estar en contra de	*to be against*
el permiso	*permission*
permitir	*to permit*
pertenecer	*to belong; to pertain*

DISCUSS OUTDOOR ACTIVITIES

Outdoor Activities

el campamento	*camp*
escalar montañas	*to climb mountains*
el montañismo	*mountaineering*
pescar	*to fish*
remar	*to row*

Camping Necessities

el abrelatas	*can opener*
la almohada	*pillow*
el balde	*bucket*
la fogata	*campfire*
el fósforo	*match*
el fuego	*fire*
la leña	*firewood*
la linterna	*flashlight*
la luz	*light*
la manta	*blanket*
la navaja	*jackknife*
la sábana	*sheet*
el saco de dormir	*sleeping bag*
la tienda de campaña	*tent*
las tijeras	*scissors*

DESCRIBE THE WEATHER

el aguacero	*downpour*
caluroso(a)	*hot*
centígrado(a)	*centigrade*
despejado(a)	*clear, cloudless*
húmedo(a)	*humid*
el huracán	*hurricane*
la llovizna	*drizzle*
la neblina	*mist, fog*
la nube	*cloud*
el pronóstico	*forecast*
el rayo	*thunderbolt, flash of lightning*
el relámpago	*lightning*
soleado(a)	*sunny*
el trueno	*thunder*
violento(a)	*violent*

Juego

Cuando vas a acampar...

Si quieres dormir sin frío, necesitas un _ _ _ _ _ _ _ _ _ _ _ _.

Si vas a cocinar, tienes que hacer una _ _ _ _ _ _.

Y si hay un _ _ _ _ _ _ _ _, ¡ojalá que tengas una buena tienda de campaña!

UNIDAD 5

¿Cómo será el futuro?

OBJECTIVES

- Comment on conservation and the environment
- Talk about how you would solve problems

SALVEMOS

¿Qué ves?

Mira la foto y contesta las preguntas.

1. ¿Dónde están Francisco y Fernando?
2. ¿Cuál es el título del mural? ¿Quién lo pintó?
3. ¿Cuál de las pinturas te gusta? ¿Por qué?
4. ¿Qué crees que Francisco va a hacer con el papel?

LA TIERRA
ESCUELA BUENAVENTURA CORRALES B.
AVENIDA 5

En contexto

VIDEO DVD AUDIO

VOCABULARIO

Lee lo que piensa Francisco sobre la contaminación.

A **La contaminación** del aire es un problema serio. Muchas industrias lo **contaminan** porque queman **combustibles** y **químicos.**

B **¡Qué lío!** ¡**Latas** de **aluminio, botellas, cartón** y **vidrio** por todas partes!

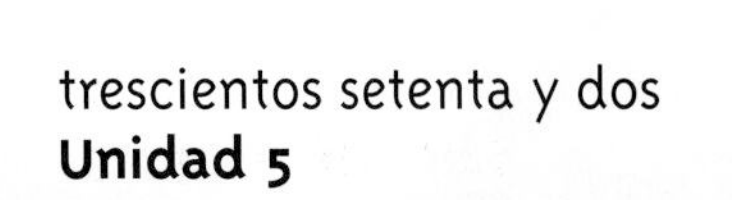

C Para conservar el medio ambiente, **echa** la basura al **basurero** o al cajón de **reciclaje.**

D Si **reciclamos** y **mantenemos limpio** el medio ambiente, ¡podremos disfrutar de su belleza!

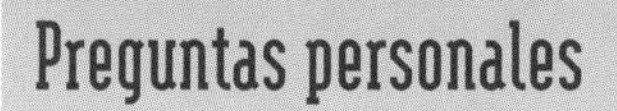

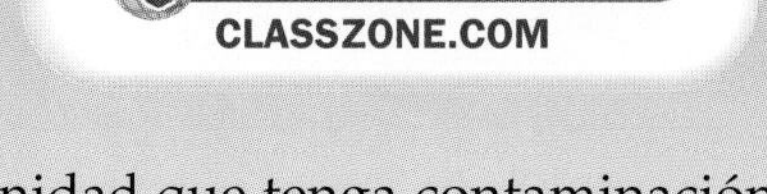

Preguntas personales

1. ¿Conoces algún lugar de tu comunidad que tenga contaminación? Explica.
2. ¿Quién de tus amigos(as) o familiares ayuda a mantener limpio el medio ambiente? ¿Qué hace?
3. ¿Qué materiales reciclan tú y tus amigos(as)?
4. ¿Qué pueden hacer tú y tus amigos(as) para limpiar el aire?

En vivo

VIDEO DVD AUDIO

 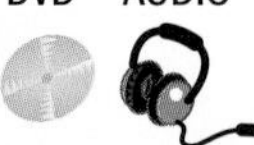

DIÁLOGO

Francisco

Fernando

Amalia

Cecilia

PARA ESCUCHAR • STRATEGY: LISTENING

Propose solutions A solution to a problem is a call for action. Listen for the key action word that best completes Francisco's ideas:

1. **Debemos _____ los recursos naturales.**
2. **Hablar no es suficiente. Hay que _____ también.**
3. **Si, por ejemplo, _____ ..., usaremos menos recursos.**
4. **Si todos _____ juntos, podemos cambiar muchas cosas.**

Do you participate in any of these actions? How? When?

¡Hay que actuar!

1► **Francisco:** Hoy en día, la protección del medio ambiente es un tema muy popular en los periódicos y las revistas. Debemos conservar los recursos naturales. Todos están a favor de reducir la contaminación.

5► **Francisco:** Los carros que manejamos queman gasolina, un combustible que produce contaminación. Si pudieras manejar menos, habría menos contaminación.

6► **Francisco:** ¡Fernando! ¿Cómo estás?
Fernando: Pura vida, ¿y vos?
Francisco: Bien, pero un poco triste. No quiero irme mañana. ¡Me encanta Costa Rica!

7► **Fernando:** Sí, es una pena. Pero sabés, si estudiás para ser periodista tal vez volvás un día. Bueno, ¿estás listo para ir a comer?
Francisco: Sí, un momento. Estoy terminando mi artículo.

Take-Home Tutor

2 ▶ **Francisco:** Hablar no es suficiente. Hay que actuar también. Muchas personas dirán: «No soy más que una persona. ¿Qué puedo hacer yo?» Pero hay mucho.

3 ▶ **Francisco:** ¡No lo echen todo al basurero! El reciclaje es fácil. Si, por ejemplo, reciclamos las latas de aluminio, las botellas de vidrio y plástico, y el papel y el cartón, usaremos menos recursos.

4 ▶ **Francisco:** Lo malo es que no son solamente las industrias las que son responsables por la contaminación. Cada ser humano comparte la responsabilidad.

8 ▶ *(Escribiendo su artículo)*
Francisco: Aunque la situación es difícil de resolver, si todos trabajamos juntos, podemos cambiar muchas cosas. ¿Por qué no participas tú también?

9 ▶ *(En el restaurante)*
Todos: ¡Buen viaje!
Amalia: Francisco, te deseamos todo lo mejor.
Cecilia: ¡Te vamos a visitar en Miami el año que viene! Vas a escribirnos, ¿verdad?

10 ▶ **Fernando:** Y yo te voy a mandar cartas por correo electrónico.
Francisco: Gracias a todos. No sé qué decir.
Amalia: No digás nada, hijo. Sentate, vamos a comer.

En acción

PARTE A Comprensión del diálogo

For Activities 1–2, refer to the dialog on pages 374–375.

Francisco

Fernando

Amalia

Cecilia

1 Las soluciones

Escuchar/*Escribir* Indica si las oraciones son **ciertas** o **falsas** según el diálogo. Si son falsas, explica por qué.

1. Hablar del medio ambiente es suficiente.
2. Una persona sola no puede hacer nada para proteger el medio ambiente.
3. Francisco escribe que el reciclaje es fácil.
4. Los carros queman gasolina, un combustible que produce contaminación.
5. Francisco está emocionado porque se va de Costa Rica mañana.
6. Fernando imagina que Francisco será un gran ecólogo algún día.
7. Francisco escribe que podemos cambiar muchas cosas si todos trabajamos juntos.
8. Fernando le va a escribir a Francisco por correo electrónico.

2 Corrígela

Escuchar/*Escribir* Cada oración sobre el diálogo tiene una palabra incorrecta. Corrígela con una de estas expresiones.

encanta · industrias · contaminación · fiesta · botella · medio ambiente · reciclaje · visitar · reciclar · químicos

1. Todos están a favor de reducir la **llovizna.**
2. El **aluminio** es fácil y ayuda a conservar nuestros recursos naturales.
3. Para conservar, podemos **echar** el vidrio, el cartón y el plástico.
4. Un problema muy grande es la contaminación causada por las **linternas.**
5. A Francisco le **molesta** Costa Rica.
6. Francisco terminó su artículo sobre el **basurero.**
7. Los amigos costarricenses le hicieron una **lata** a Francisco.
8. Cecilia y su familia van a **caminar** a Francisco en Miami el próximo año.

Costa Rica

También se dice

Si un costarricense dice «palo de mango» o «palo de limón», ¿de qué habla? Habla de un árbol. En Costa Rica las palabras **palo** y **árbol** quieren decir lo mismo.

PARTE B

Práctica del vocabulario

Objectives for Activities 3–5

• Comment on conservation and the environment • Talk about how you would solve problems

3 En la escuela

Hablar Lee los titulares de este periódico escolar. ¿Están ayudando a mejorar el medio ambiente? ¿Ocurren estas situaciones en tu escuela? Habla con un(a) compañero(a) de clase.

modelo

Varios estudiantes están empezando un programa de limpieza en su escuela

Sí, creo que están ayudando a mejorar el medio ambiente. No tenemos un programa de limpieza todavía.

1. Dos estudiantes tiran basura en la tierra
2. Una secretaria echa botellas de vidrio en el basurero
3. Los niños reutilizan el cartón para crear su proyecto
4. Todos los estudiantes van a la escuela en su propio carro
5. Hay un programa nuevo para reciclar el papel
6. El director de la escuela trata de mantener limpios los corredores y jardines de la escuela
7. Todos reciclan latas de aluminio
8. Para limpiar la escuela, a veces usan químicos que pueden contaminar

4 ¡Qué lío!

STRATEGY: SPEAKING

Identify problems and your commitment to solving them Clearly state the environmental problems you see. Then state how you can help solve them. Indicate your level of commitment with these expressions: **Voy a…, Debo…, Es posible que…, Dudo…, No puedo…** Remember, if we are not part of the solution, we are part of the problem.

Hablar/*Escribir* ¿Qué cree la chica de la foto? ¿Estás de acuerdo? ¿Puedes sugerir soluciones?

No soy más que una persona. No puedo hacer nada.

Práctica: gramática y vocabulario

Objectives for Activities 6–16
- Comment on conservation and the environment
- Talk about how you would solve problems

5 ¿Cómo será?

Hablar/*Escribir* Tu mejor amigo(a) te dice cómo será su novio(a) ideal. ¿Qué dice?

modelo

ser (alto/a, bajo/a, ¿?)
Será muy alto/a.
(No será muy alto/a.)

1. tener (¿cuántos?) años
2. ser de (aquí, otro estado o país, ¿?)
3. saber (esquiar, tocar la guitarra, ¿?)
4. poder (manejar, hablar español, ¿?)
5. querer ir (al cine, a los restaurantes, ¿?) mucho
6. hacer cosas divertidas como (bailar, escalar montañas, ¿?)
7. ser (cómico/a, guapo/a, ¿?)
8. decir (la verdad, chistes, ¿?)
9. salir conmigo (los sábados, todos los fines de semana, ¿?)
10. practicar (baloncesto, muchos deportes, ¿?)

GRAMÁTICA Choose Between por and para

¿RECUERDAS? *pp. 336, 360* You now know that to say *for* in Spanish, you can use the prepositions **por** or **para.** Remember that each word has specific uses.

You use **por** to indicate **causes** rather than purpose. Use **por** to indicate
- the cause of or reason for an action
- a means of transportation or communication
- places to move through
- periods of time

Think of **para** as **moving you toward** the word, or destination, that follows. You use **para** to indicate
- purposes to fulfill
- goals to reach
- places to move toward
- deadlines to meet
- the recipient of an action or object

Referring to the guidelines above, compare the uses of **por** and **para** in the following sentences:

Por	Para
Fui a Costa Rica por **curiosidad.** *I went to Costa Rica **out of curiosity.***	Fui a Costa Rica para **investigar la conservación.** *I went to Costa Rica **to research conservation.***
Voy a Miami por **avión.** *I am going to Miami **by plane.***	Muchas personas están trabajando para **proteger el medio ambiente.** *Many people are working **to protect the environment.***
Salimos por **Nueva York** mañana. *We leave **by way of New York** tomorrow.*	Salimos para **Nueva York** mañana. *We are leaving **for New York** tomorrow.*
Francisco está en Costa Rica por **una semana.** *Francisco is in Costa Rica **for a week.***	Tengo que terminar el artículo para **el viernes.** *I have to finish the article **by (for) Friday.***

Practice:
Actividades 6 7 8

Más práctica
cuaderno pp. 133–134

Para hispanohablantes
cuaderno pp. 131–132

6 ¿Por o para?

Escribir Cecilia describe su viaje de camping. Completa sus oraciones con **por** o **para.**

modelo

Fuimos al campamento (dos días).

Fuimos al campamento por dos días.

1. Trajimos leña (el fuego).
2. Caminé (la selva).
3. Tocamos la guitarra y cantamos (dos horas).
4. Pusieron la tienda de campaña (la tarde).
5. Llegamos al campamento (tren).
6. El sábado salimos (el volcán).
7. Un amigo trajo su canoa (remar).
8. Regresamos al campamento a las cuatro (la lluvia).
9. Traje una guía (identificar los pájaros).
10. Guardamos las latas (reciclar).

7 Una carta

Leer/*Escribir* Francisco escribió todos los días sobre sus experiencias en Costa Rica. Completa su descripción con **por** o **para** para saber cómo pasó su último día en el país.

Sin título

Times 10

0 1 2 3

14·de·julio¶

¿Cómo·estoy·aquí·en·Costa·Rica?·¡Pura·vida!·Escribo·esto·
___1___·la·mañana·y·ya·caminé·en·un·aguacero.·Me·encanta·el·
tiempo·aquí.·Estoy·terminando·mi·artículo·___2___·la·revista.·
Tengo·que·terminarlo·___3___·el·viernes.·Aquí·la·gente·está·
trabajando·___4___·la·conservación.·___5___·eso,·mi·artículo·
trata·de·la·preservación·del·medio·ambiente.·Es·___6___·todas·
las·personas·que·quieran·ayudar.¶

Ayer·fui·de·compras·y·tengo·regalos·___7___·todos.·También·
buscaba·un·recuerdo·___8___·mí·y·compré·una·caja·de·madera·
___9___·un·buen·precio.·Mañana·salimos·___10___·el·aeropuerto.·
Me·pondré·triste·al·despedirme·de·Costa·Rica·y·de·mis·nuevos·
amigos·pero·siempre·tendré·estos·preciosos·recuerdos.·¶

Nota cultural

Los campamentos Un modo de ver la riqueza única de la belleza natural costarricense es ir a un campamento. Gracias al sistema de ecoturismo, todo se encuentra dentro de los parques nacionales donde se puede acampar.

8 ¿Qué foto? 

Hablar/*Escribir* Con un(a) compañero(a) describe las fotos de Costa Rica. Usa estas expresiones con **por** y **para** en tu conversación.

modelo

Compra gasolina por la tarde.

para el 30 de julio
por escribir
para cartón
por tierra mojada
para Francisco
por eso
para reciclar
por la mañana
para escribir

1.

2.

3.

4.

GRAMÁTICA The Conditional Tense

To talk about what you *should, could,* or *would do,* use the **conditional tense.**

Like the future tense, the **conditional tense** is formed by adding **endings** to the **infinitive** or the **irregular stem**.

infinitive +

-ía	-íamos
-ías	-íais
-ía	-ían

estudiar

estudiaría	**estudiaríamos**
estudiarías	**estudiaríais**
estudiaría	**estudiarían**

The **endings** are the same for **-ar, -er,** and **-ir** verbs.

Verbs that have irregular stems in the future have the same **irregular stems** in the **conditional.**

decir	→	**dir-**
haber	→	**habr-**
hacer	→	**har-**
poder	→	**podr-**
poner	→	**pondr-**
querer	→	**querr-**
saber	→	**sabr-**
salir	→	**saldr-**
tener	→	**tendr-**
valer	→	**valdr-**
venir	→	**vendr-**

In the **conditional** you can talk about what would happen under certain conditions and make polite requests.

¿Te **gustaría** proteger el medio ambiente?
Would you like *to protect the environment?*

Te **pondrías** en contacto con tus representantes políticos.
You would get *in touch with your political representatives.*

To be more polite, you could say:

Deberías ponerte en contacto con tus representantes políticos.
You should *get in touch with your political representatives.*

Practice:
Actividades
9 10 11 12 13

Más práctica
cuaderno pp. 135–136
Para hispanohablantes
cuaderno pp. 133–134

Online Workbook
CLASSZONE.COM

9 ¿Qué piensas?

Leer/*Escribir* Imagina las siguientes situaciones en tu ciudad. ¿Qué harías tú? ¿Qué harían tus amigos(as)?

1. Ves a un(a) amigo(a) echando basura en la calle. ¿Qué harías tú?
   - **a.** Le diría algo a mi amigo(a).
   - **b.** Pondría la basura en el basurero.
   - **c.** No haría nada.
2. Una industria contamina un río con químicos tóxicos. ¿Qué harían tus amigos(as)?
   - **a.** Le escribirían una carta al periódico.
   - **b.** Llamarían a los representantes políticos.
   - **c.** Protestarían enfrente de la industria.
3. Hay contaminación del aire en tu ciudad. ¿Qué harían tú y tus amigos?
   - **a.** No saldría solo(a) en mi carro.
   - **b.** Usaríamos transporte público.
   - **c.** Andaríamos más a pie o en bicicleta.

10 ¿Sería buena idea?

Hablar/*Escribir* Completa las siguientes oraciones sobre el medio ambiente. Luego habla con un(a) compañero(a). ¿Están de acuerdo?

modelo

(Ser) inútil reciclar cartón.

Tú: *(No) sería inútil reciclar cartón.*

Compañero(a): *Sí, (No, no) estoy de acuerdo. (No) sería inútil reciclarlo.*

1. Preservar la selva (proteger) las especies en peligro.
2. El reciclaje (reducir) la cantidad de basura.
3. Los nuevos programas de limpieza (contaminar) los ríos.
4. Reducir la pobreza (ayudar) a proteger los recursos naturales.
5. Quemar más combustibles (resolver) los problemas con la capa de ozono.
6. El planeta (ser) mejor sin la destrucción del medio ambiente de los animales.
7. No (ser) útil separar plástico y vidrio de la basura.
8. Reducir el uso de combustibles (ayudar) a resolver el problema del smog.

Vocabulario

El medio ambiente

la capa de ozono *ozone layer*
la destrucción *destruction*
increíble *incredible*
inútil *useless*
el planeta *planet*
la pobreza *poverty*
el problema *problem*
proteger las especies *to protect the species*
los recursos naturales *natural resources*
reducir *to reduce*
resolver (o→ue) *to resolve*
separar *to separate*
el smog *smog*
útil *useful*

¿Qué dices del reciclaje?

11 Si yo fuera profesor(a)...

Hablar/*Escribir* ¿Qué pasaría si tú fueras *(were)* profesor(a) de la clase de español? Haz oraciones afirmativas o negativas.

modelo

los estudiantes / poder comer en clase

Los estudiantes podrían comer en clase. (Los estudiantes no podrían comer en clase.)

1. todos los estudiantes / sacar buenas notas
2. nosotros / hacer comidas en clase frecuentemente
3. el día escolar / ser más corto
4. tú / tener que hablar con el (la) director(a)
5. yo / querer darles mucha tarea
6. los estudiantes / poder salir temprano los viernes
7. haber / menos exámenes
8. la clase / saber hablar español
9. yo / venir a la escuela todos los días
10. ¿?

12 ¿Qué harías en Costa Rica?

Hablar/*Escribir* Si pudieras ir a Costa Rica, ¿qué harías? Usa los dibujos para darte ideas y habla con un grupo de compañeros(as).

modelo

Si estuviera en la playa, caminaría a la orilla del mar con mis amigos(as).

Nota: Gramática

To say what would happen under certain circumstances, use the conditional with a **si** clause:

Si estuviera en Costa Rica, **visitaría** todos los parques nacionales.
If I were *in Costa Rica,* ***I would visit*** *all the national parks.*

Si Francisco **fuera** político, **ayudaría** a proteger el medio ambiente.
If *Francisco* ***were*** *a politician,* ***he would help*** *protect the environment.*

Si pudieras manejar menos, **habría** menos contaminación del aire.
If you could *drive less,* ***there would be*** *less air pollution.*

1. 

2. 

3. 

4. 

5. 

6. 

More Practice: **Más comunicación** *p. R16*

13 El noticiero

Escuchar Escucha estas partes de un noticiero. ¿Qué opción escogerías?

1. **a.** Empezaría un programa de limpieza.
   b. Reduciría el smog.
2. **a.** Reduciría los químicos que echamos al aire.
   b. Protegería las especies en peligro.
3. **a.** Limpiaría el agua que sale de las industrias.
   b. Desarrollaría un programa de reciclaje.
4. **a.** Crearía un programa para proteger las selvas.
   b. Buscaría soluciones para la contaminación del aire.
5. **a.** Le sugeriría que todos podrían empezar en sus casas.
   b. Le diría que las industrias causan mucha contaminación.

Juego

Te gusta esquiar y hablar español y vives en el norte de Estados Unidos. ¿Adónde irías en agosto para practicar las dos actividades?

a. Belice
b. Cuba
c. Chile
d. China

14 ¡A todos nos toca!

Leer/*Escribir* Lee este póster e indica si las oraciones son **ciertas** o **falsas.** Luego haz un póster para tu causa favorita.

A todos nos toca...
Nuestro país es precioso. Pero nuestros recursos naturales no son infinitos. El desarrollo de la economía puede tener efectos graves para el medio ambiente. Necesitamos los dos. ¿Qué puedes hacer tú para proteger el medio ambiente?
fría
Recicla aluminio, vidrio, plástico y cartón.
Ofrécete de voluntario para plantar árboles y revitalizar las selvas en peligro.
Contribuye con dinero para los programas de limpieza.
Habla con los representantes políticos cuando veas abusos cometidos por las industrias.
Cada ser humano puede ser parte de la solución.
A todos nos toca...

1. Es necesario balancear el desarrollo de la economía y la protección de los recursos naturales.
2. Las industrias tienen toda la responsabilidad.
3. Es importante estar en contra de los programas de reciclaje.
4. Cada ser humano debe cooperar.
5. Lo malo es que reciclamos aluminio, vidrio, plástico y cartón.

Vocabulario

Para hablar del medio ambiente

A todos nos toca... *It's up to all of us...*
los efectos *effects*
Lo malo es que... *The trouble is that...*
el ser humano *human being*
la situación *situation*

¿Cuáles de estas expresiones puedes encontrar en el póster?

15 Si estuviera...

Hablar/*Escribir* ¿Qué harían tú y otras personas en las siguientes situaciones? Con un(a) compañero(a), haz oraciones originales. Escribe cinco de tus favoritas.

modelo

Si estuviera enfermo(a), yo no iría a la escuela.

Si estuviera	en Costa Rica enfermo(a) celebrando mi cumpleaños escribiendo un libro comprando un disco compacto de vacaciones	yo mi amigo (*nombre*) usted mi madre mi padre mi hermano(a)	¿?

Nota cultural

La economía El turismo en Costa Rica contribuye a una economía que es básicamente agrícola. El país produce café, plátanos, caña de azúcar, arroz, frijoles y papas. El café y los plátanos son los dos productos de exportación más importantes.

16 Proyectos de limpieza

Escuchar Escucha a unas personas que están hablando de proyectos de limpieza. Pon las fotos en orden según las descripciones.

a.

b.

c.

d.

Todo en acción

Activities 17–18 bring together all concepts presented.

17 Si yo fuera presidente(a)...

Hablar En un grupo de cinco a ocho compañeros(as), completen la frase «**Si yo fuera presidente(a)...**» Cada persona tiene que decir lo que haría y repetir lo que dicen las otras personas.

modelo

Tú: *Si yo fuera presidente(a), no habría pobreza.*

Compañero(a) 1: *Si yo fuera presidente(a), no habría pobreza y la universidad no costaría nada.*

Compañero(a) 2: *Si yo fuera presidente(a), no habría pobreza, la universidad no costaría nada y todos los niños tendrían…*

18 Si yo pudiera...

Hablar/*Escribir* En grupos, contesten estas preguntas. Luego escoge la opción que más te gustaría y escribe un párrafo explicando tu respuesta.

1. Si pudieras gastar dos millones de dólares, ¿qué comprarías?
2. Si pudieras conocer a una persona nueva, ¿quién sería?
3. Si pudieras ir a tu universidad favorita, ¿adónde irías?
4. Si pudieras viajar a otro período de la historia, ¿a qué año viajarías?
5. Si pudieras vivir en otro lugar, ¿dónde vivirías?
6. Si pudieras cambiar una cosa en tu vida, ¿qué cambiarías?

More Practice: **Más comunicación** *p. R16*

Refrán

El mundo es un pañuelo.

Imagínate que viajas a Costa Rica en el verano y durante una visita al Volcán Poás, te encuentras con tu profesor(a) de español. ¡Qué casualidad! ¿Ya entiendes por qué se dice que el mundo es un pañuelo? ¿Qué característica tienen en común un pañuelo y el mundo?

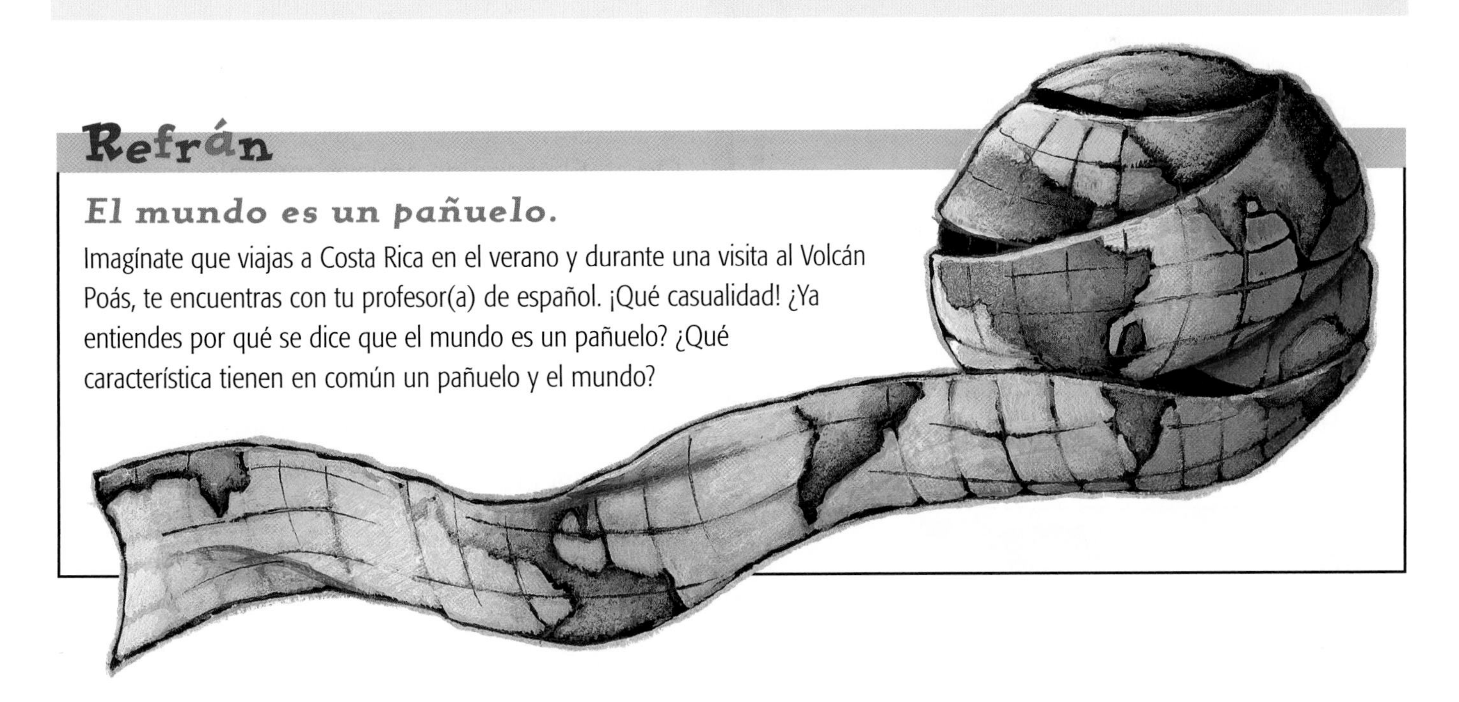

La cascada de la novia

PARA LEER

STRATEGY: READING

Recognize characteristics of legends If you picked up "The Legend of Sleepy Hollow," what would you anticipate about the story? Do you think it takes place in the present or in the past? Is it based on written records or oral storytelling? Is it scientific or romantic? Is it happy or tragic? Which of these characteristics do you find in **«La cascada de la novia»**?

After reading this legend, try out your storytelling skills.

Costa Rica

Nota cultural

Las leyendas forman parte de la tradición oral de un pueblo. A veces explican el origen de las cosas naturales, como los ríos, los volcanes, las plantas y los animales. Esta leyenda costarricense explica el origen de «la cascada (*waterfall*) de la novia» que se encuentra cerca del pueblo de Paraíso, a unas veinte millas de San José.

A pocos minutos de Paraíso se encuentra una cascada de seiscientos pies de altura que se llama «la cascada de la novia». Se cuenta que la cascada recibió ese nombre a principios del siglo XX, cuando según la leyenda, se hizo un paseo a ese lugar.

Para celebrar una boda, una popular pareja de novios organizó un paseo al Valle de Orosí. El grupo de amigos muy alegres salió de Cartago en caballo.

Por fin llegaron al maravilloso Valle de Orosí, un lugar de belleza espectacular. Hubo bailes, risas, algunos versos, sonrisas cariñosas, mucha alegría y algunos brindis[1]. El novio brindó por la novia, por su sonrisa, por su vestido elegante con su velo bordado a mano[2], por sus ojos grandes y su belleza singular.

---

[1] toasts [2] handmade veil

Como todo, lo bueno termina. El grupo tuvo que regresar. Todos montaron sus caballos y comenzaron la caminata de regreso a sus casas.

Al pasar cerca de la cascada, de repente el caballo de la novia, por una razón ya olvidada[3], se asustó de tal manera que se lanzó al abismo[4]. Se llevó con él a la novia buena de los grandes ojos.

Los detalles de la historia ya se han olvidado[5]. Solamente se acuerda la gente de cómo subió el velo blanco bordado a mano de la novia hermosa. Dicen que apareció como una cascada de agua —«la cascada de la novia».

[3] already forgotten
[4] hurled himself into the abyss
[5] have been forgotten

Online Workbook
CLASSZONE.COM

¿Comprendiste?

1. ¿Cuándo se originó la leyenda de «La cascada de la novia»?
2. ¿Por qué viajaron los novios y sus amigos al Valle de Orosí?
3. ¿Cómo viajaron?
4. Al llegar al valle, ¿qué hicieron?
5. ¿Qué le pasó a la novia?

¿Qué piensas?

1. ¿Cómo recibió su nombre «la cascada de la novia»?
2. La tragedia parece aún más fuerte porque la escena anterior es muy alegre. Explica.

CULTURA Y COMPARACIONES

PARA CONOCERNOS

STRATEGY: CONNECTING CULTURES

Prioritize Individual action is good; effective group action is better. Getting groups involved depends on what the local issues are. Rank in order of importance what you consider to be your local environmental issues, beginning with the most urgent: **agua, aire, animales, basura, energía, recursos naturales, tierra, otros.**

El medio ambiente: problemas locales

1. ______________________________
2. ______________________________
3. ______________________________

What organizations would be best to work on each of these issues? What connections can these groups make to one like **la Cumbre** (*summit*) **de la Ecología Centroamericana**?

Nombre:
Raúl Valdéz
Nacionalidad:
costarricense
Edad: 16 años

La Cumbre de la Ecología Centroamericana

CUMBRE ECOLÓGICA CENTROAMERICANA: SE REÚNEN JÓVENES EN SAN JOSÉ

Manuel Ocampo, San José

En el auditorio principal de la Universidad de Costa Rica se reúnen algunos jóvenes centroamericanos para la Cumbre de la Ecología Centroamericana. Los participantes, estudiantes de la escuela secundaria, representan varios países centroamericanos —Costa Rica, Panamá, Nicaragua, Honduras, Guatemala y El Salvador. Los representantes de los seis países comenzaron la primera de tres reuniones ayer, hablando sobre el medio ambiente y la contaminación.

Estudiante Raúl Valdéz, el representante costarricense, habló sobre los ecosistemas de su país y la importancia de proteger nuestros bosques tropicales.

Francisca Peralta, la representante guatemalteca, habló de la necesidad de proteger ciertas especies de animales. Peralta explicó que el Centro de Estudios Conservacionistas de Guatemala está estableciendo áreas especiales para proteger animales silvestres, como el quetzal, el ave que es el emblema nacional de su país y da nombre a su moneda.

Hoy los estudiantes de El Salvador y Honduras van a hablar sobre el petróleo, los combustibles y los recursos naturales. Se terminará la cumbre mañana con un discurso[1] del representante de Panamá sobre el agua y otro discurso de un estudiante de Nicaragua sobre el reciclaje. Los representantes esperan firmar[2] una declaración de recomendaciones a los jóvenes centroamericanos para la protección del medio ambiente. El público está invitado a la sesión final de la cumbre.

[1] speech [2] to sign

Los jóvenes hablan de la necesidad de proteger el medio ambiente.

¿Comprendiste?

1. ¿Quiénes participan en la Cumbre de la Ecología Centroamericana?
2. ¿Dónde tiene lugar la cumbre?
3. ¿Qué temas presentaron durante la primera sesión?
4. ¿De dónde son los representantes que pronuncian un discurso hoy?
5. ¿Cómo se terminará la cumbre?

¿Qué piensas?

1. En tu opinión, ¿cuáles son los temas más importantes de la cumbre?
2. ¿Crees que debe haber cumbres ecológicas de este tipo en Estados Unidos? ¿Por qué?

Hazlo tú

Con un grupo de compañeros(as), escríbeles una declaración de recomendaciones a los jóvenes centroamericanos (o a los jóvenes de tu región) para la protección del medio ambiente.

En uso

REPASO Y MÁS COMUNICACIÓN

OBJECTIVES

- Comment on conservation and the environment
- Talk about how you would solve problems

Now you can...

- comment on conservation and the environment.

To review

- the conditional tense, see p. 380.

1 En el mundo ideal

Francisco le describe su mundo ideal a Cecilia. Cambia los verbos al condicional.

¿Cómo __es__ (1) mi mundo ideal? En primer lugar, los seres humanos __ayudan__ (2) a proteger el medio ambiente. Por ejemplo, nadie __echa__ (3) basura fuera de los basureros. Y no __hay__ (4) mucha basura porque __podemos__ (5) reciclar casi todos nuestros productos. Las industrias tampoco __contaminan__ (6) nuestro planeta. En fin, nosotros __vivimos__ (7) en un mundo bonito y limpio. ¡Y yo no __tengo__ (8) que escribir artículos sobre la conservación porque todos __trabajamos__ (9) juntos para preservar la Tierra!

Tú __estás__ (10) contenta viviendo en mi mundo ideal, ¿no?

Now you can...

- talk about how you would solve problems.

To review

- **por** or **para,** see p. 378.

2 ¡A resolver los problemas!

Todos buscan maneras de resolver los problemas de su comunidad. ¿Qué opinas tú de estas ideas? Usa **por** y **para.**

modelo

urgente / encontrar soluciones / todos los problemas
Es urgente encontrar soluciones para todos los problemas.
(No es urgente encontrar soluciones para todos los problemas.)

1. lógico / escribirles a los representantes políticos / correo electrónico
2. necesario / resolver los problemas / el año 2050
3. ridículo / mandar muchas cartas / correo
4. útil / preparar información / las personas de la comunidad
5. esencial / expresar nuestras opiniones / cambiar la situación
6. inútil / trabajar / un futuro mejor

Now you can...

- comment on conservation and the environment.
- talk about how you would solve problems.

To review

- the conditional tense, see p. 380.

3 ¡Qué problemas!

Francisco está hablando con un grupo de jóvenes sobre los problemas ecológicos. ¿Cómo resolverían los problemas? ¿Estás de acuerdo con sus soluciones?

modelo

Lucía: caminar más

Tú: *Lucía caminaría más.*

Compañero(a): *Estoy de acuerdo. (No estoy de acuerdo.)*

1. los otros estudiantes: no hacer nada
2. tú: crear nuevos programas de limpieza
3. nosotros: trabajar juntos para reducir la contaminación
4. yo: escribir artículos sobre la conservación
5. Cecilia: buscar maneras de proteger las especies
6. mi familia y yo: reciclar muchos productos
7. ustedes: hablar con sus representantes políticos
8. ellos: no decirle nada a nadie

Now you can...

- comment on conservation and the environment.
- talk about how you would solve problems.

To review

- **por** or **para,** see p. 378.

4 Un mundo mejor

Francisco explica sus soluciones para los problemas ecológicos. ¿Qué dice? Completa el párrafo con **por** o **para.**

__1__ proteger el medio ambiente, hay que actuar. Todos podemos hacer algo __2__ conservar nuestros recursos, como participar en programas de reciclaje y limpieza. También podemos hablar __3__ teléfono con nuestros representantes políticos o mandarles cartas __4__ correo electrónico __5__ expresar nuestras opiniones. Ellos pueden trabajar __6__ reducir la contaminación causada __7__ las industrias. Todos los seres humanos somos responsables de los problemas ecológicos de nuestro planeta. __8__ eso, tenemos que trabajar juntos __9__ muchos años __10__ resolver estos problemas. Así podremos crear un mundo mejor __11__ nuestros hijos y nietos.

5 Si pudieras...

STRATEGY: SPEAKING

Hypothesize about the future Our goals reflect who we are and who we want to become. Get to know each other better by conjecturing about what you would do in the future (**¿qué harías?**) under certain conditions (**si pudieras / estuvieras / fueras...**).

Quieres conocer mejor a tu amigo(a). Hazle cinco preguntas sobre lo que haría o no haría en el futuro y por qué.

modelo

Tú: *Si tú pudieras viajar por todo el mundo, ¿lo harías?*

Amigo(a): *Sí, lo haría porque así podría conocer muchos países interesantes y no tendría que trabajar en una oficina. Me gustaría conocer...*

viajar por todo el mundo
Ser Presidente
Ser profesor(a) de español
Vivir en otro país
Escalar montañas altas
Conocer a una persona famosa
Escribir artículos para una revista

6 Si yo fuera...

Tú y tus amigos(as) quieren resolver los problemas ecológicos del mundo. ¿Qué harían en estas situaciones?

Si yo fuera periodista
presidente(a)
maestro(a) de ciencias
guía en un parque nacional

modelo

Tú: *Si yo fuera periodista, escribiría muchos artículos sobre la conservación.*

Estudiante 1: *Es buena idea. Los artículos ayudarían a describir los problemas y explicar las soluciones.*

Estudiante 2: *Estoy de acuerdo, pero lo malo es que muchas personas no los leerían. Sería mejor producir programas de televisión.*

7 En tu propia voz

ESCRITURA ¿Cómo sería tu mundo ideal? Descríbelo en un mínimo de seis oraciones.

modelo

En mi mundo ideal, no habría...

CONEXIONES

Los estudios sociales ¿Has visto anuncios en la televisión que apoyan el reciclaje? Los tienen en los países hispanos también. Haz tu propio anuncio de 30 segundos para apoyar el medio ambiente. Presenta tu anuncio enfrente de la clase y haz un eslogan para tu campaña (*campaign*).

En resumen

REPASO DE VOCABULARIO

COMMENT ON CONSERVATION/THE ENVIRONMENT

Recycling and Conservation

el aluminio	*aluminum*
el basurero	*trash can*
la botella	*bottle*
el cartón	*cardboard, cardboard box*
el combustible	*fuel*
la lata	*can*
el químico	*chemical*
el vidrio	*glass*

Talk About the Environment

A todos nos toca…	*It's up to all of us…*
la capa de ozono	*ozone layer*
la contaminación	*pollution*
contaminar	*to pollute*
la destrucción	*destruction*
echar	*to throw out*
los efectos	*effects*
increíble	*incredible*
inútil	*useless*
mantener limpio(a)	*to keep clean*
el planeta	*planet*
la pobreza	*poverty*
el problema	*problem*
proteger las especies	*to protect the species*
¡Qué lío!	*What a mess!*
el reciclaje	*recycling*
reciclar	*to recycle*
los recursos naturales	*natural resources*
reducir	*to reduce*
separar	*to separate*
el ser humano	*human being*
el smog	*smog*
útil	*useful*

TALK ABOUT HOW YOU WOULD SOLVE PROBLEMS

Lo malo es que…	*The trouble is that…*
resolver (o→ue)	*to resolve*
Si estuviera…	*If I/you/he/she were…*
Si fuera…	*If I/you/he/she were…*
Si pudieras…	*If you could…*
la situación	*situation*

Juego

Si reciclaras una lata de aluminio, podrías ahorrar suficiente electricidad para que tu televisor pudiera funcionar por ______.

a. 5 minutos
b. 30 minutos
c. 1 hora
d. 3 horas

UNIDAD

5

En tu propia voz

ESCRITURA

Cuentos y más cuentos

Your local library is compiling book reviews for a catalog to be used by Spanish-speaking members of the community. Review a book or short story that you have read for inclusion in the teen section of the catalog.

Function: Review a book/short story
Context: Giving opinions to community
Content: Opinion of book or story
Text type: Review

¿Qué te gusta leer?

Cuéntanos en español lo que te gusta leer. A ver si a los demás también les gusta.

Buscamos reseñas de varios párrafos.

Tu biblioteca local, tel. 981-2647

PARA ESCRIBIR • STRATEGY: WRITING

Present a thorough and balanced review An informative review helps readers decide if material will be useful to them. Be sure to **summarize** the text and then **discuss** its **positive** and **negative** attributes.

Modelo del estudiante

1

«La cascada de la novia»

The author states the **title** and tells the **main point** of the story.

«La cascada de la novia», una leyenda costarricense, explica el origen de la cascada de la novia, que queda cerca del pueblo de Paraíso, en el Valle de Orosí. Según la leyenda, para celebrar su boda, unos novios fueron de paseo al valle con sus amigos. Allá se divirtieron en una fiesta fenomenal. Pero cuando salieron, la novia sufrió una tragedia en el lugar donde ahora está la cascada.

A **summary** gives readers quick access to information, without using too many details or giving away the ending.

The writer gives a **personal perspective** on what was **enjoyable** about the story.

Me gustó leer esta leyenda. Cuando leí la descripción de la fiesta, me imaginé que estaba allí. Podía ver a la gente bailando y al novio admirando a la novia. Además, la explicación de la cascada es muy bonita.

2

The writer **balances** the review by reporting what was **bothersome.**

Pero me molestó que muchos detalles «se han olvidado». Me gustaría saber más sobre la historia de la cascada. ¿Qué causó la tragedia? ¿Cómo reaccionaron el novio y sus amigos? Para mí, la historia no está completa sin estos detalles.

Si lees esta leyenda, aprenderás un poco más sobre la naturaleza y las tradiciones de Costa Rica. Entenderás que una leyenda puede ser un cuento bonito. Desafortunadamente, también sabrás que las leyendas a veces no están completas.

In the **conclusion,** the writer explains what the reader will gain from reading the story, reviewing the positive and the negative.

Estrategias para escribir

Antes de escribir...

Prepare to write your review by brainstorming the purpose of the story, its main events (¿?), the positive aspects (+), and the negative aspects (–). Be sure to write down the title and author. Before you begin to write, record your ideas on a chart like this one.

¿?	+	–
• hubo una boda	• hay un elemento dramático	• el novio es demasiado romántico
• los novios y los amigos fueron al Valle de Orosí		
•		

Revisiones

Share your draft with a partner. Then ask:

- *How did you feel about the story?*
- *Would you like to read the story based on what I've written?*
- *What additional information would help you form a definite opinion about the story?*

You may want to make revisions based on your partner's responses to these questions.

La versión final

Before you write the final draft, carefully mark errors in grammar, spelling, usage, and punctuation, using the proofreading symbols (p. 99). Look over your work with the following questions in mind:

- *Did I use **por** and **para** correctly?*

Try this: Underline each use of **por** and **para.** Refer to the grammar boxes to make sure the words are used appropriately.

- *Is the future tense used appropriately?*

Try this: Circle your uses of the future tense. Use irregular forms when necessary.

La cascada de la novia
Esta leyenda de Costa Rica explica cómo nació la cascada de la novia, que está cerca del pueblo de Paraíso. Hace muchos años, unos novios y sus amigos fueron al Valle de Orosí ~~por~~ para celebrar su boda. Todos participaron en una fiesta fantástica.

Si lees esta leyenda, tenerás una experiencia positiva. Les gustarán los elementos dramáticos

UNIDAD

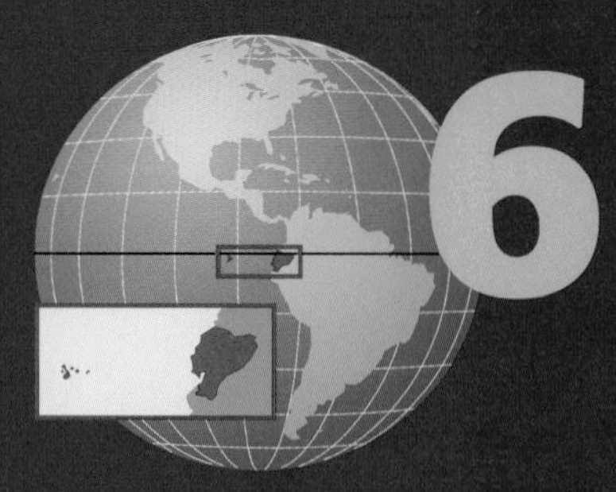

QUITO ECUADOR

EL MUNDO DEL TRABAJO

STANDARDS

Communication

- Discussing jobs and professions
- Describing people, places, and things
- Completing an application
- Preparing for a job interview
- Evaluating situations and people
- Talking on the phone
- Reporting on past, present, and future events

Cultures

- The professions in Spanish
- Music from the Andes region
- The indigenous population in Ecuador

Connections

- Geography: Researching countries located on the equator
- Literature: Reading poetry in Spanish
- Music: Learning about music from the Andes region

Comparisons

- Job searches in Ecuador and the U.S.
- Job interviews in Spanish and English

Communities

- Using Spanish in a job interview and in the workplace
- Using Spanish for personal enjoyment in sports activities

ANDAR EN BICICLETA DE MONTAÑA está de moda en Ecuador. Los ciclistas siguen los antiguos caminos que cruzan las montañas. ¿Sería fácil o difícil andar en bicicleta por los Andes? ¿Por qué?

INTERNET Preview
CLASSZONE.COM

- More About Ecuador
- Webquest
- Self-Check Quizzes
- Flashcards
- Writing Center
- Online Workbook
- eEdition Plus Online

ALMANAQUE CULTURAL

POBLACIÓN: 1.610.800

ALTURA: 2.700 metros (8.775 pies)

CLIMA: 21°C (70°F) de día; 12°C (54°F) de noche

MONEDA: el dólar

COMIDA TÍPICA: cebiche, lechón hornado, choclo (maíz) con queso, helado de paila, empanadas de verde (plátano) o morocho (maíz blanco)

GENTE FAMOSA DE ECUADOR: Jorge Carrera Andrade (poeta), Camilo Egas (pintor), Gilda Holst (escritora), Jefferson Pérez (campeón olímpico)

¿VAS A QUITO? A 15 millas de Quito puedes poner un pie en el hemisferio norte y el otro en el hemisferio sur. Por allí pasa la línea ecuatorial que atraviesa todo el país y le da su nombre, Ecuador.

More About Ecuador
CLASSZONE.COM

LA MÚSICA ANDINA Conjuntos como Ñanda Mañachi y Siembra promueven la cultura indígena con sus melodías. Su música es popular a nivel internacional. ¿Qué crees que significa «música andina»?

LA TOQUILLA Este sombrero recibió su nombre por su uso durante la construcción del canal de Panamá. La verdad es que los sombreros se hacen a mano en el sur de Ecuador. ¿Sabes el nombre famoso de este sombrero?

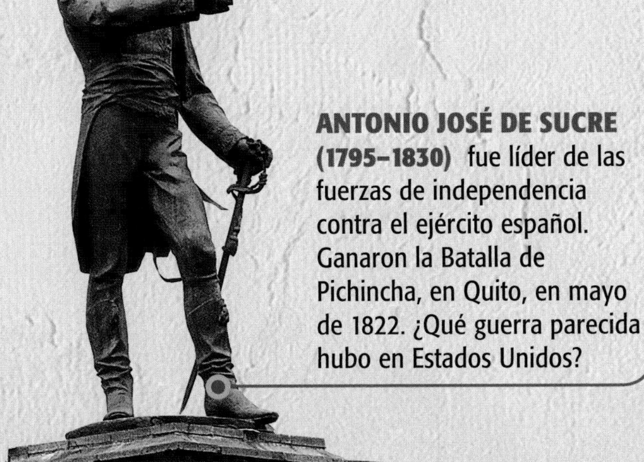

ANTONIO JOSÉ DE SUCRE (1795–1830) fue líder de las fuerzas de independencia contra el ejército español. Ganaron la Batalla de Pichincha, en Quito, en mayo de 1822. ¿Qué guerra parecida hubo en Estados Unidos?

LLAPINGACHOS Este plato es típico de una región de los Andes que se llama la Sierra. Son papas cocidas (*cooked*) con queso y cebolla. Se fríen en aceite. ¿Qué platillos con papas comes tú?

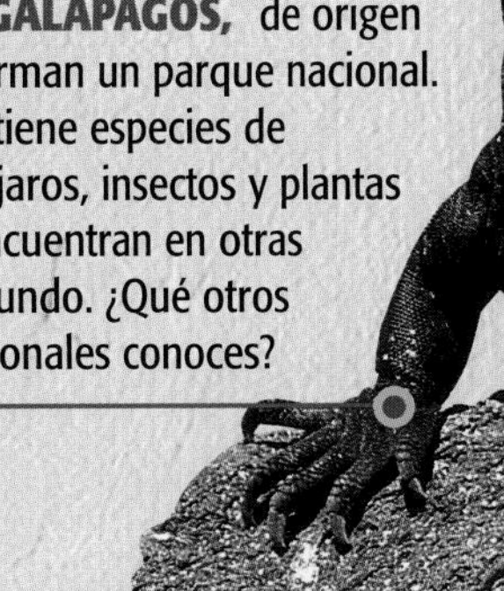

LAS ISLAS GALÁPAGOS, de origen volcánico, forman un parque nacional. Este parque tiene especies de animales, pájaros, insectos y plantas que no se encuentran en otras partes del mundo. ¿Qué otros parques nacionales conoces?

AL
MARISCAL SUCRE
EL
ECUADOR

UNIDAD

EL MUNDO DEL TRABAJO

- Comunicación
- Culturas
- Conexiones
- Comparaciones
- **Comunidades**

Comunidades

Puedes hablar español para divertirte y también lo puedes usar para encontrar un buen puesto. En muchas comunidades de Estados Unidos es necesario hablar español para ciertos trabajos. Vas a aprender a solicitar empleo en español. ¡Qué útil!

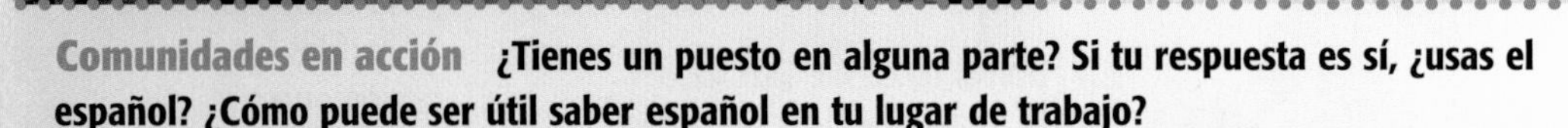

Comunidades en acción **¿Tienes un puesto en alguna parte? Si tu respuesta es sí, ¿usas el español? ¿Cómo puede ser útil saber español en tu lugar de trabajo?**

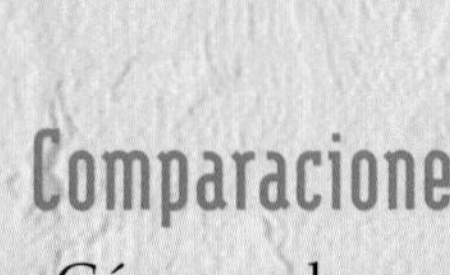

Comparaciones

¿Cómo se busca empleo en Ecuador? Vas a descubrir las semejanzas y las diferencias entre buscar empleo en tu comunidad y en Ecuador. ¡Qué interesante!

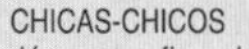

CHICAS-CHICOS
Estudiantes jóvenes, fin de semana, recreadores fiestas infantiles. Entrevistas: Amazonas 5532 y Tomás de Berlanga. Lunes 3 p.m.

INSTRUCTORES
pesas, aeróbicos requiere prestigioso gimnasio, 537040, 351593

CANTANTES
mujer y hombre necesito, grupo música mexicana. 548802, 573590

JÓVENES
Empresa de comida rápida requiere jóvenes con motocicleta propia, para trabajar en servicio a domicilio. Ofrecemos: gasolina, seguro personal, atractivo sueldo, etc.

MECÁNICO
Automotriz necesito urgente con experiencia en electricidad y mecánica general. Telf.473402

CHOFER PRIMERA
Dispuesto trabajar doce horas diarias, edad máxima 30 años, experiencia vehículos. Ulloa 1167 Mariana de Jesús.

PROFESORES
El Centro Educativo Isaac Newton necesita contratar el siguiente personal:
a) profesor(a) de inglés
b) profesor(a) de grado para primaria
Interesados enviar currículum a dirección: Centro Educativo Experimental Isaac Newton, Calle de los Guayable N50-120 y de Los Alamos, El Inca.

PASTELERÍA
Requiere personal responsable. Para mostrador. teléfono: 402663.

AGENTE VENDEDOR
con vehículo, distribución productos panadería, teléfonos: 648770, 603951.

VENDEDORES
se necesita contratar los mejores vendedores con experiencia y deseos de superación, excelente remuneración, presentarse con su carpeta al Iñaquito UNP, edificio UNP, oficina 301.

CONTADOR
medio tiempo con experiencia, empresa grande casilla 17079742

Explore communities in Ecuador through guided Web activities.

Comunicación

En esta unidad vas a hablar de varios trabajos y vas a practicar cómo solicitar empleo en español. También vas a hablar por teléfono. Ya puedes hablar del pasado, del presente y del futuro. ¡Qué magnífico!

Conexiones

Cuando estudias español, tienes la oportunidad de estudiar la geografía de los países hispanohablantes. Acabas de aprender cómo recibió Ecuador su nombre. ¿Cómo se relaciona el clima del país con su ubicación en el globo terrestre? ¿Qué piensas?

Guayaquil es el centro comercial de Ecuador.

Culturas

En esta unidad vas a ver algunas contribuciones importantes de la población indígena en Ecuador. Hay instrumentos musicales especiales, festivales bonitos y mucho más que vas a conocer. ¡Qué chévere!

Fíjate

Cada una de las siguientes oraciones corresponde a una o más de las categorías de arriba. Escoge la categoría que mejor le corresponda a cada oración.

1. Es divertido hablar con un(a) compañero(a) sobre profesiones que les interesan.
2. El español te puede servir en el mundo de trabajo.
3. En Ecuador hay muchos festivales.
4. Muchas personas en Estados Unidos comen papas fritas, y muchas personas en Ecuador comen otro tipo de papas, llapingachos.
5. Los animales que viven en las islas Galápagos son fascinantes.

UNIDAD 6

Se busca trabajo

OBJECTIVES

- Discuss jobs and professions
- Describe people, places, and things
- Complete an application

¿Qué ves?

Mira la foto. ¿Qué ves?

1. ¿Conoces a algunas personas de la foto? ¿Cómo se llaman?
2. ¿Dónde crees que están estas personas?
3. ¿Qué sección del periódico están leyendo?

En contexto

VIDEO DVD AUDIO

VOCABULARIO

Regresar | Adelantar | Inicio | Recargar | Imágene

Dirección: http://www.empleo.com

¿Novedades? | ¿Interesante? | Búsqueda

Aquí Isabel busca información sobre unos trabajos en Internet.

¡Hola! Estoy buscando información por Internet sobre varios **empleos.** Como puedes ver, hay muchas maneras de **ganarse la vida.** Me interesa **una carrera** como periodista. ¿Hay **una profesión** aquí que a ti te interese?

ENCONTRAR UNA PROFESIÓN

ENTREGAR TUS DATOS

SOLICITAR UN PUESTO

A AGRICULTOR

¿Quieres trabajar al aire libre cuidando las plantas y los animales? Tal vez quieras ser **agricultor** o **agricultora.**

E CARTERA

¿Te gustaría darles las cartas a las personas? Quizás quieras ser **cartero** o **cartera.**

F DEPORTISTA

¿Te gusta el fútbol? ¿Qué tal una carrera como **deportista**?

J NIÑERA

Si te gusta jugar con los niños, ¿qué tal **un puesto** como **niñero** o **niñera**?

K PELUQUERO

Para ser **peluquero** o **peluquera,** tienes que saber cortar el pelo. ¿Estás tú **capacitado(a)** para este trabajo?

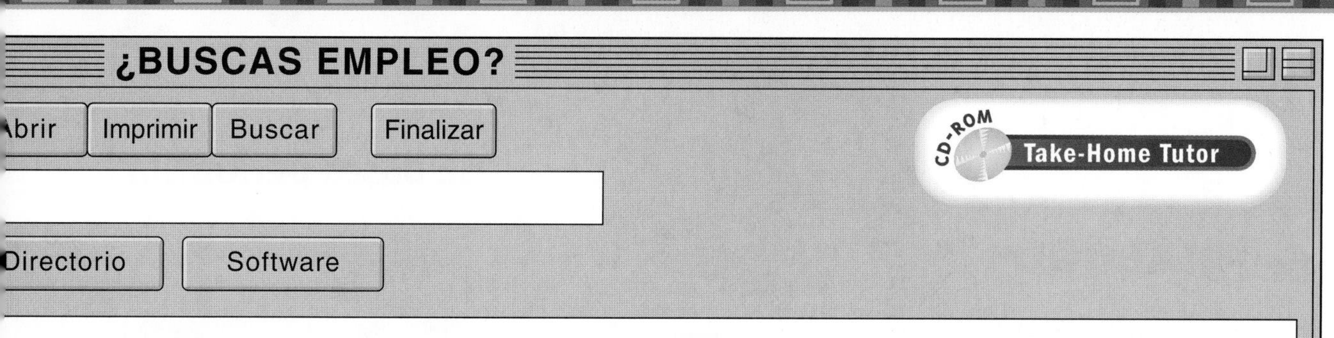

¿Te gusta diseñar edificios? Podrías ser **arquitecto** o **arquitecta.**

Una persona que asiste a clases de baile y practica mucho puede ser **bailarín** o **bailarina.**

¿Te interesa apagar fuegos y rescatar gatos? Podrías ser **bombero.**

¿Te interesan el gobierno y la justicia? Tal vez quieras ser **juez** o **jueza.**

¿Sabes reparar carros? Podrías tener una carrera como **mecánico** o **mecánica.**

¿Sabes tocar un instrumento musical? Es posible que vayas a ser **músico** o **música.**

Si te gusta cuidar a los animales, quizás quieras ser **veterinario** o **veterinaria.**

Preguntas personales

1. ¿Conoces a alguien que tenga una de estas profesiones? ¿Cuáles?
2. En tu opinión, ¿qué trabajo es más difícil, el de un(a) juez(a) o el de un(a) deportista? ¿Por qué?
3. ¿Preferirías trabajar o ir a la escuela? ¿Por qué?
4. De las profesiones que están en esta página de Internet, ¿cuáles te interesan más? ¿Menos? Explica.
5. ¿Sabes qué quieres hacer después de graduarte de la escuela secundaria? ¿Qué es?

VIDEO DVD AUDIO

En vivo

DIÁLOGO

Isabel

Pablo

Recepcionista

Señor Montero

PARA ESCUCHAR • **STRATEGY: LISTENING**

Evaluate a plan Isabel has a goal: to have an interview **(tener una entrevista).** Listen and identify the three main steps of her plan:

1. Leer _____
2. Presentarse para _____
3. Preparar o escribir _____

Name any important steps that have been omitted. What do you consider her chances for success?

Se busca periodista

1► **Isabel:** No estoy capacitada para estos trabajos. Aquí necesitan un arquitecto o una arquitecta, y aquí necesitan un veterinario o una veterinaria. ¡No puedo solicitar esos trabajos!

5► **Pablo:** Los voy a llamar y les explico que estamos preparando un artículo sobre cómo se solicita un trabajo. Estoy seguro que nos ayudarán.
Isabel: Gracias, Pablo.

6► **Isabel:** ¡Quieren muchos datos personales! ¿Qué importancia tiene mi estado civil?
Recepcionista: ¿Señorita Palacios? Acaba de llamar el señor Montero. Va a llegar un poco tarde.
Isabel: Está bien. No hay ningún problema.

7► **Señor Montero:** ¿Así que usted trabaja con *Onda Internacional*?
Isabel: Sí, estoy trabajando como pasante. Me encanta. Estamos preparando un artículo sobre cómo se solicita un trabajo.

CD-ROM Take-Home Tutor

2 ▶ **Pablo:** ¡Ajá! Encontré algo. Ésta es una profesión en la que trabajas con la gente, el horario de trabajo es cómodo…

Isabel: ¿Sí? Léemelo.

3 ▶ **Pablo:** «Buscamos mecánico de carros.»

Isabel: ¡Pablo! Ay, nunca vamos a encontrar nada.

Pablo: Espérate. Este puesto está perfecto.

Isabel: No te lo creo. ¿Qué es? ¿Cartero?

4 ▶ **Pablo:** No, escucha. «Buscamos periodista para trabajar en una revista de viajes. Preferimos experiencia en otra revista o periódico. Infórmese al 452–890.»

Isabel: ¿En serio? ¡Es un trabajo ideal!

8 ▶ **Señor Montero:** Me parece una excelente idea. Muchas veces, la gente llega a una entrevista sin saber qué hacer.

Isabel: ¿Me puede explicar un poco más?

9 ▶ **Señor Montero:** Sí, cómo no. Por ejemplo, ésta es su solicitud. Por lo que veo, está bien escrita. Explicó claramente la experiencia que tiene. Sabe, es una lástima que usted no esté solicitando de verdad el trabajo. Sería una buena candidata.

10 ▶ **Señor Montero:** ¿Me puede contar un poco de usted? ¿Cómo se interesó en el periodismo? ¿De qué le gusta escribir?

Isabel: Sí, claro. Supe del concurso en *Onda Internacional* y decidí escribir un artículo…

En acción

PARTE A

Comprensión del diálogo

For Activities 1–2, refer to the dialog on pages 404–405.

Isabel

Pablo

Recepcionista

Señor Montero

1 En orden

Escuchar/*Escribir* Pon las fotos en orden según el diálogo. Luego escribe una oración que describa lo que pasa en cada foto.

a.

b.

c.

d.

2 ¿Cómo lo sabes?

Escuchar/*Escribir* Todas estas oraciones son ciertas. Escribe una línea del diálogo que confirme cada una.

1. Isabel va a escribir un artículo sobre personas que quieren trabajar.
2. Pablo encontró un puesto que sería bueno para el artículo.
3. La solicitud requiere mucha información.
4. Hay muchas personas que no saben buscar trabajo.
5. Isabel está capacitada para el puesto.

También se dice

Isabel y el señor Montero hablan del **artículo** que escribe Isabel para *Onda Internacional.* Otras palabras para describir la comunicación periodística son **reportaje, informe, editorial** y **crónica.** Como sus equivalentes en inglés, estos términos se usan también para referirse a la televisión y el ciberespacio.

PARTE B

Práctica del vocabulario

Objectives for Activities 3–5

• Discuss jobs and professions • Describe people, places, and things

3 ¿Qué profesión?

Leer/*Escribir* Pablo lee las descripciones de varias profesiones. ¿Cuál es la profesión que corresponde a cada descripción?

arquitecto(a)
cartero(a)
deportista
músico(a)
niñero(a)
veterinario(a)
agricultor(a)
bombero
mecánico(a)
peluquero(a)

1. Tiene cartas y paquetes.
2. Lava y corta el pelo.
3. Diseña edificios y dibuja planos.
4. Cuida a los niños cuando los padres están trabajando.
5. Trabaja con animales enfermos.
6. Busca y controla fuegos peligrosos.
7. Toca un instrumento musical en la orquesta.
8. Cuida las plantas y los animales.
9. Juega al fútbol en el estadio.
10. Repara carros.

4 ¿Qué quieres ser?

Hablar ¿Qué quieres ser? Habla con un(a) compañero(a) sobre estas profesiones.

modelo

Tú: *¿Quieres ser músico(a)?*

Compañero(a): *Sí, me gustaría tocar la guitarra en una banda. ¿Y tú?*

Tú: *No, no quiero ser músico(a).*

1.

2.

3.

4.

5.

6.

PARTE C Práctica: gramática y vocabulario

Objectives for Activities 6–16
- Discuss jobs and professions • Describe people, places, and things
- Complete an application

5 Una cápsula del tiempo

Hablar/*Escribir* ¿Qué pondrías en una cápsula del tiempo? Habla con un grupo de compañeros(as) de lo que pondrías y por qué. Luego hagan una presentación para la clase.

modelo

Pondríamos esta revista de moda en la cápsula porque mostraría la ropa que llevábamos...

Cápsula del tiempo

Objeto	¿Por qué?
1. revista de moda	mostrar la ropa del año
2.	
3.	

Nota cultural

Quito, fundada en 1534 sobre una ciudad inca, es un centro artístico y cultural de Ecuador, con tradiciones importantes de pintura, escultura y otras artes. La ciudad se conoce por sus edificios coloniales y sus numerosos museos.

REPASO The Present and Present Progressive Tenses

¿RECUERDAS? *p. 17* To talk about things you do, use the **present tense.** Remember how to conjugate regular **-ar, -er,** and **-ir** verbs in the **present tense?**

estudiar		comer		vivir	
estudio	estudiamos	como	comemos	vivo	vivimos
estudias	estudiáis	comes	coméis	vives	vivís
estudia	estudian	come	comen	vive	viven

¿RECUERDAS? *p. 135* To describe an action that is actually going on at the time of the sentence, you use the **present progressive** tense. To form the **present progressive,** use:

the **present tense of estar** + **-ando**, **-iendo**/**-yendo** forms

becomes

estudiar	**estudiando**
comer	**comiendo**
vivir	**viviendo**

Los voy a llamar y les explico que **estamos preparando** un artículo sobre cómo se solicita un trabajo.

*I'm going to call them and explain to them that **we are preparing** an article on how to apply for a job.*

Practice:
Actividades
6 7 8 9

Más práctica
cuaderno p. 141
Para hispanohablantes
cuaderno p. 139

Online Workbook
CLASSZONE.COM

6 Las profesiones

Leer/*Escribir* Unas personas hablaron con Isabel sobre sus profesiones. Completa sus oraciones con la forma correcta de los siguientes verbos. ¡Ojo! Algunos verbos no son regulares.

ser hacer viajar deber saber ir escuchar jugar querer

1. Me encanta ser periodista porque _____ por todas partes.
2. Los maestros _____ todo lo posible por ayudar a sus estudiantes.
3. Tú _____ que es muy divertido ser niñera… ¡y mucho trabajo!
4. Nosotros, los bomberos, _____ adonde haya emergencias.
5. En su profesión como juez, usted _____ escuchar bien.
6. Como deportistas, nosotros _____ en partidos frecuentemente.
7. Mi esposo y yo _____ doctores y _____ ayudar a los enfermos.
8. Soy música y _____ las diferencias del ritmo en una canción.

7 Las carreras

Hablar/*Escribir* Todos hablan de su trabajo hoy. Completa las oraciones para saber cuáles son sus profesiones y qué están haciendo ahora. Sigue el modelo.

modelo

La (dueña / operadora) ayudar / a los clientes con problemas de teléfono

La operadora está ayudando a los clientes con problemas de teléfono.

1. La (técnica / secretaria) tomar / radiografías
2. Eres (ingeniero / voluntario) y por eso, no ganar / dinero hoy
3. El (taxista / contador) llevar / cuentas de un negocio
4. Somos (obreros / jefes) y hacer / trabajo manual
5. Aquí los (abogados / hombres de negocios) trabajar / en las cortes
6. Soy (gerente / asistente) y abrir / una tienda nueva
7. La (artesana / secretaria) crear / arte para vender
8. Los (operadores / dueños) leer / el contrato

Vocabulario

Más empleos

- **el (la) abogado(a)** *lawyer*
- **el (la) artesano(a)** *artisan*
- **el (la) asistente** *assistant*
- **el (la) contador(a)** *accountant*
- **el (la) dueño(a)** *owner*
- **el (la) gerente** *manager*
- **el (la) hombre (mujer) de negocios** *businessman/businesswoman*
- **el (la) ingeniero(a)** *engineer*
- **el (la) jefe(a)** *boss*
- **el (la) obrero(a)** *worker*
- **el (la) operador(a)** *operator*
- **el (la) secretario(a)** *secretary*
- **el (la) taxista** *taxi driver*
- **el (la) técnico(a)** *technician*
- **el (la) voluntario(a)** *volunteer*

¿Qué te gustaría ser?

8 El proyecto

Escuchar/*Escribir* Para su proyecto, Isabel les hace preguntas a varias personas. Escribe una oración que describa lo que hace cada persona según lo que escuchas.

1. el taxista
2. el artesano
3. la voluntaria
4. el secretario
5. la ingeniera

Nota cultural

La ocarina es un instrumento musical de cerámica hecho a mano. Se toca como la flauta, soplando y tapando los huecos (*holes*). De origen precolombino, todavía se usan estos instrumentos en la música folklórica de Sudamérica.

9 ¿Qué hacen ustedes?

Hablar/*Escribir* Habla con un grupo de compañeros(as) de lo que haces en estas situaciones. Usa las fotos para darte ideas.

por la tarde

modelo

Por la tarde, juego al fútbol con el equipo de mi escuela. Corro y practico todos los días.

1. por la mañana

2. durante el día

3. durante el almuerzo

4. después de las clases

5. con mi familia

6. en mi casa

More Practice: **Más comunicación** *p. R17*

GRAMÁTICA The Impersonal se

¿RECUERDAS? *p. 114* You already know that a reflexive pronoun is used with a **verb** when only the **subject** is involved in the action of the verb.

Yo me **escondo.**
I hide *(myself).*

Tú te **escondes.**
You hide *(yourself).*

Carlos se **esconde.**
Carlos hides *(himself).*

You can use the same se when the **subject** does not refer to any specific person. It's called the **impersonal se.**

Aquí **se habla** español.
*Spanish **is spoken** here.*

This phrase means someone speaks Spanish. It doesn't specify who speaks it.

Señor Montero might say:

—Aquí es donde **se escriben** los datos.
*Here's where **one writes down** the information.*

Señor Montero points out where in the application certain information is to be written.

Since the noun is plural, the **verb** is also plural.

Practice: **Actividades** 10 11 12 13 | **Más práctica** *cuaderno p. 142* | **Para hispanohablantes** *cuaderno p. 140*

10 En Ecuador

Hablar/*Escribir* Pablo le explica a Isabel lo que se hace en los siguientes lugares de Ecuador. ¿Qué dice? Escribe oraciones afirmativas o negativas según el mapa.

modelo

en Cuenca (hacer zapatos)

No se hacen zapatos en Cuenca.

1. en los Andes (escalar montañas)
2. en las islas Galápagos (ver tortugas)
3. en el centro de Quito (cultivar plátanos)
4. en Guayaquil (escalar montañas)
5. en el Oriente (ver plantas silvestres)

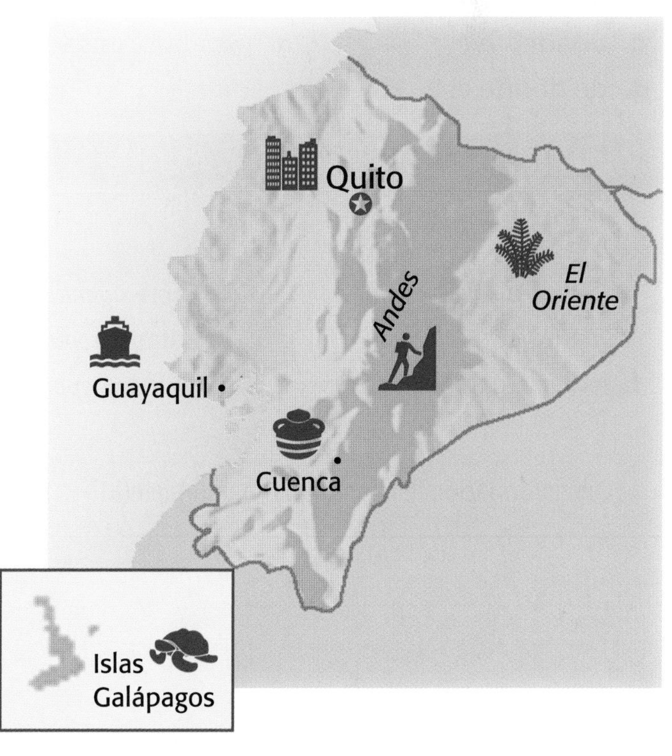

11 Datos personales

Hablar/*Escribir* Una empresa les pide a todos los empleados nuevos que completen esta tarjeta. ¿Dónde se escribe la información?

1. Nombre y apellido ____________________
2. Dirección ____________________
3. Número de teléfono ____________________
4. Ciudadanía ____________________
5. Fecha de nacimiento ____________________
6. Fecha de la solicitud original ____________________
7. Otros datos pertinentes ____________________
8. Firma ____________________

modelo

dónde recibe llamadas telefónicas

Se escribe el número de teléfono en la línea tres.

- **a.** cómo se llama
- **b.** el día en que nació
- **c.** dónde vive
- **d.** de dónde es
- **e.** el nombre, en letra cursiva
- **f.** cuándo solicitó el puesto
- **g.** otra información importante

Vocabulario

La solicitud

la ciudadanía *citizenship*
los datos *facts, information*
la fecha de nacimiento *date of birth*
la firma *signature*
solicitar *to request, to apply for*
la solicitud *application*

¿Qué información le importa más a un(a) jefe(a)?

12 Se busca trabajo

Hablar/*Escribir* Con un(a) compañero(a), pongan en orden los pasos que se siguen para buscar trabajo. Exprésenlos usando expresiones con **se.**

- **a.** buscar puestos en el periódico
- **b.** escribir su firma
- **c.** llenar una solicitud sin errores
- **d.** escribir los datos personales
- **e.** con buena suerte, aceptar el puesto
- **f.** hacer una entrevista
- **g.** escoger el tipo de empleo
- **h.** pedir una solicitud

13 La entrevista

Escuchar/*Escribir* Juan Manuel acaba de graduarse de la universidad y está solicitando empleo. Escucha la entrevista. Luego escribe sobre la entrevista en tus propias palabras.

GRAMÁTICA Past Participles Used as Adjectives

Some adjectives may be formed from verbs. The form you use is the **past participle**. Compare these **infinitives** with their form in the descriptions:

cerrar (*to close*) — La oficina está **cerrada**. *The office is **closed**.*

aburrir (*to bore*) — Los empleados están **aburridos**. *The employees are **bored**.*

When describing a noun using a past participle,

1. first form the **past participle** by dropping the **ending** from the **infinitive** and adding the appropriate **ending**:

   for -ar verbs:

   hablar ← **-ado** **hablado**

   for -er and -ir verbs:

   comer or **vivir** ← **-ido** **comido, vivido**

2. Then change the **past participle** to agree in **number** and **gender** with the noun being described the same as you would an adjective.

Isabel says:

—No estoy **capacitada** para estos trabajos.
*I am not **qualified** for these jobs.*

Many verbs have irregular **past participles**. Some are

infinitive	past participle	infinitive	past participle
abrir	**abierto**	morir	**muerto**
decir	**dicho**	poner	**puesto**
descubrir	**descubierto**	resolver	**resuelto**
escribir	**escrito**	romper	**roto**
hacer	**hecho**	ver	**visto**
ir	**ido**	volver	**vuelto**

Practice: Actividades 14 15 16

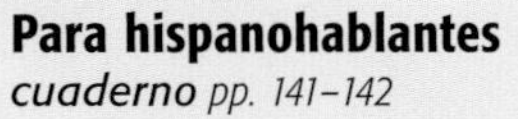

Más práctica *cuaderno pp. 143–144*
Para hispanohablantes *cuaderno pp. 141–142*

14 ¿Cómo están?

Leer/*Escribir* Pablo habla de su familia y amigos con Isabel. Completa las frases según el modelo.

modelo

Mi hija tiene un examen mañana y estudia mucho. Creo que… (preparar)

Creo que está preparada.

1. Isabel, ¡terminaste el artículo sobre cómo se busca un trabajo! Veo que… (cansar)
2. Nuestros amigos miran un partido de fútbol. Creo que… (aburrir)
3. Mi sobrina jugó todo el día en el parque. Mírala… (dormir)
4. Mis primos ven una película de aventuras en el cine. Estoy seguro de que… (interesar)
5. Mi amiga Ana tiene un novio. Es evidente que… (enamorar)
6. Mi esposa tomó el sol todo el día. ¿Ves que…? (quemar)
7. Mi tío no conoce Quito. Creo que… (perder)
8. Mis padres no sabían las noticias. Pienso que… (sorprender)

15 Me imagino que...

Hablar/*Escribir* Es sábado e Isabel imagina lo que pasa en su casa. Mira el dibujo y completa sus descripciones.

dormir aburrir sentar barrer
vestir cerrar ocupar apagar

modelo

La ventana está _____.

La ventana está cerrada.

1. El televisor está _____.
2. Mis padres están _____ pagando las cuentas.
3. Mi hermana está _____ en el sillón leyendo una buena novela y no está _____.
4. Mi hermano está _____ en el sofá y está _____ con pantalones cortos.
5. El piso está _____.

16 Unas preguntas 

Hablar/*Escribir* Completa las siguientes preguntas con el participio pasado. Luego házselas a un(a) compañero(a) de clase.

modelo

¿La puerta está (cerrar)?

Tú: *¿La puerta está cerrada?*

Compañero(a): *No, no está cerrada. (No, está abierta.)*

1. ¿Quién está (sentar) cerca de la puerta?
2. ¿Quiénes están (vestir) con jeans?
3. ¿La cafetería está (abrir) para los estudiantes ahora?
4. ¿Tienes un(a) hermano(a) (casar)?
5. ¿Estás (ocupar) después de las clases?
6. ¿Qué ropa llevas (poner)?
7. ¿Hay algo (escribir) en el pizarrón?
8. ¿Está (hacer) la comida?
9. ¿Estás (cansar) hoy?
10. ¿Los estudiantes están (preparar) para un examen?

PARTE D

Todo en acción

Activities 17–18 bring together all concepts presented.

17 La solicitud

Escribir Vas a solicitar un trabajo para este verano en un país de habla hispana. Escribe la información que se pide en esta solicitud.

Solicitud para empleo

Información personal

Nombre: ______________________
(apellido) (nombre)

Dirección: ______________________
(calle y número) (ciudad, estado, código postal)

Teléfono: ______________________

Edad (menor de 18): ______________________

Horas disponibles (número total de horas): ______________

Horas cada día

	dom	lun	mar	miér	jue	vier	sáb
de a							

Educación

Colegio ______________________

Promedio de notas ________ Último año completado ________

Experiencia Trabajos más recientes (pagados o voluntarios)

____

Referencias ______________________

____

Actividades ______________________

18 Una entrevista

STRATEGY: SPEAKING

Participate in an interview A job interview is important for providing valuable information about the job and the applicant. Both interviewer and interviewee share equal responsibilities to

- maintain a cordial atmosphere.
- ask for and give information about the job—duties, responsibilities, benefits, expectations.
- ask for and give information about the applicant—education, experience, qualifications.

At the end of the interview both participants should make it clear what the next step is.

Hablar Ya llenaste la solicitud. Es la hora de la entrevista. Una persona será el (la) jefe(a) y la otra será la persona que busca trabajo. Luego cambien de papel. ¡Ojo! Debes usar la forma de **usted** en la entrevista.

Incluye:

- Una introducción (saludo, información sobre el puesto)
- Preguntas sobre la solicitud
- Preguntas sobre el trabajo
- Preguntas sobre los planes para el futuro

More Practice:

Más comunicación *p. R17*

Refrán

Lo que no se empieza, no se acaba.

Cuando tienes un montón de trabajo, ¿siempre lo haces en seguida o buscas razones para evitarlo? Según el refrán, ¿cuál es el mejor consejo que puedes darle a la mujer del dibujo? En grupos pequeños, hagan una lista de cuatro proyectos que sean fáciles de completar y cuatro que sean difíciles. Luego comparen su lista con la de otro grupo.

VIDEO DVD AUDIO

En voces

LECTURA

PARA LEER • STRATEGY: READING

Use context to find meaning Find the words in the reading that fit these meanings:

a. **persona que acompaña a visitantes**
b. **el círculo máximo de la Tierra que separa el norte del sur**
c. **tranquilo o domesticado**
d. **sitio donde nadie vive**
e. **poner el pie sobre algo**
f. **el pie y la pierna de los animales**
g. **un animal del sexo masculino**

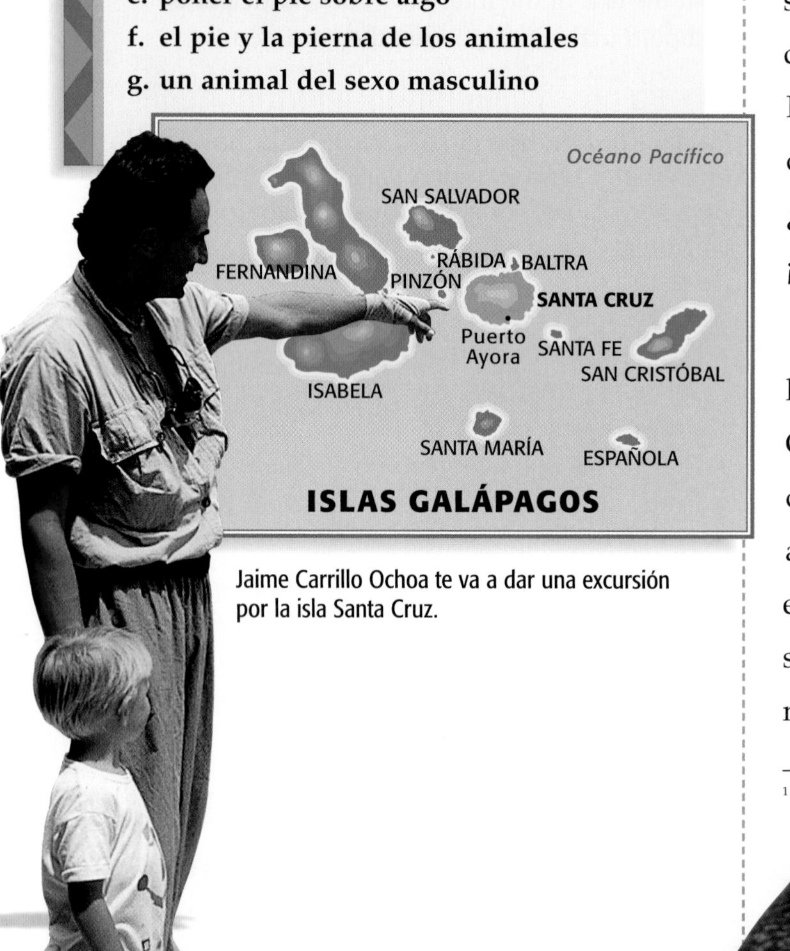

Jaime Carrillo Ochoa te va a dar una excursión por la isla Santa Cruz.

Bienvenidos a la isla Santa Cruz

¡Buenos días! Me llamo Jaime Carrillo Ochoa y soy de Guayaquil, una ciudad en la costa del sur de Ecuador. Me gusta estudiar los animales silvestres. Trabajo de guía aquí en las Galápagos, donde hay muchos animales interesantes. Hoy voy a llevar a un grupo de turistas de excursión por la isla Santa Cruz. ¿Te gustaría acompañarnos? ¡Vámonos!

Santa Cruz es una de las islas más grandes de las Galápagos. Está muy lejos de Ecuador, a unas 600 millas al oeste del país en la línea ecuatorial. Los animales son mansos[1]; no tienen miedo porque

[1] tame

por muchos años estas islas estuvieron deshabitadas.

Comencemos, y por favor, tengan cuidado. Hay iguanas por todas partes y no debemos pisarlas[2].

En las Galápagos hay 58 tipos de aves. A la derecha pueden ver un ave que se llama el piquero patas azules. Como indica su nombre, estas aves tienen patas de color azul. Hay muchos pingüinos también. Ah, ¡miren! Hay un pingüino encima de esa piedra. A algunos turistas les gusta bucear con respiración[3] para mirar los pingüinos nadando debajo del agua. Los pingüinos no pueden volar pero pueden nadar rápidamente.

Otro animal famoso es el león marino. Pueden ver algunos allí en el agua. A los bebés les gusta jugar con los humanos, pero cuidado, ¡los machos no son tan simpáticos!

Ahora vamos a ir a la reserva de tortugas en Santa Cruz. Van a ver la especie más conocida por los turistas: la tortuga gigante. Una de estas tortugas puede pesar 550 libras. Estos animales son vegetarianos. No comen carne. Su dieta parece ser saludable porque las tortugas gigantes viven aproximadamente 150 años. Los animales y las plantas de las Galápagos son diferentes de los del continente por la falta de contacto con otras especies. Muchas especies se encuentran solamente aquí. ¡Espero que disfruten de sus observaciones!

[2] to step on them [3] to snorkel

Online Workbook
CLASSZONE.COM

¿Comprendiste?

1. ¿Qué trabajo tiene Jaime Carrillo Ochoa?
2. ¿Dónde queda exactamente el lugar donde trabaja Jaime?
3. ¿Qué animales se ven en Santa Cruz?
4. ¿Cuál es el animal más conocido por los turistas?

¿Qué piensas?

1. ¿Crees que le gusta a Jaime trabajar en las Galápagos? ¿Por qué?
2. ¿Cómo se explican las diferencias entre los animales de las Galápagos y los del continente?

En uso

REPASO Y MÁS COMUNICACIÓN

OBJECTIVES

- Discuss jobs and professions
- Describe people, places, and things
- Complete an application

Now you can...

- discuss jobs and professions.

To review

- present and present progressive tenses, see p. 408.

1 ¡Es sábado!

Isabel habla con varias personas en el parque. ¿Cuáles son sus profesiones? ¿Qué están haciendo ahora?

artesano(a)
cartero(a)
deportista
voluntario(a)
músico(a)
taxista
periodista
niñero(a)

modelo

mi hermana: cuidar a muchos niños (descansar)

Mi hermana es niñera. Cuida a muchos niños. Ahora está descansando.

1. mis hijos: tener que llevar cartas a todas partes (escribir cartas)
2. ese señor: ir en carro a muchas partes de la ciudad (almorzar)
3. yo: escribir muchos artículos (hacer entrevistas en el parque)
4. tú: jugar al fútbol con el equipo nacional (pescar)
5. nosotras: hacer jarras de cerámica (comer unos tacos)
6. aquella señora: ayudar a muchas personas (comprar un helado)
7. mi hermano y yo: ir a muchos conciertos (tocar la guitarra)

Now you can...

- discuss jobs and professions.

To review...

- the impersonal **se**, see p. 411.

2 Buscando trabajo

Isabel y Pablo hablan de cómo se solicita trabajo. Completa sus ideas formando oraciones lógicas.

modelo

(usar) ropa informal en las entrevistas

No se usa ropa informal en las entrevistas.

1. (necesitar) experiencia para los puestos importantes
2. (llegar) tarde a la primera entrevista
3. (pedir) datos personales en la solicitud
4. (escribir) el nombre de los padres en la solicitud
5. (solicitar) puestos profesionales en el parque

Now you can...

- describe people, places, and things.

To review

- past participles used as adjectives, see p. 413.

3 ¡A buscar trabajo!

Isabel habla con un amigo por teléfono. Completa lo que dicen usando el verbo **estar** y el participio pasado de cada verbo.

modelo

Mi experiencia _____ (explicar) aquí.

Mi experiencia está explicada aquí.

Isabel: Armando, la oficina de empleos __1__ (abrir). ¡Vamos! Tú y yo __2__ (capacitar) para muchos de los empleos que se ofrecen. Yo __3__ (preparar): todos mis datos personales __4__ (escribir) en mi cuaderno. Armando... ¿me oyes? ¿ __5__ (dormir)?

Armando: Te oigo, Isabel, pero yo __6__ (cansar). No puedo acompañarte. Mis planes ya __7__ (hacer) para hoy. ¡Voy a descansar! Habla con mi hermana. Ella __8__ (aburrir).

Now you can...

- complete an application.

To review

- application vocabulary, see p. 412.

4 Una solicitud

Estás leyendo la solicitud de alguien que busca trabajo. Identifica los datos.

ciudadanía | educación | experiencia | fecha de nacimiento | firma | número de teléfono

modelo

450-7225

número de teléfono

1. Trabajé como cajero en un supermercado por dos años.
2. Estados Unidos
3. Me gradué del colegio en el año 2000.
4. Daniel Sánchez
5. 2 de febrero de 1983

5 ¡Alguien está dormido! 

STRATEGY: SPEAKING

Check comprehension If you want to see whether others are paying attention and understand what you are saying, make statements that are obviously true or false. *Obvious* means observing *who, what,* or *where.* (*When, why,* and *how* are less clear.) As you hear statements about people or things in the classroom, decide whether the observation is **cierta, falsa** or whether it depends on interpretation **(no es cierta).** For example, can you tell the difference between a person who is **aburrida** and one who is **cansada**?

Mira a las personas y los objetos de tu clase y escribe cinco descripciones, usando participios pasados. Tu compañero(a) tiene que decir si son **ciertas** o **falsas.**

escritas · cansado · sentados · capacitados · dormida · ocupadas · perdido · preparados · hecho · emocionado · aburrida · puesto · preocupada · abierta

modelo

Tú: *La puerta está abierta.*

Compañero(a): *Falso. La puerta está cerrada.*

6 ¿Quién es?

Describe lo que está haciendo alguna persona profesional. Tus compañeros(as) tienen que hacerte preguntas para identificar la profesión.

modelo

Tú: *Está buscando información en muchos libros.*

Estudiante 1: *¿Es profesor o profesora?*

Tú: *No. También está hablando por teléfono con sus clientes.*

Estudiante 2: *¿Es abogado o abogada?*

Tú: *¡Sí!*

7 En tu propia voz

ESCRITURA Describe tu trabajo ideal. Incluye la información que se pide abajo.

- qué quieres ser y por qué
- cómo se solicita este trabajo
- por qué tú estás capacitado(a) para el trabajo

modelo

Quiero ser… Para solicitar este trabajo, primero se lee el periódico…

CONEXIONES

La geografía En 1736, cerca de Quito, una expedición empezó a medir *(measure)* la línea ecuatorial. Mira un globo o mapa para saber qué países están en el ecuador. ¿Son estos países similares o diferentes? Haz una lista de los países e investígalos para comparar el terreno y el clima.

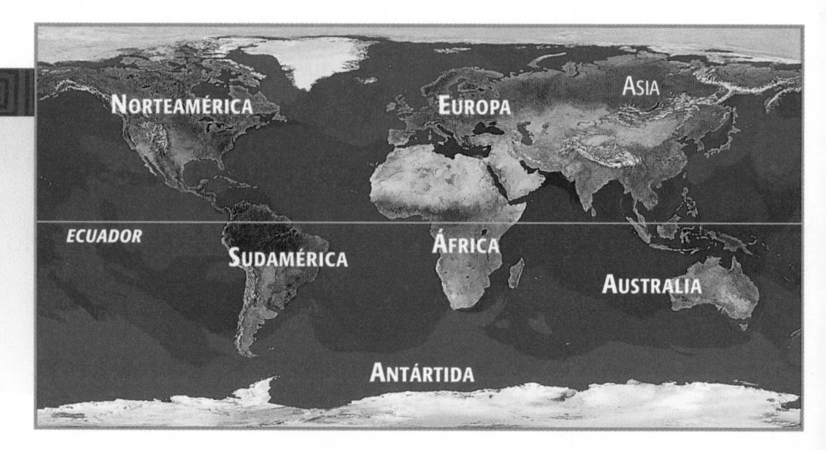

En resumen

REPASO DE VOCABULARIO

DISCUSS JOBS AND PROFESSIONS

Jobs and Professions

el (la) abogado(a)	*lawyer*
el (la) agricultor(a)	*farmer*
el (la) arquitecto(a)	*architect*
el (la) artesano(a)	*artisan*
el (la) asistente	*assistant*
el bailarín, la bailarina	*dancer*
el bombero	*firefighter*
el (la) cartero(a)	*mail carrier*
el (la) contador(a)	*accountant*
el (la) deportista	*athlete*
el (la) dueño(a)	*owner*
el (la) gerente	*manager*
el (la) hombre (mujer) de negocios	*businessman/businesswoman*
el (la) ingeniero(a)	*engineer*
el (la) jefe(a)	*boss*
el (la) juez(a)	*judge*
el (la) mecánico(a)	*mechanic*
el (la) músico(a)	*musician*
el (la) niñero(a)	*child-care provider*
el (la) obrero(a)	*worker*
el (la) operador(a)	*operator*
el (la) peluquero(a)	*barber, hairstylist*
el (la) secretario(a)	*secretary*
el (la) taxista	*taxi driver*
el (la) técnico(a)	*technician*
el (la) veterinario(a)	*veterinarian*
el (la) voluntario(a)	*volunteer*

Aspects of Professional Life

la carrera	*career*
el empleo	*employment, job*
ganarse la vida	*to earn a living*
la profesión	*profession*
el puesto	*position*

DESCRIBE PEOPLE, PLACES, AND THINGS

capacitado(a)	*qualified*

COMPLETE AN APPLICATION

la ciudadanía	*citizenship*
los datos	*facts, information*
la fecha de nacimiento	*date of birth*
la firma	*signature*
solicitar	*to request, to apply for*
la solicitud	*application*

Juego

Un policía y un cartero almuerzan en un restaurante. Uno pide el menú del día. El otro quiere comer a la carta. ¿Quién crees que come a la carta?

UNIDAD 6

La entrevista

OBJECTIVES

- Prepare for an interview
- Interview for a job
- Evaluate situations and people

¿Qué ves?

Mira la página. ¿Qué ves?

1. ¿Quiénes son las personas principales de la foto?
2. ¿Qué hacen estas personas?
3. ¿Dónde crees que están?
4. ¿Qué es *Viajamundo*?

Preparación para el diálogo

En contexto

VIDEO DVD AUDIO

VOCABULARIO

Isabel busca trabajo en una revista.

Aquí estoy en la oficina de la revista *Viajamundo.* Tengo mi **currículum** conmigo porque busco trabajo.

A

Acabo de conocer al señor Montero, **el entrevistador.** Durante **la entrevista** él me hará preguntas sobre mis **metas** y planes para el futuro. También me dirá cosas sobre su **empresa,** la revista *Viajamundo.*

el contrato

Información

CONTRATO: 6 meses

SUELDO: 400 dólares al mes

BENEFICIOS: Incluyen seguro médico

CD-ROM Take-Home Tutor

B El puesto de periodista que estoy solicitando no es permanente. Como puedes ver, **el contrato** es por solamente seis meses. **El sueldo** es 400 dólares al mes, y **los beneficios** incluyen **el seguro** médico.

Universidad de Quito

UNIVERSIDAD DE QUITO
ECUADOR

Certificamos que SANTIAGO MONTERO DÍEZ
obtuvo la licenciatura en PERIODISMO.

Quito, 10 de junio de 1.972

UNIVERSIDAD DE QUITO

Vº Bº EL RECTOR

C El señor Montero asistió a **la Universidad** de Quito. Dice que tener una buena **educación** es una gran **ventaja.** La falta de educación es **una desventaja.** Sin suficiente educación, puede ser difícil que una persona encuentre un buen trabajo.

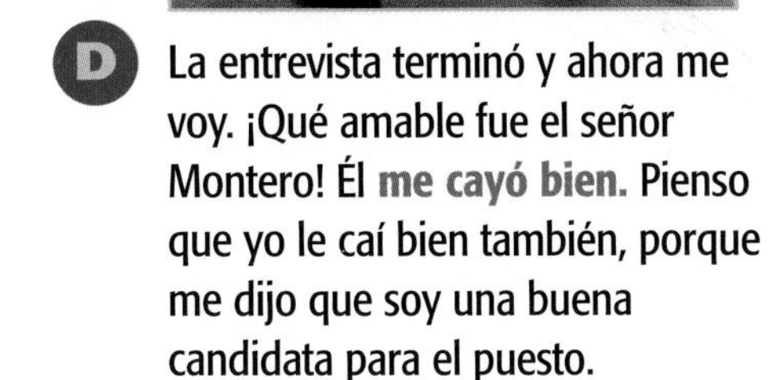

D La entrevista terminó y ahora me voy. ¡Qué amable fue el señor Montero! Él **me cayó bien.** Pienso que yo le caí bien también, porque me dijo que soy una buena candidata para el puesto.

Preguntas personales

1. ¿Piensas que es una ventaja tener una educación universitaria?
2. ¿Preferirías un contrato de seis meses o un puesto permanente? ¿Por qué?
3. Para ti, ¿qué sería más importante, tener un trabajo con un buen sueldo o tener un trabajo que te guste? ¿Por qué?
4. En tu opinión, ¿cómo sería el trabajo perfecto?
5. ¿Tienes algunas metas, grandes o pequeñas, para el futuro? ¿Cuáles son?

En vivo

DIÁLOGO

Isabel

La entrevista

PARA ESCUCHAR • STRATEGY: LISTENING

Evaluate behavior Making a good impression depends on many factors. Assess Isabel's conduct in the interview. Would you rate Isabel **superior, regular,** or **no aceptable** in the following categories?

- **presentación**
- **manera de hablar**
- **metas**
- **lo que dice**
- **aptitudes**

1 ▶ **Señor Montero:** Hábleme un poco sobre sus metas, por favor.
Isabel: Primero, voy a terminar mi educación. Pienso estudiar periodismo. Me gustaría trabajar para una revista de viajes.

5 ▶ **Señor Montero:** Este trabajo tiene otros beneficios. Por ejemplo, el contrato incluye seguro médico. Debe escribir algo sobre la importancia del seguro médico. Es una gran ventaja.

6 ▶ **Señor Montero:** No es un sueldo muy alto, pero nuestra empresa es pequeña.
Isabel: No sólo me interesa el sueldo, señor Montero. La experiencia de trabajar para una revista como ésta vale mucho.

7 ▶ **Señor Montero:** Me alegra que usted lo vea así. Veo que usted tiene una recomendación del señor Pablo Barajas. Dice que usted es una persona puntual. La puntualidad es una cualidad importante.

CD-ROM Take-Home Tutor

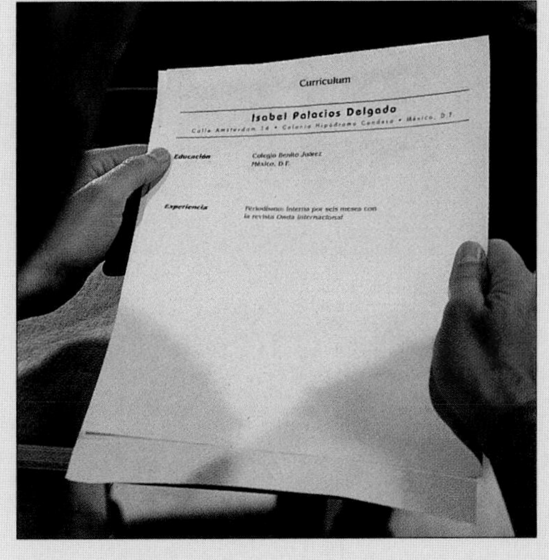

Curriculum

Isabel Palacios Delgado

Calle Amsterdam 14 • Colonia Hipódromo Condesa • México, D.F.

Educación — Colegio Benito Juárez, México, D.F.

Experiencia — Periodismo: Interna por seis meses con la revista Onda Internacional

2 ▶ **Señor Montero:** ¿Le gusta viajar?

Isabel: Cuando era niña siempre les decía a mis padres que viajaría por todo el mundo. Viajé sola a Madrid este año…

3 ▶ **Señor Montero:** Bueno, tengo aquí su currículum. Usted ha dicho exactamente cuáles son sus aptitudes y habilidades. Usted ha puesto aquí que le gusta escribir sobre viajes. ¿Por qué le gusta?

4 ▶ **Isabel:** Viajar es una de las mejores maneras de entender a la gente de otras culturas. Y trabajar para una revista de viajes es una buena manera de hacer dos cosas que a mí me gustan —viajar y escribir.

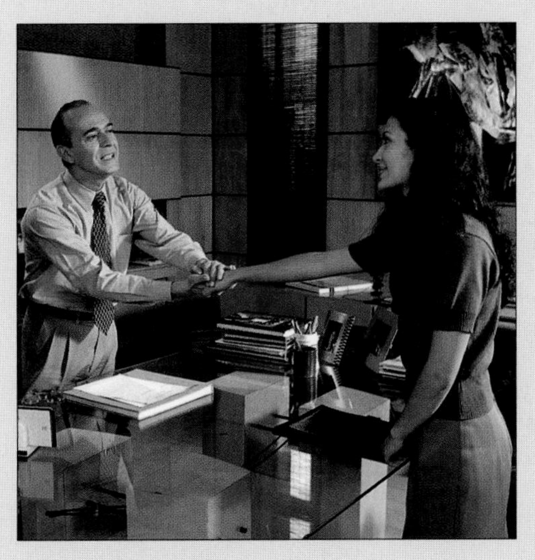

8 ▶ **Señor Montero:** Es una lástima que no solicite de verdad este trabajo. Usted me cae bien.

Isabel: Es usted muy amable. Creo que me gustaría mucho trabajar aquí.

9 ▶ **Señor Montero:** Pues, cuando termine sus estudios, ¿por qué no se pone en contacto conmigo? Si tenemos un puesto disponible, le daremos toda consideración.

Isabel: Muchas gracias. Me ha ayudado mucho con mi artículo.

10 ▶ **Isabel:** Esta experiencia con *Onda Internacional* ha sido muy buena. He aprendido mucho y he visto partes del mundo que antes no conocía. Estoy triste. Mañana tengo que volver a México. ¡Me ha gustado tanto Ecuador!

En acción

PARTE A

Comprensión del diálogo

For Activities 1–2, refer to the dialog on pages 426–427.

Señor Montero

Isabel

1 ¿Qué pasó?

Escuchar/*Escribir* Completa las oraciones según el diálogo.

1. Isabel va a seguir con su (viaje, trabajo, educación).
2. Ella le dijo al señor Montero que viajó sola a (Madrid, Buenos Aires, Bogotá).
3. Después de terminar los estudios, Isabel quiere (regresar a Ecuador, trabajar para una revista de viajes, asistir a la universidad).
4. El señor Montero le explicó que (el sueldo, el seguro, el contrato) no es alto.
5. A Isabel le importa también (la empresa, la recomendación, la experiencia).
6. Isabel y el señor Montero piensan que vale mucho ser (dependiente, rico, puntual).
7. El señor Montero dice que es una lástima que Isabel no (solicite, sienta, salte) de verdad este trabajo.
8. Isabel está (emocionada, triste, enojada) porque sale de Ecuador mañana.

2 ¿Cuál corresponde?

Escuchar/*Escribir* Usa estas palabras para completar la descripción del diálogo.

artículo
recomendación
empresa
currículum
metas
periodismo
entrevista
ventaja
puesto
beneficios

1. Isabel tiene una _____ con el señor Montero.
2. Una de las _____ de Isabel es terminar su educación.
3. Isabel piensa estudiar _____ .
4. En su _____ , Isabel escribió de sus aptitudes y habilidades.
5. El trabajo tiene buenos _____ , incluyendo seguro médico.
6. Según el señor Montero, el seguro médico es una gran _____ .
7. El sueldo es bajo porque la _____ es pequeña.
8. La _____ de Pablo Barajas dice que Isabel es una persona puntual.
9. Si *Viajamundo* tiene un _____ disponible cuando Isabel termine sus estudios, le dará toda consideración.
10. El señor Montero ayudó a Isabel con su _____ .

PARTE B Práctica del vocabulario

Objectives for Activities 3–4

• Prepare for an interview • Evaluate situations and people

3 ¿Qué se ve en el dibujo?

Hablar/*Escribir* Pablo lee las tiras cómicas y se las describe a Isabel. ¿Qué dice? Sigue el modelo. Usa estos verbos para formar los participios.

esconder	cerrar
enamorar	cansar
abrir	enojar
ocupar	dormir
romper	

modelo

El joven no puede salir a jugar porque está ocupado.

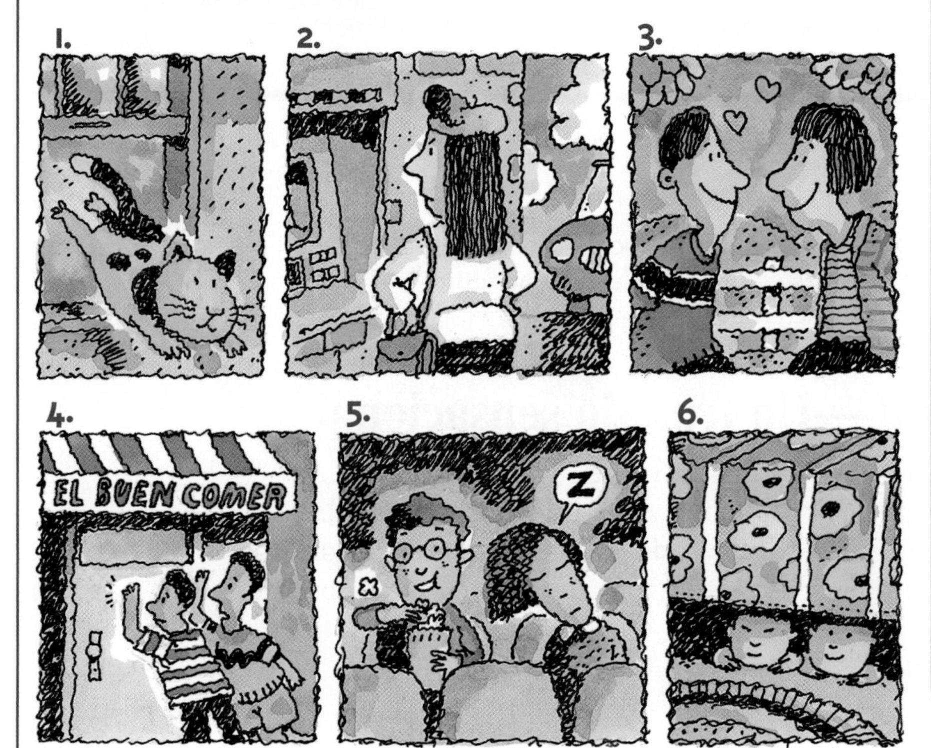

4 ¿Ventaja o desventaja?

Hablar/Leer Unos gerentes están considerando a varios candidatos para unos puestos en una empresa. Lee las descripciones y con un(a) compañero(a) decide si son una ventaja o desventaja para el (la) candidato(a).

1. Su currículum está bien escrito.
2. La candidata tiene metas muy claras.
3. Tiene más de la educación necesaria.
4. El entrevistador conoce al candidato.
5. Tiene un diploma del colegio pero no de la universidad.
6. Hay errores en su solicitud.
7. El candidato le cayó bien a la entrevistadora.
8. La candidata busca un sueldo alto y seguro médico.
9. Su currículum es demasiado largo.
10. El candidato es puntual.

PARTE C

Práctica: gramática y vocabulario

Objectives for Activities 5–15

- Prepare for an interview • Interview for a job • Evaluate situations and people

REPASO The Preterite and the Imperfect

 **¿RECUERDAS?** *p. 137* Remember that the **preterite** and the **imperfect** are two different verb forms for talking about the past.

- Use the **preterite** to describe a past action with a specific beginning and ending.
- Use the **imperfect** to tell about the past without reference to beginnings and endings.

Isabel says:

—Cuando **era** niña **me gustaba** tanto viajar que mis padres me **dieron** un mapa del mundo.

*When **I was** a little girl **I used to like** to travel so much that my parents **gave** me a map of the world.*

Practice: Actividades  5 6 7 8

Más práctica *cuaderno p. 149*
Para hispanohablantes *cuaderno p. 147*

5 La voz estudiantil

Leer/*Escribir* Isabel escribió un artículo para el periódico de su escuela sobre sus experiencias con *Onda Internacional*. Completa su artículo utilizando el pretérito o el imperfecto de cada verbo.

Onda Internacional —Un trabajo sensacional

Nunca olvidaré el día en que __1__ (saber) que __2__ (ganar) el concurso. Yo __3__ (estar) escribiendo una carta cuando una señora de la revista me __4__ (llamar) por teléfono. Ella me __5__ (decir) que yo __6__ (ir) a escribir artículos en la Ciudad de México, Madrid y Ecuador.

En mis viajes, __7__ (conocer) a muchos nuevos amigos. En la Ciudad de México, Ricardo y yo __8__ (ir) un día a la casa de un hombre que me __9__ (contar) sobre un temblor…

6 Sí, recuerdo...

Hablar Todo el mundo tiene problemas cuando busca trabajo. Habla con un(a) compañero(a) sobre los problemas que pueden ocurrir.

modelo

conducir a una entrevista

Tú: *Una vez tuve un problema cuando conducía a una entrevista.*

Compañero(a): *Sí, recuerdo que cuando conducías a una entrevista tuviste un accidente.*

Tú	Compañero(a)
conducir a una entrevista	perder un botón
vestirme con mi mejor traje	tener un accidente
irme a la oficina	olvidar la dirección
llenar la solicitud	darte cuenta de que no era suficiente
conocer a la jefa	contar mentiras
hablarme del sueldo	caerle mal
ofrecerme el trabajo	decirte que el contrato era solamente de seis meses

7 ¿Lo hacías? ¿Lo hiciste?

Hablar/*Escribir* Con un grupo de compañeros(as) habla de lo que hacías de niño(a) y compara aquellas actividades con las de la semana pasada. Luego escribe un resumen de siete oraciones o más.

modelo

Tú: *Cuando era niño(a), iba de compras con mi mamá. La semana pasada no fui de compras con ella.*

Resumen: *Antes, Teresa y yo íbamos de compras mucho con nuestras madres, pero la semana pasada no fuimos de compras con ellas...*

Nombre	De niño(a)...	La semana pasada...
yo	iba de compras...	no fui de compras...
Teresa	...	...
¿?	¿?	¿?

More Practice: **Más comunicación** *p. R18*

Ecuador

También se dice

En español la palabra **carrera** significa **profesión,** como en inglés, pero también se refiere al programa de estudios necesario para prepararse para una profesión. Si un estudiante habla de **terminar la carrera,** quiere decir que termina los estudios universitarios y empieza su vida profesional. Otros verbos que se usan son **titularse** (recibir un título), **licenciarse** (recibir una licencia, generalmente equivalente a la maestría) y **egresar** (salir de la universidad).

IMPORTANTE EMPRESA DEL SECTOR AUTOMOTRIZ
NECESITA CONTRATAR
UN VENDEDOR EXTERNO

Requisitos:

- Egresado o titulado en Administración de Empresas, Ingeniería comercial o carreras similares (no indispensable)
- Experiencia mínima de 3 años
- Buena predisposición para el trabajo
- Edad mínima 25 años

La empresa ofrece:

Sueldo, comisiones y beneficios de ley, estabilidad laboral, oportunidad de desarrollo profesional.

Personas interesadas enviar currículum a la casilla 17-03-4662- Quito.

8 Buscando un trabajo

Escuchar Roberto habla de la primera vez que buscó un trabajo. Pon los dibujos en orden, según su descripción.

a.

b.

c.

d.

GRAMÁTICA The Present Perfect

¿RECUERDAS? *p. 413* Remember the **past participle** form of the verb that is used as an adjective?

hablar → **hablado**
comer → **comido**
vivir → **vivido**

Past participles are also used with **haber** to form the **present perfect** tense. Just as in English, you use this tense to talk about things someone has done.

auxiliary verb **haber**

he	**hemos**		
has	**habéis**	+	**past participle** of the main verb
ha	**han**		

Isabel says:

—**He aprendido** mucho.
***I have learned** a lot.*

The **present perfect** tense refers to actions **completed in the past** but that **relate to the present.**

—Esta experiencia con *Onda Internacional* **ha sido** muy buena.
This experience with Onda Internacional ***has been** very good.*

The **past participle** doesn't change to reflect **gender** or **number.** Only **haber** changes to agree with the subject.

When you use the **object pronouns** or **reflexive pronouns** with the **present perfect,** you put the pronoun **before** the conjugated form of **haber.**

Isabel says to Señor Montero:

—**Me ha ayudado** mucho con mi artículo.
***You have helped me** a lot with my article.*

Practice:
Actividades
9 10 11 12

Más práctica
cuaderno pp. 150–151

Para hispanohablantes
cuaderno pp. 148–149

Online Workbook
CLASSZONE.COM

9 Bien preparados

Escribir Todos se han preparado para buscar un empleo. ¿Quién ha hecho bien y quién ha hecho mal?

modelo

tú / investigar la empresa

Tú has investigado la empresa. ¡Qué bien!

Rosa / vestirse con ropa sucia

Rosa se ha vestido con ropa sucia. ¡Qué mal!

1. yo / llegar tarde a la entrevista
2. nosotros / mirar los anuncios clasificados en el periódico
3. Pablo / molestar al entrevistador
4. ellas / llenar la solicitud con cuidado
5. yo / llevar jeans y una camiseta a la entrevista
6. tú / llamar a las personas que conoces en la compañía
7. tus amigos / venir a la entrevista contigo
8. ustedes / llevar su currículum a la entrevista
9. Cristina / llevar un traje a la entrevista
10. yo / perder mi currículum

10 Tus experiencias

Hablar/*Escribir* ¿Ya has conseguido un trabajo o te has preparado para ir a la universidad? Di si ya has hecho lo siguiente.

modelo

hablar con un(a) entrevistador(a) de mis habilidades

Ya he hablado con un(a) entrevistador(a) de mis habilidades. (No he hablado con un(a) entrevistador(a) de mis habilidades todavía.)

1. ir a una entrevista
2. valorar la puntualidad
3. tomar un examen para un trabajo o para la universidad
4. buscar recomendaciones
5. identificar mis habilidades
6. participar en cursos de capacitación
7. solicitar un contrato de trabajo
8. conseguir un trabajo
9. preguntar sobre los beneficios
10. graduarme de la escuela

Vocabulario

En la entrevista

la capacitación *training*
conseguir (e→i, i) *to get*
las habilidades *capabilities*
la puntualidad *punctuality*
las recomendaciones *recommendations*
requerir (e→ie, i) *to require*
el requisito *requirement*

¿Cuáles son tus habilidades?

11 ¿Qué han hecho?

Hablar/*Escribir* Habla con un grupo de compañeros(as) de lo que tú, tu familia y tus amigos(as) han hecho. Combina elementos de las dos columnas. Luego escribe seis oraciones basadas en su conversación.

mis padres mis amigos(as) y yo mi hermano(a) yo tú (*nombre*) mi mejor amigo(a) ¿?	ganar dinero viajar mucho ir a una universidad tener un(a) novio(a) estar en el periódico practicar un deporte en un equipo de la escuela sacar (buenas / malas) notas vivir en otro estado ¿?

Nota cultural

Los grupos indígenas En Ecuador viven unos diez grupos indígenas, cada uno con su propia lengua y cultura. La mayor parte de ellos hablan **quechua,** la lengua indígena más conocida del país. Hoy en día la mayoría de la población indígena es bilingüe, pero en las zonas más remotas del país todavía se encuentran comunidades donde solamente se oyen lenguas indígenas.

12 ¿Ya?

Escuchar/*Escribir* La señora Aguilera llama a casa a ver qué ha hecho su familia mientras ella estaba trabajando. Escucha el diálogo. Luego escribe lo que contesta su hija según los dibujos.

1.

2.

3.

4.

GRAMÁTICA The Present Perfect with Irregular Verbs

¿RECUERDAS? *p. 413* Remember how to form regular **past participles**?

-ar verbs add **-ado**

hablar → **hablado**

-er and **-ir** verbs add **-ido**

comer → **comido**
vivir → **vivido**

There is a written **accent** in the past participle of **-er** and **-ir** verbs whose stems end in **a**, **e**, or **o**:

caer → **caído**
leer → **leído**
oír → **oído**

Some verbs have **irregular past participles** and do not follow this pattern. Use the chart below to review them.

infinitive	past participle	infinitive	past participle
abrir	**abierto**	**morir**	**muerto**
decir	**dicho**	**poner**	**puesto**
descubrir	**descubierto**	**resolver**	**resuelto**
escribir	**escrito**	**romper**	**roto**
hacer	**hecho**	**ver**	**visto**
ir	**ido**	**volver**	**vuelto**

These **irregular past participles** are also used with the verb **haber** to form the **present perfect** tense.

Señor Montero says to Isabel:

—Usted **ha puesto** aquí que le gusta escribir sobre viajes.

*You **have put** here that you like to write about travel.*

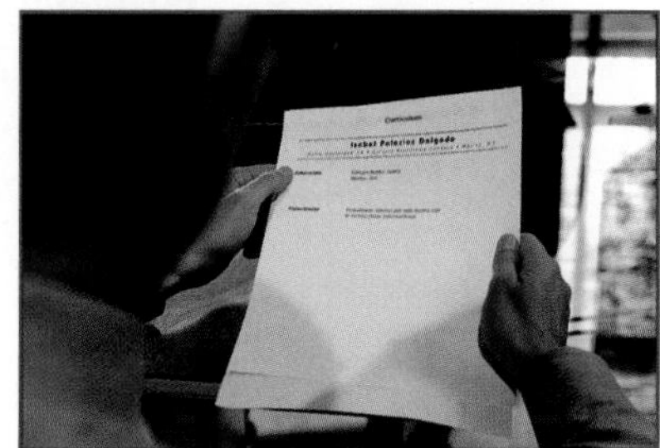

Practice:
Actividades
13 14 15

Más práctica
cuaderno p. 152
Para hispanohablantes
cuaderno p. 150

Online Workbook
CLASSZONE.COM

13 Recientemente

Hablar/*Escribir* ¿Qué han hecho recientemente tú y las personas que conoces? Contesta con oraciones afirmativas o negativas. Sigue el modelo.

modelo

mis amigos y yo / volver / escuela primaria

Mis amigos y yo (no) hemos vuelto a nuestra escuela primaria recientemente.

1. yo / decirles / mentira / padres
2. mis amigos / ver / estreno de (*nombre*)
3. mi familia y yo / ir / parque juntos
4. mis amigos y yo / hacer / tarea
5. mi hermano(a) / poner / mesa
6. tú (*nombre*) / escribirme / carta
7. el (la) maestro(a) / abrir / ventana
8. un miembro de mi familia / romperse / brazo
9. yo / leer / novela
10. mi mejor amigo(a) / resolver / problema

14 Una encuesta

Hablar/*Escribir* Tú y tus amigos buscan trabajo. Con un grupo de compañeros(as), pregúntense si han hecho las actividades de la lista. Luego haz una tabla para presentar los resultados.

modelo

hacer capacitación para un empleo

Tú: *¿Quién ha hecho capacitación para un empleo?*

Compañero(a): *Yo he hecho capacitación…*

Luego:

	sí	no
hacer capacitación	IIII	II
ir a una exposición de carreras	II	I
decir la verdad en la solicitud	IIII	II

1. escribir un currículum
2. ir a una exposición de carreras
3. decir la verdad en la solicitud
4. ver un contrato de empleo
5. tener miedo durante una entrevista
6. oír sobre puestos de amigos
7. romper una solicitud
8. leer los anuncios clasificados en el periódico
9. hacer una lista de habilidades
10. buscar recomendaciones

Ecuador

Nota cultural

Las empresas del mundo hispano Algunas de las normas empresariales del mundo hispano son diferentes de las de Estados Unidos. El respeto por el jefe es mucho más formal en varios países hispanos.

15 Se solicita un puesto

Leer/*Escribir* Lee estos anuncios del periódico *El Comercio.* Escoge un puesto que te gustaría solicitar y explica por qué estás capacitado(a).

CHICAS-CHICOS
Estudiantes jóvenes, fin de semana, recreadores fiestas infantiles. Entrevistas: Amazonas 5532 y Tomás de Berlanga. Lunes 3 p.m.

INSTRUCTORES
pesas, aeróbicos requiere prestigioso gimnasio, 537040, 351593

CANTANTES
mujer y hombre necesito, grupo música mexicana. 548802, 573590

JÓVENES
Empresa de comida rápida requiere jóvenes con motocicleta propia, para trabajar en servicio a domicilio. Ofrecemos: gasolina, seguro personal, atractivo sueldo, etc.

MECÁNICO
Automotriz necesito urgente con experiencia en electricidad y mecánica general. Telf.473402

CHOFER PRIMERA
Dispuesto trabajar doce horas diarias, edad máxima 30 años, experiencia vehículos. Ulloa 1167 Mariana de Jesús.

PROFESORES
El Centro Educativo Isaac Newton necesita contratar el siguiente personal:
a) profesor(a) de inglés
b) profesor(a) de grado para primaria
Interesados enviar currículum a dirección: Centro Educativo Experimental Isaac Newton, Calle de los Guayable N50-120 y de Los Alamos, El Inca.

PASTELERÍA
Requiere personal responsable. Para mostrador. teléfono: 402663.

AGENTE VENDEDOR
con vehículo, distribución productos panadería, teléfonos: 648770, 603951.

VENDEDORES
se necesita contratar los mejores vendedores con experiencia y deseos de superación, excelente remuneración, presentarse con su carpeta al Iñaquito UNP, edificio UNP, oficina 301.

CONTADOR
medio tiempo con experiencia, empresa grande casilla 17079742

modelo

Me gustaría solicitar el puesto de mecánico. No he tenido un trabajo todavía pero he hecho otras cosas para prepararme y tengo todos los requisitos. Soy…

tener experiencia
educación
valorar la puntualidad
estar capacitado(a)
ayudar a…
metas personales
los requisitos
llegar a tiempo
participar
ser voluntario(a)

PARTE D

Todo en acción

Activities 16–17 bring together all concepts presented.

16 Tu currículum

Escribir Quieres trabajar en una oficina donde se habla español y tienes que mandar tu currículum. Usa una computadora si es posible para hacer notas para tu currículum en español e incluye la siguiente información:

- tu nombre y apellido
- los datos personales
- tu objetivo (el trabajo que quieres conseguir)
- tu educación (las escuelas y fechas de estudio)
- las clases pertinentes al trabajo
- las habilidades que aprendiste en tus clases
- los trabajos y las experiencias como voluntario(a)
- las habilidades que aprendiste en otros trabajos
- tus metas para el futuro
- tus pasatiempos

17 Para conseguir un trabajo...

STRATEGY: SPEAKING

Give advice The best advice is brief and attention-getting. What verb form commands attention? Good advice can be made more dramatic by contrasting it with its opposite: **Llegue a tiempo a la entrevista. ¡Nunca llegue tarde!**

Help your classmates to experience your advice through seeing, hearing, and acting in addition to thinking.

Hablar/*Escribir* En grupos, hagan una lista de consejos para conseguir trabajo y escríbanla en un papel grande. Preséntenle cada regla a la clase. Consideren las siguientes preguntas:

1. ¿Dónde se buscan los puestos?
2. ¿Cómo se prepara para solicitarlos?
3. ¿Qué se escribe en un currículum?
4. ¿Cómo se llena la solicitud?
5. ¿Cómo se viste para una entrevista?
6. ¿Qué se debe hacer en el colegio para conseguir recomendaciones?
7. ¿Qué se debe hacer en la entrevista?
8. ¿Qué no se debe hacer?

More Practice:

Más comunicación *p. R18*

Refrán

Cortesía y bien hablar, cien puertas nos abrirán.

¿Eres muy cortés con los demás? En grupos pequeños hagan una lista de situaciones en que la cortesía es una ventaja. ¿Cuál podrá ser el resultado en cada situación?

En colores

CULTURA Y COMPARACIONES

Ciberespacio en Quito

PARA CONOCERNOS

STRATEGY: CONNECTING CULTURES

Assess use of e-mail Are there places in your community where e-mail is available to the public? Would a café like the one in Quito be popular in your town? Survey your classmates to gather information.

1. **¿Usas correo electrónico?**
2. **Si lo usas, ¿dónde? ¿Qué cuota pagas?**
3. **Si no, ¿por qué? ¿Te gustaría usarlo?**

Imagina que estás en Quito y quieres mandarle un mensaje a tu amigo en Texas o quieres leer tu correo electrónico. ¿Qué haces? Vas al Café Net, al Cyber-C@fe o al C@féWeb.par. Pagas la cuota[1] y te sientas en una de las computadoras que dan acceso a Internet. Desde uno de estos cafés puedes ponerte en contacto con tu familia en Estados Unidos. También puedes hablar con muchos amigos.

Los cafés que ofrecen servicio de Internet son un concepto nuevo que une[2] el café tradicional con el ciberespacio. Estos cafés son diferentes porque aparte de servir comida, ofrecen más. Tienen acceso a Internet por medio de las computadoras que están en las mesas.

[1] fee [2] combines

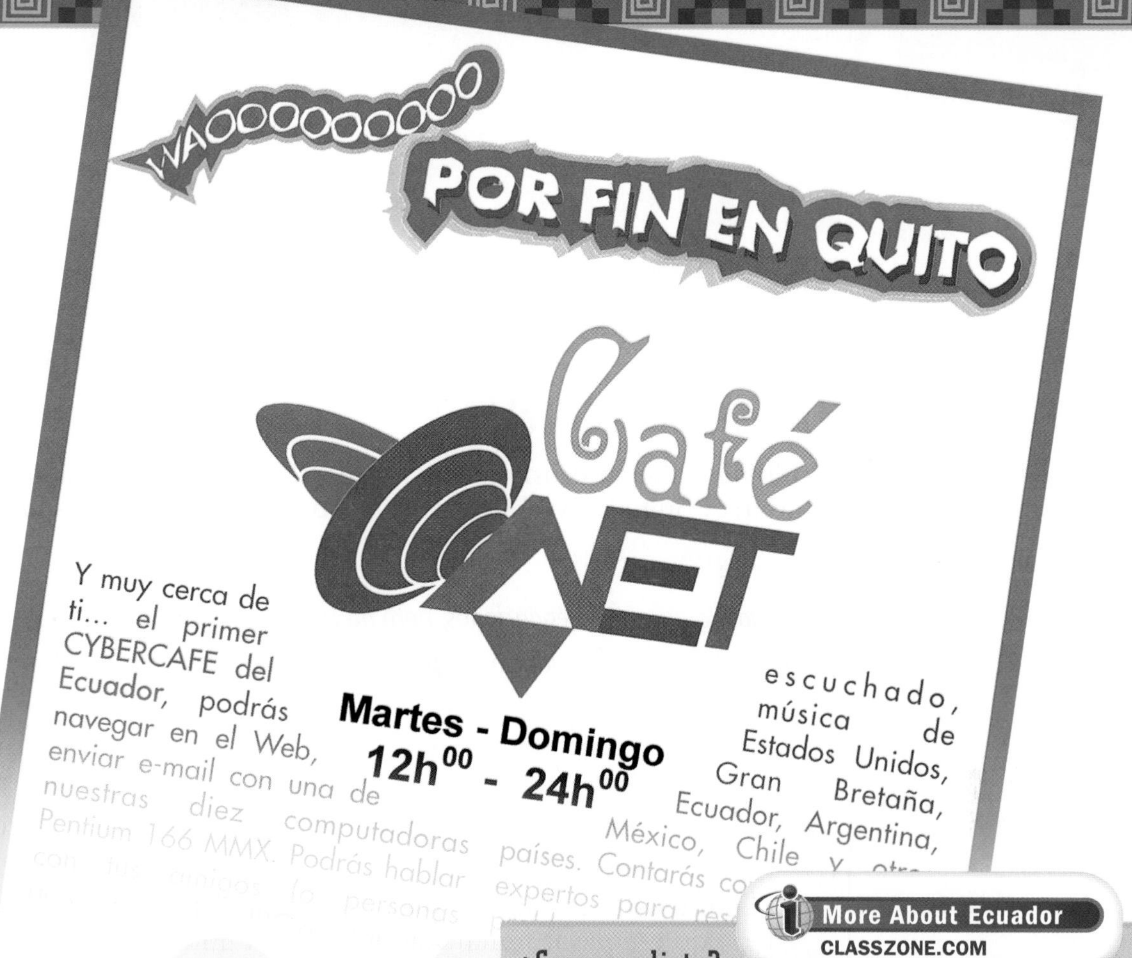

POR FIN EN QUITO
Café
NET
Y muy cerca de ti... el primer CYBERCAFE del Ecuador, podrás navegar en el Web, enviar e-mail con una de nuestras diez computadoras Pentium 166 MMX. Podrás hablar
Martes - Domingo
12h00 - 24h00
escuchado, música de Estados Unidos, Gran Bretaña, Ecuador, Argentina, México, Chile y
países. Contarás con
expertos para

Mientras mandas correo electrónico o haces tu tarea, puedes tomar un refresco y escuchar música de varios países: Estados Unidos, Inglaterra, Ecuador y más. ¡Te olvidas de que no estás en tu propia casa!

Ahora los cafés Internet son unos de los lugares más populares para los jóvenes de Quito. Allí se reúnen los amigos para conversar y usar las computadoras. ¿No te dan ganas de ir? ¡A teclear[3], pues!

---

[3] Let's key in

More About Ecuador
CLASSZONE.COM

¿Comprendiste?

1. ¿En qué se diferencia el Café Net de los otros cafés en Quito?
2. ¿Qué acceso dan sus computadoras?
3. ¿Qué tiene que hacer uno para usar las computadoras de los cafés?
4. ¿Cuáles son las actividades posibles en el Café Net?

¿Qué piensas?

1. ¿Qué piensas del Café Net? ¿Es una buena idea? ¿Por qué?
2. ¿Usas Internet? ¿El correo electrónico? ¿Qué influencia tiene Internet en tu vida, en tus estudios y en la vida de tus compañeros?

Hazlo tú

En grupos, hagan un plan de un Café Internet para su colegio y luego preséntenselo a la clase. ¿Qué actividades se ofrecerán? ¿Cuántas computadoras habrá? ¿Qué buscarían los estudiantes en un «Café Net»?

En uso

REPASO Y MÁS COMUNICACIÓN

OBJECTIVES

- Prepare for an interview
- Interview for a job
- Evaluate situations and people

Now you can...

- prepare for an interview.
- evaluate situations and people.

To review

- preterite and imperfect tenses, see p. 430.

1 La entrevista de Pablo

Pablo describe su primera entrevista. ¿Qué dice? Cambia los verbos al pasado, usando el pretérito y el imperfecto. Luego di tu opinión sobre las situaciones.

modelo

Tengo algunas recomendaciones, pero no las traigo.

Tenía algunas recomendaciones, pero no las traje. (Fue una desventaja.)

1. Llego temprano porque me importa la puntualidad.
2. Cuando entro en la oficina, nadie está allí para recibirme.
3. El entrevistador está ocupado y no quiere pasar mucho tiempo conmigo.
4. Cuando el entrevistador me pregunta sobre mis habilidades, no sé qué decir y no digo nada.
5. El entrevistador me ofrece buenos beneficios.
6. Mientras hablo con el entrevistador, alguien llama por teléfono.
7. El entrevistador nunca me habla del sueldo.
8. Le caigo bien al entrevistador porque tengo metas claras.

Now you can...

- prepare for an interview.
- interview for a job.

To review

- preterite and imperfect tenses, see p. 430.

2 La entrevista de Isabel

Isabel describe su entrevista con el señor Montero. Completa la descripción con el pretérito o el imperfecto de los verbos indicados.

Ayer yo __1__ (hacer) la entrevista con el señor Montero. __2__ (Estar) un poco nerviosa al principio, pero todo __3__ (salir) bien.

Yo __4__ (llegar) a la oficina temprano. __5__ (Ser) una oficina bastante lujosa. Primero, __6__ (tener) que llenar la solicitud. ¡Ellos __7__ (querer) muchos datos personales! Mientras yo __8__ (escribir), el señor Montero __9__ (llamar) por teléfono. Él le __10__ (explicar) a la secretaria que __11__ (ir) a llegar tarde.

Cuando el señor Montero __12__ (llegar), yo __13__ (estar) bien preparada para sus preguntas. Nosotros __14__ (hablar) por media hora. ¡ __15__ (Ser) una experiencia estupenda!

Now you can...

- prepare for an interview.

To review

- present perfect with regular verbs, see p. 432.

3 ¡A prepararnos!

¿Cómo se han preparado Isabel y sus amigos para su futuro trabajo? ¿Qué has hecho tú?

modelo

Francisco: explicarles sus planes a sus padres

Francisco les ha explicado sus planes a sus padres. Yo (no) les he explicado mis planes a mis padres.

1. Isabel: decidir asistir a la universidad
2. nosotros: preparar el currículum
3. tú: pedir una entrevista en una empresa
4. ustedes: terminar la escuela
5. ellos: conocer a personas importantes en la ciudad
6. Cristina: pensar en sus metas
7. él y yo: estudiar los requisitos para varios puestos
8. tú: conseguir la capacitación necesaria para tu futuro empleo

Now you can...

- interview for a job.

To review

- present perfect with irregular verbs, see p. 435.

4 Las experiencias de Isabel

Piensa en las experiencias de Isabel en Ecuador. ¿Cuáles de estas cosas le han pasado?

modelo

Isabel (ver) a Pablo en la oficina del señor Montero.

Isabel no ha visto a Pablo en la oficina del señor Montero.

1. Isabel (poner) sus datos personales en la solicitud.
2. El señor Montero (decir) algo sobre sus planes para el futuro.
3. Pablo (escribir) el currículum de Isabel.
4. Isabel y Pablo (abrir) el periódico en la sección de empleos.
5. Isabel (hacer) capacitación para el puesto de periodista.
6. Pablo (ver) el contrato de empleo para la revista del señor Montero.
7. El entrevistador (romper) la solicitud de Isabel.
8. Isabel (volver) para una segunda entrevista.

5 ¡A entrevistar!

STRATEGY: SPEAKING

Refine interview skills Both the interviewer and the candidate must be able to ask and answer clear, worthwhile questions and seek follow-up for more details. Good questions and answers reveal the nature of the job, employer expectations, and employee qualifications, such as education, experience, and personal qualities. Use the ideas listed in the table to guide you in forming questions and answers for your interview.

Entrevista a tu compañero(a) para un puesto en tu empresa. Después cambien de papel. El (La) entrevistador(a) y el (la) candidato(a) tienen que hacerse preguntas sobre las cosas en la tabla.

Entrevistador(a)	Candidato(a)
• la puntualidad	• los requisitos
• el currículum	• las responsabilidades
• la educación	• la capacitación
• las recomendaciones	• el sueldo
• las habilidades	• los beneficios

6 ¡Fue horrible!

Todos acaban de entrevistarse y tuvieron entrevistas malas. Compartan sus experiencias negativas y decidan quién tuvo la peor entrevista.

modelo

Estudiante 1: *Fue horrible. Llegué muy tarde, pero no había nadie en la oficina. Entonces…*

Estudiante 2: *Eso no es nada. Yo le caí muy mal a la entrevistadora porque…*

Estudiante 3: *Mi entrevista fue la peor. Mientras esperaba…*

7 En tu propia voz

ESCRITURA Imagínate que solicitas un trabajo de verano en una empresa donde se habla español. En una carta, explica cómo te has preparado para el puesto que se ofrece.

modelo

Estimados señores:

Me interesa el puesto de… He estudiado español por dos años y…

CONEXIONES

La música La flauta de pan, o rondador, es una flauta de origen antiguo que es parte de la música andina de Ecuador hoy en día. Aparte de los grupos indígenas de Ecuador, ¿qué otros grupos tienen una música con su propio estilo e instrumentos? Usa Internet o tu biblioteca para encontrar la respuesta a esta pregunta y compártela con la clase. Si encuentras un casete de la música, ¡no te olvides de traerlo!

En resumen

REPASO DE VOCABULARIO

PREPARE FOR AN INTERVIEW

el currículum	*résumé, curriculum vitae*
la educación	*education*
la entrevista	*interview*
la meta	*goal*
la universidad	*university*

EVALUATE SITUATIONS AND PEOPLE

caerle bien (mal) a alguien	*to make a good (bad) impression on someone*
la desventaja	*disadvantage*
la ventaja	*advantage*

INTERVIEW FOR A JOB

los beneficios	*benefits*
la capacitación	*training*
conseguir (e→i, i)	*to get*
el contrato	*contract*
la empresa	*business, company*
el (la) entrevistador(a)	*interviewer*
las habilidades	*capabilities*
la puntualidad	*punctuality*
las recomendaciones	*recommendations*
requerir (e → ie, i)	*to require*
el requisito	*requirement*
el seguro	*insurance*
el sueldo	*salary*

1. ___ ___ ___ ◯ ___ ___ ___ ___ ___
2. ___ ___ ◯ ___ ___ ___ ___ ___ ___ ___
3. ___ ___ ___ ◯ ___ ___ ___ ___ ___ ___ ___
4. ◯ ___ ___ ___ ___ ___ ___
5. ___ ◯ ___ ___
6. ___ ___ ___ ___ ◯ ___ ___ ___
7. ◯ ___ ___ ___ ___ ___
8. ___ ___ ___ ___ ___ ___ ◯ ___ ___ ___ ___ ___ ___
9. ___ ◯ ___ ___ ___ ___ ___ ___ ___
10. ___ ___ ___ ___ ___ ___ ◯
11. ___ ___ ___ ___ ◯ ___

Juego

Copia los espacios en blanco en una hoja de papel. Llena los espacios en blanco para completar las oraciones con las palabras apropiadas de esta etapa. Las letras en los círculos van a deletrear algo que es una meta para muchos estudiantes.

1. Saber usar la computadora es un ______ para muchos trabajos.
2. Muchos trabajos tienen ______ que incluyen el seguro médico.
3. Isabel escribe muy bien. Es una de sus ______ .
4. Tener una buena educación es una ______ .
5. Estudiar periodismo es una ______ importante de Isabel.
6. Cuando un puesto no es permanente, un empleado tiene un ______ .
7. El ______ médico está incluido en un contrato.
8. El señor Montero es el ______ que le hace preguntas a Isabel.
9. Isabel va a la universidad para continuar su ______ .
10. La revista *Viajamundo* es la ______ del señor Montero.
11. Isabel no quiere mucho dinero o ______ si puede trabajar para una revista.

UNIDAD 6

¡A trabajar!

OBJECTIVES

- Talk on the telephone
- Report on past, present, and future events
- Describe duties, people, and surroundings

¿Qué ves?

Mira la foto. ¿Qué ves?

1. ¿Dónde tiene lugar la foto?
2. ¿Reconoces el juego?
3. ¿Qué hace esta gente?
4. ¿Con quién crees que habla Isabel?

En contexto

VIDEO DVD AUDIO

VOCABULARIO

Aprendiste mucho este año.
¿Recuerdas todo lo que ves aquí?

¡Hola! Este año ustedes aprendieron mucho español. ¿Se acuerdan de lo que han aprendido? Pues, vamos a ver un poco de todo.

CHICAGO

Talk about the past

Pedro: **Viniste** directamente de Los Ángeles, ¿no?

Francisco: Sí, **estuve** con mi familia. **Vi** a mis abuelos y mis tíos, y **salí** con mi prima Verónica.

CIUDAD DE MÉXICO

Narrate in the past

Don Miguel: Pero después **ocurrió** algo increíble, algo maravilloso. Todo el mundo **respondió** a la emergencia con acciones positivas. Todos **ayudaban** a sus vecinos.

CD-ROM Take-Home Tutor

San Juan

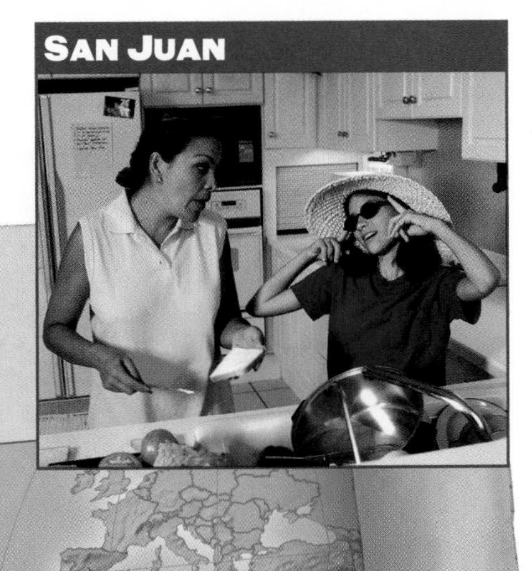

Give commands

Tía Julia: Susana, por favor, **no corras** por la casa. ¿Ya hiciste la cama?

Susana: No, no la hice.

Tía Julia: **Vete** y **haz** la cama inmediatamente. ¡Y **limpia** tu cuarto!

Madrid

Express wishes and doubts

Isabel: ¡Uy! La dependienta está de mal humor.

Andrea: Ella espera que los clientes **gasten** mucho dinero, y duda que tú y yo **vayamos** a comprar hoy.

MADRID

San José

Talk about the future

Fernando: A ver, aquí están los fósforos, la linterna, la navaja. ¡Hay muchísimas cosas!

Amalia: **Habrá** un uso para todo. Ya **verás**.

Quito

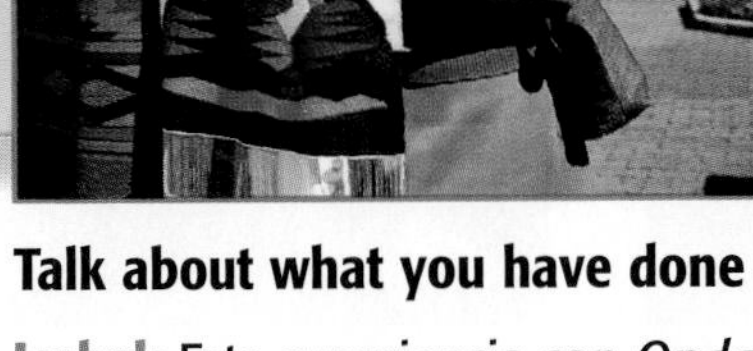

Talk about what you have done

Isabel: Esta experiencia con *Onda Internacional* **ha sido** muy buena. **He aprendido** mucho y **he visto** partes del mundo que antes no conocía. Estoy triste. Mañana tengo que volver a México. ¡Me **ha gustado** tanto Ecuador!

Preguntas personales

1. ¿Qué hiciste la última vez que tuviste vacaciones escolares?
2. ¿Qué has hecho durante otras vacaciones?
3. ¿Qué harás cuando termine este año escolar?
4. ¿Qué te gustaría hacer en el futuro?

VIDEO DVD AUDIO

En vivo

DIÁLOGO

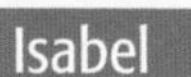

Isabel

Pablo

Rosario

Cristina

PARA ESCUCHAR • STRATEGY: LISTENING

Report what others said Sometimes it is necessary to pass on to others what someone else said. Such a message usually starts with **dijo que.** Hearing accurately is important. What does Isabel report that Señor Montero said?

¡Buen viaje!

1 ▶ **Isabel:** Hola, Pablo. Soy Isabel.
Pablo: ¡Isabel! ¿Cómo estuvo la entrevista?
Isabel: Estuvo muy bien. Tengo mucha información. ¡Qué buena onda es el señor Montero!

5 ▶ **Cristina:** Cómo no. ¿Quieres que traiga también las cucharas?
Rosario: No, ya las tengo aquí. Pero gracias.

6 ▶ **Pablo:** Isabel llegará en cualquier momento. Ustedes se quedarán aquí, muy quietos. Isabel entrará, y todos le gritarán «¡Buen viaje!»
Rosario: Muy bien, capitán. ¿Y nos dirás qué hacer después?

7 ▶ **Pablo:** Lo siento. Es que quiero que todo salga bien. Isabel se siente un poco triste. ¡Chht! Es Isabel.
Todos: ¡Buen viaje!

CD-ROM Take-Home Tutor

2 ▶ **Isabel:** Dijo que buscaban un periodista para un contrato de seis meses y que necesitaban una persona con experiencia en otra revista. Sabes, el puesto sería perfecto para mí.

3 ▶ **Pablo:** Isabel, tienes que graduarte del colegio primero. Regresa a casa y podemos hablar de tu futuro. ¿Dónde estás?
Isabel: Estoy en una cabina telefónica en la avenida Amazonas. Muy bien, voy para allá. Nos vemos pronto. Chao.

4 ▶ **Pablo:** Isabel está en la avenida Amazonas. Estará aquí muy pronto. ¡Vamos, tenemos prisa!
Rosario: Cristina, ¿me puedes hacer un favor? Ve a la cocina y trae el pastel. Lo pondremos aquí en la mesa.

8 ▶ **Rosario:** Isabel, ha sido un enorme placer llegar a conocerte. Te deseamos todo lo mejor.
Cristina: ¿Puedo ir a México a visitarte algún día?
Isabel: Me encantaría.

9 ▶ **Pablo:** Isabel, sabes que siempre tendrás aquí en Ecuador amigos que te quieren. ¡Espero que vuelvas pronto!
Rosario: Claro que va a volver. ¡Es una futura periodista que viajará por el mundo!

10 ▶ **Isabel:** Gracias… ay, gracias a todos. Los quiero muchísimo. Quién sabe, tal vez trabajaré aquí algún día como periodista. ¡Después de terminar con mis estudios, claro! Pero estoy segura de que regresaré a Ecuador.

En acción

PARTE A

Comprensión del diálogo

For Activities 1–2, refer to the dialog on pages 448–449.

Isabel

Pablo

Rosario

Cristina

1 ¿Lo comprendiste?

Escuchar/*Escribir* Escoge las respuestas correctas, según el diálogo. ¡Ojo! Algunas oraciones tienen más de una respuesta correcta.

1. Isabel…
   - **a.** llamó a Pablo de la avenida Amazonas.
   - **b.** dijo que el puesto sería perfecto para Pablo.
   - **c.** regresará a Ecuador algún día.
2. Pablo…
   - **a.** habló con Isabel por teléfono.
   - **b.** planeó cómo sorprender a Isabel.
   - **c.** dijo que Isabel llegaría a la casa en una hora.
3. Rosario…
   - **a.** es la hija de Pablo.
   - **b.** trajo las cucharas a la sala.
   - **c.** dijo que Isabel viajaría por el mundo como periodista.
4. El señor Montero…
   - **a.** le cayó bien a Isabel.
   - **b.** hizo una entrevista con Isabel.
   - **c.** buscaba un periodista para un contrato de nueve meses.

2 ¿Quién habla?

Escuchar Según el diálogo, ¿quién habla: Isabel, Pablo, Rosario o Cristina? ¡Ojo! Puede ser más de una persona.

1. «¿Cómo estuvo la entrevista?»
2. «Sabes, el puesto sería perfecto para mí.»
3. «… tienes que graduarte del colegio primero.»
4. «¡Vamos, tenemos prisa!»
5. «Ve a la cocina y trae el pastel.»
6. «¿Quieres que traiga también las cucharas?»
7. «Muy bien, capitán.»
8. «¡Buen viaje!»
9. «¿Puedo ir a México a visitarte algún día?»
10. «Gracias… ay, gracias a todos.»

También se dice

Después de la entrevista, Isabel regresa a la casa de Pablo. Aparte de **casa,** en Ecuador mucha gente usa la palabra **departamento** para referirse al **apartamento** o edificio donde vive. Otras palabras que puedes oír por el mundo de habla hispana incluyen **vivienda** y **piso.**

PARTE B

Práctica del vocabulario

Objectives for Activities 3–4
- Report on past, present, and future events

3 ¿Nunca?

Hablar/*Escribir* Habla con un grupo de compañeros(as) sobre la frecuencia con que has hecho las siguientes actividades. Luego escribe un resumen.

nunca	***una vez***	***varias veces***	***muchas veces***

modelo

esquiar en el agua

Tú: *¿Han esquiado en el agua?*

Compañero(a) 1: *Sí, he esquiado en el agua una vez. ¿Y tú, Cristina?*

Compañero(a) 2: *No, nunca he esquiado…*

Resumen: *Andrew y yo hemos esquiado en el agua, pero Cristina todavía no ha esquiado en el agua.*

1. conocer a una persona famosa
2. escalar una montaña
3. ver una obra de teatro
4. manejar un carro
5. leer un buen libro
6. comprar un disco compacto en español
7. estudiar más de dos horas seguidas
8. ir a un partido de un equipo profesional
9. jugar al ajedrez
10. bajar un río en canoa

4 ¿Quién lo ha hecho?

Hablar/*Escribir* Habla con un grupo de compañeros(as) para saber quiénes han hecho las siguientes actividades. Escribe los resultados, usando elementos de las cuatro columnas.

modelo

Los padres de Emilia han visto la película ***Casablanca.***

mi amigo(a) (nombre)	he	ver	un buen lugar para bailar
yo	has	descubrir	a su escuela primaria
mis amigos y yo	ha	hacer	la película (nombre)
mis compañeros(as) (nombres)	hemos	escribir	la computadora
mi padre/madre	han	volver	una diferencia en mi vida
los padres/amigos(as) de (nombre)		poner	la mesa esta semana
nadie		romper	una cartita
¿?			¿?

Juego

Cuando tú manejas hay algo que te dirá cuándo debes detenerte y cuándo debes continuar.

¿Qué es?

a. b.

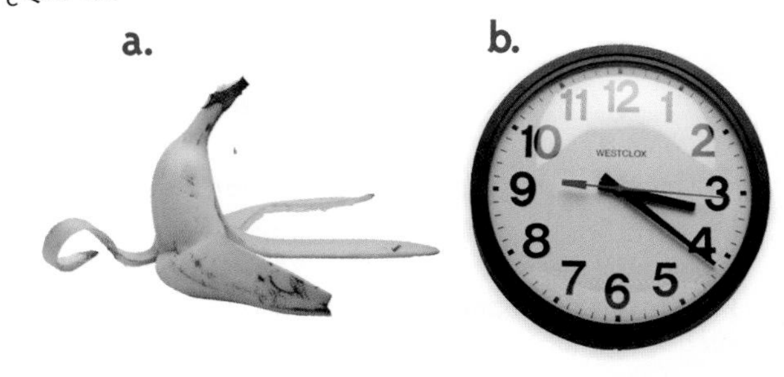

c.

PARTE C

Práctica: gramática y vocabulario

Objectives for Activities 5–16

- Report on past, present, and future events • Talk on the telephone • Describe duties, people, and surroundings

REPASO The Future Tense

To talk about something that will happen in the future, you can use the **future tense.** Remember that the endings you use are the same for **-ar, -er,** and **-ir** verbs.

		-é	**-emos**
infinitive	+	**-ás**	**-éis**
		-á	**-án**

—Estoy segura de que **regresaré** a Ecuador.
*I am sure that **I will return** to Ecuador.*

Rosario **traerá** los refrescos.
*Rosario **will bring** the soft drinks.*

Cristina **irá** a México algún día.
*Cristina **will go** to Mexico someday.*

Verbs that are irregular in the future all have some change to the **infinitive** before the **future endings** are added.

Infinitive	Future Stem
decir	dir-
haber	habr-
hacer	har-
poder	podr-
poner	pondr-
querer	querr-
saber	sabr-
salir	saldr-
tener	tendr-
valer	valdr-
venir	vendr-

—Muy bien, capitán. ¿Y nos **dirás** qué hacer después?
*Very good, captain. And **will you tell** us what to do after that?*

—Isabel, sabes que siempre **tendrás** aquí en Ecuador amigos que te quieren.
*Isabel, you know that here in Ecuador **you will** always **have** friends who love you.*

Practice:
Actividades 5 6 7 8

Más práctica *cuaderno p. 157*
Para hispanohablantes *cuaderno p. 155*

Online Workbook
CLASSZONE.COM

5 El futuro

Escribir Los amigos de Cristina están en la oficina de consejeros hablando de sus futuras profesiones. ¿Qué dicen? Di lo que serán según las fotos e indica si tendrán que ir a la universidad para serlo.

Carina

modelo

Carina será profesora y tendrá que ir a la universidad.

1. Ciro y José María

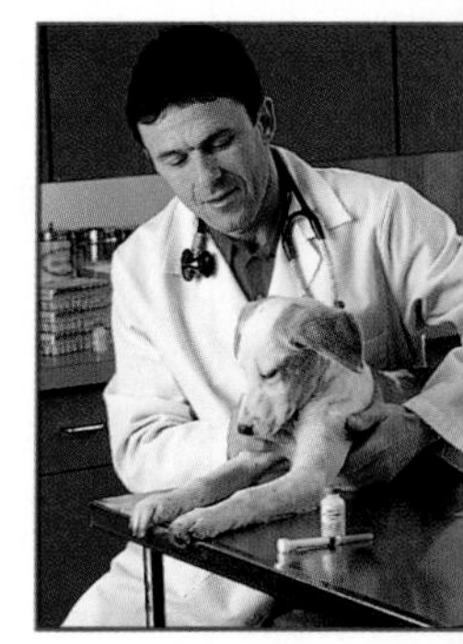

2. yo

3. tú

4. Andrés

6 La reunión

Hablar/*Escribir* Ya pasaron veinte años y estás en una reunión con tus compañeros(as) de la escuela secundaria. ¿Cómo será la vida de tus compañeros(as) y profesores(as) en ese tiempo? Compara tus respuestas con las de un(a) compañero(a).

modelo

(nombre) y (nombre) (venir) de otro país para ir a la fiesta

Rebecca y Ryan vendrán de otro país para ir a la fiesta.

1. (nombre) y (nombre) (ser) ricos
2. (nombre) (vivir) en una isla remota
3. (nombre) y (nombre) (estar) casados
4. (nombre) (tener) cinco o más hijos
5. (nombre) y (nombre) (contar) muchos chistes
6. (nombre de un/a profesor/a) (trabajar) en la escuela todavía
7. (nombre) (decir) mentiras sobre su vida
8. (nombre) (ser) político(a)
9. (nombre) (ser) estudiante de la universidad todavía
10. (nombre) (salir) en los periódicos

7 ¿Qué harás?

Hablar Haz una entrevista con un(a) compañero(a) de clase sobre sus planes para el año que viene. Luego preséntale sus planes a la clase.

modelo

Tú: *¿Serás voluntario(a) el año que viene?*

Compañero(a): *Sí, seré voluntario(a) para…*

Nota cultural

Guayaquil tiene el puerto más grande y activo de la costa del Pacífico de Sudamérica y es el centro comercial del país. En los últimos años, por su proximidad a las playas ecuatorianas, se ha convertido también en un destino para los turistas.

8 ¿En qué orden?

Escuchar/*Escribir* Isabel habla de sus planes para el futuro en la fiesta de despedida. Ponlos en orden y completa las oraciones.

modelo

Primero, regresará a México.

- **a.** asistir a la universidad
- **b.** volver a Ecuador
- **c.** viajar a Texas
- **d.** buscar un puesto de periodista
- **e.** graduarse del colegio
- **f.** regresar a México
- **g.** tomar el sol en la playa

More Practice: **Más comunicación** *p. R19*

REPASO The Conditional Tense

You use the conditional to talk about what you *should, could,* or *would do,* and to describe what would happen under certain conditions.

To form the conditional, you add the conditional endings to the **infinitive**. The endings are the same for **-ar, -er,** and **-ir** verbs.

		-ía	-íamos
infinitive	+	-ías	-íais
		-ía	-ían

—Sabes, el puesto **sería** perfecto para mí.
*You know, the job **would be** perfect for me.*

Rosario dijo que Isabel **viajaría** por el mundo.
*Rosario said that Isabel **would travel** the world.*

The verbs that have **irregular stems** in the future have the same **irregular stems** in the conditional.

Algún día Isabel **podría** trabajar en Ecuador como periodista. *Someday Isabel **could** work in Ecuador as a journalist.*

Infinitive	Conditional Stem
decir	dir-
haber	habr-
hacer	har-
poder	podr-
poner	pondr-
querer	querr-
saber	sabr-
salir	saldr-
tener	tendr-
valer	valdr-
venir	vendr-

Practice: 9 10 11

Más práctica *cuaderno p. 158*
Para hispanohablantes *cuaderno p. 156*

9 Si vivieras en Ecuador...

Escribir Si vivieras en Ecuador, ¿cómo sería tu vida? Completa las oraciones con el condicional.

modelo

nosotros: manejar (más / menos)

Nosotros manejaríamos menos.

1. yo: tener (más / menos) clases
2. mis amigos: vivir (cerca / lejos) de mí
3. mi casa: ser (similar / muy diferente)
4. hacer (menos / más) calor
5. mis abuelos: (venir / no venir) con nosotros
6. mi madre: ir de compras a un (mercado / supermercado)
7. nosotros: esquiar (más / menos)
8. mi familia: hablar (español / inglés) todos los días

10 ¿Qué harías?

Hablar Pregúntales a tus compañeros(as) de clase si harían las siguientes cosas.

modelo

ir a la Luna

Tú: *¿Irías a la Luna?*

Compañero(a) 1: *Sí, (No, no) iría a la Luna.*

Compañero(a) 2: *Sí, (No, no)...*

1. comprar un carro de 30 mil dólares
2. darles dinero a los pobres
3. vivir en Australia
4. pintar tu cuarto de rojo
5. trabajar con animales feroces
6. comer caracoles *(snails)*
7. trabajar de maestro(a) en tu escuela
8. ser presidente(a) de Estados Unidos
9. cantar en público
10. salir todas las noches

Ecuador

Nota cultural

Los festivales La mayoría de los coloridos festivales que se celebran en Ecuador corresponden a los días festivos del calendario. En muchos de ellos se incorporan tradiciones indígenas relacionadas con la celebración del cambio de estaciones, cosechas *(harvests)* y otros eventos importantes del ciclo solar y de la vida en el campo.

11 Con tres deseos...

Hablar/*Escribir* Imagínate que tú, como Aladino, puedes pedir tres deseos. ¿Qué pedirías? Haz un póster que explique lo que desearías y preséntaselo a un grupo de compañeros(as). (¡No puedes pedir más de tres deseos!)

modelo

Con mi primer deseo... pediría un castillo. Sería muy grande y bonito. Habría una piscina y jardines elegantes. Los muebles serían cómodos y bonitos. El castillo sería mágico. Todos mis amigos y mi familia vivirían felices en mi castillo. Para mi segundo deseo...

- **el medio ambiente**
- **la profesión perfecta**
- **los quehaceres**
- **soluciones a los problemas del mundo**
- **pasatiempos y viajes**
- **la salud**
- **¿?**

GRAMÁTICA Reported Speech

In English when you "report" or summarize what someone has said or is saying, you say "He says that..." or "She said that..." In Spanish, to report what someone else has said, you use the verb **decir** followed by **que.**

When using the **present tense, dice que...,** the **second verb** tense is either the **present** or the **future**.

Señor Montero says:

—Eres una candidata perfecta.
You are a perfect candidate.

Isabel **reports:**

—El señor Montero **dice que** **soy** una candidata perfecta.
*Señor Montero **says I am** a perfect candidate.*

Isabel says:

—Estaré allí muy pronto.
I will be there very soon.

Pablo **reports:**

—Isabel **dice que** **estará** aquí muy pronto.
*Isabel **says she will be** here very soon.*

When using **dijo que...,** you use a **past tense** or the **conditional** for the information being reported.

Isabel says:

—Estoy en la avenida Amazonas.
I am on Amazonas Avenue.

Pablo **reports:**

—**Dijo que** **estaba** en la avenida Amazonas.
***She said she was** on Amazonas Avenue.*

Isabel says:

—La entrevista estuvo muy bien.
The interview went very well.

Pablo **reports:**

—**Dijo que** la entrevista **estuvo** muy bien.
***She said** the interview **went** very well.*

Isabel says:

—Estaré allí muy pronto.
I will be there very soon.

Pablo **reports:**

—Isabel **dijo que** **estaría** aquí muy pronto.
*Isabel **said she would be** here very soon.*

When you want to stress that the reported action is **still going on,** the second verb should be in the **present** tense:

Dijo que **buscan** periodistas.
*He said **they are looking for** journalists.*

Practice:
Actividades 12 13 14

Más práctica
cuaderno pp. 159–160
Para hispanohablantes
cuaderno pp. 157–158

Online Workbook
CLASSZONE.COM

12 Llamadas por teléfono

Escuchar Escucha estas llamadas de teléfono que se recibieron en la casa Ramírez. Luego escoge la letra que corresponde a cada llamada.

a.

b.

MENSAJES

Sr.(a): Meche
Hora: 4:00
De:
☒ Le llamó Verónica
☐ Estuvo aquí
☒ Contestar al número 3-47-38
☐ Vendrá a las
☐ Llamará a las
Mensaje:
Telefonista: Fecha: 6/7

c.

MENSAJES

Sr.(a): Meche
Hora: 4:45
De:
☒ Le llamó Verónica
☐ Estuvo aquí
☐ Contestar al número
☐ Vendrá a las
☐ Llamará a las
Mensaje: Estaría en la casa de Juana.
Telefonista: Fecha: 6/7

d.

La línea está
ocupada.
Llama más
tarde.

13 La máquina contestadora

Leer/*Escribir* La señora Ramírez escucha los mensajes para su familia en la máquina contestadora. ¿Qué les dirá a todos?

modelo

«Oye, soy Jaime. Quiero dejar un mensaje para Meche. Vamos a estudiar en la biblioteca a las tres.»

Meche, Jaime dijo que iban a estudiar en la biblioteca a las tres.

1. «Muy buenas, habla José Calvo. Este mensaje es para el señor Antonio Ramírez. La reunión de mañana será a las dos.»
2. «Hola. Soy Chela. Quiero jugar con Juanita.»
3. «Oye, Meche. Habla Jaime otra vez. Cambiamos la hora de estudiar. Estudiaremos a las cuatro.»
4. «Soy Édgar Cruz y busco al señor Antonio Ramírez. Lo llamo más tarde.»
5. «Soy Mónica. Dígale a Meche que compré los boletos.»

Apoyo para estudiar

Reported Speech

When you hear reported speech, you will often hear a shift of tenses in the second verb. Notice what happens:

Isabel dice: «Estoy en la avenida Amazonas.»
Isabel dijo que estaba en la avenida Amazonas.

Pablo dice: «Isabel llegará en cualquier momento.»
Pablo dijo que Isabel llegaría en cualquier momento.

What was reported may shift from present tense to imperfect, from future tense to conditional. Since reported speech in Spanish and English is similar, use the tense that best expresses your meaning.

14 Los mensajes telefónicos

Hablar/*Escribir* Deja tres mensajes imaginarios en la máquina contestadora de un(a) compañero(a). Él (Ella) escribirá los mensajes. Luego combínense con otro grupo. Repite las llamadas para que ellos escojan el mensaje que corresponda a cada llamada. Cambien de papel.

MENSAJES

Sr.(a): ______
Hora: ______
De: ______

- ☐ Lo llamó ______
- ☐ Estuvo aquí ______
- ☐ Contestar al número ______
- ☐ Vendrá a las ______
- ☐ Llamará a las ______

Mensaje: ______

Telefonista: ______ Fecha: ______

15 Una cartita de agradecimiento

Escribir Escríbele una cartita de agradecimiento (*thanks*) a una persona de la clase de español o a otra persona que hable español. Puede ser estudiante o adulto... ¡hasta una persona famosa! Trata de usar todo lo que aprendiste este año. Describe lo que ha hecho esta persona que te haya ayudado o inspirado.

Estimado(a) / Querido(a) (*nombre*):

Gracias por...	**Ojalá qué...**
Es bueno que...	**Tú has...**
Eres...	**Siempre...**

modelo

Estimado David:

Gracias por ayudarme en la clase de español. Cuando no tenía papel, tú me lo dabas. Y cuando no comprendía la lección, me ayudabas. Siempre escuchabas cuando te contaba chistes malos... y te reías también.

Es bueno tener un amigo como tú en esta clase. Ha sido muy divertido. Eres muy paciente y simpático. Ojalá que tengas buena suerte el año que viene.

¡Hasta pronto!

Luis

PARTE D

Todo en acción

Activity 17 brings together all concepts presented.

16 El salón de la fama

STRATEGY: SPEAKING

Persuade or convince others It is not enough to assert that something is true. One must offer convincing proof. To justify your nominations to **«el salón de la fama»,** you can give reasons based on what they usually do, have done, or would do in certain circumstances. You can report what others have said or tell a story that illustrates your claim to their fame.

Hablar/*Escribir* Haz un «salón de la fama» para la clase de español. Escribe oraciones superlativas, escogiendo a un chico y a una chica para cada categoría. No uses el mismo nombre más de dos veces. Luego forma un grupo de tres a cinco personas para votar y hacer una lista del grupo.

modelo

alegre

Pablo y Marta son los estudiantes más alegres.

1. animado(a)
2. alto(a)
3. cómico(a)
4. pelo largo
5. pelo rizado
6. creativo(a)
7. trabajador(a)
8. divertido(a)
9. serio(a)
10. paciente
11. simpático(a)
12. ojos expresivos

17 Ya se van

Hablar/*Escribir* Prepara una presentación de dos a cuatro minutos sobre tu vida y tus opiniones. Éste es tu «mensaje al mundo» antes de salir de vacaciones. Practica tu presentación y finalmente, preséntasela a la clase. Expresa tu personalidad y diviértete.

Empieza con este formato y luego escoge las partes que te gusten más para incluir en tu presentación.

A. ¿Cómo eres?
1. Haz una descripción de tu personalidad.
2. Describe algo importante de tu niñez.

B. ¿Qué te importa?
1. Describe cómo pasas el tiempo.
2. Describe las cosas que te importan.
3. Describe lo que haces para ayudar a otros.

C. ¿Qué quieres para el futuro?
1. ¿Cuáles son tus metas personales?
2. ¿Qué planes tienes?
3. ¿Qué te gustaría hacer?

D. Un mensaje personal
1. ¿Qué quieres para los otros estudiantes?
2. ¿Qué vas a recordar siempre de tus experiencias en la escuela?

More Practice:

Más comunicación *p. R19*

Refrán

Querer es poder.

En grupos pequeños hablen del significado del refrán. Luego identifiquen a unos personajes históricos que personifiquen este refrán. Hagan una lista de los esfuerzos que hizo cada persona para llegar a su meta. Léanle la lista a otro grupo para ver si ellos pueden identificar a los personajes.

En voces

AUDIO

LECTURA

PARA LEER

STRATEGY: READING

Observe characteristics of poems A single line of poetry is called **un verso.** Several lines **(versos)** comprise a stanza **(una estrofa).** Words **(palabras)** form images **(imágenes)** that may also be symbols **(símbolos)** of other ideas. Like songs, poetry is meant to be performed aloud. So read it aloud and listen for rhythm **(ritmo),** rhyme **(rima),** and repetition **(repetición).**

Sobre el autor

Jorge Carrera Andrade (1903–1978), poeta ecuatoriano, es considerado uno de los mejores poetas de lengua española del siglo XX. En sus poemas hay muchas imágenes inspiradas por la belleza natural de Ecuador.

Carrera Andrade viajó mucho durante su vida. Fue cónsul o embajador ecuatoriano en veinte países, entre ellos Estados Unidos, Francia y Japón. Escribió una autobiografía, *El volcán y el colibrí*[1], y varias antologías de poesía. También hizo traducciones de poesía francesa. En 1976 la Academia de la Lengua del Ecuador propuso su nombre para el Premio Nóbel de Literatura. Ahora vas a leer unos versos de su poema «Hombre planetario».

---

[1] hummingbird

«Pasajero del planeta»

Eternidad, te busco en cada cosa:
en la piedra quemada por los siglos
en el árbol que muere y que renace,
en el río que corre
sin volver atrás nunca.

....

Eternidad, te busco en el minuto
disfrazado de[2] pájaro
pero que es gota[3] de agua
que cae y se renueva
sin extinguirse nunca.
Eternidad: tus signos me rodean[4]
mas yo soy transitorio,
un simple pasajero del planeta.

....

Soy hombre, mineral y planta a un tiempo,
relieve del planeta, pez del aire,
un ser terrestre en suma.
Árbol del Amazonas mis arterias,
mi frente de París, ojos del trópico,
mi lengua americana y española

---

[2] disguised as   [3] drop   [4] surround

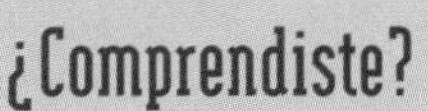

¿Comprendiste?

1. ¿Qué trabajos tuvo Jorge Carrera Andrade?
2. ¿De qué temas habla su poesía?
3. ¿Dónde busca el poeta la eternidad?
4. ¿Qué palabras indican que el poeta no es eterno?

¿Qué piensas?

1. ¿Cómo emplea el poeta las imágenes del cuerpo en los tres últimos versos? ¿Qué significan?
2. ¿Crees que esta poesía es optimista o pesimista? Explica.

Hazlo tú

Escribe un poema corto sobre la naturaleza, la amistad u otro tema. No tienes que usar rima.

En colores
CULTURA Y COMPARACIONES

PARA CONOCERNOS

STRATEGY: CONNECTING CULTURES

Reflect on music How do you suppose the earliest musical instruments were made? How did they change over time? Identify groups that fuse old music and new instruments or vice versa. Present your thoughts in a time line, a mind map, or a series of drawings. Show how a group like Ñanda Mañachi fits into your ideas and your visual.

música

La música andina tiene sus raíces[1] en la civilización de los incas y otras poblaciones indígenas que vivieron en los Andes hace más de mil años. Hoy este tipo de música es conocida en muchas partes del mundo. Hay grupos contemporáneos de Bolivia, Perú, Argentina, Chile y Ecuador que dan conciertos de música andina en Estados Unidos, Europa y Asia. La mayoría de estos grupos cantan en español, pero algunos también cantan en quechua, una lengua indígena de los Andes que todavía se habla en esa región. Y aunque usan guitarras eléctricas y equipo de sonido, los instrumentos originales son lo característico de su música.

[1] roots

El instrumento de percusión que se usa más en la música andina es el bombo. El bombo tradicional se hace del tronco ahuecado (*hollowed out*) de un árbol y de la piel de llama.

La quena es uno de los instrumentos de viento más antiguos del mundo y una parte central de la música andina. Generalmente las quenas se hacen de caña.

La flauta de pan es otro instrumento de viento andino.

Música de las montañas

Se conoce el grupo musical Ñanda Mañachi por sus versiones modernas de la música andina. Aunque sus canciones se han pasado de una generación a otra, las palabras han cambiado. Y ahora estas palabras muestran los sentimientos de los músicos de hoy. Ésta es una de las razones principales por las que la música andina nunca se perdió.

More About Ecuador
CLASSZONE.COM

¿Comprendiste?

1. ¿De qué países son los grupos de música andina?
2. ¿Cuáles son los nombres de algunos instrumentos andinos? ¿Son instrumentos de viento, de cuerda o de percusión?
3. ¿Puedes nombrar dos cosas sobre la música andina que muestren una influencia española?

¿Qué piensas?

1. ¿Cómo ha cambiado el uso de instrumentos en la música andina?
2. Se oye la música de los Andes en las calles y en los clubes de muchos países del mundo. ¿Por qué crees que ahora esta música es tan popular?

Hazlo tú

Busca un casete o un disco compacto de música andina. Escoge una canción cantada en español que te guste y tócala para la clase. Con la clase, transcriban la letra de la canción.

En uso
REPASO Y MÁS COMUNICACIÓN

OBJECTIVES

- Talk on the telephone
- Report on past, present, and future events
- Describe duties, people, and surroundings

Now you can...
- talk on the telephone.

To review
- the future tense, see p. 452.

1 ¿Qué pasará?

Isabel habla por teléfono con su madre sobre sus planes para el futuro. ¿Qué dice? ¿Lo crees tú?

modelo

yo: volver a Ecuador en un año

Yo volveré a Ecuador en un año. (Lo creo. / No lo creo.)

1. yo: asistir a la universidad en México
2. Pablo y yo: escribir otro artículo juntos
3. el señor Montero: ofrecerme un puesto en México
4. mis amigos mexicanos: invitarme a salir mucho
5. yo: trabajar para la empresa del señor Montero algún día
6. Cristina: venir a visitarme algún día
7. Pablo y su familia: mandarme cartas todas las semanas
8. tú: acompañarme a Ecuador la próxima vez
9. yo: ganar otro concurso
10. tú y yo: poder viajar por todo el mundo algún día

Now you can...
- describe duties, people, and surroundings.

To review
- the conditional tense, see p. 454.

2 ¡Sería ideal!

Isabel habla por teléfono con su padre sobre el puesto con *Viajamundo*. Completa su descripción con el condicional de los verbos indicados.

El puesto con la revista *Viajamundo* __1__ (ser) perfecto para mí. Yo __2__ (tener) un contrato de seis meses con buenos beneficios. Así que __3__ (trabajar) aquí por seis meses y después __4__ (volver) a México. ¿Qué te parece?

Sí, sí... Yo sé que ustedes __5__ (estar) tristes, pero __6__ (poder) venir a visitarme, ¿no? Por favor, papá. En este puesto yo __7__ (ganar) 400 dólares al mes y __8__ (trabajar) en una oficina bonita con personas muy amables. Nosotros __9__ (escribir) artículos de viaje y __10__ (conocer) varios países de Sudamérica.

Now you can...
- report on past, present, and future events.

To review
- the conditional tense, see p. 454.
- reported speech, see p. 456.

3 Alguien dijo...

Cristina habla por teléfono con una amiga sobre lo que le han dicho varias personas. ¿Qué dice?

modelo

papá: él / ayudarme a buscar trabajo

Papá dijo que él me ayudaría a buscar trabajo.

1. Isabel: ella / llamarme desde México el jueves
2. mamá: nosotras / hacer flan esta tarde
3. papá: él / venir a casa temprano hoy
4. la vecina: ella / enseñarme sus fotos de la fiesta
5. Diego: él y yo / ir al cine este fin de semana
6. mi prima: ellos / visitarnos en diciembre
7. Saúl: todos nuestros amigos / asistir al concierto el domingo
8. mamá: tú y yo / poder cocinar aquí mañana

Now you can...
- report on past, present, and future events.

To review
- reported speech, see p. 456.

4 ¿Lo dijo Isabel?

Pablo habla con su familia sobre su conversación por teléfono con Isabel, pero no todo lo que dice es correcto. Di si la información es **cierta** o **falsa.** (Si te olvidas, lee otra vez el diálogo en las páginas 448 y 449.)

modelo

«Estoy en una cabina telefónica en la avenida Amazonas.»

Isabel dijo que estaba en una cabina telefónica en la avenida Amazonas. (cierto)

1. «La entrevista estuvo muy mala.»
2. «Tengo mucha información.»
3. «La compañía busca un periodista.»
4. «El contrato es de un año.»
5. «Ellos quieren una persona con experiencia.»
6. «Tendré que hacer otra entrevista mañana.»
7. «El señor Montero me cayó mal.»
8. «Estoy lista para volver a México.»
9. «La compañía me dará otro puesto en el futuro.»
10. «Trabajaré aquí algún día como abogada.»

5 Tu vida

STRATEGY: SPEAKING

Report on events An important language skill is the ability to trace personal experiences across time. Think of ideas or events that took place in the past, that are happening now, or that may be part of your future. As you retell them, use expressions to place them in time (**hace dos años, en este momento, en cuatro años,** etc.), to sequence them (**antes, después, por fin,** etc.), and perhaps to contrast differences **(más / menos que...).**

Completa la tabla con tres eventos importantes de tu pasado, de tu presente y de tu futuro. Luego habla con un(a) compañero(a) sobre los eventos.

El pasado	El presente	El futuro
1.	1.	1.
2.	2.	2.
3.	3.	3.

modelo

Tú: *¿Fuiste a la fiesta del club de español en septiembre?*

Compañero(a): *Sí, me encantó. Comí...*

6 ¿Quién llamó?

Imagínate que un personaje de este libro acaba de llamarte por teléfono. Explícales a tus compañeros(as) lo que dijo este personaje. Ellos(as) tienen que adivinar quién era.

modelo

Tú: *Dijo que ya no trabajaba como guía, pero que todavía le gustaba visitar los parques nacionales de su país.*

Compañero(a) 1: *¿Era Fernando?*

Tú: *No, no era Fernando.*

Compañero(a) 2: *¿Era Cecilia?*

Tú: *Sí, era Cecilia.*

7 En tu propia voz

ESCRITURA Imagínate que han pasado diez años y que le escribes una carta a tu profesor(a) de español. ¿Qué le dices? Incluye la siguiente información.

- Preséntate y descríbete.
- Describe tu trabajo.
- Explica cómo te preparaste para tu trabajo.
- Describe tus planes para el futuro.
- Termina la carta con un mensaje personal.

TÚ EN LA COMUNIDAD

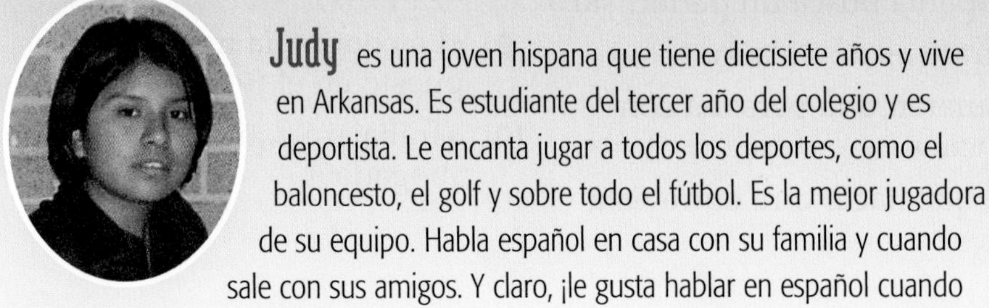

Judy es una joven hispana que tiene diecisiete años y vive en Arkansas. Es estudiante del tercer año del colegio y es deportista. Le encanta jugar a todos los deportes, como el baloncesto, el golf y sobre todo el fútbol. Es la mejor jugadora de su equipo. Habla español en casa con su familia y cuando sale con sus amigos. Y claro, ¡le gusta hablar en español cuando juega al fútbol! ¿Cuándo y con quién te gusta hablar en español?

En resumen

YA SABES

TALK ON THE TELEPHONE

Hola, Pablo. Soy Isabel.	*Hello, Pablo. It's Isabel.*
Estoy en una cabina telefónica en la avenida Amazonas.	*I'm in a phone booth on Amazonas Avenue.*

DESCRIBE DUTIES, PEOPLE, AND SURROUNDINGS

La dependienta está de mal humor.	*The salesperson is in a bad mood.*
¡Qué buena onda es el señor Montero!	*What a good person Mr. Montero is!*
Isabel se siente un poco triste.	*Isabel feels a little sad.*

REPORT ON PAST, PRESENT, AND FUTURE EVENTS

Present Tense

Tengo mucha información.	*I have a lot of information.*
Isabel está en la avenida Amazonas.	*Isabel is on Amazonas Avenue.*

Preterite Tense

Viniste directamente de Los Ángeles, ¿no?	*You came straight from Los Angeles, didn't you?*
Todo el mundo respondió a la emergencia con acciones positivas.	*Everyone responded to the emergency with positive actions.*
¿Cómo estuvo la entrevista?	*How was the interview?*

Imperfect Tense

Dijo que buscaban un periodista para un contrato de seis meses y que necesitaban una persona con experiencia en otra revista.	*He said that they were looking for a journalist for a six-month contract and that they needed a person with experience on another magazine.*

Future Tense

Estará aquí muy pronto.	*She will be here very soon.*
Lo pondremos aquí en la mesa.	*We will put it here on the table.*
Ustedes se quedarán aquí, muy quietos.	*You will stay here and be very quiet.*

Juego

Lee y relee este trabalenguas en voz alta.
¿Cuántos cuentos cuentas?

Cuando cuentes cuentos,
cuenta cuántos cuentos cuentas,
porque si no cuentas
cuántos cuentos cuentas
nunca sabrás
cuántos cuentos sabes contar.

En tu propia voz

ESCRITURA

¡A trabajar!

Your family is going to live in a Spanish-speaking country for a semester and you have the opportunity to work while you're there. Write a cover letter to the placement agency that offers positions to foreign students.

Function: Apply for a job
Context: Contacting potential employer
Content: Employment
Text type: Cover letter

PARA ESCRIBIR • STRATEGY: WRITING

State your message using a positive tone Most formal letters are effective because the writer uses a positive, polite, and businesslike tone. Make your cover letter effective by beginning with a strong opening statement. Then provide details that make clear your value as an employee. Conclude by reemphasizing your enthusiasm.

Modelo del estudiante

136 Berkeley Street
Boston, MA 02116
21 de abril

Sr. Ramón Unzueta, Director
Agencia de empleo Valdez
5 de Junio Nº 26
Quito, Ecuador

Estimado Sr. Unzueta:

Como mi familia y yo vamos a vivir en Quito entre septiembre y enero del año que viene, me interesa mucho solicitar empleo en la Escuela Primaria Bilingüe. Mi área de interés es la enseñanza de niños.

Me encanta mi trabajo en Boston como tutor de inglés para los niños recién llegados a Estados Unidos. Trabajo cinco horas a la semana en nuestro Centro de la Comunidad cerca de mi casa. Mis supervisores me han dicho que soy un maestro muy dedicado y que tengo un talento excepcional para enseñar.

Pienso estudiar la enseñanza en la universidad. La oportunidad de enseñarles inglés a los niños de Quito y prepararme para el futuro sería excelente. Además, podré entrenar a los estudiantes de mi ciudad para servir conmigo como tutores de inglés.

Atentamente,

Mark Benjamin
Mark Benjamin

The writer makes a **strong opening statement** about his interests.

The writer adds information about his **skills.**

Additional **examples** of employment qualifications are provided by the writer.

The final section shows the writer's enthusiasm and professional nature by **linking** the employment to his **future.**

Estrategias para escribir

Antes de escribir...

An impressive cover letter convinces your reader that you are an excellent, qualified candidate for a specific job. The letter gives clear examples of your suitability for the job. Before beginning the first draft of your cover letter, brainstorm the details using a word web like the one at the right.

Revisiones

Share your draft with a partner. Then ask:

- *Did I state my purpose simply and concisely?*
- *Did I provide necessary details about my background?*
- *Did I convey my message in a positive manner?*

You can revise your draft based on your partner's responses to these questions.

La versión final

Before you write your final draft of your letter, carefully correct all errors using the proofreading symbols (p. 99). Look over your work with the following question in mind:

- *Did I remember special spellings of irregular past participles?*

Try this: Circle past participles used with **haber** and note if they are regular or irregular. Be sure you have used the correct forms.

Estimado Director:

Mi familia y yo vamos a vivir 6 meses en Caracas. seis
í He leido mucho sobre los oportunidades que hay a
allá. Me gustaría solicitar trabajo como ayudante en el Centro Bilingüe de Computación.

Tengo mucha experiencia con las computadoras. He usado muchos programas diferentes y he hacido hecho algunos websites. Estoy preparada para ayudar a los estudiantes del centro

Recursos

Más comunicación R1

To help in the management of these paired activities, the Student A cards have been printed upside down.

Vocabulario adicional R20

Juegos – respuestas R23

Gramática – resumen R24

Glosario

español–inglés R36

inglés–español R56

Índice R76

Créditos R82

1 Etapa preliminar p. 23
¿Quién es?

Estudiante A Es necesario identificar a las personas de la foto para el periódico de la escuela. Si no sabes un nombre, describe a la persona. *(Hint: Describe the people to find out their names.)*

modelo

Estudiante A: *¿Quién es baja y tiene una camisa azul?*

Estudiante B: ...

Estudiante B Es necesario identificar a las personas de la foto para el periódico de la escuela. Si no sabes un nombre, describe a la persona. *(Hint: Describe the people to find out their names.)*

modelo

Estudiante A: *¿Quién es baja y tiene una camisa azul?*

Estudiante B: *Pilar es baja y tiene una camisa azul.*

2 Etapa preliminar p. 23
Información sobre estudiantes

Estudiante A Tu profesor(a) busca información sobre los estudiantes de la clase. Completa la tabla con tu compañero(a). *(Hint: Complete the chart.)*

modelo

Estudiante A: *¿A qué hora almuerza Meche?*

Estudiante B: *Ella almuerza a las...*

nombre	edad	almuerzo	talento
Meche	16		jugar al golf
Guillermo		11:15	
tú			
tu compañero(a)			

Estudiante B Tu profesor(a) busca información sobre los estudiantes de la clase. Completa la tabla con tu compañero(a). *(Hint: Complete the chart.)*

modelo

Estudiante A: *¿A qué hora almuerza Meche?*

Estudiante B: *Ella almuerza a las doce y diez.*

nombre	edad	almuerzo	talento
Meche		12:10	
Guillermo	17		escribir
tú			
tu compañero(a)			

3 Unidad 1 Etapa 1 p. 42
El fin del verano

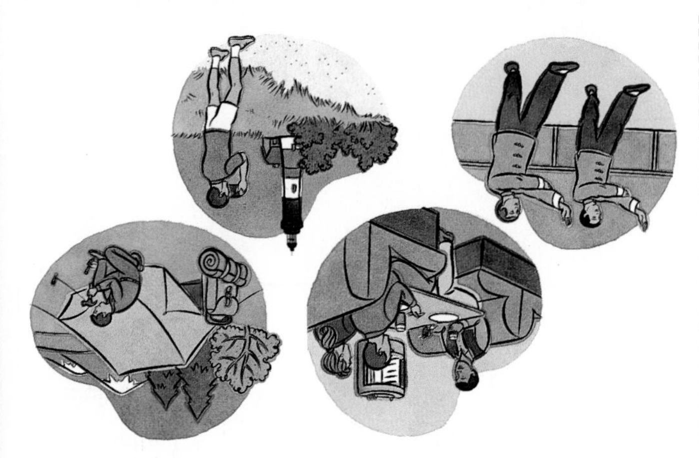

almorzar con amigos
jugar al ajedrez
tocar el piano
tomar un curso de natación
bajar un río en canoa

Estudiante A Usa estas expresiones para preguntarle a tu compañero(a) qué hizo Beatriz. Luego usa los dibujos para contestar sus preguntas sobre las actividades de Armando. *(Hint: Ask what Beatriz did. Tell what Armando did.)*

Estudiante B Usa los dibujos para contestar las preguntas de tu compañero(a) sobre las actividades de Beatriz. Luego usa las expresiones para preguntarle a tu compañero(a) qué hizo Armando. *(Hint: Tell what Beatriz did. Ask what Armando did.)*

acampar en las montañas
cantar en el coro
sacar fotos
estudiar las artes marciales
comer en un restaurante

4 Unidad 1 Etapa 1 p. 45
¿Adónde?

Pistas sobre Juan	
Pasó por la aduana.	Buscó un libro.
Le dio información al agente.	Disfrutó con los amigos.

1. el aeropuerto
2. un café
3. una piscina
4. un campo de deportes
5. el cine
6. una clase de piano

modelo

el aeropuerto

Estudiante A: *¿Fue Raquel al aeropuerto?*

Estudiante B: ...

Estudiante A Quieres saber adónde fue Raquel. Hazle preguntas a tu compañero(a) para saber adónde fue. Luego usa las pistas para contestar sus preguntas sobre las actividades de Juan. *(Hint: Ask if Raquel went to these places. Answer questions about Juan.)*

Estudiante B Quieres saber adónde fue Juan, y tu compañero(a) quiere saber adónde fue Raquel. Usa las pistas para contestar sus preguntas, y hazle preguntas para saber adónde fue Juan. *(Hint: Answer questions about Raquel. Ask if Juan went to these places.)*

modelo

el aeropuerto

Estudiante A: *¿Fue Raquel al aeropuerto?*

Estudiante B: *Sí, fue al aeropuerto.*

Pistas sobre Raquel	
Vio una película.	Jugó al fútbol.
Abordó un avión.	Tocó un instrumento musical.

7. una agencia de viajes
8. las montañas
9. una fiesta
10. otro país
11. un río
12. la biblioteca

5 Unidad 1 Etapa 2 p. 62
¿Qué pide?

Estudiante A Tu compañero(a) sabe qué pide Sabrina cuando va al centro, y tú lo quieres saber. Hazle preguntas, usando las expresiones útiles, para aprender qué pide Sabrina. *(Hint: Ask about Sabrina.)*

algo de beber	**algo para leer**
algo de comer	**algo para manejar**
algo para ponerse	**algo para mirar**

modelo

Estudiante A: *¿Pide algo de beber?*

Estudiante B: ...

Estudiante B Tú sabes lo que pide Sabrina cuando va al centro, y tu compañero(a) lo quiere saber. Contesta las preguntas de tu compañero(a). *(Hint: Tell what Sabrina does.)*

modelo

Estudiante A: *¿Pide algo de beber?*

Estudiante B: *Sí, pide un refresco.*

Lo que pide Sabrina	
unos zapatos	**una hamburguesa**
una novela	**un refresco**
una pintura	

6 Unidad 1 Etapa 2 p. 67
Una excursión

Estudiante A Sabes cuatro cosas que hicieron Iván y Linda ayer pero no sabes en qué orden las hicieron. En oraciones, dile a tu compañero(a) lo que sabes. Cambien de papel. Luego pongan en orden las ocho oraciones. Finalmente, completen la historia *(story)*. *(Hint: Make sentences and put them in order.)*

- (Venir) los padres de Linda a casa. (Ver) la vaca y…
- Linda (comprar) una escultura de una vaca.
- Ellos le (decir) a la vendedora: —Queremos una escultura.
- El sábado pasado, Linda (estar) sola en su casa, pensando en el arte.

Estudiante B Sabes cuatro cosas que hicieron Iván y Linda ayer pero no sabes en qué orden las hicieron. En oraciones, dile a tu compañero(a) lo que sabes. Cambien de papel. Luego pongan en orden las ocho oraciones. Finalmente, completen la historia *(story)*. *(Hint: Make sentences and put them in order.)*

- Ellos (llevar) la vaca a la casa de Linda.
- Iván y Linda (ir) a la tienda.
- (Llamar) a Iván por teléfono y lo (invitar) a ir de compras a la tienda de artesanía.
- De repente, (querer) comprar una escultura.

7 Unidad 1 Etapa 3 p. 83
Unas nacionalidades

Estudiante A En voz alta, lee estas selecciones de las noticias. Tu compañero(a) va a decirte las nacionalidades de las personas mencionadas. *(Hint: Find out the nationalities of the people in the news.)*

argentino(a) salvadoreño(a) venezolano(a) estadounidense

modelo

Estudiante A: *Una princesa nació en Madrid.*

Estudiante B: *La princesa es...*

1. En Madrid, un señor capturó a un ladrón.
2. Unos pintores hicieron una exposición en París.
3. En Toronto, dos señoras rescataron a un niño.
4. Todas las personas cantaron el himno nacional en Bogotá.

Estudiante B Escucha las selecciones de las noticias y dile a tu compañero(a) las nacionalidades de las personas. Luego léele tus selecciones para que las adivine. *(Hint: Tell the nationalities of the people in the news.)*

colombiano(a) español(a) francés(esa) canadiense

modelo

Estudiante A: *Una princesa nació en Madrid.*

Estudiante B: *La princesa es española.*

5. Unas escultoras mostraron sus obras en la galería de Boston.
6. Trajeron a las víctimas a un hospital de San Salvador.
7. El actor empezó su carrera en Caracas.
8. Susana de Silva abrió una tienda de arte en Buenos Aires.

8 Unidad 1 Etapa 3 p. 89
¡Caramba!

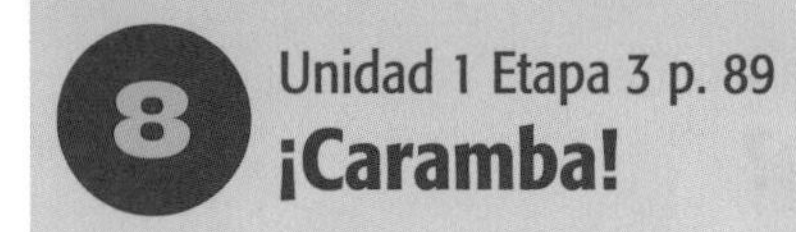

Estudiante A Tú y tu compañero(a) hicieron actividades diferentes durante las vacaciones. Dile a tu compañero(a) qué hiciste. Tu compañero(a) va a decirte qué prefiere hacer. Cambien de papel. *(Hint: Tell what you did. Say what you like.)*

modelo

leer las noticias en el periódico

Estudiante A: *Leí las noticias en el periódico.*

Estudiante B: *...*

1. leer las noticias en el periódico
2. pedir un asiento de pasillo en el avión
3. dormir en un hotel lujoso
4. competir en un juego de tenis
5. comer la especialidad de la casa

Estudiante B Tú y tu compañero(a) hicieron actividades diferentes durante las vacaciones. Dile a tu compañero(a) qué hiciste. Tu compañero(a) va a decirte qué prefiere hacer. Cambien de papel. *(Hint: Tell what you did. Say what you like.)*

modelo

leer las tiras cómicas

Estudiante A: *Leí las noticias en el periódico.*

Estudiante B: *Prefiero leer las tiras cómicas.*

1. leer las tiras cómicas
2. pedir un asiento de ventanilla en el avión
3. dormir en las montañas
4. ver un juego de tenis
5. comer pollo asado

9 Unidad 2 Etapa 1 p. 116
¿Son tuyos o suyos?

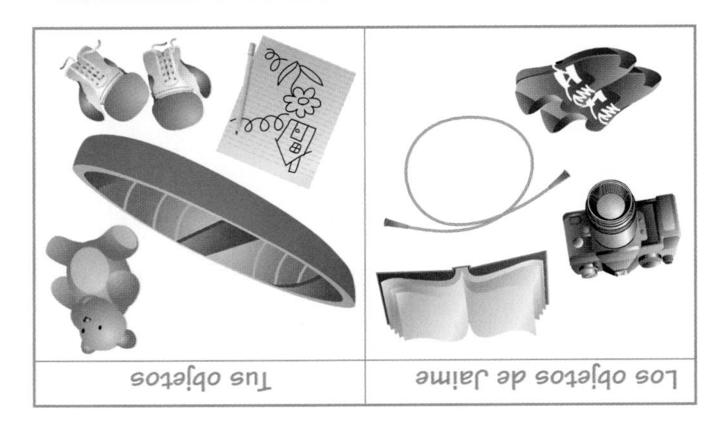

modelo

Estudiante A: *A mí me gusta pelear.*

Estudiante B: *¿Los guantes son tuyos?*

Estudiante A: *Sí, son míos.*

Estudiante A Imagínate que unos objetos son tuyos y otros son de Jaime. Dale pistas a tu compañero(a) para que adivine de quién son. *(Hint: Give clues for your partner to guess to whom each object belongs.)*

Estudiante B Todos los objetos son de Jaime o de tu compañero(a). Adivina de quién son según las pistas de tu compañero(a). *(Hint: Guess who owns these objects according to your partner's clues.)*

modelo

Estudiante A: *A mí me gusta pelear.*

Estudiante B: *¿Los guantes son tuyos?*

Estudiante A: *…*

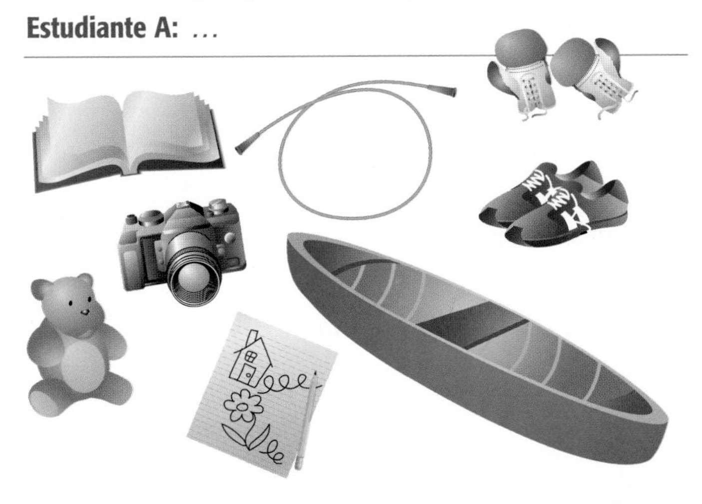

10 Unidad 2 Etapa 1 p. 119
La niñez

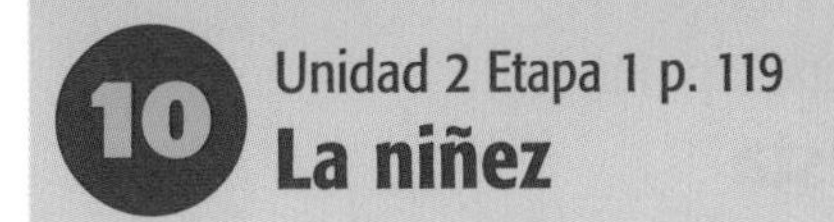

Estudiante A Pregúntale a tu compañero(a) sobre la niñez de Nicolás utilizando los elementos de abajo. Luego contesta las preguntas de tu compañero(a). *(Hint: Take turns asking and answering questions.)*

modelo

ser obediente

Estudiante A: *¿Era obediente?*

Estudiante B: *…*

1. ser obediente
2. saltar la cuerda
3. tener un muñeco de peluche preferido
4. portarse mal en clase

Ahora contesta las preguntas de tu compañero(a).

5. Era muy sociable.
6. No le gustaba estar en lugares altos.
7. Tenía miedo de los animales.
8. Era muy amable con su hermano.

Estudiante B Lee estas descripciones de la niñez de Nicolás y contesta las preguntas de tu compañero(a). Luego hazle tú otras preguntas. *(Hint: Take turns asking and answering questions.)*

modelo

No hacía lo que decían sus padres.

Estudiante A: *¿Era obediente?*

Estudiante B: *No, no era obediente. No hacía lo que decían sus padres.*

1. No hacía lo que decían sus padres.
2. Hacía actividades atléticas.
3. Siempre llevaba su gatito de peluche.
4. Escuchaba bien a sus maestros.

Ahora hazle otras preguntas a tu compañero(a).

5. ser tímido
6. trepar a los árboles
7. asustarse de los perros
8. pelearse con su hermano

11 Unidad 2 Etapa 2 p. 136
En la fiesta

Estudiante A Viste una foto de una fiesta y quieres saber qué estaban haciendo las personas. Pregúntale a tu compañero(a). *(**Hint:** Find out who was doing what.)*

modelo

Estudiante A: *¿Quién estaba tocando la guitarra?*

Estudiante B: ...

Estudiante B Tu compañero(a) acaba de ver una foto de una fiesta tuya. Contesta las preguntas con los nombres de las personas. *(**Hint:** Identify who was doing each activity.)*

modelo

Estudiante A: *¿Quién estaba tocando la guitarra?*

Estudiante B: *Diego estaba tocando la guitarra.*

12 Unidad 2 Etapa 2 p. 141
Mientras

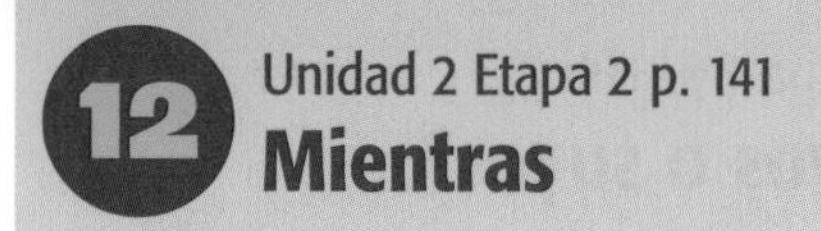

1. jugar al tenis
2. buscar información en Internet
3. hacer un experimento
4. disfrutar con las amigas
5. leer su libro

Estudiante A Pregúntale a tu compañero(a) qué hizo Roberto mientras Catalina hacía otra cosa. *(**Hint:** Ask your partner what Roberto did.)*

modelo

jugar al tenis

Estudiante A: *¿Qué hizo Roberto mientras Catalina jugaba al tenis?*

Estudiante B: *Mientras Catalina jugaba al tenis, Roberto...*

Estudiante B Dile a tu compañero(a) qué hizo Roberto mientras Catalina hacía otra cosa. *(**Hint:** Tell your partner what Roberto did.)*

modelo

ganar un premio

Estudiante A: *¿Qué hizo Roberto mientras Catalina jugaba al tenis?*

Estudiante B: *Mientras Catalina jugaba al tenis, Roberto ganó un premio.*

1. ganar un premio
2. tener un accidente
3. ver el leopardo
4. oír música
5. comprar una limonada

13 ¿Lo hace?

Unidad 2 Etapa 3 p. 161

Estudiante A Pregúntale a tu compañero(a) si a estas personas les gusta hacer las siguientes cosas. Luego haz una lista de sus respuestas. *(Hint: Ask your classmate about activities.)*

modelo

Carlos / encantar / bailar

Estudiante A: *¿A Carlos le encanta bailar?*

Estudiante B: ...

1. Carlos / encantar / bailar
2. Ana / interesar / las noticias
3. Jorge / molestar / las matemáticas
4. Catalina / fascinar / los deportes
5. Juan / gustar / la carne

Estudiante B Tu compañero(a) te va a preguntar si a unas personas les gusta hacer varias cosas. Contesta las preguntas y responde con los verbos de abajo. Luego haz una lista de sus respuestas. *(Hint: Answer your classmate about activities.)*

modelo

Carlos va a la discoteca.

Estudiante A: *¿A Carlos le encanta bailar?*

Estudiante B: *Sí, le encanta bailar. Le gusta ir a la discoteca.*

1. Carlos va a la discoteca.
2. Ana lee el periódico.
3. Jorge no estudia las matemáticas.
4. Catalina juega al fútbol.
5. Juan come muchas hamburguesas.

14 En tu restaurante preferido

Unidad 2 Etapa 3 p. 163

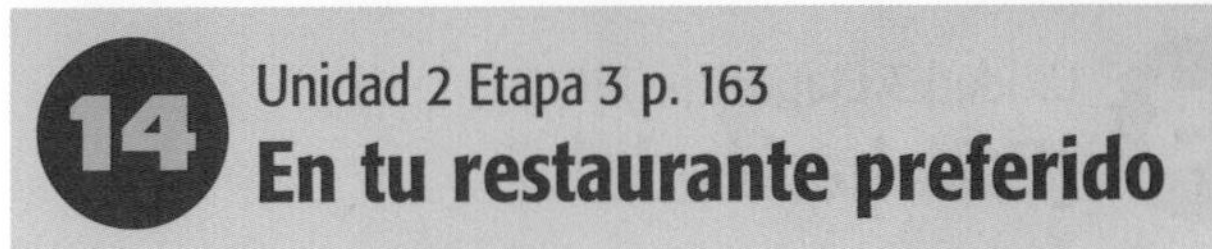

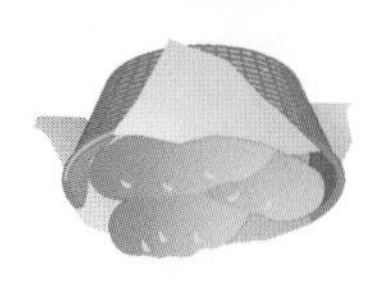

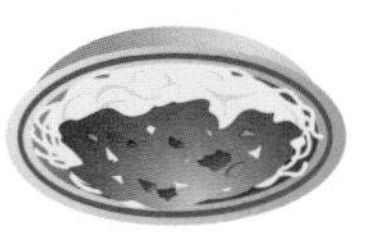

Estudiante A Pregúntale a tu compañero(a) si le sirven estas comidas en el Restaurante Pirámide. Luego, usa los dibujos para contestar sus preguntas sobre las comidas que te sirven en el Restaurante Mucho Gusto. *(Hint: Talk about what foods are served in restaurants.)*

modelo

Estudiante A: *¿Te sirven pollo asado en el restaurante?*

Estudiante B: ...

1. pollo asado
2. bistec
3. pescado
4. limonada
5. leche

Estudiante B Usa los dibujos para contestar las preguntas de tu compañero(a) sobre las comidas que te sirven en el Restaurante Pirámide. Luego, pregúntale si le sirven varias comidas en el Restaurante Mucho Gusto. *(Hint: Talk about what foods are served in restaurants.)*

modelo

Estudiante A: *¿Te sirven pollo asado en el restaurante?*

Estudiante B: *Sí, me lo sirven.*

6. plátanos
7. papas fritas
8. tacos
9. pasta
10. pan

15 Unidad 3 Etapa 1 p. 188
¿Está haciéndolo?

Estudiante A María se prepara para la escuela. Pregúntale a tu compañero(a) si ella necesita hacer las siguientes actividades o si ya está haciéndolas. (*Hint:* *Find out if María is doing or needs to do the following activities.*)

modelo

maquillarse

Estudiante A: *¿Se está maquillando María?*

Estudiante B: ...

1. maquillarse
2. arreglarse
3. lavarse
4. secarse el pelo
5. mirarse

Estudiante B María se prepara para la escuela. Dile a tu compañero(a) si María necesita hacer las actividades mencionadas o si ya está haciéndolas. (*Hint:* *Tell your partner if María is doing or needs to do certain things.*)

modelo

maquillarse

Estudiante A: *¿Se está maquillando María?*

Estudiante B: *No. Necesita maquillarse.*

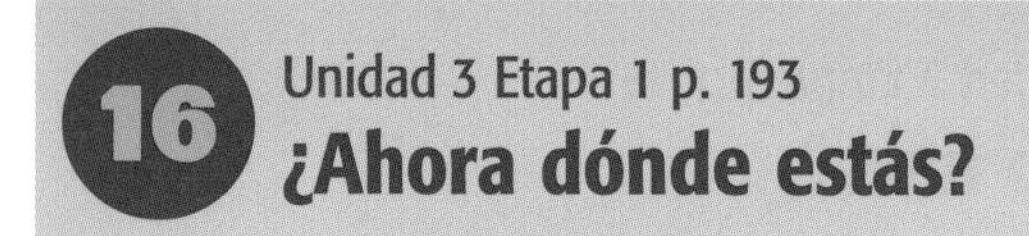

16 Unidad 3 Etapa 1 p. 193
¿Ahora dónde estás?

Estudiante A Una persona famosa viene a tu escuela. Dale direcciones a las siguientes partes de la escuela. Tu compañero(a) (la persona famosa) va a adivinar el lugar. Cambien de papel. (*Hint:* *Use* **usted** *commands to give directions to the following places in your school. Identify places according to your partner's directions.*)

modelo

la clase de arte

Estudiante A: *Salga de la clase y doble a la izquierda. Camine hasta el auditorio, doble a la derecha y busque la próxima puerta.*

Persona famosa: *Es la clase de arte.*

1. el gimnasio
2. el auditorio
3. la biblioteca
4. el laboratorio de ciencias

Estudiante B Identifica los lugares de la lista de tu compañero(a) según sus direcciones. Luego cambien de papel y dale direcciones para ir a las siguientes partes de la escuela. (*Hint:* *Identify places in your school according to your partner's directions. Use* **usted** *commands to give directions to the places on your list.*)

modelo

la clase de arte

Estudiante A: *Salga de la clase y doble a la izquierda. Camine hasta el auditorio, doble a la derecha y busque la próxima puerta.*

Persona famosa: *Es la clase de arte.*

5. la cafetería
6. el estadio
7. la oficina
8. el salón de computadoras

17 Unidad 3 Etapa 2 p. 211
¿Qué recuerdas?

Estudiante A Dile a tu compañero(a) que tiene que hacer las siguientes actividades. Él (Ella) te va a decir si es necesario hacerlas según el dibujo. *(Hint: Use tú commands to tell your partner to do these chores.)*

modelo

barrer el piso

Estudiante A: *Barre el piso.*

Estudiante B: ...

1. barrer el piso
2. poner la mesa
3. sacar la basura
4. lavar los platos
5. quitar la mesa
6. pasar la aspiradora

Estudiante B Dile a tu compañero(a) si es necesario hacer las actividades mencionadas según el dibujo. *(Hint: Decide if the chores should be done.)*

modelo

Estudiante A: *Barre el piso.*

Estudiante B: *No es necesario.*

18 Unidad 3 Etapa 2 p. 215
¿Cómo?

Estudiante A ¿Cómo son estas personas en casa? Pregúntale a tu compañero(a) qué hacen, usando adverbios con **-mente**. *(Hint: Ask what people do.)*

modelo

Juana / inmediatamente

Estudiante A: *En casa, ¿qué hace Juana inmediatamente?*

Estudiante B: ...

1. Juana / inmediatamente
2. Jorge / rápidamente
3. Catalina / tranquilamente
4. Andrés / normalmente
5. Alicia / lentamente
6. David / difícilmente

Estudiante B Contesta las preguntas de tu compañero(a). *(Hint: Tell your partner what people do.)*

modelo

hacer la tarea

Estudiante A: *En casa, ¿qué hace Juana inmediatamente?*

Estudiante B: *Hace la tarea inmediatamente.*

1. hacer la tarea
2. estirarse
3. hacer la cama
4. leer el periódico
5. lavar los platos
6. acostarse temprano

19 Unidad 3 Etapa 3 p. 233
En el consultorio

Estudiante A Una enfermera escribió la información en la tabla de abajo. ¿Cuánto tiempo hace que les afectan las situaciones a las personas? Habla con tu compañero(a) para completar la tabla. *(Hint: Complete the chart.)*

modelo

Estudiante A: *¿Cuánto tiempo hace que Andrés se lastimó?*

Estudiante B: *Hace... que se lastimó.*

María	Le duelen los dientes.	2 meses
Andrés	Se lastimó.	
Julia	Se cortó el dedo.	3 horas
Pedro	Está resfriado.	
Pepa	Lleva yeso.	5 semanas
Paco	Tiene tos.	

Estudiante B Una enfermera escribió la información en la tabla de abajo. ¿Cuánto tiempo hace que les afectan las situaciones a las personas? Habla con tu compañero(a) para completar la tabla. *(Hint: Complete the chart.)*

modelo

Estudiante A: *¿Cuánto tiempo hace que Andrés se lastimó?*

Estudiante B: *Hace un año que se lastimó.*

María	Le duelen los dientes.	
Andrés	Se lastimó.	1 año
Julia	Se cortó el dedo.	
Pedro	Está resfriado.	6 días
Pepa	Lleva yeso.	
Paco	Tiene tos.	1 semana

20 Unidad 3 Etapa 3 p. 237
La telenovela

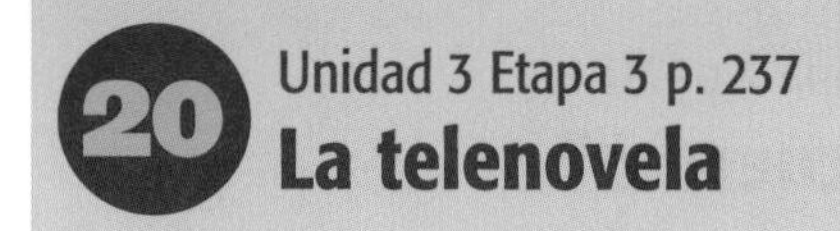

Estudiante A Imagínate que tu vida es como una telenovela y le vas a decir varias situaciones a tu compañero(a). Te va a responder con una expresión impersonal y su reacción. *(Hint: Tell your partner the following and listen for the response.)*

modelo

Estudiante A: *Mi hermana se cayó cuando se ponía los pantalones y está en la sala de emergencia.*

Estudiante B: ....

1. Mi hermana se cayó cuando se ponía los pantalones y está en la sala de emergencia.
2. Hubo un temblor y mi casa está destruida.
3. Mi profesor va a ser mi padrastro.
4. Acabo de darme cuenta de que tengo una gemela.
5. Hace mucho calor y no tengo desodorante.

Estudiante B Imagínate que la vida de tu compañero(a) es como una telenovela y te va a describir varias situaciones. Responde con una expresión impersonal y tu reacción. *(Hint: Listen to your partner's situations, and then react.)*

Es triste que...	Es ridículo que...
Es probable que...	Es importante que...
Es bueno que...	Es una lástima que...

modelo

Estudiante A: *Mi hermana se cayó cuando se ponía los pantalones y está en la sala de emergencia.*

Estudiante B: *Es importante que tu hermana tenga cuidado cuando se pone los pantalones.*

21 Unidad 4 Etapa 1 p. 265
Quiero que vayamos a…

Estudiante A Contesta preguntas sobre tu hotel. Luego hazle estas preguntas a tu compañero(a). Trata de convencerle de hospedarse en tu hotel. *(Hint: Ask and answer questions about a hotel.)*

Tu hotel tiene:
- **baños grandes**
- **habitaciones hermosas**
- **comida maravillosa**
- **muebles antiguos**
- **una vista del mar**

modelo

Estudiante B: *¿Tiene habitaciones hermosas?*
Estudiante A: *Sí.*
Estudiante B: *Ojalá que nos hospedemos…*

5. ¿Tiene cocinas en las habitaciones?
6. ¿Tiene televisor en las habitaciones?
7. ¿Tiene piscina?
8. ¿Tiene gimnasio?

Estudiante B Pregúntale a tu compañero(a) sobre su hotel y contesta preguntas sobre el tuyo. Luego trata de convencerle de hospedarse en tu hotel. *(Hint: Ask and answer questions about a hotel.)*

modelo

Estudiante B: *¿Tiene habitaciones hermosas?*
Estudiante A: *….*
Estudiante B: *Ojalá que nos hospedemos…*

1. ¿Tiene habitaciones hermosas?
2. ¿Tiene muebles antiguos o modernos?
3. ¿Tiene baños grandes?
4. ¿Tiene servicio excepcional?

Tu hotel tiene:
- **una piscina grande**
- **aire acondicionado**
- **un gimnasio**

habitaciones con…
- **cocinas**
- **televisores**

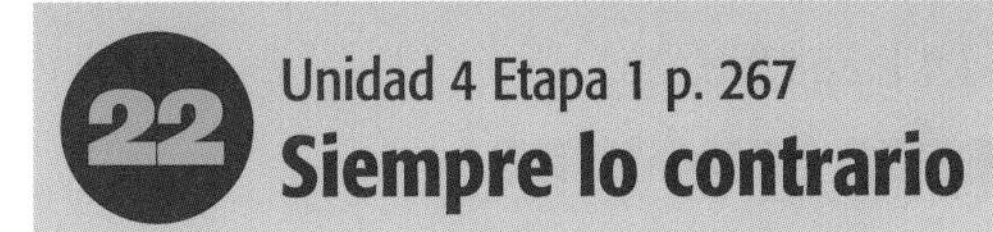

22 Unidad 4 Etapa 1 p. 267
Siempre lo contrario

Estudiante A Tú y tu compañero(a) no están de acuerdo hoy. Cuando tú sugieres algo, él (ella) tiene otra idea. *(Hint: Suggest activities.)*

modelo

preparar el almuerzo en el horno microondas
Estudiante A: *Ojalá que preparemos el almuerzo en el horno microondas.*
Estudiante B: …

1. preparar el almuerzo en el horno microondas
2. poner la calefacción
3. dar una vuelta
4. ir a la librería
5. ir al centro comercial
6. lavar el perro en el lavabo
7. levantarse tarde
8. alquilar un video cómico

Estudiante B Tú y tu compañero(a) no están de acuerdo hoy. Cuando él (ella) sugiere algo, tú tienes otra idea. *(Hint: Suggest alternate activities.)*

modelo

usar la estufa
Estudiante A: *Ojalá que preparemos el almuerzo en el horno microondas.*
Estudiante B: *Prefiero que usemos la estufa.*

- lavarlo en la bañera
- ir a un mercado
- usar un despertador
- usar la estufa
- sacar libros de la biblioteca
- alquilar uno de horror
- andar en bicicleta
- poner el aire acondicionado

23 Unidad 4 Etapa 2 p. 285
¿Puedes ayudarme?

Estudiante A Estás en la Plaza Mayor y quieres ir a otros lugares de Madrid. Pregúntale a tu compañero(a) cómo llegar. *(Hint: Ask for directions.)*

modelo

Estudiante A: *¿Cómo llego a la Puerta del Sol?*

Estudiante B: *Sugiero que sigas…*

1. la Puerta del Sol
2. el Teatro Español
3. el Banco de España
4. las Cortes Españolas
5. la Catedral de San Isidro
6. la Academia de Bellas Artes

Estudiante B Estás en la Plaza Mayor y tu compañero(a) quiere ir a otros lugares de Madrid. Dale direcciones. *(Hint: Give directions to your partner.)*

modelo

Estudiante A: *¿Cómo llego a la Puerta del Sol?*

Estudiante B: *Sugiero que sigas esta calle hacia…*

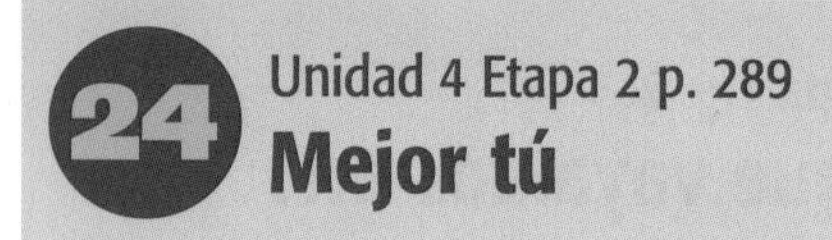

24 Unidad 4 Etapa 2 p. 289
Mejor tú

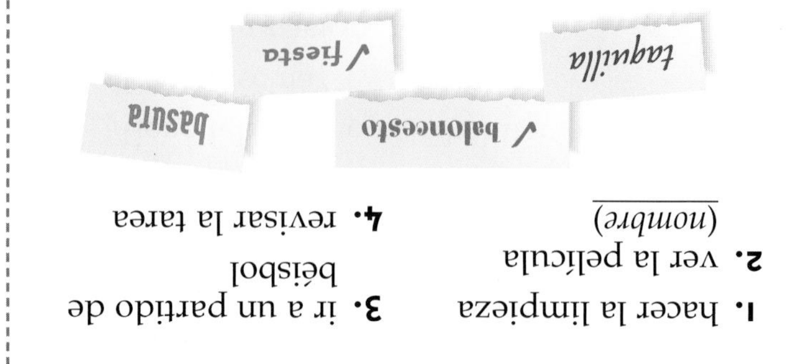

Estudiante A Pregúntale a tu compañero(a) si quiere hacer las siguientes actividades. Luego cambien de papel y responde según la lista. Una contraseña (*check mark*) indica que sí quieres hacerlo. Si no hay contraseña, sugiere que otra persona lo haga. *(Hint: Find out if your partner wants to do the following.)*

modelo

hacer la limpieza

Estudiante A: *¿Te gustaría hacer la limpieza?*

Estudiante B: …

1. hacer la limpieza
2. ver la película
   ______ (*nombre*)
3. ir a un partido de béisbol
4. revisar la tarea

Estudiante B Tu compañero(a) quiere saber si te gustaría hacer las siguientes actividades. Responde según la siguiente lista. Una contraseña (*check mark*) indica que sí quieres hacerlo. Si no hay contraseña, sugiere que otra persona lo haga. Luego cambien de papel. *(Hint: Say whether you want to do these activities or if you want someone else to.)*

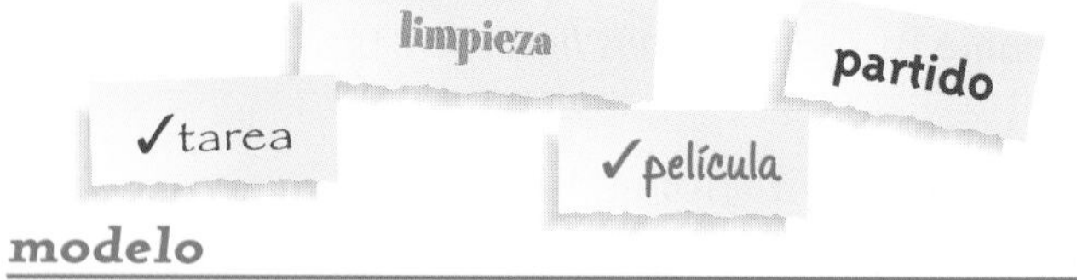

modelo

hacer la limpieza

Estudiante A: *¿Te gustaría hacer la limpieza?*

Estudiante B: *No, sugiero que mi hermana la haga.*

5. sacar la basura
6. divertirte en una fiesta
7. jugar al baloncesto
8. ir a la taquilla

25 Unidad 4 Etapa 3 p. 305
¿Qué compraste?

Estudiante A Imagínate que compraste las siguientes cosas. Compara lo que compraste con lo que compró tu compañero(a) para hacer oraciones utilizando las frases de abajo. *(Hint: Compare what you bought.)*

modelo

suéter / talla

Estudiante A: *Mi suéter es talla 14.*

Estudiante B: ...

Estudiante A: *Mi suéter es más...*

1. suéter / talla
2. chaleco / talla
3. traje / precio

suéter	talla 14	$38
chaleco	talla 10	$35
traje	talla 6	$127

más grande **menos caro(a)**
es tan grande como **más pequeño(a)**
cuesta tanto como **más caro(a)**

Estudiante B Imagínate que compraste las siguientes cosas. Compara lo que compraste con lo que compró tu compañero(a) para hacer oraciones utilizando las frases de abajo. *(Hint: Compare what you bought.)*

modelo

suéter / talla

Estudiante A: *Mi suéter es talla 14.*

Estudiante B: *Mi suéter es talla 16.*

Estudiante A: *Mi suéter es más pequeño.*

4. suéter / precio
5. chaleco / precio
6. traje / talla

suéter	talla 16	$38
chaleco	talla 12	$20
traje	talla 14	$96

más grande **menos caro(a)**
es tan grande como **más pequeño(a)**
cuesta tanto como **más caro(a)**

26 Unidad 4 Etapa 3 p. 311
Comprando ropa

Estudiante A Imagínate que eres un(a) cliente(a) en una tienda de ropa y tu compañero(a) es el (la) dependiente(a). Usa las siguientes oraciones para hacer una conversación. ¡Ojo! No están en orden. Tú empiezas. *(Hint: Create a conversation.)*

a. *(Te pones el chaleco.)* ¿Cómo me veo?
b. Dudo que haya lo que quiero. Busco un chaleco.
c. ¿Me puede atender?
d. Quiero uno que haga juego con estos pantalones.
e. Bueno, me lo llevo.
f. Sí, el color oscuro es perfecto, pero no creo que me quede bien.

Estudiante B Imagínate que eres un(a) dependiente(a) en una tienda de ropa. Y tu compañero(a) es el (la) cliente(a). Usa las siguientes oraciones para hacer una conversación. ¡Ojo! No están en orden. Tu compañero(a) empieza. *(Hint: Create a conversation.)*

a. Te ves fantástico(a).
b. Me alegro de que tengamos varios estilos… con rayas, oscuros… ¿Qué prefieres?
c. Sí, ¿en qué te puedo servir?
d. Recomiendo que te lo pongas.
e. Bueno, algo sencillo, entonces. ¿Te gusta éste?
f. Excelente, espero que te guste.

27 Unidad 5 Etapa 1 p. 336
Dibujos animados

Estudiante A Tu compañero(a) vio la propaganda (*preview*) de un programa de dibujos animados. Pregúntale qué animales harán las siguientes actividades. Cambien de papel.

modelo

comer una salchicha

Estudiante A: *¿Qué animal comerá una salchicha?*

Estudiante B: *El león la comerá. (El león comerá una salchicha.)*

1. bailar sobre una hoja
3. vestirse en ropa formal
5. beber un refresco
7. dormirse bajo el sol

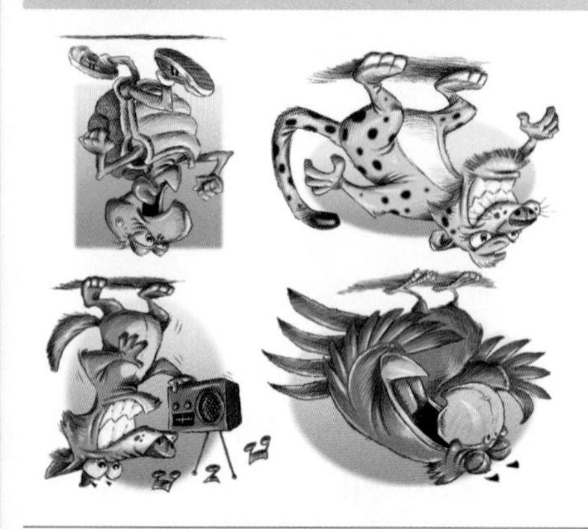

Estudiante B Viste la propaganda (*preview*) de un programa de dibujos animados. Tu compañero(a) quiere saber qué animales harán las actividades mencionadas. Cambien de papel.

modelo

Estudiante A: *¿Qué animal comerá una salchicha?*

Estudiante B: *El león la comerá. (El león comerá una salchicha.)*

2. escuchar música rock
4. reírse mucho
6. correr lejos
8. ser feroz

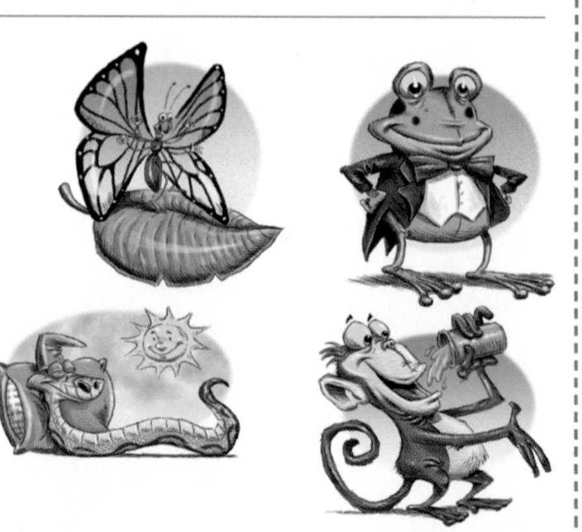

28 Unidad 5 Etapa 1 p. 341
¡Vámonos!

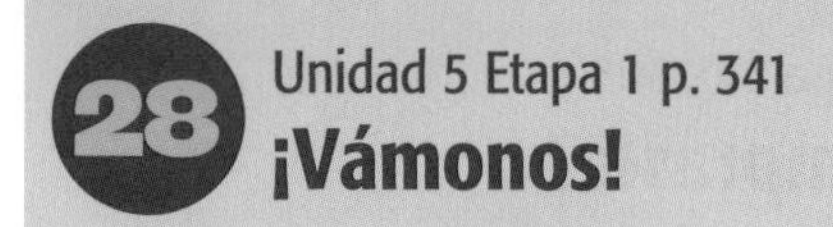

Estudiante A Dile las siguientes situaciones a tu compañero(a) quien va a recomendar que ustedes hagan ciertas actividades. Cambien de papel.

modelo

Estoy cansado(a).

Estudiante A: *Estoy cansado(a).*

Estudiante B: ...

1. Estoy cansado(a).
2. Me gusta la naturaleza.
3. Debemos ayudar el medio ambiente.
4. Me molesta la altitud.

hacer algo divertido

ponernos impermeables

sacar unas fotos en el parque nacional

nadar

Estudiante B Tu compañero(a) te va a describir varias situaciones. Para cada situación, sugiere una actividad que ustedes puedan hacer. Cambien de papel.

bajar por el sendero

ir al parque nacional

trabajar como voluntarios(as)

dormir una siesta

modelo

dormir una siesta

Estudiante A: *Estoy cansado(a).*

Estudiante B: *¡Durmamos una siesta!*

5. Estoy aburrido(a).
6. Va a llover.
7. Tengo calor.
8. Quiero fotos de los animales.

29 Unidad 5 Etapa 2 p. 358
Planes para diez años

Estudiante A Estas personas describieron sus planes para diez años en el futuro. Habla con tu compañero(a) para completar la tabla.

modelo

Estudiante A: *¿Qué será Margarita?*

Estudiante B: *Margarita...*

nombre	profesión	edad	pasatiempo
Margarita		31	
Andrés	profesor		viajar
Amanda		27	
Felipe	bombero		escalar montañas

Estudiante B Estas personas describieron sus planes para diez años en el futuro. Habla con tu compañero(a) para completar la tabla.

modelo

Estudiante A: *¿Qué será Margarita?*

Estudiante B: *Margarita será doctora.*

nombre	profesión	edad	pasatiempo
Margarita	doctora		pescar
Andrés		24	
Amanda	escritora		montar a caballo
Felipe		19	

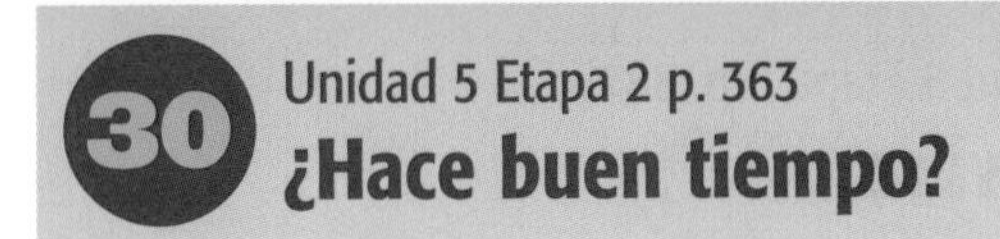

30 Unidad 5 Etapa 2 p. 363
¿Hace buen tiempo?

Estudiante A Tú y tu compañero(a) tienen información sobre el tiempo de algunos días de la semana. Túrnense con preguntas sobre el tiempo que no sepan. ¡Ojo! Hay un día en que ustedes tienen información diferente.

modelo

lunes

Estudiante A: *¿Hace buen tiempo el lunes?*

Estudiante B: ...

lunes	
martes	llovizna
miércoles	
jueves	húmedo
viernes	relámpago
sábado	
domingo	nubes

Estudiante B Tú y tu compañero(a) tienen información sobre el tiempo de algunos días de la semana. Túrnense con preguntas sobre el tiempo que no sepan. ¡Ojo! Hay un día en que ustedes tienen información diferente.

modelo

lunes

Estudiante A: *¿Hace buen tiempo el lunes?*

Estudiante B: *Sí, es un día caluroso.*

lunes	caluroso
martes	
miércoles	neblina
jueves	huracán
viernes	
sábado	aguacero
domingo	

31 Unidad 5 Etapa 3 p. 382
Adivina

Estudiante A Hazle a tu compañero(a) las siguientes preguntas. Tu compañero(a) va a dramatizar sus respuestas sin hablar. Adivina la actividad que preferiría hacer según sus acciones. Cambien de papel. Dramatiza lo que preferirías de las dos opciones.

modelo

¿Qué harías en el parque?

Estudiante A: *¿Qué harías en el parque?*

Estudiante B: *(Dramatiza la actividad.)*

Estudiante A: *(Adivina la actividad.)*

1. ¿Qué harías en el parque?
2. ¿Qué comprarías con veinte dólares?
3. ¿Qué animal preferirías tener?

acampar / sacar fotos
volar / manejar
ajedrez / voleibol

Estudiante B Cuando tu compañero(a) te pregunte, dramatiza lo que preferirías de las dos opciones. ¡Ojo! No puedes hablar. Tu compañero(a) va a adivinarlo usando el condicional. Cambien de papel.

patinar / leer un libro
un disco compacto / una camiseta
un perro / un mono

modelo

patinar / leer un libro

Estudiante A: *¿Qué harías en el parque?*

Estudiante B: *(Dramatiza la actividad.)*

Estudiante A: ...

4. ¿Qué harías en un bosque?
5. ¿Cómo irías a otro país?
6. ¿A qué jugarías con tus amigos?

32 Unidad 5 Etapa 3 p. 385
¿Quién adivinó mejor?

Estudiante A Lee las siguientes preguntas y adivina cómo responderá tu compañero(a). Escribe tus respuestas. Luego túrnense para hacer y contestar preguntas. ¿Quién adivinó mejor?

modelo

Si fueras director(a) de la escuela, ¿qué harías?

Estudiante A: *Si fueras director(a) de la escuela, ¿qué harías?*

Estudiante B: ...

1. Si fueras director(a) de la escuela, ¿qué harías?
2. Si estuvieras escuchando música, ¿qué harías?
3. Si pudieras cambiar el color de tus ojos, ¿qué harías?

comer «sushi»
esquiar mucho **nadar todos los días**

Estudiante B Lee las siguientes preguntas y adivina cómo responderá tu compañero(a). Escribe tus respuestas. Luego túrnense para hacer y contestar preguntas. ¿Quién adivinó mejor?

modelo

hacer una fiesta cada viernes

Estudiante A: *Si fueras director(a) de la escuela, ¿qué harías?*

Estudiante B: *Haría una fiesta cada viernes.*

poner música de los años setenta
tener ojos marrones
hacer una fiesta cada viernes

4. Si estuvieras en un restaurante japonés, ¿qué harías?
5. Si estuvieras en una isla desierta, ¿qué harías?
6. Si estuvieras en las montañas, ¿qué harías?

33 Unidad 6 Etapa 1 p. 410
En su tiempo libre

Estudiante A Quieres saber qué hacen tres de estas personas en su tiempo libre. Pregúntale a tu compañero(a). Luego cambien de papel.

modelo

el operador

Estudiante A: *¿Qué hace el operador en su tiempo libre?*

Estudiante B: ...

el operador	
la artesana	jugar al fútbol
el cartero	
el bombero	
la mecánica	escribir cartas
el obrero	jugar al baloncesto

Estudiante B Tu compañero(a) quiere saber qué hacen tres de estas personas en su tiempo libre. Contesta las preguntas. Luego cambien de papel.

modelo

el operador

Estudiante A: *¿Qué hace el operador en su tiempo libre?*

Estudiante B: *El operador lee.*

el operador	leer
la artesana	
el cartero	nadar
el bombero	cocinar
la mecánica	
el obrero	

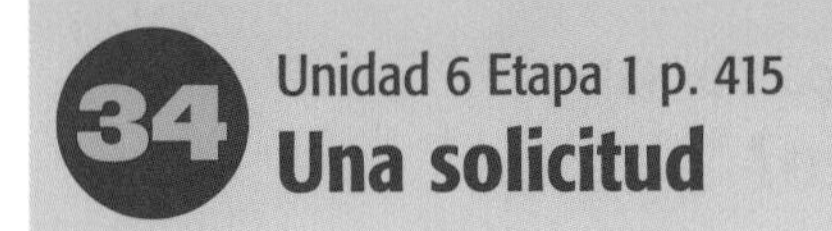

34 Unidad 6 Etapa 1 p. 415
Una solicitud

Estudiante A Tienes una solicitud que no está completa. Pregúntale a tu compañero(a) si tiene la información. Luego cambien de papel.

modelo

Estudiante A: *¿Cuál es el nombre de esta persona?*

Estudiante B: ...

Solicitud para empleo

Nombre ____________

Dirección ____________

Teléfono 555-98-80

Fecha de nacimiento ____________

Ciudadanía Ecuatoriana

Horas disponibles (número total por semana) 10

Actividades ____________

Firma Carmen Julieta Vásquez

Estudiante B Tienes una solicitud que no está completa. Pregúntale a tu compañero(a) si tiene la información. Luego cambien de papel.

modelo

Estudiante A: *¿Cuál es el nombre de esta persona?*

Estudiante B: *Su nombre es...*

Solicitud para empleo

Nombre Carmen Julieta Vásquez

Dirección 4216 Contra Costa, Quito

Teléfono ____________

Fecha de nacimiento 21 de marzo de 1984

Ciudadanía ____________

Horas disponibles (número total por semana) ____________

Actividades jugar al baloncesto, cantar en el coro

Firma ____________

35 Unidad 6 Etapa 2 p. 431
¿Qué hizo?

Estudiante A Dile a tu compañero(a) lo que hacía Timoteo cuando era niño. Tu compañero(a) sabe lo que hizo ayer. Túrnense con preguntas.

modelo

trepar a los árboles

Estudiante A: *Cuando era niño, Timoteo trepaba a los árboles todos los días. ¿Qué hizo ayer?*

Estudiante B: ...

1. trepar a los árboles
2. saltar la cuerda
3. construir con bloques
4. jugar con sus primos
5. cantar

Estudiante B Tu compañero(a) sabe lo que hacía Timoteo cuando era niño. Dile qué hizo ayer. Túrnense con preguntas.

modelo

nadar en la piscina

Estudiante A: *Cuando era niño, Timoteo trepaba a los árboles todos los días. ¿Qué hizo ayer?*

Estudiante B: *Ayer Timoteo nadó en la piscina.*

1. nadar en la piscina
2. jugar al baloncesto
3. comer tacos
4. contarles cuentos a los niños
5. cantar en el coro

36 Unidad 6 Etapa 2 p. 437
Una entrevista

Estudiante A Eres el (la) entrevistador(a) y tu compañero(a) busca empleo. Hagan una conversación poniendo las oraciones en orden y conjugando los verbos en el presente perfecto. Tú empiezas.

a. Sí, la puntualidad es muy importante. ¿Por qué (buscar) un puesto con nuestra empresa?

b. Buenas tardes, señor (señorita) ____. ¿Ya (tener) otro empleo?

c. Bueno, yo (ver) su currículum y estoy de acuerdo. ¿Sabe que el contrato es por seis meses?

d. ¿(Ver) los requisitos para este puesto?

e. Muy bien. ¿Qué (hacer) en el restaurante?

Estudiante B Tu compañero(a) es el (la) entrevistador(a) y tú buscas empleo. Hagan una conversación poniendo las oraciones en orden y conjugando los verbos en el presente perfecto. Tu compañero(a) empieza.

f. Sí, (tener) mucha experiencia. Generalmente soy puntual.

g. Pues, (trabajar) con dinero y (servir) comida.

h. Sí, (trabajar) en un restaurante por dos años.

i. Sí, (ver) el contrato y es perfecto porque salgo para la universidad en seis meses.

j. (Querer) trabajar aquí por mucho tiempo y creo que (demostrar) las habilidades que usted busca.

37 Unidad 6 Etapa 3 p. 454
En el verano

Estudiante A Margarita ha planeado un horario para sus actividades este verano. Conversa con tu compañero(a) para completar el horario.

modelo

Estudiante A: *¿Qué hará el lunes?*

Estudiante B: ...

1. **lunes**	5. **viernes**
2. **martes** ser voluntaria	6. **sábado** limpiar el cuarto
3. **miércoles** ir de compras	7. **domingo**
4. **jueves** jugar al voleibol	

Estudiante B Margarita ha planeado un horario para sus actividades este verano. Conversa con tu compañero(a) para completar el horario.

modelo

Estudiante A: *¿Qué hará el lunes?*

Estudiante B: *Practicará las artes marciales.*

1. **lunes** practicar las artes marciales	5. **viernes** tomar un curso de computadoras
2. **martes**	6. **sábado**
3. **miércoles**	7. **domingo** bajar el río en canoa
4. **jueves**	

38 Unidad 6 Etapa 3 p. 459
¿Quién lo dijo?

1.
Mensajes
A: Mamá
De: Hora: 5:30
Mensaje:
2.
Mensajes
A:
De: Nacho Hora:
Mensaje: Vamos a jugar al baloncesto a las 10:30 en el parque.
3.
Mensajes
A: Irene
De: Magdalena Hora:
Mensaje:
4.
Mensajes
A:
De: Hora: 6:45
Mensaje: La fiesta será a las ocho en la casa de Nadia.

Estudiante A Tienes varios mensajes pero te falta información. Con tu compañero(a), completa los mensajes.

modelo

Estudiante A: *¿De quién es el primer mensaje? ¿Qué dijo?*

Estudiante B: *Es de... Dijo que necesitaría...*

Estudiante B Tienes varios mensajes pero te falta información. Con tu compañero(a), completa los mensajes.

modelo

Estudiante A: *¿De quién es el primer mensaje? ¿Qué dijo?*

Estudiante B: *Es de Carlitos. Dijo que necesitaría dinero.*

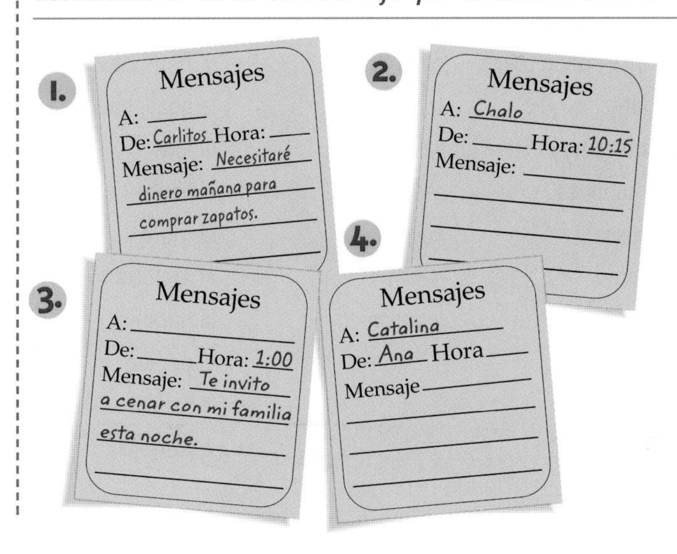

1.
Mensajes
A:
De: Carlitos Hora:
Mensaje: Necesitaré dinero mañana para comprar zapatos.
2.
Mensajes
A: Chalo
De: Hora: 10:15
Mensaje:
3.
Mensajes
A:
De: Hora: 1:00
Mensaje: Te invito a cenar con mi familia esta noche.
4.
Mensajes
A: Catalina
De: Ana Hora
Mensaje

Vocabulario adicional

Here is some additional vocabulary that you may want to use in conversation. If you do not find a word here, it may be listed in the glossaries.

Más clases

el alemán	*German*
el álgebra (fem.)	*algebra*
la biología	*biology*
el cálculo	*calculus*
la composición	*writing*
la contabilidad	*accounting*
la economía doméstica	*home economics*
la educación vial	*driver's education*
la física	*physics*
el francés	*French*
la geografía	*geography*
la geometría	*geometry*
la hora de estudio	*study hall*
la instrucción cívica	*civics*
el latín	*Latin*
la mecanografía	*typing*
la química	*chemistry*
el ruso	*Russian*
la salud	*health*
la trigonometría	*trigonometry*

Más frutas y verduras

el aguacate	*avocado*
la alcachofa	*artichoke*
el apio	*celery*
el arándano	*blueberry*
la banana	*banana*
la berenjena	*eggplant*
el bróculi	*broccoli*
el calabacín	*zucchini*
la calabaza	*squash*
la ciruela	*plum*
la col	*cabbage*
la coliflor	*cauliflower*
el espárrago	*esparagus*
la espinaca	*spinach*
la frambuesa	*raspberry*
la guayaba	*guava*
el kiwi	*kiwi*
el limón	*lemon*
la mora	*blackberry*
el melocotón	*peach*
la naranja	*orange*
el pepino	*cucumber*
la sandía	*watermelon*
la toronja	*grapefruit*

Más profesiones

el (la) agente de bolsa	*stockbroker*
el (la) banquero(a)	*banker*
el (la) bibliotecario(a)	*librarian*
el (la) carnicero(a)	*butcher*
el (la) carpintero(a)	*carpenter*
el (la) científico(a)	*scientist*
el (la) cocinero(a)	*chef*
el (la) consejero(a)	*counselor*
el (la) decorador(a) de interiores	*interior decorator*
el (la) dentista	*dentist*
el (la) director(a)	*principal; director*
el (la) electricista	*electrician*
el (la) farmacéutico(a)	*pharmacist*
el (la) florista	*florist*
el (la) jardinero(a)	*gardener*
el (la) joyero(a)	*jeweler*
el (la) militar	*soldier*
el (la) panadero(a)	*baker*
el (la) plomero(a)	*plumber*
el (la) portero(a)	*janitor*
el (la) programador(a)	*programmer*
el (la) traductor(a)	*translator*
el (la) vendedor(a)	*salesperson*

Más animales

el buey	*ox*
el burro	*donkey*
el conejillo de Indias	*guinea pig*
el conejo	*rabbit*
el elefante	*elephant*
el gerbo	*gerbil*
el hámster	*hamster*
el hurón	*ferret*
la jirafa	*giraffe*
la lechuza	*barn owl*
el leopardo	*leopard*
el (la) oso(a)	*bear*
la oveja	*sheep*
la paloma	*pigeon, dove*
el puma	*American panther*
la rata	*rat*
el ratón	*mouse*

Los deportes

el árbitro	*referee, umpire*
el arquero	*goalie*
el (la) bateador(a)	*batter*
el boxeo	*boxing*
el (la) campeón(ona)	*champion*
el campeonato	*championship*
la carrera	*race*
el cesto	*basket*
el (la) entrenador(a)	*trainer, coach*
el esquí	*ski*
la gimnasia	*gymnastics*
el golf	*golf*
los juegos olímpicos	*Olympics*
el (la) lanzador(a)	*pitcher*
el marcador	*scoreboard*
el palo	*stick, club*
el (la) parador(a)	*catcher*
la patineta para nieve	*snowboard*
la pista	*racetrack*
la red	*net*
la tabla hawaiana	*surfboard*
el trofeo	*trophy*
el uniforme	*uniform*

Instrumentos musicales

el acordeón	*accordion*
la armónica	*harmonica*
el arpa (fem.)	*harp*
el bajo	*bass*
la batería	*drum set*
el clarinete	*clarinet*
el corno francés	*French horn*
el corno inglés	*English horn*
la flauta	*flute*
la flauta dulce	*recorder*
el flautín	*piccolo*
la mandolina	*mandolin*
el oboe	*oboe*
el órgano	*organ*
la pandereta	*tambourine*
el saxofón	*saxophone*
el tambor	*drum*
el trombón	*trombone*
la trompeta	*trumpet*
la tuba	*tuba*
la viola	*viola*
el violín	*violin*
el violonchelo	*cello*
el xilófono	*xylophone*

Más nacionalidades

africano(a)	*African*
asiático(a)	*Asian*
australiano(a)	*Australian*
brasileño(a)	*Brazilian*
camboyano(a)	*Cambodian*
coreano(a)	*Korean*
danés(esa)	*Danish*
egipcio(a)	*Egyptian*
escocés(esa)	*Scottish*
europeo(a)	*European*
filipino(a)	*Filipino*
galés(esa)	*Welsh*
griego(a)	*Greek*
haitiano(a)	*Haitian*
holandés(esa)	*Dutch*
húngaro(a)	*Hungarian*
indio(a)	*Indian*
irlandés(esa)	*Irish*
israelita	*Israeli*
libanés(esa)	*Lebanese*
marroquí	*Moroccan*
nigeriano(a)	*Nigerian*
noruego(a)	*Norwegian*
paquistaní	*Pakistani*
portugués(esa)	*Portuguese*
ruso(a)	*Russian*
saudita	*Saudi*
sirio(a)	*Syrian*
sudafricano(a)	*South African*
sueco(a)	*Swedish*
suizo(a)	*Swiss*
turco(a)	*Turkish*
vietnamita	*Vietnamese*

Juegos-respuestas

ETAPA PRELIMINAR

En resumen, p. 25: 9, 2, 2

UNIDAD 1

Etapa 1 **En uso,** p. 51: Pablo: acampar; Tania: ajedrez; Luis: coro; Josefa: artes marciales

Etapa 2 **En uso,** p. 73: El pato pintó un retrato del gato.

Etapa 3 **En acción,** p. 83: el inglés: pan francés; el francés: sándwich cubano; el mexicano: arroz mexicano; **En uso,** p. 97: el (la) reportero(a)

UNIDAD 2

Etapa 1 **En acción,** p. 116: 1. se sonríe 2. **m**e divierto 3. se abu**r**ren 4. **te** caes 5. se en**o**ja; Respuesta: me río; **En uso,** p. 125: un muñeco de peluche

Etapa 2 **En uso,** p. 147: el primero: Javier; el cuarto: Jorge; la tercera: Julia; el segundo: José

Etapa 3 **En uso,** p. 171: una obra de teatro

UNIDAD 3

Etapa 1 **En acción,** p. 188: Es mi trompeta. **En uso,** p. 199: Marta: el secador de pelo; Antonio: el reloj; Beatriz: el jabón

Etapa 2 **En uso,** p. 221: arena; protegernos; loción protectora

Etapa 3 **En uso,** p. 245: la muñeca

UNIDAD 4

Etapa 1 **En uso,** p. 273: detrás del televisor

Etapa 2 **En acción,** p. 282: 1. perd**a**mos 2. c**u**esten 3. despierte**n** 4. vue**l**vas; Respuesta: luna; **En uso,** p. 295: Busca su perro.

Etapa 3 **En uso,** p. 319: Sus zapatos son demasiado grandes, sus pantalones son flojos y su chaleco le queda apretado.

UNIDAD 5

Etapa 1 **En uso,** p. 347: el jaguar

Etapa 2 **En uso,** p. 369: saco de dormir; fogata; aguacero

Etapa 3 **En acción,** p. 383: c. Chile; **En uso,** p. 393: d. 3 horas

UNIDAD 6

Etapa 1 **En uso,** p. 421: el cartero

Etapa 2 **En uso,** p. 443: req**u**isito 2. be**n**eficios 3. hab**i**lidades 4. **v**entaja 5. m**e**ta 6. cont**r**ato 7. **s**eguro 8. entrev**i**stador 9. e**d**ucación 10. empres**a** 11. suel**d**o; Respuesta: universidad

Etapa 3 **En acción,** p. 451: c. el semáforo

Gramática—resumen

Grammar Terms

Adjective (pp. 7, 304, 413): a word that describes a noun

Adverb (p. 212): a word that modifies a verb, an adjective, or another adverb

Command (pp. 188, 190, 208, 210, 338): a verb form used to tell someone to do something

Comparative (p. 304): a phrase that compares two different things

Conditional Tense (pp. 380, 454): a verb form that indicates that the action in a sentence could happen at a future time

Demonstrative (p. 84): an adjective or a pronoun that points out someone or something

Direct Object (pp. 156, 158, 161, 186): a noun or pronoun that receives the action of the main verb in a sentence

Future Tense (pp. 334, 356, 452): a verb form that indicates that the action in a sentence will happen in the future

Gender (p. 7): a term that categorizes a noun or pronoun as masculine or feminine

Imperfect Tense (pp. 116, 137, 430): a verb form that indicates that an action in a sentence happened over an extended period of time or repeatedly in the past

Impersonal *se* (p. 411): the pronoun **se** used when the subject's identity is not important

Indirect Object (pp. 158, 161, 186): a noun or pronoun that tells to whom/what or for whom/what the action in a sentence is done

Infinitive (pp. 5, 286): the basic form of a verb, ending in **-ar**, **-er**, or **-ir**

Interrogative (p. 13): a word that asks a question

Noun (p. 7): a word that names a person, an animal, a place, or a thing

Number (p. 7): a term that categorizes a noun or pronoun as singular or plural

Possessive (p. 112): an adjective or a pronoun that tells to whom the noun it describes belongs

Preposition (pp. 336, 360, 378): a word that shows the relationship between its object and another word in the sentence

Present Perfect Tense (pp. 432, 435): a verb form that indicates that the action in a sentence has been done in the past

Present Tense (pp. 17, 60, 408): a verb form that indicates that the action in a sentence is happening now

Preterite Tense (pp. 38, 40, 42, 63, 86, 137, 430): a verb form that indicates that the action in a sentence happened at a particular time in the past

Progressive Tenses (pp. 135, 408): compound present and past tenses that indicate action going on at the time of the sentence

Pronoun (pp. 156, 158, 161, 186, 190): a word that takes the place of a noun

Reflexive Pronoun (p. 114): a pronoun that is used with reflexive verbs

Reflexive Verb (p. 114): a verb of which the subject receives the action

Subject (p. 10): the noun, pronoun, or noun phrase in a sentence that tells whom or what the sentence is about

Subjunctive Mood (pp. 232, 260, 263, 282, 284, 286, 306, 309): a form that indicates that a sentence expresses an opinion, a hope or wish, doubt, or emotion

Superlative (p. 304): a phrase that describes which item has the most or least of a quality

Verb (p. 9): a word that expresses action or a state of being

Nouns, Articles, and Pronouns

Nouns

Nouns identify people, animals, places, or things. Spanish nouns are either **masculine** or **feminine.** They are also either **singular** (identifying one thing) or **plural** (identifying more than one thing). **Masculine nouns** usually end in **-o** and **feminine nouns** usually end in **-a**.

To make a noun **plural**, add **-s** to a word ending in a vowel and **-es** to a word ending in a consonant.

Singular Nouns	
Masculine	**Feminine**
amigo	amiga
chico	chica
hombre	mujer
suéter	blusa
zapato	falda

Plural Nouns	
Masculine	**Feminine**
amigo**s**	amiga**s**
chico**s**	chica**s**
hombre**s**	mujer**es**
suéter**es**	blusa**s**
zapato**s**	falda**s**

Articles

Articles identify the class of a noun: masculine or feminine, singular or plural. **Definite articles** are the equivalent of the English word *the.* **Indefinite articles** are the equivalent of *a*, *an*, or *some.*

Definite Articles		
	Masculine	**Feminine**
Singular	**el** amigo	**la** amiga
Plural	**los** amigos	**las** amigas

Indefinite Articles		
	Masculine	**Feminine**
Singular	**un** amigo	**una** amiga
Plural	**unos** amigos	**unas** amigas

GRAMÁTICA–RESUMEN

Nouns, Articles, and Pronouns cont.

Pronouns

A **pronoun** takes the place of a noun. The choice of pronoun is determined by how it is used in the sentence.

Subject Pronouns	
yo	nosotros(as)
tú	vosotros(as)
usted	ustedes
él, ella	ellos(as)

Pronouns Used After Prepositions	
de **mí**	de **nosotros(as)**
de **ti**	de **vosotros(as)**
de **usted**	de **ustedes**
de **él**, de **ella**	de **ellos(as)**

Direct Object Pronouns	
me	nos
te	os
lo, la	los, las

Indirect Object Pronouns	
me	nos
te	os
le	les

Reflexive Pronouns	
me	nos
te	os
se	se

Demonstrative Pronouns	
éste(a), esto	éstos(as)
ése(a), eso	ésos(as)
aquél(la), aquello	aquéllos(as)

Adjectives

Adjectives describe nouns. In Spanish, adjectives must match the **number** and **gender** of the nouns they describe. When an adjective describes a group containing both genders, the masculine form is used. To make an adjective plural, apply the same rules that are used for making a noun plural. Most adjectives are placed after the noun.

Adjectives		
	Masculine	**Feminine**
Singular	el chico **guapo**	la chica **guapa**
	el chico **paciente**	la chica **paciente**
	el chico **fenomenal**	la chica **fenomenal**
	el chico **trabajador**	la chica **trabajadora**
Plural	los chicos **guapos**	las chicas **guapas**
	los chicos **pacientes**	las chicas **pacientes**
	los chicos **fenomenales**	las chicas **fenomenales**
	los chicos **trabajadores**	las chicas **trabajadoras**

Adjectives cont.

Sometimes adjectives are placed **before** the noun and **shortened**. **Grande** is shortened before any singular noun. Several others are shortened before a masculine singular noun.

Shortened Forms			
alguno bueno malo ninguno	**algún** chico **buen** chico **mal** chico **ningún** chico	primero tercero grande	**primer** chico **tercer** chico **gran** chico(a)

Possessive adjectives identify to whom something belongs. They agree in gender and number with the noun possessed, not with the person who possesses it.

Possessive Adjectives				
	Masculine		**Feminine**	
Singular	**mi** amigo **tu** amigo **su** amigo	**nuestro** amigo **vuestro** amigo **su** amigo	**mi** amiga **tu** amiga **su** amiga	**nuestra** amiga **vuestra** amiga **su** amiga
Plural	**mis** amigos **tus** amigos **sus** amigos	**nuestros** amigos **vuestros** amigos **sus** amigos	**mis** amigas **tus** amigas **sus** amigas	**nuestras** amigas **vuestras** amigas **sus** amigas

Demonstrative adjectives point out which noun is being referred to. Their English equivalents are *this*, *that*, *these*, and *those*.

Demonstrative Adjectives		
	Masculine	**Feminine**
Singular	**este** amigo **ese** amigo **aquel** amigo	**esta** amiga **esa** amiga **aquella** amiga
Plural	**estos** amigos **esos** amigos **aquellos** amigos	**estas** amigas **esas** amigas **aquellas** amigas

Interrogatives

Interrogative words are used to ask questions.

Interrogatives		
¿Adónde? ¿Cómo? ¿Cuál(es)?	¿Cuándo? ¿Cuánto(a)? ¿Cuántos(as)? ¿Dónde?	¿Por qué? ¿Qué? ¿Quién(es)?

Comparatives and Superlatives

Comparatives

Comparatives are used when comparing two different things.

Comparatives		
más (+) **más** interesante **que...** Me gusta correr **más que** nadar.	menos (−) **menos** interesante **que...** Me gusta nadar **menos que** correr.	tan(to) (=) **tan** interesante **como...** Me gusta leer **tanto como** escribir.

There are a few irregular comparatives. When talking about people, use **mayor** and **menor.** When talking about quality, use **mejor** and **peor.**

Age	Quality
mayor menor	mejor peor

When talking about numbers, **de** is used instead of **que**.

más de cien...
menos de cien...

Superlatives

Superlatives are used to distinguish one item from a group. They describe which item has the most or least of a quality.

The ending **-ísimo(a)** can be added to an adjective to form a superlative.

Superlatives		
	Masculine	**Feminine**
Singular	**el** chico **más** alto **el** chico **menos** alto	**la** chica **más** alta **la** chica **menos** alta
Plural	**los** chicos **más** altos **los** chicos **menos** altos	**las** chicas **más** altas **las** chicas **menos** altas
Singular	mole buen**ísimo**	pasta buen**ísima**
Plural	frijoles buen**ísimos**	enchiladas buen**ísimas**

Affirmative and Negative Words

Affirmative words are used to talk about something or someone, or to say that an event also or always happens. **Negative** words are used to refer to no one or nothing, or to say that events do not happen. Remember, to make a sentence negative, you must have **no** or another negative word before the verb.

Affirmative	Negative
algo	nada
alguien	nadie
algún (alguna)	ningún (ninguna)
alguno(a)	ninguno(a)
siempre	nunca
también	tampoco

Adverbs

Adverbs modify a verb, an adjective, or another adverb. Many adverbs in Spanish are made by changing an existing adjective.

Adjective	→	Adverb
reciente	→	reciente**mente**
frecuente	→	frecuente**mente**
fácil	→	fácil**mente**
normal	→	normal**mente**
especial	→	especial**mente**
feliz	→	feliz**mente**
cuidadoso(a)	→	cuidadosa**mente**
rápido(a)	→	rápida**mente**
lento(a)	→	lenta**mente**
tranquilo(a)	→	tranquila**mente**

Verbs: Regular Verbs

Simple Tenses

		Indicative					Subjunctive	
		Present	**Imperfect**	**Preterite**	**Future**	**Conditional**	**Present**	**Commands**
Infinitive *Present Participle* *Past Participle*	habl**ar** habl**ando** habl**ado**	habl**o** habl**as** habl**a** habl**amos** habl**áis** habl**an**	habl**aba** habl**abas** habl**aba** habl**ábamos** habl**abais** habl**aban**	habl**é** habl**aste** habl**ó** habl**amos** habl**asteis** habl**aron**	hablar**é** hablar**ás** hablar**á** hablar**emos** hablar**éis** hablar**án**	hablar**ía** hablar**ías** hablar**ía** hablar**íamos** hablar**íais** hablar**ían**	habl**e** habl**es** habl**e** habl**emos** habl**éis** habl**en**	habl**a** **no** habl**es** habl**e** habl**emos** habl**en**
Infinitive *Present Participle* *Past Participle*	com**er** com**iendo** com**ido**	com**o** com**es** com**e** com**emos** com**éis** com**en**	com**ía** com**ías** com**ía** com**íamos** com**íais** com**ían**	com**í** com**iste** com**ió** com**imos** com**isteis** com**ieron**	comer**é** comer**ás** comer**á** comer**emos** comer**éis** comer**án**	comer**ía** comer**ías** comer**ía** comer**íamos** comer**íais** comer**ían**	com**a** com**as** com**a** com**amos** com**áis** com**an**	com**e** **no** com**as** com**a** com**amos** com**an**
Infinitive *Present Participle* *Past Participle*	viv**ir** viv**iendo** viv**ido**	viv**o** viv**es** viv**e** viv**imos** viv**ís** viv**en**	viv**ía** viv**ías** viv**ía** viv**íamos** viv**íais** viv**ían**	viv**í** viv**iste** viv**ió** viv**imos** viv**isteis** viv**ieron**	vivir**é** vivir**ás** vivir**á** vivir**emos** vivir**éis** vivir**án**	vivir**ía** vivir**ías** vivir**ía** vivir**íamos** vivir**íais** vivir**ían**	viv**a** viv**as** viv**a** viv**amos** viv**áis** viv**an**	viv**e** **no** viv**as** viv**a** viv**amos** viv**an**

Note: The following regular verbs have irregular past participles:
abrir → abierto, descubrir → descubierto, escribir → escrito, romper → roto

Verbs: Regular Verbs cont.

Compound Tenses

Present Perfect		Present Progressive		Past Progressive	
he has ha hemos habéis han	hablado comido vivido	estoy estás está estamos estáis están	hablando comiendo viviendo	estaba estabas estaba estábamos estabais estaban	hablando comiendo viviendo

Stem-Changing Verbs

Infinitive in -ar	Present Indicative	Present Subjunctive
cerrar **e→ie**	c**ie**rro c**ie**rras c**ie**rra cerramos cerráis c**ie**rran	c**ie**rre c**ie**rres c**ie**rre cerremos cerréis c**ie**rren
probar **o→ue**	pr**ue**bo pr**ue**bas pr**ue**ba probamos probáis pr**ue**ban	pr**ue**be pr**ue**bes pr**ue**be probemos probéis pr**ue**ben
jugar **u→ue**	j**ue**go j**ue**gas j**ue**ga jugamos jugáis j**ue**gan	j**ue**gue j**ue**gues j**ue**gue juguemos juguéis j**ue**guen
like **cerrar:** comenzar, despertarse, empezar, merendar, nevar, pensar, recomendar, sentarse like **probar:** acostarse, almorzar, contar, costar, encontrar(se), mostrar, recordar, volar		

Stem-Changing Verbs cont.

Infinitive in -er	Present Indicative	Present Subjunctive
perder **e→ie**	**pie**rdo **pie**rdes **pie**rde perdemos perdéis **pie**rden	**pie**rda **pie**rdas **pie**rda perdamos perdáis **pie**rdan
poder **o→ue**	p**ue**do p**ue**des p**ue**de podemos podéis p**ue**den	p**ue**da p**ue**das p**ue**da podamos podáis p**ue**dan
like **perder:** atender, entender, querer like **poder:** devolver (past participle: **devuelto**), doler, llover, mover, resolver (past participle: **resuelto**), volver (past participle: **vuelto**)		

Infinitive in -ir	Indicative		Subjunctive
	Present	**Preterite**	**Present**
pedir **e→i, i** present participle: p**i**diendo	p**i**do p**i**des p**i**de pedimos pedís p**i**den	pedí pediste p**i**dió pedimos pedisteis p**i**dieron	p**i**da p**i**das p**i**da p**i**damos p**i**dáis p**i**dan
dormir **o→ue, u** present participle: d**u**rmiendo	d**ue**rmo d**ue**rmes d**ue**rme dormimos dormís d**ue**rmen	dormí dormiste d**u**rmió dormimos dormisteis d**u**rmieron	d**ue**rma d**ue**rmas d**ue**rma d**u**rmamos d**u**rmáis d**ue**rman
sentir **e→ie, i** present participle: s**i**ntiendo	s**ie**nto s**ie**ntes s**ie**nte sentimos sentís s**ie**nten	sentí sentiste s**i**ntió sentimos sentisteis s**i**ntieron	s**ie**nta s**ie**ntas s**ie**nta s**i**ntamos s**i**ntáis s**ie**ntan
like **pedir:** competir, conseguir (consigo), despedirse, repetir, seguir (sigo), servir, vestirse like **dormir:** morir (past participle: **muerto**) like **sentir:** divertirse, preferir, requerir, sugerir			

GRAMÁTICA–RESUMEN

Spell-Changing Verbs

buscar

Preterite: bus**qu**é, buscaste, buscó, buscamos, buscasteis, buscaron
Present Subjunctive: bus**qu**e, bus**qu**es, bus**qu**e, bus**qu**emos, bus**qu**éis, bus**qu**en

like **buscar:** explicar, identificar, marcar, practicar, pescar, sacar, secar(se), tocar

conducir

Present Indicative: condu**z**co, conduces, conduce, conducimos, conducís, conducen
Preterite: condu**j**e, condu**j**iste, condu**j**o, condu**j**imos, condu**j**isteis, condu**j**eron
Present Subjunctive: condu**z**ca, condu**z**cas, condu**z**ca, condu**z**camos, condu**z**cáis, condu**z**can

like **conducir:** producir, reducir, traducir

conocer

Present Indicative: cono**z**co, conoces, conoce, conocemos, conocéis, conocen
Present Subjunctive: cono**z**ca, cono**z**cas, cono**z**ca, cono**z**camos, cono**z**cáis, cono**z**can

like **conocer:** crecer, nacer, ofrecer, pertenecer

construir

Present Indicative: constru**y**o, constru**y**es, constru**y**e, construimos, construís, constru**y**en
Preterite: construí, construiste, constru**y**ó, construimos, construisteis, constru**y**eron
Present Subjunctive: constru**y**a, constru**y**as, constru**y**a, constru**y**amos, constru**y**áis, constru**y**an
Present Participle: constru**y**endo

creer

Preterite: creí, creíste, cre**y**ó, creímos, creísteis, cre**y**eron
Present Participle: cre**y**endo
Past Participle: cre**í**do

like **creer:** leer

cruzar

Preterite: cru**c**é, cruzaste, cruzó, cruzamos, cruzasteis, cruzaron
Present Subjunctive: cru**c**e, cru**c**es, cru**c**e, cru**c**emos, cru**c**éis, cru**c**en

like **cruzar:** almorzar (o→ue), comenzar (e→ie), empezar (e→ie)

escoger

Present Indicative: esco**j**o, escoges, escoge, escogemos, escogéis, escogen
Present Subjunctive: esco**j**a, esco**j**as, esco**j**a, esco**j**amos, esco**j**áis, esco**j**an

like **escoger:** proteger

esquiar

Present Indicative: esqu**í**o, esqu**í**as, esqu**í**a, esquiamos, esquiáis, esqu**í**an
Present Subjunctive: esqu**í**e, esqu**í**es, esqu**í**e, esquiemos, esquiéis, esqu**í**en

llegar

Preterite: lleg**u**é, llegaste, llegó, llegamos, llegasteis, llegaron
Present Subjunctive: lleg**u**e, lleg**u**es, lleg**u**e, lleg**u**emos, lleg**u**éis, lleg**u**en

like **llegar:** apagar, jugar (u → ue), pagar

reunir

Present Indicative: re**ú**no, re**ú**nes, re**ú**ne, reunimos, reunís, re**ú**nen
Present Subjunctive: re**ú**na, re**ú**nas, re**ú**na, reunamos, reunáis, re**ú**nan

Irregular Verbs

andar

Preterite: anduve, anduviste, anduvo, anduvimos, anduvisteis, anduvieron

caer

Present Indicative: caigo, caes, cae, caemos, caéis, caen
Preterite: caí, caíste, cayó, caímos, caísteis, cayeron
Present Subjunctive: caiga, caigas, caiga, caigamos, caigáis, caigan
Present Participle: cayendo
Past Participle: caído

dar

Present Indicative: doy, das, da, damos, dais, dan
Preterite: di, diste, dio, dimos, disteis, dieron
Present Subjunctive: dé, des, dé, demos, deis, den

decir

Present Indicative: digo, dices, dice, decimos, decís, dicen
Preterite: dije, dijiste, dijo, dijimos, dijisteis, dijeron
Future: diré, dirás, etc.
Conditional: diría, dirías, etc.
Present Subjunctive: diga, digas, diga, digamos, digáis, digan
Commands: di (tú), no digas (neg. tú), diga (Ud.), digamos (nosotros), digan (Uds.)
Present Participle: diciendo
Past Participle: dicho

estar

Present Indicative: estoy, estás, está, estamos, estáis, están
Preterite: estuve, estuviste, estuvo, estuvimos, estuvisteis, estuvieron
Present Subjunctive: esté, estés, esté, estemos, estéis, estén

haber

Present Indicative: he, has, ha, hemos, habéis, han
Preterite: hube, hubiste, hubo, hubimos, hubisteis, hubieron
Future: habré, habrás, etc.
Conditional: habría, habrías, etc.
Present Subjunctive: haya, hayas, haya, hayamos, hayáis, hayan

hacer

Present Indicative: hago, haces, hace, hacemos, hacéis, hacen
Preterite: hice, hiciste, hizo, hicimos, hicisteis, hicieron
Future: haré, harás, etc.
Conditional: haría, harías, etc.
Present Subjunctive: haga, hagas, haga, hagamos, hagáis, hagan
Commands: haz (tú), no hagas (neg. tú), haga (Ud.), hagamos (nosotros), hagan (Uds.)
Past Participle: hecho

ir

Present Indicative: voy, vas, va, vamos, vais, van
Imperfect: iba, ibas, iba, íbamos, ibais, iban
Preterite: fui, fuiste, fue, fuimos, fuisteis, fueron
Present Subjunctive: vaya, vayas, vaya, vayamos, vayáis, vayan
Commands: ve (tú), no vayas (neg. tú), vaya (Ud.), vamos (nosotros), vayan (Uds.)
Present Participle: yendo
Past Participle: ido

Irregular Verbs cont.

oír

Present Indicative: oigo, oyes, oye, oímos, oís, oyen
Preterite: oí, oíste, oyó, oímos, oísteis, oyeron
Present Subjunctive: oiga, oigas, oiga, oigamos, oigáis, oigan
Present Participle: oyendo
Past Participle: oído

poder (o→ue)

Present Indicative: puedo, puedes, puede, podemos, podéis, pueden
Preterite: pude, pudiste, pudo, pudimos, pudisteis, pudieron
Future: podré, podrás, etc.
Conditional: podría, podrías, etc.
Present Subjunctive: pueda, puedas, pueda, podamos, podáis, puedan
Present Participle: pudiendo

poner

Present Indicative: pongo, pones, pone, ponemos, ponéis, ponen
Preterite: puse, pusiste, puso, pusimos, pusisteis, pusieron
Future: pondré, pondrás, etc.
Conditional: pondría, pondrías, etc.
Present Subjunctive: ponga, pongas, ponga, pongamos, pongáis, pongan
Commands: pon (tú), no pongas (neg. tú), ponga (Ud.), pongamos (nosotros), pongan (Uds.)
Past Participle: puesto

querer (e→ie)

Present Indicative: quiero, quieres, quiere, queremos, queréis, quieren
Preterite: quise, quisiste, quiso, quisimos, quisisteis, quisieron
Future: querré, querrás, etc.
Conditional: querría, querrías, etc.
Present Subjunctive: quiera, quieras, quiera, queramos, queráis, quieran

reír (e→i, i)

Present Indicative: río, ríes, ríe, reímos, reís, ríen
Preterite: reí, reíste, rió, reímos, reísteis, rieron
Present Subjunctive: ría, rías, ría, riamos, riáis, rían
Present Participle: riendo
Past Participle: reído

like **reír:** sonreír

saber

Present Indicative: sé, sabes, sabe, sabemos, sabéis, saben
Preterite: supe, supiste, supo, supimos, supisteis, supieron
Future: sabré, sabrás, etc.
Conditional: sabría, sabrías, etc.
Present Subjunctive: sepa, sepas, sepa, sepamos, sepáis, sepan

salir

Present Indicative: salgo, sales, sale, salimos, salís, salen
Future: saldré, saldrás, etc.
Conditional: saldría, saldrías, etc.
Present Subjunctive: salga, salgas, salga, salgamos, salgáis, salgan
Commands: sal (tú), no salgas (neg. tú), salga (Ud.), salgamos (nosotros), salgan (Uds.)

ser

Present Indicative: soy, eres, es, somos, sois, son
Imperfect: era, eras, era, éramos, erais, eran
Preterite: fui, fuiste, fue, fuimos, fuisteis, fueron
Present Subjunctive: sea, seas, sea, seamos, seáis, sean
Commands: sé (tú), no seas (neg. tú), sea (Ud.), seamos (nosotros), sean (Uds.)

Irregular Verbs cont.

tener

Present Indicative: tengo, tienes, tiene, tenemos, tenéis, tienen
Preterite: tuve, tuviste, tuvo, tuvimos, tuvisteis, tuvieron
Future: tendré, tendrás, etc.
Conditional: tendría, tendrías, etc.
Present Subjunctive: tenga, tengas, tenga, tengamos, tengáis, tengan
Commands: ten (tú), no tengas (neg. tú), tenga (Ud.), tengamos (nosotros), tengan (Uds.)

like **tener:** mantener(se), obtener

traer

Present Indicative: traigo, traes, trae, traemos, traéis, traen
Preterite: traje, trajiste, trajo, trajimos, trajisteis, trajeron
Present Subjunctive: traiga, traigas, traiga, traigamos, traigáis, traigan
Present Participle: trayendo
Past Participle: traído

valer

Present Indicative: valgo, vales, vale, valemos, valéis, valen
Future: valdré, valdrás, etc.
Conditional: valdría, valdrías, etc.
Present Subjunctive: valga, valgas, valga, valgamos, valgáis, valgan
Commands: val *or* vale (tú), no valgas (neg. tú), valga (Ud.), valgamos (nosotros), valgan (Uds.)

venir

Present Indicative: vengo, vienes, viene, venimos, venís, vienen
Preterite: vine, viniste, vino, vinimos, vinisteis, vinieron
Future: vendré, vendrás, etc.
Conditional: vendría, vendrías, etc.
Present Subjunctive: venga, vengas, venga, vengamos, vengáis, vengan
Commands: ven (tú), no vengas (neg. tú), venga (Ud.), vengamos (nosotros), vengan (Uds.)
Present Participle: viniendo

ver

Present Indicative: veo, ves, ve, vemos, veis, ven
Imperfect: veía, veías, veía, veíamos, veíais, veían
Preterite: vi, viste, vio, vimos, visteis, vieron
Present Subjunctive: vea, veas, vea, veamos, veáis, vean
Past Participle: visto

GLOSARIO

español-inglés

This Spanish-English glossary contains all of the active vocabulary words that appear in the text as well as passive vocabulary from readings, culture sections, and extra vocabulary lists. Most inactive cognates have been omitted. The active words are accompanied by the number of the unit and etapa in which they are presented. For example, **el campamento** can be found in **5.2** *(Unidad* **5**, *Etapa* **2**). **EP** refers to the *Etapa preliminar.* Roman numeral **I** refers to words or expressions taught in Level 1. For verbs, stem changes are indicated: **dormir (ue, u),** as are verbs that are irregular only in the **yo** form of the present tense: **hacer (hago).**

a to, at
  A la(s)... At ... o'clock. **I**
  a la derecha (de) to the right (of) **I**
  a la izquierda (de) to the left (of) **I**
  a pie on foot **I**
  ¿A qué hora es...? (At) What time is...? **I**
  A todos nos toca... It is up to all of us... **5.3**
  a veces sometimes **I, 2.1**
abajo down **I, 4.2**
abierto(a) open **I, 4.3**
el (la) abogado(a) lawyer **6.1**
abordar to board (a plane) **1.1**
el abrazo hug **2.2**
el abrelatas can opener **5.2**
el abrigo coat **I**
abril April **I**
abrir to open **I**
la abuela grandmother **I**
el abuelo grandfather **I**
los abuelos grandparents **I**
aburrido(a) boring **I**
aburrirse to get bored **2.1**
acá here **I**
acabar de to have just **I, 3.2**
acampar en las montañas to camp in the mountains **1.1**
el aceite oil **I, 2.3**
las aceitunas olives **I**
la acera sidewalk **4.2**
aconsejar to advise **3.1**
acostarse (ue) to lie down, to go to bed **I, 3.1**
el actor actor **2.3**
la actriz actress **2.3**
Adiós. Goodbye. **I**
adivinar to guess
adónde (to) where **I**
los adornos decorations **2.2**
la aduana customs **1.1**
la aerolínea airline **1.1**
el aeropuerto airport **I**
afeitarse to shave oneself **I, 3.1**
el (la) agente de viajes travel agent **1.1**
agosto August **I**
el (la) agricultor(a) farmer **6.1**
el agua (fem.) water **I**
el agua de coco coconut milk **3.2**
el aguacero downpour **5.2**
ahora now **I**
  ¡Ahora mismo! Right now! **I**
ahorrar to save **4.3**
ahuecado(a) hollowed out
el aire acondicionado air conditioning **4.1**
el ajedrez
  jugar (ue) al ajedrez to play chess **1.1**
al to the **I**
  al aire libre outdoors **I**
  al contrario on the contrary **2.2**
  al lado (de) beside, next to **I**
alegrarse de que to be glad that **4.3**
alegre happy **I**
alemán(ana) German **1.3**
algo something **I**
alguien someone **I**
  conocer a alguien to know, to be familiar with someone **I**
alguno(a) some **I**
la alimentación nourishment **3.1**
el alimento food **3.1**
allá there **I**
allí there **I**
la almohada pillow **5.2**

almorzar (ue) to eat lunch **I, 1.1**
el almuerzo lunch **I**
alquilar un video to rent a video **I**
alrededor (de) around **4.2**
alto(a) tall **I**
la altura altitude, height **5.1**
el aluminio aluminum **5.3**
amable nice **2.1**
el (la) amante lover
amarillo(a) yellow **I**
el ambiente atmosphere
la ambulancia ambulance **3.3**
el (la) amigo(a) friend **I**
la amistad acquaintance, friendship **2.1**
el amor love **2.2**
anaranjado(a) orange **I**
ancho(a) wide **I, 4.3**
andar to walk **1.2**
  andar en bicicleta to ride a bike **I**
  andar en patineta to skateboard **I**
el anillo ring **I**
animado(a) lively, animated **2.1**
el animal animal **I**
el aniversario anniversary **2.2**
anoche last night **I, 2.2**
anteayer day before yesterday **I, 2.2**
antes (de) before **I**
antiguo(a) old **I, 1.2**
el anuncio commercial **1.3**
el año year **I**
  el año escolar the school year
  el año pasado last year **I, 2.2**
  ¿Cuántos años tiene...? How old is...? **I**
  Tiene... años. He/She is... years old. **I**
apagar la luz to turn off the light **I**
el apartamento apartment **I**
aparte separate
  Es aparte. Separate checks. **I**
el apellido last name, surname **I**
apenas scarcely **4.3**
el apoyo support
aprender to learn **I**
apretado(a) tight **4.3**
apuntar to note
los apuntes notes
aquel(la) that (over there) **I**
aquél(la) that one (over there) **I**
aquello that (over there) **I**
aquí here **I**
el árbol tree **I**
  trepar a un árbol to climb a tree **2.1**
la arena sand **3.2**
el arete earring **I**
argentino(a) Argentine **1.3**
el armario closet, wardrobe **I, 4.1**
el (la) arquitecto(a) architect **I, 6.1**
la arquitectura architecture **I**
el arrebato rage
arreglarse to get ready **3.1**; to get dressed up **4.3**
arriba up **I, 4.2**
el arroz rice **I**
el arroz con gandules rice with peas
el arte art **I**
la artesanía handicraft **I**
el (la) artesano(a) artisan **I, 6.1**
el artículo article **1.3**
los artículos de cuero leather goods **I**
el (la) artista artist **1.2**
el ascensor elevator **4.1**
así fue que and so it was that **2.2**
el asiento seat **1.1**
el (la) asistente assistant **6.1**
asistir (a) to attend
el asopao chicken and tomato soup
la aspiradora vacuum cleaner **I**
  pasar la aspiradora to vacuum **I**
la aspirina aspirin **3.3**
asustarse (de) to be scared (of) **2.1**
el atletismo athletics **3.1**
el atún tuna **1.2**
el auditorio auditorium **I**
aunque even though **2.2**
el autobús bus **I**
la autonomía autonomy, freedom
el (la) autor(a) author **1.3**
el (la) auxiliar de vuelo flight attendant **1.1**
la avenida avenue **I**
las aventuras adventures **2.3**
el avión airplane **I**
ayer yesterday **I, 2.2**
ayudar (a) to help **I**
  ¿Me ayuda a pedir? Could you help me order? **I**
el azúcar sugar **I**
azul blue **I**

bailar to dance **I**
el (la) bailarín/bailarina dancer **6.1**

bajar (por)
to go down, to descend **4.2**
bajar un río en canoa to go down a river by canoe **1.1**
bajo(a) short (height) **I**
balanceado(a) balanced **3.1**
el balde bucket **5.2**
el baloncesto basketball **I**
el banco bank **I**
bañarse to take a bath **I, 3.1**
la bañera bathtub **4.1**
el baño bathroom **I, 4.1**
barato(a) cheap, inexpensive **I**
el barco ship **I**
barrer to sweep **I**
barrer el piso
to sweep the floor **3.2**
bastante enough **2.3**
la basura trash **I**
sacar la basura
to take out the trash **I**
el basurero trash can **5.3**
el bate bat **I**
el batido milk shake **1.2**
el bebé baby **2.1**
beber to drink **I**
¿Quieres beber…?
Do you want to drink…? **I**
Quiero beber…
I want to drink… **I**
la bebida beverage, drink **I**
el béisbol baseball **I**
las bellas artes fine arts **1.2**
la belleza beauty **5.1**
los beneficios benefits **6.2**
el beso kiss **2.2**
la biblioteca library **I**
la bicicleta bike
andar en bicicleta
to ride a bike **I**
bien well **I**
(No muy) Bien, ¿y tú/usted?
(Not very) Well, and you? **I**
el bienestar well-being **3.1**
bienvenido(a) welcome **I**
el (la) bisabuelo(a)
great-grandfather/great-grandmother **2.1**
el bistec steak **I**
blanco(a) white **I**
la blusa blouse **I**
la boca mouth **I, 3.3**
la boda wedding **2.2**
la bola ball **I**
el boleto ticket **1.1**
boliviano(a) Bolivian **1.3**
la bolsa bag, handbag **I**
el bombero firefighter **I, 6.1**
bonito(a) pretty **I**
el borrador eraser **I**
el bosque forest **I**
el bosque nuboso
cloud forest
las botas boots **I**
el bote boat **3.2**
el bote de remos rowboat
la botella bottle **I, 5.3**
el brazo arm **I, 3.3**
el brindis toast
el bronceador suntan lotion **I**
bucear to scuba-dive
bucear con respiración
to snorkel
bueno(a) good **I**
Buenas noches.
Good evening. **I**
Buenas tardes.
Good afternoon. **I**
Buenos días.
Good morning. **I**
Es bueno que…
It's good that… **3.3**
Hace buen tiempo.
It is nice outside. **I**
la bufanda scarf **I**
buscar to look for, to search **I, 1.1**
el buzón mailbox **4.2**

el caballo horse **I**
la cabeza head **I, 3.3**
lavarse la cabeza
to wash one's hair **I**
cada each, every **I**
la cadena chain
caer (caigo) to fall
caerle bien (mal) a alguien
to make a good (bad) impression on someone **6.2**
caerse (me caigo) to fall down **2.1**
el café café; coffee **I**
la cafetería
cafeteria, coffee shop **I**
la caja registradora
cash register **4.3**
el (la) cajero(a) cashier **4.3**
el cajero automático ATM **4.3**
los calamares squid **I**
el calcetín sock **I**
la calculadora calculator **I**
la calefacción heat, heating **4.1**
la calidad quality **I**
caliente hot, warm **I**
¡Cállate! Be quiet! **I**
la calle street **I**
el calor
Hace calor. It is hot. **I**
tener calor to be hot **I**
la caloría calorie **3.1**
caluroso(a) hot **5.2**
la cama bed **I, 4.1**
hacer la cama
to make the bed **I**
la cámara camera **I, 1.3**
cambiar
to change, to exchange **I**
el cambio
change, money exchange **I**
caminar con el perro
to walk the dog **I**
el camino road **I**
la camisa shirt **I**
la camiseta T-shirt **I**
el campamento camp **5.2**
el campeón champion
el campo
field; countryside, country **I**
canadiense Canadian **1.3**
el canal channel, station **1.3**

la cancha court **I**
la canoa canoe
cansado(a) tired **I**
cansarse to get tired **2.1**
el (la) cantante singer **2.3**
cantar to sing **I**
cantar en el coro to sing in the chorus **1.1**
la capa de ozono ozone layer **5.3**
la capacitación training **6.2**
capacitado(a) qualified **6.1**
la cara face **I, 3.3**
el caracol shell **3.2**
la carne meat **I**
la carne de res beef **I, 2.3**
la carnicería butcher's shop **I**
caro(a) expensive **I**
¡Es muy caro(a)! It's very expensive! **I**
la carrera career **6.1**
el carro car **I**
la carta letter
mandar una carta to send a letter **I**
la cartera wallet **I**
el (la) cartero(a) mail carrier **I, 6.1**
el cartón cardboard, cardboard box **5.3**
la casa house **I**
casarse (con) to get married (to) **2.2**
el casco helmet **I**
el casete cassette **I**
casi almost **2.2**
castaño(a) brown (hair) **I**
las cataratas waterfalls
catorce fourteen **I**
la causa cause **1.3**
el cebiche raw fish marinated in lemon juice
la cebolla onion **I, 2.3**
el cedro cedar
celebrar to celebrate
la cena supper, dinner **I**
cenar to eat dinner **I, 2.3**
la ceniza ash
centígrado(a) centigrade **5.2**
el centro center, downtown **I**
el centro comercial shopping center **I**
cepillarse el pelo to brush one's hair **3.1**
el cepillo brush; hairbrush **I, 3.1**
el cepillo de dientes toothbrush **I, 3.1**
la cerámica ceramics **I**
la cerca fence **I**
cerca (de) near (to) **I**
el cerdo pig **I**
el cereal cereal **I, 1.2**
la cereza cherry **2.3**
cero zero **I**
cerrado(a) closed **I, 4.3**
cerrar (ie) to close **I**
el chaleco vest **4.3**
el champú shampoo **I, 3.1**
la chaqueta jacket **I**
charlar to chat
los cheques checks **4.3**
los cheques de viajero traveler's checks **4.3**
chévere awesome
¡Qué chévere! How awesome! **I**
los chicharrones pork rinds **I**
comer chicharrones to eat pork rinds **I**
el (la) chico(a) boy/girl **I**
chileno(a) Chilean **1.3**
los chiles rellenos stuffed chile peppers
chino(a) Chinese **1.3**
el choclo con queso corn on the cob with cheese
el chorizo sausage **I**
la chorreada a sweet dish from Costa Rica, made of corn and served with sour cream
los churros con chocolate sweet, fried dough served with hot chocolate
cien one hundred **I**
la ciencia ficción science fiction **2.3**
las ciencias science **I**
cierto(a) true
no es cierto que... it is not certain that... **4.3**
la cima peak
cinco five **I**
cincuenta fifty **I**
el cine movie theater
ir al cine to go to the movies **I**
el cinturón belt **I**
la cita appointment **I**
la ciudad city **I**
la ciudadanía citizenship **6.1**
¡Claro que sí! Of course! **I**
la clase class, classroom **I**
el (la) cliente(a) customer **4.3**
el clima climate **5.1**
el cocido madrileño a stew commonly served in Spain
la cocina kitchen **I, 4.1;** cuisine
cocinar to cook **I**
el coco coconut
el codo elbow **3.3**
el colibrí hummingbird
la colina hill **5.1**
el collar necklace **I**
colombiano(a) Colombian **1.3**
el color color **I**
¿De qué color...? What color...? **I**
el combustible fuel **5.3**
la comedia comedy **2.3**
el (la) comediante comedian/comedienne **2.3**
el comedor dining room **I, 4.1**
comenzar (ie) to start **1.1**
comer to eat **I, 1.1**
comer chicharrones to eat pork rinds **I**
darle(s) de comer to feed **I**
¿Quieres comer...? Do you want to eat...? **I**
Quiero comer... I want to eat... **I**
cómico(a) funny, comical **I**
la comida food, meal **I**
como like, as
cómo how **I**

ESPAÑOL–INGLÉS

¿Cómo es? What is he/she like? **I**
¿Cómo está usted? How are you? (formal) **I**
¿Cómo estás? How are you? (familiar) **I**
¿Cómo me veo? How do I look? **4.3**
¡Cómo no! Of course! **I**
¿Cómo se llama? What is his/her name? **I**
¿Cómo te llamas? What is your name? **I**
¿Cómo te queda? How does it fit you? **4.3**
Perdona(e), ¿cómo llego a...? Pardon, how do I get to...? **I**
cómodo(a) comfortable **3.3**
el (la) compañero(a) companion, classmate **2.1**
la compañía company **I**
compartir to share **I**
competir (i, i) to compete **1.2, 1.3**
complicado(a) complicated **5.2**
el compositor composer
comprar to buy **I**
comprender to understand **I**
la computación computer science **I**
la computadora computer **I**
común common **2.2**
la comunidad community **I**
con with **I**
con rayas striped **I**
Con razón. That's why. **I**
el concierto concert **I**
el concurso contest **I**
conducir (conduzco) to drive **1.2**
el (la) conductor(a) driver **4.2**
el congelador freezer **I, 4.1**
el conjunto group (musical)
conmigo with me **I**
conocer (conozco) to know, to be familiar with, **I, 1.3**
conocer a alguien to know, to be familiar with someone **I**
conseguir (i, i) (consigo) to get **6.2**
el (los) consejo(s) advice **3.1**
conservar to conserve **5.1**
construir to construct **2.1**
la consulta consultation **3.3**
el consultorio office (doctor's) **3.3**
el (la) contador(a) accountant **I, 6.1**
la contaminación pollution **5.3**
la contaminación del aire air pollution **I**
contaminar to pollute **5.3**
contar (ue) to count, to tell or retell **I**
contar chistes to tell jokes **2.1**
el contenido table of contents
contento(a) content, happy, pleased **I**
contestar to answer **I**
contigo with you **I**
el contrabajo bass
el contrato contract **6.2**
el corazón heart **I**
el corral corral, pen **I**
corregir (i, i) (corrijo) to correct
el correo post office **I**
correr to run **I**
cortar el césped to cut the grass **3.2**
cortarse to cut oneself **3.3**
corto(a) short (length) **I**
la cosa thing **I**
costar (ue) to cost **I**
¿Cuánto cuesta(n)...? How much is (are)...? **I**
costarricense Costa Rican **1.3**
crear to create **5.2**
crecer (crezco) to grow **3.1**
creer to think, to believe **I, 1.3**
Creo que sí/no. I think/don't think so. **I**
no creer que... not to believe that... **4.3**
¿Tú crees? Do you think so? **1.3**
la crema cream **I, 1.2**
la crítica criticism, review **1.3**
el cruce crossing **4.2**
cruzar to cross **I**
el cuaderno notebook **I**
la cuadra city block **I**
cuadriculado(a) square
cuál(es) which (ones), what **I**
¿Cuál es la fecha? What is the date? **I**
¿Cuál es tu teléfono? What is your phone number? **I**
cuando when, whenever **I**
cuando era niño(a) when I/he/she was young **2.1**
cuándo when **I**
cuánto how much **I**
¿A cuánto está(n)...? How much is (are)...? **I**
¿Cuánto cuesta(n)...? How much is (are)...? **I**
¿Cuánto es? How much is it? **I**
¿Cuánto le doy de propina? How much do I tip? **I**
¿Cuánto tiempo hace que...? How long has it been since...? **3.3**
cuántos(as) how many **I**
¿Cuántos años tiene...? How old is...? **I**
cuarenta forty **I**
cuarto(a) quarter **I;** fourth **I, 2.2**
y cuarto quarter past **I**
el cuarto room
limpiar el cuarto to clean the room **I**
cuatro four **I**
el cuatro type of guitar
un cuatro templado a tuned guitar
cuatrocientos(as) four hundred **I**
cubano(a) Cuban **1.3**
los cubiertos silverware **2.3**
la cuchara spoon **I**
el cuchillo knife **I**
el cuello neck **3.3**

ESPAÑOL–INGLÉS

la cuenta bill, check **I, 2.3**
la cuenta de ahorros savings account **4.3**
La cuenta, por favor. The check, please. **I**
la cuerda rope
saltar la cuerda to jump rope **2.1**
el cuero leather
los artículos de cuero leather goods **I**
el cuerpo body **I, 3.3**
la cueva cave
cuidado
tener cuidado to be careful **I, 2.1**
cuidadosamente carefully **I**
cuidadoso(a) careful **I**
cuidar to take care of **I**
la cumbre summit (meeting)
el cumpleaños birthday **I**
el (la) cuñado(a) brother-in-law, sister-in-law **2.1**
la cuota fee
el currículum résumé, curriculum vitae **6.2**

dañar to damage
dar (doy) to give **I, 1.1**
dar una vuelta to take a walk, stroll, or ride **2.3**
darle(s) de comer to feed **I**
darse cuenta de to realize **2.1**
los datos facts; information **6.1**
de of, from **I**
de buen humor in a good mood **4.3**
de cuadros plaid, checked **I**
de la mañana in the morning **I**
de la noche at night **I**
de la tarde in the afternoon **I**
de mal humor in a bad mood **4.3**
de maravilla marvelous **2.2**
De nada. You're welcome. **I**
de repente suddenly **1.3**
¿De veras? Really? **1.3**
de vez en cuando once in a while **I**
debajo de under(neath) **I, 4.2**
deber should, ought to **I, 3.1**
decidir to decide **I**
la décima ballad
décimo(a) tenth **I, 2.2**
decir to say, to tell **I, 1.2**
la decoración interior decor
los dedos fingers **3.3**
dejar to leave (behind)
dejar la propina to leave the tip **2.3**
dejar un mensaje to leave a message **I**
Deje un mensaje después del tono. Leave a message after the tone. **I**
Le dejo… en… I'll give… to you for… **I**
Quiero dejar un mensaje para… I want to leave a message for… **I**
del from the **I**
delante de in front of **I, 4.2**
delgado(a) thin **I**
delicioso(a) delicious **I**
los demás the rest of the people **2.2**
demasiado(a) too much **I, 2.3**
dentro de inside **I, 2.1**
el (la) dependiente(a) salesperson **4.3**
el deporte sport
practicar deportes to play sports **I**
el (la) deportista athlete **6.1**
deprimido(a) depressed **I**
la derecha right
a la derecha (de) to the right (of) **I**
derecho straight ahead **I**
desafortunadamente unfortunately **3.2**
desarrollar to develop
el desarrollo development **5.1**
desayunar to have breakfast **I**
el desayuno breakfast **I**
descansar to rest **I**
descubrir to discover **5.1**
desde from **I**
desde allí from there **4.2**
desear to desire **1.2, 4.1**
el desierto desert **I**
el desodorante deodorant **3.1**
despedirse (i, i) de to say goodbye to **2.1**
despejado(a) clear, cloudless **5.2**
el despertador alarm clock **I, 4.1**
despertarse (ie) to wake up **I, 3.1**
después (de) after, afterward **I**
la destrucción destruction **5.3**
destruido(a) destroyed
la desventaja disadvantage **6.2**
el detalle detail **1.3**
detener to stop
detrás (de) behind **I**
devolver (ue) to return (an item) **I**
el día day **I**
Buenos días. Good morning. **I**
¿Qué día es hoy? What day is today? **I**
Tal vez otro día. Maybe another day. **I**
todos los días every day **I**
diario(a) daily **2.2**
dibujar to draw **2.1**
el diccionario dictionary **I**
diciembre December **I**
diecinueve nineteen **I**

dieciocho eighteen **I**
dieciséis sixteen **I**
diecisiete seventeen **I**
el diente tooth **I, 3.3**
  lavarse los dientes
    to brush one's teeth **I**
la dieta diet **3.1**
diez ten **I**
difícil difficult, hard **I**
el dinero money **I**
la dirección address, direction **I**
el disco compacto
  compact disc **I**
disculparse to apologize **2.1**
el discurso speech
disfrazar
  disfrazado(a) de
    disguised as
disfrutar con los amigos
  to enjoy time with friends **1.1**
la distancia distance **4.2**
diverso(a) diverse **5.1**
divertido(a) enjoyable, fun,
  entertaining **I, 2.1**
divertirse (ie, i)
  to enjoy (oneself) **2.1**
doblar to turn **I**
doce twelve **I**
la docena dozen **I**
el (la) doctor(a) doctor **I**
el dólar dollar **I**
doler (ue) to hurt **3.3**
el dolor de cabeza
  headache **3.3**
domingo Sunday **I**
dominicano(a) Dominican **1.3**
don/doña Don/Doña (titles of
  respect)
dónde where **I**
  ¿De dónde eres?
    Where are you from? **I**
  ¿De dónde es?
    Where is he/she from? **I**
  ¿Dónde tiene lugar? Where
    does it take place?
dormir (ue, u) to sleep **I, 1.3**
dormirse (ue, u) to fall asleep **I**
dos two **I**
doscientos(as) two hundred **I**
ducharse to take a shower **I, 3.1**
dudar que…
  to doubt that… **4.3**
el (la) dueño(a) owner **6.1**
dulce sweet **I**
durante during **I**
duro(a) hard, tough **I**

echar to throw out **5.3**
  echa humo emits smoke
  échate una siesta take a nap
ecuatoriano(a) Ecuadorian **1.3**
la edad age **I**
la edición edition **1.3**
el edificio building **I**
el (la) editor(a) editor **I, 1.3**
la educación education **6.2**
  la educación física
    physical education **I**
el efectivo cash **I**
los efectos effects **5.3**
el ejercicio exercise
  hacer ejercicio to exercise **I**
él he **I**
la electricidad electricity **4.1**
elegante elegant **4.3**
ella she **I**
ellos(as) they **I**
emocionado(a) excited **I**
la empanada a stuffed pastry
empezar (ie) to begin **I, 1.1**
el empleo
  employment, job **6.1**
la empresa
  business, company **6.2**
en in **I**
  en cuanto a as for
  en seguida at once **2.2**
enamorarse (de)
  to fall in love (with) **2.2**
encantar to delight **2.3**
  Encantado(a). Delighted/
    Pleased to meet you. **I**
la enchilada enchilada **I**
encima de on top of **I, 4.2**
encontrar (ue) to find, to meet **I**
la energía energy **3.1**
enero January **I**
la enfermedad sickness **3.3**
el (la) enfermero(a) nurse **3.3**
enfermo(a) sick **I**
enfrente (de) facing **I**
enojado(a) angry **I**
enojarse con
  to get angry with **2.1**
enorme huge, enormous **I, 1.2**
la ensalada salad **I**
enseñar to teach **I**
entender (ie) to understand **I**
entonces then, so **I**
entrar (a, en) to enter **I**
entre between **I**
entrenarse to train **3.1**
la entrevista interview **I, 6.2**
el (la) entrevistador(a)
  interviewer **6.2**
el equipaje luggage **1.1**
el equipo team **I**
el equipo de sonido
  sound equipment
escalar montañas
  to climb mountains **5.2**
las escaleras stairs, staircase **4.1**
la escena scene **2.3**
escoger (escojo) to choose **4.3**
esconderse to hide **2.1**
escribir to write **I**
  fue escrita was written
el (la) escritor(a) writer **I, 1.3**
el escritorio desk **I**
la escritura writing
escuchar to listen (to) **I**
la escuela school **I**
el (la) escultor(a) sculptor **1.2**
la escultura sculpture **1.2**
ese(a) that **I**
ése(a) that one **I**
eso that **I**

ESPAÑOL–INGLÉS

el español Spanish **I**
español(a) Spaniard **1.3**
especial special **I**
la especialidad de la casa specialty of the house **1.2**
especialmente specially, especially **I, 3.2**
el espejo mirror **I, 4.1**
esperar to wait for, to expect, to hope **I, 4.1**
  esperar que... to hope that... **4.3**
la esposa wife
el esposo husband
esquiar to ski **I**
la esquina corner **I**
la estación de autobuses bus station **I**
el estacionamiento parking space **4.2**
las estaciones seasons **I**
la estadidad statehood
el estadio stadium **I**
estadounidense from the United States **1.3**
estar to be **I, EP, 1.2**
  ¿A cuánto está(n)...? How much is (are)...? **I**
  ¿Cómo está usted? How are you? (formal) **I**
  ¿Cómo estás? How are you? (familiar) **I**
  ¿Está incluido(a)...? Is... included? **I**
  estar a favor de to be in favor of **5.2**
  estar bien informado(a) to be well informed **1.3**
  estar de acuerdo to agree **I, 1.2**
  estar en contra de to be against **5.3**
  estar resfriado(a) to have a cold **3.3**
el este east **4.2**
este(a) this **I**
éste(a) this one **I**
estirarse to stretch **3.1**
esto this **I**
el estómago stomach **I, 3.3**
estrecho(a) narrow **I, 4.3**
la estrella star **I**
el estreno new release **2.3**
el estrés stress **3.1**
el (la) estudiante student **I**
estudiar to study **I**
  estudiar las artes marciales to study martial arts **1.1**
los estudios sociales social studies **I**
la estufa stove **I, 4.1**
la etapa step
el examen test **I**
el exceso de equipaje excess luggage **1.1**
exclamar to exclaim **2.2**
el éxito hit
explicar to explain **1.1**
la exposición exhibit **1.2**
el (la) extranjero(a) foreigner **4.1**

fácil easy **I**
fácilmente easily **I, 3.2**
la falda skirt **I**
falso(a) false
faltar to lack **2.3**
la familia family **I**
la farmacia pharmacy, drugstore **I**
fascinar to fascinate **2.3**
fastidiar to annoy **4.3**
favorito(a) favorite **I**
febrero February **I**
la fecha date **I**
  ¿Cuál es la fecha? What is the date? **I**
  la fecha de nacimiento date of birth **6.1**
la felicidad happiness **2.2**
felicidades congratulations **I**
feliz happy **I**
felizmente happily **I**
feo(a) ugly **I**
feroz ferocious **5.1**
la fiebre fever **3.3**
la fiesta party **I, 2.2**
fíjate take a look
el fin de semana weekend
la firma signature **6.1**
firmar to sign
el flan caramel custard dessert **I**
la flauta de pan panpipe
flojo(a) loose **4.3**
la flor flower **I**
la fogata campfire **5.2**
formal formal **I, 1.2**
el fósforo match **5.2**
la foto
  sacar fotos to take pictures **I**
el (la) fotógrafo(a) photographer **I, 1.3**
francés(esa) French **1.3**
frecuente frequent **I**
frecuentemente often, frequently **I, 3.2**
la frente forehead
frente a facing, opposite **4.2**
la fresa strawberry **1.2**
el frigorífico refrigerator **I**
los frijoles beans **2.3**
frío
  Hace frío. It is cold. **I**
  tener frío to be cold **I**
la fruta fruit **I**
el fuego fire **5.2**
fuera de outside **I, 2.1**
fuerte strong **I**
funcionar to work, to run **4.1**
el fútbol soccer **I**
el fútbol americano football **I**

las gafas de sol sunglasses **I**
la galería gallery **1.2;** mall

la galleta cookie, cracker **I, 1.2**
la gallina hen **I**
el gallo rooster **I**
el gallo pinto a Costa Rican breakfast dish of beans, rice, and onions
el (la) ganadero(a) rancher, farmer **I**
el (la) ganador(a) winner **I**
ganar to win **I**
ganarse la vida to earn a living **6.1**
la ganga bargain **4.2**
el garaje garage **4.1**
la garganta throat **3.3**
gastar to spend **4.3**
los gastos expenses **4.3**
el (la) gato(a) cat **I**
los (las) gemelos(as) twins **2.1**
la gente people **I**
el (la) gerente manager **I, 6.1**
el gimnasio gymnasium **I**
girar to turn **4.2**
el gitano Romany Gypsy dialect
el (la) gitano(a) Gypsy
los globos balloons **2.2**
el gobierno government
el gol goal **I**
gordo(a) fat **I**
la gorra baseball cap **I**
el gorro cap **I**
la gota drop
la grabadora tape recorder **I**
Gracias. Thank you. **I**
  Gracias, pero no puedo. Thanks, but I can't. **I**
el grado degree **I**
el gramo gram **I**
grande big, large; great **I**
la granja farm **I**
la gripe flu **3.3**
gritar to scream **3.3**
el guante glove **I**
guapo(a) good-looking **I**
guardar to hold, to keep **4.3**
guatemalteco(a) Guatemalan **1.3**
la guía telefónica phone directory **I**
la guitarra guitar
  tocar la guitarra to play the guitar **I**
gustar to like **I, EP, 4.3**
  Le gusta... He/She likes... **I**
  Me gusta... I like... **I**
  Me gustaría... I would like... **I**
  Te gusta... You like... **I**
  ¿Te gustaría...? Would you like...? **I**
el gusto pleasure
  El gusto es mío. The pleasure is mine. **I**
  Mucho gusto. Nice to meet you. **I**

haber to have
  ha tenido has had
  han vendido have sold
había there was, there were **2.1**
las habichuelas coloradas red beans **1.2**
las habilidades capabilities **6.2**
la habitación bedroom, room **I, 4.1**
hablar to talk, to speak **I, 1.1**
  ¿Puedo hablar con...? May I speak with...? **I**
hacer (hago) to make, to do **I, 1.1**
  Hace buen tiempo. It is nice outside. **I**
  Hace calor. It is hot. **I**
  Hace fresco. It is cool. **I**
  Hace frío. It is cold. **I**
  Hace mal tiempo. It is bad outside. **I**
  hace... que ago **3.3**
  Hace sol. It is sunny. **I**
  Hace viento. It is windy. **I**
  hacer ejercicio to exercise **I**
  hacer juego con... to match with... **4.3**
  hacer la cama to make the bed **I**
  hacer la limpieza to do the cleaning **3.2**
  hacer las maletas to pack
  ¿Qué tiempo hace? What is the weather like? **I**
hacia toward **4.2**
la hamburguesa hamburger **I**
la harina flour **I, 2.3**
hasta until, as far as **I, 4.2**
  Hasta luego. See you later. **I**
  Hasta mañana. See you tomorrow. **I**
hay there is, there are **I**
  hay que one has to, one must **I**
  Hay sol. It's sunny. **I**
  Hay viento. It's windy. **I**
el hecho fact **1.3**
la heladería ice-cream parlor **4.2**
el helado ice cream **I, 1.2**
el helado de paila ice cream made in a large copper pan
el helecho fern
el (la) hermanastro(a) stepbrother/stepsister **2.1**
el (la) hermano(a) brother/sister **I**
los hermanos brother(s) and sister(s) **I**
el héroe hero **1.3**
la heroína heroine **1.3**
el hielo ice
  sobre hielo on ice **I**
la hija daughter **I**
el hijo son **I**
los hijos son(s) and daughter(s), children **I**
los hispanohablantes speakers of Spanish
la historia history **I;** story **2.2**
el hockey hockey **I**
la hoja leaf **5.1**
Hola. Hello. **I**
el hombre man **I**
el hombre de negocios businessman **I, 6.1**
el hombro shoulder **3.3**

hondureño(a) Honduran **1.3**
honrar to honor
  honra (it) honors
la hora hour
  ¿A qué hora es...? (At) What time is...? **I**
  ¿Qué hora es? What time is it? **I**
el horario schedule **I**
la horchata a sweet beverage commonly served in Spain
la hormiga ant
el horno oven **I, 4.1**
el horno microondas microwave oven **4.1**
el horror horror **2.3**
hospedarse (en) to stay (at) **4.1**
el hotel hotel **I**
hoy today **I**
  Hoy es... Today is... **I**
  ¿Qué día es hoy? What day is it? **I**
hubo there was, there were **1.3**
el (la) huésped(a) guest **4.1**
el huevo egg **I, 1.2**
húmedo(a) humid **5.2**
el huracán hurricane **5.2**

la identificación identification **1.1**
la iglesia church **I**
Igualmente. Same here. **I**
el imán magnet
impaciente impatient **2.1**
el imperativo imperative verb form
el impermeable raincoat **I**
importante important
  Es importante que... It's important that... **3.3**
importar to be important, to matter **2.3**
la impresora printer **I**
incluido(a) included
  ¿Está incluido(a)...? Is... included? **I**
increíble incredible **5.3**
la infección infection **3.3**
informal informal **I**
informar to inform
  estar bien informado(a) to be well informed **1.3**
el (la) ingeniero(a) engineer **6.1**
el inglés English **I**
inglés(esa) English **1.3**
inmediatamente immediately **3.2**
insistir (en) to insist **4.1, 4.2**
instalarse
  se instala is set up
inteligente intelligent **I**
interesante interesting **I**
interesar to interest **2.3**
internacional international **1.3**
inútil useless **5.3**
el invierno winter **I**
la invitación invitation **I, 2.2**
invitar to invite
  Te invito. I'll treat you. I invite you. **I**
la inyección injection **3.3**
ir to go **I, EP, 1.1**
  ir a... to be going to... **I**
  ir al cine to go to the movies **I**
  ir al supermercado to go to the supermarket **I**
  ir de compras to go shopping **I**
  Vamos a... Let's... **I**
iridiscente iridescent
irse to leave, to go away **I**
la isla island **5.1**
italiano(a) Italian **1.3**
la izquierda left
  a la izquierda (de) to the left (of) **I**

el jabón soap **I, 3.1**
el jaguar jaguar **5.1**
el jamón ham **I, 1.2**
japonés(esa) Japanese **1.3**
el jardín garden **I, 4.1**
la jarra pitcher **I**
los jeans jeans **I**
el (la) jefe(a) boss **I, 6.1**
joven young **I**
el (la) joven young person
las joyas jewelry **I**
la joyería jewelry store **I**
el juego game
  los juegos mecánicos amusement rides
jueves Thursday **I**
el (la) juez(a) judge **6.1**
jugar (ue) to play **I, 1.1, 1.2**
  jugar al ajedrez to play chess **1.1**
el jugo juice **1.2**
el juguete toy **2.1**
la juguetería toy store **4.2**
julio July **I**
junio June **I**
junto a next to **4.2**
juntos together **I**

el kilo kilogram **I**

lacio straight (hair) **3.1**
el lado side
  al lado (de) beside, next to **I**
el (la) ladrón(ona) thief **1.3**
el lago lake **I**
la laguna lake
  la laguna caliente hot lake

la lámpara lamp **I, 4.1**
la lana wool **I**
lanzar to hurl
se lanzó al abismo hurled himself into the abyss
el lápiz pencil **I**
largo(a) long **I**
la lástima
Es una lástima que... It's a pity that... **3.3**
¡Qué lástima! What a shame! **I**
lastimarse to hurt oneself **3.3**
la lata can **I, 5.3**
el lavabo bathroom sink **4.1**
el lavaplatos dishwasher **I, 4.1**
lavar los platos to wash the dishes **I, 3.2**
lavarse to wash oneself **I, 3.1**
lavarse la cabeza to wash one's hair **I**
lavarse los dientes to brush one's teeth **I, 3.1**
la lección lesson **I**
la leche milk **I, 1.2**
el lechón hornado roasted pig
la lechuga lettuce **I**
la lectura reading
leer to read **I, 1.3**
lejos (de) far (from) **I**
¿Queda lejos? Is it far? **I**
la lengua language **I**
lentamente slowly **I, 3.2**
lento(a) slow **I**
la leña firewood **5.2**
el león lion **5.1**
el letrero sign **1.1**
levantar pesas to lift weights **I**
levantarse to get up **I, 3.1**
(sin) levantarte (without) getting out
libre free
el tiempo libre free time **I**
la librería bookstore **I**
el libro book **I**
ligero(a) light
la limonada lemonade **I**
limpiar el cuarto to clean the room **I, 3.2**
limpio(a) clean **I, 3.2**
la linterna flashlight **5.2**
listo(a) ready **I**
la literatura literature **I**
el litro liter **I**
la llama llama **I**
la llamada call **I**
llamar to call **I**
Dile/Dígale que me llame. Tell (familiar/formal) him or her to call me. **I**
llama la atención catches your eye
Me llamo... My name is... **I**
Se llama... His/Her name is... **I**
la llave key **I, 4.1**
la llegada arrival **1.1**
llegar to arrive **I, 1.1**
llenar to fill **2.3**
lleno(a) full **2.3**
llevar to wear, to carry; to take along **I**
llevarse bien to get along well **2.2**
llorar to cry **3.3**
llover (ue) to rain **I**
la llovizna drizzle **5.2**
la lluvia rain **I**
Lo siento. I'm sorry. **I**
el lobo wolf **5.1**
local local **1.3**
la loción after-shave lotion **3.1**
la loción protectora sunscreen **3.2**
loco(a) crazy **I**
lógico
Es lógico que... It's logical that... **3.3**
el loro parrot **5.1**
luego later **I**
Hasta luego. See you later. **I**
el lugar place **I**
lujoso(a) luxurious **I, 1.2**
lunes Monday **I**
la luz light **5.2**
apagar la luz to turn off the light **I**

la madrastra stepmother **2.1**
la madre mother **I**
los madrileños people from Madrid
el (la) maestro(a) teacher **I**
el maíz corn
la maleta suitcase **1.1**
el (la) maletero(a) porter **4.1**
malo(a) bad **I**
Es malo que... It's bad that... **3.3**
Hace mal tiempo. It is bad outside. **I**
Lo malo es que... The trouble is that... **5.3**
mandar una carta to send a letter **I**
el mandato command
manejar to drive **I**
la mano hand **I, 3.3**
manso(a) tame
la manta blanket **I, 5.2**
el mantel tablecloth **2.3**
mantener limpio(a) to keep clean **5.3**
mantenerse sano(a) to be healthy **3.1**
la mantequilla butter **I, 1.2**
la mantequilla de cacahuate peanut butter **1.2**
la manzana apple **2.3**
mañana tomorrow **I**
Hasta mañana. See you tomorrow. **I**
Mañana es... Tomorrow is... **I**
la mañana morning **I**

de la mañana
in the morning **I**
por la mañana
during the morning **I**
el mapa map **I**
el maquillaje makeup **3.1**
maquillarse
to put on makeup **I, 3.1**
la máquina contestadora
answering machine **I**
el mar sea **I**
marcar to dial **I**
la marioneta marionette **2.1**
la mariposa butterfly **5.1**
marrón brown **I**
martes Tuesday **I**
marzo March **I**
mas but
más more **I**
más de more than **I**
más que more than **I, 4.3**
las matemáticas mathematics **I**
la materia subject **I**
mayo May **I**
mayor older **I**
mayor que older than **4.3**
la mayoría majority **2.2**
el (la) mecánico(a)
mechanic **6.1**
la medianoche midnight **I**
la medicina medicine **3.3**
medio(a) half **I**
la media hermana
half-sister
el medio hermano
half-brother
el medio ambiente
environment **5.1**
el mediodía noon **I**
mejor better **I**
Es mejor que… It's better
that… **3.3**
mejor que better than **4.3**
el melón melon **1.2**
menor younger **I**
menor que younger than **4.3**
menos to, before (time); less **I**
menos de less than **I**
menos que less than **I, 4.3**
el mensaje message
dejar un mensaje
to leave a message **I**
Deje un mensaje después del tono. Leave a message after the tone. **I**
Quiero dejar un mensaje para… I want to leave a message for… **I**
la mentira lie **2.2**
el menú menu **I**
el mercado market **I**
merendar (ie) to have a snack **I**
la merienda snack **I**
el mes month **I**
el mes pasado last month **I**
la mesa table **I, 4.1**
poner (pongo) la mesa
to set the table **I**
quitar la mesa
to clear the table **I**
el (la) mesero(a) waiter
(waitress) **I**
la meta goal **6.2**
el metro subway **I**
mexicano(a) Mexican **1.3**
mi my **I**
el microondas microwave **I**
miedo fear
tener miedo
to be afraid **I, 4.3**
mientras while **2.2**
miércoles Wednesday **I**
mil one thousand **I**
un millón one million **I**
mirar to watch, to look at **I**
mismo(a) same **I**
la mochila backpack **I**
moderno(a) modern **I, 1.2**
mojado(a) wet **2.3**
molestar to bother **2.3, 4.3**
el momento moment
Un momento. One moment. **I**
la moneda currency
el mono monkey **5.1**
la montaña mountain **I**
el montañismo
mountaineering **5.2**
morado(a) purple **I**
moreno(a) dark (hair and skin) **I**
morir (ue, u) to die **1.3**
el mostrador counter **1.1**
mostrar (ue) to show **1.2**
la moto(cicleta) motorcycle **I**
mover (ue) to move
mover los muebles
to move the furniture **I**
la muchacha girl **I**
el muchacho boy **I**
mucho often **I**
mucho(a) much, many **I**
los muebles furniture **I, 4.1**
mover (ue) los muebles
to move the furniture **I**
la mujer woman **I**
la mujer de negocios
businesswoman **I, 6.1**
el mundo world **I**
la muñeca doll **2.1**; wrist **3.3**
el muñeco de peluche stuffed
animal **2.1**
el murciélago bat
el museo museum **I**
la música music **I**
el musical musical **2.3**
el (la) músico(a) musician **6.1**
muy very **I**

nacer (nazco) to be born
nada nothing **I**
De nada.
You're welcome. **I**
nadar to swim **I**
nadie no one **I**
la nariz nose **I, 3.3**
las natillas custard
la naturaleza nature **5.1**
la navaja jackknife **5.2**
la neblina mist, fog **5.2**

necesario necessary
Es necesario que… It's necessary that… **3.3**
necesitar to need **I, 4.1**
negociar to negotiate
negoció (he/she) negotiated
negro(a) black **I**
nervioso(a) nervous **I**
nevar (ie) to snow **I**
la neverita cooler **3.2**
ni nor, neither, not even **4.2**
nicaragüense Nicaraguan **1.3**
la nieta granddaughter
el nieto grandson
la nieve snow **I**
ninguno(a) none, not any **I**
la niña girl
el (la) niñero(a) child-care provider **6.1**
el niño boy
no no, not **I**
¡No digas eso! Don't say that! **I**
No es cierto que… It is not certain that… **4.3**
¡No me digas! Don't tell me! **1.3**
no sólo not only
¡No te preocupes! Don't worry! **I**
la noche night, evening
Buenas noches. Good evening. **I**
de la noche at night **I**
por la noche during the evening **I**
el nombre name, first name **I**
normal normal **I**
normalmente normally **I, 3.2**
el norte north **4.2**
nosotros(as) we **I**
la nota grade
sacar una buena nota to get a good grade **I**
las noticias news **1.3**
el noticiero news program **1.3**
novecientos(as) nine hundred **I**
la novela novel **I**
noveno(a) ninth **I, 2.2**
noventa ninety **I**
noviembre November **I**
el (la) novio(a) boyfriend/girlfriend; groom/bride **2.1**
la nube cloud **5.2**
nublado cloudy
Está nublado. It is cloudy. **I**
nuestro(a) our **I**
nueve nine **I**
nuevo(a) new **I**
el número number **I;** shoe size **4.3**
nunca never **I**
nutritivo(a) nutritious **3.1**

o or **I**
obediente obedient **2.1**
la obra work of art **1.2**
la obra de teatro theatrical production **2.3**
el (la) obrero(a) worker **6.1**
la obsidiana hard, black volcanic rock
obtener to obtain, to get **4.2**
el océano ocean **3.2**
ochenta eighty **I**
ocho eight **I**
ochocientos(as) eight hundred **I**
octavo(a) eighth **I, 2.2**
octubre October **I**
ocupado(a) busy **I**
ocurrir to occur **2.2**
el oeste west **4.2**
la oficina office **I**
ofrecer (ofrezco) to offer **I, 2.3**
Le puedo ofrecer… I can offer you… **I**
¿Se le(s) ofrece algo más? May I offer you anything more? **2.3**
el oído inner ear **3.3**
oír to hear **I, 1.3**
ojalá que I hope that, hopefully **4.1**
el ojo eye **I, 3.3**
la ola wave **3.2**
la olla pot **I**
olvidar to forget **I, 4.2**
ya olvidada already forgotten
once eleven **I**
el (la) operador(a) operator **I, 6.1**
la oración sentence
ordenar to arrange **I**
ordinario(a) ordinary **I**
la oreja ear **I, 3.3**
la orilla edge, shore **3.2**
el oro gold **I**
oscuro(a) dark **4.3**
el otoño fall **I**
otro(a) other, another **I**

paciente patient **I**
pacífico(a) peaceful
el padrastro stepfather **2.1**
el padre father **I**
los padres parents **I**
pagar to pay **I, 1.1**
el país country **I**
el paisaje landscape
el pájaro bird **I**
la palabra word
la palma palm tree **3.2**
el palmar palm tree grove **3.2**
el pan bread **I, 2.3**
el pan dulce sweet roll **I**
la panadería bread bakery **I**
panameño(a) Panamanian **1.3**
la pantalla screen **I**
los pantalones pants **I**
los pantalones cortos shorts
el pañuelo scarf **4.3**
la papa potato **2.3**
las papas fritas French fries **I**
el papel paper **I;** role **2.3**

ESPAÑOL–INGLÉS

la papelería stationery store **I**
el paquete package **I**
el par pair
  un par de a pair of **4.3**
para for, in order to **I**
  para empezar to begin with **2.2**
la parada stop, stand **4.2**
el paraguas umbrella **I**
paraguayo(a) Paraguayan **1.3**
parar to stop **4.2**
parecido(a) similar
la pared wall **I, 4.1**
el (la) pariente(a) relative **2.1**
el parque park **I**
el partido game **I**
los partidos political parties
el (la) pasajero(a) passenger **1.1**
el pasaporte passport **1.1**
pasar to happen, to pass, to pass by **I**
  pasar la aspiradora to vacuum **I, 3.2**
  pasar un rato con los amigos to spend time with friends **I**
el pasatiempo hobby, pastime
pasear to go for a walk **I**
el pasillo aisle **1.1**
el paso step
la pasta pasta **I, 2.3**
la pasta de dientes toothpaste **I, 3.1**
la pasta de guayaba guava paste
el pastel cake **I**; tamale-like mixture of plantain, yucca, and meat
la pastelería pastry shop **I**
la pastilla pill **3.3**
el (la) pastor(a) shepherd(ess) **I**
la patata potato **I**
patinar to skate **I**
los patines skates **I**
la patineta skateboard **I**
  andar en patineta to skateboard **I**
el peatón pedestrian **4.2**
el pedazo piece **I**
pedir (i, i) to ask for, to order **I, 1.2, 1.3**
  ¿Me ayuda a pedir? Could you help me order? **I**
peinarse to comb one's hair **I, 3.1**
el peine comb **I, 3.1**
pelearse to fight **2.1**
la película movie **I**
peligroso(a) dangerous **I, 5.1**
  Es peligroso que... It's dangerous that... **3.3**
pelirrojo(a) redhead **I**
el pelo hair **I**
la pelota baseball **I**
el (la) peluquero(a) barber, hairstylist **6.1**
pensar (ie) to think, to plan **I**
la pensión pension, boarding house **4.1**
peor worse **I**
  peor que worse than **4.3**
pequeño(a) small **I**
la pera pear **2.3**
perder (ie) to lose **I**
Perdona(e)... Pardon...
  Perdona(e), ¿cómo llego a...? Pardon, how do I get to...? **I**
perezoso(a) lazy **I**
perfecto(a) perfect **I**
el perfume perfume **3.1**
el periódico newspaper **I**
el periodismo journalism **1.3**
el (la) periodista journalist **I, 1.3**
el permiso permission **5.2**
permitir to permit **5.2**
el pernil cut of pork
pero but **I**
el (la) perro(a) dog **I**
  caminar con el perro to walk the dog **I**
pertenecer (pertenezco) to belong, to pertain **5.2**
peruano(a) Peruvian **1.3**
la pesa weight
  levantar pesas to lift weights **I**
el pescado fish **I, 2.3**
el (la) pescador(a) fisherman **3.2**
pescar to fish **5.2**
el pez fish **I**
el piano piano
  tocar el piano to play the piano **I**
picante spicy **I**
el pie foot **I, 3.3**
  a pie on foot **I**
la piedra stone **5.1**
la piel skin **3.2**
la pierna leg **I, 3.3**
el piloto pilot **1.1**
la pimienta pepper **I, 2.3**
pintar to paint **I**
el (la) pintor(a) painter **1.2**
pintoresco(a) picturesque
la pintura painting **1.2**
pisar
  pisarlas to step on them
la piscina swimming pool **I**
el piso floor, story **4.1**
el pizarrón chalkboard **I**
el placer pleasure **I**
  Es un placer. It's a pleasure. **I**
el plan maestro master plan
planchar to iron **I, 3.2**
el planeta planet **5.3**
la planta plant **I**
  la planta silvestre wild plant **5.1**
la planta baja ground floor **4.1**
la plata silver **I**
el plátano verde plantain **1.2**
el plato plate **I**
la playa beach **I**
la plaza town square **I**
la pluma pen **I**
la población population **5.1**
pobre poor **2.1**
la pobreza poverty **5.3**
poco a little **I**

ESPAÑOL–INGLÉS

poder (ue) to be able, can **I, 1.2**
Gracias, pero no puedo. Thanks, but I can't. **I**
Le puedo ofrecer... I can offer you... **I**
¿Me puede atender? Can you help (wait on) me? **4.3**
¿Puedes (Puede usted) decirme dónde queda...? Could you tell me where... is? **I**
¿Puedo hablar con...? May I speak with...? **I**
el poema poem **I**
la poesía poetry **I**
el (la) policía police officer **I**
el pollo chicken **I**
el pollo asado roast chicken **1.2**
el polvo dust
quitar el polvo to dust **I, 3.2**
poner (pongo) to put **I, 1.2**
poner la mesa to set the table **I**
ponerse (me pongo) to put on **I**
ponerse la ropa to get dressed **I, 3.1**
por for, by, around **I**
por eso that's why
por favor please **I**
por fin finally **I, 2.2**
por la mañana during the morning **I**
por la noche during the evening **I**
por la tarde during the afternoon **I**
¿por qué? why? **I**
por todas partes everywhere **5.1**
porque because **I**
portarse bien/mal to behave well/badly **2.1**
posible
Es posible que... It's possible that... **3.3**
el postre dessert **I**
el pozole corn and meat stew
practicar to play, to practice **1.1**
practicar deportes to play sports **I**
el precio price **I**
preferir (ie, i) to prefer **I, 1.3, 4.1**
la pregunta question
preguntar to ask
preocupado(a) worried **I**
preocuparse por to be worried about **2.1**
preparar to prepare **I**
presentar to introduce
Te/Le presento a... Let me introduce you (familiar/formal) to... **I**
preservar to preserve **5.1**
el préstamo loan **4.3**
prestar to lend **4.3**
la primavera spring **I**
primero first **I**
el primero first of the month **I**
primero(a) first **I, 2.2**
el (la) primo(a) cousin **I**
prisa
tener prisa to be in a hurry **I**
probable
Es probable que... It's probable that... **3.3**
el problema problem **I, 5.3**
producir (produzco) to produce **1.2**
la profesión profession **I, 6.1**
el programa program **1.3**
el pronóstico forecast **5.2**
pronto soon **I**
la propina tip **I**
¿Cuánto le doy de propina? How much do I tip? **I**
proteger (protejo) to protect **3.2**
proteger las especies to protect the species **5.3**
la prueba quiz **I**
el pueblo town, village **I**
el puente bridge **4.2**
el puerco pork **I**
la puerta door **I, 4.1**
puertorriqueño(a) Puerto Rican **1.3**
pues well **I**
el puesto position **6.1**
la pulsera bracelet **I**
la puntualidad punctuality **6.2**
¡Pura vida! Doing great!

qué what? **I**
¿A qué hora es...? (At) What time is...? **I**
¿Qué desea(n)? What would you like? **2.3**
¿Qué día es hoy? What day is today? **I**
¡Qué (divertido)! How (fun)! **I**
¿Qué hora es? What time is it? **I**
¡Qué lástima! What a shame! **I**
¿Qué lío! What a mess! **5.3**
¿Qué lleva? What is he/she wearing? **I**
¿Qué me (nos) recomienda? What do you recommend? **2.3**
¿Qué pasa? What's happening?
¿Qué tal? How is it going? **I**
¿Qué tiempo hace? What is the weather like? **I**
quedar (en) to be (in a specific place); to agree on **I**
¿Puedes (Puede usted) decirme dónde queda...? Could you tell me where...is? **I**
¿Queda lejos? Is it far? **I**
los quehaceres chores **I, 3.2**
quemado(a) burned
la quemadura burn **3.2**
quemar to burn **3.2**
querer (ie) to want, to love **I, 1.2, 4.1**
¿Quieres beber...? Do you want to drink...? **I**

¿Quieres comer...?
Do you want to eat...? **I**
Quiero beber...
I want to drink... **I**
Quiero comer...
I want to eat... **I**
Quiero dejar un mensaje para... I want to leave a message for... **I**
el queso cheese **I**
Quetzalcóatl an Aztec god
¿quién(es)? who? **I**
¿De quién es...?
Whose is...? **I**
¿Quién es? Who is it? **I**
¿Quiénes son?
Who are they? **I**
el químico chemical **5.3**
quince fifteen **I**
quinientos(as) five hundred **I**
quinto(a) fifth **I, 2.2**
el quiosco kiosk, newsstand **4.2**
Quisiera... I would like... **I**
quitar
quitar el polvo to dust **I, 3.2**
quitar la mesa
to clear the table **I**
quitarse la ropa to take off one's clothes **3.1**
quizás perhaps **4.3**

el radio radio **I**
el radiocasete
radio-tape player **I**
la radiografía x-ray **3.3**
la raíz
las raíces roots
la rana frog **5.1**
las ranas venenosas fosforescentes neon-colored poison dart frogs
rápidamente quickly **I, 3.2**
rápido(a) fast, quick **I**
la raqueta racket **I**
rara vez rarely **I**
raro(a) rare, strange **1.2**
Es raro que...
It's rare (strange) that... **3.3**
el ratón mouse **I**
las rayas stripes **4.3**
el rayo thunderbolt, flash of lightning **5.2**
la razón reason **I**
Con razón. That's why. **I**
tener razón to be right **I**
la rebaja sale **4.2**
la recepción
reception/front desk **4.1**
el (la) recepcionista
receptionist **I**
el receso break **I**
la receta prescription **3.3**
recibir to receive **I**
el reciclaje recycling **5.3**
reciclar to recycle **5.3**
reciente recent **I**
recientemente
lately, recently **I, 3.2**
las recomendaciones
recommendations **6.2**
recomendar (ie)
to recommend **1.2**
recordar (ue) to remember **I**
recuperarse to get better **3.3**
el recurso resource
los recursos naturales
natural resources **5.3**
reducir (reduzco) to reduce **5.3**
el refrán saying
el refresco soft drink **I**
el refrigerador refrigerator **4.1**
el refugio de aves
bird sanctuary
el regalo gift **I**
regatear to bargain **I**
regresar
to return, to go back **I, 4.2**
Regresa más tarde.
He/She will return later. **I**
Regular. So-so. **I**
reírse (i, i) to laugh **2.1**
relajarse to relax **3.1**
el relámpago lightning **5.2**
el relieve relief, projection
el reloj clock, watch **I**
remar to row **5.2**
renovar
se renueva is renewed
el repaso review
repetir (i, i) to repeat **1.2, 1.3**
el reportaje report **1.3**
el (la) reportero(a) reporter **1.3**
requerir (ie, i) to require **6.2**
el requisito requirement **6.2**
rescatar to rescue **1.3**
el rescate rescue **1.3**
la reserva reservation **4.1**
resolver (ue) to resolve **5.3**
respirar to breathe **3.3**
la respuesta answer
el restaurante restaurant **I**
el resumen summary
el retrato portrait **1.2**
la reunión gathering **2.2**
reunirse to get together **2.1**
revelar to develop
revisar to review, to check **4.2**
la revista magazine **I**
rico(a) tasty **I**; rich **2.1**
ridículo
Es ridículo que...
It's ridiculous that... **3.3**
el río river **I**
riquísimo(a) very tasty **I**
la risa laugh, laughter **2.1**
rizado curly (hair) **3.1**
robar to steal **1.3**
el robo robbery **1.3**
rodear
rodean surround
la rodilla knee **3.3**
rojo(a) red **I**
romántico(a) romantic **2.3**
romper la piñata to break the piñata **2.2**
la ropa clothing **I**
ponerse la ropa

to get dressed **I, 3.1**
rosado(a) pink **I**
rubio(a) blond **I**

sábado Saturday **I**
la sábana sheet **5.2**
saber (sé) to know **I, 1.2, 1.3**
el sabio sage, wise man
el sabor flavor, taste **1.2**
sabroso(a) tasty **I, 1.2**
sacar to take **1.1**
sacar fotos to take pictures **I**
sacar la basura to take out the trash **I, 3.2**
sacar una buena nota to get a good grade **I**
el saco de dormir sleeping bag **5.2**
la sal salt **I, 2.3**
la sala living room **I, 4.1**
la sala de emergencia emergency room **3.3**
la salchicha sausage **I;** hot dog **2.3**
la salida departure **1.1**
salir (salgo) to go out, to leave **I**
la salsa salsa **I**
saltar to jump
saltar la cuerda to jump rope **2.1**
¡Salud! Cheers! **2.3**
saludable healthy **3.1**
saludar to greet
el saludo greeting
salvadoreño(a) Salvadoran **1.3**
salvaje wild **5.1**
las sandalias sandals **3.2**
la sangre blood **3.3**
el secador de pelo hair dryer **I, 3.1**
secarse to dry oneself **I, 3.1**
seco(a) dry **2.3**
el (la) secretario(a) secretary **I, 6.1**
seguir (i, i) (sigo) to follow, to continue **4.2**
según according to
segundo(a) second **I, 2.2**
de segunda mano used, secondhand
la seguridad security **1.1**
el seguro insurance **6.2**
seguro(a)
no es seguro que... it is not certain that... **4.3**
seis six **I**
seiscientos(as) six hundred **I**
la selva jungle **5.1**
el semáforo traffic light/signal **4.2**
la semana week **I**
la semana pasada last week **I**
el semestre semester **I**
sencillo(a) simple, plain **I, 4.3**
el sendero path, trail **5.1**
sentarse (ie) to sit down **2.1**
sentir (ie, i) que to be sorry that **4.3**
sentirse (ie, i) to feel **2.1**
el señor Mr. **I**
la señora Mrs. **I**
la señorita Miss **I**
separar to separate **5.3**
septiembre September **I**
séptimo(a) seventh **I, 2.2**
ser to be **I, EP, 1.1**
Es la.../Son las... It is... o'clock. **I**
ser de... to be from... **I**
el ser humano human being **5.3**
la serie series **2.3**
serio(a) serious **I**
la serpiente snake **5.1**
los servicios bathrooms **4.1**
la servilleta napkin **2.3**
servir (i, i) to serve **I, 1.2, 1.3**
sesenta sixty **I**
setecientos(as) seven hundred **I**
setenta seventy **I**
sexto(a) sixth **I, 2.2**
los shorts shorts **I**
si if **I**
Si estuviera... If I/you/he/she were... **5.3**
Si fuera... If I/you/he/she were... **5.3**
Si pudieras... If you could... **5.3**
sí yes **I**
¡Claro que sí! Of course! **I**
Sí, me encantaría. Yes, I would love to. **I**
siempre always **I**
siete seven **I**
el siglo century
del siglo III o IV third or fourth century
siguiente next, following **2.2**
la silla chair **I, 4.1**
el sillón armchair **I, 4.1**
simpático(a) nice **I**
sin without **I**
sino también but also
la situación situation **5.3**
el smog smog **5.3**
sobre on **4.2**
sobre hielo on ice **I**
el (la) sobrino(a) nephew/niece **2.1**
sociable sociable **2.1**
¡Socorro! Help! **3.3**
el sofá sofa, couch **I, 4.1**
el sol sun **I**
las gafas de sol sunglasses **I**
Hace sol. It's sunny. **I**
Hay sol. It's sunny. **I**
tomar el sol to sunbathe **I**
soleado(a) sunny **5.2**
solicitar to request, to apply for **6.1**
la solicitud application **6.1**
sólo only **I**
solo(a) alone **I**
la sombra shade, shadow **5.1**
el sombrero hat **I**

ESPAÑOL–INGLÉS

la sombrilla de playa
beach umbrella **3.2**
sonreírse (i, i) to smile **2.1**
la sopa soup **I**
sorprender to surprise **I, 2.2, 4.3**
la sorpresa surprise **I, 2.2**
su your, his, her, its, their **I**
subir por to go up, to climb **4.2**
sucio(a) dirty **I, 3.2**
la sucursal
sucursales branches
sudar to sweat **3.1**
el sueldo salary **6.2**
el suelo floor **I, 4.1**
barrer el suelo
to sweep the floor **I**
sueño sleep; dream
felices sueños sweet dreams
tener sueño to be sleepy **I**
suerte luck
tener suerte to be lucky **I**
el suéter sweater **I**
suficiente enough **4.3**
la sugerencia suggestion
sugerir (ie, i) to suggest **4.1, 4.2**
el supermercado supermarket
ir al supermercado
to go to the supermarket **I**
el sur south **4.2**
el surfing surfing **I**

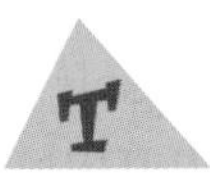

tacaño(a) stingy **4.3**
el taco taco **2.3**
tal vez maybe **4.3**
Tal vez otro día.
Maybe another day. **I**
el talento talent **1.2**
la talla size (clothing) **4.3**
el taller workshop **I**
los tamales cornmeal dough and filling wrapped in corn husks and steamed
también also, too **I**
también se dice you can also say
tampoco neither, either **I**
tan as
tan... como as... as **I, 4.3**
tanto as much
tanto como as much as **I, 4.3**
tanto(a, os, as)... como as much/many... as **4.3**
las tapas appetizers **I**
la taquería taco restaurant **2.3**
la taquilla box office **4.2**
tarde late **I**
Regresa más tarde.
He/She will return later. **I**
la tarde afternoon **I**
Buenas tardes.
Good afternoon. **I**
de la tarde in the afternoon **I**
por la tarde
during the afternoon **I**
la tarea homework **I**
la tarjeta de crédito
credit card **I**
el taxi taxi, cab **I**
el (la) taxista taxi driver **I, 6.1**
la taza cup **I**
el té tea **I**
el teatro theater **I**
el teclado keyboard **I**
teclear
¡A teclear! Let's key in!
el (la) técnico(a) technician **6.1**
el teleférico aerial tram
el teléfono telephone **I**
¿Cuál es tu teléfono? What is your phone number? **I**
la telenovela soap opera **2.3**
el (la) televidente viewer **1.3**
la televisión television
ver la televisión
to watch television **I**
el televisor television set **I, 4.1**
el tema theme, subject **2.3**
el temblor earthquake
la temperatura temperature **I**
temprano early **I**
el tenedor fork **I**
tener to have **I, EP, 1.2**
¿Cuántos años tiene...?
How old is...? **I**
tener calor to be hot **I**
tener cuidado
to be careful **I, 2.1**
tener envidia
to be envious **2.1**
tener éxito
to be successful **2.1**
tener frío to be cold **I**
tener ganas de...
to feel like... **I**
tener hambre to be hungry **I**
tener miedo to be afraid **I, 4.3**
tener prisa to be in a hurry **I**
tener que to have to **I**
tener razón to be right **I**
tener sed to be thirsty **I**
tener sueño to be sleepy **I**
tener suerte to be lucky **I**
tener vergüenza
to be ashamed **2.1**
Tiene... años.
He/She is... years old. **I**
el tenis tennis **I**
tercero(a) third **I, 2.2**
terminar to finish **I**
terrible terrible, awful **I**
la tía aunt **I**
el tiempo time; weather **I**
Hace buen tiempo.
It is nice outside. **I**
Hace mal tiempo.
It is bad outside. **I**
¿Qué tiempo hace?
What is the weather like? **I**
el tiempo libre free time **I**
la tienda store **I**
la tienda de deportes
sporting goods store **I**
la tienda de música y videos
music and video store **I**
la tienda de campaña tent **5.2**
la tierra land **5.1**
las tijeras scissors **I, 5.2**
tímido(a) shy **2.1**

la tintorería dry cleaner **4.2**
el tío uncle **I**
los tíos uncle(s) and aunt(s) **I**
típicamente typically **3.2**
la tira cómica comic strip **1.3**
el titular headline **1.3**
la tiza chalk **I**
la toalla towel **I, 3.2**
el tobillo ankle **3.3**
tocar to play (an instrument), to touch **I, 1.1**
  tocar el piano to play the piano **I**
  tocar la guitarra to play the guitar **I**
todavía still, yet **I**
todo(a) all **I**
  todo el mundo everyone **2.2**
  todos los días every day **I**
tomar to take, to eat, to drink **I**
  tomar el sol to sunbathe **I**
  tomar un curso de natación to take a swimming class **1.1**
el tomate tomato **I, 2.3**
la tormenta storm **I**
el toro bull **I**
la torta sandwich (sub) **I, 2.3**
la tortilla española potato omelet **I**
la tortuga turtle **5.1**
la tos cough **3.3**
los tostones fried plantains **1.2**
trabajador(a) hard-working **I**
trabajar to work **I**
tradicional traditional **I, 1.2**
traducir (traduzco) to translate **1.2**
traer (traigo) to bring **I, 1.2**
  ¿Me trae...? Could you bring me...? **I**
el tráfico traffic **I**
el traje suit **4.3**
  el traje de baño bathing suit **I**
tranquilamente calmly **I, 3.2**
tranquilo(a) calm **I**
tratar to treat **3.3**
trece thirteen **I**
treinta thirty **I**
el tren train **I**
trepar a un árbol to climb a tree **2.1**
tres three **I**
trescientos(as) three hundred **I**
triste sad **I**
  Es triste que... It's sad that... **3.3**
la tristeza sadness **2.2**
el trueno thunder **5.2**
tu your (familiar) **I**
tú you (familiar singular) **I**
el tucán toucan **5.1**
el turismo tourism **4.1**

último(a) last **I**
la unidad unit
unir
  une combines
unirse
  se unen unite
la universidad university **6.2**
uno one **I**
uruguayo(a) Uruguayan **1.3**
usar to use **I**; to wear, to take a size **4.3**
el uso use
usted you (formal singular) **I**
ustedes you (plural) **I**
útil useful **5.3**
la uva grape **1.2**

la vaca cow **I**
vacío(a) empty **2.3**
valer (valgo) to be worth **4.3**
el valle valley **5.1**
valorar to appreciate **5.1**
el vaso glass
  el vaso de glass of **I**
el vecindario neighborhood **4.2**
el (la) vecino(a) neighbor
vegetariano(a) vegetarian **I**
veinte twenty **I**
veintiuno twenty-one **I**
las velas candles **2.2**
el velo
  el velo bordado a mano handmade veil
el venado deer **5.1**
vender to sell **I**
venezolano(a) Venezuelan **1.3**
venir to come **I, 1.2**
la ventaja advantage **6.2**
la ventana window **I, 4.1**
la ventanilla window **1.1**
ver (veo) to see **I, 1.1**
  ¿Me deja ver...? May I see...? **I**
  Nos vemos. See you later. **I**
  ver la televisión to watch television **I**
el verano summer **I**
la verdad truth **I**
  Es verdad. It's true. **I**
  No es verdad que... It's not true that... **4.3**
verde green **I**
la verdura vegetable **I, 2.3**
el vestido dress **I**
vestirse (i, i) to dress oneself **4.3**
el (la) veterinario(a) veterinarian **6.1**
viajar to travel **I**
el viaje trip **I, 1.1**
los viajeros travelers
la vida life **I**
el video video **I**
  alquilar un video to rent a video **I**
la videograbadora VCR **I**
el videojuego video game **I**
el vidrio glass **5.3**

viejo(a) old **I**
el viento wind **I**
  Hace viento. It's windy. **I**
  Hay viento. It's windy. **I**
viernes Friday **I**
violento(a) violent **5.2**
visitar to visit **I**
vivir to live **I, 1.1**
  Vive en...
    He/She lives in... **I**
  Vivo en... I live in... **I**
vivo(a) alive
volar (ue) to fly **5.1**
el voleibol volleyball **I**
el (la) voluntario(a)
  volunteer **6.1**
volver (ue)
  to return, to come back **I**
vosotros(as)
  you (familiar plural) **I**
la voz voice
el vuelo flight **1.1**
vuestro(a)
  your (familiar plural) **I**

y and **I**
  y cuarto quarter past **I**
  y media half past **I**
ya already **3.2**
  ¡Ya lo sé! I already know! **1.3**
  ya no no longer **I**
el yeso cast **3.3**
yo I **I**
el yogur yogurt **I, 1.2**

la zanahoria carrot **I, 2.3**
la zapatería shoe store **I**
el zapato shoe **I**
  el zapato de tacón
    high-heeled shoe **4.3**
el zumo juice **I**

GLOSARIO
inglés-español

This English–Spanish glossary contains all of the active vocabulary words that appear in the text as well as passive vocabulary from readings, culture sections, and extra vocabulary lists.

able
to be able poder (ue) **I, 1.2**
according to según
accountant
el (la) contador(a) **I, 6.1**
acquaintance la amistad **2.1**
actor el actor **2.3**
actress la actriz **2.3**
address la dirección **I**
advantage la ventaja **6.2**
adventures las aventuras **2.3**
advice el (los) consejo(s) **3.1**
to advise aconsejar **3.1**
aerial tram el teleférico
afraid
to be afraid tener miedo **I, 4.3**
after después (de) **I**
afternoon la tarde **I**
during the afternoon
por la tarde **I**
Good afternoon.
Buenas tardes. **I**
in the afternoon de la tarde **I**
after-shave lotion la loción **3.1**
afterward después **I**
against
to be against
estar en contra de **5.2**
age la edad **I**
ago hace... que **3.3**
to agree (on) quedar (en) **I**;
estar de acuerdo **I, 1.2**
air conditioning
el aire acondicionado **4.1**
air pollution la contaminación
del aire **I**
airline la aerolínea **1.1**
airplane el avión **I**
airport el aeropuerto **I**
aisle el pasillo **1.1**
alarm clock el despertador **I, 4.1**
alive vivo(a)
all todo(a) **I**
It is up to all of us…
A todos nos toca… **5.3**
almost casi **2.2**
alone solo(a) **I**
already ya **3.2**
also también **I**
altitude la altura **5.1**
aluminum el aluminio **5.3**
always siempre **I**
ambulance la ambulancia **3.3**
ancient antiguo(a) **I**
and y **I**
and so it was that
así fue que **2.2**
angry enojado(a) **I**
to get angry with
enojarse con **2.1**
animal el animal **I**
animated animado(a) **2.1**
ankle el tobillo **3.3**
anniversary el aniversario **2.2**
to annoy fastidiar **4.3**
another otro(a) **I**
answer la respuesta
to answer contestar **I**
answering machine
la máquina contestadora **I**
ant la hormiga
apartment el apartamento **I**
to apologize disculparse **2.1**
appetizers las tapas **I**
apple la manzana **2.3**
application la solicitud **6.1**
to apply for solicitar **6.1**
appointment la cita **I**
to appreciate valorar **5.1**
April abril **I**
architect
el (la) arquitecto(a) **I, 6.1**
architecture la arquitectura **I**
Argentine argentino(a) **1.3**
arm el brazo **I, 3.3**
armchair el sillón **I, 4.1**
around alrededor (de) **4.2; por I**
to arrange ordenar **I**
arrival la llegada **1.1**

INGLÉS–ESPAÑOL

to arrive llegar **I, 1.1**
art el arte **I**
article el artículo **1.3**
artisan el (la) artesano(a) **I, 6.1**
artist el (la) artista **1.2**
as como
as… as tan… como **I, 4.3**
as far as hasta **I**
as for en cuanto a
as much as tanto como **I, 4.3**
as much/many... as tanto(a, os, as)... como **4.3**
ash la ceniza
ashamed
to be ashamed tener vergüenza **2.1**
to ask preguntar
to ask for pedir (i, i) **I, 1.2, 1.3**
aspirin la aspirina **3.3**
assistant el (la) asistente **6.1**
at a
At… o'clock. A la(s)… **I**
at once en seguida **2.2**
athlete el (la) deportista **6.1**
athletics el atletismo **3.1**
ATM el cajero automático **4.3**
atmosphere el ambiente
to attend asistir a
auditorium el auditorio **I**
August agosto **I**
aunt la tía **I**
author el (la) autor(a) **1.3**
autonomy la autonomía
avenue la avenida **I**
awesome chévere
How awesome! ¡Qué chévere! **I**
awful terrible **I**

baby el bebé **2.1**
backpack la mochila **I**
bad malo(a) **I**
It is bad (weather) outside. Hace mal tiempo. **I**
It's bad that… Es malo que… **3.3**
bag la bolsa **I**
balanced balanceado(a) **3.1**
ball la bola, la pelota **I**
balloons los globos **2.2**
bank el banco **I**
barber el (la) peluquero(a) **6.1**
bargain la ganga **4.2**
to bargain regatear **I**
baseball el béisbol **I**
baseball cap la gorra **I**
basketball el baloncesto **I**
bass el contrabajo
bat el bate **I;** el murciélago
bathing suit el traje de baño **I**
bathroom el baño **I, 4.1**
bathrooms los servicios **4.1**
bathtub la bañera **4.1**
to be estar **I, EP, 1.2;** ser **I, EP, 1.1**
to be worth valer (valgo) **4.3**
beach la playa **I**
beach umbrella la sombrilla de playa **3.2**
beans los frijoles **2.3**
beauty la belleza **5.1**
because porque **I**
bed la cama **I, 4.1**
to go to bed acostarse (ue) **I, 3.1**
to make the bed hacer (hago) la cama **I**
bedroom la habitación **I, 4.1**
beef la carne de res **I, 2.3**
before antes (de) **I**
to begin empezar (ie) **I, 1.1**
to begin with para empezar **2.2**
to behave well/badly portarse bien/mal **2.1**
behind detrás (de) **I**
to believe creer **I, 1.3**
not to believe that... no creer que... **4.3**
to belong pertenecer (pertenezco) **5.2**
belt el cinturón **I**
benefits los beneficios **6.2**
beside al lado (de) **I**
better mejor **I**
better than mejor que **4.3**
It's better that… Es mejor que… **3.3**
between entre **I**
beverage la bebida **I**
big grande **I**
bike la bicicleta
to ride a bike andar en bicicleta **I**
bill la cuenta **I, 2.3**
bird el pájaro **I**
bird sanctuary el refugio de aves
birthday el cumpleaños **I**
black negro(a) **I**
blanket la manta **I, 5.2**
blond rubio(a) **I**
blood la sangre **3.3**
blouse la blusa **I**
blue azul **I**
to board (a plane) abordar **1.1**
boarding house la pensión **4.1**
boat el bote **3.2**
body el cuerpo **I, 3.3**
Bolivian boliviano(a) **1.3**
book el libro **I**
bookstore la librería **I**
boots las botas **I**
bored
to get bored aburrirse **2.1**
boring aburrido(a) **I**
born
to be born nacer (nazco)
boss el (la) jefe(a) **I, 6.1**
to bother molestar **2.3, 4.3**
bottle la botella **I, 5.3**
box office la taquilla **4.2**
boy el chico; el muchacho **I;** el niño
boyfriend el novio **2.1**

bracelet la pulsera **I**
branch la sucursal
branches las sucursales
bread el pan **I, 2.3**
bread bakery la panadería **I**
break el receso **I**
to break the piñata
romper la piñata **2.2**
breakfast el desayuno **I**
to have breakfast
desayunar **I**
to breathe respirar **3.3**
bride la novia **2.1**
bridge el puente **4.2**
to bring traer (traigo) **I, 1.2**
Could you bring me…?
¿Me trae…? **I**
brother el hermano **I**
brother(s) and sister(s)
los hermanos **I**
brother-in-law el cuñado **2.1**
brown marrón **I**
brown (hair) castaño(a) **I**
brush el cepillo **I, 3.1**
to brush one's hair cepillarse el pelo **3.1**
to brush one's teeth
lavarse los dientes **I, 3.1**
bucket el balde **5.2**
building el edificio **I**
bull el toro **I**
burn la quemadura **3.2**
to burn quemar **3.2**
bus el autobús **I**
bus station
la estación de autobuses **I**
business la empresa **6.2**
businessman
el hombre de negocios **I, 6.1**
businesswoman
la mujer de negocios **I, 6.1**
busy ocupado(a) **I**
but pero **I;** mas
but also sino también
butcher's shop la carnicería **I**
butter la mantequilla **I, 1.2**
butterfly la mariposa **5.1**
to buy comprar **I**
by por **I**

cab el taxi **I**
café el café **I**
cafeteria la cafetería **I**
cake el pastel **I**
calculator la calculadora **I**
call la llamada **I**
to call llamar **I**
Tell him or her to call me.
Dile/Dígale que me llame. **I**
calm tranquilo(a) **I**
calmly tranquilamente **I, 3.2**
calorie la caloría **3.1**
camera la cámara **I, 1.3**
camp el campamento **5.2**
to camp in the mountains
acampar en las montañas **1.1**
campfire la fogata **5.2**
can la lata **I, 5.3**
can opener el abrelatas **5.2**
can poder (ue) **I, 1.2**
Can you help (wait on) me?
¿Me puede atender? **4.3**
I can offer you…
Le puedo ofrecer… **I**
Thanks, but I can't.
Gracias, pero no puedo. **I**
Canadian canadiense **1.3**
candles las velas **2.2**
canoe la canoa
cap el gorro **I**
baseball cap la gorra **I**
capabilities las habilidades **6.2**
car el carro **I**
cardboard, cardboard box
el cartón **5.3**
career la carrera **6.1**
careful cuidadoso(a) **I**
to be careful tener cuidado **I, 2.1**
carefully cuidadosamente **I**
carrot la zanahoria **I, 2.3**
to carry llevar **I**
cash el efectivo **I**
cash register
la caja registradora **4.3**
cashier el (la) cajero(a) **4.3**
cassette el casete **I**
cast el yeso **3.3**
cat el (la) gato(a) **I**
to catch
catches your eye
llama la atención
cause la causa **1.3**
cave la cueva
cedar el cedro
to celebrate celebrar
center el centro **I**
shopping center
el centro comercial **I**
centigrade centígrado(a) **5.2**
century el siglo
third or fourth century
del siglo III o IV
ceramics la cerámica **I**
cereal el cereal **I, 1.2**
certain
It is not certain that…
No es cierto que… **4.3,** No es seguro que… **4.3**
chain la cadena
chair la silla **I, 4.1**
chalk la tiza **I**
chalkboard el pizarrón **I**
champion el campeón
change el cambio **I**
to change cambiar **I**
channel el canal **1.3**
to chat charlar
cheap barato(a) **I**

INGLÉS–ESPAÑOL

check la cuenta **I**
Separate checks. Es aparte. **I**
The check, please.
La cuenta, por favor. **I**
to check revisar **4.2**
checked de cuadros **I**
checks los cheques **4.3**
Cheers! ¡Salud! **2.3**
cheese el queso **I**
chemical el químico **5.3**
cherry la cereza **2.3**
chess
to play chess
jugar (ue) al ajedrez **1.1**
chicken el pollo **I**
roast chicken el pollo asado **1.2**
child-care provider
el (la) niñero(a) **6.1**
Chilean chileno(a) **1.3**
Chinese chino(a) **1.3**
to choose escoger (escojo) **4.3**
chores los quehaceres **I, 3.2**
church la iglesia **I**
citizenship la ciudadanía **6.1**
city la ciudad **I**
city block la cuadra **I**
class la clase **I**
classmate
el (la) compañero(a) **2.1**
classroom la clase **I**
clean limpio(a) **I, 3.2**
to clean hacer la limpieza **3.2**
to clean the room
limpiar el cuarto **I, 3.2**
clear (weather) despejado(a) **5.2**
climate el clima **5.1**
to climb subir por **4.2**
to climb a tree
trepar a un árbol **2.1**
to climb mountains
escalar montañas **5.2**
clock el reloj **I**
to close cerrar (ie) **I**
closed cerrado(a) **I, 4.3**
closet el armario **I, 4.1**
clothing la ropa **I**
cloud la nube **5.2**
cloudless despejado(a) **5.2**
cloudy nublado
It is cloudy. Está nublado. **I**
coat el abrigo **I**
coconut milk
el agua de coco **3.2**
coffee el café **I**
coffee shop la cafetería **I**
cold
to be cold tener frío **I**
It is cold. Hace frío. **I**
Colombian colombiano(a) **1.3**
color el color **I**
What color…?
¿De qué color…? **I**
comb el peine **I, 3.1**
to comb one's hair
peinarse **I, 3.1**
to combine unir
combines une
to come venir **I, 1.2**
to come back volver (ue) **I**
comedian, comedienne
el (la) comediante **2.3**
comedy la comedia **2.3**
comfortable cómodo(a) **3.3**
comic strip la tira cómica **1.3**
comical cómico(a) **I**
command el mandato
commercial el anuncio **1.3**
common común **2.2**
community la comunidad **I**
compact disc
el disco compacto **I**
companion
el (la) compañero(a) **2.1**
company la compañía **I,** la empresa **6.2**
to compete competir (i, i) **1.2, 1.3**
complicated complicado(a) **5.2**
composer el compositor
computer la computadora **I**
computer science
la computación **I**
concert el concierto **I**
congratulations felicidades **I**
to conserve conservar **5.1**
to construct construir **2.1**
consultation la consulta **3.3**
content contento(a) **I**
contest el concurso **I**
to continue
seguir (i, i) (sigo) **4.2**
contract el contrato **6.2**
contrary
on the contrary
al contrario **2.2**
to cook cocinar **I**
cookie la galleta **I, 1.2**
cool
It is cool. Hace fresco. **I**
cooler la neverita **3.2**
corn el maíz
corner la esquina **I**
corral el corral **I**
to correct corregir (i, i) (corrijo)
to cost costar (ue) **I**
Costa Rican costarricense **1.3**
couch el sofá **I**
cough la tos **3.3**
to count contar (ue) **I**
counter el mostrador **1.1**
country el país; el campo **I**
countryside el campo **I**
court la cancha **I**
cousin el (la) primo(a) **I**
cow la vaca **I**
cracker la galleta **I**
crazy loco(a) **I**
cream la crema **I, 1.2**
to create crear **5.2**
credit card
la tarjeta de crédito **I**
criticism la crítica **1.3**
to cross cruzar **I**
crossing el cruce **4.2**

to cry llorar **3.3**
Cuban cubano(a) **1.3**
cuisine la cocina
cup la taza **I**
curly (hair) rizado **3.1**
currency la moneda
curriculum vitae el currículum **6.2**
customer el (la) cliente(a) **4.3**
customs la aduana **1.1**
to cut cortar
  to cut oneself cortarse **3.3**
  to cut the grass cortar el césped **3.2**

daily diario(a) **2.2**
to damage dañar
to dance bailar **I**
dancer el (la) bailarín/bailarina **6.1**
dangerous peligroso(a) **I, 5.1**
  It's dangerous that... Es peligroso que... **3.3**
dark oscuro(a) **4.3**
  dark hair and skin moreno(a) **I**
date la fecha **I**
  date of birth la fecha de nacimiento **6.1**
  What is the date? ¿Cuál es la fecha? **I**
daughter la hija **I**
day el día **I**
  day before yesterday anteayer **I, 2.2**
  What day is today? ¿Qué día es hoy? **I**
December diciembre **I**
to decide decidir **I**
decor
  interior decor la decoración
decorations los adornos **2.2**
deer el venado **5.1**
degree el grado **I**
delicious delicioso(a) **I**
to delight encantar **2.3**
Delighted to meet you. Encantado(a). **I**
deodorant el desodorante **3.1**
departure la salida **1.1**
depressed deprimido(a) **I**
to descend bajar (por) **4.2**
desert el desierto **I**
to desire desear **1.2, 4.1**
desk el escritorio **I**
dessert el postre **I**
destroyed destruido(a)
destruction la destrucción **5.3**
detail el detalle **1.3**
to develop desarrollar; revelar
development el desarrollo **5.1**
to dial marcar **I**
dictionary el diccionario **I**
to die morir (ue, u) **1.3**
diet la dieta **3.1**
difficult difícil **I**
dining room el comedor **I, 4.1**
dinner la cena **I**
  to eat dinner cenar **I, 2.3**
direction la dirección **I**
dirty sucio(a) **I, 3.2**
disadvantage la desventaja **6.2**
to discover descubrir **5.1**
disguised as disfrazado(a) de
dishwasher el lavaplatos **I, 4.1**
distance la distancia **4.2**
diverse diverso(a) **5.1**
to do hacer (hago) **I, 1.1**
doctor el (la) doctor(a) **I**
dog el (la) perro(a) **I**
  to walk the dog caminar con el perro **I**
doll la muñeca **2.1**
dollar el dólar **I**
Dominican dominicano(a) **1.3**
door la puerta **I, 4.1**
to doubt that dudar que **4.3**
down abajo **I, 4.2**
downpour el aguacero **5.2**
downtown el centro **I**
dozen la docena **I**
to draw dibujar **2.1**
dream
  sweet dreams felices sueños
dress el vestido **I**
to dress oneself vestirse (i, i) **4.3**
dressed
  to get dressed ponerse (me pongo) la ropa **I, 3.1**
  to get dressed up arreglarse **4.3**
drink la bebida **I**
to drink beber; tomar **I**
  Do you want to drink...? ¿Quieres beber...? **I**
  I want to drink... Quiero beber... **I**
to drive conducir (conduzco) **1.2;** manejar **I**
driver el (la) conductor(a) **4.2**
drizzle la llovizna **5.2**
drop la gota
drugstore la farmacia **I**
dry seco(a) **2.3**
dry cleaner la tintorería **4.2**
to dry oneself secarse **I, 3.1**
during durante **I**
to dust quitar el polvo **I, 3.2**

each cada **I**
ear la oreja **I, 3.3**
early temprano **I**
to earn a living ganarse la vida **6.1**
earring el arete **I**
earthquake el temblor
easily fácilmente **I, 3.2**
east el este **4.2**
easy fácil **I**
to eat comer **I, 1.1**; tomar **I**
  Do you want to eat...?

¿Quieres comer…? **I**
to eat breakfast desayunar **I**
to eat dinner cenar **I, 2.3**
to eat lunch
almorzar (ue) **I, 1.1**
I want to eat…
Quiero comer… **I**
Ecuadorian ecuatoriano(a) **1.3**
edge la orilla **3.2**
edition la edición **1.3**
editor el (la) editor(a) **I, 1.3**
education la educación **6.2**
effects los efectos **5.3**
egg el huevo **I, 1.2**
eight ocho **I**
eight hundred ochocientos(as) **I**
eighteen dieciocho **I**
eighth octavo(a) **I, 2.2**
eighty ochenta **I**
elbow el codo **3.3**
electricity la electricidad **4.1**
elegant elegante **4.3**
elevator el ascensor **4.1**
eleven once **I**
emergency room
la sala de emergencia **3.3**
to emit
emits smoke echa humo
employment el empleo **6.1**
empty vacío(a) **2.3**
enchilada la enchilada **I**
energy la energía **3.1**
engineer el (la) ingeniero(a) **6.1**
English inglés(esa) **1.3;**
el inglés **I**
to enjoy
to enjoy oneself
divertirse (ie, i) **2.1**
to enjoy time with friends
disfrutar con
los amigos **1.1**
enjoyable divertido(a) **I**
enormous enorme **I, 1.2**
enough
bastante **2.3;** suficiente **4.3**
to enter entrar (a, en) **I**
entertaining divertido(a) **2.1**
envious
to be envious tener envidia
2.1
environment
el medio ambiente **5.1**
equipment
sound equipment
el equipo de sonido
eraser el borrador **I**
especially especialmente **I, 3.2**
even though aunque **2.2**
evening la noche
during the evening
por la noche **I**
Good evening.
Buenas noches. **I**
every cada **I**
every day todos los días **I**
everyone todo el mundo **2.2**
everywhere por todas partes
5.1
excess luggage
el exceso de equipaje **1.1**
to exchange cambiar **I**
excited emocionado(a) **I**
to exclaim exclamar **2.2**
to exercise hacer (hago)
ejercicio **I**
exhibit la exposición **1.2**
to expect esperar **I**
expenses los gastos **4.3**
expensive caro(a) **I**
It's very expensive!
¡Es muy caro(a)! **I**
to explain explicar **1.1**
eye el ojo **I, 3.3**

F

face la cara **I, 3.3**
facing enfrente (de) **I;** frente
a **4.2**
fact el hecho **1.3**
facts los datos **6.1**
fall el otoño **I**
to fall caer (caigo)
to fall asleep dormirse (ue, u) **I**
to fall down
caerse (me caigo) **2.1**
to fall in love (with)
enamorarse (de) **2.2**
false falso(a)
family la familia **I**
far (from) lejos (de) **I**
Is it far? ¿Queda lejos? **I**
farm la granja **I**
farmer el (la) agricultor(a) **6.1;**
el (la) ganadero(a) **I**
to fascinate fascinar **2.3**
fast rápido(a) **I**
fat gordo(a) **I**
father el padre **I**
favor
to be in favor of estar a
favor de **5.2**
favorite favorito(a) **I**
February febrero **I**
fee la cuota
to feed darle(s) de comer **I**
to feel sentirse (ie, i) **2.1**
to feel like tener ganas de **I**
fence la cerca **I**
fern el helecho
ferocious feroz **5.1**
fever la fiebre **3.3**
field el campo **I**
fifteen quince **I**
fifth quinto(a) **I, 2.2**
fifty cincuenta **I**
to fight pelearse **2.1**
to fill llenar **2.3**
finally por fin **I, 2.2**
to find encontrar (ue) **I**
fine arts las bellas artes **1.2**
fingers los dedos **3.3**
to finish terminar **I**
fire el fuego **5.2**

firefighter el bombero **I, 6.1**
firewood la leña **5.2**
first primero(a) **I, 2.2**
first name el nombre **I**
fish el pescado **I, 2.3;** el pez **I**
to fish pescar **5.2**
fisherman el (la) pescador(a) **3.2**
five cinco **I**
five hundred quinientos(as) **I**
flash (of lightning) el rayo **5.2**
flashlight la linterna **5.2**
flavor el sabor **1.2**
flight el vuelo **1.1**
  flight attendant el (la) auxiliar de vuelo **1.1**
floor el suelo **I, 4.1;** el piso **4.1**
flour la harina **I, 2.3**
flower la flor **I**
flu la gripe **3.3**
to fly volar (ue) **5.1**
fog la neblina **5.2**
to follow seguir (i, i) (sigo) **4.2**
following siguiente **2.2**
food el alimento **3.1;** la comida **I**
foot el pie **I, 3.3**
  on foot a pie **I**
football el fútbol americano **I**
for por; para **I**
forecast el pronóstico **5.2**
forehead la frente
foreigner el (la) extranjero(a) **4.1**
forest el bosque **I**
  cloud forest el bosque nuboso
to forget olvidar **I, 4.2**
  already forgotten ya olvidada
  have been forgotten se han olvidado
fork el tenedor **I**
formal formal **I, 1.2**
forty cuarenta **I**
four cuatro **I**
four hundred cuatrocientos(as) **I**
fourteen catorce **I**
fourth cuarto(a) **I, 2.2**
free time el tiempo libre **I**
freedom la autonomía
freezer el congelador **I, 4.1**
French francés(esa) **1.3**
French fries las papas fritas **I**
frequent frecuente **I**
frequently frecuentemente **I, 3.2**
Friday viernes **I**
friend el (la) amigo(a) **I**
  to spend time with friends pasar un rato con los amigos **I**
friendship la amistad **2.1**
frog la rana **5.1**
  neon-colored poison dart frogs las ranas venenosas fosforescentes
from de; desde **I**
  from there desde allí **4.2**
front desk la recepción **4.1**
fruit la fruta **I**
fuel el combustible **5.3**
full lleno(a) **2.3**
fun divertido(a) **I, 2.1**
funny cómico(a) **I**
furniture los muebles **I, 4.1**

gallery la galería **1.2**
game el partido **I;** el juego
garage el garaje **4.1**
garden el jardín **I, 4.1**
gathering la reunión **2.2**
German alemán(ana) **1.3**
to get obtener **4.2,** conseguir (i, i) (consigo) **6.2**
to get along well llevarse bien **2.2**
to get better recuperarse **3.3**
to get dressed ponerse (me pongo) la ropa **I, 3.1**
to get out
  (without) getting out (sin) levantarte
to get up levantarse **I, 3.1**
gift el regalo **I**
girl la chica; la muchacha **I;** la niña
girlfriend la novia **2.1**
to give dar (doy) **I, 1.1**
  I'll give.... to you for... Le dejo... en... **I**
glad
  to be glad that alegrarse de que **4.3**
glass el vaso **I;** el vidrio **5.3**
  glass of el vaso de **I**
glove el guante **I**
to go ir **I, EP, 1.1**
  to be going to... ir a... **I**
  to go away irse **I**
  to go back regresar **4.2**
  to go down bajar (por) **4.2**
  to go down a river by canoe bajar un río en canoa **1.1**
  to go for a walk pasear **I**
  to go out salir (salgo) **I**
  to go shopping ir de compras **I**
  to go to bed acostarse (ue) **I, 3.1**
  to go to the movies ir al cine **I**
  to go to the supermarket ir al supermercado **I**
  to go up subir por **4.2**
goal el gol **I;** la meta **6.2**
gold el oro **I**
good bueno(a) **I**
  Good afternoon. Buenas tardes. **I**
  Good evening. Buenas noches. **I**
  Good morning. Buenos días. **I**
  It's good that...

INGLÉS–ESPAÑOL

Es bueno que... **3.3**
Goodbye. Adiós. **I**
good-looking guapo(a) **I**
government el gobierno
grade la nota
to get a good grade sacar una buena nota **I**
gram el gramo **I**
grandchildren los nietos
granddaughter la nieta
grandfather el abuelo **I**
great-grandfather el bisabuelo **2.1**
grandmother la abuela **I**
great-grandmother la bisabuela **2.1**
grandparents los abuelos **I**
grandson el nieto
grape la uva **1.2**
great grande **I**
green verde **I**
to greet saludar
greeting el saludo
groom el novio **2.1**
ground floor la planta baja **4.1**
group (musical) el conjunto
to grow crecer (crezco) **3.1**
Guatemalan guatemalteco(a) **1.3**
to guess adivinar
guest el (la) huésped(a) **4.1**
guitar la guitarra **I**
to play the guitar tocar la guitarra **I**
gymnasium el gimnasio **I**
Gypsy el (la) gitano(a)

hair el pelo **I**
hair dryer el secador de pelo **I, 3.1**
hairbrush el cepillo **I, 3.1**
hairstylist el (la) peluquero(a) **6.1**
half medio(a) **I**
half past y media **I**
half-brother el medio hermano
half-sister la media hermana
ham el jamón **I, 1.2**
hamburger la hamburguesa **I**
hand la mano **I, 3.3**
handbag la bolsa **I**
handicraft la artesanía **I**
to happen pasar **I**
happily felizmente **I**
happiness la felicidad **2.2**
happy alegre; contento(a); feliz **I**
hard difícil; duro(a) **I**
hard-working trabajador(a) **I**
hat el sombrero **I**
to have tener **I, EP, 1.2**
to have a cold estar resfriado(a) **3.3**
to have a snack merendar (ie) **I**
to have just... acabar de... **I, 3.2**
to have to tener que **I**
one has to hay que **I**
to have (aux. verb) haber
has had ha tenido
have sold han vendido
he él **I**
head la cabeza **I, 3.3**
headache el dolor de cabeza **3.3**
headline el titular **1.3**
healthy saludable **3.1**
to be healthy mantenerse sano(a) **3.1**
to hear oír **I, 1.3**
heart el corazón **I**
heat la calefacción **4.1**
heating la calefacción **4.1**
height la altura **5.1**
Hello. Hola. **I**
helmet el casco **I**
Help! ¡Socorro! **3.3**
to help ayudar (a) **I**
Could you help me order? ¿Me ayuda a pedir? **I**
hen la gallina **I**
her su **I**
here acá; aquí **I**
hero el héroe **1.3**
heroine la heroína **1.3**
to hide esconderse **2.1**
hill la colina **5.1**
his su **I**
history la historia **I**
hit el éxito
hobby el pasatiempo
hockey el hockey **I**
to hold guardar **4.3**
hollowed out ahuecado(a)
homework la tarea **I**
Honduran hondureño(a) **1.3**
to honor honrar
(it) honors honra
to hope esperar **I, 4.1**
to hope that esperar que **4.3**
I hope that ojalá que **4.1**
hopefully ojalá que **4.1**
horror el horror **2.3**
horse el caballo **I**
hot caliente **I**; caluroso(a) **5.2**
to be hot tener calor **I**
It is hot. Hace calor. **I**
hot dog la salchicha **2.3**
hotel el hotel **I**
house la casa **I**
how cómo **I**
How are you? (familiar) ¿Cómo estás? **I**
How are you? (formal) ¿Cómo está usted? **I**
How awesome! ¡Qué chévere! **I**
How do I look? ¿Cómo me veo? **4.3**
How does it fit you? ¿Cómo te queda? **4.3**
How is it going? ¿Qué tal? **I**
How long has it been

since...? ¿Cuánto tiempo hace que...? **3.3**
How old is...? ¿Cuántos años tiene...? **I**
Pardon, how do I get to...? Perdona(e), ¿cómo llego a...? **I**
how much cuánto **I**
How much do I tip? ¿Cuánto le doy de propina? **I**
How much is (are)...? ¿Cuánto cuesta(n)...?; ¿A cuánto está(n)...? **I**
hug el abrazo **2.2**
huge enorme **I**
human being el ser humano **5.3**
humid húmedo(a) **5.2**
hummingbird el colibrí
hungry
to be hungry tener hambre **I**
to hurl
hurled himself into the abyss se lanzó al abismo
hurricane el huracán **5.2**
hurry
to be in a hurry tener prisa **I**
to hurt doler (ue) **3.3**
to hurt oneself lastimarse **3.3**
husband el esposo

I yo **I**
ice el hielo
on ice sobre hielo **I**
ice cream el helado **I, 1.2**
ice-cream parlor la heladería **4.2**
identification la identificación **1.1**
if si **I**
If I/you/he/she were... Si estuviera... **5.3;** Si fuera... **5.3**
If you could... Si pudieras... **5.3**
immediately inmediatamente **3.2**
impatient impaciente **2.1**
important importante
to be important importar **2.3**
It's important that... Es importante que... **3.3**
impression
to make a good (bad) impression on someone caerle bien (mal) a alguien **6.2**
in en **I**
in a bad mood de mal humor **4.3**
in a good mood de buen humor **4.3**
in front of delante de **I, 4.2**
in order to para **I**
included incluido(a)
Is... included? ¿Está incluido(a)...? **I**
incredible increíble **5.3**
inexpensive barato(a) **I**
infection la infección **3.3**
to inform informar
to be well informed estar bien informado(a) **1.3**
informal informal **I**
information los datos **6.1**
injection la inyección **3.3**
inner ear el oído **3.3**
inside (of) dentro de **I, 2.1**
to insist insistir (en) **4.1, 4.2**
insurance el seguro **6.2**
intelligent inteligente **I**
to interest interesar **2.3**
interesting interesante **I**
international internacional **1.3**
interview la entrevista **I, 6.2**
interviewer el (la) entrevistador(a) **6.2**
to introduce presentar
Let me introduce you (familiar/formal) to... Te/Le presento a... **I**
invitation la invitación **I, 2.2**
to invite invitar
I invite you. Te invito. **I**
iridescent iridiscente
to iron planchar **I, 3.2**
island la isla **5.1**
Italian italiano(a) **1.3**
its su **I**

jacket la chaqueta **I**
jackknife la navaja **5.2**
jaguar el jaguar **5.1**
January enero **I**
Japanese japonés(esa) **1.3**
jeans los jeans **I**
jewelry las joyas **I**
jewelry store la joyería **I**
job el empleo **6.1**
journalism el periodismo **1.3**
journalist el (la) periodista **I, 1.3**
judge el (la) juez(a) **6.1**
juice el jugo **1.2;** el zumo **I**
July julio **I**
to jump rope saltar la cuerda **2.1**
June junio **I**
jungle la selva **5.1**

to keep guardar **4.3**
to keep clean mantener limpio(a) **5.3**
key la llave **I, 4.1**
keyboard el teclado **I**
kilogram el kilo **I**
kiosk el quiosco **4.2**
kiss el beso **2.2**

kitchen la cocina **I, 4.1**
knee la rodilla **3.3**
knife el cuchillo **I**
to know conocer (conozco) **I, 1.3**; saber (sé) **I, 1.2, 1.3**
  I already know! ¡Ya lo sé! **1.3**
  to know someone conocer a alguien **I**

to lack faltar **2.3**
lake el lago **I;** laguna
  hot lake la laguna caliente
lamp la lámpara **I, 4.1**
land la tierra **5.1**
landscape el paisaje
language la lengua **I**
large grande **I**
last último(a) **I**
last month el mes pasado **I**
last name el apellido **I**
last night anoche **I, 2.2**
last week la semana pasada **I**
last year el año pasado **I, 2.2**
late tarde **I**
lately recientemente **I**
later luego **I**
  See you later. Hasta luego.; Nos vemos. **I**
laugh la risa **2.1**
to laugh reírse (i, i) **2.1**
laughter la risa **2.1**
lawyer el (la) abogado(a) **6.1**
lazy perezoso(a) **I**
leaf la hoja **5.1**
to learn aprender **I**
leather goods los artículos de cuero **I**
to leave salir (salgo); irse **I;**
  (behind) dejar **I**
  to leave a message dejar un mensaje **I**
  Leave a message after the tone. Deje un mensaje después del tono. **I**
  to leave the tip dejar la propina **2.3**
left la izquierda
  to the left (of) a la izquierda (de) **I**
leg la pierna **I, 3.3**
lemonade la limonada **I**
to lend prestar **4.3**
less menos
  less than menos de **I;** menos que **I, 4.3**
lesson la lección **I**
Let's... Vamos a... **I**
  Let's key in! ¡A teclear!
letter la carta
  to send a letter mandar una carta **I**
lettuce la lechuga **I**
library la biblioteca **I**
lie la mentira **2.2**
to lie down acostarse (ue) **3.1**
life la vida **I**
to lift weights levantar pesas **I**
light la luz **5.2**
light ligero(a)
lightning el relámpago **5.2**
like como
to like gustar **I, EP, 4.3**
  He/She likes... Le gusta... **I**
  I like... Me gusta... **I**
  I would like... Me gustaría... **I**
  Would you like...? ¿Te gustaría...? **I**
  You like... Te gusta... **I**
lion el león **5.1**
to listen (to) escuchar **I**
liter el litro **I**
literature la literatura **I**
to live vivir **I, 1.1**
lively animado(a) **2.1**
living room la sala **I, 4.1**
llama la llama **I**
loan el préstamo **4.3**
local local **1.3**
logical
  It's logical that... Es lógico que... **3.3**
long largo(a) **I**
to look at mirar **I**
to look for buscar **I, 1.1**
loose flojo(a) **4.3**
to lose perder (ie) **I**
love el amor **2.2**
to love querer (ie) **1.2**
lover el (la) amante
lucky
  to be lucky tener suerte **I**
luggage el equipaje **1.1**
lunch el almuerzo **I**
  to eat lunch almorzar (ue) **I**
luxurious lujoso(a) **I, 1.2**

Madrid
  people from Madrid los madrileños
magazine la revista **I**
magnet el imán
mail carrier el (la) cartero(a) **I, 6.1**
mailbox el buzón **4.2**
majority la mayoría **2.2**
to make hacer (hago) **I, 1.1**
  to make the bed hacer la cama **I**
makeup el maquillaje **3.1**
  to put on makeup maquillarse **I, 3.1**
mall la galería
man el hombre **I**
manager el (la) gerente **I, 6.1**
many mucho(a) **I**
map el mapa **I**
March marzo **I**
marionette la marioneta **2.1**

market el mercado **I**
to marry
to get married (to) casarse (con) **2.2**
marvelous de maravilla **2.2**
match el fósforo **5.2**
to match with
hacer juego con **4.3**
mathematics las matemáticas **I**
to matter importar **2.3**
May mayo **I**
maybe tal vez **4.3**
Maybe another day.
Tal vez otro día. **I**
meal la comida **I**
meat la carne **I**
mechanic el (la) mecánico(a) **6.1**
medicine la medicina **3.3**
to meet encontrar (ue) **I**, conocer (conozco) **1.3**
melon el melón **1.2**
menu el menú **I**
message el mensaje
I want to leave a message for... Quiero dejar un mensaje para... **I**
to leave a message
dejar un mensaje **I**
Leave a message after the tone. Deje un mensaje después del tono. **I**
Mexican mexicano(a) **1.3**
microwave el microondas **I**
microwave oven
el horno microondas **4.1**
midnight la medianoche **I**
milk la leche **I, 1.2**
milk shake el batido **1.2**
million un millón **I**
mirror el espejo **I, 4.1**
Miss la señorita **I**
mist la neblina **5.2**
modern moderno(a) **I, 1.2**
moment el momento
One moment.
Un momento. **I**
Monday lunes **I**
money el dinero **I**
money exchange el cambio **I**
monkey el mono **5.1**
month el mes **I**
more más **I**
more than
más de **I**; más que **I, 4.3**
morning la mañana **I**
during the morning
por la mañana **I**
Good morning.
Buenos días. **I**
in the morning
de la mañana **I**
mother la madre **I**
motorcycle la moto(cicleta) **I**
mountain la montaña **I**
mountaineering
el montañismo **5.2**
mouse el ratón **I**
mouth la boca **I, 3.3**
to move mover (ue)
to move the furniture
mover los muebles **I**
movie la película **I**
to go to the movies ir al cine **I**
Mr. el señor **I**
Mrs. la señora **I**
much mucho(a) **I**
as much as tanto como **I**
museum el museo **I**
music la música **I**
music and video store la tienda de música y videos **I**
musical el musical **2.3**
musician el (la) músico(a) **6.1**
must
one must hay que **I**
my mi **I**

name el nombre **I**
His/Her name is... Se llama... **I**
My name is...
Me llamo... **I**
What is his/her name?
¿Cómo se llama? **I**
What is your name?
¿Cómo te llamas? **I**
nap
take a nap échate una siesta
napkin la servilleta **2.3**
narrow estrecho(a) **I, 4.3**
natural resources
los recursos naturales **5.3**
nature la naturaleza **5.1**
near (to) cerca (de) **I**
necessary
It's necessary that...
Es necesario que... **3.3**
neck el cuello **3.3**
necklace el collar **I**
to need necesitar **I, 4.1**
to negotiate negociar
(he/she) negotiated negoció
neighbor el (la) vecino(a)
neighborhood el vecindario **4.2**
neither tampoco **I**; ni **4.2**
nephew el sobrino **2.1**
nervous nervioso(a) **I**
never nunca **I**
new nuevo(a) **I**
new release el estreno **2.3**
news las noticias **1.3**
news program el noticiero **1.3**
newspaper el periódico **I**
newsstand el quiosco **4.2**
next siguiente **2.2**
next to al lado de **I**; junto a **4.2**
Nicaraguan nicaragüense **1.3**
nice amable **2.1**; simpático(a) **I**

It's nice outside. Hace buen tiempo. **I**

Nice to meet you. Mucho gusto. **I**

niece la sobrina **2.1**

night la noche **I**

at night de la noche **I**

nine nueve **I**

nine hundred novecientos(as) **I**

nineteen diecinueve **I**

ninety noventa **I**

ninth noveno(a) **I, 2.2**

no no **I**

no longer ya no **I**

no one nadie **I**

none ninguno(a) **I**

noon el mediodía **I**

nor ni **4.2**

normal normal **I**

normally normalmente **I, 3.2**

north el norte **4.2**

nose la nariz **I, 3.3**

not no **I**

not even ni **4.2**

not only no sólo

to note apuntar

notebook el cuaderno **I**

notes los apuntes

nothing nada **I**

nourishment la alimentación **3.1**

novel la novela **I**

November noviembre **I**

now ahora **I**

Right now! ¡Ahora mismo! **I**

number el número

What is your phone number? ¿Cuál es tu teléfono? **I**

nurse el (la) enfermero(a) **3.3**

nutritious nutritivo(a) **3.1**

O

obedient obediente **2.1**

to obtain obtener **4.2**

to occur ocurrir **2.2**

ocean el océano **3.2**

October octubre **I**

of de

Of course! ¡Claro que sí!; ¡Cómo no! **I**

to offer ofrecer (ofrezco) **I, 2.3**

May I offer you anything more? ¿Se le(s) ofrece algo más? **2.3**

office la oficina **I; (doctor's)** el consultorio **3.3**

often mucho; frecuentemente **I**

oil el aceite **I, 2.3**

old antiguo(a) **I, 1.2;** viejo(a) **I**

How old is...? ¿Cuántos años tiene...? **I**

older mayor **I**

older than mayor que **4.3**

olives las aceitunas **I**

on en **I;** sobre **4.2**

on ice sobre hielo **I**

on top of encima de **I, 4.2**

once in a while de vez en cuando **I**

one uno **I**

one hundred cien **I**

onion la cebolla **I, 2.3**

only sólo **I**

open abierto(a) **I, 4.3**

to open abrir **I**

operator el (la) operador(a) **I, 6.1**

opposite frente a **4.2**

or o **I**

orange anaranjado(a) **I**

to order pedir (i, i) **I, 1.2, 1.3**

Could you help me order? ¿Me ayuda a pedir? **I**

ordinary ordinario(a) **I**

other otro(a) **I**

ought to deber **I, 3.1**

our nuestro(a) **I**

outdoors al aire libre **I**

outside (prep.) fuera de **I, 2.1**

oven el horno **I, 4.1**

owner el (la) dueño(a) **6.1**

ozone layer la capa de ozono **5.3**

to pack hacer (hago) las maletas

package el paquete **I**

to paint pintar **I**

painter el (la) pintor(a) **1.2**

painting la pintura **1.2**

pair

a pair of un par de **4.3**

palm tree la palma **3.2**

palm tree grove el palmar **3.2**

Panamanian panameño(a) **1.3**

panpipe la flauta de pan

pants los pantalones **I**

paper el papel **I**

Paraguayan paraguayo(a) **1.3**

Pardon, how do I get to...? Perdona(e), ¿cómo llego a...? **I**

parents los padres **I**

park el parque **I**

parking space el estacionamiento **4.2**

parrot el loro **5.1**

party la fiesta **I, 2.2**

to pass (by) pasar **I**

passenger el (la) pasajero(a) **1.1**

passport el pasaporte **1.1**

pasta la pasta **I, 2.3**

pastime el pasatiempo

pastry shop la pastelería **I**

path el sendero **5.1**
patient paciente **I**
to pay pagar **I, 1.1**
peaceful pacífico(a)
peak la cima
peanut butter la mantequilla de cacahuate **1.2**
pear la pera **2.3**
pedestrian el peatón **4.2**
pen el corral **I;** la pluma **I**
pencil el lápiz **I**
pension la pensión **4.1**
people la gente **I**
pepper la pimienta **I, 2.3**
perfect perfecto(a) **I**
perfume el perfume **3.1**
perhaps quizás **4.3**
permission el permiso **5.2**
to permit permitir **5.2**
to pertain
pertenecer (pertenezco) **5.2**
Peruvian peruano(a) **1.3**
pharmacy la farmacia **I**
phone directory
la guía telefónica **I**
photographer
el (la) fotógrafo(a) **I, 1.3**
physical education
la educación física **I**
piano el piano
to play the piano
tocar el piano **I**
picturesque pintoresco(a)
piece el pedazo **I**
pig el cerdo **I**
pill la pastilla **3.3**
pillow la almohada **5.2**
pilot el piloto **1.1**
pink rosado(a) **I**
pitcher la jarra **I**
pity
It's a pity that... Es una lástima que... **3.3**
place el lugar **I**
plaid de cuadros **I**
plain sencillo(a) **I**
plan
master plan el plan maestro
to plan pensar (ie) + *infinitive* **I**
planet el planeta **5.3**
plant la planta **I**
plantain el plátano verde **1.2**
fried plantains
los tostones **1.2**
plate el plato **I**
to play jugar (ue) **I, 1.1, 1.2;** practicar **I; (an instrument)** tocar **I, 1.1**
to play chess
jugar al ajedrez **1.1**
to play sports
practicar deportes **I**
to play the guitar
tocar la guitarra **I**
to play the piano
tocar el piano **I**
please por favor **I**
pleased contento(a) **I**
Pleased to meet you.
Encantado(a). **I**
pleasure
It's a pleasure.
Es un placer. **I**
The pleasure is mine.
El gusto es mío. **I**
poem el poema **I**
poetry la poesía **I**
police officer el (la) policía **I**
political parties los partidos
to pollute contaminar **5.3**
pollution la contaminación **5.3**
poor pobre **2.1**
population la población **5.1**
pork el puerco **I**
pork rinds los chicharrones **I**
to eat pork rinds
comer chicharrones **I**
porter el (la) maletero(a) **4.1**
portrait el retrato **1.2**
position el puesto **6.1**
possible
It's possible that...
Es posible que... **3.3**
post office el correo **I**
pot la olla **I**
potato la patata **I;** la papa **2.3**
poverty la pobreza **5.3**
to practice practicar **I, 1.1**
to prefer
preferir (ie, i) **I, 1.3, 4.1**
to prepare preparar **I**
prescription la receta **3.3**
to preserve preservar **5.1**
pretty bonito(a) **I**
price el precio **I**
printer la impresora **I**
probable
It's probable that...
Es probable que... **3.3**
problem el problema **I, 5.3**
to produce
producir (produzco) **1.2**
profession la profesión **I, 6.1**
program el programa **1.3**
projection el relieve
to protect proteger (protejo) **3.2**
to protect the species
proteger las especies **5.3**
Puerto Rican
puertorriqueño(a) **1.3**
punctuality la puntualidad **6.2**
purple morado(a) **I**
to put poner (pongo) **I, 1.2**
to put on (clothes)
ponerse **I**
to put on makeup
maquillarse **I, 3.1**

qualified capacitado(a) **6.1**
quality la calidad **I**
quarter cuarto(a) **I**
quarter past y cuarto **I**

question la pregunta
quick rápido(a) **I**
quickly rápidamente **I, 3.2**
quiet
Be quiet! ¡Cállate! **I**
quiz la prueba **I**

racket la raqueta **I**
radio el radio **I**
radio-tape player el radiocasete **I**
rage el arrebato
rain la lluvia **I**
to rain llover (ue) **I**
raincoat el impermeable **I**
rancher el (la) ganadero(a) **I**
rare raro(a) **1.2**
It's rare that... Es raro que... **3.3**
rarely rara vez **I**
to read leer **I, 1.3**
reading la lectura
ready listo(a) **I**
to get ready (dressed) arreglarse **3.1**
to realize darse (me doy) cuenta de **2.1**
Really? ¿De veras? **1.3**
reason la razón **I**
to receive recibir **I**
recent reciente **I**
recently recientemente **I, 3.2**
reception desk la recepción **4.1**
receptionist el (la) recepcionista **I**
to recommend recomendar (ie) **1.2**
recommendations las recomendaciones **6.2**
to recycle reciclar **5.3**
recycling el reciclaje **5.3**
red rojo(a) **I**
red beans las habichuelas coloradas **1.2**
redhead pelirrojo(a) **I**
to reduce reducir (reduzco) **5.3**
refrigerator el frigorífico **I;** el refrigerador **4.1**
relative el (la) pariente(a) **2.1**
to relax relajarse **3.1**
relief (map) el relieve
to remember recordar (ue) **I**
to renew renovarse (ue)
is renewed se renueva
to rent a video alquilar un video **I**
to repeat repetir (i, i) **1.2, 1.3**
report el reportaje **1.3**
reporter el (la) reportero(a) **1.3**
to request solicitar **6.1**
to require requerir (ie, i) **6.2**
requirement el requisito **6.2**
rescue el rescate **1.3**
to rescue rescatar **1.3**
reservation la reserva **4.1**
to resolve resolver (ue) **5.3**
resource el recurso
to rest descansar **I**
the rest of the people los demás **2.2**
restaurant el restaurante **I**
résumé el currículum **6.2**
to retell contar (ue) **I**
to return regresar **4.2;** volver (ue) **I; (an item)** devolver (ue) **I**
He/She will return later. Regresa más tarde. **I**
review el repaso; la crítica **1.3**
to review revisar **4.2**
rice el arroz **I**
rich rico(a) **2.1**
ride
amusement rides los juegos mecánicos
ridiculous
It's ridiculous that... Es ridículo que... **3.3**
right
to be right tener razón **I**
to the right (of) a la derecha (de) **I**
ring el anillo **I**
river el río **I**
road el camino **I**
robbery el robo **1.3**
role el papel **2.3**
romantic romántico(a) **2.3**
Romany Gypsy dialect el gitano
room el cuarto **I;** la habitación **4.1**
rooster el gallo **I**
root la raíz
roots las raíces
rope la cuerda
to jump rope saltar la cuerda **2.1**
to row remar **5.2**
rowboat el bote de remos
to run correr **I;** funcionar **4.1**

sad triste **I**
It's sad that... Es triste que... **3.3**
sadness la tristeza **2.2**
sage el sabio
salad la ensalada **I**
salary el sueldo **6.2**
sale la rebaja **4.2**
salesperson el (la) dependiente(a) **4.3**
salsa la salsa **I**
salt la sal **I, 2.3**
Salvadoran salvadoreño(a) **1.3**
same mismo(a) **I**
sand la arena **3.2**

sandals las sandalias **3.2**
sandwich (sub) la torta **I, 2.3**
Saturday sábado **I**
sausage el chorizo **I;** la salchicha **I, 2.3**
to save ahorrar **4.3**
savings account
la cuenta de ahorros **4.3**
to say decir **I, 1.2**
Don't say that!
¡No digas eso! **I**
to say goodbye to
despedirse (i, i) de **2.1**
saying el refrán
scarcely apenas **4.3**
scared
to be scared (of)
asustarse (de) **2.1**
scarf la bufanda **I;** el pañuelo **4.3**
scene la escena **2.3**
schedule el horario **I**
school la escuela **I**
science las ciencias **I**
science fiction
la ciencia ficción **2.3**
scissors las tijeras **I, 5.2**
to scream gritar **3.3**
screen la pantalla **I**
to scuba-dive bucear
sculptor el (la) escultor(a) **1.2**
sculpture la escultura **1.2**
sea el mar **I**
to search buscar **I, 1.1**
seasons las estaciones **I**
seat el asiento **1.1**
second segundo(a) **I, 2.2**
secondhand de segunda mano
secretary
el (la) secretario(a) **I, 6.1**
security la seguridad **1.1**
to see ver (veo) **I, 1.1**
May I see...?
¿Me deja ver...? **I**
to sell vender **I**

semester el semestre **I**
to send a letter mandar una carta **I**
sentence la oración
to separate separar **5.3**
September septiembre **I**
series la serie **2.3**
serious serio(a) **I**
to serve servir (i, i) **I, 1.2, 1.3**
to set the table poner la mesa **I**
to set up instalarse
is set up se instala
seven siete **I**
seven hundred
setecientos(as) **I**
seventeen diecisiete **I**
seventh séptimo(a) **I, 2.2**
seventy setenta **I**
shade la sombra **5.1**
shadow la sombra **5.1**
shame
What a shame!
¡Qué lástima! **I**
shampoo el champú **I, 3.1**
to share compartir **I**
to shave afeitarse **I, 3.1**
she ella **I**
sheet la sábana **5.2**
shell el caracol **3.2**
shepherd(ess) el (la) pastor(a) **I**
ship el barco **I**
shirt la camisa **I**
shoe el zapato **I**
high-heeled shoe
el zapato de tacón **4.3**
shoe size el número **4.3**
shoe store la zapatería **I**
shopping
to go shopping
ir de compras **I**
shopping center
el centro comercial **I**
shore la orilla **3.2**
short (height) bajo(a) **I; (length)** corto(a) **I**

shorts los shorts **I;** los pantalones cortos
should deber **I, 3.1**
shoulder el hombro **3.3**
to show mostrar (ue) **1.2**
shower
to take a shower
ducharse **I, 3.1**
shy tímido(a) **2.1**
sick enfermo(a) **I**
sickness la enfermedad **3.3**
sidewalk la acera **4.2**
sign el letrero **1.1**
to sign firmar
signature la firma **6.1**
silver la plata **I**
silverware los cubiertos **2.3**
similar parecido(a)
simple sencillo(a) **I, 4.3**
to sing cantar **I**
to sing in the chorus
cantar en el coro **1.1**
singer el (la) cantante **2.3**
sink (bathroom) el lavabo **4.1**
sister la hermana **I**
sister-in-law la cuñada **2.1**
to sit down sentarse (ie) **2.1**
situation la situación **5.3**
six seis **I**
six hundred seiscientos(as) **I**
sixteen dieciséis **I**
sixth sexto(a) **I, 2.2**
sixty sesenta **I**
size (clothing) la talla **4.3**
to skate patinar **I**
skateboard la patineta **I**
to skateboard
andar en patineta **I**
skates los patines **I**
to ski esquiar **I**
skin la piel **3.2**
skirt la falda **I**
to sleep dormir (ue, u) **I, 1.3**
sleeping bag
el saco de dormir **5.2**

sleepy
to be sleepy tener sueño **I**
slow lento(a) **I**
slowly lentamente **I, 3.2**
small pequeño(a) **I**
to smile sonreírse (i, i) **2.1**
smog el smog **5.3**
smoke
emits smoke echa humo
snack la merienda **I**
to snack merendar (ie) **I**
snake la serpiente **5.1**
to snorkel
bucear con respiración
snow la nieve **I**
to snow nevar (ie) **I**
so entonces **I**
So-so. Regular. **I**
soap el jabón **I, 3.1**
soap opera la telenovela **2.3**
soccer el fútbol **I**
sociable sociable **2.1**
social studies
los estudios sociales **I**
sock el calcetín **I**
sofa el sofá **I, 4.1**
soft drink el refresco **I**
some alguno(a) **I**
someone alguien **I**
something algo **I**
sometimes a veces **I, 2.1**
son el hijo **I**
son(s) and daughter(s)
los hijos **I**
soon pronto **I**
sorry
to be sorry that ... sentir (ie, i) que... **4.3**
I'm sorry. Lo siento. **I**
soup la sopa **I**
south el sur **4.2**
Spaniard español(a) **1.3**
Spanish el español **I**
speakers of Spanish
los hispanohablantes
to speak hablar **I, 1.1**
May I speak with...?
¿Puedo hablar con...? **I**
special especial **I**
specially especialmente **I**
specialty of the house
la especialidad de la casa **1.2**
speech el discurso
to spend gastar **4.3**
spicy picante **I**
spoon la cuchara **I**
sport el deporte
to play sports
practicar deportes **I**
sporting goods store
la tienda de deportes **I**
spring la primavera **I**
square cuadriculado(a)
squid los calamares **I**
stadium el estadio **I**
staircase las escaleras **4.1**
stairs las escaleras **4.1**
stand la parada **4.2**
star la estrella **I**
to start comenzar (ie) **1.1**
statehood la estadidad
station el canal **1.3**
stationery store la papelería **I**
to stay (at) hospedarse (en) **4.1**
steak el bistec **I**
to steal robar **1.3**
step el paso
to step on them pisarlas
stepbrother
el hermanastro **2.1**
stepfather el padrastro **2.1**
stepmother la madrastra **2.1**
stepsister la hermanastra **2.1**
still todavía **I**
stingy tacaño(a) **4.3**
stomach el estómago **I, 3.3**
stone la piedra **5.1**
stop la parada **4.2**
to stop parar **4.2;** detener
store la tienda **I**
storm la tormenta **I**
story la historia **2.2; (of building)** el piso **4.1**
stove la estufa **I, 4.1**
straight ahead derecho **I**
straight (hair) lacio **3.1**
strange raro(a) **1.2**
It's strange that... Es raro que... **3.3**
strawberry la fresa **1.2**
street la calle **I**
stress el estrés **3.1**
to stretch estirarse **3.1**
striped con rayas **I**
stripes las rayas **4.3**
strong fuerte **I**
student el (la) estudiante **I**
to study estudiar **I**
to study martial arts
estudiar las artes marciales **1.1**
stuffed animal
el muñeco de peluche **2.1**
subject la materia **I;** el tema **2.3**
subway el metro **I**
successful
to be successful tener éxito **2.1**
suddenly de repente **1.3**
sugar el azúcar **I**
to suggest sugerir (ie, i) **4.1, 4.2**
suggestion la sugerencia
suit el traje **4.3**
suitcase la maleta **1.1**
summary el resumen
summer el verano **I**
summit (meeting) la cumbre
sun el sol **I**
to sunbathe tomar el sol **I**
Sunday domingo **I**
sunglasses las gafas de sol **I**
sunny soleado(a) **5.2**
It is sunny.
Hace sol.; Hay sol. **I**
sunscreen la loción protectora

3.2
suntan lotion el bronceador **I**
supermarket el supermercado
to go to the supermarket ir al supermercado **I**
supper la cena **I**
to have supper cenar **I**
surfing el surfing **I**
surname el apellido **I**
surprise la sorpresa **I, 2.2**
to surprise sorprender **I, 2.2, 4.3**
to surround rodear
(they) surround rodean
to sweat sudar **3.1**
sweater el suéter **I**
to sweep barrer **I**
to sweep the floor barrer el piso **3.2**
sweet dulce **I**
sweet roll el pan dulce **I**
to swim nadar **I**
swimming pool la piscina **I**

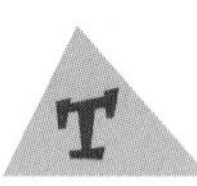

T-shirt la camiseta **I**
table la mesa **I, 4.1**
to clear the table quitar la mesa **I**
to set the table poner (pongo) la mesa **I**
tablecloth el mantel **2.3**
taco el taco **2.3**
taco restaurant la taquería **2.3**
to take tomar **I;** sacar **1.1**
to take along llevar **I**
to take a bath bañarse **I, 3.1**
to take care of cuidar (a) **I**
to take off one's clothes quitarse la ropa **3.1**
to take out the trash sacar la basura **I, 3.2**
to take pictures sacar fotos **I**
to take a shower ducharse **I, 3.1**
to take a size usar **4.3**
to take a swimming class tomar un curso de natación **1.1**
to take a walk, stroll, or ride dar (doy) una vuelta **2.3**
talent el talento **1.2**
to talk hablar **I, 1.1**
tall alto(a) **I**
tame manso(a)
tape recorder la grabadora **I**
taste el sabor **1.2**
tasty rico(a) **I,** sabroso(a) **I, 1.2**
taxi el taxi **I**
taxi driver el (la) taxista **I, 6.1**
tea el té **I**
to teach enseñar **I**
teacher el (la) maestro(a) **I**
team el equipo **I**
technician el (la) técnico(a) **6.1**
telephone el teléfono **I**
television la televisión
to watch television ver (veo) la televisión **I**
television set el televisor **I, 4.1**
to tell decir **I, 1.2;** contar (ue) **I**
Don't tell me! ¡No me digas! **1.3**
Tell him or her to call me. Dile/Dígale que me llame. **I**
to tell jokes contar (ue) chistes **2.1**
temperature la temperatura **I**
ten diez **I**
tennis el tenis **I**
tent la tienda de campaña **5.2**
tenth décimo(a) **I, 2.2**
terrible terrible **I**
test el examen **I**
Thank you. Gracias. **I**
that ese(a), eso **I**
that (over there) aquel(la); aquello **I**
that one ése(a) **I**
that one (over there) aquél(la) **I**
theater el teatro **I**
theatrical production la obra de teatro **2.3**
their su **I**
theme el tema **2.3**
then entonces **I**
there allá/allí **I**
there is/are hay **I**
there was/were había **2.1;** hubo **1.3**
they ellos(as) **I**
thief el (la) ladrón(ona) **1.3**
thin delgado(a) **I**
thing la cosa **I**
to think pensar (ie); creer **I**
Do you think so? ¿Tú crees? **1.3**
I think so. / I don't think so. Creo que sí/no. **I**
third tercero(a) **I, 2.2**
thirsty
to be thirsty tener sed **I**
thirteen trece **I**
thirty treinta **I**
this este(a); esto **I**
this one éste(a) **I**
thousand mil **I**
three tres **I**
three hundred trescientos(as) **I**
throat la garganta **3.3**
to throw out echar **5.3**
thunder el trueno **5.2**
thunderbolt el rayo **5.2**
Thursday jueves **I**
ticket el boleto **1.1**
tight apretado(a) **4.3**
time el tiempo
free time el tiempo libre **I**
to spend time with friends pasar un rato con los amigos **I**

INGLÉS–ESPAÑOL

(At) What time is...?
¿A qué hora es...? **I**
What time is it?
¿Qué hora es? **I**
tip la propina **I**
How much do I tip?
¿Cuánto le doy de propina? **I**
tired cansado(a) **I**
to get tired cansarse **2.1**
to a
to the left (of)
a la izquierda (de) **I**
to the right (of)
a la derecha (de) **I**
toast el brindis
today hoy **I**
Today is... Hoy es... **I**
What day is today?
¿Qué día es hoy? **I**
together juntos **I**
to get together reunirse **2.1**
tomato el tomate **I, 2.3**
tomorrow mañana **I**
See you tomorrow.
Hasta mañana. **I**
Tomorrow is...
Mañana es... **I**
too también **I**
too much demasiado(a) **I, 2.3**
tooth el diente **I, 3.3**
toothbrush
el cepillo de dientes **I, 3.1**
toothpaste
la pasta de dientes **I, 3.1**
toucan el tucán **5.1**
to touch tocar **1.1**
tough duro(a) **I**
tourism el turismo **4.1**
toward hacia **4.2**
towel la toalla **I, 3.2**
town el pueblo **I**
town square la plaza **I**
toy el juguete **2.1**
toy store la juguetería **4.2**
traditional tradicional **I, 1.2**
traffic el tráfico **I**
traffic light/signal
el semáforo **4.2**
trail el sendero **5.1**
train el tren **I**
to train entrenarse **3.1**
training la capacitación **6.2**
to translate
traducir (traduzco) **1.2**
trash la basura **I**
trash can el basurero **5.3**
to travel viajar **I**
travel agent
el (la) agente de viajes **1.1**
travelers los viajeros
traveler's checks
los cheques de viajero **4.3**
to treat tratar **3.3**
I'll treat you. Te invito. **I**
tree el árbol **I**
trip el viaje **I, 1.1**
trouble
The trouble is that...
Lo malo es que... **5.3**
true cierto(a)
It's not true that...
No es verdad que... **4.3**
It's true. Es verdad. **I**
truth la verdad **I**
Tuesday martes **I**
tuna el atún **1.2**
to turn doblar **I**; girar **4.2**
to turn off the light
apagar la luz **I**
turtle la tortuga **5.1**
twelve doce **I**
twenty veinte **I**
twenty-one veintiuno **I**
twins los (las) gemelos(as) **2.1**
two dos **I**
two hundred doscientos(as) **I**
typically típicamente **3.2**

ugly feo(a) **I**
umbrella el paraguas **I**
beach umbrella
la sombrilla de playa **3.2**
uncle el tío **I**
uncle(s) and aunt(s) los tíos **I**
under(neath) debajo (de) **I, 4.2**
to understand
comprender; entender (ie) **I**
unfortunately
desafortunadamente **3.2**
to unite unirse
(they) unite se unen
university la universidad **6.2**
until hasta **I, 4.2**
up arriba **I, 4.2**
Uruguayan uruguayo(a) **1.3**
to use usar **I, 4.3**
used de segunda mano
useful útil **5.3**
useless inútil **5.3**

to vacuum
pasar la aspiradora **I, 3.2**
vacuum cleaner la aspiradora **I**
valley el valle **5.1**
VCR la videograbadora **I**
vegetable la verdura **I, 2.3**
vegetarian vegetariano(a) **I**
veil el velo
handmade veil
el velo bordado a mano
Venezuelan venezolano(a) **1.3**
very muy **I**
vest el chaleco **4.3**
veterinarian el (la) veterinario(a) **6.1**
video el video **I**

to rent a video
alquilar un video **I**
video game el videojuego **I**
viewer el (la) televidente **1.3**
village el pueblo **I**
violent violento(a) **5.2**
to visit visitar **I**
volleyball el voleibol **I**
volunteer
el (la) voluntario(a) **6.1**

to wait for esperar **I**
waiter el mesero **I**
waitress la mesera **I**
to wake up
despertarse (ie) **I, 3.1**
to walk andar **1.2**
to walk the dog
caminar con el perro **I**
wall la pared **I, 4.1**
wallet la cartera **I**
to want querer (ie) **I, 1.2, 4.1**
Do you want to drink...?
¿Quieres beber...? **I**
Do you want to eat...?
¿Quieres comer...? **I**
I want to drink...
Quiero beber... **I**
I want to eat...
Quiero comer... **I**
I want to leave a message for... Quiero dejar un mensaje para... **I**
wardrobe el armario **I, 4.1**
warm caliente **I**
to wash lavar
to wash the dishes
lavar los platos **I, 3.2**
to wash one's hair lavarse la cabeza **I**
to wash oneself lavarse **I, 3.1**
watch el reloj **I**
to watch mirar **I**
to watch television
ver (veo) la televisión **I**
water el agua (fem.) **I**
waterfalls las cataratas
wave la ola **3.2**
we nosotros(as) **I**
to wear llevar **I;** usar **4.3**
What is he/she wearing?
¿Qué lleva? **I**
weather el tiempo **I**
What is the weather like?
¿Qué tiempo hace? **I**
wedding la boda **2.2**
Wednesday miércoles **I**
week la semana **I**
weekend el fin de semana
weights
to lift weights
levantar pesas **I**
welcome bienvenido(a) **I**
You're welcome. De nada. **I**
well bien; pues **I**
well-being el bienestar **3.1**
west el oeste **4.2**
wet mojado(a) **2.3**
what cuál(es); qué **I**
What (fun)!
¡Qué (divertido)! **I**
What a mess! ¡Qué lío! **5.3**
What a shame!
¡Qué lástima! **I**
What day is today?
¿Qué día es hoy? **I**
What do you recommend?
¿Qué me (nos) recomienda? **2.3**
What is he/she like?
¿Cómo es? **I**
What is your phone number?
¿Cuál es tu teléfono? **I**
What would you like?
¿Qué desea(n)? **2.3**
when cuando; cuándo **I**
when I/he/she was young
cuando era niño(a) **2.1**
whenever cuando **I**
where dónde; adónde **I**
Could you tell me where...is? ¿Puedes (Puede usted) decirme dónde queda...? **I**
Where are you from?
¿De dónde eres? **I**
Where does it take place?
¿Dónde tiene lugar?
Where is he/she from?
¿De dónde es? **I**
which (ones) cuál(es) **I**
while mientras **2.2**
white blanco(a) **I**
who quién(es) **I**
Who are they?
¿Quiénes son? **I**
Who is it? ¿Quién es? **I**
Whose is...? ¿De quién es...? **I**
why por qué **I**
That's why. Con razón. **I**
wide ancho(a) **I, 4.3**
wife la esposa
wild salvaje **5.1**
wild plant
la planta silvestre **5.1**
to win ganar **I**
wind el viento **I**
window la ventana **I, 4.1;** la ventanilla **1.1**
windy
It is windy.
Hace viento.; Hay viento. **I**
winner el (la) ganador(a) **I**
winter el invierno **I**
wise man el sabio
with con **I**
with me conmigo **I**
with you contigo **I**
without sin **I**

wolf el lobo **5.1**
woman la mujer **I**
wool la lana **I**
word la palabra
to work
trabajar **I;** funcionar **4.1**
work of art la obra **1.2**
worker el (la) obrero(a) **6.1**
workshop el taller **I**
world el mundo **I**
worried preocupado(a) **I**
to be worried about
preocuparse por **2.1**
to worry
Don't worry!
¡No te preocupes! **I**
worse peor **I**
worse than peor que **4.3**
wrist la muñeca **3.3**
to write escribir **I**
was written fue escrita
writer el (la) escritor(a) **I, 1.3**
writing la escritura

x-ray la radiografía **3.3**

year el año **I**
He/She is...years old.
Tiene... años. **I**
school year el año escolar
yellow amarillo(a) **I**
yes sí **I**
Yes, I would love to.
Sí, me encantaría. **I**
yesterday ayer **I, 2.2**
yet todavía **I**
yogurt el yogur **I, 1.2**
you tú **(familiar singular),**
usted **(formal singular),**
ustedes **(plural),** vosotros(as)
(familiar plural) I
young joven **I**
young person el (la) joven
younger menor **I**
younger than menor que **4.3**
your su **(formal),** tu **(familiar),**
vuestro(a) **(plural familiar) I**

zero cero **I**

INGLÉS–ESPAÑOL

Índice

abrir, past participle, 413, 435
acabar de + *infinitive,* 214
accents
  in adverbs, 212
  in commands, 190, 191, 338
  in irregular subjunctives, 263, 264
accommodations. *See* hotel accommodations
activities, 4, 5, 34–35, 39, 51, 151, 171, 209, 364
  beach, 202–203, 221
  camping, 350–351, 352–353, 369
  childhood, 106–107, 108–109, 125
adjectives
  demonstrative, 84
  descriptive, 7, 66, 118, 125
  of nationality, 82
  past participles as, 413
  possessive, 112
adverbs
  ending in **-mente,** 212, 221
  of frequency, 22, 44, 65, 124
  of sequence, 96, 139, 147
advice, giving, 234, 245
affirmative commands, 190, 191, 208, 447
age, expressing, 9
agreement
  of adjectives and nouns, 7, 82, 84, 112, 413
  expressing, 59
airplane travel, 32–33, 34–35, 51
almorzar
  present tense, 21
  preterite tense, 40
andar, preterite tense, 63
animals, 214, 217, 323, 328–329, 330, 347, 417
Anthony, Marc, 175
appliances, 255, 265, 273
application information, 412, 421
aquel(-la, -los, -las), 84
-ar verbs
  commands, 188, 208, 210, 338, 339
  conditional tense, 380, 454
  future tense, 334, 452
  imperfect tense, 116
  past participle, 413, 435
  present participle, 135, 408
  present subjunctive, 232, 260
  present tense, 17, 408
  preterite tense, 38
  stem-changing, 282
Arecibo, Puerto Rico, 175
art, 54–55, 66, 68–69, 73
asking questions, 12–13, 15, 50
Aztec calendar, 124

el baile folklórico de México, 155
balada, 101
banking, 308, 319
baseball, 186
beach, preparations and activities, 202–203, 204–205, 221
beverages, 203
body, parts of, 224, 225, 245
Bosque de Chapultepec, 117

caer
  past participle, 435
  present tense, 23
la calle Olvera, Los Angeles, 39
camping, 350–351, 352–353, 369, 379
-car verbs, 40, 41
  commands, 188, 210, 338
  present subjunctive, 232
  preterite tense, 40
careers. *See* professions
Carnaval, 231
la carrera, 431
Carrera Andrade, Jorge, 460
Castro, Cristian, 101
cause, expressing, 336, 378
Centro Museo de Bellas Artes Mexicanas, Chicago, 64
Chicago, 27, 54–55, 56–57, 68–69
  el Centro Museo de Bellas Artes Mexicanas, 64
childhood experiences, 106–107, 108–109, 125
chores, household, 204–205, 209, 221
-cir verbs, preterite tense, 63
city
  describing a, 276–277, 278–279, 295
  diversions, 151, 153, 161, 171
City Year, 22
climate, 331
clothing, 6, 202, 298–299, 300–301, 303, 310, 319, 397
cognates, 46
colors, 6, 8
comer
  past participle, 413, 435
  present participle, 408
  present tense, 17, 408
  preterite tense, 38
  progressive tenses, 135
la comida, 166–167
commands
  formal **(usted[es]),** 188, 190
  informal **(tú),** 190, 208, 210, 447
  nosotros, 338, 339
  pronoun placement with, 190, 191
communication. *See* news media
comparatives, 304, 319
competir, 60, 86
conditional tense, 380, 382, 454, 456
conducir, preterite tense, 63
connecting cultures
  art, 68–69
  conservation, 388–389
  cultural diversity, 240–241
  cyberspace, 438–439
  ecotourism, 364–365
  environmental issues, 388–389
  food, 166–167
  music, 290–291, 462–463
  natural disasters, 142–143
  nature, 216–217
  neighborhoods, 92–93
  shopping, 314–315
conocer
  present tense, 23
  vs. **saber,** 83

ÍNDICE

conservation, 101, 330–331, 335, 347, 372–373, 374–375, 388–389, 393
El Corte Inglés, 296, 314–315
Costa Rica, 322–323, 337, 362
  La cascada de la novia, 386–387
  economy, 384
  ecotourism, 357, 364–365, 379
  el Volcán Poás, 326–327, 330–331, 342–343
creer
  negative **tú** command, 210
  preterite tense, 87
  progressive tenses, 135
cuando, 288

daily routine, 180–181, 182–183, 187, 199
dar
  commands, 188, 210
  present subjunctive, 263
  present tense, 23
  preterite tense, 42
  una vuelta, 161
deadlines, expressing, 360, 378
deber, 185
decir
  commands, 208, 210
  conditional tense, 380, 454
  future tense, 356, 452
  past participle, 413, 435
  present tense, 23
  preterite tense, 63
  + **que,** 456
dejar, negative **tú** command, 210
demonstrative adjectives and pronouns, 84
descriptive adjectives, 7, 66, 118, 125
descubrir, past participle, 413, 435
direct object pronouns, 156, 161, 186
directions, 285, 288, 295
doctor, visiting a, 224–225, 226–227
doler, 229
don Quijote, 248
donde, 288
dormir
  present subjunctive, 284
  preterite tense, 86
  progressive tenses, 135
double object pronouns, 161
doubt, expressing, 306, 307, 319, 447

e → i stem-changing verbs, 60, 86, 135, 284, 339
e → ie stem-changing verbs, 21, 60, 282, 284
earthquake, Mexico City, 130–131, 132, 142–143
ecology. *See* conservation, environment
ecotourism, 364–365, 379
Ecuador, 396–397
  festivals, 455
  Guayaquil, 453
  indigenous groups, 434
  las islas Galápagos, 397, 416–417
  Quito, 397, 408, 438–439
El Greco, 249
El Yunque, 175, 216–217
emotion, expressing, 309, 319
encantar, 159
environment, 101, 335, 347, 352, 372–373, 374–375, 381, 383, 388–389, 393
equal comparisons, 304, 319
-er verbs
  commands, 188, 208, 210, 338, 339
  conditional tense, 380, 454
  future tense, 334, 356, 452
  imperfect tense, 116
  past participle, 413, 435
  present participle, 135, 408
  present subjunctive, 232, 260
  present tense, 17, 408
  preterite tense, 38
  stem-changing, 282
es necesario que + *subjunctive,* 232, 234
escribir
  past participle, 413, 435
  progressive tenses, 135
ese(-a, -os, -as), 84
estar
  commands, 188, 210
  expressions with, 59, 81
  present subjunctive, 263
  present tense, 10
  preterite tense, 63
  use in progressive tenses, 135, 408
  vs. **ser,** 10
este(-a, -os, -as), 84
Estefan, Gloria, 27
estudiar
  conditional tense, 380
  present participle, 408
  present tense, 408
euro, 308
expressing
  age, 9
  agreement, 59
  cause, 336, 378
  deadlines, 360, 378
  doubt, 306, 307, 319, 447
  emotion, 309, 319
  familiarity, 83
  feelings, 10
  goals, 360, 378
  hopes and wishes, 260, 286, 447
  likes and dislikes, 4, 5, 25, 159
  location, 10, 117, 285
  means of transportation, 336, 378
  opinions, 232, 234, 319, 362, 369
  origin, 10
  pain, 226–227, 229
  position, 84
  preferences, 62, 96
  purpose, 360, 378
  time duration, 336, 378

faltar, 159
familiarity, expressing, 83
family
  events, 128–129, 130–131, 147
  members, 113, 125
fascinar, 159
feelings, expressing, 10
Figueres Ferrer, José, 323
fine art, 54–55, 66, 68–69, 73
fitness. *See* health and fitness
food
  menus, 55, 148, 158
  regional dishes, 27, 100, 150, 152–153, 166–167, 174, 195, 203, 249, 322, 397
  types of, 55, 62, 73, 157
formal commands, 188, 190
frequency, expressions of, 22, 44, 65, 124
friends, 113, 125

ÍNDICE

furniture, 255, 262, 273
future tense, 334, 356, 447, 452, 456

g → j spelling change, 309
Galápagos, 397, 416–417
gallo pinto, 322
-gar verbs, 40, 41
  commands, 188, 210, 338
  present subjunctive, 232
  preterite tense, 40
geographic characteristics, 339, 347
-ger verbs, subjunctive, 309
Gipsy Kings, 290–291
giving
  advice, 234, 245
  directions, 285, 288, 295
goals, setting, 20–21, 360, 378
greetings, 2–3, 340
Guayaquil, Ecuador, 453
la guitarra, 249
gustar, 5, 159

haber
  conditional tense, 380, 454
  future tense, 356, 452
  present perfect tense with, 432, 435
  present subjunctive, 263
había, 119
hablar
  past participle, 413, 435
  present tense, 17
  preterite tense, 38
  progressive tenses, 135
hacer
  commands, 208, 210, 339
  conditional tense, 380, 454
  future tense, 356, 452
  past participle, 413, 435
  present tense, 23
  preterite tense, 42
  with time expressions, 230, 245
  with weather expressions, 358
handicrafts, 323
hay
  imperfect tense, 119
  present subjunctive, 263
  preterite tense, 86
health and fitness, 180–181, 182–183, 199, 224–225, 226–227, 233, 235, 245
Hidalgo y Costilla, Padre Miguel, 101
Hollywood, Hispanics in, 26
hopes, expressing, 260, 286
hotel accommodations, 254–255, 256–257, 265, 268–269, 273
household chores, 204–205, 209, 221
hubo, 86
human body, 224, 225, 227, 245

i → y change in verbs, 87, 135
idioms, with **tener,** 118, 125
illness and injury, 224–225, 226–227, 233, 235, 245
imperfect tense, 116, 137, 430
impersonal
  expressions, 232, 234, 245
  se, 411
importar, 159
indicative mood, 232, 234, 306, 307
indirect object pronouns, 5, 158, 161, 186
infinitive, uses of, 5, 286, 334
informal commands, 190, 208, 210, 447
information, asking for and giving, 12, 13, 97
interesar, 159
Internet, 78, 80, 88, 90, 438–439
interrogatives, 13
interviewing, 424–425, 426–427, 433, 443
introductions, making, 2, 3, 130, 226
invitations, 81
ir
  a + *infinitive,* 334
  commands, 188, 208, 210, 338
  imperfect tense, 116
  past participle, 413, 435
  present subjunctive, 263
  present tense, 19
  preterite tense, 42
-ir verbs
  commands, 188, 208, 210, 338, 339
  conditional tense, 380, 454
  future tense, 334, 356, 452
  imperfect tense, 116
  past participle, 413, 435
  present participle, 135, 408
  present subjunctive, 232, 260
  present tense, 17, 408
  preterite tense, 38, 86
  stem-changing, 86, 284, 339
irregular verbs
  commands, 188, 208, 210, 339
  conditional tense, 380, 454
  future tense, 356, 452
  imperfect tense, 116
  past participles, 413, 435
  present subjunctive, 263, 264
  present tense, 9, 10, 19, 23
  preterite tense, 42, 63
-ísimo, 304
las islas Galápagos, 397, 416–417

jíbaros, 240–241
job hunting, 402–403, 404–405. *See* also professions
  applying, 412, 421
  interviewing, 424–425, 426–427, 433, 443
journalism. *See* news media
jugar
  present tense, 60
  preterite tense, 40

Kahlo, Frida, 101

leer
  past participle, 435
  preterite tense, 87
  progressive tenses, 135
legends, 386
leisure activities, 4–5, 34–35, 39, 51
  childhood, 106–107, 108–109, 125
  outdoor, 350–351, 369
likes, expressing, 4, 5, 25, 159

listening strategies
categorizing, 204
details, 182, 256, 278
evaluating, 404, 426
inferring, 300
key words, 34
main idea, 56, 78
motives, 352
related details, 108
reported speech, 448
series of events, 130
solutions, 374
summarizing, 330
sympathizing, 226
useful expressions, 152
location, expressing, 10, 117, 285
López, Jennifer, 26
Los Angeles, 26, 27, 39, 44, 46–47

Madrid, Spain, 276–277, 278–279, 283
hotels, 265, 268–269
shopping in, 303, 314–315
sightseeing in, 249, 261, 280, 312–313
manatees, 214
maps
Caribbean, xxxvii, 82, 174
Central America, xxxvi, 82, 322
Costa Rica, xxxvi, 322, 346, 359
Ecuador, xxxviii, 396, 411
Equatorial Guinea, xxxix
Galápagos, xxxviii, 396, 416
Madrid, 285
Madrid metro, 266
Mexico, xxxvi, 100
Puerto Rico, xxxvii, 174
South America, xxxviii, 82
Spain, xxxix, 248
United States, 26
world, xxxiv–xxxv, 82, 420, 446–447
marionetas, 112
más/menos… que, 304
mealtimes, 67
means of transportation, expressing, 336, 378
medical problems, 224–225, 226–227, 229, 233, 235, 245
-mente adverbs, 212, 221
Mexico, 100–101, 155. *See also* Mexico City
food, 100, 150, 152–153, 166–167
Teotihuacán, 164–165
Mexico City, 101, 110
earthquake, 130–131, 132, 142–143
landmarks, 117, 138
Miami, 27, 90–91, 92–93
la misión San Fernando Rey de España, 27
molestar, 159
money, handling, 308, 319
morir
past participle, 413, 435
preterite tense, 86
mostrar, present tense, 60
Muñoz Marín, Luis, 238
murals, 44, 68–69
el Museo Nacional de Antropología (Mexico City), 138, 165
music, 101, 240, 290–291, 397, 462–463
musical instruments, 240, 241, 249, 290, 410, 442, 462

Ñanda Mañachi, 397, 463
narration, in past, 128–129, 130–131, 147, 446
nationality, adjectives of, 82
negative commands, 190, 210
New York City, 11
news media, 74–75, 76–77, 78–79, 85, 88, 90–91, 97, 406
ni, 281
nicknames, 8
nosotros commands, 338, 339
numbers, ordinal, 140, 147

o → u stem change, 86, 135, 284, 339
o → ue stem-changing verbs, 21, 60, 282, 284
object pronouns, 156, 158, 161, 186, 208, 432
la ocarina, 410
ofrecer, 162
oír
past participle, 435
preterite tense, 87
progressive tenses, 135
Olmos, Edward James, 26
opinions, expressing, 232, 234, 319, 362, 369
ordinal numbers, 140, 147
origin, expressing, 10
os, 302

paella, 249
pain, expressing, 226–227, 229
para
expressions with, 360
vs. **por,** 378
el Parque Nacional del Volcán Poás. *See* **Volcán Poás**
participles
past, 413, 432, 435
present, 135, 408
el paseo, 283
past, talking about, 34–35, 38, 40, 42, 63, 86, 87, 107, 108–109, 116, 128–129, 130–131, 135, 137, 141, 230, 430, 446
past participles, 413, 432, 435
past progressive, 135
pastimes. *See* leisure activities
pedir
present subjunctive, 284
present tense, 60
preterite tense, 86
progressive tenses, 135
pensar
present subjunctive, 282
present tense, 21
periodicals
broadcast, 76–77
online, 88, 90
print, 76–77, 90–91
personal care, 187, 191, 199
personality traits, 118, 300
la piñata, 100, 134
pirates, 175
placement of pronouns, 186, 190, 191, 432
plants, 195, 216–217, 328, 330–331, 347, 365
la Plaza de la Cibeles, 261
la Plaza Mayor, 280, 313
plurals, 7
poder

conditional tense, 380, 454
future tense, 356, 452
present subjunctive, 282
preterite tense, 63
poetry, 460–461
pollution, 372–373, 374–375, 381, 393
poner
commands, 208, 210
conditional tense, 380, 454
future tense, 356, 452
past participle, 413, 435
present tense, 23
preterite tense, 63
Popocatépetl, 101
por
expressions with, 336
vs. **para,** 378
position, expressing, 84
possessive adjectives and pronouns, 112
el Prado, 249, 312
preferences, expressing, 62, 96
preferir
present subjunctive, 284
preterite tense, 86
present participles, 135, 408
present perfect tense, 432, 435, 447
present progressive, 135, 408
present subjunctive, 232, 234, 260, 263, 282, 284, 286, 306, 309, 447
present tense, 334
irregular **yo** verbs, 23
regular verbs, 17, 408
stem-changing verbs, 21, 60
preterite tense
formation, 38, 40
irregular forms, 42, 63
stem-changing verbs, 86
uses of, 38, 42, 137, 430, 456
producir, preterite tense, 63
professions, 402–403, 404–405, 409, 421. *See also* job hunting
progressive tenses, 135, 408
pronouns
demonstrative, 84
object, 156, 158, 161, 186, 208
placement of, 186, 190, 191, 432
possessive, 112
reflexive, 114, 411
pronunciation, Spanish, 258
publications. *See* news media
Puerto Rico, 174–175, 186, 192, 194–195, 214, 236, 240–241
Carnaval, 231
El Yunque, 175, 216–217
political status, 238–239
weather, 228
purpose, expressing, 360, 378

quechua, 434, 462
querer
conditional tense, 380, 454
future tense, 356, 452
preterite tense, 63
questions, asking, 12, 13, 15, 50
el quetzal, 323
Quito, Ecuador, 397, 408, 438–439

rain forest, 175, 216–217, 328–329, 365
Ramos, Jorge, 27
reactions
to news, 88, 97
personal, 125, 146, 198, 310
reading strategies
activating associated knowledge, 238
analyzing folkloric traditions, 120
comparing details, 268, 312
confirming hearsay, 342
context clues, 46, 416
identifying knowledge gaps, 164
observing organization, 194
poetry, 460
recognizing characteristics of legends, 386
scanning and skimming, 46, 90
recomendar, present tense, 60
reflexive
pronouns, 114, 411, 432
verbs, 114, 338
regional expressions, 36, 58, 80, 132, 162, 184, 206, 236, 287, 323, 332, 355, 376, 450
relationships with family and friends, 113, 125, 128–129
repetir, 60, 86
reported speech, 448, 456, 457
resolver, past participle, 413, 435
restaurants, ordering in, 150–151, 152–153, 171
Romero, Alejandro and Oscar, 27, 56–57, 68–69
romper, past participle, 413, 435
rooms, 255, 262, 273

saber
commands, 188, 210
conditional tense, 380, 454
future tense, 356, 452
present subjunctive, 263
present tense, 23
preterite tense, 63
vs. **conocer,** 83
sacar, preterite tense, 40
Salinas, María Elena, 27
salir
commands, 208, 210
conditional tense, 380, 454
future tense, 356, 452
present tense, 23
San Juan (Puerto Rico), 175, 178, 192, 195, 216, 231
scanning, 46, 90
school, 16–17, 20–21
se, impersonal, 411
sequence, adverbs of, 96, 139, 147
ser
commands, 188, 208, 210
imperfect tense, 116
present subjunctive, 263
present tense, 10
preterite tense, 42
vs. **estar,** 10
servir
present tense, 60
preterite tense, 86
shopping, 308, 314–315, 319
for clothing, 298–299, 300–301, 303, 310
shops, types of, 276–277, 295, 314–315
show business, 160
si clauses, 382
sizes, 303
skimming, 90
Smits, Jimmy, 26
Spain, 248–249, 258, 287, 290. *See also* Madrid
Spanish, regional expressions, 36, 58, 80, 132, 162, 184, 206, 236, 287, 323, 332, 355, 376, 450

speaking strategies
asking for and giving directions, 288
brainstorming, 134
checking comprehension, 420
circumlocution, 361
deciding, 272
distributing responsibility, 294
feedback and advice, 45, 220, 237, 437
future plans, 346, 392
gathering and exchanging information, 24, 50, 318
gesturing, 193
improvising, 211
interviewing, 415, 442
personalizing responses, 160, 340
persuading, 267, 459
presenting findings, 88
problem solving, 244, 377
reacting, 146, 198, 310
reasoning, 72, 96, 124
recommending, 368
reporting on events, 466
resolving misconceptions, 170
telling how often, 124
using all you know, 61
using **tener** expressions, 118
sports, 17, 77, 186, 323
stem-changing verbs
present tense, 21, 60, 73
preterite tense, 63, 86
progressive tenses, 135
subjunctive, 282, 284
strategies
connecting cultures, 68, 92, 142, 166, 216, 240, 290, 314, 364, 388, 438, 462
listening, 34, 56, 78, 108, 130, 152, 182, 204, 226, 256, 278, 300, 330, 352, 374, 404, 426, 448
reading, 46, 90, 120, 164, 194, 238, 268, 312, 342, 386, 416, 460
speaking, 24, 45, 50, 61, 72, 88, 96, 118, 124, 134, 146, 160, 170, 193, 198, 211, 220, 237, 244, 267, 272, 288, 294, 310, 318, 340, 346, 361, 368, 377, 392, 415, 420, 437, 442, 459, 466
writing, 98, 172, 246, 320, 394, 468
subjunctive mood
present, 232, 260, 263, 264, 282, 284
uses of, 232, 234, 260, 286, 306, 309, 447
Sucre, Antonio José de, 397
superlatives, 304

tan/tanto como, 304
telecommunications, 78–79, 80, 85, 88, 97. *See also* Internet, news media
telenovelas, 160
television programming, 77, 160, 162
telling time, 15
tener
commands, 208, 210
conditional tense, 380, 454
future tense, 356, 452
idioms with, 118, 125
present tense, 9
preterite tense, 63
uses of, 9
Teotihuacán, 164–165
time
expressions with **hacer,** 230, 245
past, 130–131, 141, 147
periods, 230, 245, 336, 378
telling, 15
la toquilla, 397
traducir, preterite tense, 63
traer
present tense, 23
preterite tense, 63
transitioning, 136, 139, 147
travel, airplane, 32–33, 34–35, 51
tú commands, 190, 208, 210, 447

u → ue stem-changing verbs, 60
unequal comparisons, 304, 319
United States, 9, 14, 22, 26–27, 67, 81
usted(es) commands, 188, 190
utilities, 265, 273

valer
conditional tense, 380, 454
future tense, 356, 452
vamos, 19, 338
venir
commands, 208, 210
conditional tense, 380, 454
future tense, 356, 452
present tense, 23
preterite tense, 63
ver
imperfect tense, 116
past participle, 413, 435
present tense, 23
preterite tense, 42
verbs
irregular, 9, 10, 19, 23, 42, 63, 116, 188, 208, 210, 263, 264, 356, 380, 413, 435, 452, 454
reflexive, 114, 338
spell-changing, 40, 41, 87, 135, 188, 210, 232, 309, 338
stem-changing, 21, 60, 63, 73, 86, 135, 282, 284, 339
vivir
past participle, 413, 435
present participle, 408
present tense, 17, 408
preterite tense, 38
el Volcán Poás, 326–327, 330–331, 342–343
volver, past participle, 413, 435
vos, 58, 323, 332
vosotros, 58, 302

weather, 228, 352–353, 358, 369
wishes, expressing, 260, 286, 447

ya, 214

-zar verbs, 40, 41
commands, 188, 210, 338
present subjunctive, 232
preterite tense, 40
Zúñiga, Francisco, 323

Créditos

Acknowledgments

Excerpted material from page 6TV of *El Nuevo Herald* del Domingo 7 al Sábado 13 de Junio de 1998. Copyright © 1998. Used with the permission of *El Nuevo Herald*, Miami, FL.

The words *vamos a bailar* from *The Best of the Gipsy Kings.* Used with the permission of Nonesuch Records, a Warner Music Group Company, New York, NY.

Material from a brochure entitled "El Morro" used with the permission of the Puerto Rico Tourism Company, Old San Juan, Puerto Rico.

Material from a brochure entitled "Jardín Botánico" used with the permission of The University of Puerto Rico, San Juan, Puerto Rico.

Excerpts from an issue of *La Voz Mundial,* a student newspaper, used with the permission of Miami Springs High School, Miami Springs, FL.

Photography

xl-1 *spread* Steve Ogilvy/Picture It Corporation, *inset* PhotoDisc; **2** *top right, bottom center* Steve Ogilvy/Picture It Corporation; **3** Jon Chomitz; **4-5, 6-7** *all* Steve Ogilvy/Picture It Corporation; **8** Jon Chomitz; **9, 10** Steve Ogilvy/Picture It Corporation; **11** *left* Allan Schein/Corbis, *right* Steve Ogilvy/Picture It Corporation; **12-13** *spread* S.B. Grunzweia/Photo Researchers, *all inset* Jon Chomitz; **14, 16-17, 19, 20-21** Jon Chomitz; **22** *left* Peter Gridley, *center* Walter Bibikow/Getty Images, right J. Dunn/Monkmeyer Press; **26** *bottom right* Getty Images; **27** *top left* Tom Stack & Associates, *center right* Peter Menzel/Stock Boston, *bottom left* Nebinger/Sichov/Gromik/Sipa Press, *bottom right* Courtesy of Univision; **28** *bottom* Courtesy of Alejandro Romero; **29** *center* Herve Donnezan/Photo Researchers, Inc.; **32** Dana White/PhotoEdit; **33** *top* De Richemond/The Image Works, *bottom left* John Neubauer/Getty Images, *bottom right* George Haling/Photo Researchers, Inc.; **39** Tommy Dodson/Unicorn Stock Photos; **40** *top right* Dario Perla/Image State, *bottom right* Dave G. Houser; **44** Robin J. Dunitz; **45** *top* Bruce Fier/Getty Images, *2nd from top* Nik Wheeler, *3rd from top* Tom McHugh/Photo Researchers, *bottom* Tony Freeman/PhotoEdit; **46** *top right* Sylvain Grandadon/Getty Images, *bottom left* Dave G. Houser, *bottom right* Michael Newman/PhotoEdit; **46-47** *bottom spread* Ken O'Donoghue; **47** *top left* David Young-Wolff/PhotoEdit, *top center* Eric Sander/Getty Images, *top right* Michael Newman/PhotoEdit, *center left* Cesar Vera/eStock Photo; **54** Kactus Foto, Santiago, Chile/SuperStock; **55** *center right* School Division, Houghton Mifflin Co.; **61, 62** *all* School Division, Houghton Mifflin Co.; **68** *inset* Courtesy of Alejandro Romero; **68-69** *spread* PhotoEdit; **70** *all* School Division, Houghton Mifflin Co.; **76** *bottom right* Ryan Williams/ImageState; **77** *top right* Martin Venegad/Allsport, *bottom right* School Division, Houghton Mifflin Co., *bottom left* Dusty Willison/ImageState; **83** *bottom left* Herve Donnezan/Photo Researchers; **90-91** Jeff Greengold/Unicorn Stock Photos; **92** *bottom left* Tom Stack & Associates; **92-93** *top* Victor Ramos/Getty Images, *center* Mauro Petrini/Getty Images; **93** *top left* John Baykin/Index Stock, *top center* Tanya Braganti/Tom Keller & Associates, *top right* Tom Stack & Associates, *bottom left* Susan Watts/Retna, Ltd.; **97** Tony Freeman/PhotoEdit; **100** *bottom right* Bob Daemmrich Photography; **101** *top left* Owen Franken/Stock Boston, *bottom right* San Francisco Museum of Art/Albert M. Bender Collection/Gift of Albert M. Bender, *center* Timothy Greenfield Sanders/Corbis Outline, *bottom left* North Wind Picture Archives; **102** *top* School Division, Houghton Mifflin Co.; **103** *top* Tony Freeman/PhotoEdit, *bottom* Robert & Linda Mitchell Photography; **106-107** *frame* RMIP/Richard Haynes; **107** *bottom right* Robert Frerck/Odyssey Productions; **110** *bottom right* Robert Frerck/Odyssey Productions; **113** *calculator, ball, skates, watch* School Division, Houghton Mifflin Co.; **114** RMIP/Richard Haynes; **117** J.P. Courau/DDB Stock Photo; **119** C.R. Sharp/DDB Stock Photo; **122** Bob Daemmrich/Stock Boston; **124, 125** School Division, Houghton Mifflin Co.; **132** Robert Frerck/Odyssey Productions; **142-143** *spread* Barbara Cerva/DDB Stock Photo; **143** *top inset* Robert Frerck/Odyssey Productions, *bottom inset* Jack Novak/Photri, Inc.; **144** *balloons* PhotoDisc, *all others* School Division, Houghton Mifflin Co.; **145** Robert & Linda Mitchell Photography; **146** *bottom right* Nicolas Sapieha/Art Resource, New York; **151** *bottom left* DDB Stock Photo; **155** Tony Freeman/PhotoEdit; **157** Ken O'Donoghue; **164** N. Frank/Viesti Associates, Inc.; **165** *top* Robert & Linda Mitchell Photography, *inset* Robert Frerck/Odyssey Productions; **166** *bottom left* Patricia A. Eynon; **167, 168** *all* Ken O'Donoghue; **170** *bottom right* Robert Frerck/Odyssey Productions; **171** PhotoDisc; **175** *clockwise from top left* Francisco Oller/Museo de Arte de Ponce, Pam Francis/Getty Images, E.R. Degginger/Photo Researchers, David Parker/Science Photo Library/Photo Researchers, Granger Collection; **176** *top* PhotoDisc, *center left* ImageState, *center right* Ulrike Welsch; **177** *top* W. Lynn Seldon; **178** *inset* Randa Bishop/ImageState, *center* School Division, Houghton Mifflin Co.; **186** W. Lynn Seldon, Jr.; **191** *bottom left & right* Ken O'Donoghue; **192** Ulrike Welsch; **194-195** *spread* John F. Mason/Corbis; **195** *right* Tom Stack & Associates; **198** Richard Rowan/Photo Researchers; **203** *top right* David Matherly/Visuals Unlimited; **214** W. Gregory Brown/Animals Animals; **216-217** *spread* Thomas R. Fletcher/Stock Boston; **217** *top right inset* Fran Hall/Photo Researchers, *bottom left inset* Mark Bacon; **220** Van

Bucher/Photo Researchers; **228** *bottom* Courtesy of the Miami Herald; **229** *top* David Young-Wolff/PhotoEdit, *center right* Tom Stewart; **231** Suzanne Murphy-Larronde; **235** *top* School Division, Houghton Mifflin Co., *bottom* Michael Newman/PhotoEdit; **237** *top left* Robert Frerck/Odyssey Productions, *bottom* Kate Raisz/Seattle Filmworks; **238** *center right* Andres Leighton/AP Wide World Photos, *center bottom* AP Wide World Photos; **239** Andrew Lichtenstein; **240** *top left* Courtesy of Puerto Rico Industrial Development Company, *top right & bottom left* Suzanne Murphy-Larronde, *bottom center* Antonio E. Amador; **240-241** *bottom spread* Tom Bean/DRK Photo; **248** *bottom right* Stock Montage; **249** *top left* Metropolitan Museum of Art, New York/SuperStock, *top right* P. Villard-P. Aslan/Sipa Press, *center* SuperStock, *bottom right* Robert Frerck/Odyssey Productions; **250** Diego Rodríguez Velázquez/Museo del Prado, Madrid, Spain/Bridgeman Art Library, London/SuperStock; **251** *center* Macduff Everton, *bottom* Tim Hunt/McDougal Littell, Houghton Mifflin Co.; **262** *table, chair, basin, sofa* RMIP/Richard Haynes, *bicycle* Eric Roth/Index Stock; **265** *top left* Ken Straiton/Corbis, *top right* Robert Essel/Corbis, *bottom right* Tom Carroll/Getty Images, *bottom left* Anthony Albarello/Getty Images; **268** *bottom left* Deborah Davis/PhotoEdit, *bottom inset* Jeff Greenberg/Visuals Unlimited; **268-269** *spread* Daniel Aubry; **269** *top left inset* Daniel Aubry, *top right inset* Paul Redman/Getty Images; **271** *all* RMIP/Richard Haynes; **272** Diego Rodríguez Velázquez/Museo del Prado, Madrid, Spain/Bridgeman Art Library, London/SuperStock; **280** Vladimir Pcholkin/Getty Images; **281** *top row right* Michael P. Gadomski/Dembinsky Photo Association, *bottom row right* Tim Hunt/McDougal Littell, Houghton Mifflin Co.; **287** A.G.E. FotoStock; **290** *bottom center* Jose L. Pelaez/Corbis; **290-291** *spread* Peter Langone/eStock; **291** *top* TJ Collection/Shooting Star, *bottom* Fotex/Jens Meyer/Shooting Star; **294** Jon Chomitz; **303** Ken O'Donoghue; **305** *top left* Stephen Simpson/Getty Images, *top right* SuperStock, *bottom left & right* Hulton Archive/Getty Images; **308** School Division, Houghton Mifflin Co.; **312** *center right* Robert Frerck/Odyssey Productions; **313** *top right* Macduff Everton, *bottom left* Courtesy of Museo Nacional Centro de Arte Reina Sofía; **314** *top* Jose Luis Banus/Getty Images, *bottom inset* Daniel Aubry, *bottom left* Robert Frerck/Woodfin Camp Associates; **314-315** *spread* Jim Harrison/Stock Boston; **315** *center left* Daniel Aubry, Ubero/The Image Works, *bottom left* Jeff Greenberg/eStock; **318** C/B Productions/Corbis; **323** *top* Courtesy of Prospect Place Fine Art, *top right* Michael Fogden/Animals Animals, *bottom left* Kent Gilbert/AP Wide World Photos, *center left* UPI/Bettmann/Corbis; **324** *top* Michael Fogden/Animals Animals; **325** *top* Bob Daemmrich/Stock Boston; **328** *top & center* Michael Fogden/Animals Animals, *tortoise* bradleyireland.com, *snake* Stephen Kraseman/DRK Photo, *center left* Michael Fogden/DRK Photo; **329** *clockwise from top left* James Beveridge/Visuals Unlimited, Tom Boyden, Roy Fontaine/Photo Researchers, Gregory Dimijian/Photo Researchers, Juan Manuel Renifo/Animals Animals, Ken Lucas/Visuals Unlimited, Peter Weiman/Animals Animals, bradleyireland.com; **333** *left column, from top* Peter Weiman/Animals Animals, Tom Boyden, Ken Lucas/Visuals Unlimited, Michael Fogden/Animals Animals, *right column from top* Stephen J. Kraseman/DRK Photo, bradleyireland.com, Juan Manuel Renifo/Animals Animals; **337** North Wind Picture Archives; **338** *top left* bradleyireland.com, *left, third from top* James Beveridge/Visuals Unlimited; **342-343** *top* Patricia A. Eynon; **343** *bottom* UPI/Bettmann/Corbis; **345** *top right* Marshall Prescott/Unicorn Stock Photos, *center left* Kevin Schafer, *center right* Chase Jarvis/Getty Images, *bottom left* Rich Baker/Unicorn Stock Photos; **351** *tools, top left* School Division, Houghton Mifflin Co., *right* Greg Johnson/eStock; *bottom* Roy Morsch/Corbis, *center* SuperStock; **354** *objects, all* School Division/Houghton Mifflin Co.; **357** *bottom right* bradleyireland.com; **360** *top, from left* Ulf Sjostedt/Getty Images, Kent Wood/Photo Researchers, Jose L. Pelaez/Corbis, Max & Bea Hunn/Visuals Unlimited; **361** *bottom right* RMIP/Richard Haynes; **362** *left* Carlos Humberto/Contact Press/PictureQuest, *center* Davis/Getty Images, *bottom right* Robert Ginn/PhotoEdit; **364** *top inset* Tom Boyden, *top right* Bill Bachmann/PhotoEdit, *bottom left* Gregory G. Dimijian/Photo Researchers; **365** *center* bradleyireland.com; **368** *bottom right* Bob Daemmrich/Stock Boston; **372** *top left* Wally Eberhart/Visuals Unlimited; **373** *bottom left* bradleyireland.com; **377** *behind girl, left to right* Steve McCutcheon/Visuals Unlimited, Wally Eberhart/Visuals Unlimited, RMIP/Richard Haynes; **379** Alan Cave/DDB Stock Photo; **380** *center left* Marshall Prescott/Unicorn Stock Photos, *center right* Martin Bond/Science Photo Library/Photo Researchers; **383** *top right background* Peter Essick/Aurora & Quanta, *bottom left* School Division, Houghton Mifflin Co.; **384** *right, from top* Peter Weiman/Animals Animals, Gary Conner/PhotoEdit, Jan Butchofsky/Dave G. Houser, Gabe Palmer/Corbis; **386** Tom Boyden; **396** *bottom right* Mark Richards/PhotoEdit; **397** *top right* Wolfgang Kaehler, *center right* School Division, Houghton Mifflin Co., *bottom right* Michio Hoshino/Minden Pictures; **399** *center right* Walt Anderson/Visuals Unlimited; **407** *top* Mark E. Gibson/Visuals Unlimited, *center left* Robert Fried/Stock Boston, *center right* Dennis MacDonald/Unicorn Stock Photos, *bottom left* eStock, *bottom center* Bonnie Kamin/PhotoEdit, *bottom right* Richard Hutchings/PhotoEdit; **410** *center column top to bottom* George Dillon/Stock Boston, Martin R. Jones/Unicorn Stock Photos, Michelle Bridwell/PhotoEdit, *right column top to bottom* Jeff Greenberg/Unicorn Stock Photos, Lawrence Migdale/Stock Boston, Mary Kate Denny/PhotoEdit; **416-417** *center* Barbara Cushman Rowell; **417** *top left* Castellazzo/Latin Stock/DDB Photo, *top right* Dotte Larson/Bruce Coleman, Inc., *center right* David Fritts/Getty Images; *bottom right* PictureQuest; **420** Tom Van Sant/The Geosphere Project/Corbis; **425** *bottom right* School Division, Houghton Mifflin Co.; **434** *top right* Spencer Grant/PhotoEdit, *2nd from top right* Aneal Vohra/Unicorn Stock Photos; **442** School Division, Houghton Mifflin Co.; **451** PhotoDisc; **452** *teacher* Jose L. Pelaez/Corbis, *laborers* Bob Daemmrich Photography, *vet* Gabe Palmer/Corbis, *mail carrier* David Young-Wolff/PhotoEdit; **453** Walt Anderson/Visuals Unlimited; **457** RMIP/Richard Haynes; **462** *musical instruments inset* School Division, Houghton Mifflin Co.; **462-463** *background* Carolina Biological Supply Company/Phototake NYC; **466** James H. Simon/IndexStock; **470** *top right* Fran Hall/Photo Researchers, Inc.

All other photography: Martha Granger/EDGE Productions

Illustration

25 Fian Arroyo; **32-33** Matthew Pippin; **37** Jim Deigan; **45** Catherine Leary; **48** Lisa Adams; **54-55** Elissé Goldstein; **59** Rick Powell; **67, 73** Fian Arroyo; **76-77** Jim Trusillo; **85** Donna Ruff; **89** Fian Arroyo; **90** Veronique Deiss; **111** Rick Powell; **115** Gail Piazza; **119** Jared D. Lee; **120-121** Fabricio Vanden Broeck; **128-129** Nenad Jakesevic; **136** Rick Powell; **141** Catherine Leary; **146, 147** Gail Piazza; **150-151** Matthew Pippin; **163** Fian Arroyo; **172** Fian Arroyo; **180-181** Susan M. Blubaugh; **193** Randy Verougstraete; **196** John Lyttle; **202-203** Wood Ronsaville Harlin, Inc.; **207** Rick Powell; **209** Jared D. Lee; **215** Catherine Leary; **224-225** Stacey Schuett; **237** Randy Verougstraete; **242** Neverne Covington; **245** Randy Verougstraete; **254-255** Matthew Pippin; **259, 267** Fian Arroyo; **273** Catherine Leary; **276-277** Matthew Pippin; **282, 289** Mike Deitz; **295** Fian Arroyo; **298-299** Nenad Jakesevic; **311** *left* Gail Piazza, *bottom right* Fian Arroyo; **316** Randy Verougstraete; **319** Fian Arroyo; **328-329** Patrick O'Brien; **341** Stacey Schuett; **347** Susan M. Blubaugh; **350-351** Neverne Covington; **357** John Lyttle; **363** Catherine Leary; **369** Catherine Leary; **372-373** Stacey Schuett; **382** Susan M. Blubaugh; **385** Stacey Schuett; **386-387** Patrick O'Brien; **392** Rick Powell; **393** Catherine Leary; **402-403, 414** Jim Deigan; **415** Randy Verougstraete; **421** Jared D. Lee; **424-425** Matthew Pippin; **429** Jared D. Lee; **432** Rick Powell; **437** Fian Arroyo; **456** Christine Czernota; **459** Randy Verougstraete; **460-461** Fabricio Vanden Broeck; **467** Catherine Leary; **R1** Catherine Leary; **R2** Susan M. Blubaugh; **R5** School Division, Houghton Mifflin Co.; **R6, R8, R9** Catherine Leary; **R14** Fian Arroyo.

W9-CBU-934

25 Years of Television's Finest Hour

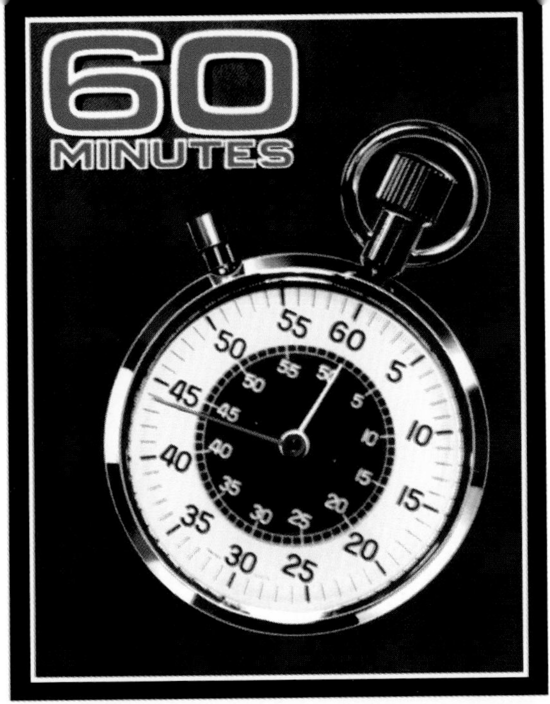

60 Minutes:

by Frank Coffey • Introduction by Don Hewitt
Foreword by Howard Stringer

25 Years of Television's Finest Hour

General Publishing Group, Inc., Los Angeles

Publisher: W. Quay Hays
Editor: Murray Fisher
Art Director: Kurt Wahlner
Managing Editors: Colby Allerton
and Sarah Pirch
Research: John Pynchon Holms
Index: Daphne Allen

The publisher wishes to especially thank Don Hewitt, Frederick S. Pierce, Howard Stringer, Tom Newell and Roy Brunett along with the following for their kind contributions to this book: Daphne Allen, Wilma Barnett, John Crutcher, Philip Glusker, Karen Levitt, Sharon Lynn, George Schweitzer, Robert Shepard, Marty Silverstein, Kassandra Smolias, Jim Warner

For information:
General Publishing Group, Inc.
3100 Airport Avenue
Santa Monica, CA 90405

Library of Congress Cataloging-in-Publication Data

Coffey, Frank.
60 minutes : 25 years of television's finest hour / by Frank Coffey : with an introduction by Don Hewitt.
p. cm.
Includes index.
ISBN 1-881649-04-0 : $29.99 ($31.99 Can.)
1. 60 minutes (Television program) 2. Television broadcasting of news--United States. I. Title.
PN4888.T4C63 1993
791.45'72--dc20 93-35829
CIP

Printed in the USA
10 9 8 7 6 5 4 3 2 1

General Publishing Group
Los Angeles

CONTENTS

INTRODUCTION 11
Don Hewitt

FOREWORD 13
Howard Stringer

CHAPTER 1 18
It'll Never Fly...
The Creation Of 60 Minutes

CHAPTER 2 30
Harry, Mike & Morley: The First Five Years

CHAPTER 3 64
These Stories & More: America's Ombudsman

CHAPTER 4 92
Breaking Down Doors: How Tough Is Too Tough?

CHAPTER 5 130
Second Wind: Staying On Top

CHAPTER 6 156
It Keeps On Ticking: A Triumph Of Maturity

CHAPTER 7 194
Did you Ever Wonder...
A Few Minutes With Andy Rooney

CHAPTER 8 198
60 Minutes Personalities

CHAPTER 9 228
60 Minutes of Trivia

CHAPTER 10 242
The Complete 60 Minutes Segments: Program Log

INDEX 301

ACKNOWLEDGEMENTS

I am grateful for the assistance of numerous people at both CBS and *60 Minutes*; at the former, Marty Silverstein, Tom Newell, Laura Kapnick, John Behrens and, especially, Roy Brunett, were particularly helpful; at *60 Minutes*, I owe special thanks to Don Hewitt, Mike Wallace and Morley Safer for being so generous with both their time and encouragement, and thanks, as well, to Dan Rather, Ed Bradley, Steve Kroft, and Lesley Stahl for their kind consideration. I am also indebted to the "heart" of *60 Minutes*: senior producer Phil Scheffler, director Artie Bloom and coordinating producer Merri Lieberthal. Andy Rooney, Bob Forte, his editor, and Jane Bradford, his associate producer, were informative, fun and unforgettable. Thanks also to Paul and Holly Fine, producers of the *60 Minutes* 25th anniversary broadcast for CBS. I'm very grateful to *60 Minutes'* Beverly Morgan, Jill Ross, Jodi Sunshine, Lorraine Winsor, Anne Giordano and Eelin Reily for setting up interviews and answering a steady stream of tedious questions. Many others contributed to this book including Ray Fiola, Krystina Slavik, Carole Parnes, Michael Perlman, Bob Tomlin, Susan Martins and Allison Zarinko. And finally, my sincere appreciation to all the show's producers, past and present, whose dedicated and largely anonymous labors are the backbone of *60 Minutes'* success.

Those who work in publishing know that all books are created by a group effort, and the following people have made invaluable contributions to a project executed under a challenging deadline. Quay Hays, the publisher of General Publishing Group, who is most responsible for bringing this book to fruition; my sincere thanks to him for his commitment, informed advice, ability to push the right buttons in high places and consistent good cheer. Thanks also to my accomplished, indefatigable editor, Murray Fisher, who conceived this book and fully shared the roller coaster ride. Also at GPG, the work of Colby Allerton, Sarah Pirch and the book's designer, Kurt Wahlner, who brought the text to visual life is most appreciated.

To Tony Seidl, my estimable friend and partner: I wouldn't be here without you pal, thanks for everything. And finally, without the gifted editorial and research talents of Ernest H. Wood and John Pynchon Holms, this book would not exist: my sincere thanks to them both.

—Frank Coffey

INTRODUCTION

Back in television's infancy, I was there—one of the toddlers—in what, in effect, was a playpen where we made television shows out of playdough. We weren't very good, but we were respectable. It never dawned on us that we were going to grow up. We thought it was always going to be like that—black and white—and preserved for posterity on a grainy, out of focus, unwatchable film called a kinescope. Ed Murrow, Eric Sevareid and Charles Collingwood didn't believe television was here to stay. Television, they said, is for children. Radio is for adults. Eventually, they came around. But there were times when I thought they may have been right.

The year I arrived on Bill Paley's doorstep was 1948, and that year television was being watched mainly in appliance store windows, behind which enterprising salesmen tried to interest customers who came in for an air conditioner into indulging themselves in the latest in home appliances—a box with little pictures that were plucked out of the air by rabbit ears. Imagine that. Rabbit ears! It was like magic. Only problem was that in 1948, the only little picture in the box worth watching was Milton Berle. Who knew that a Walter Cronkite, a Jackie Gleason, a Lucille Ball, a Red Skelton, a Mary Tyler Moore, a Mike Wallace, a Huntley and Brinkley, a hospital named M*A*S*H, a detective named Friday, a frog named Kermit and a horse's ass named Archie were all there just off stage waiting to go on? Bill Paley knew.

Things were simpler in those days. Videotape hadn't been invented. The first time I heard about it, I thought they were hallucinating. You can't put pictures on tape! Those were the same guys that said if you could get a rocket big enough and launch it into space, and that rocket could orbit a satellite—whatever the hell that was—you could bounce a television picture off it and reach everybody in the world. What pure unadulterated nonsense! Cable was beyond my ken. Wire up the whole country? What for? If you lived in an area where you got more snow than picture and more ghosts than real people, try a roof antenna. If that didn't work, you went back to your radio. When you wanted to change the channel, you got up and changed the channel. It didn't seem like a big deal. For the handful of us who, in 1948, put out television's first daily fifteen minute newscast, *Douglas Edwards With The News*, it was enough

that a picture—no matter how snowy—got from studio 41 in Grand Central Station all the way to an apartment house in the Bronx. Now the picture gets all the way to China.

But in television's brave new world of satellites and fiber optics, does all this new hocus pocus entertain the public and tell stories any better than CBS's *Studio One* and NBC's *Philco Playhouse* did in the 1950s when the microphones had wires and the cameras had cameramen, and a chip was something you found in a cookie, and everything was delivered by coaxial cable? Probably not.

When all is said and done, telling stories is what it's all about. It is your ear as much as your eye—and sometimes more than your eye—that keeps you in front of a television set. It's what you hear more often than what you see that holds your interest. The words you hear and not the pictures you see are essentially what *60 Minutes* is all about. People always ask me for the formula for our success, and I tell them it's simple—four words every kid in the world knows: "Tell me a story." It's that easy. In television, if you don't know how to communicate with words, you're in the wrong business.

Because we who are privileged to toil in the Paley vineyards—especially those of us in the news division he started—are blessed with the right to report fully and freely, it is incumbent on us to temper our work with restraint and good judgment. We have no right to knowingly do violence to the truth, whether we get caught or not. We have no right to distort. Perhaps, most important of all, we must never forget we are not the only ones with rights and that there is such a thing as a right of privacy. That does not mean that citizens should be allowed to hide their malfeasances. What it does mean is that exercising our freedom to publish or broadcast should be in aid of something worthwhile.

I hope that what we've done for the past 25 years has been just that... something worthwhile.

Don Hewitt
60 Minutes
Creator, Executive Producer

FOREWORD

When *60 Minutes* premiered on September 24, 1968, it was not possible to envision that 25 years later this extraordinary, innovative news broadcast would reign as the most popular, most watched program in network television.

Certainly not for Don Hewitt, its creator, who had his sights on a far more modest goal. Consider his recollection of the internal memorandum that established the premise for what was to become *60 Minutes*: "Somewhere in all the minutes of make-believe that CBS broadcasts each week, couldn't we make room for 60 minutes of reality? If we package it as attractively as Hollywood packages fiction, split the hour into three stories and make it very personal journalism... in the sense that it will be the voices of living, breathing reporters and not the corporate voice of *CBS Reports*, an *NBC White Paper* or an *ABC Closeup*... I think we could probably raise the 10 or 12 percent share of the viewing public that those documentaries usually get to a 15 or 16 share."

And certainly not for me, a researcher for CBS News at the time. Even today, I marvel at *60 Minutes'* stunning record of achievement:

- as the longest running regularly scheduled primetime broadcast.
- as a top 10 finisher in the Nielsen ratings for 16 consecutive seasons.
- as the only regularly scheduled broadcast to finish Number One in each of three decades.

Yet *60 Minutes'* single greatest achievement may be one that will never find its way into the record books: its role in enhancing and enriching the lives of the American people. Who hasn't been touched by *60 Minutes* over the years, moved to joy, sorrow or anger by a story that electrified our collective consciences?

It is certainly no exaggeration to say that *60 Minutes* has contributed to a heightened awareness on the part of those in power in the private and public sectors, at home and abroad, by making them accountable for their actions in this unique forum. Is it any wonder that the words, "This is *60 Minutes* and we have a few questions for you," are guaranteed to quicken the pulse and inspire apprehension in even the most placid of individuals?

60 Minutes invented a new genre of television programming—the newmagazine—and in the process had a dramatic impact on the television industry and the viewing habits of the American people. Its heritage is its progeny. Today, the American viewer can watch a network television newsmagazine every night of the week, evidence that our thirst for news and information is virtually insatiable.

Often imitated, never quite duplicated. That's *60 Minutes*, providing the American people hundreds of shared experiences over the years. And it just keeps on ticking, year after year, refreshed and renewed.

But *60 Minutes* can speak for itself, and this remarkable history of its first quarter century vividly demonstrates that it is indeed television's "finest hour."

Howard Stringer
President, CBS/Broadcast Group

For

John A. Rumsey, Jr.

and

the

memory

of

Harry Reasoner

"Somewhere in all the minutes
of make-believe... couldn't we
make room for 60 minutes of reality?"

—Don Hewitt
(in a 1967 internal CBS memo
proposing a new kind of news show)

CBS
CBS
CBS
CBS

CHAPTER 1

It'll Never Fly...

THE CREATION OF 60 MINUTES

"Both Dick Salant and I have one true claim to fame. Mine is that I told Barbara Walters she'd never make it in broadcasting. His is that he said 60 Minutes *would never be successful."*

Don Hewitt

One evening early in 1968, Don Hewitt asked Harry Reasoner to stay after work with a couple of film editors and $13.45 worth of sandwiches. Hewitt, for twenty years a producer and director at CBS News, wanted help in splicing together some stock news footage—feature stories like a Charles Kuralt piece on Henry Ford—so he could show management what he was talking about when he pitched a new show he had in mind. "I said sure," Reasoner recalled later. "I owed him a wasted evening." Who would have

Don Hewitt was only 25 when he abandoned a short career in print journalism in 1948 to direct The CBS TV News, *the first national television news broadcast. With Douglas Edwards anchoring this fifteen-minute program five nights a week, Hewitt began developing TV news into a medium that could blend words with pictures to tell a riveting story.*

Bringing television news to life by taking it out of the studio and into the street, Hewitt (far right) supervises a cameraman (Bill McClure, later to become a 60 Minutes *producer) during an early location shoot in New York's Central Park. He was also responsible for developing such innovations as cue cards and "supers," subtitles superimposed on the screen to identify people and places.*

predicted that *60 Minutes*—the working title of the pilot they filmed that evening—would spawn a revolution in broadcast journalism as the most popular show on television, generating unheard-of profits over a phenomenal 25-year run?

In retrospect, the show seems a natural. News events were compelling. Television was rapidly becoming a part of the news it covered. And the lines between news and entertainment were beginning to blur. But it could only have happened at CBS, a network with a legacy of excellence in news that had begun with radio in the Forties. Correspondents such as Edward R. Murrow, Eric Sevareid and Robert Pierpoint had paved the way, but men like Reasoner and Mike Wallace would set the tone not only for *60 Minutes* but for a new generation of case-hardened reporters who had cut their teeth on World War II, Vietnam, the civil rights movement and the assassinations of the Sixties.

Even his star correspondents, however, would be the first to admit that the driving force behind the show was the man behind the camera, Don Hewitt. By 1949, when he was only 25, Hewitt had arrived at CBS after a succession of brief posts in print journalism.

Within six months of his arrival, he was named director of *The CBS TV News*, the first national television news broadcast, begun a year before and hosted by Douglas Edwards, himself a young 31. It was on this show that Hewitt came up with such innovations as cue cards and "supers," subtitles superimposed on the screen to identify people and places. But with Edwards, Hewitt also began to develop television news into a medium that could blend pictures and words to tell the reporter's story. Over at NBC, on *The Camel News Caravan*, John Cameron Swayze wore a carnation in his lapel and delivered the news newsreel-style. "And now, hopscotching the world by dateline," he would say as he introduced a segment. Swayze's approach was very popular at first, in the days when television was still considered a fad. Personality was important, however, and by 1950 CBS had changed the name of its broadcast to *Douglas Edwards with the News*, and his show topped Swayze, who left the air in 1956.

But television news was still "a headline service in the most primitive way," said Wallace in a 1986 interview, "for the reason that the time was only half of what we have now. There really weren't that many people in the field doing reports. There were no enterprisers, so to speak, those who would go out and do a story from beginning to end. We slavishly followed the wire services or *The New York Times*.... In a strange way, *The Camel News Caravan* or *The CBS Evening News with Douglas Edwards* were like the five-minute hourlies that are on radio today. They read headlines and left the air."

A pioneer news anchor, Douglas Edwards' smooth professionalism set the businesslike tone for The CBS Evening News *throughout the Fifties and early Sixties, until he was replaced by Walter Cronkite in 1962.*

Meanwhile, Hewitt was at work on another form of television news. *See It Now*, hosted by Ed Murrow and directed by Hewitt (with assistance from Palmer Williams, who would later serve as the number-two man on *60 Minutes*), went on the air November 18, 1951 with television's first live coast-to-coast hookup. That show simultaneously broadcast images of the Brooklyn and Golden Gate bridges while Murrow greeted the audience from New York. But *See It Now* was more than the latest in broadcast technology. It was the latest in broadcast journalism. For on this show the TV documentary was born. At first a half hour, later expanded to an hour or an hour and a half, *See It Now* gave Murrow the time he needed to portray subjects in more detail than ever before. Its stated goal was "to report in depth—to tell and show the American audience what was happening in the world using film as a narrative tool." Hewitt remained as director

for the show's entire seven-year run. And by the time *See It Now* went off the air in 1958, it had "established a beachhead," said Fred Friendly, the CBS executive who co-produced the show with Murrow.

At the same time that he was establishing *See It Now* as the premiere documentary program, Murrow was engaged in a lighter venture. *Person to Person* was an interview show that offered as much entertainment as it did news, for Murrow was as likely to have a Hollywood star as an influential newsmaker for his guest. But crossing the line into show business was controversial for Murrow. Frank Stanton, president of CBS, opposed the idea, and even Murrow himself had doubts about it. He feared that the documentary, which he had so carefully nourished, would not survive the evolution of broadcasting into an entertainment medium. The documentary's beachhead held strongly enough, however, that *CBS Reports*, the prime-time, in-depth program that came next, lasted well into the era of *60 Minutes*.

With See It Now *in 1951, Hewitt directed a dramatic new kind of news program that gave host Edward R. Murrow (opposite with Hewitt) the time and freedom to report news stories in more depth than ever before. Using film as a narrative tool "to tell and show the American audience what was happening in the world," as Murrow put it, Hewitt directed the show for its entire seven-year run.*

Television news, in fact, was growing stronger all the time. Mike Wallace, for example, on his show *Night Beat* on independent WNTA-TV in New York, was busy raising the broadcast interview to a level not even Murrow had attained. Cigarette smoke swirled into the lights overhead, giving the set the quality of a police inquisition. *Night Beat* announced its intentions on the first show to be "about people, people we think you will be curious about because they are and because they make news." Wallace was also one of the first to broadcast more than fifteen minutes of news. At WABD he developed a show called *Newsbeat*. "It was the first time that we were given a half hour and an opportunity to do investigations, profiles of a sort, and do back-of-the-book stuff that had not been done

In 1960 Hewitt produced and directed the nation's first—and most controversial—televised presidential debate. Looking sinister and sweaty because of his refusal to wear makeup in this celebrated encounter with Democratic nominee Senator John F. Kennedy, Vice President Richard Nixon sank in the public opinion polls and subsequently lost the election. "The makeup debacle dogged Nixon throughout the campaign," recalls Hewitt, "and even though it was the fault of his advisors, they blamed me."

prior to that time," Wallace recalled.

The competition was growing. NBC had introduced *The Huntley-Brinkley Report* to replace John Cameron Swayze, and for a few years in the late 1950s and early 1960s, that two-anchor broadcast topped its competition in the ratings. CBS, which considered pre-eminence in news its birthright, fought back, with Dick Salant, who had been appointed president of CBS News in 1961, leading the charge. In 1962 Salant replaced Douglas Edwards with Walter Cronkite, a veteran of political conventions, other live events and the weekly pseudo-documentary *You Are There*, which placed the newsman at reenacted historical events. In 1963 Salant expanded *The Evening News* to a half hour and hired Mike Wallace to anchor the new *Morning News*. "We opened on the same day in September of 1963," Wallace recalled, "us in the morning from 10 to 10:30, Cronkite in the evening, I guess from 6:30 to 7, at that time." Salant gave Harry Reasoner more prominence as a backup for Cronkite and hired Roger Mudd and Dan Rather. CBS once again was the dominant news network.

Since Cronkite's arrival and *The Evening News'* expansion to a half hour, Hewitt had been director of the show. Hewitt, however, was losing favor with management. It was partly his wildly competitive, no-holds-barred, seat-of-the-pants journalistic style. And it was partly a power struggle with Fred Friendly. But one day in 1965, Friendly called him into his office and said, "Don, the Cronkite *News* is not big enough for you. You practically invented this business and I'm going to set up a special unit just for you." At first Hewitt was flattered—until he realized he had been exiled from news into documentaries. He hated it. To Hewitt, documentaries were not the holy grail of journalism that they were to Murrow. They were a wasteland. But the special unit gave Hewitt time to think, time to take a close look at what had come before, what was going on around him, and what ought to be going on.

He thought, for example, about the historical tie between serious television news and entertainment. Between Murrow's investigations and his celebrity interviews. Maybe even between John Cameron Swayze's carnation and Douglas Edwards' smooth professionalism. He thought about the way audiences were as interested in Murrow as the story. And how reporters who went out on a story—who didn't just sit in the studio—not only did a better job but attracted more viewers. He thought about the lengths of broadcasts—from the old fifteen-minute headline days to 30 minutes of

Rankled by his dismissal from The CBS Evening News *by network executive Fred Friendly (below right), Hewitt proposed a novel idea for a new show: a hybrid of news and entertainment incorporating investigative journalism with the kind of celebrity interviews popularized by Murrow in* Person to Person. *"Why don't we try to package sixty minutes of reality as attractively as Hollywood packages sixty minutes of make-believe?" he asked. Hewitt called his new program* 60 Minutes.

When the august Walter Cronkite replaced Douglas Edwards as anchor of The CBS Evening News *in 1962, Hewitt was the show's hard-driving director. But Fred Friendly found his no-holds-barred, seat-of-the-pants journalistic style too abrasive for prime time, so Hewitt was sent back into what he considered "the wasteland" of documentaries. It was from this exile that he returned in 1968 with his proposal for 60 Minutes.*

Cronkite to hour-long documentaries. He thought about interviews that Mike Wallace and Ed Murrow had done so well. And he thought about mixing several stories in one format, the way *Life* and *Look* magazines did.

"I stole *60 Minutes* from a lot of places," Hewitt recalls. "There was a *Life* magazine on every coffee table in America, and I said that I want to put this on every television set in America. *Life* was the birth of a baby, Marilyn Monroe's closet, atomic energy, Ted Williams and Joe DiMaggio. It was everything."

Just as he wanted an eclectic content, Hewitt wanted an eclectic presentation. He wanted to organize the show around a team of correspondents, not around one anchor. "I was a big fan of something called *Four Star Playhouse* in the early days of television," he recalled, "which was Ida Lupino, Charles Boyer, Dick Powell and

David Niven as a repertory company. They could play anything. I want to put together a repertory company of reporters. Interchangeable. They can do interviews, they can do features, they can do anything."

And he wanted to organize it around his audience. Hewitt discovered that documentaries tended to pull not just low ratings but the same low rating—about 15 percent of viewers. "I figured that there were the same documentary freaks out there watching every show, but there weren't very many of them," he said. The reason seemed obvious: Most documentary makers didn't try to make their work appealing. "There were a lot of documentaries being padded to an hour," he recalled, "and it occurred to me to cut it down, to go for the highlights and make it meaningful as well as fast-paced. I thought that if we went multi-subject and packaged reality as attractively as Hollywood packaged fiction, we would attract a lot of viewers."

Notorious around the office for his own short attention span, Hewitt was actually programming for himself. So he proposed breaking the hour into three stories. And he proposed giving each segment a personal voice, the correspondent's voice. In Hewitt's plan, correspondents would take viewers along as they traveled on location and talked to the people involved in a story. As he explained later, "I'm not interested in the issues of environment but I'm interested in somebody who's dealing with environment. To me, Noah will always be a more interesting subject than flood control."

Hewitt took this personal approach to Bill Leonard, vice-president of CBS News. Leonard loved it. "He went to Dick Salant and told him what I had in mind," Hewitt recalls. "Dick Salant said, 'I think that's a lousy idea.' Leonard said, 'That's funny, that's exactly what Fred Friendly said.' And Salant said, 'If Friendly thinks it's a lousy idea, it's probably a good idea.'"

By February 1968, Hewitt had the OK to produce a pilot.

When CBS News president Richard S. Salant heard about Hewitt's latest brainstorm, he said, "I think it's a lousy idea." But when Bill Leonard told him Fred Friendly said the same thing, Salant replied, "If Friendly thinks it's a lousy idea, it's probably a good idea." And in February 1968, he gave Hewitt the go-ahead to produce a pilot.

Harry Reasoner was Hewitt's first choice for his reportorial repertory. Like Hewitt, he had suffered a fall from grace. Reasoner's sin: a poor performance on 1966 election night coverage. He hadn't prepared well enough, and management thought he was lazy.

Reasoner had his doubts about Hewitt's idea. But what did he have to lose? "In the spring of 1968," he recalled in his memoirs, "I don't think either Don or I was in terribly great shape professional-

ly.... Don and Walter Cronkite had made *The CBS Evening News* the model of its kind; Fred Friendly rewarded Don by relieving him of the executive producership of the evening news. I don't know why. If I had to guess, I would guess Fred felt about Don much as he felt about me: smart guy, maybe brilliant, but not *serieux.*"

Reasoner, however, could deliver the mix that Hewitt wanted. A gifted writer, he could report both hard news and lighter stories. And he had a casual on-air manner—one writer called it "relaxed urbanity," another referred to his "comfortable, old-shoe or carpet-slipper quality"—that was popular with viewers.

But maybe he was too relaxed. After Hewitt showed his initial pilot, Bill Leonard suggested a second anchor to balance the mellow Reasoner. Someone with a bit more bite. Looking around for as much contrast as possible, Hewitt spotted Mike Wallace, a reporter who has been described as "the sort of fellow who might attend a high-school prom shod in spikes."

Hewitt's obvious choice to anchor his pilot film for 60 Minutes *was Harry Reasoner, the trusted veteran newscaster who had helmed the* CBS Sunday News *since 1963, a rock-ribbed midwesterner who brought not only his avuncular presence but his eloquent writing skill to this new project, which he was sure "would never fly."*

Unlike Reasoner and Hewitt, Wallace was on a roll. As a correspondent for the *Evening News*, he was covering Richard Nixon's campaign for the presidency. If Nixon won—as Wallace believed he would—Wallace would be first in line to become the network's White House correspondent. And in the spring of 1968, when Don Hewitt came courting, Wallace had his eye firmly on that job. Later that summer, the Nixon presidency was to offer him the job of press secretary. Wallace turned that one down.

Hewitt's proposal failed to excite Wallace, who called it "an iffy new broadcast" that hadn't even reached the final stages of approval by CBS. It was not, as he wrote later, "just because I wanted to keep myself available for a possible assignment as White House correspondent. To be frank, I thought Hewitt was off on a pipe dream. I knew that even the established forms of news programming, the documentaries and live specials, did not do well in prime time, and I doubted seriously that CBS management would give its blessing to a venture that was new and experimental...."

Hewitt pressed his case: "This is going to be a radical departure in both form and content," he said. "Our documentaries are so damn stuffy. They take themselves much too seriously, and most subjects don't deserve the full-hour treatment we give them on *CBS Reports.* Some stories are worth ten minutes, and some are worth 25. They're too long for the Cronkite *News* and too short for *CBS*

Reports. Those are the stories we'll be doing."

Hewitt tempted Wallace with stories on the arts and sciences. With personality pieces. With the opportunity to interview again. And with the chemistry his pairing with Reasoner could provide. "You and Reasoner will be just great together," he said. "Harry will be the white hat and you'll wear the black hat." Wallace, figuring he could always back out after Nixon was elected, said yes.

The second pilot, featuring Wallace as co-host, almost got the show canceled. CBS had begun a round of belt-tightening measures: "They were looking for pennies and we were a place to find it," recalled Hewitt, who had to produce the pilot for a miniscule $25,000. The completed film contained sequences like a film on Bobby Kennedy and his family skiing, and Hewitt asked his new co-host what he thought of it. Wallace said the show was "nuts." He admitted later that he hadn't even watched the whole thing, but he had promised Hewitt to do the show, and in August, he came in from the campaign trail to begin work on the opening broadcast. He figured the series would last a season.

As a counterbalance to Reasoner's "relaxed urbanity," Hewitt cast about for a second correspondent with a bit more bite to kick off the new show. There was only one candidate for the job: a pit-bull interviewer and reporter named Mike Wallace. He thought Hewitt was "off on a pipe dream," but Wallace agreed to co-host for a season. That's as long as he figured it would last.

Reasoner was to wear the white hat and Wallace would wear the black hat in the new show. The $25,000 pilot almost got the show canceled when CBS began a new round of belt-tightening, but in late 1968, the finished product was finally ready to air.

60
minutes

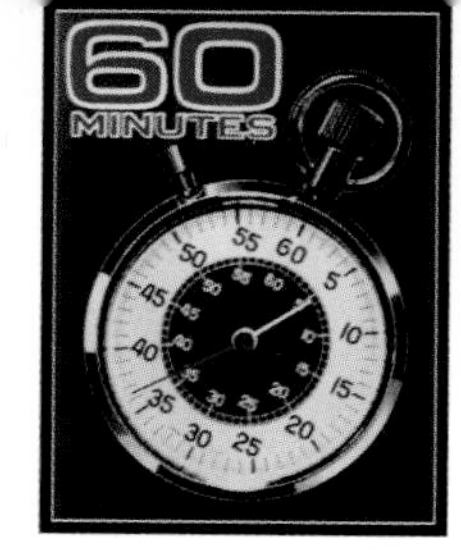

CHAPTER 2

Harry, Mike & Morley

THE FIRST FIVE YEARS 1968-1972

"We do controversies, we do problems, we do issues, but basically, at the bottom, we tell stories."

MIKE WALLACE

When *60 Minutes* premiered at 10 p.m. on Tuesday, September 24, 1968, true to plan, Wallace dug up controversy. He delivered a report called "Cops" about the deteriorating relationships between police and citizens in big cities. There was also a behind-the-scenes story from the summer's political conventions with Richard Nixon and Vice President Hubert Humphrey in their hotel suites on the evenings they were nominated for the presidency. Then came a commentary by newspaper humorist Art Buchwald and excerpts from a film called

With Wallace and Reasoner co-anchoring, both ratings and reviews were lukewarm in the early years, but the spartan newsmagazine format cost so little—far less than a half-hour entertainment show—that the network stayed with 60 Minutes *until it began to hit its stride and build a solid audience.*

Sharing equal billing on 60 Minutes, Wallace and Reasoner were at the cutting edge not only of a new television era, but of what Hewitt called " a time when there is great turmoil in the country, when people are claiming that legislation is not providing what the American Dream promised to provide. This country has ragged edges, and I hope that we will find them."

"Why Man Creates," made by Hollywood's Saul Bass for Kaiser Aluminum. The hour ended with a few observations by Reasoner about the show itself:

"The symphony of the real world is not a monotone," he said, "and while this does not mean you have to mix it all up in one broadcast, it seems to us that the idea of a flexible attitude has its attractions. All art is the rearrangement of previous perceptions, and we don't claim this is anything more than that or even that journalism is an art, but we do think this is a sort of new approach."

In its review, *The New York Times* called *60 Minutes* "something television has long needed." But *Variety* didn't like it one bit. "If it had been a newspaper, it would not have sold many copies," the show-business daily declared flatly. "The stories were dated and the magazine format, lifted from print, pretentious." The viewers weren't very impressed either. Up against ABC's popular *Marcus Welby, M.D.,* it languished at the bottom of the ratings.

Fortunately for *60 Minutes,* the show didn't cost that much to produce—far less than an entertainment show even half its length. "If a sitcom gets a low-twenties share," noted Hewitt, "it's down the drain. But a magazine show with that share is golden. You don't have to be *I Love Lucy* to stay on; you can be *Petticoat Junction,* just good enough to survive." So from the business office's point of view, CBS couldn't lose with a newsmagazine. Not only were they less expensive to produce than entertainment, the network owned the rights. And newsmagazine shows were successful even in re-runs, because the "news" in a TV newsmagazine doesn't have to be timely.

The problem with the show was that "We didn't really have any idea where we were going," Bill Leonard told *The New Yorker* about these early days in a 1982 interview. "I'd like to be able to say now that we were so smart back then that we knew where we were heading, but in fact Don and I didn't have the faintest notion." Mike Wallace remembers disagreeing with Hewitt about what stories should go on the air. "The early battles were fought in an effort to find out what it was we really wanted to do," he recalled, "but over time we developed a kind of balance. I was always after the hard story, the gritty story, the pointed story, because those are the ones I do best. Palmer Williams and I sometimes ganged up on Don to drive those notions through; Don wanted essays and features and humor."

Not that Hewitt was opposed to hard stories. He just wanted to make sure all the stories on *60 Minutes* had the audience appeal that earlier documentaries had lacked. Hewitt used the image of a carnival barker to describe his mission. A show, he would say, has to "lure them in the tent." And sometimes he would be even more insistent. "The trick in TV," he said, "is to grab the viewer by the throat." Viewers, Hewitt would often note, make no commitment when they turn on the television. They haven't paid money, as they do when they buy a book. They haven't hired a babysitter, as they do when they go to the movies. "You can-

THE ORIGINS OF THE STOPWATCH

Don Hewitt was so in love with the idea of modeling 60 Minutes *after a magazine, that at first he planned to show a page being turned between stories. But then he had a better idea, something that would symbolize the title of the program. It would show viewers how short each story really was, give the whole affair a sense of urgency and provide an audio signal that the time had come to pay attention. It was a stopwatch. "It's kind of like a magnet," Hewitt notes, "and it draws people to the set. We lucked into that. That's dumb luck. I was going to use that for credits on the first show, but I figured that's too good for the credits. It became our trademark."*

On the debut of 60 Minutes, *September 24, 1968, Mike Wallace interviewed the "Happy Warrior," Hubert Humphrey, on the night he was nominated as the Democratic Party's presidential nominee.*

not be a television producer," he says, "without becoming a television viewer. You've got to sit in that screening room and say to yourself: If I were a guy sitting home Sunday night looking at this, would I sit here and look at it or would I pick up the clicker and say, 'I wonder what the score is in the basketball game?'"

In the early broadcasts, Hewitt and his correspondents tried a variety of stories and a variety of techniques to lure viewers:

IDEA: *60 Minutes* was the first network show to solicit letters from viewers and read them on the air. It's a simple device that print has always used to involve and build an audience and to suggest stories. At *60 Minutes,* it has worked admirably. As many as 20 percent of the show's story ideas come from viewers.

IDEA: Hiring a team of correspondents with complementary styles added variety to the show. "Every program should have one sweetheart and one son of a bitch," explained Morley Safer, who joined *60 Minutes* in 1970. It also freed the correspondents to travel,

to report their own stories rather than simply be announcers in the studio. "I had no intention of becoming the Ed Sullivan of news shows," said Mike Wallace.

In one of his trademark scare pieces from the first year of the show, Mike Wallace reported on location about experiments in chemical and bacteriological warfare by the U.S. armed services.

IDEA: In an attempt to tell both sides of a story, *60 Minutes* revived an old CBS technique: Use two correspondents. So for a story on Northern Ireland, Hewitt sent Wallace to the Protestant side and Reasoner to the Catholic. For a story on the Middle East, Wallace went to Israel and Reasoner to Lebanon and Jordan. For an update later, they switched sides. It worked—sort of—in the Nigerian civil war, too. As Reasoner recalled, "Mike went to Lagos and got dysentery and Jeff Gralnick and Keith Kay and I went to the Biafran side of the war zone and got shot at."

IDEA: An early segment called "Digressions" featured silhouetted figures (actually Palmer Williams and writer Andy Rooney) known as Ipso and Facto. For 30 seconds or so they commented—sometimes caustically, always wittily—about people or events.

In 1972, "Digressions" gave way to "Point/Counterpoint" with conservative James J. Kilpatrick of *The Washington Star* debating liberal Nicholas von Hoffman of *The Washington Post.*

Though not all in use today, each of these ideas was a success in

RICHARD NIXON

Airdate: October 8, 1968
Correspondent: Mike Wallace

WALLACE: *No man, least of all a politician, likes to make a public confession of what he's done wrong. But a candid Richard Nixon has catalogued the various mistakes he made in his campaign for President eight years ago...*
NIXON: *Looking to the campaign of 1960, I think that my handling of the press in that campaign was not as effective as it could have been.... I think that the best answer to the handling of the press is not to withdraw, but the answer is "Well, come on fellows give it to me, sock it to me," and see what I can do in return.*
WALLACE: *There are those who suggest that you were awed, almost overawed by Jack Kennedy's money, social grace, position.*
NIXON: *Oh, I don't buy that...*
WALLACE: *There's so much talk in recent years of style and charisma. No one suggests that either you or your opponent, Hubert Humphrey, has a good deal of it. Have you given no thought to this aspect of campaigning and of leading?*
NIXON: *Well, when style and charisma connote the idea of contriving, of public relations, I don't buy it at all. As I look back on the history of this country, some of our great leaders would not have been perhaps great television personalities, but they were great Presidents for what they stood for....The most important thing*

about a public man is not whether he's loved or disliked but whether he's respected. And I hope to restore respect to the presidency at all levels by my conduct.

WALLACE ON NIXON

"Richard Nixon asked me to be his press secretary during his run for the 1968 presidency. And I thought about it very seriously. And decided, perhaps not such a good idea. He wasn't miffed at all, said I'll see you out in California next week. And I said, 'I'm not going to be covering the campaign either. I'm joining a new show called 60 Minutes. *He looked at me like I was crazy."*

At the Nixon shoot with Wallace, producer Hewitt shares a good-humored moment with the Vice President. Within four years, the relationship between 60 Minutes *and then-President Nixon had deteriorated to the point where Nixon advisor/hatchet-man Charles Colson told CBS president Frank Stanton that the Nixon administration would bring CBS "to its knees."*

One of 60 Minutes' *early successes was a poignant 1968 Christmas visit with the family of slain civil rights leader Dr. Martin Luther King, Jr.*

its time. Others that were considered and discarded included: headlines opening the show with the latest news; cartoon commentary on contemporary events and manners using famous personalities of the past; and "On the Mark," an eight-to-ten-minute piece on some "breaking" or ongoing story.

The trial-and-error shakedown went on for two years while *60 Minutes* continued struggling in its 10 p.m. Tuesday time slot. Alternating with *CBS Reports* in a format called the *CBS News Hour,* the show was bumped so many times that it was December of the first season before it appeared twice in a row as scheduled. At the end of that year, *60 Minutes* ranked dead last in the ratings. But the strength of the original concept, the quality of the show and the network's continued backing didn't go unrecognized: NBC debuted a once-a-month newsmagazine called *First Tuesday* in the same time slot—a sure sign that CBS was on to something.

Then, in November of 1970, *60 Minutes* endured its first upheaval: the departure of Harry Reasoner. For years, Reasoner had

On that same Christmas Eve, Harry Reasoner visited Ethel Kennedy, widow of the assassinated Robert F. Kennedy, and Rory Elizabeth Katherine Kennedy, the daughter he never knew.

wanted an anchor job. He had substituted frequently for Walter Cronkite on the *Evening News,* but never got any farther. And as he would note later, "Walter Cronkite was showing no inclination toward stepping in front of a speeding truck." So when his contract negotiations bogged down in 1970 and ABC simultaneously came knocking, Reasoner made the switch. He hadn't really considered changing networks before. But the time was right—he was 47—and while ABC lacked the news tradition of CBS, the job did offer him the position he wanted.

Filling Reasoner's shoes was a tough job. After all, *60 Minutes* had been created with him in mind. "We're looking for Reasoner's wit and style, his craggy good looks," Hewitt said. The chemistry that had developed between Reasoner and Wallace, however, was even more crucial. Two years earlier, Hewitt and Leonard had gone looking for the opposite of Reasoner and found Wallace. Now they had to go looking for the opposite of Wallace in hopes of finding another Reasoner. Their first choice was Charles Kuralt, the endearing

DUKE OF WINDSOR

Airdate: February 4, 1969
Correspondent: Harry Reasoner

REASONER: *It is thirty-two years now since the Duke, then Edward VIII of Great Britain, left his throne to marry Wallis Simpson, the American divorcee... How old were you when you became king?*
WINDSOR: *Forty-two.*
REASONER: *And you were king for...*
WINDSOR: *Ten months.*
REASONER: *Is that long enough to be king?*
WINDSOR: *No.*

"DIGRESSIONS"

Airdate: October 22, 1968
Starring in silhouette: producer Palmer Williams as "Ipso" and writer Andy Rooney as "Facto"

IPSO: *Chemicals and bacteria might make conventional weapons obsolete.*
FACTO: *That's bad news for the toy industry.*
IPSO: *Guns might become a thing of the past.*
FACTO: *The National Rifle Association would fight for our right to bear bacteria.*
IPSO: *I think hunters will always have guns.*
FACTO: *Yes. It would be no fun to gas a deer.*
IPSO: *Thank you.*
FACTO: *Thank you.*

The early years of 60 Minutes *were marked by programming innovations such as "Digressions" (above), a whimsical feature starring silhouetted figures known as Ipso and Facto commenting caustically on people and events. It didn't last long, but other experiments caught on: an end-of-the-show segment called "Letters" (below) in which one of the correspondents read excerpts from the show's voluminous—and often outraged—correspondence from its audience.*

North Carolinian who had come up through hard news but for the past three years had been criss-crossing the country for his down-home "On the Road" features for the *Evening News*. Kuralt, however, said no.

On a show in December 1968, economist/author Adam Smith helped Wallace and Reasoner understand the international monetary system by "Playing The Money Game." Reasoner appears to be winning.

The producers then turned to Morley Safer, an urbane, dapper Canadian who, like Reasoner and Kuralt, was known as a gifted writer. Like the first generation of *60 Minutes* staffers who had learned their trade in World War II, Safer had first made his reputation as a combat reporter—in Vietnam. More recently, he had been CBS News' London correspondent.

On November 11, 1970 Safer was in Paris covering the funeral of General Charles de Gaulle when Leonard called and asked him to come to New York the next day. Safer demurred. He liked London, but he agreed to the new assignment—on the condition that he have

Spiro Agnew
"...This nation has always been able to produce a man of great courage...when such a man was needed most...Spiro Agnew is such a man..."
Walter Chamberlin
Sacramento. California

At the height of his embattled Vice Presidency, Spiro Agnew defended himself vigorously in a combative interview with Wallace, eliciting a flood of supportive mail. But before the end of the year Agnew resigned under fire and subsequently pleaded no-contest to income tax evasion for accepting bribes and was sentenced to three years probation and a fine of $10,000.

SPIRO AGNEW

Airdate: January 1, 1969
Correspondent: Mike Wallace

AGNEW: *By the time a year has gone by and I have been functioning in this expanded Vice President's role that has been given me... what I do and what I stand for are going to be so obvious that it's going to be very difficult for the people who are attempting to cast me in the role of the Neanderthal man to continue to think that way.*

REASONER ON DWIGHT EISENHOWER

Airdate: April 1, 1969
Correspondent: Harry Reasoner

Dwight Eisenhower died Friday and the train carrying his body is now nearing Abilene. The sense of loss at the death of this great American is still very much with us... We will all go back to work now, but there is a particular sense of sadness and defeat on the occasion of the death of Dwight Eisenhower. Most of us spend a lot of our lives denying or trying to forget the persistent evidence of our own mortality. In the defeat by death of this otherwise invincible human being, we preview our own."

H.L. HUNT

Airdate: April 1, 1969
Correspondent:
Mike Wallace

WALLACE: *He is 80 years old, lives and works in Dallas, and is estimated to be worth anywhere from $400 million to $2 billion. Or, as one of his associates says, "Perhaps it's ten billion. Who knows?" Hunt's fortune is mainly oil. He is probably the greatest rags-to-riches story of the Twentieth Century. Give us a horseback guess as to how much H.L. Hunt is worth.*
HUNT: *Well, you see, they talk about that I have an income of a million dollars a week... and that is a lot of percent erroneous.*
WALLACE: *It is erroneous? It's bigger or smaller than that?*
HUNT: *I would starve to death with an income of a million dollars a week...*
WALLACE: *I gather that you're—I don't know if you were a high-school dropout or never even went to high school?*
HUNT: *Well, I didn't go to high school, and I didn't go to grade school either. Education, I think, is for refinement and is probably a liability as far as making money.*

In 1969, Reasoner reported movingly on the catastrophic human tragedy of death and disease unfolding in famine-wracked Biafra.

his London job back when *60 Minutes* folded, and that his cameraman be offered a job as a producer on the show. Leonard agreed, and by early December, Safer was on the air.

But he needed time to adjust. "That first year was just hell for him," recalls veteran director Artie Bloom, who has watched the comings and goings of all the *60 Minutes* correspondents. "Just to make that transition from being a correspondent of the field to being in the studio." Reasoner's departure required a little adjustment in stories, too. A Reasoner interview with Federico Fellini that had not been completed yet, for example, was finished by Safer who took over the story before it aired.

But *60 Minutes* ticked on, and its reputation continued to grow.

MR. & MRS. RICHARD BURTON

Airdate: March 24, 1970
Correspondent: Charles Collingwood

TAYLOR: *Fighting is one of the greatest exercises in marital togetherness.*
BURTON: *[But] you do not attack the weak parts...*
TAYLOR: *You bloody well have.*
BURTON: *She's got a slightly fat belly...*
TAYLOR: *...your pockmarks, you know.*

In April 1970, Wallace told the larger-than-life story of international swindler/conman Bernie Cornfeld, whose brazen financial manipulations netted millions before the law caught up with him.

In 1971, *The Boston Globe* called the show "an enthralling 60 minutes indeed." *The New York Times* praised the show as "consistently first rate... Each segment managed to be a remarkably effective example of a familiar journalistic form—the investigative piece, the profile and the direct interview." The citation for a 1971 Peabody Award called *60 Minutes* "an example of television's potential fully realized." Even *Variety,* two years after it had panned the premiere, said the show had a "style as unique as *Time* and considerably more refreshing."

60 Minutes was still searching for an audience, however. And at the end of the 1970-71 season, it ranked only number 101 in the Nielsen ratings. The result: Despite protests from Hewitt and Leonard, network executives dropped the show from prime time and moved it to Sundays at 6 p.m. There the show would be aired weekly—except when preempted by professional football, a fate that occurred so often the staff joked that the show should change its name to *40 Minutes.*

Salant was pessimistic about this move to the "Sunday ghetto." But it was a time slot that had proven successful for news and public affairs shows since 1958, when *Twentieth Century* premiered there. That show's successor, *21st Century* and, most recently, *The CBS Evening News with Roger Mudd* had also done well at 6 p.m. Hewitt was pragmatic. "I'm glad to get away from *Marcus Welby,*" he said.

That attitude seemed typical of the show's executive producer.

The 60 Minutes *team was met with a chilly welcome from the President's daughter when they visited the first family in "Tricia Nixon's Tour of The White House" in April 1970.*

When Harry Reasoner left CBS in 1970 to anchor the ABC Evening News, *Hewitt replaced him with Morley Safer, a deft and sophisticated international correspondent whose stylish manners and elegant writing masked a case-hardened reporter who could more than hold his own in the arena of investigative electronic journalism. Which may explain why he and Mike Wallace weren't necessarily the best of friends for the first few years. "He's a marvelous interviewer," said Safer at the time. "But he and I are very different people and attack a story in very different ways. He tends to dramatize instead of report."*

Because for all his brainstorming before the show went on the air, and for all his hands-on involvement in production, Hewitt pretty much let *60 Minutes* find its own way, taking advantage of any good breaks and surviving the bad ones. Anyone on the staff—whether correspondent, producer, engineer or secretary—could voice an opinion and be heard. There were—and still are—no memos and no staff meetings. Dan Rather would later affectionately call Hewitt's managerial style "participatory anarchy."

Hewitt prided himself on hiring the best people and giving them free rein. "There is no plan. This is fingertips. This is guts," he said. "I'm not well read. I'm not very well educated. I'm not very erudite. Everybody who works here is smarter than I am. I took all their brains, I put their brains and my fingertips together."

As *Cosmopolitan* wrote, "It's a feat they accomplish with chutzpah and mirrors." One secret lay in the way Hewitt let his correspondents originate their own ideas. There was no assignment desk. Hewitt might suggest an idea—but he wouldn't force it on a correspondent who wasn't interested. The atmosphere was so informal

NOTES FROM THE UNDERGROUND

Airdate: January 19, 1971
Correspondent: Mike Wallace

WALLACE: *To the uninitiated, the first glance at an underground newspaper can be unsettling. Besides four letter words, they are full of news of rebellion.... One former underground editor has written, "The movement as we knew it, has changed from flowers and yellow submarines, peace and brotherhood, to sober revolutionary committees, Che Guevara-inspired berets, and guns."*

Paul Krassner, editor of the Realist, *one of the oldest of these alternative publications:*

KRASSNER: *You see, there's a whole spectrum of this subculture and the bomb is at one end of it. Organic food is at the other end of it. And in between those two poles, there's everything from alternate Summerhill-type schools to disorganized religious services. I mean there's every institution that exists now, there is an alternate institution developing.*

WALLACE: *But value judgment, should the making of instruments of revolution, should the making of bombs and such, the actual diagrams, should that be a part of the underground press, do you believe?*

KRASSNER: *Sure, if they choose to print it, it should be, sure.*

Wallace's look into the flourishing underground presses of the early Seventies uncovered a disturbing trend: championing not only resistance to "the system" but advocating the use of violence to combat it. In the excerpt at left, he spoke to Realist *editor Paul Krassner, above to Art Kunkin of the* Los Angeles Free Press.

WHAT REALLY HAPPENED AT THE GULF OF TONKIN?

Airdate: March 16, 1971
Correspondent: Morley Safer

SAFER: *The date: August 4, 1964. For most people it triggers no particular emotion. It is not December 7, 1941. But August 4 is important whether you remember the date or not. It was on that date in the Gulf of Tonkin, off the coast of North Vietnam, that the war in Vietnam really began. And the incident that began it has become as controversial as the war itself. The U.S. destroyers* Maddox *and* Turner Joy *were attacked by Communist torpedo boats. Or were they?*

It is now six years and seven months since the Tonkin incident and the Tonkin Resolution. The incident produced the [congressional] resolution, and the resolution was quite simple. It gave the President the right to protect American troops in Vietnam with whatever means he felt necessary, the power to prevent further aggression by North Vietnam and to prevent South Vietnam from falling to the Communists. Few people at the time thought it would take more than six years and almost 45,000 dead Americans—and more—to achieve those ends. Boys who were twelve years old that August died last week in Vietnam.

Let's go back to August 4 and the U.S. Destroyer Maddox *and try to find out what happened that night in the Gulf of Tonkin.*

In July of 1964, units of the 7th Fleet were patrolling the South China Sea off the coast of Vietnam. The United States was not at war with North Vietnam, but it was helping South Vietnam with massive economic and military aid. Then... Sunday afternoon, August 2nd. It happened. The Maddox *against three North Vietnamese PT boats.*

In this controversial and important story (produced by Joe Wershba), Captain John Herrick, the officer in charge of a destroyer division which included the U.S.S. Maddox, returned to his ship with Morley Safer to discuss the circumstances of the still-disputed North Vietnamese torpedo boat attack which marked the beginning of full-scale United States involvement in the Vietnam War.

The North Vietnamese said the Maddox *invaded their waters and they chased her out. The United States says that the* Maddox *was in neutral waters, that although the* Maddox *fired first, it was in self-defense when the North Vietnamese PT boats were about to attack. We're fairly sure all three PT boats were hit and none of the torpedoes hit the* Maddox. *But the* Maddox *was very likely hit. There was a bullet hole in the aft gun director. It was repaired later and painted over, no sign of it today.*

But two nights later, the night of the controversial battle, the Maddox *did not take any damage or suffer any losses, which is but one of the many reasons why Senate investigators now believe there never was any battle that night.*

The Maddox *and the* Turner Joy *reported that they were ambushed at the beginning of the evening by perhaps five or six torpedo boats.... The President was assured an attack had taken place, even though Captain [John] Herrick on board the* Maddox *still had his doubts. [Herrick was the officer in charge of the destroyer division which included the* Maddox *and the* Turner Joy.] *Herrick cabled:*

ENTIRE ACTION LEAVES MANY DOUBTS EXCEPT FOR APPARENT ATTEMPTED AMBUSH AT BEGINNING. SUGGEST THOROUGH RECONNAISSANCE IN DAYLIGHT BY AIRCRAFT.

And at 1:30 a.m. [a message was sent] that could have changed history. It showed Captain Herrick even more doubtful:

REVIEW OF ACTION MAKES MANY RECORDED CONTACTS AND TORPEDOES FIRED APPEAR DOUBTFUL. FREAK WEATHER EFFECTS, AND OVEREAGER SONAR MEN MAY HAVE ACCOUNTED FOR MANY REPORTS. NO ACTUAL VISUAL SIGHTINGS BY MADDOX. SUGGEST COMPLETE EVALUATION BEFORE ANY FURTHER ACTIONS.

But the White House and the Pentagon and Pacific Headquarters kept pressing Captain Herrick for absolute certainty immediately. At 2:45 a.m. Tonkin time, Herrick to headquarters:

DETAILS OF ACTION PRESENT A CONFUSING PICTURE, ALTHOUGH CERTAIN ORIGINAL AMBUSH WAS BONA FIDE...

We asked [Captain Herrick] to return to the Maddox, *now a training ship, and recall the confusing events of August 4, 1964... Your original messages to the Pentagon in Washington did leave some doubt, is that correct?*

HERRICK: *They were intended to. I wanted to have a little time to interview the CO of the* Maddox *and the* Turner Joy *and to accumulate the information necessary to arrive at a logical conclusion of what happened that night. And after that information was in, then I verified my previous reports and stated that I definitely felt that we had been attacked that night.*

SAFER: *It's also been suggested that Washington was putting a great deal of pressure on you to come up with some positive answers to what happened that night. A positive answer being, "Yes, we were attacked."*

HERRICK: *Well, I'm sure they needed one. And that's what we were trying to obtain for them and we did and sent it in.*

SAFER: *By six o'clock that evening in Washington, President*

Johnson had given the final go-ahead for the bombing of North Vietnam.... And yet, while 7th Fleet pilots were preparing to attack, the Pentagon was still pressing the Commander in Chief of the Pacific, Admiral Sharp, to press Captain Herrick on the Maddox *to, in McNamara's words, "make damn sure there had been an attack."*

> **ADMIRAL SHARP TO HERRICK:**
> **(1) CAN YOU CONFIRM ABSOLUTELY THAT YOU WERE ATTACKED? (2) CAN YOU CONFIRM SINKING OF PT BOATS? (3) DESIRE REPLY WITH SUPPORTING EVIDENCE.**

Captain Herrick's final report [came] shortly after 8:00 p.m., Washington time; he still had doubts:

> **MADDOX SCORED NO KNOWN HITS AND NEVER POSITIVELY IDENTIFIED A BOAT. NO KNOWN DAMAGE OR PERSONNEL CASUALTIES TO EITHER SHIP. TURNER JOY CLAIMS SINKING ONE BOAT AND DAMAGING ANOTHER. THE FIRST BOAT CLOSE TO THE MADDOX PROBABLY FIRED TORPEDO AT MADDOX, WHICH WAS HEARD BUT NOT SEEN. ALL SUBSEQUENT MADDOX TORPEDO REPORTS WERE DOUBTFUL IN THAT IT IS SUPPOSED THAT SONAR MAN WAS HEARING SHIP'S OWN PROPELLER BEAT.**

But by now it's all academic. President Johnson goes on television shortly before midnight to announce the bombing of North Vietnam. The next day at the United Nations, Ambassador Adlai Stevenson explains American action and calls for world support. Two days later, Congress passes the Tonkin Resolution. It gives the President authority to take America deep into Vietnam and open war, without a declaration of war. The President would later refer to the Tonkin Resolution as his authority for the actions he took in Vietnam.

SAFER ON TONKIN

"Obviously there was a lot very fishy about the Gulf of Tonkin incident from Day 1. There's no question the Maddox *wasn't just cruising in international waters, it was on a heavy duty spy mission. There's also no question that the North Vietnamese came out in PT boats looking around, but I don't think they were in any mood to engage the kind of firepower that the* Maddox *and* Turner Joy *had. But the most telling incident in my story is when the radar man said to blast away at these intruders and the intruder turned out to be* Turner Joy*'s sister ship. Confusion reigns in the battlefield. But no matter what happened, the Pentagon and the White House would have changed the embarrassing facts. Doing that is always their first instinct."*

that correspondents and producers could pitch an idea to Hewitt anywhere—in his office, in the hall, in the men's room. And they did. The result was one very enthusiastic staff. "It's about pride of authorship," Hewitt explained. "It's very much like a magazine. They're almost like freelance writers who come to a magazine and pitch their stories."

And what kind of story was Hewitt looking for? "When an idea comes in," he once told *American Film*, "my first reaction is always, 'Does anybody care? Is anyone gonna watch this?.... If you bombard them with a lot of facts in a dull fashion just to discharge your public duty, you perform no service at all." In another interview, he put it even more simply: "When I get bored, I figure other people will get bored."

This is not to say that *60 Minutes* was run entirely by the seat of

In a dramatic segment (Red, White and Blue and Black, December 1970), 60 Minutes *spotlighted the injustice of discriminatory housing practices aimed at black Americans serving their country in the armed services.*

Hewitt's pants. Early on, he and his correspondents developed a strategy for making sure there were enough stories and for putting together enough of them to make a one-hour show. After getting Hewitt's approval for an idea, a correspondent or producer outlined the story on a "blue sheet." There was so much competition for stories that "blue sheets" were stamped with the time of day they were submitted, thus staking a correspondent's claim to the idea. Hewitt then approved it and routed it to the head of CBS News to assure no conflict with another show. When it was approved there, research would begin and the story would be filmed, edited and placed in the show's "bank."

Traveling to Tel-Aviv for a piece that aired in March 1970, Reasoner conducted a friendly interview with the tough-minded Gold Meir, Israel's first female premier, and one of the most formidable leaders in its tumultuous history.

On a blackboard outside his office, Hewitt listed each story in a column under the correspondent's name. It's still there. "Having a full board," he has said, "is the key. Having enough stories ready to go gives you the luxury of making up the best mix and not having to go with something half-baked because there is nothing else ready." Hewitt aimed for 30 stories on the board at a time, but usually wound up with about twenty. Still, that was seven weeks worth of *60 Minutes*.

On Monday before the show, Hewitt picked the three stories that would be airing the following Sunday. In mid-week, he picked the mail and wrote the ten-second promos for the show. By Friday, it was ready to go, though *60 Minutes* could be—and has been—changed as late as Sunday afternoon.

In the lingo of television, Hewitt was executive producer. In the magazine world, he'd be called editor-in-chief. But in reality, Hewitt has always stepped down from such Olympian heights and worked

LYNDON B. JOHNSON

Airdate: May 11, 1971
Correspondent: Mike Wallace

JOHNSON: *Throughout our history, our public has been prone to attach Presidents' names to international difficulties. You will recall the War of 1812 was branded Mr. Madison's war; and the Mexican War was Mr. Polk's war; and the Civil War or the War Between the States was Mr. Lincoln's war; and World War I was Mr. Wilson's war; and World War II was Mr. Roosevelt's war; and the Korean War was Mr. Truman's war; and President Kennedy was spared that... because in his period [Vietnam] was known as Mr. McNamara's war. And then it became Mr. Johnson's war and now they refer to it as Mr. Nixon's war.... I think it's very cruel to have that burden placed upon a President.*

directly with his correspondents, much the way a lower-level producer or editor might. From the beginning, he edited stories himself—and still does—with an uncanny gift for the art, say colleagues. "In television, you can't edit something till you hear it," he has explained. "I rarely look at the pictures when I'm editing a piece. I just listen. There are those who said I do too much dramatic coaching, but what I'm really doing is just editing writing. It's the pauses and inflections I listen for as much as anything. They're the punctuation. They're what commas and semicolons are in print."

The secret of good broadcast journalism, Hewitt explained early on, "is to talk like folks." When Mike Wallace wrote an intro for one of his stories, said Hewitt, "I say, 'Mike when you went home last night and Mary said, "What are you working on?" what did you tell her? 'Oh, I got this story about a guy who lives in Chilibleep, Ohio, and he and his wife had a fight, and the kids and da-da-da. And one guy came from the grocery store and killed the whole family.' I said, 'Just say that. Tell the audience exactly what you told Mary. Talk like people talk, just tell the people.'"

If there's a single secret to the success of *60 Minutes*—to the tone it set in its first five years—that's it.

CLIFFORD IRVING

Airdate: March 19, 1972
Correspondent: Mike Wallace
An interview with writer Clifford Irving, who falsely claimed to have interviewed the reclusive billionaire Howard Hughes.

WALLACE: *Were there any witnesses to your meetings with Howard Hughes?*

IRVING: *Yes, there were... My researcher... who accidentally happened to be sitting with me in a room when Hughes arrived too early. He stood there. Hughes stood there. I stood there. And finally I said, "Well, this is my assistant, who's doing some research for me on a project." And Hughes said, "I suppose you know who I am?" My researcher... started to stick out his hand, then withdrew it instantly because Hughes is not very keen on shaking hands. And then, after another moment of awkward silence, Hughes reached into his pocket and pulled out a bag... and said... "Have a prune." And my researcher took a prune and said, "This is an organic prune, isn't it?" Hughes said, "Yes, yes, How did you know? This is the only kind I eat. All the rest are poison...."*

WALLACE: *Irving says the last time he saw Howard Hughes was on December 7 [1971]. Since that time a voice purported to be that of Howard Hughes has told reporters that he doesn't know Irving and that the whole business of the so-called autobiography is a fraud.*

Have you tried to be in touch with him since? Have you tried to tell him, "Mr. Hughes, come forward and say this?"

IRVING: *I've said, "Howard, speak up. Get, you know, call off the dogs." I've written him a letter to the only address that I know is valid. And I've used the correct code words for identification. And if he gets that letter, which apparently he hasn't so far, I presume he will surface. I don't know why he hasn't surfaced. It puzzles me. It upsets me. It distresses me. And I don't mean on my own account, because I can handle this. And we have the proof, and that's no problem. It just distresses me that—that he seems unable to respond.*

WALLACE: *There's no doubt in your mind that he's alive, is there?*

IRVING: *No, I assume he's alive.*

By the time this interview ran on March 19, 1972, it had become common knowledge that Irving's claim to be Howard Hughes' trusted collaborator was completely fraudulent. Angry about being taken, Don Hewitt decided to get back at Irving by replaying some of the author's more outlandish lies—with factual corrections of the record—on a subsequent show. This technique was the equivalent of visual ridicule and had exactly the effect Hewitt intended: "Irving thought we were rubbing it in and was sore as hell."

GIANNI AGNELLI

Airdate: March 19, 1972
Correspondent:
Morley Safer

AGNELLI: *There are many ways of dying. I don't think an accident is the worst. My father died in an airplane crash. My mother died in a motor-car crash. I think, of the many ways one can see people finished, there are some infinitely duller and more unpleasant ways.*

In April 1972, at the height of the Vietnam War, Mike Wallace conducted a controversial interview with the Viet Cong foreign minister, Madame Binh, that incensed the Nixon Administration.

During his nostalgic report on the demolition of the famed MGM backlot—a graveyard of movie memories—Wallace visited one of America's best-loved movie locations, Andy Hardy's hometown.

THE SELLING OF COLONEL HERBERT

Airdate: February 4, 1973
Correspondent: Mike Wallace

Wallace's interview with hero soldier Colonel Anthony Herbert, "The Selling of Colonel Herbert," produced by Barry Lando, was the beginning of a thirteen year legal nightmare that ultimately saw Wallace and 60 Minutes vindicated.

WALLACE ON HERBERT

"It cost CBS News a fortune to defend ourselves from Anthony Herbert's lawsuit. It cost Barry Lando, the producer, an emotional fortune. Barry once told me that he never went to sleep even one night without thinking about the libel suit. Because a libel suit against a reporter is very similar to a doctor facing a malpractice suit. All we have is our credibility, our integrity, and if that is called into question, the reporter suffers. A reporter has to be fair, has to be accurate, has to be thorough, has to be careful. We thought that we were, in that piece, and as it turned out, the courts eventually agreed. But it took them thirteen years."

MOSHE DAYAN

Airdate: March 25, 1973
Correspondent: Morley Safer

DAYAN: *Things are happening... not the way the beginners of the Zionist movement thought they would.... They thought we would come to a country where nobody is here—they didn't realize that many Arabs were here—and they thought everybody will be happy because we will bring money and prosperity and development and all the Jews will be nice people and they will become farmers... an ideal picture. Well, it didn't work out that way. It didn't work out that way.*

JOHN EHRLICHMAN

Airdate: June 29, 1973
Correspondent: Mike Wallace

WALLACE: *Look, explain something to me, will you, Mr. Ehrlichman? Why would anybody in the Nixon Administration... want to raise money to defend the guys who burglarized the Watergate?*
EHRLICHMAN: *Certainly for no reason of self-interest.... There may have been a compassionate motive.*
WALLACE: *Compassionate!*
EHRLICHMAN: *But in terms of self-interest, protecting one's own... that's a question that comes back to this whole cover-up thing. Cover up what? The White House had no interest, as such, in covering this thing up.*

The irony of this interview is that Ehrlichman, who had resigned in disgrace two months earlier, was himself subsequently convicted not only of participating in the Watergate coverup but of personally authorizing the burglary of Daniel Ellsberg's psychiatrist's office, and was sentenced to three years in Federal prison.

NORMAN MAILER

Airdate: July 13, 1973
Correspondent:
Mike Wallace

WALLACE: *Mailer's first effort at a biography, [is] a book about Marilyn Monroe.... You don't believe she was murdered, really?*
MAILER: *To give a handicapper's estimate, I'd say it was ten to one it was an accidental suicide. But I would not ignore the possibility of murder.*
WALLACE: *Do you believe Bobby Kennedy had been with her that night?*
MAILER: *I don't know.*
WALLACE: *Handicap it.*
MAILER: *I'd say it's even money.*

Leonid Brezhnev became the first Soviet premier to address the American people when his Cold War speech preempted 60 Minutes *in its prime-time Sunday evening slot. It may have been an historic moment, but viewers were annoyed that their favorite show wasn't on, and that week's ratings declined drastically.*

ALEXANDER HAIG

Airdate: August 3, 1973
Correspondent: Mike Wallace

WALLACE: *You're chief of staff in the [Nixon] White House. Let's say that tomorrow you learned that... somebody... had been hired by one of your subordinates to check up on the drinking habits and sexual habits, if you will, of a political opponent.*
HAIG: *Well, I don't think that's the kind of thing that I'd tolerate.*
WALLACE: *You'd fire him?*
HAIG: *I don't think that's appropriate business for the White House.*

DANIEL INOUYE

Airdate: August 3, 1973
Correspondent: Morley Safer

SAFER: *The Watergate drama has thrown up to the American audience a whole cast of characters who only a few months ago were either unknown or known only to a few Washington insiders. Well, tonight we profile one of them: Senator Daniel K. Inouye [of Hawaii]. On the battlefields of Italy, Inouye was raised from private to sergeant to lieutenant. Days before the war ended, a grenade blew away his right arm. He was sent home, and before presenting himself to his family, he stopped off for a haircut in California.*

INOUYE: *I was in an officer's uniform, I had four rows of ribbons—a big bona fide hero. So I walked in, and one barber approached me and he says, "What are you?" I said, "What am I? I need a haircut." He said, "You're a Jap?" I said, "No, I'm an American." He said, "But you're a Jap." I said, "Well, if you mean what my parents were... yeah, my father was born in Japan." He said, "We don't cut Jap hair here!"*

WALLACE
SAFER
RATHER
1. Council Bluffs
2. Pete-Greek (14:02)
3. Drs. Hosp
4. Fallace
6. Bologna
7. Bank Robbers
10. Norman Lear-(13:04)
11 Syria 15:30
12. Child Traffic
13. Black Muslims
1. Sleep Labs
2. 3 Faces-Eve (10:42)
3. Adela St. Johns
4. Heart Attack (14:00)
5. Hoffa
6. Amish
10. Mrs. Sadat
11. Mrs. Rabin
1. Mercenary
2. Haig
3. Angels
4. Utah (12:25)
6. Hippies (11:20)
7. Diamonds
12. Poland
WALLACE STORIES
CLARK:
HORVATH:

CHAPTER 3

These Stories & More

AMERICA'S OMBUDSMAN 1973-1977

"I don't think you're entitled to privacy when you're committing malfeasance."

Don Hewitt

In the summer of 1973, Mike Wallace tagged along with a TWA flight crew for a story on jet lag and discovered, to his surprise, that in the course of their jobs, he and his *60 Minutes* crew "flew more miles than the pilots." A trip like that 15,000-mile, thirteen-time-zone flight from Boston to Hong Kong wasn't unusual for either the journalists or the pilots. But Federal regulations required rest periods for airline personnel. Don Hewitt kept his crews on the move. *60 Minutes'* correspondents traveled so much that they sometimes had to check the matchbooks in their hotel rooms to find out what city they were in. Looking back

On a blackboard outside his office, Hewitt listed every story they were working on in a column under each correspondent's name. "Having a full board," he said, "is the key." Filling it kept Wallace and Safer so jet-lagged hopscotching time-zones that a new name appeared on the board in 1975: Dan Rather.

WOODY ALLEN

Airdate: January 20, 1974
Correspondent: Morley Safer

SAFER: *Is chasing girls easier now that you're* the *Woody Allen?*
ALLEN: *Some situations become a little easier when you're known because you can approach people more easily and they know you're not going to do something terrible to them—and they're wrong.*

at these years, Harry Reasoner recalled, "Once when I was playing catch-up on several stories in several locations, on a morning at the end I woke in a panic and poked the person next to me. 'My God,' I said, 'did we leave a call?' 'You're home, stupid,' said my wife."

The workload wasn't too bad when *60 Minutes* was on the air only twice a month. Wallace and Reasoner could keep up the pace. But in 1971, when the show moved to Sundays and began an every-week schedule, the pace had doubled. And there were still only two regular correspondents: Wallace and Morley Safer, who had joined up when Reasoner moved to ABC in 1970. As the show was finding its legs, other CBS correspondents such as Charles Collingwood, Hughes Rudd, Robert Trout, Heywood Hale Broun and Eric Sevareid contributed stories. But there were still two key players: Wallace and now Safer.

The jet lag, the changing diets, the shifting time zones were all taking their toll. "There was a time I enjoyed immensely taking a bag and walking down an airport ramp, but after the first five years it got a little old," said Wallace. The strain of the job got so bad that by the mid-Seventies, he even considered quitting.

No matter how far and how fast they traveled, however, the *60 Minutes* correspondents couldn't have done their jobs without their producers. Each correspondent worked with several teams who traveled ahead, researched the story and arranged interviews. The correspondent/producer team, which had emerged from the very beginning of the show, was unique to *60 Minutes.* Eventually, the correspondents' backup staff grew so big that some insiders joked the show should be called *60 Producers.* In reality, by the mid-Seventies, there were six producers, and sometimes associates, for each correspondent. When the filming started, each team also included a cameraman, assistant, soundman and electrician. By 1978, there were nineteen producers working on the show, with Barry Lando, Marion Goldin and Norman Gorin among the most gifted and prolific. But they were all indispensable. Wallace called the producers "the unsung heroes of *60 Minutes.*"

At the very beginning, Wallace and Reasoner had discovered that *60 Minutes'* dual-anchor arrangement freed them from the studio—and allowed them to fulfill Hewitt's original concept that the anchors do their own reporting. Working with their producers, they could actually appear in—not just comment on—a wide variety of stories. And they could provide the involved, personal touch that Hewitt wanted. Working with pro-

ducers as a team, they had more time to investigate stories. And they had more airtime than ever before. "Those were heady days," Wallace has recalled. "Suddenly you had enough time and money to prepare, and enough time on the air to do the kind of show you wanted."

Sitting in the control room, surrounded by the producers and staffers they call "the unsung heroes of 60 Minutes,*" Hewitt and Wallace go over last-minute details on a script just before taping. By the mid-Seventies, each correspondent had a personal team of six producers plus a cameraman, assistant, soundman and electrician.*

But with a weekly schedule came an insatiable demand for stories, and the correspondents had to work fast. While their producers were spending six to ten weeks on a story, the correspondents could afford only six to ten days. "You have to book these guys like opera singers," said Jeanne Solomon, a *60 Minutes* producer based in London. "Sometimes you almost have to call up a subject you've been working with and say, 'You're going to have to miss your mother's funeral Thursday, because my correspondent is going to be in town and is going back to New York Friday in order to make it to Fiji over the weekend." Explained Wallace, "It's only a small oversimplification to say that our producers are the dray horses and the correspondents the showhorses of the team."

"It's a funny relationship between producer and correspondent—in part a deception," producer Joe DeCola told a reporter. "The pub-

JOHN MAHER

Airdate: January 27, 1974
Correspondent: Morley Safer

SAFER: *John Maher runs a center for misfits... right in the heart of San Francisco's smartest neighborhood.... [They're] criminals who have decided to heal each other—many of them drug addicts.*

MAHER: *What we have here is a sane asylum. You see, years ago, when only a few people were crazy, you used to have insane asylums.... Now, when it seems like everybody is crazy, what we had to do was start a sane asylum for our selves... and for a couple of years deal with each other sanely.... One of the things guys like us got to break is the bind between right-wing nuts who want to beat everybody on the head and poor weak-kneed, bleeding-heart, vicarious-thrill, radical-chic creepos who want to kiss your backside.*

Taking a break from investigative work, Wallace talked to a hang-gliding enthusiast about the risks and rewards of this high-flying hobby in a lyrically evocative lifestyle feature in 1975.

lic thinks the correspondent has done all the running around, interviewed all the people, read all the government reports, spent hours on the phone. Wrong, it's the producer who's done all that." But each correspondent worked differently with the production team. Some wrote every word, for example, while others wrote very little. The way each worked varied from story to story, too. Sometimes they spent more time with research before shooting began. On other stories, they spent more time editing back in New York.

However they went about it, the *60 Minutes* team must have been doing something right. By the end of 1975-1976 season, it had risen from number 101 to number 52 in the ratings. CBS News vice president Bill Leonard came up with a fanciful image of the show in an interview with *The New Yorker*. "We never dreamed," he said, "that we'd end up with a candy factory, and that Don would become a guy who made sure that his producers and correspondents concocted enough bonbons and chocolates and nougats so that every week he could pluck one of each out of his inventory and pop them into his candy box and offer them to his customers."

60 Minutes' re-entry into prime time in 1975—from 6 p.m. on Sundays to 7 p.m.—was both a symbol of and a reason for its new success. When the Federal Communications Commission expanded the evening hours of network programming from three to four—but limited that extra time to public affairs or children's programming—*60 Minutes* found itself with a lock on the adult audience opposite NBC's *Wonderful World of Disney* and ABC's *Swiss Family Robinson.*

Ever since its move to Sunday, however, *60 Minutes* had been at the mercy of the NFL football schedule. And while a 7 p.m. starting time would help, it wouldn't eliminate the threat of being shortened or pre-empted. But with *60 Minutes* becoming as popular as football, CBS executives realized that fooling with it wasn't such a good idea, so they decided in 1976 to let *60 Minutes* "bump the network"—running in its entirety whenever the Sunday afternoon football game ended, and pushing back the rest of the evening's lineup to later starting times as well. The decision to "bump the network" was prompted not only by the desire to sustain *60 Minutes'* audience, of course, but to use it as a strong lead-in to keep them watching CBS for the rest of the evening. By the end of spring 1977, *60 Minutes* was tied with *Hawaii Five-O* for number eighteen—and

MARIA CALLAS

Airdate: February 3, 1974
Correspondent:
Mike Wallace
An interview with the legendary operatic diva.

CALLAS: *A woman has to learn to say no. Otherwise she won't be a lady, not a lady.*
WALLACE: *Have you said no enough, Madame Callas?*
CALLAS: *Oh, never enough, but not bad.*
WALLACE: *Have you said yes enough?*
CALLAS: *You don't have to say yes.*

ALICE ROOSEVELT LONGWORTH

Airdate: February 17, 1974
Correspondent: Eric Sevareid
An interview with the inimitable socialite.

SEVAREID: *This country's about the only one in the world I know of where people have made it almost a sin to grow old.... Now there's a new movement somebody started... to liberate the old.*
LONGWORTH: *Is there really? That would be fun!*
SEVAREID: *To make people understand that old people have feelings, that they even have sexual passion.... Are you all for that?*
LONGSWORTH: *Well, as long as they don't do it in the streets.*

HELEN GURLEY BROWN

Airdate: March 31, 1974
Correspondent: Morley Safer

SAFER: *Women's Liberationists... accuse Mrs. Brown of perpetuating the masculine idea that women are nothing but sex objects. Mrs. Brown's answer is that being a sex object is and should be the main concern of women. And she lets it all hang out every month in* Cosmopolitan *magazine.*
BROWN: *I feel being a sex object is so divine and so wonderful that there is nothing better; that you can be a sex object and you can also be the president of General Motors. I think men are sex objects. And it certainly doesn't slow you down—that women desire you sexually. You're still able to get on with your work every day.*
SAFER: *I wouldn't... if every day I did what* Cosmo *expected of me.*

SAFER ON GUN CONTROL

"I did the South Carolina gun story ["Have Gun, Will Travel"] in 1975. And the amazing thing is, this same crap is still going on. But that shows that gun control is probably the toughest single issue in this country. You can do ten stories a year on this one broadcast on guns, and it will have absolutely the same zero effect.

And some people say there is light at the end of the tunnel. Take the new legislation in Virginia that limits you to one gun a month; there was a huge fight to get it passed. One gun a month. So I worked that out as 48 guns a year for the average American household. Just barely enough to hold off a SWAT team for a week. Any normal house can have 48 guns in it by Virginia law. That's reform?

I think this is the one issue that American legislators will not face up to. This is not a country of insane people; if you had a referendum that private ownership of handguns should be banned, it would pass. And the people who are for gun control don't have the guts to say to the gun lobby that we're trying to ban all handguns. Let's get it to that. Let's not pussyfoot around with one gun a month, or a Brady Bill. Let's get right to the heart of the matter. Guns are illegal. Private ownership of handguns is virtually illegal, as it is in a lot of other countries. It's the one story that will not go away. And the one issue that no government, no administration, no president, will address."

G. GORDON LIDDY

"The Man Who Wouldn't Talk, Talks"
Airdate: January 5, 1975
Correspondent: Mike Wallace

WALLACE: *You held your hand over a blowtorch or a candle to impress a lady friend?*
LIDDY: *That's not quite accurate... However, I will tell you that I have done things like that numbers of times—not to impress lady friends; it's a training device for the will. If you look back in history, you'll find that's not unusual at all. There was a Roman king who did the same thing. He frightened off another king with the same act and gained thereafter the title of Scaevola, the Left-Handed—because he'd literally cooked his right hand away. He did what was necessary to save Rome....*
WALLACE: *Was it duty, loyalty, patriotism to plan to kidnap anti-Republican radicals from Miami Beach, from the GOP Convention, in 1972? Was it duty, loyalty, patriotism to plan to employ call girls to entrap Democratic politicians at their convention?*
LIDDY: *I don't comment on those tactics. I will comment on the uses, or the absence of uses, of power. Power exists to be used. The first obligation of a man in power or someone seeking power is to get himself elected.*
WALLACE: *Is there nothing that cannot, should not, be done in the pursuit of power?*
LIDDY: *It depends.... If Watergate was as it's alleged to be, it was an intelligence-gathering operation of one group of persons who were seeking to acquire power. That's all it was. It's like brushing your teeth, Michael, it's basic...*
WALLACE: *John Dean was the man who recommended you for your job at CREEP [The Committee to Re-Elect the President]. What's your opinion of John Dean?*
LIDDY: *I think, in all fairness to the man, you'd have to put him right up there with Judas Iscariot.*
WALLACE: *Judas Iscariot? In other words, he betrayed Christ? Christ being Richard Nixon.*
LIDDY: *No, he being a betrayer of a person in high position.*
WALLACE: *And what do you think his motive was?*
LIDDY: *To save his ass....*
WALLACE: *Your boss at CREEP was Jeb Magruder. He describes you almost as a comic figure. A "cocky little bantam rooster," he called you, who liked to brag about his James Bondish exploits. Did you ever threaten to kill Jeb Magruder?*
LIDDY: *I think that's one of the few truthful statements that Jeb Magruder has made.*

WALLACE ON LIDDY

"We paid Gordon Liddy $15,000 to appear on 60 Minutes. *And I thought he performed superbly. He came off as the Nazi he wanted to come off as."*

In Mike Wallace's 1975 report on "Syria: Israel's Toughest Enemy," he concluded that Syrian Jews were better off under President Hafez al-Assad, an admitted anti-Semite, than under previous Syrian regimes. Provoking more controversy than any story he had ever done before, he and 60 Minutes were inundated with criticism from the American Jewish community, but Hewitt and Wallace, both Jews, stood by the story. To change his opinion, said Wallace after a second visit, would be to "deny what we have seen."

One of Morley Safer's most impactful stories from this period was "Land Fraud," a tough report on the victims and profiteers in a brazenly greedy real estate boom that hit Arizona in the mid-Seventies. His investigation led to multiple indictments.

The resourceful PLO chief Yassir Arafat showed why he has managed to remain in power for so long by displaying a moderate side that disarmed many critics in his surprising—and premonitory—interview with Wallace in March of 1975.

THE FIRST LADY

Airdate: August 10, 1975
Correspondent: Morley Safer

SAFER: *When we went to the White House to chat with Betty Ford, we expected to find, quite honestly, a rather bland and predictable political wife. We found, instead, an open woman with a mind of her own, prepared to talk about anything. No taboos. She does not,*

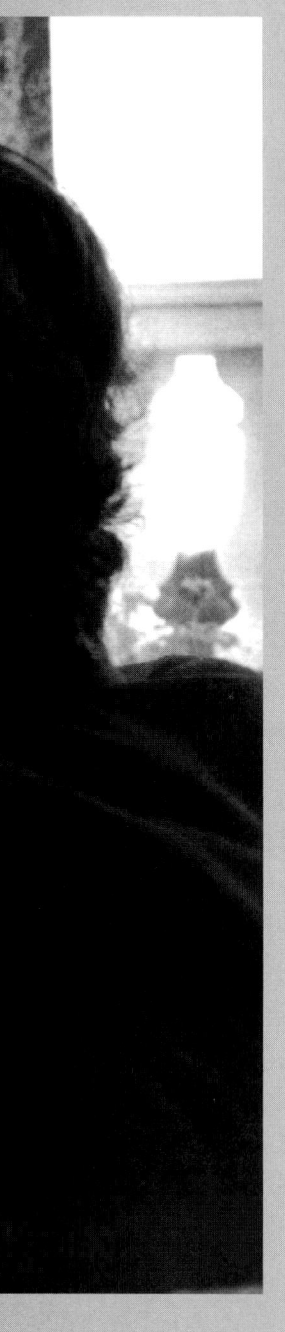

like some might, play queen of America, but she's not too timid to admit that she's come a long way.

FORD: *I told my husband if we have to go to the White House, okay, I will go, but I'm going as myself. It's too late to change my pattern and if they don't like it, then they'll just have to throw me out....*

SAFER: *It's almost a rule of political life that the higher a man gets in politics, the less outspoken his wife becomes. She becomes a mouse. It seems that it's been just the opposite with Betty Ford.... And among the things you have spoken out about is abortion, which is kind of a taboo subject for the wife of a President. It's one of those things that—*

FORD: *Once you're asked a question, you have to be honest [and say] exactly how you feel, and I feel very strongly that it was the best thing in the world when the Supreme Court voted to legalize abortion and, in my words, bring it out of the backwoods and put it in the hospitals, where it belonged. I thought it was a great, great decision.*

SAFER: *You've also talked about young people living together before they're married.*

FORD: *Well, they are, aren't they?*

SAFER: *Indeed they are...Well, what if Susan Ford came to you and said, "Mother, I'm having an affair?"*

FORD: *Well, I wouldn't be surprised. I think she's a perfectly normal human being, like all young girls. If she wanted to continue it, I would certainly counsel and advise her on the subject. And I'd want to know pretty much about the young man that she was planning to have the affair with—whether it was a worthwhile encounter, or whether it was going to be one of those... she's pretty young to start affairs.*

SAFER: *But nevertheless... old enough?*

FORD: *Oh, yes, she's... she's a big girl.*

SAFER ON BETTY FORD

"The interesting thing about the piece was that the interview was going nowhere. It was okay and nothing more. And then the question about Susan Ford just popped into my head. Betty Ford may have been First Lady, sitting in the White House, but I'm still looking at a middle-class person. So I asked her exactly what people all over the country were talking about in those days. I mean, a sexual revolution was supposed to be going on, and parents were concerned. And I think the reaction to Betty Ford's completely normal answer tells you more about this country than it does about her.

The country went into shock because a mother basically said her daughter was a normal human being with normal sexual feelings. Sort of absurd, really. It was an early stage of the women's movement back then and to have someone in the White House to appear even in some small way as an ally was a big deal. And all Betty Ford was doing was expressing moderate maternal feelings.

But the truth of it is that nothing much has changed since then. We are still filled with glorious hypocrisy about sex in this country."

One of the principals in the Watergate scandal, Nixon chief of staff H.R. Haldeman was disingenuously bland and evasive in his encounter with Mike Wallace on a CBS News special in 1975. But it made news anyway—and got 60 Minutes *in trouble with the press—because the network paid him $100,000 for the interview. "It ran in the* 60 Minutes *time slot," Hewitt explained, "and because it was done by Mike, the critics assumed it was on* 60 Minutes*—and ipso facto, unloaded on me. No matter that the papers they worked for had paid for news tips and news stories long before* 60 Minutes *saw the light of day; it was the amount that rankled them. But is it a good idea to pay interview subjects? Generally, it's a bad idea."*

KARL HESS

Airdate: June 20, 1975
Correspondent: Morley Safer

SAFER: *Remember that phrase: "Extremism in the defense of liberty is no vice, moderation in the pursuit of justice is no virtue"? It was the slogan and the epitaph of Barry Goldwater's run for the presidency in 1964.... Goldwater believed in it, and so did the man who came up with it, Karl Hess, crew-cut, clean-shaven supporter of right-wing causes.... Well, Karl Hess today is still a true believer, but in the extreme left. He has become a nonviolent anarchist and tax resister...*
HESS: *The one thing I am not now nor have I ever been, is a liberal.... The liberal conception is that people are dumb, people are generally stupid, and that, therefore, they have to have highly educated people—a few highly educated people—run their lives for them.... Conservatives think all people are lazy, and therefore they require an autocratic economy to get them up in the morning, get them working and doing good things. But of those, the liberal, I think, is the worst.*

never looked back. A year later, it cracked the top ten.

The times were confrontational—and so was the show. Between the end of the war in Vietnam and the unraveling of the Nixon Administration in Watergate, America had become a nation of news junkies, glued to the television set. And *60 Minutes* was ready. It was during the mid-Seventies, in fact, that the show discovered what Safer called a "conscious formula" for success. "We're innovative from a television point of view," he said, "but journalistically, we're doing old-fashioned things. It's impact journalism, tabloid journalism in the size of stories we do, the attention-grabbers. It's 'Our Man in...' who comes on with 'Hello Folks! Have I got a story for you!'" In this era, investigations proved to be the best way to get viewers "into the tent," to get viewers "who otherwise never watch a television news show," as Hewitt has noted. The show itself and the controversial way it went about reporting sometimes attracted as much attention as its stories.

In 1975, *60 Minutes* spent $15,000 for an interview with convicted Watergate conspirator Gordon Liddy—and raised a furor in the

A hard-driving field reporter with front-line experience on most of the major stories of the Sixties and Seventies—from the JFK assassination to civil rights and Watergate—Dan Rather joined Safer and Wallace on 60 Minutes, *much to their relief, in December of 1975. "When it became apparent that we were going to need a third guy to help us carry the load," said Hewitt, "Dan was the only name in the hat."*

CLINT HILL

Airdate: December 7, 1975
Correspondent: Mike Wallace
An interview with one of the Secret Service agents protecting John F. Kennedy in Dallas on November 22, 1963.

WALLACE: *Was there anything that the Secret Service or Clint Hill could have done to keep [the assassination] from happening?*
HILL: *Clint Hill, yes... If I had reacted about five-tenths of a second faster, or maybe a second faster, I wouldn't be here today.*
WALLACE: *You mean, you would have gotten there and you would have taken the shot?*
HILL: *The third shot, yes, sir.*
WALLACE: *And that would have been all right with you?*
HILL: *That would have been fine with me.*
WALLACE: *But you couldn't. You got there in... in less than two seconds, Clint. You couldn't have gotten there. You surely don't have any sense of guilt about that?*
HILL: *Yes, I certainly do. I have a great deal of guilt about that. Had I turned in a different direction, I'd have made it. It's my fault.*
WALLACE: *No one has ever suggested that for an instant! What you did was show great bravery and great presence of mind. What was on the citation that was given to you for your work on November 22, 1963?*
HILL: *I don't care about that, Mike.*
WALLACE: *"Extraordinary courage and heroic effort in the face of maximum danger."*
HILL: *Mike, I don't care about that. If I had reacted just a little bit quicker and I could have, I guess.... And I'll live with that to my grave.*

WALLACE ON CLINT HILL

"Clint Hill was the Secret Service agent who climbed into the limousine after the shooting. He was a split second late, and he couldn't have done anything. But, in effect, that day ruined his life. He's had a lot of psychological problems. Many, many problems. He felt a sense of guilt which he shouldn't have felt. He has this sense of responsibility, and he shouldn't.

He's a superb, admirable man. I can understand at the moment feeling, well, maybe if I had moved quicker, but years later he still blames himself, and he shouldn't. After the piece, we received hundreds and hundreds of letters that basically said the same thing, 'Tell him not to blame himself, he was not responsible.' I like to think that those letters helped ease Clint's burden. He's doing pretty well now, but he's never really been hale and hearty since that event. The interview is a shattering piece. I had to fight back the tears that were welling up inside me."

NANCY REAGAN

Airdate: December 14, 1975
Correspondent: Mike Wallace

REAGAN: *Whenever somebody would say something about Ronnie that I felt was unkind and cruel and unjust and untrue, I'd go and take a long bath. And I would carry on imaginary conversations in the bathtub in which I was marvelous. I'd say all those right things that you hope you'd have the chance to say and all the right words would come to you and nobody could talk back to you. And I was—I was tremendous. By the time I finished the bath, I was okay.*

In Rather's 1976 report on "Robert Redford and the Electric Company," the actor/environmentalist told the story of his one-man battle with Utah's Southern Edison company.

RATHER ON KEPONE

"I had been interested in environmental stories since I covered the first Earth Day in the early 1970s. I spotted a newspaper story on Kepone, an insecticide that's very toxic, very powerful and very difficult to get out of the soil or water, or for that matter the human body. So I asked producer Paul Lowenwartner to look into it. Paul checked into it, came back and said, 'Not only do I think there is a story here but I think there is a hell of a story. And we ought to do it.'

But there was a lot of opposition to us doing this story. People in the

MICKEY COHEN

Airdate: April 11, 1976
Correspondent: Morley Safer

SAFER: *Mickey Cohen is a former racketeer, an old friend of Jimmy Hoffa's who was asked early on by the family to try and find out what happened [to him].*
COHEN: *Jimmy was done away with. He's buried in a lime pit.*
SAFER: *Who did it?*
COHEN: *I can't answer that.... You see, I was away eleven years, you know. And it's a completely different ball game since I've come home. When Frank Costello was alive, there was an absolute control. Nobody would get hit unless it was a sit-down discussion or a roundtable discussion and then there was a decision brought down. But those days are long gone. Because if anybody in the world certainly didn't deserve to have his lights put out, it was Jimmy Hoffa.*

SAFER ON COHEN

"Mickey Cohen, perhaps the country's most notorious mobster, was right out of a psychiatrist's textbook. I don't know how many people Mickey killed or was responsible for the death of, but clearly in his old age he was racked by something. He lived in this pitifully down-market condo with a sister. You walk in and there were these waste baskets all over the house, all over the tiny living room. And there were boxes of Kleenex everywhere. The room basically was boxes of Kleenex and waste baskets. You shake hands with him, he would put a piece of Kleenex between your hands, then throw it away. The phone rings, Mickey picks it up with a Kleenex, and throws it away when he hangs up. If you touched anything in the room, he'd grab a tissue and wipe it off afterwards. He was constantly leaving the room to wash his hands. Constantly. Strange. Maybe it was his way of coming clean. But the odd thing was that he evidenced no remorse. None. All the mayhem he caused was just 'doing business.' He gave off a feeling of pure menace."

Virginia state government didn't want it done, including a number of people in the governor's office. All kinds of local people who didn't want it done. Bad publicity for the community. A lot of outrage about it and a lot of pressure on people not to cooperate.

But there was one extraordinarily courageous guy, a director of the Virginia Environmental Protection office. A guy who stood up and was counted. He knew the dangers of Kepone, he was way ahead of his time. Wasn't afraid to say so, indeed was willing and eager to say so. He was the key.

The impact of that story ["Warning - May Be Fatal," which ran on December 14, 1975] was as great as anything I have ever done. Eventually there were 153 indictments and a $13 million-dollar fine against Allied Chemical for their conduct involving Kepone."

PETE "THE GREEK" DIAPOULAS

Airdate: April 25, 1976
Correspondent: Mike Wallace
An interview with a self-confessed Mafia hit-man.

WALLACE: *What are the qualities that a hit man, a good hit man, should have?*
DIAPOULAS: *No conscience at all.*
WALLACE: *And you have none?*
DIAPOULAS: *Yeah, I have a conscience, sure. You know there's limits to a hit. You hit a guy, you don't hit women, you don't hit children. You hit a guy that's in the mob, a guy that's an informer, a guy that's going to hurt the Family.*
WALLACE: *Do you get paid? Is it piecework when you do a hit?*
DIAPOULAS: *Well, when you do a hit you get prestige within the Family. You know, "You did a nice piece of work. Bono salud. Good man."*

press about the ethics of paying newsmakers for interviews. Later that year, it paid $10,000 to a tipster claiming to know the whereabouts of missing Teamster boss Jimmy Hoffa's body—and wound up with egg on its face when the tipster skipped town. "Hoffa Tipster Gone; CBS Is Out $10,000," read the headline in *The New York Times.* On yet another 1975 show, First Lady Betty Ford told Morley Safer that she wouldn't be surprised if her unmarried daughter had an affair or if her children had tried marijuana—and generated more mail than the show had ever received.

One segment of the show was, in fact, calculated to make waves—though its official stance was to present both sides of an issue. "Point/Counterpoint," which had begun in 1972, pitted conservative columnist James Kilpatrick of *The Washington Star* against liberal columnist Nicholas von Hoffman of *The Washington Post.* By the mid-Seventies, the two were still wrangling weekly, but von Hoffman's manner began antagonizing viewers. He seemed at times bent on being as outrageous as possible. During Watergate, for example, he compared President Nixon to a dead mouse on the kitchen floor. Nobody, his analogy went, knew what to do with Nixon, just as they might not know what to do with a dead rodent. "We used to tell Nick, 'There's nothing editorially wrong with what you've done, but on the tube you're coming on too strong,'" Palmer Williams recalled. "We told him, 'Be a little cooler, a little more statesmanlike.'" Von Hoffman didn't listen, and his contract was not renewed. When Shana Alexander of *Newsweek* replaced von Hoffman in 1977, she and Kilpatrick traded barbs for the next four years. Every week, phrases like "Oh, come on, Jack" and "Now, see here, Shana" flew back and forth. The audience loved it. *Saturday Night Live* parodied the duo mercilessly, and Dan Aykroyd's "Jane, you ignorant slut," became the stuff of t-shirts.

Mid-decade also saw two major staff changes—one behind the scenes, and one on the air. Bill Leonard, who had championed the show since the beginning and shepherded it through its lean first years, retired as president of CBS News just as *60 Minutes* was on the brink of unprecedented success. And a third *60 Minutes* correspondent was brought onto the show. "Two guys couldn't keep this up," said Hewitt. "Safer and Wallace, they'd have died."

Wallace, especially, had been after Hewitt for some time for

HIRED GUN

Airdate: May 25, 1976
Correspondent: Dan Rather

RATHER: *He [John Dane] began smuggling guns into Spain about ten years ago, fought in the Congo, worked with the anti-Monarchists underground in Morocco, and traveled widely with guns and explosives through other trouble spots—in Africa, the Middle East, Central and South America.... I want to play for you a piece of a tape recording, which I don't fully understand. This is a tape recording of a conversation between you and someone else [Irv Rubin, West Coast coordinator of the Jewish Defense League]. Let me play it for you first and see if you recall this.*

MALE VOICE: *[recording]...That they would love it. This—the State of Israel would love to see this man die. Every Jew would love to see this man die. This man is another Adolph Hitler to the Jewish people.*

DANE: *[recording] Then it would be a—great saving, then? I mean, there would be a great deal of money saved and effort if this man was—[click of recorder being turned off].*

RATHER: *Now, do you remember that situation?*

DANE: *Yes, indeed, I do.*

RATHER: *What was happening in that room when that recording was made?*

DANE: *I was being contacted to find out whether or not I would be amenable to fulfilling a contract, I think is the term.*

RATHER: *Killing someone?*

DANE: *Killing someone.*

RATHER: *An assassination?*

DANE: *An assassination.*

WILLIAM "FISHBAIT" MILLER

Airdate: April 24, 1977
Correspondent: Morley Safer

SAFER: *He came to Washington way back in 1933 as a messenger boy. By the time he left Congress in 1975, he had jurisdiction not only over the House floor but the cloakroom, the restrooms, the barber shops—in short, the places where public men engage in private talk.... Fishbait, you say that 80 percent were hypocrites?... 80 percent were liars?... 80 percent were serious sinners?*

FISHBAIT: *Except on Sundays.... There is always boozing and floozying.... I don't have enough time to tell you everybody's name.*

JESSE JACKSON

Airdate: December 4, 1977
Correspondent:
Dan Rather

JACKSON: *I look at a lot of these theories that a lot of the social workers come up with, and they say, now, the reason the Negro can't learn [is] his daddy's gone and his momma is pitiful and he doesn't understand anything about education and [there's] not much food in his refrigerator and there's rats in the house and that's the reason he can't learn. And we read all that mess, and then we come to school... and the teacher stands there feeling guilty. Says, "These poor Negroes, they got all these heartaches and trials and tribulations and they're so pitiful and now I got to stand up here and teach them how to read and write and count." Well, if we can run faster and jump higher and shoot a basketball straight off an inadequate diet, we can read and write and count off those same diets.*

relief from the show's grinding demands. When the executive producer finally agreed in 1975, he and the correspondents had only one name on their list: Dan Rather. This aggressive but appealing Texan had first made a national name for himself as the chief CBS correspondent in Dallas on the day President Kennedy was assassinated. Later, he had earned notoriety when he took a no-holds-barred approach to questioning President Nixon as the CBS White House Correspondent during Watergate. He was perfect for *60 Minutes.* As Wallace recalled later, "Dan brought a strong new voice and presence to the broadcast and helped to take us to the promised land when we made the shift back into prime time in 1976."

At first, Rather wasn't sure he wanted the job. A career-long hard-news reporter, accustomed to either "the banzai charge of daily journalism" or the thoughtfulness of hour-long documentaries, he was a little unsure about the show-business aspects of *60 Minutes.* Once convinced, however, Rather embraced the show and its concept with the enthusiasm of a born-again convert. "I love it," he wrote in his book *The Camera Never Blinks.* "With a short time lag, on every week, reaching a large number of viewers, there is an opportunity on *60 Minutes* to produce the so-called "exposé."

He fit in well. Two years after Rather joined the team, one writer would note: "Each correspondent has his specialty: Wallace is the caustic interviewer and pocket muckraker; Rather is best on domestic politics and investigative journalism; Safer is the essayist who covers domestic and world affairs in a highly personal style."

The show continued to be a mix of interviews, exposés and investigations. But it was the investigations that made the show. Probing wrongdoing had always been a *60 Minutes* staple, but in the Seventies, it became the show's claim to fame, its raison d'etre. "We take the role of ombudsman for someone who would have no other way of redressing his grievance," said Hewitt.

Sometimes the search for the scoop seemed right out of *The Front Page*, Hewitt's favorite movie from his youth. During Watergate, in fact, he went along with Wallace on a mission to interview ITT lobbyist Dita Beard, who was in a Denver hospital. Driving the getaway car, he dropped Wallace at the front of the hospital and parked at the emergency entrance. "I waited about twenty minutes," he recalled, "and just as I was thinking it was a wild-goose chase, I see Mike running down the hall pushing Dita in a

SAFER ON THE LAST TRAIN TO ISTANBUL

"The last train to Istanbul [broadcast on December 26, 1973] was not the great Orient Express of yesteryear. It was this dreadful, less than steerage train. I read that it was making its last run; you could still go from Paris to Istanbul—only now you had to change trains. But it was a chance to conjure up the romantic one. And it turned out to be great fun.

There was a shiek on the train. He had some automatic weapons and he was going to shoot something like swans. And he had gotten on the train—with a couple of bodyguards and servants—thinking it was the old, plush Orient Express. And of course it's really steerage. There isn't even any food service on board. But we'd gone to Fauchon in Paris, which is this great, unbelievable epicurean store, and we had loaded up with wonderful food, with champagne and everything. But by day two this poor sheik was practically dying. There were people running along the sides of the train at various stops selling sandwiches, and that's what he was eating.

So we cut him in on some of our food. We took a couple of compartments just for the gear and the food, because there were five of us and there was a lot of food. Trains are enjoyable, up to a point. But you know, we didn't have a bath for three days, and we were barely able to shave. But we ate and drank very, very well.

And I wrote the whole piece on the train. It was done by the time we arrived, because there wasn't anything else to do. Except eat. And talk to the guy who was going to shoot swans with automatic weapons."

JOHN LE CARRE

Airdate: January 29, 1978

Correspondent: Dan Rather

LE CARRE: *The taxi driver said, "What do you do for a living?" I said, "I'm a writer." He said, "What have you wrote?" I said,* The Spy Who Came in from the Cold. *He said, "I know that." He said, "That had Richard Burton in it and the dog sniffed out the World Cup." I said, "I'm terribly sorry. It's nothing of the sort." And he said, "I took my wife to that and I'm beginning to think you're not who you say you are."*

As an amateur violinist and former concertmaster of his high school orchestra, Mike Wallace was "thrilled" and even a bit awed by the opportunity to meet his boyhood idol, Vladimir Horowitz. When the time came for their interview (which ran in December 1977), the world-renowned piano virtuoso was already dressed for his evening concert, and Wallace approached him respectfully. "Maestro," he said quietly. "Mike Wallace," boomed Horowitz. "I watch you every Sunday night."

wheelchair. It came off without a hitch." This story, too, made the front page of *The New York Times*.

In January 1975, Morley Safer reported on how easy it was to buy guns in South Carolina and sell them in New York. Within months, the South Carolina legislature passed the state's first restrictive handgun law. It was Wallace and Rather, however, who did most of the investigative work: Wallace on how to get phony identification, including passports; Rather on a toxic insecticide called Kepone; Wallace on kickbacks in the Medicaid business; Rather on phony labeling at a meat packing company.

Many of their stories produced dramatic results. A California doctor accused of swindling $25,000 from an arthritic woman was convicted and sentenced to five years in prison. The president of a mail-order diploma mill exposed on the show was indicted on 36 counts of mail fraud, pleaded guilty to three and was sentenced to five years in prison. The chairman of the House Subcommittee on Military Construction was reprimanded and later stripped of his committee chairmanship following *60 Minutes'* allegations that he had used his position for personal gain. And a naval hospital in New Orleans was closed after *60 Minutes* showed that it had been built only because it was in a former congressman's district while other naval hospitals suffered supply shortages.

"Just the knowledge that *60 Minutes* is doing a story," noted producer Al Wasserman, "can begin to have effects." Said Rather: "One of the reasons I was eager to come to *60 Minutes* was that I knew from my Washington experience as a correspondent that it was a broadcast that made a difference." And newspaper columnist Art Buchwald said of Wallace only half-humorously, "Mike's pieces either put you in jail or spring you from jail."

60 Minutes, in short, had become the most influential program on television. And one of the most popular. By the end of the 1977-1978 season, *Time* magazine quipped, "Would more television viewers prefer a program in which (a) three beautiful young women solve crimes unencumbered by bras, (b) two handsome young cops solve crimes unencumbered by civil liberties, or (c) three not-so-young and not-so-handsome reporters solve crimes encumbered by a camera crew?" The answer, of course, was (c). *60 Minutes* had now eclipsed *Charlie's Angels* and *Starsky and Hutch* to become the number-six show on television.

THE MUSIC OF AUSCHWITZ: FANIA FENELON

Airdate: April 16, 1978
Correspondent: Morley Safer

SAFER: *Auschwitz, beyond its gas chambers and the five crematoria, had something unique—an orchestra of inmates. It was there to sedate new arrivals against the truth of Auschwitz; to provide a rhythmic beat for those who worked; but mainly to give relief to the German staff and guards—relief from those long days of killing. This film was made by survivors. No other record of the orchestra exists. But it lives in the mind of Fania Fenelon, for it was the orchestra that saved her from the ovens of Auschwitz.*
FENELON: *...This big Polish woman came in and suddenly screamed, "Who can sing and play Madame Butterfly?" [Laughing] So I thought I am already dead. Madame Butterfly? What does it mean? She said, "If you can sing and play Madame Butterfly, come with me."*
SAFER: *That was an audition of some kind to see if you—*
FENELON: *Yes, it was an audition for—if I am capable of singing, [playing] the piano... or mandolin or... guitar. But sing! They wanted wonderful singer, good singers.*
SAFER: *What staggers me, you know, when you—standing in this killing place, that music seemed so important.*
FENELON: *The SS, they killed people, and then they came to hear music. And they cried with Schumann—"Traumerei."*
SAFER: *You mean, they were killing... people all day—*
FENELON: *Yes, all day, sometimes all night. And then sometimes they came to our barrack at three o'clock in the morning. I remember singing Madame Butterfly at three o'clock in the morning for a bunch of SS who were very tired of the killing.*

SAFER ON FANIA FENELON

"Fania Fenelon was a remarkable woman—the classic example of a survivor. She was in, I believe, her 70s and still a prisoner. She was from a very poor background, but her family scraped together enough money for her to take piano lessons. Which saved her life, I guess.

The story of the camps and World War II is something that is just part of me and part of my history. I wasn't there, but a lot of members of my family who I never knew were. It is the most important event in my life, no question, and I know it affects how I think now, how I view history, how I view the future, and how I view my own life... everything is colored by the Second World War. Most particularly by the Holocaust. Nothing compares with it... the enormity of it is diminished when you start comparing it to anything else.

When we took Fania Fenelon back to Auschwitz—she had not been back before—she didn't want anyone to see her cry, but I cried before she did. I had been there before, probably half a dozen times on various stories over the years. But I'll never forget what she said. She said the one thing she still cannot get rid of is the smell in her nostrils... and that smell is still there at Auschwitz."

WALLACE ON BRIBERY

"In 1978 we did a story called 'How To Succeed' in cooperation with The Chicago Sun Times. *They set up a saloon, the Mirage Bar, to catch people getting bribes, and we had hidden cameras all over the place. And people would come in from the Fire Department, the Sanitation Department, like that, to get their payoffs so the Mirage could get its license. We had these people dead to rights.*

Finally we met their accountant, Phil Barrish, a portly older fellow who strolled in wearing this white leather coat. He sat down and made him-

self comfortable. He was doing the books—one for the income tax people, another one, the real one. Anyway, we were talking and I said, 'You think a lot of this goes on?' And he said, 'Yes, it does.' Then I whispered, 'Between you and me, Mr. Barrish, everybody does it, right?' And Barrish whispered back to me, 'Between you and me, everybody does it.' Between you and me... and 30,000,000 Americans, Mr. Barrish. We got it on tape."

WALLACE ON THE FORD PINTO

"The story we ran on the Pinto ["Is Your Car Safe," on June 11, 1978] astonished me. David Lowem, who produced the piece and Alan Maraynes, who is now at 20/20, *did the research. They got hold of some documents which proved that, in effect, Lee Iaccoca—whose baby the Pinto was—had said that on a cost/risk ratio, they were willing to eat a certain number of lawsuits. They realized they had a vulnerable tank, and we proved it because we got hold of the documents. And we had insiders, engineers from Ford, who said, basically, that they figured they could fix it as they went.*

But the Ford Motor Company, of all things, cooperated in the story. They gave us a spokesman. And remember, Ford was our biggest sponsor at that time, and this was early on in 60 Minutes. *They didn't bother us. We did the story, and Ford obviously did not sponsor the show that night. But the next week—and it's a testament to their fairness—Ford was back, and they've been with us ever since."*

UNITED
STATES

CHAPTER 4

Breaking Down Doors

HOW TOUGH IS TOO TOUGH? 1978 - 1982

"Television says, 'You cannot be good and be popular.' I like to think we're the first broadcast to beat television at its own game."
DON HEWITT

Since its earliest days, television news had wielded tremendous public influence, and there had never been a network more influential than CBS. In the 1950s, Edward R. Murrow's reports on Joseph McCarthy had helped topple the red-hunting senator. In the 1960s, Morley Safer's reports on Marines burning peasant villages helped shake Americans' confidence in U.S. policy in Vietnam.

But it wasn't until the late 1970s, with the emergence of *60 Minutes* as a top-rated show, that television news began wielding influence where it mattered most

The cast of characters was changing at 60 Minutes. *Returning after his eight-year defection to ABC, Harry Reasoner was welcomed back like a long-lost relative in 1978. And three years later, when Dan Rather left to anchor* The CBS Evening News, *a newcomer joined the fold: Ed Bradley.*

One of Safer's favorite stories was his warmly affectionate interview with octogenarian jazz composer and pianist Eubie Blake in September 1978.

to network executives: with advertisers. Don Hewitt had been right when he predicted that presenting news in a Hollywood style would attract a large audience.

When a show turns into this kind of money machine, of course, it usually becomes vulnerable to pressures from advertisers and network executives. Neither wants to upset or offend the audience. But until *60 Minutes* came along, the big money-makers had been entertainment shows. When the financial stakes were small, news had always been relatively free from outside meddling. For the first time in television history, *60 Minutes* enjoyed the independence of a news show with the income of an entertainment show.

A case in point: In the summer of 1978, one of the show's major sponsors was the Ford Motor Company. And Ford made a car called

the Pinto, a popular little compact that, *60 Minutes* learned, had a serious design flaw: Its gas tank was positioned so that in a rear-end accident, it could explode. Ford notified Pinto owners and recalled the car. But in a segment called "Is Your Car Safe?," *60 Minutes* broke the story to a nation of car owners. Ford pulled its advertising that week—but it was back the next week. For an advertiser, *60 Minutes* was too valuable to forsake.

Philip Scheffler, who became senior producer when Palmer Williams retired, explained the show's relationship with its advertisers: "Some people refuse to believe that we're not under constant corporate pressure to lay off certain subjects because of our sponsors. That's pure hogwash. We don't even know in advance who our sponsors are going to be from week to week. The only bone the network throws to sponsors is that if we're doing a piece on, say, the malefactions of the automobile industry, the order of commercials may be changed around so that one for a motor company doesn't appear directly before or after our attack."

60 Minutes didn't mind shaking things up, or attracting attention afterward. Johnny Carson's revelation that he was thinking of quitting *The Tonight Show* made the front page of *The New York Times*. When Mike Wallace reported on the Worldwide Church of God in Pasadena, California, the church's leader bought newspaper ads headlined, "Why, Mike Wallace, did you not tell the plain truth?" And after Harry Reasoner aired a report called "Who Pays... You Do" about Illinois Power passing its cost overruns on to customers, the company sent out nearly 3,000 copies of its own video, "*60 Minutes*/Our Reply."

As Dan Rather said, after a group of gang members complained that *60 Minutes* had used only unfavorable footage and ignored positive aspects of their story, "When you're on top you expect this kind of criticism.... This isn't the first time it's happened, and God knows it won't be the last. We expect to be on top for a very, very long time."

The late Seventies and early Eighties were years of blockbuster television shows. On November 21, 1980, *Dallas* aired its "Who Shot JR?" episode and pulled the largest audience in television history. A little over two years later, on March 2, 1983, *M*A*S*H* set a new record for the largest audience when it aired its final episode. Meanwhile, *60 Minutes* was setting records of its own.

Ever since *60 Minutes* premiered its popularity had been steadily

HIGHWAY ROBBERY

Airdate: September 24, 1978
Correspondent: Dan Rather

RATHER: *This is a story about a different breed of highway robber. He carries no gun, wears no mask—just the coveralls and familiar cap of the service-station attendant. These holdup men deal in phony auto repair and work out of gas stations along freeways and toll roads going north, south, east or west. Wherever the tourist traffic is the heaviest is where you'll find them.*

RATHER: *The shock absorber trick—how does it work?*

BOB HAWKINS: *The man will have a plastic bottle in his pocket, either his shirt pocket or in his hip pocket, it's got oil in it. And while he's bending down to check your tires, he'll reach under here and he just squirts oil on the ground, just a small amount. And he'll holler, you know, "Hey, look, you got oil leaking down here. You got a bad shock. Come here and let me show you." And sure enough, you look under there, you got oil on the ground. So you think you got a bad shock and he sells you a set of shocks that you don't even need.*

GARSON KANIN

Airdate: October 8, 1978
Correspondent: Morley Safer
An interview with the Broadway playwright, screenwriter and wit.

KANIN: *Of all the dangerous and destructive "isms" that have plagued this century, ageism is the most stupid.... There's a story of a town in Connecticut that lost its power, had a complete outage. And they simply could not repair it [until] someone remembered that there was an old, old electrical engineer, who had installed the system in the first place, and he was living in some retirement community, and they sent for him. And he came along and he got a little mallet out and he went tap, tap on a switch and all the lights came on. He sent the town a bill for $1,000.02... itemized as follows: Tapping, 2¢. Knowing where to tap, $1,000.*

R.J. RUDD

Airdate: November 1, 1978
Correspondent: Mike Wallace

WALLACE: *Each week* 60 Minutes *gets more than a thousand letters, none more poignant than those describing miracle cures for cancer and other diseases. And lately we've gotten a surprising number about a particular cancer clinic on the grounds of a spa in Murrieta Hot Springs, California, where such miracles are supposedly being performed with lemon juice and distilled water.... We decided to make our own investigation.* 60 Minutes *cameraman Greg Cook,* 60 Minutes *soundman James Camery, and* 60 Minutes *producer Marion Goldin spent nine days at Murrieta to find out what it was really like. And because we'd been told the bottom line was dollars, we told them that soundman Camery, whom we dubbed "the Colonel," was a wealthy, semi-retired investment counselor who had just learned that he had leukemia; that cameraman Cook, a traveling photographer by trade, was his concerned nephew; that producer Goldin was the Colonel's longtime secretary. We rented a Rolls Royce to impress them.*

The 60 Minutes *team enrolled soundman Camery in the Murrieta cure program without revealing their identity, and they secretly filmed and recorded as much of the routine as possible. Camery paid $560 for the first week, although he was told he should plan on staying two weeks for a minimum of $1,120. For that $560, he was examined once by the Murrieta doctor, Horace Gibson, who spends one day a week there. After looking in his eyes, Gibson assured Camery he did not have leukemia, but he didn't send him home either. He discovered, instead, a leaky lung that was the source of Camery's difficulties. During the days that followed, what little monitoring of Camery there was was done by so-called "counselors" or "testers," none of them doctors. One of them told us he used to sell floor coverings; another was an embalmer's assistant....*

They tried to explain the unique way they could measure Camery's progress—through urine and saliva tests. Twice a day, they would test his urine, coming up with a mysterious set of numbers that, fed through a computer, supposedly reflected the state of his improving health.... We pretended to keep soundman Camery on the routine. He pretended to drink only distilled water and

lemon juice, but in fact he was eating a good deal more than that. We brought him breakfast and lunch in his room, and supervision was so lax we had no trouble taking him out for dinner. And just to see if they could tell if there were special problems apparent in Camery's urine, on two occasions we substituted cameraman Cook's urine for soundman Camery's; on another, we gave them producer Goldin's. Nonetheless, we were told by Camery's counselor that his urine number showed he was making remarkable progress especially during his fast....

R. J. Rudd is the promoter of the Murrieta Health Clinic. Calling himself a Baptist minister, Rudd preaches every Sunday at the Murrieta Chapel.... Unaware that he was being filmed and recorded, it didn't take long before he pressed us to invest, tantalizing us with prospects not of curing ills, but of a remarkable tax shelter.... By this time, my associates had learned enough about the questionable medical practices, about big-money deals, indeed about promoter Rudd's own background, that they decided it was time for me to get involved. So I arrived the following Sunday morning with another film crew, and began to ask R. J. Rudd some straight questions. At this point he had no idea of my relationship with Goldin, Cook, and Camery....

WALLACE: *You're not a medical doctor?*

RUDD: *No, I'm not.*

WALLACE: *You're an economist?*

RUDD: *I'm a... I have a Ph.D.*

WALLACE: *In?*

RUDD: *In economics and one in philosophy. And I am also a full-time licensed ordained minister of the Gospel. My two Ph.D.'s, one came from the Tennessee University.*

WALLACE: *University of Tennessee?*

RUDD: *No, the Christian Tennessee University. And I got one from Florida—Tennessee—Let's see. Trinity Christian College in Florida....*

WALLACE: *Where is that?*

RUDD: *It's in—I believe that now they're presently in Fort Lauderdale.*

WALLACE: *Well, [the diploma] says here it was signed and sealed at Brownsville, Texas.*

RUDD: *Okay, that was a branch of that operation, you see.*

WALLACE: *And this is the [diploma from] Tennessee Christian University. And where is this university? What town?*

RUDD: *It's—I believe that one is close to—let me think of the name just a minute. Chattanooga.*

WALLACE: *Education officials in all three states subsequently told us those diplomas were nothing more than mail-order degrees from nonexistent universities. As for religion, Baptist Church officials have had to deny many times that he was ever ordained a Baptist minister.... I also asked Rudd about the mysterious computer that deciphered those urine and saliva numbers he kept talking about.... Where's the master computer?*

RUDD: *It'll be probably somewhere in California here.*

WALLACE: *You don't have it set up yet?*

RUDD: *Oh, yes, we do.*

WALLACE: *Where?*

RUDD: *In the Los Angeles area.*

WALLACE: *Well, can we take a look at it?*

RUDD: *No. We can't let—let that out yet.*

WALLACE: *Many... would say there's a kind of a con game operation going on at Murrieta Springs.*

RUDD: *This is not a con game...*

(R. J. Rudd was subsequently sentenced to seven years in prison on charges of conspiracy and fraud.)

GORE VIDAL

Airdate: October 22, 1978
Correspondent: Dan Rather

RATHER: *Novelist Gore Vidal is an American who has lived and worked in Rome for the past twenty years.*
VIDAL: *I can tell you one thing about fascism and Mussolini. The trains did not run on time. The trains were as late under Mussolini as they are today. Somebody once asked Mussolini, who apparently had a sense of humor, "Isn't it difficult, Duce, to govern the Italians?" He said, "It's not difficult. It's useless."*

KATHARINE HEPBURN

Airdate: January 14, 1979
Correspondent: Morley Safer

HEPBURN: *I'm disgusted with the movies, disgusted, because they're kidding themselves into saying it's sort of an intellectual pastime. Bunk! It's 42nd Street filth being sold for too much.... And the critics, I think, have lost their minds.*
SAFER: *I know you're not advocating censorship, but—*
HEPBURN: *Oh, don't be too sure....*
SAFER: *I don't believe in lists, but every time somebody compiles a list of the most admired women, there's Katharine Hepburn.*
HEPBURN: *Yes, this becomes the style. It doesn't mean much, does it?*
SAFER: *No, but there's got to be something there.*
HEPBURN: *Well, all my contemporaries have died off, so I'm the only one that's left. I'm in a safe group. I haven't got the romantic feeling about age. I think we rot away, and it's too goddamn bad we do.... I called a friend of mine and said, 'How do you feel?' And there was a long pause, and the woman said, 'Well, I feel fine, if you don't ask for details.' I mean that's an absolutely divine remark....*
SAFER: *How do you account for the success of the Tracy-Hepburn pictures? What was the chemistry on that screen?*
HEPBURN: *I think we were the perfect American male and female.*
SAFER: *An idealized version of the American couple?*
HEPBURN: *Not so idealized. I mean, she was a scrapper and tried to boss him around, and he just pushed her off at the right moment.... Well now, mind you, I don't think that's any great art.... Look at Shirley Temple. You know, she was three and she was great. She could laugh and cry and carry on.*
SAFER: *At any point when you were young, wanting to be an actor, did you have any doubts at all?*
HEPBURN: *Oh, yes. Oh, yes.... [When] I came to this city, I was so shy that I never went to a restaurant. I won't go to a restaurant now.*
SAFER: *You don't go out to restaurants?*
HEPBURN: *I don't go out to restaurants because they charge $60 a meal, and I can serve you here anytime you want to come. You give me $60 and I'll give you dinner.*
SAFER: *Are you a bit of a—how should I say this—*
HEPBURN: *Tight.*
SAFER: *Tight?*

HEPBURN: *No. I'm not tight. I just don't like injustice.... I carry a hard-boiled egg and a piece of ham, and I take hot water out of the tap and put it on coffee, sugar, and carry fruit of some sort, and a breakfast tray, and it costs me five cents....*
SAFER: *You've led such an extraordinarily independent life, and you do it yourself, whether it's fixing the car or reglazing a window. If you hadn't been an actress, what would you have been?*
HEPBURN: *I never thought. I would have tormented some man, I suppose, and had about eight children. And tormented them!*

SAFER ON HEPBURN

"She scared me. She really scared me. She's Katharine Hepburn and she's a real presence, no question. We'd been trying to get her for a long time, and she'd turned down a lot of interviews.

But finally we set a date and she told me to be there at twelve noon precisely. She warned me that if I was as much as a minute late, she would stay upstairs and not come down.

So it's interview day. Hepburn lives over on 48th Street on the East Side, so I leave my office here on West 57th Street at about a quarter past eleven to make sure I get there on time. Forty-five minutes to go a few blocks. The crew is already there and set up. But of course we get into a horrendous traffic jam. Nothing moving. And time is starting to get short. I realize I've got to move now, so I jump out of the cab and start running, weaving in and out of traffic, the whole bit. I arrive at her house at one minute before noon. I ring the bell and she answers the door herself. And she says, 'Mr. Safer, you are a very lucky young man.'

When the piece ran, I called her. I never do this, but she was a special case. I was really curious what she thought about it. So that Sunday night I called her brother, who has a house near hers in Connecticut, and I said 'Look, I'm just curious to know what Ms. Hepburn thought of it.' And he whispered, 'She's here so I can't talk too loud. But she did not watch it. As soon as the clock started ticking, she left the room. And after about fifteen minutes she called in to ask, 'Is it over yet? Can I come back in?' '"

ARTHUR ASHE

Airdate: May 6, 1979
Correspondent: Morley Safer

ASHE: *One day, I think not too far in the distant future, there will be many, many more black tennis players playing... and they won't talk like me and they won't look like me and they won't act like me and they won't dress like me and they're going to upset a whole lot of people.*

ARTHUR FIEDLER

Airdate: November 26, 1978
Correspondent: Morley Safer

SAFER: *Pops—there are really two of them: the orchestra [called] the Boston Pops; and "Pops" himself, Arthur Fiedler, who's been conducting that orchestra for almost fifty years.... If you believe what you read about Arthur Fiedler, people will tell you that he's curmudgeonly, mean, a skinflint, has got a terrible temper. Can that be true?*
FIEDLER: *I think all those things are more or less true, yes...*
SAFER: *[But] you would think that a man who gets [as much adulation as you get] would be in love with people.*
FIEDLER: *Well, I think a great number of people are bores, really, and the adulation—just words.*

SAFER ON FIEDLER

"When I first met him, he was probably ready for the funny farm. That is until the camera lights went on. Then he would sit up and he would lose 40 years. It was just remarkable. And it was the same way conducting the Boston Pops orchestra. He would be practically gah-gah in the dressing room. When it was time for the performance, somebody would take him by the hand and he would kind of totter out of the dressing room to the wings and then start tottering toward the stage. But just before he passed the curtain in the wings, he did something to his body: Suddenly he would be ramrod straight and he'd go striding out, and simply take over. And after the performance, he would come off and just collapse. But he was not necessarily a very nice man. He was mean to his children. Mean to his wives. I think he was just really a mean-spirited man."

climbing. In 1979, it hit number one, a spot no news program had ever occupied. The top ranking lasted a full season—Hewitt and crew had done it. It then stayed in the top four and by 1982-1983, it had hit the top again. "By now," Hewitt said, "people are arranging their Sunday lives for us. People talk about Ronald and Nancy Reagan and Alexander Haig and Billie Jean and Reggie and what was on *60 Minutes* last week. People will say, 'O.K., we'll go to Grandma's for lunch on Sunday, but we have to be home and eat supper at six so we'll be ready for Mike and Morley and the rest of the gang.'"

CBS was having its cake and eating it, too. "Television says, 'You cannot be good and popular,'" noted Hewitt. "I like to think we were the first broadcast to beat television at its own game." Said former CBS News President Dick Salant, "Network executives don't quite understand it. This isn't the way things are supposed to happen in television—quality and numbers."

But nobody was complaining. In 1978, *Variety* reported that an hour of *60 Minutes* cost about $270,000 to produce, about half the cost of an hour-long, prime-time entertainment show. Yet *60 Minutes* was commanding $80,000 for a 30-second commercial, the same as the most successful entertainment series. And after *60 Minutes* hit number one, ad rates skyrocketed to $230,000 a minute. Not bad for a show that in the early Seventies was earning only about $25,000 a minute.

ANASTASIO SOMOZA

Airdate: December 17, 1978
Correspondent: Dan Rather

RATHER: *Human rights is one of the cornerstones of President Carter's foreign policy. But do our friends get off easier than our enemies when it comes to respecting the rights of their people? Case in point: Somoza of Nicaragua...*

General, I've been told your wealth is in the neighborhood of $500 million.

SOMOZA: *I think we're around $100 million.*

RATHER: *General, what goes through your mind, how do you address your conscience when you see the faces of all these poor people in Nicaragua?*

SOMOZA: *I wish I had more wealth so they could be wealthier.*

JOHNNY CARSON

Airdate: September 23, 1979
Correspondent: Mike Wallace

WALLACE: *Are you reluctant, in [doing] your monologue, to go hard on a guy?*
CARSON: *When [Congressman] Wilbur Mills had his problem, I stopped doing jokes [about him] as soon as people found out he was an alcoholic.*
WALLACE: *Of course, it takes one to know one.*
CARSON: *Ah! Cruel. You're cruel.*

Dan Rather's news-making twenty-minute interview with Fidel Castro—conducted in Havana on September 30, 1979—was aired unedited on the same day it was shot.

"You would've thought that a program like this could've gotten as high as, what, 30 percent of the audience?" Hewitt asked as the show hit it big. "So how have we gotten as high as 53 percent? Because this is a show about the adventures of four reporters, that's how."

Imitators who realized the importance of personalities began to create newsmagazine shows for themselves. When ABC began *20/20* in 1978, for example, the show's hosts were Robert Hughes, *Time* magazine's art critic, and Harold Hayes, former editor of *Esquire*. They didn't last long. Geraldo Rivera, with his sensationalist muck-raking, and Barbara Walters, with her celebrity interviews, made the show a success. But Rivera and Walters were stars, not part of a team. Hugh Downs, who then took over as anchor of *20/20*, stayed in the studio to comment on other correspondents' stories. No one, not at ABC, NBC or even CBS itself, has been able to put together such a tight-knit, hands-on, recognizable, seasoned group as *60 Minutes*.

As Hewitt once put it, "The competition could score higher if the other shows had Mike-Morley-Dan-'n-Harry." Or as he noted on another occasion, NBC could have done a great show with John Chancellor, Tom Brokaw and Bryant Gumbel—but then they wouldn't have had anyone left to handle the rest of the news. Only

CBS seems to have the depth of talent necessary for *60 Minutes*. When the network brass asked news president Salant why no one could create more shows like *60 Minutes*, he responded, "Well, if there were more Don Hewitts, maybe someone would."

By the late Seventies, however, *60 Minutes* itself was in need of another Mike Wallace, Morley Safer or Dan Rather. As the show became more and more popular, the three correspondents could not rest on their laurels. They had to work harder than ever not only to maintain the show's high rating but simply to fill an hour of air-time. After CBS allowed *60 Minutes* to "bump the network" in the fall of 1976, the show had no more pre-empted segments they could carry over to another week. "The upshot," noted Wallace, "was three tired correspondents."

When he began planning for another correspondent in the spring of 1978, Hewitt first thought about dispelling complaints about *60 Minutes'* clubby white male membership by bringing in a woman or a black. Ed Bradley, a black correspondent then doing documentaries for *CBS Reports*, was a solid choice. But no new correspondent, Bradley included, could compete when the opportunity arose to bring back the man Hewitt had in mind when he created *60 Minutes*: Harry Reasoner was ready to return from ABC.

In Safer's visit with Luciano Pavarotti, it became clear that the charismatic Metropolitan tenor's lusty lifestyle was every bit as grand—and grandiose—as his legendary voice.

MARVA COLLINS

Airdate: November 11, 1979
Correspondent: Morley Safer

SAFER: *You have it all here on West Adams Street [in Chicago], all the familiar big city blight: the forever broken windows, the burned-out flats, the disemboweled abandoned cars—all that look and smell that even a crystal afternoon cannot change. And up the street or around the corner, you have a school that, for whatever reason, does not teach, and children who, for whatever reason, do not learn—castaways to that ever-growing legion of unskilled black teenaged unemployed. And then you have 3819 West Adams, just another tired-looking house with a blank face staring out at a mean street. But come on in and take a look. And what you find on the inside could not be more different from what you see on the outside. Come on in and take a look: alert and challenged children being pushed way beyond the boundaries most school systems set.*
Who's your favorite author?
CHILD 1: *Geoffrey Chaucer and Shakespeare.*
CHILD 2: *Emerson, Henry David Thoreau and William Shakespeare.*
CHILD 3: *I like Fyodor Dostoevski and Dante Alighieri and Shakespeare.*

SAFER ON COLLINS

"Marva Collins started an alternative school in the Chicago ghetto for underprivileged children deemed "unteachable" by the system. And she proved those kids were the furthest thing from "unteachable." The 60 Minutes *exposure began a financial windfall for the school, including a TV movie and book deal, that allowed her to dramatically increase the enrollment of Westside Prep. Marva Collins is a genuine American hero."*

THE AYATOLLAH

WALLACE ON THE AYATOLLAH

"I was in a toxic waste dump in Stockton, California when the word came that Khomeini had agreed to do an interview [which ran on November 18, 1978]. It was fourteen days after Iran had seized the United States embassy hostages. I jumped on a plane to London then on to Tehran. Khomeini had his own television studio in Qom where the interview would take place. I sat in a small room, no chairs, and waited.

When he comes in, I put out my hand to shake hands and he ignores me, just walks past and sits down on the carpet. So I go in and sit down on the carpet. I have fifteen minutes, and my first question takes maybe 30 seconds to ask and two minutes to translate. And Khomeini's answer is at least four minutes long. I ask another question, the same thing happens. And I'm thinking, Shit, I'm almost finished. But I know what message he wants to convey, why he gave the interview: Give us the Shah and we will give you the hostages. I also know that we aren't going to give him the Shah, which meant that the hostages aren't going to be free for a while. So I ask him if I could go and see the hostages. Eventually he said yes, but they never did let us go.

Anyway, the interview was almost over. I had nothing to lose, so I decided I'd go out with a bang. I said, 'Please forgive me, but Anwar Sadat says you are a lunatic.'

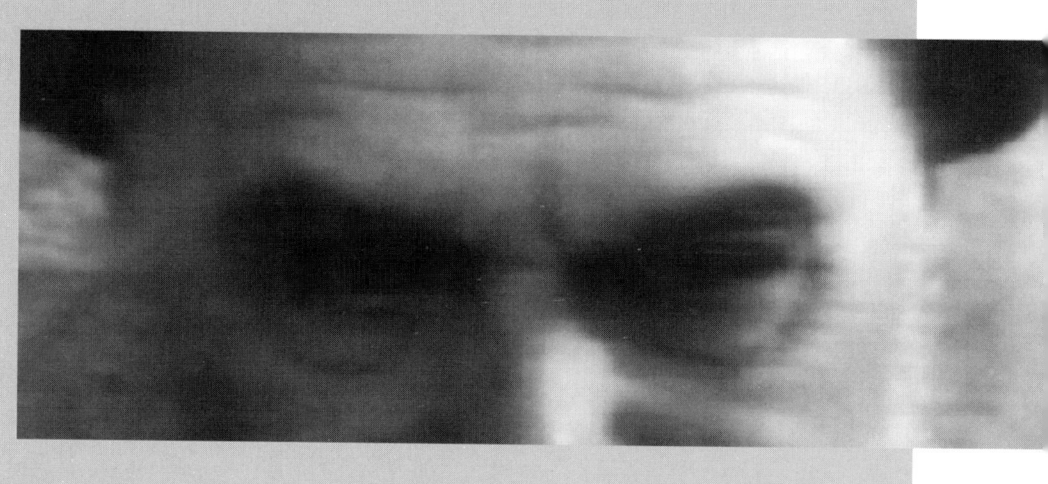

Khomeini's translator looked at me as if I had lost my mind and said, 'I'm not going to translate that.' I told him Sadat had said it, so he had to translate. And, very unhappily, he did.

Now Khomeini had never looked at me up to that point, never made eye contact, during the entire interview. But this time I got his attention. He turned to me, looked me in the eye, and laughed. It was the only emotion he showed during the whole interview. And in that moment I realized this guy was a wonderful politician. This was not a crazy fanatic. He knew exactly what he was doing. He was as sane as you or me."

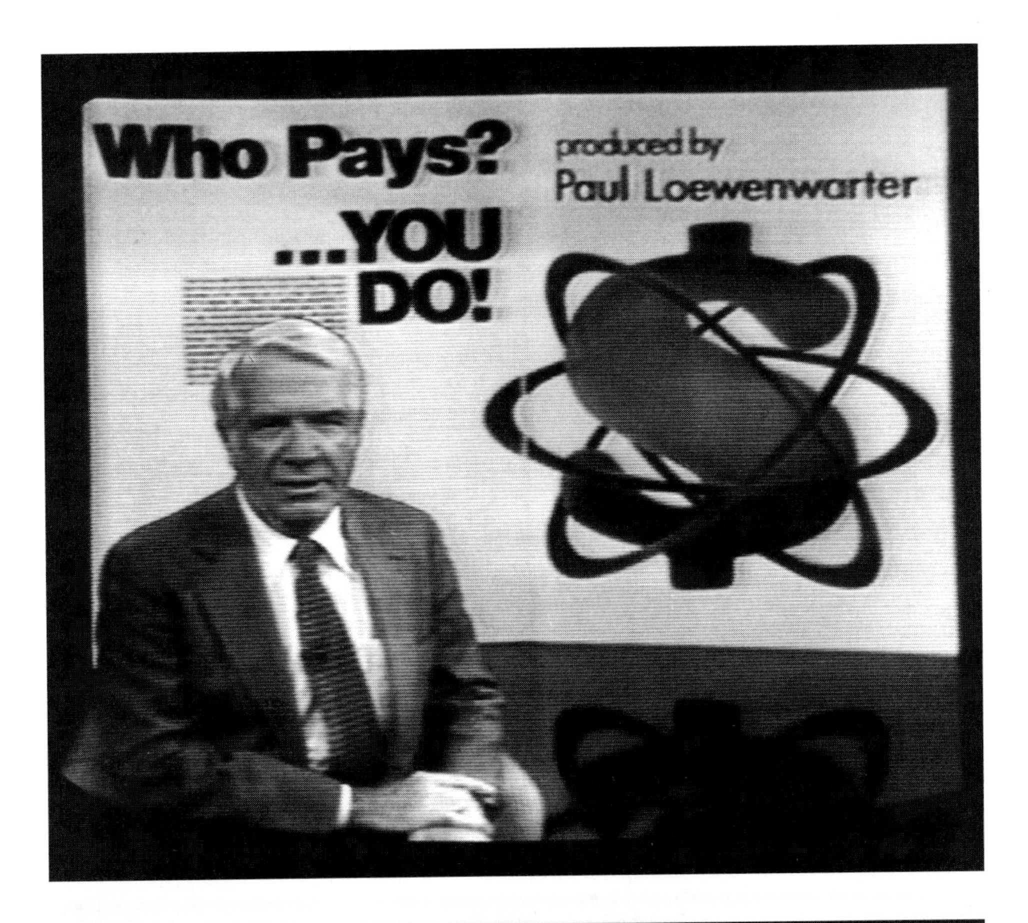

In the wake of Harry Reasoner's withering 1979 attack on escalating costs in the construction of a nuclear energy plant, the Illinois Power company objected vociferously and even produced their own videotape in response. But seven years later, the costs were reportedly half a billion dollars higher than the Reasoner estimate that had so infuriated them.

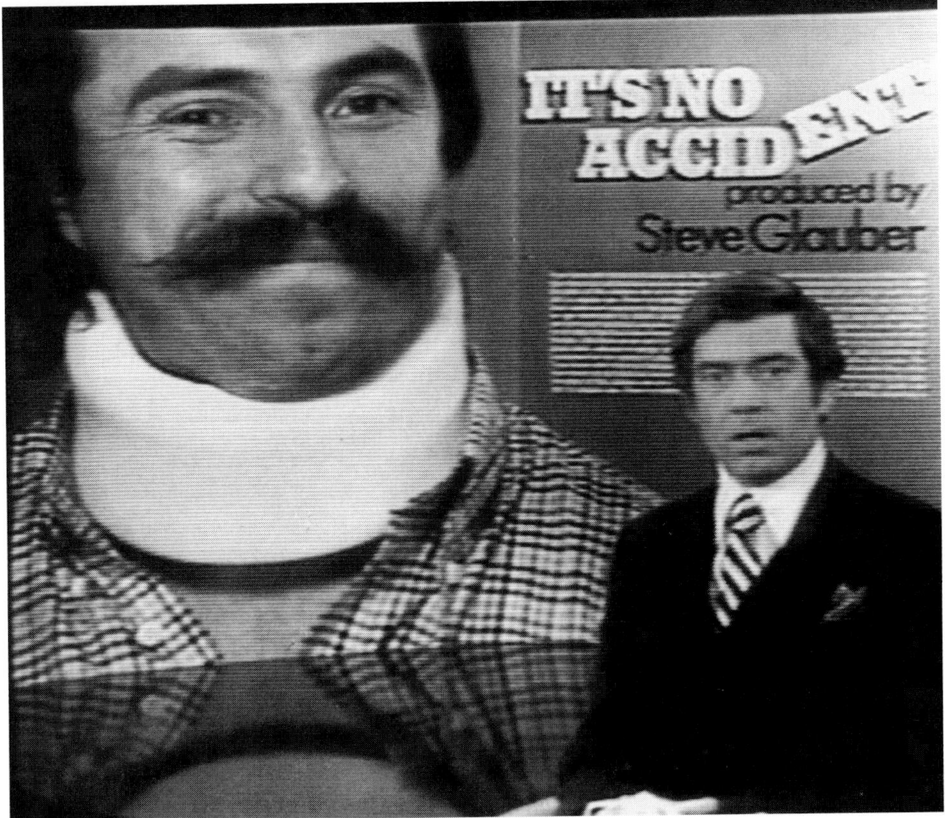

"It's No Accident," a December 1979 piece by Dan Rather about the filing of bogus property damage and personal injury claims, gained notoriety when a Los Angeles doctor sued 60 Minutes *over the way he was characterized on the show. He lost.*

THE HOOKER MEMOS

Airdate: December 16, 1979
Correspondent: Mike Wallace

WALLACE: *Tonight, a look at confidential memos from inside this chemical plant in California, memos that show the company knew and did nothing about the fact that chemical waste from the plant was contaminating all the wells in the area. That's a tough charge to level at the president of Hooker Chemical, but that's just what the memos did. The man who wrote these memos, Robert Edson, is Hooker's environmental engineer at their Lathrop plant. He wouldn't speak to us, but his memos speak for themselves.*

On April the 29th, 1975, Robert Edson wrote: "Our laboratory records indicate that we are slowly contaminating all wells in our area, and two of our own wells are contaminated to the point of being toxic to animals or humans. This is a time bomb we must defuse." [And on] June 25th, 1976, a year later, there was this: "To date, we have been discharging waste water... containing about five tons of pesticide per year to the ground. I believe that we have fooled around long enough and already overpressed our luck."

A year after that, on April 5th, 1977, Edson was still writing memos. "The attached well data," he says, "shows that we have destroyed the useability of several wells in our area. If anyone should complain, we could be the party named in an action by the Water Quality Control Board.... Do we correct the situation before we have a problem or do we hold off until action is taken against us?"

Is it a criminal act to poison, sterilize, whatever, if it can be proved that it was done with knowledge?

DON BAEDER: *[president of Hooker Chemical] Mike, if it can be proved that causing sterilization by violating the law, by—by operating in a way that you know is unsafe—*

WALLACE: *Hm-mmm?*

BAEDER: *I would say that's a criminal act.*

WALLACE: *And who should serve the time or pay the fine?*

BAEDER: *I think the people that are involved.*

WALLACE: *The top man or—*

BAEDER: *I think the buck always stops at the top, sir.*

WALLACE: *Since we filmed this report, there has been this late development. California Attorney General George Deukmejian will file a lawsuit this coming week against Hooker Chemical. The suit will ask Hooker to pay fines and clean-up costs in excess of $15 million for the damage caused by their Lathrop plant.*

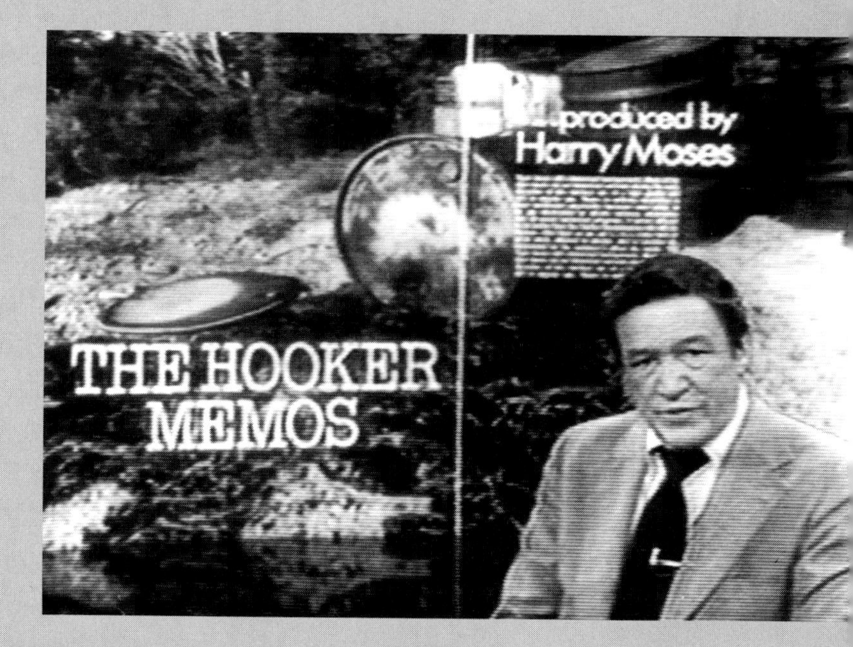

JOHN CONNALLY

Airdate:
December 30, 1979
Correspondent:
Mike Wallace
An interview with the former Texas Governor.

WALLACE: *Governor, did you really say more people died at Chappaquiddick... than at Three Mile Island?*
CONNALLY: *No, I did not.*
WALLACE: *You're sure?*
CONNALLY: *I'm positive.*
WALLACE: *If I could show it to you on tape?*
CONNALLY: *If you [could], you were taping something you shouldn't have been taping.*

Indulging his personal predilection for classical music, Wallace interviewed the legendary composer and conductor for the New York Philharmonic, Leonard Bernstein.

In the eight years since he had left CBS to anchor the evening news at the rival network, Reasoner had been credited with bringing a new respectability to ABC News. That network was still third in the ratings, but after Reasoner's tenure, it was taken much more seriously. It was on the way to gaining stature. But Reasoner was unhappy about his recent on-air pairing with Barbara Walters. And he was tired of working behind an anchor desk. Reasoner wanted to get back into the reporting business.

"My first impression," Reasoner said upon his arrival at CBS, "was that Don didn't seem to have calmed down." Indeed, Hewitt still ran the show in the same chaotic—but effective—manner. The big difference was the show's popularity. When Reasoner left, *60 Minutes* was a struggling newcomer. When he returned, it was in the top ten. And still climbing. Then one day toward the end of Reasoner's first season back, Hewitt came into his office. "You can go back to ABC," he said with mock sincerity. "We were number one last week."

60 Minutes saw other comings and goings in the late Seventies and early Eighties. When the irrepressible Shana Alexander left "Point/Counterpoint" in 1979, Hewitt and CBS News executives let the entire segment go and replaced it with "A Few Minutes With

BETTE DAVIS

Airdate: January 20, 1980
Correspondent: Mike Wallace

DAVIS: *"I'd love to kiss you but I just washed my hair." [That's] my favorite line in any movie I ever did. [Michael] Curtiz was so against my playing this kind of a part because, he said, "That's the unsexiest looking woman I have ever seen in my life." And [Richard] Barthelmess wouldn't even test with me, so I had to end up kissing the lens.... Every scene I played, [Curtiz] would say, "Goddamn lousy actress."*

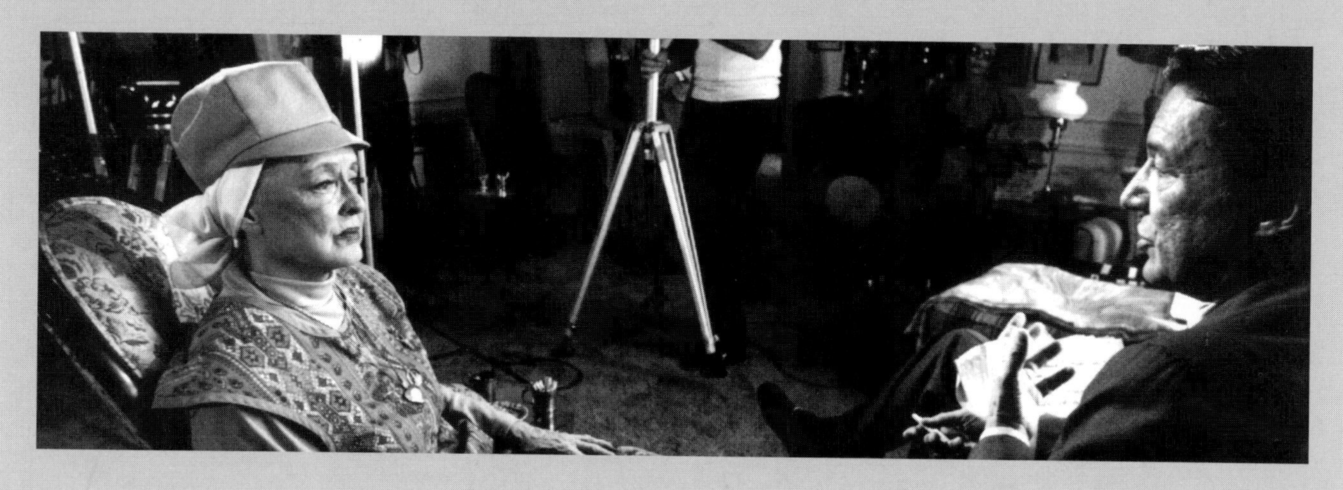

"George Who?" was Dan Rather's ironic title for his January 1980 interview with the low-profile George Bush, who was being touted as a running mate for Ronald Reagan. Rather's aggressive, adversarial style offended none more than Bush.

THE IRAN FILE

Airdate: March 2, 1980
Correspondent: Mike Wallace

WALLACE: *Today is the 120th day the American hostages have been held captive in Tehran, and today marks the end of the first week of the UN tribunal's investigation into the alleged crimes of the deposed Shah. They have been asked also to investigate Iranian charges of U.S. complicity in those acts. Why do so many Iranians believe in U.S. complicity, guilt? A classified Senate Foreign Relations Committee report confirms the CIA's role in forming Savak [the Shah's secret police]. In 1976, in Naivaran Palace in Tehran, I asked the Shah about the continuing reports of torture inflicted by his Savak upon so many of his citizens.*

WALLACE: *Now, when an outfit like the International Commission of Jurists comes out with a report saying that, in spite of what you say, Your Majesty, torture continues—*

SHAH: *How do they know? Well, they can't continue saying this.*

WALLACE: *Well, they talk about psychological and physical torture.*

SHAH: *Physical, I don't believe.*

WALLACE: *I talked—*

SHAH: *Not any more. Maybe in the old days. Maybe.*

WALLACE: *I talked just today to a man, whom I believe, who told about torture.*

SHAH: *How many years ago?*

WALLACE: *Within—I want to be very careful. Not yesterday.*

SHAH: *Ah, well, maybe. I don't know.*

Andy Rooney," a much lighter segment that had been a summer replacement the year before. Rooney, who had been a longtime CBS writer and close friend of Reasoner, delivered a whimsical three-minute look at the little things in American life, from product packaging to hair. Some called him the show's "professional curmudgeon." Rooney himself described his approach as "come-off-it" humor. But Rooney's gentle dismay at life's foibles provided a refreshing contrast to the acerbic commentary on so-called "important" issues that had aired on "Point/Counterpoint." And he was a huge hit.

In 1981, Dan Rather left *60 Minutes* to replace Walter Cronkite, who was retiring as anchor of *The CBS Evening News*. And Ed Bradley finally got the call. Bradley, who had continued to lobby for

BARRY GOLDWATER

Airdate: March 9, 1980
Correspondent: Harry Reasoner

REASONER: *An elder statesman, by one definition, is a leader in whom the fires of personal ambition have been banked. From the coals, the nation then gets wisdom and candor. Well, Barry Goldwater is sort of our elder statesman... even to some of the Americans who voted against him in 1964.... Did [Richard Nixon] hurt conser vatism and the Republicans?*
GOLDWATER: *Mr. Nixon hurt the Republican Party and he hurt America and, frankly, I don't think he should ever be forgiven. He came as close to destroying this country as any one man in that office ever has come.*

the job since he lost out three years earlier, combined softspokenness with an iron will. "I can be as tough as I have to be, and I like sleeping on the ground," he said. Bradley had the credentials to support that attitude, including a shrapnel wound from his tour as a CBS war correspondent in Cambodia. He had learned the political game as CBS White House correspondent. And he could produce documentaries with a personal touch. It was a documentary on Southeast Asia's boat people that originally brought him to Hewitt's attention. He also had a mischievous streak. A few months after his arrival, Bradley distributed a memo stating that he had changed his name to Shahib Shahab, and for a short, disconcerting time, everyone from Hewitt on down actually believed him.

It was *60 Minutes'* stories, however, that continued to make headlines. Some were simply extraordinary pieces of journalistic

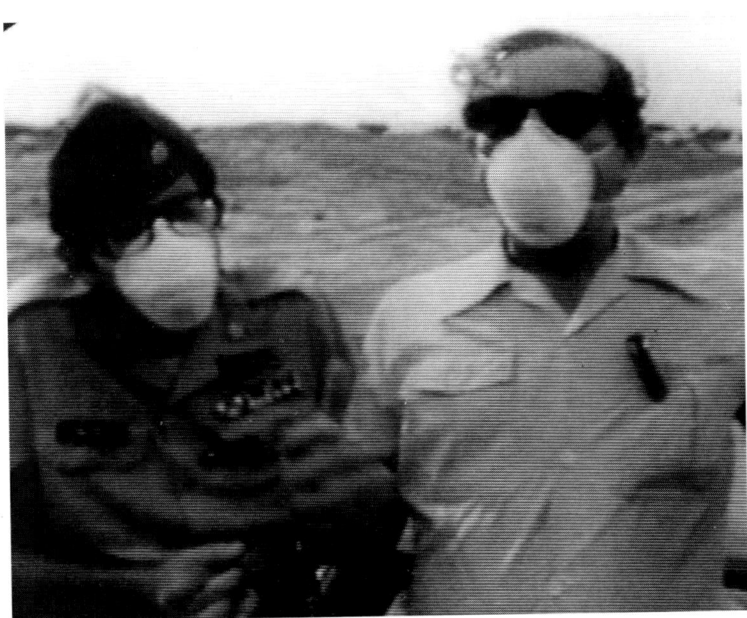

In a sobering March 1980 report, Morley Safer graphically portrayed the long-term effects of nuclear testing on a gamma-radiated South Pacific atoll and its native population.

enterprise. When Wallace interviewed the Ayatollah Khomeini in 1979, for example, the very fact that he got the interview received as much attention as what the Ayatollah had to say. Only two weeks after Iranian revolutionaries had seized American hostages in the U.S. Embassy in Tehran, *60 Minutes* wangled the interview through Iranian Foreign Minister Ghotzbadeh, who had been part of an earlier story on the Iranian Secret Police. Hewitt called Wallace in California, where he was working on another story, and ordered him to charter a plane to London, where Wallace's secretary met him with his passport. He immediately flew to the Holy City of Qom. The scheduled fifteen-minute interview stretched to an hour and fifteen minutes. It was the only major interview Khomeini would grant during the fourteen-month crisis.

Wallace, *60 Minutes'* chief investigator, recalled a change in the public's perception of the show during these years. In its early days, whenever he ran into fans in airports or hotel lobbies, they would ask about the celebrity or the government official he had interviewed. "But by the late 1970s," he recalled, "most of the viewers who greeted me in public preferred to talk about the investigative work. And not only about pieces I had already done, but frequently about stories they wanted me to explore.... And I would listen carefully." As Harry Reasoner once said, "People will come out of the woodwork for *60 Minutes*, partly out of their belief that if there's something wrong in their life, Mike Wallace can fix it."

The other thing fans—and critics—wanted to talk about was

LOOKING OUT FOR MRS. BERWID

Airdate: March 30, 1980
Correspondent: Morley Safer

SAFER: *Twelve years ago, Adam and Eva Berwid emigrated to the suburbs of New York from Poland. Both were engineers and both found good jobs. Adam found the adjustment to America difficult. His wife did not. She soon was earning more money than he was. He became resentful, abusive. She sued for divorce. A family court ordered him to stay away from her. He didn't. But it was much more than domestic squabbling. Adam Berwid was insane, committable. But because there was so much pressure to return Mr. Berwid to society, looking out for Mrs. Berwid seemed to be the last consideration.*

This was not a happy home. Relations between Adam and Eva Berwid had deteriorated from coldness to bickering to bitterness. Separation and divorce did put distance between this couple, but it also fed the hatred in Adam Berwid. He regularly threatened and attacked his wife. He was arrested eight times for it, and he was committed to mental institutions—but in the end, Eva Berwid was stabbed to death. Adam Berwid's anger and insanity had beat the system, the system that was designed to protect Eva Berwid and the rest of society from him. What's so scary about this story is that the system not only was warned it was going to happen, it made it easy for it to happen.

[Speaking to Doctor Erdogan Tekben, director of Mid-Hudson Psychiatric Hospital which holds the 350 most dangerous patients in New York State] You, the psychiatric establishment, created the opportunity for Adam Berwid to kill his wife.

TEKBEN: *It was not a question of giving opportunity or not; it was a question of the clinical judgment. Again, I'm saying that he was not sent to a hotel, he was not sent to a park, he was not sent home. He was sent [from Mid-Hudson] to the [Pilgrim State] psychiatric center for further care and treatment because that was a clinical opinion.*

SAFER: *On November 20th 1979, Berwid was granted a pass to leave the grounds of Pilgrim State psychiatric center to purchase an overcoat. Instead, he went to a sporting goods store, bought the biggest knife he could find, boarded a train to his wife's home and stabbed her to death in front of their children. He will never stand trial and has been returned to Mid-Hudson Psychiatric.*

SAFER ON THE BERWID STORY

"This was a chilling story. An awful story. We had a tape of the wife's 911 call as he was attacking her. The judge had ordered the shrinks that she must be warned every time he goes out. If he gets a day pass, she has to be warned. But the system broke down. When you are dealing with mental patients or family courts, you are at the saddest end of the American bureaucracy. It just becomes too much misery to contend with. If you look at social movements over the last 25 years that didn't work, look at de-institutionalization. We solved the mental hospital problem by emptying the institutions. So now we have a homeless problem."

Even those who reviled her politics admired the talent of Leni Riefenstahl, the documentary movie maker who glorified Nazi Germany so compellingly in such historic propaganda films as Triumph of the Will. *In her 1980 interview with Dan Rather—35 years after the fall of the Third Reich—*60 Minutes *captured a gripping portrait of misguided idealism: She broke into tears while talking about her most fervent admirer, Adolf Hitler.*

INSIDE AFGHANISTAN

Airdate: April 6, 1980
Correspondent: Dan Rather

RATHER: *I'm standing on the border between Pakistan and Afghanistan, a border that is now closed to most everyone except refugees fleeing the Soviet invasion. These Afghan clothes I'm wearing were part of an operation to sneak me and a CBS News film crew into Afghanistan. The operation succeeded. So far as we can tell, we are the only full television crew to get inside Afghanistan in recent months. The Pakistani government refuses to let journalists cross the border, officially saying they cannot be responsible for our safety. We were smuggled into Afghanistan by a young Mujahadeen—Mujahadeen, the Moslem word for freedom fighter or fighter in a holy war. In this case, as the Mujahadeen see it, a holy war against the Soviets. A war, they say, that if they get weapons, from us or anyone else in the free world, they will win.*

We hooked up with a small band of guerrillas, led by this white-bearded man. His name is Yassini and he lives on the run, moving from mountain hideouts through the tiny villages of straw and mud huts to the opium fields that often provide him and his men cover from the Russian aircraft that circle continuously.

RATHER: *What kind of weapons does he need?*
NABY [interpreter for Yassini]: *Rocket launcher, anti-tank.*
RATHER: *There were Afghan soldiers here?*
NABY: *Yes. Yes, there were all Afghan soldiers with a Soviet advisor.*
RATHER: *Oh, with a Soviet advisor. Was he killed?*
NABY: *No, he fled.*
RATHER: *Have [they used] napalm [on you]?*
NABY: *You mean the one that throws down fire on us?*
RATHER: *Yes.*
NABY: *Yes. They use gas, too.*

RATHER ON AFGHANISTAN

"Some stories seem just too far out to be fully believed, and that was the case here. I told Don Hewitt, 'They're using gas.' But he wasn't buying it. I told him we saw the victims. He said, 'How do you know they gassed them?' 'You can tell,' I told him, 'because gas does things to people that nothing else does. And there was a doctor who confirmed it.' Don said, 'How do you know he's a doctor?' I said, 'Well, I didn't see his degree from Vanderbilt University, but I can tell you he's a doctor, and I can tell you they are using gas in there.' The Soviet Embassy went berserk and said, 'This is ridiculous, we aren't using gas,' but the fact of the matter is that we now know they were experimenting with gas all over the place in Afghanistan.

Well, I got a lot of heat for this story. Even for dressing in native costume. I mean I was going in behind enemy lines! How was I supposed to dress? Give me a break."

ANNE MORROW LINDBERGH

Airdate: April 20, 1980
Correspondent: Morley Safer

SAFER: *Just three months after Pearl Harbor, [Charles Lindbergh] made a speech saying the British, FDR and the Jews were trying to get us into a war.*

LINDBERGH: *I was horrified. I said, "I think it's worse to rouse anti-Semitism in the country, much worse than war." He was not a great reader. Had he read Goebbels and Hitler, he would have known that people who are really anti-Semitic start with these state ments.*

SAFER: *Did you love him less for that?*

LINDBERGH: *I can't say I did, but I pitied him.*

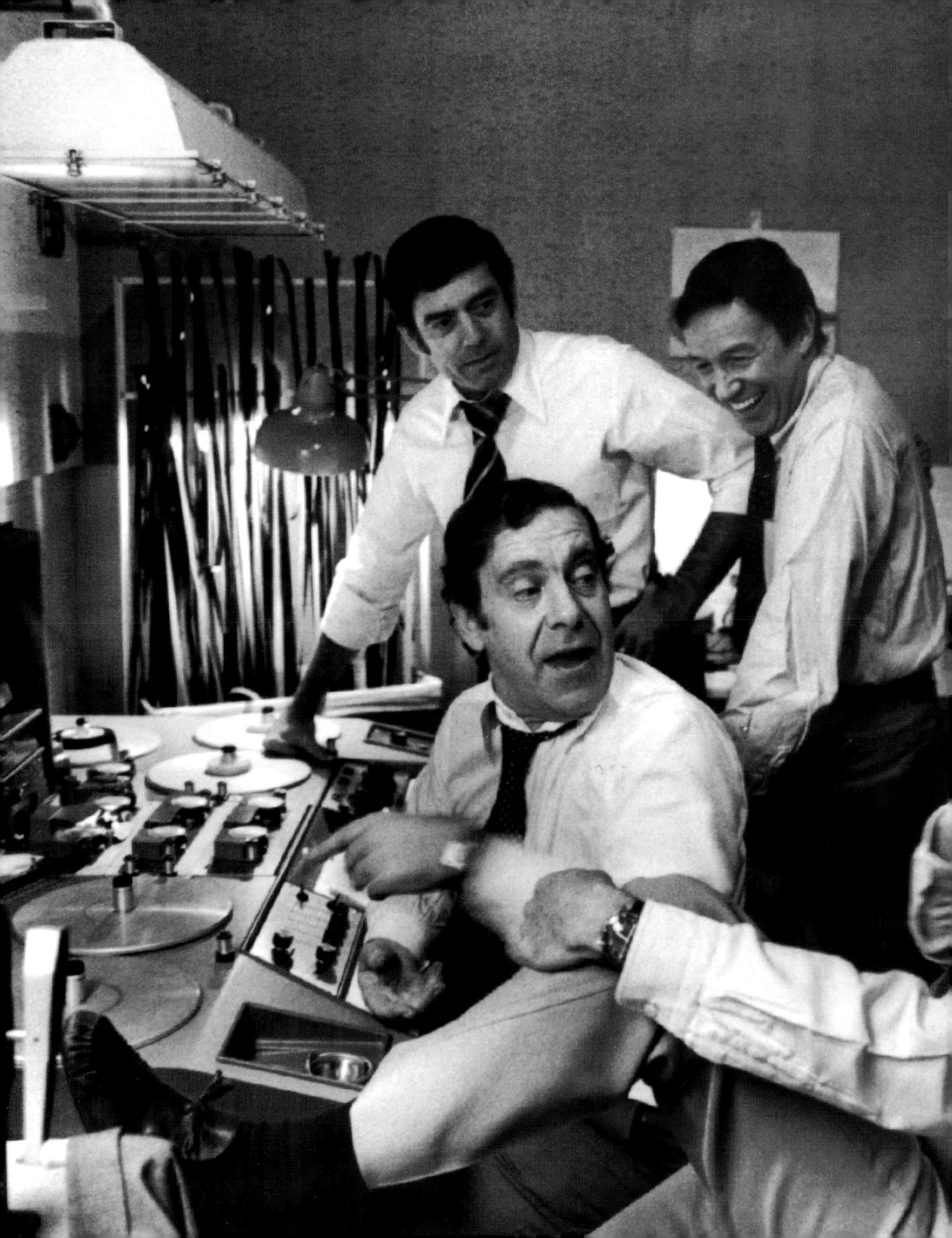

When it was just him and Safer, Wallace recalls, "That competition was quite serious for a time. Safer and I didn't talk to each other for a couple of years. But there is not the same kind of rivalry that there used to be." The atmosphere by now had evolved into an amiable "participatory anarchy," according to Rather.

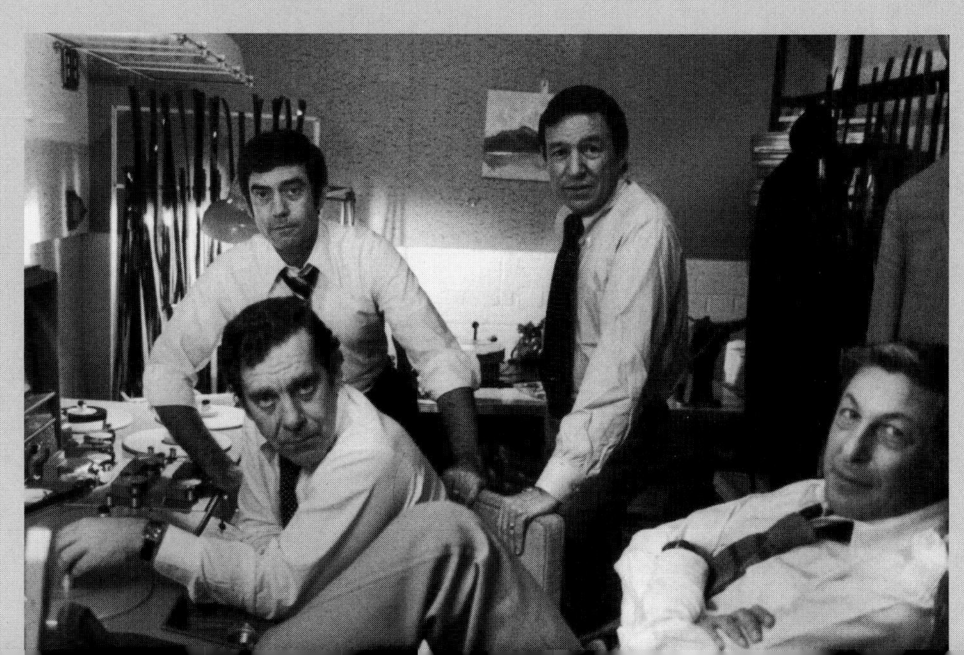

LOVE CANAL

Airdate: May 25, 1980
Correspondent: Harry Reasoner

REASONER: *Just like the warning on a package of cigarettes or a bottle of iodine, the signs were there for everyone to see for many months, but it was a situation where not much seemed to happen until this week. We're talking about the Love Canal... A couple of years ago, they found chemicals [buried under the site of the local school by the Hooker Chemical Company] were seeping out into the air and dirt and affecting people's health. In the past nine days, the canal has been very much back in the news: new studies showing chromosome damage in people living in areas not previously considered dangerous; a decision to evacuate about 700 families temporarily at federal expense.*

We went back to the site of the first problems. The silence here is very loud. Although you get the occasional sound of a plane overhead and kids playing and dogs barking in the street a couple of hundred feet away, what you hear inside the chain-link fence is the silence. I don't know who left this ball here, but I know you stop and think a couple of times before you pick it up....

Since the Love Canal story broke, fifteen pregnancies occurred in families living outside the first two rings; only two resulted in normal births. Eight of the babies had birth defects, two were stillborn, three were either miscarried or aborted.

DR. PAIGEN: *That's terrible.... You don't need statistics, you don't need science. Two normal children out of fifteen pregnancies in anybody's book is a disaster.*

FIRST FAMILY OF THE G.O.P.

Airdate: July 14, 1980
Correspondent: Mike Wallace

NANCY REAGAN: *Mike Wallace, what kind of question are you asking? Why are you doing this to Ronnie?*

how Wallace and his colleagues handled their stories. "By the early Eighties," said Wallace, "it had reached the point where almost every time we aired an investigative piece, our tactics were called into question. In a sense, we were drawing almost as much attention to ourselves, to our modus operandi, as we were to the corrupt practices we were trying to expose."

"Confrontation journalism" and "ambush journalism" were the most common names for *60 Minutes'* reportorial technique. Either way, the investigation usually involved a correspondent barging in on a reluctant subject, chasing him down in public or confronting him with a damning piece of evidence. All on camera. Critics said this kind of journalism was unfair. These were, after all, professional broadcast journalists confronting amateurs. As one former producer explained it, "They get a tight shot of his face, and of course he doesn't look comfortable. He doesn't know about eye contact with the camera, so his eyes are shifting. And all the while Mike

Wallace is talking to him—and Mike is a very imposing character." Critics said it was overkill. "There is a tendency for them to caricature themselves, to do confrontations just for the sake of confrontations," Dick Salant admitted. But it worked. Television needs drama to hold audiences, and *60 Minutes* knew how to provide it. The only question was how far was too far to go.

"Mike and I have argued this publicly," Reasoner said, "and it goes back to the old question 'How do you get flies, with honey or with vinegar?' Mike gets a lot of flies with vinegar, and I get just as many with honey. It's not a difference in intent or a difference in the goals of reporting; it's a difference in how you do it."

A correspondent might be pushing a subject for a small answer, as Morley Safer did when he jabbed a finger in the chest of a man who had been telling him how an IRS agent had interrogated him. "You mean he was doing that sort of thing?" Safer asked. He might be fishing for evidence, as Ed Bradley was when he opened a West Texas medical examiner's refrigerator and found picante sauce and mustard next to the blood and urine samples. ("Are you trying to discredit me?" asked the examiner.) Or he might be capturing wrongdoers red-handed, as Mike Wallace did when he set up a dummy medical lab in Chicago to observe Medicaid fraud—and popped out from behind a door to confront operators offering kickbacks.

Like all television news shows, *60 Minutes* was affected by the constraints of the medium. The length of its segments, for example, was both a blessing and a curse. Film crews sometimes shot 50 times the footage the show could use. This gave the producers extraordinary freedom to choose what went on the air—but it also meant they had to leave out a tremendous amount of information. *60 Minutes* also employed a technique called the "re-ask," which films a correspondent asking questions again for the camera after the interview is over. It's a method made necessary by the limited number of cameras that go on location—but many feel it gave correspondents the upper hand.

They defend their techniques vigorously. Print reporters, they note, have always walked up to subjects unannounced—"ambushing" them with questions. It's just that on television, the process is visible. No one is ever "ambushed," said Hewitt, unless a request for a conventional interview has been refused—and until *60 Minutes* has the research necessary to justify this approach. "It may some-

JIMMY CARTER

Airdate: August 10, 1980
Correspondent:
Dan Rather

RATHER: *Mr. President, you recently directed your staff to make report cards on their employees. Now, in specific areas I'm going to ask you to grade yourself A through F. Foreign policy?*
CARTER: *You put me on the spot. I would say maybe a B or a C-plus. Let's say B-minus.*
RATHER: *Overall domestic policy?*
CARTER: *Under the circumstances, I think about a B—maybe a C.*
RATHER: *And on leadership?*
CARTER: *Maybe a B.*

ART BUCHWALD

Airdate:
October 19, 1980
Correspondent:
Mike Wallace

BUCHWALD: *I'm very optimistic about this country.... Because when you see what countries are doing to people like me for just saying something, and when you see what I'm getting in this country for doing the same thing, you tend to think that it's not a bad place. The thing about this country is if you attack the establishment and do it well, they make you a member of the establishment immediately.*

HELMUT SCHMIDT

Airdate:
November 2, 1980
Correspondent:
Harry Reasoner

REASONER: *That's a repetitive theme in [Chancellor Helmut] Schmidt's private and public talk—that there is no world leadership for Germany. Why? Privately he says, "It is because we are the nation of Auschwitz...." Is there any chance at all that Germany would ever become a threat to peace?*
SCHMIDT: *I am convinced that there is no chance for such a development.... Never again will a war in Europe originate from German soil, [though] it cannot be excluded for us Germans that we might be dragged into wars that start some other place.*
REASONER: *But you won't start it again?*
SCHMIDT: *Certainly not, sir. I've had enough. Haven't you?*

ITZHAK PERLMAN

Airdate: December 21, 1980
Correspondent: Mike Wallace

WALLACE: *You've said the violin is a Jewish instrument. Why is it that so many fiddle players, so many world-class fiddle players, are Jewish? I mean whether its Oistrakh or Perlman or Heifetz or Menuhin or Isaac Stern?*
PERLMAN: *You see, our fingers are circumcised... which gives [them] very good dexterity, particularly in the pinky.*

JIMMY FRATIANNO

Airdate: January 4, 1981
Correspondent: Mike Wallace

WALLACE: *Jimmy, who was the first person you killed?*
FRATIANNO: *Frankie Nicoli.*
WALLACE: *Where did you kill him?*
FRATIANNO: *In my house. We strangled him.*
WALLACE: *You were a good killer?*
FRATIANNO: *I just had the talent to do things like that.... Just some people are a little better [at it] than others....*
WALLACE: *Jimmy fought his way through the ghetto streets of Cleveland, where a policeman first labeled him "a weasel." He served seven years for armed robbery, the first of almost twenty years he would spend in prison. Shortly after his first release he moved to California and in a ceremony marked by gun and sword, he became a "made" member of the Mafia.*
FRATIANNO: *There's a gun and a sword crossing one another. The boss says something in Italian. We all hold hands. They prick your finger with a sword or a pin to draw blood. And you go around and meet everybody and you kiss 'em on the cheek. Now you're a made member.*
WALLACE: *What are the privileges? What are the responsibilities of a made member of the Cosa Nostra?*
FRATIANNO: *Well, most people get made because they want respect.*
WALLACE: *Respect from whom?*
FRATIANNO: *Well, respect when you go to another town, they send you to the boss and they take you around. They take care of your hotel and you meet a nice class of people.*
WALLACE: *You meet a nice class of people? You meet some other mobsters?*
FRATIANNO: *Well, you also meet nice people. I met George Raft... Milton Berle, Ben Blue. I know many a times I went to Vegas; where nobody could get a seat, I got a front seat because I was Jimmy Fratianno.*

WILLIAM F. BUCKLEY JR.

Airdate: January 18, 1981
Correspondent: Morley Safer

SAFER: *There's a fair body of opinion in this country... of people who may not regard themselves as liberals, [yet who] see conservatism as something fairly sinister. Any grounds for that sort of feeling at all?*
BUCKLEY: *No. No. They are indulging in a false, lazy historical disjunction that saw Hitler as the arch-conservative. Conservatism begins by saying you must not trifle with the individual. The best friend of individual freedom is the conservative. If the Moral Majority or the John Birch Society, or whatever, were actually to threaten the United States with oppression, you would find an instantly galvanized body of conservative opinion opposing them.*

RED SMITH

Airdate: August 5, 1981
Correspondent: Morley Safer

SAFER: *His name is Walter Wellesley Smith, but you'd have to be even older than he is to recall reading that byline. Red Smith is the quiet man of sports journalism, and yet the keenest of all the observers of the games people play.... What is it about sports that makes everyone an expert?*
SMITH: *It doesn't take a monumental brain to understand that three strikes are out. [Sports-writer] Frank Graham used to say, when there'd be a dispute over the point system in judging a close fight, he'd say, "Bring a six-year-old kid in. Let him sit at ringside and, when it's over, say, 'Who won?' And he'll say, 'He did!' "*

SAFER ON SMITH

"Interviewing Red Smith may have been the best time I've ever had doing a piece. A wonderful, funny man. We went to a World Series game in Philadelphia together. Watched it upstairs in the pressbox. That was the game when Pete Rose, playing first base for the Phillies, made an incredible play to save the game. The catcher had a foul popup bounce out of his glove and Rose, hustling as usual, was there to grab the ball before it hit the ground. And Red was just shaking his head.

I asked Red if he knew Rose and he didn't. I'd done a profile of Pete a couple years before so I said, 'Let's go down after the game.' 'No,' he said, 'I never go to the locker room after the game. It's a waste of time with all those people mobbing players after the game. I did it once, I'm never going to do it again.'

But eventually I talked him into it, and we went into the Phillies' locker room and there is the usual mob with their tape recorders and camera crews asking dumb sports-reporter questions like 'What did it feel like to catch that foul ball?' We were standing in the back and Pete Rose looked up and spotted me. Told everybody to be quiet. 'Morley,' he said, 'are you with the guy I think you're with?' And I said yes. And he came out, bare assed, and says, 'Mr. Smith, it's a great honor, can I take you and Morley out to dinner?' So we went out to dinner at an Italian place in south Philly. And it was fascinating. Pete Rose just sat listening to every word Red said. Just sat very, very quietly and gaped."

times look to a viewer as if we have taken someone by surprise," he has said, "but believe me, that's not the case. The scamps and rascals know damned well why we're there." Added producer Al Wasserman, "I think it's rare that little people are persecuted on it. When we're tough, it's usually because we have the research to back us up, and we're being tough on what people represent rather than on them as individuals."

Still, there was so much interest in the ethical questions surrounding *60 Minutes* that in September 1981, the show staged an hour-long panel discussion called "Looking at *60 Minutes*." The broadcast drew nearly 31 million viewers.

THE OTHER FACE OF THE IRA

Airdate: October 4, 1981
Correspondent: Ed Bradley

BRADLEY: *It might seem that Libya's Colonel Qaddafi and certain members of the Irish American community in the United States would make strange bedfellows, but bedfellows they are, as joint suppliers of illegal weapons to the IRA. Over the years, most of the weapons captured by security forces in Northern Ireland have been of American manufacture, smuggled directly from the United States, but now there is increasing evidence that more and more of the incoming hardware is of Soviet origin.... Is this change from American-made to Eastern-bloc weapons just a coincidence? Not according to Peter McMullen, [who] was a top soldier with the IRA from 1971 to 1978. He planted bombs and led sniper patrols. He was jailed by the British, but now he's on the run in the United States, seeking political asylum. McMullen says he's been sentenced to death by the IRA, because he disagreed with their political direction and wanted out.*

McMULLEN: *They had turned very strongly toward socialism. They had started to get involved with other groups—Bader-Meinhof, the Red Brigade, PLO—and a lot of the individual member's thinking was, we're not having an Irish revolution anymore, we're having a world revolution.*

BRADLEY: *Why would Qaddafi support the IRA?*

McMULLEN: *Qaddafi supports all revolutions, and that's what the IRA has become now—a revolution.*

BRADLEY: *A Socialist revolution?*

McMULLEN: *A Socialist revolution.*

BRADLEY: *Socialist thinking has usually been associated with radical universities, but the IRA has very few college-educated members.*

McMULLEN: *Jail is the greatest university in the world for soldiers.*

The implications of the show's interview techniques were so serious that they even reached the Supreme Court. Lieutenant Colonel Anthony Herbert, a decorated veteran of Korea and Vietnam, sued *60 Minutes* after a 1973 report by Wallace and producer Barry Lando that questioned his claim that he had been relieved of his command when he tried to expose a My Lai-type massacre. During his interview with Herbert, Wallace pulled out all the dramatic stops, confronting the commander with a man who had served under him and who claimed no such event ever happened. In a decision that many said could have a chilling effect on the freedom of the press, the court ruled in 1979 that a public figure claiming libel could inquire about journalists' "state of mind" while

I. F. STONE

Airdate: October 18, 1981
Correspondent: Ed Bradley

BRADLEY: *"When I was a boy," Izzy Stone once wrote, "I believed that a newspaperman ought to use his power on behalf of those who were getting the dirty end of the deal." He is 73 and retired now. There is no more* I. F. Stone's Weekly, *but there is still I. F. Stone.... How do you feel about [Ronald Reagan]?*
STONE: *I think he's an awfully nice guy, but he scares the hell out of me.... His premise is that all you've got to do is unleash greed. You know, when you come to town with a $50 dollar haircut and a thousand-dollar suit, with all those rich friends who... import hairdressers and couturiers and cooks for their big parties, and you tell the poor, "Hey, times are bad, folks, you've got to pull in your belt." And the poor sucker that can't afford a 49-cent cup of coffee for lunch... has to pull in his belt.*

In 1981, Ed Bradley came to 60 Minutes *from a documentary background that earned him not only an Emmy for such specials as "The Boat People" but a reputation for becoming personally involved in the stories he reported. "There's nobody better at finding out, and communicating what he found out," says Hewitt.*

they were reporting.

That decision had little effect on *60 Minutes*. The investigative stories—and the resulting lawsuits—have continued to the present day. But in its 25 years on the air, there has not yet been a successful lawsuit against the show, and *60 Minutes* has settled out of court just once—for $5,000. Defending itself didn't come cheap—the Herbert case cost CBS between $3 and $4 million—but this did not restrict the show's aggressiveness when it came to potentially explosive stories. If anything, its victories in these battles may have hardened *60 Minutes* and caused it to seek out even more controversy.

THE BEST MOVIE EVER MADE?

Airdate: November 15, 1981
Correspondent: Harry Reasoner

REASONER: *The best movie ever made? It was made in 1942 on a budget of about a million dollars. It was based on a play that had never been produced. It had writers like some houses have mice, but the script was still done sort of a day at a time. It changed the image of its stars, none of whom were particularly enthusiastic about the movie at the time. It's now a cult. Is it the best movie ever made? At least one knowledgeable movie lover says, no, but it's the movie most people think is the best movie ever made, me included.*
[excerpt from film]
HUMPHREY BOGART: *Here's looking at you, kid.*
REASONER (voice-over film): *Anyone who doesn't know that movie is* Casablanca *may be excused from class. And please don't come back without a note from you mother.*
[continued excerpt from film]
INGRID BERGMAN: *Wherever they put you and wherever I'll be, I want you to know that—*
REASONER (voice over): *I saw* Casablanca *first in Minneapolis in 1943. It was pretty heavy stuff for 19-year-old kids.*
BERGMAN: *Kiss me. Kiss me as if it were for the last time...*
REASONER (voice over): *I don't suppose then or now, young men wind up for good with the young women with whom they first saw* Casablanca. *I didn't. The story seems to lead to bittersweet endings in real life, too, but you never forget who you first saw it with. I wonder if she remembers. If she does—*
(on camera)
Here's looking at you, kid.

Each segment begins with a correspondent introducing the piece in front of what the staff calls the "book" (left). Reasoner is actually sitting in front of a blue screen (right) upon which the "book" is superimposed.

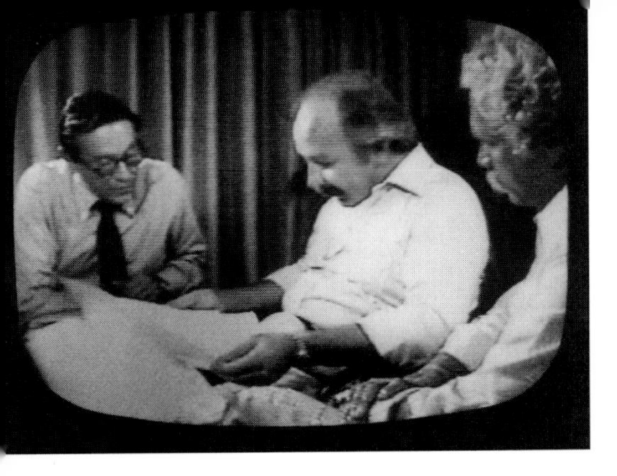

Wallace conducted an explosive 1980 interview with Frank Terpil, former CIA agent-turned-advisor to the likes of Idi Amin and Moamar Qaddafi, and with Gary Korkala, both wanted for conspiring to sell arms to terrorists worldwide. Says Wallace: "Terpil was the manipulator, Korkala was the manipulated. Terpil was an evil man. I don't think the moral implications of what he did ever occurred to him. I don't know where he is today. He ran behind the Iron Curtain. Hid in Libya. Any place he could make a buck."

BILLY WILDER

Airdate: February 28, 1982
Correspondent: Harry Reasoner

WILDER: *I don't set out to make a flop. I set out to make a hit. But in the words of Mr. Goldwyn, "If people don't go to see a picture, nobody can stop them."*

LENA HORNE

Airdate: December 27, 1981
Correspondent: Ed Bradley

HORNE: *You can't help your sexual nature, you know.... If a lady treats other people as she'd like to be treated, then she's allowed to go roll in the grass if she wants to.*
BRADLEY: *Even if she's 64?*
HORNE: *Particularly if she's 64!*

JEANE KIRKPATRICK

Airdate: January 31, 1982
Correspondent: Mike Wallace

KIRKPATRICK: *You know how politics is played in the Congress.... People deal, they bargain, they... withhold appointments. Now, politics is played the same way at the United Nations. Only the United States, the Americans, who are very good at that kind of politics, are very bad at it in the United Nations.*
WALLACE: *The U.N. shouldn't exist, Ambassador Kirkpatrick?*
KIRKPATRICK: *Well, the U.N. does exist. You know, like death and taxes....*

WELCOME TO PALERMO

Airdate: December 13, 1981
Correspondent: Harry Reasoner

REASONER: *In one six-day period while we were in Palermo, they played the same scene nine times. When the police got where they were going, they always found another victim of the war among the Mafia. Giacomo Tafuri got it at high noon on the street, but predictably no one could remember noticing who shot him: twice in the chest, followed by the ritual coup de grace—three bullets in the head. Tafuri was on the police books for narcotics activities. An agent of the United States Drug Enforcement Administration, a one-time undercover man, Thomas Tripodi knows the Mafia and Palermo.*
TRIPODI: *We call them murders [in the U.S.]. They are executions over there. It means the person has violated a code in the so-called Mafia. That is why they can kill a person in broad daylight, including a police officer, and [it] can be witnessed by two or three hundred people, but none of whom will say anything. It's an execution, and the people know that, they understand it, because the Mafia, after all is said and done, is an underground government....*
REASONER: *Why Palermo? Look at the map. If you wanted a convenient place to stop over, with morphine base from Turkey and Lebanon and Iran and Iraq and Afghanistan; a place with clandestine laboratories to turn the morphine into heroin for the hungry addicts of Western Europe and America; if you wanted that kind of place and Palermo didn't exist, you might have to build it....*

This is the direct New York-to-Palermo flight they call "the Mafia Express." The name is a joke, of course. These people are warm and honest first- or second-generation Americans who have saved enough dollars to come back and see a mother or a sister or some cousins. But somewhere among them are the mules, the couriers. Coming back, they may have a bundle of American cash for cousin Bruno that would choke a Sicilian donkey. Once they confiscated a suitcase from checked baggage. It had $500,000 in it. As of now, no one has ever claimed it or filed a lost luggage report....

[Palermo's] investigators are as smart as anybody's, but for a city the size of Washington D.C., there are just two hundred of them. A couple of years ago, their chief had begun to have some success, to get some people charged. The Mafia shot Boris Giuliano dead as he drank a cup of coffee. [Judge] Cesare Terranova was murdered on his way to work. The provincial president of Sicily was killed in his car after mass one Sunday. There was a courageous district attorney, Gaetano Costa. He was killed for his courage....

Palermo's press is also concerned. The tabloid L'Ora, *for instance, has shown both persistence and courage in covering Mafia crimes. Its politics is left-wing. Its editor, Nicholas Cattedra, continues to investigate the Mafia even though one of his reporters was killed....*
CATTEDRA: *We have investigated drugs. That's one piece. We have investigated contracts, the local council in Palermo. That's another bit. We have investigated the relations between the Mafia and politics. That's another piece. [But] if you ask me who the head of the Mafia is, I don't know. You need to go to the United States to find out.*
REASONER: *How much does it cost to get a man killed in Palermo? To hire a hit man?*
JUDGE MARIO SERIO: *Well, I heard that someone was satisfied with 300,000 lira... which would be $300.... Maybe a little less—$290.*

JACK ABBOTT

"In The Belly Of The Beast"
Airdate: April 18, 1982
Correspondent: Ed Bradley

BRADLEY: *The last time they put Jack Abbott in jail, there were those who said they should have thrown away the key. They didn't. Despite a history of violence inside the walls of the several penitentiaries that had been his home since he was a teenager, Jack Abbott was paroled. He was paroled partly because some prominent authors were impressed with a book he had written [In The Belly of the Beast]. They decided to go to bat for Abbott with his parole board. Their intervention helped Abbott walk out of prison to a hero's welcome of sorts, a party thrown in his honor by the senior editor of one of the country's biggest and most prestigious publishing houses. Shortly after, the group at the dinner party woke up to the news that Jack Abbott had stabbed a young man named Richard Adan to death, outside a restaurant in Manhattan's Lower East Side.... Between the time he committed this senseless murder and the time he was sentenced [to 15 years], we talked with him in jail. Tonight a conversation with the killer who doesn't understand why society wants to lock him up forever.*

Jack Abbott killed a man. He must pay. Now what do you think you deserve to pay, if anything?

ABBOTT: *Wait a minute. Wait a minute. Now you're telling me that—if you're—if you accidentally kill someone, you have to pay. Now, according to the law, you don't have to pay. And we're talking about the law, or are you talking about my soul? If you are talking about the law, you're wrong. If you're talking about my soul, it's none of your business. You see what I mean?.... My remorse is my remorse. And no, you're not going to take it away from me on television.*

BRADLEY ON ABBOTT

"Jack Henry Abbott was a killer who once while in prison had taken a pen and stabbed a doctor in the nose. And at one point he picked up my pen. So what's to stop him from doing it again? With me. Well, I was sitting in that very good athletic position, legs uncrossed, sitting on the edge of the chair, weight evenly distributed on both feet so I could move in either direction. If he made a move I was ready to make a move. Fortu-nately he didn't, because I did provoke him.

He was talking about how 'You don't know what it's like on the Lower East Side.' Which is where he cold-bloodedly murdered a young actor. I reacted very strongly: "Jack, I've got friends who live on the Lower East Side, and people don't just walk out the door and kill someone because they live on the Lower East Side. Give me a break."

HONOR THY CHILDREN

Airdate: September 19, 1982
Correspondent: Mike Wallace

WALLACE: *If these children look American, it's because they are American, at least half-American. There are thousands of them roaming the streets of Vietnam, wanting nothing more than to come to the land of their fathers.*
[surrounded by children]
You American?
GIRL: *Yes.*
WALLACE: *You're American?*
GIRL: *American. American. American.*
WALLACE: *Children forgotten in the war we left behind us, half a world away.*
CHILD: *My father American.*

WALLACE ON THE AMERASIAN CHILDREN

"These children were lost. Unwanted by their American fathers, looked down upon by the Vietnamese. To see these kids who looked American—most often they seemed a combination of Oriental and black, a very pretty mix—in such a terrible situation was very sad. One felt so sorry for them. Many of them, maybe most, were beggars, very wily street beggars who lived and slept in the street. They were the last victims of the war, and that's why Barry Lando and I wanted to do the story. We followed some of them back to the United States to find the fathers. The desire to re-connect was just unbelievable. I found that such a moving story to tell. The whole Vietnam episode was so tragic, so filled with emotion. I hope this Amerasian story had some effect on the responsibility we had—and still have—to those children."

THEODORE HESBURGH

Airdate: March 14, 1982
Corespondent:
Harry Reasoner

REASONER: *University presidents have a difficult life. They not only have to make policy and oversee the day-to-day operations of their schools, they also have to raise money—chiefly from the alumni. So they avoid controversy. Well, one university president doesn't. He is Father Theodore M. Hesburgh—"Hesburgh of Notre Dame."*
HESBURGH: *I was discussing nuclear weapons with George Bush, and I said, "George, you're a grandfather. It's like having a cobra in the nursery with your grandchildren. You don't have a big discussion about it. You get rid of the cobra or you won't have any grandchildren...." I keep think ing of Dante, who said the worst place in Hell was reserved for those people who were neutral in times of great moral crises.*

CHAPTER 5

Second Wind

STAYING ON TOP 1983-1987

"A crook doesn't believe he's made it as a crook until he's been on 60 Minutes.*"*

MORLEY SAFER

By 1983, Don Hewitt had ten Emmys on his shelf, and the *60 Minutes* clock had ticked over 1.4 million minutes. The show had covered almost 1,500 stories, and Mike Wallace alone had done 500 of them. Still going strong, the old warhorse had turned 65 in the spring of 1983, and under CBS' ironclad retirement rule—which had not allowed even Walter Cronkite to stay beyond his allotted years—he should not have been back for the fall season, but he was—for the same reason that, five years later, CBS let Hewitt stay on beyond his 65th birthday. And it was

When Diane Sawyer became the first woman on the 60 Minutes *team, some were put off by her lack of broadcast experience and her partisan political background. But she soon earned her stripes with her keen intelligence and hard-working professionalism.*

AL HIRSCHFELD

Airdate: October 6, 1983
Correspondent: Morley Safer

SAFER: *For nearly six decades he's been the chronicler of the American theater, of American entertainment. His medium is caricature....*

HIRSCHFELD: *I remember going to New Haven to see the thing called* Away We Go! *Lawrence Langner was the producer, and he asked me to have a coffee with him after the show. And I did, and there was Billy Rose and Mike Todd. And the four of us were sitting at the table, and [Lawrence] said, "Now, what do you fellows think of this? I want the truth." And Mike Todd, being Mike Todd, jumped into the breach and said, "If it was my show, I'd close it. You don't have a chance. Take your lumps like a man and just forget it...." [Then] a press agent came up to us and said, "Listen. Stay over tonight and take a look at the matinee tomorrow. We've changed the title to* Oklahoma!, *and it's not bad."*

the same reason the two men have been tied up with contracts that run until they're nearly 80. Ratings.

But the years—and the workload—were taking their toll. Wallace, who has divorced since his tenure with the show began, once referred delicately to "the necessities imposed by *60 Minutes* that have made inroads, if you will, on my personal life." After his departure in 1981, Dan Rather recalled the burdens of the show on his own more youthful energies. "It wasn't until I moved to the *Evening News,*" he said, "that I realized how tired I was from hanging around some airport at 11:15 at night, wondering when there would be a flight to Salt Lake City or Damascus, or wherever it was I was supposed to be next." Asked for advice about his replacement, he suggested durability. "The job," he concluded, "requires a kind of peasant stamina." Each of the four correspondents was logging up to 200,000 miles a year to gather an average of 25 stories each.

In 1984, Hewitt brought in help for his beleaguered—and aging—correspondents by hiring Diane Sawyer, only 38, as the first woman to share *60 Minutes'* duties. A close colleague of Ed Bradley's since their Washington days, she was tough, witty, sophisticated and determined. And she hit the ground running. Within a year, she had scored a major coup: Three days of non-stop phone calls netted an interview with Egyptian President Hosni Mubarak; a wild dash back to London and intense editing got it on the air the next day.

That bit of extraordinary enterprise justified the faith Hewitt had when he hired her. "You cannot name a broadcaster whose name has not come up in a conversation around here," he said later about the search for a fifth correspondent. "Jim Lehrer, David Brinkley, Ted Koppel, Sam Donaldson, Barbara Walters, you name it. Everybody was discussed, and it was finally decided there was only one person, and that broadcaster's name was Diane Sawyer."

There was, inevitably, controversy about Sawyer's gender. It was a charge that provoked Hewitt's ample reservoir of sarcasm. "I was never looking for a woman," he said. "I was never looking for an Eskimo. But if the right Eskimo had come along, I would have hijacked her." Sawyer, for her part, wanted to avoid the issue and simply get to work. "I'm reluctant," she said, "to set myself up as either role model or barrier breaker. I'm going to be another person with another set of perspectives, another pair of legs to walk the miles you have to walk to get the stories."

Sawyer found Hewitt's loose shop like no other. "After looking for the system for a year," she recalled, "I discovered there was no system. All it takes for a story is a correspondent and a producer who want to do it. If I have a story idea, I go to one producer and say, 'How about Isaac Stern?' And that producer may say, 'Oh, I don't think so, it's not for me.' So I say okay, and I go to somebody else and say, 'Isaac Stern,' and that producer says, 'Yeah, let's do it.'" Sawyer fit so smoothly into the mix that the five correspondents were "sort of interchangeable parts," said Hewitt at the time. "If Mike Wallace was off on a foreign story, and he couldn't leave for something else, he'd say, 'Let's send Diane on it.' So what started out as a Wallace story would end up as a Sawyer story. I would assume, as we go along, that some stories will start out as Sawyer stories and end up as Bradley stories."

But it didn't matter which of them covered a story to the people they interviewed. With the reputation it had established for confrontational journalism, just the mention of *60 Minutes* would strike fear in the hearts of its subjects. One article in *The Washingtonian* magazine was titled "If Mike Wallace Calls, Hang

HELEN HAYES

Airdate: December 4, 1983
Corespondent: Mike Wallace

WALLACE: *The first producer who wanted to make her a "somebody" said that her size was against her.*
HAYES: *He said, "If you were a couple of inches taller, you'd be a great star."*

WHERE HAVE YOU GONE, JOE DIMAGGIO?

Airdate: October 30, 1983
Correspondent: Morley Safer

SAFER: *Drug abuse, alcoholism, gambling, fixing, cursing.... It was not always thus. There was a time, not so long ago, when the sports arena was a kind of shrine to fair play. This isn't a sports story, really. It's a story about ethics, or the absence of ethics.*
ROGER STAUBACH: *[I deplored] the cocaine, the marijuana and the other drugs.... I used to stare across the line of scrimmage and see a linebacker sometimes where both eyes weren't going the same way.*
BILL RUSSELL: *Twenty-five or thirty years ago, a player came to you as a player. Now he comes to you as a corporation.*

LENELL GETER'S IN JAIL

Airdate: December 4, 1983
Correspondent: Morley Safer

SAFER: *Lenell Geter is a young black engineer, one of six graduates of South Carolina State College who were recruited by E-Systems, a major defense contractor, in Greenville, Texas, a small town outside of Dallas. When he arrived there in 1982 from rural South Carolina, his future seemed secure, a clean-cut, 24-year-old earning $24,000 as an engineer and planning to get married. Six months later, he was arrested for the $615 armed robbery of a Balch Springs, Texas, Kentucky Fried Chicken restaurant, convicted and sentenced to life in prison.*

How did it all happen? Could Lenell Geter have been a successful engineer who went out to rob fast-food restaurants on his lunch hour or coffee breaks or after work? It all [began] with the armed robbery of [a] Kentucky Fried Chicken restaurant in Greenville, Texas, on August 9, 1982, by a young black male.

The detective investigating was Lieutenant James Fortenberry of the Greenville Police. By his own admission, he was hurting for leads. So he had the local paper appeal to anyone who'd seen any strange vehicles in the vicinity of the restaurant to contact him. Fortenberry got a call from the white woman who lived across the road from a park in Greenville. She said she'd seen a black man park his car there a number of times. She'd become suspicious. The car had South Carolina license plates. Now, this park is some distance from the robbery, a good three-and-one-half miles. Fortenberry considered this a major lead. He traced the license plate and the car turned out to be owned by Lenell Geter.

GETER: *Well, that's my favorite reading place and place of meditating. It is a public park, and I'd usually go there and relax and feed the ducks, because it's near the water and it's comfortable. But must I be suspicious because I go to a public park—and read? That doesn't make any sense.*

SAFER: *Fortenberry not only considered Geter a suspect in the Kentucky Fried Chicken robbery in Greenville, but he called the police in Plano, Texas, to tell them he might have a sus-*

pect for a similar robbery there. The Plano police told the police in Garland, Texas, that Geter might be a suspect for a robbery there.

Well, suddenly, Geter's picture was being circulated as a suspect in robberies all over the Dallas region.... Two weeks [later] there was a rash of three armed robberies—a Taco Bell, a mugging in a drugstore parking lot and another Kentucky Fried Chicken, this one in Balch Springs, Texas. The day after that, Lenell Geter was arrested and charged with all three robberies.

There was some talk of plea bargaining, but Geter refused, maintained he was innocent, was tried swiftly, found guilty and sentenced to life for the Kentucky Fried Chicken robbery at Balch Springs... [The trial] had already begun when Geter's attorney called E-Systems and asked his co-workers to get to Dallas as quickly as possible to testify on his behalf. Two people who were not called to testify and did not realize until after the trial that their testimony could have been crucial were Dan Walker and Debra Cotton.

COTTON: *I talked to him shortly, right around one o'clock, and then again at three, right at three.*

SAFER: *And the robbery took place at 3:20.... Absolutely impossible to get from E-Systems to Balch Springs.*

COTTON: *It was impossible for Lenell Geter to be there.*

WALKER: *No question about it, he came by to use my phone somewhere between 3:45 and 4:00 o'clock that afternoon.*

SAFER: *No way you could get back from Balch Springs in fifteen minutes?*

WALKER: *No. No way.*

PROSECUTOR KEN CARDEN: *Debra Cotton sat in this hallway throughout the trial. I never talked to her, but she had the opportunity to get on that witness stand just like any other witness and tell what she knew.*

SAFER: You said that Debra Cotton was out here; she wasn't out here at all.

PROSECUTOR RANDY ISENBERG: *There was a lady for E-Systems, I was told.*

SAFER: *Black or white?*

ISENBERG: *Black.*

SAFER: *But Debra Cotton's white.... There was no physical evidence of Geter's guilt—no gun, no cash, no license plate taken down at the scene of a crime. The State's entire case was based on eyewitness testimony.*

ED SIGEL [DEFENSE LAWYER]: *Eyewitness testimony is subject to a great deal of error, and that's all they have—absolutely no corroborating evidence whatsoever.*

SAFER: *But they had five [eyewitnesses]. It's pretty convincing.*

SIGEL: *Not really, when you stop and think that each one of the persons who identified the robber described a person who doesn't even look like Geter. They have him from five-six to six-foot tall. Some of them have him with whisker hair, some of them have him with a mustache, some of them have him with long sideburns. All of them have him with the wrong hair. He never looked like that.*

PROSECUTOR CARDEN: *People quite often get small details incorrect in their pictures of people, the pictures they mentally retain. But when you come face to face with someone, you don't tend to forget 'em.*

SAFER: *But it's the small details that send a man away for life, so don't they have to be very, very carefully examined?*

CARDEN: *It's the live witnesses that you look*

LENELL GETER CONTINUED

at, listen to and decide after you hear them on the stand that you believe 'em that send people to the penitentiary.

SAFER: *So Geter was found guilty. Then came the punishment, the sentencing phase of the trial. The prosecution asked the jury for life for Lenell Geter, and among its witnesses was Lieutenant Fortenberry. He told the court he'd telephoned the police in South Carolina, and the sheriff down there, Sheriff Ed Darnell, had said he knew Geter and knew him to be a bad character. Sheriff Darnell, when Lieutenant Fortenberry called you, what did he want to know about Lenell Geter?*

DARNELL: *He was telling me about Geter and being a suspect in this armed robbery, and said that he just needed some information on him. And I told him—I said, well, I don't have anything and I don't know him at all.*

SAFER: *Did you say to Lieutenant Fortenberry that if his name is Geter and he comes from Denmark, South Carolina, he must be or probably was an outlaw?*

DARNELL: *Definitely not. No, sir. No way, shape or form....*

SAFER: *There's one more thing that's important to know about the Lenell Geter story. Remember that first Kentucky Fried Chicken robbery in Greenville, the one that brought Lenell Geter into the mind of Lieutenant Fortenberry, because of that phone call he received about the out-of-state car seen at a local park? Elaine Mooney was a customer that day in the Greenville Kentucky Fried Chicken. She saw the robber. But more important, she was an employee at E-Systems and knew Lenell Geter.*

MOONEY: *He was always very friendly and he always called me by my name.*

SAFER: So had that been Lenell Geter in there holding up that restaurant....

MOONEY: *I think he would have said hello. And I don't think he would have continued on to rob, if I'd seen him.*

SAFER: *So, you're absolutely, what, 100 percent positive it was not Lenell Geter who held up that restaurant?*

MOONEY: *Absolutely.*

BRADLEY ON RICHARD JAHNKE

"Richard Jahnke [interviewed for a story entitled "Dirty Little Secret" on January 22, 1984] was a Wyoming teenager who killed his father. His father had physically abused him, physically and sexually abused his sister, physically and sexually abused his wife for years. And one day the kid just had enough. He waited in the garage until his father came home. And shot him dead.

SAFER ON LENELL GETER

"As far as I'm concerned, the most important story I ever did is Lenell Geter. It took about fifteen visits, going back and going back and going back. And finding evidence that the Texas police hadn't bothered to look for. And tracking down the witnesses they hadn't interviewed. The people who really made the difference were his co-workers, all of whom were totally supportive of him, who believed in him and weren't getting anywhere.

As a direct result of the story we did, Geter's conviction was overturned and he was released from jail. It was just thrilling. If we hadn't stepped in, he may have spent his life in jail. You never know about these things, but the chances are that he would have. Now, it's happened before with 60 Minutes *that our clout has made a difference. It hasn't happened since. But that story had everything—including the incompetence, some might even say criminal incompetence, of the judicial system. What I hadn't realized until then is that the criminal justice system had a vested interest in keeping an innocent guy in jail. They don't realize that they can cover themselves with glory when they admit they are wrong. For me, though, the real satisfaction was being able to help give a man's life back to him. I guess if I didn't do another story but that one, I would still feel very proud.*

HEWITT ON GETER

"When we got Lenell Geter out of jail, I cried. That was a tremendous feeling."

GETER ON GETER

"I feel so fine that if I had feathers I could probably fly. [But] my case got a lot of attention because I'm educated and I have a good job. I just wonder how many others have been arrested and railroaded through like me and we've never heard of them."

Well, I was the first person he talked to, outside of court officials. And it was one of the most moving interviews of my life... because of the silence. There were times when I would ask him a question, and he would look at me and then he would look away, maybe for a minute. And one of the things I learned early on was that it's not important what the interviewer says, but what the person being interviewed says. A lot of people who do interviews have a tendency to fill space, when someone is silent, they have to rush in and fill it.

I just let the kid sit there. And this was in the days of film, before video tape, and we had an eleven minute piece, so a minute, minute and a half in those days was a long time. But we just went with it and waited. And when Richard would come out with something, I mean it was just pure emotion. The intensity, you could just see the tightness in this kid's body, in his voice, in his face. It was just mesmerizing, absolutely mesmerizing. It's an interview I'll never forget."

SAFER ON FAME:

"People return your calls. You usually get a table at a restaurant. And professionally, it's good. If somebody doesn't want to give you an interview, he wouldn't give it to Jesus Christ if he called."

BRADLEY ON FAME:

"Every time I go out, someone recognizes me. I used to try to be incognito until one day I was standing on a corner wearing my baseball cap, dark sunglasses and an old Army parka with the collar up. I was waiting for a light and a guy turned to me and said, 'Hi, Ed.'"

NO SMOKING

Airdate: January 29, 1984
Correspondent: Harry Reasoner

REASONER: *Everywhere you look, someone is trying to get smokers to quit. The Surgeon General has issued a mountain of statistics on the dangers of smoking. There are posters which seem to be designed to make smokers feel dirty and unhealthy. Cigarette commercials are no longer allowed on television. But messages like this are.*
LOLA FALANA: *There's a part of me you've never seen, Lola Falana's lungs. Thank heavens they're healthy lungs. But when you smoke, your lungs get darker and become damaged, until finally they can't breathe at all.*
REASONER: *Does all this make smokers feel guilty? Sometimes.*
WOMAN: *I try not to smoke that much at my desk. I'll walk around or go to the ladies' room.*
REASONER: *Do you think that sometime in the future, maybe right in this office, you won't be allowed to smoke at your desk?*
WOMAN: *I hope not.*
REASONER: *Yes. But it might happen. Would you quit smoking then, or quit the job?*
WOMAN: *Probably neither. I'd just find a new place to hide.*

A close colleague of Ed Bradley's since their early days in Washington, Diane Sawyer took a detour from journalism in the early Seventies to serve as a deputy press secretary in the Nixon Administration. She then returned to the fold as co-anchor of The CBS Morning News *before joining the team at* 60 Minutes.

Up." And sometimes the subjects of stories even tried to escape *60 Minutes'* scrutiny. When the show set up its cameras at a private airport outside New Orleans just before the Super Bowl to film "Welfare for the Rich," a report on corporate fringe benefits, planeloads of inbound executives flew off like frightened ducks who had spotted a hunter. "We had a book with all the tail numbers of the various private jets used by corporations around the country," recalled Wallace, "so we knew when the Rockwell plane or the CBS plane or whatever was coming in. It was fascinating to watch these company planes come in and suddenly hear over their radios that we were waiting for them on the ground with our cameras, and then zoom off into the wild blue yonder."

Consulting businesses sprang up around the country that specialized in teaching executives how to handle themselves on camera. "I have yet to find one single client who wants to be on

IN SEARCH OF JUSTICE

Airdate: May 13, 1984
Correspondent:
Ed Bradley

BRADLEY: *Bill Ford is a Wall Street lawyer who has made it his personal business to find out who was really responsible for the execution of those four American nuns in El Salvador three-and-one-half years ago. Why Bill Ford? His sister, Ita Ford, was one of the slain nuns.*

FORD: *I want to know what happened to my sister. I want to know why it happened. I want to know who paid for it, who was present, who directed it. I don't think those questions are unreasonable. I want the answers.*

BRADLEY: *What happened to Bill Ford's sister is the easiest of those questions to answer. Over the last five years, it's estimated that 40,000 people in El Salvador have been murdered.*

JACKIE GLEASON

Airdate: October 28, 1984
Correspondent: Morley Safer

SAFER: *From* The Cavalcade of Stars *came a cavalcade of Gleason characters—The Poor Soul, Reginald Van Gleason III, and a minor sketch about a Brooklyn couple named Kramden....*

GLEASON: *Almost everybody was a Kramden in the neighborhood I lived in.... When you think of him, the poor soul hasn't got a lot of ability, but he keeps trying.... His schemes are all to make him and Alice happy and he fails, and when he fails she feels a great deal of affection. She knows why he did it and he apologizes all the time.... He's just an ordinary moxe trying to make it and just can't.*

SAFER ON GLEASON

*"Gleason and I are playing pool and I get lucky, and I'm walking around the table doing my best Paul Newman-in-*The-Hustler *imitation, and after sinking the fourth ball I look up and Gleason is looking at me like he is about to take my head and shove it straight down my throat. Finally, I miss. He says, 'It's my shot, pal.' And he just runs the table. Wham, wham, wham. Voom! By the end of the day, he realized that I just got lucky on that one game. But for a brief moment, he thought he was being hustled—and he wasn't happy about it."*

60 Minutes," said the head of one such company. But the targets of a *60 Minutes* story were often only too happy to appear. Some interviewees—especially the conmen—relished the opportunity to challenge *60 Minutes*.

"Everyone thinks he can handle himself," Hewitt observed. "They don't think Mike knows; they have no idea how much homework he's done." Others figure they must defend themselves, whether they want to or not. As Herbert Schmertz, vice-president for advertising at Mobil Oil, explained, "Frequently you say, 'Well, they're going to do the story anyway and if I don't participate I'm gonna look worse than if I do participate, so I have to participate and do the best I can.'" And sometimes their motivation is pure ego. A pool hustler who played against Harry Reasoner on the show offered this explanation for showing his face on national television: "So I could say hello to all the people that I have—I shouldn't say robbed, but I will."

And the subjects of a *60 Minutes* investigation weren't always unhappy with the results. Once, in the Cleveland airport, Wallace ran into a surgeon he had exposed for letting assistants perform operations in his place. "I figured he'd at the very least ignore me," Wallace recalled, "but instead he walked over and shook my hand and said, beaming, that since our expose he'd gotten sixteen or seventeen new patients."

A few stories have backfired even more seriously. When *60 Minutes* ran a story on fake IDs—produced at the suggestion of the Federal Government, which was trying to curb the practice—one man created ten aliases by following the techniques illustrated on the show, stole $10 million and fled to Central America. And the day after *60 Minutes* aired a segment on video piracy, the video store owner who had been the story's subject received calls from all over the country requesting pirated copies of movies.

But the number of indictments, resignations, product recalls, new laws and ordinances, outpourings of spontaneous public sympathy, support and aid was far greater. The show could also produce mass changes in public behavior: Millions of people stopped buying apples and apple juice after a *60 Minutes* report on pesticides sprayed on the fruit. And it had the power to move them: The rerun of a story called "Bloody Ivory" about elephant poaching brought

HYMAN G. RICKOVER

Airdate: December 9, 1984
Correspondent:
Diane Sawyer

SAWYER: *Admiral Rickover, the controversial father of the nuclear submarine... hasn't given an unrestricted personal interview on television since 1957. At 84, the Admiral retains the famous style: combative, challenging, deliberately provocative.*
RICKOVER: *I never have thought I was smart. I thought the people I dealt with were dumb.... I never read the rules... never had a book of Navy regulations in my office. I prohibited it. One time some guy brought it in and I told him to get the hell out and burn it.*
SAWYER: *But that's not working within the system.*
RICKOVER: *My job was not to work within the system. My job was to get things done.*

LITTLE RICHARD

Airdate: February 10, 1985
Correspondent: Ed Bradley

BRADLEY: *When you look at the performers today, some of them, and the kind of outfits they wear, and you think of what you did 30 years ago, what goes through your mind when you see these guys?*

LITTLE RICHARD: *I say wow! Oooowuh! I say I was way ahead of my time. Elvis Presley sold millions of my records. Elvis Presley did all my stuff.*

BRADLEY: *And as a writer you didn't get—*

LITTLE RICHARD: *Didn't get a call from nobody, not a Christmas card, not a hello or a goodbye.*

BRADLEY ON LITTLE RICHARD

"I've never gone after a story here that I really wanted to do that Don Hewitt didn't let me do. I've had some where he's said, 'You're crazy.' In fact, I've had one where he said that publicly—a story on Little Richard, Richard Penniman. A newspaper quoted Don saying, 'I don't know why Bradley's doing this story, I don't think its a good idea.' So I went to Don and said, 'Look, I can understand your objections, but I expect to hear your objections from you; I don't expect to read about it in the newspaper.' And he said, 'You're right.' So I did the story and we screened it for him, and to his credit, when the lights came up, he turned around and said, 'I was wrong, this is a great story.' Then, of course, he told me how to change it to make it better. And, of course, he was right."

this letter: "Your story produced the same effect on me as the last time you showed it. I cried."

The secret of the show's visceral impact—and its ongoing success—was Hewitt's dictum to focus not on issues but on stories, stories with compelling characters told by a correspondent who isn't afraid to get personally and even passionately involved in these "little morality plays." The goal, said Palmer Williams, was "to deal with changes in American life: We are holding up a mirror to what is going on in the country."

But ever since the Seventies, when *60 Minutes* began to take off the gloves in its investigative reporting, the show had been taken to task for how it went about that job. Not fair to the subject. Too much focus on the correspondent. Too much showbiz. And now, in the early Eighties, *60 Minutes* began to take broadsides from two new fronts.

The first attacked the stories it chose to present. *60 Minutes*, the criticism went, wasn't covering "important" news. Never mind that

Ed Bradley had been one of the last American correspondents evacuated from Cambodia's capitol, Phnom Penh, as the city was falling to the Khmer Rouge in the spring of 1975. Ten years later, in April 1985, he returned with 60 Minutes *to shoot "One Third Of A Nation," a disturbing portrait of this divided nation and its major victims, children.*

In a 1985 story appropriately titled "Once Upon a Time," Sawyer probed the traumatic childhood behind the celebrated fairy-tale lifestyle of socialite Gloria Vanderbilt.

its stories were far less sensational and far less celebrity oriented than its imitators. But *TV Guide* published a list of "serious subjects confronting this country" and compared them to the *60 Minutes* story list. Here, said the magazine, were some big stories the show had missed: the Israeli invasion of Lebanon, the shooting of Pope John Paul II, problems of U.S. auto companies, OPEC, the U.S. steel industry, black unemployment in America, El Salvador, the Falkland Islands war.

The problem with that was that so-called important news was never in the show's charter. It was true that most *60 Minutes* stories weren't pegged to an event. That was partly a result of the need to build a "bank" of stories, and the uncertainty over when each story would run. But it was also true that *60 Minutes* stories, in order to appeal to a wide audience, demanded a drama that "important" stories did not always have. "Sometimes there are stories you don't do," Hewitt explained, "because the [characters] are dull. That's not to say someone shouldn't do it, but not us. Call it shallow if you want, but that's a fact of life around here." Anyway, he said, "I don't label myself as news. The evening newscasts deal with news. We deal with reality."

The second criticism attacked a change—a new softness—that

Anglophile Morley Safer produced an entertaining portrait of the fey, erudite, slightly dotty BBC radio network, known affectionately in Britain as "The Beeb." Said Safer: "The BBC's mandate covers such wonderfully rich territory as Etruscan table manners... an hour's observation of a garden wall, the lives of the fairies of West Africa, the enigma of the Japanese quail."

PLACIDO DOMINGO

Airdate: July 14, 1985
Correspondent: Harry Reasoner

REASONER: *A paradox of being perhaps the greatest operatic tenor in the world is that once you get out of costume and out of the world of opera, maybe nobody notices you. You can be the big kid, the jolly father. You conclude that Domingo is not faking it. He likes to sing "Besame Mucho." He likes amusement parks....*

He is, for an opera singer, unusually handsome, a 42-year-old Spaniard raised in Mexico. And he can do more types of opera then most tenors. There are kinds of operas for tenors and kinds of tenors for the kinds of operas. But Domingo sings them all; he acts them all; he knows them all.

DOMINGO: *Opera is my life. It is no doubt. Everything else, it helps, you know, to bring more people to the opera. It helps to make me more popular... Other kinds of music, films, whatever. But opera is the moment of truth. I cannot live without. I don't think of living without singing. I... really give everything I have every night.*

"It's A Calvin," Sawyer's stylish piece on designer Calvin Klein and the fashion empire that bears his ubiquitous label, aired in September 1986.

some perceived in the show's tone. It was an ironic twist for those who had weathered the charges that its early investigations had been too heavy-handed. According to this scenario, *60 Minutes* was getting fat and happy in its middle-age—in its huge success. This criticism ignored the fact that one of the show's greatest triumphs came during the mid-Eighties, when a report by Morley Safer helped spring from jail a black engineer named Lenell Geter who had been wrongly convicted of armed robbery. It was just this sort of story that gave *60 Minutes* its reputation as a national ombudsman.

According to the critics, Hewitt and his correspondents were enjoying life too much as part of the establishment—losing their passion, abandoning the "scam-of-the-week," protecting the franchise, hesitating to experiment, switching from a producer-run show with emphasis on the story to a correspondent-run show with emphasis on the star. "Comfortable with a capital C," was the way one former producer put it. Harry Reasoner, for one, argued that the show hadn't changed, that its image as a muckraker had always far outstripped the actual number of investigations. "If you look statistically at our stories," he said, "there hasn't been that much of it." As for the "trivial" stories, he suggested, the smaller stories also

JACK LEMMON

Airdate: January 5, 1986
Correspondent: Morley Safer

SAFER: *He's been a priest, an alcoholic, a gendarme, an ensign, a nuclear plant foreman, a female bass player and a Hollywood fixture for more than 30 years. Among actors, only Laurence Olivier and Spencer Tracy have been nominated for more Academy Awards. He's a bit past 60 now, but still happily married and happily at work with a rare Broadway appearance in Eugene O'Neill's* Long Day's Journey Into Night *scheduled for the spring. But he claims that when he started out those many years ago, all he ever wanted was—*

LEMMON: *A couple of suits, a couple of jackets, four or five pairs of pants and some nice shoes. That was it.*

[Music: Lemmon playing the piano]

I had no interest in film. I was very snobbish, full of myself because I was [affecting high-toned accent] from the "theatah," and in the "theatah" we do not do film. Well, it was all a lot of baloney.

HIS FRIENDS CALL HIM "Q"

An interview with mogul/musician Quincy Jones
Airdate: February 9, 1986
Correspondent: Ed Bradley

BRADLEY: *During his career, he has composed the music for 34 movies—his first back in the early Sixties—a time when it was almost unheard of for a black composer to do a Hollywood movie. This year Quincy stepped into a new and different arena. He not only composed and arranged the score for the new Steven Spielberg picture,* The Color Purple, *but he was also one of the picture's producers, a brand new direction for Quincy.... What did you wish for? I mean, what was your fondest wish as a kid?*

JONES: *To be the best and the biggest. You know, you always dream that, but between dreaming that and realizing that is a very—[Laughing]—It's a very elusive kind of thing. It's like wanting something too bad, you know. You can't do anything about it—except what you do.*

In 1986, Sawyer accompanied 79-year-old author James Michener in an emotional return to the islands that were the subject of his first novel, Tales of the South Pacific, *which inspired the Rogers and Hammerstein hit musical.*

DENG XIAOPING

Airdate: September 7, 1986
Correspondent: Mike Wallace

WALLACE ON DENG XIAOPING

"To get this interview, we promised the Chinese that Deng's interview would go on the first broadcast of the season and it would be at least fifteen minutes long. We had never done this before, but Deng was the leader of the world's largest country, was largely inaccessible... and it was just a great opportunity.

Well, the piece was awful. I had never seen anything as boring in my life. And it played on the last broadcast of the repeat season [September 7, 1986]. At six minutes long. I went crazy, producer Barry Lando went crazy, and you can imagine about the Chinese. They went nuts. CBS almost lost its bureau in Bejing as a result of this. That's how angry they were. Finally Larry Tisch, who owns the candy store here, Howard Stringer, Don and I sat down at lunch with the Chinese ambassador and negotiated a settlement. We apologized and replayed the interview on the morning news, played it on Charlie Rose's 2-6 A.M. show.... I mean it got cycled and re-cycled. But that piece was the very definition of dull."

COMIC GENIUS

Airdate: September 21, 1986
Correspondent: Ed Bradley

BRADLEY: *Robin Williams is one of those rare comics who makes it up as he goes along.*

WILLIAMS: *[Soon] the only people flying to Europe will be terrorists. So it'll be—"Will you be sitting in 'armed or unarmed?'" There's room for a handgun under the seat. In case of a cabin seizure, a small burnoose will fall from the ceiling. Run to the front and say your name to Allah...*

BRADLEY: *When you ask Robin Williams who he looks up to, who influenced him, the credit goes to one man.*

WILLIAMS: *Jonathan taught me [that] the world is open for play. That anything and everybody is mockable, in a wonderful way.*

BRADLEY: *Jonathan is Jonathan Winters, the acknowledged master of improvisation.... Halfway through the interview, Robin couldn't resist the chance to direct Winters.*

WILLIAMS: *In this scene, I want you to play as much love as you can.*

WINTERS: *To Ed here?*

WILLIAMS: *Yes, and I want you to work with your eyes.*

WINTERS: *All right, I'll work with my eyes.*

WILLIAMS: *Tell us what you really feel.*

WINTERS: *Okay.*

WILLIAMS: *Sub-text is love.*
WINTERS: *Edward [playing to Bradley], we're gonna get you through the tunnel. Now, listen to us. I know you've never learned to read or write. It doesn't make any difference. You're a beautiful human being. You're gonna be free! You'll go up north tonight on the "packet." You'll go up along the shore. Now, stick close to the shore. Thank you, incidentally, for all that money.*

BRADLEY ON WINTERS

"I remembered Jonathan Winters from the Jack Paar show when Paar would sit there with a basket full of hats, pull one out and Jonathan would plop it on his head and create a character around it. Brilliant improvisation. Just brilliant.

Now on this interview I did with him, I'd taken along my godson, who was home from school, and he just happened to have a CBS sports hat on. And when I mentioned the Jack Paar stuff, Jonathan turns to my godson and says, 'Give me your hat.' And he just went off on this sports thing. And then he did another character. Then Robin Williams shows up and starts giving Jonathan stage direction. Incredible stuff. Hilarious. So what do I do? I just go with the flow. Once or twice I say something like, 'Now, Jonathan, may I ask...' and he's just going and going and going. No reason for me to ask any questions. I'm just along for the ride."

When Sawyer went to Mawi, West Africa, to cover a story on starvation, she interviewed a twelve-year-old boy named Mohammed. He was on screen for just eighteen seconds, but that was long enough for an American couple, Cheryl and Charles Schotts, to decide they wanted to adopt him. In a follow-up story three months later, 60 Minutes *showed him riding a bicycle in front of their suburban home in Indianapolis.*

For a gripping piece aired in October 1986, Wallace interviewed Eugene Hasenfus, an imprisoned American civilian pilot shot down over Nicaragua who stood accused by that government of being a spy for the CIA.

BRADLEY ON "TEN EXTRAORDINARY WOMEN"

"This story [aired on February 1, 1987] came from Grace Diekhaus, who produced it. She said, 'These women are going on this trip with Outward Bound, and they all have cancer.' Well, I wasn't sure about it. There was the possibility that it would be a wonderful story, but it could also turn out to be a big failure. You know, following these women while they swung and jumped and hiked and rappelled through the wilderness. All of them with this terrible disease. I had real doubts whether they would feel comfortable enough to really expose themselves, to allow us to see that, you know. It was a risk, a high-wire act, but the potential was there, the upside was fantastic. They were willing, so I finally decided to just hope and go with it.

I think I'm a good listener, and I established a good rapport with them and it worked. It was an easy story to do in terms of homework. There was nothing to read. These women had cancer, so that's all there was to it. It was what I call a touchy-feely story, which is a kind I love to do, but it's difficult to do, because if you can't touch and feel, you've got nothing.

But it worked because ultimately it was a story about indomitable courage. They touched me so much, and the story of their experience touched me so much, that I took an Outward Bound trip myself. It was tough, very tough, but it was fantastic, wonderful. And it made me admire those women even more."

were "important for journalism to do."

But some of the critics felt vindicated when the unthinkable occurred on one Sunday in 1985: *60 Minutes* slipped in the ratings from a 40 to a 38 share of the audience. Doomsayers began claiming that the show was winding down, that its time had run out. And management publicly admitted to some nervousness. But Hewitt was unfazed. "Our show finished number six in the ratings the other week," he countered, "with three repeats, and in the sunshine of a beautiful Sunday—does that sound like we're stale?"

Perhaps they were, perhaps not. But other, even larger concerns were roiling. After years of turmoil—and declining profits—under CBS Chairman of the Board and Chief Executive Officer, Thomas Wyman, a coup from within was bubbling, and in September 1986, investor Laurence Tisch became acting CEO and assumed control of CBS. Wyman, and widely unpopular CBS News President Van

Gordon Sauter were out. It was a tumultuous time for what had once been so clearly America's number one network. Ratings and revenues were down. *60 Minutes* had its critics, but it was still CBS's most profitable show, and in a period of real crisis, it was still an indispensable cash cow, earning approximately $70 million for CBS in 1986 alone.

Any news show on television would have been thrilled to trade places with it. In the face of critical assaults and corporate upheavals, *60 Minutes* had remained a top-ten-rated show for eleven consecutive years, reaching number one in the Nielsens for the second time. And during the five years between 1983 and 1987, it had presented an extraordinary array of world leaders, captivating stars and outrageous conmen; it had told amazing, disturbing and provocative stories. It had introduced us to Robin Williams and P.W. Botha, Ray Charles and Eugene Hasenfus, Imelda Marcos and Corazon Aquino, Jackie Gleason and Lenell Geter. *60 Minutes* had by now done more than establish itself as the standard by which all broadcast journalism was compared—it had become an icon of western culture and a shaper, rather than just a reporter, of history.

1 OUT OF 3

Airdate: March 29, 1987
Correspondent: Diane Sawyer

SAWYER: *We bought some chicken from Simmons' Southwest City, Missouri plant and we had it tested.*
DR. DONALD HOUSTON [Head of USDA Inspection Service]: *Right.*
SAWYER: *And we learned that 58% of the chicken that we bought—this is just ordinary supermarket chicken and we bought about ten pounds of it or so—was contaminated with salmonella. That surprise you?*
HOUSTON: *No.*
SAWYER: *Why not?*
DR. HOUSTON: *Well, the industry average is 35%.*

RAY CHARLES

Airdate: September 6, 1987
Correspondent: Ed Bradley

BRADLEY: *Do you ever get angry at—because you're blind? I mean, do you ever—*
CHARLES: *No. Why? About what? When you're blind, I think you probably only lose maybe one-ninety-ninth of what life is all about.*

Months after his promising presidential bid for the 1988 election exploded in the Donna Rice affair, Gary Hart talked to Bradley on 60 Minutes *about his ill-fated decision to re-enter the Democratic race.*

MANUEL NORIEGA

Airdate: February 7, 1988
Correspondent: Mike Wallace

WALLACE ON NORIEGA

"Bradley was supposed to do this one. We had been after Noriega and after him for a long time. And all of a sudden they said, hey, the time to come is now. By no means was it a sure thing, but we had a shot. Well, Bradley was on his way back from somewhere, and was stopping off in Paris to spend a couple of days. So I went down.

You know the business about Noriega being very sensitive about his bad skin is an absolutely true story. And I used it to my advantage. I took him aside before the interview, just he and I, and said, 'I know you're a little sensitive about your skin. I am too, because I have the same problem. But I have the best camera crew in the world. They make me look good. They will do the same for you.' He visibly relaxed. Thanked me. And I knew I'd gotten into a comfort zone with him. Now he trusted me. And my job was going to be easier.

Later, during the interview, after pointing out his lavish lifestyle, when I asked him how much money he made in salary, he couldn't believe I'd asked the question. He didn't know whether to shit or go blind. He didn't answer, there was this long pause and he finally mumbled, '$50,000.' And I said, 'On $50,000 you have all these houses and Mercedes and this fabulous art collection.' His eyes rolled. I had him. He had his own crew taping the interview too, and he replayed the entire interview on Panamanian television. The one thing he took out was the business about his salary."

CHAPTER 6

It Keeps On Ticking

A TRIUMPH OF MATURITY 1988 - 1993

"What surprises me most is that 60 Minutes is better in 1993 than it was ten years ago."

ANDY ROONEY

With the late Eighties and early Nineties came a major turnover on the *60 Minutes* team. The core group—Wallace, Safer, Bradley, Rooney and Hewitt—remained, but when Diane Sawyer left to host ABC's new magazine show, *Prime Time Live,* in 1989, Hewitt brought in Steve Kroft and Meredith Vieira from *West 57th.* Kroft fit seamlessly into the team, but two years later, Vieira left when she became pregnant and couldn't travel full time. Then came the most tragic loss in the history of

When Diane Sawyer left 60 Minutes *to host ABC's new magazine show,* Prime Time Live, *in 1989, Hewitt brought in Steve Kroft and Meredith Vieira from* West 57th. *Kroft fit seamlessly into the mix, but Vieira left in 1991 after she became pregnant and couldn't travel full time. The current team was formed later that same year when Lesley Stahl left her hosting duties on* Face the Nation *to replace the ailing Harry Reasoner.*

the show. Long in ill health, Harry Reasoner was named "editor emeritus" and passed away in August of 1991, deeply grieved by everyone at *60 Minutes.* Hewitt knew he was irreplaceable, so he didn't try to find another Reasoner. But he picked an outstanding reporter to fill his slot on the show: Lesley Stahl, CBS White House Correspondent and host of *Face the Nation.*

Behind these on-screen changes, Hewitt's unique vision remained intact. In its approach to stories, in the way it tackles the job, *60 Minutes* remained surprisingly unchanged. "I've always said if you play the piano for 25 years, you know where the notes are," Hewitt explained. "You just know what works and what doesn't work."

The formula was working on Super Bowl Sunday, January 26, 1992. After the Buffalo Bills succumbed to the Washington Redskins, Democratic presidential hopeful Bill Clinton and his wife Hillary appeared on *60 Minutes* in what many imagined would be another of its famous public scalpings. The subject: allegations that Clinton had an affair with a woman named Gennifer Flowers.

There were no losers on that broadcast, however. As a matter of fact, Clinton came out a winner for facing the charges and forging a stronger relationship with his wife. And Steve Kroft came out a winner for scooping the other networks.

As *60 Minutes* approached its 25th anniversary, it was firmly entrenched for the fourth time in Nielsen's number one spot. After fifteen years among the Top 10 shows, an estimated 31.7 million Americans watched *60 Minutes* every week, and episodes were broadcast in some 35 foreign nations. Pulling in about $50 million a year, it had earned CBS some $1.3 billion since it went on the air in 1968.

In the history of television, a 25-year run is a rarity indeed, but in television news, it's unheard of. Ed Sullivan had lasted 23 years. The Disney show, under various names, had run for 21. *60 Minutes* has been on the air longer than *M*A*S*H* and *Cheers* combined, longer than *The Cosby Show, The Mary Tyler Moore Show* and *I Love Lucy* combined. Even the competition—the dozens of imitators that *60 Minutes* has spawned—have never posed a serious threat.

Just look at what happened to *60 Minutes* during the Gulf War in

SAFER ON RETURNING TO VIETNAM

"I'm really glad I went back to Vietnam [to film a 60 Minutes *piece that ran on March 19, 1989]. Partly because it came out well, and partly because I wrote a book,* Flashbacks, *that I'm proud of as a result of the trip, I felt so much better about a lot of things. That happens to every guy who goes back. I mean every GI, every reporter, whatever.*

I don't know exactly why it's so beneficial. I've got a lot of theories. Everyone does. And everyone finds it hard to describe why. I think part of it is being in a place where you only knew one condition, and that was war—elemental stuff: the fear, the noise, the smells. The only reason you were there was because people were getting killed. There was this business of death around you all the time, whether it's the body bags leaving the airport, the firefights, the ugliness of war. And everything was so busy, so intense. Trucks taking up all the space in the road, shoving cyclists aside. There was no room anywhere.

Then you go back to this southeastern Asian backwater and life is gently going on. The soup-selling ladies are out and bicycles are going this way and that way. And there is this absence of background noise and tension. And suddenly it's a wonderful place, a beautiful place. You enjoy the heat, and you enjoy the sound of the sea, all of it. I mean, you just feel much better about everything.

But for the first day or so, it's traumatic for just about everyone. You start remembering people in different situations, a flood of memories. On the first day I saw a woman carrying one of those yokes with rice containers on either side and she was trotting along the way they do in Vietnam. It's a graceful sight; an absolutely classic Vietnam scene. And all of sudden I got tears in my eyes. It had nothing to do with the war. It was simply this wonderfully remembered scene of the landscape of this country. And I knew at that moment that it was right to come back."

YOU'RE DEFINITELY A WINNER

Airdate: April 2, 1989
Correspondent: Ed Bradley

BRADLEY: *"You're definitely a winner"—that's what the letter says—the winner of thousands of dollars or a new car. Millions of these letters are sent out by time-share resorts, and all you have to do to collect your prize is come on down for a visit. The catch? The catch is that they hope you'll join the nearly one and a half million people who already own time-share vacation units. The concept is simple. You buy a week or two at some vacation paradise, and you can use it for the same week year after year. Doesn't sound so bad, does it? To find out we went down to Texas, where the Freedom Financial Corporation operates five of its seven resorts. Freedom Financial Corporation sent out a million letters a week like this one. If you got one, was it your lucky day? Jim Mattox is the Attorney General of Texas.*
MATTOX: *It says you are guaranteed to receive $10,000 cash, plus a 1987 Chrysler Sundance automobile. And when you really look at it, you actually must believe that you are the winner of one of these really big prizes.*
BRADLEY: *Did you ever see anyone walk away with $10,000?*
CAROL BARTON: *Never.*
BRADLEY: *A BMW?*
BARTON: *Never.*
BRADLEY: *With a Chrysler Sundance?*
BARTON: *I never saw a major prize awarded to anyone.*
BRADLEY: *Carol Barton should know what people get. For sixteen months, she was a saleswoman at Freedom Financial here at the Holly Lakes Ranch outside Dallas. She had more than $1 million in sales, and earned $75,000 a year before she quit.*

the summer and fall of 1990. For up-to-the-minute news, Americans were glued to CNN, but when they wanted the inside story, they turned to *60 Minutes*. Avoiding routine coverage of American troops, Ed Bradley reported on Saudi Prince Bandar, a fighter pilot with his country's air force. "Kroft went and found the Kuwaiti government in exile. In a Hilton Hotel," recalls Hewitt. "And you realize this is no country, this is a conglomerate. It's a corporation."

A year later, *60 Minutes* took what Hewitt calls the "point-counterpoint" approach during the Los Angeles riots that followed the first Rodney King verdict. Lesley Stahl interviewed Daryl Gates, the city's embattled police chief, and Bradley interviewed Willie Williams, the Philadelphia police commissioner who had been

tapped as the next chief in L.A.

Still fiercely independent after all these years, *60 Minutes* continued to take heat for some of its reports. The gay community protested vociferously after Andy Rooney said in a CBS News year-end special that 1989 was the year people realized "too much alcohol, too much food, drugs, homosexual unions, cigarettes... all led quite often to premature death." In the ensuing controversy, then CBS News president David Burke suspended Rooney for three

WELCOME TO HARLEM

Airdate: December 10, 1989
Correspondent: Morley Safer

SAFER: *Dr. Walter Turnbull came to Harlem in the early Sixties as an aspiring young operatic tenor from Mississippi. He sang professionally, but had to support himself teaching music in the New York City public schools. In 1968 he started the Boy's Choir in a church basement. What makes them different from the "other" kids we read about? The kids who assault people, involved in drugs?*
TURNBULL: *My kids are no different. They come from the same projects, the same kinds of families. The difference is that there is somebody willing to try to do something for them, and they want to do something. So there is an opportunity. The difference is the opportunity.*
SAFER: *[speaking to some of Turnbull's boys] So he's tough?*
BOYS: *Yes.*
SAFER: *No nonsense?*
BOYS: *No.*
SAFER: *Disciplined?*
BOYS: *Yes.*
SAFER: *Do you like him?*
BOYS: *Yes!*
YOUNG MAN: *He's actually been my father, 'cause I don't live with my father, and I look to him as my father.*

NEEDLE PARK

Airdate: January 14, 1990
Correspondent: Morley Safer

SAFER: *It is probably the cleanest, most orderly city in the world. That's what makes this so shocking: Right in the middle of Zurich is Needle Park, a park the city's given over to cocaine and heroin addicts. One more chapter in the AIDS story in a city determined to deal realistically with the problem. Zurich offers free sterile needles to any addict who wants them. And they want them at the rate of 7,000 a day.*
DR. WERNER FUCHS: *What we are doing here is a desperate task. It is five minutes past 12:00, if you regard the whole framework of AIDS intervention. And what we are doing is a little bit schizophrenic.... We are doing this here, and ten minutes away from this place we have the center of our banks, and everyone is knowing about things like money washing.*
SAFER: *Drug-money washing?*
FUCHS: *Yes, of course.*
SAFER: *So they're getting rich over there, and they're dying over here?*
FUCHS: *Yes.*

CHERNOBYL

Airdate: February 18, 1990
Correspondent: Steve Kroft

KROFT: *Few Russian words translate as quickly, with as much impact, as the word Chernobyl. In English it means wormwood, the biblical name of the great star that fell from the heavens in the Book of Revelations, poisoned a third of the earth's waters and signalled the Day of Judgment.*

But for the Soviet Union, it's more than just an apocalyptic vision. It's reality. Nearly four years have passed now since a nuclear disaster occurred there, and yet the scope of the destruction and its long-term effects are only now coming to light.... The toll—human and material—from what happened here in late April 1986 is still being assessed. And it is almost beyond comprehension. When a series of human errors during a test blew open Reactor Number Four, it sent a radioactive cloud three miles into the sky, but as the Soviet people are beginning to find out, it did not just blow away. Entire villages have been bulldozed, hosed down and buried, except for Pyriat. With luxurious, ultramodern accommodations by Soviet standards, it was home for 45,000 atomic workers and their families. Today Pyriat is a nuclear ghost town. The only sign of life is the music, piped in constantly to keep the decontamination crews that have to be here from going crazy.

(voice-over on location in Pyriat):
You can't see the contamination, and you can't feel it. All you can do is hear it on a Geiger counter. In some hot spots we found radiation levels 100 times normal....

(on camera):
[But] some of the worst areas of contamination extend far beyond Chernobyl, far beyond the Ukraine, into the Belorussia Republic, hundreds of miles from the reactor.... To give you some sort of an idea of the effects of the Chernobyl accident on Belorussia, imagine the state of Iowa, a third of it contaminated, a fifth of its land unusable forever....

KROFT ON CHERNOBYL

"Initially nobody wanted to do this story [which ran on February 18, 1990]. I had a producer in London, Bill McClure, who was looking for things to do, but he was leery. Cindy Babski, the associate producer on the show, was in her early 30s, child-bearing age, and she was very concerned about the radiation contamination if we went over there. So were the crews in London. It was also a question whether the Soviet government would let us in to shoot it.

So we went through a long period of initial research on that story just finding out if it was safe to go in. My associate producer at the time, Frank Devine, did a lot of the work. We wanted to know how long we could safely stay and what kind of precautions we had

to take. And we didn't want just one man's opinion but a consensus on the part of military, on the part of everybody who was familiar with the radiation levels at the scene.

And we decided the risk wasn't that great. So Cindy went there, rented a car and drove all over the place. It's not exactly a metropolitan center. She spent weeks over there scoping it out and trying to find people who lived there who spoke English and would talk to us. She came back with a little book of pictures to show us what it looked like. And then it became what we call a show-and-tell. All you had to do is point the camera and ask questions. And the story was so powerful, it kind of told itself. That's probably the best piece of writing I've ever done, I think. And it was great in my first season to have a piece that was arguably as good as anything that was on the air that year."

STORMIN' NORMAN

Airdate: September 9, 1990
Correspondent:
David Martin

STEVE KROFT: *Want to meet a different kind of general? Meet the one commanding our troops in Saudi Arabia, the one David Martin spent two days with last week.*

SCHWARZKOPF: *Listen, when I was a battalion commander... with my battalion deployed out on the field in battle, the division staff was back at the rear eating off white tablecloths, being served by soldiers and having tea dances on Sunday afternoons with the Red Cross girls. I got to tell you, that is not going to happen on Desert Shield. I can guarantee it better not happen on Desert Shield.*

KEEP YOUR MOUTH SHUT

Airdate: November 25, 1990
Correspondent: Steve Kroft

KROFT: *For a minute, put yourself in his place. You see a member of a feared neighborhood gang—the El-Rukan gang—kill somebody, but the gang tells you they'll kill you and your family if you go to the police. What do you do? Well, if you're Steve Shores and you love your family, you clam up and go to jail [convicted of a murder you did not commit].*

SHORES: *I'm not some big coward that was scared of what they would do to me. I was more so worried about my family and my mom and my sisters.*

KROFT: *As it turned out, Steve Shores had plenty to worry about. One month after he finally spoke up and testified that an El-Rukan gang member was the killer, Shores' 31-year-old sister was murdered. She was thrown out of a twelfth-floor window of this public-housing project by an El-Rukan gang member.*

ANDREA LYON [public defender]: *He thought because he wasn't guilty that he wouldn't be found guilty. That's what it was. He believed that the system would figure out what was true and that he could still protect himself and his family by remaining silent.*

KROFT: *That's asking an awful lot of the system, if you're not going to give it any help.*

LYON: *Yes, but we have a right to ask that of the system.*

months for what he considered insubordination, but when viewers protested—and ratings fell—he was reinstated. And a year later, when Wallace aired a piece called "The Temple Mount Killings" that reported on a deadly encounter between Israeli police and Palestinian protesters that left seventeen dead, he angered the Jewish community and CBS executives as well.

For all the denunciation and acclaim it has received over the years, *60 Minutes* may be working better than ever, and the ratings show it. In an era of low credibility for the news media, a 1990 poll in *U.S. News and World Report* asking which news show was most informative ranked *60 Minutes* considerably higher than any of the competition. "You could not have told me," Andy Rooney said, "that *60 Minutes* would maintain its high ratings without those break-down-the-door pieces with the camera rolling that were so exciting. They don't do as many of those hard, sneaky investigative

THE TEMPLE MOUNT KILLINGS

Airdate: December 2, 1990
Correspondent: Mike Wallace

WALLACE: *It is called by the Jews "the Temple Mount;" by the Arabs "Haram al Sharif." It's a hill in East Jerusalem, a spot sacred to both Arabs and Jews; but last October 8th it was the scene of bloody tragedy, the product of years of mutual suspicion, fear and hatred between Palestinians and Israelis. Seventeen Palestinians were killed by Israeli paramilitary police that day—about 300 more were injured—and according to the Israelis, 30 Israeli police or civilians also suffered injuries. The Palestinians demanded a U.N. investigation. The Israeli government said no. Their police had no choice, they said, but to use deadly force, and that was the way that most American networks—like CBS News—reported the tragedy. That was also the conclusion of a special commission, the Zamir Commission, set up by the Israeli government to investigate what had happened, and it was the view given to the world by Israel's deputy foreign minister, Benjamin Netanyahu.*

NETANYAHU: *The origin of this disturbance was this: thousands of rocks, stockpiled in advance, hurled from great height at the worshippers in the Western Wall below by Muslim fanatics. Many could have been killed. The police had to act. It did.*

WALLACE: *But Jerusalem's mayor, Teddy Kollek, takes issue with Netanyahu. When he was asked about this business that happened on the Temple Mount, [Netanyahu said], "What we have here is a deliberate, planned provocation aimed at deflecting world attention from the Gulf" [and from Saddam Hussein].*

KOLLEK: *He may believe that. I don't believe it.*

WALLACE: *And yet the Israeli government at the time this happened tried to persuade the world that this was an unprovoked riot by the Palestinians.*

KOLLEK: *We have a government that is an ideological government, and I think wherever you have ideological governments, you run into trouble.*

pieces as they did, and yet the show is more popular than ever. That surprises me."

Over the years, *60 Minutes'* correspondents and producers, television writers, academics and others have tried to explain the show's success. Each one has a different theory, but here are a few of them:

(1) It's the people. In the beginning there was Don Hewitt. He conceived and staffed the show, and he still runs it to this day. But if Hewitt is the center of gravity for the correspondents, it's the corre-

CREAM PUFF

Airdate: December 9, 1990
Correspondent: Steve Kroft

KROFT: *When a used car dealer tells you that a car is a real cream puff, almost like new with low mileage, hang on to your wallet. The car may have been around the block a lot more times than the odometer, the mileage meter, shows. Sellers turn back that clock to make buyers think the car is in better shape than it really is.*

BILL WHITLOW: *Well, there are two ways to do it. I'm going to do it the easy way.*

KROFT: *This is not a demonstration for our television camera. What you're watching is a crime in progress. This man is adding about $2,000 to the price of this 1985 Buick by losing 50,000 miles off the odometer. In the used car business, it's called "busting miles" or "whipping miles." He doesn't know we're taping him. We set up a hidden camera in a nearby van before he arrived. He charges $50 a car and expects to make $400 today, tax free, and he didn't even start until after lunch. Bill Whitlow [has] been a used car wholesaler for 40 years and is called the "granddaddy of the Houston mile busters." Whitlow will buy a trade-in from a used car dealer, roll back the miles and sell it to a different dealer.*

WHITLOW: *I'll tell you what. If I had to quit it, I'd get out of the car business.*

KROFT: *Couldn't make any money if you didn't do it?*

WHITLOW: *I don't make enough money for me if I do it legitimate.*

KROFT: *I want to show you one thing.*

WHITLOW: *All right.*

KROFT: *You know what's back there?.... It's a TV camera back there.... We've been taping this whole thing.... The good news is we're not cops.*

WHITLOW: *Well, I didn't think so.*

KROFT: *The bad news is we're with* 60 Minutes.

KROFT ON THE ODOMETER STORY

"The idea for this story came from a guy in Houston who sent Don Hewitt a fax about it. [Producer] Bob Anderson and I took a look at it and decided to go ahead. But I went into it with very low expectations. I thought this was a story that a lot of people have done. It was all going to depend on what we got. So we set up a hidden camera to film this guy actually rolling back the speed odometers. We knew that we were going to get him, but when we went down there, we weren't sure until the day it happened that it was going to be Bill Whitlow, who was right out of central casting. Truly a great character.

We set up a meeting with me pretending I was an investor, but we weren't sure whether he was going to show up for the meeting. But we set up our hidden camera and hoped. Originally we weren't going to confront him, but then we kind of kicked it around and thought, well, look, if everything goes according to plan—and you never know whether it will—then I'll go for it.

Well, when Whitlow breezes in, he just tells us everything. No shame. So when we were finished, I brought him over so he could look right into the camera lens. And I gave him that good news/bad news line. I had a ball.

He's in jail now, and one of the producers, Paul Fine, went down and talked to him. Whitlow said, 'That Steve Kroft really screwed me.' Maybe I ought to find out when he's getting out so I'll know when I should start worrying about him."

IT DIDN'T HAVE TO HAPPEN

Airdate: May 19, 1991
Correspondent: Ed Bradley

BRADLEY: *In the drought-stricken Sudan, Africa's largest country, just south of Egypt, withholding food is one of the weapons both sides use in the civil war that has pitted the Muslim north against the non-Muslim south. If the American ambassador to that country is appalled by what he sees happening there, the country's president, General Omar el-Bashir, thinks it's being played all out of proportion.... General, is there a famine today in your country?*

EL-BASHIR [through interpreter]: *Absolutely not. There is no famine today in the Sudan. Nobody in any part of the Sudan is dying of hunger.*

BRADLEY: *Nowhere? Not even in the south?*

EL-BASHIR: *Not even in the south.*

BRADLEY: *If there's one person responsible for the starvation you see all around you in the Sudan, you're looking at him. Two years ago, General el-Bashir and his fellow Muslim extremists seized power and took control in the African country.... They attack the private relief organizations?*

JIM CHEEK [U.S. Ambassador to the Sudan]: *They're attacked, yes, as agents of imperialism, agents of Zionism, just really awful things to say about people who are really suffering themselves to be here and to try to save humans' lives.*

BRADLEY: *How many people do you think are going to die here?*

ROGER WINTER [U.S. Committee For Refugees]: *At least 300,000. That's inevitable.*

In a kind of screen test for the show, Lesley Stahl left her posts as CBS White House correspondent and host of Face the Nation *to shoot her first piece for* 60 Minutes*: "Children For Sale," a powerful undercover report on black-market baby adoptions in Romania that was broadcast in April 1991. Three months later she replaced Harry Reasoner.*

Also in April 1991, Stahl air-dropped into northern Iraq for a first-hand look behind the lines during Saddam Hussein's siege of the Kurdish refugee camps following the Persian Gulf War.

spondents who attract and hold the viewers. Some have been in television since its earliest days. Each was well established—and many were household names—before they came to *60 Minutes.* There are no hosts, and each continues to work as a reporter. In a day when networks and newspapers maintain permanent bureaus in the world's important cities, the *60 Minutes* correspondents—and their producers—have been called the last of a trench-coated breed. "We happened to hit a time when the reporter's in vogue," Wallace explained. "There's so much interest now in how we do our business—as well as so much narcissism in the people on camera." But from the very beginning, Hewitt wanted his correspondents to put their personalities into their reporting. And that, according to Hewitt, is the reason for the show's success. "If you've got the right ones, you've got a hit," Hewitt has said. "If you don't, you know what you've got? You've got a memo."

(2) It's the time slot. When *Playboy* magazine asked Hewitt for the secret to *60 Minutes'* success, he replied straightaway: "They moved us to six o'clock Sunday. Nobody predicted anything more than a light increase in audience. Then a programming genius said, 'Let's put it on at seven.' I said, 'That's ridiculous.' Then, all of a sudden, we took off like a big-assed bird."

(3) It's the changing world. Wallace had a theory: The show owed its success to the oil embargo of 1974. "People had to stay home more," he said, "and what else was there to do on Sunday evenings?" Reasoner thought that was bunk. "It obviously was an idea whose time had come, a cross between the evening news and documentaries," he said. Wallace may have been onto something, but Reasoner had the bigger picture. The world was changing, and with it, people's interests. Watergate created a nation of news junkies who watched every minute they could for their daily fix of scandal. And when Watergate was over, the public wanted more. *60 Minutes'* investigative reporting provided the weekly dose that America craved.

Making his final appearance on the show on May 19, 1991, Reasoner himself became the subject of a 60 Minutes *piece when his fellow correspondents honored him with a tribute they called simply, "Harry." (opposite right) In an emotional moment after the taping, Wallace said goodbye to his old friend in a touching gesture of affection. Less than three months later, Reasoner passed away.*

(4) It's the potpourri format. Reasoner, in his autobiography, hit it on the head: "It is the instinctive premise," he wrote, "that all of reality is the grist of news. In anthropology you are as interested in cooking pots and games as in thrones and religions; so is *60 Minutes.* So we erratically touch on art and trivia and pool hustlers and old ladies who own Rolls-Royces as well as on rip-offs and shahs and chancellors. That is, given the world we live in, as it should be."

HARRY
REASONER

MEMORIAL
SERVICE

PARTICIPANTS

DON HEWITT
MIKE WALLACE
ELIZABETH REASONER
RALPH MANN
HANK JONES
JIM McKAY
ANDREW A. ROONEY

SEPTEMBER 5, 1991
ALICE TULLY HALL, LINCOLN CENTER
NEW YORK

MUSIC PERFORMED BY
HANK JONES, *piano;* BOB CRANSHAW, *bass;* KEITH COPELAND, *dr*

THORALF SUNDT, M.D.

Airdate: September 22, 1991
Correspondent: Lesley Stahl

STAHL: *Dr. Thoralf Sundt may just be the best neurosurgeon in the world. He's chairman of the department of neurosurgery at the Mayo Clinic, where more brain surgery is done than anywhere else. He has pioneered new surgical techniques, and when former President Reagan needed brain surgery, he went to Dr. Sundt.*
SUNDT: *The idea is to get in and out without the brain knowing you've been there and, by and large, we're now able to do that. So we follow little paths, crevices, and neurosurgeons know the anatomy of the brain better than they know the streets in the town where they live....*
STAHL: *But there's one case Dr. Sundt can't take care of, one life he cannot save: his own. Dr. Sundt has cancer, multiple myeloma, a painful and incurable disease of the blood cells and bones. He diagnosed himself in 1985 after his ribs began hurting.... Were you scared that day?*
SUNDT: *Yeah, I sure was.*
STAHL: *Diagnosing his illness was not as hard as giving the news of it to his wife, Lois.*
MRS. SUNDT: *When he told me what it was, I just thought I was going to die, and I said, "What are we going to do about it? Because you just can't let it get you." He said, "We're going to do exactly what we've always done. We're going to hit it head-on, together."*
STAHL: *[That was] six and a half years ago. Dr. Sundt has worked all those years, and made them the most productive of his life.... Despite needing a special stand to support him, despite being in constant pain, he spends every Monday, Wednesday and Friday in the operating room.*
SUNDT: *Fortunately, the illness hasn't affected my mind. I don't know how great it is, but it's as good as it ever was. And my hands—it's not hurt my hands.*
STAHL: *Dr. Sundt's bones are so brittle from his disease that he has broken ribs just coughing or rolling over in bed. He must wear a special brace to protect him during operations. But he won't give in to the pain.*
MRS. SUNDT: *He looks better when he comes home at night than when he left in the morning, because he's been doing what he needs to do.*
STAHL: *Saving lives.*
MRS. SUNDT: *And they're saving his.*

STAHL ON SUNDT

"The idea for this story came from Ray Stark, the Hollywood producer, who is a friend of mine. He told me that the greatest brain surgeon in the world is a fellow at the Mayo Clinic who is battling his own terrible cancer and continuing to operate, mainly on people whose doctors had told them they were inoperable.

This was right at the beginning of my time at 60 Minutes, *and it really wasn't the kind of story I was attracted to. I'd come from hard news, and I wasn't sure this sort of thing was for me. But I flew to Rochester, Minnesota and met Dr. Sundt, who is one of the most remarkable human beings I've ever encountered.*

I loved him, truly loved him. It was the first time in my career I had the feeling that I could genuinely adore someone I was doing a story on and let that come through on the air. I was always trying to block out my opinion and appear impartial. But with Dr. Sundt I discovered that human interest stories are very satisfying because you can take a position. That was my first. I've done a lot of them since. It whetted my appetite."

1-800-CON MAN

Airdate: September 29, 1991
Correspondent: Mike Wallace

WALLACE: *"1-800-CON MAN" is a tale about credit card fraud, a billion-dollar business. And while this may not surprise you, we think what we found in Miami certainly will. It surprised us. For four years before he was convicted of murder, a crafty conman named Danny Faries ran a nationwide jailhouse shopping network. He ran it all without ever leaving his cell in Miami's Dade County jail, where, believe it or not, inmates have telephones right in their jail cells and can make local calls and 1-800 calls free of charge.*
FARIES: *I would challenge you, Mr. Wallace, if they put you in a room the size of your bathroom, at home for years at a time with a telephone, that—I would challenge you to—that you would come up with some pretty inventive stuff to do, because you do everything through the phone.*
WALLACE [voice-over]: *And that's exactly what Danny Faries did. Using the telephones from a large cell on the tenth floor of Miami's Dade County jail and later from this six-by-eight-foot cell—Federal investigators acknowledged he managed to steal as much as $2 million worth of merchandise [using stolen credit card numbers].*
FARIES: *It's easy to find confederates. I split right half with everybody. I mean, I never took more than half. I got robbed a lot, but you kind of take it on the chin. You know what I mean? It was like you said, "Heck, it was all free."*

Rooney said it another way: "There are five ways to titillate the public: by talking about money or diet or sex or by drama or information. The one thing the television networks had never before seemed to comprehend was how big an appetite there was in this country for information."

(5) It's an appeal to middle America. One Sunday, when *America's Funniest Home Videos* beat out *60 Minutes* in the ratings, Hewitt's comment was: "Never underestimate the public's taste." But Hewitt has also said, "I like middle America. I like Rotarians and Lions and Kiwanis. I have great faith in their ability to keep this country going in the right direction. I broadcast for cops, firemen, homemakers—you can't call 'em housewives anymore, I ain't stupid. The longevity of *60 Minutes* comes from the fact that I like to believe I have an affinity for that audience. And I think I know what they want." Palmer Williams had yet another

STAHL ON THE CHILD-ABUSE STORY

" 'I Remember Daddy' (aired October 6, 1991) was a story about a woman, Eileen Franklin, who after twenty years all of a sudden woke up and said, 'my God, I remember witnessing my father kill my best friend.' Supposedly this happened when she was just a child and she suppressed it for 20 plus years. But to tell you honestly, I didn't really believe it. I didn't believe you could suppress the witnessing of a murder. I thought, well, she has made this up as an excuse for not having come forward before. A rationale she had concocted.

Then I went to do the interview. And I spent hours and hours and hours interviewing her, ready not to believe a word. But by the end of the session, I believed her 100%.

By the way she spoke to me, everything she told me, she was an absolutely devastated, tormented woman. It was like she was undergoing a mystical experience, almost as though she were possessed in a way. In doing my research, I discovered that this sort of breakthrough memory often occurs with women of a similar age, although usually the cases deal with their own sexual abuse. Burying these sorts of memories is not that unusual. I wouldn't have believed it if I hadn't done this story. Seeing is believing."

take on the show's appeal. "One advantage we may have had over many other programs," he said, "is that we've seemed to appeal to all age groups. *Love Boat,* somebody once told me, has to content itself with the 18-38 crowd, but we have this spread from retirees to school kids."

(6) It's what Hewitt believes in. He never employs focus groups to analyze his audience's likes and dislikes. He doesn't aim his show to an age group or audience profile. He pays no attention to the demographics that others gather. Instead, Hewitt programs for himself. He just happens to like the same sort of thing the audience does.

(7) It's their vigilance. *60 Minutes* hit the air just as the media was beginning to expose what Hewitt has called the "ragged edges" of America. But unlike many do-gooders, *60 Minutes* claimed no ideology, no hidden agenda, no axe to grind. Its only goal was to inform the public. And in that role, it went after war heroes, government fraud, quack doctors. Anyone big or small, or any nationality or political persuasion. The public loved it, and every Sunday, millions tune in as faithfully as they attend church, one writer noted, to get a moral lift while watching bad guys get their comeuppance. "What *60 Minutes* does best," Hewitt said, "is to shine lights in

THE TRASHING OF CLAYTON HARTWIG

Airdate: October 20, 1991
Correspondent: Mike Wallace

BRADLEY: *No matter that last Thursday the U.S. Navy apologized to the family of Clayton Hartwig. The fact is that, in what amounted to flat-out character assassination, the Navy for two years continued to trash the reputation of one of its own, Gunner's Mate Second Class Clayton Hartwig; held him directly responsible for the murder of 46 of his shipmates killed by the explosion of a 16-inch gun aboard the battleship U.S.S. Iowa. We have been following this story for the last two years, and from what we have learned, the Navy had to know, almost from the beginning, that Hartwig was not responsible for the blast. What the Navy did was selectively leak false, derogatory information about Hartwig in order to shift the blame away from safety problems with the Iowa's guns and gunpowder, and to focus instead on a dead man who could not defend himself.*

WALLACE: *What the Navy was saying was that Hartwig was a homosexual, and had been jilted by Gunner's Mate Kendall Truitt, and that, in despair, Hartwig blew up the gun. Here's what the chief investigating officer, Admiral Richard Milligan, told me two years ago.... Do you think that the case that the Navy makes against Hartwig would be sufficient to obtain a criminal indictment against Clayton Hartwig?*

MILLIGAN: *Personally? Yes.... I think the case that we have in this investigation is very solid. I think the evidence is there. The findings and fact and opinions support the conclusion.*

WALLACE: *But that is not what the Navy said last Thursday when Admiral Frank Kelso, the chief of Naval Operations who inherited the investigation from his predecessor, issued a public apology.*

KELSO: *I extend my sincere regrets to the family of GM2 Hartwig. There is no clear and convincing proof of the cause of the Iowa explosion, and the Navy will not imply that a deceased individual is to blame for his own death, or the deaths of others, without such clear and convincing proof. And despite all efforts, no certain answer regarding the cause of this terrible tragedy can be found.*

WALLACE ON THE HARTWIG CASE

"The Navy crucified this man. They blamed Clayton Hartwig for the explosion on the U.S.S. Iowa which killed him and 46 of his shipmates, but he was innocent. We trust the people with stars and stripes on their uniforms, and they were hiding behind all of that in a dishonest way. The Navy didn't have the guts to come forward and say, 'We screwed up.' Well, we nailed them. There was a tremendous amount of satisfaction in that. But it's a tragic story that I'm still not over."

FRIENDLY FIRE

Airdate: November 10, 1991
Correspondent: Steve Kroft

KROFT: *Of the 145 Americans who died in combat during the Gulf War, 35 were killed by their own troops, but the families of those soldiers are not the only ones mourning the tragedy.... In February of this year, Lieutenant Colonel Ralph Hayles was in the Arabian desert, commanding 300 men and 18 of the most sophisticated weapons in the U.S. arsenal, Apache helicopters. With infrared electronics and Hellfire missiles, they were designed to destroy advancing columns of enemy armor, day or night, at a distance of five miles.... But on February 16th, Ralph Hayles found himself on a mission that he says the Apache was not designed for.... In a driving sandstorm, his battalion was asked to search out and destroy two suspected Iraqi vehicles that had been spotted a mile from American positions. Worried about the weather and the closeness of the enemy to the American troops, Hayles says he protested the mission, but was overruled by his commanding general.*

Recognizing the potential danger of the mission, Hayles decided to go himself, along with two other Apaches. When they approached the American positions, they began looking for the Iraqi vehicles at the location they had been given... [But] there was nothing there but empty desert. So they turned east, flying directly over the American lines, when they spotted two vehicles that seemed to be out of place.

HAYLES: *They stood out like a sore thumb, and they were suspicious, they were out front and they fit the description.*

KROFT: *The location Hayles gave the ground commander was the same location the ground commander had given to him at the beginning of the mission, the place where the Iraqi vehicles were supposed to be. The ground commander's response was immediate: "Those are enemy. Go ahead and take them out."*

HAYLES: *I said in the intercom, "Well, I hope they're enemy, 'cause here it comes." [soundtrack from intercom of the incident] "Hoo, whee, did we hit those targets!" But five seconds after the second vehicle blew up, the call came in, "Friendly vehicles are hit." It was horror.*

KROFT: *Miraculously, they were not all dead. Two were killed, six injured.*

HAYLES: *We knew what we had done. We could look out there and see 'em burning.*

KEOFT: *Did you think, "My life's ruined?"*

HAYLES: *My life being over didn't really occur, I guess, until about nine o'clock that morning, eight hours later, the first time I saw the general.*

KROFT: *The general was Thomas Rhame, then commanding general of the First Infantry Division. Four days after the incident, Hayles was relieved of command and shipped home, not for killing two American soldiers but for disobeying orders, ignoring a guideline set down by his commanding general that senior officers should direct battles, not pull the trigger. The people I've talked to at the Pentagon say that if he's sitting in a cockpit firing missiles, he's too close.*

HAYLES: *So we're not supposed to be up front where the fight is now.*

KROFT: *There's a perception on some people's part that you were a bit of a hot-dog... that you were trigger-happy.*

HAYLES: *That's pretty vicious. If there*

wouldn't have been a war, I wouldn't have shot them. And if I hadn't have gone on that mission, I wouldn't have shot them. And if they wouldn't have been parked [where they were], I wouldn't have shot them. And if he wouldn't have said, "Shoot 'em," I wouldn't have shot them. There's all kinds of reasons those guys got shot, none of which is trigger-happy.

KROFT: *Ten months after the accident, Hayles is retired, angry, frustrated and disgraced. His wife is worried that he might try and take his own life. Of all the Americans who accidentally killed their fellow soldiers during Operation Desert Storm, Hayles was the only one singled out in the press. The Army identified him by position in a news release.*

HAYLES: *I was out there fighting like everybody else, and I had a terrible war accident. Where are all the other people who.pulled the triggers in friendly fire accidents? There's just one, and it's me.*

KROFT: *Is there anything that could make this thing better for you?*

HAYLES: *No. No. There's no reconciliation with the Army that's possible. There is merely a reconciliation between me and the American public, since they were told one side of the story.... I just could not live with this stigma, this accusation, no due process, no trial, just somebody saying I'm a bad person. I had to tell my story, so I did that. And I feel better.*

KROFT ON FRIENDLY FIRE

"I spent time in Vietnam and I've covered lots of wars and I know how easy it is to kill somebody by mistake. That's what "Friendly Fire" is all about. The Army had blamed this one guy for a tragedy, identified him and left him hanging out to dry. That was distasteful to me, because war is messy business. It's not surgical. Mistakes happen.

But it was very hard to get this guy talking. During the course of our two-and-a-half-hour interview, I was just able to break him down to the point that he was really talking honestly about it. I didn't ask a lot of questions, I just kind of steered him. And you really got the sense that all of this anguish was pouring out, the anger and frustration. But also the sense that nobody felt worse about what happened than him.

We were concerned about the story because we had a very hard time getting copies of the videotape that showed the deaths. Finally we found somebody who had a copy, but we didn't know how they had gotten it. We were pretty sure the Pentagon knew we had a videotape and we didn't know up until the last minute whether they were going to come in here and say, 'Look, this is stolen property.' And there was a question of whether we wanted to show two Americans getting killed. Whether it would be too powerful. But we decided to go ahead with it.

And in the end, we called the Pentagon and said we had the footage and wanted to find out whether there was any national-security questions involved, whether the tape had some electronic information on it that an enemy of the United States could use. The Pentagon told us that they knew we had the tape, that they were not going to stop us from broadcasting, but they did ask us to remove a string of electronic information which we blocked out on the bottom of the screen.

I think "Friendly Fire" is the story that I'm proudest of."

BARBRA

Airdate: November 24, 1991
Correspondent: Mike Wallace

WALLACE: *Barbra Streisand is a stunning performer. She's also very private and very uncomfortable with publicity. So why would she open up her life to* 60 Minutes*? Over the past few months, she's asked us that question dozens of times. The fact is, she has just released a retrospective of her 30-year singing career, and she wanted to publicize her much-anticipated movie,* Prince of Tides, *and one price that she had to pay was this invasion of her privacy....* **[on location with Streisand]** *You know something? I really didn't like you 30 years ago, and I don't think you liked me.*

STREISAND: *I thought you were mean. I thought you were very mean.*

WALLACE: *I didn't think that you paid much attention to me [in an interview she did with Wallace on his own show in the Sixties] because you were totally self-absorbed back 30 years ago.*

STREISAND: *Wait, wait, wait. I resent this. I resent this. How do you dare call me self-involved?*

WALLACE: *Self-involved is one thing. Self-absorbed is—you know something? I say to myself, "What is it that she's trying to find out that takes twenty to 30 years?"*

STREISAND: *I'm a slow learner.*

WALLACE: *One of the reasons that you were put on this Earth, in my estimation, was to sing....*

STREISAND: *I'm sure that's true.*

WALLACE: *Because that's who you are, first, to me.*

STREISAND: *Hey, I like this. This is very good. Can you go wherever I go? You know, like in the olden days, [when] the Marlene Dietrichs, the real movie stars, had a light that would follow them around the whole stage.*

WALLACE (voice-over): *You know something? I've gotten to like that girl.*

WALLACE ON STREISAND

"I got a lot of criticism for this piece. That I was too tough, that I made Barbra cry. I absolutely did not feel that way at all. I thought it was, if not a love letter, pretty damn complimentary. I've known her from way back when and I enjoy her immensely. But Barbra Streisand is a very powerful person, and if I didn't ask her the questions I did, the audience would have been disappointed. I wouldn't have been doing my job properly.

Now she may have been surprised at the areas we got into. But we didn't pursue her, she pursued us; she had a new album out and Prince of Tides, *which she directed, was coming out. She is a grown person, sophisticated in dealing with the media. She did the interview for business reasons. And in the interview she makes the point, a very sensible point, that she is in the same business with everybody else and just as good as any man in it. So I asked the questions of her that I would have asked of any individual of that power.*

And, you know, Barbra had a good time doing it. She really did. I think that to some degree, because she is powerful, because people want to be on her good side, I don't know that anybody asks her tough questions. That kind of thing just doesn't happen very often to Barbra Streisand."

Stahl interviews the inimitable Victor Borge, home at his estate during a rare rest from the road for this puckish piano-performer, still going strong in his eighties.

GOVERNOR AND MRS. CLINTON

Airdate: January 26, 1992
Correspondent: Steve Kroft

KROFT: *It's been quite a week for Arkansas Governor Bill Clinton. On Monday his picture was on the cover of* Time *magazine, anointed by the press as the front runner for the Democratic presidential nomination. Six days later, he's trying to salvage his campaign. His problem—long-rumored allegations of marital infidelity—finally surfaced in a supermarket tabloid, and last week they were picked up and reprinted by the mainstream press.... Early today, Governor Clinton and his wife, Hillary, sat down with me to try to put the issue to rest. Keep in mind, all of the allegations are unsubstantiated. All have been denied by everyone, except for the case of Gennifer Flowers. The former television reporter and cabaret singer, Gennifer Flowers, in a tabloid interview for which she was paid, says she carried on a long-term afair with Governor Clinton from the late 1970s through the end of 1989.... Who is Gennifer Flowers? You know her?*

CLINTON: *Oh, yeah.*

KROFT: *How do you know her? How would you describe your relationship?*

CLINTON: *Very limited—friendly but limited. I met her in the late Seventies when I was attorney general. She was one of a number of young people who were working for the television stations around Little Rock....*

KROFT: *Was she a friend, an acquaintance?*

CLINTON: *She was an acquaintance. I would say, a friendly acquaintance. When this story, this rumor, got started in the middle of 1980 and she was contacted and told about it, she was so upset and called back, she said, "I haven't seen you for more than ten minutes in ten years." She would call from time to time when she was upset or thought she was really being hurt by the rumors, and I would call her back. I'd call her back at the office, or I'd call her back at the house, and Hillary knew when I was calling her back. I think once I called her when we were together, so there's nothing out of the ordinary there.*

In a near disaster, a huge stage light had unexpectedly broken loose from the ceiling and brushed Hillary Clinton during the interview, knocking her down. After being comforted by her husband, she quickly regained her composure and was ready to continue taping five minutes later.

KROFT: *She's alleging—and has described in some detail in the supermarket tabloid—what she calls a twelve-year affair with you.*

CLINTON: *That allegation is false.*

MRS. CLINTON: *When this woman first got caught up in these charges—as I felt about all of these women—that they had just been minding their own business, and they got hit by a meteor and it was no fault of their own. I met with two of them to reassure them. They were*

friends of ours; I felt terrible about what was happening to them. You know, Bill talked to this woman [Flowers] every time she called distraught, saying her life was going to be ruined, and he'd get off the phone and tell me that she said sort of wacky things which we thought were attributable to the fact that she was terrified.

CLINTON: *It was only when money came up, when the tabloid went down there offering people money to say that they had been involved with me, that she changed her story. There's a recession on, times are tough, and I think you can expect more of these stories as long as they're down there handing out money....*

KROFT: *You've said that your marriage has had problems, that you've had difficulties. What do you mean by that? Does that mean you were separated? Does that mean you had communication problems? Does that mean you contemplated divorce? Does it mean adultery?*

CLINTON: *I'm not prepared, tonight, to say that any married couple should ever discuss that with anyone but themselves.... I have acknowledged wrongdoing. I have acknowledged causing pain in my marriage. I have said things to you tonight... that no American politician ever has. I think most Americans who are watching this tonight—they'll know what we're saying, they'll get it, and they'll feel we've been more than candid.*

MRS. CLINTON: *There isn't a person watching this who would feel comfortable sitting on this couch detailing everything that ever went on in their life or their marriage. I think it's real dangerous in this country if we don't have some zone of privacy for everybody....*

CLINTON: *The only way to put this behind us, I think, is for all of us to agree that "This guy has told us about all we need to know." Anybody who's listening gets the drift of it, and let's go on and get back to the real problems of this country...*

MRS. CLINTON: *We've gone further than anybody we know of and that's all we're going to say.... I'm not sitting here as some little woman standing by my man, like Tammy Wynette. I'm sitting here because I love him and I respect him and I honor what he's been through and what we've been through together. And you know, if that's not enough for people, then heck, don't vote for him.*

KROFT ON THE CLINTONS

"I have a friend who worked for the Democratic National Committee and we were having a drink on a Thursday, a couple days after The Star *had published its Gennifer Flowers exposé. One week Clinton was declared the front runner on the cover of* Time *magazine and by the next Sunday his campaign was absolutely in shambles. So I asked my friend whether Clinton would consider talking about the situation on* 60 Minutes.

The next morning, I got a call from my DNC contact saying the Clintons were looking for some place to make a Checkers-type speech—to address this issue only once and not again. They were leaning to, I believe, Brinkley's Sunday morning show. I pointed out that they were going to reach a very small audience.

While I was waiting for an answer, it dawned on me that it was Super Bowl Sunday and we would be preempted because the game didn't get over until 10 or 11 o'clock. Then my contact called back, said they were interested and I should call George Stephanopoulos. We had to have a show before I could call Stephanopoulos, so I frantically tracked down

Don Hewitt and told him they were really interested but there's no show. Could we get some time? Don said, 'You get the interview and I'll get the time.'

So I called Stephanopoulos, we worked out some details and then he asked: 'What time would this run?' I tell him probably not until after ten. 'That's awfully late,' he said. 'I'm not sure anybody would be watching.' I said, 'Well, we can't do it any earlier because of the game.' And Stephanopoulos said, 'What game?' After I told him we'd run right after the Super Bowl, it was a very easy sell.

The next day the interview was in practically every paper in the country. We had no idea it would be that big. Everybody was talking about it. Clinton slowed down his campaign in order to prepare for it. Mike Wallace came in before the interview to say, uncharacteristically, 'I think you ought to be very careful here, I think you should handle this very delicately.'

And he was right. There was potential danger. I was aware that I could be perceived as a hatchet man. On the other hand, if I went in there and really didn't push it, everybody would say, 'Well, if Mike Wallace had done that interview, they wouldn't have gotten off so easy.' And I didn't want to leave anybody any room to say that. So it was damned if you do, damned if you don't. Let's face it, it's the kind of interview that could end your career. But for some reason I wasn't nervous, I was just psyched.

The Clintons were nervous, but you could also sense they were really up for it, particularly Hillary. This was the first time that the entire country had ever seen Hillary Clinton. And like she said in the interview, 'We're just going to roll the dice. And the people, if they've got a problem with Bill, then don't vote for him.' That's what they were doing. The interview was either going to make 'em or break 'em. And clearly, it made them. Everybody comes up to me and says if you hadn't done that 60 Minutes *interview, he never would have become President.*

Funny thing is that the hardest part in editing the interview was that all the best stuff was Hillary. We had to make sure it wasn't entirely her deal. But if he had done it by himself, I don't think that he would have survived. I think he would have been a dead duck."

ARTIE BLOOM
(60 MINUTES DIRECTOR)

"A wild thing happened during the interview. One of our lights, 50 to 60 pounds, broke loose from the ceiling and fell. The light brushed Hillary's shoulder, then exploded on the floor. If it had hit her, God, it could've killed her. Hillary stood up and said, 'Jesus, Mary and Joseph.' Bill hugged her. Five minutes later they were back doing the interview. Now that's grace under pressure."

ANITA HILL

Airdate: February 2, 1992
Correspondent: Ed Bradley

BRADLEY: *People say, "Well, I sat there and I watched her, and I wanted to believe her, but I don't understand how she could say nothing for ten years. I don't understand how she could stay with him. I don't understand how she could follow him to another job." How do you make those people understand?*
HILL: *I cannot make those people understand. But I can share with those people what others have experienced. One of the things that women do when this happens is to examine themselves—even to the extent of blaming themselves, their own behavior, their own actions, their own words. And so that is a factor in women not coming forward. Another thing that happens very often is that women are told, either by their harassers or by others, that they won't be believed if they come forward. And they know of enough experiences of other women where, not only were they not believed, but they were actually made to be the culprit.*
BRADLEY: *Do you think that's what, in essence, happened to you?*
HILL: *Yes indeed, that is what happened.*

THE LAMBS OF CHRIST

Airdate: February 2, 1992
Correspondent: Lesley Stahl

STAHL: *Who's the woman with the gun? She's Dr. Susan Wickland, and she's had about as much as she can take. These two guys in her kitchen at 4:30 a.m. are private security guards protecting her from the Lambs of Christ.*
ANTI-ABORTION PROTESTER: *A ringside seat to a second-trimester abortion!*
STAHL: *A fanatic anti-abortion group determined to shut down her clinic.*
DEMONSTRATORS: *Let my people pray!*
STAHL: *Do you think that there is a point at which it will just get so impossible that you will quit?*
WICKLAND: *No.... No. No!*

BANG, BANG, YOU'RE DEAD

Airdate: February 9, 1992
Correspondent: Morley Safer

SAFER: *"Bang, bang, you're dead!" Every kid has, at one time or another, said those words to some other kid. But to the agony of hundreds of American families every year, those words are literal, deadly truth.*

KATHY OWEN: *I knew he was dead the minute I picked him up.*

SAFER: *At the hospital, doctors confirmed it: Scotty had been shot in the head by his best friend, Barry.*

BARRY: *Get away from me! [crying] I didn't do anything wrong! I didn't mean to do it! I didn't mean to do it.*

SAFER: *The statistics are chilling. One child dies every day, shot by accident, usually by a friend or relative. The fact is that no matter how you feel about guns, the chances are your child will come into contact with one.*

SUSAN KENNY: *And I never got to say goodbye.*

BORIS YELTSIN

Airdate: June 14, 1992
Correspondent: Lesley Stahl

STAHL: *It's Saturday and the first elected president of Russia, in his Nike headband and Adidas shirt, is winning every game against the coach of the Russian Davis Cup team. As you watch him push himself to the point of exhaustion, you wonder where the stories come from that he's not in the best of health.*

As we sat by the court in this family setting, we wondered how to ask him about the stories we keep hearing that he drinks too much when, to our amazement, he alluded to it himself.... He accused CBS, completely erroneously, of working in league with his archrival Gorbachev, in doctoring a videotape that made him look inebriated during his 1989 trip to Washington.

The charge came out of the blue....
[to Yeltsin]: *We don't know what you're talking about.*
YELTSIN [through interpreter]: *Gorbachev received a tape from the network about a visit to the U.S. I made and they used different speeds to create a special effect. And used it before our election.*
STAHL: *CBS never had the tape he's so upset about. We've never even heard about it. And* 60 Minutes *executive producer Don Hewitt told Yeltsin so.*
HEWITT: *No. No. Not CBS.*
YELTSIN: *Cross yourself if this is true.*
STAHL: *All was forgiven.*

BUY AMERICAN

Airdate: February 9, 1992
Correspondent: Lesley Stahl

STAHL: *Isn't this the car that Lee Iacocca says is critical to Chrysler?*
CAR SALESMAN: *Yes, it is, that's it.*
STAHL: *Where is this car made?*
CAR SALESMAN: *This car is made in—right outside of Toronto, in Canada.*
STAHL: *This car is made in Canada?... This is the great hope of Chrysler?*
CAR SALESMAN: *Yes.*
STAHL: *Lee Iacocca says... we have to have American cars, and it's made in Canada.*

SADDAM'S BANKER

Airdate: September 20, 1992
Correspondent: Mike Wallace

WALLACE: *Saddam's banker is not some Middle East potentate, but this 43-year-old American who today is sitting in prison in his hometown of Atlanta, Georgia, awaiting sentencing on charges of bank fraud that could put him away for life. His name is Christopher Drogoul, and he has already acknowledged funneling billions of dollars to the Iraqi dictator, part of which went into the military machine used to fight the United States in the Gulf War. Drogoul, who worked as the Atlanta branch manager for Italy's largest bank, the government-owned Banco Nazionale de Lavoro, known as BNL, has never told his story publicly until tonight. Why is he telling it now? Because, he told us, he's in the Atlanta penitentiary as the fall guy, taking the rap for building up the man George Bush called "another Hitler." He says the U.S. government knew he was helping Saddam Hussein, and they did nothing to discourage him.... Do you feel a sense of conscience, a sense of guilt because the money that you furnished to Saddam, some of it, either killed or wounded American servicemen/women?*

DROGOUL: *That's a very difficult question. I really hadn't thought about it too much. I felt that what I did was in furtherance of U.S. government policy.*

WALLACE: *But the CIA continues to deny any knowledge of the loans Drogoul was funneling to Saddam Hussein.*

STAHL ON PEROT

"Ross Perot said the reason he quit the Presidential race was that he feared the Bush campaign was going to disrupt his daughter's wedding... and launch some sort of dirty tricks campaign against him. Perot wanted us to investigate, and he wrote me a wonderful memo. Gave us some leads on who to call. Howard Rosenberg, who at the time was an investigator in the Washington Bureau and is now a producer, did a full-scale investigation of Perot's charges. And he found that one of Perot's sources—a guy Perot had known for a long time—had a reputation as a fabulist. That he just told these fabulous untrue stories, off-the-wall allegations.

So now we had to talk Perot into giving us an interview. That was the difficult part... until he decided to get back into the campaign. We let him lay out the charges against the Bush campaign, and then I said that there was, basically, no evidence to support those claims.

After the interview, but before we aired the show on October 25, 1992, I called the Bush campaign to tell them of Perot's charges. They denounced all the allegations and were furious that 60 Minutes *was going to run this interview on the eve of the election. I told them I'd challenged Perot, that I was tough. Didn't matter. They tried very hard to convince us not to do it. They didn't really try to go over my head, they just said they were appealing to my good sense. It didn't work."*

KROFT ON WOODY ALLEN

"The Woody Allen/Mia Farrow story broke during the summer when we were on hiatus. As the story got wilder, Allen—who, of course, is notoriously private—did a couple of print interviews, with Time *and* Newsweek, *I think. This was before the child-abuse stuff had really come out, just hints here and there. But getting him to talk with us was a case of personal relationships and luck. I have a good friend, a producer named Vicky Gordon, whose specialty is getting tough interviews, and we both knew someone, professionally and socially, who was a good friend of Woody's. Well, Vicky started working on her and kept working on her and finally, a couple of weeks before a* Vanity Fair *article was to be published—a very damaging piece, told exclusively from Mia Farrow's side—we were able to convince him to sit down and do it.*

But I still had to convince Don Hewitt. We had done Woody Allen twice before on the show. And he said, 'Well, I don't know, I'm not that excited about it, but go ahead if you want to go and try and let me know.' Not much enthusiasm. So I just didn't say anything more to Don about it and kept going. And we had a number of very sensitive meetings with Woody's sister, who said that he was ready and there would be no ground rules; that he would sit down and tell everything and wanted to tell everything; that he had to do it, that it would be good for him and that we could be trusted. Actually there was one ground rule—that Mia couldn't answer back on our show— and we didn't want it to be a pissing contest.

So I went back to Don and said, 'Remember we had this conversation about Woody Allen? I think I can get him for this week.' And Don says, 'This week! Great!' And he is running up and down the hallways he's so happy. It was October and the fall audience numbers were starting to build back up, so our timing was perfect.

Now, Woody Allen has spent his career avoiding the press, not talking about private matters and simply being very mysterious. But I think once he made up his mind to start fighting back, he was incapable of doing it halfway. So two days later I'm sitting in his apartment asking him, 'What's really going on here?' And this most private of men bares his soul about the events of the past three months that have pretty much ruined him. Everybody in the country wanted this story. And we got it (on November 22, 1992). I wanted to pinch myself."

CAMILLE PAGLIA

Airdate: November 1, 1992
Correspondent: Steve Kroft

KROFT: *If this next story doesn't start an argument in your living room, it certainly started one in our screening room. Her name is Camille Paglia, and the mere mention of her name on college campuses and in intellectual salons is enough to start a shouting match. Her enemies have compared her to everyone from Hitler to Marilyn Quayle. Who is she, and what does she do that inspires all that hatred? Well, actually she's a college professor and a best-selling author, a bisexual radical libertarian who is part intellectual, part stand-up comic and full-time scold of the feminist establishment.... The 5'3" cultural terrorist is one of the hottest draws on college campuses and the lecture circuit, packing them in from Boston to San Francisco, with the inflammatory, politically incorrect message that the feminist movement has lost its way.... Camille Paglia on feminism: "Women will never know who they are until they let men be men. Let's get rid of infirmary feminism with its wards full of belly-achers—anorexics, bulemics, depressives, rape victims and incest survivors. Feminism has become a catch-all vegetable drawer where bunches of clingy sob sisters can store their moldy neuroses."*

PAGLIA: *I hate victimology. I despise a victim-centered view of the universe, which is symptomatic of current feminism.... I think that what's happened is that feminism has turned into therapy, all right? I follow the Katharine Hepburn brand of feminism which is, "get on with it," OK?...*

I think that authentic rape is an outrage, but date rape hysteria and propaganda over it is equally outrageous.... If you take a man into your room at night that you don't know and you're drunk, you are consenting to sex.... This idea of changing your mind when you're there—oh, come on....

Anita Hill... it seems to me this is a classic case of hypocrisy. It's a woman who put her career advantage above feminist principle and then dares suddenly to claim to have been a feminist ten years down the line...

Hundreds of young women go into the Ivy League and are told from the moment they arrive, "You must have a career. That is the way you contribute." What I'm saying is [that] feminism should be about options. And part of that option is you can have a career, but we must honor the option of a woman who says, "I want love. I want happiness, I want life. I want to have a garden, to cook, to bake cookies.... In fact, perhaps no greater gift can be given than by a mother to her children..."

KROFT ON PAGLIA

"Doing the Camille Paglia story was much more dangerous than spending a week in Beirut. Here's a professor, writer and feminist whose stance on many issues is totally contrary to the feminist party line. The piece touched off a firestorm at the show even before it went on the air. There were some women here who tried very had to get the story killed. We had one of the biggest shouting matches ever in our screening room. But Don Hewitt wouldn't have it. He said, "We do stories on all kinds of people, we're not idealogues." He actually put out a memo—a rare event that was posted on the bulletin board—chastising the people who were unhappy with the piece.

It was a hard story to do, but I thought by any definition Camille Paglia was a worthy 60 Minutes *profile. She was very much in the news, she's very outspoken, she's got controversial opinions, she's got a lot of enemies. Certainly a lot of men agree with her, but a lot of women agree too. We tried to focus the story on the whole issue of freedom of speech and political correctness.*

One of the things that bothers me about some younger people is this political-correctness issue—the idea that one group can silence another group or person. I wasn't crazy about Camille Paglia, she's not somebody I would ever elect to spend a lot of time with. But I think her ideas are interesting and provocative. She's very smart. She says what's on her mind. Clearly, she's a self-promoter, but the world is filled with them and I thought the whole subject deserved a wide audience."

WALLACE ON KISSINGER

"Henry Kissinger was an old friend from the days I did a show called Friends of the Republic *for ABC in the late Fifties. A friend but also a powerful, important figure and now, a multi-millionaire. And I wanted to explore how that happened. We were going to do it whether he helped us or not. I asked Henry if it were true that when he took over the job as Secretary of State, he was half a million dollars in debt. And also asked whether his brother Walter lent him money to get out of debt. He said that's true. Then I started asking him how much he was worth now. Ten million, 30, 80... how much? He was very, very unhappy. He did not like the piece we did that ended up running on March 29, 1992. I don't blame him. But it was the end of the friendship. We still speak, but not cordially. That's the price you pay."*

ODDS ARE

Airdate: March 21, 1993
Correspondent: Steve Kroft
An interview with Louisiana Governor Edwin Edwards.

KROFT: *You would think that with a billion-dollar casino deal in the works, Governor Edwards would avoid the appearance of impropriety. But that's not his style. In fact, he's spent his entire political career appearing to do the improper. And as a result, he's been investigated, indicted, but never convicted, of charges ranging from bribery to income tax evasion... [Governor], you're aware a lot of people think that the fix is in?*

EDWARDS: *Oh, absolutely. No question about that. I mean, it doesn't matter who gets the casino thing; they're going to assume that somebody got paid off.*

KROFT: *You think it has something to do with the fact that you've been investigated by...*

EDWARDS: *Seventeen times—by the most informed, educated, financed, aggressive investigative bodies in the United States of America.*

KROFT: *And the results of those investigations?*

EDWARDS: *I wouldn't be sitting here today as governor of Louisiana if I had—if I had ever walked across the line.... The people of this state who have elected me knew two things about me: One, that on occasion I went to Las Vegas. And when I went there, I gambled. Never was hypocritical about it. And second, that I was going to propose to the Legislature that we license a casino in New Orleans. And 87 percent of the people in this city voted for me.*

KROFT: *[But] you ran against David Duke.*

EDWARDS: *He ran against me.*

KROFT: *What's the difference?*

EDWARDS: *I won and he lost.*

KROFT ON EDWARDS

"I think Edwin's wonderful. I wish I could do three stories a year on him. He likes to have a good time. He's very happy where he is, and totally unashamed of behavior that in any other state in the country would get someone, if not thrown in jail, certainly impeached and thrown out of office. He gets away with it, in part because he admits it and says, 'What's wrong with that?'

We got a tip that he was going to be out in Lake Tahoe, so we went up to shoot him there. And he was the life of the party: Everybody in the casino knew him. There was one piece of tape in particular that I really wanted to use in this story that we couldn't use because it was out of focus. We videotaped him on an elevator going up to his room with Candy, his twenty-something girlfriend. Also in the elevator were a couple of older women, and when they got off one of these silver-haired ladies turned to the other and said, 'That man ought to be ashamed of himself.' He would have loved it. He's a real Louisiana character, and if he was on the side of good, he would be a fabulous President of the United States."

For a show aired in December 1992, Stahl interviewed Israeli Prime Minister Yitzhak Rabin for a story called "The Forgotten Hostage," about an Israeli Air Force navigator captured six years before and still held by Lebanese guerrillas.

THE MAN WITH THE GOLDEN ARM

Airdate: April 4, 1993

Correspondent: Morley Safer

An interview with New York Yankees pitcher Steve Howe.

SAFER: *It happens every spring, this Monday to be exact, baseball's opening day. "The Man With The Golden Arm" is not so much about the summer game as it is about a man, a 35-year-old relief pitcher who throws a baseball so fast he's almost invincible on the mound, but virtually defenseless off it. In the history of the game, no one's ever been thrown out of baseball more often than Steve Howe. His very life asks the question, "How many chances should one man get?"*

HOWE: *I didn't lose a ball game until I was eighteen years old.*

SAFER: *But if you weren't a ballplayer, what would you be doing today?*

HOWE: *Hopefully not time.*

SAFER: *But Steve Howe has done time, in a manner of speaking... suspension after suspension from baseball, because of cocaine. Each time, that arm has bailed him out. If you win you're a hero.*

HOWE: *And if you don't you're a bum.*

BRADLEY ON JOHN SILBER

"Sometimes after an interview I'm the worst person to ask, 'How was the interview?' Jesus, I don't know, I was in it. But an interview that involves someone who is trying to slip the noose, avoid the trap, well, then you know if you have a 'gotcha.' You know. When I did John Silber of Boston University on May 2, 1993, every question I asked him, he was like a boxer, counter-punching. Bam, I'd give him one. Bam, Bam, he'd hit two back. But when I showed him that tax return—which he had no idea I had—you could see the change in that man. You could see him deflate. He started to stammer and become unsure of himself. I had him and he knew I had him. We had it nailed."

STAHL ON THE FLORIDA PRISON STORY

" 'Ten Will Get You Five,' which aired on April 11, 1993, was a piece that was supposed to make you angry. Because I was angry. And it was another story where I decided that I was going to let the audience see what I felt. This was a case about the Florida prison system, which is so overcrowded—primarily because of mandatory drug sentences—that it's letting out murderers and child molesters and rapists. And imprisoning people who had been caught with a couple of ounces of cocaine. But the Federal court ordered that any prison that reaches a certain inmate population has got to release people. And the people they were letting out were committing those crimes all over again, committing these same crimes while they still should have been inside prison. Now the Florida legislature has addressed the problem: They're not going to kick a murderer out. So there's some satisfaction there. But this situation is endemic, it's not just Florida but all over the country. While I was working on the piece, I kept thinking, where's the common sense here? The rationality. We've gone crazy, haywire."

dark corners, and if people are doing something in dark corners they shouldn't be doing, well, all we did was shine the light."

(8) It's storytelling. Children, says Hewitt, make a simple, four-word request every day: "Tell me a story." Why should adults be any different? The executive producer has built his show around the belief that they're not. *60 Minutes* is about people, and every story boils down to a very few elements: Who did what, who got hurt, how it happened. The correspondents are the storytellers. But they also help the story along. When necessary, they put themselves in the middle of it. There's always a hero. Sometimes it's the subject. But as often as not, it's the correspondent—a white knight out to slay the dragon of wrongdoing.

(9) It's the Hollywood look. Hewitt's original pitch to CBS News President Dick Salant went like this: "If we packaged this show like Hollywood, I'd bet we could double the documentary audience." He

THIS LAND IS MY LAND

Airdate: May 16, 1993
Correspondent: Lesley Stahl

STAHL: *Imagine for a moment that you come from a family of pioneers who settled in South Dakota or Oklahoma, tilled the soil, raised a little livestock—not to mention a slew of kids—and were told one day that your land belonged to the Indian tribe that used to live there... and that you had no choice but to give it all up and move somewhere else. Well, if you're a white South African farmer and you live on land once owned by a black tribe and now that tribe is laying claim to your land, you know exactly what we're talking about.... The tribesmen believe that all the farmers knew exactly what had happened before they got here. And that you're all...*
PETER KORKY: *Guilty.*
STAHL: *Part of the establishment that supported the government under apartheid.*
KORKY: *From their perspective, I can quite understand that they feel that way about us. I only discovered that this land belonged to black people six months after I arrived here. And if one is idealistic or whatever, you might say, well, why didn't you do something about it at that stage? But if your whole life, you had craved to be a farmer, and done everything possible to be a farmer, it's bloody hard.*

For this story, Stahl interviewed Archbishop Desmond Tutu.

did and they did. The show's use of film editing, close-ups, dialogue and a sense of drama completed the documentary's transformation. Some journalists had distrusted mixing news with entertainment, but the audience never had any doubts. As a columnist for *Newsday* wrote, "Could documentaries be show business, too?" Hewitt sometimes compares himself to the early Hollywood producers—the ones who could touch America with the Glenn Miller story, the Thomas Edison story or the Babe Ruth story. "What *60 Minutes* does," he explains, "is really a series of little movies. It has drama. It has conflict. It has tension. It has humor. It has everything but actors. And our producers go out and find people who play themselves better

than actors can play them."

(10) It's their way of presenting the news. Over the years, *60 Minutes* has developed its own distinctive reporting style. There's the mystery, in which the correspondent tries to figure out "what's going on here." There's the analysis, in which the correspondent investigates a case in order to interpret its significance. There's the adventure, in which the correspondent searches for truth in exotic locales or alien terrain. And there's traditional journalism, in which the correspondent is an impartial observer, relying on expert opinions or facts to tell the story. It's a pattern Hewitt doesn't intend to disrupt, though occasionally suggestions for change will surface. "I said 'No!'" he said, recalling one such incident. "It's almost like that comforting feeling when you go visit grandpa in the summer and you say, 'Oh, my God, that screen door still sticks. He never fixed it.' And you love it."

(11) It's the ultimate newsmaker. "Everybody else that covers news sort of needs a news peg," says Hewitt. "Our peg is that we did it. People talk about Hillary Clinton, Patrick Ewing, Bosnia and what was on *60 Minutes* Sunday. It becomes a news event in itself."

60 *Minutes'* correspondents consider themselves incredibly lucky to be on the show reporting the stories they get to cover. "You have to kind of pinch yourself when you're sitting there doing them," says Steve Kroft. "You're thinking, 'It's actually happening.' "

And though every once in a while a correspondent will talk about retirement, it's hard to imagine these globe-trotters in rocking chairs. "Jeez," Bradley told one interviewer, "I don't want to do this for another twenty years." But that was nearly ten years ago. With contracts extended to 1997, Wallace and Hewitt are showing no signs of slowing down. We'll see how Bradley and the others feel when their time comes. More recently, he's been talking about "another 25 years."

After a quarter century, *60 Minutes'* correspondents are like family. It doesn't matter if we agree on everything Hewitt and his team have to say. It wouldn't be *60 Minutes* if we did. The nice thing is knowing that someone with a little clout is watching out for us. The truth is, we feel we wouldn't know quite as much about what was happening in the world if we couldn't hear that familiar clock tick-tick-ticking every Sunday evening.

60 MINUTES SPINOFFS

With the phenomenal profits earned for CBS by 60 Minutes*—not only more than any other show in history but more than most of all their other shows combined—it's no surprise that the other networks have been trying for the past 25 years to get a piece of the action with their own newsmagazine lookalikes and wannabes. "Come on in, the water's fine," said Don Hewitt to his competitors in the early days.*

Just at NBC, which jumped in with First Tuesday *during* 60 Minutes' *premiere season, there have been* Monitor, Chronolog, Weekend, NBC Magazine, Prime Time Saturday, Prime Time Sunday *and* First Camera. *All failed. After hitting with* 20/20 *in 1978, ABC missed with* Seven Days *but hit again with* Prime Time Live. *In 1981 came the first non-network television newsmagazine,* Entertainment Tonight, *a surprise success.* Real People, Hour Magazine, That's Incredible! *and others followed, along with hundreds of newsmagazine shows produced by local affiliates, and even such late-Roman tabloid permutations such as the syndicated* Hard Copy *and* Inside Edition.

CBS has even tried to clone itself. In 1981 the network launched Up to the Minute, *a five-day-a-week, half-hour panel discussion program that employed a different* 60 Minutes *correspondent each week in the host's chair. The show was canceled after fifteen weeks, but another CBS effort,* West 57th*—which employed the* 60 Minutes *formula but aimed at a younger audience—was a hit.* 48 Hours, *another hit, spawned* Ed Bradley's Street Stories, *and on the eve of* 60 Minutes' *25th anniversary, CBS launched* Eye to Eye with Connie Chung. *"This broadcast," says Hewitt, "has more spinoffs than* Mary Tyler Moore.*"*

In his 1977 book The Camera Never Blinks, *Dan Rather predicted that "television, with its voracious appetite, will repeat the pattern of national newsmagazines. The popular magazine of the 1930s was filled with fiction, but fact overcame it.* Time *and* Newsweek *need no fiction. The only self-renewing source is fact, reality." About the same time, Fred Friendly, the former CBS News president, declared: "Entertainment programming is bankrupt. Television is beginning to see that real life, which is certainly fresh and renewing, is the answer. Within five years there will be a magazine show on every night of the week." History has proved them both right. Only time will tell which among the current crop will last more than a season or two. But even its most ambitious rivals would concede that* 60 Minutes *is likely to outlast them all.*

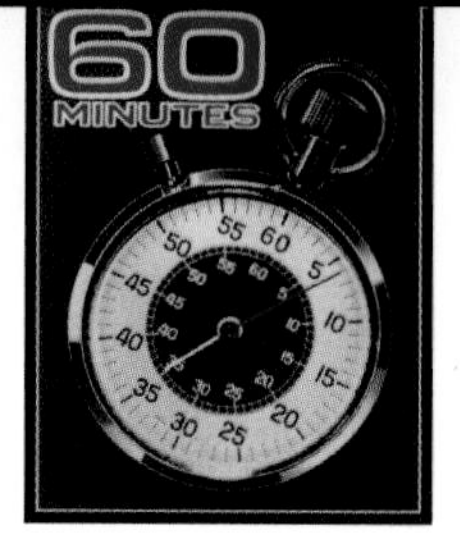

CHAPTER 7

Did You Ever Wonder...

A FEW MINUTES WITH ANDY ROONEY

ROONEY: This will be a special segment of *60 Minutes*. We have invited a hard-hitting investigative reporter here to ask us tough questions. Because this reporter may at some time in the future wish to work in television journalism, he has asked us to conceal his true identity. Go ahead, hard hitter, ask us some tough questions.

"REPORTER": May I call you Mr. Rooney, Andy?

ROONEY: Please do, that's what my friends call me here at *60 Minutes*.

"REPORTER": Are you free to do anything you want?

ROONEY: I'm not free, no. But I'm a lot cheaper than the other guys on this show.

"REPORTER": Does anyone interfere with what you want to do?

ROONEY: Absolutely not. I can do anything I wish, within the bounds of propriety. You know, naturally the CBS executives are... you know what I mean.

"REPORTER": I think I understand. Do you clear your ideas with anyone?

ROONEY: With the Supreme Court, yes. Before I do

one of my pieces, I check with the Supreme Court to make sure it's OK.

"REPORTER": Have they ever turned you down on an idea?

ROONEY: Only once. I wanted to do a piece about the Supreme Court.

"REPORTER": What is Mike Wallace really like?

ROONEY: Around the shop, Mike Wallace is known as Mr. Nice Guy. He wouldn't kill a Mediterranean fruit fly.

"REPORTER": What about Harry Reasoner?

ROONEY: Harry can be tough before lunch. He wouldn't kill a fly either, but he'd hurt one if it got in his way.

"REPORTER": Is it true what they say about Morley Safer?

ROONEY: It is, yes.

"REPORTER": Mr. Rooney, if you could have anything you wanted from CBS, what would it be?

ROONEY: Let me think, I would like to do another hour documentary. I would like to have more time here on *60 Minutes*.

"REPORTER": As a journalist with high ethical standards, defender of the first amendment, crusader for freedom, what one thing do you want most?

ROONEY: More money.

"REPORTER": One last question, Mr. Rooney, did you watch *60 Minutes* tonight? And if so, what did you think?

ROONEY: Yes I did, and frankly, I thought it was one of the best television broadcasts I ever saw.

"REPORTER": Thank you, Mr. Rooney, you've been a wonderful guest.

ROONEY: Thank you.

ROONEY ON...

...ROONEY

"I don't think you can have many annoying mannerisms or irritating characteristics and last very long in this business. But I tread the ragged edge."

...HIS STATUS

" 'All this and more, tonight on *60 Minutes*.' What do they mean 'all this and more?' What am I? Mashed potatoes?"

...DON HEWITT

"Don Hewitt loves nothing better than to get a nasty letter about me. He's run more nasty letters about me than anybody. It's his idea of a good time."

...HIS WORK

"The American people are not keen on facing hard things, and I think to that extent I am a relief to viewers at the end of three pieces that might have been pretty intense. They're glad to see me come on. And I don't think I have to be funny all the time either. I don't think that bothers them. I mean, I am an essayist and one of the great things about being an essayist is you can go any damn where you please."

...AWARDS

"Getting awards in this business is mostly a matter of longevity. I mean, if I stay in the business long enough, I'll have gotten every award there is in television. Why? Because the award people are all looking around to give to somebody. 'Who the hell are we going to give it to this year? Everybody has heard of Andy Rooney, we'll give it to Rooney.' "

...COMPENSATION

"It so happens that the ratings people have discovered that the numbers go up at the end of a show, when I'm on. So Harry Smith of *The CBS Morning Show* interviewed me and his first question was, 'Andy, how does it feel to be in the most watched five minutes of the most watched show on television?' And I said, 'Well, underpaid.' "

...THE VIEWING AUDIENCE

"It's a great tribute to the American public that they have made this show number one. It gives you some hope that there is a taste in this country for quality. I mean, the trend in every business enterprise in America has been away from quality. And that's why for me, it's so encouraging to work for a show that does maintain quality journalistic standards, ethical standards, and is still popular."

CHAPTER 8

60 Minutes Personalities

DON HEWITT

HARRY REASONER

MIKE WALLACE

MORLEY SAFER

DAN RATHER

ANDY ROONEY

ED BRADLEY

DIANE SAWYER

STEVE KROFT

LESLEY STAHL

DON HEWITT

Tenure: 1968–Present

Don Hewitt always knew he was going to be a newsman. Like millions of others who went through their formative years in the pre-television era, he grew up on the movies—and the movie stars—of the Thirties and Forties. But the conventional screen heroes of the day weren't for him. As he wrote in his 1985 memoirs, *Minute by Minute*, "It wasn't Tom Mix or Tarzan who became mine. When I walked out of that movie house, I was either Julian Marsh, the producer in *42nd Street*, or Hildy Johnson, the anything-for-a-story reporter in *The Front Page*."

The son of an advertising manager for Hearst Publications from a suburb of New York City, Hewitt enrolled in New York University on a track scholarship, but his grades were so bad he dropped out before his sophomore year. Drafted into the Army during World War II after working briefly as a copy boy at the *New York Herald Tribune*, he landed a correspondent's job (and met Andy Rooney) on the staff of *Stars and Stripes*. Home from the war, he worked briefly for the Associated Press in Memphis, edited the suburban *Pelham Sun* outside New York and, by 1948, was night telephoto editor at Acme News Pictures in the city. It was at Acme that his slant on the news began to turn toward the visual.

Within a year, Hewitt received an offer from CBS, and when he accepted it, along with a $20 cut in pay to $100 a week, his ex-boss thought he was crazy. "Television?" the man sneered. "Oh, come on, that's a fad. It'll never last." Later, Hewitt would recall, "At times in the night, I get chills thinking how close I came to not taking that cut."

Hewitt was 25 years old. His first assignment: the 1948 political conventions. Six months later, he was director of *Douglas Edwards with the News*, the nightly fifteen-minute network newscast. In six more months, he was the show's producer. Hewitt soon became known as a television wunderkind, an honor he dismissed later by noting that the

most talented television directors in 1948 were in entertainment, not in news. But Hewitt had a talent for dramatic innovation: "using new technology to get information across."

He invented cue cards. He invented "supers," subtitles that identify people or places. He invented the "double-projector" system, "a little technical razzle-dazzle," in his words, that allowed smoother editing. And he invented the term "anchor man," which originally referred, he later wrote, to "the best guy on a relay team being the anchor." Hewitt also invented the way correspondents deliver the news. "I discovered," he recalled, "that the technical had to complement the editorial, just as a good newspaper or a good magazine decides that a certain layout, a certain typeface or the placement of pictures enhances the story. I realized that working with broadcasters' pauses and inflections, the way they look and sound, is to broadcasting what putting in commas and semicolons is to print editing. That's how you punctuate."

Hewitt was "flying high"—sometimes quite literally. In 1956, when the ocean liners Andrea Doria and Stockholm collided off Nantucket, he was directing Douglas Edwards and a film crew in a helicopter as they got the only film of the Andrea Doria going down. He also directed Edward R. Murrow's show *See it Now*, and produced and directed the first "Great Debate" between Kennedy and Nixon during the 1960 presidential campaign. In 1962, he became producer of *The CBS Evening News* when Walter Cronkite replaced Edwards, and he was instrumental in the expansion of that broadcast to a half hour the following year.

But even as he gained authority, Hewitt never quite gave up his freewheeling ways. He spied on NBC's plans to cover Soviet Premier Nikita Khrushchev's visit to a midwestern corn farm. And he hired a tugboat to get exclusive coverage of an airplane crash at La Guardia Airport. But when he ended up with a copy of a competing correspondent's network handbook that had been stolen at the 1964 Republican National Convention, Hewitt was relieved of his producer's duties after the episode wound up in the newspaper, and he was sent to produce documentaries. He called the next few years "my time in limbo."

Limbo, however, yielded epiphany when Hewitt hit upon a better way to report the sort of stories that documentaries usually covered.

"There were a lot of documentaries being padded to an hour," he recalled, "and it occurred to me to cut it down, to go for the highlights where it can be meaningful as well as fast-paced." It was a personal vision, based in part on Hewitt's own notoriously short attention span. "I couldn't sit in a meeting because I'd get bored and walk out," he says. But when he distilled this notion into an hour-long magazine-format show called *60 Minutes*, it proved

to be just what the public wanted. And it proved indispensable to the show's success. "You take Don out," Dan Rather once said, "and the whole thing collapses." Notes Andy Rooney, "The show would not survive his demise."

Certainly it is Hewitt himself who keeps *60 Minutes* going. "Hewitt is a master of working with prima donnas, including this one," noted Rather. "If things get hot, he calls you in, closes the door and says, 'We're not a bunch of Hollywood bitches, so swallow your pride.' "

He's also a master of the television medium. "He can watch a piece once and have total video recall of expressions, words and timing," said Mike Wallace. "It is a superb gift. I can't do it." Explains Hewitt: "It's all instinctive. I'm the least intellectual person I know. A lot of times I'll say to a producer, 'I see it and I hear it, but I don't feel it in the pit of my stomach.' I don't make decisions intellectually. I make them viscerally."

Hewitt may live by his intuition, but he's hands-on, too. He approves all story ideas. He screens—and either approves, kills or sends back for more work—every segment before it airs. He reads the mail and selects letters to read on the broadcast. He writes the promotional spots for the show and the teasers that appear as the show opens. And he answers his own phone. "I talk to viewers," he says. "You learn a lot. I say, 'I'm just the janitor here, I was cleaning up and happened to pick up the phone.' But I do talk to people. You get angry people and you get happy people and you get a feel. That phone takes me out into the country."

With a CBS contract that will keep him on the job to age 74, Hewitt says he has no intention of calling it quits any time soon. "Relaxing tires me out," he declares. But there's another reason for not retiring: Hewitt is emotionally tied to *60 Minutes*, and he's passionate about his work. He has been known to raise his voice not only behind closed doors but even in the halls around CBS. "Show me a guy with no temperament and I'll show you a guy with no talent," Hewitt once declared.

"What Don is good at is pushing his correspondents," said Bill Leonard, former president of CBS News. "He can push you in a way to make your piece better. There's no better person in getting the best out of you, no one more enthusiastic, no one with a better instinct, no one to keep your spirits up on a piece."

Besides, he loves the work.

HARRY REASONER

TENURE: 1968–1970 1978–1991

60 *Minutes* was made for Harry Reasoner. Or was it the other way around? From the very beginning, Reasoner set the show's informed, often literary tone: "The symphony of the real world is not a monotone," he said, explaining the show's concept that first night. Reasoner told a colleague in the early Sixties, "The script's the thing. You give me a literate script, let the camera move in for a tight shot and everything will be fine." No wonder he was Don Hewitt's first choice for correspondent.

A product of the midwest, Reasoner lived in New York for most of his career, but he could still communicate with the heartland. "His manner brings viewers a message," wrote *Time* magazine, "that middle-class values and midwestern charm still endure." Reasoner once described his technique as "going for the jugular with an electric razor." It made him the most trusted of broadcast journalists. In 1982 a *TV Guide* opinion poll reported: "Fifty-six percent of Americans express greater confidence in his appealing mix of urbanity and Midwestern common sense than in any other newscaster."

Reasoner grew up in Humboldt, Iowa, but small-town life was not serene for him. His mother died of cancer when he was twelve, and his father, a school superintendent, died in a fall from a cliff when he was sixteen. Reasoner left Humboldt for Stanford University, transferred after one year to the University of Minnesota, then left school again to take a reporter's job on the *Minneapolis Times*. Drafted into the Army for World War II, he returned to the *Times* in 1946 as drama critic and rewrite man. He lost the job, however, when he panned a touring New York production—a forbidden practice, it seems, lest the touring company scratch the city off its list of stops.

After two years in public relations for Northwest Airlines, Reasoner joined WCCO-

AM in Minneapolis as a news writer in 1950. A year later, he signed up with the U.S. Information Service and served for three years as an editor in Manila. Back in Minneapolis, he became a one-man news department at KEYD television, where he began to attract attention, especially for the commentaries that ended his broadcasts. And in 1956, he took a cut in pay and headed for New York as a cameraman's assistant.

Graduating to newscaster on both radio and television, he covered some big stories: in 1958, racial strife in Little Rock, Arkansas; in 1959, Soviet Premier Nikita Khrushchev's visit to the United States; in 1960, President Dwight Eisenhower's trip to the Far East. And on November 22, 1963, Reasoner wrote and helped produce the CBS obituary on John F. Kennedy after the President's assassination. He was the primetime anchor that evening and substituted for Walter Cronkite several times over the next few days, including the Sunday afternoon shift when Jack Ruby shot Lee Harvey Oswald.

For two years in the early Sixties, Reasoner also co-hosted a CBS morning show called *Calendar*. It was here that he would meet Andy Rooney, the writer and future *60 Minutes* colleague who became a fast friend. In 1964, Rooney wrote, and Reasoner narrated, "An Essay on Doors," the first of a long string of lighthearted, documentary length programs that helped establish Reasoner's reputation for features as well as hard news—the ideal combination for *60 Minutes*.

Meanwhile, from 1963 to 1970, Reasoner anchored *The CBS Sunday News*, substituted for Mike Wallace on the morning news and for Walter Cronkite on the evening news, and broadcast a Saturday news roundup for CBS Radio called *The World This Week*. In 1965 he succeeded Dan Rather as CBS News White House Correspondent, sharing that post with Robert Pierpoint until 1966.

In 1968, Don Hewitt was starting a new show called *60 Minutes*, and he wanted a correspondent who could do more than cover breaking news. He wanted a correspondent who could "cover the news of the times in which we lived," wrote Hewitt 23 years later. "And no one was more conversant with the times in which he lived than Harry Reasoner."

"I said, 'Sure,'" Reasoner recalled. "But I also said I didn't think it would fly. I've been wrong a lot, but never so happily wrong. I can't imagine anything I could have done that would have been so rewarding."

Teamed with Mike Wallace, to add a cutting edge to Reasoner's mellowness, *60 Minutes* produced some memorable segments, including reports on crises in Northern Ireland, between Israel and Egypt and between Nigeria and Biafra, in which Reasoner and Wallace took opposing sides of the issue. But at that time, there was still something more that Reasoner wanted to do. He wanted to anchor a major evening newscast, so when ABC came calling in 1970, he agreed. "I wanted the job," he explained, adding in his wry way, "and Walter Cronkite was showing no inclination toward stepping in front of a speeding truck." Besides, *60 Minutes* was still a struggling newcomer. "I don't think we foresaw what it was going to become," he confessed later. "I was there a little more than two years before I left for ABC. We were about 54th or 55th out of 64 in the ratings, some dismal thing."

Reasoner often gets credit for making ABC, the perennial also-ran of evening news, into a serious contender. But friends speculated that his heart never really left CBS. When ABC

teamed him as co-anchor with Barbara Walters, Reasoner wanted out, and CBS welcomed him back in 1978.

Stepping comfortably back into the *60 Minutes* role that suited him so well, he turned out Emmy-Award-winning hard news like "Michael Doyle's Camden," the story of what crime and drugs can do to a city. And he wrote heartstring-tugging features like "The Greatest Movie Ever Made," the story of America's love affair with *Casablanca*. In a classic Reasoner phrase, he reported, "Our romantic minds are a hodgepodge.... You never forget who you first saw it with. I wonder if she remembers. If she does, here's looking at you, kid."

By the late 1980s, however, Reasoner was in declining health. A heavy smoker, he had undergone surgery for lung cancer in 1987 and 1988. In May 1991, he was named contributing correspondent and editor emeritus of *60 Minutes*. A month later, he developed first a blood clot on the brain, then pneumonia, and he died on August 6, 1991.

Reasoner left an indelible mark not only on *60 Minutes* but on broadcast journalism with what writers have called his "wry wit and low-key, unflappable delivery," his "bemused smile" and his way of "elegantly plain-speaking." But he may have left an even more lasting mark on his fellow correspondents: As Mike Wallace noted, "Harry Reasoner remains the midwestern innocent in the big city. He is an honorable, genuine, unvindictive man. He is a noble man."

Said Morley Safer: "Perhaps his most important contribution to journalism in this country was that it's possible to excel without being an egotistical fool."

After Reasoner's death, Andy Rooney wrote, "In 1972, we went to Humboldt to make a film called *A Small Town in Iowa*. Those two weeks in Humboldt were a happy time for Harry. I remember wondering if he might not have been happier if he'd stayed there and not left to become famous."

In a remembrance for *The New York Times*, Don Hewitt wrote, "If Edward R. Murrow was the Babe Ruth of broadcast journalism and Walter Cronkite was Ty Cobb, Harry Reasoner was Joe DiMaggio. He wrote the way Joe played center field. He always made it look easy."

But Reasoner may have expressed it best

himself when he wrote about Edward R. Murrow, another departed great of CBS News, "He said it's important to remember that just because your voice carries to the end of the world, that doesn't mean you know more than the man whose voice only carries to the end of the bar." The sentiment may have been Murrow's. But it fit Reasoner perfectly.

MIKE WALLACE

TENURE: 1968–PRESENT

Mike Wallace was in awe. Here he was, waiting on an empty stage to interview piano virtuoso Vladimir Horowitz, but he was feeling more like the boy violinist who had been concertmaster of his high school orchestra than the man who had become the most famous interviewer in the world. The appointed time arrived, and Horowitz was prompt, already dressed for his evening concert. Wallace approached him respectfully. "Maestro," he said. "Mike Wallace," boomed Horowitz. "I watch you every Sunday night."

Such is the fate of the only correspondent who has been with *60 Minutes* for its entire 25 years. As Andy Rooney said in an on-air tribute on Wallace's 75th birthday, "Over the years, Mike has interviewed a great many of the world's best known people. One bad thing now is, Mike is better known than most of the well known people he interviews."

Mike Wallace didn't invent *60 Minutes*, but he might as well have. For it was Wallace who set the tough investigative style that kept the show alive during its lean early years, caught the mood of the times during the Watergate era and pushed *60 Minutes* to the top of the ratings in the next decade. And though he claims CBS has plenty of reporters who could take his place, Wallace is about as indispensable as a man can get. A couple of years ago, when he and Don Hewitt—who did invent *60 Minutes*— were flying back to New York from California, Wallace fainted on the airplane. "I thought, 'Oh, my God, he's dead!'" Hewitt recalled. "And the first thought I had is, 'We'll never catch *Cheers* without Mike.' Honest to God, that was my first thought. And Mike is flattered by that." *Cheers* has since closed the bar, but *60 Minutes* ticks on. And so does Wallace.

He was born Myron Wallace in 1918 in Brookline, Massachusetts, which he has described as "kind of an O'Connor-and Goldberg town for upwardly mobile Irish Catholics and Jews like us. Jack Kennedy was born around ten months ahead of me just four doors away." He went away to the University of Michigan, where he was "trapped" by broadcasting as an announcer on his college radio station. After graduation in 1939, Wallace landed a job as a writer and so-called "rip and read" news announcer for WOOD/WASH radio (jointly owned by a furniture company and a laundry) in Grand Rapids, Michigan.

Wallace made his network debut in 1940 as an actor in Detroit on *The Lone Ranger* and *The Green Hornet* and an announcer on serials such as *Sky King*, *The Guiding Light*, *Ma Perkins* and *Road of Life*. In 1941, he began work for the *Chicago Sun* as a newswriter for a radio version of the newspaper, and after narrating a dramatic series for the Navy's World War II recruiting program, enlisted in 1943 and served as a naval communications officer in the Pacific.

After the war, he joined WMAQ in Chicago as a news reporter, but a year later took over as host of a Chicago show-business radio talk show called *Famous Names*. His first television interview show began in 1949 when he and his wife, actress Buff Cobb, debuted in a 90-minute talk show called *Mike and Buff* from the popular Chicago club Chez Paree. Two years later, they moved the show to CBS in New York, where it was broadcast nationally, but *Mike and Buff*

was also a necessity.

But with the mid-Fifties came Wallace's breakthrough as an interviewer. In 1956, he originated *Night Beat*, a one-hour show on independent WABD-TV in New York. It was the beginning of what he has called "the hard interview, irreverent if necessary, the facade-piercing interview"—complete with cigarette smoke curling up into overhead lights for a police-station atmosphere. A year later, the show moved to ABC and was rechristened *The Mike Wallace Interview.* These were the years when Wallace honed his skill at finding that moment he has described as "when the interviewee begins to sweat and squirm."

Wallace continued to pursue other work. At WABD he began *Newsbeat*, the first half-hour newscast, in a time when all others, including network news, were only fifteen minutes long. He anchored the 1960 election coverage for the Westinghouse Broadcasting Company, contributed to a documentary called *Close-Up USA*, was script consultant and anchor for *Biography*, a Peabody-Award-winning public affairs show, and was East Coast host of a talk and variety show called *PM East-PM West*.

Then, in 1962, personal tragedy struck. And it changed his life. Wallace's oldest son Peter, a recent graduate of Yale University, was killed in a climbing accident in Greece. Wallace, who went looking for his son when he was reported missing and found the body himself, decided as a tribute to Peter to change his professional ways. Commercials and entertainment were

ended in 1954 when the couple divorced.

Wallace went back to work as an announcer, hosting both *I'll Buy That* and *The Big Surprise* and the pilot of *To Tell the Truth*, but turned down an offer to become that show's permanent emcee. Trying his hand at just about anything, he also hosted an educational series called *Adventure*, announced cigarette and car commercials, and even played an art dealer in nearly 100 performances of a Broadway comedy called *Reclining Figure*. "Back then," he recalled, "you could do, and I did, acting, announcing, narrating and news. Somehow, back then, it seemed there was nothing wrong with it." Since news was a poorly paid profession in those days, it

out, and he would become a straight newsman. Wallace sent letters to CBS News declaring that he had "sanitized" himself and was hired as a special correspondent—at a 65 percent pay cut.

Within the year, he was named host of the *CBS Morning News with Mike Wallace*, and of a CBS Radio report, *Mike Wallace At Large*. Soon he also was anchoring the *CBS Mid-Day News* and contributing to *Face the Nation* and *The CBS Evening News*, where he reported from Vietnam, interviewed Malcolm X and covered both the 1964 Republican and Democratic political conventions.

Just as 1962 had been a watershed year for Wallace, so was 1968. He had been covering Richard Nixon's Presidential campaign for a year, and he seemed a shoo-in as White House correspondent if Nixon won in November. But Don Hewitt, the CBS News producer who was in charge of a new show called *60 Minutes*, was also after Wallace, and so were the Nixon people, who offered him the post of press secretary. That summer, Wallace had to make up his mind, and he sought counsel from Frank Stanton, president of CBS, who cautioned him that taking the Nixon job could taint him as a journalist, making re-entry into the profession difficult. "That was all I needed to hear," Wallace later wrote. "I wasn't about to run such a risk, not after all I had gone through to get back into journalism.... I shudder to think how I might have fared in the role of Ron Ziegler." Wallace decided to take a chance on Hewitt's show—even though he thought *60 Minutes* would probably last thirteen weeks, 26 at the most.

For himself and for the show, it was the right decision. *60 Minutes* has been on the air ever since, and Wallace went on to become its most fearless interviewer—in fact, the most fearless interviewer in the business. As former CBS News vice-president Bill Leonard has noted, "Most of us pretty good interviewers have an embarrassment ceiling. But Mike is totally unafraid, and that generally stands him in good stead." In 1991, when Wallace was 73, one interviewer called him "the geriatric enfant terrible of television."

He'll ask anybody anything—even if it means losing a friend, as it did with Henry Kissinger, or nearly losing one, as it did with Nancy Reagan, whom he has known since the Forties, even longer than she has known her own husband. He's braved lawsuits, most notably an action by General William Westmoreland, who claimed that he had been libeled by a 1982 CBS News report called "Uncounted Enemy: A Vietnam Deception." (In 1985, Westmoreland dropped his suit in a no-money settlement.) And he's trod on the toes of advertisers—including the Ford Motor Company when he exposed the dangers of one of their most popular cars, the Pinto.

But his technique is in a class by itself. Said Hewitt: "He's like Muhammad Ali. He has a sense of knowing when to lay back, when to dance and when to go in for the kill." Wallace, in turn, says that's because he has a well developed sense of "weak spots in myself." Explains Wallace, "After my establishing a chemistry of confidentiality and relaxing the interviewee to the point where he thinks he can really level with me, he'll suddenly say, 'Hey, wait a minute. Now I'm in trouble.' "

Consider his interview with PLO leader Yassir Arafat. Wallace did his research, and he paid careful attention to the man before the interview started. "When I saw him take off those sunglasses, turn them around and use them as a mirror and start primping himself, I knew I had him." That's vintage Wallace.

MORLEY SAFER

TENURE: 1970–PRESENT

Morley Safer owns six manual typewriters, stockpiled against the day when they go out of production. The only one of *60 Minutes'* correspondents who still hasn't made the leap to computers, he took the classes, but it just doesn't feel right. "I'm last of the Mohicans," he says.

Why is this not a surprise? Maybe it's because Safer's personal style, as well as his literary style, is in dramatic contrast to his colleagues' on the show: old-fashioned, courtly, elegant, even romantic. After all, Safer is the man who bought a Bentley with his poker winnings when he returned from Vietnam to the CBS London bureau. After returning to the States, he took tea in his New York office every afternoon at four, made life on the road more civilized with his own pepper mill and Dijon mustard, whiled away travel time with books of 19th Century history and stocked his hotel rooms with art supplies for painting portraits. He's been described as dandyish, dashing, cultivated, urbane, thoughtful, reflective, studied, eloquent, bemused, sardonic. None of these adjectives fits the computer age either.

The irony is that Safer made his reputation in the toughest kind of reporting there is: as a war correspondent. But his personal background may shed some light on his cosmopolitan air. Safer not only worked abroad for years, he is Canadian, the only non-American among the *60 Minutes* correspondents. "I really feel stateless," Safer said in 1983, "which is not bad because I always felt a man without a country was not encumbered by narrow loyalties. It's the States that are strange to me. I've never walked around anyplace here, except New York. I know Ireland better than I know Texas."

Born in Toronto in 1931, Safer was graduated from the University of Western Ontario in 1953 and learned the news business at small-town Canadian newspapers, the Reuters news service and the Canadian Broadcasting Corporation, for which he covered Europe, the

Middle East and North Africa. It was during the 1956 conflict between Israel and Egypt and the 1962 Algerian Revolution against France that he learned the trade of war correspondent.

He also had an extraordinary piece of luck. In 1964, a colleague applying for a job with CBS sent the network a tape of a CBC roundtable discussion. The roundtable member CBS liked, however, was Safer. He had not even known the tape was being submitted—but he got the job. After spending a year in the CBS London bureau with veteran newsman Charles Collingwood, he was sent to Vietnam in 1965 to open the network's Saigon bureau.

It wasn't long before he filed the report that first brought him notice—and played a role in the dawning awareness that things in Vietnam were not necessarily what they had been made out to be by the press and the military command. In a piece that aired on *The CBS Evening News* on August 5, 1965, Safer reported the destruction of a village called Cam Ne, an alleged haven for the Vietcong. As cameras rolled and Safer watched in horror, the Marines used their cigarette lighters to set fire to the thatched huts.

"This is what the war in Vietnam is all about," he reported. "The Vietcong were long gone... the action wounded three women, killed one baby, wounded one Marine and netted four old men as prisoners.... Today's operation is the frustration of Vietnam in miniature. There is little doubt that American fire power can win a military victory here. But to a Vietnamese peasant whose home means a lifetime of backbreaking labor, it will take more than Presidential promises to convince him that we are on his side."

President Johnson was incensed. He tried, unsuccessfully, to pressure CBS to censor its reporting, and a Marine officer told Safer to "stay out of Da Nang, or you may end up dead." But he did return. In fact, he stayed in Vietnam for two more eventful years—though he had originally planned only a short-term assignment—which included being in a helicopter shot down by Vietcong ground fire. When he returned to London in 1967, he anchored a one-hour special, "Morley Safer's Vietnam: A Personal Report." (Thirteen years later his much-praised book *Flashbacks: On Returning to Vietnam* was finally published.)

Later in 1967, he anchored another personal documentary, "Morley Safer's Red China Diary." Using his Canadian passport and posing with cameraman John Peters as wealthy tourists interested in art and archaeology, Safer toured mainland China at a time when the country was closed to Americans. Its editor was Don Hewitt, a longtime CBS news producer who at the time was hatching the concept for *60 Minutes*.

As chief of the CBS News London bureau, Safer covered more strife in places that ranged from the Middle East to Northern Ireland to Czechoslovakia to Biafra. When Harry Reasoner resigned from *60 Minutes* to take an anchor position at ABC in 1970, Safer was in Paris covering the funeral of Charles DeGaulle, reading aloud from DeGaulle's memoirs as he walked down the Champs-Elysees. Bill Leonard, vice president of News, noticed this unusual coverage and telephoned immediately. "I couldn't imagine what Leonard could want," Safer recalled. "I assumed, as all reporters assume, that when the brass calls you, it is because you've screwed up. In fact, I was sure of it." The call, however, was to offer him the job as Reasoner's replacement.

Safer wasn't so sure at first. "While it is

every broadcast reporter's dream to work in a longer form than the one- or two-minute report demanded by the evening news broadcasts," he explained, "why would I want to give up the dignity and importance of reporting for Walter Cronkite for the dubious honor of working for a fledgling television magazine that would surely have no staying power, that went on the air only every other Tuesday against the lovable *Marcus Welby, M.D.*, and was run by the certifiably insane Don Hewitt? This proposition had all the appeal of winning an expenses-paid vacation to Lagos." Safer finally agreed, but he made sure his contract stated that he could have his old London job back when—not if—*60 Minutes* folded.

The early years, with only Wallace and Safer, were riddled with fierce competition—even though the two had vastly different styles of reporting. "You have an awful lot of ego flying around this joint, a lot of door-slamming over the years," Safer once recalled, "but it's been a positive kind of tension." In the years that followed, however, thanks to Hewitt's "good instincts, confidence in us and a very, very low threshold of boredom," Safer thrived. As Dan Rather said in the mid-Seventies, "Morley has an excellent nose for a story and a little different way of getting it. If there are four ways of getting a story, Morley can see a fifth; Morley is more thoughtful than either Mike or myself, more reflective."

Safer's "nose for a story" has led him in many directions, and each story says a little bit about him. He ranks his 1983 investigative report that sprang Lenell Geter, a wrongly-convicted black engineer, from a Texas prison as the "most important story I ever did. I mean, in effect what you have done is you have given a life. You've created a life. I guess if I didn't do any other stories but that one I would still feel very proud."

In 1978, Safer reported "The Music of Auschwitz," the story of Fania Fenelon, who played in an inmate orchestra to avoid Nazi gas chambers. Her story spoke to Safer personally, because with his own Jewish heritage, he counts World War II and the Holocaust as "the most important event in my life, no question."

Safer's 1975 story on how easy it was to buy handguns in South Carolina and sell them in New York prompted some early legislation, but today there are even more serious gun-related stories to tell. "It's the story that won't go away," he says. "You can do ten stories a year on this one broadcast, on guns. And it will have absolutely the same zero effect."

When Safer shot pool against Jackie Gleason, the star of *The Hustler* thought the reporter was hustling him. "He glared at me. Then I missed and he said, 'It's my shot, pal.' Safer recalled. "Then he just ran the table. And looking at me with one eye, you know. Voom! He was a character. By the end of the day he realized that I had just gotten lucky."

On Safer's office wall hangs a mangled propeller, remnant of an early report called "Flying Machine"—and a reminder that this thoughtful dandy also has been a daredevil. "It didn't fly—and it didn't stop either," he recalled. "It just sort of hurtled along this runway."

On any other show, at nearly 63, Safer would be hurtling along toward retirement, or at least slowing down. But he has always been a reporter, and he always plans to be one. With the standard CBS retirement age of 65 apparently waived for *60 Minutes* correspondents like Wallace (75) and Hewitt (70), Safer can go on as long as he wants. Another ten years? "At least," he said.

DAN RATHER

Tenure: 1975–1981

No one ever got off to a faster start than Dan Rather. He joined *60 Minutes* in October 1975, and within two months had aired one of the most influential pieces of investigative journalism the show would ever do. "Warning—May Be Fatal," an investigation into Allied Chemical's dumping of the toxic insecticide Kepone, resulted in 153 indictments and nearly $14 million in fines.

And no one had a more stunning finale. In his fifth and final year with the show, Rather aired "Inside Afghanistan," in which he donned native garb and followed a fearless twenty-year-old rebel guide into the Afghan mountains on foot. He and his crew froze "like rabbits" when enemy helicopters flew overhead, crawled to within 75 yards of a Soviet encampment, escaped under fire and showed Americans that the U.S.S.R. was becoming bogged down there just as the U.S. had in Vietnam.

But for Dan Rather, it was all in a career's work. Pick any major news event from civil rights to the Kennedy assassination to Vietnam to Watergate, and Dan Rather was there. Even today, as co-anchor (with Connie Chung) of *The CBS Evening News*, he refuses to stay behind the desk and still goes out to track down stories himself.

He's been at it most of his life. Born in Wharton, Texas, on Halloween 1931, Rather broadcast sports on KSAM radio in Huntsville and worked for the Associated Press and United Press International while he was still an undergraduate at Sam Houston State College. After graduation in 1953, he stayed on to teach journalism for a year, then headed to nearby Houston, where he served as a reporter for the *Houston Chronicle* for two years and news director of KTRH Radio for one. In 1959, he landed a job as a reporter for KHOU-TV, the local CBS affiliate, and two years later, he got his big break.

As so often happens in journalism, what was bad news for someone else was good news for

the reporter. This time it was a hurricane. Sent to Galveston to cover Hurricane Carla, Rather was stranded on the island for three days. But his dramatic coverage caught the eye of the network, and soon he was off to New York.

After training in New York, where he first met Don Hewitt, who was producing *The CBS Evening News*, Rather returned to Texas in 1962 to open the network's Southwest Bureau in Dallas. Named chief of the Southern Bureau in New Orleans the following year, he was responsible for news in the South, Southwest, Mexico and Central America. The big news at the time was civil rights, and Rather covered more of the movement than any other broadcaster: James Meredith's entry into the University of Mississippi, demonstrations in Birmingham, Governor George Wallace standing "in the schoolhouse door" to keep blacks out of the University of Alabama and the assassination of Medgar Evers.

The events in Dallas on November 22, 1963, however, made Rather's biggest story. He had a strong feeling—the same sort of feeling he would have twenty years later that Afghanistan would turn into a big story—that something unusual might happen that day. He knew Dallas and its politics from the days he had worked in the city, and he was sure President Kennedy's visit would not be typical. When shots rang out on Dealey Plaza, Rather was a few blocks down the parade route, waiting for a photographer to deliver film shot earlier in the day. And when Kennedy's limousine flashed past him, headed toward Parkland Memorial Hospital, he knew something was terribly wrong. Rather ran toward the School Book Depository, paused briefly at the scene, then sprinted to the studios of KLRD, the CBS affiliate, five blocks away. Over the next several days, he was the chief CBS correspondent in Dallas, covering the assassination and its aftermath.

For his coverage of that tragedy, CBS named Rather as its White House Correspondent. After a year at that assignment, he was posted to London and Vietnam for another year and returned to the White House in 1966, where he remained until 1974. As usual, Rather was in the thick of it. At the 1968 Democratic Convention, a security guard punched him in the stomach—on the air—for interfering while he was trying to evict a member of the Georgia

delegation. Rather was along for President Nixon's historic trip to China in 1972, and he was there for Nixon's fall from grace during Watergate. Bristling at Rather's tough questioning one day, Nixon asked, "Are you running for something?" And Rather shot back, "No, sir, Mr. President. Are you?"

Rather's sparring with Nixon led many viewers to think he was too tough and argumentative—a reputation that took years to shake. First, he was reassigned to the documentary series *CBS Reports*. It wasn't a demotion, but it

provided a convenient cooling-off period during which Rather could pursue investigations without being in the public eye every day. In his one year on that show, Rather's reports included environmentally caused cancer, special interests and politics, the attempt to kill George Wallace and the assassinations of the Kennedys and Martin Luther King.

Don Hewitt was one who had never been put off by Rather's aggressiveness, so when *60 Minutes'* workload forced him to look for a third correspondent to help Mike Wallace and Morley Safer, he knew immediately where to go—to the hard-news man turned documentary maker. But Rather had his doubts. He was very happy at *CBS Reports*. Hewitt, however, lobbied hard, with an assist from Wallace. "Are you out of your flippin' mind?" Hewitt finally said. "I have the best program in television. And yes, the best executive producer. What is it with you?" Finally, Rather worked through all the arguments pro and con with his wife Jean, and in the end, he couldn't turn down what he now calls "the single most creative and most talented" producer in news.

Rather kept his hand in doing other things: as anchor of *The CBS Evening News* on Sundays in 1975, and as co-editor of *Who's Who* for the first half of 1977. But in the meantime he was turning out such eye-opening *60 Minutes* reports as an exposé of the meat packing industry called "Bum Steer" in 1977, and an exposé of crooked auto repair on interstate highways called "Highway Robbery" in 1978.

When ABC offered him $2 million a year to anchor its nightly newscast, plus the opportunity to anchor its magazine show, *20/20*, he turned the rival network down. But when the offer came to take over *The CBS Evening News* in 1981, he couldn't turn it down. "I know it sounds corny," Rather said after taking the new job. "but I've been extraordinarily lucky.... I missed the White House when I left it, and I missed *CBS Reports* when I left that. Now I miss *60 Minutes*, and I guess I really miss that most of all."

ANDY ROONEY

TENURE: 1978-PRESENT

Andy Rooney owes his long, successful and varied career at CBS to more than the homespun humor for which he's known. He's done well because he's willing to speak his mind. In fact, he insists on it. "You've got to be ready to risk your life about once a year," he said, "or you fall into junk. I've had a lot of tough battles with people around here, and I was able to be right more than they were because I didn't have to make the show a ratings success, and that's irritated a lot of people."

He's been that way all his life. "Commerce never entered my mind," he once said about his youth in Albany, New York, where his grandfather and father ran a successful pipe foundry. That was as close as he ever came to the business world. But he showed an early leaning toward journalism, writing for his college paper at Colgate University and for the Albany paper during the summer. Before graduation, however, he was drafted into the Army during World War II and shipped to England. It was there, by "dumb luck," that he began his career in earnest, answering an ad for men with journalism experience, and landing a position on *Stars and Stripes*.

"I lied," he recalled. "I said I was a journalist, so I got assigned to the paper. It was the break of my life, because I was the only inexperienced guy there. I mean they all came from the *Times* or the *Herald Tribune* or the *Chicago Daily News*. It was like going to journalism school for me, only better." It was a tough school. Sergeant Rooney flew on bombing missions, landing on Normandy Beach four days after D-Day to follow and report on the invasion. And after the war, he felt no need to return to college. "What for?" he asked his father who made the suggestion. "To teach?"

Out of the war also came his book *The Story of The Stars and Stripes*, which he sold to MGM for $55,000 three weeks after his discharge. The movie never was made, but the money allowed Rooney a few years of freelance writing before settling down. By 1949, he had carved out a career as a radio and television writer for Arthur Godfrey, Herb Shriner, Victor Borge, Sam Levenson and others. "Personally," he recalled

many years later, "I think I did my best work for the old *Gary Moore Show.*"

It was during the early Sixties, when he was writing for a CBS morning show called *Calendar*, that Rooney met Harry Reasoner, who would become his closest friend and collaborator. "Our careers in television were inextricably mingled for 25 years," he wrote after Reasoner's death in 1991. "I wrote hundreds of scripts for him and always labeled his part 'THE STAR.' I was needling him, but he was always The Star to me."

Then, one day in 1964, Rooney was trying to convince CBS News President Richard Salant to let him write and broadcast essays. When Salant asked what he could do, Rooney pointed to a nearby door. "I can do anything," he said. "I can do doors." The result was the hour-long documentary, *An Essay on Doors*, which Reasoner narrated. *Women*, *Bridges* and *Hotels* followed.

But executives all the way to the top balked at his essay on war. "I said a lot of things that I had on my chest about war," recalled Rooney. "It was a half hour long and Don Hewitt thought it was too heavy." So he walked. CBS sold Rooney the rights to his essay for $20,000, and Rooney took it to *The Great American Dream Machine* on National Educational Television. The conditions of the sale forbade Reasoner to narrate the essay, so Rooney did the voice himself. He stayed at *Dream Machine* until it folded in 1972, then followed Reasoner, who also had left CBS, to ABC. Later that year, he was back at CBS, but the big change in Rooney's career wasn't his temporary switch in networks. It was his switch from behind-the-scenes to on-air talent.

In 1978 he got his break on *60 Minutes* as a summer replacement for Shana Alexander and Jack Kilpatrick, who argued politics on "Point/Counterpoint." In the fall, "A Few Minutes With Andy Rooney" began appearing every other week. A year later his few minutes became a weekly feature. Today, some say his musings on everyday objects and events are the best watched segment of the show.

But Rooney has mixed feelings about his fame. "A writer should be sitting over in the corner watching the dance and not be out there dancing," he has said. "*60 Minutes* is the peak of my public visibility, but some of the things I've written have been more satisfying to me than what I've done at *60 Minutes*."

Rooney's musings have been collected in a string of best-selling books, and he continues to write a syndicated weekly newspaper column. Until recently, he wrote proudly on an old black Underwood typewriter that was "born the same year I was, 1920." Why not use an electric? "I hate a typewriter that's smarter than I am," he told *The New Yorker* in 1983. In recent years, however, he has given in to working on a computer.

Arriving at 7 a.m., Rooney takes the train to work from Connecticut, where he still lives in the $29,500 house he and his wife bought in 1951. "It's a Victorian house," he has noted, "and it works pretty well. When you push a button, the heat comes up. And the roof is pretty tight."

So is his copy, which he writes not only with graceful brevity but wry humor. Asked to explain how he manages to say so much in three minutes, he quotes Thoreau's maxim that "if a man has anything to say, it drops from him simply and directly like a stone to the ground."

Such simplicity is good punctuation for the end of *60 Minutes*. "A broadcast of this type needs an irreverent but perceptive eye cast on the manners, morals and mores of the times in which we live," explains Hewitt. "That's what Andy does. Andy Rooney is to us what Russell Baker and Art Buchwald are to print journalism."

ED BRADLEY

Tenure: 1981–Present

It may be that Ed Bradley's career in the electronic media was preordained: In 1941, the year he was born, his father opened a jukebox and vending machine business in Detroit. But when his parents got divorced, he grew up with his mother in Philadelphia, and it wasn't until he was a student at Pennsylvania's Cheyney State College, where he received a degree in education in 1964, that the broadcasting bug bit. Friendship with a Philadelphia disk jockey turned into a part-time job announcing news for $1.50 an hour. He taught fifth and sixth grades for a living, but Bradley soon quit teaching to work full time at the station.

During a riot in North Philadelphia in the summer of 1965, he was sent on his first story and stumbled into the right place at the right time, getting through police lines because the chief thought he was an official with a civil rights group. "It was wonderful, the naiveté of not knowing what I was doing," he recalled.

When he applied for a reporting job with WCBS Radio in New York, he borrowed a tape recorder and used it to make a demo, updating a story on an anti-poverty program that landed him the job. Four years later, however, he was ready to move again, this time to Paris. "I'm a hopeless romantic," Bradley has confessed. "I was going to write the great American novel." To make ends meet, he picked up radio work as a disk jockey and television work as a stringer for CBS, and by 1973 had been named a CBS correspondent. "They were itching to get him," fellow CBS correspondent Peter Kalischer recalled. "I think New York always had great plans for Ed. But they had to drag him back into the limelight kicking and screaming."

In 1972, Bradley visited New York, planning to stay only a few weeks, and the foreign editor at CBS told him over lunch one day that there were no jobs in New York. Bradley told him he didn't mind. "I said, 'That's fine, I don't want to live here right now. I would rather live in....' I tried to think of the worst place in the world; I'd

pretty much made up my mind I was going to quit... 'in Vietnam.' " CBS called his bluff.

Bradley spent eighteen months in Southeast Asia, narrowly escaping a mortar round that peppered his back and embedded a chunk of shrapnel in his left arm. Among the last correspondents to leave Saigon, he was assigned in 1974 to the CBS Washington Bureau—and found it a bore. "There was no one thing to sink your teeth into," he recalled. A year later he was on his way back to Cambodia, where he honed his skills in the time-honored tradition of the driven war correspondent. "Hours meant nothing to me," he said of the schedule he kept. Again, when Phnom Penh fell in 1975, Bradley was one of the last correspondents evacuated.

Back home, he covered Jimmy Carter's 1976 Presidential campaign and the Democratic and Republican National Conventions. With Carter's election, Bradley was named White House Correspondent. Two years later, he returned to New York as principal correspondent for *CBS Reports* and anchor for the *CBS Sunday Night News*. Bradley's first documentary was a winner. "The Boat People" aired in January 1979 and earned him an Emmy, a Columbia-duPont Award, an award from the Overseas Press Club of America and the Edward R. Murrow Award. But it was his personal involvement that really paid off: Bradley became a part of the story, helping personally to bring the desperate Vietnamese refugees to shore.

Other documentaries followed: "Too Little Too Late" on Cambodian refugees, "The Boston Goes to China" on a historic tour by the Boston Symphony Orchestra and "Blacks in America: With All Deliberate Speed?" on the difference in life for blacks in the North and South 25 years after the official end of segregation. He injected himself into these stories as well. Mississippi, he reported in "Blacks in America," was a place where "I could never have gone 25 years ago, as a reporter who is black, even if CBS hired me." Returning to the Philadelphia elementary school where he once taught, he faced down a principal who shrugged off questions about why students weren't learning. When the principal asked rhetorically, "What do you do with youngsters that don't meet grade standards?" Bradley snapped, "You teach them."

But it was "The Boat People" that steered Bradley toward *60 Minutes*. When Don Hewitt needed a correspondent to replace Dan Rather in 1981, he recalled Bradley's personalized approach to that story. Bradley, Hewitt said, became "a surrogate for all Americans," a symbol of their inability to help the Boat People. It was just the way Hewitt would have staged the story himself. Despite his willingness to become involved in his stories, however, Bradley has avoided a single style of reporting.

For starters, he refused to be pigeonholed as a black reporter. "I'm a reporter who happens to be black," he said soon after being named to the show. "It's too easy to paint yourself into a corner. On *60 Minutes* I want to break down doors and interview Bette Davis, the same as Mike Wallace. Or do a piece on the Muppets, like Morley Safer. Did Morley do that because he was a Muppet?"

It was this kind of attitude—that he can be anything and do anything—that earned Bradley his reputation as a pro. "I hired Ed Bradley because I don't know of a reporter who is better at finding out and better at communicating what he did find out," said Hewitt. "There are four reasons why *60 Minutes* is the most popular broadcast in television, and Bradley is one-fourth of why we are what we are. He jumps off the screen at you."

Bradley laughs as he recalls an incident when this did not seem the case. "Some stories you pursue and pursue... and they just don't work. I had a story in Burma I wanted to do. I went all the way out there against the advice of a trusted colleague, who said to me: 'You told me if I saw you chasing something unlikely again, to call you and tell you not to. And that's what you're doing. Don't go.'

"I said, 'Yeah I know, but I've wanted to go to Burma ever since I was a teenager and this is a great chance, and hey, listen, I can do a wonderful story.' To be honest, I went against my own better judgment too.

"Well I got there and it was a disaster, and I came back and tried to make a story out of it. We finally screened the piece and the lights came up and Don Hewitt said, 'You know I've never seen a piece I didn't think I could make better, but I can't do anything with this.'

"And the screening room is pretty much dead quiet at this point. Then Hewitt says, 'All you've got is, Here come some monks, hey there go the monks.... Hey wait a minute here come some more monks.' And everybody in the room breaks up. Including me.

"I mean the piece was a disaster. It was a story, it was a trip I never should have made. So you make mistakes."

Bradley has been described as "charged," "dogged" and "restless," as a man who "speaks of brutal shooting schedules with a boyish relish." He's "a big guy, with the rough, tailored, seasoned look of a foreign correspondent in the movies." All of which points toward a varied repertoire. The kind of repertoire that let him work on a story on the Irish Republican Army at the same time he was interviewing Lena Horne in his first year. Or more recently to follow three days of underground investigation into prison labor in China with a visit to the 79-year-old violinist Yehudi Menuhin in Switzerland.

"The job has a lot of satisfaction," says Bradley. "I have awakened and said, 'Boy, I could use some more sleep. My God, I'm tired.' But I've never awakened and said, 'Gee, I wish I don't want to go to work today.' "

DIANE SAWYER

TENURE: 1984–1989

It's not uncommon for *60 Minutes* correspondents to describe their jobs as the best in television. Diane Sawyer, who Mike Wallace once said "may have the best brain of any of the five of us," waxed more poetic. "This is the Valhalla of TV," she told *Playboy* magazine in its 1984 interview with the show's principals.

Sawyer's first brush with fame came in 1963 as America's Junior Miss. "It was the Civil War Centennial," she once said, describing her talent entry, "and I did a kind of historic set piece on the music from both sides, with a prose poem linking the two." She used the scholarship money she won to help pay for her education at Wellesley, returned after graduation in 1967 to her hometown, Louisville, Kentucky, and got her foot in the door of broadcasting as weather girl at WLKY-TV. Offered a reporter's position at the station, she found that more to her liking, and after two years struck out for Washington, D.C. to land a job in the big time.

When her rounds of the local stations and network bureaus netted nothing, Sawyer's Republican family connections got her a post working for a deputy press secretary in the Nixon White House. When the Watergate scandal toppled Nixon, Sawyer stood by her chief—quite literally, boarding the plane with the President and his family as they left Washington. "There were about eight of us who left on the plane with him on resignation day," she recalled. "I wasn't alone. And I'm sure that for each of us, there was someone who said, 'This is not what you call a classically smart career move.' Yet we all chose to do it."

While she worked for a year on the Nixon-Ford transition team and then spent three years helping Nixon to write his memoirs, CBS Washington Bureau Chief Bill Small kept in touch. "Time and again," Small said later of Sawyer's press-office years, "I tried to get her to leave the White House and come to CBS, and when Nixon fell from grace and she went to California with him, I kept sending messages out there. You know, 'Whenever you're ready to come back to the real world, there's a job for you.' Finally, she did."

Some correspondents were put off by Sawyer's political background, others by her lack of broadcast experience. But Sawyer won out. "There were no missteps," said her mentor, Bill Small. "She did everything right. She won the affection and respect of her fellow workers very quickly." From her debut at CBS in 1978, she rose rapidly to correspondent in 1979, to co-anchor (with Bill Kurtis) of the *CBS Morning News* in 1981, to correspondent for *60 Minutes* in 1984.

"I had never thought I would stay at the *Morning News* for thirteen or fourteen years, as others have done." she told *Playboy*. "So when I had a sense that it was time to move on, there were a number of other things we talked about my doing, including reporting for the *Evening News*, which would have made me happy. But finally I decided to approach *60 Minutes* instead."

The first year was tough. With Mike Wallace tied up much of the time in a lawsuit filed against the show by General William Westmoreland, she had to hit the ground running, without even an office of her own. Her first piece was an interview with Velma Barfield, a 51-year-old grandmother on North

over the years that it would make no difference to me if the four broadcasters on *60 Minutes* were named Michelle Wallace, Martha Safer, Harriet Reasoner and Edwina Bradley. By the same token, it would make no difference to me if Diane Sawyer were Tom Sawyer. Diane's gender is of as little interest to me as was Ed Bradley's color." Noted Bradley at the time, "CBS got a two-fer: They got a minority and someone who's good."

She worked hard. In 1985, Sawyer "stayed up all night for three nights" to arrange an exclusive interview with Egyptian President Hosni Mubarak. "I was groggy trying to make it happen," she recalled. When it did happen, she had to move fast: interview Mubarak on October 19, 1985, broadcast the story the next day. "The plane stood by while we did the interview to fly us right back out to get it on the air, because it was such hot news," she explained. "It was just after the Achille Lauro hijacking, and everyone was waiting to hear from the man who was on the hot seat."

Five years later, she left CBS and a reported $1.35 million annual contract to sign on with one of *60 Minutes'* progeny, a start-up magazine-style show called *Primetime Live* on ABC. She remains there, as anchor, today. But Sawyer candidly acknowledges the role *60 Minutes* played in honing her skills: "I think that everybody felt, and I certainly did, that the difference in [my work] in the first year at *60 Minutes* and the fifth year was vast. I miss them. We were all a family."

Carolina's death row for the murder of four people.

Sawyer experienced the same stress that any new correspondent encounters as she coped with the travel and juggled stories. But she also had to deal with a kind of pressure that no other correspondent had faced. As the first woman on *60 Minutes*, she was held up by many women as a model in the profession—a role she and others at the show tried to downplay. "I am reluctant to set myself up as a barrier breaker," Sawyer said in 1984. "I'm really going to be another person with another set of interests, another set of perspectives, another pair of legs to walk the miles you have to walk to get the stories."

Don Hewitt backed that position: "I've said

STEVE KROFT

Tenure: 1989–Present

In the fall of 1992, Steve Kroft found himself in the Kuwaiti desert trying to watch where he stepped. The wind would blow in one direction, shift the sand and uncover hundreds of mines. Minutes later, it would blow the other way, cover them up and reveal still more. "You could not take your eyes off your feet," he recalled. "The camera people were trying to line up the shot and weren't really watching where they were going, and you knew that if they stepped on something, it could be the end of you, too."

"Very scary" is the way Kroft describes "The Battlefield," his *60 Minutes* story on the effort to clean up explosives left behind after the Persian Gulf War. But those who have been following Kroft's career might also remember what he said after an equally dangerous assignment, covering the fighting in Beirut when he was the CBS correspondent in London: "That was really fun."

Kroft's go-anywhere-do-anything style is in the finest tradition of *60 Minutes*. So it was only natural for Don Hewitt to pick Kroft when he began looking in 1989 for younger reporters to carry the show into the Nineties. At 43, Kroft is the youngest of the *60 Minutes* team—and sometimes takes some ribbing for his age. Andy Rooney, in his 1993 tribute to Mike Wallace's 75th birthday, proclaimed "I hate Steve Kroft because he went to school with my son."

For Kroft, the trip to *60 Minutes* was a straight path—with no minefields to navigate. "This was the only job I ever wanted in my life," he told Paula Zahn on a *CBS This Morning* series about the show's correspondents. "And I never thought that I'd get it. I certainly didn't think I'd get it as soon as I got it."

Kroft knows he's on the way to the top of his profession, and he's got the energy and tenacity to get there. He's a self-proclaimed "quick study," absorbing mountains of information in the days—and sometimes just the hours—before an interview. But his relaxed style disarms his subjects into opening up on camera.

Born in Kokomo, Indiana, Kroft was graduat-

ed from Syracuse University in 1967 with a degree in communications, but before he could begin his career was drafted into the Army and sent to Vietnam. As an undergraduate, he had studied some journalism, but he had no strong desire to be a reporter, and he thought television commercials might be worth pursuing. With his communications background, however, Kroft was assigned to the Armed Forces Network. "One of my jobs," he recalled, "was to escort network camera crews to the field. A CBS crew came up from Saigon and I took them out for the day, and that was it. I said, 'That's what I want to do.' "

After his discharge, Kroft earned an M.S. in journalism from Columbia University and in 1977 landed a reporter's job at WPLG-TV in Miami. Joining CBS in New York as a reporter three years later, he made correspondent at the Dallas bureau and then returned to CBS in Miami, where his reports ranged from a story about police brutality to reports on Cuban and Haitian refugees, drugs and organized crime.

Kroft was on the fast track. In 1984, after less than two years in Miami, he was off to the bureau in London, where his stories included violence in Northern Ireland, unrest in South Africa and fighting in Beirut. In 1986, he joined CBS's *West 57th*, where he spent three years learning the newsmagazine business before being summoned to *60 Minutes* when Diane Sawyer left the show in 1989.

Right away, Kroft turned out an Emmy-winning report on a tough subject: Chernobyl, site of the 1986 nuclear accident in the Soviet Union. "Nobody had really gone to do it," Kroft recalls. But once the crew got in, the story was so dramatic, it became what *60 Minutes* calls a "show and tell." Says Kroft, "All you had to do is point the camera and ask questions."

Later that same year, he produced another big attention-getter: "Cream Puff," a story on used-car wholesalers in Houston who were rolling back odometers. "The characters," says Kroft, "were right out of central casting." There was a hidden camera. A man who kept saying, "I don't know anything about it." And another who looked like he was going to punch Kroft on the air. It was a classic *60 Minutes* sting.

Then there was Kroft's personal favorite—and Peabody Award winner—"Friendly Fire," a report on a U.S. Army lieutenant colonel who killed two of his own troops by mistake during the Persian Gulf War. "I think that story is the one that I'm proudest of," says Kroft, "because I spent time in Vietnam and spent a lot of time

covering wars and I know how easy it is to kill somebody by mistake. And I felt what the Army did with this guy, by identifying him and leaving him hanging out to dry, was distasteful. I still think it was probably the best interview that I've done here, because he was a very tough subject."

Tough subject? How about Bill and Hillary Clinton, who went on the air with Kroft in January 1992 to address charges that Clinton had been unfaithful? That was a touchy subject. Kroft had to be careful not to be too aggressive, to avoid coming off "like a jerk" in front of 40 million viewers. But it was a great "get," as *60 Minutes* correspondents call an exclusive story. So was his November 1992 interview with actor/director Woody Allen, then in the midst of a nasty custody fight with former wife Mia Farrow. Kroft got both of these stories through an extensive network of personal contacts—and because this former war correspondent could make the Clintons and Allen comfortable enough to feel they could trust him.

There's constant worry about doing the best job possible, he confides, but the Clinton interview "probably did more to make my presence felt on the show than anything else, because it was a big interview and we were the ones who got it." Best of all, though, he admits, is that "it was fun."

LESLEY STAHL

Tenure: 1991–Present

Lesley Stahl never even considered journalism until she was almost 30. Born in Swampscott, Massachusetts, she was graduated cum laude from Wheaton College outside Boston in 1963, then set out to be a doctor. But after enrolling at New York's Columbia University for graduate studies in zoology to prepare for medical school, she wound up marrying a doctor instead. Stahl left school, answered a classified ad in *The New York Times* and found herself working as a speechwriter for Mayor John Lindsay. It was the press room next door, however, that changed her life. "Like a light bulb going off," she said, "I decided I had to be a reporter."

Always ambitious, Stahl set her sights high, applying for a job at the *Times*. Turned down, she was hired a short time later at NBC News and worked as a researcher-writer during the 1968 presidential campaign. When her marriage ended, however, she returned to Massachusetts and applied at the *Boston Globe*. Turned down again, she landed a producer's job at WHDH-TV, the CBS affiliate in Boston, and regularly petitioned the news director to put her on the air. When she finally got the OK, Stahl covered features and soft news stories. "With that job, I was born again," she recalled. "There was a click, and it's been a love affair ever since. Up until then, nothing seemed to go right. I don't know why, but I was never really happy until that moment."

In 1972, when WHDH changed management, Stahl switched jobs again—but this time she didn't bother with print. Instead, she moved up the network ladder to the CBS News Washington Bureau, which put her on a general-assignment beat. Stahl was in the right place at the right time for the job. "I got to CBS because I was a woman," she admits, "and they were looking for women."

And she was just in time for her career-making story—a seemingly inconsequential burglary at the Watergate office complex. When it broke, Watergate wasn't the type of story that would

go to a reporter like Dan Rather, then the CBS White House Correspondent. It was a routine police story—just the thing for a young reporter who had been on the job only three weeks. "No one was in Washington," she recalled. "They were out covering candidates. I just stayed with it and it developed into a long story. I was able to show them I could be a reporter."

Stahl rode that story to the top of her profession, showing all the way the toughness and aggressiveness that would become her trademark. When Nixon lawyer John Dean tried to dodge her questions, she followed him into a men's room in the Capitol. Another time she shouted questions at him through the mail slot in his door. She held her hand over a rival network's camera lens to keep Archibald Cox from talking to the competition. Covering the Senate Select Committee's hearings and the House Judiciary Committee Hearing on Impeachment, she not only reported the news but was allowed to analyze it as a member of late-night CBS roundtable discussions with Rather and Daniel Schorr.

"During that time," recalled one colleague, "Lesley got the reputation as an incredibly hard worker. And she hasn't stopped working since." In 1977, she did a report for *60 Minutes* from Puerto Rico just before her daughter was born (she had since married writer Aaron Latham)—and was back at work three weeks later. That same year, at age 35, Stahl was named anchor of the *CBS Morning News*, only the second female anchor in the history of CBS News.

Her tour of duty at the *Morning News* ended a year later when CBS tapped her for White House Correspondent—a heady experience for someone who had arrived in the capital in 1971 with just one year of on-camera experience. Over the next eight years, she reported such major events as the attempt on President Reagan's life, and a long string of U.S.-Soviet summit meetings, economic summits, national political conventions and election nights. She was National Affairs Correspondent for two years, but returned to the White House in 1989.

Even while she was covering the White House, however, Stahl kept adding new challenges. In 1983, she was named anchor of *Face the Nation*, taking over for George Herman, the show's anchor since it premiered in 1954. Her assertive questioning helped revive that show and brought her, as one writer noted, "more visibility, more money, more prestige and, altogether, more of a sense of presence in an industry where presence means power." As another put it, Stahl had become "a media heavy, a Washington power broker." Naming her queen of the Sunday morning news shows, *TV Guide* declared, "She'll shoot anything that moves on the left or the right."

Then, in March 1991, when Harry Reasoner was named *60 Minutes'* editor emeritus, Don Hewitt came looking for another correspondent. "Suddenly," recalls Stahl, "this big hand comes down and says, 'How's about a new lease on life?' " Said Hewitt: "I know of no one in broadcast journalism more qualified to join the team than Lesley Stahl."

60 Minutes lets her show a warm and vulnerable side that she's never shown before. Take her story on Dr. Thoralf Sundt, a Mayo Clinic neurosurgeon who continued to operate despite a painful and incurable form of cancer. "I loved him, I truly loved him," Stahl recalls, thankful that she could feel affection for one of her interview subjects and even let it show on the air. But human-interest stories like this one haven't dulled her taste for the kind of jugular journalism that made *60 Minutes* famous. She's as good at it as any of the male correspondents on the show, and she knows it. "Am I tough?" she said in an interview several years ago. " Yeah, I think so. I'm a tough lady."

with
MIKE WALLACE
and
MORLEY SAFER
DON HEWITT
PALMER WILLIAMS
directed by
ARTHUR BLOOM
edited by
JIM TRAINOR
ROBERT CLEMENS
WILLIAM WAGNER
RICHARD WILHELM
edited by
KENNETH DALGLISH

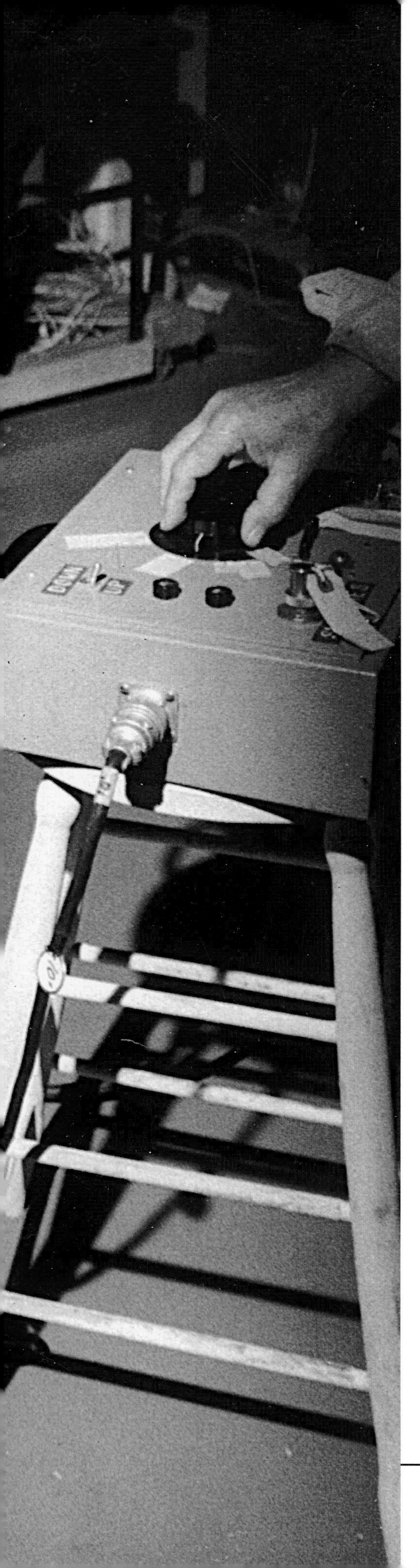

CHAPTER 9

60 Minutes of Trivia

AWARDS

60 Minutes and its crew of correspondents, producers, directors and technical staff have been honored with virtually every major award in broadcasting. As of May 23, 1993 the list includes:

42 Emmy Awards
6 George Foster Peabody Awards
2 George Polk Memorial Awards
10 Alfred I. duPont/Columbia University Awards
1 Christopher Award

The start-up costs for *60 Minutes* were $13.45—coffee and sandwiches for four men who pieced together a sample show from stock footage. Two of the guys were Reasoner and Hewitt.

The first person actually hired by Hewitt for *60 Minutes* was Director of Operations Joe Illigasch.

The initial commentary segment was called "Digressions" and consisted of two silhouetted profiles taking sides on a *60 Minutes* segment. The two silhouetted profiles were called Ipso and Facto. It was written by Andy Rooney, who also performed the role of Facto. Palmer Williams played Ipso.

By 1978 the *60 Minutes* clock had ticked for 1,372,000 minutes, not counting commercials.

The show was in danger of being dropped after each of its first six seasons.

By 1981, Hewitt had won ten Emmys for his *60 Minutes* work.

It's estimated that one of five stories comes from viewer mail.

60 Minutes has averaged 31 million viewers a week and has been in the Top 10 for sixteen consecutive seasons. It is the most watched news show on television.

60 Minutes has overtaken the seemingly invincible *I Love Lucy* for the #1 spot for Top 10 finishes in television history.

60 Minutes is the only television program to rank #1 in three different decades.

Within two days of Ed Bradley's 1989 report on pesticides, hardly a school in the country was serving apple juice.

60 Minutes has generated over $1 billion in profits since 1968—a veritable money machine for CBS.

There is an Australian and a Russian version of *60 Minutes*.

The 30 weeks of the Persian Gulf War were well documented on *60 Minutes*. It was one of the top five shows every week during the crisis.

The only thing harder than duplicating *60 Minutes* is beating it in the ratings. NBC alone has tried fourteen different magazine formats over the years.

Mike Wallace has done over 500 segments for *60 Minutes*. His interviews alone would fill three years of reruns.

The *60 Minutes* clock was originally gold.

Originally, the *60 Minutes* clock was used only in the final credits along with the soon-to-be famous ticking sound. The powers that be decided it was too good an idea for just the end so in the third broadcast it was added to the opening. It's been there ever since.

"Alpo, the all-meat dog food!" was the sole sponsor of the very first episode of *60 Minutes*.

By August 31, 1993 *60 Minutes* had broadcast 2,299 original segments on 1,107 shows. If all the *60 Minutes* segments were broadcast back-to-back it would air for 46 1/2 days.

Most indictments from a *60 Minutes* story: 153, Dan Rather's report on Kepone.

In its 25-year history, *60 Minutes* has had only nine principal correspondents: Mike Wallace, Harry Reasoner, Morley Safer, Dan Rather, Ed Bradley, Diane Sawyer, Steve Kroft, Meredith Vieira and Lesley Stahl. (Andy Rooney is in a class by himself.)

Of those nine, two have broken ranks and moved to a rival network: Harry Reasoner and Diane Sawyer. (Both went to ABC.) Reasoner, however, returned to the fold on August 1, 1978, and formally to *60 Minutes* in December of that year. Meredith Vieira left the show because she was unsuccessful in negotiating a part-time position and maternity leave. Dan Rather jumped across the street to become the anchor for *The CBS Nightly News* in 1980.

As of August 31, 1993 there have been 467 features with Andy Rooney. However, only 466 have been broadcast nationally because of a news update on January 17, 1993. West Coasters have the distinction of being the only viewers to see segment #467—Andy's feature on Matisse—and share all 1,138 minutes and 33 seconds with the redoubtable Rooney.

That's over nineteen hours of spicy commentary since 1978 on such diverse subjects as:

SUPERSTARS	FAUCETS	TREES
HAIR	MONEY	KITCHEN GADGETS
TELEPHONES	CHRISTMAS PRESENTS	CHAIRS
GESTURES	GLUE	BASEBALL BATS
TRASH	MISS AMERICA	DUMB LETTERS
SAFETY TOPS	JUNK	BAD IDEAS
HIDING PLACES	AIR FORCE TUNNELS	GIFTS TO ME
SUNGLASSES	SPIES	HOW TO CARRY MONEY
THE IRS	PRESIDENT BUSH IN DISGUISE	

and some 440 other topics only Andy can see as a subject for an essay.

Only suspension: Rooney in 1990.

AS OF THE 25TH SEASON

Executive Producer Don Hewitt and Andy Rooney, along with the five correspondents represent 108 years of *60 Minutes* experience. On average, there are eighteen years of experience per journalist (including Hewitt and Rooney). On average, there are 29 years of service at CBS per person for a total of over 204 years.

The breakdown is as follows: (25th season included)

	WITH *60 Minutes*	WITH CBS
1. Don Hewitt	25 years	45 years
2. Andy Rooney	15 years	43+ years
3. Mike Wallace	25 years	33+ years
4. Morley Safer	23 years	28 years
5. Ed Bradley	12 years	21 years
6. Steve Kroft	5 years	13 years
7. Lesley Stahl	3 years	21 years

When Harry Reasoner retired, he had spent fifteen years with *60 Minutes* and over 26 years with CBS.

CREDIT ROLL: THE FIRST EPISODE

60 Minutes
10 p.m. Tuesday
September 24, 1968
The CBS Network

Executive Producer:	Don Hewitt
Producers:	Palmer Williams Alice Bigart William K. McClure Andy Rooney John Sharnik Joseph Wershba
Associate Producers:	William Brown Jane Nicholl Tom Reynolds
Film Editors:	Kenneth Dalglish Imre Horvath Jules Laventhol Mitchell Rudnick Bernadette Sauve
Unit Manager:	Suzanne Dare
Associate Director:	Arthur Bloom
Production Manager:	Peter Frame
Graphic Arts:	Robert Chapman
Researcher:	Christine Huneke
Video Tape Editors:	Harold Bailey, Jr. Robert Simon Frank Hodnett
Stage Manager:	Rupert Baron
Scenic Design:	Jim Ryan
Technical Director:	Carl Schutzman
Audio:	B.A. Taylor
Lighting Design:	Walter Urban

RATINGS HIGHLIGHTS

60 Minutes is #1 for the most consecutive Top Ten finishes: 16

The four longest continuously running primetime television shows ever:

1. *60 Minutes*: 1968 to present
2. *The Ed Sullivan Show* (*Toast of the Town*): 1948 to 1971
3. *Gunsmoke*: 1955 to 1975 (tied)
3. *The Red Skelton Show*: 1951 to 1971 (tied)

In television history, *60 Minutes* is tied for second for "All Time #1 Rated Primetime Broadcasts."

All Time #1 rated shows:

1. *The Cosby Show* - five times
   All in the Family - five times

2. *60 Minutes* - four times
   I Love Lucy - four times
   Gunsmoke - four times

3. *Bonanza* - three times
   Dallas - three times

60 MINUTES AVERAGE VIEWERS

SEASON (Per Season Avg.)	AVERAGE VIEWERS (In 1000's)	HOUSEHOLD RATINGS
92-93	31,447	21.9
91-92	31,330	21.9
90-91	29,740	20.6
89-90	27,920	19.7
88-89	30,640	21.7
87-88	28,500	20.6
86-87	32,890	23.3
85-86	32,540	23.9
84-85	30,590	22.2
83-84	33,160	24.2
82-83	34,280	25.5
81-82	38,780	27.7
80-81	38,000	27.8
79-80	38,810	28.4
78-79	34,200	25.5
77-78	32,880	24.4
76-77	29,200	21.9
75-76	23,490	17.7
74-75	21,540	16.3
73-74	15,300	12.3
72-73	15,420	13.7
71-72	13,970	12.7
70-71	10,320	9.7
69-70	12,760	11.6
68-69	12,520	13.0
Total	680,229	

60 MINUTES RATING HISTORY 1968-1977

(September – April)

YEAR	RATING	RANK	SHARE	TIME PERIOD
1968-69	13.0	83 of 103	25	Alternating Tuesdays 10-11pm all year
1969-70	11.6	92 of 103	21	"
1970-71	9.7	101 of 103	17	"
1971-72	12.7	66 of 86	25	Sunday, 6-7p.m. (not during Summer of 1972)
1972-73	13.1	68 of 84	26	Sunday, 6-7pm
7/73-9/93	8.9		20	Friday, 8-9pm
1973-74	12.3	78 of 89	26	Sunday, 6-7pm
Summer 1974	12.2		24	Sunday, 9:30-10:30pm
1974-75	16.3	57 of 97	32	Sunday, 6-7pm
Summer 1975	15.1	52 of 108	30	Sunday, 9:30-10:30pm
1975-76	17.7	52 of 108	30	Sunday, 7-8pm
1976-77	21.9	18 of 117	35	1st time in top 20

60 MINUTES RANKINGS

Since it broke into the Neilsen Top 10.
(Rankings are for regularly-scheduled primetime broadcasts.)

YEAR	RANKING
1992-93	1 of 135
1991-92	1 of 106
1990-91	2 of 133
1989-90	7 of 126
1988-89	5 of 106
1987-88	8 of 106
1986-87	6 of 83
1985-86	4 of 96
1984-85	4 of 96
1983-84	2 of 101
1982-83	1 of 98
1981-82	2 of 85
1980-81	2 of 97
1979-80	1 of 106
1978-79	6 of 126
1977-78	4 of 120

TIME LINE

SEPTEMBER 24, 1968 - *60 Minutes* debuts with Mike Wallace and Harry Reasoner as the reporters, and Don Hewitt as Executive Producer.

DECEMBER 1, 1970 - Harry Reasoner leaves to join ABC News.

DECEMBER 8, 1970 - Morley Safer joins the broadcast.

SEPTEMBER 19, 1971 - First "Point-Counterpoint" segment with Nicholas von Hoffman and James J. Kilpatrick.

JANUARY 5, 1975 - Shana Alexander joins Kilpatrick in "Point-Counterpoint" segment.

OCTOBER 1975 - Dan Rather joins *60 Minutes.*

DECEMBER 7, 1975 - *60 Minutes* moves to Sunday, 7:00-8:00pm time slot, after appearing in various times over the first seven seasons.

DECEMBER 19, 1976 - *60 Minutes* begins its first full, regularly scheduled season in the Sunday 7:00-8:00 time slot.

MAY 1977 - At season's end *60 Minutes* finishes in the Nielsen Top 20 ratings for the first time.

SEPTEMBER 11, 1977 - *60 Minutes* begins its tenth Anniversary season.

MAY 1978 - *60 Minutes* finishes in the Nielsen Top 10 ratings for the first time.

JULY 2, 1978 - New segment, "Three Minutes or So With Andy Rooney," appears.

AUGUST 1, 1978 - Harry Reasoner returns to *60 Minutes* after an eight-year absence.

SEPTEMBER 17, 1978 - "A Few Minutes With Andy Rooney" becomes a regular segment on the broadcast, alternating with "Point-Counterpoint."

SEPTEMBER 2, 1979 - Last "Point-Counterpoint" segment airs.

MAY 1980 - *60 Minutes* hits #1 in the Nielsen ratings for the first time.

SEPTEMBER 1981 - Dan Rather leaves to succeed Walter Cronkite as anchor and managing editor of *The CBS Evening News*.

OCTOBER 4, 1981 - Ed Bradley's first *60 Minutes* segment.

MAY 1983 - *60 Minutes* is #1 in the Nielsen ratings for the second time and remains in the Top 10 through the 92-93 Season.

AUGUST 22, 1984 - Diane Sawyer joins the show as a correspondent.

NOVEMBER 10, 1985 - *60 Minutes* airs its 1,500th original segment.

SEPTEMBER 20, 1987 - 20th season begins, marking 800th broadcast.

FEBRUARY 19, 1989 - Diane Sawyer issues her last report and joins a rival network. (ABC News)

MAY 1989 - Steve Kroft and Meredith Vieira are hired as correspondents.

SEPTEMBER 24, 1989 - Steve Kroft's first report airs.

JANUARY 8, 1990 - Andy Rooney suspended by CBS for commentary on "A Few Minutes With...."

MARCH 4, 1990 - After a three-month hiatus, Rooney returns.

NOVEMBER 8, 1990 - Harry Reasoner is appointed "Editor Emeritus."

FEBRUARY 1991 - Meredith Vieira airs last original segment before leaving the show.

APRIL 14, 1991 - Lesley Stahl's first report.

AUGUST 6, 1991 - Harry Reasoner dies.

SEPTEMBER 20, 1992 - 25th season begins marking 1,107th broadcast.

NOTEWORTHY BROADCASTS

WORLD LEADERS/POLITICAL FIGURES

SEGMENT	BROADCAST DATE	CORRESPONDENT	PRODUCER
Richard M. Nixon	October 1968	Mike Wallace	Don Hewitt
Averell Harriman	December 1968	Charles Collingwood	
Edmund Muskie	November 1968	Mike Wallace	
Hubert Humphrey	September 1968	Harry Reasoner	
Coretta King	December 1968	Mike Wallace	
Spiro Agnew	January 1969	Mike Wallace	Don Hewitt
Edmund Brown Jr.	February 1969	Mike Wallace	
Henry Kissinger	October 1970	Mike Wallace	Meg Osmer
John and Martha Mitchell	May 1970	Mike Wallace	Don Hewitt
Golda Meir	March 1970	Mike Wallace	Joe Wershba
Lyndon B. Johnson	May 1971	Mike Wallace	Don Hewitt
Anwar el-Sadat	March 1973	Mike Wallace	William McClure
John Ehrlichman	June 1973	Mike Wallace	Marion Goldin & Don Hewitt
Alexander Haig	August 1973	Mike Wallace	Don Hewitt
Ronald and Nancy Reagan	December 1975	Mike Wallace	Grace Diekhaus
Betty Ford	August 1975	Morley Safer	Arthur Bloom
G. Gordon Liddy	January 1975	Mike Wallace	Marion Goldin & Gordon Manning
The Shah of Iran	February 1975	Mike Wallace	William McClure & Christine Ockrent
George Wallace	February 1976	Dan Rather	Marion Goldin
Jehan Sadat	April 1976	Morley Safer	Jeanne Solomon
Menachem Begin	November 1977	Mike Wallace	Jeanne Solomon
Yassir Arafat	March 1977	Mike Wallace	William McClure
King Hussein	April 1977	Mike Wallace	Jeanne Solomon
Jesse Jackson	December 1977	Dan Rather	Igor Oganesoff
Fidel Castro	September 1979	Dan Rather	Don Hewitt
Ayatollah Khomeini	November 1979	Mike Wallace	Barry Lando
John Connally	December 1979	Mike Wallace	Phillip Scheffler
John J. Sirica	April 1979	Dan Rather (Fred Graham)	Rita Braver
Jimmy Carter	August 1980	Dan Rather	Steve Glauber
Barry Goldwater	March 1980	Harry Reasoner	Richard Clark & Andy Rooney
William F. Buckley	January 1981	Morley Safer	Norman Gorin
Jeane Kirkpatrick	January 1982	Mike Wallace	Elliot Berstein
Mario Cuomo	December 1984	Harry Reasoner	Al Wasserman
Margaret Thatcher	February 1985	Diane Sawyer	Don Hewitt
Hosni Mubarak	October 1985	Diane Sawyer	Don Hewitt
Kurt Waldheim	April 1986	Mike Wallace	Barry Lando
Deng Xiaoping	September 1986	Mike Wallace	Barry Lando
Corazon Aquino	September 1986	Diane Sawyer	Suzanne St. Pierre
Jonas Savimbi	January 1986	Mike Wallace	George Cole
Imelda Marcos	September 1986	Diane Sawyer	Chris Whipple
Edward Teller	December 1988	Mike Wallace	Ira Rosen
Dr. Lorraine Day	September 1989	Steve Kroft	Jeffery Fager
Bill and Hillary Clinton	January 1992	Steve Kroft	Don Hewitt & Franklin DeVine
Daryl Gates	May 1992	Lesley Stahl	Rome Hartman & Grace Diekhaus
Ross Perot	October 1992	Lesley Stahl	Rome Hartman
Boris Yeltsin	April 1993	Lesley Stahl	Don Hewitt

NEWSBREAKING, GENERAL NEWS AND FEATURES

SEGMENT	BROADCAST DATE	CORRESPONDENT	PRODUCER
"Bill of Rights" Pt. 1	April 1970	Harry Reasoner	Joe Wershba
"Bill of Rights" Pt. 2	April 1970	Mike Wallace	Joe Wershba
"The Gulf Of Tonkin"	March 1971	Morley Safer	Joe Wershba
"Not To My Kid You Don't"	November 1971	Mike Wallace	Barry Lando
"Dita Beard"	April 1972	Mike Wallace	
"Cluster Bomb Units"	June 1972	Morley Safer	Peter Davis
"The Selling of Colonel Herbert"	February 1973	Mike Wallace	Barry Lando
"Syria: Isreal's Toughest Enemy"	June 1975	Mike Wallace	William K. McClure
"Warning, May Be Fatal"	December 1975	Dan Rather	Paul Lowenwarter
"Who Beat Up Leon Altemose?"	January 1976	Mike Wallace	Norman Gorin
"Fake ID"	February 1976	Mike Wallace	Barry Lando
"Heart Attack"	April 1976	Morley Safer	Imre Horvath
"Grief"	February 1976	Mike Wallace	William K. McClure
"A Matter of Ethics"	March 1976	Dan Rather	Phillip Scheffler
"Hired Gun"	May 1976	Dan Rather	Joe DeCola
"Patient Beware"	April 1977	Morley Safer	Suzanne St. Pierre
"Bum Steer"	September 1977	Dan Rather	Steve Glauber
"The Heart You Save..."	October 1977	Morley Safer	Harry Moses
"50 Minutes"	February 1978	Dan Rather	Steve Glauber
"A Better Idea"	April 1978	Mike Wallace	Norman Gorin
"Help Wanted"	October 1978	Dan Rather	Imre Horvath
"Noah"	November 1978	Dan Rather	Imre Horvath
"Highway Robbery"	September 1978	Mike Wallace	Steve Glauber
"The Ratings Game"	September 1978	Mike Wallace	Marion Goldin
"What About Jerusalem?"	September 1978	Morley Safer	Joe Wershba
"This Year At Murrieta"	January 1978	Mike Wallace	Marion Goldin
"Equal Justice"	December 1979	Dan Rather	Leslie Edwards
"Who Pays...You Do?"	November 1979	Harry Reasoner	Paul Loewenwarter
"Marva"	November 1979	Morley Safer	Suzanne St. Pierre
"Onward Christian Voters"	September 1980	Morley Safer	Joel Bernstien
"Remember Eniwetok"	March 1980	Morley Safer	John Tiffin
"Looking Out For Mrs. Berwid"	March 1980	Morley Safer	Norman Gorin
"Inside Afghanistan"	April 1980	Dan Rather	Andrew Lack
"What About The U.N."	November 1981	Ed Bradley	Barry Lando
"Killer Wheels"	March 1981	Mike Wallace	Allan Maraynes
"Wanted: Terpil/ Korkala"	November 1981	Mike Wallace	Barry Lando
"Welcome to Palermo"	December 1981	Harry Reasoner	William McClure
"The Last Mafioso"	January 1981	Mike Wallace	Marion Goldin
"The Best Movie Ever Made?"	June 1982	Harry Reasoner	Drew Phillips
"Small Town, USA"	October 1982	Mike Wallace	William H. Wilson
"Good Cop/Bad Cop"	October 1982	Mike Wallace	Ira Rosen
"Honor Thy Children"	September 1982	Mike Wallace	Barry Lando
"Go Park It In Tokyo"	December 1982	Morley Safer	Suzanne St. Pierre
"It Didn't Have To Happen"	February 1982	Morley Safer	Norman Gorin
"In the Belly of the Beast"	April 1982	Ed Bradley	Monika Jensen
"The Nazi Connection"	May 1982	Mike Wallace	Ira Rosen
"What the General Knew"	January 1982	Morley Safer	Steve Glauber
"Step By Step"	November 1982	Morley Safer	Joe Wershba
"Trouble Brewing"	September 1982	Mike Wallace	Allan Maraynes
"Lenell Geter's In Jail"	December 1983	Morley Safer	Suzanne St. Pierre
"Capt. Jeffrey MacDonald"	September 1983	Mike Wallace	Steve Glauber
"Dirty Little Secret"	January 1984	Ed Bradley	Allan Maraynes
"35 Is Enough"	February 1984	Harry Reasoner	Steve Glauber
"A Dirty War"	May 1984	Mike Wallace	Barry Lando
"Schizophrenia"	December 1985	Ed Bradley	Allan Maraynes

SEGMENT	BROADCAST DATE	CORRESPONDENT	PRODUCER
"The Beeb"	September 1985	Morley Safer	John Tiffin
"Ronald Reagan: The Movie"	December 1985	Morley Safer	Suzanne St. Pierre
"The Defector -Arcady Schevchenko"	Feb. 1985	Mike Wallace	Ira Rosen
"Sam Hall"	December 1985	Mike Wallace	George Crile
"Lang's Gang"	February 1986	Harry Reasoner	Joel Bernstein
"Out of Control"	November 1986	Ed Bradley	Allan Maraynes
"Who is She?"	November 1986	Harry Reasoner	Sanford Socolow
"Shot Down Over Nicaragua"	October 1986	Mike Wallace	George Crile
"The City of Garbage - Sister Emanuelle"	Nov. 1987	Diane Sawyer	Ann deBoismilon
"Cara's Story"	October 1988	Mike Wallace	Marti Galovic
"What About Apples?"	May 1989	Ed Bradley	David Gelber
"Charles Keating"	December 1989	Steve Kroft	Jeffery Fager
"The Zoo"	January 1990	Meredith Vieira	Jane Stone
"The Walkers"	March 1990	Mike Wallace	Richard Bonin
"The Chunnel"	March 1990	Steve Kroft	William K. McClure
"Chernobyl"	February 1990	Steve Kroft	William K. McClure
"Chemical Warfare"	August 1990	Steve Kroft	Jeffery Fager
"Ward 5A"	October 1990	Meredith Vieira	Paul & Holly Fine
"The Temple Mount Killings"	Dec. 1990	Mike Wallace	Barry Lando
"Cream Puff"	December 1990	Steve Kroft	Robert Anderson
"Red Cross Blood"	February 1991	Meredith Vieira	Catherine Olian
"Stray Voltage"	April 1991	Ed Bradley	Robert G. Anderson
"Sadddam's Billion"	March 1991	Steve Kroft	Lowell Bergman
"Suzanne Logan's Story"	April 1991	Meredith Vieira	Jane Stone
"Children For Sale"	April 1991	Lesley Stahl	Ann deBoismilon
"Harry"	May 1991	All	All
"Mustard Gas"	June 1991	Mike Wallace	Charles C. Thompson II
"Made In China"	September 1991	Ed Bradley	David Gelber
"The French Paradox"	November 1991	Morley Safer	John Tiffin
"Middle East Airlines"	December 1991	Steve Kroft	Anne deBoismilon
"Camille"	December 1991	Lesley Stahl	Jim Jackson
"Lambs of Christ"	February 1992	Lesley Stahl	Catherine Olian
"Saddam's Banker"	September 1992	Mike Wallace	Lowell Bergman
"The Battlefield"	October 1992	Steve Kroft	Richard Bonin
"Friendly Fire"	November 1992	Steve Kroft	Harry A. Radliffe II
"Medical Miracle"	February 1993	Lesley Stahl	Jim Jackson
"The Archbishop"	March 1993	Mike Wallace	Robert Anderson
"How Did He Get In?"	March 1993	Lesley Stahl	Rome Hartman

CELEBRITY/PERSONALITY - PROFILES

H.L. Hunt	April 1969	Mike Wallace	Joe Wershba
The Duke of Windsor	February 1969	Harry Reasoner	
Liz Taylor and Richard Burton	March 1970	Charles Collingswood	
Emilio Pucci	March 1970	David Dimbleby	William K. McClure
Federico Fellini	January 1971	Morley Safer	William K. McClure
Billie Jean King	May 1972	Morley Safer	Meg Osmer
Norman Mailer	July 1973	Mike Wallace	Harry Moses
Rudolf Nureyev	September 1974	Morley Safer	Igor Oganesoff
Woody Allen	January 1974	Morley Safer	Alan Weisman
Norman Lear	April 1976	Morley Safer	Harry Moses
Louis L'Amour	August 1978	Mike Wallace	Joe Wershba
Leopold Stokowski	September 1977	Dan Rather	
Vladimir Horowitz	December 1977	Mike Wallace	David Lowe Jr.
Shirley MacLaine	December 1978	Mike Wallace	Grace Diekhaus

Eubie Blake & Alberta Hunter	September 1978	Mike Wallace	Al Wasserman
Johnny Carson	September 1979	Mike Wallace	David Lowe, Jr.
Arthur Fiedler	November 1979	Morley Safer	Mary Drayne
Luciano Pavarotti	November 1979	Morley Safer	Richard Manichello
Katharine Hepburn	January 1979	Morley Safer	Jim Jackson
Mikhail Baryshnikov	February 1979	Mike Wallace	David Lowe, Jr.
Bette Davis	January 1980	Mike Wallace	Nancy Lea
Itzhak Perlman	December 1980	Mike Wallace	Nancy Lea
Leonard Bernstein	February 1980	Mike Wallace	Marion Goldin
Anne Morrow Lindbergh	April 1980	Morley Safer	Joe Wershba
Studs Terkel	December 1980	Dan Rather	Igor Oganesoff
William Loeb	February 1980	Morley Safer	Joe Wershba
Bobby Knight	March 1980	Dan Rather	Steve Glauber
Zubin Mehta	October 1980	Morley Safer	Richard Manichello
Lena Horne	December 1981	Ed Bradley	Jeanne Solomon
Melvin Belli	March 1982	Mike Wallace	Joe Wershba
Malcolm Forbes	February 1982	Ed Bradley	Les Edwards
Billy Wilder	February 1982	Harry Reasoner	Paul Loewenwarter
Placido Domingo	November 1982	Harry Reasoner	William K. McClure
Martina Navratilova	December 1982	Mike Wallace	Grace Diekhaus
Laurence Olivier	January 1983	Ed Bradley	Jeanne Solomon
Capt. Grace Hooper	March 1983	Morley Safer	Joe Wershba
Hyman Rickover	December 1984	Diane Sawyer	Paul & Holly Fine
Jackie Gleason	October 1984	Morley Safer	Alan Weisman
Yves Montand	May 1984	Harry Reasoner	William K. McClure
Helen Hayes	May 1984	Mike Wallace	Paul Loewenwarter
John Huston	November 1984	Ed Bradley	Jeanne Solomon
Yul Brynner	December 1984	Mike Wallace	Grace Diekhaus
Peter Ustinov	October 1985	Morley Safer	John Tiffin
Julia Migenes-Johnson	March 1985	Morley Safer	Marti Slovic-Palmer
Paul Hogan	December 1985	Diane Sawyer	Joe Wershba
Dwight Gooden	April 1985	Harry Reasoner	Drew Phillips
Calvin Klein	September 1985	Diane Sawyer	Harry Moses
Phil Donahue	February 1985	Mike Wallace	Grace Diekhaus
Liza Minnelli	September 1986	Ed Bradley	Jeanne Solomon-Langley
Michael Caine	November 1986	Ed Bradley	Ruth Streeter
Robin Williams	September 1986	Ed Bradley	Allan Maraynes
Gelsey Kirkland	November 1986	Diane Sawyer	Jan Legnitio
Nadja Salerno-Sonnenberg	December 1986	Morley Safer	Alan Weisman
Jack Lemmon	January 1986	Morley Safer	Alan Weisman
Quincy Jones	February 1986	Ed Bradley	Grace Diekhaus
Boris Becker	November 1986	Ed Bradley	George Gile
James Michener	March 1986	Diane Sawyer	Joe Wershba
Oprah Winfrey	December 1986	Mike Wallace	Grace Diekhaus
Ruben Blades	February 1986	Morley Safer	David Turecamo
Isaac Stern	December 1986	Diane Sawyer	Harry Moses
Hume Cronyn & Jessica Tandy	April 1987	Mike Wallace	Grace Diekhaus
Ray Charles	March 1987	Ed Bradley	Paul & Holly Fine
Michael Jordan	February 1987	Diane Sawyer	Bill Broom
Arthur Miller	November 1987	Mike Wallace	Jim Jackson
Charles Dutton	September 1990	Meredith Vieira	Jane Stone
Salman Rushdie	October 1990	Mike Wallace	George Crile
Tina Brown	October 1990	Steve Kroft	Jeffery Fager
Jose Carreras	December 1990	Meredith Vieira	William K. McClure
Barbra Streisand	November 1991	Mike Wallace	Paul Fine
Victor Borge	December 1991	Lesley Stahl	Jim Jackson
Jay Leno	March 1992	Steve Kroft	Robert G. Anderson
Woody Allen	November 1992	Steve Kroft	Franklin DeVine

60 minutes
Dec. 9, '69

CHAPTER 10

The Complete 60 Minutes Segments

PROGRAM LOG 1968 - 1993

1968

Tuesday 10:00-11:00 PM

9/24/68 – Report on the Nixon/Humphrey presidential campaign, featuring exclusive footage of Nixon with his family and advisors viewing Nixon's nomination in their Miami hotel suite. Viewpoints: First of a regular feature in which guest columnists offer opinions on current issues. "Cops" - Report on the current relationship between Americans and their law enforcement officials; featured is an interview with Atty. Gen. Ramsey Clark. "Why Man Creates" - Excerpts from Saul Bass's animated film on the history of human creativity.

10/8/68 – "Germ and Gas Warfare" - First of two reports on U.S. research in chemical and biological warfare. "Red, White and Maddox" - Profile of Gov. Lester Maddox. "Graham Hill" - Profile of auto racer Hill. Interview with presidential candidate Richard Nixon.

10/22/68 – Interview with Vice President Hubert Humphrey; topics include his role in the LBJ Administration, Vietnam, dissent vs. disorder, the current election campaign, and what he will do if he loses the race. "Germ and Gas Warfare" - Second of two reports. The focus is on germs and includes Defense Dept. films of germ warfare tests, a visit to Army biological warfare labs, and interviews with experts. Interview with American Independent party presidential candidate George Wallace. Report on the Jacqueline Kennedy/Aristotle Onassis wedding.

11/12/68 – Post-election report on Nixon's victory. Films of the Soviet invasion of Czechoslovakia. Report on French President Charles de Gaulle. Profile of football star Joe Namath. Profile of lawyer Percy Forman.

11/26/68 – Interview with Sen. Edmund Muskie, "Racism in Great Britain." Discussion of the Pope's encyclical on birth control, filmed at Webster College, a Catholic college for women in Missouri. "Dining with Craig Claiborne" - New York Times food critic Claiborne critiques New York City's Laurent restaurant and gives a lesson on what to expect when dining out.

12/10/68 – Interview with W. Averell Harriman. Report on homosexual assaults in American prisons with Philadelphia DA Arlen Spector, who discusses the results of an investigation into the problem. "Dirty Football." "Shoplifting." "The international Money Game."

12/24/68 (10:05-11:02) – "What Christ Looked Like" - An essay by Andy Rooney. A visit

with the family of slain civil rights leader Rev. Martin Luther King at Christmastime. Report on illiteracy in the U.S. "Letters to the Editor" - *60 Minutes* reads letters from viewers. "Ethel and Rory Kennedy."

1969

Tuesday 10:00-11:00 PM

1/7/69 – "The World of '68" - Stills and films offer a review of the news events of the past year. Interview with Vice President-elect Spiro Agnew. Profile of the Smothers Brothers comedy duo, including films taken while their SMOTHERS BROTHERS COMEDY HOUR was being put together; also, a look at comics Dan Rowan and Dick Martin. Former Nazi SS colonel Otto Skorzey relates how he headed the team that spirited Mussolini out of Italy to Germany in September 1943; Robert Trout conducts the interview.

1/21/69 – Report on Middle East tensions between Israel and her Arab neighbors, filmed in Israel and Lebanon. "Essay on Whiskey" - Lighthearted look at how whiskey is made and consumed in America. "Enzymes."

2/4/69 – Interview with the Duke and Duchess of Windsor and tour of their country home outside Paris. Report on the current wave of airline hijackings. Reaching to the CBS News Special "THE SAVAGE HEART: A CONVERSATION WITH ERIC HOFFER" (1/28/69).

2/18/69 – "The Welfare Mess: Country Style" "The Billion Dollar Ski Boom" - CBS Sports commentator Heywood Hale Broun examines the surging popularity of skiing in the U.S. and on the large expense needed to finance the hobby. "Daniel Cohn-Bendit" - interview conducted in Frankfurt, with 23-year-old German student activist "Danny the Red" Cohn-Bendit, who discusses the French student revolt of 1968, his personal philosophy and his candid opinions on LBJ, President Nixon, Martin Luther King and Karl Marx. Mike Wallace conducts the interview. Report on recent heavy snowstorms in New York City. "Letters to the Editor."

3/4/69 – "Carnegie Hall for the Hip" - Report on the Fillmore rock auditorium. "An Essay on Ugly." Analysis of President Nixon's recent news conference. Report on a group of Japanese who toured Pearl Harbor. "Letters to the Editor."

3/18/69 – "Welfare in the City." "Palm Beach with Charlotte Curtis." Profile of Atty. Gen. John Mitchell. Report on an old-timers' baseball game.

4/1/69 –"Money Talks" - Interview with multi-billionaire H.L. Hunt, who discusses his right-wing ideas on politics and women, philanthropy, and why he feels that Calvin Coolidge was the last first-rate U.S. President. Report on fatherless German war babies. Some reflections on the death of Dwight D. Eisenhower. Report on heroin addiction in the U.S. "Letters to the Editor."

4/22/69 – Interview with Alice Roosevelt Longworth, daughter of Theodore Roosevelt. "Why Man Creates" - Saul Bass's animated film on the development of human creativity. "Negative Income Tax." A look at some recent quotes by famous people. "Nudity in the Arts."

5/13/69 – "Tora Tora, Tora." Report on American draft resisters who have found a refuge in Canada, focusing on four young men now living in Ontario; in interviews, they discuss the reasons why they left the U.S., their feelings on Vietnam and American politics, and their new way of life; also interviewed is a University of Waterloo professor who aids draft resisters and military deserters in adjusting to their new lives. "The Clip Awards" - Highlights from the annual awards presentation which honors the past year's best commercials, with excerpts from some nominated ads. "Letters to the Editor."

6/10/69 – Report on the war between Biafra and Nigeria, featuring a look into the causes and possible solutions to the conflict. Included are interviews with political and military leaders from both nations, among them Biafra's Gen. Philip Effian. Report on a vaccine for German measles. Films of a production of *Fiddler on the Roof* performed by black and Puerto Rican young people in New York City. "Letters to the Editor."

6/24/69 –"The Death of Venice" - Examination of the beautiful Italian city's plight as it is literally sinking into the sea. "American Detention Camps" - Report on the establishment of various detention centers in the U.S. and on the controversy this has aroused. Interview with Yugoslavia's Marshal Tito, focusing on how he has handled his nation's youths' cries for more freedom of expression; the interviewer is British journalist and former British liaison officer to Tito's World War II partisans, Sir Fitzroy McLean; also seen are excerpts from a Yugoslavian production of the musical *Hair*.

7/8/69 – In a conversation telecast on Philadelphia's WCAU-TV, Harry Reasoner and his son Stuart discuss the youth rebellion and generation gap; topics include the seriousness with which young people approach the world's problems and the Establishment's attitudes and systems concerning morality and ethics. "Germ and Gas Warfare" - Rebroadcast of 10/8 & 10/22/68: A look at U.S. efforts to develop a weapons system potentially more dangerous than our nuclear arsenal.

7/22/69 – Interview with the Duke and Duchess of Windsor, originally broadcast on 2/4/69. "Money Talks" - Interview with H.L. Hunt, originally broadcast on 4/1/69. "Essay on Whiskey" - Rebroadcast of 1/21/69.

9/16/69 – "Moscow After Dark" - Hughes Rudd reports on Moscow's nightlife, and Russian versions of Dixieland jazz and rock music. "You're Getting Rich on My Land" - Examination of events surrounding recent multibillion-dollar oil finds in Alaska and the demand by native American Alaskans that they receive a share of the profits; included is Congressional testimony on the issue by Atty. Gen. Ramsey Clark and Arthur Goldberg. Report on blacks in the construction industry. Report on military punishment. "Letters to the Editor."

9/30/69 – Report on the new breed of panhandlers, youngsters who have gone into the streets to beg for money, some of whom make over $1200 a week. Report on the trauma and rehabilitation of servicemen who lost a limb in Vietnam. Films taken by Andrew A. Rooney of a trip to the USSR made by 13 students and two teachers from an all-black Atlanta high school. "Letters to the Editor."

10/14/69 – "The Brig at Camp Pendleton" - Visit to the California Marine base were prisoners rioted over brig conditions in 9/69; interviewed are former brig commander Maj. W.A. Vote, his replacement Maj. Robert Finned, ex-Marine guards, and prisoners. "The Crowhurst Saga" - Report on a yacht commanded by Donald Crowhurst, which disappeared during an around-the-world race in 1968; the vessel was found in 7/69, minus Crowhurst but carrying his logs and audiotapes. Interview with Sen. Eugene McCarthy on Vietnam. "Letters to the Editor."

10/28/69 – "The Third China" - Study of the 20 million expatriate Chinese who have settled throughout Southeast Asia, the economic boons and racial tensions they have instigated; also, a look at the culture, customs, and foods of America's Chinatowns. Interview with religious leader and TV personality Fulton J. Sheen, who recently resigned as Bishop of Rochester, N.Y. "The Eyes Have It" - Humorous study of eye care.

11/11/69 – Report on conflicts between Protestants and Catholics in Northern Ireland. Examination of legal methods of avoiding the draft. "Zebra" - Report on a black advertising agency.

11/25/69 – "AGNEW AND THE PRESS" - Hour-long exam of Spiro Agnew's recent attacks on the news media in general and TV news in particular. Emmy nominee, "Walter Cronkite Goes Home to Answer" - Cronkite answers citizens' questions at a luncheon in St. Joseph, Missouri. "Viewpoint by David Brinkley, Howard K. Smith and Eric Severeid" - Three distinguished newsmen comment on Agnew and the press. "Letters" - From citizens to CBS written at Agnew's suggestion. "The View from the White House" - Reasoner and Wallace talk to White House communications director Herbert G. Klein and Newsday publisher Bill Moyers.

12/9/69 – Report on sex education, focusing on Renton, Washington, a town embroiled in controversy over a pilot program in its public school system. "Betting on the Pros" - Look at how pro football is trying to keep itself honest; NFL security director Jack Danahy is seen instructing the Atlanta Falcons on how to avoid becoming involved with underworld figures. Profile of Judge Clement F. Haynesworth.

12/16/69 – Report on suicide and its prevention; featuring interviews with officials at suicide prevention centers in Berkeley, Harlem, and Cornell University. "The Mod Millionaire" - Profile of wealthy, young Stewart Mott, focusing on his support of liberal causes. A look at Russia's dwindling Christian community which is dying out with the passing of the country's elderly.

1970
Tuesday 10:00-11:00 PM

1/6/70 – Report on the status of the Black Panther Party, featuring interviews with its national chief of staff David Billiard, Oakland Police official Charles Gain, and Panther attorney Charles Larry, who has charged that the U.S. government is out to destroy the Party with "genocidal" methods. "How Safe Is the Pill?" - Discussion of recent findings on the oral contraceptive, which will shortly be under Senate investigation. A look at artwork created by U.S. Marines who have served in Vietnam.

1/20/70 – Report on black laborers in South Africa's gold mines. Profile of America's crime capital; Washington, D.C.; Mike Wallace travels with a police patrol car through the city's high-crime areas and reports on the dramatically rising crime rate during the first nine months of 12/9/69. Examination of the gravestone business, which has become a status symbol of sorts for both the living and the dead. "Letters to the Editor."

2/3/70 – "Revolution in the Movies" - Examination of recent developments in Hollywood cinematic products. "The Truth About the Moment of Bullfighting" - TV Guide critic and the president of Spain's national sport. Interview with Irish political activist Bernadette Devlin. "Letters to the Editor."

2/17/70 – "Sex Appeals" - Report on recent studies into the causes of avalanches. Federal Gun Control Film. "Letters to the Editor."

3/3/70 – "The Four Billion Dollar Torpedo" - A look at defense spending and in inquiry into if it is getting out of hand, focusing on the M-48 Torpedo System, originally estimated to cost $655 million, but currently estimated at 13.9 billion; including are interviews with Sens. William Proxmire and John Stennis and former Pentagon cost analyst Ernest Fitzgerald. "The Record Business" - Examination into the booming record industry, focusing on the production of a record by folksinger Tom Paxton. Interview with Golda Meir." "Letters to the Editor."

3/24/70 – Interview with Elizabeth Taylor and Richard Burton, who discuss their careers and lifestyles. Report on the effects of war tensions on Israelis, filmed in Tel Aviv, the Suez, and various border checkpoints and hospitals; featured are interviews with Prime Minister Golda Meir and members of the Israeli Army's elite "Red Beret" unit. Report on the effectiveness (or lack thereof of auto bumpers.

3/31/70 – Interview with Italian fashion designer Emilio Pucci, filmed at the Pucci Palace in Florence; Pucci comments on his life and work, the lifestyle of the jet set he clothes, and new attitudes toward dressing. Report on the effect of war tensions on Egyptians. Report on federal income tax returns. "Letters to the Editor."

4/14/70 – "Hello Mrs. Brown, This is Franz Liszt" - Visit with Mrs. Rosemary Brown, an Englishwoman who transcribes music she claims has been dictated to her by Bach, Beethoven, Brahms, and Liszt: pianist Andre Previn and composer-critic Virgil Thomson evaluate Mrs. Brown's work. "We're Drowning in Garbage" - Report on the garbage crisis and a look into new methods of disposal, the high cost of collection, and newly developed disposable items. Results of a poll on American's attitudes and understanding of the Bill of Rights.

4/28/70 – "Mr. Williams Needs a Job" - Report on unemployment in the U.S., featuring a visit with J.D. Williams and his wife in Wichita, Kansas. "Who is Bernie Cornfield?" - Profile of the flamboyant financier. "Bill of Rights Interviews." "Letters to the Editor."

5/26/70 – President Nixon's daughter Tricia guides viewers on a tour of a section of the White House that is rarely seen: the first family's living quarters; Mike Wallace and Harry Reasoner accompany her as cameras reveal living and dining rooms, state guest rooms, the Lincoln Sitting Room and Bedroom, and the Truman Balcony, where David and Julie Eisenhower join the group. "Some of Our Children Are Missing" - Report on the thousands of American children who have simply vanished. Debate between Frank McGee and Seymour Hers on Vietnam and the My Lay massacre.

6/9/70 – "A Cry for Help" - Examination of the causes and possible solutions to child abuse; included are interviews with members of the Battered Child Team at Colorado Medical center. Profile of evangelist R.L. Stiles, head of an organization called Meet the Master, Inc.; Stiles is seen during his radio program and at a Philadelphia revival meeting. Report on the controversy surrounding the B-1 bomber. "Letters to the Editor."

6/16/70 – "Vietnam: Coming and Going" - A look at how GI's feel about Vietnam before they go and after they leave. Mike Wallace interviews servicemen abroad planes going to and leaving from Vietnam. "American Kids in Foreign Jails" - Report on the growing number of American youths who are imprisoned in European jails on drug charges. The World's Greatest Jazz Band plays 1930's-style jazz.

8/18/70 – Special anthology edition features visits and memorable personalities seen in various 60 MINUTES broadcast of the past season. Atty. Gen. John Mitchell and his wife, Martha (5/12/70). Elizabeth Taylor and Richard Burton (3/24/70). Black Panther Party (1/6/70). Singer Tom Paxton (3/3/70). Interior Sec. Walter Nickel and his wife (5/12/70). Financier Bernie Cornfield (4/28/70). Child abusing mother (6/9/70). A minister who aids runaway children (5/26/70). The World's Greatest Jazz Band (6/16/70). Pastor Krogager (5/12/70). Teenage Panhandlers (9/30/69). Soldiers flying into and out of Vietnam (6/16/70). A Catholic Irishman wounded in Belfast fighting (11/11/69). Crime in Washington, D.C. (1/20/70). Unemployed J.D. Williams and his wife (4/28/70).

9/1/70 – Rebroadcasts of previously aired reports: Trivia Nixon's tour of the White House (5/26/70). "Rehabilitation of U.S. Amputees" (9/30/69). "The Crowhurst Saga" (10/14/69).

9/15/70 – "When Porgy Came Home" - George Gershwin's *Porgy and Bess* is performed in Charleston, S.C. (where the story takes place for the first time; scenes and songs from the production are juxtaposed with films of "Catfish Row" as it is today. "If Cable TV Comes to Your House" - Fred W. Friendly and FCC Chairman Dean Lurch discuss the potential of cable TV while films and animation illustrate how cable TV may soon make the average home a communication center. Profile of and interview with novelist Kurt Vonnegut.

9/29/70 – A look at how policemen in New Haven, Connecticut, are receiving training in how to deal with verbal abuse. Profile of conservative intellectual William F. Buckley. Films of a recent speech by Fidel Castro.

10/13/70– Profile of Dr. Henry Kissinger, President Nixon's National Security Affairs advisor; cameras follow Kissinger at work in Washington, at the Western White House in southern California, on a recent Presidential visit to Mexico, and with his children at Disneyland. "Will Rogers, USA" - A look at the current stage hit starring James Whitmore as Will Rogers. Report on the murder of civil rights leader Medgar Evers and on new developments in the case.

10/27/70 – Interview with Lila Whaled. Report on Communist China's development in the area of nuclear power and weapons. A look at Detroit's small car industry.

11/10/70 – A conversation about French President Charles de Gaulle offered at the occasion of his death. Report on the harvesting of marijuana in Kansas.

11/24/70 – Interview with Interior Sec. Walter Nickel. "Cannery Row." Interview with Sen. George McGovern. "Aaron Copland at 70" - Profile and interview of the famed American composer.

12/8/70 – Report on the training of U.S. Sky Marshals in methods of dealing with airline hijackings. Interview with Canadian Prime Minister Pierre Elliot Trudeau. "One Day in the Life of Ivan Denisovich." One-minute commentaries by James J. Kilpatrick and Bill Moyers.

12/22/70 – Report on unsafe toys. "Faces of Jerusalem." "Renaissance" - A look at a drug rehabilitation center in Westport, Connecticut. One-minute commentaries by James J. Kilpatrick and Tom Wicker.

1971
Tuesday 10:00-11:00 PM

1/5/71 – Report on the status of Jews living in Communist countries behind the Iron Curtain. "A National Scandal" - Report on housing problems in the U.S. "Fellini on Fellini" - Interview with Italian film director Federico Fellini and a look at clips from his many films. One-minute commentaries by James J. Kilpatrick and Rev. Billy Graham.

1/19/71 – "Notes from the Underground" - A look at America's underground press. Visit with

Santa Clara, California's Carmelite nuns. "Helen Leavitt and the Highway Lobby." One-minute commentary on America's underground press by Nicholas von Hoffman.

2/2/71 – A behind-the-scenes look at preparations for the 2/18/71 White House state dinner for Italian Premier Emilio Columbo and a look at the actual festivities. "A National Scandal." Profile of America's top amateur heavyweight boxer, 28-year-old Ron Lyle; Lyle discusses his seven years in prison and his pro ambitions; he is also seen sparring with Muhammad Ali.

3/16/71– Interview with William J. Crum. Report on the 1964 Gulf of Tonkin incident which led to the escalation of the Vietnam war; Emmy winner for Outstanding Achievement in Magazine-Type Programming.

3/30/71 – "Thievery on the Waterfront." A look at America's tobacco industry: its growth and influence. Report on Australian women.

4/13/71 – Interview with actor George C. Scott, filmed on location in Spain; Scott discusses his disdain for the Academy Awards and tells why he will refuse the Oscar, should he win it, for his role in Patton. "My Lay Revisited" - Examination of the My Lay massacre in Vietnam. "General Dayan, General Yariv and Golda Meir." "The Bottle Generation." "Joe Levine of the Far East" - Interview with Korean film mogul Run Run Shaw.

4/27/71 – Interview with Chiang Kai-shek. "Can You Avoid a Heart Attack?" - "Ping-Pong Diplomacy" - Report on how the table tennis matches between teams from the U.S. and the People's Republic of China have opened long-closed diplomatic doors between the two nations.

5/11/71 – Tour of the newly opened Lyndon B. Johnson Library in Texas; includes interview with LBJ. Report on Swiss banks. Report on the controversy surrounding cost overruns on the Mark-48 torpedo.

5/25/71 – Profile of John Kerry. Examination of the Middle East oil tanker business. Interview with former senator and presidential aspirant Eugene McCarthy.

6/8/71 – "Immigration to Canada." Investigation into charges of irregularity in various pension plans. "People We Met" - Highlights of the past season; included are Henry Kissinger (10/13/70), Interior Sec. Walter Nickel (11/24/70), James Whitmore (10/13/71), Abraham Ribicoff, Jack Bybee, William Crum (3/16/71), people on the waterfront (3/30/71), Fedrico Fellini (1/5/71), Sister Teresa (1/19/71), Hughes Rudd (9/15/70), Mrs. Lucy Winchester (3/2/71), and Tricia Nixon (5/26/70).

Sunday 6:00-7:00 PM

9/19/71 – "After Attica" - Report on the tragedy at Attica prison and its aftermath. Report on conditions in America's prisons. Report on the recent elections in South Vietnam. "Point/Counterpoint" - First installment of a new feature in which columnists James J. Kilpatrick and Nicholas von Hoffman offer opposing views on current issues; the topic here is school busing.

9/26/71 – "Very Quiet On the Western Front" - Examination of America's NATO commitment. "Lost Property" - A look at the inconsistencies of property tax procedures in a number of U.S. cities. "Life on Death Row" - Report on condemned prisoners at Texas State Prison. "Courting Matilda" - Examination of sex discrimination in Australia. "Point/Counterpoint" - Kirkpatrick and von Hoffman comment on President Nixon's China trip.

Monday 10:00-11:00 PM

10/11/71 – "Nippon Steel" - A look at the Japanese steel industry and its effect on the American steel industry. Examination of the combat readiness of U.S. NATO forces in Germany. Report on American emigrants living in London. A look at a new medical technique that enables diagnosis of infant illnesses through voice print analysis.

Tuesday 8:00-9:00 PM

10/21/71 – "The $10 Billion Overcharge" - Report on unethical and illegal practices in the American auto repair industry. Report on the recent upsurge of cosmetic surgery. Profile of author Han Suyin and a discussion of recent events in China; featured is speculation on Mao's recent absences from Chinese public events. Analysis of President Nixon's Supreme Court nominees.

Sunday 6:00-7:00 PM

10/31/71 – "Dope Attack Teams" - Report on a group of black Chicago vigilantes who search out drug pushers. "New Towns." "Survival of the Cities." "Point/Counterpoint" - The topic is crime and punishment in the city.

Tuesday 9:30-10:30 PM

11/2/71 – Report on legal prostitution in Nevada. A look at the history and appeal of the Rolls Royce automobile. "Go Fight City Hall" - Report on the election of radical politicians to the Berkeley, California, City Council.

Sunday 6:00-7:00 PM

11/14/71 – Report on American products made in Japan. "Not to My Kid, You Don't." Report on the influx or East Pakistani refugees into India. Commemoration of the 20th anniversary of the first SEE IT NOW broadcast (11/18/51).

Thursday 8:00-9:00 PM

11/25/71 – "Earthquake" - Report on dangerous structures in earthquake-prone San Francisco. A visit to two of the world's most luxurious hotels: the Ritz in Paris and the Fontainebleau in Miami. Profile of Dr. Emil Dolensek, the doctor at the Bronx Zoo.

Sunday 6:00-7:00 PM

11/28/72 – "The $10 Billion Overcharge," Part 2: A second look at the auto repair industry. "Johnny Connally and the GOP" - Report on former Texas Gov. Connally's switch from the Democratic to Republican party. Hosea Williams' meetings with Chinese Premier Chou En-lai.

12/12/71 – "Amnesty, Who Wants It?" - Report on attitudes regarding amnesty for Vietnam war draft resisters. "Rangerettes." Report on the war between India and Pakistan.

1972

Sunday 6:00-7:00 PM

1/2/72 – "The Bombing and the POW's." "And Children of all Ages" - Visit to Spanish Boys' Town. "Cotton Bowl: A Footnote." "Point/Counterpoint" - The Topic is amnesty for draft resisters and deserters.

1/9/72 – Examination of the case of Vietnam war protesters Daniel and Philip Berrigan. "Voice from the Underground." Report on President Nixon's meeting with Japanese leader Sato. Report on the history and status of Japanese in America. "No Longer Made in USA" - A look at the boom in Japanese manufacturing. "Point/Counterpoint" - The topic is free trade/fair competition. Howard Hughes news conference.

1/16/72 – Interview with author Clifford Irving. Report on Rome's traffic problems. A look at the Democratic presidential contenders for the 1972 nomination. "Point/Counterpoint" - Is Nixon beatable in 1972?

1/23/72 – "The Case of the Vega Rejects" - Report on the problems found with many Chevrolet Vega model cars. "100,000 Deserters." Report on the Clifford Irving case. "Point/Counterpoint" - The topic is secret documents.

1/30/72 – Up-to-date report on the Clifford Irving/Howard Hughes case. Report on the rise and problems of credit card theft. Report on America's middle-class poor. Profile of a junkman: Willie Royka of New Jersey. "Point/Counterpoint" - The topic is President Nixon's peace proposals.

2/6/72 – "Fake" - More on Clifford Irving and a profile of master art forger Elmyr de Hory. Morley Safer reports from Ireland on the Irish rebellion. A film on skiing by Richard Barrymore. "Point/Counterpoint" - The topic is the court trials of Philip Berrigan and Angela Davis.

2/13/72 – Tour of the President's plane, Air Force One. Report on labor leader George Meany's conflicts with President Nixon. "Espionage Double Cross." Visit to a commune in the People's Republic of China. "Point/Counterpoint" - The topic is labor unions: their influence, energy, power and money.

2/27/72 – Coverage of President Nixon's trip to the People's Republic of China and upcoming journey to Moscow. Profile of Mohammed El-Quaddafi, ruler of Libya.

3/5/72 – Report on the growing use of mobile homes. "Italian Repatriates." "Americans Discover America." "Point/ Counterpoint" - The topic is President Nixon and China.

3/12/72 – "An Enemy of the People" - Report on the Lockheed C-5A aircraft. Jack Anderson, the Republican party and the ITT affair. "Where Have All the Rebels Gone?" - Report on the state of politics on American college campuses, focusing on the fact that political activism has decreased in recent years. "Point/Counterpoint" - The topic is the ITT affair.

3/19/72 – Report on Vietnam veterans who are amputees. Profile of European glamour man Giovanni Agnelli. "Clifford Irving—Actor of the Year." "Point/Counterpoint" - The topic is the Florida Democratic primary.

3/26/72 – Jack Anderson and the ITT scandal. Report on George Meany and President Nixon. Examination of marriage laws and the Equal Rights Amendment. "Point/Counterpoint" - The topic is equal rights for women.

4/2/72 – Interview with ITT lobbyist Dita Beard. Profile of Charlie Chaplin, recipient this year of a special Academy Award. "Death with Dignity." "Point/Counterpoint" - The topic is income taxes.

4/9/72 – "The Unrealized Promise of Safe Streets." Profile of controversial U.S. chess champion Bobby Fischer. Report on the progress and effectiveness of the Vietnamization program. "Point/Counterpoint" - The topic is the Florida and Wisconsin primaries.

4/16/72 – Correspondent Ed Rabel reports from Thailand. George McGovern, Hubert Humphrey and George Wallace offer their reactions and opinions on Nixon's Southeast Asia bombing campaign. "The Great Train Robberies." "Spain's Circus Town." "Point/Counterpoint" - The topic is Nixon's policies in Vietnam.

5/7/72 – "Company Town" - Report on St. Mary's, Georgia. "Wanna Bet?" - Examination of legalized gambling in the U.S. "Point/Counterpoint" - The topic is FBI director J. Edgar Hoover, who died on 5/2/72.

5/14/72 – Profile of pro tennis star Billie Jean King. Examination of the abortion issue. "The Wallace Phenomenon" - A look at the presidential campaign of George Wallace. "Point/Counterpoint" - The topic is President Nixon's decision to mine North Vietnamese ports.

5/21/72 – "Moscow 1972" - Report on the Soviet capital and on President Nixon's trip. (Family Crisis Intervention Unit" - Report on a program designed to aid families in need of aid. "Kitchen Debate—1959" - Historical overview of Richard Nixon's Moscow journey in 1959 "Point/Counterpoint" - The topic is gun control.

6/11/72 – Examination of current news headlines, including a look at floods in Rapid City, Iowa. Profile of pianist Andre Previn. "CBU" - Report on the production of controversial cluster bombs by the Honeywell Corp. "Point/Counterpoint." "Letters to the Editor."

6/18/72 – Report on the impact of newly opened Disneyworld on the residents and economy of Orange County, Florida. "Katamandu or Bust" - Report on young travelers in central Asia. Filmed report revealing the extent of bombing damage in North Vietnam. "Letters to the Editor."

10/1/72 – "Papadopoulos and the USA" - Examination of the alliance between the U.S. and the military dictatorship in Greece. Report on the Woman's Wear Daily newspaper. A visit with elementary schoolers in Kansas City, Missouri, for look into their political attitudes and beliefs. "Point/Counterpoint."

11/26/72 – Report on Everett Alvarez, an American POW in North Vietnam. "Death of the Backlot" - A look at the demolition of the historic MGM film studio lot in Culver City, California, and at the recently held auction of studio artifacts. Profile of National Security Advisor Henry Kissinger.

12/10/72 – Investigation of the route heroin travels from Turkey into the U.S. The journey begins in rural Afyonkarahisar for a look at how poppies are processed into a morphine base. Morley Safer continues the report in Marseilles, where the morphine is refined into heroin. In New York, Mike Wallace tells how heroin is smuggled into the country, how it reaches the user and what is now being done at both federal and local levels to stop its entry into the U.S.

12/24/72 (6:04-7:08) – A look at the problem of illegal aliens in the U.S., focusing on the Southwest, where Mexican migrant workers are seen being apprehended by border guards; also, a look at a New York courtroom, where illegal aliens receive their deportation orders in "assembly-line" fashion. Film produced by the BBC, revealing the exodus of Jews from the USSR to Israel; included is a look at how the emigres adjust to their new life. "What Christ Looked Like" - An Andy Rooney essay first aired on 12/24/68.

12/31/72 (6:17-7:00) – "The Rock" - Report on U.S. military bases in alien territories, focusing on bases in Gibraltar and Guantanamo Bay, Cuba. Report on the Imperial Valley, California water rights controversy; this segment aired on West Coast only.

1973

Sunday 6:00-7:00 PM

1/7/73 – "Welfare for the Rich" - Examination of the methods by which the wealthy take advantage of the U.S. tax system. Report on the direct mail business and the business of mailing lists.

1/14/73 – Examination of the earthquake threat in California one year after a big quake jolted Southern California. Report on Bahamian gambling casinos. Report on the water rights controversy in California's Imperial Valley, Highlights of the Super Bowl football game, played earlier in the day.

1/28/73 – "Goodbye Saigon" - Report on Vietnamese now exiled from their homeland. Report on the recently accomplished Vietnam peace agreement. Interview with former President Johnson, originally aired on 5/11/71, presented on the occasion of his death. Interview with LBJ's daughter's Lynda and Luci. "Mrs. Cop" - Profile of a female police officer in Washington, D.C.

2/4/73 – Profile of Lt. Col. Anthony Herbert. "Come to Britain" - Report on English summer camps, focusing on Buntlins.

2/11/73 – Interviews with the wives of two American POW's: Mrs. Jeremiah Denton and Mrs. Robert Purcell. "Now Do You Know Why I'm crying" - Profile of the Synar family, recipient of the 1971-72 All American Family Award.

2/18/73 – Report on the US Navy's use of sea mammals in surveillance operations. Examination of Gerovital, a new medicine that offsets some of the effects of old age. Profile of heavyweight boxer Ron Lyle.

2/25/73 – A look into the causes, effects and treatment of mental depression. Profile of Joe Acanfora, a homosexual teacher who is contesting his dismissal. Report on Japanese Geisha girls.

3/4/73 – Interview with convicted art forger David Stein; now living in Paris, Stein discusses his former career forging bogus Chagall, Modigliani and Matisse paintings and demonstrates his skills. Report on the U.S. Navy's submarine development program. A look at how Hollywood movies have portrayed American Indians over the years.

3/11/73 – "Is This Any Way to Run a Railroad?" - Examination of the Amtrak rail system and what its future may hold. Report on Protestant-Catholic relations in Southern Ireland. A British view of Mardi Gras in New Orleans.

3/18/73 – Profile and interview with Johnny Ford, the first black mayor of Tuskegee, Alabama. Films on New York Gov. Nelson Rockefeller at various town meetings. A look at Romanian gypsies.

3/25/73 – Report on public television in America. Profiles and interviews with Egyptian President Anwar el-Sadat and Israeli Foreign Minister Moshe Dayan. "Bug Boy" - Apprentice jockeys.

4/1/73 – Interview with former POW and anti-war activist, Naval Capt. Walter Wilber. "Watch for the Rich," Part 2: Second report on how the wealthy make advantageous use of the tax laws. Profile of author and illustrator of children's books Maurice Sendak.

4/8/73 – Excerpts from the CBS REPORTS broadcast "PICASSO IS NINETY" (10/21/71) are shown as a memorial to the late artist's genius. Staten Island Ferry in El Salvador. Profile of artist Thomas Hart Benton.

4/15/73 – Interview with Palestine Liberation Organization spokesperson Kamal Nasser. Report on soybean and meat prices. A look at

Australia.

4/22/73 – Historical look at Paris in the 1920s. Report on acupuncture in China. Report on visits to Lourdes by the mentally retarded, filmed on Easter, 1971.

4/29/73 – Report on the U.S. pet population explosion and the problem this rise in animal numbers has caused. "Under Two Flags" - Examination of the joint British-French rule in the New Hebrides Islands. Report on the world-wide upsurge in interest in Adolf Hitler.

5/6/73 – Report on the progress of cancer research: the search for cures and an examination of new preventative techniques; also featured is a look at diagnostic procedures and treatment of the disease.

5/20/73 – "Teapot Dome" - Historical overview of the Teapot Dome oil lease scandal that rocked the Harding Admin-istration in the early 1920's. Interview with Atty. Gen. John Mitchell and his wife, Martha, originally aired on 5/12/70. "The Palestinians" - Examination of the conflict in the Middle East. Included are interviews with members of the Arab "Black September" movement.

5/27/73 – Investigation of the route heroin travels from Turkey into the U.S., originally aired on 12/10/72.

6/3/73 – Report on the high cost of probate and on new efforts being undertaken to reduce this cost of will processing. Report on the Rolls Royce car: its history, appeal and manufacturers, originally aired on 11/2/71. Examination of the Middle East oil tanker business with a look at some of the men who have made huge fortunes in oil transportation, originally aired on 5/25/71.

6/10/73 – Interviews with the wives of American B-52 pilots who comment on their husbands' attitudes towards their participation in the bombing raids on Cambodia. Visit to the Brotherhood of the Spirit commune in rural Massachusetts. "Welfare for the Rich" - Originally aired on 1/7/73.

Friday 8:00-9:00 PM

6/29/73 – Interview with former Presidential aide John D. Ehrlichman. "Build a Better Mousetrap" - Report on New York advertising executive Richard Kline, who stumbled upon a new and revolutionary aircraft wing design while constructing a paper airplane for his son; this new wing could mean lift at steeper angle, fewer stalls and increased aircraft safety.

7/6/73 – "Listening in Nixon Country" - Residents of Noblesville, Indiana, comment on the Watergate affair. Examination of the U.S. Postal Service and its problems, focusing on the need for increased mechanization and the problem of on-the-job boredom. Filmed excerpts from a Russian-produced documentary on the USSR's military strength.

7/13/73 – "Monroe, Mailer and the Fast Buck" - Interview with author Norman Mailer, focusing on his new book about Marilyn Monroe and his theories concerning her death in 1962. Report on the history and current status of the Suez Canal. Profile of tennis hustler Bobby Riggs and of tennis star Billie Jean King.

7/20/73 – Investigation into the operation of lie detectors and a look at their expanding role in private business. "Retirement, Military Style" - Report on the retirement and pension system of U.S. military. "The Lady and the Senator" - Report on how Sen. Strom Thurmond helped obtain federal funds for Victoria Deelee's day-care center.

8/3/73 – Interview with White House Chief of Staff Alexander Haig. Interview with Sen. Daniel K. Inouye. "The Other Summer Game" - Explanation of the British game of cricket.

8/10/73 – "A Do-It-Yourself A-Bomb" - Investigation into the possibility that terrorist groups could construct a home-made nuclear weapon from stolen plutonium. "There's Coal in Them Thar Hills" - Report on the environmental threats posed by strip-mining in Montana. "The Family Jewels" - A look a a jewelry auction held in Geneva by Christy's of London.

8/17/73 – "Drop-Out Wife" - Report on Wanda Adams, a Seattle woman who has left her husband and family after 14 years of marriage and who has joined counter-culture groups. "It's a Nice Place to Live" - Profile of Toronto, Canada. "Tennis, Everyone?" - A look at the recent rise in the sport's popularity.

8/24/73 – Examination of the controversy over whether homosexuality is a conscious choice or a mental disorder. "Empress" - Profile of Empress Farah Diba, wife of the Shah of Iran. Report on the work of Prof. Paul Pietsch of the University of Indiana, who is researching the functions of the brain via the transplanting of salamander brains.

8/31/73 – Report on scientific investigation into the area of psychic phenomena. Profiles of prostitutes and their pimps. "DWI" - Report on schools that have been set up in Florida to educate convicted drunk drivers of the dangers of driving while intoxicated.

9/7/73 – "To Hong Kong and Back" - Examination of the effects of jet lag on the ability of a commercial airline pilot to make safe and quick decisions. "Something Old, Something New" - A look at the wedding business, focusing on two different styles of weddings: one upper class and one middle class. A look at some of the highlights of the past season's broadcasts.

1974

Sunday 6:00-7:00 PM

1/6/74 – "Propaganda War" - Report on the efforts of pro-Arab and pro-Israeli lobbyist groups trying to garner support from the American people and the U.S. Congress. "Winning" - A look at midget football leagues for boys. "Solar Energy" - Visit to a solar-energy furnace in the French Pyrenees, the largest such furnace in the world.

1/20/74 – Examination into the practice of press junkets, in which reporters are given expense-paid trips in return for stories. "Woody" - Profile of comedian-film director Woody Allen. "The Oil Game" - Report on the practices and profits of U.S. oil companies. Included is a look at the Murphy Oil Company.

1/27/74 – Interview with White House "plumber" and Watergate figure, Egil "Bud" Krough. Interview with ex-con, ex-drug dealer John Maher, who founded the Delancey Street Foundation in San Francisco for former convicts and addicts. A look inside the Tombs, the Manhattan House of Detention for men, and an exposé of that prison's shocking and dismal conditions.

2/3/74 – "Callas" - Profile and interview with opera star Maria Callas, currently on the eve of a U.S. concert tour. "Paradise Lost" - A look at the economic problems of St. Croix, largest of the U.S. Virgin Islands, where recent outbreaks of violence have sparked a rapid decline in the area's once-prosperous tourist trade. Report on the controversial proposals dealing with mandatory sterilization of women on welfare.

2/10/74 – Profile of Sen. Henry Jackson. Report on the rigorous training and hard road traveled by aspiring ballet dancers. Report on the rapid growth and problems caused by lack of planning in Tampa Bay, Florida.

2/17/74 – Eric Severeid conducts an interview with Alice Roosevelt Longworth. Report on London's high-volume money market. "Hollywood on the Potomac" - Investigation into the production and use of films made by the U.S. government and paid for with tax dollars.

2/24/74 – Interview with Mohammad Reza Shah Pahlavi, ruler or Iran. "Who Owns the Canyon?" - A look at the disputed ownership of the Grand Canyon by the U.S. government and the Havasupai Indians. "A British Election" - Report on the low-key, inexpensive style of a British election campaign.

3/3/74 – "700,000 Cubans" - Report on Miami's Cuban population, focusing on their lifestyles, political beliefs, goals and aspirations. A look at the smoking habits of Americans three years into the TV advertising ban on cigarettes. Visit to England's Sunningdale School to examine the question of whether the nation's public schools are the major factor in the perpetuation of the British class system.

3/10/74 – "Local News and the Rating War" - Investigation into the rising intense competition being waged by local news programs for viewers and advertising revenues. "New Facts of Life" - Examination of the mood of Israelis in the wake or the nation's recent election and October War. Interview with the Shah of Iran.

3/24/74 – "Less Than Honorable" - Report on the problems encountered by young veterans who have received other than honorable discharges from the service. "The End of a Salesman" - A look at how forced retirements affect thousands of workers who do not receive full retirement benefits. "Production-Line-Paganinis" - Report on the Suzuki method of training musicians.

3/31/74 – "I Was Only Following Orders" - Report on an unusual experiment on obedience to authority. "Laetrile: Cure or Quackery?" - Examination of the controversy raging over the cancer drug made from fruit pits. "That Cosmo Girl" - Profile of Cosmopolitan magazine editor Helen Gurley Brown, author of *Sex and the Single Girl.*

4/7/74 – "More Than a Touch of Class" - Interview with Academy-Award winning actress Glenda Jackson. "Free Speech for Whom?" - Report on the controversy surrounding Stanford professor William Shockley's recent attempts to speak on college campuses about his theories on race and intelligence. "Listening in Nixon Country," Part 2: A second talk with residents of Noblesville, Indiana; discussions center on Nixon and the Watergate affair (part 1 aired on 7/6/73).

4/14/74 – "A Do-It-Yourself A-Bomb" - Originally aired on 8/10/73. A look at a one-man flying machine: the Parafoil. "Life in a Turkish Jail" - Report on American youths serving long sentences in Turkish prisons on drug convictions. "Matthau and Son" - Interview with actor Walter Matthau and his 11-year-old son.

4/21/74 – "The Condo Craze" - A look at the problems and pitfalls of buying a condominium. "Around the World in 216 Days" - Report on an eight-month-long yacht race. "Sadat and Dayan" - Originally aired on 3/25/73.

4/28/74 – "The Model Hospital" - Report on Miami's Lebanon Hospital, once seen as a model of free enterprise, but currently in financial straits. "Trial by TV" - Examination of the pros and cons of an experiment in legal proceedings via television. Interview with former White House aide and Watergate figure Donald Segretti.

5/5/74 – "The $2.5 Billion Misunderstanding" - The history of the supersonic Concorde aircraft from its heady beginnings to its controverisal and gloomy present status. "The President's Priest" - Visit with Jesuit priest Father John McLaughlin, who serves as a deputy special assistant to President Nixon. Profile of political satirist and impressionist David Frye.

5/12/74 – "Three's a Crowd" - Report on the growing number of married couples who do not want children. "A Real Jane Pittman" - Visit with Mrs. Lula Craig on the occasion of her 102nd birthday party. "To Hong Kong and Back" - Originally aired on 9/7/73.

5/19/74 – "The Palestinians" - Originally aired on 5/20/73. "Best of Enemies" - Discussion between Israeli author Amos Eli and Sana Hassan, wife of an Egyptian government official. "The End of a Salesman" - Originally aired on 3/24/74, presented here with a follow-up segment.

5/26/74 – "Come to Christ" - Interview with former presidential aide and now born-again Christian Charles Colson; also participating is Sen. Harold Hughes. "So You Want to Be a Racing Driver" - Visit to a miniature racing circuit in Detroit. "The Family Jewels" - Originally aired on 8/10/73.

6/2/74 – "The Second Battle of Gettysburg" - Examination of the controversial 300-foot observation tower that has been built next to, and which overlooks, Gettysburg Memorial Park. "Make Today Count!" - Report on the "Make Today Count" organization formed for the terminally ill by cancer victim Orville Kelly; also, a look at how Kelly copes with his illness. "Teapot Dome" - Originally aired on 5/20/73.

6/9/74 – "The Oil Kingdom" - Report on Saudi Arabia, featuring a profile of its ruler King Faisal and a look at how the nation is spending its oil money on efforts to bring its people into the twentieth century. "Captain Rose vs. the System" - Interview with Air Force Capt. Michael T. Rose, author of a controversial article which criticized the honor code system of U.S. military academies. "Death of the Backlot" - Originally aired on 11/26/72.

6/16/74 – "A Tale of Two Inmates" - Visit to Allenwood Federal Prison for interviews with two of its most famous inmates: Watergate "plumber" Egil "Bud" Krough and former N.J. congressman Cornelius Gallagher. "Le Peace Corps" - Report on how young French people are teaching their language to Cajun children in Louisiana's bayou country. "Hello, Mrs. Brown? This Is Franz Liszt" - Originally aired on 4/14/70.

Sunday 9:30-10:30 PM

7/7/74 – "Bugging" - Investigation into the ease with which anyone can purchase illegal eavesdropping equipment. "Whose Canal Is It?" - Visit to the Panama Canal Zone and a look at its current status, with its suburban American community surrounded by Panamanian slums. "Born to Be Small" - Documentary on dwarfs, filmed by Lord Snowden (Anthony Armstrong Jones).

7/14/74 – "Death and Life in an Irish Town" - Profile of Strabane, a Northern Ireland border town, focusing on the toll taken by five years of war on its people and their environs. "The Gold Bugs" - Report on international gold trading and its practice as a hedge against inflation. "This Year at Marienbad" - A look at the popularity of health spas in Europe, particularly among the international jet-set.

7/21/74 – "Go Fight City Hall" - Examination of the firing of Tampa, Florida's outspoken environmental chief, Rogert Stewart. "Mr. Sony" - Profile of the founder of the Sony Corporation, Akio Morita and a look at his company's phenomenal success. "The Grandees" - Profile of the Domecq family of Jerez, Spain, which has remained a dynasty of sherry barons for hundreds of years.

7/28/74 – Interview with White House Chief of Staff, Gen. Alexander Haig. "MIA Wife" - Report on the status of servicemen still listed as "missing in action" in Vietnam, and how their families cope with their agony. "Uphill Racer" - Profile of former championship skier Jill Kinmont, now a quadriplegic due to an accident.

8/4/74 – "That (Expletive Deleted) Washington Post" - Behind-the-scenes visit to Richard Nixon's least favorite newspaper. "Hiroshima" - A look at the Japanese cities of Hiroshima and Nagasaki and a report on how they have been rebuilt since the A-bomb drops in August 1945. "Not Just Another Pretty Face" - Profile of top fashion model Lauren Hutton.

8/11/74 – "THE NIXON YEARS" - The entire hour is devoted to a retrospective of Richard Nixon's political career, his presidency and the Watergate scandal that led to his resignation on 8/8/74.

8/18/74 – "The Gun Court" - Report on Jamaica's tough gun control laws, the most restrictive such regulations enacted in any democratic state. "The $100 Billion Ride" - Report on America's modern, computerized mass transit systems and a look at why they do not function properly and efficiently. "The Tiny Giant from the Times" - Interview with New York Times architecture critic Ada Louise Huxtable, focusing on her observations retarding modern architecture in the U.S.

9/1/74 – "Thank You, Mr. Seward" - Report on the Alaskan oil pipeline project and its impact on that state's people, economy and ecology. "Las Vegas by the Sea" - Examination of the controversy surrounding the proposal to legalize casino gambling in Atlantic City. "Nureyev" - Profile of ballet star Rudolph Nureyev.

1975

Sunday 6:00-7:00 PM

1/5/75 – "The Man Who Wouldn't Talk...Talks" - Interview with convicted Watergate figure G. Gordon Liddy. In this, his first interview ever, Liddy discusses members of the Nixon Administration, but not the Watergate break-in itself. "Have Gun Will Travel" - Investigation into the ease with which guns can be purchased in the South, focusing on South Carolina. "The Twelfth Man" - A look at the findings of psychiatrist Arnold Mandell, consultant to the San Diego Chargers football team.

1/12/75 – "Hawaii, Chinese Style" - Report on Hawaii's Chinese population, many of whom have achieved great economic success since World War II. "Welcome to the World of Pan Am" - Report on the economic problems of the giant airline. "The Little Country That Works" - Visit to the prosperous nation of Norway.

1/19/75 – "Southie" - Report on racial tensions in Boston in the months following court-ordered desegregation in September 1974. "God's Favorite" - Profile of playwright Neil Simon, focusing on the development of his latest play from first rehearsals to opening night. "The State of a Town" - Visit to the small town of Garabaldi, Oregon, whose one factory, a lumber mill, has recently closed.

1/26/75 – "Land Fraud" - Investigation of the Arizona land boom, focusing on its victims and profiteers. "Harlem" - Film on New York City's Harlem, produced by a Swedish TV crew. "Mengers's the Name...Hollywood's the Game" - Profile and interview with Sue Mengers, one of Hollywood's most dynamic, successful and powerful talent agents.

2/2/75 – "Who's Afraid of the Big Bad Tank?" - Report on the XM-1 tank, the Pentagon's latest million-dollar weapon. "How to Live to Be 100" - A look at the people of Abkhasia, an area in the USSR where many live to ages well beyond 100. "The Shah of Iran" - Interview with Mohammad Reza Pahlavi.

2/9/75 – "Madame Ambassador" - Profile of former child actress Shirley Temple Black, now U.S. Ambassador to Ghana. Black is seen at work in the Ghana capital of Accra, touring rural villages and discussing her career; included are clips from many of her films. "Private Lives of Public People" - Interviews with media reporters focusing on the types of things they feel should and should not be revealed about the private affairs of public figures.

2/16/75 – "Israel's Toughest Enemy" - Examination of Syria's role in the Middle East's politics and conflicts. Oh, My Aching Back" - Report on causes and possible remedies for backaches. "Let 'Em Eat Grass" - A look at some of the things that Americans can do to help alleviate the world's food shortages.

2/23/75 – "The Pomeroy File" - Profile of Dallas resident Bob Pomeroy, who, since speaking out against nuclear plant construction, has been labeled a "subversive." "Malpractice" - Report on the medical malpractice insurance crisis in the U.S., centering on New York. "Antonia" - Profile of Antonia Brico, the only female conductor of a major U.S. symphony orchestra.

3/2/75 – "Land Fraud and a Murder" - A second look into the Arizona land boom first reported on 1/26/75; included is an investigation into the murder of one man involved in fraudulent land sales. "To Live or Let Die" - Report on babies born with birth defects and an examination of whether those with severe defects should be saved or allowed to die. "Social Security" - Examination of the problems faced by the Social Security system, which will in 1976, be operating at a deficit.

3/9/75 – "Game Shows" - A look at TV game shows: how contestants are selected and rehearsed and a report on what happens to big-money prize winners. "Here Comes the Sludge" - Report on the problems caused by wastes that emanate from America's waterways and a look at possible solutions. "Let's Get Married" - A look at an unusual high school course taught in Parkrose, Oregon, in which students participate in simulated marriages.

3/16/75 – "A Piece of the Action" - Profile of economist-lawyer Louis Kelso, focusing on his "capitalist manifesto" theory which states that there is little hope for the average person to make big money. "The Asian Connection" - Report on a possible $20 million deal with Asian drug dealers designed to keep heroin out of the U.S. "Memory of Vietnam" - Retrospective look at the Vietnam war, featuring a comparison of the country now as opposed to ten years ago.

4/6/75 – "National Health Insurance" - Report on Britain's socialized medicine plan 20 years after it was put into operation. "Love Thy Neighbor" - A second visit to San Francisco's Delancey Street Foundation, the halfway house for ex-cons and former drug addicts, first reported on 1/27/74. "The Other Henry" - Profile of White House Chief of Protocol, Henry Catto.

4/13/75 – "Appalachia" - Examination of the Appalachian coal boom, focusing on how it has created many new jobs and brought new prosperity to the afflicted region. "The Summer of '76" - A look at the U.S. Olympic Committee and how it operates. "Idi Amin" - Profile of Uganda's dictator, Maj. Gen. Idi Amin.

4/20/75 – "Death Row" - Visit to some of the inmates on America's Death Rows, one day before the Supreme Court begins deliberation on the death penalty's constitutionality. "Give 'Em Hell, Harry" - A look at James Whitmore's stage portrayal of Harry Truman, on view at Washington, D.C.'s Ford Theatre; cameras record a performance attended by President and Mrs. Ford. "College for Everyone" - Report on the "open admissions" policies in effect at many US universities, and the problems these policies have caused.

4/27/75 – "War on Ice" - Profile of the Kirkman-Boyle management consulting firm, which educates American industry on how to deal with women in the work force. "Edward R. Murrow" - Profile of CBS News correspondent Murrow offered on the 10th anniversary of his death.

5/4/75 – "Is This Any Way to Run a Railroad?" - Update on Amtrak report, first presented on 3/11/73. "Fellini" - Profile of Federico Fellini, originally aired on 1/5/71. "Broken Treaty" - Examination of the treaty dispute between the U.S. government and the Shoshone Indians.

5/11/75 – "No Escape" - Visit to the small town of Madisonville, Ky., for a report on how the menace of drugs extends even to rural America. "Bum of the Month" - Profile of ex-con, now pro boxer, Ron Lyle, contender for the World Heavyweight title. "Life and Death in an Irish Town" - Originally aired on 7/14/74.

5/18/75 – "Why Me?" - Report on reverse discrimination ("last hired, first fired") which often means that minorities are the first to be laid off under the present seniority system. "The Empress" - Profile of Iran's Empress Farah Diba. "Whatever Became of Eldridge Cleaver?" - Interview with the former Black Panther leader, now a born-again Christian.

5/25/75 – "The Gun Court" - Update of report on gun control in Jamaica, first presented on 8/18/74. "Whose Canal Is It?" - Update of report on the Panama Canal, first presented on 7/7/74. "Thomas Hart Benton" - Tribute to the late artist, originally aired on 4/8/73.

6/1/75 – "The $2.5 Billion Misunderstanding" - Update of report on the SST, first presented on 5/5/74. "The New Europeans" - Report on Europe's migrant workers, where they come from, how they live and what their futures may be. "70,000 Cubans" - Originally aired on 3/74.

6/8/75 – "Airships" - Report on how lighter-than-air crafts such as blimps and dirigibles could be used for inexpensive and easy transportation. "Anatomy of a Hospital Bill" - Report on how medical technology and the malpractice insurance crisis are inflating medical costs. "Israel's Toughest Enemy" - Update of report on Syria, first presented on 2/16/75.

6/15/75 – "1,000,000 Runaways" - Visit to a center that cares for runaway children, focusing on why so many young people leave home, where they go and what they do. "Soak the Rich" - Examination of the British Wealth Tax, designed to heavily tax those with inherited wealth. "Madame Ambassador" - Originally aired on 2/9/75.

6/22/75 – "In the Shadow of the Giant" - A look at how Canada is attempting to reduce the influence of America on its citizens' daily lives. "This Year at Marienbad" - Originally aired on 7/14/74. "A Piece of the Action" - Originally aired on 3/16/75.

6/29/75 – Retrospective look at some of the past season's most memorable interviews.

Sunday 9:30-10:30 PM

7/6/75 – "Beverly Sills" - Profile and interview with Metropolitan Opera soprano Sills, who reflects on her rise to stardom, her recovery from cancer surgery and her outlook on life; also, films of the New York City Opera in rehearsal. "Nobody Coddled Bobby" - Report on juvenile offenders incarcerated in maximum security prisons. "Snow Job in Florida?" - Report on the Olympic Village outside of Tampa, Florida.

7/13/75 – "CIA: Man in the White House" - Interview with former White House aide Alexander Butterfield, the man who revealed the existence of Nixon's secret tapes. "The Welfare Mess" - Report on the problems of Massachusetts' welfare system. "Guru in the Dugout" - Report on a pro baseball team that is using mind control techniques.

7/20/75 – "The Mystery in Building 213" - Examination of current and future spy satrelites. "Extremism in the Defense of Liberty" - Interview with former Barry Goldwater speechwriter Karl Hess, whose present political views have changed considerably since the 1964 presidential campaign. "The Great Maine Tax Revolt" - Report on taxpayer protests in Maine.

7/27/75 – "The Old Folks at Home" - Report on alternatives to nursing homes for the elderly. "Gore Vidal" - Profile and interview with author Vidal. "Baby for Sale" - Investigation of the illegal baby selling racket.

8/3/75 – "Judy" - Retrospective on the life and career of Judy Garland; included are interviews with her daughters, Liza Minnelli and Lorna Luft, and clips from her hit films. "The Ultra Secret" - A look at how the British cracked the World War II German code, considered at the time to be unbreakable.

8/10/75 _ "The First Lady" - Interview with Betty Ford. Topics include her health after her recent cancer surgery and her husband's decision to seek the Presidency in 1976. "God Save the Queen" - Report on the history and current sta-

tus of Britain's royal family. "The House Wreckers" - Report on building demolition.

8/17/75 – "103% Full" - Report on the Alaska pipeline. "Who Am I?" - A look at how many adopted Americans are now searching for, and finding, their natural parents. "Henry Miller and Erica Jong" - Profiles of the two authors.

8/24/75 – "It Doesn't Work" - Report on criminal rehabilitation, focusing on whether rehabilitation programs are really effective or not. "Children of Divorce" - Report on the effects of divorce on youngsters. "Ole Man River" - Examination of the impact of a U.S. Army engineering project on the Mississippi River.

8/31/75 – "Who Runs the Schools?" - Examination of a school textbook controversy in West Virginia. "South Africa's Playground" - Visit to Swaziland. "Ever Since Icarus" - Report on the increasing popularity of hang gliding and a look at the dangers involved in the sport.

9/7/75 – "São Paulo" - Profile of São Paulo, Brazil. "Bankrupt" - Examination of the rise in personal bankruptcy cases in the U.S. "How Lucky Can You Get?" - Report on the gambling industry in Las Vegas.

Sunday 7:00-8:00 PM

12/7/75 – Dan Rather joins 60 MINUTES with this broadcast. "Secret Service Agent #9" - Interview with former agent Clint Hill, who on 11/22/63, shielded Jacqueline Kennedy seconds after her husband was shot; Hill discusses that fatal day and reveals his feeling that presidents could be better protected by the Secret Service if the agency had fewer "unnecessary chores" to perform. "Uncle Sam Wants You" - Examination of how the Army trains its female recruits. Women are seen going through basic training at Ft. Jackson, South Carolina. "Underground at Ground Zero" - A look at the daily lives and activities of men stationed in nuclear missile silos, filmed in North Dakota.

12/14/75 – "Warning: May Be Fatal" - Examination of the highly toxic pesticide Kepone and the controversy surrounding its use. "Rubinstein" - Interview with pianist Arthur Rubinstein. "Mr. Right" - Profile and interview with GOP presidential hopeful Ronald Reagan and his wife, Nancy, focusing more on the couple's private life rather than on politics.

12/21/75 – "The Wild Blue Yonder" - Report on the pressures and stresses experienced by U.S. air traffic controllers. "On Guard: A look into the rising use of private security guards. "Getting Rich on Medicaid" - Report on how Medicaid payments are made to doctors and on some abuses of the system.

12/28/75 – "Where Has My Little Dog Gone?" - Report on the problems caused by dog wastes and lost animals. "Winning" - Originally aired on 1/6/74. "Donald Crowhurst Is Missing" - Update on British yachtsman Crowhurst, first reported on 10/14/69 ("The Crowhurst Saga").

1976

Sunday 7:00-8:00 PM

1/4/76 "The Duke of Duval" - Investigation into political corruption in Duval County, Texas. "LSD" - Report on how LSD is being used in the fight against cancer. "The Rock" - Originally aired on 12/31/72.

1/18/76 – "The Invisible Handicap" - A look at dyslexia. "The Bomb Squad" - Profile of New York City's special bomb squad. "Who Beat Up Leon Altemose?" - Examination of one man's struggle against his union.

1/25/76 – "The Gentle Lady from Texas" - Profile of Rep. Barbara Jordan. "A Case of Reasonable Doubt" - Examination of the case of accused murderer Peter Reilly. "Spy Spy Spy" - Interview with ex-CIA spy David Phillips.

2/1/76 – "Citizen Loeb" - Interview with William Loeb, ultra-conservative publisher of New Hampshire's Manchester Union-Leader. "Fake ID" - Report on the ease of obtaining and falsifying ID's and on how many people can, and do, created new identities for themselves. "The Living Dead" - Examination of the issue of euthanasia.

2/8/76 – "How Safe Is Safe?" - A look at America's nuclear power plants and at some of the controversies surrounding their construction and safe operation. "The Total Woman" - Profile of author Marabel Morgan. "Where Are They Now?" - Interviews with Vivian Malone and James Hood who in 1963 were the first black students admitted to the University of Alabama; also, a historical overview of the 1963 integration crisis.

2/15/76 – "The Clinic on Morse Avenue" - Report on the Medicaid kickback scandal currently brewing in Chicago. "The Third Man" - Interview with former Texas governor and former Treasury Sec. John Connally. "Boss of the CIA" - Interview with CIA director George Bush.

2/22/76 – "Rural Justice" - Report on the administration of justice in America's rural areas. "Wildcat Trucker" - Report on America's independent truck drivers, focusing on trucker Roland Richards. "The Case Against College" - A look at whether having a college degree is a plus or a hindrance in today's society.

2/29/76 – "George Wallace" - Interview with Wallace. "The Mad, Mad World of Tupperware" - Report on the popularity and business generated by "Tupperware Parties." "Grief" - Examination of grief therapy as a method of overcoming the loss of a loved one.

3/7/76 – "National Enquirer" - A look at the popular National Enquirer newspaper and a look at the controversies it has stirred up in recent years by printing articles (often totally false) about the lives of celebrities. "Two Can Live as Cheaply as One" - Examination of U.S. marriage and divorce tax laws. "Jerry Brown" - Profile and interview with California Gov. Jerry Brown.

3/21/76 – "Israel's Toughest Enemy" - Update of report on Syria, first aired on 2/16/75 and 6/8/76; this update focuses on Jews living in Syria. "Adela" - Profile of 82-year-old newswoman Adela Rogers St. Johns. "Robert Redford and the Electric Company" - Report on environmentalist-actor Redford's battles against Utah's Southern Edison company; Redford and Utah Gov. Calvin Rampton are among those interviewed.

3/28/76 – "A Matter of Ethics" - Investigation into Florida congressman Robert L.F. Sikes' questionable business interests. "Communism, Italian Style" - A look at the Communist-run city of Bologna. "King of Torts" - Profile of flamboyant attorney Melvin Belli.

4/4/76 – "Heart Attack!" - Report on a heart attack rescue team in Seattle. "The Kids from Council Bluffs" - Report on an Iowa school board. "Hippies" - A look at what has happened to the hippie generation of the 1960s.

4/11/76 – "Norman Lear" - Profile of one of TV's most successful producers. "Do the Teamsters Own Alaska?" - Report on union power and influence. "Hoffa" - Discussion with Mrs. Jimmy Hoffa and with former Hoffa associates regarding the former Teamster official's disappearance.

4/18/76 – "Running Out of Gas" - Report on the possible use of methanol (wood alcohol) as a gasoline substitute. "Hell Upon Detroit" - Report on slum conditions in Detroit, where the U.S. government is a major property owner. "Jehan Sadat" - Profile and interview with the wife of Egyptian President Anwar el-Sadat.

4/25/76 – "Another Ripoff?" - Examination of the current status and operation of the U.S. unemployment insurance system. "The Amish" - Visit to America's Amish communities. "Pete the Greek" - Interview with the gangster.

5/2/76 – "Hired Gun" - Profile and interview with professional mercenary John Dane. "(The Government) Versus the People" - A look at the conflict between the U.S. government and Dunkirk, Ohio, over a proposed sewer bill. "Leah Rabin" - Interview with the wife of Israeli leader Yitzhak Rabin.

5/16/76 – "Another Side of the Coin" - Interview with former White House photographer Ollie Atkins. "Fake ID" - Originally aired on 2/1/76. "Where Has My Little Dog Gone?" - Originally aired on 12/28/75.

5/23/76 – "Selling the Olympics" - Report on Montreal's preparations for the 1976 Olympic games. "The $2.5 Billion Misunderstanding" - Update of report on the SST, presented on 5/5/74 and 6/1/75. "Wildcat Trucker" - Originally aired on 2/2/76.

5/30/76 – "Jimmy Carter's Kid Sister" - Profile and interview with Ruth Carter Stapleton. "Unwanted" - Report on a nine-year-old boy lost in America's foster-care system, first presented as "The Story of Red" - on MAGAZINE (3/31/76). "The Clinic on Morse Avenue" - Update of report on the Chicago Medicaid scandal, first aired on 2/16/76.

6/6/76 – "Going Bare in Nevada" - Report on medical malpractice insurance in Nevada. "Beverly Sills" - Originally aired on 7/6/75. "Do the Teamsters Own Alaska?" - Originally aired

on 4/11/76.

6/13/76 – "Nasty" - Profile of pro tennis star Ilie Nastase. "Uncle Sam Wants You" - Originally aired on 12/7/75. "Another Ripoff?" - Originally aired on 4/25/76.

6/20/76 – "Tokyo Rose" - Profile of Iva D'Quino, World War II's notorious Japanese radio broadcaster. "Communism, Italian Style" - Originally aired on 3/28/76. "Two Can Live as Cheaply as One" - Originally aired on 3/7/76.

6/27/76 – "Jack Ford" - Interview with President Ford's son, first presented as "The Other Man in the White House" on MAGAZINE (6/24/76). "A Dot in the Atlantic" - Visit to the Azores Islands. "God Save the Queen" - Originally aired on 8/10/75.

7/25/76 – "Land Fraud and a Murder" - Update of report originally aired on 3/2/75. "Tennis Mothers" - Profiles of the mothers of pro tennis stars, featuring Gloria Connors and her son Jimmy, originally aired on MAGAZINE (10/21/75). "The Blue Knight" - Profile of Sgt. Bernie Smith, a Vancouver, Canada, policeman.

8/1/76 – "Away from It All" - A look at New Hampshire's state taxes, lowest in the U.S. "The Duke of Duval" - Update of report originally aired on 1/4/78. "Around the World in 216 Days" - Originally aired on 4/21/74.

8/8/76 – "The Bank Job" - Report on the rise in bank robberies in the U.S. "The Gentle Art of Forgery" - Originally aired on 3/4/73. "Running Out of Gas" - Originally aired on 4/18/76.

8/29/76 – "Warning: May Be Fatal" - Update on report on Kepon, first aired on 12/14/76. "So You Want to Be Van Cliburn" - A look at the Leventritt competition for aspiring classical pianists. "Build a Better Mousetrap" - Originally aired on 6/29/73.

9/5/76 – "Getting Rich on Medicaid" - Originally aired on 12/21/75. "The National Enquirer" - Originally aired on 3/7/76. "Eve" - Interview with the woman whose multiple personalities served as the basis for "The Three Faces of Eve" - Chris Sizemore.

9/12/76 (7:42-8:00) – "Leon Jaworski" - Exclusive interview with Special Watergate prosecutor Jaworski.

9/19/76 (7:24-8:00) – "Debt Collectors" - Examination of how collection agencies operate. "Steelworker" - Profile of Ed Sadlowski.

9/26/76 – "Take the Children and Run" - Investigation into divorced parents who kidnap their own children from their ex-spouses. "Mail Order Ministers" - Profile of Universal Life Church founder and bishop, Kirby Hensley of Modesto, California. "Dan Schorr" - Interview with the controversial CBS correspondent.

10/3/76 (7:07-8:00) – "Unions, Money and Politics" - Examination of the influence and power of U.S. labor unions. "Something Rotten in Arizona" - Report on the murder of Phoenix newspaper reporter Don Bolles. "Oriana" - Interview with Italian journalist Oriana Fallaci.

10/10/76 – "Dial 'E' for Embezzlement" - Report on the rising instances of computer fraud. "Sleep" - Report on new research into sleep. "The Mystery of Alexander Butterfield" - Report on the former White House aid who revealed the existence of Nixon's secret Oval Office tapes.

10/17/76 (7:22-8:00) – "Interstate Commerce of Kids" - A look at some treatment centers for children. "Whistle While You Work" - Profile of the Sullair Corporation, where workers make their own rules and regulations.

10/24/76 (7:26-7:00) – "The Shah of Iran" - Interview with Mohammad Reza Pahlavi. "A Family Affair" - Interview with presidential candidate Jimmy Carter's son Chip.

11/7/76 (7:25-8:00) – "Over the Speed Limit" - Examination of the problems dieters encounter when they abuse amphetamine diet pills. "Chuckie" - Interview with missing former Teamster official Jimmy Hoffa's foster son, Charles O'Brien.

11/14/76 – "Judgement at Mineola" - Examination of the deportation of Nazi war criminal Boleslaus Maikovskis and a look at the case against him "Life in a Mexican Jail" - Report on Americans in Mexican prisons. "A Man Called L'Amour" - Profile and interview with the best-selling western author Louis L'Amour.

11/21/76 – "The Castle Bank Caper" - Investigation into a Bahamian bank that has become a haven for Americans who launder money and avoid taxes. "Abu Dhabi" - Visit to the tiny Arab state whose massive amounts of oil-generated capital make it one of the richest per capita areas in the world. "How Do They Do That?" - A look at technical special effects in the movies, which has now reached wondrous levels.

11/28/76 – "The Invisible Handicap" - Report on deafness, featuring a visit to Galludet College for the Deaf. "Will There Always Be an England?" - Report on the economic decline and loss of world stature presently affecting Great Britain.

12/5/76 – "Victims" - Examination of the victims of crimes and a look at the perpetrators of those crimes. "What's with Iceland?" - Visit to Iceland and a profile of its people "Ronald Reagan" - Interview with the former governor of California.

12/12/76 – "Son of Land Fraud" - Examination of Florida land resales. "Don't Bet on It" - Profile of a compulsive gambler and a look at methods by which these people can be helped. "Blacklist" - Profile and interview with John Henry Faulk, a CBS radio personality blacklisted during the 1950's and subject of the docudrama "FEAR ON TRIAL." This segment was aired only on those stations which carried 60 MINUTES at the 7:00-8:00PM time slot.

12/19/76 – "The Korean Connection" - Report on "Koreagate," the scandal that has implicated Korean leader Tongsun Park with bribes to U.S. congressmen. "Bloomies" - Profile of New York City's famed Bloomingdales department store. "Portland and the 40 Thieves" - Report on how this Oregon city has reduced its crime rate.

12/26/76 – "Peace on Earth" - Report on the peace movement in Northern Ireland, led by women. First aired as "Peace Mother" on MAGAZINE (12/9/76). "Cold Comfort" - A look at a new device that when attached to oil-burning furnaces, significantly reduces heat loss and creates substantial savings. "Sports Biz" - Report on the spectacular rise in pro athlete salaries and a look at the U.S. sports industry.

1977

Sunday 7:00-8:00 PM

1/2/77 – "The $600 Million Man" - Profile of Saudi Arabian businessman Adnan Khashoggi. "Yanks in Iran" - Report on Americans living in Iran.

1/9/77 – "None of Your Damned Business" - Investigation into the ways in which the personal records of Americans are made public. "The Korry File" - Interview with former U.S. Ambassador to Chile, Edward Korry. "An American Tragedy" - Interview with Mary Ann Vecchio, who as a teenager, was the subject of one of the most famous photos of recent years, one that depicts her with the body of a slain Kent State student.

1/16/77 – "Deadly Medicine" - Investigation into the sometimes dangerous effects of radiation therapy. "Promises, Promises" - Report on the problems involved in the renovation of Washington, D.C.'s Union Station. "Kidnapping Italian Style" - A look at the rising instances of political kidnapping in Italy.

1/23/77 – "Equifax" - Profile of a company that looks into people's backgrounds at the request of insurance companies. "Diamonds" - Report on the value and allure of the precious stone. "Tokyo Rose" - Update of report first aired on 6/20/76.

1/30/77 – "Gold in Them Thar Hills" - Profile of real estate broker Mike Silverman, whose business is in movie stars' homes. "Marixa" - Report on a children's cancer hospital. "Dear Mr. President" - Examination of Washington, D.C. "red tape."

2/6/77 – "Lewd, Crude, But Legal" - Investigation into pornography in the U.S. "Vladimir Bukovsky" - Profile of the Soviet dissident. "Pinball" - A look at the business and fun of pinball machines.

2/13/77 – "Beating the System" - Investigation into how federally employed air traffic controllers receive tax-free payments. "Bradley" - Profile of pro basketball star Bill Bradley. "Project Seafarer" - Report on the controversy surrounding a new antenna placed underground as part of America's nuclear defense system.

2/20/77 – "Nazi" - Excerpts from "California Reich", a film about American Nazis. "The Criminal Mind" - A look at a recent psychiatric study of criminal behavior. "Vladimir Vysotsky" - Profile of the dissident Soviet singer.

2/27/77 – "Ghost Surgery" - Report on the controversy surrounding incidents in which medical operations are performed by resident interns instead of the patient's personal physicians. "Dead End" - Profile and interview with juvenile court judge Joe Sorrentino. "Penthouse" - Report on the popular men's magazine whose success is rivaling that of Playboy and a look at its publisher Bob Guccione.

3/6/77 – "Savak" - Investigation into the operations of Iran's secret police force in the U.S. "The Wilmington 10" - Report on the nine men and one woman who have been convicted of arson and conspiracy resulting from racial troubles in Delaware.

3/13/77 – "Ivory Tower Cop" - Profile and interview of criminologist and policeman Dr. George Kirkham. "Natasha" - Profile of ballerina Natalia Makarova. "Target: J.P. Stevens" - Examination of the currently raging battle to unionize the J.P. Stevens textile company.

3/27/77 – "Sadat" - Interview with Egyptian President Anwar el-Sadat. "Arafat" - Interview with PLO chairman Yasir Arafat. "... And Now Phosvel" - Report on how the pesticide Phosvel has affected the health of workers at a Texas chemical plant.

4/3/77 – "Patient Beware" - Investigation into unqualified plastic surgeons and at the damage they have inflicted. "The Queen of Hearts" - Profile and interview of romantic novelist Barbara Cartland. "The Fifth" - A look at the US grand jury system.

4/10/77 – "Exodus" - Examination of the reasons why many Jews have recently decided to emigrate from Israel. "C'mon Down" - Report on phosphate strip mining in Florida. "Chiang Ch'ing and the Professor" - Interview with Roxanne Witke on her meetings with Mao Tse-tung's wife.

4/17/77 – "Who Governs Alabama?" - Interview with Gov. George Wallace on his current troubles. "Henry Ford" - Interview with the auto maker. "The Pentagon" - Andy Rooney takes a light-hearted look at America's military center.

4/24/77 – "Mommy, Why Me?" - Report on child abuse and on efforts being made to deal with the problem. "Fishbait" - Profile of William Miller, former doorkeeper of the House of Representatives. "Hussein's Jordan" - Interview with King Hussein.

5/1/77 – "Nixon/Frost" - David Frost discusses his recent series of interviews with former President Nixon. "Born to Be Small" - Originally aired on 7/7/74. "Heart Attack!" - Originally aired on 4/4/76.

5/8/77 – "Photo by Karsh" - Profile and interview of photographer Yousaf Karsh. "The Invisible Handicap" - Originally aired on 11/21/76.

5/15/77 – "Kiddie Porn" - A look at the multimillion dollar business of child pornography. "Abu Dhabi" - Originally aired on 11/21/76.

5/22/77 – "Aliens on Welfare" - Investigation into how aliens in the U.S. are receiving welfare payments. "Pirate's Lady" - Report on the recent rise in yacht hijackings. "Take the Children and Run" - Originally aired on 9/26/76.

5/29/77 – "The Clinic on Morse Avenue" - Originally aired on 2/15/76. "An American Dream" - Profile of Empire State Lottery winner Tony Califano. "What's with Iceland" - Originally aired on 12/5/76.

6/5/77 – "Last Train to Istanbul" - A trip on the recently discontinued and historic Orient Express. "Laetrile: Cure or Quackery?" - Update of report originally aired on 3/31/74. "Ham, Jody & Jack" - Profiles of presidential aide Hamilton Jordon, Jody Powell and Jack Watson.

6/12/77 – "Born to Be King" - Profile of the Prince of Wales, Prince Charles. "The Korean Connection" - Update of report originally aired on 12/19/76. "Life in a Mexican Jail" - Originally aired on 11/14/76.

6/19/77 – "Pipeline" - A look at the Alaskan oil pipeline. "Warning: Microwave Radiation" - Examination of the potential dangers caused by microwave devices. "Woody" - Originally aired on 1/20/74.

6/26/77 – "The Man Who Wouldn't Talk ... Talks" - Originally aired on 1/5/75. "Come to Britain" - Originally aired on 2/4/73. "The I.Q. Myth" - Investigation into intelligence testing fraud charges.

7/3/77 – "Yanks in Iran" - Originally aired on 1/2/77. "Old Black Flo" - Profile of feminist Florynce Kennedy. "Ivory Tower Cop" - Originally aired on 3/13/77.

7/10/77 – "Mommy, Why Me?" - Originally aired on 4/24/77. "Diamonds" - Originally aired on 1/23/77. "The Ultra Secret" - Originally aired on 8/3/75.

7/17/77 – "None of Your Damned Business" - Originally aired on 1/9/77. "Hollywood on the Potomac" - Originally aired on 2/17/74. "Who Am I?" - Originally aired on 8/17/75.

7/24/77 – "Inside the CIA" - A visit to the Langley, Virginia headquarters of the CIA. "The America's Cup" - Behind-the-scenes chaos in filming the America's Cup yacht races and a preview of the 1977 races at Newport, Rhode Island.

7/31/77 – "Judgement at Mineola" - Originally aired on 11/14/76. "Under Two Flags" - Originally aired on 4/29/73. "Kidnapping Italian Style" - Originally aired on 1/16/77.

8/7/77 – "Sadat's Troubled Egypt" - Interview with Egyptian President Anwar el Sadat. "The Grandees" - Originally aired on 7/21/74. "Dial 'E' for Embezzlement" - Originally aired on 10/10/76.

8/14/77 – "Your Tired, Your Poor, Your Huddled Masses..." - Originally aired on 12/24/72. "Oh, My Aching Back" - Originally aired on 2/16/75. "Wildcat Trucker" - Originally aired on 2/22/76.

8/21/77 – "Who Governs Alabama?" - Originally aired on 4/17/77. "The Stockholders" - Examination of what Alaskans have done with their shared profits from the oil pipeline. "Marixa" - Originally aired on 1/30/77.

8/28/77 – "The Invisible Handicap" - Originally aired on 1/18/76. "Puerto Rico" - A visit to the island of Puerto Rico for a look at its current status and possible future. "Gold in Them Thar Hills" - Originally aired on 1/30/77.

9/4/77 – "The Welfare Mess" - Originally aired on 7/13/75. "The Mad, Mad World of Tupperware" - Originally aired on 2/29/76. "Stokowski" - Profile of conductor Leopold Stokowski, originally aired on WHO'S WHO on 1/4/77.

9/11/77 – "Kyemba & Amin" - Former Ugandan Health Minister Henry Kyemba offers a portrait of his nation's ruler, Idi Amin, and graphically describes Amin's reign of terror. "Our Little Miss" - A look at children's beauty pageants. "Bum Steer " - Report on illegal practices rampant in the U.S. meat industry.

9/18/77 (7:09-8:09) – "Pain and Suffering" - Investigation into phony auto accident insurance claims. "Gold Fever" - A look at a modern-day search for buried treasure in Victorio Peak, New Mexico. "Guns," Part 2: First of two report on guns and gun control, featuring a look at the National Rifle Association and its lobbying efforts against handgun legislation.

9/25/77 – "The Buttleggers" - Investigation of the bootleg cigarette industry. "The War Heroes' War Hero" - Profile of Max Cleland, a triple amputee who heads the Veteran's Administration. "Guns," Part 2: Report on efforts to curb handguns, focusing on the efforts of Nelson Shields.

10/2/77 (7:01-8:01) – "The Other Side of the Wall" - A look inside a maximum security Federal penitentiary in Marion, Illinois. "Pumping Gold" - Report on the phenomenon of body building, focusing on the sport's business side. "High Tension" - A look into the safety hazards of high-voltage power lines.

10/9/77 (7:30-8:30) – "Valium" - Investigation into the rising abuse of the popular prescription sedative. "33 Kids and a Horse" - A look at how a racehorse has proven to be the answer to the financial woes of a school for autistic children. "Out of This World" - Report on projected colonies in outer space.

10/16/77 (7:24-8:24) – "The Heart You Save..." - Report on a new and radical treatment for heart disease. "Hostage Cop" - Profile and interview of police hostage negotiator Capt. Frank Bowles. "Mixed Marriages" - Interviews with some wives of homosexual men.

10/23/77 – "Our Town" - Investigation into corruption in the small Wyoming community of Rock Springs. "Crazy Horse & Korczak" - Profile of sculptor Korczak Ziolkowski, currently building a memorial to the legendary Crazy Horse. "Angel Dust/PCP" - Report on a new and dangerous drug that is becoming a favorite of young

people.

10/30/77 – "High Noon in Cheyenne" - Report on corrupt politics in Cheyenne, Wyoming. "He Sings Like Bing" - Profile of a singer who sounds just like Bing Crosby, so much so that it is hard for him to get work. "What Price Medicine?" - Examination of a federally funded dialysis treatment program.

11/6/77 – "Begin" - Interview with Israel's Prime Minister Menachem Begin. "How Sweet It Is" - Examination of the possibly harmful effects caused by the overconsumption of sugar. "AF Project 33615 Etc" - A look at the Pentagon's para-foil flying machine.

11/13/77 – "The National Front" - Report on the rise of England's ultra-right-wing political party. "Hair Dye" - Investigation into studies that point to the fact that many hair colorings contain carcinogens. "The Chief" - Portrait of Los Angeles Police Chief Ed Davis.

11/20/77 (7:08-8:08) – "Sadat in Israel" - Report on Egyptian President Anwar el-Sadat's historic journey to Israel, featuring an interview with Sadat and Israeli Prime Minister Menachem Begin. "Coverup" - Interview with former CIA agent Frank Snepp, focusing on his charges of a CIA coverup concerning U.S. evacuation of Vietnam.

11/27/77 (7:09-8:09) – "Now Hear This" - Investigation into troubles in U.S. Navy hospitals. "What Makes Fritz Run?" - Report on the grooming and training of East German athletes and a look at how that nation has become one of the world's top sports powers. "Jehan Sadat" - Originally aired on 4/18/76.

12/4/77 – "The Arabs Are Coming" - Examination of the influx of Arabs into Great Britain and a look at how these Arabs are buying into English property and business. "Reverend Jackson" - Profile of Rev. Jesse Jackson and a look at his Operation P.U.S.H. organization. "Con Game" - Report on how advertisers are conned into purchasing ads in nonexistent magazines.

12/11/77 – "The First Lady" - Interview with Rosalynn Carter. "The Delicate Balance" - Examination of the status of the Catholic Church in Poland. "Bon Voyage" - Investigation into ripoffs in the travel industry that have turned dream vacations into nightmares.

12/18/77 – "Crime and Very Little Punishment" - A look at juvenile crime in the U.S. "The West Bank" - Examination of tensions between Arabs and Jews over the Jordan River's West Bank, now in Israeli hands. "Zbig" - Profile of National Security Advisor Zbigniew Brzensinski.

12/25/77 – "Judy" - Originally aired on 8/3/75. "Last Train to Istanbul" - Originally aired on 6/5/77. "The War Heroes' War Hero" - Originally aired on 9/25/77.

Monday 9:00-10:00 PM

12/26/77 –Special edition of 60 MINUTES, broadcast from 9:00-10:00PM. "Vladimir Horowitz" - Profile of the concert pianist. "Hang Up the Phone" - Investigation into phone sales of phony commodity options. "Champagne" - A look at the battle between French and American champagne producers for the larger share of the world market.

1978

Sunday 7:00-8:00 PM

1/1/78 (8:49-9:49) – "This Year at Murrieta" - Visit to California's Murrieta Hot Springs health spa. "Croquet" - Report on the sport. "The President's Trip" - Filmed highlights of Jimmy Carter's trip to Iran and India.

1/8/78 – "Charge!" - A look into the use and overuse of credit cards. "A Dose of Reality" - Profile of Joy Ufema, a nurse who works with the terminally ill. "The USA Vs. Judge Ritter" - Profile of Salt Lake City's controversial Chief Federal Judge.

1/15/78 (10:47-11:47) – "How to Succeed..." - Investigation into political corruption in Chicago. "Why Is Farrah Smiling?" - Profile of actress Farrah Fawcett Majors and a look at the many products that have spun off from her notoriety. "Yanks in Poland" - Report on U.S. citizens living in Poland.

1/22/78 – "Daisy Chain" - Investigation into the ways in which U.S. oil companies profited from the Arab oil embargo. "No Kids Allowed" - Report on the controversies surrounding apartment complexes that do not allow children. "Lights, Camera...Altman" - Profile of film director Robert Altman.

1/29/78 – "L.N.G." - Examination of the safety hazards involved in the transportation of liquid natural gas. "Rhodesia" - Investigation into Rhodesia's current political conflicts. "Le Carre" - Profile and interview with spy novelist John Le Carre.

2/5/78 – "Perks" - A look at how many corporations provide free benefits to their executives. "Phobias" - Report on clinics which treat our fears. "Talk to the Animals" - Report on current experiments involving communication with apes.

2/12/78 – "Carnival" - Exposé of how carnival con games work. "Begin" - Portrait of Prime Minister Menachem Begin of Israel. "On the House" - Andy Rooney presents an essay on the American home.

2/19/78 – "Fifty Minutes" - Investigation into therapists who sexually exploit their patients. "Linda Veizy Is Dead" - Report on the case of a young woman hitchhiker who was murdered. "One Nation Divisible" - A look at the separatist movement in Quebec.

2/26/78 – "The Castro Connection?" - Investigation into Fidel Castro's alleged involvement in cocaine trafficking. "Why Johnny Can't Read" - Report on the failure of innercity schools in the area of reading and on one educator's efforts to effect a change. "The Little Town That Failed" - A look at how Grandview, Indiana, has run up a large debt due to federal regulations.

3/5/78 – "Power Thieves" - Examination of how some people illegally obtain electricity and do not pay for it. "Words by E.Y. Harburg" - Profile and interview with composer "Yip" Harburg. "Yugoslavia" - Portrait of the nation and people of Yugoslavia.

3/12/78 – "Sadat" - Profile and interview with President Anwar el-Sadat of Egypt. "Car Thief" - A look at the big business of auto theft in the U.S. "Who Fouled Joe Caldwell?" - A look at the short basketball career of Joe Caldwell. "The Castro Connection—Update" - Update to report first presented on 2/26/78.

3/19/78 – "Your Money or Your Life" - Look at how some U.S. corporations are taking serious precautions against the threat of terrorism and kidnapping. "The Wilmington 10" - Update of report first aired on 3/6/77. "Bugs Are a Negative Factor" - Andy Rooney comments on a recent government report regarding the proposed development of Gallatin Canyon, Montana.

4/2/78 – "A Matter of Degrees" - Investigation into how college diplomas are illegally sold. "The Cocaine Memorandum" - Report on a White House memo alleging a link between the Colombian government and cocaine trafficking. "... Your Right to Say It" - Exam of a fight over censorship among members of the American Library Association.

4/9/78 – "TERROR INTERNATIONAL " - The entire hour is devoted to a look at the rise of political terrorism around the world and at the growing alliances between terrorist groups, focusing on "Terror International," a loose alliance of Palestinian, German, Japanese and Latin American terrorists. Featured is a profile of alleged "Terror International" mastermind Dr. Wadi Haddad. This broadcast was co-produced by the BBC and Polytel International and marks the first time that 60 MINUTES aired a full edition consisting of film produced by an outside source. P: John Penycate R: Tom Mangold N: Mike Wallace

4/16/78 – "The $4 Billion Lunch" - Exam of school lunch programs. "The Music of Auschwitz" - Interview with Fania Fenelon, a French Woman who, while imprisoned by the Nazis, played in Auschwitz's inmate orchestra. "Boss of the Big Apple" - Profile and interview with New York City Mayor Ed Koch.

4/23/78 _ "Old, Middle Class & Broke" - Report on retirement homes that are going broke. "Disco" - A look at the growing disco craze in the U.S. "A Better Idea" - Investigation into some of the many firms which attempt to market new inventions.

4/30/78 – "Take the Money and Run" - Report on how many students are failing to repay their Federal loans, thus placing the entire loan program in jeopardy. "Backgammon" - A look at this board game's rise in popularity. "Vladimir Horowitz" - Originally aired on 12/26/77.

5/7/78 – "The Secret War" - Report on the presence of Cuban troops in Angola, featuring an

interview with an ex-CIA agent. "33 Kids and a Horse" - Originally aired on 10/9/77. "Hostage Cop" - Originally aired on 10/16/77.

5/14/78 – "William Colby" - Interview with the former director of the CIA. "Super Salesman" - Examination of the relationship between the Colonial Penn Life Insurance Company, the National Retired Teachers Association and the American Association of Retired Persons. "Pumping Gold" - Originally aired on 10/2/77.

5/21/78 – "Tax Revolt" - Examination of the current taxpayer revolt in California, where the controversial Proposition 13 tax-cut plan seems sure to pass; also, a look at the tax revolt's leader, Howard Jarvis. "Crime and Very Little Punishment" - Originally aired on 12/18/77. "Where Are They Now?" - Originally aired on 2/8/76.

5/28/78 – "Our Little Miss" - Originally aired on 9/11/77. "Reverend Jackson" - Originally aired on 12/4/77. "Grief" - Originally aired on 2/29/76.

6/4/78 – "Morarji Desai" - Interview with India's Prime Minister. "Why Johnny Can't Read" - Originally aired on 2/26/78. "Words by E.Y. Harburg" - Originally aired on 3/5/78.

6/11/78 – "Is Your Car Safe?" - Report on auto safety, focusing on the accidents involving the gas tanks of Ford Pintos and the ordered factory recall of those cars. "Where Has My Little Dog Gone?" - Originally aired on 12/28/75. "Advertising" - Andy Rooney looks at advertising.

6/18/78 – "Bum Steer" - Originally aired on 9/11/77. "The $7 Million Misunderstanding" - Examination or a controversial Alaskan land deal. "Deadly Medicine" - Originally aired on 1/16/77.

6/25/78 – "The Hour of Power" - A look at Rev. Robert Schuller and his popular religious TV program. "How to Succeed..." - Originally aired on 1/15/78. "Bon Voyage" - Originally aired on 12/11/77.

7/2/78 – "Why Me?" - Originally aired on 5/18/75. "The Buttleggers" - Originally aired on 9/25/77. "Warning - Microwave Radiation" - Originally aired on 6/19/77.

7/9/78 – "The Arabs Are Coming" - Originally aired on 12/4/77. "Now Hear This" - Originally aired on 11/27/77. "Con Game" - Originally aired on 12/4/77.

7/16/78 – "Phobias" - Originally aired on 2/5/78. "Kidnapping Italian Style" - Originally aired on 1/16/77. "Talk to the Animals" - Originally aired on 2/5/78.

7/23/78 – "What Makes Fritz Run?" - Originally aired on 11/27/77. "A Dose of Reality" - Originally aired on 1/8/78. "Backgammon" - Originally aired on 4/30/78 .

7/30/78 – "No Kids Allowed" - Originally aired on 1/22/78. "Valium" - Originally aired on 10/9/77. "Hiroshima" - Originally aired on 8/4/74.

8/6/78 – "Mixed Marriages" - Originally aired on 10/16/77. "Pirate's Lady" - Originally aired on 5/22/77. "Out of This World" - Originally aired on 10/9/77.

8/13/78 – "Ghost Surgery" - Originally aired on 2/27/77. "Disco" - Originally aired on 4/23/78. "A Man Called L'Amour" - Originally aired on 11/14/76.

8/20/78 – "Angel Dust/PCP" - Originally aired on 10/23/77. "The Delicate Balance" - Originally aired on 12/11/77. "Photo by Karsh" - Originally aired on 5/8/77.

8/27/78 – "Car Thief" - Originally aired on 3/12/78. "A Matter of Degrees" - Originally aired on 4/2/78. "The Music of Auschwitz" - Originally aired on 4/16/78.

9/3/78 – "Take the Money and Run" - Originally aired on 4/30/78. "Our Town" - Originally aired on 10/23/77. "Whatever Happened to Civil Defense?" - A history of Civil Defense in the U.S. and some startling facts about its current status.

9/10/78 – "This Year at Murrieta" - Originally aired on 1/1/78. "Fifty Minutes" - Originally aired on 2/19/78. "The West Bank" - Originally aired on 12/18/77.

9/17/78 (7:27-8:27) – "The Ratings Game" - Report on the new TV season, featuring a look at the importance of the Nielsen ratings to the three commercial networks. "Tokyo Police" - A look at the operations of Tokyo's highly effective law enforcement officials. "Eubie" - Portrait and interview with octogenarian jazz composer and pianist, Eubie Blake.

9/24/78 (7:18-8:18) – "Highway Robbery" - Exposé of gas station attendents who damage traveler's autos on purpose so that they can charge exorbitant prices for on-the-spot repairs. "The Thorpe Affair" - Examination of the current scandal rocking England, which centers around the sexual activities of Liberal Party leader Jeremy Thorpe. "What About Jerusalem?" - Profile and interview with Jerusalem's Mayor, Teddy Kollek.

10/1/78 – "The Diamond Scam" - A look at one of the newest investment scams, one that involves the telephone sale of diamonds. "Help Wanted" - A look at the conflict between government bureaucracy and disabled workers. "Palestinian/American" - Profiles of Americans of Palestinian descent.

10/8/78 (7:04-8:04) – "GLACAA" - Investigation into the use of tax funds for the Greater Los Angeles Community Action Agency. "Betcha" - A look at betting in the U.S. "Too Old? Who Sez?" - Report on the controversy surrounding the issue of mandatory retirement at age 65.

10/15/78 (7:10-8:10) – "Who Got Gunnar" - Report on the efforts of a U.S. government employee to bring to light evidence of fraud and mismanagement in a federally funded program. "Rampal!" - Portrait of colorful flautist Jean-Pierre Rampal. "Lord Lew of Show Biz" - Profile and interview with British show business impresario Sir Lew Grade.

10/22/78 – "Brother Roloff" - Profile of evangelist Rev. Lester Roloff and a visit to his homes for wayward children. "The Glory That Was Rome" - Examination of Rome's crime wave. "Our Three Patients" - Interviews with three heart patients who are treating their conditions with a special diet.

10/29/78 – "Moving" - Investigation into fraud in the moving business. "Looking Guilty" - A look at how witnesses are prepared for court appearances, centering on accused Florida rapist Delbert Tibbs. "Vigilantes" - Report on the Newark, N.J.'s North Ward Citizens Committee and its founder Anthony Imperiale.

11/5/78 – "Putting Out the Fire" - Report on Scottsdale, Arizona's privately owned fire department. "Sam Cummings, Arms Merchant" - Profile and interview with an international weapons dealer and a look at the arms trade. "You've Come a Long Way, Baby?" - A look at the rights and status of women in Japan.

11/12/78 (7:23-8:23) – "Noah" - Profile of a 12-year-old boy who does not talk. "Iran" - Examination of Iran's current political conflicts. "Limited Edition" - A look at how millions are made via the sale of Franklin Mint commemorative medals and other "limited edition" items.

11/19/78 – "That New Time Religion" - A look at today's radio and TV preachers and at the vast followings and huge sums they now possess. "For Sale" - Investigation into how a great many foreign investors, many of them oil-rich Arabs, are purchasing property in the U.S "Roman Polanski" - Interview with the controversial film director.

11/26/78 – "Do You 'Take' This Man...?" - Report on the palimony controversy. "Pops" - Portrait of Arthur Fiedler, musical director of the Boston Pops Orchestra. "Calcutta" - A visit to the world's most densely populated city.

12/3/78 – "Taking on the Teamsters" - Examination of efforts to reform the giant union by rank and file members. "Remember Pearl Harbor?" - A look at Japan's self defense forces. "From Burgers to Bankruptcy" - Investigation into how many people invested and lost money in Wild Bill's fast food restaurants.

12/10/78 – "West Coast Story" - Report on Los Angeles' Chicano gang wars. "Doctor, Are You Hooked?" - A look at how many U.S. physicians have become alcoholics and drug addicts. "Fat...and Proud Of It" - 'Report on the many people who are not ashamed to be overweight.

12/17/78 (7:03-8:03) – "Space Wars" - A look at the potential use of weapons in outer space. "Somoza" - Examination of Nicaragua's bloody civil war between the followers of dictator Anastasio Somoza and the Sandinista revolutionaries. "Minority Fronts" - Investigation into how many construction companies are using minority ringers so that they can be eligible for government contracts.

12/24/78 – "The Chinese of Singapore" - A look

at Singapore's ethnic Chinese. "The Faces of Christ" - A look at how Jesus Christ has been depicted by artists over the last 1,900 years. "Dollars & Scents" - Report on the competitive world of the international perfume business.

12/31/78 (8:00-9:00) – "We're Number One" - Profile of top-ranked Penn State's football team and its coach Joe Paterno. "I'm an American" - Profile and interview with Ted Morgan, a French aristocrat who decided to become a U.S. citizen. "The Cane Curtain" - A look at the plight of migrant workers who toil in Louisiana's sugar cane fields.

1979

Sunday 7:00-8:00 PM

1/7/79 (8:30-9:30) – "Another Elvis?" - Report on how some unscrupulous Nashville record companies take advantage of aspiring singers and songwriters. "In the Mainstream" - A look at some disabled children who attend regular public schools. "So You Want to Write a Book?" - Report on how anyone can get a book published by using "vanity" presses.

1/14/79 – "Hepburn" - Interview with actress Katharine Hepburn. "Stop! Police!" - Investigation of police use of deadly force and a look at newly developed training methods now in use to lower the risk of wrongful death in police action. "Paper Blizzard" - Report on government paperwork, the bane of small businessmen.

1/21/79 – "Abu Dhabi" - Originally aired on 11/21/76. "Around the Horn" - Report on the Whitbread yacht race, the Super Bowl of yachting. "34 Years After Hitler" - Examination of the neo-Nazi movement in Germany, Europe and the U.S.

1/28/79 – "Heavy Traffic" - Investigation into South Florida's latest epidemic: drug smuggling. Also, a look at how government agencies are attempting to combat the problem. "The Count" - Portrait of jazz giant Count Basie. "Soak the Poor" - A look at how America's poor bear the largest burden for industrial insurance.

2/4/79 – "Brown Lung" - Examination of the disease that impairs the health of textile workers. "Protecting the Witness" - A look at the government's witness relocation program. "Charity Begins at Home" - Report on Bordentown, N J 's efforts in dealing with the problem of welfare and welfare reform.

2/11/79 (9:56-11:00) – "Petro Pesos" - Report on Mexican oil and that nation's national oil company, Pemex. "It's a Long Way To Furudu" - Visit to the Maldive Islands. "The Rat" - Examination of the problem of rats around the world.

2/18/79 "Misha" - Profile and interview with ballet star Mikhail Baryshnikov. "The Great American Oil Swindle" - Investigation into charges of a giant oil industry swindle. "Whose Home on the Range?" - Report on a new range war in the West between desert residents and owners of off-the-road vehicles.

2/25/79 – "Who Stole Superman?" - Examination of a new problem faced by the movie industry: video piracy. "Pete Rose" - Profile and interview with Cincinnati Reds baseball star Rose. "Mugged!" - A look at how one can protect oneself against muggers.

3/4/79 – "Runaways, Throwaways" - Report on how the sex and pornography industry takes advantage of runaway teens. "Our Secret Army" - Report on America's abandonment of a "secret army" in Indochina. "Hustler" - Profile of pool hustler Utley Puckett.

3/11/79 – "Backstage at the Muppets" - A look at the popular Muppets puppets and their creators, Jim Henson and Frank Oz. "The Search for Dr. Mengele" - Report on the intense search for Nazi war criminal Dr. Joseph Mengele, believed to be living in South America. "Roger Baldwin at 95" - Profile of ACLU founder Baldwin.

3/18/79 – "Arafat" - Interview with PLO leader Yasser Arafat. "... What About the Teacher" - Examination of the alarming rise of student assaults on teachers in US schools. "Murrow, McCarthy 1954" - Historical look at the dramatic SEE IT NOW broadcast, " REPORT ON SENATOR JOSEPH R. McCARTHY" - aired on 3/9/54.

3/25/79 – "The Thornwall File" - Interview with former soldier James Thornwall, who when a member of the US Army in the 1950's was subjected to the Army's experiments with LSD and who still suffers from the aftereffects of those experiments. "The West Bank" - A look at how West Bank residents feel about the Israeli-Egyptian peace accords. "The Chief Justice" - Profile and interview with Supreme Court Chief Justice Warren Burger.

4/1/79 – "Setting the Record Straight" - Interview with Watergate judge John J. Sirica. "Keepin' of the Green" - Examination of a new Irish tax law designed to keep that nation's creative talents from leaving the country. "Vanessa" - Profile of controversial actress Vanessa Redgrave, focusing on her outspoken political views.

4/8/79 – "No One Ever Went Broke..." - Exposé of a device that supposedly enables consumers to save a bundle on their electric bills. "Dear Uncle Sam" - A look at why some people overpay their taxes on purpose. "GAO" - A look inside the government's General Accounting Office.

4/15/79 – "God and Mammon" - A look at the Worldwide Church of God and an investigation into its allegedly irregular finances. "JFK" - Profile of Rep. Jack Kemp. "House for Sale" - Examination of the controversy over integration laws concerning housing.

4/22/79 – "Zimbabwe: The Other Side" - Interviews with anti-Rhodesian guerrilla leaders Joshua Nkomo and Robert Mugabe. "Ted Turner" - Profile of the colorful media mogul and owner of the Atlanta Braves. "Chiropractors" - A look at the chiropractic profession.

4/29/79 – "Here's... Johnny" - Rare and candid interview with the popular host of the TONIGHT SHOW, Johnny Carson. "The National Front" - Originally aired on 11/13/77. "Heavy Traffic" - Originally aired on 1/28/79.

5/6/79 – "Arthur Ashe" - A look at the life and career of the tennis star. "The Thorpe Affair" - Originally aired on 9/24/778. "Charge?" - Originally aired on 1/8/78.

5/13/79 – "Doping the Horses" - Investigation into the use of drugs in horse racing. "Pops" - Originally aired on 1/26/78. "Highway Robbery" - Originally aired on 9/24/78.

5/20/79 – "Inflation Fighter" - Profile and interview with economist Alfred Kahn. "Malta" - Visit to the Mediterranean island. "Minority Fronts" - Originally aired on 12/17/78.

5/27/79 – "Vigilantes" - Originally aired on 10/29;78. "Help Wanted" - Originally aired on 10/1/78. "It's a Long Way to Furudu" - Originally aired on 2/11/79.

6/3/69 – "What Energy Crisis?" - A look at how solar energy can help ease the energy crunch. "Brother Roloff" - Originally aired on 10/22/78. "Crazy Horse & Korczak" - Originally aired on 10/23/77.

6/10/79 – "Those Crazy Men in Their Driving Machines" - Examination of a recently devised auto engine mechanism that saves gas. "Somoza" - Originally aired on 12/17/78. "Backstage at the Muppets" - Originally aired on 3/11/79.

6/17/79 – "Barbara Jordan" - Profile and interview with Texas Rep. Jordan, who rose to prominence during the Watergate hearings. "Space Wars" - Originally aired on 12/17/78. "Protecting the Witness" - Originally aired on 2/4/79.

6/24/79 – "The Island" - Report on the plight of South Vietnam's "boat people" refugees. Portions of this segment originally aired on CBS REPORTS on 1/16/769. "Working Blind" - An examination of the fact that may blind workers receive less than the minimum wage. "The Great American Oil Swindle" - Originally aired on 2/18/79.

7/1/79 – "Our Secret Army" - Originally aired on 3/4/679. "Who Stole Superman?" - Originally aired on 2/25/79. "Eubie" - Originally aired on 9/17/78.

7/8/79 – "Whose Home on the Range?" - Originally aired on 218/79. "Noah" - Originally aired on 11/12/79. "That New Time Religion" - Originally aired on 11/19/78.

7/15/79 – "34 Years After Hitler" - Originally aired on 1/21/79. "Hustler" - Originally aired on 3/4/79. "Do you 'Take' This Man ...?" - Originally aired on 11/26/78.

7/22/79 – "Doctor, Are You Hooked?" - Originally aired on 12/10/78. "Lord Lew of Show Biz" - Originally aired on 10/15/78. "Backgammon" - Originally aired on 4/30/78.

7/29/79 – "Misha" - Originally aired on 2/18/79. "Charity Begins at Home" - Originally aired on

2/4/79. "Around the Horn" - Originally aired on 1/21/79.

8/5/79 – "Moving" - Originally aired on 10/29/78. "Croquet" - Originally aired on 1/1/78. "The Search for Dr. Mengele" - Originally aired on 3/11/79.

8/12/79 – "Doping the Horses" - Originally aired on 5/13/79. "In the Mainstream" - Originally aired on 1/7/79. "Another Elvis?" - Originally aired on 1/7/79.

8/19/79 – "The Music of Auschwitz" - Originally aired on 4/16/78. "Vanessa" - Originally aired on 4/1/79. "Vanessa & Fania" - Interviews with Vanessa Redgrave and Fania Fenelon, who discuss Redgrave's portrayal of Fenelon in the upcoming TV movie, *Playing for Time*. "The Count" - Originally aired on 1/28/79.

8/26/79 – "Chiropractors" - Originally aired on 4/22/79. "Hepburn" - Originally aired on 1/14/79. "Keepin' of the Green" - Originally aired on 4/1/79.

9/2/79 – "... What About the Teacher?" - Originally aired on 3/18/79. "Betcha" - Originally aired on 10/8/78. "No One Ever Went Broke" - Originally aired on 4/8/79.

9/9/79 (8:39-9:39) – "GLACAA" - Originally aired on 10/8/78. "The Thornwall File" - Originally aired on 3/27/79. "What Energy Crisis?" - Originally aired on 6/3/79.

9/16/79 (7:03-8:03) – "On Trial for Murder" - Report on the case of Orange County, California, gynecologist and obstetrician Dr. William Waddill, accused of murder after he allowed an abortion-delivered fetus that had shown real life signs to die; included are scenes filmed during Waddil's trial. "Palm Springs" - A visit to the California desert community that has become the weekend retreat of the rich and famous. "Jesse Jackson & Billy Graham" - Two leading religious leaders discuss the issues that divide blacks and Jews and ponder he question of whether America is experiencing a new wave of anti-Semitism.

9/23/79 – "Here's... Johnny" - Second interview with Johnny Carson; a continuation of the segment first aired on 4/29/79. "Oil in the Bank" - Examination of the Federal Government's plan to store millions of gallons of oil reserves in abandoned salt mines. "Judgment Day" - report on Dr. William Martin, a Harvard Divinity School graduate and professor at Rice University who reviews church services and ministers in his regular Texas Monthly column.

9/30/79 – "Castro" - Uninterrupted, unedited 20-minute portion of an interview with Cuban President Fidel Castro, conducted by Dan Rather and filmed earlier in the day; conversation centers around Castro's reactions to President Carter's statements regarding Soviet influence and troops in Cuba. "Northern Ireland" - A look at the conflicts splitting Northern Ireland, including interviews with British soldiers stationed in the country, a report on brutality against Catholics by the Protestant-dominated Royal Ulster Constabulary and a report on Pope John Paul II's visit. "Getting High in School" - Report on drug use among America's teenagers.

10/7/79 (7:08-8:08) – "Who Killed Georgi Markov?" - Report on the bizarre murder in London of Bulgarian writer Georgi Markov, who in 1969, defected to the West, and from that time forward, broadcast commentaries over the BBC and Radio Free Europe. "The Luckiest Woman" - Profile of 76-year-old former GOP Congresswoman Clare Booth Luce, widow of Time magazine founder Henry Luce. "The $5 Bill" - Report on the case of Florida teenager Terry Jean Moore, imprisoned for seven years for the theft of $5 and who ended up pregnant by a prison guard and sharing a cell with her newborn child.

10/14/79 (7:18-8:18) – "The Stolen Cézannes" - Report on the lucrative criminal activity of art theft, centering on the 1977 theft of three Cézannes worth $3 million from the Chicago Art Institute. "Wimpy" - Profile and interview with International Association of Machinists and Aerospace Workers head William Winpisinger, a former Carter supporter who now spearheads the "Draft Kennedy" movement. "The Grapes of Wealth" - Examination of the free and easy way the Farmers Home Administration lends millions of dollars at low interest rates to some farmers who are already millionaires. "Few Minutes with Andy Rooney" - On trees.

10/21/79 (7:17-8:17) – "Edward Rubin, M.D." - Examination into the California Atty. General's Medical Fraud Unit's investigation into the activities of Los Angeles physician Edward Rubin. "Deep in the Heart of Scotland" - Report on a large oil find in the rough waters off the Scottish coast, focusing on the Texas oil workers who have come to live and work in the North Sea. "By Design" - Profile and interview with industrial designer Raymond Loewy, who for 70 years has revolutionized auto and logo design for many of America's largest firms. "A Few Minutes with Andy Rooney" - On the rise in candy prices.

10/28/79 (7:11-8:11) – "Holy Smoke" - A look at the controversy surrounding the Ethiopian Zion Coptic Church, a Florida religious group which uses marijuana as a sacrament. "The Pink Panther" - Profile of Mary Kay Ash, founder and driving force behind Mary Kay Cosmetics. "The Great Depression" - On the 50th anniversary of the stock market crash of 1929, a look back at the Great Depression of the 1930s. "A Few Minutes with Andy Rooney" - On the institution of the Sunday newspaper.

11/4/79 (7:06-8:06) – "Swine Flu" - Report on how 4,000 Americans are claiming that they are suffering physical damages resulting from swine flu immunization inoculations. "Pavarotti" - a profile of Metropolitan Opera tenor Luciano Pavarotti. "Give Me Your Tired..." - A look at the employment of illegal aliens, focusing on Los Angeles and New York. "A Few Minutes with Andy Rooney" - On the most common last names in the U.S.

11/11/79 (7:13-8:13) – "Looking Back" - Veterans Day report on three Vietnam veterans, wounded in 1969. CBS first reported on these soldiers on 9/30/69 and followed up on their progress on 3/19/72. Now, on the 10th anniversary of the first report, another check on the progress of Raymond Krings, Larry Kirk and Gary Bartlett. "Marva" - Profile of Chicago teacher Marva Collins, who runs a school in the city's West Side ghetto. "It's a Doozie" - A look at the expensive hobby of buying and restoring old cars. "A Few Minutes with Andy Rooney" - On Veterans Day.

11/18/79 – "The Ayatollah" - Exclusive interview with Iran's Ayatollah Khomeini, the first granted an American reporter since the beginning of the hostage crisis; Mike Wallace conducts the discussion. "The Foreign Legion" - A look at the history, mystique and reality of the Legion. "Wellness" - Report on the rapidly growing movement of patient self-care, in which people are taught to diagnose common illnesses and when possible, treat themselves.

11/25/79 – "Roy Innis" - A look into charges that Innis, national chairman of CORE, has been engaged in skimming funds for his personal benefit; featured is an interview with Innis, now facing charges in New York. "Justifiable Homicide?" - Profile of Joyce DeVillez, an Indiana woman now serving time for arranging the murder of her husband Bernard, after years of physical and mental abuse. "Who Pays?... You Do!" - Report on how the rising construction costs of Illinois Power's nuclear plant in Clinton, Ill., are being subsidized by higher consumer costs. "A Few Minutes with Andy Rooney" - On electrical outlets.

12/2/79 (7:33-8:33) – "Equal Justice?" - A look at the strange case of Mims Hackett, a black Orange, N.J., schoolteacher sentenced to 30 years in prison for a kidnapping that may never have occurred. "Safe Haven" - Visit to the tiny nation of Liechtenstein, which has become a tax haven for wealthy foreign investors. "The Brethren" - Interview with reporters Bob Woodward and Scott Armstrong on their newly published look inside the Supreme Court. "A Few Minutes with Andy Rooney" - On the only two types of people in the world: "Type A" and "Type Z."

12/9/79 – "It's No Accident" - Investigation into the business of false auto accident insurance claims. "Helping" - Visit to Tieron, California's Center for Attitudinal Healing, a hospital that tends to the spirit rather than the body and helps severely ill children overcome their diseases. "Garn Baum Vs. the Mormons" - Report on the extent to which the Mormon Church exercises control over its members, focusing on the case of a man who has been trying for five years to win an antitrust suit against the Church of Jesus Christ of the Latter-Day Saints.

12/16/79 – "The Hooker Memos" - Report on the many alleged cases of industrial pollution by the giant Hooker Chemical company, one of which is the 1977 Love Canal incident. "Earn It" - Report on a Quincy, Mass., program in which convicted criminals are sentenced not to jail, but to work, to earn money to reimburse their victims. "Snake Venom" - Examination of how snake venom is being used to treat those with multiple sclerosis. "A Few Minutes with Andy

Rooney" - On sizes.

12/23/79 – "Who Gives a Damn?" - Visit to the American trust territory of Micronesia for a look at the effects of 35 years of American trusteeship on the islands and their people. "The Sheik" - Mike Wallace interviews Saudi Arabian Oil Minister Sheik Ahmed Zaki-el Yamani; topics include OPEC and oil, Islam, the Ayatollah Khomeini, Yasir Arafat, the U.S. and the USSR. "Hypnosis" - Report on how hypnosis is being used to ease suffering and help in criminal cases.

12/30/79 – "Big John" - Profile and interview with former Democrat, former Navy Secretary and former Texas Governor John Connally, now a presidential contender for the GOP nomination. "Come Fly with Me" - Investigation into small, private airplane safety and a look at how the FAA fails to adequately monitor these light planes. "Roy Cohn" - Profile and interview with Roy Cohn, a former aide to Sen. Joseph McCarthy, now a wealthy lawyer, but still a controversial figure.

1980

Sunday 7:00-8:00 PM

1/6/80 (9:37-10:37) – "CCCP-TV In Moscow" - a report on TV in the U.S.S.R. "B.M.O.C." - a profile of John Silber, President of Boston University. "Native Sons" - a report on Liberia, the African country founded by freed American slaves.

1/13/80 – "Deee-Fense" - a report on violence and the rising number of injuries in professional football. "Off The Books" - a report on businesses that deal in cash to avoid reporting their entire income to the IRS. "George Who?" - a profile of Presidential contender George Bush.

1/20/80 (9:37- 10:37 PM) – "Bette Davis " - a profile of actress Bette Davis. "The Thunderbirds" - a report on the Thunderbirds, the Air Force's precision pilots team. "PDAP" - a report on the Palmer Drug Abuse Program in Houston, Texas.

1/27/80 – "Russian Spies In The USA." - a report on Soviet spies working under cover in the United States. "All About Oral" - a profile of evangelist Oral Roberts. "The Frontrunner?" - an interview with Presidential contender Ronald Reagan.

2/3/80 – "Losers" - a report on college athletes who get neither a pro contract nor an education. "Ezer" - an interview with Israeli Defense Minister Ezer Weizman. "Wild To Regulate" – a report on the Federal Trade Commission and its consumer watchdog Chairman Michael Pertrschuk.

2/10/80 – "Mr.'X'" - an interview with foreign affairs expert George Kennan. "Lenny" - a profile of conductor Leonard Bernstein. "The Marketplace" - a report on how easy it is to buy drugs on the street.

2/17/80 – "The Death of Edward Nevin" - a report on a U.S. Army experiment in biological warfare and its wide-ranging implications. "Anderson of Illinois" - a profile of Republican Presidential contender John Anderson. "Yugoslavia" - an update of a report on Yugoslavia and its people (OAD: 3/5/78),

2/24/80 – "Uncle Sam Wants Your Money" - an interview with Paul Strassels, author of "All You Need To Know About The I.R.S." Where There's A Will..." - a report on suspected shady dealings in the handling of wills and estates. "Citizen Loeb" - an interview with William Loeb, publisher of The Manchester Union Leader.

3/2/80 – "The Iran File" - an investigation of the brutalities and corruption in Iran under the deposed Shah and the alleged United States complicity in those crimes. "Handcuffing The Cops?" - a report on a legal rule which may free guilty persons in the name of the law.

3/9/80 – "Oman" - a report on the country of Oman. "Bobby Knight" - a profile of Bobby Knight, basketball coach of the University of Indiana. "Barry Goldwater" - an interview with Sen. Barry Goldwater (R., Ariz.).

3/16/80 – "Remember Enewetak!" - a report on the atomic testing and nuclear contamination in the Pacific atoll of Enewetak and the impact on the native population. "Blood Money" - a report on alleged fraud in the collection of funds for the Southern Christian Leadership Conference by Stephen Blood. "Cat Burglars" - a report on the rising incidence of theft of heavy construction machinery.

3/23/80 – "The Riddle of DMSO" - a report on the controversial drug dimethyl sulfoxide. "Jarrett vs. Jarrett" - a report on a child custody case with national implications for single parent homes. "Libya's Qaddafi" - a profile of Col. Maummar el-Qaddafi of Libya.

3/30/80 – "Looking Out For Mrs. Berwid" - a report on Adam Berwid, a mental patient who murdered his wife while out on furlough from a psychiatric hospital. "Strike Two!" - a report on the dispute underlying a threatened national baseball strike this season. "One of Hitler's Favorites" - a profile of Leni Riefenstahl, the German actress and filmmaker commissioned by Hitler to direct a classic Nazi film.

4/6/80 – "Inside Afghanistan" - a first-hand report on the war in Afghanistan by Dan Rather, who crossed the Afghan border disguised in native dress. "High-Low Silver" - a report on the role of mogul Nelson Bunker Hunt in the silver market.

4/13/80 – "Scientology: The Clearwater Conspiracy" - a report on alleged crimes and other immoral acts committed by members of the Church of Scientology in Clearwater, Fla. "Gimme Shelter" - a report on donating precious stones and minerals to museums as a tax shelter. "Israeli Arms For Sale" - a report on the Israeli arms production industry.

4/20/80 – "Omega 7" - a report on a clandestine group of anti-Castro Cuban terrorists operating in the United States. "Anne Lindbergh" - an interview with Anne Morrow Lindbergh. "Dam" - a report on the controversy over the completion of the Columbia Dam, a federal water resource project near Nashville, Tennessee.

4/27/80 – "Walking Small in Pitkin County" - a profile of Dick Kienast, the Sheriff of Pitkin County, Colorado. "Here's... Johnny" - a profile of Johnny Carson (OAD: 9/23/79). "$200 A Week - Tax Free" - a report on successful panhandlers in various parts of New York City (OAD: 9/30/69)

5/4/80 – "The Kissinger-Shah Connection?" - a report on the alleged connection among Henry Kissinger, the deposed Shah of Iran and the high price of gasoline and heating oil. "Palm Springs" - a report on Palm Springs, California (OAD: 9/16/79). "Not To My Kid, You Don't!" - a discussion on busing and integration with Washington, D.C. liberal Congressmen and journalists, who send their children to private schools (OAD: 11/14/71),

5/11/80 – "Bonnie" - a profile of Bonnie Consolo, who was born without arms. "Highway Robbery" - a report on gas station attendants who purposely damage cars and tell the owners they need on-the-spot repairs (OAD: 9/24/78). "Fellini" - a profile of Italian film director Federico Fellini (OAD: 1/5/71).

5/18/80 – "The Establishment vs. Dr. Burton" - a report on the work of Dr. Lawrence Burton, a cancer researcher who some experts feel may have made a major breakthrough, but who has run afoul of the medical establishment. "Who Killed Georgi Markov?" - a report on the mystery surrounding the death of Bulgarian defector Georgi Markov (OAD: 12/31/72). "The Rock" - a report on Gibraltar, the military base of Great Britain (OAD: 12/31/72).

5/25/80 – "Warning: Living Here May Be Hazardous To Your Health!" - a report on the chemically contaminated Love Canal area. "Memory of Vietnam" - a report on three veterans who were critically wounded in Vietnam (OAD: 11/11/79 as "Looking Back"). "Hired Gun" - a report on John Dane, a professional mercenary (OAD: 5/2/76).

6/1/80 – "A Nuclear Reaction" - a repeat and update of a report on allegations of quality control and safety violations in the construction of the South Texas Nuclear Project (OAD: 10/4/79 on MAGAZINE as "The Nuclear Watchdogs"). "A Man Called L'Amour" - an interview with author Louis L'Amour (OAD: 11/14/76). "This Year At Marienbad" - a report on expensive European health spas (OAD: 7/14/74).

6/8/80 – "Banking On Bahrain" - a report on banking on the island kingdom of Bahrain. "God And Mammon" - an investigation of charges of financial irregularities in the Worldwide Church of God (OAD: 4/15/79). "Cottage For Sale" - a profile of the Duke and Duchess of Windsor (OAD: 2/4/69).

6/15/80 – "What Johnny Can't Read" - a report on a crusade being waged by one family to clean up the nation's test books. "The Foreign Legion" - a report on the French Foreign Legion (OAD: 11/18/79). "Who Gives A Damn?" - a report on the United States trust territory of Micronesia (OAD: 12/23/79),

6/22/80 – "Canary" - a profile of jazz singer Anita O'Day. "Handcuffing The Cops?" - a report on a legal rule which may free guilty persons in the name of the law (OAD: 3/2/80). "Rolls Royce" - a report on the workmanship and tradition of the Rolls Royce (OAD: 11/2/71).

6/29/80 – "The Grapes of Wealth" - a report on loans made to rich farmers by the Farmers Home Administration (OAD: 10/14/79). "Death Of The Back Lot" - a report on the demolition of the old back lot of MGM Studios in California (OAD: 11/26/72). "Heavy Traffic" - a report on the heavy drug traffic in South Florida (OAD: 1/28/79).

7/6/80 – "The Riddle of DMSO" - a report on the controversial drug dimethyl sulfoxide (OAD: 3/23/80). "The Grandees" - a report on the Domenq family of Jerez, Spain, who made their fortune in sherry (AOD: 7/21/74). "PDAP" - a report on the Palmer Drug Abuse Program in Houston, Texas (OAD: 1/20/80).

7/13/80 – "Doping The Horses" - a report on the use of drugs in horse racing (OAD: 5/14/79). "What's With Iceland?" - a report on Iceland and its people (OAD: 12/5/76). "Remember Enewetak!" - a report on the atomic testing and nuclear contamination in the Pacific atoll of Enewetak and the impact on the native population (OAD: 3/16/80).

7/14/80 – "'First Family' of the G.O.P." - interviews with Ronald and Nancy Reagan and daughters Patricia and Maureen.

7/20/80 – "What Makes Fritz Run?" - a report on East German athletes (OAD: 11/27/77). "It's A Doozie" - a report on the hobby of restoring old cars (OAD: 11/11/79). "Phobias" - an examination of phobias and clinics which deal with them (OAD: 2/5/78).

7/27/80 – "Deep In The Heart of Scotland" - a report on the oil find off the coast of Scotland (OAD: 10/21/79). "Bette Davis" - a profile of actress Bette Davis (OAD: 1/20/80). "Ritz" - a report on The Ritz in Paris and some of its occupants (OAD: 11/25/71).

8/3/80 – "Libya's Qaddafi" - a profile of Col. Maummar el-Qaddafi of Libya (OAD: 3/23/80). "Pavarotti" - a profile of Metropolitan Opera tenor Luciano Pavarotti (OAD: 11/4/79). "The Castle Bank Caper" - an update of a report on a Bahamian bank where Americans can launder money and dodge taxes (OAD: 11/21/76).

8/10/80 – "Mr. President" - an interview with Jimmy Carter. "The First Lady" - an interview with Rosalynn Carter.

8/17/80 – "Deee-Fense" - a report on violence and the rising number of injuries in professional football (OAD: 1/13/80). "The Death of Edward Nevin" - a report on a U.S. Army experiment in biological warfare and its wide-ranging implications (OAD: 2/17/80). "What About Jerusalem?" - a profile of Teddy Kollek, mayor of Jerusalem (OAD: 9/24/78).

8/24/80 – "Equal Justice?" - a report on an alleged case of unequal justice for a Black man (OAD: 9/24/78). "Backstage at the Muppets" a behind-the-scenes look at the Muppets (OAD: 3/11/79), "Oman" - a report on the country of Oman (OAD: 33/9/80).

8/31/80 – "Scientology: The Clearwater Conspiracy" - a report on alleged crimes and other immoral acts committed by members of the Church of Scientology in Clearwater, Florida (OAD: 4/13/80). "One of Hitler's Favorites" - a profile of Leni Riefenstahl, the German actress and filmmaker commissioned by Hitler to direct a classic Nazi film (OAD: 3/30/80). "CCCP-TV In Moscow" - a report on television in the U.S.S.R. (OAD: 1/6/80).

9/7/80 (9:39-9:30) – "Marva" - a profile of Marva Collins, a teacher in a Chicago ghetto school (OAD: 11/11/79). "Edward Rubin, M.D." - a report in history (OAD: 10/21/79). "The $5 Bill" - a report on a teenager who was sentenced to a long jail term for stealing $5 and became pregnant and gave birth to her child in prison (OAD: 10/7/79).

9/14/80 (7:06-8:06) – "GLACAA" - a report on how tax money is spent on the Greater Los Angeles Community Action Agency (OAD: 10/8/78). "Losers" - a report on college athletes who get neither a pro contract nor an education (OAD: 2/3/80), "Give Me Your Tired..." - a report on the employment of illegal aliens in New York and Los Angeles. (OAD: 11/4/79).

9/21/80 (7:15-7:15) – "On The Waterfront" - a report on labor racketeering on the docks in Miami, Florida. "Venice" - a report on the manners, mores, and morals of Venice, California. "Onward Christian Voters" - a report on evangelical Christians who are moving into right-wing politics.

9/28/80 – "The $77,000 Bill" - a report on charges of wastefulness and inefficiency in the administration of Medicare. "Last Chance in Africa?" - a report on the prospects for peace in Zimbabwe. "Time Bomb" - a report on Army veterans who claim they have cancer caused by radiation from atom bomb tests.

10/5/80 (7:13-8:13) – "Beirut" - a report on present day Beirut in the wake of widespread devastation from civil war. "Deep In the Heart of Iowa" - a report on Amana, a modern Utopian community in Southeast Iowa. "1 Out Of Every 12 Gallons..." - an interview with Nigerian President Shehu Shagari.

10/12/80 – "Counterspy" - a report on the mysterious death of Ralph Sigler, a counter espionage agent working for U.S. intelligence selling military misinformation to the Russians. "The Best Restaurant In The World" - Harry Reasoner and Craig Claiborne have lunch at Girardet in Switzerland. "Rational Suicide?" - a report on the controversial issue of suicide as a plausible option for the terminally ill.

10/19/80 (7:07-8:07) – "Distressed" - a report on Orlando, Florida, a booming community which the Federal Government considers to be economically distressed. "Nobody Saw It Coming" - an interview with Douglas Fraser, president of the United Auto Workers. "Artie" - a profile of columnist Art Buchwald.

10/26/80 (7:12-8:12) – "Cruise - Who Needs It?" - a report on the U.S. cruise missiles and the growing resistance to having them based in Great Britain. "Little Abscam" - a report on small time corruption and possible entrapment by the F.B.I. in Kentucky. "Zubin" - a profile of conductor Zubin Mehta.

11/2/80 – "Not On My Street" - a report on the controversy over moving the mentally retarded out of institutions and into community group homes. "Teamster Violence" - an investigation of allegations of arson, vandalism and violence by teamsters attempting to organize non-union companies. "Helmut Schmidt" - a profile of Helmut Schmidt, Chancellor of West Germany.

11/9/80 – "Hot Pursuit" - a report on the policeman' s deadliest weapons—his patrol car. "Giddyup" - a report on real and "urban" cowboys. "The Kyshtym Disaster" - a report on a Russian nuclear disaster kept secret from the public for over twenty years.

11/16/80 – "Chemical Warfare" - a comparison of United States and Soviet preparations for chemical warfare. "The Kid, The Cop and The Knife" - a report on a police officer in Milwaukee who allegedly planted a knife on a black man in order to claim that he was shot in self-defense.

11/23/80 – "Who Speaks for Phillip?" - a report on a young victim of Down's Syndrome and the issues raised by his condition. "Doc Willards Wonder Water" - a report on a home-made potion which seems to work on people, cattle, quail and vegetables. "The IBM Caper" - a report on the big business of stolen office equipment.

11/30/80 –"Getting Off Welfare" - a report on the success of Lupe Anguiano in getting jobs for mothers on welfare. "The Consultants" - a report on government consultants paid with federal funds who may have major conflicts of interest. "Sons Of Leander" - a report on a Southern family dynasty fallen on hard times.

12/7/80 (7:15-8:15) – "'We're In The Money'?" - an investigation of questionable bookkeeping practices in Hollywood. "So You Want To Be J.R." - a report on the business of selling success in Dallas, Texas. "The Rastafarians" - a report on the Jamaican religious and political movement.

12/14/80 – "Iran: December 1980" - a report on current events inside Iran. "Snowball" - a report on a teenager fatally shot by a senior citizen whose house had been pelted by snowballs. "Bloody Ivory" - a report on efforts to protect the African elephant from slaughter by poachers after ivory.

12/21/80 (7:29-8:29) – "Jeep" - a report on the safety of utility vehicles, especially the CJ-5 Jeep. "Itzhak" - a profile of violinist Itzhak Perlman. "Latin American Tragedy" - a report on recent events in El Salvador.

12/28/80 – "What Energy Crisis?" - a report on potential of American natural gas resources. "Studs" - an interview with author Studs Terkel. "Ashes To Ashes" - a report on cremation.

1981

Sunday 7:00-8:00 PM

1/4/81 – "The Last Mafioso" - an interview with Jimmy "The Weasel" Fratianno. "7 Lively Arts, 1 Lively Artist" - a profile of director Franco Zeffirelli. "Arthritis" - a report on its possible causes and methods of relief.

1/11/81 – "Goon Squad" - an investigation of alleged physical abuse of problem inmates by prison guards. "Hold Back" - a report on seventh grade football players who are held back in school to give them a competitive edge. "Sinsemilla" - a report on seedless marijuana grown in California.

1/18/81 – "A Place To Go" - a report on a shelter for battered wives in Austin, Texas. "Buckley" - a profile of William F. Buckley. "Patti" - an interview with Patti Davis, younger daughter of Ronald Reagan (OAD: 7/14/80 as part of "'First Family' of the G.O.P.").

1/25/81 – "Hospital For Sale" - a report on a community in North Carolina trying to prevent the sale of a private psychiatric hospital. "Yankee Ingenuity" - a report on independent inventors. "Last Train To Istanbul" - a report on the discontinued Orient Express (OAD: 6/5/77).

2/1/81 – "Hartz Mountain" - an investigation of allegations of questionable business practices by the Hartz Mountain pet supply corporation. "Thoroughly Modern Millicent" - a profile of Rep. Millicent Fenwick (R., N.J.). "Blackjack" - a report on a gambler with a system that has made him a fortune.

2/8/821 – "Time Bomb" - a report on Huntington's disease. "CIA" - an interview with Admiral Stansfield Turner, former Director of the CIA. "Naples" - a report on current chaos in Naples.

2/15/81 (7:04-8:04) – "Dial 'M' For Money" - a report on police fund raising. "The Woodhouse Way" - a report on a British television program featuring a 70-year-old woman who trains dogs and their owners. "...By What It Will Do To The Arabs" - a report on Israeli Arabs.

2/22/81 – "No Questions Asked" - a report on the drug trade in Miami. "Home Sweet Home" - an investigation of an alleged construction scam affecting new home owners. "The Willmar 8" - a report on a group of Minnesota women who went on strike against a local bank.

3/1/81 – "The Minister of Cocaine" - an investigation of the cocaine business in Bolivia involving government officials. "'Sins' of the Father" - a report about a woman denied government employment because of her father's civil rights activities. "Born to be King" - a profile of Britain's Prince Charles (OAD: 6/12/77).

3/8/81 – "Killer Wheels" - a report on accidents involving multi-piece truck and bus tire rims. "Roberta Goes to China" - a report on Roberta Peters' trip to China. "Crib Death" - a report on Sudden Infant Death Syndrome.

3/15/81 – "Water, Water Everywhere..." - a report on the problem of contaminated ground water supplies. "Red" - a profile of sports writer Red Smith. "Easy Money" - an investigation of allegations of fraud by loan companies that service small businessmen.

3/22/81 – "Where is Raoul Wallenberg?" - an investigation of the disappearance of a Swedish man who saved thousands of Hungarian Jews from the Nazis. "A Monkey Named Hellion" - a report on a monkey trained to assist a disabled person. "400,000 New Cases Every Year" - a report on the causes and treatment of venereal herpes.

3/29/81 – "Collision" - a report on the effect of politics on the choice of air traffic safety systems. "Condo" - a report on American Invsco Corporation and the effects of condominium conversions on the elderly. "The Marching 100" - a profile of the Florida A & M Marching Band.

4/5/81 – "Guns" - an update on reports on the NRA and Nelson Shields' anti-handgun campaign (Part I - OAD: 9/18/77; Part II - OAD: 9/25/77). A debate between Rep. Paul McCloskey (R. Cal.) and Rep. John M. Ashbrook (R. Ohio) on the gun control issue aired as the third segment.

4/12/81 – "Sting Man" - an interview with Abscam con man and self-confessed swindler Melvin Weinberg. "Oil Boys and Indians" - a report on federal investigation by oil companies with drilling leases. "Capitalist Manifesto" - a profile of conservative economist George Gilder.

4/19/81 – "Dalkon Shield" - a report on a contraceptive I.U.D. with dangerous complications. "Four Decades Later..." - a report on the Philippines and its leader President Marcos. "Lisa" - a report on the case of a severely disabled child whose parents have sued the government for Medicaid assistance.

4/26/81 – "Liberté! Egalité! Fraternité!" - a report on recent anti-semetic attacks on the Jewish community in France. "Hollywood on the Potomac" - a report on the production and use of government made films paid for by the public (OAD: 2/17/74). "Beirut" - a report on present day Beirut in the wake of widespread devastation from civil war (OAD: 10/5/80).

5/3/81 – "New York Yankee" - a profile of George Steinbrenner, principal owner of the New York Yankees. "Brother Roloff" - a report on Rev. Lester Roloff, an evangelist who runs homes for wayward children (OAD: 10/22/78). "Distressed" - a report on Orlando, Florida a booming community which the federal government considers to be economically distressed (OAD: 10/19/80).

5/10/91 – "The Gravy Train" - a report on the European Parliament, the congress of the Common Market which can't pass a law, levy a tax or amend an act. "A Place To Go" - a report on a shelter for battered wives in Austin, Texas (OAD: 1/18/81). "Doc Willard's Wonder Water" - a report on a home-made potion which seems to work on people, cattle, quail and vegetables (OAD: 11/23/80).

5/17/81 – "'Cruel and unusual...'?" - an examination of violence in the nation's public schools. "Life & Death in an Irish Town" - a report on the effects of civil war on Strabane, Northern Ireland (OAD: 7/14/74). "Blackjack" - a report on a gambler with a system that has made him a fortune (OAD: 2/1/81).

5/24/81 – "Bonnie" - a profile of Bonnie Consolo, who was born without arms (OAD: 5/11/80). "Cruise - Who Needs It?" - a report on the U.S. cruise missiles and the growing resistance to having them based in Great Britain (OAD: 10/26/80). "Strike Two!" - a report on the dispute underlying a threatened national baseball strike this season (OAD: 3/30/80).

5/31/81 – "Moonies" - an investigation for business practices of the Unification Church in Gloucester, Massachusetts. "Bloody Ivory" - a report on efforts to protect the African elephant from slaughter by poachers after ivory (OAD: 12/14/80). "The Delicate Balance" - a report on church and state in Poland (OAD: 12/11/77).

6/7/81 – "Vernon Jordan" - a profile of Urban League executive director, Vernon Jordan. "Dial 'M' For Money" - a report on police fund raising (OAD: 2/15/81). "Venice" - a report on the manners, mores and morals of Venice, California (OAD: 9/21/80).

6/14/81 – "The ABC's of IDB's" - an examination of tax exempt individual development bonds. "Rational Suicide?" - a report on the controversial issue of suicide as a plausible option for the terminally ill (OAD: 10/12/80). "Sinsemilla" - a report on seedless marijuana grown in California (OAD: 1/11/81).

6/21/81 – "And Now A Word..." - a look behind the scenes of a 30-second television commercial for Strohs beer. "Thoroughly Modern Millicent" - a profile of Rep. Millicent Fenwick (R., N.J.) (OAD: 1/22/81). "Hot Pursuit" - a report on the policeman's deadliest weapon - his patrol car (OAD: 11/980).

6/28/81 – "Chemical Warfare" - a comparison of United States and Soviet preparations for chemical warfare (OAD: 11/16/80). "The Thunderbirds" - a report on the Thunderbirds, the Air Forces precision pilots team (OAD: 1/20/80). "Roberta Goes To China" - a report on Roberta Peters' trip to China (OAD: 3/8/81).

7/5/81 _ "How To Live To Be 100" - an examination of extreme longevity among the people of Abkhasia in southern Russia (OAD: 2/2/75). "On The Waterfront" - a report on labor racketeering on the docks in Miami, Florida (OAD: 9/21/80). "Sons of Leander" - a report on Louisiana's Perez family, a political dynasty fallen on hard times (OAD: 11/30/80).

7/12/81 – "Looking Out For Mrs. Berwid" - a report on Adam Berwid, a mental patient who murdered his wife while out on furlough from a psychiatric hospital (OAD: 3/30/80). "Four Decades Later..." - a report on the Philippines and its leader, President Marcos (OAD: 4/19/81). "Artie" - a profile of columnist Art Buchwald (OAD: 10/19/80).

7/19/81 – "The Queen of Hearts" - a profile of Barbara Cartland, author of romantic novels

(OAD: 4/3/77). "The Kid, The Cop and The Knife" - a report on a police officer in Milwaukee who allegedly planted a knife on a black man in order to claim that he was shot in self-defense (OAD: 11/16/80). "The Rastafarians" - a report on the Jamaican religious and political movement (OAD: 12/7/80).

7/26/81 – "Goon Squad" - an investigation of alleged abuse of problem inmates by prison guards (OAD: 1/11/81). "Off the Books" - a report on businesses that deal in cash to avoid reporting their entire income to the IRS (OAD: 1/13/80). "Naples" - a report on the current chaos in Naples (OAD: 2/8/81).

8/2/81 – "The Kyshtym Disaster" - a report on a Russian nuclear disaster kept secret for over twenty years (OAD: 11/9/80). "'We're In The Money'?" - an investigation of questionable bookkeeping practices in Hollywood (OAD: 12/7/80). "400,000 New Cases Every Year" - a report on the causes and treatment of venereal herpes (OAD: 3/22/81).

8/9/81 – "The $77,000 Bill" - a report on charges of wastefulness and inefficiency in the administration of Medicare (OAD: 9/28/80). "The Double Cross" - a report on British espionage during World War II (OAD: 2/13/72). "What Energy Crisis?" - a report on the potential of American natural gas resources (OAD: 12/28/80).

8/16/81 – "Who Speaks For Phillip?" - a report on a young victim of Down's Syndrome and the issues raised by his condition (OAD: 11/23/80), "The Woodhouse Way" - a report on a British television program featuring a 70-year-old woman who trains dogs and their owners (OAD: 2/15/81). "7 Lively Arts, 1 Lively Artist" - a profile of director Franco Zeffirelli (OAD: 1/4/81).

8/23/81 – "Snowball" - a report on a teenager fatally shot by a senior citizen whose house had been pelted by snowballs (OAD: 12/14/80). "Itzhak" - a profile of violinist Itzhak Perlman (OAD: 12/21/80). "Wildcat Trucker" - a profile of Roland Richards, an independent truck driver (OAD: 2/22/76).

8/30/81 – "Crib Death" - a report on Sudden Infant Death Syndrome (OAD: 3/8/81). "The Minister of Cocaine" - an investigation of the cocaine business in Bolivia involving government officials (OAD: 3/1/81). "Red" - a profile of sports writer "Red" Smith (OAD: 3/15/81).

9/6/81 – "Killer Wheels" - a report on accidents involving multi-piece truck and bus tire rims (OAD: 3/8/81). "The Willmar 8" - a report on a group of Minnesota women who went on strike against a local bank (OAD: 2/22/81). "Studs" - an interview with author Studs Terkel (OAD: 12/18/80).

9/13/81 – "Exiled" - an interview with Russian poet Joseph Brodsky, now in exile in the U.S. "Condo" - a report on American Invsco and the effects of condominium conversions on the elderly (OAD: 3/29/81). "Where Is Raoul Wallenberg?" - an investigation of the disappearance of a Swedish man who saved thousands of Hungarian Jews from the Nazis (OAD: 3/22/81).

9/20/81 – "Link & Levinson" - a report on American commercial television and the factors influencing it's programming. "Easy Money?" - an investigation of allegations of fraud by loan companies that service small businessmen (OAD: 3/15/81). "A Monkey Named Hellion" - a report on a monkey trained to assist a disabled person (OAD: 3/22/81).

9/27/81 – "Looking At *60 Minutes*" - an examination of investigative reporting techniques used by this program.

10/4/81 – "The Other Side of the IRA" - an investigation of alleged connections between the Irish Republican Army and world terrorism. "What The Eye Cannot See" - a report on special photographic techniques used by the botanists and zoologists at the Oxford Scientific Film Company in England. "Mister Right To Life" - an interview with Congressman Henry Hyde (R - Illinois), a leader of the anti-abortion movement.

10/11/81 – "Don't Go Near The Water" - an investigation of charges of chemical dumping in the Niagara River. "Take Me Out To The Ballgame" - a profile of a women's softball team, the Raybastos Brakettes. "The Alton Memo" - a report on a $9.2 million libel judgement against an Illinois newspaper.

10/18/81 – "Surrogate Mother" - a report on women who consent to bear children for women who cannot. "Izzy" - an interview with journalist and scholar I.F. Stone. "93¢ A Gallon" - a report on methanol, a proposed alternative to gasoline.

10/25/81 – "'Come On, He's Only a Kid.'" - a report on the rise in murders committed by teenagers. "Mrs. Breadwinner" - a report on the increasing number of working wives who earn more than their husbands. "Dirty Old Woman" - a profile of Dr. Mary Calderone, Director of the Sex Information and Education Council of the United States.

11/1/81 – "Man The Bookshelves" - a report on the censorship battle in Virginia between a fundamentalist minister and a librarian. "Paolo's World" - a profile of architect Paolo Solari and a look at Arcosanti, Arizona, his dream city of the future. "I. Magnin File" - an examination of alleged age discrimination practices in the I. Magnin department store.

11/8/81 – "Wanted: Terpil And Korkala" - interview with Frank Terpil, former CIA agent turned advisor to Idi Amin and Muammar Qadaffi, and with Gary Korkala, who with Terpil is wanted by New York State authorities for conspiring to sell arms to terrorists. "Titan" - an examination of the safety hazards involved in the U.S. Air Force's aging Titan missile system.

11/15/81 – "Pay Up Or Else" - a report on how the IRS can harass taxpayers. "The Best Movie Ever Made?" - a report on the production of the film *Casablanca*. "What About The U.N.?" - a report on the United Nations failure to relieve the famine in Uganda in 1980.

11/22/81 – "Goodbye Home Sweet Home" - an investigation of how borrowers can lose their homes by defaulting on home improvement loans. "The Wrong Stuff" - a critical tour of the "glass box" architecture in New York with Tom Wolfe, author of *From Bauhaus To Our House*. "Who Killed Mr. Neary's Cow?" - a report on the fight of a California rancher to prove his cattle died because the state sprayed them with a toxaphene, a pesticide.

11/29/81 – "The Old Neighborhood" - a report on the complaints of the poor in Cincinnati who face displacement due to urban renewal. "The Billionaire From Hong Kong" - a profile of shipping magnate Y.K. Pao. "On Strike for their Lives" - investigation of striking workers' charges of excessive radiation at a Tennessee munitions plant.

12/6/81 – "15 Years To Life" - a report on the plight of Henry Barker, jailed on a guilty plea to a felony murder, who is now asking for a trial. "One Billion Consumers" - a report on the renewed production and consumption of consumer goods in China. "Claude Pepper" - a profile of the 81-year-old Democratic congressman from Florida who champions the rights of the elderly.

12/13/81 – "Welcome To Palermo" - a report on the war among the Sicilian Mafia for control of the international drug traffic in Palermo. "Diz" - a profile of John Birks "Dizzy" Gillespie, jazz trumpeter. "The Julie Affair" - a report on the seven year fight of Loebe Julie to sell the U.S. Army an apparently superior and cheaper automated calibrator.

12/20/81 – "The Other Side" - interview with Wieslaw Gornicki, a special adviser to the prime minister of Poland. "The First Lady" - interview with Nancy Reagan. "The Last Nazi" - a report on circumstances surrounding the questionable identity of the man imprisoned and assumed to be Rudolf Hess, Hitler's Deputy Fuhrer. "Big Man On Campus" - profile of Professor John Rassias, who uses theatrics to teach French at Dartmouth.

12/27/81 – "Lena" - interview with singer Lena Horne. "Fake" - a report on the production and sale of counterfeit brand name products. "Four Pages Of Poland" - a report on how martial law in Poland is affecting a university professor, an actress, a writer and a government official.

1982

Sunday 7:00-8:00 PM

1/3/82 (8:28-9:28) – "You're Under Arrest" - a report on the havoc caused by drunk drivers and the failure of the law to stop them. "So You Want To Make A Movie" - a profile of Earl Owensby who made Shelby, North Carolina a production center for profitable low budget films. "All His Life In Jail" - a report on Edward Sanchez, a convict who has spent 31 of his 33 years in foster homes, reform schools and prisons.

1/10/82 (8:26-9:26) – "Homeless" - a report on people who live and sleep on the streets, with interviews in New York City and Portland, Oregon. "King Sobhuza of Swaziland, Africa in which he explains why he has retained tradition-

al tribal customs. "Land Lord" - a profile of Secretary of the Interior James Watt who claims his land policies are misunderstood.

1/17/82 (7:02-8:02) – "Who Killed Malcolm X?" - a report on new information concerning the murder of Muslim leader Malcolm X. "Queen Lear" - interview with Moya Olsen Lear, chairman of a private aircraft business and her effort to build a fuel-conservative jet. "The Check Is In The Mail" - a report on the U.S. Postal Service and its current problems.

1/24/82 (8:13-9:13) – "The Best In The West" - a profile of Wyoming trial lawyer Gerry Spence. "What The General Knew" - a report on whether the Air Force covered up the alleged incompetence of its top heart surgeon. "The Thunderbirds" - a film of a British Royal Air Force precision flying exhibition, shown as a salute to four U.S. Air Force precision flyers killed in a training exercise last week.

1/31/82 – "Bully" - a report on the circumstances surrounding the murder of a man who allegedly brutalized the people of Skidmore, Missouri. "Madame Ambassador" - interview with United Nations Ambassador Jeane Kirkpatric. "The Farmer's Market" - a report on legislation that permits farmers to withhold crops from the market in order to keep prices up.

2/7/82 – "The Bad Drug" - a report on Selacryn, a hypertension drug kept on the market by its maker after reports of serious side-effects. "Fantasy Island" - a report on Sun City, located in a designated area of South Africa, in which whites and blacks mix freely. "A Candle In The Dark" - a report on the efforts of Amnesty International to halt the torture of political prisoners.

2/14/82 – "The Incompetent Doctor" - a report on the problems of identifying a physician as incompetent and revoking his licensee, as illustrated by the case of Dr. Peter Papallardo. "Friend of the Rich" - interview with Malcolm Forbes, millionaire publisher of *Forbes* magazine. "City of the Future" - a report on the rapid population growth of Mexico City and the resultant problems of overcrowding, pollution and traffic.

2/21/82 – "Welfare Fraud" - a report on how Massachusetts under Governor Edward King's administration handles welfare cheats. "Inside The Vatican" - profile of Pope John Paul II and Vatican City. "Listening In" - a report on how a British physics teacher and his students monitor Soviet spy satellites.

2/28/82 – "Nicaragua" - a report on whether the government of Nicaragua is a dictatorship that assists Communist revolutions in other Central American countries. "It Didn't Have To Happen" - a report on the futile attempt by a Philadelphia professor to sue Massachusetts for releasing a mental patient who murdered the teacher's son. "Billy" - profile of movie director Billy Wilder.

3/7/82 – "The Money Shuttle" - an investigation of charges of illegal cost overrun by Rockwell International in building the space shuttle Columbia. "Cults" - an examination of the reasons why young people join religious cults and the problems involved in getting them to resign. "Out of Work" - a report on the closing of a profitable General Electric plant in Ontario, California and the effect on the community.

3/14/82 – "A Modern American Tragedy" - a report on how William Bell, a former manager for Hughes Aircraft Company, sold top secret military information to the Polish government. "Hesburgh of Notre Dame" - profile of Father Theodore Hesburgh, president of Notre Dame University. "Left City" - a report on Santa Monica, a formerly conservative California city whose government is now controlled by new left activists.

3/21/82 – "Having A Baby" - a report on the controversy over births at home and the license suspension of Dr. George Wootan, a practitioner of home births. "Is It A Fake?" - an examination of the charges by British art experts that a painting at the Metropolitan Museum of Art alleged to be a seventeenth century masterpiece is a fake. "Deep Tunnel" - a report on the dispute regarding the construction of a twelve billion dollar sewage tunnel in Chicago, begun in 1975 and still unfinished.

3/28/82 – "Murder Or Mercy Killing?" - a report on the moral and legal questions involved in the case of a Texas man who shot to death his terminally ill brother. "The Largest Army In The World" - a report on the military and political changes affecting the army of the People's Republic of China. "The Admiral" - excerpts of testimony by Admiral Hyman Rickover before the Joint Economic Committee of Congress.

4/4/82 – "Meet Ted Watkins" - a report on the accomplishments of a Los Angeles anti-poverty agency whose founder comments on the impact of federal budget cuts. "Joel Nelson Is Missing" - an investigation of charges that Joel Nelson, a financier in Los Angeles bilked investors of twenty million dollars. "War Crime" - a report on charges that the U.S. government suppressed information about germ warfare experimentation by the Japanese on American prisoners of war during World War II.

4/11/82 – "Sullivan vs. Sullivan" - an examination of a California court decision awarding a woman a share of her former husband's future income for supporting him while he attended medical school. "The Kitson File" - a profile of a family's struggle to free their father from a South African jail. "Ghost Town" - a report on Madrid, New Mexico, a revived ghost town that is a haven for artists and craftsmen.

4/18/82 – "In the Belly of the Beast" - an interview with author and accused murderer Jack Abbott. "Going in Style" - a report on former Reagan aide Lyn Nofziger's return to a more lucrative private career. "Barry Goldwater" - an interview with the Republican Senator from Arizona.

4/25/82 – "In Your Own Backyard" - a report on a garbage dump in Port Washington, N.Y., similar to thousands across the country, which is filled with toxic chemicals which leak into nearby homes. "Lena" - an interview with singer Lena Horne (OAD: 12/27/81). "What the Eye Cannot See" - a report on special photographic techniques used by the botanists and zoologists at the Oxford Scientific Film Company in England (OAD: 10/4/81).

5/2/82 – "May 2, 1942" - a report on the recovery of five and one half tons of gold from a British cruiser sunk on May 2, 1942. "Fake" - a report on the production and sale of counterfeit brand name products (OAD: 12/27/81). "Take Me Out to the Ballgame" - a profile of a women's softball team, the Raybestos Brakettes (OAD: 10/11/81).

5/9/82 – "The Bomb" - a report on the potential destructiveness of a nuclear attack and the refusal of Boulder, Colorado to participate in the Reagan Administration's evacuation plan. "All His Life in Jail" - a report on Edward Sanchez, a convict who has spent 31 of his 33 years in foster homes, reform schools and prisons (OAD: 1/3/82). "Billy" - a profile of movie director Billy Wilder (OAD: 2/28/82).

5/16/82 – "The Nazi Connection" - a report on why a U.S. Government agency helped Nazi war criminals settle in this country. "Surrogate Mother" - a report on women who consent to bear children for women who cannot (OAD: 10/18/81).

5/23/82 – "Erling Can't Read" - an investigation into the extent of an Illinois school district's responsibility for the failure of a junior high school student to read beyond a fourth grade level. "Bully" - a report on the circumstances surrounding the murder of a man who allegedly brutalized the people of Skidmore, Missouri (OAD: 1/31/82). "Queen Lear" - interview with Moya Olsen Lear, chairman of a private aircraft business and her effort to build a fuel-conserving jet (OAD: 1/7/82).

5/30/82 – "Scotch on the Rocks" - a report on how whisky is made in Scotland and the reasons why less of it is now produced and consumed. "Vladimir Horowitz" - a profile of the famed pianist (OAD: 12/26/77). "The Woodhouse Way" - a report on a British television program featuring a 70-year-old woman who trains dogs and their owners (OAD: 2/15/81).

6/6/82 –The Left Bank" - a report on Socialism in France under President Francois Mitterrand. "The Best Movie Ever Made?" - a report on the production of the film *Casablanca* (OAD: 11/15/81). "Big Man on Campus" - a profile of Professor John Rassias who uses theatrics to teach French at Dartmouth (OAD: 12/20/81).

6/13/82 – "But Are You Covered?" - a report on people who are injured in work related accidents and have to fight insurance companies to collect benefits. "Vietnam 1982" - an interview with Vietnamese Foreign Minister Nguyen Co Thach. "The Best in the West" - a profile of Wyoming trial lawyer Gerry Spence (OAD: 1/24/82).

6/20/82 – "On Guard" - a report on volunteer crime-fighting groups in Sun City, Arizona and Santa Ana, California. "Wanted: Terpil and Korkala" - interviews with Frank Terpil, former CIA agent turned advisor to Muammar Qadaffi, and with Gary Korkala, who with Terpil is want-

ed by New York State authorities for conspiring to sell arms to terrorists (OAD: 11/8/81). "The Billionaire from Hong Kong" - a profile of shipping magnate Y.K. Pao (OAD: 11/29/81).

6/27/82 – "France Is Into Training" - a report on the world's fastest train, the TGV (Train Grand Vitesse). "Who Killed Malcolm X?" - a report on new information concerning the murder of Muslim leader Malcolm X (OAD: 1/17/82). "Claude Pepper" - a profile of the 81-year-old Democratic congressman who champions he rights of the elderly (OAD: 12/6/81).

7/4/82 – "The Last Nazi" - a report on circumstances surrounding the questionable identity of the man imprisoned and assumed to be Rudolf Hess, Hitler's Deputy Fuhrer (OAD: 12/20/81). "The Bad Drug" - a report on Selacryn, a hypertension drug kept on the market by its maker after reports of serious side-effects (OAD: 2/7/82). "A Monkey Named Hellion" - a report on a monkey trained to assist a disabled person (OAD: 3/22/81).

7/11/82 – "15 Years to Life" - a report on the plight of Henry Barker jailed on a guilty plea to a felony murder, who is now asking for a trial (OAD: 12/6/81). "The Old Neighborhood" - a report on the complaints of the poor in Cincinnati who face displacement due to urban renewal (OAD: 11/29/81). "The Alton Memo" - a report on a $9.2 million libel judgment against an Illinois newspaper (OAD: 10/11/81).

7/18/82 – "One Billion Consumers" - a report on the renewed production and consumption of consumer goods in China (OAD: 12/6/81). "Man the Bookshelves" - a report on the censorship battle in Virginia between a fundamentalist minister and a librarian (OAD: 11/1/81). "A Candle in the Dark" - a report on the efforts of Amnesty International to halt the torture of political prisoners (OAD: 2/7/82).

7/25/82 – "The Pink Panther" - a profile of the founder of Mary Kay Cosmetics (OAD: 10/28/79). "I. Magnin File" - an examination of alleged age discrimination in the I. Magnin department stores (OAD: 11/1/81). "Who Stole Superman?" - a report on videotape piracy (OAD: 2/25/799).

8/1/82 – "Murder or Mercy Killing?" - a report on the moral and legal questions involved in the case of a Texas man who shot to death his terminally ill brother (OAD: 3/28/82). "The Ultra Secret" - a report on a cypher machine used by the British during World War II (OAD: 8/3/75). "Joel Nelson Is Missing" - an investigation of charges that Joel Nelson, a financier in Los Angeles, bilked investors of twenty million dollars (OAD: 4/4/82).

8/8/82 – "You're Under Arrest" - a report on the havoc caused by drunk drivers and the failure of the law to stop them (OAD: 1/3/82). "So You Want to Make a Movie" - a profile of Earl Owensby who made Shelby, North Carolina a production center for profitable low budget films (OAD: 3/14/82). "Left City" - a report on Santa Monica, a formerly conservative California city whose government is now controlled by new left activists (OAD: 3/14/82).

8/15/82 – "The Invisible Handicap" - a report on Gellaudet College, a liberal arts institution for the deaf (OAD: 11/28/76). "Cults" - an examination of the reasons why young people join religious cults and the problems involved in getting them to resign (OAD: 3/7/82). "Mrs. Breadwinner" - a rep on the increasing number of working wives who earn more than their husbands (OAD: 10/25/81).

8/22/82 – "Time Bomb" - a report on Huntington's disease (OAD: 2/8/81). "King Sobhuza" - interview with King Sobhuza of Swaziland, Africa in which he explains why he has retained traditional tribal customs (OAD: 1/10/82). "Having a Baby" - a report on the controversy over births at home and the license suspension of Dr. George Wootan, a practitioner of home births (OAD: 3/21/82).

8/29/82 – "A Modern American Tragedy" - a report on how William Bell, a former manager for Hughes Aircraft Company, sold top secret military information to the Polish government (OAD: 3/14/82). "Fantasy Island" - a report on Sun City, located in a designated area of South Africa, in which white and blacks mix freely (OAD: 2/7/82). "Homeless" - a report on people who live and sleep on the streets, with interviews in New York City and Portland, Oregon (OAD: 1/10/82).

9/5/82 – "Titan" - an examination on the safety hazards involved in the U.S. Air Force's aging Titan missile system (OAD: 11/8/81). "The Check is in the Mail" - a report on the U.S. Postal Service and its current problems (OAD: 1/17/82). "Friend of the Rich" - an interview with Malcolm Forbes, millionaire publisher of *Forbes* magazine (OAD: 2/14/82).

9/12/82 – "In the Belly of the Beast" - an interview with author and accused murderer Jack Abbott (OAD: 4/18/82). "The Nazi Connection" - a report on why a U.S. Government agency helped Nazi war criminals settle in this country (OAD: 5/16/82).

9/19/82 – "Honor Thy Children" - a report on the attempts of American fathers to be reunited with the children they fathered in Vietnam. "Madame Minister" - a profile of Melina Mercouri, the actress who is now the Greek government's Minister of Culture. "Give Back the Money" - a report on efforts to change the federal government's pension system.

9/26/82 – "Arafat" - an interview with PLO leader Yassir Arafat. "The Collection" - a report on the presentation of women's designer collections in Paris. "Trouble Brewing" - an investigation of controversial employment practices of the Coors Brewing Company.

10/3/82 – "Goes With the Job?" - an investigation on charges that women coal miners were sexually harassed while working for the Consolidation Coal Company in Wheeling, West Virginia. "Small Town, U.S.A." - a report on the financial struggle of a Polo, Illinois man to care for his brain-damaged daughter when the town refused to assist him. "Man's Best Medicine" - a report on how pets help the sick, prisoners, and the lonely overcome feelings of isolation and help to reduce tension.

10/10/82 – "Help Wanted" - an investigation of charges that National Executive Search, a career counseling firm, bilked executives looking for jobs. "Lest We Forget" - a report on the controversy over the design of the Vietnam War Memorial. "Sting Within a Sting" - a report on how a convicted swindler, used by the FBI as an undercover agent in the Abscam investigation, defrauded people of $150,000.

10/17/82 – "Kelly" - an interview with Kelly Johnson, designer of military aircraft for the Lockheed Corporation. "Welcome to Palermo" - a report on the war among the Sicilian Mafia for control of international drug traffic in Palermo (OAD: 12/13/81). "51st State?" A report on the status of Puerto Rico in relation to the United States, and the effect of this on the island's economy.

10/24/82 – "The Sheik Goes to Miami" - a report on the life style in Miami of Sheik Muhammed al-Fassi and his relatives, and their confrontations with local authorities. "Warning: Dangerous to Your Health" - an investigation of the efforts of a Dallas attorney to halt the sale of snub-nosed hand guns. "The Bishop and the Bombs" - a report on the controversy in Amarillo, Texas over the Catholic bishop's views on the morality of working in the nuclear weapons production plant there.

10/31/82 – "Good Cop, Bad Cop" - a report on police protection of narcotics dealers in Chicago including an interview with an undercover officer who helped break up an alleged police drug selling ring. "Bhagwan" - a report on the controversy in Antelope, Oregon over East Indian guru Bhagwan Shres Rajneesh and his followers who now control the town government and plan to build a holy city there. "What's Wrong with Switzerland?" - an examination of the Swiss and the reasons why their young people "occasionally disrupt the peace".

11/7/82 – "Maria" - a report on three of the more than 50,000 children who disappeared in the last year. "Easy Come, Easy Go" - a report on the problems caused by legalized casino gambling in Atlantic City. "Step by Step" - a report on the work of biomedical engineer Jerrold Petrofsky who is developing a computerized electronic device that will enable quadriplegics to walk.

11/14/82 – "Vietnam '82" - a report on current economic and social problems in Vietnam. "Johnny Cash" - a report on the growth and profitability of high technology computer manufacturing firms in California's 'Silicon Valley'.

11/21/82 – "Traitor" - an interview with convicted spy Christopher Boyce who sold information about the U.S. satellite surveillance system to the Russians. "Plumbago Carpensis and All That" - a report on the intense interest of the English in gardening. "Le Terrorisme" - a report on the upsurge of terrorist killings in Paris and the response or the French police.

11/28/82 – "Divorce Catholic Style" - a report on the Roman Catholic Church's policy of

annulment and the difficulties encountered by those affected by it. "Placido Domingo" - a profile of tenor Placido Domingo. West Bank" - a report on the friction between the Arabs and Israelis over control of the West Bank of the Jordan River.

12/5/82 (7:14-8:14) – "Up in Arms" - a report on NRA opposition to the passage of an ordinance in Brookhaven, New York banning Teflon-coated and armor-piercing bullets. "The Baron de Rothschild" - a profile of the 80-year-old French aristocrat, wine maker and bon vivant. "Jacobo Timerman" - an interview with Jacobo Timerman, the exiled Argentine Jewish writer who strongly criticizes the policies of Israeli leader Menachem Begin.

12/12/82 – "Plague of Justice" - a report on how convicts in Oregon are clogging the courts with lawsuits, many of them frivolous, which are costly to defendants and the state. "Underground Railroad" - a report on U.S. citizens who are helping Central Americans to enter the United States illegally. "Hobie" - a profile of millionaire Hobart Alter who made his fortune manufacturing surfboards and catamarans.

12/19/82 – "Shadow of a Doubt" - a report on new testimony that casts doubt on the murder conviction of a Wisconsin man ten years ago. "Close Harmony" - excerpts from a film about a New York City music teacher who organized a chorus composed of children and elderly people. "The Re-selling of Tylenol" - a report on the efforts of Johnson & Johnson executives to reassure the public that Tylenol is a safe drug.

12/26/82 (7:41-8:41) – "Park It in Tokyo" - a report on how the Japanese are retraining 2,600 Americans to build trucks at a new Nissan plant in Smyrna, Tennessee. "Martina" - a profile of tennis player Martina Navratilove. "Two Families" - a report on the differing views of two couples faced with deciding whether their children born with severe birth defects should live or die.

1983

Sunday 7:00-8:00 PM

1/2/83 (7:24-8:24) – "Doctor's Dilemma" - a report on the controversy that erupted when a doctor upon leaving a medical partnership, was legally barred from practicing in Boulder, Colorado. "Larry" - an interview with actor Lawrence Olivier. "Return to Poland" - a report on how a year of martial law in Poland has affected the people there.

1/9/83 (7:34-8:34) – "Soap and Hope" - a report on the Amway Corporation, a shop-at-home company, and the frustrations of people who think they can get rich by selling its products. "Uncle Sam Doesn't Want You" - a report on homosexuals fighting to stay in the Armed Services. "Grandma's Been Arrested" - a report on the increasing problem of the elderly committing crimes for the first time.

1/16/83 (7:28-8:29) – "Who Killed Officer Neupert?" - an investigation of the circumstances surrounding the murder of a New Orleans police officer and the subsequent slaying of two suspects by the police. "Hopis and Navajos" - a report on the dispute between the Navajo and Hopi Indians over the ownership of a thousand square miles of Arizona desert. "The Ordeal of Peter Johnson" - a report on the struggle of an ex-Marine to force the Veterans Administration to delete a misdiagnosis of mental illness from his service record.

1/23/83 – "The Gospel According to Whom?" - an investigation of charges that the National Council of Churches and the World Council of Churches finance the activities of radical left-wing groups in Latin America and Africa. "Dear Mr. President," - interviews with former Cabinet Secretaries Robert McNamara, Peter Peterson and William Simon, part of a bipartisan group lobbying to cut the federal deficit and spending.

1/30/83 – "Don't Make Waves" - a report on what happened to two officers who were ordered to see a psychiatrist after they questioned military procedures. "Go North Young Man" - a profile of the Eskimos and Danes who live in Greenland. "Eubie" - a profile of jazz composer-performer Eubie Blake (OAD: 9/17/78).

2/6/83 –"Penny Wise..." - a report on the controversial actions taken by the IRS to shut down a Yonkers, New York trucking company for overdue taxes. "Bounty Hunter" - a report on the diplomatic and legal questions that arose when two American bounty hunters forcibly brought a Canadian financier to Florida from Toronto for trial on land sales violations. "The Devil Is a Gentleman" - a profile of Nazi mass murderer Adolf Eichmann.

2/13/83 – "Soldier of Misfortune" - a report on the controversy over whether a convicted murderer killed a woman in Oregon because of the trauma he allegedly suffered as a soldier in Vietnam. "The Maverick" - a report on the six billion dollar Maverick anti-tank missile that critics say does not work. "To Your Health" - an investigation of charges that the FDA failed to consider scientific reports that sulfites found in processed foods could trigger serious allergic reactions in asthmatics.

2/20/83 – "Doing Time" - a report on an experimental prison in Denmark where men and women live together, cook their own food and pass the time like normal couples. "Return of the Visigoths" - a report on how a reputed Italian prince wants to establish his own sovereign country on the Caribbean island of Barbuda and turn it into a tourist mecca. "Harris Neck" - a report on the fight of forty black families to regain land they gave the Federal Government during World War II that was allegedly to be returned after the war.

2/27/83 – "Open-and-Shut Case" - a report on a Columbus, Ohio man who mistakenly served five years in prison for rape because of a striking resemblance to a doctor who police now say committed the crime. "Petra" - a profile of Petra Kelly's Green Party, an anti-nuclear movement in West Germany, and its possible effect on the election there next week. "Freddie" - a report on 16-year-old Fredericka Schweers and her reflections on life just before she died in a Providence, Rhode Island hospital of leukemia.

3/6/83 – "The Khomeini Years" - interviews with several Iranian refugees about life under the rule of the Ayatollah Khomeini. "The Captain Is a Lady" - a profile of U.S. Navy Captain Grace Hopper who at 76 is the oldest woman in the Armed Services. "The Sohell Experiment" - an investigation of charges that a behavioral conditioning program claiming to teach alcoholics to drink in moderation is a failure.

3/13/83 – "The Thomas Reed Affair" - an investigation into charges that Thomas Reed, National Security Advisor to President Reagan, was involved in illegal stock dealings and attempted forgery. "Lichfield" - a profile of Patrick Lichfield, professional photographer and a cousin of Queen Elizabeth. "The Spraying of Moundville" - a report on the controversy over whether a chemical sprayed on the fields of Moundville, Alabama resulted in the death of a child.

3/20/83 – "...Yearning to Breathe Free" - an investigation of the reasons why hundreds of Cuban refugees are being held in Atlanta Prison. "Michael Doyle's Camden" - an interview with Father Michael Doyle, a parish priest in Camden, New Jersey, about the decline of the once thriving city. "Diplomatic Immunity" - a report on the frustrations of police and crime victims in this country who by law cannot file criminal or civil charges against foreign diplomats.

3/27/83 – "Man of Honor" - an interview with Joseph Bonanno, a reputed leader of organized crime. "Little Rock" - a report on the methods by which Little Rock, Arkansas is trying to attract white students back to its public school system. "Gulag Gas" - a report on the protests of human rights activists over the construction of the Soviet natural gas pipeline to Europe that is allegedly being built by forced labor.

4/3/83 – "Meet Mr. Stork" - a profile of Artie Elgart, a Philadelphia auto parts distributor who arranges for couples to adopt babies. "Space Wars" - an update of a report on American and Soviet research into particle beam weaponry as a defense against nuclear missiles. "Tarantino" - a report on why Gabe Tarantino, a retired detective, believes police in Brooklyn murdered his nephew.

4/10/83 – "The Machine" - a report on how racial tensions and political patronage in the Democratic Party in Chicago are affecting the outcome of the mayoral election there. "Chlordane" - a report on the controversy over whether the pesticide Chlordane causes cancer. "The County Poorhouse" - a report on an experiment in Sacramento, California offering food and shelter instead of cast assistance to employable welfare recipients.

4/17/83 – "Undercover" - a report on Pat Livingston, an undercover FBI agent who claims he suffered a psychological breakdown because of his work. "Oraflex" - an investigation of charges that the Eli Lilly Company failed to report possible fatal effects caused by the arthritis drug Oraflex. "On Top, Down Under" - a report by the Australian version of 60 MINUTES on the inter-

national sale of babies, some of them kidnapped.

4/24/83 – "Dollars Aweigh" - an investigation of charges of fraud and waste in the U.S. Navy's shipbuilding program. "The Different Drummer" - a report on the coalition that is seeking the recall of San Francisco mayor Dianne Feinstein. "Larry" - a profile of Lord Olivier (OAD: 1/2/83).

5/1/83 – "Man of Honor, Continued" - second part of a profile of reputed crime boss Joseph Bonanno. "7 Lively Arts, 1 Lively Artist" - a profile of director Franco Zeffirrelli (OAD: 11/4/81). "...Park It in Tokyo" - a report on how the Japanese are retraining 2,600 Americans to build trucks at a new Nissan plant in Smyrna, Tennessee (OAD: 12/25/8288).

5/8/83 – "Charged with Murder" - an investigation of the ethical issue of whether two Los Angeles doctors were right in turning off the life support system of a severely brain damaged man. "The Last Nazi" - a report on the circumstances surrounding the questionable identity of the man imprisoned and assumed to be Rudolf Hess, Hitler's Deputy Fuhrer (OAD: 12/20/81). "Johnny Cash" - an interview with multimillionaire country singer Johnny Cash (OAD: 11/14/82).

5/15/83 – "Saint Peter's Banker" - an investigation of the circumstances surrounding the death of Roberto Calvi, financial advisor to the Vatican Bank, and the possible involvement of the Catholic Church in a multimillion dollar swindle. "Man's Best Medicine" - a report on how pets help the sick, prisoners, and the lonely overcome feelings of isolation and help to reduce tension (OAD: 10/3/83). "Penny Wise..." - a report on the controversial actions taken by the IRS to shut down a Yonkers, New York trucking company for overdue taxes (OAD: 2/6/83).

5/22/83 "Honor Thy Children" - a report on the attempts of American fathers to be reunited with the children they fathered in Vietnam (OAD: 11/21/82). "Plumbago Capensis and All That" - a report on the intense interest of the English in gardening (OAD: 11/21/82). "David and Goliath" - a report on the six year struggle of New Jersey resident Frank Kaler to get authorities to close a toxic landfill which had contaminated his water supply.

5/29/83 – "Divorce Catholic Style" - a report on the Roman Catholic Church's policy of annulment and the difficulties encountered by those affected by it (OAD: 11/28/82). "The Collection" - a report on the presentation of women's designer clothes collections in Paris (OAD: 9/267/82). "Traitor" - an interview with convicted spy Christopher Boyce who sold information about the U.S. satellite surveillance system to the Russians (OAD: 11/21/82).

6/5/83 – "The Palestinians" - a report on exiled Palestinians in the Middle East and North Africa. "Uncle Sam Doesn't Want You" - a report on homosexuals fighting to stay in the Armed Services (OAD: 1/9/83). "Trouble Brewing" - an investigation of controversial employment practices of the Coors Brewing Co. (OAD: 9/26/82).

6/12/83 – "China Syndrome" - an investigation of the dismissal of anthropologist Stephen Mosher from Stanford University's Ph.D. program after the Chinese Government complained about a magazine article he wrote. "The Baron de Rothschild" - a profile of the 80-year-old French aristocrat, wine maker and bon vivant (OAD: 12/5/82). "Grandma's Been Arrested" - a report on the increasing problem of the elderly committing crimes for the first time (OAD: 1/9;83).

6/19/83 – "The Sheik Goes to Miami" - a report on the life style in Miami of Sheik Muhammed al-Fassi and his relatives, and their confrontations with local authorities (OAD: 10/24/82). "The One Dollar Misunderstanding" - a report on the the controversy that erupted after Yale University sold its literary magazine to a politically conservative editor for one dollar. "Underground Railroad" - a report on U.S. citizens who are helping Central Americans to enter the United States illegally (OAD: 12/12/82).

6/26/83 – "African Chief" - an interview with Jerry Rawlings, the head of state in Ghana, about the economic problems there. "Litchfield" - a profile of Patrick Lichfield professional photographer and a cousin of Queen Elizabeth (OAD: 3/13/83). "Good Cop, Bad Cop" - a report on police protection of narcotics dealers in Chicago including an interview with an undercover officer who helped break up an alleged police drug selling ring (OAD: 10/31/82).

7/23/83 – "Soap and Hope" - a report on the Amway Corporation, a shop-at-home company, and the frustrations of people who think they can get rich by selling its products (OAD: 1/9/83). "Bhagwan" - a report on the controversy in Antelope, Oregon over East Indian guru Bhagwan Shree Rajneesh and his followers who now control the town government and plan to build a holy there (OAD: 10/31/82). "What's Wrong With Switzerland?" - an examination or the Swiss and the reasons why their young people occasionally disrupt the peace (OAD: 10/31/82).

7/10/83 – "It Didn't Have to Happen" - a report on the futile attempt by a Philadelphia professor to sue Massachusetts for releasing a mental patient who murdered the teacher's son (OAD: 2/28/82). "Madame Minister" - a profile of Melina Mercouri, the actress who is now the Greek government's Minister of Culture (OAD: 9/19/82). "Diplomatic Immunity" - a report on the frustration of police and crime victims who by law cannot file criminal or civil charges against foreign diplomats (OAD: 3/20/83).

7/17/83 – "Small Town, U.S.A." - a report on the financial struggle of a Polo, Illinois man to care for his brain-damaged daughter when the town refused to assist him (OAD: 10/3/82). "Return of the Visigoths" - a report on how a reputed Italian prince wants to establish his own sovereign country on the Caribbean island of Barbuda and turn it into a tourist mecca (OAD: 2/20/83). "400,000 New Cases Every Year" - a report on the causes and treatment of venereal herpes (OAD: 3/22/81).

7/24/83 – "Goes With the Job?" - an investigation of charges that women coal miners were sexually harassed while working for the Consolidated Coal Company in Wheeling, West Virginia (OAD: 10/3/82). "Pavarotti" - a profile of Metropolitan Opera tenor Luciano Pavarotti (OAD: 11/4/79). "Rational Suicide?" - a report on the controversial issue of suicide as a plausible option for the terminally ill (OAD: 10/12/80).

7/31/83 – "...Yearning to Breathe Free" - an investigation of the reasons why hundreds of Cuban refugees are being held in Atlanta Prison (OAD: 3/20/83). "Maria" - a report on three of the more than 50,000 children who disappeared in the last year (OAD: 11/7/82). "Placido Domingo" - a profile of tenor Placido Domingo (OAD: 11/28/82).

8/7/83 – "Bounty Hunter" - a report on the diplomatic and legal questions that arose when two American bounty hunters forcibly brought a Canadian financier to Florida from Toronto for trial on land sales violations (OAD: 2/6/83). "CCCP-TV in Moscow" - a report on television in the U.S.S.R. (OAD: 1/6/80). "The Captain Is a Lady" - a profile of U.S. Navy Captain Grace Hopper who at 76 is the oldest woman in the Armed Services (OAD: 3/6/83).

8/14/83 – "Man of Honor" - an interview with Joseph Bonanno, a reputed leader of organized crime (OAD: 3/27/83). "Step by Step" - a report on the work of biomedical engineer Jerrold Petrofsky who is developing a computerized electronic device that will enable quadriplegics to walk (OAD: 11/7/82). "To Your Health" - an investigation of charges that the FDA failed to consider scientific reports that sulfites found in processed foods could trigger serious allergic reactions in asthmatics (OAD: 2/13/83).

8/21/83 – "Soldier of Misfortune" - a report on the controversy over whether a convicted murderer killed a woman because of the trauma he allegedly suffered as a soldier in Vietnam (OAD: 2/13/83). "Meet Mr. Stork" - a profile of Artie Elgart, a Philadelphia auto parts distributor who arranges adoptions (OAD: 4/3/83). "Help Wanted" - an investigation of charges that National Executive Search, a career counseling firm, bilked executives looking for jobs (OAD: 10/10/82).

8/28/83 – "The Sobell Experiment" - an investigation of charges that a behavioral conditioning program claiming to teach alcoholics to drink in moderation is a failure (OAD: 3/6/83). "Martina" - a profile of tennis player Martina Navratilova (OAD: 12/26/82). "The Bishop and the Bombs" - a report on the controversy in Amarillo, Texas over the Catholic bishop's views on the morality of working in the nuclear production plant there (OAD: 10/29/80).

9/4/83 – "Lena" - interview with singer Lena Horne (OAD: 12/27/81). "Doing Time" - a report on an experimental prison in Denmark where men and women live together, cook their food and pass the time like normal couples (OAD: 2/20/83). "Doctor's Dilemma" - a report on the controversy that erupted when a doctor, upon leaving a medical partnership, was legally barred from practicing in Boulder, Colorado (OAD: 1/2/83).

9/11/83 (7:32-8:32) – "Open-and-Shut Case" - a

report on a Columbus, Ohio man who mistakenly served five years in prison for rape because of a striking resemblance to a doctor who police now say committed the crime (OAD: 2/27/83). "Oraflex" - an investigation of charges that the Eli Lilly company failed to report possible fatal effects caused by the arthritis drug Oraflex (OAD: 4/17/83).

9/18/83 (7:37-8:37) – "Captain Jeffrey MacDonald" - an investigation of the new charge that former Green Beret and convicted murderer Dr. Jeffrey MacDonald was taking a weight reducing drug with potential behavioral side effects before he allegedly killed his wife and two daughters. "Fly by Night" - a report on how Federal Express developed an overnight mail delivery system into a one billion dollar a year business. "The Highway Men" - a report on the wide spread bid-rigging on highway contracts in Georgia and other parts of the country.

9/25/83 (8:06-9:06) – "Anchorman" - a report on how evening news anchormen are chosen and why they are important to the television networks financially and in news coverage. "Miracle at Knock" - a report on the Irish government's dilemma of whether to complete an international airport near the remote village of Knock. "Justice or Revenge" - a report on the efforts of a Maryland couple to lobby for tougher criminal laws because of the murder of their daughter.

10/2/83 – "Crime Without Punishment" - a report on why the taped confessions of two murder suspects were ruled inadmissible and the suspects set free. "Tammy" - a profile of a 22-year-old prostitute. "Hi-Tech Trail" - a report on the efforts of the Russians to acquire illegally high technology equipment in the West necessary for the construction of super computers.

10/9/83 (8:07-9:07) – "Radical Mr. Reagan" - a report on the controversial policies of Billy Reagan, the Houston Superintendent of Schools. "He Bought the Company" - a profile of Victor Kiam, owner of the Remington Shaver Company. "Baby John and Baby Jane" - an investigation of charges by Houston doctors that the Houston medical examiner failed to diagnose child abuse as the cause of the deaths of two battered infants.

10/16/83 (7:20-8:20) – "Take the Children and Run" - a report on the eight-year ordeal of Kay Ward who, after losing custody of her children, abducted them. "60 Years on Broadway" - a profile of 80-year-old Al Hirschfeld. "House Bill: 1,946,000" - a report on the cost of keeping a congressman in office.

10/23/83 – "Genius" - a report on the savant syndrome, an extraordinary skill or talent that sometimes occurs in an autistic or retarded person. "The U.S.A. vs. General Collins" - a report on the legal problems of Retired Air Force Major General Richard Collins, charged with embezzling $19,000 in Air Force funds. "Baseball Primavera" - a report on the way baseball is played in Italy.

10/30/83 (7:24-8:24) – "Jesse Jackson" - an interview with civil rights leader Jesse Jackson about his Presidential aspirations. "Where Have You Gone, Joe DiMaggio?" - a report on how the pampering of athletes who receive enormous salaries can result in the use of drugs and a breakdown in ethical behavior. "Tragic Assumption" - a report looking at the misdiagnoses of Reye's syndrome involving three cases in which children had the disease.

11/6/83 – "Whoops!" - a report on how cost overruns and mismanagement in the construction of nuclear power plans in the state of Washington resulted in the Washington Public Power Supply System defaulting on its bonds. "Too Old to Drive?" - a report on the ease with which old people in Florida can renew their drivers' licenses and how so many of them cause traffic accidents because of their failing eyesight and poor reflexes. "A Fair Trade?" - a report on why an American machine tool company accuses its Japanese competitor of unfair trade practices.

11/13/83 (8:24-8:24) – "Operation Corkscrew" - a report on how a botched FBI operation in Cleveland damaged the reputation of two municipal court judges there. "The Week Before 'The Day After'" - a report on the controversy over the upcoming ABC film "The Day After" which depicts the horrors of nuclear war. "The Church and Nicaragua" - a report on the dispute within the Catholic Church over the political alliance in Nicaragua between some priests and the nation's Marxist regime.

11/20/83 – "The Khyber Connection" - a report on how Pakistan has become the chief supplier of heroin to Europe and the United States. "The Champ" - a profile of heavyweight boxing champion Larry Holmes. "Just a Couple of Beers" - a report on the controversy over whether a woman should collect over $800,000 from the town of Ware, Massachusetts because police failed to arrest a man who drank a couple of beers just before he killed her husband and daughter in a head-on collision.

11/27/83 (7:35-8:35) – "Very Used Cars" - an investigation of the practice of turning back odometers on an estimated seventy percent of the used cars sold. "Pillar of the Community" - a profile of Dr. Joseph Kramer, a pediatrician who exchanged a lucrative practice to work full-time in a New York City poverty area. "...A City Like No Other" - a report on the widespread corruption in Lagos, Nigeria that has resulted in a breakdown of essential public services there.

12/4/83 – "Lenell Geter's in Jail" - a report on additional evidence that could result in a new trial for Lenell Geter, an engineer convicted of armed robbery in Texas. "Helen Hayes" - a profile of actress Helen Hayes.

12/11/83 (7:08-8:08) – "The Coronado Mob" - a report on former Coronado, California high school students who started smuggling marijuana in their school days and built it into a hundred million dollar business. "The Rosewood Massacre" - an investigation of what happened in Rosewood, Florida in January 1923 when as many as 40 blacks were murdered by rampaging whites following the alleged rape of a white woman. "The King of Morocco" - a profile of King Hassan II of Morocco.

12/18/83 – "Supergrass" - a report on two police informers in Londonderry, Ireland, known as "supergrasses", who accused friends of working for the Catholic IRA or the Protestant UVF. "Check the Water" - a report on the people of Canob Park, Rhode Island who have been forced to buy bottled water for years because there is gasoline in their drinking water.

12/25/83 – "Haiti" - a report on the economic and political conditions in Haiti under the rule of Jean-Claude Duvalier. "Sunshine Boys and Girls" - interviews with old time film veterans who live in the Motion Picture and Television Country Home in California. "Cesar Chavez" - a profile of Cesar Chavez, the union leader who was the first to organize migrant farm workers in California.

1984

Sunday 7:00-8:00 PM

1/1/84 – "Report From the Commissioner" - an interview with former New York City Police Commissioner Robert McGuire who talks about changes in big city police departments. "Tennis Boot Camp" - a report on why talented teenage tennis players sacrifice their personal lives for a punishing regime at a Florida tennis school. "Camera Shy" - a report on new firms that coach business executives to answer reporters' questions.

1/8/84 – "Dateline: Damascus" - interviews with Syria's Minister of State for Foreign Affairs Farouk Al-Shara', Walid Jumblatt, leader of the Lebanese Druse and former U.S. Ambassador to Syria Talcott Seelye concerning the Syrian view of their rights in Lebanon and neighboring lands. "Who Shot Down Sir Freddie?" - a report on the controversy over whether a group of airlines conspired to drive Sir Freddie Laker and his cut-rate airline out of business. "Getting to Know Barbara" - a profile of Barbara Proctor who went from the poverty of North Carolina to become the head of Proctor and Gardner, a million dollar advertising agency in Chicago.

1/15/84 – "Painting the Town Red" - a report on the new millionaires in Communist controlled Hungary. "Depo-Provera" - a report on the controversial use of the drug Depo-Provera to control criminal sexual offenders. "K 2" - a profile of Jim Wickwire, a Seattle lawyer who climbed K 2, one of the highest mountains in the Himalayas, and brought back spectacular film footage.

1/22/84 (8:45-9:450) – "Dirty Little Secret" - a report on Rick Jahnke, Jr., a Wyoming teenager convicted of murdering his father who allegedly beat him and his sister over a period of years. "From PAC-MAN to POKER-MAN" - a report on the illegal use of video games in Tennessee and other parts of the country. "You're on the Air" - a report on radio call-in disc jockeys who deliberately provoke listeners to rant and rave on the air.

1/29/84 – "Straight, Inc." - a report on Straight, Inc., a drug rehabilitation program that allegedly holds teenage addicts against their will. "People's Court" - a report on the fight of paralegal Rosemary Furman of Jacksonville, Florida to persuade the Florida Bar Association to provide cut-

rate legal service for the poor. "No Smoking" - a report on the nationwide campaign to stop people from smoking in public places.

2/5/84 – "Remember Derek Sanderson?" - a report on the circumstances which caused professional hockey star to become dependent on alcohol and on drugs which eventually left him permanently crippled. "By Reason of Insanity " - a report on why a husband who stabbed his wife to death was acquitted by a jury because of temporary insanity. "Over the Hill?" - a rep on a free Santa Monica, California clinic that helps the elderly to feel positively about aging.

21/12/84 – "No Brothers, No Sisters" - a report on the extreme measures used by the Chinese Government to enforce birth control. "Missing At Sea" - a report on the attempt of Robert Granberg to fake his death and collect one million dollars in life insurance. "Are They Really Bankrupt?" - a report on the city of South Tucson, Arizona which was forced to declare bankruptcy when a jury ordered the city to pay a disabled police officer $3.5 million.

2/19/84 – "Helen" - a report on the legal problems encountered by health officials in New Haven, Connecticut when they tried to prevent a prostitute who has AIDS from transmitting the disease. "35 Is Enough" - a profile of Dennis and Diane Nason of Sisters, Oregon who have 35 children, 25 of them adopted. "Korematsu vs. U.S." - a report on the 40-year legal struggle of Fred Korematsu to expunge his criminal record for failing to report to a detention camp for Japanese-Americans during World War ll.

2/26/84 – "The Defectors" - a report on the sometime shabby treatment spies receive from the U.S. government when they defect to this country. "The Guardians and the Cowboys" - a report on the Richmond, California Police Department where black officers have testified against white officers in police brutality law suits. "Henry" - a profile of San Antonio Mayor Henry Cisneros.

3/4/84 – "...And Justice For All' - a report on the controversy in California over the use of strip searches as a standard police procedure. "Bye Bye Benefits" - a report on the decision of Colt Industries to cancel the medical insurance of the former workers of a closed down Pennsylvania steel mill. "Mobutu" - a report on charges that President Mobutu of Zaire has accumulated a fortune through his corrupt regime.

3/11/84 – "Baby Jane Doe's Parents" - a report on the legal fight of a New York couple to prohibit life-prolonging surgery for their infant daughter. "Pravda" - a report on the leading Soviet newspaper, *Pravda*, which has the largest circulation in the world. "Loophole" - a report on a loophole in a section of the federal law which enabled an ex-convict to obtain a handgun legally in Indianapolis.

3/18/84 – "Nguyen Cao Ky" - an investigation of charges that former Vietnamese Premier Nguyen Cao Ky heads a Vietnamese organized crime operation in California. "The Second Time Around" - A report on the convention of the National association of Television Program Executives, where television shows are sold for syndication. 'Cdr. Brown U.S.N." - a report on charges of financial irregularities involved in the production of a Hollywood film that used Naval combat planes.

3/25/84 – "The Secretary and the Senator" - a profile of Senator Robert Dole (R., Kansas) and his wife Elizabeth, the Secretary of Transportation. "A Sporting Chance?" - a report on the controversy over hunters killing elk in the Grand Teton National Park. "The Politics of Porn" - a report on the furor in Minneapolis caused by a proposed ordinance defining pornography as a form of sex discrimination that violates the civil rights of women.

4/1/84 – "Trial by Jury" - a report on the increasing use of psychologists and other so called experts by defense lawyers in the selection of jurors in civil and criminal trials."Dutch Treat" - a report on the extravagant welfare system in Holland which subsidizes such things as tennis lessons and the buying of hashish by teenagers. "Willie Brown" a profile of black politician Willie Brown, the Speaker of the Assembly in the California legislature.

4/18/84 – "Nixon" - first part of a three part interview of ex-President Richard M. Nixon by his former speech writer Frank Gannon. "Shirley" - a profile of actress Shirley MacLaine.

4/15/84 – "Nixon" - last part of the three part interview of ex-President Richard M. Nixon by his former speech writer Frank Gannon (Part ll on THE AMERICAN PARADE 4/10/84). "Continental Airlines" - a report on the dispute between the Air Line Pilots Association and the management of Continental Airline concerning the safety of the airline.

4/22/84 – "Thou Shalt Not..." - a report on a divorced woman in Collinsville, Oklahoma, who successfully sued the Fundamentalist Church of Christ for invasion of privacy after the church elders denounced her for fornication. "UNESCO" - a report on the reasons why the United States threatened to resign as a member of the United Nations Educational and Cultural Organization. "Gould" - a profile of Harvard paleontologist Stephen Jay Gould.

4/29/84 – "Good Behavior" - a report on the use of group psychotherapy at a Maryland State Penitentiary to rehabilitate criminals convicted of violent crime. "Very Used Cars" - an investigation of the practice of turning back odometers on an estimated seventy percent of the used cars sold (OAD: 11/27/84). "Pillar of the Community" - a profile of Dr. Joseph Kramer, a pediatrician who exchanged a lucrative practice to work full-time in a New York City poverty area (OAD: 11/27/83).

5/6/84 – "A Dirty War" - a report on the search in Argentina for thousands of people who have disappeared, the alleged victims of political terrorism. "Fly by Night" - a report on how Federal Express developed an overnight mail delivery system into a billion dollar a year business (OAD: 9/18/83). "Baseball Primavera" - a report on the way baseball is played in Italy (OAD: 10/23/83).

5/13/84 – "In Search of Justice" - a report on the investigation of Bill Ford, a New York lawyer, to uncover the facts concerning the murder of his sister, a Catholic nun in El Salvador. "Helen Hayes" - a profile of actress Helen Hayes (OAD: 12/4/83). "Where Have You Gone, Joe DiMaggio?" - a report on how the pampering of athletes who receive enormous salaries can result in the use of drugs and a breakdown in ethical behavior (OAD: 10/30/83).

5/20/84 – "Yves Montand" - a profile of singer-actor Yves Montand who has recently become active in French politics. "Lenell Getter's in Jail" - a report on additional evidence that could result in a new trial for Lenell Getter, an engineer convicted of armed robbery in Texas (OAD: 12/4/83).

5/27/84 – "Whoops!" - a report on how cost overruns and mismanagement in the construction of nuclear power plants in the state of Washington resulted in the Washington Public Supply System defaulting on it bonds (OAD: 11/6/83). "He Bought the Company" - a profile of Victor Kiam, owner of the Remington Shaver Company (OAD: 10/9/83). "Too Old to Drive?" - a report on the ease with which old people in Florida can renew their drivers' licenses and how so many of them cause traffic accidents because of their failing eyesight and poor reflexes (OAD: 11/6/83).

6/3/84 – "No Questions Asked" - a report on how taxpayer are paying off federally insured mortgages obtained by Camden, New Jersey welfare recipients who lied on their mortgage applications. "Henry" - a profile of San Antonio Mayor Henry Cisneros (OAD: 2/26/84). "Haiti" - a report on the economic and political conditions in Haiti under the rule of Jean-Claude Duvalier (OAD: 12/25/84).

6/10/84 – "The Sikhs" - a report on the radical separatist Sikh movement in India including an interview with Sikh leader Jarnail Singh Bhindranwale. "The Coronado Mob" - a report on former Coronado, California high school students who started smuggling marijuana in their high school days and built it into a hundred million dollar business (OAD: 12/11/83). "The Julie Affair - Part ll" - an update of the 12/13/81 segment on the fight of Mr. Loeb Julie to sell the U.S. Army an apparently superior and cheaper automated calibrator.

6/17/84 – "Adults Only" - a report on the fight of a Tamarac, Florida couple to remain in an adults only community even though they have a child. "Step by Step" - a report on the work of biomedical engineer Jerrold Petrofsky who is developing a computerized electronic devise that will enable quadriplegics to walk (OAD: 11/7/82). ""Painting the Town Red" - a report on the new millionaires in Communist controlled Hungary (OAD: 1/1 5/84).

6/24/84 – "This Was Your Captain Speaking" - a report on the efforts of older airline pilots to repeal an FAA regulation prohibiting pilots over the age of sixty from flying commercial airlines. "The Baron de Rothschild" - a profile of the 80-year-old French aristocrat, wine maker and bon vivant (OAD: 12/5/82). "People's Court " - a report on the fight of paralegal Rosemary Furman

of Jacksonville, Florida to persuade the Florida Bar Association to provide cut-rate legal service for the poor (OAD: 1/29/84).

7/1/84 – "Genius" - a report on the savant syndrome, an extraordinary skill or talent that sometimes occurs in an autistic or retarded child (OAD: 10/23/83). "Who Shot Down Sir Freddie?" - a report on the controversy over whether a group of airlines conspired to drive Sir Freddie Laker and his cut-rate airline out of business (OAD: 1/8/84). "Over the Hill?" - a report on a free Santa Monica, California clinic that helps the elderly to feel positive about aging (OAD: 2/5/84).

7/8/84 – "Captain Jeffrey MacDonald" - an investigation of the new charges that former Green Beret and convicted murderer Dr. Jeffrey MacDonald was taking a weight reducing drug with potential behavioral side effects before he allegedly killed his wife and two daughters (OAD: 9/18/83). "The Champ" - a profile of heavyweight boxing champion Larry Holmes (OAD: 11/20/83). "Man's Best Medicine" - a report on how pets help the sick, prisoners, and the lonely to reduce tension and overcome feelings of isolation (OAD: 10/3/82).

7/15/84 – "Depo-Provera" - a report on the controversial use of the drug Depo-Provera to control criminal sexual offenders (OAD: 1/15/84). "Miracle at Knock" - a report on the Irish Government's dilemma of whether to complete an international airport near the remote village of Knock (OAD: 9/25/83). "No Smoking" - a report on the nationwide campaign to stop people from smoking in public places (OAD: 1/23/84).

7/22/84 – "Bonnie" - a profile of Bonnie Consolo, who was born without arms (OAD: 5/11/80). "Placido Domingo" - a profile of tenor Placido Domingo (OAD: 11/28/82). "Take the Children and Run" - a report on the eight-year ordeal of Kay Ward who, after losing custody of her children, abducted them (OAD: 10/16/83).

7/29/84 – "Operation Corkscrew" - a report on how a botched FBI operation in Cleveland damaged the reputations of two municipal court judges there (OAD: 11/13/83). "What the Eye Cannot See" - a report on special photographic techniques used by the botanists and zoologists at the Oxford Scientific Film Company in England (OAD: 10/4/81). "Pravda" - a report on the leading Soviet newspaper, Pravda, which has the largest circulation in the world (OAD: 3/11/84).

8/5/84 – "Dalkon Shield" - a report on a contraceptive I.U.D. with dangerous complications (OAD: 4/19/81). "The Second Time Around" - a report on the convention of the National Association of Television Program Executives, where television programs are sold for syndication (OAD: 3/18/84). "The Rosewood Massacre" - an investigation of what happened in Rosewood, Florida in January, 1923 when as many as 40 blacks were murdered by rampaging whites following the alleged rape of a white woman (OAD: 12/11/83).

8/12/84 – "The Politics of Porn" - a report on the furor in Minneapolis caused by a proposed ordinance defining pornography as a form of sex discrimination that violates the civil rights of women (OAD: 3/25/84). "Fantasy Island" - a report on Sun City located in a designated area of South Africa, in which whites and blacks mix freely (OAD: 2/7/82). "The County Poorhouse" - a report on an experiment in Sacramento, California offering food and shelter instead of cash assistance to employable welfare recipients (OAD: 4/10/82).

8/19/84 – "Shirley" - a profile of actress Shirley MacLaine (OAD: 418/84). "Bye Bye Benefits" - a report on the decision of Colt Industries to cancel the medical insurance of the former workers in a closed-down Pennsylvania steel mill (OAD: 314/84). "Check the Water" - a report on the people of Canob Park, Rhode Island who have been forced to buy bottled water for years because there is gasoline in their drinking water (OAD: 12/18/83).

8/26/84 – "Dirty Little Secret" - a report on Rick Jahnke, Jr., a Wyoming teenager convicted of murdering his father who allegedly beat him and his sister over a period of years (OAD: 1/22/84). "Time Bomb" - a report on Army veterans who claim they have cancer caused by radiation from atom bomb tests (OAD: 9/28/80). "From PAC-MAN to POKER-MAN" - a report on the illegal use of video games in Tennessee and other parts of the country (OAD: 1/22/84).

9/1/84 – "A Dirty War" - a report on the search in Argentina for thousands of people who have disappeared, the alleged victims of political terrorism (OAD: 5/6/84). "Tennis Boot Camp" - a report on why talented teenage tennis players sacrifice their personal lives for a punishing regime at a Florida tennis school (OAD: 1/1/84). "To Your Health" - an investigation of charges that the FDA failed to consider scientific reports that sulfites found in processed foods could trigger serious allergic reactions in asthmatics (OAD: 2/13/83).

9/9/84 – "35 Is Enough" - a profile of Dennis and Diane Nason of Sisters, Oregon who have 35 children, 25 of them adopted (OAD: 2/19/84). "Dutch Treat" - a report on the extravagant welfare system in Holland which subsidizes such things as tennis lessons and the buying of hashish by teenagers (OAD: 4/11/84). "Baby Jane Doe's Parents" - a report on the legal fight of a New York couple to prohibit life-prolonging surgery for their infant daughter (OAD: 3/11/84).

9/16/84 (7:32-8:32) – "The Little Fighter That Couldn't" - a report on the F-20, a plane developed for export by the Northrop Corporation, but rejected by other countries even though it was cheaper and easier to maintain that the F-16. "It's A Sedelmaier" - a profile of Joe Sedelmaier, producer of television commercials. "Governor Gloom" - a profile of Governor Richard Lamm of Colorado who takes a pessimistic outlook of America's future.

9/23/84 (7:34-8:34) – "Bill Bartling Doesn't Want to Die" - a report on the moral dilemma of whether to give a California man the right to disconnect a respirator that is keeping him alive. "Congressman For Sale?" - a report on the crusade of Philip Stern, an heir to the Sears Roebuck fortune, to publicize how much certain congressmen are receiving from lobbyists. "Homework" - a report on the fight of organized labor to prevent women working in their own homes from earning a living making women's clothing.

9/30/84 (7:20-8:20) – "God in the Classroom" - a report on the political dilemma of whether the United States Government should license teachers and regulate the curriculum in the increasing number of secondary schools set up by various churches. "Carlos Fuentes" - an interview with Carols Fuentes, the Mexican author and former diplomat, about why United States foreign policy in Latin America is a failure. "Do You Know Where Your Credit Card Is?" - a report on how counterfeiters are manufacturing huge numbers of phony credit cards that are used to illegally charge millions of dollars worth of goods and services.

10/7/84 – "60¢ an Hour" - a report on how major United States assembly line industries are relocating in Mexico to take advantage of cheap labor. "Nora" - an interview with Nora Astorga, recently rejected by the United States diplomatic community as the Nicaraguan Ambassador because in 1978 she lured a Nicaraguan general to her home where he was shot and killed. "Who Needs Lawyers?" - a profile of Nat Denman, a Falmouth, Massachusetts man.

10/14/84 (7:05-8:05) – "There's Gold in Asbestos" - an investigation of law suits involving asbestos related injuries. "Momma" - an interview with Eugenia Charles, Prime Minister of the island of Dominica. "King of the Jungle" - a report on the controversy over the use of live animals in scientific experiments.

10/21/84 – "The Execution of Velma Barfield" - a report on the case of 61-year-old Velma Barfield, scheduled to be executed in North Carolina for the murders of four people. "Sting Man Stings Again" - a profile of Mel Weinberg, once involved in the Abscam sting and now in charge of Operation Bagscam, an investigation of the illegal sale of Louis Vuitton handbags. "Granada: One Year Later" - a report on conditions in Grenada, one year after the United States invasion of the Caribbean island.

10/28/84 – "The Great One" - an interview with legendary actor and comedian Jackie Gleason at his estate in Florida. "Did He or Didn't He?" - an interview with the stepchildren of Claus von Bulow on the eve of his retrial on charges that he tried to kill his wife. "Don't Mess with Sylvia" - a profile of California consumer advocate Sylvia Siegel, who monitors utility rate increases and whose latest concern is the impact of the A.T.&T. breakup.

11/4/84 – "Mitch Snyder" - a profile of Washington, D.C. social activist Mitch Snyder, who called attention to the plight of the homeless by fasting for 51 days and almost dying as a result. "The Sikhs" an update of a report on the radical separatist Sikh movement in India (OAD: 6/10/84). "Killing at Cerro Maravilla" - an investigation of charges that the Puerto Rican Government was involved in a cover-up of the execution of two alleged terrorists by the police

ists by the police there.

11/11/84 – "Till Death Us Do Part..." - a report on the social system in India which puts women in an inferior position and condones such practices as the burning of brides whose dowries don't continue to live up to expectations. "Huston" - a profile of 77-year-old film director John Huston. "The Prairie Judge" - a profile of Miles Lord, Chief Judge of Minnesota.

11/18/84 – "A Place Called Bati" - a report on the famine in Ethiopia and its effect on this African nation. "The Preppie Connection" - a report on the sale of cocaine at Choate, a prestigious New England prep school. "Cheryl" - a report on the sexual molestation of a little girl, allegedly by her father, and the controversy over his visitation rights.

11/25/84 – "Capt. Pearson, U.S.A.F." - a report on questionable procedures in the Air Force's marijuana detection program and the top-rated flyer who has resigned his commission because of it. "Crime Pays" - a report on private companies that operate detention centers and prisons for profit. "Trouble Shooter" - an interview with Vernon Walter, President Reagan's roving Ambassador at Large, about Central and South America.

12/2/84 – "Just What the Doctor Ordered" - a report on the use of heroin for terminally ill cancer patients in Britain. "Corporal Scott U.S.M.C." - a report on a U. S. Marine serving a 30-year sentence for kidnap rape and attempted murder, who claims that he is the victim of mistaken identity. "Maternity Leave" - a report on two working mothers who are battling their employers for maternity leave compensation.

12/9/84 – "Admiral Rickover" - an interview with retired Admiral Hyman G. Rickover. "The Czar of Clinton County" - a report on Robert Polston who has been superintendent of the Clinton County, Kentucky school system for over 30 years, despite allegations of misconduct ranging from misappropriation of government funds to payroll padding. "Golan and Globus" - a report on two Israeli producers whose Hollywood company, Cannon Films, is making successful low-budget movies.

12/16/84 – "South Africa" - an interview with P.W. Botha, President of South Africa, about apartheid and the changes taking place in his nation. "Long Live the King" - a profile of actor Yul Brynner. "Dirty Water" - a report on small Indiana landowners who claim that the Prudential Insurance Company of America's installation of wells and irrigation rigs has resulted in dwindling and tainted water supplies.

12/23/84 – "M K Ultra" - a report on a secret CIA-funded brainwashing experiment during the 1950's which used unsuspecting Canadian citizens as guinea pigs, leaving them emotionally crippled or brain damaged. "Serra" - a profile of San Francisco criminal attorney Tony Serra who is considered to be one of the nation's best trial lawyers, despite his unorthodox appearance and methods. "Kennedy of Albany" - a profile of William Kennedy, winner of the 1984 Pulitzer Prize for fiction.

12/30/84 – "Air Bags" - a report on the controversy surrounding the unavailability of air bags in American-made cars despite government efforts, more than ten years ago, to make them compulsory. "Come to the Fair" - a report on the disastrous 1984 Louisiana World Exposition in New Orleans, the first world's fair to declare bankruptcy. "Mario Cuomo" - an interview with Governor Mario Cuomo of New York.

1985

Sunday 7:00-8:00 PM.

1/6/85 (7:25-8:25) – "The Scarlet 'A'" - a report on Erin Tobin, a Texas University student who, although cleared of child abuse charges by a grand jury, still feels that her reputation suffered irreparable damage. "Bank Failure" - an examination of the failure of a Nebraska savings institution and the resultant loss of $67 million of its depositors' savings. "Reluctant Ally" - an interview with Prime Minister Andreas Papandreou of Greece.

1/13/85 – "The Perfect Cop" - a report on a California police officer who shot and killed a 5-year- old boy holding a toy gun because he mistook the child for an armed assailant. "The Other Tinsel Town" - a report on the Indian film industry, which is the most prolific in the world. "U. S. vs. Kilpatrick" - a report on a Denver promoter who claims that the tax shelters he sold were legal and that the Department of Justice and the IRS were more concerned with making an example of him than in dispensing justice.

1/20/85 – "Boston's Ray Flynn" - a profile of Boston's Mayor Ray Flynn. "No Brothers, No Sisters" - a report on the extreme measures used by the Chinese Government to enforce birth control (OAD: 2/12/84). "Lord Carrington" - an interview with Lord Carrington of Britain, Secretary General of NATO.

1/27/85 – "1975 - 1985 - 1995?" - an investigation of the causes of the famine in the West African nation of Mali and whether a future recurrence can be prevented. "Queen of The Palace" - a profile of Leona Helmsley, President of Harley Hotels and wife of real estate baron Harry Helmsley. "Mary and Goliath" - a report on the efforts of a Michigan housewife to prevent the construction of a nuclear plant near her town.

2/3/85 – "The Defector" - a profile of Soviet defector Arkady Shevchenko . "Going Smokeless" - an investigation of the health risks involved in the use of snuff, a smokeless tobacco now being used by twenty-two million Americans. "World's Worst Landlord?" - a report on slumlord Gunter Kaussen, the owner of thousands of tenements in the United States, Canada and his native West Germany.

2/10/85 – "The Hostage Game" - a report on a simulated hostage scenario held in Prince Georges County, Maryland by three professional psychotherapists to drill local police departments in handling terrorist situations "Little Richard" - a profile of rock 'n' roll star Little Richard.

2/17/85 – "Making of a Murderer" - a report on a young Sioux Indian now serving a 15-year-to-life sentence for the murder of his homosexual foster father. "Mrs. Thatcher" - a profile of Prime Minister Margaret Thatcher of Great Britain "Most Unlikely to Succeed" - a profile of Joe Hrudka, a college drop-out who parlayed a gasket business into a $150 million auto empire.

2/24/85 – "The Bible Made Me Do It" - a report on Charles Honeywell, a community activist who caused a rift among the Protestant ministers of Pennsylvania's Monongahela Valley by encouraging tactics of confrontation to bring about social change. "Donahue" - a profile of syndicated talk show host Phil Donahue. "Operation Recoupe" - a report on an FBI sting operation involving organized automobile theft in the Midwest and the unsuspecting dealers who were damaged by the investigation and are suing the government.

3/3/85 – "Who Killed Henry Liu?" - a report on the murder in California of a Chinese-American journalist who had been critical of the Taiwanese Government. "More Visigoths" - update of a segment ("Return of the Visigoths" - OAD: 2/20/83) about the Caribbean island of Barbuda where an order of modern knights wants to establish a new nation. "Bypass" - an examination of the most commonly performed major operation in America, the coronary bypass.

3/10/85 – "Julia" - an interview with soprano Julia Migenes-Johnson. "Trouble in the Valley" - an examination of the problems caused by a toxic waste dump in California's San Joaquin Valley. "President of Israel" - an interview with President Chaim Herzog of Israel.

3/17/85 – "Castro" - an interview with Cuban Premiere Fidel Castro conducted by Dan Rather. "The Billfold Biopsy" - an examination of the practice of moving patients from private to public hospitals because they have insufficient money or insurance. "Brother's Keeper?" - a report on two brothers whose lives have taken widely differing paths; one is a respected college professor and the other is serving a life sentence in prison.

3/24/85 – "Shoreham" - an investigation of the alleged connection of organized crime to the building of a billion-dollar nuclear power plant near New York City. "Plain Talk from Plains" - an interview with former President Jimmy Carter in his Plains, Georgia home. "Somebody Ought to Do Something about This..." - a report on the Golden Age Nursing Home in Brownsville, Pennsylvania which is still operating despite alleged health violations.

3/31/85 – "Doctor By Degree" - an investigation of bogus doctors who buy their degrees from foreign medical schools. "Hallelujah!" - a report on the religious broadcasting industry, an estimated half-billion-dollar tax-free business. "Duarte" - a report on the efforts of President Jose Napoleon Duarte to unite war-torn El Salvador.

4/7/85 – "Equal Before God?" - report on Catholic laywomen and nuns who want the right to become priests. "Murder They Said" - an investigation of officers of a Chicago silver-reclaiming company who have been charged

with murder in the cyanide-poisoning death of an employee. "Play Ball'" - a profile of baseball's hottest and youngest pitching sensation, Dwight Gooden.

4/14/85 – "MPD" - an examination of the phenomenon of Multiple Personality Disorder, an illness which experts believe is more common than generally believed. "You Can't Get There From Here"- a report on Communist-controlled Albania, a country virtually closed to foreigners. "Once Upon a Time..." - an interview with business woman Gloria Vanderbilt about her traumatic childhood and celebrated lifestyle.

4/21/85 – "One Third of a Nation" - a report on Cambodia by Ed Bradley on the tenth anniversary of his report of the U. S. evacuation. "Attila the Nun" - a profile of former nun Arlene Violet who is now attorney general of Rhode Island. "Winnemucca" - an investigation of alleged acts of police brutality in a small Nevada town.

4/28/85 – "Tunnels of Cu Chin" - a report on the American soldiers who fought the Vietcong in tunnels under Saigon. "It's A Sedelmaier" - a profile of Joe Sedelmaier, producer of television commercials (OAD: 9/16/84). "Zimbabwe: 5 Years After" - a report on this African nation, formerly Rhodesia, since the white minority relinquished its power.

5/5/85 – "Beer Today! Gone Tomorrow?" - a report on consumer activists who want beer and wine commercials banned from television. "He Did It His Way" - a report on Mayor John Lomelo of Sunrise, a Florida retirement city, who goes on trial next month for extortion. "Bette Davis" - a profile of actress Bette Davis (OAD: 1/20/80).

5/12/85 – "Underground Railroad" - a report on American clergymen and citizens who are sheltering illegal aliens from El Salvador and Guatemala. "Amory & Hunter Lovins" - an interview with anti-nuclear activists Amory and Hunter Lovins at their energy-efficient Rocky Mountain Institute. "Vladimir Horowitz" - a profile of the piano virtuoso (OAD: 12/25/77).

5/19/85 – "Trade Schools" - an examination of the reasons why trade schools have received poor ratings in a government report. "Come to Britain" - a report on Butlin's, a chain of uniquely English holiday camps (OAD: 2/4/73). "Bank Failure" - an examination of the failure of a Nebraska savings institution and the resultant loss of $67 million of its depositors' savings (OAD: 1/6/85).

5/26/85 – "A Dirty War" - a report on the search in Argentina for thousands of people who have disappeared, the alleged victims of political terrorism (OAD: 5/5/84). "What the Eye Cannot See" - a report on special photographic techniques used by the botanists and zoologists of the Oxford Scientific Film Company in England (OAD: 10/4/81). "No Smoking" - a report on the nationwide campaign to stop people from smoking in public places (OAD: 1/29/84).

6/2/85 – "Soldier of Misfortune" - a report on the controversy over whether a convicted murderer killed a woman in Oregon because of the trauma he allegedly suffered as a soldier in Vietnam (OAD: 2/13/83). "Little Richard" - a profile of rock 'n' roll star Little Richard (OAD: 2/10/85). "Reluctant Ally" - an interview with Prime Minister Andreas Papandreou of Greece (OAD: 1/6/85).

6/9/85 – "The Perfect Cop" - a report on a California police officer who shot and killed a 5-year-old boy holding a gun because he mistook the child for an armed assailant (OAD: 1/13/85). "Julia" - an interview with soprano Julia Migenes-Johnson (CAD: 3/10/85). "Going Smokeless" - an investigation of the health risks involved in the use of snuff, a smokeless tobacco now being used by twenty-two million Americans (OAD: 2/3/85).

6/16/85 – "Mitch Snyder" - a profile of a Washington, D.C. social activist who called attention to the plight of the homeless by fasting for 51 days (OAD: 11/4/85). "The Other Tinsel Town" - a report on the Indian film industry, the most prolific in the world (OAD: 1/13/85). "God in the Classroom" - a report on the political dilemma of whether the Government should license teachers and regulate the curriculum in the increasing number of secondary schools set up by various churches (OAD: 9/30/84).

6/23/85 – "The Music of Auschwitz" - an interview with Fania Fenelon who avoided the gas chamber by playing in the inmate orchestra at Auschwitz (OAD: 4/16/78). "Admiral Rickover" - an interview with retired Admiral Hyman G. Rickover (OAD: 12/9/84). "Getting to Know Barbara" - a profile of Barbara Proctor who went from the poverty of North Carolina to become the head of Proctor and Gardner, a multimillion dollar advertising agency in Chicago (OAD: 1/8/84).

6/30/85 – "Crime Pays" - a report on private companies that operate detention centers and prisons for profit (OAD: 11/25/84). "Long Live the King" - a profile of actor Yul Brynner (OAD: 12/15/84). "King of the Jungle?" - a report on the controversy over the use of live animals in scientific experimentation (OAD: 10/4/84).

7/7/85 – "Air Bags" - a report on the controversy surrounding the unavailability of air bags in American-made cars despite government efforts, more than ten years ago, to make them compulsory (OAD: 12/30/84). "Queen of the Palace" - a profile of Leona Helmsley, President of Harley Hotels and wife of real estate baron Harry Helmsley (OAD: 1/27/85). "Who Killed Henry Liu?" - a report on the murder in California of a Chinese-American journalist who had been critical of the Taiwanese Government (OAD: 3/3/85).

7/14/85 – "The Czar of Clinton County" - a report on Robert Polston who has been superintendent of the Clinton County, Kentucky school system for over 30 years despite allegations of misconduct ranging from misappropriation of government funds to payroll padding (OAD: 12/9/84). "Hallelujah" - a report on the religious broad-casting industry, an estimated half-billion dollar tax-free business (OAD: 3/31/85). "Placido Domingo" - profile of tenor Placido Domingo (OAD: 11/28/82).

7/21/85 – "Most Unlikely to Succeed" - a profile of Joe Hrudka, a college drop-out who parlayed a gasket business into a $150 million auto empire (OAD: 2/17/85). "Our Little Miss" - a report on beauty pageants for children (OAD: 9/11/77). "Brother's Keeper?" - a report on two brothers whose lives have taken widely differing paths; one is a respected college professor and the other is serving a life sentence in prison (OAD 3/17/85).

7/28/85 – "The Billfold Biopsy" - an examination of the practice of moving patients from private to public hospitals because they have insufficient money or insurance (OAD: 3/17/85). "Kennedy of Albany" - a profile of William Kennedy, winner of the 1984 Pulitzer Prize for fiction (OAD: 12/23/84). "Dirty Little Secret" - a report on Rick Jahnke, Jr., a Wyoming teenager convicted of murdering his father, who allegedly beat him and his sister over a period of years (OAD: 1/22/84).

8/4/85 – "The Great One" - an interview with actor and comedian Jackie Gleason (OAD: 10/28/85). "U. S. vs. Kilpatrick" - a report on a Denver promoter who claims that the tax shelters he sold were legal and that the Department of Justice and the IRS were more concerned with making an example of him than in dispensing justice (OAD: 1/13/85). "Tammy" - a profile of a 22-year-old prostitute (OAD: 10/2/83).

8/11/85 – "1975 - 1985 - 1995?" - an investigation of the causes of the famine in the West African nation of Mali and whether a future recurrence can be prevented (OAD: 1/27/85). "Golan and Globus" - a report on two Israeli producers whose Hollywood company, Cannon Films, is making successful low-budget movies (OAD: 12/9/84). "The Little Fighter That Couldn't" - a report on the F-20, a plane developed for export by the Northrop Corporation, but rejected by other countries even though it was cheaper and easier to maintain than the F-16 (OAD: 9/16/84).

8/18/85 – "The Defector" - a profile of Soviet defector Arkady Shevchenko (OAD: 2/3/85). "Play Ball"- a profile of baseball's hottest and youngest pitching sensation, Dwight Gooden of the New York Mets (OAD: 4/7/85). "Murder They Said" - an investigation of officers of a Chicago silver-reclaiming company who have been charged with murder in the cyanide-poisoning death of an employee (OAD: 4/7/85).

8/25/85 – "The Scarlet 'A'" - a report on Erin Tobin, a Texas University student who, although cleared of child abuse charges by a grand jury, still feels that her reputation suffered irreparable damage (OAD: 1/6/85). "One Third of a Nation" - a report on Cambodia by Ed Bradley on the tenth anniversary of his report on the U. S. evacuation (OAD: 4/21/85). "Once Upon A Time..." - an interview with businesswoman Gloria Vanderbilt about her traumatic childhood and celebrated lifestyle (OAD: 4/14/85).

9/1/85 – "Making of a Murderer" - a report on a young Sioux Indian now serving a 15-year-to-life sentence for the murder of his homosexual foster father (OAD: 2/17/85). "Lena" - an interview with singer Lena Horne (OAD: 12/27/81). "Doctor By Degree" - an investigation of bogus

doctors who buy their degrees from foreign medical schools (OAD: 3/31/85).

9/8/85 (7:03-8:03) – "35 Is Enough" - a profile of Dennis and Diane Nason of Sisters, Oregon who have 42 adopted children in addition to 6 of their own (OAD: 2/19/84). "The Prairie Judge" - a profile of Miles Lord, Chief Justice of Minnesota (OAD: 11/11/84). "Corporal Scott U.S.M.C." - a report on a U. S. Marine serving a 30-year sentence for kidnap, rape and attempted murder, who claims that he is the victim of mistaken identity (OAD: 12/2/84).

9/15/85 (7:17-8:17) – "Who Is Bob Harris?" - a profile of Bob Harris, an influential force in Senator Jesse Helm's Fairness in Media campaign despite being incapacitated by multiple sclerosis. "The Beeb" - a profile of BBC Radio. "Dungeons & Dragons" - an examination of the controversy surrounding the game, Dungeons & Dragons, which has been connected to numerous murders and suicides.

9/22/85 (7:17-8:17) – "Should Nicky Barnes Go Free?" - an interview with former heroin dealer LeRoy "Nicky" Barnes who has turned government informant in a bid for freedom from a life sentence without parole. "It's a Calvin" - a profile of fashion designer Calvin Klein. "Do You Take This Alien?" - a report on the growing problem of aliens who are using marriage to gain legal status in the United States.

9/29/85 – "The Bigger They Are..." - a report on Human Growth Hormone (HGH), a drug being used more frequently by athletes, despite its potentially dangerous side effects. "The Gurkhas" - a report on the Gurkha warriors from Nepal who make up a special forces unit in the British Army. "Sacred Confession" - an examination of whether private counseling sessions with a clergyman on the confidentiality of the confessional should remain exempt from state disclosure laws.

10/6/85 – "The Burks Have AIDS" - a report on the Burk family of rural western Pennsylvania, the first American family to have contracted AIDS. "Say It Ain't So, Joe" - a report on the increasing use of drugs by professional baseball players. "Kahane" - an interview with Knesset member Meir Kahane.

10/13/85 (7:11-8:11) – "The Great Postal Robbery" - a report on an alleged Philippine crime syndicate, currently being investigated for stealing more than $43 million in government checks from the U.S. Postal Service. "A Nun's Story" - an interview with talk show host Mother Angelica, a Franciscan nun and founder of the Eternal Word Television Network. "The Cool Warrior" - an interview with New Zealand Prime Minister David Lange, whose anti-nuclear stance is straining relations between his nation and the U.S.

10/20/85 – "Mubarak of Egypt" - an interview with Egyptian President Hosni Mubarak. "Our Man in Manila" - an interview with Philippine President Ferdinand Marcos. "Peter the Great" - a profile of actor and author Peter Ustinov on location in the Soviet Union.

10/27/85 – "Invade Nicaragua?" - a tour of the Sandinista defenses as they prepare for an anticipated U.S. invasion. "Tempest in a Test-Tube" - an examination of the controversy over the use of in vitro fertilization to produce test-tube babies. "The Wheeler Dealer" - an interview with a former New York City lawyer and government informant about the alleged corruption by attorneys engaged in malpractice and negligence suits.

11/3/85 – "The Donovan File" - an investigation of whether the FBI told the Senate everything it knew about former Labor Secretary Raymond Donovan, presently under indictment, during his confirmation hearings in 1981. "Giant Step" - a report on further advances by Dr. Jerrold Petrofsky in the use of computer technology to help paralyzed people to walk (Update of "Step by Step" - 11/7/82). "Bhagwan" - a report on how Australia's version of 60 MINUTES covered the story of Bhagwan Shree Rajneesh and his disagreement with former associate Ma Anand Sheela.

11/10/85 (7:10-8:19) – "ROP" - a report on Repeat Offenders Project, a special police unit in Washington, D.C. which specializes in keeping career criminals off the street. "Children's Express" - a report on a worldwide news organization run by children. "It Happened in Chicago" - an interview with Chicago personality Merri Dee about the recent parole of the man who in attempting to kill her, murdered her friend.

11/17/85 – "Playing Soldier" - a report on a school run by a former combat veteran, where civilians are taught how to use weapons and to kill. "Trump's the Name..." - a profile of Donald Trump, New York City's most prominent individual real estate investor. "It's A Swindle" - a report on a condominium owner, evicted from her $115,000 home because her $205 dues were late.

11/24/85 (7:11-8:11) – "Who Examines the Doctor?" - an investigation of flaws in the Massachusetts Board's system for monitoring physicians. "The Palace" - a report on the Palace Hotel in St. Moritz, Switzerland. "Alcee Hastings" - a report on a federal district judge in Miami, under investigation since 1981 because of his outspoken criticism of the Reagan administration.

12/1/85 (7:16-8:16) – "Airport" - an investigation of U.S. airport security in the wake of recent hijackings abroad. "Come to Australia" - a profile of Paul Hogan, a former construction worker who is now Australia's most popular comedian and pitch- man for tourism. "Schizophrenia" - a report on schizophrenia, a misunderstood and often misdiagnosed brain disorder.

12/8/85 – "Veliotis v. General Dynamics" - an interview with fugitive Takis Veliotis, a former General Dynamics executive who claims top company officials knowingly defrauded the government of millions in defense contracts. "...There For All to See" - a report on Tunica County, Mississippi where segregation is still practiced. "Brian Batey is 14..." - a report on a ten-year custody battle that is pitting a child's mother against his homosexual father.

12/15/85 – "Ronald Reagan: The Movie" - a report on the origins of various anecdotes used by the President. "Jimmy Evans" - a report on Jimmy Evans, Montgomery, Alabama district attorney whose most recent attack on political corruption targeted James Parson, the son-in-law of Governor George C. Wallace. "Dead or Alive?" - an investigation of whether U.S. servicemen are still being held prisoner in Southeast Asia.

12/22/85 (7:23-8:23) – "Scientology" - a further examination of the Church of Scientology ("Update of Scientology: The Clearwater Conspiracy" - 4/13/80). "Streets of San Diego" - a report on programs set up in San Diego to house the homeless. "The Deadliest D.A." - a report on Joe Britt, a North Carolina district attorney who has sent more criminals to death row than any other U.S. prosecutor.

12/29/85 – "Greenpeace" - a report on the anti-nuclear, save-the-earth group whose protest tactics are attracting world attention. "Tales of the Texas Rangers" - a report on the Texas Rangers' investigation of an alleged mass-murder hoax. "Athol and Zakes" - a profile of a South African playwright and an actor, whose Broadway play, "The Blood Knot," is outlawed in their own country.

1986

Sunday 7:00-8:00 PM

1/5/86 – "The Last Right?" - an investigation of the practice of euthanasia in Holland. "Jack Lemmon" - a profile of actor Jack Lemmon. "What Price Freedom?" - a report on President Alfredo Stroessner of Paraguay, in power since a military coup in 1954.

1/12/86 – "The Most Bitter Pill" - a report on critically ill people who stockpile prescription drugs so they can commit suicide. "Mrs. Dunn's Backyard" - a report on a suburban Pittsburgh neighborhood located on a dump site for the nuclear waste left over from the making of the Hiroshima bomb. "The Dalai Lama" - a report on the exiled leader of Tibet and how his country is coping under Chinese rule.

1/19/86 – "Who Is Abu Nidal?" - a report on the terrorist leader of the PLO splinter group who authorities believe was responsible for the Vienna and Rome airport attacks. "Chief" - a profile of Reuben Greenberg, black Jewish Police Chief of Charleston, South Carolina. "I've Got the Horse Right Here..." - a profile of a thoroughbred racehorse handicapper.

1/26/86 (9:00-10:00) – "Prison Gangs" - an examination of the rise of gangs in our prisons and the control they have over inmates. "Dr. Ruth" - an interview with Dr. Ruth Westheimer, sex therapist and radio/television personality. "Jonas Savimbi" - a profile of the Angolan rebel leader.

2/2/86 – "Heartbreak Hotel" - a report on inadequate and unhealthy conditions in New York City's welfare hotels. "Metcalfe v. Titus" - a report on a Florida attorney who is suing his wife, a judge, over her tough rulings on drunk driving. "Caught in the Middle" - a report on the

precarious state of Guatemala's democratic government and how its new president, Venecio Cerezo, is coping with political terrorism there.

2/9/86 – "Iran - Five Years Later" - a report on Iran five years after the American hostages' release, including an interview with Speaker of Parliament Rafsanjani, second to the Ayatollah Khomeini in power. "The Mercenary and the Mouthpiece" - a report on two defense attorneys from Miami and Las Vegas whose clients include reputed drug dealers and racketeers. "His Friends Call Him Q" - an interview with Grammy award winner Quincy Jones—a musician, composer, record producer and now co-producer of the movie "The Color Purple".

2/16/86 – "Donna and Ricardo" - a report on a retarded couple and how they are coping outside of an institution. "Here Comes Ruben Blades" - a profile of the Panamanian salsa singer whose popularity is growing among non-Latinos. "Three Daughters" - a report on the disharmony and bitterness within the DAR (Daughters of the American Revolution), an organization dating back to the 1890's.

2/23/86 – "Fraud" - a report on the ongoing federal investigation of an alleged $750 million condominium fraud in Dallas. "Lang's Gang" - a report on Eugene Lang, self-made millionaire who returned to his New York City grade school fifty years later to pay the college tuition of any of the graduating ghetto students who completed high school. "PEMEX" - an investigation of widespread corruption in Petroleos Mexicanos, Mexico's government-owned oil company.

3/2/86 – "What Killed Jimmy Anderson?" - an examination of charges that Woburn, Massachusetts children died of leukemia as a result of toxic waste in their water supply. "A Different Kind of Diplomat" - a report on Interplast (International Plastic Surgery), a group of American plastic surgeons who volunteer their services to third world countries. "Hardly Able" - a report on a family-owned-and-operated coal mining company's ongoing battle with government regulations.

3/9/86 – "Tales of the South Pacific" - an interview with author James Michener in the Malekula Islands, the backdrop for his first novel. "Tales of the South Pacific". "The Best Stuff" - a report on the Israeli Air Force.

3/16/86 – "Life and Death in San Francisco" - a report on how San Francisco's gay community is coping with the AIDS epidemic. "In This Corner..." - a report on professional boxers who are intentionally mismatched to improve their opponents' records. "Nothing Down" - a report on a seminar that shows how to buy real estate for nothing down.

3/23/86 – "Sarkis" - an interview with Sarkis Soghanalian, a U. S. resident who is reportedly the world's biggest private arms dealer. "So Sue Me'" - an examination of the increase of civil lawsuits and ways to remedy Americans' penchant to sue. "Elizabeth" - a report on Elizabeth Bouvia, the California quadriplegic who is in court again seeking to control her life-sustaining medical treatment or refuse it altogether.

3/30/86 – "I Hereby Sentence You... - an examination of the controversy surrounding laws in 26 states that allow juveniles to be executed for capital crimes. "Roy Cohn" - a profile of Roy Cohn, tracing his career from chief counsel to Joe McCarthy in the 50's to attorney to the rich and famous today, as New York tries to disbar him. "The Sultan of Saturday Morning" - a profile of cartoonist Joe Barbera, who with his long-time partner Bill Hanna, has created such memorable cartoons as "Tom and Jerry," "Yogi Bear" and "The Flintstones".

4/6/86 – "$17,000,000,000 Worth of Babies" - a report on how a Jackson, Mississippi school district is dealing with the nationwide problem of teenage pregnancy. "The Dance Theatre of Harlem" - a profile of Arthur Mitchell, founder and director of the world class dance company that began as an effort to get kids off the streets of Harlem. "Gary McGivern" - a report on why New York's Governor Mario Cuomo and others want clemency for Gary McGivern—involved in the murder of a police officer—and the resistance being waged by the parole board and a local district attorney.

4/13/86 – "Kurt Waldheim" - an interview with the former UN Secretary General, currently running for President of Austria, about charges that he witnessed and participated in atrocities committed by the Nazis during World War II. "The Binghams of Louisville" - a report on the impending demise of this Southern family's $400 million communications businesses, because of apparent irreconcilable family differences. "Bhutto's Daughter" - a profile of Benazir Bhutto, daughter of the executed Pakistani Prime Minister, who is seeking to overthrow legally the army general who deposed her father.

4/20/86 – "Ted Turner" - an interview with the maverick entrepreneur who last year failed in his attempt to take over CBS Inc., but recently acquired MGM. "A Question of Life" - a report on the birth defect spina bifida, and the controversy over decisions by physicians determining which infants should receive life-prolonging treatment. "The Defector" - a profile of singer-actor Dean Reed, an American expatriate living in East Berlin, who is sympathetic to Communism.

4/27/86 – "Justice Italian Style" - a report on a trial taking place in Palermo, Sicily, where 500 stand accused of being members of the Mafia. "For the Good of the Child?" - a report on the apparent inability of New Mexico authorities to help three children who were neglected and abused by their mother. "Invade Nicaragua?" - a tour of the Sandinista defenses as they prepare for an anticipated - U. S. invasion (OAD: 10/27/85).

5/4/86 – "Michelle" - a report on Michelle Duvalier, wife of the former Haitian dictator, whose outlandish lifestyle helped fuel the revolt and eventual downfall of the regime. "Not Again Mr. Agnew" - a report on 79-year-old Robert Agnew, whose penchant for fighting back has resulted in some 200 lawsuits over the past forty years. "The Beeb" - a profile of BBC radio (OAD: 9/15/85).

5/11/86 – "Truth and Consequences" - an investigation of the reliability of lie detector tests. "Barry Goldwater" - an interview with the 77-year-old senator from Arizona about past Presidents, politicians and prominent Americans. "Airport" - an investigation of U. S. airport security in the wake of recent hijackings abroad (Update of 12/1/85).

5/18/86 – "Who to Believe?" - a report on a child custody case in which the mother accused the father of sexually abusing one of their children. "Port Elizabeth" - a report on how the black consumer boycott in this South African town is pressuring white businessmen into supporting their apartheid demands. "Remember Enewetak" - a report on the atomic testing and nuclear contamination in the Pacific atoll of Enewetak and the impact on the native population (OAD: 3/15/80).

5/25/86 – "Elizabeth" - a report on Elizabeth Bouvia, the California quadriplegic who is in court again seeking to control her life-sustaining medical treatment or refuse it altogether (OAD: 3/23/86). "Athol and Zakes" - a profile of a South African playwright and an actor whose Broadway play "The Blood Knot," is outlawed in their own country (OAD: 12/29/85). "A Nun's Story" - an interview with talk show host Mother Angelica, a Franciscan nun and founder of the Eternal Word Television Network (OAD: 10/13/85).

6/1/86 – "Chief Buthelezi" - a report on the controversial leader of South Africa's Zulus, Chief Gatsha Buthelezi, and why black detractors call him "the whites' best black hope". "It's a Calvin" - a profile of fashion designer Calvin Klein (OAD: 9/22/85). "The Billionaire from Hong Kong" - profile of shipping magnate Y.K. Pao (OAD: 1129/81). "The Mercenary and the Mouthpiece" - a report on two defense attorneys from Miami and Las Vegas whose clients include drug dealers and racketeers (OAD: 2/9/86). "Going Smokeless" - an investigation of the health risks involved in the use of snuff, a smokeless tobacco now being used by twenty-two million Americans (OAD: 2/3/85). "Man's Best Medicine" - a report on how pets help the sick, prisoners and the lonely overcome feelings of isolation and help to reduce tension (OAD: 10/3/82).

6/15/86 – "Life and Death in San Francisco" - a report on how San Francisco's gay community is coping with the AIDS epidemic (OAD: 3/16/86). "Chief" - a profile of Reuben Greenberg, black Jewish Police Chief of Charleston, South Carolina (OAD: 1/19/86). "Baby Jane Doe's Parents" - a report on the legal fight of a New York couple to prohibit life-prolonging surgery for their infant daughter (OAD 3/11/84).

6/22/86* – "Metcalfe v. Titus" - a report on a Florida attorney who is suing his wife, a judge, over her tough rulings on drunk driving (OAD: 2/2/86). "Children's Express" - a report on a worldwide news organization run by children (OAD: 11/10/85). "Little Richard" - a profile of rock 'n' roll star Little Richard (OAD: 2/10/85). *Includes update on Dean Reed (OAD: 4/20/86).

6/29/86 – "A Different Kind of Diplomat" - a report on Interplast (International Plastic

Surgery), a group of American plastic surgeons who volunteer their services to third world countries (OAD: 3/2/86). "Trump's the Name..." - a profile of Donald Trump, New York City's most prominent individual real estate investor (OAD: 11/17/85). "No Smoking" - a report on the nationwide campaign to stop people from smoking in public places (OAD: 1/29/84).

7/7/86 – "Tempest in a Test-Tube" - an examination of the controversy over the use of in vitro fertilization to produce test-tube babies (OAD: 10/27/85). "Miracle at Knock" - a report on the Irish government's dilemma of whether to complete an international airport near the remote village of Knock (OAD: 9/25/83). "Iran - Five Years Later" - a report on Iran five years after the American hostages' release, including an interview with Speaker of Parliament Rafsanjani, second to the Ayatollah Khomeini in power (OAD: 2/9/86).

7/13/86 – "Donna and Ricardo" - a report on a retarded couple and how they are coping outside of an institution (OAD: 2/16/86). "It's a Sedelmaier" - a profile of Joe Sedelmaier, producer of television commercials (OAD: 9/16/84). "The Gurkhas" - a report on the Gurkha warriors from Nepal who make up a special forces unit in the British Army (OAD: 9/29/850).

7/20/86 – "The Shiek Goes to Miami" - a report on the life style in Miami of Shiek Muhammed al-Fassi and his relatives and their confrontations with local authorities (OAD: 2/23/86). "The Most Bitter Pill" - a report on critically ill people who stockpile prescription drugs so they an commit suicide (OAD: 1/12/86). "Lang;s Gang" - a report on Eugene Lang, a self-made millionaire who returned to his New York City grade school fifty years later to pay the college tuition of any of the graduating ghetto students who completed high school (OAD: 2/23/86).

7/27/86 – "Schizophrenia" - a report on schizophrenia, a misunderstood and often misdiagnosed brain disorder (OAD: 12/1/85). "Beverly Sills" - a profile of opera diva Beverly Sills who is now the general director of the New York City Opera Company (OAD: 7/6/75). "The Bigger They Are..." - a report on Human Growth Hormone (HUH), a drug being used more frequently by athletes, despite its potentially dangerous side effects (OAD: 9/29/85).

8/3/86 – "It's A Long Way to Furudu" - a report on the Maldive Islands, located in the Indian Ocean 400 miles southeast of Sri Lanka (OAD: 2/11/79). "The Binghams of Louisville" - a report of the impending sale of this Southern family's $400 million communications businesses because of apparent irreconcilable family differences (OAD: 4/13/86). "Should Nicky Barnes Go Free?" - an interview with former heroin dealer LeRoy "Nicky" Barnes who has turned government informant in a bid for freedom from a life sentence without parole (OAD: 9/22/85).

8/10/86 – "I Hereby Sentence You..." - an examination of the controversy surrounding laws in 26 states that allow juveniles to be executed for capital crimes (OAD: 3/30/86). "Dr. Ruth" - an interview with Dr. Ruth Westheimer, sex therapist and radio/ television personality (OAD: 1/20/86). "ROP" - a report on Repeat Offenders Project, a police unit which specializes in keeping career criminals off the street (OAD: 11/10/85).

8/17/86 – "Honor Thy Children" - a report on the attempts of Americans to be reunited with the children they fathered in Vietnam (OAD: 9/19/82). "His Friends Call Him Q" - an interview with Grammy award winner Quincy Jones—a musician, composer, record producer and now co-producer of the movie, "The Color Purple" (OAD: 2/9/86). "The Best Stuff" - a report on the Israeli Air Force (OAD: 3/9/86).

8/24/86 – "Bhutto's Daughter" - a profile of Benazir Bhutto, daughter of the executed Pakistani Prime Minister, who is seeking to overthrow legally the army general who deposed her father (OAD: 4/13/86). "The Captain Is a Lady" - a profile of U. S. Navy Captain Grace Hopper who at 76 was the oldest woman in the Armed Services (OAD: 3/6/83). "Foreign Legion" - a report on the French Foreign Legion (OAD: 11/18/79).

8/31/86 – "Truth and Consequences" - an investigation of the reliability of lie detector tests (OAD: 5/11/86). "Here Comes Ruben Blades" - a profile of the Panamanian salsa singer whose popularity is growing among non-Latinos (OAD: 2/16/86). "Playing Soldier" - a report on a school run by a former combat veteran where civilians are taught to use weapons and kill (OAD: 11/17/85).

9/7/86 – "Deng Xiaoping" - an interview in Beijing with Vice Chairman Deng Xiaoping of China. "Collision" - a report on the effect of politics on the choice of air traffic safety systems (OAD: 3/29/81). "The Dance Theatre of Harlem" - a profile of Arthur Mitchell, founder and director of the world class dance company that began as an effort to get kids off the streets of Harlem (OAD: 4/6/86). "Greenpeace" - a report on the ant-nuclear, save-the-earth group whose protest tactics are attracting world attention (OAD: 12/29/85).

9/14/86 – "Sad Day for the F.B.I." - a report on Richard Miller, the first F.B.I. agent to be convicted of espionage for giving information to the Soviet KGB. "Murder, He Wrote" - a report on the failure of Yuba, California authorities to charge anyone with the murder of a young woman, despite apparent sufficient evidence. "Mrs. President" - an interview with Philippine President Corazon Aquino prior to her first meeting with President Reagan.

9/21/86 (7:13-8:13) – "I Was No Marie Antoinette" - an interview with Imelda Marcos, former first lady of the Philippines. "To Get Rich Is Glorious" - a report on how capitalism is creeping into China's lifestyle under the leadership of Deng Xiaoping. "Comic Genius" - a profile of comedian Robin Williams.

9/28/86 – "Happy Birthday Melissa" - a report on parents who give drugs and alcohol to their children. "Mr. X" - a report on Miami's Cuban-born mayor Xavier Suarez and the growing Cuban influence in Miami. "Liza" - an interview with Judy Garland's daughter Liza Minnelli about her struggle with the same addictions her mother fought.

10/5/86 (7:29-8:29) – "Singlaub" - a report on retired Army General John Singlaub and his campaign to deliver guns and money to anti-communist guerrillas worldwide. "The Cup" - a report on preparations for the America's Cup finals and the extraordinary secrecy surrounding the yacht designs and strategy. "I Do, I Do, I Do" - a report on a religious community in Arizona that enforces the practice of polygamy.

10/12/86 – "Joe Ricci Is A Marked Man" - a report on how a false rumor identifying a Portland, Maine businessman as an organized crime figure has nearly destroyed his life. "Mohammed" - a report on Cheryl and Charles Schotts, an Indianapolis couple who found and adopted a starving African boy they saw on 60 MINUTES. "All the Ex-President's Men" - an investigation of whether former Presidents really require the millions of dollars in protection they receive at taxpayers' expense.

10/19/86 – "Shot Down Over Nicaragua" - an interview with Eugene Hasenfus, an American civilian pilot shot down over Nicaragua and now accused by the Nicaraguan government of being a spy for the CIA. "Big Wheel" - a report on "The Wheel of Fortune," a syndicated television game show. "Down on the Farm" - a report on the role of computers in the effort to save small family farms.

10/26/86 – "The Drunk Driver's Best Friend" - a report on Richard Essen, a Miami attorney with an extraordinary record for getting his clients cleared of drunk driving charges. "The Hardest Choice" - a report on two sisters who must decide whether to take a new diagnostic test which will reveal whether one or both have inherited the fatal genetic disorder, Huntington's disease. "Impeach the Judges" - an investigation of the difference of opinion over the conviction in 1973 of three men for murdering a rural Georgia family—an Appeals Court says the trial was unfair, the jury disagrees.

11/2/86 – "The McMartin Pre-School" - a report on the biggest child molestation case in history, now coming to trial in Los Angeles. "War Movie" - an examination of a film critiquing Israel's invasion of Lebanon made by the Israeli Army itself.

11/9/86 (7:12-8:12) – "Torture" - a report on a rehabilitation center for victims of political torture run by Amnesty International in Copenhagen, Denmark. "Child's Play" - a report on groups of gypsy children who have been trained to work as pickpockets in the cities of Europe. "Maurice Micklewhite" - a profile of actor Michael Caine.

11/16/86 – "Who Is She?" - a report on the reasons why the State Department expelled Colombian journalist Patricia Lara from the United States. "Dancing on Her Grave" - an interview with American ballerina Gelsey Kirkland. "The Brothers Berrigan" - a profile of Philip and Daniel Berrigan, noted anti-war activists, now waging a civil disobedience campaign against nuclear weapons.

11/23/86 (7:33-8:33) – "Out of Control" - an investigation of claims about alleged defects in the Audi automobile. "Los Quemodos" - a report on charges that the Chilean Army burned two youths, one of whom, an American, died. "Smile" - a report on the making of the Broadway musical "Smile" opening November 24, 1986.

11/30/86 (7:58-8:58) – "The Arms Game" - an examination of the possibly illegal arming and financing of foreign military forces by the U. S. Government and private individuals. "Wunderkind" - a profile of tennis star Boris Becker, the youngest Wimbledon winner ever. "Tenant Power" - a report on Bertha Jaywalk, the St. Louis housing activist.

12/7/86 – "The Iran Connection" - an update of "Iran - Five Years Later" (OAD: 2/9/86), focusing on Speaker of Parliament Hashemi Rafsanjani with whom the Reagan administration has been dealing. "Nadja" - a profile of violinist Nadja Salerno-Sonnenberg. "First Jersey Securities" - a report on the brokerage company and its owner Robert Brennan, presently under government investigation.

12/14/86 – "Wouldn't Anyone Listen" - a report on a young woman with a history of mental illness who last year killed three people at a suburban Philadelphia shopping mall. "Isaac Stern" - a profile of violinist Isaac Stern, driving force behind the refurbishing of New York's Carnegie Hall. "Oprah" - a profile of television talk-show host Oprah Winfrey.

12/21/86 (7:24-8:24) – "Sam Hall" - an interview with Sam Hall, an American arrested for spying in Nicaragua, who claims to be a member of the Phoenix Battalion, a privately funded paramilitary unit. "Operating for Profit?" - a report on charges that a for-profit hospital allowed a physician to perform unnecessary surgery despite the warnings of a colleague. "Inadmissible Evidence" - a report on a man's claim that his confession was coerced, not by the police but by the voice of God, and the Supreme Court's decision about this.

12/28/86 (9:00-10:00) – "Lourdes" - a report on the shrine in France and the Americans who visit it. "The Dirtiest River" - a report on Mexico's New River, a stream of uncontrolled toxic waste that threatens one of California's largest lakes. "It's a Gamble" - a report on compulsive gambling and the lives it ruins.

1987

Sunday 7:00-8:00 PM.

1/4/87 – "Beware This Hospital?" - an investigation of conditions at the San Diego County Hillcrest Mental Health Facility, the nation's first and only hospital to have Medicare funds taken away by the government. "Curtain Call" - a report on Casa Verdi, a retirement home for opera performers in Milan, Italy. "The Widow and the Stockbroker" - a report on an elderly widow who sued her stockbroker to recover her investment.

1/11/87 (7:33-8:33) – "A Good Cop" - a report on Frank Friel, a Philadelphia detective who put his career in jeopardy to free a convicted organized crime hitman from death row. "How to Succeed in Business" - a report on a management camp for Japanese businessmen. "Lois Lee" - a report on Lois Lee, the driving force behind Children of the Night, the Hollywood, California group that helps teenage runaways.

1/18/87 – "Missing" - a report on charges that Norwegian officials aided in the abduction of American children by their Norwegian mothers. "Minority Opinion" - an examination of the practice of plea bargaining in our criminal justice system. "Listening in Reagan Country" - interviews with four community leaders in Noblesville, Indiana, a staunch Republican town about Reagan's handling of the Iran-Contra affair.

2/1/87 – "How Far Is Too Far?" - a report on a Miami store owner charged with manslaughter after his homemade protection device electrocuted a would-be burglar. "The Model Minority" - a report on why Asian-American Children seem to be doing better in school than their U.S.-born counterparts. "Ten Extraordinary Women" - a report on ten courageous women who though stricken with cancer, challenged themselves with the Outward Bound wilderness training course.

2/8/87 – "The 36 Hour Day" - a report on hospital interns and residents who must work long, exhausting hours, often making critical judgments under trying conditions. "Dying for Dollars" - a report on how immigrants from third world countries are making millions from fraudulent life insurance claims. "The Bible Speaks" - a report on the Fundamental Christian Church and its battle with a young heiress who claims she was manipulated into giving the church $7 million.

2/15/87 – "$12 Billion of Your Money" - a report on the U.S. Army's plan to push ahead with the Bradley fighting vehicle, its new armed and armored troop carrier, despite critics' warnings that there are serious flaws in its design. "Shooting Star" - a profile of NBA star Michael Jordan of the Chicago Bulls. "Delta Flight 191" - an examination of the possibly unethical tactics employed by insurance agents when they investigate claims related to airline crash victims.

2/22/87 – "Arms for the Contras" - a report on charges that Israel supplied the Nicaraguan Contras with Russian weapons, using the Honduran Army as the middleman. "Errands of Mercy" - a report on the dangers inherent in the use of medical helicopter airlifts. "I.M. Pei" - a profile of the Chinese-American architect, designer of the controversial Paris Louvre Museum renovations.

3/1/87 – "The Doctor Story Affair" - an investigation of charges that a Wyoming doctor, now imprisoned, raped and assaulted many patients over a 25-year period. "The Spy's Wife" - an interview with Anne Henderson Pollard, wife of convicted spy Jonathan Pollard. "SIDS" - a report on an upstate New York town which failed to adequately investigate the deaths of nine infants in a family.

3/8/87 – "Karen's Kids" - a report on a custody battle in which five children, now in foster homes, don't want to be returned to their natural mother. "Saint or Singer?" - a profile of pop musician Bob Geldof, the driving force behind the Band-Aid and Live-Aid campaigns to help feed Ethiopian famine victims. "Call Me Whole Hog" - a report on Texas' Agriculture Commissioner Jim Hightower, outspoken critic of President Reagan's farm policy.

3/15/87 – "George Bush" - an interview with Vice President George Bush on his and President Reagan's credibility in the wake of the Iran-Contra affair. "What Price Genius?" - a report on how a 10-year-old, already a college sophomore, plans for the future. "Killer Trucks" - a report on deregulation in the trucking industry and the increased fatalities on America's highways.

3/22/87 – "Soviet Jews" -a report on differing perceptions of what it means to be a Soviet Jew. "Joeri De Beer" - a report on a Dutch teenager facing deportation for killing his American guardian and the jury who pleaded for leniency and befriended him. "Alicia"-a profile of Cuba's ballerina Alicia Alonzo.

3/29/87 – "Contra Country" - a report on Honduras' discontent with the Contras' presence and movements by some officials there to expel them. "Ray Charles" - a profile of eleven-time Grammy winner Ray Charles. "1 Out of 3" - a report on charges that poultry producers are processing contaminate chickens.

4/5/87 – "Clarence Brandley Is on Death Row" - a report on why an inmate of Texas' death row, within six days of being executed, was granted a reprieve. "Moscow U" - a report on Americans who attend Moscow University in the USSR. "Lamborghini" - a report on the Italian high-performance auto.

4/12/87 (7:27-8:27) – "The Most Dangerous Vehicle?" - a report on charges that the increasingly popular three-wheel ATV (All-Terrain Vehicle) is unstable and can easily tip over, killing the rider. "Cronyn & Tandy" - a profile of the acting couple, Hume Cronyn and Jessica Tandy. "The Loony Left" - a report on an extremist faction within Britain's Labour Party.

4/19/87 – "Kurt Waldheim Anchorman?" - a report on claims that many American adults have a lack of knowledge about current events, history, culture and geography. "Donny & Marie" - a profile of entertainers Donny and Marie Osmond. "The $500 Million Loan" - a report on how the World Bank financed a Brazilian Amazon forest development project, even though the bank was allegedly warned of possible adverse health and agricultural effects.

4/26/87 – "The Austin Choker" - a report on a violent criminal released after serving eight years of a 123-year sentence, who is back in prison for committing similar crimes. "Life and Death in Shanghai" - an interview with Nien Cheng, a woman who endured 6.5 years of imprisonment and torture by China's Red Guard during the Cultural Revolution. "Trooper Vogel" - a report on a Florida highway patrolman and his highly effective and controversial method of spotting

6/26/88 – "Divorce Lawyer" - a profile of Marvin Mitchelson, well-known divorce lawyer, currently facing charges that he sexually assaulted clients. "Trooper Vogel" - a report on a Florida highway patrolman and his highly effective and controversial method of spotting drug couriers (OAD: 4/26/87). "The First Lady" - a profile of the dean of the White House press corps, UPI's Helen Thomas (OAD: 5/17/87).

7/3/88 – "Buddy Boys" - a report on two police officers in Brooklyn's 77th Precinct who, to avoid imprisonment, became informants against their fellow officers concerning their activities as robbers, drug dealers and fences (OAD: 2/14/88) (Correspondent: Ed Bradley - Producer: Marley Klaus). "Chlld's Play" - a report on groups of gypsy children who have been trained to work as pickpockets in the cities of Europe (OAD: 11/9/86) (C: Diane Sawyer P: Anne de Boismilon). "Colonel Hook" - an interview with Colonel Hilary Hook, a retired English Army officer who finds retirement at home in England difficult after 50 years in foreign service (OAD: 11/15/87) (C: Morley Safer P: John Tiffin). Andy Rooney Topic: shampoos.

7/10/88 – Patient Zero" - a report on the medical establishment's study determining the nature of AIDS and how it was spread (OAD: 11/15/87) (C: Harry Reasoner P: Lowell Bergman) "Head of the Class" - a profile of the Japanese educational system with its first 12 years of rigorous discipline and competition focused on gaining entrance to the right university (OAD: 2/21/88) (C: Mike Wallace - P: Barry Land). "Vision Quest" - a report on a rehabilitation program for juvenile offenders whose director and claims of success are under fire (OAD: 12/13/87) (C: Diane Sawyer - P: Gail Eisen). Andy Rooney Topic: lyrics to popular rock songs.

7/17/24 – "Thalidomide Plus 25" - a report on how three British victims of the drug taken by their pregnant mothers 25 years ago have coped with life as they have grown to adulthood (OAD: 2/21/88) (C: Ed Bradley - P: Jeanne Solomon Langley). "Vladimir Feltsman" - a profile of pianist Vladimir Feltsman, a Russian "refusenik" who recently performed at the White House (OAD: 12/20/87) (C: Mike Wallace - P: William K. McClure). "Belize" - a report on Belize, the small Central American country which remains free of corruption, dictators and guerrilla movements despite turmoil in neighboring countries (OAD: 1/3/88) (C: Morley Safer - P: Marti Galovic Palmer). Andy Rooney Topic: druggists in TV commercials.

7/24/88 – "To Be, Or Not to Be Celibate" - a report on Catholic priests who are defying Church law by marrying (OAD: 9/20/87) (C: Diane Sawyer - P: Suzanne St. Pierre). "65 Years on Broadway" - a profile of 85-year-old Al Hirschfeld, caricaturist (update of "60 Years on Broadway" - 10/16/83) (C: Morley Safer - P: Joseph Wershba). "The Great Plane Robbery" - a report on a 24-year veteran TWA flight attendant, fired for taking company property—four half-pints of milk and a partially used passenger kit (OAD: 3/20/88) (C: Harry Reasoner - P: Joseph Wershba). Andy Rooney Topic: President Reagan's news conferences.

7/31/88 – "Arthur Miller: Timebends...A Life" - an interview with playwright Arthur Miller about his life and his marriage to Marilyn Monroe (OAD: 11/15/87) (C: Mike Wallace - P: Jim Jackson). "Too Old To Drive?" - a report on the ease with which old people in Florida can renew their drivers' licenses and how so many of them cause traffic accidents because of their failing eyesight and poor reflexes (OAD: 11/6/83) (C: Harry Reasoner - P: Jim Jackson). "The Bofors Affair" - an examination of charges of illegal Iranian arms deals, alleged government cover-ups and an assassination all in neutral Sweden (OAD: 11/29/87) (C: Ed Bradley - P: Jeanne Solomon Langley). Andy Rooney Topic: offers of "free" merchandise.

8/7/88 – "Machismo" - a report on how Brazilian men may subjugate, physically abuse and even murder their wives in the name of protecting their male honor, and the social and legal system that seems to tolerate this (Correspondent: Morley Safer - Producer: John Tiffin)(OAD: 2/21/88). "Ring of the Magic Mountain" - a profile of Michael Eisner, head of the Walt Disney Company (C: Diane Sawyer - P: Joseph Wershba) (OAD: 11/22/87). "The Billionaire Boys Club" - an interview with businessman Joe Hunt, founder of the Billionaire Boys Club, now imprisoned for murder (C: Ed Bradley - P: Alan Maraynes) (OAD: 3/20/88). Andy Rooney Topic: gas station polls.

8/14/88 – "Alcee Hastings" - a report on a federal district judge in Miami, under investigation since 1981 because of his outspoken criticism of the Reagan administration (C: Diane Sawyer - P: Martin Phillips) (OAD: 11/24/85). "Local 560" - a report on Teamsters Local #560, the first union local in the country to be taken over by the government under the Rico Act, an anti-racketeering law (C: Harry Reasoner - P: Lowell Bergman) (OAD: 2/14/88). "Joe Slovo" - an interview with Joe Slovo, the only white leader of the outlawed African National Congress' Revolutionary Army in South Africa (C: Mike Wallace - P: George Crile) (OAD: 11/22/87). Andy Rooney Topic: laugh tracks.

8/21/88 – "Wheeler, Dealer, Squealer" - a report on convicted swindler Mike Raymond, who has avoided jail by becoming an informant for the F.B.I. (C: Mike Wallace - P: Ira Rosen) (OAD: 3/6/88). "Life and Death in Shanghai" - an interview with Nien Cheng, a woman who endured 6 years of imprisonment and torture by China's Red Guard during the Cultural Revolution (C: Morley Safer - P: Mimi Edmunds) (OAD: 4/26/87). "The Last Right?" - an investigation of the practice of euthanasia in Holland (C: Ed Bradley - P: Jeanne Solomon Langley) (OAD: 1/5/86).

8/28/88 (7:10-8:10) – "Knock It Off, Knock It Off..." - a report on the struggle of a jet pilot's widow to find the real cause of the crash that killed her husband despite Air Force claims that it was due to pilot error (C: Diane Sawyer - P: Gail Eisen) (OAD: 10/25/87). "Underworld" - a report on New York City Transit Authority police's decoy unit whose undercover operatives are currently facing charges of entrapment of allegedly innocent people (C: Morley Safer - P: Marti Galovic Palmer) (OAD: 12/6/87). "True Confessions?" - an investigation of whether a young Texas woman was coerced into confessing to the murder of two men (C: Harry Reasoner - Patti Hassler) (OAD: 11/8/87). Andy Rooney Topic: Himself as Supreme Court nominee.

9/4/88 – "Protecting the Olympics" - a report on the crack South Korean counterterrorist commando team in training for the last seven years to meet any terrorist threat that might arise during the 16 days of the Seoul Olympics (Correspondent: Ed Bradley - Producer: George Crile) (OAD: 5/15/88). "Sister Thea" - an interview with Sister Thea Bowman, a black nun who is spreading Catholicism in an evangelical way (C: Mike Wallace - P: Holly and Paul Fine) (OAD: 5/3/87). "Not Again Mr. Agnew" - a report on 79-year-old Robert Agnew, whose penchant for fighting back has resulted in some 200 lawsuits over the past forty years (C: Harry Reasoner - P: Jim Jackson) (OAD: 5/4/86). Andy Rooney Topic: finding a parking space.

9/11/88 (9:26-10:12) – "Uncle Sam Doesn't Want You" - a report on homosexuals fighting to stay in the Armed Services (C: Ed Bradley - P: Martin Phillips) (OAD: 1/9/83). "Sondheim" - a profile of Broadway lyricist and composer Stephen Sondheim (C: Diane Sawyer - P: Gail Eisen) (OAD: 3/13/88). "A Man Called L'Amour" - an interview with author Louis L'Amour (C: Morley Safer - P: Joseph Wershba) (OAD: 11/14/76). Andy Rooney Topic: dial turners' syndrome.

9/18/88 (7:17-8:17) – "The Chairman" - a profile of Admiral William J. Crowe, Jr., Chairman, Joint Chiefs of Staff (C: Mike Wallace - Barry Lando) (OAD: 3/20/88). "Drilling for Dollars" - an examination of high volume dental clinics whose work isn't always up to professional standards (C: Diane Sawyer - P: Suzanne St. Pierre) (OAD: 12/27/87). "Baseball Primavera" - a report on the way baseball is played in Italy (C: Harry Reasoner - P: Drew Phillips) (OAD: 10/23/83). Andy Rooney Topic: producing "A Few Minutes with Andy Rooney".

9/25/88 (7:38-8:00) – "Justice For Sale" - a report on the election of judges in Texas where the largest campaign contributions come from lawyers who try cases before them (C: Mike Wallace - P: George Crile) (OAD: 12/6/87). "What the Eye Cannot See" - a report on a special photographic technique used by the botanists and zoologists at the Oxford Scientific Film Company in England (C: Morley Safer - P: John Tiffin) (OAD: 10/4/81). "Cop to Call Girl" - a report on Norma Almadovar, a Los Angeles traffic cop who quit the force to become a call girl and who is now in prison, convicted of pandering (C: Ed Bradley - P: Grace Diekhaus) (OAD: 2/28/88). * East Coast carried first segment only.

10/2/88 (7:18-8:18) – "The Two Mrs. Lennons" - interviews with John Lennon's first wife Cynthia and his widow Yoko Ono (C: Mike Wallace - P: David Rummel). "The Bigger They Are" - a report on Human Growth Hormone (HGH), a drug being used more frequently by athletes, despite its potentially dangerous side effects (C: Morley Safer - P: Alan Weisman) (OAD: 9/29/85). "The Dance Theatre of Harlem" - a profile of Arthur Mitchell, founder and director of the world class dance company that began as an

protection and whose citizens enjoy an unusually high standard of living.

2/21/88 – "Machismo" - a report on how Brazilian men may subjugate, physically abuse and even murder their wives in the name of protecting their male honor, and the social and legal system that seems to tolerate this. "Head of the Class" - a profile of the Japanese educational system, with its first 12 years of rigorous discipline and competition focused on gaining entrance to the right university. "Thalidomide Plus 25" - a report on how three British victims of the drug taken by their pregnant mothers 25 years ago have coped with life as they have grown to adulthood.

2/28/88 – "Noriega" - a second interview (conducted 2/28/88) with Panama's military leader, General Manuel Antonio Noriega, following the abortive attempt to oust him from power. "Who Killed Penny Serra?" - an investigation of an unsolved 1973 murder in New Haven, Connecticut, and allegations of an official coverup. "Connally" - an interview with former millionaire Texas Governor John Connally, who recently declared bankruptcy. "Cop to Call Girl" - a report on Norma Jean Almadovar, a Los Angeles traffic cop who quit the force to become a call girl and who is now in prison, convicted of pandering.

3/6/88 – "Joe Clark" an interview with Joe Clark, principal of Eastside High School in Paterson, New Jersey, whose tough, disciplinary approach to education has become controversial. "Wheeler, Dealer, Squealer" - a report on convicted swindler Mike Raymond, who has avoided jail by becoming an informant for the F.B.I. "The Church" - a report on South Africa's white Dutch Reform Church, which has reversed its former staunch support of apartheid.

3/13/88 – "The Anschluss Plus 50" - an examination of whether Hitler's annexation of Austria in 1938 was actually welcomed, and whether current Austrian President Kurt Waldheim is a war criminal. "Sondheim" - a profile of Broadway lyricist and composer Stephen Sondheim. "Neighbors" - a report on why authorities delayed so long in investigating complaints about drug dealing in Bonnie Loch, a housing development in southern Florida.

3/20/88 – "The Chairman" - a profile of Admiral William J. Crowe, Jr., Chairman, Joint Chiefs of Staff. "The Great Plane Robbery" - a report on a 24-year veteran TWA flight attendant, fired for taking company property—four half-pints of milk and a partially used passenger kit. "The Billionaire Boys Club" - an interview with businessman Joe Hunt, founder of the Billionaire Boys Club, now imprisoned for murder.

3/27/88 – "The Man From Dimona" - a report on Mordechai Vanunu, the Israeli nuclear technician recently convicted of treason for revealing Israel's secret atom bomb program. "Papa Bear" - an interview with General Alfred Gray, Commandant of the Marine Corps, who rose from enlisted man to four-star General. "For Their Own Welfare" - a report on WEDCO - Women's Economic Development Corporation - a St. Paul, Minnesota professional women's group which advises women on welfare and loans them money to start their own businesses.

4/3/88 – "Queen of the Reds" - an interview with Marge Scott, a wealthy Cincinnati widow who bought the Cincinnati Reds baseball team. "Dial 'G' For Gold" - a report on scams involving telephone salesmen who lure unsuspecting buyers with the offer of precious metals for as little as fifteen percent down. "Mr. Roberts" - an interview with Ed Roberts, a quadriplegic who overcame his disability to function in society and who is now the driving force behind the Disabled Rights Movement.

4/10/88 (7:08-8:08) – "The Kongsberg Connection" - a report on how the Kongsberg Company, which is fully owned by the Norwegian Government, conspired with a Japanese company, Toshiba, to sell sensitive technology to the Soviet Union. "Who Shot Barbra?" - a report on Barbra Piotrowski, a paraplegic interviewed in 1985. - ("Giant Step" - (OAD: 11/3/85), who claims that her ex-lover Richard Minns hired assassins to kill her. "A Wild and Crazy Guy" - a profile of actor/comedian Steve Martin.

4/17/88 – "Kill the Cows" - a report on the federal government's plan to reduce the surplus of dairy products by paying farmers to slaughter their dairy cattle. "Looking At Itself" - an interview with Israeli journalist and historian Amos Elon about the current unrest and repression in Israel's occupied territories. "Joan Baez" - a profile of singer and '60s political activist Joan Baez who is back on the stage and political stump.

4/24/88 – "Queen of the Palace" - a profile of Leona Helmsley, President of Harley Hotels and wife of real estate baron Harry Helmsley (OAD: 1/27/85). "Jerry Railings" - an interview with former flight lieutenant Jerry Railings, now Chairman of Ghana's revolutionary council (update of "African Chief" 6/26/83). "Korematsu vs. U.S." - a report on the 40-year struggle of Fred Korematsu to expunge his criminal record for failure to report to a detention camp for Japanese Americans during World War II.

5/1/88 – "Coming Back" an interview with tennis star John McEnroe "Are the Wrong People in Jail" - a report on Minnesota's attempt to solve the problem of overcrowded prisons by recommending alternative, cost-effective punishments for non-violent crimes. "Cola-Payola" - a report on payments made to supermarkets to promote a given brand of soft drink (OAD: 10/25/87).

5/8/88 – "The Preacher and the Stingman" - a report on an F.B.I. undercover operation in Mississippi in which the Rev. John Burgess, a Pentecostal preacher, collaborated with F.B.I. agent Jerry King to expose corruption and bribery among the state's district supervisors. "Reading by the Colors" - a profile of Long Beach, California psychologist Helen Irlen whose new method of treating dyslexia involves the use of colored lenses. "Vietnam 101" - an examination of a course on the Vietnam War being offered by the University of California, Santa Barbara (OAD: 10/4/87).

5/15/88 –"Protecting the Olympics" - a report on the crack South Korean counterterrorist commando team in training for the last seven years to meet any terrorist threat that might arise during the 16 days of the Seoul Olympics. "Ryan of the F.B.I." - a report on Jack Ryan, an F.B.I. agent fired within months of retirement for refusing a direct order to investigate a pacifist Catholic group called Ploughshares. "MAD" - a profile of MAD magazine as it approaches its 35th anniversary (OAD: 9/20/87).

5/22/88 – "Gucci" - a profile of Italy's Gucci family whose members are involved in a bitter battle over the control of their multi-million dollar fashion business. "Broken Shield" - a report on how nearly a hundred Miami Police officers—one-tenth of the force—were either suspended, fired or convicted of serious crimes "Victims" - a report on an innovative California program created to give financial aid to crime victims—now charged with mismanagement, incompetency and fraud.

5/29/88 – "Moscow U" - a report on Americans who attend Moscow University in the U.S.S.R. (OAD: 4/5/87). "The Editor" - a report on a small town editor who was forced to leave town because he printed articles critical of the local sheriff (OAD: 10/4/87). "Club Fed" - a report on a federal minimum security prison in Florida (OAD: 11/8/87).

6/5/88 – "P.T.S.D." - a report on allegations that the U.S. Government delayed in recognizing and setting up programs to deal with Post Traumatic Stress Disorder (P.T.S.D.), a psychological illness affecting many Vietnam veterans. "Elizabeth of Toro" - a profile of Elizabeth Bagaaya, Uganda's Ambassador to the U.S., who has been a princess, fashion model and foreign minister in Idi Amin's regime (OAD: 2/7/88). "Tobacco on Trial" - a report on the reasons why the tobacco industry has been able to win every lawsuit brought against them by smokers and their families (OAD: 1/3/88).

6/12/88 – "Brown vs. Koch" - interviews with Joyce Brown, the homeless woman also known as Billie Boggs, recently released from involuntary hospitalization in Bellevue Hospital and with New York City's Mayor Ed Koch whose program was responsible for taking her off the streets against her will (OAD: 1/24/88). "Michael" - a report on a custody battle between the adoptive parents of a Navajo boy and his natural mother and the Tribe who say he should be raised in the Indian culture (OAD: 9/27/87). "Who Killed Penny Serra?" - an investigation of an unsolved 1973 murder in New Haven, Connecticut and allegations of an official coverup (OAD: 2/28/88).

6/19/88 – "Joe Doherty of the IRA" - a report on the controversy over whether Joe Doherty, self - proclaimed IRA soldier, is a terrorist who should be extradited to the British jail from which he escaped (OAD: 10/11/87). "Kuwait" - a report on the small, oil-rich nation of Kuwait whose tankers fly the American flag and sail under U.S. protection and whose citizens enjoy an unusually high standard of living (OAD: 2/14/88). "Woody Allen" - an interview with actor/director Woody Allen (OAD: 12/13/87).

Indian culture. "What About Bill Casey?" - an interview with Washington Post reporter Bob Woodward about the late CIA Director William Casey.

10/4/87 (7:25-8:25) – "Arms and the Man" - an interview with Sam Cummings, the largest private arms dealer in the world. "Vietnam 101" - an examination of the reasons for the popularity of a course on the Vietnam War being offered by the University of California, Santa Barbara. "The Editor" - a report on a small town editor who was forced to leave town because he printed articles critical of the local sheriff.

10/11/87 (7:04-8:04) – "Jesse's Family" - an interview with Jesse Jackson and his family in their Greenville, South Carolina home. "I'll Make You A Star" - an expose of sexual harassment in Hollywood's entertainment industry. "Joe Doherty of the IRA" - a report on the controversy over whether Joe Doherty, self-proclaimed IRA soldier, is a terrorist who should be extradited to the British jail from which he escaped.

10/18/87 – "Recall" - a report on the controversy surrounding Arizona Governor Even Mecham, who is currently fighting an effort to unseat him. "The City of Garbage" - an interview with Sister Emanuelle, a Roman Catholic nun who cares for the poor in Cairo. "My Way" - an interview with George Steinbrenner, owner of the New York Yankees.

10/25/87 – "Knock It Off, Knock It Off..." - a report on the struggle of a jet pilot's widow to find the real cause of the crash that killed her husband despite Air Force claims that it was due to pilot error. "Cola-Payola" - a report on payments made to supermarkets to promote a given brand of soft drunk. "Shokku!" - a report on the reasons that Japan is the most prosperous country in the world.

11/1/87 (7:18-8:188) – "MX Missile" - an investigation of charges that the Northrop Corporation so mismanaged its MX missile contract that the effectiveness of the nuclear weapon is in question. "Is Duvalier Really Gone?" - a report on the return violence and terrorism in Haiti as the country prepares this month for its first free election in 30 years. "They're #1" - a report on the reasons why Communist Czechoslovakia produced so many of the world's top tennis players.

11/8/87 – "True Confessions?" - an investigation of whether a young Texas woman was coerced into confessing to the murder of two men. "Club Fed" - a report on a federal minimum security prison in Florida. "AIDS in Africa" - a report on the spread of AIDS in Central Africa.

11/15/87 (7:13-8:13) – "Patient Zero" - a report on the medical establishment study determining the nature of AIDS and how it was spread. "Arthur Miller: Timebends...A Life" - an interview with playwright Arthur Miller about his life and his marriage to Marilyn Monroe. "Colonel Hook" - an interview with Colonel Hilary Hook a retired English Army officer who finds retirement home in England difficult after 50 years of foreign service.

11/22/87 – "Joe Slovo" - an interview with Joe Slovo, the only white leader of the outlawed African National Congress' Revolutionary Army in South Africa . "The King of the Magic Kingdom" - a profile of Michael Eisner, head of the Walt Disney Company. "The Cops Are Robbers" - a report on Gerald Clemente, a Massachusetts policeman arrested in a multi-million dollar bank robbery, who is now trying to cash in with book and movie deals.

11/29/87 (7:22-8:22) – " The Bofors Affair" - an examination of charges of illegal Iranian arms deals, alleged government cover-ups and an assassination—all in neutral Sweden. "Geronimo Pratt" - a report on a Vietnam veteran and former Black Panther who claims that the FBI conspired to have him imprisoned on a murder charge. "Is There A Doctor in the Ring?" a report on Dr. Terry Christie, both physician and professional fighter.

12/6/87 – "Justice For Sale?" - a report on the election of judges in Texas, where the largest campaign contributions come from lawyers who try cases before them. "Underworld" - a report on New York City Transit Authority Police's decoy unit whose operatives are currently facing charges of entrapment of allegedly innocent people. "Clang! Clang! Clang! Went the Trolley" - on charges that auto, oil and tire companies in the late 1930's and 40's conspired to eliminate the street trolley, a mode of transportation currently making a comeback.

12/13/87 (7:15-8:15) – "Vision Quest" - a report on a rehabilitation for juvenile offenders whose directors and claims are under fire. "Woody Allen" - an interview with actor/director Woody Allen. "The Dali Fraud" - a report on an alleged multi-million dollar art scam involving fraudulent Salvador Dali prints.

12/20/87 (7:21-8:21) – "Gary Hart" - an interview with Gary Hart for his re-entry into the field of candidates for the Democratic Presidential nomination. "Vladimir Feltsman" - a profile of pianist Vladimir Feltsman, a Russian "refusenik" who recently performed at the White House. "No Smoking - Part II" - a report on the increased national support for stricter regulations in public places (update of 1/29/84).

12/27/87 (7:02-8:02) – "Drilling for Dollars - an examination of high volume dental clinics whose work isn't always up to professional standards. "Getting Even" - an interview with Ed Friedberg, Sacramento, California lawyer whose specialty is suing other lawyers for malpractice. "Wright Is Wrong?" - a report on the controversy over whether Gustave Whitehead, a German immigrant, flew an airplane before the Wright brothers.

1988

Sunday 7:00-8:00 PM

1/3/88 – "Tobacco on Trial" - a report on the reasons why the tobacco industry has been able to win every lawsuit brought against them by smokers and their families. "Belize" - a report on Belize, the small Central American country which remains free of corruption, dictators and guerrilla movements, despite turmoil in neighboring countries. "Lawton, Oklahoma" - a report on allegations that children in the college town of Lawton, Oklahoma were molested by some of the town's most prominent citizens.

1/10/88 – "Mad Dog Merkle" - a profile of Robert Merkle, U.S. Attorney for the middle district of Florida, reputed to be one of the toughest prosecutors in the country, especially in the areas of drug dealing and official corruption. "But for the Grace of God..." - an examination of a new class of homeless: the middle class "Insurance Crisis?" - a report on outrageous jury awards in personal injury cases.

1/17/88 – "The Facts Were Fiction" - an examination of charges that Dr. Steven Breuning, a leading authority on mental retardation, used fraudulent data in medical journal articles. " Beretta" - a profile of the Berettas of Italy whose family-owned gun company has been in business for 460 years. "The Dew Drop Inn" - a report on Jerry Allen, a rural Tennessee man acquitted of murder by reason of self-defense, who now fears for his and his family's safety.

1/24/88 – "Lee Hart" - an interview with Lee Hart, wife of Senator Gary Hart (D., Colorado), candidate for the Democratic Presidential nomination. "Brown vs. Koch" - interviews with Joyce Brown, the homeless woman also known as Billie Boggs, recently released from involuntary hospitalization in Bellevue Hospital, and with New York City's Mayor Ed Koch whose program was responsible for taking her off the street against her will. "ZZZZ Best" - a report on Barry Minkow, a young entrepreneur who parlayed a carpet cleaning company into a multi-million dollar business and who is now imprisoned for investment fraud.

1/31/88 _ "Clarence Brandley Is on Death Row" - a report on why an inmate of Texas' death row, within six days of being executed, was granted a reprieve (OAD: 4/5/87). "The Baron de Rothschild" - a profile of the 80-year-old French aristocrat, wine maker and bon vivant (OAD: 12/5/82). "Babies M & M" - a report on a Michigan surrogate mother's battle to keep twins she bore for an Arkansas couple (OAD: 9/20/87).

2/7/88 – "Noriega" - an interview with Panama's military leader General Manuel Antonio Noriega, recently indicted by the United States Government on drug charges. "Elizabeth of Toro" - a profile of Elizabeth Bagaaya, Uganda's Ambassador to the U.S., who has been a princess, fashion model and foreign minister in Idi Amin's regime. "Listening to Lester" - an interview with Dean Lester Thurow of the Sloan School of Management at MIT about the U.S. economy.

2/14/88 – "Local 560" - a report on Teamsters Local #560, the first union local in the country to be taken over by the government under the Rico Act, an anti-racketeering law. "Buddy Boys" - a report on two police officers in Brooklyn's 77th Precinct who, to avoid imprisonment, became informants against their fellow officers concerning their activities as robbers, drug dealers and fences. "Kuwait" - a report on the small, oil-rich nation of Kuwait whose tankers in the Persian Gulf fly the American flag and sail under U.S.

drug couriers.

5/3/87 – "Bhopal" - a report on the aftermath of the Bhopal, India tragedy where thousands died as a result of a Union Carbide plant gas leak "Sister Thea" - an interview with Sister Thea Bowman, a black nun who is spreading Catholicism in an evangelical way. "Child's Play" - a report on groups of gypsy children who have been trained to work as pickpockets in the cities of Europe (OAD: 11/9/86).

5/10/87 – "Monk" - a profile of Father Edward Malloy, new president of the University of Notre Dame "Do You Take This Alien?" - a report on the growing problem of aliens who are using marriage to gain legal status the United States (OAD: 9/22/85). "Brooke" - an interview with philanthropist Brooke Astor, who has given New York City institutions more than $150 million.

5/17/87 – "First Lady" - a profile of the dean of the White House press corps, UPI's Helen Thomas. "Smile Darn You Smile" - a report on Wellness Community, a Santa Monica, California group that teaches cancer patients a positive approach in dealing with their disease. "The Senator from Hawaii" - an interview with Senator Daniel K. Inouye (D., Hawaii), who served on the Senate Watergate Committee and is now chairing the Iran-Contra Congressional investigation (OAD: 8/3/73).

5/24/87 – "Impeach the Judges" - an investigation of the difference of opinion over the conviction in 1973 of three men for murdering a rural Georgia family— an Appeals Court says the trial was unfair, the jury disagrees (OAD: 10/26/86). "Come to Australia" - a profile of Paul Hogan, a former construction worker who is now Australia's most popular comedian and pitchman for tourism (OAD: 12/1/85). "ROP" - a report on Repeat Offenders Project, a police unit in Washington, D.C. which specializes in keeping career criminals off the streets (OAD: 11/10/85).

5/31/87 – "The Great One" - an interview with actor and comedian Jackie Gleason (OAD: 10/28/84). "First Jersey Securities" - a report on the brokerage company and its owner Robert Brennan, presently under government investigation (OAD: 12/7/86). "The Bible Speaks" - a report on the Fundamental Christian Church and its battle with a young heiress who claims she was manipulated into giving the church $7 million (OAD: 2/8/87).

6/7/87 – "Lois Lee" - a report on Lois Lee, the driving force behind Children of the Night, the Hollywood, California group that helps teenage runaways (OAD: 1/11/87). "Oprah" - a profile of television talk-show host Oprah Winfrey (OAD: 12/14/86). "Errands of Mercy" - a report on the dangers inherent in the use of medical helicopter airlifts (OAD: 2/22/87).

6/14/87 – "Dancing on Her Grave" - an interview with American ballerina Gelsey Kirkland (OAD: 11/16/86). "The Drunk Driver's Best Friend" - a report on Richard Essen, a Miami attorney with an extraordinary record for getting his clients cleared of drunk driving charges (OAD: 10/26/86). "Torture" - a report on a rehabilitation center for victims of political torture run by Amnesty International in Copenhagen, Denmark (OAD: 11/9/86).

6/21/87 – "The 36 Hour Day" - a report on hospital interns and residents who must work long, exhausting hours, often making critical judgments under trying conditions (OAD: 2/8/87). "Lamborghini" - a report on the Italian high-performance auto (OAD: 4/5/87). "I Do, I Do, I Do" - a report on a religious community in Arizona that enforces the practice of polygamy (OAD: 10/5/86).

6/28/87 – "The Hardest Choice" - a report on two sisters who must decide whether to take a new diagnostic test which will reveal whether either has inherited the fatal genetic disorder, Huntington's disease (OAD: 10/26/86). "The Dance Theatre of Harlem" - a profile of Arthur Mitchell, founder and director of the world class dance company that began as an effort to get kids off the streets of Harlem (OAD: 4/6/86). "Lang's Gang" - a report on Eugene Lang, self-made millionaire, who returned to his New York City grade school fifty years later to pay the college tuition of any of the graduating ghetto students who completed high school (OAD: 2/23/86).

7/5/87 – "The McMartin Pre-School" - a report on the biggest child molestation case in history (OAD: 11/2/86). "War Movie" - an examination of a film critiquing Israel's invasion of Lebanon, made by the Israeli Army itself (OAD: 11/2/86).

7/12/87 – "Sad Day for the F.B.I." - a report on Richard Miller, the first F.B.I. agent to be convicted of espionage for giving information to the Soviet KGB (OAD: 9/14/86). "His Friends Call Him Q" - an interview with Grammy award winner Quincy Jones—a musician, composer, record producer and now co-producer of the movie "The Color Purple" (OAD: 2/9/86). "Happy Birthday Melissa" - a report on parents who give drugs and alcohol to their children (OAD: 9/28/86).

7/19/87 – "Ten Extraordinary Women" - a report on ten courageous women who, though stricken with cancer, challenged themselves with the Outward Bound wilderness training course (OAD: 2/1/87). "How to Succeed in Business" - a report on a management camp for Japanese businessmen (OAD: 1/11/87). "Tenant Power" - a report on Bertha Gilkey, the St. Louis housing activist (OAD: 11/30/86).

7/26/87 – "How Far Is Too Far?" - a report on a Miami store owner charged with manslaughter after his homemade protection device electrocuted a would-be burglar (OAD: 2/1/87). "The Model Minority" - a report on why Asian-American children seem to do better in school than their U.S.-born counterparts (OAD: 2/1/87). "Curtain Call" - a report on Casa Verde, a retirement home for opera performers in Milan, Italy (OAD: 1/4/87).

8/2/87 – "Karen's Kids"- a report on a custody battle in which five children, now in foster homes, don't want to be returned to their natural mother (OAD: 3/8/87). "Comic Genius" - a profile of comedian Robin Williams (OAD: 9/21/86). "So Sue Me"'- an examination of the increase of civil lawsuit and ways to remedy Americans' penchant to sue (OAD: 3/23/86).

8/9/87 – "Los Quemados" - a report on charges that the Chilean Army burned two youths, one of whom, an American, died (OAD: 11/23/86). "Nadja" - a profile of violinist Nadja Salerno Sonnenberg (OAD: 12/7/86). "Truth and Consequences" - an investigation of the reliability of lie detector tests (OAD: 5/11/86).

8/16/87 – "Corporal Scott, U.S.M.C." - a report on a U.S. Marine serving a 30-year sentence for kidnap, rape and attempted murder, who claims that he is the victim of mistaken identity (OAD: 12/4/84). "To Get Rich Is Glorious" - a report on how capitalism is creeping into China's lifestyle under the leadership of Deng Xiaoping (OAD: 9/21/86). "Maurice Micklewhite" a profile of actor Michael Caine (OAD: 11/9/86).

8/23/87 – "Wouldn't Anyone Listen" - a report on a young woman with a history of mental illness who last year killed three people at a Philadelphia shopping mall (OAD: 12/14/86). "Moscow U" - a report on Americans who attend Moscow University in the USSR (OAD: 4/5/87). "The Last Nazi" - a report on circumstances surrounding the questionable identity of the man imprisoned and assumed to be Rudolf Hess, Hitler's Deputy Fuhrer (OAD: 12/20/81).

8/30/87 – "The Last Mafioso" - an interview with Jimmy "The Weasel" Fratianno (OAD: 1/4/81). "Big Wheel" - a report on "The Wheel of Fortune," a syndicated game show (OAD: 10/19/86). "Playing Soldier" - a report on a school run by a former combat veteran, where civilians are taught how to use weapons and to kill (OAD: 11/17/85).

9/6/87 – "Murder, He Wrote" - a report on the failure of Yuba, California authorities to charge anyone with the murder of a young woman, despite apparent sufficient evidence (OAD: 9/14/86). "Ray Charles" - a profile of eleven-time Grammy winner Ray Charles (OAD: 3/29/87). "1 Out of 3" - a report on charges that poultry producers are processing contaminated chicken (OAD: 3/29/87).

9/13/87 – "Rambo of the Philippines" - an interview with Colonel Gregorio "Gringo" Honasan, leader of the failed soldiers' mutiny in Manila on August 28. "Sister Thea" - an interview with Sister Thea Bowman, a black nun who is spreading Catholicism in an evangelical way (OAD: 5/31/87). "Out of Control" an investigation of claims that the Audi 5000 automobile has a defective gearshift (OAD: 11/23/86).

9/20/87 (7:18-8:18) – "Baby M & M" - a report on a Michigan surrogate mother's battle to keep twins she bore for an Arkansas couple. "Mad Magazine" - a profile of Mad Magazine as it approaches its 35th anniversary. "To Be, Or Not To Be, Celibate" - a report on Catholic priests who are defying Church law by marrying.

9/27/87 – "Who Killed Vicki Thomas?" - a report on a young man's claim that he was wrongly convicted of murder. "Michael" - a report on a custody battle between the adoptive parents of a Navaho boy and his natural mother and the Tribe who say he should be raised in the

effort to get kids off the streets of Harlem (C: Ed Bradley - P: Jeanne Solomon Langley) (OAD: 4/6/86).

10/9/88 – "Last Ditch Defense" - an investigation of claims that General Dynamics, a major defense contractor, concealed defects in its Phalanx anti-missile weapon currently being used on more than 400 Navy warships (C: Ed Bradley - P:Marley Klaus). "Soviet Georgia" - a profile of Soviet Georgia, the so-called "capitalist" republic of the USSR (C: Mike Wallace - P: William K. McClure). "The Brady Bunch" - an interview with former White House Press Secretary James Brady and his wife Sarah (C: Morley Safer - P: Marti Galovic Palmer). Andy Rooney Topic: the Andy Rooney poll.

10/10/88 – "60 MINUTES, 20th ANNIVERSARY, THE FIRST 10 YEARS" Highlights of the first ten years of 60 MINUTES.

10/16/88 (7:15-8:15) – "Foreign Agent" - a report on former U.S. government officials hired by foreign countries and corporations as Washington lobbyists (C: Mike Wallace - P: Charles Lewis). "Underground Railroad" - a report on an underground network that provides safe havens for mothers and children who have allegedly been sexually abused by their fathers (C: Harry Reasoner - P: Patti Hassler). "Mr. Snow Goes to Washington" - a report on David Snow, a Riverside, California father, who is waging a crusade to stop steel - tipped lawn darts from being sold as toys (C: Diane Sawyer - P: Christine Whipple). Andy Rooney Topic: fruit and vegetables.

10/17/88 – "60 MINUTES, 20th ANNIVERSARY, THE SECOND 10 YEARS" Highlights of the second ten years of 60 MINUTES.

10/23/88 – "Death At Ayers Rock" - a report on Lindy Chamberlain, an Australian mother charged with the death of her infant daughter, who claims that the murder was committed by a wild dingo (C: Ed Bradley - P: Jeanne Solomon Langley). "A.I.P.A.C." – a report on the American Israel Public Affairs Committee, one of the most effective lobby groups in the U.S., and its role in Congressional legislation and elections (C: Mike Wallace - P: Barry Lando). "Who Killed My Son?" - a report on Barry Krischer, a lawyer who refuses to reveal the identity of the alleged driver in a Palm Beach, Florida hit-and-run case, citing attorney-client privilege (C: Morley Safer - P: David Turecamo). Andy Rooney Topic: coffee packaging.

10/30/88 (7:15-8:150) – "Charlie Did It" - a profile of Rep. Charles Wilson (D., Texas) who is campaigning to fund arms for the Mujihadden, Afghan freedom fighters (Correspondent: Harry Reasoner Producer: George Crile). "Cara's Story" - a report on Cara McIntosh, a Florida teenager whose addict mother led her into buying drugs and finally taking part in the murder of her grandfather (C: Morley Safer - P: Marti Galovic Palmer). "Ciao Venezia" - a report on the deterioration of Venice due to tourism (C: Diane Sawyer P: Anne de Boismilon). Andy Rooney Topic: Campaign '88: If Andy Rooney were asking the questions.

11/6/88 (7:10-8:10) – "No One Saved Dennis" - an investigation of why it took more than 20 years to convict Lois Jurgens for the torture murder of her adopted son Dennis (C: Diane Sawyer P: Suzanne St. Pierre). "George Burns" - a profile of 92-year-old actor/comedian George Burns (C: Ed Bradley - P: Ruth Streeter). "Costa Rica Is Different" - a report on Costa Rican President Oscar Arias Sanchez, winner of the Nobel Peace Prize (C: Harry Reasoner P: Lowell Bergman). Andy Rooney Topic: growing a beard.

11/13/88 (7:17-8:17) – "The Prince of Penny Stocks" - a report on the controversial business practices of Colorado stockbroker Meyer Blinder whose company, Blinder Robinson, specializes in the sale of speculative, low-price stocks to small investors (C: Ed Bradley - P: David Gelber). "Dartmouth vs. Dartmouth" - a report on the Dartmouth Review, a conservative student newspaper which is now involved in litigation with the College's more liberal administration over its right to publish (C: Morley Safer - P: Norman Gorin). "Edward Teller" - an interview with Dr. Edward Teller, father of the H-bomb and leading advocate of the Strategic Defense Initiative - 'star wars' (C: Mike Wallace - P: Ira Rosen). Andy Rooney Topic: what's right with America.

11/20/88 (7:28-8:28) – "The Pollards" - an interview with Jonathan Pollard, serving a life sentence for spying on the U.S. for Israel, and his wife Anne, serving five years as an accomplice (C: Mike Wallace - P: Richard Bonin). "Godfather of the Ginza" - a report on the Yakuza, Japan's version of the Mafia (C: Diane Sawyer - P: Steve Singer). "Too High A Risk" - a report on charges that AIDS victims and those in 'high risk' groups are being shut out by health and life insurance companies (C: Harry Reasoner - P: Jim Jackson). Andy Rooney Topic: lack of pockets in women's clothes.

11/27/88 (7:21-8:21) – "Anneewakee" - a report on Louis Poetter, the founder of Anneewakee, a Georgia rehabilitation center for troubled boys, who sexually molested them for years before official action was taken (Correspondent: Ed Bradley - Producer: David Gelber). "Bankers Away" - a report on the American Bankers Association Convention which was held in Hawaii and was attended by 4000 bankers and their wives (C: Morley Safer - P: Alan Weisman). "The Coach" - a profile of Debbie McIntosh, boys' basketball coach at Prospect Heights High School in Brooklyn, New York, a tough inner-city school (C: Harry Reasoner - P: Patti Hassler). Andy Rooney Topic: comic strips.

12/4/88 – "They Call It Manslaughter" - a report on David and Ginger Twitchell, a Christian Scientist couple from the Boston area, charged with manslaughter because they chose prayer over medical care for their seriously ill child (Correspondent: Diane Sawyer - Producer: Christine Whipple). "Robert Maxwell" - a profile of British media mogul Robert Maxwell, who is planning to extend his empire worldwide (C: Mike Wallace - P: Barry Lando). "Sanctuary" - a profile of St. Augustine, a private Catholic school in the Morrisania section of the Bronx and its principal, former Franciscan brother Tom Pilecki (C: Morley Safer - P: Alan Weisman). Andy Rooney Topic: food products don't look like the pictures on the box (pancake mix, cereals etc.).

12/11/88 (7:06-8:06) – "To Have A Baby" - a report on infertility doctors and clinics that allegedly overestimate success rates for test-tube babies and invitro fertilization and provide false pregnancy reports to prospective parents (C: Diane Sawyer - P: Janet Tobias). "Maximum Morphonios" - an interview with Florida district judge Ellen Morphonios who routinely hands out the toughest sentences the law allows in her effort to fight violent crime (C: Harry Reasoner - P: Jim Jackson). "A False Sense of Security" - a report on MacGuard, a private security force in the Pacific Palisades section of Los Angeles, which operates without state regulations for hiring and training and whose employees have been accused of terrorizing the very people they have been hired to protect (C: Ed Bradley - P: Grace Diekhaus).

12/18/88 – "American Girls in Paris" - a report on American girls who go to Europe seeking careers as fashion models, only to become involved with agencies who exploit them financially and sexually (C: Diane Sawyer - P: Anne de Boismilon). "The Judge" - a profile of Burton Roberts, Chief Administrative Judge in the Bronx, vocal advocate of plea-bargaining and opponent of capital punishment (C: Mike Wallace - P: Ira Rosen). "Home Shopping" - a report on Home Shopping Club, the 24-hour a day supermarket on television, that grossed an estimated $1 billion in sales this year (C: Morley Safer - P: Norman Gorin). Andy Rooney Topic: getting to the airport - early and late arrivers.

12/25/88 – "Dial 911?" - a report on Zipporah Lam, a Los Angeles woman who died of a heart attack when the 911 emergency operator failed to respond promptly to her family's call for help (Correspondent: Harry Reasoner - Producer: Jim Jackson). "Sex and Mrs. Roseman" - a profile of Lennie Roseman, sex education teacher at Channel High School in the Rockaway section of New York City, whose common-sense approach to her subject keeps students in her class and carries over into their everyday lives (C: Ed Bradley - P: Grace Diekhaus). "The Long Gray Line" - a report on the rigorous discipline West Point cadets endure in their first year of training (C: Morley Safer - P: Norman Gorin) Andy Rooney Topic: Christmas presents.

1989

Sunday 7:00-8:00 PM.

1/1/89 (7:23-8:23) – "Crystal Clear" - a report on Professor Svyatoslav Fyodorov, a Soviet opthamologist who believes that radial keratotomy, a surgical procedure performed on an assembly line basis, will make eyeglasses obsolete (Correspondent: Morley Safer - Producer John Tiffin). "Women in Combat?" - a report on the controversy over whether the 1948 law which keeps women in the U.S. Armed Forces from taking part in direct combat should be overturned (C: Mike Wallace - P: Richard Bonin). "Cuba 30 Years After" - a report on conditions in Cuba 30 years after the revolution which put Fidel Castro in control (C: Harry Reasoner - P: Lowell Bergman). Andy Rooney Topic: too many things

are the wrong size (e.g. books, gloves, envelopes, shoes).

1/8/89 (7:26-8:26) – "Honduras" - a report on why Honduras is accommodating the thousands of Nicaraguan Contras and their families despite growing disenchantment with their presence (C: Mike Wallace - P: Barry Lando). "Mr. Sony" - a profile of Akio Morita, chairman of Sony, who is openly critical of American business management (C: Diane Sawyer - P: William K. McClure). "Patuxent: Four Years Later" - a report on Patuxent, a maximum security prison in Maryland whose controversial program uses furloughs and paroles in rehabilitating violent criminals (C: Ed Bradley P: Holly and Paul Fine). Andy Rooney Topic: repulsive toys.

1/15/89 – "The Reagans" - an interview with President and Mrs. Reagan on the occasion of the conclusion of his presidency. Andy Rooney Topic: packages that are hard to open.

1/22/89 – 60 MINUTES, 20th ANNIVERSARY THE FIRST 10 YEARS (OAD: 10/10/88) highlights from the first 10 years of the series (1968 to 1978).

1/29/89 – "The Ultimate Con Man" - an interview with Dr. John Ackah Blay-Miezah of Ghana who promised investors huge profits if they would lend him money to unblock a supposed $27 billion trust fund, of which he claims to be the sole heir (C: Ed Bradley - P: Jeanne Solomon Langley). "Two A Week" - an investigation of New York City's Department of Special Services for Children, whose failure to remove children from homes when abuse or neglect is suspected has allegedly resulted in 126 deaths last year (C: Morley Safer - P: Alan Weisman). "West Bank Lawyer" - an interview with Lea Tsemel, a Jewish lawyer who represents Palestinians accused of terrorist acts against Israel (C: Harry Reasoner - P: Drew Phillips). Andy Rooney Topic: disguises for President Bush when he doesn't want to be recognized.

2/5/89 – "The Court Marshall of Capt. Balian" - an interview with Captain Alex Balian, a 25-year decorated veteran who claims that he was made a scapegoat for an inadequate regulation when the Navy charged him with dereliction of duty for allegedly failing to help a Vietnamese fishing junk loaded with refugees (Correspondent: Diane Sawyer - Producer: Steve Singer). "Merv's Money" - an interview with entertainer/businessman Merv Griffin and a report on his dealings with Donald Trump over control of Resorts International, the hotel and casino company (C: Mike Wallace - P: David Rummel). "Chrissy" - a report on the case of Chrissy Foxworth, which helped launch the underground railroad, a covert network that provides a safe haven for children from a parent who is allegedly abusing them (C: Harry Reasoner - P: Patti Hassler). Andy Rooney Topic: what the Japanese own in Washington, D.C.

2/12/89 – "Cpl. Bracy's Confession" - an interview with former Marine Corporal Arnold Bracy, charged with allowing Soviet agents to enter sensitive areas of the U.S. Embassy in Moscow, who claims that he was coerced by Naval intelligence into confessing to treason (C: Mike Wallace - P: Ira Rosen). "A Generation Lost" - a report on the continuing search in Argentina for children seized by the country's military regime from 1976 to 1982, who were kept, sold, put up for adoption or awarded to childless military couples (C: Morley Safer - P: Marti Galovic Palmer). "Bellwood, Illinois" - an investigation of charges that Chicago area real estate brokers illegally steered blacks towards, and white away from, this suburban village (C: Ed Bradley - P: Karyn Taylor). Andy Rooney Topic: do-it-yourself—pumping your own gas.

2/19/89 – "Yasir Arafat" - an interview with PLO chairman Yasir Arafat (C: Mike Wallace - P: Barry Lando). "Tio Juan" - a profile of John Wetter, a former New York banker, who came to Guatemala 12 years ago and founded an orphanage for boys, now accused of sexually molesting the children in his care (C: Diane Sawyer - P: Gail Eisen). "New York Is Falling Apart" - a report on the decay of New York City's infrastructure due to years of neglect, and the resultant disintegration of roadways, bridges, subways, water mains and water tunnels (C: Harry Reasoner - P: George Crile). Andy Rooney Topic; charity—do donations go where they should?

2/26/89 – "The Snitch" - an interview with career criminal and jailhouse informant Leslie White who admits giving false information in criminal cases that put others in jail and got him out (Correspondent: Harry Reasoner - Producer Lowell Bergman). "The Forgotten Veterans" - a report on the nurses whose courage and heroic efforts serving in Vietnam have gone unrecognized (C: Morley Safer - P: Marti Galovic Palm). "'A' Is For Apple" - a report on the inability of federal agencies to eliminate the use of pesticide daminozide, a known carcinogen that has been sprayed on apples for more than years (C: Ed Bradley - P: David Gelber). Andy Rooney Topic: Andy Rooney being investigated by a Congressional committee.

3/5/89 – "Strom vs. Boeing" - a report on Robert Strom, a Seattle man who is suing his employer, the Boeing Company, claiming that vital cancer risk data was withheld from employees involved in EMP (electromagnetic energy produced by a nuclear explosion) testing, and that he and several of his co-workers developed leukemia (Correspondent: Mike Wallace - Producer: David Rummel). "The Prime Mininister" - an interview with Pakistani Prime Minister Benazir Bhutto, the first woman leader of a Moslem nation and the world's youngest prime minister (C: Ed Bradley - P: Jeanne Solomon Langley). "All About Television" - a report on universities offering credit courses in commercial television as an art (C: Morley Safer - P: David Turecamo). Andy Rooney Topic: greeting cards... why do we have to borrow other people's ideas to convey our sentiments.

3/12/89 – "John Singer's Coming Back" - a report on John Singer, a Mormon, fatally wounded in a 1979 confrontation with Utah police over his refusal to either send his children to public school or to provide them with an education meeting state standards, whose family claims he will be resurrected to defend true Mormonism against the corruption of the modern church (C: Harry Reasoner - P: Patti Hassler). "1000% Inflation" - a report on how Brazilians cope with the incredibly high rate of inflation in their country (C: Mike Wallace - P: Barry Lando). "Donor Beware" - an investigation of allegations that fund-raising companies employ deceptive and occasionally illegal tactics in soliciting funds for charities and that only a small portion of these donations actually reaches the intended charities (C: Ed Bradley - P: Bob Lange). Andy Rooney Topic: reading the fine print in ads.

3/19/89 – "To Protect and To Serve" - a report on Los Angeles Police Department's Special Investigation Section accused by critics of ignoring the safety of private citizens in their zeal for apprehending criminals (C: Ed Bradley - P: Marley Klaus). "The Enemy" - interviews with North Vietnamese and Vietcong veterans about their experiences during the Vietnam War (C: Morley Safer - P: Patti Hassler). Andy Rooney Topic: eating in a restaurant.

3/26/89 – "Estonia" - a report on Estonia, the tiny republic at the northeast tip of the Soviet Union whose citizens are seeking greater independence from Moscow (C: Mike Wallace - P: William K. McClure). "Little Meyer" - an interview with Teddy Lansky, 81-year-old widow of Meyer Lansky, who was called 'Chairman of the Board' of organized crime and was reputed to be one of the 100 richest Americans (C: Harry Reasoner - P: Lowell Bergman). "Spies Island" - a report on the Republic of Seychelles, a strategic group of islands off the coast of Africa, now a center of high-tech intelligence gathering by both Eastern and Western Powers (C: Morley Safer - P: John Tiffin). Andy Rooney Topic: elevators.

4/2/89 – "Insane By Choice?" - report on a six-year-old Massachusetts murder case which has not come to trial because the defendant, Gena Spero has been advised by her attorney to refuse the antipsychotic medication which would make her capable of testifying in court (Correspondent: Mike Wallace Producer: Josh Howard). "The House on Barlow Street" - a report on Angelo Parisi and Perry Kent, two Detroit men who burned down a known crack house in their neighborhood, claiming that it was not arson but self-defense (C: Harry Reasoner P: Jim Jackson). "You're Definitely A Winner" - an investigation of Freedom Financial Corporation, a time-sharing company which uses sweepstakes and the promise of expensive prizes to lure potential investors to buy shares in their resort property (C: Ed Bradley - P: Holly and Paul Fine). Andy Rooney Topic: pictures on postage stamps.

4/9/89 (7:54-8:54) – "The Defense of Roswell Gilbert" - a report on Roswell Gilbert, a 75-year-old Florida man serving a life sentence for murdering his wife who suffered from Alzheimer's disease and on charges that the defense attorney was more interested in literary and film rights arising from the case than in defending his client (C: Morley Safer - P: David Turecamo). "Home on the Range" - a report on the hundreds of Texans who left the state because of its recent economic troubles and settled in St. Thomas in the Virgin Islands, hoping to get a fresh start (C: Ed Bradley - P: Barry Lando). "RU 486" - a report on RU 486, the controversial new abortion pill developed by Roussel U.C.L.A.F., a French pharmaceutical company, and sold only in France (C:

Mike Wallace - P: Barry Lando). Andy Rooney Topic: President Bush explaining baseball to Egyptian President Hosni Mubarak.

4/16/89 – "Alfred Hempel" - report on Alfred Hempel, a former German Army officer who, U.S. intelligence sources allege, is the principal black market supplier of nuclear products used by third world countries secretly trying to manufacture A-Bombs (C: Mike Wallace - P: Rich Bonin). "A Question of Mercy" - a report on the number of AIDS victims who are apt to kill themselves or to ask family members or friends to "assist" them in committing suicide (Correspondent: Ed Bradley - Producer Grace Diekhaus). "Dr. Fad" - a profile of Ken Hakuta, entrepreneur with a Harvard M.B.A., who takes off-beat ideas and turns them into highly marketable fads (C: Morley - P: David Turecamo). Andy Rooney Topic: Andy clears off his desk and looks at some of the letters and things people have sent him.

4/23/89 – "Rambo in Manila" - a profile of a columnist for a Manila newspaper whose pursuit of a story has included travelling in a bullet-proof car with armed bodyguards, being shot three times and having to kill nine people (C: Safer - P: John Tiffin). "Trial By Jury" - a report on a controversial judicial experiment in a Milwaukee criminal courtroom where jurors are allowed to question the witness (C: Harry Reasoner - P: Patti Hassler). "George Burns" - a profile of 92-year-old actor/comedian George Burns (OAD: 11/6/88). Andy Rooney Topic: makeshift tools for jobs.

4/30/89 – "The Case Against Eric Jackson" - a report on Eric Jackson, a Brooklyn man serving 158 year sentence for arson, who claims he is innocent and was coerced into crime (C: Harry Reasoner - P: Jim Jackson). "Sad Day for the F.B.I." - a report on Robert Miller, the first F.B.I. agent to be convicted of espionage for giving information to the Soviet KGB (C: Mike Wallace - P: Ira (OAD: 9/14/86). "The Chamorros" - a profile of the Chamorros family, publishers of Nicaragua's most influential newspaper *La Prensa*, whose strong pro/anti Sandinista government opinions have split them in two (C: Morley Safer - P: Marti Galovic Palmer). Andy Rooney Topic: health clubs.

5/7/89 – "Sue the Doctors" - an examination of whether the increase of medical malpractice suits and rising insurance premiums are forcing obstetricians out of the specialty, causing a national shortage (Correspondent: Mike Wallace - Producer: Ira Rosen). "Rosamund Bernier" - a profile of art lecturer Rosamund Bernier (C: Harry Reasoner - P: Gail Eisen). "A generation Lost" - a report on the continuing search in Argentina for children seized by the country's military regime from 1976 to 1982, who were kept, sold, put up for adoption or awarded to childless military couples (C: Morley Safer - P: Marti Galovic Palmer) (OAD: 2/12/89). Andy Rooney Topic: bumper stickers for past political campaigns.

5/14/89 – "What About Apples?" - a reexamination of the problems encountered by federal agencies in trying to eliminate the use of the pesticide alar, alleged to be a known carcinogen (C: Ed Bradley - P: David Gelber) (update of "'A' Is For Apple" 2/26/89). "Genius" - a report on the savant syndrome, an extraordinary skill or talent that sometimes occurs in an autistic or retarded person (C: Morley Safer - P: Suzanne St. Pierre) (OAD: 10/23/83). Andy Rooney Topic: parking a car in New York City.

5/21/89 – "Doing Business with City Hall" - an investigation of charges of fraud and mismanagement in Chicago's multi-million dollar minority business program (C: Ed Bradley - P: Marley Klaus). "The Coach" - a profile of Debbie McIntosh, the boys' basketball coach at Prospect Heights High School in Brooklyn, New York, a tough inner city school (C: Harry Reasoner - P: Patti Hassler) (OAD: 11/27/88). "The Alliance" - a report on Los Angeles attorney Lynn Stitites and The Alliance, a group of California lawyers and law firms which he controls, and which allegedly has defrauded insurance companies by charging them phony and inflated fees (C: Mike Wallace - P: David Rummel). Andy Rooney Topic: gas prices are going up.

5/28/89 – "The Two Mrs. Lennons" - interviews with John Lennon's first wife Cynthia and his widow Yoko Ono (C: Mike W - P: David Rummel) (OAD: 10/2/88). "Beretta" - a profile of the Berettas of Italy, whose family-owned gun company has been in business for 460 years (C: Harry Reasoner - P: William K. McClure) (OAD: 1/17/88). "Home Shopping" - a report on Home Shopping Club, the 24-hour a day supermarket on television that grossed $1 billion in sales this year (C: Morley Safer - P: Norman Gorin) (OAD: 12/18/88). Andy Rooney Topic: looking back at the past season.

6/4/89 – "China" - a report on violent confrontations between the People's Liberation Army and student demonstrators and their supporters (Correspondent: Dan Rather). "Somebody Is Listening" - a report on two former Cincinnati Bell telephone installers who claim that they were ordered by the company to place illegal wiretaps on the phones of some of Cincinnati's most prominent citizens (C: Ed Bradley - P. Chris Whipple). "The Ayatollah" - an interview with the Ayatollah Khomeini of Iran (C: Mike Wallace - P: Barry Lando) (OAD: 1/18/79). Andy Rooney Topic: why do men grow beards? Updates: Uniroyal Chemical Company announces that it is halting the sale of alar in the U.S. Marvin Michelson cleared of rape charges by a Santa Monica jury.

6/11/89 – "China" - rebroadcasts of selected segments on China including: "One Billion Consumers" - a report on the renewed production and consumption of consumer goods in China (C: Mike Wallace - P: Barry Lando) (OAD: 12/6/81). "The Largest Army in the World" - a report on the military and political changes affecting the army of the People's Republic of China (C: Mike Wallace - P: Barry Lando) (OAD: 3/28/82). "To Get Rich Is Glorious" - a report on how capitalism is creeping into China's lifestyle under the leadership of Deng Xiaoping (C: Mike Wallace - P: Barry Lando) (OAD: 9/7/86).

6/18/89 – "The Brady Bunch" - an interview with former White House Press Secretary James Brady and his wife Sarah (C: Morley Safer - P: Marti Galovic Palmer) (OAD: 10/9/88). "The Ultimate Con Man" - an interview with Dr. John Ackah Blay-Miezah of Ghana who promised investors huge profits if they would lend him money to unblock a supposed $27 billion trust fund, of which he claims to be the sole heir (C: Ed Bradley - P: Jeanne Solomon Langley))OAD: 1/29/89). "The Pollards" - an interview with Jonathan Pollard, serving a life sentence for spying on the U.S. for Israel, and his wife Anne, serving five years as an accomplice (C: Mike Wallace - P: Richard Bonin) (OAD: 11/20/88). Andy Rooney Topic: comic strips (OAD: 11/27/88).

6/25/89 – "The Mercenary and the Mouthpiece" - a report on two defense attorneys from Miami and Las Vegas whose clients include reputed drug dealers and racketeers (C: Mike Wallace - P: Lowell Bergman) (OAD: 2/9/86). "The Other Side of Tinsel Town" - a report on the Indian film industry, the most prolific in the world (C: Harry Reasoner - P: John Tiffin) (OAD: 1/13/85). "Little Meyer" - an interview with Teddy Lansky, 81-year-old widow of Meyer Lansky, who was called the 'Chairman of the Board' of organized crime and was reputed to be one of the 100 richest Americans (C: Harry Reasoner - P: Lowell Bergman) (OAD: 3/26/89). Andy Rooney Topic: getting to the airport - early and late arrivers (OAD: 12/18/88).

7/2/89 – "What Price Genius?" - a report on how a 10-year-old, already a college sophomore, plans for the future (Correspondent: Morley Safer - Producer: Gail Eisen) (OAD: 3/15/87). "Caught in the Middle" - a report on the precarious state of Guatemala's democratic government and how its new president, Venecio Cerezo, is coping with political terrorism there (C: Harry Reasoner - P: Patti Hassler) (OAD: 2/2/86). "Sex and Mrs. Roseman" - a profile of Lennie Roseman, sex education teacher at Channel High School in the Rockaway section of New York City, whose common-sense approach to her subject keeps students in her class and carries over into their everyday lives (C: Ed Bradley - P: Grace Diekhaus) (OAD: 12/25/88). Andy Rooney Topic: reading the fine print in ads (OAD: 3/12/89).

7/9/89 – "Women in Combat" - a report on the controversy on whether the 1948 law which keeps women in the Armed Forces from taking part in direct combat should be overturned (C: Mike Wallace - P: Richard Bonin) (OAD: 1/1/89)."The Prince of Penny Stock" - a report on the controversial business practices of Colorado stockbroker Meyer Blinder whose company, Blinder Robinson, specializes in the sale of speculative, low-price stocks to small investors (C: Ed Bradley - P: David Gelber) (OAD: 11/3/88). "All About Television" - a report on universities offering credit courses in commercial television as an art (C: Morley Safer - P: David Turecamo) (OAD: 3/5/89). Andy Rooney Topic: do-it-yourself—pumping your own gas (OAD: 2/12/89).

7/16/89 – "The Judge" - a profile of Burton Roberts, Chief Administrative Judge in the Bronx, vocal advocate of plea bargaining and opponent of capital punishment (C: Mike Wallace - P: Ira Rosen) (OAD: 12/18/88). "Crystal Clear" - a report on Professor Svyatoslav Fyodorov, a Soviet opthamologist who believes

that radial keratotomy, a surgical procedure performed on an assembly line basis, will make eyeglasses obsolete (C: Morley Safer - P: John Tiffin) (OAD: 1/1/89) – "Joan Baez" - a profile of singer and '60s political-activist Joan Baez who is back on the stage and political stump (C: Ed Bradley - P: Grace Diekhaus) (OAD: 4/17/88). Andy Rooney Topic: disguises for President Bush when he doesn't want to be recognized (OAD: 1/29/89).

7/23/89 – "The Forgotten Veterans" - a report on the women nurses whose courage and heroic efforts while serving in Vietnam have gone unrecognized (Correspondent: Harry Reasoner - Producer: Marti Galovic Palmer) (OAD: 2/26/89). "Robert Maxwell" - a profile of British media mogul Robert Maxwell, who is planning to extend his entire empire world-wide (C: Mike Wallace P: - Lando) (OAD: 12/4/88). "West Bank Lawyer" - an interview with Lea Tsemel, a Jewish lawyer who represents Palestinians accused of terrorist acts against Israel (C: Harry Reasoner - P: Drew Phillips) (OAD: 1/29/89). Andy Rooney Topic: coffee packaging (OAD: 10/23/88).

7/30/89 – "The Snitch" - an interview with career criminal and jailhouse informant Leslie White who now admits giving false information in criminal cases that put others in jail and got him out (C: Harry Reasoner - P: Lowell Bergman) (OAD: 2/26/89). "Nadja" - a profile of violinist Nadja Salerno-Sonnenberg (C: Morley Safer - P: Alan Weisman) (OAD: 12/7/86). "Death At Ayers Rock" - a report on Lindy Chamberlain, an Australian mother charged with the death of her infant daughter, who claims that the murder was committed by a wild dingo (C: Ed Bradley - P: Jeanne Solomon Langley) (OAD: 10/23/88). Andy Rooney Topic: food products don't look like the pictures on the box (pancake mix, cereals etc.) (OAD: 12/4/88).

8/6/89 – "A Question of Mercy" - a report on the rising number of AIDS victims who are opting either to kill themselves or to ask family members or friends to "assist" them in committing suicide (Correspondent: Ed Bradley - Producer: Grace Diekhaus) (OAD: 4/16/89), "Maximum Morphonios" - an interview with Florida district judge Ellen Morphonios who routinely hands out the toughest sentences the law allows in her effort to fight violent crime (C: Harry Reasoner - P: Jim Jackson) (OAD: 12/11/88). "Estonia" - a report on Estonia, the tiny republic at the northeast tip of the Soviet Union, whose citizens are seeking greater independence from Moscow (C: Mike Wallace - P: William K. McClure) (OAD: 3/26/89). Andy Rooney Topic: sweepstakes.

8/13/89 – "Merv's Money" - an interview with entertainer/ businessman Merv Griffin and a report on his dealings with Donald Trump over control of Resorts International, the hotel and casino company (C: Mike Wallace - P: David Rummel) (OAD: 2/5/89). "Broken Shield" - a report on how nearly a hundred Miami Police officers—one-tenth of the force—were either suspended, fired or convicted of serious crimes (C: Ed Bradley - P: Marley Klaus) (OAD: 5/22/88). "Spies Island" - a report on the Republic of Seychelles, a strategic group of islands off the coast of Africa, now a center of high-tech intelligence gathering by both Eastern and Western powers (C: Morley Safer - P: John Tiffin) (OAD: 3/26/89). Andy Rooney Topic: the cotton in pill bottles.

8/20/89 – "RU 486" - a report on RU 486, the controversial new abortion pill developed by Roussel U.C.L.A.F., a French pharmaceutical company, and sold only in France (C: Mike Wallace - P: Barry Lando) (OAD: 4/9/89). "Reading by the Colors" - a profile of Long Beach, California psychologist Helen Irlen whose new method of treating dyslexia involves the use of colored lenses (C: Morley Safer - P: Joseph Wershba) (OAD: 5/8/88). "Mr. Roberts" - an interview with Ed Roberts, a quadriplegic who overcame his disability to function in society and who is now the driving force behind the Disabled Rights Movement (C: Harry Reasoner - P: Lowell Bergman) (OAD: 4/3/88). Andy Rooney Topic: cigarette smokers.

8/27/89 – "The Enemy" - interviews with North Vietnamese and Vietcong veterans about their experiences during the Vietnam War (Correspondent: Morley Safer - Producer: Patti Hassler) (OAD: 3/19/89). "Brains Not Brawn" - a report on E.S.I. (Executive Security International), a school for bodyguards which stresses the importance of intelligence over pure physical strength when protecting American businessmen (C: Ed Bradley - P: Paul and Holly Fine). Andy Rooney Topic: airline fares.

9/3/89 – "Too High A Risk" - a report on charges that AIDS victims and those in 'high risk' groups are being shut out by health and life insurance companies (Correspondent: Harry Reasoner - Producer: Jim Jackson) (OAD: 11/20/88). "You're Definitely A Winner" - an investigation of Freedom Financial Corporation, a time-sharing company which uses sweepstakes and the promise of expensive prizes to lure potential investors to buy shares in their resort property (C: Ed Bradley - P: Holly & Paul Fine) (OAD: 4/2/89). "1000% Inflation" - a report on how Brazilians cope with the incredibly high rate of inflation in their country (C: Mike Wallace - P: Barry Lando) (OAD: 3/12/89). Andy Rooney Topic: pennies.

9/10/89 – "Insane By Choice?" - a report on a six-year-old Massachusetts murder case which has not come to trial because the defendant, Gena Spero, has been advised by her attorney to refuse the antipsychotic medication which would make her capable of testifying in court (C: Mike Wallace - P: Josh Howard) (OAD: 4/2/89). "New York Is Falling Apart" - a report on the decay of New York City's infrastructure due to years of neglect, and the resultant disintegration of roadways, bridges, subways, water mains and water tunnels (C: Harry Reasoner - P: George Crile) (OAD: 2/19/89). "Tenant Power" - a report on Bertha Gilkey, the St. Louis housing activist (C: Morley Safer - P: Suzanne St. Pierre) (OAD: 11/30/86). Andy Rooney Topic: exercise...building muscles.

9/17/89 – "Voyage of Discovery" - a report on the unprecedented inspection tour of highly sensitive Soviet military installations by Admiral William Crowe, Chairman, Joint Chiefs of Staff (C: Mike Wallace - P: Barry Lando). "Almost Drowned" - an examination of whether doctors should attempt prolonged life resuscitation measures on nearly drowned children, knowing the risk of severe and irreversible brain damage (C: Ed Bradley - P: Karyn J. Taylor). "The Old Man of Africa" - a profile of Felix Houphouet-Boigny, president of the Ivory Coast, who is building in this African Country the world's largest Roman Catholic Basilica (C: Morley Safer - P: John Tiffin). Andy Rooney Topic: commercials using actors imitating Andy Rooney.

9/24/89 – "Alpro" - a report on F.B.I. informant Jackie Presser, the late president of the International Brotherhood of Teamsters, whose information was used to convict numerous top organized crime figures (Correspondent: Harry Reasoner - Producer: Lowell Bergman). "Dr. Day Is Quitting" - a profile of Dr. Lorraine Day, a San Francisco orthopedic surgeon who charges that the medical establishment is underplaying the risk of health care workers contracting AIDS through 'occupational exposure' (C: Steve Kroft - P: Jeff Fager). "Taylor's Kids" a report on wealthy Louisiana oilman Patrick Taylor, who has promised to pay the college education of a number of New Orleans inner city students, if they meet certain standards in high school (C: Mike Wallace - P: David Rummel). Andy Rooney Topic: President Bush on vacation.

10/1/89 – "Taking on New York" - a profile of Gerard Papa and the Flames, an inter-racial basketball program which he organized in the Bensonhurst section of Brooklyn, in an effort to ease racial tension (Correspondent: Morley Safer - Producer: David Turecamo). "Delia" a report on Delia Alaniz, a Seattle, Washington woman, now serving a 10-year prison sentence for the contract murder of her husband; she claims he had been abusing her for seventeen years and that the killing was in self-defense (C: Harry Reasoner - P: Jim Jackson). "Dick Gregory" - a profile of the 57-year-old comedian, civil rights activist and entrepreneur, who is now in the health spa business, with special focus on treating the morbidly obese (C: Ed Bradley - P: Grace Diekhaus). Andy Rooney Topic: paying extra for a product when something is removed...sugar, salt, caffeine from food products...lead from gasoline...your name from the phone book.

10/8/89 –"It's Better in the Bahamas" - a report on the Bahama's Prime Minister Lynden Pindling, who denies that the Bahamas served as a transit point for cocaine bound for the U.S. from 1978 to 1982, and who sued NBC News for false reporting (C: Morley Safer - P: Marti Galovic Palmer). "Harm's Way" - a report on Genisco Technology Corporation, a Defense/Department contractor whose employees admittedly falsified test results on a critical HARM missile component, jeopardizing the effectiveness of a key U.S. weapon (C: Mike Wallace - P: Charles Thompson). "The Swiss Army" - a report on why it is necessary for Switzerland, a neutral country, to maintain a well-equipped army and civil defense system (C: Harry Reasoner - P: Anne de Boismilon). Andy Rooney Topic: the security industry.

10/15/89– "My Turn" - an interview with former First Lady Nancy Reagan about her forthcoming book 'My Turn' (C: Mike Wallace - P: Richard Bonin). "Gina's In Hiding" - an inter-

view with Gina Feliciano, the 18-year Bensonhurst resident and key witness to the apparently racially motivated murder of an innocent black youth, now under 24-hour police guard because of threats to her life (C: Ed Bradley - P: David Gelber). "Herb and His Airline" - a profile of Herb Kelleher, CEO of Dallas-based Southwest Airlines, whose innovative no-frills approach to the airline business has been successful (C: Steve Kroft - P: Gail Eisen). Andy Rooney Topic: cereals.

10/22/89 – "Joyce Ann Brown Is In Jail" - a report on Joyce Ann Brown, a Dallas woman serving a life sentence for robbery and murder who claims that she was wrongly convicted (Correspondent: Morley Safer - Producer: Alan Weisman). "Felix Rodriguez" - an interview with Felix Rodriguez, a 48-year-old, former CIA member, anti-communist and author, who since 1960 has been involved in numerous agency operations in Vietnam and Latin America (C: Mike Wallace - P: Richard Bonin). "63,000,000 Constituents" - an interview with Marian Wright Edelman, founder of the Children's Defense Fund and lobbyist for possibly the country's weakest 'interest group'—the nation's children (C: Harry Reasoner - P: Barbara Dury). Andy Rooney Topic: advertising...people who are bought to sell a product.

10/29/89 – "Telling the Truth" - a profile of Soviet journalist Artyom Borovik, who dared to report what was really happening in Afghanistan at a time when the Soviet Government wouldn't even admit that its Army was at war (C: Harry Reasoner - P: George Crile). "D.I." - a report on the training of U.S. Marine Corps drill instructors and the new approach to dealing with recruits (C: Morley Safer - P: Norman Gorin). "The Hyde Solution" - a report on the Hyde School, a private institution in Bath, Maine which specializes in dealing with young people whose problems range from drugs, alcohol or food abuse to more severe behavioral problems (C: Ed Bradley - P: Grace Diekhaus). Andy Rooney Topic: vacuuming.

11/5/89 – "U.S.S. Iowa" - an examination of alleged serious flaws in the U.S. Navy's investigation of the tragic explosion aboard the battleship last April, questioning the Navy's contention that Gunner's Mate Clayton Hartwig committed suicide and caused the death of 46 of his shipmates (Correspondent: Mike Wallace - Producer: Charles C. Thompson II). "Water, Water Everywhere" - a report on how California's large corporate farms benefit from the Farmer's Water Bill, a federal regulation intended to provide cheap, tax-payer subsidized water for small family farms (C: Ed Bradley - P: David Gelber). "Beefing Up the Force" - an investigation of the use of steroids by police officers involved in body-building in their off hours and the possible detrimental side effects on their onduty performance (C: Morley Safer - P: Patti Hassler). Updates: Delia Alaniz was granted clemency by Washington State's Governor; Joyce Ann Brown's life sentence was set aside by a Texas court, she will get a new trial (C: Harry Reasoner).

11/12/89 – "Parent Abuse" - a report on Florida's Department of Health and Rehabilitative Services, a state agency with absolute authority to remove children from homes where they believe child abuse has occurred, and the families whose lives have been disrupted by the agency's allegedly false accusations (C: Steve Kroft - P: Chris Whipple). "Miles" - a profile of jazz trumpeter Miles Davis (C: Harry Reasoner - P: Anne de Boismilon). "El Presidente?" - an interview with novelist Mario Vargas Llosa, who is running for president of Peru (C: Ed Bradley - P: Marley Klaus). Andy Rooney Topic: names of various models of cars.

11/19/89 – "Hollywood and the Mob" - a report on a major Justice Department/F.B.I. organized Crime Strike Force investigation of mob infiltration of MCA, the $3 billion Hollywood-based entertainment conglomerate (C: Ed Bradley P: Lowell Bergman). "Till Death Us Do Part" - a report on the increase of suicides among the nation's elderly (C: Mike Wallace - P: Josh Howard). "Israel and the Intifada" - a report on Israel's 'police action' in the occupied territory and interviews with Israeli military personnel and civilians on the nation's handling of the Arab uprising (C: Morley Safer - P: John Tiffin). Andy Rooney Topic: covers on romantic novels.

11/26/89 – "40,000 A Day" - a report on the high mortality rate among children in third world countries, mostly due to malnutrition and preventable diseases, and the lack of government and media attention (C: Mike Wallace - P: Barry Lando). "Back to Palermo" - a report on the Mafia's stronghold in Sicily, evaluating the progress made by officials in their struggle to regain control of Palermo, recognized 'capital' of the Mafia (C: Harry Reasoner - P: Anne de Boismilon) (update of "Welcome to Palermo" 12/13/81). "Miller Time" - a profile of Betty Miller, a 68-year-old Indianapolis woman who teaches convicts to read (C: Morley Safer - P: Gail Eisen). Andy Rooney Topic: eating the right things...changing trends.

12/3/89 – Manhunt" - a report on Jill Cutshall, a 9-year old who disappeared from her Norfolk, Nebraska home two and a half years ago, and the failure of local authorities to find either the victim or her abductor (Correspondent: Morley Safer - Producer: Patti Hassler). "Eartha Kitt" - an interview with singer Eartha Kitt (C: Ed Bradley - P: Jeanne Solomon Langley). "A View From the Other Side" - an interview with Soviet spokesman Genadii Gerasimov about official reaction to Mikhail Gorbachev's meetings with President Bush and Pope John Paul II, and the decline of communism in Eastern Europe (C: Mike Wallace - P: Barry Lando). Andy Rooney Topic: things that Andy Rooney doesn't want for Christmas.

12/10/89 – "The Last Gulag" - Mike Wallace presents and Soviet dissident Natan Sharansky comments on an edited version of a videotaped report by two French journalists on life inside Perm 35, the last camp holding political prisoners in the USSR (C: Mike Wallace - P: Gail Eisen). "Come to Harlem" - a profile of the Harlem Boys Choir and its founder Dr. Walter Turnbull (C: Morley Safer - P: Marti Galovic Palmer). Andy Rooney Topic: interview with Santa Claus (a dramatic recreation).

12/17/89 – "Citizen Keating" - a report on Charles Keating, Jr., central figure in the savings and loan scandal and owner of the failed Irvine, California-based Lincoln Savings and Loan, whose manipulations implicated some Senators and could cost taxpayers several billion dollars (C: Steve Kroft - P: Jeffrey Fager). "Who Killed Rudolph Hess?" - a report on allegations that Hitler's deputy, Rudolph Hess did not commit suicide in Spandau Prison in 1987 as reported, but was murdered (C: Ed Bradley - P: Jeanne Solomon Langley). "King Richard" - an interview with stock car racer Richard Petty (C: Harry Reasoner - P: Stephen Sheppard). Andy Rooney Topic: space allotted to write things on official forms (checks, insurance forms). Updates: "Clarence Brandley Is On Death Row" (OAD: 4/5/87). "The Minister of Cocaine" (OAD: 3/1/81).

12/24/89 – "Curtain Call" - a report on Casa Verdi, a retirement home for opera performers in Milan, Italy (C: Morley Safer - P: John Tiffin) (OAD: 1/4/87). "Liza" - an interview with Judy Garland's daughter Liza Minnelli about her struggle with the same addictions her mother fought (C: Ed Bradley - P: Jeanne Solomon Langley) (OAD: 9/28/86). "Vladimir Horowitz" - a profile of the famed pianist (C: Mike Wallace - P: David Lowe, Jr.) (OAD: 12/26/77).

12/31/89 – "Comic Genius" - a profile of comedian Robin Williams (C: Ed Bradley - P: Allan Maraynes) (OAD: 9/21/86). "Helen Hayes" - a profile of actress Helen Hayes (C: Mike Wallace - P: Paul Loewenwarter) (OAD: 12/4/83). "The Beeb" - a profile of BBC Radio (C: Morley Safer - P: John Tiffin) (OAD: 9/15/85).

1990

Sunday 7:00-8:00

1/7/90 – "The Church and Father Stallings" - a report on Father George Stallings, a black Roman Catholic priest who has set up his own African American Catholic Congregation, charging that the Roman Catholic Church practices spiritual and religious apartheid. He now faces possible excommunication. (Correspondent: Morley Safer - Producer: Marti Galovic Palmer). "Justice in a Company Town" - an examination of the implications of the drug-related arrests of two young men in Fort Mill, South Carolina, a small textile town dominated by Spring Industries. Johnny Sims, a factory worker, was sentenced to a two-year prison term; Will Close, Jr., whose family owns the company, didn't spend any time in jail. (C: Mike Wallace - P: Josh Howard). "Uncle Harry" - an interview with Lee Kuan Yew, Prime Minister of Singapore (C: Harry Reasoner - P: William K. McClure). Andy Rooney Topic: the shape of things (typewriters, coke bottles, watches, baseball caps).

1/14/90 – "Whiz Kid" - a report on William Stoecker, a 32-year-old college dropout, welder and entrepreneur who managed to borrow nearly half a billion dollars from several of the nation's largest banks with no collateral (C: Ed Bradley - P: David Gelber). "Needle Park" - a report on a park in Zurich, Switzerland, where drug users are given free sterile needles in return for used needles as part of the city's efforts to halt the spread of AIDS among intravenous drug users (C:

Morley Safer - P: John Tiffin). "Melinda" - an interview with 12-year-old muscular dystrophy victim Melinda Lawrence, who has come to terms with her crippling disease by writing a book entitled "My Life" (C: Mike Wallace - P: Holly and Paul Fine). Andy Rooney Topic: official forms (parking tickets, airline tickets, baggage claims, sales receipts) which are hard to read.

1/21/90 – "Life or Death" - a report on the last days of condemned murderer Dalton Prejean, who has spent more than 10 years on Louisiana's death row (C: Mike Wallace - P: Josh Howard). "The Zoo" - an investigation of the lack of regulations governing the sale of exotic animals from zoos, and the resultant abuse of rare and endangered species (C: Meredith Vieira - P: Jane Stone). "Agent" - an interview with sports agent Leigh Steinberg, who represents 70 professional athletes (C: Morley Safer - P: David Turecamo). Andy Rooney Topic: when you can't get to sleep.

1/28/90 – PREEMPTED FOR SUPER BOWL XXIV

2/4/90 – "One American Family" - a report on the Pediatrics AIDS Foundation founded by Elizabeth Glaser, wife of TV actor Paul Michael Glaser, who along with her two children contracted the AIDS virus as a result of a contaminated blood transfusion given to her during childbirth (Correspondent: Ed Bradley - Producer: Grace Diekhaus). "The McMartin-Pre-School - Update" - a follow-up on the McMartin Pre-School child molestation trial, the longest and most expensive criminal trial in U.S. history (C: Mike Wallace - P: Lowell Bergman) (update of "The McMartin Pre-School") 11/2/86. "The Selling of Retin-A" - a report on Retin-A, an acne medication that critics allege was promoted as a wrinkle remover without adequate scientific testing (C: Steve Kroft - P: Suzanne St. Pierre). Andy Rooney Topic: ads or commercials which don't mention the cost of the product.

2/11/90 – "Nelson Mandela" - a report on the release of black leader Nelson Mandela from a South African prison after 27 years of incarceration (C: Morley Safer). "Joseph Stalin" - a report about Memoriale, an unofficial Soviet group which is researching and publicizing a record of the atrocities committed at the direction of Joseph Stalin, in an effort to prevent a recurrence in the future (C: Mike Wallace - P: Barry Lando). "All American" - a report on allegations that Cosmopolitan Personnel Systems, a New York City-based employment agency, discriminates – against minority job applicants (C: Meredith Vieira - P: Chris Whipple). Update: "The Church and Father Stallings" (OAD: 1/7/90). Mike Wallace's comments about Andy Rooney's three month suspension because of alleged comments about blacks.

2/18/90 – "Chernobyl" - a report on Chernobyl in the Russian Ukraine, the site of a 1986 nuclear accident whose effects are still felt today and will be felt for many years to come (C: Steve Kroft - P: William K. McClure). "Stealth" - a report on the U.S. Air Force's secret multi-million dollar Stealth bomber, designed to elude detection by Soviet radar. Critics charge that the bomber is both too expensive and ineffective (C: Mike Wallace - P: Charles Thompson II). "Grand Central" - a report on New York's Grand Central Station, once called the greatest enclosed space in the country. Today the terminal serves as a passageway for commuters and a "home" for the city's homeless (C: Morley Safer - P: Holly and Paul Fine). Update: "The Selling of Retin-A" (OAD: 2/4/90).

2/25/90 – "Ivan the Terrible?" - a report on John Demjanjuk, a Cleveland area auto worker, who claims that he was unjustly condemned to death in Israel for his involvement at Treblinka, the Nazi death camp in Poland (Correspondent: Ed Bradley - Producer: Jeanne Solomon Langley). "Yummies" - a report about 17 Soviet lawyers who have come to the United States for seven months to learn about the legal system in a free society (C: Morley Safer - P: Patti Hassler). "Coleman Genn Went Undercover" - a report on Coleman Genn, a Queens, New York school superintendent who went undercover for eight months in 1989 to expose alleged corruption, job discrimination and political patronage by school board members (C: Harry Reasoner - P: Catherine Olian).

3/4/90 – "Earth First" - a report on Dave Foreman and Earth First, the environmental activist group charged by critics with using terrorist tactics in their efforts to arouse public awareness of the environmental crisis they believe exists today. (Correspondent: Ed Bradley - Producer: Marley Klaus). "The Chunnel" - a report on the controversy surrounding a tunnel under construction beneath the English Channel which will link England and France (C: Steve Kroft - P: William McClure). "The Gospel According to Saxon" - a report on high school math textbook author John Saxon, whose teaching methods are applauded by some educators and criticized by others (C: Mike Wallace - P: David Rummel). Andy Rooney Topic: his suspension from *60 Minutes* because of alleged racial comments.

3/11/90 – "Prince Bandar" - an interview with Prince Bandar Ibn Sultan of Saudi Arabia, U S. Air Force-trained fighter pilot and currently his country's ambassador to the U.S. (C: Harry Reasoner - P: George Crile). "The Spraying of L.A." - an examination of the controversy over whether Malathion, an aerial pesticide being used in Southern California to eradicate the Mediterranean fruit fly, poses a threat to public health (C: Ed Bradley - P: Grace Diekhaus). "King Jordan" - a profile of King Jordan, President of Gallaudet University in Washington, D.C., the only liberal arts college for the deaf, and the deaf's most forceful advocate (C: Meredith Vieira - P: Paul and Holly Fine). Andy Rooney Topic: Andy Rooney videos that didn't quite work out.

3/18/90 – "Who Shot Ernestine Perea?" - a report on a Wyoming criminal investigation that resulted in the imprisonment of an innocent man. Critics allege that the national lack of forensic pathologists has resulted in many criminal investigations falling to untrained amateurs (C: Mike Wallace - P: Josh Howard). "Banking on the Poor" - a report on the Grameen Bank of Bangladesh and its director, U.S.-educated economist Dr. Mohammed Yunis, who has enabled the impoverished of his country to secure loans (C: Morley Safer - P: Patti Hassler). "Martin Sheen" - an interview with the 49-year-old actor and political activist (C: Ed Bradley - P: Grace Diekhaus). Andy Rooney Topic: How he would handle a Presidential news conference.

3/25/90 – "The Walkers" - an interview with convicted spy John Walker, and the family members he enlisted to sell U.S. Navy secrets to the Soviet KGB for some $1 million (C: Mike Wallace - P: Richard Bonin). "The Teacher Is A Cheater" - a report on teachers in South Carolina's public high schools who allegedly 'cheat' on standardized achievement tests by giving out answers and other supposedly confidential information in order to raise overall student scores, thereby earning bonuses or higher salaries (C: Morley Safer - P: Patti Hassler). "Bug Man" - a report on Buddy Maedgen, a Texas farmer who has found an alternative to chemical pesticides—insects that don't harm the crop but eat the harmful insects that do (C: Steve Kroft - P: Steve Singer). Andy Rooney Topic: Andy Rooney as a TV pitch man.

4/1/90 – "Night Sight" - a report on night vision goggles, a controversial device used by U.S. Army helicopter pilots to fly after dark by electronically amplifying the light of the moon and stars (Correspondent: Steve Kroft - Producer: Gail Eisen). "Yalta" - report on the Soviet seaport on the Black Sea, site of the 1945 meeting of Roosevelt, Stalin and Churchill, and now a tourist and vacation mecca (C: Morley Safer - P: John Tiffin). "Trouble" - a report on the ongoing labor dispute at the nation's largest metropolitan newspaper, the 71-year-old *New York Daily News*, as its contract with 10 unions expires (C: Mike Wallace - P: David Rummel). Andy Rooney Topic: flags of different countries.

4/8/90 – "Slava" - a profile of conductor/cellist Mstislav Rostopovich, who recently returned to his Soviet homeland after 16 years in exile (C: Ed Bradley - P: Barry Lando). "Good-bye Hong Kong?" - a report on the British colony on the south China coast, a center of commerce and finance to be returned to Chinese control in July 1997 (C: Ed Bradley - P: Jeanne Solomon Langley). "Fireman Save My Job!" - a report on the controversy over hiring practices in the Birmingham, Alabama fire department, forced by a 1981 court decree to hire and promote a 'fair share' of black fire fighters. Today, white firemen claim that they are being discriminated against and that promotions should be based on test scores and not race (C: Harry Reasoner - P: Jim Jackson). Andy Rooney Topic: the rising cost of everything.

4/15/90 – "Wait 'Til You See East St. Louis" - a report on the Illinois city where the only bright spot amidst the problems of decay, poverty and crime, is provided by the high school football team, winner of five state titles and one national championship in the last ten years (C: Ed Bradley - P: Paul and Holly Fine). "Thy Brother's Keeper" - a report on Rabbi Harold Schulweis, who is calling attention to the heroic acts of non-Jews who risked their lives to save Jews from the Nazis (C: Meredith Vieira - P: Suzanne St. Pierre.) "The Airplane Kids" - a report on children from third world countries whose parents airlift them to West Germany, where foreign children under six-

teen are treated as nationals (C: Harry Reasoner - P: Anne de Boismilon). Andy Rooney Topic: filling out the census form.

4/22/90 – "The Jesuit Murders" - a report on the November 1989 murders of five Jesuit priests and two staff members in El Salvador by Salvadoran soldiers. The investigation has continued for five months without revealing either the names of the triggermen or the officers who masterminded the plot (C: Ed Bradley - P: David Gelber). "Bringing Up Daddy" - a profile of Michael O'Neal, a 30-year-old social worker, and of the Boston Young Fathers Program, a program he developed to teach young teenagers how to be responsible fathers. (C: Morley Safer - P: Marti Galovic Palmer). "Meth" - a report on allegations that the Hell's Angels motorcycle club is actively involved in manufacturing and trafficking metamphetamine, a dangerous, addictive stimulant (Correspondent: MIke Wallace - Producer: Richard Bonin). Andy Rooney Topic: the days of 'the Empire' are over.

4/29/90 – "The Boy Next Door" - an interview with Francis 'Mickey' Featherstone, an admitted killer diagnosed by psychiatrists as psychopathic, who is free under the Federal Witness Protection Program and is currently promoting a book about his old New York City gang (C: Steve Kroft - P: Jeff Fager). "Mayor Moran" - a profile of Mary Moran, first woman mayor of Connecticut's largest city, Bridgeport (C: Harry Reasoner - P: Harry A. Radliffe II). "Donna and Ricardo's Baby" - a followup to a report on Donna and Ricardo Thornton, a retarded married couple coping outside of an Institution, and now raising their first child (C: Mike Wallace - P: Holly and Paul Fine). (Update of "Donna and Ricardo" 2/16/86). Andy Rooney Topic: jogging is an addiction. Update: "The Alliance" 5/21/89.

5/6/90 – "PFC Griffin's Ordeal" - in March 1989 PFC James Griffin III was falsely accused of stealing his weapon and discharged from the U.S. Army. Today, Griffin still has been unable to either clear his name or secure employment in the civilian world (Correspondent: Mike Wallace - Producer: Charles C. Thompson II). "The Nordstrom Boys" - a report on union charges that employees at the 93-year-old family owned and operated department store chain work overtime, at their own expense, to provide 'personalized' customer service (C: Morley Safer - P: Marti Galovic Palmer.) "Joycelyn Elders" - an interview with Arkansas Health Director Dr. Joycelyn Elders, driving force behind a controversial program to reduce the state's teenage pregnancy rate (C: Ed Bradley - P: Karyl J. Taylor). Andy Rooney Topic: people's fascination with bad news.

5/13/90 – "Anchorwoman" - an interview with Alina Enista, a former journalist in the regime of the late Rumanian dictator Nicolae Ceausescu, who has returned to her homeland in an effort to atone for her role in his tyranny (C: Meredith Vieira - P: Jane Stone). "Jack Kemp" - a profile of Jack Kemp, Secretary of Housing in the Bush Administration (C: Morley Safer - P: Norman Gorin). "Life or Death" - a followup to a report on convicted murderer Dalton Prejean who has spent ten years on Louisiana's death row, and, having exhausted all appeals, is scheduled for execution in the electric chair on May 18 (C: Mike Wallace - P: Josh Howard) (Update on "Life or Death" 1/21/90). Andy Rooney Topic: things that Andy Rooney receives as gifts. Update: "Bringing Up Daddy" 4/22/90.

5/20/90 – "Bogus" - a report on allegations that the use of counterfeit or "bogus" airplane parts—often used, worn-out and substandard—in helicopters, small planes and occasionally commercial airliners, has contributed to the incidence of air crashes (C: Ed Bradley - P: Marley Klaus). "Underground Currency" - a report on the use of food stamps, paid for by U.S. taxpayers, as illegal currency for the purchase of everything from guns to drugs and even prostitutes (C: Harry Reasoner - P: Jim Jackson). "Poles Apart" - a report on Jeffrey Sachs, a 35-year-old Harvard professor, hired as adviser to Poland's Solidarity movement, and his approach to the transition from communism to capitalism (C: Harry Reasoner - P: Jim Jackson). Andy Rooney Topic: how people wear their hair. Update: "PFC Griffin's Ordeal".

5/27/90 – "U.S.S. Iowa" - an examination of alleged serious flaws in the U.S. Navy's contention that Gunner's Mate Clayton Hartwig committed suicide and caused the death of 46 of his shipmates (C: Mike Wallace - P: Charles C. Thompson II) (OAD: 11/5/89 - includes new opening and closing). "The Muppets" - a behind-the-scenes look at the Muppets (C: Morley Safer - P: John Tiffin) (OAD: 3/11/79 as "Backstage At the Muppets"). "Herb and His Airline" - a profile of Herb Kelleher, CEO of Dallas-based Southwest Airlines, whose innovative no-frills approach to the airline business has been successful (C: Steve Kroft - P: Gail Eisen) (OAD: 10/15/89). Andy Rooney Topic: official forms (parking tickets, airline tickets, baggage claims, sales receipts which are hard to read (OAD: 1/14/90).

6/3/90 – "Needle Park" - a report on a park in Zurich, Switzerland, where drug users are given free sterile needles in return for used needles as part of the city's efforts to halt the spread of AIDS among intravenous drug users (C: Morley Safer - P: John Tiffin) (OAD: 1/14/90). "Earth First" - a report on Dave Foreman and Earth First, the environmental activist group charged by critics with using terrorist tactics in their efforts to arouse public awareness of the environmental crisis they believe exists today (C: Ed Bradley - P: Marley Klaus) (OAD: 3/4/90). "The 36 Hour Day" - a report on hospital interns and residents who must work long, exhausting hours, often making critical judgments under trying conditions (C: Mike Wallace - P: Marion Goldin) (OAD: 2/8/87). Andy Rooney Topic: covers on romantic novels (OAD: 11/19/89). Update: "PFC Griffin's Ordeal" (OAD: 5/6/90).

6/10/90 – "Saint Peter's Banker" - an investigation of the circumstances surrounding the death of Roberto Calvi, financial adviser to the Vatican Bank, and the possible involvement of the Catholic Church in a multimillion dollar swindle (C: Ed Bradley - P: Jeanne Solomon Langley) (OAD: 5/15/83 - includes new opening and closing). "Grand Central" - a report on New York's Grand Central Station, once called the greatest enclosed space in the country. Today the terminal serves as a passageway for commuters and a 'home' for the city's homeless (C: Morley Safer - P: Holly and Paul Fine) (OAD: 2/18/90). "Till Death Us Do Part" - a report on the increase of suicides among the nation's elderly (C: Mike Wallace - P: Josh Howard) (OAD: 11/19/89 - includes new opening and closing). Andy Rooney Topic: the security industry (OAD: 10/8/89).

6/17/90 – "The Snitch" - an interview with career criminal and jailhouse informant Leslie White who now admits giving false information in criminal cases that put others in jail and got him out (C: Harry Reasoner - P: Lowell Bergman) (OAD: 2/26/89 - includes new opening and closing). "Bug Man" a report on Buddy Maedgen, a Texas farmer who has found an alternative to chemical pesticides—insects that don't harm the crop but eat the harmful insects that do (C: Steve Kroft - P: Steve Singer) (OAD: 3/25/90 - includes new opening and closing). "The Best in the West" - a profile of Wyoming trial lawyer Gerry Spence (C: Ed Bradley - P: Steve Glauber) (OAD: 1/24/82 - includes new opening and closing). Andy Rooney Topic: paying extra for a product when something is removed... sugar, salt, caffeine from food products... lead from gasoline... your name from the phone book (OAD: 10/1/89).

6/24/90 – "Stealth" - a report on the U.S. Air Force's secret multi-million dollar Stealth bomber, designed to elude detection by Soviet radar. Critics charge that the bomber is both too expensive and ineffective (C: Mike Wallace - P: Charles Thompson II) (OAD: 2/18/90 - includes new opening and closing)."The Chunnel" - a report on the controversy surrounding a tunnel under construction beneath the English Channel which will link England and France (C: Steve Kroft - P: William McClure) (OAD: 3/4/90 - includes new opening and closing). "Miles" - a profile of jazz trumpeter Miles Davis (C: Harry Reasoner - P: Anne de Boismilon) (OAD: 11/12/89). Andy Rooney Topic: walking.

7/1/90 – "All American" - a report on allegations that Cosmopolitan Personnel Systems, a New York City-based employment agency, discriminates against minority job applicants (Correspondent: Meredith Vieira - Producer: Chris Whipple) (OAD: 2/11/90). "Cronyn and Tandy" - a profile of the acting couple, Hume Cronyn and Jessica Tandy (C: Mike Wallace - P: Grace Diekhaus) (OAD: 4/12/87). "Yummies" - a report about 17 Soviet lawyers who have come to the United States for seven months to learn about the legal system in a free society (C: Morley Safer - P: Patti Hassler) (OAD: 2/25/90). Andy Rooney Topic: eating ice cream cones.

7/8/90 – "Whiz Kid" - a report on William Stoecker, a 32-year-old college dropout, welder and entrepreneur, who managed to borrow nearly half a billion dollars from several of the nation's largest banks with no collateral (C: Ed Bradley - P: David Gelber (OAD: 1/14/90). "Come to Harlem" - a profile of the Harlem Boys Choir and its founder Dr. Walter Turnbull (C: Morley Safer - P: Marti Galovic Palmer) (OAD: 12/10/89). "Man's Best Medicine" - a report on how pets help the sick, prisoners, and the lonely overcome feelings of isolation and help to reduce tension (C: Harry Reasoner - P: Jim Jackson) (OAD: 10/3/82). Andy Rooney Topic: eating in a restaurant (OAD: 3/19/89).

7/15/90 – "One American Family" - a report on the Pediatrics AIDS Foundation founded by Elizabeth Glaser, wife of TV actor Paul Michael Glaser, who along with her two children contracted the AIDS virus as a result of a contaminated blood transfusion given to her during childbirth (C: Ed Bradley - P: Grace Diekhaus) (OAD: 2/4/90 - includes new opening and closing). "Banking on the Poor" - a report on the Grameen bank of Bangladesh and its director, U.S.-educated economist Dr. Mohammed Yunis, who has enabled the impoverished of his country to secure loans (C: Morley Safer - P: Patti Hassler) (OAD: 3/18/90). "The House on Barlow Street" - a report on Angelo Parisi and Perry Kent, two Detroit men who burned down a known crack house in their neighborhood, claiming that it was not arson but self-defense (C: Harry Reasoner - P: Jim Jackson) (OAD: 4/2/89). Andy Rooney Topic: fences.

7/22/90 – "Prince Bandar" - an interview with Prince Bandar Ibn Sultan of Saudi Arabia, U.S. Air Force-trained pilot and currently his country's ambassador to the U.S. (C: Harry Reasoner - P: George Crile) (OAD: 3/11/90). "The Selling of Retin-A" - a report on Retin-A, an acne medication that critics allege was promoted as a wrinkle remover without adequate scientific testing (C: Steve Kroft - P: Suzanne St. Pierre) (OAD: 2/4/90). "Eartha Kitt" - an interview with singer Eartha Kitt (C: Ed Bradley - P: Jeanne Solomon Langley) (OAD: 12/3/89). Andy Rooney Topic: cereals (OAD: 10/15/89).

7/29/90 – "40,000 A Day" - a report on the high mortality rate among children in third world countries, mostly due to malnutrition and preventable diseases, and the lack of government and media attention (Correspondent: Mike Wallace - Producer: Barry Lando) (OAD: 11/26/89). "Thy Brother's Keeper" - a report on Rabbi Harold Schulweis, who is calling attention to the heroic acts of non-Jews who risked their lives to save Jews from the Nazis (C: Meredith Vieira - P: Suzanne St. Pierre) (OAD: 4/15/90). "Maximum Morphonios" - an interview with Florida district judge Ellen Morphonios who routinely hands out the toughest sentences the law allows in her effort to fight violent crime (C: Harry Reasoner - P: Jim Jackson) (OAD: 12/11/88). Andy Rooney Topic: Andy Rooney doing commercials.

8/5/90 – "Persian Gulf Crises" - Iraq invades Kuwait - update: includes an interview by Dan Rather, David Martin, Lesley Stahl) "Dr. Day Is Quitting" - a profile of Dr. Lorraine Day, a San Francisco orthopedic surgeon who charges that the medical establishment is underplaying the risk of health care workers contracting AIDS through "occupational exposure" (C: Steve Kroft - P. Jeff Fager) (OAD: 9/24/89 includes new opening and closing). "Melinda" - an interview with 12 year old muscular dystrophy victim Melinda Lawrence, who has come to terms with her crippling disease by writing a book entitled "My Life" (C: Mike Wallace - P: Holly & Paul Fine) (OAD: 1/14/90 - includes new opening and closing). Andy Rooney Topic: holding thongs together.

8/12/90 – "Persian Gulf Crisis" - update: includes a tour of a U.S./Saudi joint air command post in Dharran, Saudi Arabia; interviews with Prince Bandar Ibn Sultan, Saudi Arabia's Ambassador to the U.S.; Moshe Aran, Israeli Defense Minister; and Professor Amazia Bar-Am, Haifa University (C: Morley Safer, Harry Reasoner, Mike Wallace). "The Man From Dimona" - a report on Mordechai Vanunu, the Israeli nuclear technician recently convicted of treason for revealing Israel's secret atom bomb program (C: Ed Bradley - P: Jeanne Solomon Langley) (OAD: 3/27/88 - includes new opening & closing). "Abu Dhabi" - a report on this desert kingdom in the Persian Gulf, a country so rich that practically everything is free (C: Morley Safer - P: John Tiffin) (OAD: 11/21/76 - includes new opening and closing). Andy Rooney Topic: everything is someone else's fault (juvenile crime, drug abuse, illegal business practices).

8/19/90 – "Persian Gulf Crisis" - Iraq invades Kuwait - update: includes an interview with Kamal Kharrazi, Iranian Ambassador to the UN (C: Steve Kroft); interview with Kuwait's Ambassador to the U.S. Saud Nasir al-Sabah and excerpts of (OAD: 2/14/88). 'Kuwait' segment (C: Harry Reasoner); interview in Baghdad with Tariq Aziz, Iraq's Deputy Prime Minister and Foreign Minister (C: Dan Rather). "Water, Water Everywhere" - a report on how California's large corporate farms benefit from the Farmer's Water Bill, a federal regulation intended to provide cheap, taxpayer-subsidized water for small family farms (C: Ed Bradley - P: David Gelber) (OAD: 11/5/89 - includes new opening and closing). "Manhunt" - a report on Jill Cutshall, a 9-year-old who disappeared from her Norfolk, Nebraska home two and a half years ago, and the failure of local authorities to find either the victim or her abductor (C: Morley Safer - P: Patti Hassler) (OAD: 12/3/89). Andy Rooney Topic: a look at how much the Persian Gulf crisis will cost the taxpayer.

8/26/90 – "Persian Gulf Crisis" - Iraq invades Kuwait - update: status of U.S. Embassy in Kuwait City (Correspondent: Ed Bradley). "Chemical Warfare" - a report on chemical and biological warfare, exploring its results and the effectiveness of the protective gear and antidotes supplied to U.S. troops stationed in the Middle East (C: Steve Kroft - P: Jeffrey Fager). "The View From Moscow" - an examination of the changes in Soviet foreign policy following a thaw in the cold war and the USSR's loss of status as a world superpower (C: Morley Safer - P: Patti Hassler). "Mubarak of Egypt" - an interview with Egyptian President Hosni Mubarak (C: Dan Rather). "Women in Combat?" - a report on the controversy over whether the 1948 law which keeps women in the U.S. Armed Forces from taking part in direct combat should be overturned (C: Mike Wallace - P: Richard Bonin) (OAD: 1/1/89 - includes new opening). Andy Rooney Topic: the plethora of Middle East experts and the dearth of information.

9/2/90 – "Taylor's Kids" - a report on wealthy Louisiana oilman Patrick Taylor, who has promised to pay the college education of a number of New Orleans inner-city students, if they meet certain standards in high school (Correspondent: Mike Wallace - Producer: David Rummel) (OAD: 9/24/89). "Sanctuary" - a profile of St. Augustine, a private Catholic school in the Morrisania section of the Bronx and its principal, former Franciscan Brother Tom Pilecki (C: Morley Safer - P: Alan Weisman) (OAD: 12/4/88). "Sex and Mrs. Roseman" - a profile of Lennie Roseman, sex education teacher at Channel High School in the Rockaway section of New York City, whose common-sense approach to her subject keeps students in her class and carries over into their everyday lives (C: Ed Bradley - P: Grace Diekhaus) (OAD: 12/25/88). Andy Rooney Topic: things that end up in the town dump.

9/9/90 – "Stormin' Norman" - profile of four-star General H. Norman Schwarzkopf III, head of the U.S. military operation in the Middle East (C: David Martin - P: Roxanne Russell). "Bush & Gorbachev" - report on the Bush/Gorbachev summit being held in Helsinki, Finland (C: Dan Rather - P: Tom Bettag - Wayne Nelson). "The American View" - an interview with Secretary of State James Baker (C: Lesley Stahl - P: Marianna Spicer-Brooks). "Chernobyl" - a report on Chernobyl in the Russian Ukraine, the site of a 1986 nuclear accident whose effects are still felt today and will be felt for many years to come (C: Steve Kroft - P: William K. McClure) (OAD: 2/18/90). Andy Rooney Topic: the changes Andy Rooney would like to see made by the NFL.

9/16/90 – "Who Killed Gerald Bull?" - an investigation of the assassination of Gerald Bull, former Pentagon scientist and an expert in long-range artillery, who developed a highly sophisticated 'supergun' for the Iraqi government (C: Mlke Wallace - P: Barry Lando). "Charles Dutton" - a profile of Charles Dutton and his transition from convicted felon to respected actor whose role in the Broadway play 'The Piano Lesson' earned him a Tony nomination (C: Meredith Vieira - P: Jane Stone). "Genuine Fakes" - a report on art galleries and artists who specialize in the legal and increasingly profitable business of copying and selling recognized masterpieces (C: Morley Safer - John Tiffin). Andy Rooney Topic: Andy Rooney looks at himself in rebroadcasts.

9/23/90 – "The Sgt. Major" - an investigation of allegations that U.S. Army Green Beret Sergeant Edward Gleason, Jr. masterminded a lucrative arms smuggling operation in Thailand, and that his superiors were aware of his black market dealings and covered them up (Correspondent: Steve Kroft - Producer: Chris Whipple). "This House Is A Steal" - a report on claims that General Development Corporation, Florida's largest land development company, swindled unsuspecting investors out of millions of dollars (C: Ed Bradley - P: Robert Anderson). "Dr. Brooks" - profile of Anne Brooks, a Roman Catholic nun who overcame crippling arthritis and became a doctor at 40. Seven years ago she opened a medical clinic in Tutwiler, an impoverished Mississippi delta town (C: Harry Reasoner - P: Josh Howard). Andy Rooney Topic: type of clothing worn in the Middle East.

9/30/90 – "Victims of 'Just Cause' "- an investigation of discrepancies in civilian casualty figures following the U.S. invasion of Panama last December. The U.S. Government states that 202 civilians were killed... Panamanians claim that the number is far higher and there is evidence of a cover-up (C: Mike Wallace - P: Charles Thompson III). "The National Enquirer" - the

supermarket tabloid has been sued for its outrageous stories on numerous occasions. Recently, Dan Webb, former U.S. Attorney hired by Hollywood stars to investigate the publication, has uncovered payments to false sources as well as other irregularities in gathering information (C: Ed Bradley - P: Grace Diekhaus). "A Yen for Washington" - an interview with economist and author Pat Choate about Japanese influence in Washington via their American lobbyists (C: Meredith Vieira - P: Chris Whipple). "Mr. Germany" - profile of West German Chancellor Helmut Kohl, the driving force behind the reunification of Germany (C: Steve Kroft - P: William K. McClure).

10/7/90 – "Terror and Torture" - interviews in London with exiled Iraqi dissidents about acts of torture by Saddam Hussein's secret police and his reign of terror (Correspondent: Morley Safer - Producer: John Tiffin). "Project 2000" - an interview with Washington, D.C. educational psychologist Dr. Spencer Holland about his controversial approach to teaching African-American boys in inner city schools. He proposes segregating boys from girls through the third grade and assigning only male teachers to the boys (C: Steve Kroft - P: Harry Radliffe). "A Uniform Army" - a report on the problems encountered by the recently reunified Germany as it plans to combine its two armies—forces that were recent adversaries, and who still share mutual distrust (C: Harry Reasoner - P: Anne de Boismilon). Andy Rooney Topic: the Government is planning to raise the 'sin' taxes (taxes on beer, liquor, cigarettes). Why not the 'virtue taxes' (children's allowances, charitable contributions).

10/14/90 – "Teddy Kollek of Jerusalem" - an interview with Teddy Kollek, Mayor of Jerusalem (C: Morley Safer - P: John Tiffin). "The Chief" - a report on Richard Sproules, former Brockton, Massachusetts Police Chief known for his dedication to fighting drugs. It was revealed that he had been stealing cocaine from the police station evidence room for five years (C: Harry Reasoner - P: Harry A. Radliffe). "Aretha" - a profile of singer Aretha Franklin, known as the 'Queen of Soul' (C: Ed Bradley - P: Marley Klaus). Andy Rooney Topic: getting started on a job. Andy Rooney borrows an opening maneuver from football.

10/21/90 – "Iran, Iraq and the U.S." - an examination of the reasons why Iranians remain more bitter towards the U.S. than towards Saddam Hussein and Iraq, despite the fact that Iran fought Iraq for eight years (C: Mike Wallace - P: Barry Lando). "Blonde Ambition" - interview with Tina Brown, editor of *Vanity Fair* magazine (C: Steve Kroft - P: Jeffrey Fager. "Ward SA" - a report on the nurses of San Francisco General Hospital's Ward SA, the nation's first ward established solely for AIDS patients (C: Meredith Vieira - P: Paul & Holly Fine). Andy Rooney Topic: some facts they don't tell you about the World Series... the price of tickets and snacks sold in the ball park.

10/28/90 – "Salman Rushdie" - an interview with author Salman Rushdie, forced to live in isolation under 24-hour police protection since the publication of his novel *The Satanic Verses* which outraged the Moslem World and caused the Ayatollah Khomeini to impose a death sentence on him (C: Mike Wallace - P: George Crile). "Who Killed George Polk?" - an investigation of the 1948 murder in Athens of CBS Middle East Correspondent George Polk and the alleged cover-up by Greek authorities (C: Ed Bradley - P: Jeanne Solomon Langley). "I Know It When I See It" - a report on the Motion Picture Association of America's rating system... how it works and who decides what rating a movie receives (C: Harry Reasoner - P: David Turecamo). Andy Rooney Topic: the time and money women spend on their hair; 'cute' names for women's barbershops.

11/4/90 – "The Secret of the Gara Mountain" - report on allegations that Iraqi leader Saddam Hussein is secretly mining and refining uranium at a site in the Gara Mountains which lie in a remote corner of Northern Iraq. There are strong indications that his sole purpose is the manufacture of a nuclear bomb (Correspondent: Ed Bradley - Producer: Jeanne Solomon Langley). "Bad Cops" - a report on allegations that officers of the Oakland, California Housing Authority Police Department Drug Task Force used excessive force and fabricated evidence in their zeal to obtain convictions against suspected drug dealers and users (C: Mike Wallace - P: David Rummel). "Beyond Malpractice" - a report on the health care industry's alleged failure to check the credentials and professional histories of physicians who move from one state to another (C: Morley Safer - P: Patti Hassler). Andy Rooney Topic: what has the price of oil sold by the barrel got to do with the price of gasoline which is sold by the gallon.

11/11/90 – "If Push Comes to Shove" - a report on allegations that ADATS, the U.S. Army's billion dollar-plus mobile missile launcher designed as an answer to Soviet attack helicopters, had not been tested before purchase and that it is ineffective. (Correspondent: Mike Wallace - Producer: Charles C. Thompson II). "I Thought I Was Covered" - a report on the growing number of Americans who lack adequate medical insurance, or whose insurance companies fail to provide adequate compensation at the moments when they most need it (C: Ed Bradley - P: David Gelber). "Traficant" interview with Congressman Jim Traficant of Ohio who was elected to his fourth term despite his outrageous and oftentimes eccentric behavior (C: Morley Safer - P: Patti Hassler). Andy Rooney Topic: things that cost more to package and sell than they cost to make.

11/18/90 – "Apache" - the U.S. Army and the McDonnell Douglas Corporation claim that the Apache attack helicopter and highly touted anti-tank weapon is the ideal weapon in the event of a conflict between the U.S. and Iraq. The Apache, costing 14 million dollars per helicopter, has been in use by the military since 1948 and has proved to be unreliable (C: Ed Bradley - P: Marley Klaus). "Kim Hardy May Go to Prison - Tony Tague, Michigan County prosecutor, has instituted a controversial approach to fighting drug use. He prosecutes as dealers, mothers whose infants are born drug-addicted (C: Meredith Vieira - P: Catherine Olian). "Na Zdorove" - a report on the growing problem of alcoholism in the USSR and the stringent methods enforced by Soviet authorities to curb drinking (C: Harry Reasoner - P: Anne de Boismilon). Andy Rooney Topic: labels on food packages that tell how many servings are provided.

11/25/90 – "Keep Your Mouth Shut" - Steve Shores, a Chicago man, has spent eight years in jail for a murder he says he didn't commit. He claims that threats to his life and the lives of his family by the real killer, kept him from protecting his innocence at the time of his arrest (C: Steve Kroft - P: Robert Anderson). "Oliver's Story"- an interview with writer/producer/director Oliver Stone (C: Morley Safer - P: Patti Hassler). "Friday Night Lights" a report on high school football in Odessa, Texas and Buzz Bissinger, an author whose book *Friday Night Lights* was highly unflattering to the town's football program (C: Mike Wallace - P: Josh Howard). Andy Rooney Topic: uniforms.

12/2/90 – "The Temple Mount Killing" - an examination of the events of 10/8/90 at Temple Mount, a hill in East Jerusalem sacred to both Arabs and Jews, that provoked Israeli police to use deadly force against Palestinian protesters, killing seventeen and injuring hundreds more (Correspondent: Mlke Wallace - Producer: Barry Lando). "Dutch Treat II" - a report on Holland's proposed law that would totally legalize prostitution. The few protests to the bill have come mainly from the prostitutes themselves who fear bureaucratic regulation and high taxes (C: Morley Safer - P: John Tlffin)."The Coach" - a report on the controversy over Ed Marin, coach of Lassen High School in Susanville, California...for many years parents have accused him of abusing their children emotionally and physically... colleagues who support him say that he is a model teacher and that the parents are troublemakers (C: Meredith Vieira - P: Catherine Olian). Andy Rooney Topic: Andy talks about Milli Vanilli and lip syncs a Sinatra ballad and an operatic aria.

12/9/90 – "Cream Puff" - a report on Houston's "mileage busters"—used car wholesalers who roll back odometers and then resell the cars to other dealers, who in turn sell them to unsuspecting car buyers (C: Steve Kroft - P: Robert Anderson). "Alderman McGee" - an interview with Milwaukee Alderman Michael McGee, leader of the Black Panther militia, which he vows will turn violent in 1995 unless the white establishment improves conditions for the blacks (C: Mike Wallace - P: Richard Bonin). "My Grandmother the Lawyer" - a report on Ethel Levitt and Grace Quinn, two septuagenarian grandmothers, who are partners in a family law practice which focuses on the legal problems of the working poor (C: Harry Reasoner - P: Jim Jackson. Andy Rooney Topic: noise pollution.

12/16/90 – "Is there Poison in Your Mouth?" - a report on the controversy over silver amalgams, the most common fillings used by dentists for more than 100 years. The American Dental Association says they are perfectly safe... critics say that there is increasing evidence that mercury vapor in the fillings may cause a variety of diseases or illnesses.(C: Morley Safer P: Patti Hassler). "Sting" - an interview with singer/composer/political activist Sting (C: Ed Bradley - P: Holly and Paul Fine). "Victims of Just Cause

Update" - followup on a report about discrepancies in civilian casualty figures from the U.S. invasion of Panama in December, 1989 (C: Mike Wallace - P: Charles C. Thompson II) (update of "Victims of 'Just Cause'" 9/3/90). Andy Rooney Topic: the current stress on growth: we don't need bigger, we need better.

12/23/90 – "Winners and Losers" - a report on the questionable motivation of colleges which recruit black athletes from urban playgrounds to play basketball (C: Morley Safer - P: Gail Eisen). "Jose Carrerras" - a profile of operatic tenor Jose Carrerras, whose battle with leukemia changed his purpose for singing (C: Meredith Vieira - P: William K. McClure). "TV Millions" - a report on a television marketing company called 'TV Fortunes' or 'TV Millions,' which allegedly made promises to investors that it didn't keep (C: Mike Wallace - P: David Rummel). Andy Rooney Topic: the Persian Gulf crisis: the pros and cons of declaring war against Iraq.

12/30/90 – "All in the Family" - after the suicide of Joe Fernandez, a 59-year-old New Jersey man, his wife and son suddenly and inexplicably came into the possession of large amounts of money and gold. Fernandez' widow, Rose, turned the money over to her mafia-boss cousin for safekeeping and unwittingly became, with her son Steve, the targets of a mob hit (C: Morley Safer - P: Martí Galovic Palmer). "Acid Rain" - a report on a 10-year, multi-million dollar study conducted by NAPAP (National Acid Precipitation Assessment Program), whose results show that the effect of acid rain on the environment is far less severe than environmentalists have led us to believe (C: Steve Kroft - P: Jeffrey Fager). "Greatest Thing Since Sliced Bread" - an examination of reports of nation wide failure of polybutylene pipes, a new plastic plumbing system developed in the '70s amid claims that they were cheaper and easier to install than copper plumbing and that they would last for 50 years (C: Ed Bradley - P: Karyn Taylor). Andy Rooney Topic: bottles and other containers that are hard to open and reseal. Updates: "Cream Puff" (OAD: 12/9/90) "Justice in a Company Town" (OAD: 1/7/90).

1991

Sunday 7:00-8:00 PM

1/6/91 – "Shell Shock" - a report on the effects of combat stress on soldiers, in some cases necessitating their evacuation from the battlefield for psychiatric reasons. Experts say that a war in the Persian Gulf, with the anticipated use of highly sophisticated weaponry by both U.S. and Iraqi forces, would push combat to a level of intensity which would incur numerous psychiatric casualties (Correspondent: Mike Wallace - Producers: Stephen Sheppard and Charles Thompson II). "Old Enough to Kill" - a report on Carlton Bailey of Dade County, Florida, who was indicted for second degree murder with a handgun at the age of 12. The trial will be delayed until the end of the year; Bailey, now 13, will be tried as an adult, and if convicted might serve time in a prison with adult offenders (C: Harry Reasoner - P: Jim Jackson). "Paul Simon" - profile of the singer/songwriter Paul Simon (C: Ed Bradley - P: Ruth Streeter). Andy Rooney Topic: report on We Can, a non-profit redemption center run by Guy Polhemus, and located on New York City's westside, where the city's homeless bring in discarded cans and collect the deposit.

1/13/91 – "Iraqi Terror" - an examination of reports by intelligence experts that Iraq will retaliate with terrorist attacks in the U.S. and Europe in the event that war breaks out in the Persian Gulf (C: Mike Wallace - P: Barry Lando). "Body Snatchers?" - a report on allegations that the federal government conceals important medical data on former atomic weapons plant workers from families who have filed workers compensation claims (C: Harry Reasoner - P: David Turecamo). "Cumberland Farms" - a report on Cumberland Farms, a retail chain of convenience stores in the Northeast and Florida, whose efforts to combat employee theft resulted in law suits initiated by former employees who accused the chain of racketeering, conspiracy and extortion (C: Meredith Vieira P: Suzanne St. Pierre). Andy Rooney Topic: the question of U.S. military readiness in the Persian Gulf.

1/20/91 – Update on developments in the Persian Gulf (C: Mike Wallace). "Saddam's Bodyguard" - an interview with Saddam Hussein's former bodyguard and hired assassin, who defected last September (C: Morley Safer - P: Patti Hassler). "The Man Who Armed Iraq" - an interview with arms dealer Sarkis Soghanalian about the billions in weapons he sold to Iraq and his assessment of Saddam Hussein's military strategy (C: Steve Kroft - P: Lowell Bergman). "Inferno" - an examination of unconfirmed reports that Saddam Hussein has ordered hundreds of Kuwait oil wells to be mined and exploded at his command. Scientists and the military speculate over whether this maneuver could interfere with sophisticated coalition weaponry and cause an ecological disaster (C: Mike Wallace - P: Richard Bonin and Anne de Boismilon). "Iraqi Terror" - update on reports on possible Iraqi terrorist attacks in the U.S. and Europe (C: Ed Bradley - P: Richard Bonin). Andy Rooney Topic: some of the fine points of football.

1/27/91 – "War Diary"- rebroadcasts of the following edited segments: "Stormin' Norman" - profile of four-star General H. Norman Schwarzkopf III, head of the U.S. military forces in the Middle East (Correspondent: David Martin - Producer: Roxanne Russell) (OAD: 9/9/90). "Chemical Warfare" - a report on chemical and biological warfare, exploring its results and the effectiveness of the protective equipment supplied to the U.S. military in the Middle East (C: Steve Kroft - P: Jeffrey Fager) (OAD: 8/26/90). "The Secret of the Gara Mountains" - a report on allegations that Iraqi leader Saddam Hussein is secretly mining and refining uranium in the Garb Mountains in a remote corner of northern Iraq. Indications are that his sole purpose is the manufacture of a nuclear bomb (C: Ed Bradley - P: Jeanne Solomon Langley) (OAD: 11/4/90). "The Best Stuff" a report on the Israeli Air Force (C: Morley Safer - P: Alan Weisman) (OAD: 3/9/86). "Iran, Iraq and the U.S." - an examination of the reasons why Iranians remain more bitter towards the U.S. than towards Saddam Hussein and Iraq, despite the fact that Iran fought Iraq for eight years (C: Mike Wallace - P: Barry Lando) (OAD: 10/21/90). "Saddam" - an interview with Professor Amazia Bar-Am of Hoff University, who is an expert on Iraqi politics and Saddam Hussein (excerpt of "Sunday, August 12th" - 8/12/90).

2/3/91 – "The German Connection" - an investigation of the role played by Germany in supplying Saddam Hussein with chemical and military technology. (Correspondent: Morley Safer - Producer: Anne de Boismilon). "Moscow" - interviews with Soviet politicians, journalists, military men and ordinary citizens about the current state of affairs in the USSR and Gorbachev's weakening leadership (C: Mike Wallace - P: Barry Lando). "The Palestinians" - a report on the impact of the Persian Gulf War on the already strained relationship between West Bank Palestinians and Israelis (C: Ed Bradley - P: David Gelber). Andy Rooney Topic: how much it costs to go to the Super Bowl (tickets, souvenirs, plane fare, hotel accommodations).

2/10/91 – "The Saudis" - interview with Saudi Air Force leaders and their American counterparts about the organization and implementation of the military offensive by the coalition nations against Iraq (C: Ed Bradley - P. George Crile). "Jane's" - a report on the world's largest publisher of military information, *Jane's Defense Weekly* (C: Steve Kroft - P: Anne de Boismilon). "Tuning In" - a report on Britain's Caversham Monitoring Unit, part of the BBC world service, that monitors radio signals from all over the world, with special emphasis on the Middle East (C: Morley Safer - P: John Tiffin). "Red Cross Blood" - an examination of charges that the Red Cross has distributed blood to hospitals that has been inadequately tested and may be unsafe (C: Meredith Vieira - P: Catherine Olian). Andy Rooney Topic: the price of stamps has gone up again.... Andy Rooney suggests ways by which the U.S. Postal Service can improve its image.

2/17/91 – "A Letter From Jermarr" - a report on Jermarr Arnold, confessed murderer, who claims that he wants to be executed for his crime. Texas law won't allow him to plead guilty and stipulates that he be defended by court appointed attorneys (C: Mike Wallace - P: Josh Howard). "Piece of the Pie" - a report on Colorado Center, a housing development and planned community outside of Colorado Springs, where property has become almost worthless following the failure of both the developer and the bank that loaned the money for the project (C: Steve Kroft - P: Harry Radliffe II). "Waddington TV" - a report on a five week experiment conducted in Waddington, England by Grenada TV, a cable company. Cable television with a wide selection of programs was installed in the rural village, but had to be removed when the people failed to show any enthusiasm (C: Morley Safer - P: John Tiffin). Andy Rooney Topic: Andy writes to President Bush about ways in which the U.S. can conserve oil.

2/24/91 – "Waiting to Go Home" - a report on Kuwait, considered by many to be more of a business conglomerate than a country, the Kuwait government exile and plans to rebuild the country when the war is over. (Correspondent Steve Kroft - Producer: Jeffrey Fager). "Becky's Story" - a report on Becky Bell, an Indiana teenager who died a result of an illegal

abortion, and her parents, Bill and Karen, who believe that the state's parental consent law forced their daughter to seek a 'back alley' abortion (C: Morley Safer - P: Richard Bonin) Andy Rooney Topic: the impersonality of modern warfare. Update: "A Letter From Jermarr" (OAD: 2/17/91). Gulf War Update - latest developments in the Persian Gulf War (Correspondents: Mike Wallace and Morley Safer in New York; Dan Rather in Saudi Arabia; David Martin at the Pentagon; Wyatt Andrews at the White House - Producers: Andrew Heyward and Lane Venardos).

3/3/91 – "Free At Last!" - interviews with CBS newsmen Bob Simon, Roberto Alvarez and Juan Caldera, freed March 2 after being held captive by Iraq for 40 days (Correspondent: Ed Bradley - Producer: Jeanne Solomon Langley). "Werner Erhard" - a report on the founder of EST, a popular self-improvement program, and on allegations that he physically and sexually abused his wife and children (C: Ed Bradley - P: David Gelber). "My Family Is Missing" - an investigation of charges that the Illinois State Police mishandled the search for a missing family because the victims were black, poor and without political influence (C: Mike Wallace - P: David Rummel). Andy Rooney Topic: the good and bad things about war.

3/10/91 – "Another Saddam?" - a report on Syria's Hafez Assad and his potential to become another Saddam Hussein. He is a known sponsor of terrorists, his army numbers 500,000, he has a record of repression and human rights violations, his arsenal includes both chemical and biological weapons, and he has the means to manufacture them (C: Morley Safer - P: Richard Bonin). "The Moscow Mystique" - a report on women in the Soviet Union, their inferior status, and the absence of even the most basic modern amenities in their lives (C: Harry Reasoner - P: Anne de Boismilon). "The Birmingham Six" - a report on six Irishmen who were accused and convicted of the 1974 bombing of two pubs that resulted in the death of 21 persons. Today, after serving 16 years of 21 consecutive life sentences each, the men claim that they are innocent, ant that they confessed under duress (C: Ed Bradley - P: Jeanne Solomon Langley). Andy Rooney Topic: military briefing touring the Persian Gulf War. Andy Rooney shows how he would have acted as a military briefer.

3/17/91 – "The Washington Monument" - an interview with Clark Clifford, the prominent Washington attorney and one of the nation's most prominent political figures, who responds to charges that he was allegedly involved in illegal banking transactions (C: Mike Wallace - P: Brian Ellis). "The Critic" - interviews with Frank Rich, Chief Drama Critic of The New York Times, whose reviews can make or break a Broadway show, and with his detractors who claim that his harsh reviews are killing Broadway (C: Morley Safer - P: John Tiffin). "That's the Law" - an investigation of allegations that the medical care received by prisoners in federal facilities is so inadequate that it can be viewed as another form of punishment (C: Steve Kroft - P: Lowell Bergman - Isidore Rosmarin). Andy Rooney Topic: people making money by associating themselves with the war in the Gulf when they had nothing to do with it.

3/24/91 – "Saddam's Billions"- a report on Jules Kroll, a private investigator who is trying to track down and recover the fortune that Saddam Hussein has stashed away in various parts of the world (C: Steve Kroft - P: Lowell Bergman). "The Numbers Game" - a report on Mike Welbel, owner of a small Chicago lamp company, who was charged by the EEOC (Equal Employment Opportunity Commission) with racial discrimination in the hiring of minorities.Welbel claims that he is not guilty and that all of his employees, with the exception of himself and his father, are minorities (C: Morley Safer - P: Gall Eisen). "The Trials of Michael Dowd" - a report on Michael Dowd, an attorney who defended battered women charged with murdering their abusers, whose license to practice law was suspended when he gave testimony exposing political corruption in Queens and New York City (C: Mike Wallace - P: Josh Howard). Andy Rooney Topic: Andy Rooney comments on Sen. Allen Simpson's apology to CNN Correspondent Peter Arnett.

3/31/91 – "Raw Land, Raw Deal" - a report on the Patton Corporation, a Vermont-based land development company which sold 10 acres of Maine woods without revealing to the buyers that most of the acreage was federally protected wetlands (C: Ed Bradley - P: Marley Klaus). "The New Plantations" - a report on the impact of resort development on the natives of Beaufort County, South Carolina, where property taxes have risen so much that 'local people,' many of them employed in menial jobs at the resort hotels, are being forced to sell their homes (C: Morley Safer - P: Marti Galovic Palmer). "School for Judges" - a report on the Judicial College in Reno, Nevada, where newly appointed federal and state judges are given a crash course on how to do their jobs (C: Harry Reasoner - P: Norman Gorin). Andy Rooney Topic: different types of church buildings.

4/7/91 – "Brucification" - an interview with Bruce Cutler, the criminal defense attorney who represents reputed organized crime kingpin John Gotti (Correspondent: Mike Wallace - Producer: David Rummel). "Stray Voltage" - a report on Midwest farmers whose cattle were killed or born with defects because they were exposed to electricity escaping from old and worn-out power lines (C: Ed Bradley - P: Robert G. Anderson). "Watch Out for Herman Wrice" -a report on Herman Wrice, a Philadelphia football coach who recruited his neighbors into an army fighting to rid the city of drug dealers (C: Meredith Vieira - P: Jim Jackson). Andy Rooney Topic: complaints about discrimination against minorities...we should think of ourselves as Americans or just human beings rather than members of minority groups.

4/14/91 – "Children For Sale" - a report on the black market for babies that is flourishing in Romania where would-be adoptive parents must pay large sums of money to middlemen (C: Lesley Stahl - P: Anne de Boismilon). "Sins of Their Fathers" - a group of middle-aged Germans, the sons and daughters of Nazi leaders, met to talk about their feelings on learning of the atrocities committed by their fathers during World War II (C: Morley Safer - P: Patti Hassler). "Gorbachev, Yeltsin & Nixon" - an interview with former President Richard Nixon, about Soviet politics (C: Mike Wallace - P: Josh Howard). Andy Rooney Topic: the right to own a gun (the Brady Bill).

4/21/91 – "You Own It" - a report on Colorado Springs, Colorado, a community where one-third of all real estate has been repossessed by the U.S. Government as a result of the savings and loan bailout (C: Steve Kroft - P: Harry A. Radliffe II). "War Games" - a report on allegations that the U.S. has not only lost its edge in consumer electronics to Japan, it is also losing to Japan its ability to manufacture high-tech components crucial to modern weapons (C: Mike Wallace - P: Barry Lando). "Susanne Logan's Story" - a report on Hillview Women's Medical Surgical Center, a Maryland abortion clinic whose alleged negligence caused the death of one patient and left another paralyzed. Some pro-choice activists knew of the clinic's' problems, but refused to press for stricter regulation on the grounds that women's choices would become more limited (C: Meredith Viera - P: Jane Stone). Andy Rooney Topic: Andy speaks as as viewer about the charges he would like to see in television broadcasting.

4/28/91 – "Who Are the Kurds?" - a report on the Kurds, Sunni Muslims of European origin whose plight has aroused worldwide sympathy. Forced from their homes in northern Iraq by Saddam Hussein's army, they have taken refuge in squalid camps in the mountains where disease is rampant (C: Lesley Stahl - P: Rome Hartman). "Senator Alfonse D'Amato" - a report on Senator Alfonse D'Amato (R., New York), the subject of ongoing investigations by the Senate Ethics Committee and the Justice Department (C: Mike Wallace - P: James Stolz). "Hawaiian Airlines" - an investigation of allegations that Hawaiian Airlines maintains its aircraft so poorly that federal employees are forbidden to fly on then for safety reasons. Despite these charges, the FAA has failed to ground the airline or even warn the public (C: Ed Bradley - P: Norman Gorin). Andy Rooney Topic: handwriting.

5/5/91 – "Oxford House" - a report on Oxford House, a nationwide system of halfway houses for recovering alcoholics and drug addicts, and its founder, former Congressional aide and recovered alcoholic Paul Molloy (Correspondent: Meredith Vieira - Producer: Suzanne St. Pierre). "Prison U" - a report on an experimental program set up in Massachusetts prisons by a group of university professors who feel that taking university level courses is an effective means of rehabilitation for prison inmates (C: Morley Safer - P: Gall Eisen). "U.S. Marshal" - a report on America's oldest law-enforcement agency, the U.S. Marshal Service, once a haven for political appointees with no law enforcement experience... and Howard Safir, its former chief of operations, credited with reestablishing the agency's reputation through his effective handling of the witness protection program and the pursuit and capture of fugitives (C: Steve Kroft - P: Lowell Bergman). Andy Rooney Topic: the money baseball players make.

5/12/91 – "Clark M. Clifford" - a profile of the 84-year-old Washington attorney and former counsel to Presidents, currently ensnared in a

bank ownership scandal (C: Mike Wallace - P: Brian T. Ellis). "Playing War" - excerpts from 'I'm Twelve Years Old and I'm A Soldier,' the award-winning documentary by French reporter Grilles de Maitre for CAP News Agency, which examines the recruiting of young boys, mainly by guerrilla groups, to fight as soldiers in the front lines (C. Harry Reasoner (narrates) - P: Anne de Boismilon). "Doctor Format" - a profile of Dr. Lies Format, director of Life Plus, a psychiatric hospital in southern California which treats troubled teenagers who are dangerous to themselves or to others (C: Ed Bradley P: Grace Diekhaus). Andy Rooney Topic: new cars... finding the right button on the dashboard.

5/19/91 – "It Didn't Have to Happen" - a report on the famine in Sudan, resulting from the government's failure to respond to the drought in the country, despite repeated warnings by U.S. Ambassador James Cheek, who heads a group of western ambassadors and relief officials concerned with the famine (C: Ed Bradley - P: David Gelber)."Berlin" - a report on Berlin, whole again since the reunification of Germany, but still a city separated and with two identities (C: Steve Kroft - P: William K. McClure). "Harry" - a tribute to Harry Reasoner on his retirement; includes a rebroadcast of "The Best Movie Ever Made?" - a report on the production of the film 'Casablanca' (C: Harry Reasoner - P: Drew Phillips) (OAD: 11/15/81) followed by statements by Mike Wallace, Morley Safer, Ed Bradley, Steve Kroft and Andy Rooney and concluding with a statement by Harry Reasoner on his career at *60 Minutes*.

5/26/91 – "Danger" - a report on allegations that the federal Government deliberately put civilian employees at risk by underestimating the health hazards associated with working at its nuclear weapons plants (C: Harry Reasoner P: David Turecamo). "Vietnam 101" - an examination of the reasons for the popularity of a course on the Vietnam War being offered by the University of California, Santa Barbara (C: Ed Bradley - P: Grace Diekhaus) (OAD: 10/4/87). "The Brady Bunch" - an interview with former White House Press Secretary James Brady and his wife Sarah, a determined handgun control advocate (C: Morley Safer - P: Marti Galovic Palmer) (10/9/88). Andy Rooney Topic: Noise.

6/2/91 – "RU 486" - a report on RU 486, the controversial new abortion pill developed by Roussel U.C.L.A.F., a French pharmaceutical company, and sold only in France (Correspondent: Mike Wallace - Producer: Barry Lando) (OAD: 4/9/89). "Underworlds" - a report on New York City Transit Authority Police's decoy unit whose undercover operatives are currently facing charges of entrapment of allegedly innocent people (C: Morley Safer - P: Marti Galovic Palmer) (OAD: 12/6/87). "Blonde Ambition" - interview with Tina Brown, editor of *Vanity Fair* magazine (C: Steve Kroft - P: Jeffrey Fager) (OAD: 10/21/90). Andy Rooney Topic: the time and money women spend on their hair; 'cute' names for women's barbershops (OAD: 10/28/90).

6/9/91 – "This House Is A Steal" - a report on claims that General Development Corporation, Florida' largest land development company, swindled unsuspecting investors out of millions of dollars (C: Ed Bradley - P: Robert G. Anderson) (OAD: 9/23/90). "Dr. Brooks" - a profile of Anne Brooks, a Roman Catholic nun who overcame crippling arthritis and became a doctor at 40. Seven years ago she opened a medical clinic in Tutwiler, an impoverished Mississippi delta town (C: Harry Reasoner - P: Josh Howard) (OAD: 9/23/90). "The Pollards" - an interview with Jonathan Pollard, serving a life sentence for spying on the U.S. for Israel, and his wife, Anne, serving five years as an accomplice (C: Mike Wallace - P: Richard Bonin) (OAD: 11/20/88). Andy Rooney Topic: things that people send Andy Rooney.

6/16/92 – "Mustard Gas" - an exposé of a mustard gas experiment, 50 years ago by the U.S. Navy in which World War II sailors were used as human guinea pigs. The Government has denied that these tests took place, thereby making the participants ineligible for compensation. This week the Veteran's Administration was forced to change its policy and reconsider prior claims (C: Mike Wallace - P: Charles C. Thompson II). "Mayor Moran" - a profile of Mary Moran, first woman mayor of Connecticut's largest city, Bridgeport (C: Harry Reasoner - P: Harry A. Radliffe II) (OAD: 4/29/90). "Manhunt" - a report on Jill Cutshall, a 9-year-old who disappeared from her Norfolk, Nebraska home two and a half years ago, and the failure of local authorities to find either the victim or her abductor (C: Morley Safer - P: Patti Hassler) (OAD: 12/3/89). Andy Rooney Topic: labels on food packages that tell how many servings are provided (OAD: 11/18/90).

6/23/91 – Excerpts of the following segments focusing on the Soviet Union: "Voyage of Discovery" (OAD: 9/17/89); "CCCP-TV in Moscow" (OAD: 1/6/80); "Telling the Truth" (OAD: 10/29/89); "The Moscow Mystique" (OAD: 3/10/91); "Na Zdorove" (OAD: 11/18/90); "Yalta" (OAD: 4/1/90); "Joseph Stalin" (OAD: 2/11/90); "Slava" (OAD: 4/8/90). Andy Rooney Topic: a Geneva peace plan... using the funds available for peaceful progress rather than war (OAD: 4/85).

6/30/91 – "Bad Cops" - a report on allegations that officers of the Oakland, California Housing Authority Police Department Drug Task Force used excessive force and fabricated evidence in their zeal to obtain convictions against suspected drug dealers and users (Correspondent: Mike Wallace - Producer: David Rummel) (OAD: 11/4/90). "I Know It When I See It" - a report on the Motion Picture Association of America's rating system... how it works and who decides what rating a movie receives (C: Harry Reasoner - P: David Turecamo) (OAD: 10/28/90). "Needle Park" - a report on a park in Zurich, Switzerland, where drug users are given free sterile needles in return for used needles as part of the city's efforts to halt the spread of AIDS among intravenous drug users (C: Morley Safer - P: John Tiffin) (OAD: 1/14/90). Andy Rooney Topic: letters that Andy Rooney receives.

7/7/91 – "Genuine Fakes" - a report on art galleries and artists who specialize in the legal and increasingly profitable business of copying and selling recognized masterpieces (Correspondent: Morley Safer - Producer: John Tiffin) (OAD: 9/16/90). "My Grandmother the Lawyer" - a report on Ethel Levitt and Grace Quinn, two septuagenarian grandmothers, who are partners in a family law practice which focuses on the legal problems of the working poor (C: Harry Reasoner - P: Jim Jackson) (OAD: 12/9/90). "Who Killed George Polk?" - an investigation of the 1948 murder in Athens of CBS Middle East Correspondent George Polk and the alleged cover-up by Greek authorities (C: Ed Bradley - P: Jeanne Solomon Langley) (OAD: 10/28/90). Andy Rooney Topic: uniforms (OAD: 11/25/90).

7/14/91 – "Becky's Story" - a report on Becky Bell, an Indiana teenager who died as a result of an illegal abortion, and her parents Bill and Karen Bell, who believe that the state's parental consent law forced their daughter to seek a 'back alley' abortion (C: Morley Safer - P: Richard Bonin) (OAD: 2/24/91). "Paul Simon" - profile of the singer/songwriter Paul Simon (C: Ed Bradley - P: Ruth Streeter) (OAD: 1/6/91). "The Trials of Michael Dowd" - a report on Michael Dowd, an attorney who defended battered women charged with murdering their abusers, whose license to practice was suspended when he gave testimony exposing political corruption in Queens and New York City (C: Mike Wallace - P: Josh Howard) (OAD: 3/24/91). Andy Rooney Topic: handwriting (OAD: 4/28/91).

7/21/91 – "I Thought I Was Covered" - a report on the growing number of Americans who lack adequate medical insurance, or whose insurance companies fail to provide adequate compensation at the moments when they most need it (C: Ed Bradley - P: David Gelber) (OAD: 11/11/90). "Geronimo Pratt" - a report on Vietnam veteran and former Black Panther who claims that the FBI conspired to have him imprisoned on a murder charge (C: Harry Reasoner - P: Lowell Bergman) (OAD: 11/29/87). "Salman Rushdie" - an interview with author Salman Rushdie, forced to live in isolation under 24-hour police protection since the publication of his novel 'The Satanic Verses' which outraged the Moslem World and caused the Ayatollah Khomeini to impose a death sentence on him (C: Mike Wallace - P: George Crile) (OAD: 10/28/90). Andy Rooney Topic: lack of pockets in women's clothes (OAD: 11/20/88).

7/28/91 – "Ward 5A"- a report on the nurses of San Francisco General Hospital's Ward 5A, the nation's first ward established solely for AIDS patients (C: Meredith Vieira - P: Paul 6 Holly Fine) (OAD: 10/21/90). "Oliver's Story" - an interview with writer/producer/director Oliver Stone (C: Morley Safer - P: Patti Hassler) (OAD: 11/25/90). "My Family Is Missing" - an investigation of charges that the Illinois State Police mishandled the search for a missing family because the victims were black, poor and without political influence (C: Mike Wallace - P: David Rummel) (OAD: 3/3/91). Andy Rooney Topic: Andy speaks as a viewer about the changes he would like to see in television broadcasting (OAD: 4/21/91).

8/4/91 – "The Walkers" - an interview with convicted spy John Walker, and the family members he enlisted to sell U.S. Navy secrets to the Soviet KGB for some $1 million (Correspondent: Mike

Wallace - Producer: Richard Bonin) (OAD: 3/25/90). "Dutch Treat II" - a report on Holland's proposed law that would totally legalize prostitution. The few protests to the bill have come mainly from the prostitutes themselves who fear bureaucratic regulation and high taxes (C: Morley Safer - P: John Tiffin) (OAD: 12/2/90). "Acid Rain" - a report on a 10-year, multi-million dollar study conducted by NAPAP (National Acid Precipitation Assessment Program), whose results show that the effect of acid rain on the environment is far less severe than environmentalists have led us to believe (C: Steve Kroft - P: Jeffrey Fager) (OAD: 12/30/90). Andy Rooney Topic: the current stress on growth: we don't need bigger, we need better (OAD: 12/16/90).

8/11/91 – "Saddam's Billions" - a report on Jules Kroll, a private investigator who is trying to track down and recover the fortune that Saddam Hussein has stashed away in various parts of the world (C: Steve Kroft - P: Lowell Bergman) (OAD: 3/24/91). "Brucification" - an interview with Bruce Cutler, the criminal defense attorney who represents reputed organized crime kingpin John Gotti (C: Mike Wallace - P: David Rummel) (OAD: 4/7/91). "A Tribute to Harry Reasoner" - Andy Rooney pays tribute to his longtime colleague Harry Reasoner, who died the previous week.

8/18/91 – "All in the Family" - after the suicide of Joe Fernandez, a 59-year-old New Jersey man, his wife and son suddenly and inexplicably came into the possession of large amounts of money and gold. Fernandez' widow, Rose, turned the money over to her mafia-boss cousin for safekeeping and unwittingly became, with her son Steve, the target of a mob hit (C: Morley Safer - P: Marti Galovic Palmer) (OAD: 12/30/90). "Keep You Mouth Shut" - Steve Shores, a Chicago man, has spent eight years in jail for a murder he says he didn't commit. He claims that threats to his life and the lives of his family by the real killer, kept him from protesting his innocence at the time of his arrest (C: Steve Kroft - P: Robert Anderson) (OAD: 11/25/90). "Ten Extraordinary Women" - a report on ten courageous women who though stricken with cancer, challenged themselves with the Outward Bound wilderness training course (C: Ed Bradley - P: Grace Diekhaus) (OAD: 2/1/87). Andy Rooney Topic: on 99 cents (OAD: 11/2/86).

8/25/91 – "What Now?" - report on the latest developments in the Soviet Union following an attempted overthrow of the Gorbachev government (C: Mike Wallace - P: Barry Lando). "The Numbers Game" - a report on Mike Welbel, owner of a small Chicago lamp company, who was charged by the EEOC (Equal Employment Opportunity Commission) with racial discrimination in the hiring of minorities. Welbel claims that he is not guilty and that all of his employees, with the exception of himself and his father, are minorities (C: Morley Safer - P: Gail Eisen) (OAD: 3/24/91). "A Question of Mercy" - a report on the rising number of AIDS victims who are opting either to kill themselves or to ask family members or friends to 'assist' them in committing suicide (C: Ed Bradley - P: Grace Diekhaus) (OAD: 4/16/89). Andy Rooney Topic: the Russian coup.

9/1/91 – "Project 2000" - an interview with Washington, D.C. educational psychologist Dr. Spencer Holland about his controversial approach to teaching African-American boys in inner cities schools. He proposes segregating boys from girls through the third grade and assigning only male teachers to the boys (Correspondent: Steve Kroft - Producer: Harry Radliffe II) (OAD: 10/7/90). "Jack Lemmon" - an interview with actor Jack Lemmon (C: Morley Safer - P: Alan Weisman) (OAD: 1/5/86). "War Games" - a report on allegations that the U.S. has not only lost its edge in consumer electronics to Japan, it is also losing to Japan its ability to manufacture high-tech components crucial to modern weapons (C: Mike Wallace - P: Barry Lando) (OAD: 4/21/91). Andy Rooney Topic: photography (OAD: 10/18/87).

9/8/91 – "Room 19" - tour of a secret room in an institute in Moscow, sealed by the KGB for 67 years, which contains the preserved brains of such Communist leaders as Lenin and Stalin (Reporter: Artyom Borovik - P: George Crile). "Cream Puff" - a report on Houston's 'mileage busters'—used car wholesalers who roll back odometers and then resell the cars to other dealers, who in turn sell them to unsuspecting car buyers (C: Steve Kroft - P: Robert Anderson) (OAD: 12/9/90). "A Letter From Jermarr" - a report on Jermarr Arnold, confessed murderer, who claims that he wants to be executed for his crime. Texas law won't allow him to plead guilty and stipulates that he be defended by court appointed attorneys (C: Mike Wallace - P: Josh Howard) (OAD: 2/17/91). Andy Rooney Topic: complaints about discrimination against minorities... we should think of ourselves as Americans or just human beings rather than members of minority groups (OAD: 4/17/9).

9/15/91 – "Made in China" - a report on the use of forced labor in China, including secret videotapes of camps where political prisoners manufacture goods for export to the U.S. and other foreign markets. Chinese officials deny that these transactions, which are in violation of U.S. law, are taking place (C: Ed Bradley - P: David Gelber). "Epidemic" - a report on the prevalent use of guns and knives by American children, particularly minorities, against their peers, (C: Morley Safer - P: Marti Galovic Palmer).
"Live or Die?" - an examination of the controversy over the use of advanced medical technology to prolong biological life without regard to the quality of that life (C: Mike Wallace - P: Josh Howard). Andy Rooney Topic: what happened during the summer.

9/22/91 – "The Secret Life of Dennis Levine" - a report on Dennis Levine, a Wall Street broker who served time in Louisburg Penitentiary for insider stock trading, and his questionable financial transactions after his release from prison (C: Ed Bradley - P: Ruth Streeter). "Thoralf Sundt, M.D." - interview with Mayo Clinic neurosurgeon Thoralf Sundt who continues to perform difficult and delicate lifesaving operations despite the fact that he is suffering from multiple myeloma, a painful and incurable form of cancer (C: Lesley Stahl - P: Rome Hartman). "The Last Sioux Braves" - an examination of new evidence in the case of Leonard Peltier, a Sioux Indian who claims that he is innocent of the 1975 murders of two FBI agents for which he is serving two life sentences. Included in the report is a videotape of the actual murderer who admits that he, and not Peltier, shot the agents (C: Steve Kroft - P: James Stolz). Andy Rooney Topic: What it would be like if Andy Rooney was questioned by a Senate panel.

9/29/92 – "The Trials of Juanita" - a report on Juanita Maxwell, a Florida woman suffering from MPD (Multiple Personality Disorder), and the legal controversy over determining guilt when one of the multiple personalities is responsible for a crime (C: Morley Safer - P: Patti Hassler). "The KGB" - interviews with three KGB agents about their undercover activities and the future of the agency, and a tour of KGB headquarters (Reporter: Artyom Borovik - P: George Crile). "1-800-Con Man" - a report on Danny Faires, a con man who used the telephone in his cell in Miami's Dade County Jail to run an illegal nationwide shopping network (C: Mike Wallace - P: David Rummel). Andy Rooney Topic: the breakup of the Soviet Union.

10/6/91 – "I Remember Daddy" - a report on Eileen Franklin, a California woman who came forward to provide evidence that would convict her father of the murder of her childhood friend twenty years ago. She had been able to repress the memory of the crime and of the sexual abuse to which he had subjected her as a child (Correspondent: Lesley Stahl - Producer: Pauline Canny). "Rush" - an interview with conservative radio talk show host Rush Limbaugh (C: Steve Kroft - P: Robert Anderson). "Choice" - a report on Milwaukee's controversial and experimental 'Choice' program by which low-income inner city students are given a choice... continue to go to an overcrowded inner city public school or enroll in a private school at taxpayers' expense (C: Mike Wallace - P: Richard Bonin). Andy Rooney Topic: bottled water.

10/13/91 – PREEMPTION

10/20/91 – "The 'Trashing' of Clayton Hartwig" - a report on the events that prompted the U.S. Navy to apologize publicly to the family of Gunner's Mate Second Class Clayton Hartwig, who the Navy had initially claimed was responsible for the explosion aboard the U.S.S. Iowa in April 1989 which killed him and 46 of his shipmates (C: Mike Wallace - P: Charles C. Thompson II) (update of "U.S.S. Iowa" 11/5/89). "Minister of Foreign Affairs" - a profile of Italy's Minister of Foreign Affairs Gianni DeMichelis and his unorthodox way of performing his duties (C: Morley Safer - P: John Tiffin). "The Poison Umbrella" - a report on new efforts to solve the 13-year-old murder of Georgi Markov, Bulgarian defector and BBC radio reporter, fatally wounded by a hitman using an umbrella tip treated with poison (C: Ed Bradley - P: Jeanne Solomon Langley) (update of "Who Killed Georgi Markov?" 10/7/79). Andy Rooney Topic: Senate Hearings on the nomination of Judge Clarence Thomas to the Supreme Court.

10/27/91 – "What about Prozac?" - a report on Prozac, a controversial antidepressant drug. Psychiatrists and the FDA claim that the drug is safe when carefully monitored by a doctor... the Church of Scientology claims that Prozac can

cause violent and suicidal behavior and therefore should be taken off the market (C: Lesley Stahl - P: Catherine Olian). "Texas Rules" - an interview with Texas Governor Ann Richards (C: Morley Safer - P: Marti Galovic Palmer). "Welfare for the Wealthy" - a report on the REA (Rural Electrification Administration), a program set up by President Roosevelt in the 1930s to provide low-cost government loans and technical advice to rural America. The REA still exists today, supplying loans to communities that don't qualify as rural and tax payer-funded subsidies to large companies that don't need them (C: Steve Kroft - P: Franklin Devine). Andy Rooney Topic: the homeless.

11/3/91 – "No MSG" - report on the controversy over MSG (monosodium glutamate), an inexpensive powder used as a flavor enhancer in all kinds of food. Critics say that MSG can cause adverse reactions and want the government to impose stricter labeling rules. The food industry and the FDA maintain that MSG poses no health risk (Correspondent: Ed Bradley - Producer: Grace Diekhaus). "Plugging the Leaks" - a report on allegations that Alyeska, the consortium of oil companies that owns and operates the Trans Alaska Pipeline, hired a detective agency to conduct an undercover investigation of Chuck Hamel, a whistle blower who was leaking information to the government about safety and environmental violations (C: Steve Kroft - P: Richard Bonin). "George Bush vs. George Bush" - a report on President Bush's lack of support for programs which would help Mexico handle problems caused by its uncontrolled population growth (C: Mike Wallace - P: Barry Lando). Andy Rooney Topic: sexual harassment in the workplace and elsewhere.

11/10/91 – "Friendly Fire" - a report on former U.S. Army Lieutenant Colonel Ralph Hayles, the only American serviceman involved in the Persian Gulf War to be disciplined in a 'friendly fire' incident which cost American lives (C: Steve Kroft - P: Harry A. Radliffe II). "Norplant" - a report on the controversial ruling by Visalia, California County Judge Howard Broadman. The judge sentenced a mother to jail for mistreating her children and mandated that she be implanted with Norplant, a temporary birth control device as a condition for her parole (C: Ed Bradley - P: Ruth Streeter), "Easy Money in Hard Times" - a report on compensation consultant Bud Crystal who criticizes U.S. companies forced by the recession to institute pay cuts and layoffs, but whose CEOs still receive enormous salaries and bonuses (C: Lesley Stahl - P: Rome Hartman). Andy Rooney Topic: Andy's response to comments on his segment on sexual harassment (11/3/91).

11/17/91 – "Saddam's Secrets" - a report on discoveries made by IAEA, the U.N.'s International Atomic Energy Agency, that Iraq's potential for developing nuclear weaponry was not destroyed during the Persian Gulf War, and that a good part of Saddam Hussein's secret nuclear complex remains intact (C: Mike Wallace - P: Barry Lando). "The French Paradox" - an examination of the puzzling fact that the French, whose diet is higher in fat than Americans', have a lower heart attack rate. One theory suggests that the red wine they consume with meals is actually beneficial (C: Morley Safer - P: John Tiffin). "The Psycho Squad" - a report on John Douglas, director of the FBI's Behavioral Science Unit, known as the 'psycho squad,' which pursues the most dangerous criminals—serial killers, rapists and torturers—and was depicted in the recent film, *The Silence of the Lambs* (C: Lesley Stahl - P: Suzanne St. Pierre). Andy Rooney Topic: labels on the things we buy.

11/24/91 – "The Teamsters" - a report on the Teamsters, the nation's largest union, known for its history of corruption and close ties to organized crime, now about to hold its first free election under the supervision of the U.S. Government (C: Steve Kroft - P: Lowell Bergman). "Barbra" - an interview with singer/actress/producer/director Barbra Streisand (C: Mike Wallace - P: Paul & Holly Fine). "Just Another Killing?" - a report on the events following the murder in the Bronx of 18-year-old Benjamin Dominguez, by a neighborhood bully who was subsequently freed on bail. The victim's father is currently in jail for the attempted murder of his son's killer. (C: Ed Bradley - P: Robert Anderson). Andy Rooney Topic: speeding.

12/1/91 – "Smoking to Live" - a report on the controversy over the medicinal use of marijuana by patients suffering from grave diseases such as AIDS and cancer (Correspondent: Morley Safer - Producer: Gail Eisen). "Camille" - profile of Camille Geraldi and her pediatrician husband Michael who have adopted 15 children, many of whom are suffering from Downs Syndrome and related medical problems (C: Lesley Stahl - P: Jim Jackson). "Getting Away with Murder" - a report on Sister Michael Mary Nolan, a Roman Catholic nun and criminal lawyer currently working in Brazil to bring justice to a country where murder is rampant and the authorities look the other way (C: Steve Kroft - P: Harry A. Radliffe II). Andy Rooney Topic: how politicians could improve their looks.

12/8/91 – "Mississippi Christmas Tree" - a report on wealthy Mississippi Delta plantation owners who receive government subsidies by creating smaller farms with allegedly phony partners (C: Mike Wallace - P: Charles C.Thompson II). "Sound of Music" - a report on Branson, Missouri, a small town in the Ozarks, currently the capital of country music and one of the richest towns in America (C: Morley Safer - P: Patti Hassler). "Fur or Against?" - animal rights groups in Great Britain are determined to make the public aware of their message. Critics claim that these groups are using intimidation tactics not persuasion (C: Ed Bradley - P: Jeanne Solomon Langley). Andy Rooney Topic: Andy has his picture taken for the cover of *TV Guide*.

12/15/92 – "Halcion" - the sleeping pill Halcion has been banned in Holland and Great Britain. The drug's manufacturer, Upjohn, insists that Halcion is safe despite allegations that the pharmaceutical company suppressed information about adverse side effects (C: Ed Bradley - P: Jeanne Solomon Langley). "The Great Dane" - interview with pianist/comedian Victor Borge (C: Lesley Stahl - P: Jim Jackson). "Take the Money and Run" - each year the National Health Service Corps awards taxpayer-subsidized medical school scholarships to qualified students with the provision that on graduation they will serve a specified number of years in a poor or remote area. Problems have arisen when a number of these doctors have reneged on their promises and have opted for more lucrative private practices (C: Mike Wallace - P: Josh Howard). Andy Rooney Topic: Steve Kroft talks about Andy's picture on the cover of TV Guide.

12/22/91 – "Hussein & Hussein" - a report on allegations that King Hussein of Jordan is assisting Saddam Hussein in violating sanctions set down by the U.N. in an effort to cut off Iraq from the outside world (C: Steve Kroft - P: Lowell Bergman). "Eric Ramsey of Auburn" - a report on college football containing portions of secret tape recordings made by former Auburn University football player Eric Ramsey of conversations with coaches and alumni boosters who were giving him money—a violation of NCAA rules which could jeopardize the university's football program (C: Ed Bradley - P: Robert G. Anderson). "Jessye" - interview with Metropolitan opera singer Jessye Norman (C: Morley Safer - P: Marti Galovic Palmer). Andy Rooney Topic: bills we receive from various different companies (credit cards, cable television).

12/29/91 – "Georgia" - a report on anarchy and fighting in the former Soviet republic including an interview with Georgian President Zviad K. Gamsakhurdia, who, opponents claim failed to provide a democracy (C: Lesley Stahl - P: Bill McClure). "M.E.A." - Beirut-based Middle East Airlines, has been jokingly called 'the Mad and Eccentric Airline,' but it still continues to operate despite the trying and life threatening conditions during the 16 year civil war in Lebanon (C: Steve Kroft - P: Anne de Boismilon). "Riker's Island" - a report on what it's like to be a correction officer on New York City's Riker's Island, an overcrowded jail where some 100,000 prisoners pass through yearly (C: Mike Wallace - P: Paul & Holly Fine). Andy Rooney Topic: pictures of the past year.

1992

Sunday 7:00-8:00 PM

1/5/92 – "Time Bombs" - Congress has ordered the U.S. Army to destroy its stockpile of live chemical weapons. A major problem lies in finding a method of safely complying with this order (Correspondent: Morley Shafer - Producer: Gail Eisen). "Murder She Writes" - interview with best-selling mystery novelist Lady P.D. James (C: Steve Kroft - P: William K. McClure). "Children of the Berlin Wall" - a report on East German children, forcibly taken from their 'disloyal' parents and given for adoption, who are learning for the first time who their real parents are and seeking to be reunited with them (C: Lesley Stahl - P. Catherine Olian). Andy Rooney Topic: do modern inventions really help (light bulbs, microwave ovens, television, computers).

1/12/92 – "Black Market Ladies" - a report on a scheme in Tennessee during the 1940s in which an unscrupulous adoption agency director and a corrupt juvenile court judge conspired to dupe or coerce unsuspecting parents into giving up their children who were then sold to wealthy families (C: Mike Wallace - P: John Howard). "Don't

Leave Home" - a report on tourism and its negative impact on the world's natural beauty and historical sites (C: Morley Safer - P: John Tiffin). "Colin Powell" - a profile of four-star General Colin Powell, the nation's first black Chairman of the Joint Chiefs of Staff (C: Ed Bradley - P: Marley Klaus). Andy Rooney Topic: President Bush's trip abroad.

1/19/92 – "World's Biggest Shopping Spree" - a report on the billions of dollars in taxpayer money spent by the Pentagon for the purchase and storage of supplies, much of which has no military use and a large portion of which becomes obsolete before it can be put to use (C: Lesley Stahl - P: Howard Rosenberg). "Nayirah" - an examination of the impact of an intensive publicity and lobbying campaign launched by Hill and Knowlton, a Washington, D.C., public relations firm with close ties to the Kuwaiti Government, on the U.S. decision to go to war against Iraq (C: Morley Safer - P: Jeffrey Fager). "Charlotte Austin" - two years ago Charlotte Austin, a single Los Angeles mother, witnessed the murder of her 13-year-old daughter by a street gang. Today she councils juveniles imprisoned for murder in an effort to prevent other senseless killings of children (C: Ed Bradley - P: Grace Diekhaus). Andy Rooney Topic: the movie "JFK".

1/26/92 – "Governor & Mrs. Clinton" - interview with Governor Bill Clinton of Arkansas and his wife Hillary about allegations of marital infidelity on his part (C: Steve Kroft - P: L. Franklin Devine) (abbreviated program - aired 10:35-10:48 pm).

2/2/92 – "Anita Hill" - an interview with University of Oklahoma law professor Anita Hill about her testimony before a Senate committee concerning alleged sexual harassment by U.S. Supreme Court nominee Clarence Thomas (Correspondent: Ed Bradley - Producer: Grace Diekhaus). "The Lambs of Christ" - Members of the Lambs of Christ, a pro-life group, claim that their only tactics are peaceful prayer vigil demonstrations. Doctors who have been targeted disagree, saying that the radical group has harassed and threatened them and their children in an effort to keep them from performing abortions (C: Lesley Stahl - P: Catherine Olian). "The Russians Are Coming" - a report on the impact on Israel of the influx of thousands of Soviet Jews. Israel is asking the U.S. for loan guarantees, claiming that the money will be used to help in the absorption of the new refugees. Critics argue that it will be used to finance the building of new settlements in the occupied territories (C: Mike Wallace - P: Barry Lando). Andy Rooney Topic: American education. Update: "Black Market Babies" (OAD: 1/12/92).

2/9/92 – "Bang, Bang, You're Dead!" - report on the rising number of children who are killing other children with guns belonging to their parents (C: Morley Safer - P: Marti Galovic Palmer). "Buy American" - America's big three car manufacturers are urging Americans to buy American cars, but many of these cars are either manufactured by Japanese companies, have Japanese parts, or are assembled outside the U.S. (C: Lesley Stahl - P: Rome Hartman). "Mirror, Mirror on the Wall" - a report on the controversy over liquid silicone injections used in cosmetic surgery. The FDA claims that the procedure is unsafe and illegal, but some doctors are still willing to inject their patients with the substance (C: Steve Kroft - P: Richard Bonin). Andy Rooney Topic: samples and other promotional material sent to doctors by pharmaceutical companies.

2/16/92 – "The Sting" - in a few weeks the U.S. Supreme Court will make a decision as to whether a sting operation run by the U.S. Postal Inspection Service, and which resulted in the arrest and conviction of Keith Jacobson, a Nebraska man, for child pornography, constituted entrapment (C: Mike Wallace - P: Josh Howard). "Damn Yankees" - a profile of New York Yankee pitcher Brien Taylor and the driving force behind his career, his mother Bettie (C. Morley Safer - P: Jeffrey Fager). "Car Seats" - a report on car seats in American and Japanese-made cars which meet federal standards, but which have proved to be unsafe, particularly in rear-end collisions (C: Ed Bradley - P: Marley Klaus). Andy Rooney Topic: telephone answering machines.

2/23/92 – "Saddam's Killing Fields" - a report on Saddam Hussein's systematic plan to eliminate the Kurds from Iraq, and the Kurds' fear that Saddam is still in power and poised to wipe them out as soon as U.S. troops leave the area (C: Ed Bradley - P: David Gelber). "Life, Death and Politics" - a report on fetal tissue transplant, a procedure with far-reaching medical potential, and the controversy over President Bush's failure to lift a ban on funding fetal tissue experimentation (C: Morley Safer - P: Patti Hassler). "Malcolm X" - a profile of the late Black Muslim leader Malcolm X, including interviews with his daughter Attallah Shabazz, friend Ossie Davis and Spike Lee (C: Mike Wallace - P: Kate Purdie). Andy Rooney Topic: Campaign '92: political rhetoric. Update: "Buy American" (OAD: 2/9/92).

3/1/92 – "Red Cell" - a report on Captain Richard Marcinko, commander of Red Cell, an elite team of U.S. Navy SEALS, assigned to test the security of sensitive military installations, who incurred the wrath of the Navy brass with his unorthodox methods and embarrassing revelations (Correspondent: Mike Wallace - Producer: Charles C. Thompson II). "Dr. Mengele's Laboratory" - Dr. Josef Mengele, the Nazi SS officer at Auschwitz, used twins as guinea pigs in heinous experimenst. Today Germany's Mengele family refuses to help the surviving twins in their search for crucial medical information (C: Lesley Stahl - P: Rome Hartman). "The Oregon Plan" - a report on Oregon's controversial health plan which sets priorities on the types of medical conditions it covers, drawing the line when treatment is both costly and futile (C: Steve Kroft - P: Lowell Bergman). Andy Rooney Topic: CBS' coverage of the Winter Olympics.

3/8/92 – "Another Karen Silkwood?" Linda Porter, a worker at Comanche Peak nuclear plant near Dallas, incurred the wrath of plant management when she exposed hazardous working conditions. She was repeatedly threatened and forced to do work that ruined her health (C: Steve Kroft - P: Robert Anderson). "Neil Simon" - profile of the Pulitzer Prize winning playwright (C: Lesley Stahl - P: Rome Hartman). "American Gothic Gone Mad" - Ray and Faye Copeland are on death row, convicted of murder. The elderly Missouri farm couple lured homeless men into a cattle rustling scheme, then killed them (C: Ed Bradley - P: Robert Anderson). Andy Rooney Topic: tipping.

3/15/92 – "Bill & Kathy Swan" - Bill and Kathy Swan, a Seattle, Washington, couple were convicted and imprisoned for the sexual abuse of their 3-year-old daughter and her friend, based on the testimony of a teacher at the children's day care center. Despite the teacher's lack of credentials and her background of instability, the Swans remain in jail and the state plans to give their child up for adoption (C: Morley Safer - P: Gail Eisen). "Here's Jay Leno" - profile of the comedian who will succeed Johnny Carson as host of "The Tonight Show" (C: Steve Kroft - P: Robert Anderson). "Yusef Salaam" - an interview with Yusef Salaam, one of the youths convicted of rape in the 1989 Central Park Jogger case, and his mother Sharonne (C: Mike Wallace - P: Josh Howard). Andy Rooney Topic: U.S. Presidents' relatives.

3/22/92 – "EMILY's List" - a report on EMILY's List (Early Money Is Like Yeast, it makes dough rise), a political action committee composed primarily of women, who raise money and support liberal female candidates for Congress (C: Morley Safer - P: Patti Hassler). "Mob Girl" - Arlyne Brickman was deeply involved with organized crime, but when the mob turned on her, she sought revenge by becoming an informant for the FBI and other law enforcement agencies (C: Ed Bradley - P: Marley Klaus). "Leonardo Mercado Is Dead" - Leonardo Mercado, a Miami drug dealer was beaten to death by officers from a special narcotics unit. The police officers claim that it was justified homicide because the suspect had gone into an uncontrollable drug frenzy... critics call it 'vigilante justice' (C: Lesley Stahl - P: Jim Jackson). Andy Rooney Topic: Congressional checking overdrafts.

3/29/92 – "Kissinger" - report on Henry Kissinger, former Secretary of State and presidential adviser who still wields tremendous influence in the U.S. and in countries around the world (C: Mike Wallace - E Charles C. Thompson II). "Spielberg" - profile of the 44-year-old Hollywood producer/director Steven Spielberg (C: Ed Bradley - P: Grace Diekhaus). "Ross Perot" - interview with the Texas billionaire, who is considering running for President as an independent candidate (C Morley Safer - P: Jeffrey Fager). Andy Rooney Topics reviews by film critics.

4/5/92 – "You're Under Arrest" - in 1984 Congress passed the Federal Forfeiture Law to facilitate the seizure of suspected drug dealers' property by authorities without making formal charges or arrests. Problems have arisen when the application of the law has led to the confiscation of an innocent person's property (C: Steve Kroft - P: Harry Radliffe). "Lost in Bel Air" - a report on homeless women between the ages of 55 and 65, either divorced or widowed, unemployed and not yet eligible for Social Security, who have taken up residence on the streets of Bel Air, the exclusive Los Angeles suburb (C: Lesley

Stahl - P: Anne de Boismilon). "G-Dog" - a profile of Father Greg Boyle, a 37-year-old Jesuit priest who has devoted himself to providing education and jobs for young East Los Angeles gang members (C: Mike Wallace - P: David Rummel). Andy Rooney Topic: Campaign '92: Andy Rooney's platform.

4/12/92 – "Ripping Off the System" - a report on Workmen's Compensation fraud, a three-billion-dollar-a-year scam, and the lawyers who advise unemployed workers to file for compensation whether or not they are really incapacitated (C: Lesley Stahl- P: Jim Jackson). "The Menuhins" - profile of the 75-year-old violinist/conductor Yehudi Menuhin and his wife Diana (C: Ed Bradley - P: Jeanne Solomon Langley). "Prime Time Sheriff" - Florida's Broward County Sheriff Nick Navarro has been called the 'Prime Time Sheriff' because of his frequent appearances on television. Currently the 62-year-old Cuban immigrant and his department are under investigation by the FBI, the IRS and the U.S. Attorney's Office, for alleged improprieties involving large amounts of money (C: Steve Kroft - P: Paul and Holly Fine). Andy Rooney topic: Elvis Presley commemorative stamp.

4/19/92 "Noriega" - an interview with Panama's military leader General Manuel Antonio Noriega, following the abortive attempt to oust him from power (C: Mike Wallace - P: David Gelber) (OAD: 2/28/88). "Arthur Ashe" - profile of tennis player Arthur Ashe (C: Morley Safer - P: Al Wasserman) (OAD: 5/6/79 - aired with new introduction). "Apache" - update of 11/18/90 report on the U.S. Army's Apache attack helicopter, including a review of its performance in the Persian Gulf War (C: Ed Bradley - P: Marley Klaus). Andy Rooney Topic: the current stress on growth: we don't need bigger, we need better/ (OAD: 12/16/90).

4/26/92 – "Mr. Robinson" - a profile of the San Antonio Spurs superstar center David Robinson, who postponed his lucrative professional basketball career until he had graduated from Anapolis and satisfied his military obligation (C: Ed Bradley - P: Paul & Holly Fine). "The New Nazis" - the vast influx of political refugees into Germany has resulted in the resurgence of an extreme form of nationalism and the emergence of a new form of Nazism. German officials, police and press seem reluctant to admit that a potential problem exists (C: Morley Safer -P: John Tiffin). "The Gem of an Idea" - a report on the controversy over who created an artificial diamond made of one kind of carbon atom, Carbon 12, which has the potential to revolutionize laser technology. Harvard physicist Russell Seitz claims credit for the discovery, but General Electric insists that their scientists came upon it independently (C: Steve Kroft - P: Jeffrey Fager). Andy Rooney Topic: people who feel no responsibility for keeping up the neighborhood.

5/3/92 – "The Chief" - an interview with Daryl Gates who will retire in June after 14 years as Los Angeles' Police Chief, about the riots that erupted in the city following the announcement of a 'not guilty' verdict in the Rodney King police brutality case (C: Lesley Stahl - P: Rome Hartman & Grace Diekhaus). "The New Chief" - an interview with Philadelphia Police Commissioner Willie Williams, who will replace Los Angeles Police Chief Daryl Gates next month and whose task it will be to restore the integrity of the city's police force (C: Ed Bradley - P: Harry A. Radliffe II & L. Franklin Devine). Andy Rooney: Andy's thoughts about the Rodney King verdict. "Frequent Flyer" - an examination of allegations that Presidential Chief of Staff Samuel Skinner made extensive use of government planes for personal travel during his three years as Secretary of Transportation (C: Lesley Stahl - P: Howard Rosenberg). Andy Rooney Topic: things people send Andy.

5/10/93 – "The Decision" - a report on the ethical questions and decisions resulting from advancements in the field of genetic testing, examining how much information is really beneficial and the advantages and potential abuses associated with having this information (C: Mike Wallace - P: Barry Lando). "Wally World" - a profile of Alaska's Governor Walter Hickle, a controversial figure whose admirers say he has 'spirit.' His critics, however, are mounting a recall movement, claiming his ideas are totally impractical (C: Steve Kroft - P: Jeffrey Fager). "Doctors Dilemma" - an increasing number of American doctors are leaving the medical profession claiming that government and insurance company regulations are interfering with their treatment of patients (C: Morley Safer - P: Patti Hassler). Andy Rooney Topic: people who block your way in public places like sidewalks and airports.

6/7/92 – "Hussein & Hussein" - a report on allegations that King Hussein of Jordan is assisting Saddam Hussein in violating sanctions set down by the UN in an effort to cut off Iraq from the outside world (C:. Steve Kroft - P: Lowell Bergman) (OAD: 12/22/91). "Damn Yankee" - a profile of New York Yankee pitcher Brien Taylor and the driving force behind his career, his mother Bettie (C: Morley Safer - P: Jeffrey Fager) (OAD: 2/16/92). "Stray Voltage" - a report on Midwest farmers whose cattle were killed or born with defects because they were exposed to electricity escaping from old and worn-out power lines (C: Ed Bradley - P: Robert G. Anderson) (OAD: 4/7/91). Andy Rooney Topic: Campaign '92: political rhetoric (OAD: 2/23/92).

6/14/92– "Yeltsin" - interview with Russian President Boric Yeltsin, his wife Naina and family at their Dacha, just outside Moscow, as he prepares to meet with President Bush in Washington, D.C. this week (C: Lesley Stahl - P: Rome Hartman). "Negligent Doctors" - the California State Medical Board claims to be diligent in investigating and disciplining negligent doctors. In fact, there have been instances when doctors have been permitted to keep their licenses even after being charged in major malpractice cases (C: Mike Wallace - P: David Rummel). "Ivan the Terrible" - a report on John Demjanjuk, a Cleveland area auto worker, who claims that he was unjustly condemned to death in Israel for his involvement at Treblinka, the Nazi death camp in Poland (C: Ed Bradley - P: Jeanne Solomon Langley) (OAD:2/25/90). Andy Rooney Topic: joggers (OAD: 4/29/90).

6/21/92 – "Zapped" - a report on claims that police officers who routinely use hand-held radar detectors to catch speeding motorists are developing cancer from daily exposure to the low levels of radiation emitted by the guns. Critics contend that there is no scientific evidence to uphold this theory (C: Morley Safer - P: Gail Eisen). "The Russians Are Coming" - a report on the impact on Israel of the influx of thousands of Soviet Jews. Israel is asking the U.S. for loan guarantees, claiming that the money will be used to help in the absorption of the new refugees. Critics argue that it will be used to finance the building of new settlements in the occupied territories (C: Mike Wallace - P: Barry Lando) (OAD: 2/2/92). "No MSG" - a report on the controversy over MSG (monosodium glutamate), an inexpensive powder used as a flavor enhancer in all kinds of food. Critics say that MSG can cause adverse reactions and want the government to impose stricter labeling rules. The food industry and the FDA maintain that MSG poses no health risk (C: Ed Bradley - P: Grace Diekhaus) (OAD: 11/3/91). Andy Rooney Topic: pill bottle cotton (OAD: 10/12/86).

6/28/92 – "Epidemic" - a report on the prevalent use of guns and knives by American children, particularly minorities, against their peers (C: Morley Safer - P: Marti Galovic Palmer) (OAD: 9/15/91). "Here's Jay Leno" - profile of the comedian who will succeed Johnny Carson as host of "The Tonight Show" (C: Steve Kroft - P: Robert Anderson) (OAD: 3/15/92). "Mississippi Christmas Tree" - a report on wealthy Mississippi Delta plantation owners who receive government subsidies by creating smaller farms with allegedly phony partners (C: Mike Wallace - P: Charles C. Thompson) (OAD: 12/8/91). Andy Rooney Topic: labels on the things we buy (OAD: 11/17/91).

7/5/92 – " I Thought I Was Covered" report on the growing number of Americans who lack adequate medical insurance, or whose insurance companies fail to provide adequate compensation at the moment when they most need it (C: Ed Bradley - P: David Gelber) (OAD: 11/11/90). "Camille" - a profile of Camille Geraldi and her pediatrician husband Michael who have adopted 15 children, many of whom are suffering from Downs Syndrome and related medical problems (C: Lesley Stahl - Jim Jackson) (OAD: 12/1/91). "Welfare for the Wealthy" - a report on the REA (Rural Electrification Administration), a program set up by President Roosevelt in the 1930s to provide low-cost government loans and technical advice to rural America. The REA still exists today, supplying loans to communities that don't qualify as rural and taxpayer-funded subsidies to large companies that don't need them (C: Steve Kroft - P: Franklin Devine) (OAD: 10/27/91). Andy Rooney Topic: ingredients in food products (OAD: 11/30/86).

7/12/92 – "Friendly Fire" - a report on former U.S. Army Lieutenant Colonel Ralph Hayles, the only American serviceman involved in the Persian Gulf War to be disciplined in a "friendly fire" incident which cost American lives (C: Steve Kroft - P: Harry A. Radliffe II) (OAD: 11/10/91). "The French Paradox" - an examination of the puzzling fact that the French, whose diet is higher in fat than Americans' have a lower heart attack rate. One theory suggests that the red wine they consume with meals is actually beneficial (C: Morley Safer - P: John Tiffin)

(OAD: 11/17/91). "Anita Hill" - an interview with University of Oklahoma law professor Anita Hill about her testimony before a Senate committee concerning alleged sexual harassment by U.S. Supreme Court nominee Clarence Thomas (C: Ed Bradley - P: Grace Diekhaus) (OAD: 2/2/92). Andy Rooney Topic: getting started on a job. Andy Rooney borrows an opening maneuver from football (OAD: 10/14/90).

7/19/92 – "Time Bombs" - Congress has ordered the U.S. Army to destroy its stockpile of live chemical weapons. A major problem lies in finding a method of safely complying with this order (C: Morley Safer - P: Gail Eisen) (OAD: 1/5/92). "Buy American" - America's big three car manufacturers are urging Americans to buy American cars, but many of these cars are either manufactured by Japanese companies, have Japanese parts, or are assembled outside the U.S (C: Lesley Stahl - P: Rome Hartman) (OAD: 2/9/92). "Black Market Babies" - a report on a scheme in Tennessee during the 1940s in which an unscrupulous adoption agency director and a corrupt juvenile court judge conspired to dupe or coerce unsuspecting parents into giving up their children who were then sold to wealthy families (C: Mike Wallace - P: Josh Howard) (OAD: 1/12/92). Andy Rooney Topic: the rising cost of everything (OAD:

7/26/92 – "Made in China" - a report on the use of forced labor in China, including secret videotapes of camps where political prisoners manufacture goods for export to the U.S. and other foreign markets. Chinese officials deny that these transactions, which are in violation of U.S. law, are taking place (C: Ed Bradley - P: David Gelber) (OAD: 9/15/91). "Lost in Bel Air" - a report on homeless women between the ages of 55 and 65, either divorced or widowed, unemployed and not yet eligible for Social Security, who have taken up residence on the streets of Bel Air, the exclusive Los Angeles suburb (C: Lesley Stahl - P: Anne de Boismilon) (OAD: 4/5/92). "Plugging the Leaks" - a report on allegations that Alyeska, the consortium of oil companies that owns and operates the Trans Alaska Pipeline, hired a detective agency to conduct an undercover investigation of Chuck Hamel, a whistle blower who was leaking information to the government about safety and environmental violations (C: Steve Kroft - P: Richard Bonin) (OAD: 11/3/91). Andy Rooney Topic: shopping carts (OAD: 11/3/91).

8/2/93 – "Mirror, Mirror on the Wall" - a report on the controversy over liquid silicone injections used in cosmetic surgery. The FDA claims that the procedure is unsafe and illegal, but some doctors are still willing to inject their patients with the substance (C: Steve Kroft - P: Richard Bonin) (OAD: 2/9/92). "What Price Genius?" - a report on how a ten-year-old, already a college sophomore, plans for the future (C: Eisen) (OAD: 3/15/87). "Riker's Island" - a report on what it's like to be a correction officer in New York City's Riker's Island, an overcrowded jail where some 100,000 prisoners pass through yearly (C: Mike Wallace - P: Paul G Holly Fine) (OAD: 12/29/91). Andy Rooney Topic: telephone answering machines (OAD: 2/16/92).

8/9/92 – "The Oregon Plan" - a report on Oregon's controversial health plan which sets priorities on the types of medical conditions it covers, drawing the line when treatment is both costly and futile (C: Steve Kroft - P: Lowell Bergman) (OAD: 3/1/92). "Children of the Berlin Wall" - a report on East Berlin children, forcibly taken from 'disloyal' parents and given for adoption, who are learning for the first time who their real parents are and asking to be reunited with them (C: Lesley Stahl - P: Catherine Olian) (OAD: 1/5/92). "Washington Monument" - an interview with Clark Clifford, the prominent Washington attorney and one of the nation's most influential political figures, who responds to charges that he was allegedly involved in illegal banking transactions (C: Mike Wallace P: Brian T. Ellis) (OAD: 3/17/91).

8/16/92 – "Life, Death and Politics" - a report on fetal tissue transplants, a procedure with far-reaching medical potential, and the controversy over President Bush's failure to lift a ban on funding fetal tissue experimentation (C: Morley Safer - P: Patti Hassler) (OAD: 2/23/92). "The Secret Life of Dennis Levine" - a report on Dennis Levine, a Wall Street broker who served time in Louisburg Penitentiary for insider stock trading, and his questionable financial transactions after his release from prison (C: Ed Bradley - P: Ruth Streeter) (OAD: 9/22/91). "M.E.A." - Beirut-based Middle East Airlines has been jokingly called 'the Mad and Eccentric Airline' but it still continues to operate despite the trying and life threatening conditions during the 16 year civil war in Lebanon (C: Steve Kroft - P: Anne de Boismilon) (OAD: 12/29/91). Andy Rooney Topic: U.S. Presidents' relatives (OAD: 3/15/92).

8/23/92 – "The Lambs of Christ" - members of the Lambs of Christ, a pro-life group, claim that their tactics are peaceful prayer vigil demonstrations. Doctors who have been targeted disagree, saying that the radical group has harassed and threatened them and their children in an effort to keep them from performing abortions (C: Lesley Stahl - P: Catherine Olian) (OAD: 2/2/92). "1-800-Con Man" - a report on Danny Faries, a con man who used the telephone in his cell in Miami's Dade County Jail to run an illegal nationwide shopping network (C: Mike Wallace - David Rummel) (OAD: 9/29/91). "Spielberg" - profile of the 44-year-old Hollywood producer/director Steven Spielberg (C: Ed Bradley - P: Grace Diekhaus) (OAD: 3/29/92). Andy Rooney Topic: bills we receive from various companies (credit cards, cable television) (OAD: 12/22/91).

8/30/92 – "Barbra" - an interview with singer/actress/producer/director Barbra Streisand (C: Mike Wallace - P: Paul & Holly Fine) (OAD: 11/24/91). "You're Under Arrest" - in 1984 Congress passed the Federal Forfeiture Law to facilitate the seizure of suspected drug dealers' property by authorities without making formal charges or arrests. Problems have arisen when the application of the law has led to the confiscation of an innocent person's property (C: Steve Kroft - P: Harry Radliffe II) (OAD: 4/5/92). "Sins of Their Fathers" - a group of middle-aged Germans, the sons and daughters of Nazi leaders, met to talk about their feelings on learning of the atrocities committed by their fathers during World War II (C: Morley Safer - P: Patti Hassler) (OAD: 4/14/91). Andy Rooney Topic: American education (OAD: 2/2/92).

9/6/92 – "Thoralf Sundt, M.D." - interview with Mayo Clinic neurosurgeon Thoralf Sundt who continues to perform difficult and delicate life-saving operations despite the fact that he is suffering from multiple myeloma, a painful and incurable form of cancer (C: Lesley Stahl - P: Rome Hartman) (OAD: 9/22/91). "Nayirah" - an examination of the impact of an intensive publicity and lobbying campaign launched by Hill and Knowlton, a Washington, D.C., public relations firm with close ties to the Kuwaiti Government, on the U.S. decision to go to war against Iraq (C: Morley Safer - P: Jeffrey Fager) (OAD: 1/19/92). "The Menuhins" - profile of the 75-year-old violinist/conductor Yehudi Menuhin and his wife Diana (C: Ed Bradley - P: Jeanne Solomon Langley) (OAD: 4/12/92). Andy Rooney Topic: on the telephone.

9/13/92 – "Gay Cops" - interviews with gay and lesbian police officers and FBI agents, any of whom have either risen through the ranks or have decorated for their bravery, who must contend with the fear, prejudice and discrimination of their fellow officers (C: Mike Wallace - P: Lowell Bergman). "Class of '71" - in 1970 West Mecklenburg High School in Charlotte, North Carolina was ordered by a Federal Court to achieve racial integration by busing. Graduates of the class of '71 were interviewed during their 20th reunion homecoming weekend about events in '71 and their lives since then (C: Morley Safer - P: Marti Galovic-Palmer). "Growing Up in L.A." - a report on a pilot therapy program started by three Los Angeles women—a psychologist, a counselor and a former principal—in an attempt to help children whose close relatives have been killed in the street, in many cases, while the children watched (C: Ed Bradley - P: Grace Diekhaus). Andy Rooney Topic: people who introduced Andy Rooney's segment.

9/20/92 – "Saddam's Banker" - an interview with Christopher Drogoul, the 43-year-old banker who headed the Atlanta branch of Banco Nazionale de Lavoro, the Italian government-owned bank, about his role in securing billions in loans for Saddam Hussein. Drogoul is currently in an Atlanta prison awaiting sentencing on charges of bank fraud (C: Mike Wallace - P: Lowell Bergman). "Clean Air, Clean Water, Dirty Fight" - a report on the Sahara Club, a California-based anti-environmental group whose members have harassed, beaten and terrorized environmentalists (C: Lesley Stahl - P: Catherine Olian). "Movie Maverick" - an interview with film makers Ismail Merchant and James Ivory whose 31-year partnership in a small, independent company has produced 26 hit movies considered intelligent rather than typically Hollywood (C: Steve Kroft - P: Harry Radliffe II). Andy Rooney Topic: Campaign '92 - negative campaigning.

9/27/92 – "Hire Rosa Martinez" - a report on allegations that, despite high levels of domestic unemployment, the United States Agency for International Development (AID) is offering incentives—low interest loans, subsidies and tax breaks—to American businesses who move to Central America and hire local workers (C: Ed Bradley - P: David Gelber). "Mr. President" - an

interview with Billy Bulger, President of the Massachusetts Senate and one of the most powerful politicians in the state (C: Morley Safer - P: Jeffrey Fager). "The Cure That Killed" - a report on hemophiliacs who were infected with the HIV virus because the expensive blood product they were taking to clot their blood was contaminated (C: Lesley Stahl - P: Jim Jackson). Andy Rooney Topic: Rodney King tape.

10/4/92 – "Made in the U.S.A." - a report on how a Japanese-owned manufacturing company with plants and offices in the U.S. allegedly imported Japanese made machine tools, relabeling them "Made in the USA," and sold them to the U.S. military in violation of the buy American Act. A Mazak employee, Fred Pedicone, reported the violation to the U.S. Customer Service but the U.S.Government agency did nothing about it (C: Mike Wallace - P: John Howard). "Acceptable Risks" - a report on Jim Corte, an AIDS activist who is slowly making progress in getting government agencies to speed up the process by which AIDS drugs are researched, tested and regulated (C: Ed Bradley - P: Marley Klaus). "You're Kidding" - in 1980 the trucking industry was deregulated and companies were allowed to set their own rates. Today, with many companies bankrupt, trustees are collecting large sums of money by rebilling clients, claiming that the discount rates they had been charged were in violation of the law (C: Lesley Stahl - P: Rome Hartman). Andy Rooney Topic: Andy's kidney operation. Updates "Saddam's Banker" (OAD: 9/20/92). "Thoralf Sundt, M.D." (OAD: 9/22/91).

10/11/92 PREEMPTION

10/18/92 – "Hell on Earth" - the nine month old famine in Somalia could claim 500,000 lives. A major problem faced by relief workers in a country where there is no government and no law, is getting supplies to the people who really need them (C: Ed Bradley - P: David Gelber). "Larry King" - profile of radio/television host and newspaper columnist Larry King (C: Mike Wallace - P: Paul & Holly Fine). "Señor President?" - an interview with Jorge Mas Canosa, the wealthy and influential Cuban-American businessman, who is making deals with investment bankers, in preparation for the day when Castro is no longer in power. His detractors claim he is seeking personal power and that he is no better than Castro (C: Steve Kroft - P: Richard Bonin). Andy Rooney Topic: What do you do when a Presidential debate airs at the same time as a major league baseball game?

10/25/92 – "Why Did He Quit?" - interview with Presidential candidate Ross Perot about his claims that he dropped out of the race in July because of an alleged smear campaign by the GOP (C: Lesley Stahl - C: Rome Hartman, Howard L. Rosenberg). "The Battlefield" - a report on Kuwait, the scene of the most extensive and expensive battlefield clean-up effort in history... a deadly business because of the millions of land mines, unexploded bombs and missiles, remnants of the Persian Gulf War, that need to be disarmed or detonated (C: Steve Kroft - P: Richard Bonin). "As Simple As Black & White" - a report on the controversy over white foster parents who take in black babies, and sometimes adopt them. Black social workers insist that these adoptions should not be allowed because the children will not learn about their social heritage or how to survive in a white world (C: Morley Safer - P: Marti Galovic Palmer). Andy Rooney Topic: advertising on tickets and other things we buy.

11/1/92 – "The Chairman" - interview with House Banking Chairman Henry Gonzales, the 76-year-old Texan who has been battling to find out how and why billions of dollars in illegal loans were funneled to Saddam Hussein by the Atlanta branch of the Italian-owned bank BNL (Bunk Nazionale del Lavoro) (C: Mike Wallace - P: Lowell Bergman). "Camille Paglia" - interview with professor, writer and feminist Camille Paglia, whose stance on many issues is contrary to the feminist party line (C: Steve Kroft -P: L. Franklin Devine). "China Syndrome" - interview with John Feller, professor of history at the University of Scranton, Pennsylvania and leading expert on export porcelain. Feller is also a master thief and is currently serving a one and a half year sentence at a federal prison camp for stealing objects from museums and from private collections over a 20-year period (C: Morley Safer - P: Patti Hassler). Andy Rooney Topic: Campaign '92.

11/8/92 – "Lincoln Electric" - Lincoln Electric, a Cleveland-based manufacturer of welding machines, is prospering despite a tough economic climate. Employees at the 60-year-old non-union plant are paid only for what they produce, an arrangement that seems satisfactory to both workers and management (C: Lesley Stahl - P: Rome Hartman). "Caitlin's Story" - a report on controversy which arose when doctors inserted a cochlear implant in the ear of Caitlin Parton, a six-year-old profoundly deaf child. The National Association of Deaf objected, claiming that deafness is not a disability but an enhancement of vision (C: Ed Bradley - P: Ruth Streeter). "Kirk Douglas" - profile of the 75-year-old actor (C: Mike Wallace Paul & Holly Fine). Andy Rooney Topic: Presidents who have come and Presidents who have gone.

11/15/92 – "Cleaning Up" - a report on allegations that New York City's highly paid school custodians are neglecting their jobs, misusing their privileges and putting family members on the payroll (C: Steve Kroft - P: L. Franklin Devine). "Act-Up" - profile of Peter Staley, Bob Rafsky and Marina Alvarez, three AIDS activists, who will go to any extreme to pressure for legislation they believe will advance the fight against the disease (C: Ed Bradley - P: Paul & Holly Fine). "A Matter of Interest" - an investigation of allegations that Fleet Finance, a company which specializes in second mortgages, is guilty of usury and charges inflated lawyers' fees and closing costs (C: Morley Safer - P: Gail Eisen). Andy Rooney Topic: President Elect's job.

11/22/92 – "Woody Allen" - interview with actor/director Woody Allen about his child custody battle with actress Mia Farrow (C: Steve Kroft - P: Vicki Gordon, L. Franklin Devine). "Johnny D" - report on the case of Walter "Johnny D" McMillian, a death row inmate for the past 6 years, who may go to the electric chair despite charges of dubious testimony, a key witness who admits he perjured himself, and allegations that authorities coerced other witnesses (C: Ed Bradley - P: David Gelber). "Hard Choice" - report on a group of taxpayers in Denver who put together a five-year deficit plan to demonstrate how the Federal Government's budget could be balanced (C: Lesley Stahl - P: Rome Hartman). Andy Rooney Topic: cold remedies.

11/29/92 – "Parricide" - report on children, many of them abused or molested, who kill their parents, and changes in state laws that will allow the child to enter a plea of self-defense (C: Mike Wallace - Josh Howard). "To Catch A Thief" - an interview with Brian McDevitt, culprit in a botched attempt to rob the Hyde Museum in upstate New York, about the theft, nearly three years ago, of 13 pieces of the world's most valuable art from Boston's Gardner Museum. To date, nothing has turned up but the burglary has striking similarities to the earlier attempt (C: Morley Safer - P: Jeffrey Fager). "Richard the Lionhearted" - profile of Richard Branson, 42-year-old eccentric British entrepreneur, adventurer and high school dropout, who runs a billion dollar empire, the third largest corporation in Great Britain (C: Steve Kroft - P: Michael H. Gavshon). Andy Rooney Topic: cemeteries.

12/6/92 – "The Forgotten Hostage" - a report on Israeli Air Force Navigator Ron Arad, who was captured 6-years-ago by Lebanese guerrillas, and a Hezbollah Sheik that Israel abducted more than three years ago in hopes of arranging a swap. Includes an interview with Sheik Abdel Karim Obeid (C: Lesley Stahl - P: Rome Hartman). "Down Home Diva" - profile of mezzo-soprano Marilyn Horne (C: Mike Wallace - P: William K. McClure). "Family Crime" - report on elderly abuse in America—those over 65-years-old who own their homes and want to stay in them despite illness and infirmity... a perfect set-up for abuse by lawyers, health care workers but, mostly by family members (C: Morley Safer - P: Patti Hassler). Andy Rooney Topic: why do manufacturers use misspelled words for the names of their products.

12/13/92 – "Cigar Sacco" - interview with the reputed 'king of the bookmakers,' Ron Sacco, whose sophisticated operation reportedly grosses some $1 billion annually, in a sports gambling business estimated to take in $50 billion a year. Authorities would like to do something about this.... They'd like to put Sacco out of business (C: Steve Kroft - P: Lowell Bergman). "Forensic Pathologist" - report on a Texas coroner, who served as an expert witness for prosecutors in some 48 state counties, because his services were inexpensive and they never lost when he testified. However, authorities have now discovered flaws in his reports and autopsies, which seriously question whether justice was served in the cases where he testified (C: Ed Bradley - P: Doug Hamilton). "Wild Man of 96th St." - a mentally ill and homeless veteran is stalking the streets of a New York City neighborhood, and residents fear that serious trouble looms ahead unless he's taken off the street. Even police say he's a walking time bomb. So, why is he still out? (C: Lesley Stahl - P: Catherine Olian). Andy Rooney Topic: why the U.S. went into Somalia.

12/20/92 – "Some of His Best Friends" - when President-elect Bill Clinton was campaigning for

office, he rallied against lobbyists, declaring that they had a 'stranglehold on democracy.' But, who are these mystery men? Morley Safer meets several of Washington's most influential lobbyists, some of whom are the President-elect's friends and advisors (C: Morley Safer - P: Jeffrey Fager). "Pan Am 103" - report on allegations that the private investigator hired by Pan Am and its insurance carrier to determine how and why the airliner crashed, misrepresented himself and fabricated information as to the possible cause of the disaster. His data, if true, would have made Pan Am look like an innocent victim; thus saving the airline and its insurer from possibly having to pay out claims to the families of the 259 passengers who died (C: Mike Wallace - P: Barry Lando). "H.U.D.-Gate" - did H.U.D. renege on its promise to financially help an enterprising developer who transferred a bankrupt federal housing project slum in Chicago into a high-rise apartment complex? (C: Steve Kroft).

12/27/92 – "The Jehovah's Witnesses" - what happens in child custody battles when one parent believes their child's life style is being restricted by the other's religious beliefs? (C: Lesley Stahl - P: - Jim Jackson). "Piney Woods" - a report on a private school in Mississippi for 'at risk' children—the majority are from single-parent families and all are in need of strict discipline. The school takes a no-nonsense approach... it's very difficult to get in but, easy to be tossed out; a method that seems to be working (C: Morley Safer - P: Patti Hassler). "RX Drug" - a report on how Great Britain is attempting to control its drug problem by allowing addicts legal access to drugs, such as heroin and cocaine (C: Ed Bradley - P: Jeanne Solomon Langley). Andy Rooney Topic: men's hats.

1993

Sunday 7:00-8:00 PM

1/3/93 "Ameena" - a report on arranged marriages in India and Pakistan, mostly by poor families, who negotiate and sell their young girls. Ameena Begun, a 13-year-old Indian child was sold by her family to an elderly Saudi (C: Morley Safer - P: John Tiffin). "The Orange Juice Man" - a report on the working conditions at migrant labor camps in Florida, and the 'crew leaders' who not only hire workers to pick fruit and vegetables—many owned by the nation's largest corporations—but, also run the company stores and provide all kinds of services, for a price (C: Ed Bradley - P. Marley Klaus). "Top Gun" - a report on the last important defector of the cold war, Soviet Air Force Captain Alexander Zuyev, who in 1989, stole his MIG 29 jet fighter and flew it to Turkey. For three years, U.S. intelligence officers kept Zuyev under wraps because, they say, he was an intelligence gold mine (C: Mike Wallace - P: Robert G. Anderson) Andy Rooney Topic: road signs.

1/10/93 – "Alcohol, Tobacco, Firearms & Harassment" - Mike Wallace reports on charges by female agents at the Treasury Dept.'s Bureau of Alcohol, Tobacco & Firearms that they were sexually attacked by male ATF agents, but when they complained, their superiors retaliated against them. Robert Anderson is the producer. "Nureyev" & "Diz" - Two artistic legends died last week, ballet great Rudolph Nureyev and jazz giant John Birks "Dizzy" Gillespie. *60 Minutes* pays tribute to these men by rebroadcasting profiles on them. Morley Safer's profile on Nureyev was originally broadcast on Sept. 1, 1974 and Ed Bradley's profile on Dizzy was broadcast on Dec. 13, 1981. "A Tale of Two Cities" - What happened when a small Illinois newspaper exposed an alleged police action designed to keep blacks from the neighboring town out of their predominantly white community by harassing black motorists? Steve Kroft reports. Richard Bonin is the producer.

1/17/93 – "A Hand in the Till" - Mike Wallace reports on an FBI sting operation that targeted lawmakers in South Carolina's legislature—with as many as one out of 10 members involved in taking bribes from a "good ole boy" lobbyist turned informant. Robert G. Anderson is the producer. "The Octopus" - Steve Kroft reports on a member of Italy's Parliament, who is leading a populist crusade to rid the country of the Mafia, by exposing the politicians and other high government officials who, for years, have been the Mafia's protectors. It is an effort not without danger.. .he already has been marked as a "walking corpse." Michael Gavshon is the producer. "This Happy Breed" - Great Britain's police or "Bobbies" have had the reputation for being the models of politeness and civility in law enforcement. Are they living up to that image today? Lesley Stahl finds out. Peter Bluff is the producer.

1/24/93 – "The Year of the Woman" - Morley Safer reports that women in India have such a low status, that many pregnant women take ultrasound tests to determine the sex of their unborn child. If the test shows that it's a girl, many will risk an abortion rather than endure the humiliation of giving birth to a child who'll have no status in society. In fact, the social system still condones the practice of the burning alive of wives whose dowries don't live up to their husbands' expectation, a situation that hasn't changed since Safer first reported on it nearly nine years ago. John Tiffin is the producer. "The Princess of Playboy" - Lesley Stahl profiles Christie Hefner, CEO and Chairman of the Board of Playboy Enterprises, one of America's most successful women executives, who 10 years ago took a company from the brink of financial ruin and transformed it into a profitable, debt-free business. Rome Hartland is the producer. "Michael Carey, M.D." - A former Vietnam M.A.S.H. neurosurgeon is engaged in research experiments that could save the lies of many combat soldiers who sustain head injuries. However, there is an activist group that wants to close down his research operation. Why? Mike Wallace explains. Ariadne Allan is the producer.

1/31/93 – "Three Remarkable Women" - Editor's Note: *60 Minutes* revisits three remarkable women that it has profiled over the years, in this "special edition" broadcast. "Camille" - Lesley Stahl meets an incredible family, the Geraldi's: Camille, a nurse, her husband Dr. Michael Geraldi, a pediatrician, and their (more than) 17 children... two are their biological children, the rest are adopted, many have Down's Syndrome and related medical problems. Jim Jackson is the producer (OAD: 12/1/91). "Texas Rules" - Morley Safer interviews Texas Governor Ann Richards, a former state treasurer, who in the rough and tumble world of Texas politics beat out three men for the state's top office. Marti Galovic Palmer is the producer (OAD: 10/27/91). "Donna and Ricardo's Baby" - Mike Wallace visits Donna and Ricardo Thornton, a retarded married couple, who are trying to cope outside of an institution. They are raising their first child with their second on the way. Paul and Holly Fine are the producers (OAD: 2/16/86 and 4/29/90).

2/7/93 – "War Criminal?" - Mike Wallace reports on the hatred, bloodshed and wholesale slaughter going on in the former Yugoslavia. Wallace interviews Dr. Vojislav Seselj, the Serbian para-military leader, a figure to be reckoned with in this complicated web of ethnic, religious and racial strife. Branded as a potential war criminal by the former Secretary of State, Dr. Seselj tells Wallace that he doesn't care one bit what the world thinks of him. Barry Lando is the producer. "Alive and Well In Quincy" - Ed Bradley reports on how a suburban Boston town handles domestic violence cases, especially when the victim is a woman. Marley Klaus is the producer. "Tango Finlandia" - The brooding, private, terribly shy, but proud people of Finland seem to have a difficult time at making social contact... unless it's on the dance floor and there's a Tango playing. Morley Safer explains. John Tiffin is the producer.

2/14/93 – "Medical Miracle" - Lesley Stahl reports on how a world-renowned plastic surgeon changed the life of a Peruvian Indian boy from the Amazon jungle, and how the boy's courage taught the doctor and his family several important lessons. Jim Jackson is the producer. "Whoopi" - Ed Bradley profiles actress/comedienne and talk-show host Whoopi Goldberg, a.k.a. Caryn Johnson. Today, Whoopi tells Bradley, she is doing well—a sharp contrast from her teenage years when she was an addict with two failed marriages. Whoopi adds that she was not an "overnight success story." Grace Diekhaus is the producer. "The Economy, Stupid..." - What's the problem with American industry, today? For instance, what is Germany doing that the U.S. will have to do in order to compete in the 21st Century? Steve Kroft talks to Lester Thurow, professor of economics at MIT, who believes the U.S. will suffer economically and competitively unless its workforce becomes better trained and educated, American business starts producing again and government stakes a bigger claim on research and development. Barry Lando is the producer.

2/21/93 – "Totaled" - Are used-car dealers telling potential customers all they know about their inventory? Mike Wallace reports on used-cars that have been "totaled" in wrecks. Often these cars are rebuilt as cheaply as possible and sold to customers, unaware that the vehicle may be unsafe. Josh Howard is the producer. "Dancing Feet" - Lesley Stahl profiles Gregory Hines, considered one of the world's greatest tap dancer and credited with revolutionizing the dance that had become a forgotten art form. Hines, who stars in the Broadway musical, "Jelly's Last Jam," says he wants to show that tap can be modern and serious. Cathy Olian is the producer. "Just Say Yes" - Methadone, a syn-

thetic narcotic developed as a substitute for the pain killer morphine, was offered nearly two decades ago as a way to wean addicts off heroin... and eventually to become drug free. Today, methadone clinics across the country are government-licensed, profit-making businesses, who addicts and critics charge have no interest in getting users off the drug. Morley Safer reports. Jeffrey Fager is the producer.

2/28/93 – "Sharks Don't Get Cancer" - Mike Wallace reports on the experimental use of shark cartilage as an alternative treatment for cancer—a controversial approach that has yet to face rigorous clinical tests and trials in the U.S. Gail Eisen is the producer. "Field of Dreams" - Steve Kroft reports on the unrequited quest of St. Petersburg, Fla. to get a major league baseball team to relocate in this Gulf Coast town. In fact, town fathers built a $140 million taxpayer-backed domed stadium, hoping the new ballpark would secure a team. However, nearly a decade has past and nary a ballplayer has set foot on St. Pete's field of dreams. L. Franklin Devine is the producer. "Callahan" - Morley Safer profiles cartoonist John Callahan—paralyzed since 1972 as the result of a car accident—whose off-beat, irreverent drawings aim for the gut, often mocking "political correctness." Callahan's cartoons appear in some 50 newspapers nationwide, as well as in European papers and several American magazines. Marti Galovic Palmer is the producer.

3/7/93 – "Lloyd's of London" - Ed Bradley reports on the so-called Rolls Royce of insurance companies... Lloyd's of London, that started in a coffee house where sea captains would pay merchants a fee to insure their cargoes. Some 300 years later, Lloyd's has come under heavy criticism on the way it funds its business. Last year alone, Lloyd's lost some $4 billion in claims. The company says it is implementing changes that will help turn it around. Critics say it won't help and that Lloyd's is on the brink of financial ruin. Jeanne Solomon Langley is the producer. "Galina" - Morley Safer profiles Galina Brezhnev, the daughter of Soviet Premier Leonid Brezhnev. For years she was the most flamboyant and free-spirited member of Russia's ruling family and lived like a princess. Now, a 63-year-old drunk, the only inheritance she has is her father's name. Her neighbors call her "gulka hooliganka"—the hooligan on the fifth floor. John Tiffin is the producer. "Reverend Al Sharpton" - Mike Wallace profiles one of the most controversial figures in New York... the Reverend Al Sharpton. This protege of Jesse Jackson and devotee of Martin Luther King and Malcolm X believes that both blacks and whites have seen him as a loudmouth, an agitator and a race baiter. He says that New Yorkers have seen everything, and "you've got to be dramatic enough to get your point heard." Now, a new Al Sharpton has emerged and in spite of Sharpton's controversial past, many believe he is a legitimate political force to contend with. Harry Radliffe is the producer.

3/14/93 – "How Did He Get In?" - How easy is it to gain entry into the United States? What's the procedure when a foreigner's passport isn't in order, or is an obvious fake? Lesley Stahl finds out. Rome Hartman is the producer. "The Tearing of the Green" - Not all Irish eyes will be smiling at the St. Patrick's Day Parade in New York this week. Morley Safer reports on the ongoing brouhaha over who'll march down Fifth Avenue. The issue over who can and can't march has pitted Irish gays and lesbians against mainstream Irish and has even driven a wedge between New York's Cardinal John O'Connor and Mayor David Dinkins. Marti Galovic Palmer is the producer. "Massacre At El Mozote" - It may have been the single biggest slaughter of noncombatants during El Salvador's civil war back in 1981. In total, more than 700 unarmed men, women and children were murdered by U.S. trained and supported Salvadoran soldiers. Of that figure, 131 were children under 12 years of age. What happened and why, at the time, did the Reagan Administration deny it? And, what happened to the three American journalists who first reported the atrocity at El Mozote? Ed Bradley reports. David Gelber is the producer.

3/21/93 – "The Archbishop" - Mike Wallace reports on the embattled Archbishop of New Mexico, Robert Sanchez, America's first Hispanic Archbishop, and on allegations that priests in the Archdiocese, as well as the Archbishop, engaged in gross acts of sexual misconduct during his tenure there. Robert Anderson is the producer. "Odds Are" - Is casino gambling ready to roll into the "Big Easy,"—New Orleans, Louisiana? Steve Kroft reports on efforts by Governor Edwin Edwards—an admitted high roller—to ensure that casino gambling is a sure thing in his state. Richard Bonin is the producer. "The Jesuit Murders" - Ed Bradley updates an April 1990 report that focused on the 1989 murders of five Jesuit priests and two staff members in El Salvador, brutally gunned-down by soldiers from an elite, U.S. trained Salvadoran battalion. Last week, the U.N. issued a report that blamed the government's military for most of the slayings of noncombatants during El Salvador's bloody civil war. David Gelber is the producer. (OAD:4/22/90).

3/28/93 – "The Informers" - Law enforcement agencies often rely on well-paid informers for information that they hope will lead them to a big drug bust. But, how often are these snitches—some of whom are of dubious characters—telling the truth? And what happens when these informers provide wrong information? Morley Safer reports. Patti Hassler is the producer. "Hongcouver" - Mike Wallace visits Vancouver, British Columbia–and reports on why this Canadian city in the Pacific Northwest is experiencing an invasion of Asian immigrants, mostly from Hong Kong and China. In fact, Vancouver has the highest Asian population in North America. Barry Lando is the producer. "Officer Harding" - He was a rising star in the New York State Police force... a self-professed "Dirty Harry," who had the uncanny ability to uncover evidence that eventually led to convictions. Today, Officer David Harding is behind bars—convicted of falsifying evidence and lying under oath. Harding says his superiors knew that he was faking evidence and that he's not alone. Critics say he's nothing more than a pathological liar. Leslie Stahl reports.

4/4/93 – "The Rainbow Curriculum" - What happens when the nation's largest school system—New York City—mandates that all first graders must learn about the tolerance of cultures and the positive aspects of families headed by homosexuals and lesbians? Ed Bradley reports. Ruth Streeter is the producer. "The Man With The Golden Arm" - Morley Safer interviews ace New York Yankees pitcher Steve Howe, who has been tossed out of the Major Leagues seven times for drugs. Howe's been reinstated, back from a lifetime ban from the sport—chance number eight. Will he make it? Jeffrey Fager is the producer. "Yeltsin" - Lesley Stahl's June 1992 interview with Russian President Boris Yeltsin, at his Dacha just outside Moscow, prior to this meeting with President Bush. Yeltsin meets with President Clinton in Canada this weekend. Rome Hartman is the producer (OAD: 6/4/92).

4/11/93 – "Ten Will Get You Five" - Lesley Stahl reports on Florida's early release program for prisoners... And, why a state known for being tough on crime is releasing inmates—some of whom are in for serious offenses, including murder—after only serving a fraction of their sentence. Jim Jackson is the producer. "The Last Governor" - When a 99-year lease expires in 1997, Hong Kong and its six million British subjects will be returned to the Peoples Republic of China. Steve Kroft reports on Hong Kong's last Governor, Chris Patten, and why he is introducing a little bit of democracy—and upsetting the Chinese leadership in Beijing. Michael Gavshon is the producer. "Joint Venture" - Mike Wallace reports on a Moscow institute involved in the highly experimental use of human fetal tissue for cell therapy, and a California plastic surgeon with an alleged tarnished past, who is a partner in this controversial joint venture. Critics say they have serious reservations about the treatment but admit there may be some promise. They add, however, that the Institute's promises are mostly false ones. Barry Lando is the producer.

4/18/93 – "Dragon Head" - Steve Kroft reports on Asian gangsters who authorities say are second only to the the Italian mafia in power and importance. Kroft tracks one such "fraternity," that allegedly has begun to take over part of a Chinese organized crime scene in the U.S. Lowell Bergman is the producer. "The Old School Tie" - Morley Safer visits the exclusive, elite school—Eton—more than 500-years old that epitomizes everything that is British. Drenched in tradition, Eton serves as an entry to either Cambridge or Oxford University and also provides the right connections for a student's future. William K. McClure is the producer. "Sidney Rittenberg" - Mike Wallace interviews Sidney Rittenberg, an American from South Carolina—admitted idealist and one-time Communist—who was assigned to China during World War II and decided to stay there after the war. Accused of being a spy, Rittenberg spent 16 years in solitary confinement at the hands of the two Chinese leaders he had befriended—Mao Zedong and Chou En Lai. Brian Ellis is the producer.

4/25/93 – "Macho, Tough and Gay" - Can gay soldiers be good soldiers and not adversely affect morale and discipline? In the U.S., the debate continues, but in Holland, gays openly have been part of the Dutch Armed Forces since 1974. What has been the reaction? Ed Bradley reports.

Jeanne Solomon Langley is the producer. "Cellblock 3A" - A Boston-based human rights organization has uncovered mass graves in Bosnia, investigated abuses in Somalia and the West Bank, and documented the use of poison gas on Kurdish Iraqis by Saddam Hussein. Can such human rights violations happen in the United States? Steve Kroft reports on a county jail—right here in the USA—where this group alleges acts of torture occur. L. Franklin Devine is the producer. "Equal But Separate" - At Duke University in North Carolina, most black students there study together, live in black areas off campus, and don't really socialize with the white students. Is segregation back? Lesley Stahl reports on why many African-American students, at one of the nation's top universities, are separating themselves from whites by choice. Rome Hartman is the producer.

5/2/93 – "Coming To America" - In recent years, the largest group of immigrants coming to America—specifically, to New York City—have come from the Dominican Republic. Morley Safer reports on how many of these new immigrants, in search of a better life here, are resorting to drugs. Marti Galovic Palmer is the producer. "John Silber of Boston U." - Ed Bradley reports on Boston University President John Silber, among the highest paid university presidents in the nation, who took a financially troubled institution and turned it into one of the country's better schools, both financially and academically. However, critics of Silber charge that he mismanaged university funds, got rich at the expense of the University, and later lied about it. David Gelber is the producer. "The Great White Chief" - Lesley Stahl meets James Moxon, a middle-class Englishman, who holds a most unusual title... Chief of Ghana. In fact, Moxon may be the only white chief in all of Africa. Anne De Boismilon is the producer.

5/9/93 – "Buying Time" - Lesley Stahl reports on ALS (Amyotropohic Lateral Sclerosis), more commonly known as Lou Gehrig's disease, named after the N.Y. Yankee baseball great who died from it some 52 years ago—ALS is a mysterious, fatal disease that destroys nerves that control the muscles which slowly waste away. Stahl reports on a new drug about to undergo a major trial... It's not a cure but, those afflicted want to get on the trial, nevertheless, to buy them time. Gail Eisen is the producer. "The Gospel According to Luke" - A Pentecostal preacher in Mississippi led his congregation off the welfare rolls and built his church into a multi-million dollar enterprise. Too good to be true? Steve Kroft finds out and reports on "Bishop" Luke Edwards, who founded the "Holyland" commune. Harry A. Radliffe II is the producer. "Are You Covered?" - Are homeowners fully insured in the event of a natural disaster and are insurance claims adjusters doing careful inspections, providing the insured homeowner with a fair estimate on home repairs? Ed Bradley reports. Doug Hamilton is the producer.

5/16/93 – "Rock Newman" - Who is Rock Newman? Mike Wallace profiles the boxing manager, whose only client happens to be the heavyweight champion of the world—Riddick Bowe. Paul and Holly Fine are the producers. "Class of '71" - Morley Safer visits with students of West Mecklenburg High School at their 20th homecoming reunion to find out how they've turned out... because the class of '71 was a most unusual graduating class. After years of resisting court orders, the City of Charlotte, North Carolina in 1970 was forced to integrate the schools by busing black students and West Mecklenburgh H.S. was the first school. Mart Galovic Palmer is the producer (OAD: 9/13/92). "This Land Is My Land" - Lesley Stahl reports on how the South African government took land away from a black tribe and sold it to white farmers, unaware of the circumstances by which they became land owners. Tribesmen are fighting for their land and the government can't seem to resolve the problem. Catherine Olian is the producer.

INDEX

Abbott, Jack Henry, 128
ABC Evening News, 48
Afghanistan, 114-115
Agnelli, Gianni, 58
Agnew, Spiro, 42, *42*
al-Assad, Hafez, Syrian President, 72
Alexander, Shana, 82, 108, 216
Allen, Woody, 66, *185*, 185, 224
American Film, 54
America's Funniest Home Videos, 171
Amin, Idi, 126
Anderson, Bob, 166
Aquino, Corazon, 154
Arafat, Yassir, 73, *73*, 208
Ashe, Arthur, 100
Auschwitz, 89, 120, 211
Aykroyd, Dan, 82

Babski, Cindy, 162-163
Baeder, Don, 107
Baker, Russell, 216
Barton, Carol, 160
Bass, Saul, 32
Beard, Dita, 84
Bergman, Ingrid, 125, *125*
Bernstein, Leonard, 108, *108*
Berwid, Adam, 113
Berwid, Eva, 113
Bihn, Madame, 58, *58*
Biography, 207
Blake, Eubie, 94, *94*
Bloom, Artie, 44, 180
Bogart, Humphrey, 125, *125*
Borge, Victor, 177, *177*
The Boston Globe, 46
Botha, P.W., 154
Boyer, Charles, 26
Bradley, Ed, 93, *93*, 103, 108, 110-111, 119, 123, 124, *124*, 126, 128, *130*, 132, 136-137, 138, 139, 142, 143, *143*, 148, *148*, 150-151, *150-151*, 153, 154, 155, *155*, *156*, 157, 160, 167, 173, 181, *181*, 190, 192, 193, *198*, profile of 217-219, *217*, *218*, *219*, 221
Brezhnev, Leonid, Soviet premier, 62, *62*
Brinkley, David, 132
Brokaw, Tom, 102
Broun, Heywood Hale, 66
Brown, Helen Gurley, 70
Buchwald, Art, 31, 88, 120, 216
Buckley, Jr., William F., 121
Burke, David, 161
Burton, Richard, 45, *45*, 85
Bush, George, 109, *109*, 129, 184, *226*
Bush, Barbara, *226-227*

Calendar, 204, 216
Callas, Maria, 69
Camel News Caravan, 21
The Camera Never Blinks, 84
Camery, James, 96-97
Carden, Ken, 135-136
Carson, Johnny, *95*, 102, *102*
Carter, Jimmy, 101, 119, *119*, 218
Casablanca, 125, *125*
Castro, Fidel, 102, *102*
Cattedra, Nicholas, 127
Cavalcade of Stars, 140
CBS Evening News, 21, 24, 25, 28, 39, 41, 46, 132, 201, 210, 212, 214
CBS Morning News, 24, 139, 220, 226
CBS Morning News with Mike Wallace, 208
CBS News Hour, 38
CBS Reports, 22, 28-29, 38, 214, 218
CBS Sunday News, 204
CBS Sunday Night News, 218
CBS This Morning, 222
Chancellor, John, 102
Charles, Ray, 154, *154*
Charlie's Angels, 88
Cheek, Jim, 167
Cheers, 158, 206
Chernobyl, 162-163, *163*, 223
Chronolog, 193
Chung, Connie, 212
civil rights movement, 20, 77, 212, 213, 217
Civil War, 56
Clinton, Bill, 158, 178-180, *178*, *180*, 224
Clinton, Hillary, 158, 178-180, *178*, *180*, 192, 224
Close-Up USA, 207
Cobb, Buff, 206
Cohen, Mickey, 81
Cold War, 62
Collingwood, Charles, 45, *45*, 66, 210
Collins, Marva, 104, *104*
The Color Purple, 148
Colson, Charles, 37
Connally, John, 108, *108*
Cook, Greg, 96-97
Cornfeld, Bernie, 46, *46*
The Cosby Show, 158
Cosmopolitan, 48, 70
Costello, Frank, 81
Cotton, Debra, 135
Cox, Archibald, 226
CREEP, 71
Cronkite, Walter, 21, 24-26, *26*, 27-28, 39, 131, 204, 211

Dallas, 95
Dane, John, 83
Darnell, Ed, 136
Davis, Bette, 109, *109*, 219
Dayan, Moshe, 60, *60*
Dean, John, 71, 226
DeCola, Joe, 67
Deukmejian, George, 107
Devine, Frank, 162
Diapoulas, Pete "The Greek", 82
Diekhaus, Grace, 153
DiMaggio, Joe, 26, 133, 205
Domingo, Placido, 145
Donaldson, Sam, 132
Douglas Edwards with the News, 21, 200
Downs, Hugh, 102
Drogoul, Christopher, 184
Duke, David, 188

Edson, Robert, 107
Edward VIII, Duke of Windsor, 40
Edwards, Douglas, 19, *21*, 21, 24, 26
Edwards, Edwin, 188
Ehrlichman, John, 61, *61*
el-Bashir, General Omar, 167
Ellsberg, Daniel, 61
Eisenhower, Dwight D., 43
Enewetak, 112
Entertainment Tonight, 193
Esquire, 102
Essay on Doors, 216
Ewing, Patrick, 192
Eye to Eye, 193

Face the Nation, 157, 158, 167, 208, 227
Faries, Danny, 171
Falana, Lola, 138
Farrow, Mia, 185, 224
Fellini, Federico, 44
Fenelon, Fania, 89, 211
Fiedler, Arthur, 100
Fine, Paul, 166
First Camera, 193
First Tuesday, 38, 193
Flashbacks: On Returning to Vietnam, 159, 210
Flowers, Gennifer, 158, 178-179
Ford, Betty, 74-75, *74,* 82
Ford, Bill, 139
Ford, Henry, 19
Ford Motor Company, 91, 94-95
Ford, Susan, 75
Fortenberry, Lieutenant James, 134-136
48 Hours, 193
Four Star Playhouse, 26
Franklin, Eileen, 172
Fratianno, Jimmy, 121
Friendly, Fred, 22, 25, *25,* 26, 27-28, 193
Fuchs, Dr. Werner, 161

Gary Moore Show, 216
Gates, Daryl, 160
Geter, Lenell, 134-137, *134,* 146, 154, 211
Gibson, Horace, 96
Gleason, Jackie, 140, *140,* 154, 211
Goldin, Marion, 66, 96-97
Goldwater, Barry, 76, 111
Gorbachev, Mikhail, 182-183
Gordon, Vicky, 185
Gorin, Norman, 66
Gralnick, Jeff, 35
The Great American Dream Machine, 216
Gulf of Tonkin, 50-53
Gumbel, Bryant, 102

Haig, Alexander, 62, 101
Haldeman, H.R., 76, *76*
Hard Copy, 193
Hart, Gary, 155, *155*
Hartwig, Clayton, 173
Hasenfus, Eugene, 152, *152*
Hawaii Five-O, 69
Hawkins, Bob, 95
Hayes, Harold, 102
Hayes, Helen, 133
Hayles, Lieutenant Colonel Ralph, 174-175
Hepburn, Katharine, 98-99, *99,* 186
Herbert, Colonel Anthony, 59, *59,* 123
Herman, George, 227
Herrick, Captain John, 50-53, *50, 51, 52*
Hesburgh, Theodore, 129
Hess, Karl, 76
Hewitt, Don, Introduction 11-12, 19-29, *18-19, 20, 23, 24, 25,* 28, *29,* 33-35, 37, *37,* 39, *45,* 46, 48, 54-56, 57, *64-65,* 65, 66, 67, *67,* 68, 72, 76, 77, 82, 93-94, 101-102, 108, 112, 115, *116-117,* 119, 122, 124, 131-133, 137, 141-142, 146, 149, 153, 157-158, 160, 165, 166, 168, 171-172, 180, 183, *183,* 185, 187, 190-192, 193, profile of 200-202, *200, 201, 202,* 204, 206, 208, 210-211, 213-214, 218-219, 221-222, 227
Hill, Anita, 181, *181,* 186
Hill, Clint, 78
Hirschfeld, Al, 132
Hitler, Adolph, 83, 114, 115, 186
Hoffa, Jimmy, 81, 82
Horne, Lena, 126, *126,* 219
Horowitz, Vladimir, 86, *86-87,* 206
Hour Magazine, 193
Houston Chronicle, 212
Houston, Dr. Donald, 154
Howe, Steve, 189
Hughes, Howard, 57
Hughes, Robert, 102
Humphrey, Hubert, 31, 34, *34,* 36
Hunt, H.L., 43
Huntley-Brinkley Report, 24
Hussein, Saddam, 164, 168, 184

Iaccoca, Lee, 91, 183
I Love Lucy, 33, 158
Inouye, Daniel, 63
Inside Edition, 193
Irish Republican Army (IRA), 123
Irving, Clifford, 57, *57*
Isenberg, Randy, 135

Jackson, Jesse, 84
Jahnke, Richard, 136, *136*
Johnson, Lyndon B., 53, 56, *56*
Jones, Quincy, 148, *148*

Kalischer, Peter, 217
Kanin, Garson, 96
Kay, Keith, 35
Kelso, Admiral Frank, 173
Kennedy, Robert F., 29, 62
Kennedy, Ethel, 39, *39*
Kennedy, Rory Elizabeth Katherine, 39, *39*
Kennedy, John F., 24, *24,* 25, 36, 56, assassination 77, 78, 84, 213
Kenny, Susan, 182
Kepone, 80-81, 88
Khomeini, Ruhollah, Ayatollah of Iran, 105, *105,* 112
Kilpatrick, James J., 35, 82, 216
King, Jr., Dr. Martin Luther, 38, *38,* family of *38*
King, Rodney, 160
Kirkpatrick, Jeane, 126
Kissinger, Henry, 187, 208
Klein, Calvin, 146, *146*
Kollek, Teddy, 165
Koppel, Ted, 132
Korean War, 56
Korkala, Gary, 126, *126*
Korky, Peter, 191
Krassner, Paul, 49, *49*
Kroft, Steve, 157, *157,* 158, 160, 162-164, 166, 174-175, 178-180, *180,* 185, *185,* 186-187, 188, 192, *199,* profile of 222-224, *222, 223, 224*
Kunkin, Art, 49, *49*
Kuralt, Charles, 19, 39, 41
Kurtis, Bill, 220

Lando, Barry, 59, 66, 123, 129, 149
Le Carre, John, 85
Lehrer, Jim, 132
Lemmon, Jack, 147, *147*
Leonard, Bill, 27-28, 33, 39, 41, 44, 46, 68, 82, 202, 208, 210
Liddy, G. Gordon, 71, 77
Life, 26
Lindbergh, Anne Morrow, 115
Lindbergh, Charles, 115
Look, 26
Longworth, Alice Roosevelt, 69
The Love Boat, 172

Love Canal, 118
Los Angeles riots, 160
Lowe, David, 91
Loewenwarter, Paul, 80
Lupino, Ida, 26
Lyon, Andrea, 164

Magruder, Jeb, 71
Maher, John, 68
Mailer, Norman, 62
Maraynes, Alan, 91
Marcos, Imelda, 154
Marcus Welby, M.D., 33, 46, 211
Martin, David, 163
Mary Tyler Moore Show, 158
*M*A*S*H*, 95, 158
Mattox, Jim, 160
McCarthy, Joseph, 93
McClure, Bill, 20, *20*, 162
McMullen, Peter, 123
Meir, Golda, 55, *55*
Mexican War, 56
Michener, James, 149, *149*
Mike and Buff, 206
Mike Wallace At Large, 208
Mike Wallace Interview, 207
Miller, William "Fishbait", 83
Milligan, Admiral Richard, 173
Mills, Wilbur, 102
Monitor, 193
Monroe, Marilyn, 26, 62
Mooney, Elaine, 136
"Morley Safer's Red China Diary," 210
"Morley Safer's Vietnam: A Personal Report," 210
Mubarak, Hosni, Egyptian President, 132, 221
Mudd, Roger, 24
Murrow, Edward R., 20-22, *23*, 25-26, 93, 205
Mussolini, 98

NBC Magazine, 193
Netanyahu, Benjamin, 165
Newsbeat, 22
Newsweek, 82, 185
The New York Times, 33, 46, 82, 88, 95
The New Yorker, 33, 68
Nigerian civil war, 35
Night Beat, 22, 207
Niven, David, 27
Nixon, Richard, *24*, 28-29, 31, 36-37, *36*, *37*, 56, 62, 71, 76, 82, 84, 111, 208, 213, 220
Nixon, Tricia, 47, *47*
Noriega, Manuel, 155

Olivier, Sir Laurence, 147
Owen, Kathy, 182

Paar, Jack, 151
Paigen, Dr., 118
Paglia, Camille, 186-187
Palestine Liberation Organization (PLO), 73, 123
Pavarotti, Luciano, 103, *103*
Penniman, Richard "Little Richard", 142
Perlman, Itzhak, 120
Perot, Ross, 184
Persian Gulf War, 158, 160, 168, 174-175, 184, 222
Person to Person, 22, 25
Petticoat Junction, 33
Pierpoint, Robert, 20, 204
Playboy, 168
PM East-PM West, 207
Pope John Paul II, 144
Powell, Dick, 26
Prime Time Live, 157, 193, 221
Prime Time Saturday, 193
Prime Time Sunday, 193
The Prince of Tides, 176, 177

Qaddafi, Colonel Moamar, 123, 126
Quayle, Marilyn, 186

Rabin, Yitzhak, Israeli Prime Minister, 189, *189*
Rather, Dan, 24, 48, 65, 77, *77*, 80, *80*, 83, 84-85, 88, 93, 95, 98, 101, 102, 103, 106, *106*, 109, *109*, 114-115, *114*, *115*, *116-117*, 117, 119, *119*, 129, 132, 193, 202, 204, profile of 212-214, *212*, *213*, *214*, 226
Real People, 193
Reagan, Nancy, 79, *79*, 101, 208
Reagan, Ronald, 79, 101, 109, 124
Reasoner, Harry, 19-20, *19*, 24, 27-30, *28*, *29*, *30*, 32, *32*, 35, 38-41, *39*, *41*, 43, 44, *44*, *47*, 48, 55, *55*, 66, *92*, 93, 95, 106, *106*, 108, *108*, 110, 111, 112, 118, 120, 125, *125*, 126, 127, 129, *130-131*, 138, *138*, 141, 145, 146, 157, 158, 167, 168, *169*, profile of 203-205, *203*, 205, 210, 216, 227
Redford, Robert, 80, *80*
Rhame, General Thomas, 174
Rice, Donna, 155
Rickover, Admiral Hyman G., 141, *141*
Riefenstahl, Leni, 114, *114*
Rivera, Geraldo, 102
Rooney, Andy, 35, 40, 110, 157, 161, 164, 171, 194-197, *194-195*, 202, 204, 206, profile of 215-216, *215*, 222
Rose, Pete, 122
Rosenberg, Howard, 184
Rubin, Irv, 83
Rudd, Hughes, 66
Rudd, R.J., 96-97
Russell, Bill, 133

Safer, Morley, 34, 41, 44, 48, *48*, 50-53, *50*, *51*, *52*, 58, 60, 63, 65-66, *67*, 68, 70, 72, 72, 74-75, *74*, 76, 77, *77*, 81, 82-85, 88, 89, *90*, *92*, 93, 94, *94*, 95, 96, 98-99, *99*, 100, 101, 103, *103*, 104, *104*, 112, *112*, 113, *113*, 115, *116-117*, 117, 119, 121, 122, *130-131*, 131, 132-138, 140, *140*, 145, *145*, 146, 147, *147*, *156*, 157, 159, *159*, 161, 182, 189, *198*, 205, profile of 209-211, *209*, 219
Salant, Richard, 19, 24, 27, *27*, 46, 101, 103, 119, 190, 216
Saturday Night Live, 82
Sauter, Van Gordon, 154
Sawyer, Diane, *130*, 131, 132-133, 139, *139*, 141, 144, *144*, 146, *146*, 152, *152*, 154, 157, profile of 220-221, *221*, 223, *227*
Scheffler, Phillip, 95
Schmertz, Herbert, 141
Schmidt, Helmut, West German Chancellor, 120, *120*
Schotts, Charles and Cheryl, 152
Schwarzkopf, General Norman, 163
See It Now, 21-22, *22*, 201
Serio, Judge Mario, 127
Sevareid, Eric, 20, 66, 69
Seven Days, 193
Shah, Mohammad Reza Pahlavi, of Iran, 105, 110
Sharp, Admiral, 53

Shores, Steve, 164
Sigel, Ed, 135
Silber, John, 190
Simpson, Wallis, 40
Small, Bill, 220
Smith, Adam, 41, *41*
Smith, Walter Wellesley "Red", 122
Solomon, Jeanne, 67
Somoza, General Anastasio, 101
Stahl, Lesley, *156-157*, 157, 158, 160, 167, *167*, 168, *168*, 170, 172, 177, *177*, 181, 182-183, *183*, 184, 189, *189*, 190, 191, *191*, *198*, profile of 225-227, *225*, *226*, *227*
Stanton, Frank, 22, 37, 208
Stark, Ray, 170
Stars and Stripes, 200, 215
Starsky and Hutch, 88
Staubach, Roger, 133
Stephanopoulos, George, 179-180
Stevenson, Adlai, 53
Stone, I.F. "Izzy", 124
Street Stories, 193
Streisand, Barbra, 176-177, *176*, *177*
Stringer, Howard, Foreword 13-14, 149
Sullivan, Ed, 35
Sundt, Dr. Thoralf, 170, 227
Sundt, Lois, 170
Swayze, John Cameron, 21, 24-25
Swiss Family Robinson, 69

Taylor, Elizabeth, 45, *45*
Tekben, Dr. Erdogan, 113
Temple Mount Killings, 165
Terpil, Frank, 126, *126*
Time, 46, 88, 102, 185
Tisch, Laurence, 149, 153
Todd, Mike, 132
The Tonight Show, 95
Tonkin Resolution, 50, 53
Tracy, Spencer, 98, 147
Tripodi, Thomas, 127
Trout, Robert, 66
Turnbull, Dr. Walter, 161
Tutu, Desmond, *191*
TV Guide, 144
Twentieth Century, 46
21st Century, 46
20/20, 91, 102, 193, 214

Up to the Minute, 193
U.S. News and World Report, 164.

Vanderbilt, Gloria, 144, *144*
Vanity Fair, *185*
Variety, 33, 46
Vidal, Gore, 98
Vieira, Meredith, 157
Vietnam War, 20, 50-53, 77, 93, 129, 159, 175, 210, 212, 223
von Hoffman, Nicholas, 35, 82

Walker, Dan, 135
Wallace, Mike, 20, 22, 24, 26, 28-29, *29*, *30*, 32, *32*, 33, 34, *34*, 35, *35*, 36-37, *37*, *38*, 39, 41, *41*, 42, 43, 46, 46, *47*, 48, *48*, 49, *49*, 56, 57, *57*, 58, *58*, 59, *59*, 61, *61*, 62, 65-67, *67*, 68, *68*, 69, 71, 72, *72*, 73, *73*, 76, *76*, 77, *77*, *78*, 79, *79*, 82, 84, 86, *86-87*, 88, 90, *90*, 91, *92*, 95, 96-97, 101, 102, *102*, 103, 105, 107, *107*, 108, *108*, *109*, 110, *110*, *111*, 112, *116-117*, 117, 118-119, 120, 121, 126, 126, 129, *130*, 131-133, 139, 141, 149, 152, *152*, 155, 157, *157*, 164-165, 168, *169*, 171, 173, 176-177, 176, *177*, 180, 184, 187, *198*, 202, 204, profile of 206-208, *207*, 214, 220, 222, 219
Walters, Barbara, 19, 102, 108, 132, 205
War of 1812, 56
The Washington Post, 35, 82
The Washington Star, 35, 82
The Washingtonian, 133
Wasserman, Al, 88, 122
Watergate, 61, 63, 71, 76, 77, 82, 84, 168, 212, 220, 225
Weekend, 193
Wershba, Joe, 51
West 57th, 157, 193, 223
Whitlow, Bill, 166
Who's Who, 214
Wickland, Dr. Susan, 181
Wilder, Billy, 126, *126*
Williams, Palmer, 21, 33, 35, 40, 82, 95, 142, 171
Williams, Robin, 150-151, *150-151*, 154
Williams, Ted, 26
Williams, Willie, 160
Winter, Roger, 167
Winters, Jonathan, 150-151, *150-151*
The Wonderful World of Disney, 69
World War I, 56
World War II, 20, 41, 56, 63, 89, 200, 203, 206, 211, 215
Wyman, Thomas, 153

Xiaoping, Deng, 149, *149*

Yeltsin, Boris, 182-183, *182*, *183*
You Are There, 24

Zahn, Paula, 222

PHOTO CREDITS

All photographs courtesy CBS, Inc.

Special thanks to:
Jerry Urgo, Irv Haberman, Emil Romano, Tony Esparza,
Len Lautenberger, Mike Fuller, Pat Pagnano, Marty Silverstein,
Bill Warnecke, Bob Stahman, Ann Limongella, Maggie O'Bryan
Mimi Edmunds, Raenne Rubenstein, Craig Blankenhorn

And very special thanks to Ed Bradley, Steve Kroft and Lesley Stahl for their personal photos.

BALDWIN PUBLIC LIBRARY
3 1115 00397 9324